革命方略之所以不能行者以當時革命黨人不
能真知了解於革命之主義也革命之目的即欲
實行三民主義也何謂三民主義曰民族主義
曰民權主義曰民生主義是也中國革命何以
必須行此三民主義以在此二十世紀之時代世
界文明進化之潮流已達於民生主義也而
中國則尚在異族專制之下則民族之革命以
驅除異族與民權之革命以推覆專制已為
勢所不能免者也然我民族民權之革命時機

孙中山演义

庄禹梅 著

九州出版社
JIUZHOUPRESS
全国百佳图书出版单位

图书在版编目（CIP）数据

孙中山演义/庄禹梅著．—北京：九州出版社，2011.4（2011.9重印）
ISBN 978-7-5108-0871-5

Ⅰ.①孙… Ⅱ.①庄… Ⅲ.①孙中山（1866～1925）—传记 Ⅳ.①K827=6

中国版本图书馆CIP数据核字(2011)第027535号

孙中山演义

作　　者　庄禹梅　著
出版发行　九州出版社
出 版 人　徐尚定
地　　址　北京市西城区阜外大街甲35号(100037)
发行电话　(010)68992190/2/3/5/6
网　　址　www.jiuzhoupress.com
电子信箱　jiuzhou@jiuzhoupress.com
印　　刷　涿州星河印刷有限公司
开　　本　720毫米×1020毫米　16开
印　　张　45.75
字　　数　818千字
版　　次　2011年4月第1版
印　　次　2011年9月第2次印刷
书　　号　ISBN 978-7-5108-0871-5
定　　价　69.00元

庄禹梅（1885—1970）摄于 1956 年

澤存敘記

姜君俠魂輯

總理革命演義

孫科敬題

中山先生之子孙科为本书题词

革命信史

中華民國十八年七月六日蔣中正

題於中山革命演義卷端

蒋介石为本书题词

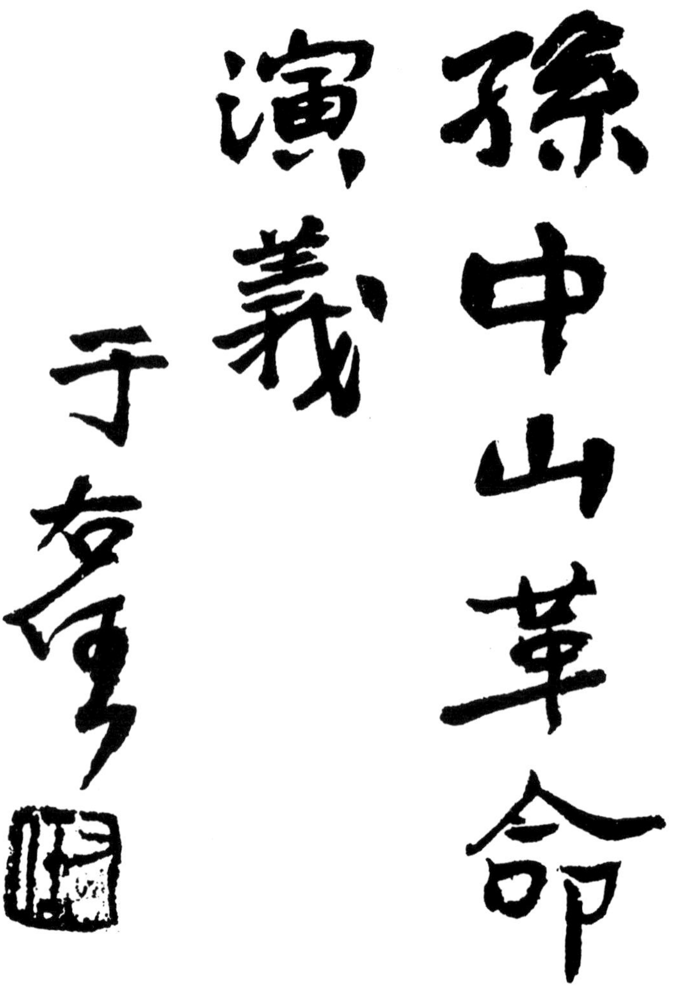

于右任为本书题词

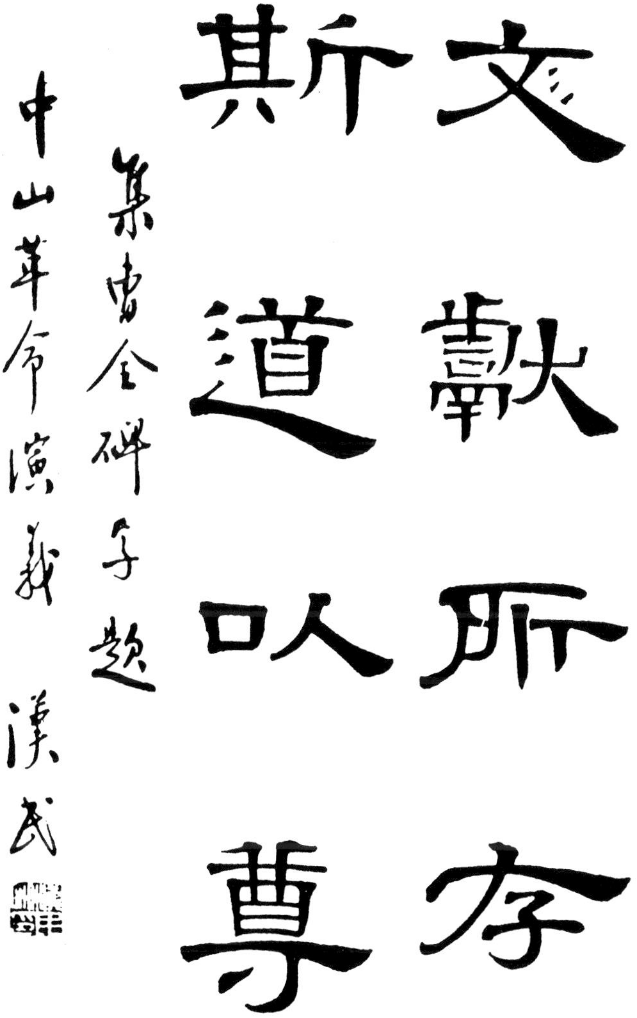

胡汉民为本书题词

宣傳之助

孔祥熙題

孔祥熙为本书题词

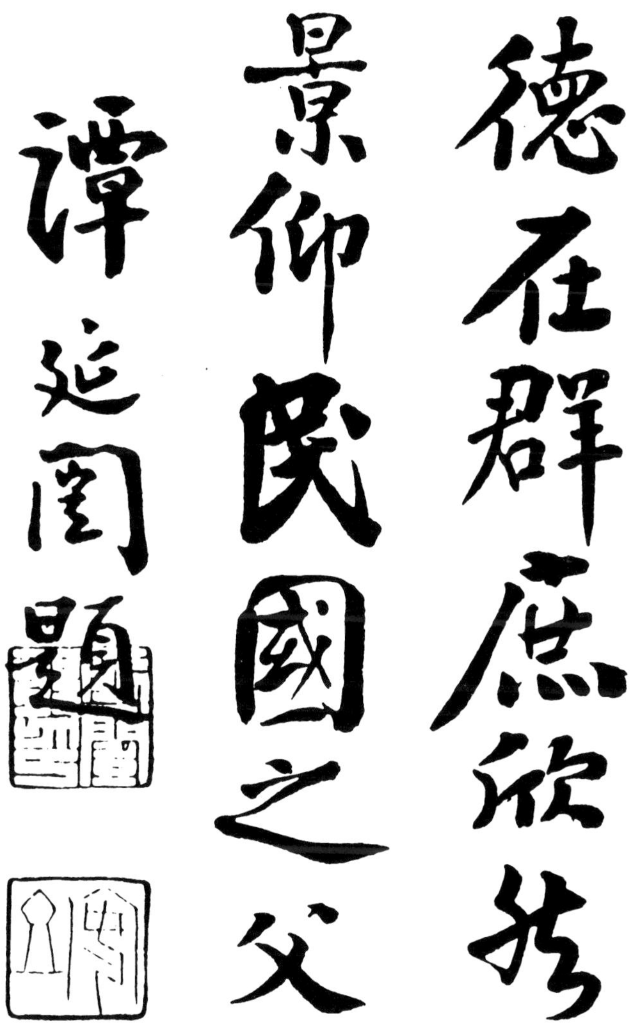

谭延闿为本书题词

出版说明

本书是一部关于孙中山先生的长篇历史章回小说，由庄禹梅先生于1927年3月（民国十六年）写定。最初为上海环球书局于1929年9月出版，1931年再版，1996年11月由中国文联出版公司重版。

本书作者曾为孙中山先生的私人秘书，耳濡目染先生对待革命与生活的风范，倾注多年心血写就。本书虽是一部章回小说，但情节真实可靠，是作者在多方征集武昌起义、民国成立、护法战争等若干史实和史料，遍访追随中山先生奔走革命的仁人志士的基础上写作而成，广为读者传诵及称道。著名文学家唐弢曾经评述这本书是“**一部最好的孙中山传记**”。

九州出版社

序

唐　弢*

乡先辈庄禹梅（继良）先生是我父亲最崇拜的对象。我小时家贫，无力上学，父亲典衣卖屋，让我进学校念书。他曾多次告诫，要我认真读书，读好了就像“继良先生”那样，为乡里和社会做些好事。我父亲不识字，虽然和禹梅先生相识，却未必真能理解禹梅先生，他不知道国民党有左派右派，也不知道什么叫共产党。他只是一个普普通通勤劳的农民。农民的直觉是官老爷苛捐重税，鱼肉百姓，能为乡民讲公道话反抗官府的便是好人。禹梅先生多次因直言被捕，坚强不屈，他的事迹轰动于周围几百里的乡村，也许就因为这缘故，才引起我父亲由衷的钦佩。并且希望我能向他学习的吧。

我呢，又有我自己的想头。我曾见过禹梅先生一面，那是在古唐小学念三年级的时候，校长庄龙标，绰号“龙头”，是禹梅先生的本家。有一次，他到古唐小学来参观，后面跟着一大批本村的绅士，他看完祠堂（学校设在祠堂里）里悬挂着的匾额和柱子上木雕的对联，少所许可，直到看见偏屋里一块“志洁行方”的匾额（我记得是用不很规则的黄山谷体写的），才说四个字写得不错，而这恰恰是绅士们一向认为书法最差的一块。禹梅先生走了之后似乎还争论了好几天，所以我留下印象，没有忘记。

不过使我感动的也不是表现了他的独异的这一面之缘。那时盛行武侠小说，青年们几乎人手一编。这种小说既不同于描写男女爱情的“鸳鸯蝴蝶派”，也有异于揭露社会黑幕的所谓谴责小说，有点近于《三侠五义》、《儿女英雄传》一类，但又和《龙图公案》、《彭公案》、《施公案》、《刘公案》（刘墉）等，有个清官贯串全书的“公案小说”迥异，它写的只是活动于江湖上的义士平民，专门抱打不平。武侠小说曾经风行一时。我记得最受欢迎的是《江湖奇侠传》，作者“平江不肖生”，就是写过《留东外史》的向恺然。《江湖奇侠传》因为畅销，写一本出一本，初集、二集、三集、……一直出下去，许多人都等得不耐烦。当时写武侠小说出名的还有两个人，一个是青浦陆士谔，专业中医；别一

* 唐弢（1913–1992）原名唐端毅，浙江省镇海县人，是我国著名作家、文学理论家、鲁迅研究家和文学史家。

个是蛟川庄病骸，也就是禹梅先生，著名的新闻记者。他写的武侠小说很多，我至少读过四五部。有趣的是：这两位武侠小说作者的下一代都是我熟识的新文学家：陆士谔先生的公子笔名海岑，写得一手好散文，他的《秋叶集》曾编入巴金主编的“文学丛刊”第八集；禹梅先生的公子是庄启东兄，中国“左”翼作家联盟成员，曾和陈君冶合编《春光》，又主编过“新钟丛刊”，收有张天翼的《洋泾浜奇侠》、王独清的《如此》、穆木天的《平凡集》、李辉英的《再生集》、郭沫若的《历史小品》、王任叔的《三〇集》、雷石榆的《惨别》、庄启东的《自杀者》和我的第二本杂文《海天集》等等。当初自然不知道后来的事情。不过我很爱读禹梅先生以庄病骸名义写的武侠小说，并且以为写侠客的人自己定然也是侠客，白光一道，人头落地，这对十几岁的少年确实是个很大的诱惑。因此父亲要我“学学继良先生”，我便不知天高地厚，一厢情愿，觉得读书“学学继良先生”，那是天经地义，毋须多说的了。

可见我那时对禹梅先生理解的浅薄和无知。

便是现在，我的理解也不见得有多少进展。由于幼时的确读了一些武侠小说，时隔六十几年，这本和那本混淆，这部和那部纠缠，很难将内容梳理出一个头绪来。譬如说他写的《青华碧血录》，我记得是看过的；这回启东兄又将禹梅先生和同乡倪轶池合著的朝鲜痛史《亡国影》的序文（序文用文言，全书用白话）录示，记得我也看过。当时梁启超托名“越南亡命客巢南子”写了《越南亡国史》，又将所著《朝鲜亡国史略》收入《饮水室全集》，救亡形成一时的风气。《亡国影》者，说朝鲜亡国可以为中国的借鉴也。读序文里说的“李熙非不道之君，而扶余多气节之士，犹且墟社稷失主权以去，则帝制自为，割地以媚人者，几何不逐印度波兰后也！”真可谓一针见血，直刺入慈禧、李鸿章、袁世凯之流的心坎。从《亡国影》、《青华碧血录》等书看来，禹梅先生实际上是借武侠小说之名，行爱国主义之实，他所主张的恰恰是人间正义和社会公道，这和他后来的信仰比较合拍，和一般武侠小说作者相比，已经深入了一步。看了这部《孙中山演义》，更加坚定了我的这种信心，增进了我对禹梅先生的钦仰和佩服。

在此之前，我确实不知道他还有这样一部用章回体写的材料丰富的小说。

也许是中国社会性质或者文化传统的关系吧，在旧民主革命时期，不管哪个党派，哪个政治组织，都要依靠帮会的声援和支持，否则就难以存在与发展。我以为这一点《孙中山演义》是写得非常真实的。就辛亥革命而论，刘揆一、马福益之于华兴会，陶成章、竺绍康之于光复会，郑弼臣、洪鳌之于兴中会，关系都十分密切，当时一提到华兴会、光复会、兴中会等革命组织，几乎无法和哥老会、三合会、天地会等分开；孙中山在香港时，与陈少白、尤少纨、杨鹤龄三人畅谈革命，兴高彩烈，且有“四大寇”之称，这是本书第二回中山先生在给郑弼臣信里自己就承认的。小说从广州博济医校同学写起，不久便转入帮会活动，转入“四大寇”的描写，作者对中国秘密社会历史、规章、活动的熟悉，博洽详尽，了如指掌。我过去只知道光复会首领之一陶成章曾有《中国秘密社会史》之作，但也只限于同光复会的关系，禹梅先生了解的内容不仅突破了这个范围，且深入于社会习俗，我以为这是《孙中山演义》值得称道的第一点。

大凡章回演义小说，重在情节，平铺直叙，只要交代清楚，不必讲究写法。禹梅先生早期作品如《亡国影》，犹不免有这样的弊病。《孙中山演义》却另辟蹊径，屡变章法，且着重于人物细节的描写。即如第十回写伦敦蒙难：宋芝田之狡诈，马加脱尼（孙中山自述《伦敦被难记》作马凯尼）之阴险，寥寥几笔，跃然纸上。书中叙他托两个西仆送信，以及用信件包裹铜元使劲往窗外街上投掷，都很细致，独不及救他出险的那个关键性的亚美尼亚仆人；到第十一回，犬养义读《泰晤士报》访问记的后半篇，才由孙中山亲口补叙那个为他送信给康德黎的亚美尼亚仆人哥罗（《伦敦被难记》作柯尔，说他将孙中山给他的二十镑钱送还康德黎，并从此辞职不干）的故事。写来错落有致，个性鲜明。还有第二十一回叙“野鸡大王”徐镜吾（一作敬吾），专在福州路青莲阁一带演说革命，滑稽突梯，慷慨淋漓，并私售禁书如《革命军》、《黄帝魂》、《猛回头》、《扬州十日记》、《三十三年落花梦》、《二十世纪大舞台》……铺陈事实，情同传奇，人物性情开朗，富有特点，章太炎曾戏称之为“鼓上蚤时迁”。这类性格描写都是别的章回小说所做不到的，我以为这是《孙中山演义》值得称道的第二点。

从帮会活动到性格描写，一直到革命事迹的追述，小说的一个长处是真实。真实是艺术的生命。《孙中山演义》的历史意义也就在这里。因为它不仅是真实的，而且许多情节还符合于革命的事实。禹梅先生当过孙中山的私人秘书，耳濡目染，又正如书中《凡例》所说：“书中材料，均系十数年征集所得，及随中山先生多年之真革命分子所叙述者，绝非影响无稽之谈。”其中如陆皓东的牺牲，《革命军》的畅销，史坚如之炸督署，徐伯荪之杀恩铭，宋渔父之遇刺，袁世凯之窃国，莫不详尽可靠，有史可据。试检参考材料中如孙文的《伦敦被难记》、邹容的《革命军》、陶成章的《浙案纪略》、梁启超的《戊戌政变记》、徐血儿的《宋渔父》、黄毅生的《袁氏盗国记》……至今已成孤本珍籍，难于寻觅，有人称《孙中山演义》为信史，实非过誉。冯自由著有《革命逸史》五集，为治民国史者乐于证引。但其初集出版于 1939 年 6 月，第五集出版于 1947 年 11 月，后于《孙中山演义》10 年至 18 年，凡所记述，论证昭然，的确如有些人所说，可以称为信史。我以为这是《孙中山演义》值得称道的第三个特点。

禹梅先生从事新闻工作，久主笔政，追随孙中山先生，为国民党“左”派。于 1929 年在宁波加入中国共产党。四入囹圄，百折不挠，说论名言，多所散佚。

晚年并著有《中国古代史析疑》及《古书新考》等学术著作，所藏金文拓片，至今尚未整理。这部《孙中山演义》不过偶尔遣兴之作，虽然是章回小说，作为辛亥革命时期重要的历史记录，据我所知，这是第一部孙中山传记，如果不是我偏爱的话，我还想补充一句：这是迄今为止我所知道的一部最好的孙中山传记。

1988 年 10 月 8 日谨序于北京寓次

关于作者——我的父亲庄禹梅（病骸）生平介绍

庄启东*

一、最后一科的秀才

庄禹梅（病骸）（1885–1970）是我的父亲，他本名庄禹梅。乳名继良。我家祖上可谓书香门第，但生活一直很穷困。我的祖父是廪生。父亲四岁丧父、六岁丧母，从小由我曾祖母抚养成人。父亲少年时代一直跟着叔祖父读书。叔祖父是个举人，他向往仕途，认为举人哪有不当官的，当一个知县总没有问题吧。可是由于家穷，没有钱活动，他一直等到死也没有当上官。叔祖父对他的侄子要求很严，写字要很端正，因此，父亲的小楷字练成像铅印字体一样正。读书要求不离《四书》、《五经》，而且要求背得滚瓜烂熟。但父亲却不喜欢读这些书，而喜欢看一些旧小说之类所谓"闲书"。他也喜欢看一些有思想性的文章，他很欣赏黄梨洲等反清的和带有唯物主义思想色彩的作品。他第一次赴考秀才时，举人再三叮嘱他要名列前茅。但是父亲对科举不感兴趣，他认为即使考上举人也不过像曾祖父一样潦倒一生。所以他在考场上为人捉刀，替别人考上秀才而卖钱，把钱大家吃喝玩乐一番，然后回转家来。叔祖父为此大发脾气，不许他离开家门一步。待父亲十九岁那年，考上了秀才第一名，叔祖父才宽恕了他。这已是最后一科的秀才，以后科举便废除了。

二、开始写作生涯

叔祖父死后，一家重担由父亲挑起来。他只好坐馆（设私塾），或外出教书。

后来在上海办了一所函授学校，想以此维持生活。由于他书生气十足，不会经营，反而赔了很多钱，把家里有限的田地都卖了。于是他开始用"庄病骸"的名字写起武侠章回小说来，以卖稿为生。

我不知道他的第一部作品是什么。现在发现的最早的著作，有 1915 年国华

* 庄启东（1910–1997），庄禹梅之子，曾任《哈尔滨日报》和《北光日报》总编辑，中共哈尔滨总工会党组书记，国家计委劳动工资局局长等职。

书局出版的章回小说《亡国影》(与倪铁池合著)。以及以后出版的《怪面女侠》、《奸杀奇案》、《青华碧血录》和《孙中山演义》等等。此外，编纂的有《唐宋元明清稗史秘笈》、《外交思痛录》等。据我的姑丈乌一蝶先生在《孙中山演义》序言中记载，我父亲所著章回小说有“不下数十种”。但是现在都找不到了。

父亲所写章回小说并不是完全荒诞无稽的。从他的著作中可以看出，他有忧国忧民的爱国思想。他在《亡国影》序中说:“是书之作，以韩史为资料，以借镜为宗旨，向之所谓影者。于是乎在国人读是书而恍然大悟，发奋以有为也。”他的写作态度也不是完全随心所欲，任意瞎编，他在《怪面女侠》后记中写道:“此事乃得知旅鲁归客者十七八；点缀者十二三，非尽无征也。”其实，父亲写侠客之类小说，无非是幻想由侠客人物来铲除人间的一切不平和冤屈。

他也崇拜所谓“新学”，热爱自然科学。他于1904年20岁时，就在他考取秀才后一年，为了钻研自然科学，他进入上海理科学校学习。以后曾在大市堰的濬智学堂、杨王的知新学堂等新学堂教过书，还在镇海中学当过理化教师。这科学对于他的反封建思想和他的创作思想的形成与发展是有很大的影响的。他写《孙中山演义》(1927年初版定名《孙中山演义》，1929年重版，1931年三版改名为《孙中山演义》)的时候，从数十年征集所得之材料，百余种参考书籍，及可靠的珍抄本中，根据详尽历史事实，“共疑似者宁缺无滥”写成一百回小说。写作方法比较科学。

自《孙中山演义》以后，他不再写章回小说了。三十年代时，虽经王任叔(巴人)同志几次鼓励父亲用现实的题材来写章回小说，他也没有写。他这时候，对社会科学感到兴趣。他曾经用庄平青笔名写过一本《社会的进化》(上海乐华书局出版)，编辑和标点过内忧外患历史丛书之一《烈皇小识》与《研堂见闻杂记》，并写了一篇试用唯物史观见地评介这两部书的长序。(上海神州国光社出版》。

三、孙中山的私人秘书

父亲是很崇拜孙中山先生的。他除了写《孙中山演义》以外，曾于孙中山先生从绍兴、宁波到普陀山视察中，一度当过孙中山先生的私人秘书。孙中山先生这次旅途的讲演，都由他记录，整理后发表。到现在，宁波市政协还保存着这稿子。

孙中山先生在旅途中，和他讲过很多事情。可惜这些话都没有遗留下来。只有一件事，我小时候，父亲经常提到。他说，孙中山先生有一次用手拍拍他的背肩，说:“要挺起胸来，不能驼背——成为东亚病夫!”我父亲也常敲我的肩膀，警告说:“要挺起胸来，不当东亚病夫!”

父亲崇拜孙中山先生，主要是崇拜孙中山先生的“联俄、联共、扶助农工”的三大政策。因此，他是1925年时才由陈国咏（共产党员）介绍加入改组后的国民党的。他在《孙中山演义》自序中也很明确地提到他是为了拥护孙中山先生的“三大政策”而写作。以后国民党反共后，对于“三民主义”作了很多的解释。对此，他曾经有很“左”的愤怒的评语：“这不是三民主义，是三个狗屁！”

四、四次坐牢

父亲喜欢做新闻工作，他的后半生差不多一直搞报纸。1922年在宁波的《时事公报》当编辑时，镇海某县署捉获一名盗匪。经查，乃是镇海炮台司令张伯歧部下的士兵。父亲为此写了一篇短评，文中说：“兵化为匪，兵即是匪，匪即是兵。”短评刊出后，引起小军阀张伯歧的恼怒，要宁波镇守使王桂林查缉。王桂林就把父亲和《时事公报》社长金臻庠一同逮捕起来，约拘留了一个月，后经各方营救，才得保释。这是父亲第一次坐牢。这一时期，他开始认识到军阀制度必须推翻。

1926年年底国民革命军解放宁波。1927年3月父亲任宁波《民国日报》社社长。

1927年4月前后蒋介石就公开叛变革命。《周恩来选集》上卷有这样一段注释：“1927年3月20日蒋介石反动派在宁波捣毁了市总工会和店员工会；4月9日捣毁了‘左’派领导的国民党市党部和《民国日报》社，逮捕了市党部常委杨眉山（共产党员）、市总工会委员长王鲲（共产党员）和《民国日报》社社长庄禹梅。”事情的经过是这样：宁波《民国日报》首先对以蒋介石为首的新军阀开火，刊登了该报编辑倪毓水写的《蒋介石犹效军阀故技耶？》和《王俊十大罪状》这两篇文章，引起了宁、台、温防守司令王俊的大怒。4月10日王俊派了一个副官把社长庄禹梅传了去，问他对两篇文章负责不负责？他毫不推托，承认社长应该负责。于是王俊把他禁闭起来。

父亲被捕的消息一传出去，国民党市党部当即召开紧急会议，商量对策，并推党部常委杨眉山同志和宁波市总工会委员长王鲲同志，邀同宁波市市长张申之、财政局局长俞佐庭到司令部去质问：庄禹梅为什么要被捕？殊不知这是王俊有计划、有预谋的行动。杨眉山、王鲲是宁波著名的共产党员，王俊正要逮捕他们，这下来得正好。鉴于张申之和俞佐庭是本地绅士，王俊客气一番后，便把他们两人送走，而把杨、王两人扣留了，随即将他们和我父亲关在一起。

父亲和杨眉山、王鲲两同志一同关在监房里，朝夕相处两个多月，耳濡目染受到了革命思想和共产主义的启蒙教育。他们的高尚品德，对父亲的教育很深。特别是他们牺牲（砍头）时的情景，对他的刺激太深刻了。

在狱中还遇到王任叔同志，他对父亲也很有影响。他是在杨眉山、王鲲两烈士牺牲的第二天被捕的，也和我父亲同监牢。王任叔同志曾经怀着愤怒的心情写了一首诗："翻手为云覆手雨，屠夫得意上青天，而今百物皆昂贵，唯有头颅不值钱！"父亲受他们教育和影响，在狱中始终表现得很坚强。据我母亲讲，她到模范监狱去探监，看到我父亲背上被打得血迹斑斑，没有一块完好的肉。他被判徒刑十年。

1929 年 3 月间，由于宁波士绅和宁波旅沪同乡会会长虞洽卿的疏通，父亲的案子得到重新审理，并宣判无罪释放。这是父亲第二次坐牢。二十多个月的狱中生活，是父亲一生中的重大转折点。以前他是个穷秀才，从此他更坚定地跟着共产党干革命了。他出狱刚两月，于 5 月间就找到中共宁波特支组织部部长张旦辉（子叟），并经张介绍加入了中国共产党。

1931 年年底，我坐了将近五年监牢，从杭州陆军监狱出来回家。我到宁波火车站下车，父亲正在站台上等人。我走过去拉拉他的手，我说："我们走吧！"他说："我要等一个人。"我以为他还要等一个什么熟人下车。眼看火车上的人都下来了，我看他还未看见要接的人。我于是问他："你还要接谁？"他这才说："我要接启东！"原来他已经不认识我了。我马上说："我就是启东！"他既惊讶——看我长大了，又好笑——原来要接的人就在眼前。

这个时期，我和父亲政治思想上非常一致，谈得很融洽，也是我们家庭最有天伦之乐的时候。我记得，这时临近年终，要写一副对联，把客堂的旧对联换了。我想起雪莱的两句诗："冬天已经来了，春天还会远吗？"父亲很满意，就将这诗写成对联。父亲的字很出色，和这诗配在一起，给人一种艺术的享受。

可惜，我们因工作关系，不久又分开了。1934 年冬天，我在上海"左"翼作家联盟闸北区委作宣传工作时，一天接到从亲戚家转来我父亲的一封信，说他也被关到杭州陆军监狱了。这是父亲第三次坐牢。不过，这次是为了加入一个读书会事。由于叛徒告密，说这个读书会是共产党办的。好在领导读书会的尹宗良承认是他的事情，与别人无关。父亲和另一个读书会会员很快就被释放了。

1934 年到抗战爆发，父亲一直在宁波几家报社当编辑。1936 年 11 月他任宁波《商情日报》编辑主任时，报纸积极宣传抗日，抨击蒋介石的不抵抗主义，引起反动当局的痛恨，将该报社社长、我父亲、还有两个编辑逮捕入狱。报社被封。反动当局根据所谓"危害民国紧急治罪法"，对他们四人都判处徒刑五年。他们不服，据理力争，并向南京伪最高法院上诉。这已是 1937 年秋天的事了。这时，抗战已全面展开，所谓"危害民国紧急治罪法"被迫废除了。因此，南京伪最高法院只得撤消对他们的原判，交保释放了。这是父亲第四次入狱。

五、特别党员

抗战时期，我和母亲、妻子、妹妹、儿子都到延安去了。父亲留在家乡参加中共浙东临时特委领导下做抗日民族统一战线工作。从此，我们和父亲长时间失去了联系。据他自传写的，在1938年《宁波商报》工作时，由鲍浙潮同志证明，经朱镜我同志批准，恢复1929年党籍，并和应起同志个别联系。在这段时间，他做过统战工作，编辑过共产党员学习文件，接触过从解放区进入敌占区工作的同志和地下工作者。

1945年1月，应浙东区党委城市工作部书记王文祥之召，父亲到了四明山解放区。这里有一批新闻工作者，他们热烈欢迎这位老报人的到来。在解放区办自己的报纸，这对父亲是一件很新鲜的事情，也是他一生所梦想的事业。大约他在那里工作了十个多月。日本军国主义投降了，抗日战争胜利后，国民党反动派想蚕食和并吞我们解放区。为了集中力量，中央决定主动撤出浙东根据地，干部和军队主力迅速北上。凡是能就地隐蔽坚持的，就隐蔽坚持下来。因此，组织上决定把我父亲送出四明山，回到庄市。出于地下工作的需要，他的党组织关系由中央浙东临委转给在宁波负责搞文化界统战工作的徐朗同志，他作为特别党员，以后由徐朗同志单线联系。

1947年他重进《时事公报》社，任副刊《四明山》主编。他针砭时弊，写出了不少鲁迅风格的杂文，被誉为“宁波鲁迅”。徐朗同志每隔两周走访他一次，传达党的有关文件和方针、政策。在党领导下，他团结了一批进步的文化界人士，发现和培养了一批进步青年作者。

1948年年初，为配合解放战争和国统区的反蒋运动，父亲筹建了“宁波文艺工作者协会”，他任理事长。这一党领导的合法群众工作阵地的建立，被当时宁波文化界右翼分子视作眼中钉。

1948年4月30日徐朗同志被当局逮捕，我父亲随之失去了党的联系。

六、晚 年

解放后，中共宁波党、政领导对他是很关心和重视的。他先后任宁波市政协副主席、主席，并被选为浙江省人民代表大会代表。

由于宁波党组织在临解放前遭到过较严重的破坏，加之他是特别党员的身分，一时找不到证明人和联系人。因此，对他的党籍问题，一直没有进行调查和解决。但是他一直勤勤恳恳，艰苦的工作着。晚年他还完成了《中国古代史析疑》和《古书新考》两部著作。他不计较个人名利和荣辱，而以一个共产党员的高风亮节要求自己，多次赢得群众和社会舆论的好评。

在十年动乱中，我开始还接到父亲来信，他说红卫兵拉他到派出所去，诘问他:“为什么杨眉山、王鲲杀了头，你却活着出来？”他说明他当时是国民党员。但他们都不信。不久，我也靠边站了，再也不能通音讯。直到1970年，我在干校劳动时接到宁波来电报，说是父亲去世了，我也无法前去奔丧。

后来听说父亲遭受了残酷的迫害，含冤死去。徐朗同志曾捧着他的遗著《中国古代史析疑》书稿，潸然泪下，草成:“宝剑何处挂，存稿墨味香，垂帘人悄悄，空对远山长”的短诗，以表示他对故友的深切怀念。

1980年，在父亲逝世后十年，党实事求是地为他平反昭雪，并为他召开了追悼大会。

1985年，在父亲逝世十五年，得到鲍浙潮同志和徐朗同志的证明，经中共浙江省委的批准，决定恢复我父亲的党籍，党龄从1929年5月入党之时算起。这是对我父亲一生最高的政治评价。

这些就是我父亲从秀才到共产党员的一生。

杨[*] 序

“知之匪艰，行之惟艰。”此说也，吾国人所认为千古不磨之至理名言，亦即中山先生所认为生平最大之敌也。先生倡“行易知难”之学说，以辟其谬，其理至精且确。大旨则分为：“不知亦能行”与“能知必能行”两种。先生能知能行，故从事于革命，不以艰难而存畏葸之心，不以挫折而堕奋斗之志；饱历艰辛，备尝险阻，卒达推翻满清，建立民国之目的。顾十余年来，先生之主义未能实现；政治之腐败如故，外患之侵逼如故，社会之黑暗人民之流离且益加甚焉；其故何哉？曰：由于国人深中“知之匪艰，行之惟艰”谬说之毒，以不知为知，与夫虽能行而不能知之故也。惟其以不知为知，故群目先生之说为空谈，以为不可行。惟其虽能行而不能知，故有陈炯明诸贼之中途叛变。先生纵抱绝大之志愿，只手擎天，盖亦难矣！先生逝世后，国人之崇拜先生学说，信仰先生主义者，转较先生生时为热烈，不可谓非良好的现象。虽然，子舆氏有言：“诵其诗，读其书，不知其人可乎？”是不知其人，虽诵读其诗书，亦未能了解其真义；所谓：“行之不著，习矣不察。”是也。《孙中山演义》一书，纪述先生历史尚称详尽。吾谓先生之名，固全世界人所共知，而先生详尽之历史，则恐崇拜先生学说，信仰先生主义者，亦未必深悉。苟取是书读之，则知先生精神之伟大，志意之坚定，以与先生之学说主义相参照，相发明；证明“行易知难”之学说，而一扫谬说之障碍，庶可免以不知为知，与虽能行而不能知之弊。然则是书之刊行，有裨国人，岂浅鲜哉！

中华民国十六年孙中山逝世两周纪念日杨杏佛序

* 杨杏佛（1893–1933），江西清江人，同盟会会员，曾任孙中山秘书，中国民权保障同盟总干事。1933 年，被国民党特务枪杀于上海。

乌[*] 序

戚友庄病骸，著《孙中山演义》成，问序于余。余向持不党主义，故未遑孯中山先生之学说。然余得因病骸之为人，而知中山先生之伟大。病骸性本强，然平素不肯盲从。往者与病骸饮酒楼，评骘今古人物，于当世人才，少所许可，而独崇仰孙先生。时座中诸朋侪，胥笑病骸戆；盖时方以孙先生为能言而非能行者也。逝光如水，忽忽十年。两粤义师，崛然兴起。青天白日之旗，已布满长江南北。询所自来，则皆孙先生之主义与策略有以致之；夫然后知病骸昔日崇仰先生，固有所自来也。

病骸善稗官家言，能日草万言，所著不下数十种，自谓"皆草率之作也"；今兹于孙先生之言行，研之久而入之深，其必能发挥光大，为孙先生宣扬其学说矣。为中华民众幸，并为后人幸，故乐为之序。

中华民国十六年春蛟川乌一蝶叙于乙丑编译社

---

* 乌一蝶（1894–1965），浙江镇海县郧隘人，曾任《时事公报》总编辑，新中国成立后任浙江省文史馆馆员。

杨* 序

我革命先导太平洪氏之言曰:“后数十年必有继我而兴者。”其中山孙先生乎!先生创革命,举义旗,惨淡经营,几经挫折,奔走海外,奔走列邦,出死入生者,屡矣!顾黑暗势力愈伸长,革命精神愈激奋,环境阻碍愈艰巨,革命魄毅愈突进,卒使中华故业,日月重光,伟烈丰功,世莫与匹,华盛顿之开美国,亦未有如先生之艰苦也!建国以还,几经危变,履冰临渊,出死入生者又复屡屡矣!综其一生,尽瘁民国,其精神,其魄毅,其主义,其操守,直可磅礴宇宙,照耀河山,穷八荒,搜四埏,上下五千年欲求至圣至贤亦豪亦杰之如先生者,盖未之觏也!呜呼!岂仅一代之人哉?

复闻诸海外哲士,有列先生,与列宁,威尔逊,甘地,凯末尔诸伟人为世界五杰者。窃有进焉:夫列宁之成名,时当1917之年,后先生者二十有一年;威尔逊成名于1912年,后先生者亦复十有六年;至于甘地成名于1919,凯末尔成名于1920年,其后先生者更在二十三年、二十四年之下矣。是则先生盖凌驾世界而为先知先觉焉,又岂仅一国之人哉?

先生一生事迹可泣可歌,亦壮亦烈。其为万代典型,固已举世公认,尘因从事笔政,本已奉为圭臬,久思发扬蹈厉,蔚为风气,仰我伟迹针攸愚盲,然每苦先生传记,实缺详备集成之书,致使吾侪后进,少揣摩步趋之方,窃有憾焉!

兹者:庄君病骸秉其掖劝世道之心,运其粲花彩毫之笔,摭集故闻,汇成新著,于先生伟迹,网搜无遗,诚为后学仪式先型之善本,挽苍生而跻圣域,吾于是书有厚望焉,因泚笔为之序。

中华民国十六年三月杨尘因

* 杨尘因(1889–1961),安徽全椒人,毕业于日本早稻田大学,同盟会会员,曾任《申报》副刊编辑,写过小说、剧本等。

文[*] 序

现在世界上，只有两种人：一种是十二万五千万被压迫的人，一种是二万五千万压迫他人的人。以过去的世界历史上的陈迹观察，多数人是谋自己的，替压迫他人的人当走狗的。大地的新空气，荡起了弱小民族，无产阶级，各各在觉悟的进程中而崛起革命。这十二万五千万被压迫阶级——弱小民族、工、农、小商人、学生、妇女及一切无产阶级——为求自己的解放，求平等自由的幸福和生活的需要，而形成对二万五千万压迫阶级——帝国主义、军阀、政蠹、地主、买办、土豪、劣绅、少爷以及一切坐食者、脱辣司……进攻的战线。在这对峙的营垒，剧烈的战争中，猛然唤起在睡梦中的大多数战士——四万万被压迫半殖民地的中国民族——为自己及世界而直接战争，突攻敌人的防线，因而使世界帝国主义者以及军阀、买办……发生绝大的恐惶，逐渐归于消灭的途径者：就是纵横数万里，上下五千年唯一的革命实行家孙中山先生。

先生是中国民族的导师、保姆，也是世界民族的导师、保姆。是中国民族的解放者，也是世界民族的解放者。所以先生革命的过程，遗留的教训，诚有统计之必要。先生的革命真精神——在十九世纪醉生梦死的“皇帝陛下，深仁厚泽”时代，而毅然举起解放全中国及全世界民众的旗帜的大无畏精神和打破无量恶劣的环境的毅力，更不可不详记而留与后人，使知弱小民族无产阶级解放之不易，先生的事业之所以为伟大，且以策励后之从事于一切事业者。

我不认识而知名的庄病骸君，及认识不久的姜侠魂君，发愿做这种工作。他俩以十数年的征集，对于先生的一切行动言论，得有相当的材料，而编成《孙中山演义》，我当然是赞成的。这便是我对于这部书创作的同意。

这部书虽然笔墨是平铺直叙，但是大旨还不离背事实。至于书中历叙一切会党，或是因为革命经过的关系而记载的先生一生的事业顶天立地多如恒河沙，记载上实在不容易详尽。这部书可以说是有相当的成功。这是我对于这部书观察的所得。

---

* 文公直，1898年生，号萍水若翁，江西萍乡人，同盟会会员，参加过“讨袁”、“护法”战争，曾任《太平洋午报》编辑，著有多部武侠小说。

侠魂君请我加这部书的句读。可是我"文字债"欠得极多，工作也很忙，委实不容易得着闲工夫。况且关于我对于古今中外人类中最崇拜的孙中山先生，更不能草率敷衍的加些圈儿点儿在记载他的书上。但是我良心的责备：人家下多大的死工夫编成了，要我做这么一点小事，而且也是关系于我们革命的领袖的历史记载，我能不做这种工作吗？结果，良心战胜了我的环境。暂时摆开一切，破工夫，仔细标点一过。只是我实在不能为这书而住在上海，候着排好，再校对一过了。意料出版时，句读上必发生错误，这是要同志们和一切读者不客气的纠正的！

末了，我还有一句话要说：如果海内外同志及学者，对于本书的一切认为有考虑或应研究的，尽可和侠魂君讨论。因为我和他虽认识不久，我确能知道他是个很虚心，极肯从善，且对于我们人群领袖的孙中山先生，力求有翔实的信史发现的一个人。深望读者与他以改良的机会!

文公直　总理逝世二周纪念日，于上海

自叙

丙寅之秋，孙逆傅芳盘踞我浙，遣其爪牙段承泽，蟠据宁波，日惟以杀人为事。并大索党人，诬以“赤化”。其时吾党同志数十人，皆未能公开为宣传的工作。余于其时，得稍稍休息，遂有《孙中山演义》之作，顾旋作旋辍，阅半年而始告成。乃为辞以弁卷首。

孙总理革命四十年，本其经验所得，创为三民主义，五权宪法，与联俄、联共、农工联合之三大救亡政策，索诸吾国，无此伟人，即苏俄，伟杰列宁亦有未逮。吾人未能深窥其奥旨，精研其遗著，遽欲以其一生事迹，曲曲传之于一部演义中，其可得耶？虽然，总理固曾言之矣：“先知先觉者为发明家，后知后觉者为宣传家”，吾人既信仰总理之主义与方略，自居为后知后觉，而负宣传职责，夫复何辞？但吾人处于帝国主义及军阀铁蹄之下，凭三寸毛锥浅薄耳目而作木铎之徇，不第范围有限，亦且未能畅所欲言。世之慕吾党而愿为总理信徒者多矣，顾其于总理一生之历史，则知之者鲜，于总理主义策略之由来，知之者更鲜，今欲使海内外人士及后之来者慕总理、敬总理之余，更深知总理之生平，则是书之著，又乌可缓？用贸然为之，惟自愧才疏闻陋，恐入歧途，是耶非耶？敬待同志之批评！

中华民国十六年春庄病骸叙于宁波《民国日报》馆之编辑室

目　录

第一回

入医校风尘识奇士　联会党密窟览洪门

民国纪元前三十年，去清帝入关，明室覆亡，约二百三十年，正是光绪七年。岁在辛巳，仲冬之望，若在黄河流域的南北两岸，已是雪花乱飞，寒风砭骨，但是珠江之畔如广东广州府属地，气候温和，无异暮春三月，嫣红姹紫，斗艳争芳。那街市间男女老少，仅衣一袭薄棉袄儿，犹觉春意扑人眉宇。古谚云："洞中无岁月，世上有春秋。"如那一隅之地，真不差于神仙洞府咧！彼处的天时地气如此温厚，那人民的性格也与他处不同。第一是勇于创造，次则坚于团结，且对于国家种族的思想尤加丰富。洪、杨之变，吾人若以平民的眼光视之，未始非革命动作。后以"成王败寇"之例而论，于是曾、胡、彭、李诸氏，咸享一时盛名，而洪、杨一般大好男儿，转沦于叛徒流寇，千秋百世，又何尝不是一种冤狱呀！再十数年后，中山孙逸仙先生突起革命，奔走呼号，备尝艰险，卒底于成，而缔造此庄严灿烂的中华民国，创成这五千年未有的新政局，为一般平民图谋，扬自由之眉，吐不平之气，且在列代政治史上，又新辟这一段以民为重的国史。此不是创造人的光荣，吾侪的幸福吗？或问：自清帝入关攘政以后，明室复社的遗民叠谋驱胡扶汉，其如郑成功、张煌言等一再失败，三藩继起，以及北捻、南发等，何一不作攘夷振华的趋向，各兴义师。怎么最后结果，同归于尽，竟独成功于孙氏之手咧？须知以前诸氏的动作，其驱胡扶汉，攘夷振华，虽与中山先生同一趋向，但是此等行动，只可称为一时革命工作的步骤，不能称为建国行政的方针。今如中山先生，打破帝王专政，以国权付民，创古代未有的新制，定"三民主义"，作"建国大纲"，分"五权宪法"，为行政要旨，从根本刷新政治，并非为一二人的事业奔命，无所谓光荣名利的希图。他既具有此项大志，当然团体中结合愈坚，奋斗愈猛了。此非中山先生的兵略强胜于前述诸氏，乃是他的主义比较他等高强，所以孙氏可获最后胜利。换一句话说，凡具有主义的工作，他本身自立的脚跟早已站定，胆量与气魄也自确实，不易感受环境空气的压迫。而且有主义的工作，是以主义为重点，并非对人的活动。只要主义不失败，就是他本身有何危险，自有同志继续进行，完成他的事业。具此种种原因，当然百折不回，非他种举动所可比拟啦。我今撰述本书，正是记述中山先生有主义的奋斗，为革命工作的急先锋，可以打破一切窒碍，而纵横海内呢。

接说中山先生姓孙，名文，原字逸仙。他的家世，汔可小康。他入世而后，头角峥嵘，英敏出众。当十岁至十二岁的三年，曾从美教士克尔学习英语。十三岁后，转由他的叔父庭训。他的叔父本是个富有理想的学者，曾在本乡里创办了一个学塾，教授四境蒙童。但他叔父学识新颖，却不是个乡村学究，尤鄙清代的制艺试帖为无用之学，平日教授学生，惯喜搜谈故事，故而一般弟子，对他的感情非常亲密。此时洪、杨之变，平息未久，一般年岁少长的村男女们，常常喜欢将此事的经过作为谈料，因此他叔父也时将这些故事讲给学生们听。

一日，正讲到洪秀全失败，李秀成被擒，孙逸仙忽一顿足道："可惜！可惜！……"他说时，复将双眉皱着，现出很惋惜的样儿。他叔父急惊问他："可惜些什么？"孙逸仙道："倘若他等得手，岂不是光复大汉故土，我们也不受他人的挟制了。"他叔父听说，虽暗喜他慧心独敏，但此时清廷官吏极注意平民闲谈国事，倘有伤及皇家的谈话，就得抓去治罪，故而他叔父又有些担心，便不许他再说。从此他的叔父也不再讲类似这等的故事了。孙逸仙因此却很自纳闷。无已，他便搜索此类书籍，如《嘉定屠城记》、《扬州十日记》、《江东泣血录》等书，长夜价暗自窃看，只看得他忽而长啸，忽而私泣，忽而竖眉瞪眼，捶床拍案，如发狂的一般。一般同学都笑他是个书呆子，岂知他革命思想就从此深入脑筋。入冠后，遂进博济医学校肄业，恰巧有个同学郑弼臣与他志同道合。他俩日久相共，如同至亲手足似的，朝夕影不离形，结交在一处。各言其志，彼此大发野心，简直要步郑成功、张煌言的后尘，谋革清鼎。由此他俩都力广交游，并见人就发布他等的感慨，许多人听着，都吓得咋舌不敢应声。

若说他俩结识的原因，却也很有些异怪。按他俩本皆是博济医校的学生，只因各在一班，平日并无什么来往。一日，课余之暇，有七八个学生同在休息室里讨论讲授的功课，此时郑弼臣也在伙中，只听同学的甲者说道："今如皮肤病，看似容易，其实很难疗治。"又一同学乙者说道："皮肤如其腐烂了，还得先把腐烂的一部分扫除净尽，才好下药；否则病菌尚在，只怕药力不胜。"这人话还来完，郑弼臣便抢着说道："着呀！岂但一个人的身体是这样，就是国家也是如此。古人说得好：'小人道长，君子道消。'若不把全国贪官污吏一古脑儿扫除完结，什么事儿都不能办！"他说话时候，扬起两道浓眉，张开一双俊眼，似乎有十分愤恨的样子。众人听了，都吓得目瞪口呆。那甲者道："弼臣，你有几个脑袋，敢说这大逆不道的话？幸亏在本校里，都是自家朋友，若在大庭广众之中，保得住听者不向官厅告密吗？那时将你当做乱党惩办，封你个'一字平肩王'，看你可能再骂贪官污吏吗？"，郑弼臣听说，毫不迟疑的答道："国家不强，就累在你等这一班怕死鬼！丈夫处世，只要磊落光明，上不愧天，下不怍地。什么死活？怕他做甚！”众人听他越说越激烈，谁也不敢和他争论，都暗想要急急避去。只有那些气识深沉、态度安闲的同学，频频把两只眼儿看他，并不将他等话当做惊人之说。接听外室打起钟来，已到吃饭时候，便一同走出房去。

那博济医学校却有一定规则：每日下午六点钟吃晚饭，八点钟就要一律睡觉，次晨五点钟一律起床。所以他们吃了晚饭，趁两点钟的闲空，温习功课。郑弼臣恰不是这样，他并不以功课为重，所看的书，稀奇古怪，差不多都是人家不曾见过的。这晚，他又独看这类奇书，忽然有一个同学推门进来。郑弼臣回头看时，见他气识深沉，态度安闲，急忙收书一扔，站起来迎接。他俩本是不同年级的同学，见面虽不止一次，恰不曾通过姓名。到了这时，便重新通问。郑弼臣先道：“我姓郑，名叫士良，表字弼臣。”说毕，转问那同学姓名，谁知那同学就是孙逸仙。郑弼臣便殷勤接待，让他入座。孙逸仙说道：“兄弟所特地来访的缘故，是因老哥所发的那篇议论，别人都目为奇怪，兄弟却十分佩服！兄弟也久有澄清四海的志向，只因为同志不多，所以未能举办。他等听兄弟的话，都说是什么叛逆暴徒，小弟也就不敢轻易开口。如今听了老哥的议论，先得我心，委实是我的一位同志。”郑弼臣听说，便霍地站起身来，眉儿一扬，说道：“我不想茫茫人海之中，尚有如老哥般一个人！英雄到此，尽可不必短气罢。”孙逸仙知道郑弼臣是个有志之士，便把自己的历史和志愿，滔滔汩汩地说了出来，弼臣听着大喜，两人便结为知己。当晚谈到钟鸣八下，方各自归寝。此后凡是有空闲的时候，他俩便畅谈国事。

直到了十二月中旬，学校里例须放假，学生们都束装回里，只有他俩很觉分别为难。郑弼臣便拉着孙逸仙的手腕说道：“他们都有俗务，我们是没有的。今天我们把行李暂时放在客店里，休息一天，明儿我和你一同去会个很有意味的朋友。你如认他可以共事，我便替你介绍。”孙逸仙道：“难道你我之外，还有什么同志吗？”郑弼臣说：“且休管他，明儿请听他的议论就知道了。”孙逸仙连声答应，当下就将行李搬进客栈，暂宿一宵。

次日黎明起来，二人盥沐已毕，吃过粥，便打点出门。郑弼臣在前导着，孙逸仙在后跟从，靠着两条腿儿，一程一程走去。紧紧走过十几里路，郑弼臣便指着一座向南房屋说道：“那位朋友就住此屋。”孙逸仙抬头看时，见这房屋非常宏敞，门外挂着一块牌子，写着“洪第”二字。走进大门，中间有一座大厅。郑弼臣就叫孙逸仙在大厅坐下，自己向里走去。不多一会，就见他引着一个男子出来。这人身体肥胖，面白唇红。彼此相见之后，各问姓名。那人自言姓洪，单名叫个“鳌”字。一时分宾主坐定。郑弼臣便指着洪鳌说道：“这位是我们的老大哥。”一面指着孙逸仙，也对洪鳌说道：“这是我们的同志。”洪鳌道：“既是同志，明说不妨。我们自天王失败后，志趣未改，干的仍旧是灭清复汉等事。只因近来粮饷不足，力量不充，所以不能首倡义举。我们甚想纠集到一百万兄弟，每人出银一两。

有了一百万两银子，就好购买枪炮，聚众起义。”孙逸仙暗想道：“这一定是什么会党？……”但是从洪秀全遗下来的会党，是叫什么名儿，他却不能明白，又不好问他。那时郑弼臣已知孙逸仙的心意，便对他说道：“不瞒你老哥说，我们这个会叫做‘三合会’，是很秘密的，外人不能轻易得知。只因你老哥和我们志同道合，正可以和我们联成一气，共同做事，所以老老实实向你直言。我们有好多处秘密地方，又有好多件秘密事情，如今都可给你瞧瞧。”说着，便请洪鳌引导。洪鳌毫不推辞，便站起身来，领着孙逸仙走去。

转到后面，乃是一带甬道，两旁都有树木，只可惜在隆冬时候，早已枝枯叶脱了。甬道尽处，有三间房子，陈设也非常洁净。再进去，后面有一个天井，两旁各有两间厢房。天井尽处，一大间倒厅，倒厅以后，是一座小小花园。孙逸仙暗想道：“这些经过地方，匾额上不是写‘思古堂’，便是写‘招月轩’，就是柱子上的对联，也不过是‘仙露明珠，方足仿斯朗润；清风明月，未足比其清华’等语，也配说‘秘密’两个字吗？”正在疑猜的当儿，忽见洪鳌在倒厅左首壁间一个窟窿上一按，豁地一声，壁缝裂处，开出两扇门来。自外面望进去，黑魆魆的瞧不见什么，似乎觉得非常深邃，那时洪鳌首先跨进门去，郑弼臣与孙逸仙跟在后面，约走了一丈多路，照样在壁上按了一按，又是两扇门自开，这里面便豁然开朗，别有天地。门内是一方大天井，向西的三间房子，南北两廊，各有房室。先到了中间一室，抬头看时，悬着一块白底黑字的匾额，里面写的是“红花亭”三字。室内上首，又悬着一幅神像，乃是关帝。上面也有一块匾额，写着“忠义堂”三字。两旁尚有好多神像，也有女的，也有男的。孙逸仙本来也想入他等会党，如今见这一派迷信，心里便有七八分不高兴，当时便把这念头打消。不过在这个时候，有许多事儿不懂：一件是关帝像前，供着一个圆形的木斗，斗外写“木杨城”与“木立斗世”等字；斗内插着一面直旂，内书“三军司命”四字；直旂两旁，各有令旗五面，满写着什么“蔡德忠”咧，“吴天成”咧，越发不懂它们的意义。又一件是神座前的一座塔，名曰“九话塔”。这“九话塔”三字，已经不可解了；那香炉的外面，还要写着“反汈复汨”等字样，更不可解。那洪鳌只是导着他看，并不指点讲解，孙逸仙也不便问他。看了一会，便走出来。只见南北两厢，各有三间房子，各房门首都标着名目：什么军需房、文书房、总库房、会计房……似乎和衙门里的六房一般。到此，孙逸仙便往门内一张，见有好多人在里面办事，因即问洪鳌道：“会里的人打量是不少的？”洪鳌尚未开口，郑弼臣先说道：“如今合台湾、福建、广西、江西各省计算，至少也有三万余人。”孙逸仙惊道：“竟有这许多吗？那么，就是每人捐出五两银子，置办些军需子弹，也可以起事呀！”洪鳌道：“不妥，不妥！我们虽说有三万弟兄，这三万弟兄当中，不是个个可用，也不是个个可以出钱的；就是聚集拢来，也正如一盘散沙，没有团结力量。所以我们正在筹划训练他们方法，待训练成功，才好起事。”孙逸仙点了点头，也就走了出来。

略略坐了一会，仍旧别了洪鳌，和郑弼臣回来。及至到了旅店，孙逸仙便笑问郑弼臣道："今天在你们会里眼见的事情，的确是从来不曾见过的。别的我且不问，只这'汈'字和'汨'字，我简直有些不懂。而且这'汈'字，连书本里都没有见过，究竟是什么意义？"郑弼臣哈哈笑道："'汈'字你固然不认识；就是'汨'字，你何尝认识？"孙逸仙道："我国文虽然不好，难道连这'汨'字都不认识？打量不是当汨罗的'汨'字用，就是滔滔汩汩的'汨'字"。郑弼臣摇摇头道："我们的字都是自己造的。这一个'汈'字，便是'清'字；'汨'字乃是'明'字；'反汈复汨'乃是'反清复明'。只怕你真想不到咧！"孙逸仙道："哦！这都是你们自己造的！那么，什么字都和人家不同了"。郑弼臣道："这倒不是，只拣他紧要的罢咧。譬如'满'字写做'㴉'，'彩'字写做'彪'，'会'字写做'㑹'，这都是外人看不懂的。"

郑弼臣正在口讲指划之时，忽然有个同学气喘喘跑来，劈头先对孙逸仙说道："孙兄！不得了！不得了！快走罢！"郑弼臣忙问："什么？"那同学只管呆呆看着孙逸仙，嘴里说："不走，要不得……"孙逸仙道："惠臣老是这样子，有什么大不了的事？赶快说罢！"那惠臣先在门口探头一望，便把门儿关上，对孙逸仙说道："你前几天对哪个说过话？"孙逸仙道："难道说话也有妨碍的吗？"那惠臣道："不但有妨碍，而且有罪名。你说的话，不是寻常的话，简直是造反的话咧！"孙逸仙抬头想了一想，说道："有的，有的。那天下课以后，我偶然走到校外一家铺子里买些东西，听见这铺里老头儿说道：'米价又涨到四十钱一升，只有长发贼造反的时候是这样子，如今说不定又要造反。'当下我就接说道：'造反，造成了倒好了！不要说米价会贱起来，就是我们做百姓的，也可以不给那外国人管理着当奴隶了。'那老头子似乎很诧异的说道：'怎么说外国人管理百姓？如今管理我们百姓的，不是中国人是谁？'我又说道：'你哪里晓得？如今做皇帝的是满洲人，满洲是东胡种，并不是我们汉种。从前洪、杨所以要造反，也就是要把中国土地从胡人手里夺转来的意思。'"那惠臣道："着呀！单你这几句话就惹下大祸了！你要知道，那时刚好府署里周师爷走过，把你这些话听得清清楚楚，回到衙门，就说给知府听了。那知府把桌儿一拍说道：'那还了得！明儿赶快把他捉来！'周师爷道：'堂翁休得性急，这个说话的人是谁，我还不晓得，单晓得他是在博济学堂里念书。'我老子是在签押房，你是知道的，那时刚巧拿一件公文进去，听见这话，当即来问我。我一想，这一定是你。所以特地来通知你，赶快走罢！"孙逸仙道："哦！我道是什么一件事。口头说说，又没凭据，如今校里放假了，他去找谁？"郑弼臣道："倒不是这样说，死虽不必怕，但何必平白地死？我想你还是暂躲一下子吧。"孙逸仙想了想，说道："也罢，我决意到香港去。香港与这儿虽然一水之隔，可是外国人的租界，难道中国的官厅也可以来拿我吗？"

郑弼臣道："也好，但是宜早不宜迟，明儿就走。"孙逸仙道："就是明儿罢。"郑弼臣道："那么，我们今晚还得畅饮一下子。广华楼的酒菜倒还不错，我们就点几色来饯饯行吧。"孙逸仙也不推辞。

当晚，除那惠臣早已回去外，他俩就在旅店里畅饮起来。两人都不会喝酒的，但是到这一晚，似乎酒量给离情扩大了。郑弼臣对孙逸仙说道："我们此后虽是天涯海角，此心此志，不能变更！老哥！老实说：郑士良这一颗头颅，早已预备断送在革命的上面了。"孙逸仙道："我情愿把我颈血换取大汉的江山！"说着，各人对饮一大杯。两人又且饮且谈，谈到十一点过后，都已醺醺欲醉，方才罢饮归寝。

次日，孙逸仙便整理行装，别了郑弼臣，搭船赴港。郑弼臣送到船埠，二人又谈了不少的话，无非是各加勉励而已。约莫过了一点多钟，那船方才开碇。郑弼臣直立岸上，送他启程，迨至船身模糊，方才回去。回到旅店，也将一切行李，整理停当，打发人拿到洪鳌那里，自己预备暂不回家，在洪鳌处度过残年，再作计较。不想才进洪宅，那洪鳌便很起劲的说道："你可知道消息吗？"郑弼臣听了，大吃一惊，便问洪鳌道："什么消息？"

第二回

遭挫折英雄悲末路　抱不平侠士入牢笼

洪鳌即将抽屉中藏着的一封信拿出来，交与弼臣。弼臣拆开一看，见其里面写道："近来本地官府，日坏一日；绅士富户，趋奉恐后，赌博番摊，一任所为；穷人一有错处，立即捉入衙门，拷打拘禁，无所不至。而且层层捐税，日征夜索，贫民困苦难堪。本军为吊民伐罪起见，业已纠集弟兄三千，定于克日举事，与官军对抗。香港有石匠四百名，愿与本军相合，由香港约定至九龙山会集。大家同心协力，共讨逆贼。将来事成之后，帝王之业，不难致也！贵处为粤省首都，急宜响应，以乱贼心。"下署"广东省，惠州府，宁山，三合军"十一字。弼臣看完之后，双眉一皱，嘴里"咂"了一声，似乎现出一种很为难的样子来。洪鳌道："我也想不出个主意，究竟是怎么样好？"弼臣年纪虽轻，胆量虽豪，可是他是个豪中带细的人，当下便对洪鳌说道："这里官军虽说不多，但东调西遣，至少也有五六千之数；我们在省城里的弟兄，只不过一千多名，这是就多少讲。他们都有训练，我们能够拿枪的，只不过几十名，怎么好和官军抵抗？大凡我们办事，先须操个必胜之券，胸中有了把握才好。如今非但没有把握，简直是十有九输，岂不是白白地牺牲好多条性命吗？"洪鳌一想，这话不错，立时嘱弼臣打起复信的稿子来。撰好之后，连忙嘱文书房誊写一过寄出去。里面无非是照实在情形说个明白，对于他们的举动，也不赞成，也不阻止。

怎晓得即此封复信，便惹出天大的祸事来。原来宁山地方，三合会的会员和广州不相上下，无论农民手工，一古脑儿都入会做弟兄。其中有个石匠，乃是无锡大阿福的弟弟，名叫小阿福。这日，喝醉了酒，在作场里和几个工人赌博。县衙门里差役是有老规矩的：大赌每场一吊钱，小赌每场半吊，再小些儿，一餐饭，一杯清茶，只不过是尽些意思。有一天，正是小阿福赌得起劲的时候，忽有两名衙役走进来，掀开笑脸说道："好闷的天气，没得事儿消闷，倒是打牌的好，怎么不打大一些呢？"他们这几句话，算是开路先锋，着道儿的，该得拿出半吊钱来给他说道："要你老白跑了一趟，这些钱算是给你老买杯酒喝。"那么，他便接过来，欢天喜地的走去，再不和你为难。如今小阿福呢，一来，他生平不肯让人的；

二来，喝醉了酒，这些衙役说了几句话，他犹如没听见的一般，竟不理会，只管自己打牌。衙役见此情形，早已“七窍生烟，三尸暴跳”，连忙将桌上牌儿一捞，把聚赌的人辫子一拉，恶狠狠地说道：“到衙门里去！”小阿福怎肯干休？便把身子一挣扎，大喝一声道：“打！”于是聚赌的人和看赌的人都拥近衙役身边，你一拳，我一脚，在赌场里打得落花流水。两个人怎么拗得过七八个石匠，自然只好向他们讨饶，把祖宗老爹乱叫。他们仍旧不肯甘休，只管乱打，早打得衙役上气不接下气，躺在地上喘气。过了好多时候，才慢慢地挣扎起来，四下看时，他们早已躲得一个不留。这两名衙役仿佛打家劫舍般强盗，不肯空手便回，把赌场里值钱东西，拿着几件走了。

及至回到衙门，自然把小阿福如何赌博，如何拒捕，如何殴打等话，向县官报告一番。县官验看，果然两人满身都是伤痕，便大发雷霆，立时掣出一条火签，打发捕快当即把小阿福一干人拿到重办。

那小阿福一干人只当把衙差已经打死，躲得不敢出头。倒是小阿福一个伙计有主意，他说：“既已如此，我们躲避一辈子也没用。不如去报告老大哥，求他想条计策。”小阿福一想，这话不错，便走到三合会的首领跟前去，把详情照实说了出来。那首领姓马名文奎，是个暴躁不过的人，一听此言，便对小阿福说道：“我们和他私斗，是斗他不过的，不如爽爽快快造反。”小阿福一听，搅到河水浑便有鱼儿捉，也打了造反的主意，便立时答应，把兄弟们分头接洽，整整有三千人马。香港方面的石匠，听见这消息，为着保护同业，也纠合拢来，要和他们合作一股。马文奎听了，自然十分欢喜，连忙写了好多封信，叫各处三合会同时起义响应。再不想从广州洪鳌寄来的信却不肯附和，教马文奎看了，头顶冒出火来。当下也并不与众弟兄说明，只管指挥众人，向县城进发。

那时新军还未发生，打仗的多是旧军，不过弓箭刀矛之外，兼学习些枪炮。至于三合军呢，连枪炮都没有的。当下官军闻三合军攻进来，那些绿营的将士，匆匆忙忙点起人马，出来应敌。虽说是老弱残兵，到底比得乌合之众好得多了。所以打一阵，杀一阵，那三合军里三千人马，不上半天，早已杀得只剩三分之一。马文奎见不是道儿，连忙挽转马头，落荒逃走。那边香港的五百名石匠到了归善，一听见三合军败退消息，也就不敢冒险，当即解散回家。这一场风潮，居然不上两天，遽尔消灭。

今再说马文奎骑了一匹马向荒野跑去，也不知跑了多少路，早已是夕阳在山、倦鸟知还的时候。瞥见有个村庄，横在眼前，错错落落都是些茅屋柴扉，料想不是投宿之处，只好再向前走，赶快找到一个市墟所在，投了客店，再作计较。接着又跑十几里路，天时已渐渐发暗，行路的人也稀少了，只是没有投宿的地方。幸亏有一座凉亭矗立路旁。他想：“到了无可如何的时候，就在这凉亭里宿一夜，也不打紧。”主意打定，揽住马头，跳下马来，收马系在亭柱旁边，自己就在亭子里坐下。看看四围山色，已经十分模糊，眼前地方既无灯火，又无饭食，怎生过去？没奈何，只好在一条石凳上横躺着身子，睡一觉再说。文奎身短体肥，倒头便呼呼睡去。

不想睡兴正浓之时，忽然有人拍他的大腿喊道："好汉醒来！"文奎一惊，睁眼看他，是个男子，手持灯儿，颤巍巍站在跟前。文奎只当是个官军，连忙摸出一柄防身小刀要向男子戳去。恰被男子一架，那柄利刃早已嗤溜溜的飞出一丈以外。文奎越发大怒，兀自要徒手相搏，那男子将他臂膊紧紧握住，笑说道："你也太粗鲁了！要打人须看清楚了路儿。我是谁，只怕你还不识得咧，怎好便轻易动起手来？"文奎闻言，方才把臂膊放下，问这男子姓名。那男子道：且慢问我姓名，在这天气寒冷，夜色迷茫的当中，好汉在此酣卧，自然是个末路的英雄了。请问因何至此？"文奎长叹一声说道："一言难尽。"男子道："既如此，我家去此不远，便请好汉屈驾。"文奎看他并无恶意，而且又是一个好身手，也就毫不踌躇，立时答应。即将小刀拾起，揣在怀中，牵了他所骑的马，跟着男子走去。

果然只有两里多路，就有一个村庄。男子指着一座高大的房子说道："这就是我家了。"一面说，一面打门，不多一会，门便呀的开了。约莫一个五十几岁的门公，把文奎上下一打量，又望着那男子说道："怎么这么晚才来？"男子道："在柳老大家里喝酒出来，途中碰见这位好汉，耽搁功夫了。"门公又把文奎打量，也就没话。两人走进里面，便有女佣男仆，出来伺候，倒茶的倒茶，送烟的送烟，文奎就知道这男子是个富家子弟。

宾主坐定，男子又问起文奎来历。文奎一字不遗的照实说了一遍，又对男子说道："实不相瞒，兄弟此番失败，虽然由于士卒不良，可是广州方面不肯响应，也是一个最大的原因。"接着又把三合会的规矩和洪鳌违背洪门中第三十六誓"一同协力，杀灭清朝"的规约，说个仔细。这男子听了，便说道："如今老实对你说，兄弟姓陈，名叫天鹏；本是绿林大盗。近来家财富有，懊悔自己走错路儿，便改向行善，专做些济难扶困的事情。如今你既然有这种委屈，兄弟自信这副钢筋铁骨，正好替好汉帮忙。"文奎一听此言，便扑通一声，跪在天鹏跟前。天鹏连忙将他扶起说道："何必如此？请喝酒罢。"便命仆人端上酒菜，两人喝着，直至东方将白，始各自归寝，不在话下。

到了第二天，十点钟时候起来，大家吃些粥，纵谈时事。至下半天，方才一同起身，向广州进发。

再说郑弼臣自从到洪鳌家里后，天天擘划整理内部、扩大会员的事务，一天不得休息。这一日，正在制造一种会员名册的式样，忽传外面有人要见洪鳌。弼臣将名片拿来一看，见中间写着"陈步程"三字，后面还注着"云青行二"四字，他想了一想，便对洪鳌说道："尽管见他，但须派两名本领高强的弟兄守在门外，防有变故。”洪鳌点了点头，照他的话出去迎见。

及至大厅，果然有个男子站着。仔细看时，见他三十几岁年纪，状貌英挺，装束齐整，便拱手道：“劳驾枉顾！”那男子道：“好说，好说！”当时仆人献上茶来，洪鳌将右手拇指放在茶碗边，第二指托在茶碗底，把茶献过去，左手伸出三个指儿来说道：“请用茶。”那男子也用同样的指法来接受。洪鳌一想：“这是同门中人。”因把一些隐语来和他谈话，居然对答如流，一切不错，越发相信他是自家人。后来他要看看会里一些设施，洪鳌便导着他各处走了一遍，方才告别而去。

洪鳌送客回来，洋洋得意，说：“今日又来了一位弟兄！”弼臣道：“失着就在于导他到各处观看。”洪鳌顿时一呆道：“我们一家人，有什么失着？”弼臣道：“是不是自家人，我也不得而知，但是这人到这儿来不怀好意，我已经断定了。”洪鳌越发诧异起来，道：“哪有一家人当中不怀好意的呢？”弼臣道：“他在各处观览时候，并不看一切规则和陈设东西，两条目光时时在屋顶上观察，这是一种可疑；他别的都不问，单问怎么出路，怎么进路，什么地方是你卧室，这是第二种可疑；时时把门儿窗儿摇扳数次，试它坚硬不坚硬，这是第三种可疑。照我意思，赶快叫王阿虎到这儿来，在此地住宿，派两名弟兄做他助手，以防不测，似乎放心些。”洪鳌仍不相信，说：“断没有这等事，是弼臣多心。”弼臣并不和他辩白，暗下只管将王阿虎叫进来，把事由说给他听，拣了一处紧要路口叫他伏着，另外两个弟兄伏在距离稍远的地方。计划已定，并不与洪鳌说明，尽管喝了一壶酒，嗤嗤睡觉。

到了夜半时候，果然有人来打弼臣的门。弼臣便一骨碌起来，把门打开问：“怎么样？”那弟兄道：“已经把逆贼捉获了！”弼臣道：“休得声张，且把这逆贼暂时关在军牢，小心看守！”那弟兄答应一声而去。

到第二天吃午饭时候，弼臣备一席酒，请洪鳌畅饮，说是替洪鳌庆贺。洪鳌拿起杯来，喝了一大杯酒说道：“幸亏不听你话，没有去叫王阿虎，要不然，岂不是白冻一宵吗？”弼臣道：“我早已叫来了！”洪鳌道：“哎唷！要他白白地冻了一夜，快叫他来喝些酒。”弼臣道：“谨遵台命！”说着，便打发人去邀王阿虎。不多时，王阿虎到来，同时恰扭着一个男子，向洪鳌来请示，说：“怎样发落？”洪鳌一看，这男子就是昨天来拜访他的陈步程，不禁大吃一惊，半晌说不出话来。郑弼臣笑着道：“幸亏叫了王阿虎来，要不然，我们都已做‘平肩王’了。”那洪鳌道：“我真是再也防不到这着儿，如今真佩服你的眼光了！”弼臣便指对面一个座位，对王阿虎说道：“你既然有这功劳，理宜请你喝酒。”王阿虎也不推辞，便在弼臣对面坐下。陈步程自有另外两个弟兄监守。洪鳌一面喝酒，一面问步程道：“你为什么要来谋害我？”步程叹了一口气道：“我陈天鹏在江湖上横行十年，杀死官军不知多少，从来不曾受过挫折，如今恰被你们所擒，也是我命该如此，还有何说？赶快开刀，不必多问！”弼臣道：“你是叫陈天鹏吗？”天鹏点了点头道：

"云青是假捏的，步程是我的号。"弼臣道："你说叫我们赶快开刀，难道晓得我们一定要杀你吗？"步程道："不杀便赶快的放！"洪鳌道："要你说明来历才放。"步程道："要我说明，情愿受杀！"弼臣道："好汉！快松了绑！"两个弟兄便将步程松了绑。那两个弟兄也就打发去后，弼臣便将步程请过来，叫他坐在王阿虎的座位饮酒，王阿虎移坐在步程的下面。那时王阿虎和洪鳌都不懂他的意思。弼臣提起酒壶来，满满斟了一大杯酒，放在步程面前说道："勇士易得，好汉难寻。如今好汉既有这坚强不屈的气概，此番来行暗杀，定然不是为报一人私仇，不妨畅畅快快说出来，也好教兄弟等明白。"步程道："既蒙两位另眼相看，怎好不说实情？但是有一件事要说在头里：我倘然供出这个人来，这个人可不能难为他！如要难为他，我就不能说了。"弼臣道："只要情有可原，自然格外原谅。"步程道："那不是这么说的，他既然立意要杀你们，怎么还有可原谅？我所以说不要难为他的缘故，是要你们于不可原谅之中原谅他。"弼臣筹思半晌，说道："可以，可以！"步程便把马文奎如何碰见他，如何恨洪鳌，自己如何答应替文奎帮忙的话，如何进来察看进出之路，如何深夜来谋刺杀洪鳌，如何被王阿虎捉获，一五一十尽说出来。弼臣道："那么，你原来不是洪门中人吗？"步程道："并不是洪门中人，因为要到这儿来察看进出之路，特地叫马文奎详详细细教过一遍。"弼臣道："哦！像马文奎这厮，本来是不能原谅的！因为他也犯了同类相残的罪名。如今既然答应，再无第二句话，姑且饶他一次。"当下四人畅饮一场，直至午后方散。

弼臣见步程本领高强，性情豪爽，要他加入会中。步程道："既蒙另眼，自当遵命。但马文奎还正在翘首等候，须得回去报命。"弼臣道："只消你把他住址说出来，我们派人去叫他，不是一样的吗？"步程道："老哥有所不知，兄弟感君等知遇之恩，所以不能坚执己见。至于马文奎意思如何，我还不曾晓得。倘然他要说我一句'翻云覆雨'，我可担当不起。只好辜负诸位一片栽培的盛意了。"弼臣听这话有理，也就允许了他。洪鳌和王阿虎心里却似乎有些不高兴，弼臣也并不顾虑，只管放他出去。步程去后，王阿虎便怒道："我们费一夜之力，好不容易把他捉着，你却做了人情，将他释放，这是什么道理？"弼臣道："你们哪里知道！头里我本当想把他杀却，后来见他是个有肝胆的丈夫，我便舍不得杀他。他如肯为我所用，将来还怕不是一名健将吗？他这会子去而复来更好；如其不来，也再不会跟着那马文奎来杀我们了。"洪鳌固然是信仰弼臣的，王阿虎经弼臣一席话，也觉言之成理，无可驳诘，只好默默而罢。

后来步程一去半年，杳无音信，直至半年后，突然而来，那时洪鳌正害重病，奄奄一息之时。步程问过病情，方才把半年来的事，原原本本报告出来。

原来步程辞弼臣出门后，到客店里去找马文奎，文奎以步程一夜不曾回来，知道凶多吉少，深恐他供出自己住的所在，所以先期逃走了。步程无可奈何，只得向各处随走随找，一直找到惠州，方才知道马文奎仍在宁山，正在收拾残部，图谋再举。步程到了他的营中，先把自己经过情形一一告诉了文奎，然后再劝文奎养精蓄锐，不可轻举妄动，并且说起弼臣如何精干，如何沉毅，文奎也把从前的嫌隙雪消冰散。这半年中，步程助他几万饷银，暗地替他购办好多新式枪弹，把弟兄们刻意训练一番，方才再到广州来代文奎修好，仍旧联络一气。弼臣自是喜欢。

再过几天，洪鳌一病竟至不起，于是众弟兄便公举弼臣做首领，称大总理。弼臣把全副精神，训练会中弟兄，推广会员，省去一切无意识的迷信事务。又过了好多年，正要图举义旗，忽然接到老友孙逸仙从香港寄来的一封信，弼臣连忙拆开，细细一看，见里面写道：

> 抵港以来，言论绝对自由，可以无所顾忌。学余之暇，则奔走于澳门、香港之间，竭力鼓吹革命。数年中唇舌为焦，而所得同志，仅只陈少白、尤少纨、杨鹤龄三人；然昕夕往还，所谈者无非革命之言论，所怀者无非革命之思想，所研求者无非为革命之问题。而群众梦梦，不察其旨，乃以为大逆不道之论，目我等为四大寇，殊可笑也。有陆宗桂者，字曰浩东，亦香山人。其人有才略，有肝胆，随其父游沪上；此次翩然来港，与文谈革命，志同道合。谓他日起义，必当以其资产助军饷，信有志之士也。君宜于此时联络防营，晓以大义，以便他日之响应，至盼！至祷！

弼臣向来对于当世人士少所许可，只有对于孙逸仙一个人是绝对崇拜的。如今读他来信，他于训练弟兄整顿会务外，便不能不再做联络防营的工作了。

第三回

一室盟心青楼夜话　满怀壮志旅店高歌

且说广州城中有一户人家，灯光通明，谈笑声喧，有五六个客人在那里喝酒取乐。其中有个妓女在一旁陪着，这妓女名叫绿痕。二九年华，如花丰貌，当筵一曲，宛转珠喉。其中有个穿西装客人，以筷击盘，替她拍板。这个客人就是弼臣。弼臣不是好色之徒，为什么走到窑子里去呢？这其中有个缘故。当时弼臣要联络防营，那防营里兵官，他又有一些不熟悉。就是熟悉了，不晓得他们怎么心肠，突然说出反清复明的话来，当场将你捉住，办你一个大逆不道的罪名，岂不是白白地送了性命？所以他十分慎重，先把防营里各级官长调查一番。后来知道番禺县知县戎长庚是兼办营务处的，和省城里各级武官非常投机，因此他打定主意，决计从联络长庚入手。可是这位戎大爷，很有名士脾气。成日价除批阅案牍外，不是饮酒，便是赋诗；最喜欢是章台走马，北里听歌。弼臣探听得仔仔细细，先借着一件公事，到衙门里去见他。他见弼臣只有这些年纪，只当是没有阅历的莽青年，所以并不重视，只不过照例应酬罢了。后来接谈过数次，见他老成练达，毫无一点浮躁气象，心里非常钦佩，便慢慢地成为知己。

弼臣知道时机已经成熟，便特地邀他到著名妓女绿痕家里，畅畅快快喝了一场酒。同席的多是当地绅士，酒阑席散，那些绅士，都已纷纷告辞，只剩下戎长庚与郑弼臣两人。那时广东地方，鸦片盛行，窑子里都有鸦片供客，长庚又是酷好阿芙蓉的人，便躺下床来，吞云吐雾。弼臣巴不得有这机会，便也将身子倒下，躺在长庚对面。待他吸过一筒后，方才问道："庚翁近来看些什么书呀？"长庚道："我生平最喜欢看的就是一部《庄子》，但其笔墨固然好，思想也正比众不同！"弼臣道："晚生年纪轻，古书读得不多，只有一部梨洲先生的《明夷待访录》倒读得烂熟。"长庚道，"这部书在国初时候是禁书呀！到了如今，也就马马虎虎了。所以我常常说，法网越密，弊政越多，天下越不太平。《明夷待访录》这一部书，治国大本，都在于此。只不过'明夷'二字，显然是'内华夏而外夷狄'的意思，所以便禁了起来。殊不知这等书，越禁的厉害，看的人越多，有什么好处呢"？弼臣道："庚翁虽然是本县父母官，可是忝在爱末，敢说一句荒唐的话：本朝入关时候，扬州十日，嘉定三屠，到底太残忍些。怪不得洪秀全那伙人有所藉口了。”长庚道：“本朝本来是东胡种族，他们不晓得什么礼教，一切制度文物，要不是我们汉人来教导他，只怕把中原一片干净土，早就变做蛮荒哩。”说罢，又呛呛价抽起烟来。弼臣心里一想：“已有路儿了！”因即说道：“不瞒庚翁说，晚生有一个朋友，叫做孙逸仙。他虽然只有二十几岁，倒抱有极大志愿。他时常对人说‘鸦片战争以后，把香港送掉倒还不打紧；订了丧权辱国的条约，将来中国要尝够这苦痛了。所以今日根本的计划，先须推倒了满清政府，建设一个“共和政府”，才好把中国整顿起来。’我听他的话，伸出舌头来，几乎缩不进去。到后来听惯了，也就似乎有理，便不以为奇了。”长庚道：“不要说他们有这思想，就是我也未始不有。只不过时机未熟，不好轻易举事，只得待时而动。”弼臣听他的话，知道这位老头儿不是寻常官吏，便也老老实实把要联络防营的话说了一遍。长庚道：“我对他们不容易说话，要你自己和他说才好。这一点要请你原谅！不过几个有权的官兵，我可以替你介绍，常常和他往来，待厮熟了，便好一步一步的踏进去。”弼臣便一骨碌起来，向长庚拱了拱手道：“庚翁有这具侠肠，有这副肝胆，岂止某等之幸，实在是中国前途之福！就此重重拜托庚翁了。”长庚也说了几句谦让的话，而且叮嘱他处处须守秘密，不可轻易泄漏。弼臣自然唯唯从命。那时已在亥末子初时候，两人遂别绿痕，各自回去。

自此以后，弼臣便出入于防营之中，施展其运动手段。只因他们多半头脑陈腐，性情顽固，又费好多年的力量，才把三合会与防营打成一片。他便决计在广州举事，即日赴香港去访孙逸仙，叩问他的主意。不料到香港，孙逸仙早已北上。

原来那时逸仙已在香港毕业，曾经在澳门、香港两处，借行医名目，做他宣传革命的工作。东奔西走，足不停趾，而且资用乏绝，艰苦备尝；幸有他一位香港医校的教师，英国康德黎博士非常看重他，把自己的薪水，拿来津贴他。后来逸仙碰见了陆皓东，由陆皓东拿出款子来，充革命经费，他便决心起事。只不知满清政府究有多少兵力，他的兵力究竟有多少力量，没有细细考察，不好轻举妄动。即便与皓东商量，决计同往京、津一走。皓东也同是这个意思。计议既定，便整理行装，即日启程，康德黎夫妇送他们到码头上，握手言别。船向天津进发。乘的是外国轮船，在船中自然又做了不少革命的宣传。

不多几天，到了天津，就在一家客栈里暂时住下。那时已是掌灯时候，跑堂的拿上一管灯来，问：“吃些什么？”逸仙、皓东虽说不是赤贫出身，却心不在饮食，叫他：“随便拿来，什么都好。”跑堂的答应去了。不多时，拿上来一盘饽饽，一盘大肉，一碗汤。两人胡乱吃了一些。时候还早，不好就睡，孙逸仙便谱支革命的歌儿唱起来：

“少年听！请听！想革命革命！快请革命！把我们，中国的山河，还归旧主人。好男儿！铁血功成！”

这首歌的调儿，听说就是法兰西的革命歌。那时这种歌儿，除了基督教里赞美耶稣以外，是轻易不能听见的，所以一栈里的人，都走拢来听，只当这人发狂了。

那皓东呢，自少是学过拳棒的，没了事，就在天井里弄起拳脚来。天津地方本是燕、赵古地，好汉极多。只是皓东也不是三四等的角色，所以敢在大庭广众地方显他身手。果然踢打完了，个个叫好，说他是少林嫡传。怎晓得就中有一个男子，恰在众人啧啧称羡的当儿，冷笑一声，回到自己房间去了。皓东并不是江湖卖艺之人，也不是奔驰南北的镖客，只不过在无聊的当儿闹着玩儿罢咧，所以人家赞他也好，笑他也好，从来不曾与人争过胜负。这会子这个男子冷笑一声，皓东并非没有听见，也只为这区区匹夫之勇，不足计较，所以默默而退。在房间里和逸仙谈了一会，便要睡觉。

忽然一个男子一足跨进房来。皓东看时，正是适才笑他拳脚的人，打量他不是江湖拳师，便是直、鲁镖客，心中不愿意和他接谈。倒是逸仙起来与他招呼，请他坐下。大家问起姓名来，那男子道："姓陈，名叫天鹏，号步程；……"话还未完，逸仙便接说道："哦！你就是陈天鹏吗？应该知道广东有个郑士良呀。"步程道："怎么不知？"这时皓东方才也起来招呼。因为皓东是曾经在弼臣给逸仙一封信里见过的。陈步程也问了两人姓名，便也肃然起敬说："先生的大名，早就在郑弼臣那里听见过，原来是一位当世豪杰咧。"逸仙谦让一番，便问步程："为何到此？"步程道："只因我有位师兄弟，在关外开设镖局，他寄信来叫我帮他的忙。可是我呢，说到一身吃喝，一辈子都不消愁得，生成的脾气，又是瞧不起富豪，看得上穷民的人，这保镖的生涯，岂是我愿意干的吗？不过朋友交情，不能不走这一遭，一来，拜访多年没碰见的师兄弟；二来，也可到北方来游玩一番，广广眼界。适才看见陆先生在那儿弄拳脚，功夫倒还不错，只是少了一种内功，便觉得外面有余，里面不足。我这一笑，并不是笑你陆先生，是笑这些喝彩的没有眼珠子，生怕陆先生误会，所以特地来谢个罪。再不想恰恰碰见当世的英雄，可谓此行不虚了！"逸仙、皓东二人听说方才知道，步程胸怀，果然如弼臣所言，光明磊落。因此也就把自己的事详详细细和他说了一遍。三人谈到深更，各自归寝。

第二天，打点动身到北京去，步程自然同道。逸仙得了一个步程，彷佛得了珍宝一般，当然也不肯放他走。只不过差些学识，一路上和他讲些世界大势、中国时局和古往今来治乱兴亡的事情。步程本来天资高旷，颇能领会大意。

及至北京以后，三人仍旧在旅店住下。逸仙对二人说道："如今我们要知道清廷虚实，第一，先须知道它的兵力；第二还该知道它的财政。财政不充，便饷项不足；兵力虽厚，也经不起一战。我们只消得着一位老于京师的人，问问他的内情，就得了。"皓东道："这倒不消担忧，我父亲有个朋友，姓詹，名叫志光，从前是和我父亲在上海同事的，如今他在此地银号里办事。他住的地方，我都晓得，先去拜访他，然后再办一席酒请他。我们尽可在无意中谈起政局来，他如知其详细的，一定原原本本说出来。”逸仙道：“银号和户部是最接近的，他自然越发晓得的详细。你就在今天走一趟罢。”皓东答应一声，便披上褂儿出去。陈步程也要到外面去玩玩，看看北京的风景。

只有孙逸仙除了办事之外，便是看书，不喜欢闲走的。可是他带来的书，都看完了，那时又没有日报，没奈何只好买了几张《邸报》来看。《邸报》当中，只不过是宫门抄，各部各衙门的官儿加衔升级的事情，一些趣味没有。就中有一件事，倒是很引起他注意，就是：“袁世凯以道员充商务委员驻朝鲜。”他在香港时候，早就听见袁世凯的名字，知道袁世凯本来是一个无赖少年，到北京来向他伯父袁保绪跟前求一名差使，保绪不很看重他。那李鸿章恰极赞赏；后来果然跟着吴长庆到朝鲜，为营务处，如今又充了一名商务委员。打量他的才干，确是和众人不同。如其思想新颖，倒也是一名革命的健将。

他正想得出神之时，那皓东已回，面上现着笑容，说道：“已找到詹志光了。蒙他非常优待，他说今晚在得意楼请客，并且要我邀你和步程同去。我想这是很好的机会，立刻就答应他了。”逸仙听着，也甚欢喜。只是步程出去好多时候，还不曾回来，防他人地生疏，走错了路儿，不是耍的。想要打发跑堂的去寻，可是也没处去找。正在着急的时候，那詹志光请客的条儿来了。逸仙搔搔他的脑袋，无可设法，要等步程同去，不知他何时才来；要撇下他，心又不安。只是在室中踱来踱去，皱着眉儿想法。倒是皓东有主意，对逸仙说道：“我们为的是公事，不能因他个人，便耽误了事情。他也不是小孩子，不会到什么地方去的。我们留个条子在这儿罢，他来了自然看见，见了自然会找到得意楼来。我们只管走罢。”逸仙一听这话不错，便打定主意，留下条子，与皓东一同出门去了。

及至到了得意楼，志光果然早已等着，见了孙逸仙，便拱手彼此问过姓名，一同坐下。皓东问：“还有谁？”志光道：“今天都没有空闲，我只请了一位洪莼甫作陪。他是一家古董店的主人，人极和气！在你们少年队里，倒还合得拢来。”话还未完，这洪莼甫也来了，志光叫他一声“莼老！”便迎到房间坐下。逸仙看时，此人大约五十几岁年纪，留下八字胡须，手中拿着一串佛珠，若是没了辫子穿上了袈裟，人家要当他是个和尚。当下志光将二人介绍过，菜已上了，便推逸仙坐在上位，莼甫、皓东依次而坐，志光在主位篩酒。大家喝过几杯，志光便说道：“近来京里做京官的真苦得很呀！”话还未完，莼甫抢着说道：“倒不是这么说，有了差使，谁不是整千整万的到腰包里来呀？苦的就是没有差使的当儿，东也挖门路，西也觅助援。这些人大概是穷的，没有钱，任你挖了一辈子也不行。”逸仙道：“本朝最坏的地方，就是开捐纳。只要有钱，什么人都可以做官，那么，强盗匪类都站在人民之上，怎么有不坏的道理呢？”志光道：

“你哪里知道？幸亏有了这一笔款子啊，要不是这一笔款子，国库里越发空空如洗咧。”逸仙道：“论理，全国钱粮漕银，为数也很不少，怎么便穷到这般田地？”志光道：“唉！说来可叹！中英之役，赔款一千八百万两，早已失了元气；中、法之役，又耗了不少的兵费；本来国库已经空虚。但是上剥下削，一般做官的，还只是要自己的腰包厚，哪一个来顾到大局？我且说一件笑话给你听：御膳房做膳的时候，天天有一盘豆芽点缀着，皇上看见多次了，不知它究竟什么味儿。便吃了它一些。不吃则已，一吃之后，才知道不是常品。你道什么？他是把豆芽先去了头尾，再将中间的心戳空了，变做一条一条的管儿，然后将已经剁成的肉泥，慢慢地放进豆芽管里去，你想，这工夫大也不大？特制好后，单消蒸上一蒸，就好吃了。果然，皇上吃了这东西，叫御膳房天天拿进来，接连贡呈一个月，你想他们报销多少钱，说起来委实要吓死人的！一共是六千两银子，计算起来，每盘的价钱，不是二百两吗？这是单举内务总监一部分说，其余的各部官吏，也不晓得有多少弊病咧。”莼甫道：“我上月里还打听到一件事情。我在京里做这古董买卖，竖起指头儿来一算，整整有二十个年头了，可是从来做的买卖，至少两三千，至多也不过一万两。这会子就做了一种大买卖。那天我喝了几盅酒儿，在床上躺了一会儿，不想忽然递上一个名片来。我醒来揩眼一看，见名片上写着‘叶裕生’三个字。我知道他是来买古董的，便一骨碌起来，走到外面去。见这人只不过三十左右年纪，穿一身很漂亮的衣服，向我弯了一弯腰肢，打着南音的官话问我姓名，我便让他坐下。他问道：‘你这里放着的古董，我都看过，可是不值什么钱的，不知道可有什么名贵的东西么？’我便说道：‘名贵的尽有，可是也得叫出一个名儿来，或是限定一个价格，我才好拿给你看。’他又说道：‘东西倒不必限定的。价格呢，至少要在两万两以外，少的，就不中用了。’我听到了这句话，就不免将他上下一打量。老光！这并不是我的势利，京里歹人多得很，时常用很巧妙的方法，来骗人家东西。再说各省抚道到京里来，馈赠的古董也不过几千两银子。王爷们玩玩的，连几百两几十两都有，如今他说一定要两万两，这不是很奇怪的吗？后来我把他细细一看，委实不像骗子样儿；我就答应他，叫他第二天来听回话，他也就答应着去了。我就把朋友家里的一座唐朝玉狮拿来，第二天给他看。他果然啧啧称赞，一些不少，把两万两银子给我。可是我有些奇怪，一定要探听这个人是怎样一个路儿，过了五六天，我方才知道详细。原来他是一名海关道，并不从科第出身，乃是由知府升署，才补实缺的。此番到京来觐见李中堂，意思要求中堂栽培栽培。可是李中堂乃是科甲出身的人，说话之间，不免带些书卷气。可怜那位海关道，自少儿虽然读过几年书，简直连‘天地元黄’四个字都写不来。因此他虽然有这个志愿，恰没有这个胆量。亏他东钻西谋，找到一位李中堂最信任的人，叫他事前先去说项，说：‘叶某虽然文墨上不很讲究，那办事的才干，毕竟数一数二。’那么，省得中堂对他通起文来。这个中堂最信任的人，到了这个时候，自然当做一种好买卖做了。便对他说道：‘老弟！你要知道，这位老头儿说句空话是不行的。俗语说得好‘鬼要纸锭，人要银子’。你有了银子做了先锋，就是说错了几句话，有什么打紧？’叶裕生道：‘哎哟！这可担当不起，他是一个中堂呀！少的我怎么拿得出去，多了我可没有力量。’那人道：‘我倒要问你：多少钱你才有力量？’叶裕生道：‘我至多是这么数。’说的时候，伸出两个拇指儿来。那人道：‘是这么罢，中堂爱的是古董。你把两万块钱买了古董送他，好看得多。’叶裕生道：‘好极，好极！古董是兄弟最内行的事情，尽好由我亲自去买。就是说起古董来。倒还可以敷衍几句！一定如此！一定如此！’他就跑到我这里来找古董了。老光，真个李中堂爱人家送东西的吗？只怕是给他居了一个名目罢咧。”当下皓东便问道：“究竟李中堂是怎样一个人呢？”莼甫道：“李中堂吗？不但是个爱钱的，而且还极能够体贴人家的苦处，他老人家除了看书以外，别无他事。上年中他干了一件事，几乎京里的人都知道的，都说他关心民瘼，不愧为一代宰臣咧！”逸仙便问：“是什么事？”志光也说道：“莼老！你肚子里有的事尽管说，也得给这两位南边来的少年，听了些京里的轶事，好教他们到南边去宣传宣传哩。”

第四回

孙逸仙冒险觐中堂　冯麟阁怀忿刃俄俘

莼甫一面喝酒，一面把八字须捻着，说道："有个满洲正黄旗的叫做阿尔诺，在上年曾经奏请皇上，谕各省增加旗人科举名额，凡乡试中试名额，各依省分大小，把百分之三另外作为旗额。皇上就谕礼部议奏，这李老头儿恰大大不以为然。他说：'八旗人民，向来不事生产。今若添加科举名额，进身容易，越发长了他们骄惰之风，此例万不可开。'当时皇上很以为是，所以这件事便无形消灭了。"皓东道："我说李老头儿该得再做进一步的事情，索性把科举废了，各省府都开起学堂来，使得念书的人，习些有用之学，不是更好吗？"志光听了这话，连忙拂了拂手，说道："陆世兄，休再说这些话，给官厅听见了，便说你是乱党呢。"莼甫道："你们少年是不顾前后的。在这里说话不比外省，须得仔细一些才好！"那时皓东、逸仙也不再说。

待吃毕了饭，别了志光、莼甫，到了旅店，那陈步程仍旧没有回来，两人不免诧异起来。要去找他，又不知从何处找起；不去找他，又防他有了意外。这一晚他两人不能安睡。逸仙便对皓东说道："适才我们听莼老这最后一段话，似乎这李老头儿很帮我们汉人的忙，似乎很不满意于满人。我想拼着我一条身子，单身去见那李老头儿，试试他的意思怎样。如其有反正的志愿，我就把我们的计划告诉他，你看好也不好？"皓东道："只怕不妥罢？……一来，他是一个中堂，如何尊严，见他很不容易；二来，就使见了，你若把我们计划说出去，他不问情由，将你捉住，办你一个大逆不道的罪名，你待怎样？"逸仙道："我自有主见，我到他私邸里去访他，他只怕……"

正在说时，忽然有人推门进来，二人看时，不是别人，正是陈步程。逸仙道："你倒好，在外面逍逍遥遥，累我们急死了。"步程道："谁曾逍逍遥遥？我碰见了一个人，一件极有味儿的事，待我说给你们听。"皓东道："且慢些儿，我们还有件紧要的事没有打定主意，且商量妥了再说。"步程说："什么一回事？"逸仙便把自己要去见李鸿章，又将皓东阻止他的话述了一遍。步程道："不打紧，只管去，我和你同去。有了赵子龙在身边，怕周公瑾怎样？"皓东道："你又要说野书了。到底宰相私邸，不是仕商行台岂是轻易走得进，轻易回得来的？"步程道：

"你要知道我说一句'只管去'，胸中原就已有把握了。且慢说这件事，先把我碰见的人说给你听。"皓东道："你说。"步程道："我今天从这里走出门外，瞧瞧这里的热闹。一步一步的向北走去，抬着头儿尽管看各铺子的情形。猛不防后面有个人把我肩头儿一拍，叫道：'步程！你往哪儿走？'我倒吓了一跳，回头看时，不是别人，正是我十年的老友邱雨森。我便问他：'为何到此？'他说是办货来的。他一定要拉我到他旅邸里去，我不便推辞，也就跟了他去，及到他住的大和栈，便碰见他同房间一个很奇怪的人……"逸仙道："人总是一般的，有五官，有四肢，怎么说起很奇怪的来呢？"步程道："他穿的衣服不是和我们一样的，乃是一件袈裟似的长袍，只是袖口小了些。"皓东道："那么，是和尚了。"步程道："哪里是和尚？他戴的帽子是这样的。"他说时，便伸出指儿，蘸了些水，在桌儿上画了个圆柱形的立体。逸仙不等说完，便说道："哦！知道了，这是朝鲜国人呀！"步程道："不是朝鲜国人，乃是高丽国人。"逸仙和皓东都格格地笑了起来。皓东道："朝鲜就是高丽，高丽就是朝鲜咧。"步程道："怪不得你们笑我，我是只会写写便字条儿，哪里晓得天文地理？这个高丽人是姓洪的，名叫钟宇，听说他和驻在朝鲜的商务委员袁世凯最要好。这会子据说他是到上海去找他同国人金玉均，要把他杀了才甘心。如今李中堂最瞧得起袁世凯。据说袁世凯有一封密函叫他带来，递与李中堂咧。"逸仙道："哦！不错，如今朝鲜的人士，本来是分了两派的：一派是亲日本的，叫做'事大党'；一派是主张亲中国的，叫做'独立党'。在外国报纸里，时常看到事大党的首领朴泳孝、金玉均等名儿。那洪钟宇既然和袁世凯要好，当然是独立党了。怪不得他要杀金玉均咧！"皓东道："事大党真叫做'蛾投灯火'，将来说不定要吃日本的苦咧。"逸仙道："洪钟宇既要杀金玉均，当然也是一位志士，我们该得和他联络。"步程道："我说的就是为此。他既有密函，当然可以去见中堂，我们和他一同去就得了。"皓东道："不行，他是我国藩属的人民。我们去见中堂，要靠着他做先锋，不是给他做了笑柄吗？不过他既是一个志士，我们该得联络他，将来也好收一名帮手。"步程道："既如此说，明儿早晨我就去邀他过来，这个时候已睡了。"说着，便把身子在炕上倒下。逸仙和皓东也就挨次睡下。

到了第二天早晨起来，看看陈步程早已不见，打量他是到大和客栈去了。约莫过了一个钟头，步程果然引导着洪钟宇来。这天的洪钟宇已经不是韩装了，穿的是一身西洋式的学生装，状貌英挺，和那些博带宽袖的朝鲜人果然不同。当下逸仙与皓东都站起来迎接，和他行了握手礼，方才坐下。他不很懂中国话，那逸仙与皓东又不懂朝鲜话，所以便笔谈起来。逸仙把自己志愿说给他听，他非常赞成，并对逸仙说道："明儿我去见李中堂，君等不妨同去。因为兄弟去见李中堂，也不是轻易可以进去的，也只是靠着袁委员的一封信；再说中韩本是兄弟之邦，何必分起彼此来？"逸仙听他说话有理，便说道："这么也好。但我们的事情和你不同，我们说的话不能给外人听见。他老人家日间不在私邸的，所以我们只好夜里去。照兄弟的意思，就是今晚去罢。”钟宇想了一想，点了一点头，表示赞同的意思。这四个人就到馆子里去吃了中饭，各自散去。

到了晚上，逸仙便带步程与洪钟宇一同到李中堂的私邸去。那时才只七点，到了门上，递了三个帖子进去。说有要事进见。也不知费了许多工夫，说了许多好话，方得“请见”一声，三人便跟了进去，即在大厅上暂待。不多一会，那中堂出来了，穿的是一身便衣，头上戴着一顶缀玉的西瓜皮帽，一嘴花白胡须，长约三四寸许。一见三人，便堆下满脸笑容，点了一点头，左手一拢，请三人登炕。三人自然谦让坐在下面。他便自己坐在炕榻的右边。一时，侍仆倒上茶来，接着拿出一条三尺多长的旱烟袋来，装上了一斗烟，一面抽着，一面看着名帖，一个个问过姓名。洪钟宇勉强能够说几句北京话，就将袁世凯的一封信呈了上去。中堂拆开，从头至尾细细一看，抬起头来，光把洪钟宇一瞧，又把逸仙和步程上下一打量，方才慢慢地问道：“你三人是一块儿的吗？”逸仙道：“不是。他从朝鲜来，我们是从广东来的。”中堂抬起头来说道：“哦！那么，你两人又是为着甚事呢？”逸仙便站起来说道：“容慢慢地再禀中堂。”中堂默然低着头想了一会，便对钟宇指着书函说道：“这件事我知道了。”说着，便对钟宇端起茶来。钟宇不知就里，只管坐着，中堂便老实不客气说道：“你只管回去罢。”钟宇方才站起身来，告辞而去。

这里逸仙又说道：“请中堂，暂把仆从屏退。”李中堂却毫不思索，也毫不动怒，立即将侍仆遣开。这时，逸仙方才把自己怀抱，滔滔汩汩的说了出来，整整讲了一个钟头。中堂听着这一席话，似怒非怒，似喜非喜；只见他眉儿一扬，眼儿一睁，现出惊奇的样子来，呆呆地看了逸仙好多时，方才说道：“哦！你们来的，就是为此？”逸仙虽然不曾做过官，却在这个时候接连应了两个“是”字。中堂一手拿着旱烟袋，一手搔搔他的半白的鬓发，索性问他道：“你既然要举大事，怎么计划呢？”逸仙心中一想：“我们既已来此，只有两条路儿：其一，他慨然允许，那么，推倒满清，易如反掌；其二，把我们当做大逆不道的匪类，就在这里拿获了。那么，就和他说说亦很不妨。”于是就站起来答道：“我们以为根据地须在广东，因为运输军械，比别处便利许多，得了广东，便北向长江，东窥闽赣；既得心腹之地，力量便厚了。”中堂略略点了点头，说道：“话是不错的，人各有志，我也不来难为你们。不过我是已经上了年纪的，要在万里黄沙之中，奔走往返，固然不能；就使在两方交绥之时，指挥三军，也不是当年的马援了。你们喜欢干的，干去罢。”说着，端起茶来送客。

逸仙与步程，没法儿，只好走了出来。回到旅邸，陆皓东早已睡得鼾声如雷。逸仙连忙将他叫醒。皓东揩了一揩眼儿问道：“事情怎么啦？”逸仙便将经过情形说了一遍。皓东道："你可说起我们住的地方？"逸仙道："自然说过了。"皓东道："不好！不好！我们该得走了！"逸仙道："这是什么缘故？"皓东道："他既然不答应，当然就把我们做乱党办。他是一个当国宰臣，岂肯任令乱党混在京城？他一定饬令有司衙门前来捉拿。"逸仙道："这也太多虑了！他既然要捉拿我们，在他私邸里不好捉拿，倒干出这纵而再擒的拙事来？再说我们既然冒险前往，难不成到得这儿反'胆小如鼠'吗？"步程也说道："老陆，你休过虑！他虽然没有答应我们，可是对于我们的事情是表相当同意的，怎么会来捉拿？"皓东道："你们哪里知道？他有这一把子年岁，自然是有深思滑虑的。在他私邸的时候，他估量我们同党不单是你们两人，再说还要防着你们的身边，带着杀人的凶器，他怎肯把一条老性命送在我们手里？所以他只好装做很赞成的样儿，使得你俩一些不疑，然后再令有司衙门，按照地址，前来逮捕。既可出于我们所不防，又可以一网打尽，岂不是极妙的计划？"逸仙道："他来捉拿也好，不捉拿也好，黑夜里谁高兴走？左右我们已经把清政府的力量看得明明白白，在京里住着也没意思，一准明儿走罢。"皓东听如此说，也无可奈何，只得安心住下。

第二天，便把客店的账目会清。步程要到关东去，和逸仙、皓东约定了后会的地点，逸仙指定在香港。步程先自别去。逸仙、皓东即日南下，再由扬子江深入，考察武汉形势，这且不表。

再说陈步程这日从北京动身，一程一程的向关东走去，日行夜宿，过了好多天，方才到了沈阳。他的师兄弟姓周，名袭义，镖局就设在沈阳。一见步程到来，何等欢喜？立刻堆下满面笑容，迎到里面坐下。先问问家乡边的事情，再问一路上的情形。袭义听步程谈起洪钟宇的事来，便说道："是呀！你们在南边是听不到消息的，我们是早就知道了。那倭人派兵遣将，一步一步逼到高丽的京城去，把一个袁世凯着急得了不得，声声口口要与他开战。可是那位李中堂呢，是最怕事的人，却声声口口说不要开战。大约姓洪的拿来这封信，就是为着这打不打一件事情了。但是就我们想起来，打是终要打的，只不过迟早些罢了。如其打起来，无论总兵、提督，都要带领兵士，开往前敌。这里盗匪难保不趁机骚扰，自然比寻常时候难以防备，所以我就叫你来帮帮我的忙。"步程这时也不便拒绝，似答应非答应的呃了一声。这日，袭义因为远客初至，便备下一席酒菜，为步程接风。当下又邀请了两位陪客，都是北方人氏，步程毫不认识。袭义替步程介绍，才知道一个姓冯，名叫麟阁；一个姓胡，名叫广义。说起这两个人来，都是关东有名的人物，在这个时候，均在绿林之中算数一数二了。

如今单表这位冯麟阁，自少儿比武有力，他老子非常疼爱他。他村里人个个都是有本领的，而且每年必须纠集乡人，比武一次；武艺及格的，可以领得奖赏，而且可以充一名干事。这做干事总头儿的，就可以在比艺的时候，评判武技。这日，比试武技的日期又到了。那时麟阁才只十岁，他老子一手携着他到校场里去。那时场里与赛的人已经到的不少，在场外看的也人山人海。比赛节目，头里是比力，不过是举举碌碡，拿拿石凳罢咧。到后来是试目力，要在一百步外用棋子打一个杯儿大的孔儿。麟阁的老子，膂力倒还不错，只是目力不好，所以屡试不能及格。这日，当然也是如此。后来的也都没有一个中鹄。怎晓得这个当儿，忽然有个十岁左右的孩子，"扑哧"一声，跑了出来，在台前弯一弯腰，拿起棋子，"窣！窣！窣！"三声，三颗棋子都从这杯儿大的窟窿里穿了过去，把场里场外一干人等都看得目瞪口呆，几乎都疑到是天上掉下来的神仙，要不然怎么有这般本领呢？当下坐在台上评判的人，喝了一声彩，便把奖品送过来，并且给他一个干事的名目。年少不会干事，由他老子代理。自此以后，冯麟阁的名儿，已经轰动远近。

但是其中也有器量狭小，妒忌麟阁的人，一心要把麟阁害死了，心里才始快活。因此这一晚便有一个男子，暗暗地走进麟阁家里来杀麟阁。不想杀错了，竟将他老子的头割了去。到得麟阁知道，呼天抢地，痛不欲生。只因不晓得杀的是谁，也就暂时隐忍。

过了三四年，忽然这杀麟阁老子的人，无意中给麟阁知道了，他便暗中预备，也在黑夜里将那凶手杀死。他这时年已十六，知道杀人是有罪的，便当晚拣了些值钱的东西，黑夜逃走。只因无处投身，无意中碰见一只盗船，把他们的头领打死，自己便做了个中的盗魁。江湖横行，接连过了六七年。这日，劫了一大批的货品，恰把鼎鼎大名的保镖周袭义打到车下，自己非常得意。

可是袭义在关东地方，从来不曾受过挫折，这次给他打倒了，岂肯就此甘休？打听得打倒他的是冯麟阁，本领高强，自己不是他的敌手，便东奔西走，要找寻一位比麟阁本领更好的人，却死也找不到。有人对他说道："你要打倒冯麟阁，单是靠拳脚是没用的。我有一个朋友，是俄罗斯人，据说是一名虚无党，名叫奥里加夫。他手里有一架连珠枪，十分利害，任你有多大本领，近他不得。你若是要用他时，我可以叫他来。"袭义那时报仇心切，听得自然十分喜欢，连忙央求他去邀请。不多几日，那人果然将奥里加夫邀来了。当下大家设计，将奥里加夫扮做商人。满装了一车值钱巨万的货色，依旧经过从前厮打的地方。果然"扑哧"一声，高粱缝里，奔出六七名强盗来，最后一个便是冯麟阁。奥里加夫连忙掏出连珠手枪，噼噼啪啪迎头打去，接连打死了三四个强盗。麟阁知道不是路儿，便抱头鼠窜而逃。这一下子袭义十分快乐！添办酒菜，宴请奥里加夫和他的朋友。正在举杯庆贺的时候，忽然一阵冷风，那奥里加夫猝然倒地，太阳穴里血流不止。席中诸人都目瞪口呆，不知其故。那奥里加夫不到一个钟头死了。于是众人纷纷议论，有说这是他中风的，有说或许是刺客干的，但终是断他不定。

只晦气了周袭义，破费许多银钱，将他成殓安葬不提。

过于几天，袭义正坐着无事，忽然有一大汉大踏步走子进来，抬头看时，不是别人，正是冯麟阁。袭义倒吓了一跳，麟阁却笑嘻嘻地说道：“老周！你好呀！我给你丢了脸了。”袭义见他并无恶意，也就请他坐下说道：“我也给你丢了脸了。”麟阁道：“你的脸是丢在我的手里，我到底是一个中国人呀！我的脸丢在外国人手里，不但是丢我的脸，简直丢了我们中国人的脸了。好凶狠的你，亏你教外国人来杀我们！幸亏我们当中有一个来无踪、去无迹的剑客，把那外国人的性命结果了。要不然，我们还得在关东地方老着脸儿往来吗？”袭义听他的话果然有理，自己也知道不是，连忙向他抱歉几句。麟阁道：“抱歉不必，只要你自己知道自己的错，我也不来难为你。只是以后还得仔细一些儿，凡是我冯麟阁出来做买卖，一概不干你甚事；你周袭义做的买卖，我冯麟阁也可以秋毫不犯。不知你的意思怎样？”周袭义道：“从前单知道好汉是寻常绿林之辈，‘有眼不识泰山’，罪该万死！如今听好汉一篇议论，知道好汉乃是爱国义民，心中非常佩服。好汉所说的话，固然无不遵依，而且还请好汉恕我愚昧，允许我做你一个生死朋友，不知好汉依也不依？”冯麟阁听他说得十分恳切，自然不固执己见，也就坐下。大家叙了一会家世，谈了一会衷肠，方才知道袭义也是性情中人，就此认定他是一位知己，到了这日袭义宴客，冯麟阁还把当年的事，背书一般说了出来，毫不隐讳。袭义见他自己都说了出来，也向他劝道：“老冯！你的人是好的，我只可惜你一样！”麟阁道：“可惜什么？”袭义道：“可惜你不肯改行！”麟阁道：“我自己也知道不好，但是还有一些好的地方：第一，从来不曾杀过人；第二，若不是自己的财物，死也不去劫他；第三，说出来你们就不赞同了！”袭义问：“是何事？”麟阁道：“到了粮足兵精的时候就要造反。”袭义一闻此言，伸出舌头来，缩不进去。那步程在旁，却震天价拍了一会手，道：“着呀！赶快革命呀！革命就是造反咧！”袭义连忙别转头来，问道：“哎哟！你也喜欢造反的吗？”步程道：“说造反便难听，说革命就好听了。”接着把逸仙和皓东的话滔滔汩汩，似是而非地说了一遍。麟阁倒连连点头，很领会他的话。四人谈了半天，方才将饭吃毕，冯麟阁、胡广义遂别袭义而去。

步程住在袭义的局里，已经一月，待要启程回家。只因这个时候事情太忙，袭义哪里肯放他走？无法，只好替他帮忙。接连过了一年有余，忽然发生一件奇事来了。

第五回

为国捐躯卓哉番女　招贤集会唤醒华人

这日有个姓顾的客商，是从南边来的，说是要到吉林去，只因随身带有好多银两，所以到袭义局里来保镖。袭义对步程说着："像你这般本领，应付白山黑水间的胡子，可也不为不够。我这里事多，这长途跋涉的差使，不能不劳老哥咧！"步程自然慨然允许。

那时没有铁路，自然只好水陆并行。这日，到了一个热闹的市镇，虽然不是荒僻之区，只因没有上等客店，只好往前走去。再不想在这市镇的尽头地方，忽然有个男子走上前来，大喊一声，道："请停车！请停车！"步程只当是强盗，理也不理仍只管向前跑。猛不防这个男子飞也似地追了上来，依旧大叫："停车！"那时姓顾的客商听他声音似乎很熟，立刻对车夫说道："停车罢。"车夫也只当是强盗，虽然将车停了，可是依着走长道儿的老规矩，从车上一骨碌跳下来，站在一旁。步程也拔出刀儿防备着。再不想那男子并不理会，只对那顾姓客商说道："文彬！你往哪儿去？"顾姓客商仔细将那人一看，便也跳下车来，拱一拱手，道："哎哟！我道是谁！原来就是伯琛哥嘛！我正要到你家里去，再不想你就在这里。"伯琛道："我迁到这里已经半年了，若不是半路碰见，还累你多赶些路咧。"说着便请文彬到他家里。一面吩咐家里仆人将文彬行李搬到里面，并把车资付好，请步程一同进来。步程本是无可无不可的，倒也要听听他们两人的历史，所以也就暂不回南，在伯琛家里暂时留下。伯琛因多年未见的表弟到来，便吩咐家人，忙着备办酒菜。叙几年来契阔之情。约莫忙碌两个钟头，家人方才把酒菜端出。步程是生客，请他坐了客位，文彬、伯琛挨次坐下。酒过三巡，伯琛方才说道："老弟十年之间，清瘦了许多。但这十年之间，老弟你干些甚么事业？可得意吗？"文彬长叹一声，慢慢说道："自从我父亲死后，我家一向住在福建。只有甲申年，我曾经单身来过一次，在关东盘桓好多天，你想还记得。后来我仍旧去找我父亲旧时的东家，蒙主人不弃，叫我司文牍，后来又叫我往各地办货。我虽然是一个文弱书生，可是为着谋生计，不能不长年奔走，尝那雨雪风霜的滋味。有一天，我随着主人运货回来，经过一处地方，晚日衔山，暮烟笼树，找寻客邸，尚渺茫无着。正在焦急之际，忽闻树林当中，呼哨一声，有几十人奔出来，大叫道："慢走！”那圆彪彪的眼珠儿一睁，早就把主人和一干人众吓得脑袋往怀里缩，躲的躲，逃的逃，只留下我一个人。正窘急间，他等已拿着条绳儿，早把我捆绑起来。又因我衣服穿得好些，只当我是个富家子弟，便前挽后推的将我拥去。过山越岭，走了好多路，方才搜我身上，才晓得我身边除却几件文具，片铜俱无。那强盗便将我衣服剥下拿去，赶我出林。我那时不识来路，但见乱山四合，了无人居，简直无可进之路，只好随意走去，一听天命。晓行夜宿，过了三天，远望峰峦耸处，似有人影，不禁大喜，连忙疾奔而前，找寻个休息所在。猛不防半山里忽然跳下两个人来。这两个人并无衣裤，肌肤黝黑，说话一点不懂，但见了我，似乎都有些喜欢的样子。我在那时，早已魂不附体，尤其可怕的，是他身上所穿光怪陆离的兽皮，头上所插深绿如叶的鸟羽。我心里一想：‘这会子我可没命了！’果然把我身子使劲地拖了去，拖到一个所在，有三个妖怪，坐在石头上面……”伯琛便问道：“这三个妖怪，可是和拖你去的一般吗？”文彬道：“本来是他同党，自然是一般的。”步程道：“我已经明白，这不是妖怪，乃是生番。打量这个地方，必是台湾。”文彬道：“着呀！不是生番，是什么？他们拖我到三怪跟前，便拿起刀来要杀我。幸亏我将足儿一缩，仅仅斫去两个足指，但是已经血如泉涌，痛不可忍了。妖怪大怒，便将我按倒在地，举刀劈来。忽从半空中飞来一个石块，已打在拿刀的妖怪额角上。接着第二块石飞来，又打中了一个妖怪，都跌倒在地，不能动弹。坐在石头上的妖怪忽然跳将下来，待要逃走，猛不防树林中又飞掷出一块石头来，把走在前面一个妖怪打得脑浆迸裂，接着又和后面两个妖怪决斗。我当时骇极而晕，倒在地上，也不知道他们究竟。及至醒来一看，我身子已睡在石洞之中，两个斫断的足指已经裹好败絮。这个洞里的面积大约半亩，洞口有泉，非常清冽；正想掬来一饮，忽见洞口黑影一闪，早已走进一个妖怪来。这妖怪和头里妖怪有些不同，头上没有绿色的毛羽，身上虽然黧黑，那面目却非常姣好。我心里想：‘这个妖怪，一定就是救我到这里来的人了。’但见她背上负了一只山羊，一入洞口，便扔在地上，解去腰间革带兽皮，坐在我的旁边。我细细一看，这妖怪乃是雌的。我这时口渴，很希望喝些茶水。可是我的话她不懂，她的话我又不懂，只好呆呆地对着水出神。那妖怪似乎已经知道我的意思了，立刻起来，在洞角里拿了一个瓢，舀些水来给我，我便一饮而尽，觉得凉震齿牙，冰透心骨。那时这雌怪倒提了山羊胫，撕下一个腿儿来扔在我跟前。我知道他们是生食的，这就是叫我生食充饥。可是这血肉淋漓的东西，见了便呕，教我怎生吃得下去？所以我便向她摇摇头，表示不要吃的意思。妖怪嗤然一笑，知道我意思，便在洞外面，拾些枯枝当柴，敲石头取火，把山羊炙热，又拿来给我吃。我肚子饿得很，没法儿，吃了些。这一晚，我就睡在败叶上面，妖怪也坐在我旁边。一夕经过，我已被她缠得骨软筋酥。直到第二天，我心里一想：‘如这样天天闷坐洞中，不能回家，岂非枉送一世？’因此我便要想个出去方法。但是我私下逃走，很为不妥。一来，她是救我性命的恩人，且与她发生了恋爱的关系，岂可不别而行？二来，这就近都是可怕的妖怪，我如其走出洞去，当然要受妖怪残杀，非仗她力保护不可。因此我便先排定步骤：第一步，先学她的话；第二步，待学会了话，便好好的和她商量出去的方法。主意打定，便很留心听她的话，看她的举动，后来居然被我学会了好多言语，可以和她讲话了。如‘久式里而啐’是‘吃’，‘究儿啁拉鲁’是‘睡觉’，‘布齐秃’是‘出门’等话，我都知道了。我在这个时候，便与她和夫妻一般，问起她的名儿来，她说是：‘希不伦耽。’我因她皮肤黝黑，面目姣好，叫她做‘黑牡丹’。我和她商量出来，她决意不肯。没奈何只好留下，再作计较。过了一年，忽然生了一个儿子，肌肤白皙，面貌清秀，便叫他做丹生。如是又住好多年。一日，忽门外人喊马嘶，我在洞口望去，见有番兵两三百名，执兵卫盾，骑怒马而过。我心里疑惑起来，便与黑牡丹一同走出洞外去打听消息。后来据一个土人说道：‘哎哟！你们还不知道吗？事情闹得很大了！’我便问他：‘为什么？’这土人大约是番人中识得些时务的，便详细说道：‘因为倭人要夺高丽国地方，高丽是汉朝属国，怎肯给它夺去？因此汉朝便和倭国打起仗来。’……”伯琛便说道：“哦！就是上年中日战争啊！这是那李鸿章卖国贼用人不好，叶志超、丁禹昌都是贪生怕死之徒。那日本兵士个个勇敢，冒死进攻，自然给他打败了。最可笑的，牙山之战，日兵一经开炮，我国济远舰管带方伯谦吓得屁滚尿流，即往铁甲最厚的地方躲，逃回旅顺。你想！这种将官怎好抵敌外国人呢？”步程道：“如今完全失败，赔了二万万两兵费还不够，又割台湾给它，这种政府不推倒它，还待何时？”文彬接着说道：“那黑牡丹一闻台湾被割，倭人要来管辖她，立时柳眉倒竖，杏眼圆睁，要往见番主，应募入伍。我因她既有这样爱国心，不便阻止，即便允许。她即日将儿子叫我保管，自己便备带宝刀一把而去。此时台湾人民已拥唐景崧做了总统，建立一个民主国。总兵刘永福做大将。后来士兵造反，把总统府焚毁，唐景崧逃走，躲到厦门。刘永福所部将兵叫做‘黑旗军’，非常厉害，曾经和倭人打过一仗，声震全宇。再说黑牡丹到了番营，番主见是一个女子，不许她当兵。她便想出一个法儿：番营外面原有大鼓一面，周约四尺，旁边有十二个大铁环，平时须得有六个人才好移动。黑牡丹走到营前，将左手插入一个铁环里，提起大鼓，右手举起拳头，将鼓面使劲儿擂打起来，打得这鼓儿的声音真是震天动地。番主听得鼓声，大吃一惊，连忙请她入内，问她来意。黑牡丹侃侃说道：‘我们台湾，本来与汉朝合成一国。汉朝待我们番民虽然不好，可也没有十分凶狠。如今倭人要将我台湾做他属地，我们番民怎肯甘休？所以一定要杀尽倭民，方泄心头之恨！’番主听她有这等大志，又有这大本领，便授她一个千夫长的职司，即日随军助战。黑牡丹虽然不会放枪，但她有一种绝技，如在百步内，将石子丢掼过去，无瞄不准，百发百中，比放手枪还要厉害，大有黄忠百步穿杨箭的功夫。因此倭兵给她捉来的委实不少。这是她率兵过洞口的时候，暂留片刻，对我说的。后来我也不晓得她是死是活，是胜是败。约莫过了十余日，忽然一阵声喧，直到洞口。我抬头一看，见众人抬了一个妇人进来，仔细看时，不是别人，就是黑牡丹当胸已穿了一洞，乃是枪弹所伤，血流如注，已经气息奄奄了。众人去后，黑牡丹仍鼓她余勇，把经过的战事说了出来。原来黑牡丹晓得一种野菜，吃了使人腹涨身麻。当即令番兵各处采集，捣成菜汁，投在倭兵汲水的井中，因此倭兵饮了这水而死的不计其数。一面又奋勇进攻，直杀入倭营，把倭军杀得片甲不留。后来倭军派大队兵马到来，刘永福和番主都因为外无援助，内无饷械，以致不能与他对抗。黑牡丹仍旧鼓她余勇，与倭兵厮杀，又杀二百几十人。可是身子已经受了八处枪弹，一个枪弹打到胸部致命之处，方才由番兵抬回洞来。黑牡丹说毕，又在身旁拿出一本日记册来给我，说是从倭军伤兵衣袋里拿来的，不知说些什么话。我接过来的时候，她早已眼皮一翻，呜呼哀哉。我虽然与她种族不同。但做了一场夫妻，到此究竟有些悲伤，大哭一场。将她埋葬土中以后，我不得已抱了儿子，投到黑旗营里报告详情。刘永福便资助我些川费，打发一名黑军，保护出境。下了海船，先在福建上岸，去见从前的主人，那主人早已把事业收歇，迁往内地。我不得已从新上海船，想到香港去找个朋友，哪晓得这朋友早已往别处去了。幸亏身边还有些许银钱，便决计从广东入内地，特访从前几个朋友，暂时谋个栖身之所。可是一跳下船，又有一件事情来了。我因为坐在船中怪闷的，儿子哄着睡熟了，即将黑牡丹给我一本倭兵日记册拿出来看……”伯琛道：“这个日记册，此刻可带在身边吗？”文彬道：“怎么没有？”说着，便在衣袋里掏出来，递给伯琛。于是步程移近伯琛身子，挤着去看。见它纪年是中日并用的，一面写光绪二十一年，一面写明治二十八年。中间有一段文字，完全汉文，很有趣味。伯琛看了，禁不住哈哈大笑起来。步程也仔细一瞧，见它写道：

> 昨日得爱妻来书云：“读郎手教，知我军节节胜利，可贺！可贺！”惟函中有云：“离家万里，举目无亲，海角天涯，想望何极”云云，殊非丈夫之口吻，盖有近乎支那人之怯懦矣。“还望郎为国尽力，为国辛劳，为国捐躯，毋以妾为念！”此吾爱妻之言也。吾一丈夫，一帝国之兵士，而见识乃出妇人之下，吾诚过矣！吾而不为帝国牺牲吾身，吾无以对吾爱妻矣。……

文彬指着这一段说道：“我在船中，正看到这一段，忽然一个同舱的客人略略把日记瞧了一瞧，问我道：‘你懂得和文的吗？’说来惭愧，我不晓得‘和文’两字作怎么解说，只随便摇了摇头。他又说道：‘既然不懂，你怎么看这日记？’我到此方才知道和文便是倭文，因指着这一段说道：‘这篇恰是中文哩。’他便不问情由，很自由地把日记夺过去，从头至尾，看了一遍，指了‘为国捐躯’这句话向我问道：‘像这么样的人，我们中国有没有？’我说道：‘有是有的，只怕不多吧！’他点了点头道：‘确是不多。他国之所以强，就在乎全国都是这种人！若只有一个两个，济什么事？’他接着又和我讲起国家大事来，他说：‘中国此番吃了败仗，完全是官僚不好，将士不好。官僚所以不好，将士所以不好，是政府不好。须得把政府推倒，由我们人民从新组织政府起来才好。’我听他这一篇话，目瞪口呆，连话都说不出来。我想：‘这一定是洪秀全的余孽了。如其不然，怎么会说出这句话来呢？”’步程道：“这个和你说话的人，叫什么名儿呢？”文彬抬起头来想了一想，说道：“叫做郑什么弼……我一时倒记不起来。”步程道：“他不是洪秀全的党羽，他是顶刮刮的一个读书人，叫做郑弼臣。”文彬道：“着呀！你认识的吗？”步程叹了一口气道：“唉！我真惭愧咧！”因先将从前如何与弼臣相遇，如何碰见孙逸仙，叙了一遍，方才说道：“听说他们在八九月里已经起义，只因运械不慎，以致失败，死了好多的人咧。”文彬道：“他也对我约略说过。大约他们起事的时候，我还在台湾哩。他对我讲说一番之后，还送我一本章程，现在还带在身边。”说着，便从衣袋中掏出来。众人看时，见他写道：

兴中会章程

中国积弱，至今极矣！上则因循苟且，粉饰虚张；下则蒙昧无知，鲜能远虑。堂堂华国，不齿于列邦；济济衣冠，被轻于异族。有志之士，能不痛心？

夫以四百兆人民之众，数万里土地之饶，本可发奋为雄，无敌于天下。乃以政治不修，纲维败坏，朝廷则鬻爵卖官，公行贿赂，官府则剥民刮地，暴过虎狼；盗贼横行，饥馑交集，哀鸿遍野，民不聊生。呜呼惨哉！方今强邻环列，虎视鹰瞵，久垂涎我中华五金之富，物产之繁。蚕食鲸吞，已见效于踵接；瓜分豆剖，实堪虑于目前。呜呼危哉！有心人不禁大声疾呼，亟拯斯民于水火，切扶大厦之将倾；庶我子子孙孙，或免奴隶他族。用特集志士以兴中，协贤豪而共济。仰诸同志，盍自勉旃！谨订章程，胪列如下：

一、会名宜正也　本会名曰“兴中会”。总会设在中国，分会散设各地。

二、本旨宜明也　本会之设，专为联络中外有志华人，讲求富强之学，以振兴中国，维持国体起见。盖中国今日，政治日非，纲维日坏，强邻轻侮百姓，其原皆由众心不一，只图目前之私，不顾久长大局。不思中国一旦为人分裂，则子子孙孙，世为奴隶，身家性命，且不保乎，急莫急于此，私莫私于此。而举国愦愦，无人悟之，无人挽之，此祸岂能幸免？倘不及早维持，乘是发愤，则数千年声名文物之邦，累世代冠裳礼义之族，从以沦亡，由兹泯灭，是谁之咎？识时贤者，能无责乎？故特联结四方贤才志士，切实讲求富国强兵之学，化民成俗之经，力为推广，晓谕愚蒙，使举国之人，皆能通晓。联智愚为一心，合遐迩为一德，群策群力，投大遗艰，则中国虽危，庶可挽救，所谓“民为邦本，本固邦宁”也。……

伯琛看到这里，便说道：“哦！照他说来，我们从前的思想错了！原来我们百姓和国家有这么大的关系，国家亡了，百姓也要遭殃的……”步程道：“这句话，我在京里的时候，孙逸仙先生早就对我说过了。”说着，又往下看道：

三、志向宜定也　本会拟办之事，务须利国益民者，方能行之。如设报馆以开风气，立学校以育人才，兴大利以厚民生，除积弊以培国脉等，皆维力是视，逐渐举行，以期上匡国家以臻隆治，下维黎庶以绝苛残，必使我中国四百兆生民，各得其所，方为满志。倘有藉端舞弊，结党行私，或畛域互分，彼此歧视，皆非本会志向，宜痛绝之以昭大公而杜流弊！

四、人员宜得也　本会按年公举办理人员一次，务择品学兼优，才能通达者，推一人为总办，一人为帮办，一人为管库，一人为华文文案，一人为西文文案，十人为董事，以司会中事务。凡举办一事，必齐集会员五人，董事十人，公议妥善，然后施行。……

伯琛看到这儿又说道：“照他所说，人人办理是公家的事情，人人有利国益民的思想，而且举办一事，不能够一个人独断，那么无论什么事，自然不会发现流弊。但是说句老实话，世间上好人特少，歹人甚多，尽有外面非常热心，暗下干他营私勾当的，将怎么处置呢？”步程立刻伸出手来指道：“你看这第五条多么慎重，你看过就知道了。”

第六回

书上公车狂言无耻　志清家国巨款济公

于是又往下看道：

五、交友宜择也　本会收接会友，务要由旧会友二人荐引，经董事察其心理光明，确具忠义，有心爱戴中国，肯为其父母邦竭力，维持中国以臻强盛之地，然后由董事带之入会。必要当众自承其甘愿入会，一心一德，矢信矢忠，共挽中国危局，亲填名册，并即缴会底银五元，由总会发给凭照收执以昭信守，是为会友。若各处支会，则由该处会员，暂发收条，俟将会底银缴报总会，取到凭照，然后换交……

伯琛道："话要说转来了。看这条章程，限制会员，确乎非常严厉。但是光明的心地，忠义的肝肠，世间究竟不多，照他说来，会员很难找。"步程道："不会的，你看下一条罢。"于是又往下看道：

六、支会宜广也　四方有志之士，皆可仿照章程，随处自行立会。惟不能在一处地方分立两会，无论会友多至几何，皆须合而为一。又凡每处新立一会，至少须有会友十五人，方算成会。其成会之初，所有缴底领照各事，必须托附近老会，代为转达总会，待总会给照认妥，然后该支会方能与总会互通消息。

七、人材宜集也　本会需才孔亟，会友散在四方，自当随时随地，物色贤材。无论中外各国人士，倘有心益世，肯为中国尽力，皆得收入会中。待将来用人，各会可修书荐至总会，以资臂助。故今日广为搜集，乃各会之职司也……

文彬道："'十室之邑，必有忠信。'一定要这么办法，方才有才有德的人，可以不至于虚生一世。"伯琛道："你既然说他好的，怎么适才又说他是洪秀全的遗孽呢？"文彬道："这是在初碰见他的时候。后来他和我说了好多的话，又看了这章程，方才明白。如今我正想入这个会咧。”步程道：“我们看完再说罢。”于是又往下看去，见后面三条是：

八、款项宜筹也　本会所办各事，事体重大，需款浩繁，故特设银会以资聚集，用济公家之急，兼为股友生财捷径，一举两得，诚善举也。各会友好义急公，自能惟力是视，集腋成裘，以助一臂。兹将办法节略于后：每股科银十元，认一股至万股，皆随各便。所科股银，由各处总办管库代收，发给收条为据。将银暂存银行，待总会收股时，即汇寄至总会收入，给发银行股票，由各处总办换交各友收存。开会之日，每股可收回本利百元，此于公私皆有裨益。各友咸具爱国之诚，当踊跃从事，比之捐顶子买翎枝，有去无还，洵隔天壤。且十可报百,万可图亿，利莫大焉，机不可失也。

九、公所宜设也　各处支会，当设一公所，为会员办公之处，及便各友时到叙谈，讲求“兴中”良法，讨论当今时事，考究各国政治，各抒己见，互勉进益。不得在此博弈游戏，暨行一切无益之事。其经费由会友按数捐支。

十、变通宜善也　以上各款，为本会开办之大纲。各处支会，自当仿为办理。至于详细节目，各有所宜，各处支会，可随地变通，别立规条，务臻妥善。

伯琛道：“这第八条设立银会的法子，可谓妙极！只是当中还得要有一个条件：这条件就是‘信用。”’文彬道：“据弼臣说‘这章程就是那位陈君所说孙逸仙先生手订的。孙逸仙先生就是本会首领。听说他眼光远大，道德高尚，同志们个个信仰他的……”步程抢着说道：“该死！该死！他们设立兴中会，我却一些儿不得知，还教皓东、逸仙两先生说我没有诚意咧！”文彬道：“老实说，我自从眼见那黑牡丹为国殒命以后，我就有请缨从军的志愿。此番又碰见了郑弼臣，明明白白对我演说一番，才知道黑牡丹所以战死，完全为着饷械不给外援不至。饷械所以不给，外援所以不至，完全为着清廷之腐败，李鸿章之卖国；因此我便立了一个决心，去入那兴中会。只因膝下尚有一个年幼儿子，无人照顾，所以赶回北方，想托个族中兄弟代为抚养。再不想到了北京，这族中兄弟的死耗，已经由他一个亲戚告知。他身后没有儿女，照理我儿子可以承继。我便到家里，把家事整理一番，儿子暂时放在亲戚处，带了两千银子来找你，就是要把我的豚犬托付你哩。”

伯琛道：“这些小事，在亲戚们理该担任，不待你说。只是我有句话儿：如今丹生年小，家里的事，正待有人处理。我替你养儿子是可以的，替你处理家政是不行的，所以我劝你还得想一想。”步程道：“不瞒周君说，兄弟也是薄有资产的人，三年当中，没有回去过一趟，由他们自己干去。前几天寄信来说：‘牛怎么大了，羊怎么壮了，田稻怎样的丰盛，果蔬怎样的繁多。’倒也不见得有什么困苦地方。大丈夫既到外面，原不该再把家事放在心头的。”文彬道：“我也是这么想。我主意决定，什么事都不管的。”伯琛所如此说，也就不去阻他，便问道：“你待要到什么地方去呢？”文彬道：“因为这兴中会的总会在檀岛，我想先到檀岛去一趟，然后再回到福建。福建有不少朋友，设立分会，自然容易了。”步程道：“檀岛我和你一同去。回来之后，你到福建，我到广东罢。”文彬甚为喜欢。当下大家喝了一会酒，谈了一会话，方才散席。这日，顾文彬和步程都宿在周伯琛家里。第二天，文彬回到家里去抱儿子丹生，步程等在伯琛家里。到第五天，方才一同启程。

如今且把他俩丢开。再说孙逸仙、陆皓东与陈步程辞别南下，先到上海。那时上海物质文明还不很进步。风气也都未开。书局里去瞧一下，卖的不是《大题文府》、《小题文选》，就是《青云馆试帖诗》、《养云山馆》，至多有一两部《御批通鉴》和《经世文编》。只有教会里有几部格致算学的书，报纸上有几篇谈论时局的文章。他两人在上海，正如孤云野鹤，落落不合。就中只有一个姓宋名叫跃如的，是逸仙到北京去的时候碰见的一个革命同志，天天到客栈里来谈话。而且在上海的三合、哥老各种会党，也是跃如奔走联络的。

这一日，他又到逸仙客栈里来了，后面恰跟着了一个怪人，倒把逸仙、皓东吓了一跳。这人大约三十左右年纪，嘴边留下一部长须，身上穿着一件白袍，上面罩着一件缎褂儿，两只眼珠儿骨碌碌的四下一看，方才对两人弯了一弯腰。逸仙问起他姓名来，他在靴筒中掏出一张名片，递与逸仙。逸仙看时大红纸片当中写着，“康有为”三个字，后面写着，“长素行二”四字。跃如又将皓东与逸仙向有为介绍了，彼此坐下。那时逸仙正在研究兵法，桌儿上放着一部《孙子兵法》。康有为拿来看了看，便说道：“这些书兄弟都看过，没有什么意思。用兵是乱世之事，如今该得由乱世而进升平，将来再由升平而进太平，方才是大同之象。”逸仙听了，便知道他不是同志，因即问道：“足下为什么起这长素的大号呢？”有为道：“孔仲尼到底没有什么学问，居然号称‘素王’。那么，像兄弟这般学问，不是胜过素王多多吗？”皓东听得几乎要扑嗤的笑了出来。逸仙一想：“这人狂妄有余，忠诚不足，将来一定是国家的蟊贼。但是既已来此，我倒要问问他的志愿。”因即说道：“足下到上海，是来玩玩的吗？”康有为连忙摇摇头道：“不是，不是。兄弟去岁在本省乡试，蒙皇上鸿恩，中得一名举人。我这中举的文章，虽说是八股，但是网罗经史，维系世道，并非寻常的八股……”接着“大道之为公也……”朗朗然要把他大作背下去。逸仙忙阻止道：“不消背诵，兄弟没有学过八股，背了一辈子也不懂。我单问你如今要往哪儿去呢？”康有为道：“要往北京去会试。如今我还有一个门下，叫做梁启超，他中举人在我的前头，这会子也跟着我去应礼部试。但我不单是为着功名，我的意思，想到北京后，把我救亡改革的意见，奏请皇上实地施行，做一次公车上书的大举动。”说着，便又在靴筒里掏出一大本著作来，交给逸仙。逸仙听是救亡改革的文章，巴不得先睹为快，便接了过来细看。皓东也想要领教，忙走过来在逸仙旁边坐下同阅。只见其中引证《公羊》、《穀梁》、《礼运》、《春秋》，繁博富有；说来说去，就是公羊改制的议论。逸仙那时早已胸有成竹，知道有为不足以“有为”，并不把自己的主意说给他听，看完之后，只冷冷地说道：“只怕未必会实行吧？……不瞒你说，我早有一封信给李鸿章。只因他甘心媚外卖国，必不能行，这建设大计，我也就搁在箱子里了。”有为道：“怎不拿出来给我看一看？”逸仙也就从箱子里拿了出来，递给有为。有为看道：

太傅爵中堂钧座：

敬禀者：窃文，籍隶粤东，世居香邑；曾于香港考授英国医士。幼尝游学外洋，于泰西之语言文字，政治礼俗，与夫天算地舆之学，格物化学之理，皆略有所窥，而尤留心于其富国强兵之道，化民成俗之规，至于时局变迁之故，睦邻交际之宜，辄能洞其窍奥。当今风气日开，四方毕集，正值国家励精图治之时，朝廷勤求政理之日。每欲以管见所知，指陈时事，上诸当道，以备刍荛之采，嗣以人微言轻，未敢遽达。比见国家奋筹富强之术，月异日新，不遗余力，骎骎乎将与欧洲并驾矣。快舰飞车，电邮火械，昔日西人之所恃以凌我者，我今亦已有之。其他新法，亦接踵举行。则凡所以安内攘外之大经，富国强兵之远略，在当局诸公已筹之稔矣。又有轺车四出，则外国之一举一动，亦无不周知。草野小民，生逢盛世，惟有逖听欢呼，闻风鼓舞而已，夫复何所指陈？然而犹有所言者，正欲乘可为之时，以竭其愚夫之千虑，仰赞高深于万一也。

窃尝深维欧洲富强之本，不尽在于船坚炮利，垒固兵强，而在于人能尽其才，地能尽其利，物能尽其用，货能畅其流。此四事者，富强之大经，治国之大本也。我国家恢扩宏图，勤求远略，仿行西法，以筹自强，而不急于此四者，徒惟坚船利炮之是务，是舍本而图末也。

所谓人能尽其才者，在教养有道，鼓励以方，任使得法也。

夫人不能生而知，必待学而后知；人不能皆好学，必待教而后学；故“作之君，作之师”，所以教养之也。自古教养之道，莫备于中华，惜日久废弛，庠序亦仅存其名而已。泰西诸邦，崛起近世，深得三代之遗风。庠序学校，遍布国中，人无贵贱，皆奋于学；凡天地万物之理，人生日用之事，皆列于学之中。使通国之人，童而习之，各就性质之所近而肄力焉。又各设有专师，津津启导，虽理至幽微，事至奥妙，皆能有法以晓喻之，有器以窥测之。其所学由浅而深，自简及繁，故人之灵明日廓，智慧日积也。质有愚智，非学无以别其才；才有全偏，非学无以成其用。有学校以陶冶之，则智者进焉，愚者止焉；偏才者专焉，全才者普焉。盖贤才之生，或千百里而见一，或千万人而有一，若非随人而施教之，则贤才亦以无学而自废，以至于湮没而不彰。泰西人才之众多者，有此教养之道也。

且人才志不一，其上焉者有不徒苟生于世之心，则虽处布衣而以天下为己任。此其人必能发奋为雄，卓异自立，无待乎勉勖也。所谓“豪杰之士，不待文王而犹兴”也。至中焉者，端赖乎鼓励以方。故泰西之士，虽一才一艺之微，而国家必宠以科名，是故人能自奋，士不虚生。逮至学成名立之余，出而用世，则又有学会以资其博，学报以进其益，萃全国学者之能，日稽考于古人之所已知，推求乎今人之所不逮，翻陈出新，开世人无限之灵机，阐天地无穷之奥理，则士处其间，岂复有孤陋寡闻者哉！又学者倘能穷一新理，创一新器，必邀国家之上赏，则其国之士，岂有不专心致志者哉！此泰西各种学问所以日新月异而岁不同，几于夺造化而疑鬼神者，有此鼓励之方也。

今使人于所习非所用，所用非所长，则虽智者无以称其职，而巧者易以饰其非。如此用人，必致野有遗贤，朝多幸进。泰西治国之规，大有唐虞之用意。其用人也，务取所长而久其职。故为文官者，其途必由仕学院；为武官者，其途必由武学堂；若其他，文学渊博者，为士师；农学熟悉者，为农长；工学练达者，为监工；商情讲习者，为商董；皆就少年所学而任其职。总之，凡学堂课此一业，则国家有此一官。幼而学者，即壮之所行；其学而优者，则能仕。且恪守一途，有升迁而无更调。夫久任则阅历深，习惯则智巧出，加之厚其养廉，永其俸禄，则无瞻顾之心，而能专其一志，此泰西之官无苟且，吏尽勤劳者，有此任使之法也。

故教养有道，则天无枉生之才；鼓励以方，则野无郁抑之士；任使得法，则朝无幸进之徒。斯三者不失其序，则人能尽其才矣。人既尽其才，则百事俱举。百事俱举矣，则富强不足谋也。秉国钧者，盍于此留意哉！

所谓地能尽其利者，在农政有官，农政有学，耕耨有器也。

夫地利者，生民之命脉。自后稷教民稼穑，我中国之农政古有专官。乃后世之为民牧者，以为三代以上，民间养生之事未备，故能生民能养民者为善政；三代以下，民间养生之事已备，故听民自生自养而不再扰之，便为善政：此中国今日农政之所以日就废弛也。农民只知恒守古法，不思变通，垦荒不力，水利不修；遂致劳多而获少，民食日艰，水道河渠，昔之所以利农田者，今转而为农田之害矣。如北之黄河，固无论矣。即如广东之东、西、北三江于古未尝有患，今则为患，年甚一年。推之他省，亦比比如是。此由于无专责之农官以理之，农民虽患之而无如何，欲修之而力不逮，不得不付之于茫茫之定数而已。年中失时伤稼，通国计之，其数不知几千亿兆，此其耗于水者，固如此其多矣。其他荒地之不辟，山泽之不治，每年遗利又不知凡几。所谓地有遗利，民有余力，生谷之土未尽垦，山泽之利未尽出也。如此而欲致富，不亦难乎！泰西国家深明致富之大源在于无遗地利，无失农时，故特设专官，经略其事。凡有利于农田者无不兴，有害于农田者无不除。如印度之恒河，美国之密士，其昔泛滥之患亦不恶于黄河，而卒能平治之者，人事未始不可以补天工也。有国家者可不急设农官以劝其民哉！

水患平矣，水利兴矣，荒土辟矣，而尤不能谓之地无遗利而生民养民之事备也。盖人民则日有加多，而土地不能以日广也。倘不日求进益，日出新法，则荒土既垦之后，人民之溢于地者，不将又有饥馑之患乎！是在急兴农学，讲求树畜，速其长植，倍其繁衍，以弥此憾也。夫天生人为万物之灵，故备万物为之用，而万物固无穷也，在人之灵能取之用之而已。夫人不能以土养，而土可生五谷百果以养人；人不能以草食，而草可长六畜以为人食。夫土也，草也，固取不尽而用不竭者也。是在人能考土性之所宜，别土质之美劣而已。倘若明其理法，则能反硗土为沃壤，化瘠土为良田，此农家之地学化学也。别种类之生机，分结实之厚薄，察草木之性质，明六畜之生理，则繁衍可期，而人事得操其权，此农家之植物学、动物学也。日光能助物之生长，电力能速物之成熟，此又农家之格物学也。蠹蚀宜防，疫疠宜避，此又农家之医学也。农学既明，则能使同等之田产数倍之物，是无异将一亩之田变为数亩之用，即无异将一国之地广数国之大也。如此，则民虽增数倍，可无饥馑之忧矣。此农政学堂所宜亟设也。

农官既设，农学既兴，则非有巧机无以节其劳，非有灵器无以速其事，此农器宜讲求也。自古深耕易耨，皆藉牛马之劳。乃近世制器日精，多以器代牛马之用，以其费力少而成功多也。如犁田，则一器能作数百牛马之工。起水，则一器能灌千顷之稻。收获，则一器能当数百人之刈。他如凿井濬河，非机无以济其事；垦荒伐木，有器易以收功。机器之于农，其用亦大矣哉。故泰西创器之家，日竭灵思，孜孜不已，则异日农器之精当又有过于此时者矣。我中国宜购其器而仿制之。

故农政有官则百姓勤，农务有学则树畜精，耕耨有器则人力省，此三者，我国所当仿他以收其地利也。

所谓物能尽其用者，在穷理日精，机器日巧，不作无益以害有益也。

泰西之儒以格致为生民根本之务，舍此则无以兴物利民，由是孜孜然日以穷理致用为事。如化学精，凡动植矿质之物，昔人已知其用者固能广而用之，昔人未知其用者今亦考出以为用。火油也，昔日弃置如遗，今为日用之需要，每年入口为洋货之一大宗。煤液也，昔日视为无用，今可炼为药品，炼为颜料。又煮沙以作玻璃，化土以为矾精，炼石以为田料，诸如此类，不胜缕书。此皆从化学之理而得收物之用，年中不知裕几许财源。我国倘能推而仿之，亦致富之一大经也。格致之学明，则电风水火皆为我用：以风动轮而代人工，以水冲机而省煤力，压力相吸而升水，电性相感而生光，此犹其小焉者也。至于水作汽以运舟车，虽万马所不能及，风潮所不能当；电气传邮，顷刻万里，此其用为何如哉！然而物之用更有不止于此者，在人能穷求其理，理愈明而用愈广。如电，无形无质，似物非物，其气附于万物之中，运乎六合之内。其为用较万物为最广而又最灵，可以作烛，可以传邮，可以运机，可以毓物，可以开矿。顾作烛传邮已大行于宇内，而运机之用近始知之，将来必弃其煤机而用电力也。毓物开矿之功尚未大明，将来亦必有智者究其理，则生五谷，长万物，取五金，不待天工而由人事也。然而取电必资乎力，而发力必藉乎煤。近又有人想出新法，用瀑布以水力生电，以器蓄之，可待不时之用，可供随地之需。此又取之无禁，用之不竭者也。由此而推，物用愈求则人力愈省，将来必至人只用心，不事劳人力而全役物力矣。此理有固然，事所必至也。

机器巧，则百艺兴，制作盛，上而军国要需，下而民生日用，皆能日就精良，而省财力，故作人力所不作之工，成人事所不成之物。如五金之矿，有机器以开，则碎坚石如齑粉，透深井以吸泉，得以辟天地之宝藏矣。织造有机，则千万人所作之工，半日可就，至缫废丝，织绒呢，则化无用为有用矣。机器之大用不能遍举。我中国地大物博，无所不具，倘能推广机器之用，则开矿治河，易收成效，纺纱织布，有以裕民。不然，则大地之宝藏，全国之材物，多有废弃于无用者，每年之耗不知凡几。如是而国安得不贫，而民安得不瘠哉！谋富国者可不讲求机器之用欤！

物理讲矣，机器精矣，若不节惜物力，亦无以固国本而裕民生也。故泰西之民鲜作无益。我中国之民，俗尚鬼神，年中迎神赛会之举，化帛烧纸之资，全国计之，每年当在数千万。此以有用之财，作无益之事，以有用之物，作无用之施。此冥冥一大漏卮，其数较鸦片为尤甚，亦有国者所当并禁也。

夫物也者，有天生之物，有地产之物，有人成之物。天生之物，如光热电者，各国之所共。在穷理之浅深，以为取用之多少。地产者如五金百谷，各国所自有，在能善取而善用之也。人成之物，则系于机器灵笨，与人力之勤惰。故穷理日精，则物用呈；机器日巧，则成物多；不作无益，则物力节。是亦开财源节财流之一大端也。

所谓货能畅其流者，在关卡之无阻难，保商之有善法，多轮船铁道之载运也。

夫百货者，成之农工，而运于商旅，以此地之赢余，济彼方之不足，其功亦不亚于生物成物也。故泰西各国，体恤商情，只抽海口之税，只设入国之关，货之为民生日用所不急者重其税，货之为民生日用所必需者轻其敛，入口抽税之外，则全国运行，无所阻滞，无再纳之征，无再过之卡；此其百货畅流，商贾云集，财源日裕，国势日强也。中国则不然，过省有关，越境有卡，海口完纳，又有补抽，处处敛征，节节阻滞，是奚异遍地风波，满天荆棘，商贾为之裹足，负贩从而怨嗟：如此而欲百货畅流也，岂不难乎？夫贩运者，亦百姓生财之一大道也。“百姓足，君孰与不足？百姓不足，君孰与足？”以今日关卡之滥征，吏胥之多弊，商贾之怨毒，诚不能以此终古也。徒削平民之脂膏，于国计民生初无所裨。谋富强者宜急为留意于斯，则天下幸甚！

夫商贾什一之利，别父母，离乡井，多为饥寒所驱，经商异地，情至苦，事至艰也。若国家不为体恤，不为保护，则小者无以觅蝇头微利，大者无以展鸿业远图。故泰西之民，出外经商。国家必设兵船领事为之护卫，而商亦自设保局银行与相倚恃。国政与商政并兴，兵饷以商财为表里，故英之能倾印度，扼南洋，夺非洲，并澳土者，商力为之也。盖兵无饷则不行，饷非商则不集，西人之虎视寰区，凭凌中夏者，亦商为之也。是故商者亦一国富强之所关也。我中国自与西人互市以来，利权皆为所夺者，其故何哉？以彼能保商，我不能保商，而反剥损遏抑之也。商不见保则货物不流，货物不流则财源不聚，是虽地大物博，无益也。以其以天生之财为废材，人成之物为废物，则更何贵于多也。数百年前，美洲之地犹今日之地，何以今富而昔贫，是贵有商焉为之经营，为之转运也。商之能转运者，有国家为之维持保护也。谋富强者可不急于保商哉。

夫商务之能兴，又全恃舟车之利便。故西人于水则轮船无所不通，五洋四海恍若户庭，万国九州俨同阛阓，辟穷荒之绝岛，以立商廛，求上国之名都，以为租界；集殊方之货实，聚列国之商氓；此通商之埠所以贸易繁兴，财货山积者，有轮船为之运载也。于陆则铁道纵横，四通八达，凡轮船所不至，有轮车以济之，其利较轮船为尤溥，以无波涛之险，无礁石之虞。数十年来，泰西各国，虽山僻之区，亦行铁轨，故其货物能转输利便，运接灵速，遇一方困乏，四境济之，虽有荒旱之灾，而无饥馑之患。故凡有铁路之邦，则全国四通八达，流行无滞；无铁路之国，动辄掣肘，比之瘫痪不仁。地球各邦，今已视铁路为命脉矣，岂特便商贾之载运而已哉！我国家亦恍然于轮船铁路之益矣，故沿海则设招商之轮船，于陆则兴官商之铁路。但轮船只行于沿海大江，虽足与西人颉颃而收我利权，然不多设于枝河内港，亦不能畅我货流，便我商运也。铁路先通于关外，而不急于繁富之区，则无以收一时之利，而为后日推广之图。必也设于繁富之区，如粤、港、苏、沪、津、通等处，路一成而效立见，可以利转输，可以励富户，则继之以推广者，商贾必多，而国家亦易为力。试观南洋英属诸埠，其筑路之资，大半为华商集股。“利之所在，人共趋之。”华商何厚于英属，而薄于宗邦？是在谋国者有以乘势而利导之而已。此招商兴路之扼要也。故经关卡之阻难，则商贾愿出于其市；有保商之善法，则殷富亦乐于贸迁；多轮船铁路之载运，则货物之盘费轻。如此，而货有不畅其流者乎？货流既畅，则财源自足矣。筹富国者当以商务收其效也。不然，徒以聚敛为工，捐纳为计，吾未见其能富也。

夫人能尽其才则百事兴，地能尽其利则民食足，物能尽其用则财力丰，货能畅其流则财源裕，故曰此四者富强之大经，治国之大本也。四者既得，然后修我政理，宏我规模，治我军实，保我藩邦，欧洲其能匹哉！

顾我中国仿效西法，于今已三十年，育人才则有同文、方言各馆，水师、武备诸学堂，裕财源则辟煤金之矿，立纺织制造之局，兴商务则招煤轮船，开平铁路，已后先辉映矣，而犹不能与欧洲颉颃者，其故何哉？以不能举此四大纲而举国并行之也。间尝统筹全局，窃以中国之人民财力而能步武泰西，参行新法，其时不过二十年，必能驾欧洲而上之，盖谓此也。试观日本一国，与西人通商后于我，仿效西法亦后于我，其维新之政为日几何，而今日成效已大有可观；以能举此四大纲而举国行之，而无一人阻之。夫天下之事不患不能行，而患无行之人。方今中国之不振，固患于能行之人少，而尤患于不知之人多。夫能行之人少，尚可借材异国以代为之行，不知之人多，则虽有人能代行，而不知之辈必竭力以阻挠。此昔日国家每举一事，非格于成例，辄阻于群议者，此中国之极大病源也。

窃尝闻之，昔我中堂经营乎海军铁路也，尝唇为之焦，舌为之敝，苦心劳虑数十余年，然后成此北洋之一军，津关之一路。夫以中堂之勋名功业，仍寄股肱，而又和易同众，行之尚如此其艰，其他可知矣！中国有此膏肓之病，而不能除，则之尧舜复生，禹皋佐治，无能为也！更何期其效于二十年哉？此志士之所以灰心，豪杰之所以扼腕。文昔日所以欲捐其学而匿迹于医术者，殆为此也。然而“天道循环，无往不复；人事否泰，穷极则通”。“猛剂遽投，膏肓渐愈。”逮乎法衅告平之后，士大夫多喜谈洋务矣，而拘迂自囿之辈，亦欲款驰域外之观。此风气之变革，亦强弱之转机。近年以来，一切新政次第施行，虽四大之纲不能齐举，然而为之以渐，其发轫于斯乎！此文今日之所以望风而兴起也。

窃维我中堂自兴而后，经略南北洋，孜孜然以培育人才为急务；建学堂，招俊秀，聘西师而督课之，费巨款而不惜；遇有一艺之成，一技之巧，则奖励倍加，如获异宝；诚以治国经邦，人才为急，心至苦而事至盛也。尝以无缘沾雨露之濡，叨桃李之植，深用为憾！顾文之生二十有八年矣。自成童就傅，以至于今，未尝离学。虽未能为八股以博科名，工章句以邀时誉；然於圣贤六经之旨，国家治乱之源，生民根本之计，则无时不往复于胸中。于今之所谓西学者，概已有所涉猎，而所为专门之学，亦已穷求其一矣。推中堂育才爱士之心，揆国家时势当务之急，如文者亦当在陶冶而收用之列。故不自知其驽下而敢求知于左右者，盖有慨乎大局，蒿目时艰，而不敢以岩穴自居也。所谓乘可为之时，以竭愚夫之千虑，用以仰赞高深，非欲徒撰空言以渎清听，自附于干谒者流，盖欲躬行而实践之，必求泽沛乎万民也。

窃维今日之急务，固无逾于此四大端。然而条目工夫，不能造次；举措施布，各有缓急。虽首在陶冶人才，而举国并兴学校，非十年无以致其功。时势之危急，恐不能少顷。何也？盖今日之中国，已大有人满之患矣，其势已岌岌不可终日。上则仕途闭塞，下则游手而嬉，嗷嗷之众，何以安此？明之闯贼，近之发匪，皆乘饥馑之余，因人满之势，遂至溃裂四出，为毒天下。方今伏莽时闻，灾荒频见；完善之地，已形觅食之艰，凶祲之区，难免流离之祸；是丰年不免于冻馁，而荒岁必至于死亡。由斯而往，其势必至日甚一日。不急挽救，岂能无忧？夫'国以民为本，民以食为天"。不足食胡以养民？胡以立国？是在先养而后教，此农政之兴尤为今日之急务也。且农为我中国自古之大政，故天子有亲耕之典，以劝万民。今欲振兴农务，亦不过广我故规，参行新法而已。民习于所知，虽有更革，必无倾骇。成效一见，争相乐从，虽举国遍行，为力尚易，为时亦速也。且令天下之人，皆知新法之益如此，则踵行他政，必无挠格之虞。其益固不止一端也。

窃以我国家自欲行西法以来，惟农政一事未闻仿效；派往外洋肄业学生，亦未闻有入农政学堂者，而所聘西儒，亦未见有一农学之师。此亦筹富强之一憾事也。文游学之余，兼涉树艺，泰西农学之书，间尝观览，于考地质、察物理之法，略有所知。每与乡间老农，谈论耕植，尝教之选种之理，粪溉之法，多有成效。文乡居香山之东，负山濒海，地多砂碛，土质硗劣，不宜于耕。故乡之人，多游贾于四方。通商之后，颇称富饶。近年以美洲逐客，檀岛禁工，各口茶商又多亏折，乡间景况，大逊曩时，觅食农民，尤为不易，文思所以广其农利，欲去禾而树桑，遂为考核地质，知其颇不宜于种桑，而甚宜于波毕。近以愤于英人禁烟之议难成，遂劝农人栽鸦片。旧岁于农隙试之，其浆果与印度公土无异，每亩可获利数十金。现已群相仿效，家家试栽，今冬农隙所种必广。此无碍于农田而有补于漏卮，亦一时权宜之计也。他日盛行，必能尽夺印烟之利。盖其气味较公土为尤佳，迥非川、滇各土之可比。去冬所产数斤，凡嗜阿芙蓉之癖者争相购吸，以此决其能夺印烟之利也必矣。印烟之利既夺，英人可不勉而自禁？英国既禁，我可不栽。此时而申禁吸之令，则百年大患可崇朝而灭矣。劝种罂粟，实禁鸦片之权舆也。由栽烟一事观之，则知农民之见利必趋，群相仿效，到处皆然。是则农政之兴甚易措手。其法先设农师学堂一所，选好学博物之士课之，三年有成，然后派往各省，分设学堂，以课农家聪颖子弟。又每省设立农艺博览会一所，与学堂相表里，广集各方之物产，时与老农互相考证。此解法之纲领也。至其详细节目，当另著他编，条分缕析，可以坐言而起行，所谓非欲徒托空言者，此也。文之先人躬耕数代，文于树艺牧畜诸端，耳濡目染，洞悉奥窔，泰西理法亦颇有心得。至各国土地之所宜，种类之佳劣，非遍历其境未易周知。文今年拟有法国之行，从游其国之蚕学名家，考究蚕桑新法，医治蚕病，并拟顺道往游环球各邦，观其农事。如中堂有意以兴农政，则文于回华后可再行游历内地、新疆、关外等处，察看情形，何处宜耕，何处宜牧，何处宜蚕，详明利益，尽仿西法，招民开垦，集商举办。此于国计民生大有裨益，所谓欲躬行实践，必求泽之沾沛乎民人者，此也。惟深望于我中堂有以玉成其志而已。

伏维我中堂佐治以来，无利不兴，无弊不革，艰钜险阻，犹所不辞。如筹海军、铁路之难，尚毅然成之；况于农桑之大政，为生民命脉之所关，且无行之之难，又有行之之人，岂尚有不为者乎？用敢不辞冒昧，侃侃而谈，为生民请命。伏祈采择施行，天下幸甚！

肃此具禀，恭叩
钧绥！伏惟垂鉴！　　　　　　　　　　　　文谨禀

有为看时，把右腿叠在左腿的膝上，左腿瑟瑟地不住的抖着，一时皱皱眉儿，一时咂咂嘴儿。看完以后，便问道：“你可曾呈上去吗？”逸仙摇摇头道：“没有！”有为道：“话还不错，只是文章欠佳。大凡做文章要讲究‘起承转合’，字要古雅，句要奥衍。像你这篇东西，板板的四大纲，仿佛八股中四大股，有什么意味呢？”逸仙早已听得不耐烦，只不便发作。倒是陆皓东爽爽快快的从他手里夺了过来，扔在桌上说道：“不要看它了，看了污你的眼儿！”有为呆了一呆，自己觉得没趣，便起身告别而去。

皓东对跃如道：“老宋，你也太没分晓！这康有为简直是一个不中用的东西，怎么也和他亲近呢？”跃如道：“我怎么晓得他是这么一个人？他嘴里说的左是改革，右是改革，只当他是一个革命志士。到了这儿，才知道他还把‘皇上’两个字放在心坎里咧。”逸仙道：“闲话少说。看来上海的同志只有这几个人。如今中日正在要开战的当儿，是我们革命大好机会。我意思要到檀香山去走一遭，筹些经费来。老宋把这里会党联络妥当。将来叫他到广东去帮忙。皓东到广州，和士良、区牧师先事部署起来，待我经费汇到，便好举事。”皓东、跃如都以为然，一一答应。逸仙便把行装整理好后，到次日，也不再往香港，就从上海辞别二人，到檀香山而去。

不晓得逸仙历史的人，以为逸仙何以不到别处去，偏要到檀香山去呢，这其中也有一段事故：逸仙的长兄孙眉，自幼不愿务农，只身远涉重洋，到了檀香山

（即檀岛）营业，居然成为巨富。那时逸仙曾经去过一趟，年才十四。因为保护身体的缘故，勉强在檀岛受洗，做了一名耶稣教徒，而且得着好多的朋友。二十岁左右时候，又去过一趟。所以他在檀岛地方，犹如自己家乡。

闲言少说。且表这次逸仙到了檀香山，自然有好多朋友，因阔别已久，过来拜访。逸仙是不惯说应酬话的，碰见时只谈国事，论革命。一般部分顽固的华侨，都是为着做买卖来的，怎么听得进？所以都说："今年的孙逸仙，仍旧和十年前的孙逸仙一般独头！"逸仙听了，也并不和他们争论，只管干他鼓吹革命、筹募经费的工作。在檀岛一个月，才算有十几个同志，只不过是亲眷朋友，因此便组织兴中会。这兴中会当中，有一种银会，便是筹款的机关。办法虽好，因时代及思想关系，却应者寥寥。逸仙抱定奋斗宗旨，绝不灰心，尽管勇往直前做去。这一晚，他正在房间中踱来踱去想法，忽然有一个人来拜访他。这人大约四十几岁年纪，满面和气。问他姓名，说："姓郑，名叫揆卿。"逸仙连忙迎进里面，请他坐下。揆卿便问道："组织兴中会的是足下？"逸仙点了点头，道："不错，正是我。"揆卿道："我读过你的章程，很合我意思。"说着，从他袖管里拿出一件东西来交与逸仙道："这些小数，助在你们会里。"逸仙拿来一看，乃是一个银行存折，一张储蓄证，早已写上了兴中会的名义。逸仙一想："他说小数，大概少则几百，大则几千罢咧。"怎晓得展开来一看，竟是三十万元。这一来逸仙不觉大喜，便问揆卿道："你把这银子如数捐到会里吗？"揆卿道："这个自然！你不察得我的意思。我细细讲给你听：我自二十岁到了这儿，二十年当中，积下七八十万的家私。有一年，有个美国人叫做利尔瑟，在檀香山开一所洋行，表面上说是专办中国丝茶，运到意大利去；单说他一座房子，也就宏敞华丽，不比那小规模的企业。里面办事人，少说些也有一百几十个。我是采办丝茶的，你想这般大的洋行，哪有不往来的道理？果然，他叫我办一大批丝茶，约莫有三十几万银子，说定一星期付银。到了一星期，我便往他洋行里去拿银子，谁知一个人都没有。仔细一问，这房子早已是别人居住了。我受了这个骗局，一面去报警署，一面便往裁判所里去告诉。又是笑话，过了一个多月，这个利尔瑟还不曾查到。我便自己写了好多封信，寄与各国和各埠的朋友，开明利尔瑟面貌年岁，叫他们代我访查。再过两个月，忽然有个朋友从意大利寄一封信来，说利尔瑟正住在意国京城，赶快亲自来找。我得了这信，连忙动身到意大利去。见了朋友，问明利尔瑟的住址，亲自去见他。他虽然知道是我，恰也并不躲避，叫我进去。我也不说别话，只向他要款子。他哼了一声道：'我们是文明国人，你们是奴隶，怎么会欠你的钱？你别是自己记错了吗？'我当下便将账簿拿了出来说道：'你是文明国人，难道连账簿都不会看：你的货款，还不是明明写在上面吗？'他不问情由，将账簿夺去，索的索的撕得粉碎，恶狠狠地说道：'这都是伪造的！'我到了这个田地，早已'七窍生烟，三尸暴跳’，再也不与他讲话，把地上撕碎的账簿拾了起来，走出门外；一径到警察署报告，接着做了状纸往裁判所起诉。嗣后才算把利尔瑟传到了。但是审判结果：利尔瑟拘禁两个月，把我这款子一字不提。你想！这可气死我了吗？当下我便挽了有力的人，到中国官跟前去恳求，要他和外国人交涉，中国官只是一个不理。去恳求好多次，倒反被他埋怨道：‘中国人怎好和外国人斗法？’唉！孙先生！这句话使人多么痛恨呀！我少时念书，记得有一句‘非我族类，其心必异’的话，所以我对于外国人倒不去怪他，可怪的是帮助外国人的中国官！那天我听你在兴中会里对众人说道：‘你们都看见过中国的铜钱吗？正面写的是“光绪通宝”，后面这两个字都不认识。这不认识的两个字，便是满洲字。因为如今在我们中国做皇帝的是满洲人，不是汉人，所以在铜钱上要写上两个满洲字。这满洲皇帝，现在享受我们汉人的国土，略略分一些好处给汉人，还说是“深仁厚泽”，真是岂有此理！’我便猛然想到了！哦！这光绪皇帝，原来也一样‘非我族类’吗？怪不得要作践我们。那些做官的是要靠他吃饭的，自然也一般的作践我们。我想到这里，我钱就不要了。要不是把满洲皇帝换了，也不愿意到中国去。再说我上了这般年纪，没有儿子，眼看着偌大家私给人家拿去，我二十年的辛苦，为的是什么？所以我把这三十万块钱来助兴中会，巴望你到中国去做一番惊天动地的事业，使得中国人再不被外国人欺侮，这才是好。”逸仙拱了拱手说道：“现在正是需款孔亟的时候，个个像你老这般热心，还怕大事不成吗？”郑撰卿道：“多咧，我知道的还有邓……”刚说到这几个字，忽又走进两个人来。撰卿道：“说起曹操，曹操便到。”一面说，一面便给逸仙介绍道：“这位是邓荫南，这位是他的哥子邓德彰。”逸仙连忙也堆下满脸笑容来接待。德彰兄弟先道倾慕之诚。又表示赞同革命的意思，也愿把自己所有的家私，如数助在兴中会里。逸仙道：“承你们热心赞助经费，固然见得诸君有革命的诚意。但是‘革命’两个字不是在嘴边说说的，该得要实地去做。如今既然有了大宗银子，我们便要入手采办军火了。但不知三位中哪个熟悉军火的事务？”德彰道：“我和撰老就当这个差使。荫南具有决心，只怕阻止他不得，就跟着你老到内地去部署罢。”逸仙非常喜欢，当日约定而散。

过了几天，逸仙已将檀岛事情布置妥帖，便与荫南率领着几十同志回中国来。一路上好在是外国的轮船，言论十分自由，而且坐房舱的都是外国人，所以正好定革命的计划。公众议定，分三路进攻：一路从汕头，一路从西江，一路从香港。来作为援军，同时直扑广州。广州城中暗地先埋伏了武装的同志，倘然官军与汕头和西江的革命军打仗的时候，城中埋伏的同志与香港的援军，就可以趁他不备，袭取广州。计划已定，又将同志分配定当，专待到了广东，次第进行。这轮船是直到香港的，到了七月底方才到埠。逸仙等便从这一日始，实做他的工作了。

第七回

开寿筵蔡知府丢脸　抢衣饰巡查队横行

我在叙广州革命的前头，先把那时候广东的政治表白一下。那时做两广总督的，乃是李鸿章的兄弟李瀚章，和他哥哥一般的狼心狗肺。在国家多难的时候，他还是饮酒挟妓，荒淫无度。倘然有人说“广东会党出没，理宜加意防备”的话，他一定笑说道：“会党有什么本领？看它自生自灭罢咧。”

这年九月里，是他的寿辰，藩臬以下，都要准备送一份极厚的礼，去博上峰的欢心。就中有个知府叫做蔡汝炤，他费了一个月精细考虑的功夫，想出一种特别的寿仪来。是用银子制了一架寿屏，寿屏之中，嵌上“寿比南山”四个宝石字。以为是这样办法，才好讨总督的欢喜。只是一件：计算这架寿屏的价值，非有整万的银子，不能轻易置办。他又是初到任的知府，腰包里积蓄不多，怎舍得拿出去，他因此就邀了一位钱谷老夫子来商量。

这个钱谷老夫子名叫王臻贤，是个绍兴人。听东家邀他，连忙走过来。及问知汝炤和他商量的是这么一个难题，便眉头一皱，一言不发，在房间里踱来踱去。这是他的老毛病，汝炤看惯的了，所以也不怪他。过了一会，王臻贤忽然说道：“有了！有了！”汝炤道：“怎么办？”臻贤一看，门外有个听差站着，不便高声说话，便凑着汝炤的耳朵，唧唧哝哝谈了一会。但见汝炤一副庄严的脸儿，慢慢地掀开笑容来，连连点头说道：“好的！好的！”至于说的是什么话，作者也不得而知，且待他做了出来再说。

那时住在城中的有一个富翁，叫做阮光恒，有几十万的家私。只因一向在火努鲁鲁做买卖，才只本年回来，所以和一切官绅都不很熟悉。这日，忽然知府衙门里打发一个人来，说：“蔡知府请他进去。”他倒呆了一呆，心里一想：“我是不认识蔡知府的，为什么突然来叫我进去？……但是我自己并没有干过犯罪的事情，打量不会有什么意外的。”当下就对来人答应道：“停会就来。”

光恒是从来不曾见过官的，不晓得见官的礼节应该怎样。好在家里有位教他儿子念书的教读先生，便走到他跟前去问详细。教读先生道：“见这种地方官有什么大礼节？称他一声公祖，称自己做治晚就行了。但有一件，他端起茶来，便是送客，你该告辞了。他叫你登炕，你在这城里也可算得一名绅士，不妨坐到炕榻的右边去，只把左边让他就完了。”

光恒牢牢记着，便换了一套衣服，叫了一顶轿子，飞也似地到府衙门里去。照例投进治晚名帖，候在厅事，果然见那蔡知府从厅后走出来，轻衣小帽，只加上一件马褂儿。光恒依照教读先生的话，礼节当然不错。那知府便对光恒说道：“今天兄弟请你老到这儿来，有件紧要的事情。因为你老是在外国多年的，当然熟悉外国的事务。如今我们要往香港向外国人去办一大批货色，只因一时款子还没有领到，这货又立刻要用，所以要央求你老向外国人担保一声。”光恒便说道：“什么货？”蔡知府道：“军火呀！”光恒听了，禁不住吓了一跳，又问道：“多大数目呢？”蔡汝炤道：“不多，五十万。而且这批军火，只好说是你办的，切莫说出我来。”光恒听了，越发吃了个大惊，连忙说道：“并不是治晚不答应，也不是不相信公祖；只因治晚于军火一项向来外行，而且住在香港的外侨，治晚一个都不认识。只好请公祖原谅！”蔡知府立时沉下脸来，冷冷说道：“你不答应吗？也好，我去另委别人。请你只把这款子暂垫一下，好不好？”光恒又皱了皱眉，说道：“再请公祖原谅！治晚虽说从外国回来，委实家里没钱，有的只不过吃口饭罢咧，怎有这多钱来垫款子呢？”那蔡知府也不再说话，便端起茶来送客。光恒无可奈何，只好退了出来。

及至走到家里，他老人家连骨头都吓软了，连忙又来找教读先生，“如此这般……”说了一遍。教读先生道：“东翁向在外国，不晓得中国官场的内幕。他这一番话，盖不是真要你去采办军火，骨子里是敲你竹杠。你想！他又不会造反，又不是办团练，要军火何用？照我意思：你赶快写了一封信，把这差使去接受过来，只叫他打一张护照出来，这话何等堂皇？”光恒道：“不好！不好！我们何必和他们斗闲气呢？”教读先生道：“既如此，只好晦气一些银钱，赶快挽一个绅士和他去说，报效一两万块钱，事就完了。如其再不答应，再想别法。”光恒一想，这话不错，连忙挽一个和蔡知府最要好的绅士，到衙门里去说情。往返五六次，终算报效五万银子了案。那绅士也捞到一万。

再说蔡知府有这四万银子，置办他计划的那一架屏绰绰有余，便把多下来的银子，十分之三酬那钱谷老夫子的劳，十分之七放到腰包里去不提。

到了李瀚章寿辰的前一天，蔡知府便将银屏送了进去。到本日，自己也坐了一乘轿子到督署里去拜寿。下轿之后，低着头一直进去，见果然十分热闹，暗暗喜道：“这会子我费了整万银子，做了一架寿屏，送了上去，一定中制军的意，在众人中一定赞我一声‘能员’。说不定将来由署理道篆进为实授，再由道台保荐，做了藩臬啦。”一面想，一面看看，四下的寿幛不计其数，连州县官的寿幛都挂起来了，只有自己送来的那一架银屏，死也寻找不到。他还料到李制军爱好到了极点，舍不得挂在外面，或许是陈设在内室之内了。思想的时候，早已由巡捕导至里面，司道以下，都已到齐。蔡知府一一行过下属之礼，便附在后面，一同去拜总督的寿，跪拜如仪。

将要退下来，那位李制军忽然将蔡知府叫住，叫他暂缓退下。蔡知府无可如何，只好低着头儿站在一旁，静候钧旨。但见各项官绅，纷纷来拜寿的不计其数。那蔡知府独自站着，心里突突跳个不住，想不出李制军叫住他的缘故。思前想后，委实没有什么失仪地方。这时他的心里，正如十五个吊桶，七上八下。约莫过了两个钟头，拜寿的也少了，蔡知府的腿儿也站酸了。只见李制军叫："传蔡汝炤！"汝炤抢上一步去，打个千儿，又倒退了几步，依旧低着头站着。李制军问道："那一架银制的寿屏是你送的吗？"蔡汝炤应道："是！"李制军笑道："这'寿比南山'四字倒是谁想出来的，有这般古雅？"蔡知府又应了个"是"字。李制军又笑道："可惜是'寿比南山'四字。若是'功业千古'四个金字，配了黄底儿的屏，到了老夫身后，倒也可用，岂不是一举两得吗？"这几句话明明是挖苦他的话，可是他没有听清楚，又应了一个"是"字。那时李制军再也耐不住了，便喝了一声："滚滚！"站起身来，往后进去。

蔡知府只好垂头丧气退了出来，额角上的汗珠如黄豆一般的大。意欲回到衙门去，却又舍不得一席精美丰盛的酒菜，只好依旧走到外厅上来。有几个同寅已经知道他的事情，都冷冷的不去理他，只管和别人说说笑笑凑热闹。蔡知府到了这个时候，也就无可如何，只好老着脸皮，坐了下来。幸亏还有他几个属县，虽然知道他有这件事，却也不能冷淡他，因此也得在这一部分里傲睨一切。待吃好寿酒以后，回到衙门，把钱谷师爷埋怨一顿，说："这寿屏制军不大喜欢，不该默无一言，任我拿了去。"钱谷师爷见他在盛怒之下，只好由他骂几句。这一日，他心里十分不快，连晚饭都没吃。谁知福无双至，祸不单行。蔡知府正要上床睡觉之间，忽然总督署里派人来，把蔡知府传去。

原来孙逸仙到香港以来，即在香港开设了一家乾亨行，做革命机关的干部，里面办事的有邓荫南、杨衢云、黄泳商、陈少白一干人；在羊城设了一个农学会，里面办事的有陆皓东、郑士良和欧美几个技师及几个将校。逸仙奔走羊城、香港之间，已过好些日子。将要起事，逸仙这日便在羊城总机关里召集同志，开了一个大会，当场提出意见道："我们革命成功，将来当然改建民国。如今先得议定一个国旗的形式才好。"有一个党员起立说道："我们中国开国于轩辕黄帝，国旗宜用黄色。"又有一人说道："黄色代表帝王，与满清相同，万不可用！宜用红色，中间画上一只狮子。红是表示流血，是言流血以后，睡狮苏醒的意思。"其余主张白色的也有，主张青色的也有，议论纷纷，莫衷一是。陆皓东忽然站起来说道："依我的意思，我们革命的同志都光明正大，而且目的在求中国之自由平等，故宜用'青天白日旗'。"逸仙便问众人意见如何，众人都一齐赞成"青天白日"，因此便当场通过。过了两天，这青天白日旗便在革命机关里出现了。

再过几天，就要起事。不想在鱼更三跃以后，忽然有人在农学会擂鼓一般打起门来。同志们只当风声泄露了，立刻一个个跳下床来，一方面众人都拿好了手枪，一方面大声问："打门的是谁？"只听外面说道："我们来找郑士良先生的。"听去似乎有好多人。士良并不害怕，只管将门开了，拥进来有六七个短衣赤足的人。众人待要开枪，弼臣连忙挥了挥手，道："我认识的，不是奸细。"说着，便又把门儿关上。众人心始放下，依旧把手枪藏在衣袋，来探问这般人进来的缘故。据这六七个人报告："有一个商人姓邵的女儿，名叫翠玉，这日到一个亲戚家里吃酒去。他亲戚家也在城中，相去很近，所以不用轿子，只跟了一名婢女。当经过广府前的时候，突然有五六个流氓拥过来，不问情由，将翠玉的金钏珠环簪儿戒指都抢夺而去，还把一身衣服脱得干干净净，只剩下一套衫裤。那个时候，翠玉和婢女大呼救命，那防营兵虽然眼见，却理也不理。幸亏那时茶坊里有二十来个吃茶客，听见高呼救命，连忙一窝蜂拥出来。仔细看时，那抢劫翠玉衣饰的人，乃是巡查队里的兵士，把制服脱去，所以人家看他不出。可是众人见了这有天无日的事情，都大怒起来，个个揎袖攘臂，抢将上来和巡查队殴打。巡查队倚恃势力，也不肯相让，双方大斗起来。到底茶客多，巡查队少，当场把这五六个人都捉住。就中有一个人叫道：'拿到会馆里去！'众人应声如雷，便将这五六个人拥到会馆，用绳索将手足绑好。禁闭到黑暗的房间里，再把门上了锁。那时会馆内外，看的人已人山人海，一传十，十传百，传到另外一队的巡查队里。那巡查队立时出发，直奔会馆来救他们同伙，把会馆团团围住，连几百个看客也包围在内。那看客要和他们分辩，他们哪里听见！因此看客等也大怒起来，和头里二十来个茶客合成一气，与巡查队格斗。这次的格斗可不像第一次了！第一次巡查队人少，又没带军器，这次人多，又有刀儿枪儿。再说看客虽然有几百人，都是胆小的多，有的躲在老远的看胜败，有的不关痛痒的跟在后面。那巡查队刀斫枪射，徒手的人民怎么拗得过他？结果，他们一个没伤，人民伤了三四个，禁闭在房间里的兵士给他放释后，簇拥着呼啸而去。于是这几百人民气愤已极，要拥着到县衙门里去。就中一人说道：'如数到县里去，倒给他说是造反咧。不如由我们公推十个人出来，到衙门里去告诉，叫县太爷将巡查队按法惩办，事就完案。'众人都说有理，当场便推举十个人出来，一径奔到县衙门去。那县官早已经过巡查队的报告，说人民如何强横，如何捆绑巡查队，如何禁拘他们，县官听了，心中早已不快。如今听说有十个人来见他，他正要狠狠骂他一顿，便怒气冲冲地走出来。那十个人和他行礼，他也完全不理，只对他们说道：'你们打了巡查队也够了，还有这脸儿来见我？'那十个人道：'公祖有所不知……'县官一顿足说道：'我不知，单是你知吗！'那十人一看情形不对，也不和他细说，很简单地告诉道：'我们人民，已经给巡查队打伤三四个了！'县官道：'你们要造反，他们自然可以打你们，便打死了三四十、三四百有什么打紧！'那十人也怒道：'那么，叫你说只让巡查队活着，我们小百姓不能够做人了！’县官道：‘放屁！你们讲的什么话！快给我拿下！’于是就有一群衙差，如狼如虎地拥上来，将这十个人个个捉住，前挽后推，关到监里去了。外面一干人众得到这个消息，个个都三尸神暴跳，七窍内生烟，要和县官为难。只因没有实力，无可如何。因为你老是我们三合会里的首领，便来和你老商量。”弼臣听罢一看，都是洪门中人，也就把自己革命计划对他们说了，叫他们不必与区区的县官为难，只要把总督署破了，广州城大小官吏，怕他不躲得干干净净。这六七个人都说道：“这话不错。我们有三四百人，都情愿干这事情，就此加入如何？”弼臣自然欢迎，便约定时期，叫他们一同杀进总督署去。这六七个人一一答应，告别而去。

再说巡查队与防营本来是沆瀣一气，得知巡查队吃过老百姓的痛苦，心里大为不快。后来知道这打巡查队的老百姓乃是三合会里的会友，心里越发不快，当即派人来叩郑弼臣的意思。弼臣道：“老百姓是难为不得的，他们喜欢做我们帮手，还有何说？”在防营里虽然早已与革命军联络的，但是听见打巡查队的老百姓也都全数加入了，便老大不高兴。嘴里虽不说，心里早已有了计划。到了营里，便纠集弟兄，把计划一一告诉了。先向总督衙门去告密，说某日某时，有若干枪弹运到，某党某员，住在什么地方。

那时李制军衙门里正在热闹的当儿，忽然听见这个警报，大吃一惊，便将司道以上各官，邀到里面秘密室里，商量捉捕党人之法。众人都说：“党人敢在省城起事，一定有些实力。先须派兵点将，预备与他激战。这里一面去截获军火，一面去搜查机关，那不是一网打尽了吗？”李制军听说不错，便当时发下密令，派官军分头截击党军，一面截获军火，搜查机关，同时并进。布置已定，还恐怕党军声势浩大，官军抵敌不住，这位李瀚章那汉奸本是怕死异常的人，两条腿儿真个像弹琵琶一般，抖得不由自主。正在这个当儿，忽然听差的送进一封信来，拆开一看，乃是一封匿名信函，并没寄信人的姓名。但见中间写道：

> 制军大人麾下，敬禀者：近闻党人起事，军火充实。广州关吏。向称严厉。党军所以得如许之军火，经仔细之探查，实有蔡知府汝熠暗中为之襄助，所来军火，外面均贴有府正堂之封条。如此奸吏，实为国家之蟊贼，朝廷之罪人。切望制军按法重惩，为民除害，实为德便！

李制军不看则已，一看之后，便想到了一件事，自言自语道：“哦！怪不得我做寿的当儿，暗地里是诅咒我死。你区区一个知府，这么大的胆儿，这还了得！”他想到这里，不暇细想，即将蔡汝熠传来，先大骂了一场，再将这封匿名信给他看去。这时的蔡汝熠魂灵早已出窍，两手拿着信，只是瑟瑟地抖，差不多把纸都要抖碎了。及至看完之后，暗想：这件事只有阮光恒知道。我不过借他几万块钱，他便捏造事实，匿名报告，打量我是难逃法网了。索性将他也拉在一起，给他尝尝杀头的味儿。因即说道：“望大人息怒！这件事并非卑职做的，是一个新从美国回来的阮光恒所为。因为他曾经来请求卑职运动海关免除检查，卑职不肯答应，因此他心怀怨恨，便捏造这些罪名，来做他以怨报怨的事情。望大人明察！”李制军听了，连忙打发兵丁去传光恒。怎晓得兵丁到那处，阮光恒早已挈眷出洋，到火努鲁鲁去了。兵丁回报制军，制军知道这件事是光恒做的，大半可信。但是光恒既有这个犯罪行为，理该当场捉获，或是报告督署，蔡汝焻竟一些没有提起，在满清时代，就要当同谋论罪，不单是“玩忽职务”四字便可了案。只因蔡汝焻平日有些马屁功夫，李制军只有骂他的时候，没有杀他的心思，所以这会子又是狠狠骂了一顿，便算了事，连革职处分都没有。蔡知府自然快活得什么似的，回到衙门里去了。

李制军要等剿捕党人的消息，这晚二鼓时分还未就寝。果然由海关方面来报告，有枪械五百杆，子弹一万发，已经截获。李制军听得，多么喜欢？这些区区枪弹，在如今民国的军阀手里，并不稀罕，在那时代，却好一种大宗进款，怎么不喜欢呢？到了三鼓时分，早就一片声喧，远远地传到里面来，过了一会，转又肃静无哗了。便有巡捕进来禀告，已把党人如数捉到。李制军一听此言，心中一块大石头便立刻放下，当即穿起官服，点起差役，预备升堂。及至敲过云板，制军走出堂来，向前略略一望，不禁大大吃了一惊。你道为何？捉来的党人，不是一个两个，估量起来，竟有七十几名。

第八回

杀党人羊城洒碧血　逢奇士岛国断青丝

且说防营兵自从变心以后，仍旧整队出发，以便与官军合剿党军。那时西江、汕头之兵亦已按时前进，羊城党部静待接应。那个时候，农学会里住着的人，除了孙逸仙、郑弼臣以外，尚有许多党员，满望把这青天白日国旗照耀在广州城上。哪晓得忽然有个探员，气喘喘奔进来说道："坏了！坏了！"逸仙惊道："怎么坏了？"那探员道："陆参谋（皓东）本在前敌指挥军事，特地与防营兵计划抵抗官军方法。哪晓得防营忽然倒戈，翻转脸来说道：'我们是官军，不是革命党，别弄错了！'陆参谋一听此言，知道局势已变，连忙趸身要走，却被防营兵一把抓住，七手八脚，将他捆绑停当，现在已经解到总督署里去了。"逸仙、弼臣听着，都面色惨白，呆了半晌。忽然又一探员来报告道："这里农学会的机关已经被官兵知道，不多时候，快要前来袭击。"于是众党员个个惊慌起来。逸仙略一思索，对众人说道："你们快走！"弼臣道："那么，你也该走了！"逸仙道："我怎么好走？还有好多的事要处理，就是你也该慢一些儿。打量这早晚官兵还不会到啦。"说着，一面吩咐弼臣先将党员名册和紧要文件付之一炬，再将所存军火都藏过一边，免得给官兵利用。自己坐在写字台上，草拟了一通电文，是发给香港支部的，其文曰：

"事坏，同人被捕，可勿来。"

一切部署既毕，又四下里考察一下，别无他事，方才拿了些银子，携了弼臣的手泰然出门。先把电报拍发，然后混到江干，搭轮船到澳门，再由澳门到香港。谁知走进干亨行里，那援军队中委员朱贵全邱四等死耗早已传到。

原来孙逸仙电报拍发的时候，支部援军已经在四小时以前开行。那些党员都怀着热烈的希望，要把广州即日夺过来。怎晓得才到广州埠头的时候，埠头上早已布满官军，一时抵抗不及，把朱贵全邱四等七十多名党员如数捉获，解到总督衙门，被李瀚章一个个的枭首示众。一面仍旧搜捕党人，下令通缉。当时广东按察使曾经有悬赏购拿告示一通，其文云：

二品顶戴，赏戴花翎，广东提刑按察使司按察使，兼管全省驿传事务，加三级，记录十次，张，为悬赏购匪事：

照得土匪孙文，纠结伙党，暗运军火，约期在省城滋事一案：当经拿获匪犯陆皓东等多名审办。惟尚有匪首孙文等在逃未获，亟应悬赏缉拿，合行出示晓谕。为此示谕阖属军民人等知悉，尔等如能拿获后开著名匪犯解案，一经讯明定夺，即如数给与花红银两。银封存库，犯到即给，慎勿怀疑观望。至此外案内被诱匪徒，准其改过自新，免予深究。如能拿获后开首要各匪解案，仍行一律给赏。各宜凛遵勿违！特示。

后面开列的人，一共十六人：即孙文（逸仙、）夏亚伯、李亚举、李芝南、杨衢云、刘秉祥、朱皓清、陈少白、王质甫、汤亚才、吴子才、莫亨顺、陈焕州、侯艾泉、魏友琴、黄丽彬。这十六人就是在农学会和在香港的干部同志。这张告示，在官厅一面，以为党人尚在内地，愚民贪利，当然能够作一网打尽之计。不知愚民虽然贪利，却也不敢干这些残贼同类的勾当；二则党人既受大挫折，早已一个个溜之大吉，远到海外去了，还从何处去拿？这就是官样文章可笑的地方。

闲话丢开。逸仙和弼臣一干人到香港以后，幸亏少白、衢云都在香港。同志当中有个邱阿毛的（乃是邱四的哥子），他虽是一个做买卖的出身的，很喜欢胡诌几句文章，而且什么事他都肯做，不管死活，不怕劳苦，人家都叫他做“邱疯子”。当援军到广州的时候，他也在军队当中。只因他一条七寸长的辫子，油腻满身的衣服，只在人丛中一溜，官军只当他是老百姓，就瞧不出是革命党，所以不曾拿获。因为他的兄弟拿去，心中倒也并不觉得悲伤，只是要去听听口供，所以混在老百姓当中，一同上衙门里去看时，革命党并不是总督自己审的，乃是总督委南海县知县李徵庸提讯的。当提讯时候，外人一概不许入内。这邱阿毛恰好蹈了一个空，没奈何，只好到一家茶馆里坐着等消息。

约莫过了一点钟，那南海县里的差役方才络续进来喝茶。有些和差役厮熟的，问起审革命党的情形来，一个差役说道：“别人倒还不稀奇，有个姓陆名叫皓东的，是真硬头子咧！”人家问他：“怎样硬？”他说道：“把他带上去的时候，太爷叫他跪下，他哈哈笑道：‘你叫我跪吗？我是神明华胄，你是犬羊奴隶！我怎么跪你？’太爷倒也奈何他不得。因问他道：‘你为什么要造反？’他说道：‘你一句一句问，我一句一句说，多么麻烦！拿纸笔来，写给你看罢！’太爷便叫人将纸笔给他。他写得很快，写了一张，纸儿不够了，又给他一张，又不够，又给他一张，接连写了八九张，整整有五六千字，也不晓得他说的是什么话，只见他写了许多‘满清’两字。太爷看了一遍，叹了一口气道：‘唉！你有这么才学，怎么不读书养气，勉成大器，偏偏喜欢干这些勾当，很为可惜！’那皓东不待太爷说完，便又说道：‘休要多说，快些儿定我的罪罢！’太爷没奈何，只好将他判定死罪，暂时禁在牢监。这个时候，忽然有个花旗国的领事赶来。……”众人说道：“有的，有的，适才有个外国人，我们眼见他进去的，这就是花旗国领事吗？他为什么来的呢？”差役道：“他对太爷说：‘陆皓东是电报局里的翻译生，断不会干这事的。’太爷就把皓东的口供给他看，他才没有话说了。你们明儿看杀头去。就中有个唇红面白生得貌儿最好的，就是陆皓东。”众人又问道：“那么，还有别的人怎样呢？”差役道：“朱贵全、邱四、程奎光、程耀臣也都要斩决，其余的都没有定咧。”邱阿毛听得他兄弟也要斩首，禁不住打了一个寒噤，再也听不下去了，便退出来，立时乘船到香港。

这会子逸仙到了以后，邱阿毛一五一十讲给他听。逸仙便叹了一口气道：“皓东聪明好学，沉勇有谋，的是吾党健将！如今恰给满清政府残杀了。难道天道梦梦，还不许我们革命吗？”弼臣道：“‘死者已矣，生者何堪？’陆同志……既已‘杀身成仁’，我们后死的人，该负他未完的志责，还该给他们开一个追悼会才好。”逸仙点头道：“不但是追悼他们，我们也得留一个第一次革命的纪念才好。你们预备着，就是明天举行罢。”弼臣答应了，便和陈少白、杨衢云一干人准备起来。

第二天早上，部署早已就绪。大门外下起两首半旗来，一首是青天白日的国旗，一首是兴中会的会旗。中间一块横额，用柏树扎成“追悼国魂”四个字。里面厅里，悬了万国国旗，中间供陆皓东和诸同志的小影，上面也有一块横额，写着“精神不死”四字；旁边有一副挽联，上联是：“共来举大事，心轻一身，热血筑成自由路，”下联是：“此去有余荣，名垂千古，昂头直到大罗天。”灵座的左首，布着一张演说台，面前接连十几排椅子。到了一点钟时候，这追悼会便开幕了。除了十几个同志以外，那些香港商工两界来参观的也不少，有的是凑热闹，有的是为着要探这革命事情，所以济济一堂，气象倒也不弱。当下铃声一动，各人坐下。那会中同志先向小影行三鞠躬礼，又同声唱壮激悲哀的追悼歌。唱毕，便由弼臣将死去同志的历史和这会子起事的情形，大略报告一遍。再由逸仙上演台，对众演说道：“我们中国自从和英国人打了一次败仗，除了赔偿军费一千八百万两以外，还把这香港送给英国。这倒不必说。最奇怪的，我们和法国打仗，不但没有败，而且是胜的，居然也把安南的地方送给他。这会子和日本打仗，如其照老例来讲，无论是胜是败，也免不了一个割地求和。你们想想，打一次，割了一块地；打了十次，要割十块地。中国地方，有几个十块？到了十年二十年以后，不是要割完了吗？我们不是要做外国人的奴隶了吗？这罪魁祸首，都是现在你们称他做皇帝的满洲奴。我们如其再不把这满洲奴打走，他一心把我们的地方来做人情，来送与外国人，将来吃苦的不是别人，乃是我们。所以我们要起来革命，要打倒满清政府。这会子虽然失败，伤了好多同志，但是我们的志向仍旧不改，我们的勇气仍旧不衰。革命没有不流血的，我们还是要整旗鼓，再接再厉的做！”演说毕，听的人一叠连声拍起掌来。接着弼臣、少白、衢云等，也都挨次演讲，到了下午四点，方才散会。

这一晚，几个同志都宿在这乾亨行里。晚饭后，睡的时间还早，大家坐着闲谈，弼臣便问逸仙道：“这会子死难的同志，我们固然佩服他的勇敢，但是既经被官军捉去，胆大的固然要死，就是胆小的，也不由他不死。你虽然没有死，可是我佩服的，第一个倒是你。我们广州机关已经给官军知道，在别一个人一定手慌脚乱，躲走还怕来不及，你偏偏部署从容，过了三天才走。你难道料定官军不会来的吗？”逸仙道：“我讲两件事给你听：当我十几岁的时候，在我叔父开设的一个学塾里念书。有一天，忽然听见门外人声鼎沸，我便走了出去打听究竟。原来是好多的海盗来抢劫一家有钱的人家。这有钱的人家，主人是出洋做买卖的。他因为恐怕强盗来劫，所以建造房子时候，墙垣特别来得高，门户特别来得坚。可是海盗是很厉害的，他拿了一种很强大的攻墙器具，来攻他墙垣门户，那门户果然被他攻破。我奔到那个地方，要看他究竟。站在他的门前，门上木片石片一叠连声掉了下来，我连动都不动；那强盗凶恶的面目对着我看了一看，我不但不走，而且还哼了一声。这是一件。还有一件，我们翠亨乡里有一家，三个兄弟都勤俭忠厚，所以家里倒还富裕，也有园亭花木，安闲度日。这日，我正在他园内盘桓，忽然间来了几十名兵士，如虎如狼，后面还有一个小官，几名差役，把房子团团围着，将这三兄弟拖了出来，上了镣铐，簇拥而去。当时我委实摸不着头脑。后来听见三兄弟当中，有一个被杀，两个关在牢里，这所房子和花园都被官吏占据。合村的人心里虽然愤怒，嘴里恰都不敢说，我那时委实忍按不住，直奔至花园中，把那监守花园的官吏狠狠骂了一顿。那官吏手下兵士掏出链子来要锁我，我非但不逃，还走近一步对他说道：‘你锁！你锁！’他因我是个小孩子，也无可如何，只好仍旧把刀儿收了回去，我方才大踏步走回来。但是因为这件事，翠亨乡里便送给我一个雅号，叫做‘戆孩子’。”弼臣道：“怪不得按察使通缉的告示当中，你的头颅悬赏一千元，原来有这么大的胆量呀！”逸仙指着杨衢云说道：“他呢？不也是一千元吗？”’说着，哈哈大笑。数人又谈了一会，时候不早，方才各自就寝。

次日逸仙因为许久没有去见过他的先生康德黎，这时便抽闲去访他。碰见之后，说了些别后事情，并这次失败情形。逸仙便问自己的行踪应该怎样，康德黎道：“自有你们这件事情，官厅防备一定格外严密，马上再起，是不容易。这里也不是久居之地。我有个朋友但尼斯，他在日本，很有见地有才干的。我给你写一封信，你拿了去见他，那么，你到那边，便有接应，在那边可以做些事业。”说着，便走到写字台边，写了一封信递给逸仙。逸仙接过来，揣在衣袋里，便告辞而出。

回到干部，即将康德黎的话向众人说了一番，问众人打什么主意？弼臣要整理会党，重整旗鼓，不能远出；杨衢云也要帮着弼臣，暗中运动；只有陈少白要跟着逸仙走。主意打定，便与少白打点行李，即日动身赴日。

船中论过去，谈将来，并不寂寞。及至进了门司，到了神户，耽搁两日，然后再到横滨。下榻以后，先去拜访但尼斯。那晓得但尼斯在一个月前已经回国去了，只好怅怅而返。

不想正要下车走进寓所时，忽然有个日本人用英语喊他道："密司忒孙！你怎么在这里？"逸仙仔细看时，原来这人是菅原传。（菅原传是一个教士。从前逸仙在檀香山的时候，曾经受洗入教，每逢礼拜，要到礼拜堂去。这菅原传就是在这个时候碰见的。）这会儿碰见了，正如"久旱逢甘雨"，自然都非常欣幸。逸仙便将他一拉，走进寓所。陈少白正坐着看书，逸仙便替他两人介绍一过，各自坐下。菅原传道："这回事情，委曲你了！我是三个月前回来的。偶然在报纸里，见支那有这番惊天动地的事，仔细一看，才知道你老哥失败！但是'塞翁失马，安知非福'？经过一次挫折，就有一次进步。"逸仙道："你替我委屈，我倒要向你道贺。"菅原传道："笑话！笑话！我自从回国以后，死了一个老子，接着又死了一个老婆。你该吊我，怎么还说一个'贺'字呢？"逸仙道："不啊！我贺你的，不是对你个人说，乃是对你贵国说呀。"菅原传道："哦！听说支那的李鸿章四月间到马关，已经把条约订成定了。我那时本想做一篇论文，主持国际间的公道。忽然家庭变故，接连发生，只好作罢。不过世界潮流，日久终是倾向平等的。就是我几个朋友，如今正想干一番促进世界民族觉悟的事业，曾经组织一个'世界文化协进会'，要想以文化的力量，来求自由平等的实现。明儿即在横滨开第二次常会。你们高兴时，我介绍你们进去参观。"逸仙、少白都说要去。菅原传道："那么明儿午后，我再到这儿来罢。"说着，便起身告辞而去。次日下午，菅原传果然走来，便偕孙等二人同往文化协进会去。那时才到一点钟左右，会场中已到了不少人。菅原传先将逸仙、少白二人姓名代签在来宾簿上，然后导入会场，指着来宾席叫他俩坐下。他自己走来奔去，也不知他忙的什么，只见他时时和一个三十几岁的人讲话。这个男子穿的是学生制服，嘴边却有两撇八字胡须，面儿白皙，态度温和，看去有一种深沉不露之毅力。

约莫过了半点钟，铃声一响，会开始了。众会员和来宾同时就席坐下，那主席的就是刚才和菅原传讲话的三十几岁男子。先把过去会务报告一番，然后把提议的事情叙述起来。第一件议案的，就是"革除世界恶习惯案"，把欧美女人的束腰，男子割包皮和中国男子留辫，女子缠足等事，痛论一番。他说到华人留辫一事，滑稽当中还带些讽刺，说："中国人看这条最没用的辫子，当做宝贝一般，仿佛断头倒不打紧，断辫是万万不可的。但是照我说来：一来，有了辫子，那件衣服的背后，就免不了有光可鉴人的油腻，多么齷齪呀！二来，辫子垂在背后，和时钟的摆一般，摆来摆去，怪难看的，怨不得人家叫它豚尾和半边和尚。三来，有这一件东西，做事很不便当，说不定在什么地方勾住，闹出岔子。因此，这件东西一定要把它去掉的。……”听的人都一叠连声拍起掌来。只有逸仙和少白两人，那两条辫儿垂在后面，人家都对着他俩笑，他俩便禁不住脸儿红了起来，再也无心听讲，要和少白回到寓里去。可是会场还没有散，便告假退席，似乎有些不对。没奈何，只好坐着。

等散会的铃声一动，他俩也没和菅原传见面，急于要走。那菅原传偏偏走上前来，将逸仙、少白拖住，拉到适才主席的男子跟前说道：“今天对不起冒犯你两位！这位是曾根俊虎先生，是本会的会长。他实在没有看见你们两位坐着，所以只管把辫子的害处说得痛快淋漓。你俩千万别多心，道是俊虎先生有意嘲弄！”逸仙便和俊虎招呼起来。菅原传便把两人的历史向俊虎细说一番，俊虎方才知道是中国志士，便非常抱歉。当下谈了一会，辞别而出。

回到寓里，逸仙道：“如今我们第一件该做什么事？”少白道：“你不是说要到檀香山去吗？我不妨在这里结识几个同志。”逸仙道：“这还是第二步的事情。”说着，拿出一柄剪子来，先将自己的辫子，“嗖”的一声剪了下来，道：“这才是第一件事情！”少白道：“我也早已想过，这会子这条青龙先教它上天，方可洗刷我们的耻辱。”说着，也拿起剪刀，照样的剪了下来。两人又一同走到剃头店里，将头发修理一过，顺路买了一套西装衣服穿上。对着镜儿一照，俨然是一双绅士的模样。

次日，逸仙打定主意到檀香山去，菅原传和曾根俊虎都来替他饯行。一见二人，不禁呆了一呆，笑说道：“毕竟英雄不凡！”说着，都笑了起来。当下四个人在料理店里饱餐一顿，逸仙便带了行李，和三人告别，独自到檀香山去了。

第九回

遇奸人异邦逢险难　结学会都下出风头

且说少白自逸仙去后，并不回国，暂在横滨留下，时常和菅原传、曾根俊虎往来。曾根俊虎说起宫崎寅藏的哥哥宫崎弥藏，如何有学识，如何有大志，因此少白便有往访宫崎弥藏的意思。

这日，正是万象更新的时候，少白披上外衣，去找曾根俊虎，意欲由曾根导着去见宫崎弥藏。不想到了中途。忽有一个人大呼道："少白！你往哪里去？"少白看时，并不认识此人，只呆呆地看着他的脸儿，一言不发。这人走将上来，握着少白的手，笑说道："你不认识我吗？"少白道："一时想不起来。……"那人道："我就是楼紫庭。"少白道："哦！怪不得这般面善，原是老同学！你怎么也在这儿？"紫庭道："且慢些儿说给你听，且到我下处去坐坐罢。"少白左右无事，就跟着他去。

紫庭住的地方，是一个老婆子家里。房子很为宽大。沿路有绿色的门儿，进门以后，一条石子砌成甬道，甬道两旁，种着各种花木。再进去，便是一排五间房子，左首两间，便是紫庭住的地方。

当下他导着少白到楼中，跨进室门，便有一个四十几岁的男子坐着，虽未剪辫，而八字胡髭，一身西装，似乎也是一位革新的人物。少白便和他招呼起来。由紫庭介绍。方才知道他是姓高，名叫光汉。少白一想："看他这名儿，一定是一个革命的同志了。"因此便和他议论起来。光汉口若悬河，极口骂满政府如何不好，如何虐待我们汉人，少白越加欢喜。紫庭道："我在本国报纸里，看见广州官厅捉拿你们的告示，知道你们一定躲到海外来的，只不知躲在哪一国。我们因为也是抱定革命宗旨的，在国内运动很为不易，所以也走到日本来，不想我眼光不错，在这里见你了。这也是一段因缘！"少白道："只可惜逸仙到檀香山去了。要不然，又得着你们两位同志，他该多么喜欢！"两人听了逸仙到檀香山去的话。好似都惊了一惊道："他到檀香山去了吗？住在什么地方？"少白此时一心把他俩当做同志看，所以把孙眉住在檀香山，逸仙就住在孙眉地方的话都告诉了他。他俩装作没有这事，只管滔滔汩汩谈革命的计划。谈到晌午时分，便留少白吃饭。少白也不忍一时别去，便也留下。那光汉即在木橱里拿出一瓶香槟酒来。摆开三只玻璃杯儿，各倾了一杯。少白本来不很喝酒的，这日情无可却，也就勉强饮了一杯。不想饮后顿时觉得头晕目眩起来。又过一会，支撑不住了，只好对两人直说，要在床子上躺一会。那两人便将少白一步一步扶到床上，给他睡下。这时的少白，早已知觉全失，呼呼的睡去。

直过了三四个钟头，觉得喉咙里“咯”的一声，醒了转来。开眼看时，见有好多的巡士，一个医生，此外还有曾根俊虎和一个不相识的人。都挤满了一屋子。少白非常诧异，将屋子四下里看了一下，仍旧是适才紫庭的住处。因问曾根道：“你怎么在这里？”曾根道：“你这时不要说话。”又回头问医生道：“不妨事吗？”医生又将少白舌苔瞧了一瞧，把体温计给少白衔了一会，拿出来一看，说道：“三十一度七，不要紧了。”说着，便倒了一瓶药水，递给少白，道：“停会儿你拿了回去，一天吃三次。吃过两天，就没事了。”他一面说，一面别了曾根等走了。那些巡士在房里找了一会，把些不紧的文件打成一包，一面叫好一部车，由曾根和不相识的男子伴着少白到他寓里。这里房子，早已用十字式的条儿封起来了。少白既到寓里，也知道这光汉和紫庭一定是犯了什么法逃走了。可是究竟犯的是什么罪，还一些不知道。那时曾根便指着一个不相识的男子说道：“这位就是宫崎弥藏先生……”少白听是宫崎，连忙要挣扎起来和他握手。宫崎道：“你身子还没痊愈，休要客气。”曾根道：“你只管躺着，让我说下去罢：我和宫崎先生一同到你的地方来，因为路程不远，两人就步行而来。不料到了半途，竟有几个巡士追着两个人飞也似地跑，我们便停住了看他。不多一会，巡士仍旧走了转来，说：‘这两人躲得踪影全无了。’我们便问巡士道：‘这两个人是谁？’巡士道：‘也不晓得他是谁，有个侦探在半路截获了一件行迹可疑的东西，忙问这东西是谁的。那拿东西的人说：“是住在高田氏家里的。”侦探把东西打开来一看，有两瓶毒药，乃是暗杀党用的。一面把这毒药夺下，一面便叫我们到这高田氏屋里来搜查。如今我们要到里面去了。’我们听他的话，知道出了案子了，便在门外等着听消息。后来这两个巡士又慌慌张张走出来说：‘有个人死在里面了。’一面打电话到警署，一面又打电话给医生。那个时候，屋子里一个人都没有了……”少白道：“咦！房主是一个老婆子呀！”曾根道：“这老婆子就是高田的遗妻。因为高田是个有名儿的绅士，他虽然死了，警署里也担保她不是歹人。如今我简单些说给你听：待医生来了，那巡士在你衣袋里捡出名片来，才知道是你。我们便向巡士请求，要进去看你。一个警长认识我的，所以我们可以进去。后来医生给你注射些药水，见你慢慢地呼吸停匀，我们才放心。我们知道的是这些，旁的就不晓得了。”那时少白已清爽了些，便把如何与紫庭相遇，如何听了他们的议论，如何与他们喝酒，前前后后说过一遍。曾根想了一想道：“哦！他问起你逸仙，又问起你逸仙住的地方，说不定是满清政府派下来的侦探。你的贵友，简直是卖友的奸贼了。”少白道：“不错，不错。他们听见我说逸仙到檀香山去，现出很失望的样子来，这一定是汉奸了。”

读者诸君，这两个人究竟是谁呢？原来一个是清廷的宗室，名字叫做寿印。“高光汉”三个字，是他伪造的，楼紫庭跟着他老子在北京做买卖，不知怎样，便碰见了寿印。

那时康有为已经中得进士，接连上过几次奏章，已做工部主事了。这日，他去拜见一位翰林前辈徐致靖，议论滔滔，说得徐致靖十分佩服，便奏保康有为才堪大用。次日奉旨：便殿召见。康有为俯伏丹墀，跪奏变法自强之道。载湉异常嘉纳，随传谕旨：“著补总理衙门章京。”俗语道：“小船不宜重载。”康有为自从补了章京以后，越发意气不可一世，天天奔走各同寅和各大老的衙门，谈论的无非是变法自强的话。久而久之，这些同寅和各大老，自然也慢慢地听信了。

有一天，他吃过饭没事，走到监察御史杨深秀的公馆里去。一进门后，便听见有好多人说话的声音。及至到了客堂，果然有好多同侪在那里谈天。杨深秀而外，还有谭壮飞（嗣同）、杨叔峤（锐）及刘光第、宋伯鲁，都是他认识的；只有一个二十左右的少年，恰不认识。五个人和康有为招呼之后，彼此坐下。深秀便大呼那少年道：“暾谷！你天天仰慕的康先生如今在眼前了，怎么不前来拜见？”那少年一闻此言，连忙抢上前来，向有为弯了一弯腰，道：“这位就是南海康先生么？”有为也笑容可掬的点了一点头，道：“岂敢！是！”接着，便问他的姓名，少年还没开口，深秀便代答道：“他姓林，单名一个‘旭’字，号叫暾谷，是文忠公的族孙。”有为便说道：“哦！是李文田先生的得意门生呀！”那时杨叔峤忽然哈哈大笑起来。有为道：“你笑什么？”叔峤道：“我想到一个对儿罢咧。”有为道：“什么对儿？”叔峤道：“你说：‘李文田得意门生’，我就对了‘秦薇云知心狎客’，你看好也不好？”众人听了这句话，都禁不住大笑起来，只有康有为莫名其妙。

你道是什么一件事？原来林暾谷从福建到北京，途过上海，碰见个窑姐儿，叫秦薇云。暾谷见后，神魂颠倒，恋恋不舍。秦薇云也因暾谷才貌双全，十分倾心。到了暾谷启程赴京时候，她亲自送到船上，流下不少的眼泪。这事是暾谷曾经和诸同寅说过的，所以叔峤一提起来，众人就会意了。

康有为不知就里，只是皱着眉头，自言自语地说道：“秦薇云……这是谁呀？……”就中最端庄的要算刘光第，便把这个来历，一五一十告诉了有为。有为道：“哦！原来是这么一件事。”接着，便摇摇脑袋说道：“‘少之时！血气未定，戒之在色。’你知道不知道？‘女闾三百’，原是管仲的苦心，但是这都是给远道来做买卖的设法。我们做士子的，应该‘先天下之忧而忧，后天下之乐而乐’。在这内忧孔多、外患迭乘之时，我们苦思焦虑，襄助皇上整顿政治还来不及，怎好去逛窑子呢？”林暾谷听了，接连应了两个“是”字。深秀道：“你既这般仰慕先生，佩服先生，怎不就在今天在先生跟前，行了一跪三叩首礼，叫一声‘老夫子’呢？”瞰谷闻言，便要拜下去，当下被康有为一手拦阻说道：“且慢！就年格论，我做你师傅绰绰有余。不过子舆氏有句话：‘人之患在好为人师。’所以我现在非常慎重。我如今已经有了一个计划：我们中国之所以不强，在于无学；中国人之所以无学，乃在于无会。素王说：‘君子以文会友，以友辅仁。’可知会的重要了。我如今就想发起一个会。这个会乃是专门讲求中国富强之学，可以起名叫做‘强学会’。‘以吾一日长乎尔’，当然可以就我所知的讲将出来，和你们商量商量。”众人听了，都十分赞成。只有刘光第独持异议，当对众人说道：“并不是我不赞同，不过孔老夫子有句话：‘群而不党。’结党成群，是朝廷之所切忌。我们如果要干这件事，先得要和王老头儿商量过了才好。”康有为道：“王文韶吗？我别的人倒见过了，只有这老头儿不曾一面。”杨深秀道：“这也不值得议论的事。如果真要结识他，把袁世凯过一个渡就得了！”谭壮飞道：“袁世凯如今又没有差使，有什么用呢？”宋伯鲁道：“你知道什么？他虽然没有差事。那王老头儿正要叫他在小站练新兵咧。”康有为道：“是的，是的，这消息我也听见过。他本来实授浙江温处道，因为王老头儿要他练兵，所以没有到任。”深秀道：“我和王老头儿是不熟悉的，袁世凯是碰见好多次了。他笔墨并不好，却又喜欢作诗。还记得他有两句诗，曾经对我说过，他非常得意，但是一经说出来，管教你们笑断肚肠。”瞰谷道“你且说出来，当个笑话听。”深秀道：“他的题目是送别，得意句是‘一江云树送行色……’”叔峤道：“不能说他不好呀！”瞰谷道：“‘一江’该得改为‘满江。”’刘光第道：“着呀！你可以做他一字之师了。”谭壮飞道：“不过是一种晚唐的音节罢了，何至于笑断肚肠呢？”深秀道：“还有下句咧。‘一江’对‘万斛’，‘云树’对‘愁肠’，‘送行色’，对‘扑我来’，好也不好？”瞰谷念道：“‘万斛愁肠扑我来’……”念犹未毕，众人都禁不住笑了起来。伯鲁道：“第一句一定是抄袭来的，虽然不见得好，不过还勉强吟得。‘一江云树送行色，’万万不会对出‘万斛愁肠扑我来’的。”谭壮飞道：“我们再不要咬文嚼字，来批评他的大作了。既然深秀兄和他相熟，就烦你去拉拢他。待他和王老头儿说妥，我们这强学会就可以设立了。”康有为道：“大约强学会的办法，可以和你们湖南湘学会一般，以中学为体，西学为用；以孔子大同为经，以西国立宪为纬。你们以为何如？”众人自然赞成。当下谈了一会，各自散去。

单说杨深秀当晚去找袁世凯，到他的寓里，没有踪影。问他仆人，说是“到贤良寺找李中堂去了”。深秀又趁车到贤良寺，见了李鸿章。李鸿章道：“慰亭并没来过。”

深秀拜别李鸿章，回到自己公馆里。还未坐下，忽有一个当差递了一张名片进来，说：“有客请见。”深秀看时，名片上写着“张孝谦”三个字，便说道：“请进。”当差的出去. 不多时候，张孝谦进来。因为是熟客，便在书斋里坐下。孝谦道："兄弟此来，是为介绍一个朋友。他名叫袁世凯，你该也知道的了。"深秀道："岂但知道，而且还是很熟悉的。我适才正要看他，找他不到咧。"孝谦道："你找他吗？为什么事情呢？"深秀便把康有为要组织强学会的话说了一遍。孝谦道："着呀！那袁世凯也慕康先生的名儿，正要见他一见咧——是这样罢，今天不早了，明儿早晨我就和袁慰亭径到康先生家里，你也在这时候去，好不好？"深秀点了点头，道："就是这么办，省得我东找西寻了。"孝谦与深秀约定之后，便辞别出来。

次日，果然和袁世凯到康有为家里来。那时杨深秀已到，便彼此见过礼，大家坐下。袁世凯说些仰慕康有为的话。康有为道："说到兄弟的学问，《十三经》、《二十四史》，百家《诸子》，没有一部书不曾看过，最精通的还算是公羊之学。近来又研究泰西各国富强之道，知道我们中国要图自强，非变法不可。所以兄弟要组织一个强学会，大家研究学术，来襄赞我皇上臻于修明之治。如得王中堂允许，鼓吹提倡，那就更容易发达了。"袁世凯听着，便探头出来，在门外四下里望了一望，又走进说道："王中堂方面，倒一定可以办得到的。只是有一件可愁的事情。去岁孙文不是曾经在广东造过反吗？要行新政，保皇上，第一先须把这些乱党除灭才好。"康有为道："孙文这些乱党，一定躲到外国去了。外国最近的要数日本。只消有个有胆量，有忠心的人，跟踪他到日本，把他们暗杀完结，事就行了。"袁世凯将手儿一扬，笑说道："不难，不难！我有一个宗室里的朋友，曾经著过一部《灭汉种策》的书，可称是第一忠心皇室的人。年纪虽大，他能够干杀人不见血的事情，可称是第一有胆量的人。就叫他去当这差使，必定可以办好。"有为道："叫什么名儿？"袁世凯道："叫寿印。"有为道："那好极了！这件事就托你办罢。"袁世凯满口答应。

当下谈了一会，便告辞而出。当日去找了寿印，和他说明原委，并把孙逸仙、陈少白一干人的姓名年貌详细开列，交与寿印。他把孙文的"文"字，加上了三点水，变做了"汶"字，意思当中，说他是强盗。寿印巴不得有这一个差使给他出风头，便把胸脯一拍，说道："管教你杀得一个不留。"袁世凯自然非常欢喜。寿印又叫他的一个朋友楼紫庭同去，言明拿获一个革命党，就给他五百块钱的报酬。紫庭为了金钱。也就顾不得什么，俨然答应了。这就是陈少白被骗受毒的来历。

寿印和楼紫庭逃出警察之手，当即由横滨到神户，再由神户趁船到檀香山，按着少白说的地址，去侦探孙逸仙的踪迹。到檀香山后，果然有孙眉这个人。再设法向孙眉问起孙文来，知道他正住在孙眉家里，这两人因此便早晚在左近伺候。

有一天，见他从寓处出来，并不坐车，只慢慢地步行而去。楼紫庭等知道这就是孙文了，便紧紧地跟在后面。可是一路上没有和他讲话的机会，只好他到了东，楼、寿两人也跟到东；他到了西，楼、寿两人也跟到西。不多时候。到了一个街道，见一辆汽车飞也似地疾驶而来。即见逸仙将右手一扬，叫他停下，便霍地跳上车去。车中坐的，一个是外国男子，一个是外国女人，一见逸仙跳上去，只当是个强盗，不由吃了一惊。后来逸仙讲起英国话来，他夫妇两人才始掀开笑脸来叫他坐下。寿印和楼紫庭不懂外国话，弄得莫名其妙，眼看着他三个人乘汽车去了。这一男一女便是康德黎夫妇，由香港回到英国去，路过檀香山的。因为逸仙剪发易服，和从前两个人样，所以不认识了。后来经逸仙说了出来，才始明白。寿、楼两人是不晓得这个底细的，只好垂头丧气，回了转来。此后天天去伺候逸仙，恰天天没有和他亲近的机会。

过了一两个月，逸仙便由檀香山到美洲去，他两人也跟到美洲。见逸仙只是东奔西走，非常忙碌。有一天。见逸仙从旅馆出来，一直到了一个会馆里。这两个人在门外一张，见有好多华人都在里面，也有谈话的，也有走来走去的，一见逸仙，都笑容可掬的前来迎接，逸仙[illegible]和他们点头。寿印道："这是华人的会馆，他们可以进去，难道我们就不能进去吗？"说着，便将紫庭手儿一拉，一足跨进门儿。见好多华人并不理他，他俩便在一旁站着，看他们究竟干的甚事。过一会儿，听豁琅琅铃声，这许多华人都一排一排地坐下来。那逸仙便走上讲台上。向众人行了个鞠躬礼，说道："洪门两字，诸位虽然是个中人儿，恰都不晓得它的来历，所以说是洪秀全的余党。其实不然。这'洪'字乃是洪武皇帝的洪。自从中国亡于满人之手，有几个明朝遗老心里大不爽快，但大势已去，无可挽回，便拿'反清复明'的主义，结个团体，使人永远不会忘却这个意义，将来便可光复汉室。只因在国内不能明目张胆做去，所以在外国地方组织团体，可以自由一些。……"说毕，掌声雷动，个个欢舞，似乎立刻要去打倒满政府似的。逸仙讲毕后，众人渐次散去，逸仙也退出来。

寿、楼两人一想："如今可以和他讲话了。第一步问他的姓名，第二步说些仰慕的话，第三步就请他吃大餐：他自然不会疑了。"主意打定，便先由寿印抢步上去，待要和他招呼，忽然间一个华人走将上来，将逸仙的手一拉说道："你要看书，我们到图书馆去吧。"

第十回

仆仆风尘淹留岛国　沉沉消息咫尺天涯

他两人又落了一个空，又只好眼看着他扬长而去。到了寓所之后，寿印便对紫庭说道："老紫！我们如其一辈子这般混下去，看看衣袋里的钱，慢慢地完了，说不定连回去的盘费都没有了。照我的意思，赶快到公使馆里去报告，叫他们留意，在冷落的地方。把他捉住，再设法秘密解他回国去就完了。"紫庭道："不好！公使馆是不能捉人的。照我的意思，明儿早晨再去伺候他，或者是今晚去拜访他。说些仰慕的话，和他厮熟，再慢慢地哄他到使馆里去，不是很妥当吗？"寿印一想："这话不错！"

吃了晚饭，便与紫庭一同到逸仙的寓所里去。寿印仍旧说是"高光汉"，紫庭并不改名。当即投了两个名片进去。逸仙接到名片，仔细一看，禁不住笑一声道："两个宝贝又到这儿来了！"原来少白自经犯事以后，便拍了一通电报给逸仙。把详细情形告诉他。叫他随时留意。所以逸仙见了两个名片，便已知道。但他并不是畏首畏尾的人，接到名片后，倒要看看他们是怎样一流人，所以并不拒绝。叫他们进来。寿、楼两人只当少白已死，哪里知道这一段公案？一听见"请进"两字，比得了什么赏赐都高兴。便走进逸仙的房间里去。逸仙不露声色地接待他们。他们假说是到美洲做买卖来的，如何听他的议论，如何仰慕他的识见高超。逸仙心里明白，唯唯答应。谈了一会，寿、楼两人便约逸仙第二天到大餐馆里吃饭，逸仙也答应他。这两人因为得了圆满的结果，便告辞而出。第二天便在纽约第一大饭店等候。到了十一点三刻时，逸仙到来，寿印堆下满脸的笑容来迎接他。逸仙走进房间坐定之后，接着就有一个三十几岁的男子进来。逸仙并不认识，当由紫庭介绍说道："这位姓李，名叫蓉馆，乃是公使馆杨星使底下的参赞，新从华盛顿到此游历来的。"逸仙暗暗想道："来了！"但也不去管他，只管和他应酬。那李蓉馆一味赞美华盛顿地方如何繁华，风景如何优美，华侨如何众多，劝逸仙去走一遭。逸仙道："不但是首都的华盛顿，便是南美地方，也要去逛他一会。"接着便把他怎样宣传革命，居留的华侨怎样信仰革命，慷慨而谈；只对于吃的酒菜，非常留意，生怕又犯了少白的老调儿。待吃毕之后，便各自散去，逸仙也回到旅馆。

自此以后，这李参赞、寿印、楼紫庭天天到他寓所里来，逸仙也天天和他们谈革命。他们以为这一次一定可以哄他到华盛顿去了。怎晓得过了几天，逸仙忽然对三人说道："我今天要到英国去走一趟。对你们款待的盛意，只好回来的时候，再来报谢了。"三人听得这话，正如一桶冷水浇到背上。花了好多的钱，费了好多心思，仍旧给他做个出笼之鸟，心里如何能甘？因此嘴里虽然没有说出来，那心里早就忐忑不安了。

及至回了寓处之后，三人共同商酌。寿印道："我们到这儿，费尽好多月的功夫，花了好多的钱，到如今仍旧给他走了，岂不是前功尽弃吗？"紫庭道："我们索性再跟着到伦敦，好也不好？"李蓉馆道："不要跟了！由我们公使馆里打一通电报给英国公使馆，叫他想法兜拿就行了。"寿、楼两人也正苦久别家乡，一听这话，巴不得早一些儿回国，也就依着蓉馆的话，拟起电稿来。文字最好的，要数到紫庭，便先由紫庭起草，其电文云：

粤东要犯孙文。谋乱发觉，潜逃赴美。兹已由纽约搭船，至英国梨花埔海口登岸。如能援香港、缅甸交犯成约，转恳英国代拿更好，如其不能。即乞留意设法秘捕解国。

李蓉馆把电报看了一过，大致无误。一面送了寿印等启程之后，一面便将电稿带到华盛顿，给杨子通星使看过以后，便到电局拍发。

那时驻英公使乃是龚照瑗（就是在民国段执政时代曾经做内务总长龚心湛的叔父），他害病已经多时了，不过神志很清。得着这通电报以后，当即派遣参赞马格里（英人）到英国外交部去婉商，可不可以援照香港及缅甸交犯成约，把孙文兜拿。外交部答道："这个约章，只好用在安南、缅甸；若是用在伦敦，司法部就要驳阻了。"马格里回来之后，使馆中人一个个都束手无策。那时龚照瑗的侄子龚心湛忽起立说道："且慢！待派人到梨花埔，探得孙文的行踪。再作计较。"一面说，一面便派了一名侦探，到梨花埔去。过了些时，这侦探回来报告道："孙文已经剪发易服，在八月二十四那一天登岸。当日由梨花埔趁火车到了伦敦。有两个美国人跟着他，在旅馆里住下。"龚心湛得了这个报告，立时到他叔子房里，把这详情告诉。龚照瑗虽然是个公使，驻在英国，他一切饮食起居，仍旧是合着中国式子的。那时刚是初冷的时候，他穿着一件薄棉的袍子，躺在沙发上面，手里拿着一本他老祖宗定庵先生的《文集》在那里看。沙发的旁边，放着一壶滚热的茶，还有些牛乳杯和残余的饼干。心湛即在下面坐下，等待他叔子的回活。照瑗道："我病还没好，干不来事，一切都由你办去。只要把孙文秘密捉拿来，别给英政府知道，就不要紧了。"心湛道："叔子既然把这件事完全委侄儿，侄儿自然非把孙文拿到不可！就请放心。"

说着，便走出来，把使馆里的人都纠集会议，定了一个计划，然后将使馆里的一个学生叫做宋芝田的，招了过来，凑着他的耳朵，细细说了一遍。宋芝田微笑地点了点头说道：“知道了，知道了。”便飞也似地跑到自己房间去了。

我一笔难写两头，如今且把公使馆的计划丢开，再来叙一叙逸仙的踪迹。逸仙自从到了伦敦以后，先在近海岸的一个旅馆住下，后来到波兰街去访他的先生康德黎。康德黎和夫人一定要叫他到自己住宅里来住，逸仙便也依允，迁了过来。天天看看伦敦的市政和英政府一切的设施，虽然比中国好得多，可是逸仙的心里总觉不满足。

有一天，康德黎指着屋旁对逸仙笑说道：“这儿左旁就是中国公使馆，你怎么不进去玩玩？”康夫人不晓得这句话是和逸仙开玩笑，连忙摇一摇手说道：“不要去，不要去！中国官是很野蛮的。在附近的地方逛逛，已经很为危险；如其走进去，他们一定将你拿获了送到中国去的。”在康夫人说这话的当儿，逸仙只当是说说罢了，再不会发生事实的。怎晓得过了几天，这句话果然成为谶语了。

这一日乃是礼拜，上午十时半，逸仙从他的寓处出来，要去访一个英国朋友，叫做孟生博士，但见路上红男绿女，往来不绝，大多数是往礼拜堂去的。逸仙虽然也曾受洗入教，可是他对于礼拜的形式，好久没有做了。他出得门来，向但本西河街走去，离孟生博士家里不远了。忽然有一个人奔将上来，向逸仙问道：“你是日本人，还是中国人？”他问的时候，气度和平，言语委婉。逸仙看他是一个不满二十岁的少年，很喜欢他有一种老成的气概，便答道：“我是中国人。”这少年又问道：“那么，你是哪一省人呢？”逸仙道：“我是从广东来的。”那少年便露出很喜欢的样子来说道：“哦！你是广东人，我也是广东人，不但同国，而且同乡！我正要问问我们中国和广东的近事。我的家里不远，请你进去坐一会儿可好？”那时少年的旁边，还有一人站着。逸仙虽然并不怀疑，但恐孟生博士出门，便对他说道：“今儿有事，明儿来拜访罢。”少年似乎露出很不欢喜的样子来说道：“这里虽有几个同国的人，同乡的却少。今天碰见了你老，正要叨教，怎么这般的拒绝我们呢？”逸仙一想：“这话不错，隔日再去访孟生博士罢。”于是便立刻答应了他，跟着这两个少年走。

约莫走不到半里路程，有一座高大的房子，在但本西河的尽头处。那少年指道：“这就是我的家里。”让逸仙先入。逸仙看时，这门儿乃是后门，不是前门，也就一脚跨了进去。接着，少年也走了进来。管门的见三人都走进了，便把门儿关上，而且再加上了一架锁儿，逸仙不由吃了一惊。那时这个学生将手指儿指了他自己的鼻管儿说道：“我就是宋芝田，宋芝田就是我；这里就是公使馆，公使馆就是这里。”逸仙到此，方才知道中了他们的奸计。但是已经走进里面，也无可如何，只好由他。到了一个厅堂，就有一个人出来接见。他自己说是姓邓，号叫琴斋，和逸仙上下古今，谈了好多时候。逸仙也知道他是虚与委蛇，并不反对他，也并不和他深谈。到了午刻，这姓邓的又陪着逸仙吃饭。待吃毕了饭，姓邓的便陪着逸仙到楼上，由一层而第二层，由第二层而第三层。到了第三层，方才沉下脸来说道：“请进去！”那时马参赞格里在旁，将逸仙身子一推，也说道：“请进去！”说着，便将门儿关上了。逸仙越发知道是他们的诡计了，并不和他们计较，只自恨鲁莽罢咧。

自从进了房间以后，那邓琴斋、武弁车焕章、谢邦济、造炮学生宋芝田，加上两名西仆，日夜轮守。直至第二日午后，方才有个老西人到他房间中来了。这老西人须发皓白，打扮很为粗俗，仿佛是一个田舍翁模样。他发出一种狞笑，对逸仙说道：“你是中国人，你在这儿，和在中国一般的！”一面说，一面坐了下来，问逸仙的姓名。逸仙老实说给他听。那老人道：“我们得了驻美清公使的电报，早就知道你是乘马杰司替克号轮船来的，而且叫我们来拿你。”说的时候，似乎现出很得意的样子来。逸仙怒说道：“你怎么说这无礼的话？你的话，我不懂！”老人方才堆下笑容来说道：“你不要发怒，我老实对你说：你不是曾经见过李中堂吗？李中堂说你才堪大用，要和你见一见，所以教你暂时住在这儿。”逸仙道：“如今我要把我在这儿的事情告诉了朋友，使得使不得？”那老人道：“不能，不能。不过你要送封信到你住的地方，把行李搬了过来，那是使得的。”逸仙道：“我要寄一封信给孟生博士，你拿纸笔来罢。”老人皱着眉头想了一想道：“哦！给孟生博士吗？是，是！拿来，拿来！”一面说，一面便将纸笔拿了出来，递与逸仙。逸仙提起笔来，把自己怎样被拘，怎样关在三层楼上，先叙了一遍。然后托他告诉康德黎，叫他将自己的行李拿到使馆里来。写毕以后，就将这封信交与这老西人，叫他按照信封上面写的地址送去。这老西人接了这封信，诺诺连声的答应，即将门儿锁上，走向外面去了。距此事约半小时，忽一中国仆人到来，将锁开后，拿上几本杂志来。逸仙问道：“咦！这钥匙是从哪里来的？”那仆人道：“是哈利得·马加脱尼交与我的。”逸仙道：“一个外国的老头儿吗？”仆人道：“不错，他是这里的顾问。你叫他送信，你算错了。”正在说时，忽然又有两个人来了，把中国的仆人一挥道：“去！”那仆人便抱头而走。这两个人便将逸仙的身边搜检起来，铅笔、小刀、钥匙那些东西都被他拿去。幸亏衣袋当中的钞票一些不曾缺少，这还算是一种小小的天数。

闲言少说。且表那哈利得·马加脱尼接受了逸仙的一封信，本来要知道些同谋的中国人，且至拆开来一看，什么孟生呀，康德黎呀，都是英国人，他便大为失望，即将这封信儿往火炉中一扔，就此完事。逸仙呢，只当哈利得打发仆人送去了，再不然，粘上了一分邮花，给邮局寄去了，若说是送到火炉中，那是再也想不到的。所以只管伸着脖子。一天一天地等他好消息。到了三五天以后，一些没有影响，才知道是靠不住了，只好在房间里踱来踱去的想法儿。可是除了寄信以外，再没别法。想到这儿，又坐了下来，接连写了两封信，都是寄到但本西河街四十号给康德黎的。那时刚有一个西仆走进来，给他扫地煖炉。逸仙摸出一张钞票来，并拿一封信给他道："你能够将这封信送达到康德黎家里，我就将这钞票给你。"那西仆瞧瞧信儿，又瞧瞧钞票，笑说道："我一准给你送去。"说着，去了。第二天又来了一个西仆，逸仙又把封信儿和钞票给他，照样的要他送去，那西仆也答应着去了。逸仙暗暗想道："这两个人得了我的钞票，他一定很高兴把我这封信送去的。就使那一个不送去，这一个一定送去了。况且他们又不懂我在这里的缘故，推情度理，打量不会把我这信搁起来的。"因此又是伸着脖子，呆呆地等康德黎的回信。怎晓得这两个西仆，早已听过哈利得的教训，得了逸仙的信，便立刻送到哈利得跟前去的。这两封信说不定又给祝融氏接去了。逸仙等了一时日，始终没有动静，方才叹了一口气说道："我孙逸仙难道就这么葬送在满奴手里吗？"他想到这儿，又把足儿一顿说道："天下哪里有失望的事？'诚之所至，金石为开。'这句话并不是欺人之谈。'有志竟成'，我何必就此馁了气呢？"他一面想，一面仍旧写起信来。写好了以后，手里拿着了这封信，低着头想道："我要把这封信托几个仆人寄去，只怕是幻想了。可是这信儿自己又不能飞去，究竟想一个什么法儿才好呢？……"想了好多时，忽然想出一个方法来了。他衣袋里尚有几个铜子，将这信儿裹在铜子儿的外面，使劲儿往窗外掷去，掷到马路上去。暗暗想道："这一封信掉了出去。一定有人拾去的。但是有的人拾得了，瞧了一瞧，见是不关自己的事，他便仍旧掉去了。有的呢，见是中国人的事情，说不定还把它撕碎了。或许也有一部分的人，见了我这段事情，替我抱不平，替他英国争主权，就立刻可以去报告他政府的。但是最少数的了。我这会子掉出去，难道刚刚碰到这最少数的人吗？"这时思来想去，心中好似有十五个吊桶，七上八下。当……壁上时计，已经打十二下了。他因为想念多时，身体未免困乏，支撑不住，便往床上一倒，沉沉睡去。

次日上午，忽然有打门的声息。逸仙惊醒，答应一声，即见一人早已开门进来。抬头看时，就是引诱逸仙进来的造炮学生宋芝田。逸仙一见了他，便愤愤地说道："你自己说是广东人是我的同乡！你用欺骗的手段，引诱我到这儿，你的人格何在！"宋芝田道："你错了，这是我的职务，不是我的人格不好。但是如今你的大名，连李鸿章，连皇帝都知道了，你应该把你自己的梗概和你的同党都说了出来！要不然，死神就要到你头上来了。"逸仙道："这儿是英国，如要把我引渡到中国去，应该先得英政府的允许才行。但是英政府断然不会允许的。"宋芝田道："我们要将你解到中国，早已把舱位定妥。时间一到，我们自然缚了你的手足，堵塞了你的嘴儿，秘密的运到香港，那时自然有中国的军舰来运你到广东的。"逸仙笑道："这般的容易吗？我们一到船中，和英国人交通的机会很多，就是几个船员，也就先知道了。你们的计划笨也不笨？"宋芝田道："如真有困难，我们就在这儿杀你了。高丽的金玉均给他同国人洪钟宇杀死，他的尸首由中国引渡给高丽，你难道不知道？”说毕，显露他一种狞笑来。逸仙道：“这种残酷的行为，你们做得到吗？”宋芝田道：“实在的说一句话：这都是和你开玩笑。我到你这儿来，是要救你。你只消把口供写了出来，交与马加脱尼……”逸仙道：“怎么交与马加脱尼？”宋芝田道：“这儿的实权，都在马加脱尼的手里。你把口供给了他，大约礼拜那一天，你就可以出去了。”长厚的孙逸仙又被他瞒过了。便写了一篇英文的口供给宋芝田。宋芝田拿了这篇口供，一面走，一面说道：“礼拜那一天，别要心急！”逸仙虽然有些疑他，可是他说得这般认真，就将信将疑。然而一日，两日，三日……消息沉沉，逸仙就知道宋芝田的奸恶，再没有希望的了。大凡一个人在希望未绝的时候，想这样，思那样，心里非常的劳苦；一到了绝望地位，便顿时心地清净。逸仙在这个时候，除待死以外，别无他事，就把西仆送来的杂志，一页一页的浏览。这杂志也有谈政治的，也有谈学术的。就中给他最留意的一篇文章，就是论劳动家和资本家冲突的问题。看了这一篇论文以后，他便起了一种特别的感触，觉得从前孔子说“不患寡而患不均”，正是今天所应该研究的问题了。他一面看，一面想，看了十来遍，想了十来次，只是想不出解决的方法。忽然自己笑道：“死神已经在你的跟前，你就是想出解决的法子，叫谁去做，和谁去说？还不是伸开腿儿的睡觉便宜吗？”打定主意，把杂志一扔，跳上床子，拥着被儿，沉沉的睡去。他本来在日间是不睡的，如今因为一来绝了生望，二来连日劳心，精疲力尽，所以容易睡熟。而且这一睡，直睡到下午四点钟。一觉醒来，忽然见有一个陌生的西仆站在他的床子跟前，逸仙便问他道：“你叫什么名字？”西仆答道：“我就是哥罗。”

第十一回

出险地英伦播令誉　遇奇人芝罘谈经纶

且说陈少白居留日本，在这时候，已经将近一年了。自从遇险后，又结识了一个朋友宫崎弥藏，后来由宫崎弥藏说起他的弟弟宫崎寅藏来，少白也非常钦慕，要去访他。可是等了好多天，那弥藏只是不来。接连过了十多天，他奇怪起来了，待要亲自去看弥藏，那曾根俊虎垂头丧气的走进来。少白劈头问起弥藏来，曾根道："唉！我来正为这件事。你不知道，弥藏已经死了咧！"少白大吃一惊道："吓！几时死的？"曾根道："才只昨日咧！"少白道："我连他害病都不知道，怎么便死了呢？"曾根道："说来可悲。弥藏生平的志愿，在扶助支那革命，所以他见了你这般人才，非常重视，对于他的弟弟寅藏，时时把运动支那革命的方法勖励他。在上月里偶然有些咳嗽，他自己还不觉得，仍旧是东奔西跑的物色人材。后来咯血了，才始到医院里去。那时寅藏在暹罗国。弥藏生怕自己死了，不能和他晤面，便立刻打了一通电报，招他回来。不想寅藏回国以后，他早已气息奄奄，握了他弟弟的手，叹了一口气说道：'我别的事都没有遗恨，只恨生平不曾见过孙文一面。如今你既然有志扶助支那革命，这位旷世的英雄，千万别要失之交臂！'说罢，便一瞑而逝。如今寅藏牢记他哥子的话，决意要结识支那奇士，扶助他做革命的事业。拟于本月中旬出发，先到香港，再到厦门、广州，由厦门、广州到长江上下游。你既然仰慕他，该得在他没有启程的时候，和他见一见面，将来什么事都好和他联络。"少白道："如今他可仍旧在横滨吗？"曾根道："不啊！他早已把他哥子的丧事料理好了，还是昨天到东京去的。"少白道："那么，我们明天到东京去。你可有功夫没有？"曾根道："我也正要到东京去，所以来问你的。"少白道："那好极了，就是明天罢。"当下两人约定，曾根别去。

次日，少白把行李检点舒齐，吃些点心，曾根已经手提一只皮箧到来。两人便到火车站，一同搭了火车，直至东京。少白先将寓处找定，便和曾根去访宫崎寅藏。到了他的家里，即见房间里面，除了寅藏以外，尚有一人坐着。曾根先将寅藏介绍了，然后再将坐着的人，指着对少白说道："这位乃是犬养毅先生，他也是我们民党中人。"一面将少白的名儿告诉了犬养毅。犬养毅便起来招呼，酬酢一番以后，曾根便问寅藏："几时到中国去？"寅藏道："如今说不定了。我心里渴欲一见的人，快要到日本来了。”曾根道：“谁呀？”宫崎寅藏道：“你没有看报吗？”说着，便将一张报纸拿过来，递给曾根。曾根和少白接来一看，见就中有新闻一则，题目是支那伟人之受厄，下面注着一行小字道：“在伦敦支那公使馆被囚的孙文。”少白不觉吃了一惊，脱口呼道：“哎哟！”宫崎寅藏道：“不用‘哎哟’，看下去就知道了。”少白便和曾根细细看了一遍。这篇新闻，整整有五千多字。占了报纸一大幅：上面是说逸仙怎样被宋芝田骗到公使馆，怎样被他拘禁，下面是说他怎样感动哥罗，怎样寄信与康德黎，怎样由英政府出来交涉，怎样释放。详详细细，和撰小说一般。曾根说道：“那还是道理！”少白道：“怪不得他好久没有来信了，原来还有这一段公案呢。”说着，他便抡起指儿来数道：“十二月十三,十四,十九……二十二，还有一个月零九日咧。’正在说时，忽然又有两人走进来。宫崎、犬养都起来迎接。少白向他问了姓名，才知道一个叫做可儿长一,一个叫做平山周。平山便问犬养道：“我们往支那调查民党，派的是谁？”犬养指宫崎寅藏说道：“本来是他。如今因为支那伟人孙文快来了，他要见一见孙文，所以要延搁住了。”平山周道：“没有这话。你们看的是日本报，或许消息错了。你看看伦敦报就知道了。”说着，把一份《泰晤士报》拿出来。犬养接来看时，和日本报记载的，前半截没有出入，后半截略有不同。见其中载道：

……记者又问道：“先生究竟靠着谁通消息的呢？”孙先生答道：“头里叫几个西仆寄信，而且给了他们不少的钱，都没有用。后来我正睡觉醒来，见有一个西仆站在跟前……”记者问道：“这西仆是不是起先的西仆呢？”先生道：“不是。这西仆名儿叫做哥罗。我一见他，便问道：‘你能够救我吗？’哥罗惊道：‘你是怎么样一个人？’我便说道：‘我是中国的政治犯。’哥罗听了“政治犯”三个字不懂。我又对他说道：‘你可知道亚美尼亚人的事情吗？从前土耳其国的君主，不喜欢基督教徒，要把亚美尼亚的基督教徒杀完。心里才快活。如今我们中国皇帝，不喜欢基督教徒，不喜欢文明政治，所以要杀我。我是基督教徒，也是要改良政治的一个人。英国人如果知道我禁拘在这儿，一定能够来救我。’哥罗低着头想了一会，方才说道：‘英政府是不是肯救你，恐怕难说的吧？’我说道：‘不会，不会。中国公使把我秘密关在这儿，就是恐怕英政府来干涉。要不然，他怎么不堂堂皇皇把我用刑呢？’哥罗经我一说，又低着头想了一会。我便对他说道：‘我的生命，在你的手中。你如果能够将我的消息传出去，我就可活，否则就死了！要知道救人的生命，是一件善事，是对上帝尽一种义务，也是对于政府尽一种义务。还得请你细细想一想！’哥罗听了这话，一言不发的去了。”至此，记者问道：“怎么便去了呢？”先生答道：“他一言不发，我就知道他答应我的了。但是这一夜他没有来。到了第二天，他拿了一篓石炭来，把它投在火炉里。因为门外有看守的人，不便说话，只将指儿将石炭一指，便趸身走了。我看这石炭时，中间果然有一张小纸片，暗暗想道：'这小纸片就是我的性命！'便拾过来一看，中间写道：'我试为君传书于贵友。但君作书时，宜卧于床上为之，盖守者时从隙孔窥君举动也。'我便依他的话，在床子上写了一封给康德黎的信。到了午刻，哥罗又来了。我便秘密的将写好的信交他，并给他二百块钱，他拿出去了。约算过两个钟头，他才回来，将康德黎的回信，放在石炭箱的后面。我便拾起来，诵读一过。信里写道：'愉快！愉快！余电知英政府，英政府已允为君交涉。数日中即还君自由矣。'我读了这封信，便立时兴奋起来，挥泪跪谢上帝。"记者至此，即告别而出。

犬养毅道："这段事实是孙先生亲口说的，当然很精确的了。"平山周又指后面一段说道："你看！他不是还须在英国逗留吗？"犬养毅看时，果然有数语云："闻孙文仍住于康德黎家之附近。据其自言，尚须对于英国政治，作精密之考察，故一时不至遽离伦敦云。"宫崎寅藏道："《朝日新闻》说他十二月二十二日可以到日本，这里又说一时不离伦敦，这可不晓得谁是谁非了。"少白道："这倒容易决定，他一定有信给我的。待我明儿到横滨，得了他的信，再来报告你们就得了。"众人都说这话不错。当下谈了一会，少白也就别了出来，在客店暂时住下。

次日，便和宫崎等暂时告别，回到横滨来。少白住的乃是一个中等寓所，只雇用了一个下女。当少白跨进屋子里的时候，那下女便送上一封信来。少白看时，果然是逸仙寄来的。连忙拆开来一看，把这件事一五一十都写在里面，比《泰晤士报》还要详细。

原来自从哥罗把逸仙的信寄与康德黎以后，康德黎连忙一面将逸仙寓所里的文件，如数焚毁，以防给清政府拿去，牵连别人；一面与孟生博士同往警察署交涉。接着投书给《泰晤士报》，搜索马加脱尼的住宅，察看将载逸仙出口的轮船，呈诉英国外交部。一小时当中，数事并举。英国政府得了康德黎的报告后，立刻向清公使来交涉。那时逸仙住在使馆里面，外面的消息，一些儿不知道。直到十月二十三日正午时候，那英国和中国看守的人都来了，对逸仙说道："马加脱尼要见你呢。"一面又允许逸仙穿长靴、戴帽、穿外套。逸仙想道："这或许为着外面营救我的急切了，他要将我换了一个房间吗？……"他正想着，那看守的早已引导逸仙到楼下。一足跨进会客室里，突然看见康德黎和一个不认识的人坐着，不觉呆了一呆，那时康德黎便和逸仙握手说道："恭贺你出险了！"又将这不认识的人介绍给逸仙道："这是外交部所派警部嘉毗斯先生。"逸仙向他表示谢意。那时马加脱尼便将逸仙的东西，一概给还了他，对逸仙说道："如今你做了自由人了！"那时便由警部之护卫和康德黎两人的导引，走出使馆的门儿。那时门外看的人和报馆记者万头攒拥，真是十分热闹。逸仙冲围而出，和康德黎到了苏格兰场的一个餐馆里，不想已有几十名新闻记者，在那里坐着等候。一见逸仙便一窠蜂拥了过来，把逸仙包围着要问他事实。逸仙把大略的情形告诉他，他们还不肯走，一定要问详细。幸康德黎见机而行，把逸仙拉着到了自己家里，那耳根才算清静了。

逸仙把这些事实叙完以后，便在后面声明道："余本想回至日本。近来为对于下等社会之生活问题。尚须作深切之研究，故尚须在英伦居留一年以上。一切日友，还望代为联络"云云。少白将信读毕，行李安顿后，立即寄一封信到东京，寄与犬养、宫崎诸人。犬养毅知道逸仙一时不来日本，便将宫崎寅藏、可儿长一、平山周三人，邀了过来说道："孙文到日本，至迟在一年以后。我们该得进行运动支那的事情了。如今我的意思：你们三人都到过支那的，就举你们三人去罢。"平山周道："我只到过北京，北方的运动，由我来负担。宫崎、可儿两君，担负南方的运动罢。"可儿、宫崎表示同意。主意打定，这三人便在第二天出发。先到横滨，和少白畅叙一番后，即下船各向中国进发。

单说平山周从横滨启程之后，到烟台登陆，住了旅店，专待往天津的船，再行北上。平山周虽然只到过中国一次，可是他天资聪明，中国的普通话都会讲。只不过那时的烟台，比不上如今的开通。下等社会看见外国人，都是非常嫉恶的，这日，平山周因在烟台街上买些东西，叫一个挑夫挑到客栈里来，安顿以后，给他三百钱的挑力。那挑夫一见平山周穿的是日本衣，知道是日本人，便一定要他六百文。平山周曾经到过中国的，一切下等社会的规矩都明白的，知他不规矩，便一定不肯。两个人叽哩咕噜在那里争执不休。忽然有个人走上前来，对那挑夫也叽哩咕噜说了几句话，那挑夫便一言不发地走了。平山到此，很为奇怪。第一，这个人对挑夫并没有凶恶的样子，为什么挑夫肯走？第二，他说的话平山一句不懂，因此便疑惑这个人一定不是寻常之辈。立即走上前去，向他道谢之后，叩问他姓名。这人说道："姓毕，名叫永年。"平山周又问道："适才挑夫，怎么听了你几句话儿，便拍腿就走呢？"永年指着一个房间道："来，来，来！在我房间里坐一会儿罢。"平山周便跟了他进去，见里面地位虽然不大，倒收拾得清清洁洁，纤尘全无。永年倒了一杯茶给平山，接着问他的姓名，平山周照实说了。永年道："那么，你为什么到中国来呢？"平山周道："我们因为听得近年来中国有好多奇人，特地来调查来结识的。"永年道："为什么要结识他呢？"平山周便将生平抱负，一五一十说了出来。永年还怕平山周是个奸细，便故意说道："像孙文这些人，也没有什么道理。如今皇上圣明，海内太平，正好整顿内政，各安生业，何必一定要造反呢？"平山周一闻此言，暗暗想道："我生平自诩眼力过人，今天可是上你的当了！"当下并不和永年辩论，只默然不发一言。坐了一会，便辞了永年，回到自己房间，拿出一册日记簿来，记载本日的事情。早已把腹稿打就，大略是："某日，宿某旅店中，遇毕永年。聆其言论，以为支那志士也，及与接谈，则知为毫无学识之伧夫。……”他已经将一支铅笔，将要着纸的时候，忽然毕永年走到他的房间来了。平山周只好将日记册搁起，站起来迎接。毕永年笑嘻嘻地说道：“适才兄弟几句话，一定是不中老哥听的。可是老哥不能怪兄弟。一来，兄弟不是寻常做买卖的人；二来，老哥与兄弟不同国籍。中国古话说道：‘人心不同，各如其面。’兄弟不能不处处留心，所以把这种话，来试试老哥的心。后来见得老哥不加可否，就知道老哥不赞成这几句话。头里说是要结识敝国奇人，这话是不错的了。”平山周连忙将铅笔在衣袋上一扣。把眉儿一扬说道：“哦！平山周，你眼光到底不错！”就此便问起永年的履历来。永年便先将房门关上，对平山周说道：“不瞒老哥，兄弟乃是哥老会里一名会员。但是自少也念过几年书，什么‘内华夏而外夷狄’，什么‘夷狄之有君，不如诸夏之亡山”；我就疑到如今的皇帝，不是我们汉种，所以老早就有革命的意思了。”平山周道：“老哥既是一位志士，恕我直言！老哥的主意是不错的，老哥的思想恰是错了。譬如革命，是推翻清政府，这是一个很正当的主意。若说他是夷狄，因此就要革命，那就未免中了贵国古圣贤的毒了。譬如我是一个日本人，和你们是异种的，照例我干干日本的事情就够了，为什么要帮着中国人革命呢？要知道我们是日本的民党，是以民为重，不是以国为重的。凡是有利于民的事情，我们都要去干；有害于民的，我们都要除掉他。不论是哪一国，都是一律看待的。你单知道‘内华夏而外夷狄’这一句话，你还不知道孔夫子有‘大同’之说呢！”永年道：“‘大同’吗？我记得康有为曾经说过了。”平山周道：“着呀！如今你们贵国的人才，要数到孙文和康有为了！我这会子到北京去。就是要找康有为和他几个门弟子。倘然他们能够和孙文联成一气，那么，贵国革命的事业，就容易成功了。”永年道：“说起康有为，我倒记起一件事来了。他组织一个强学会，会里出了一种《强学报》，我倒张着眼儿望他出版。要买一本来瞧瞧，不想等了好多天，只是没有出来。我觉得奇怪，后来一打听，才知道中间有一段公案。原来当他第一期出版的时候，不用光绪年号，上面题了‘孔子降生二千几百几十年’字样。有个张之洞，本来很相信他的，如今一见他孔子纪年的《强学报》，吓得屁滚尿流，连夜禁止他发行。如今听说康有为的门弟子如梁启超、麦孟华、徐勤那些人，都在上海办《时务报》。我因为急于要到北方来，没有看过，不晓得它是怎样的一种东西。”平山周道：“就是说到纪年这一件事，我们中日两国人士，真个要苦死了！譬如读到光绪某年的历史，不知是西历哪一年，更不知是明治哪一年；读到明治某年的历史，不知是西历哪一年，更不知是光绪哪一年。不若慢慢地计算一下，万不能明白，岂不是空费脑力，空费光阴吗？”永年道：“老哥这会子到北京去，几时动身？”平山道：“我想是明天。”永年道：“好极了！兄弟正好做伴儿。”平山听了也非常欢喜。当晚约定之后，第二天便一同启程。在船上再谈论些时局，颇不寂寞。一径到了天津，不曾耽搁，便到了北京，一同暂在旅店住下不表。

且说康有为自从设立强学会以来，奥援渐多，一时尚书、侍郎，个个称赞他才堪大用。于是由徐致靖保举他和梁启超、谭嗣同、黄遵宪、张元济那些人赞襄新政。光绪帝便擢他为四品卿衔，权力渐渐重大。因此各部守旧的人员，不免担忧，说什么"'小人道长，君子道消。'任他们这般下去，我们便没有吃饭地了。"因此暗中都商议抑制他的方法。就中最有力的，要数礼部尚书许应骙。这日，他聚集几个同心的僚曹，私下讨论，众人都说："今上十分信用康有为，我们无论如何劝谏，没有用的。只有密上奏章，请老佛爷训政。到了那时，他们的计划，自然不成了。"许应骙道："话虽如此，单是我一个人上奏，有甚用处？"于是众人又想了一会，忽然想出一个荣禄来，那时荣禄正在北洋大臣的任上。许应骙便将这个主意告诉荣禄，他异常欢喜，当即纠合几十大员，上了一道密奏，要把这位老佛爷请出来，重握政柄。那老佛爷西太后呢，虽然有一所享乐的极好去处——颐和园，只因听见康有为、谭嗣同励行新政的消息，心中非常愤怒。康有为在上月里曾经上过一个奏折，折中注重除去三害：第一废八股；第二禁鸦片；第三禁小脚。这通奏折，给西太后知道了，她说："八股是代圣贤立言，学问精通，经传烂熟的，立言自然高妙；否则文章一定肤浅。取士之法，莫妙于此。历祖历宗，不普说过一个'废'字，康有为倒要废了它，岂不是欺祖灭宗？说到洋烟，原是一件不好的东西。但是当年林则徐多么能干，还不能够把鸦片禁绝，难不成康有为的才干能胜过了林则徐吗？妇人缠足，是防止她东跑西走，不守闺训，所以特地把她缠小了，省得她和男人一般，干行止不检的勾当。古人具有深意，我们旗人还该学些汉人模样才好；如今再叫汉人放起足来，岂不是要使天下的女子，都变做放狂不羁的荡妇吗？"她说这一篇话的时候，似乎非常愤怒，巴不得将康有为一干人立时处死才好。只因自己没有政权，无可奈何，只好徒呼负负。如今忽然有荣禄、许应骙、刚毅……这一干人上劝进表，正是极好的机会，当然二百四十分欢喜，连忙允许了。在许应骙、荣禄……见太后已经允许当国，心中自然放宽，言语之间，不免露了些消息，因此便给康有为等知道了。

第十二回

围颐和园机关泄露　组保皇党蓄锐养精

康有为即晚与四京卿商量抵制方法，谭嗣同首先说道："新政不能推行无阻，是皇帝权力太弱之故。若有重兵强将拥护皇上，那么，政令可行，再不怕他们阻梗了。"林旭道："董福祥忠诚卫国，叫他率兵来京如何？"嗣同道："福祥骄悍异常，不足与谋大事。"杨深秀道："依我主意：康先生既然与袁世凯莫逆，为今袁世凯方在小站练兵，他新军正多精锐。只要有三千名调拨来京，看有谁敢阻挡？"众人听了，都说有理。当下打定主意，便奏请光绪召袁世凯来京。召见之后，立即传谕："以侍郎衔充练兵大臣。"康有为知道事已得手，便连夜去见袁世凯。当时袁世凯还不知道康有为的计划，所以照常殷勤接待。坐下以后，袁世凯便说起新政的情形来。康有为叹了一口气道："你难道还不知道？如今朝臣当中分做帝、后两派。后派之中，握重柄的还是不少。这派人大概是阻挠新政的，所以我们费了九牛二虎的力量，恰得不到丝毫的效验。"袁世凯道："那么，你怎样计划呢？"有为道："这会子我们奏请皇上，召你进京，就是为着这件事情。表面是叫你率领三千精锐，入京护卫，骨子里是……"说到这儿，抢上前来，凑着世凯耳朵说道："……索性把颐和园围起来，逼西太后下一道'永不干政'的谕旨，那么，凡是后党中人，可以汰除净尽，我们还有什么事不可以做呢？"袁世凯听了这话，不由大吃一惊。但仍旧不露一些声色。假装踌躇样子，低着头，皱着眉儿想了一会，说道："也好，也好……一准是这么办罢。"说毕，便端茶送客。康有为走出来，得意洋洋，回到军机处，把和袁世凯接洽情形，报告一番。众人个个喜欢，只伸长了颈，等他提兵来京。

再说袁世凯听了康有为的话，心里非常惊惧，待有为去后，独自一人在房间里踱来踱去踌躇，暗中想道："他们如今名曰章京，权侔宰相。要不依他时，将来前途功名，说不定有些妨碍；要依他的，皇上陷为不孝之罪，我们同时便也做了叛逆之臣。……"两方为难，仔细一想："依了他头颅不保，不依他，不过丢了功名！或者太后一喜，马上还可以大富大贵！"主意打定，到了第二天，便悄悄地奔到荣禄跟前，把康有为的密谋，一五一十的告诉他。

荣禄乃是西太后订过婚的丈夫，西太后正续坠欢。听袁世凯的话，当然怒不可遏，把桌子一拍，道："这还了得！待我电告老佛爷，请老佛爷即日垂帘听政，捕清康党，肃清君侧，除去祸根！"不想这句话给坐在隔室的翰林学士黄绍箕听见了。

绍箕和康有为外面虽不往来，骨子里是极要好的。待世凯去后，绍箕装做不曾知道的模样，也辞了出来，立刻奔跑到康有为家里。那时康有为正在斟酌谕旨，大意是派兵围颐和园，表面上说："太后年高，理宜休养。皇上本其纯孝之念，跪请太后远离政事，捐除烦劳。"斟酌停当，正在快乐的时候，忽然黄绍箕气喘喘地走进来，不觉诧异。黄绍箕也不暇招呼，奔近有为身边，凑着有为的耳朵说道："大事坏了！"有为惊道："什么大事坏了？"绍箕便将袁世凯怎样告诉荣禄，荣禄立时要电奏太后的话说了一遍。有为听了，大惊失色。那时只有梁启超一人在旁，对有为说道："老师向来和英国教士莫逆，怎不前去央他设法？"有为道："你呢？"梁启超道："我自有法想。"康有为便也不能再管别人，一径走到英教士李提摩太跟前，央他设法。李提摩太便引他到英领事署去，那英领事偏又于两日以前到保定去了。又到美领事署，美领事也不在署里，真急得康有为屁滚尿流。李提摩太道："是这样罢：你把胡髭剃去了，扮成一名仆人，我引导你到天津，再由天津逃往香港何如？"有为道："只要把我的性命保全，不要说仆人，什么东西都好装扮。"李提摩太笑了一笑，便打发仆人叫了一个侍诏，将康有为几寸长的胡髭，簌的簌的一霎时剃得精光。有为拿起镜子来一照，自己也不由吓了一跳，长素的长须，如今变成无须了。当下李提摩太又叫仆人拿出一套仆从的衣服来，叫康有为更换。有为便将穿在身上的马褂、长衫脱下，穿上仆从的衣服。又在大镜面前一照，叹了一口气道："倜傥风流的名士，变做下贱的厮养卒了！"李提摩太早已将应用物件归好，掬出表来一看，说道："不要管他下贱不下贱，火车开行的时候到了，快走吧！"康有为这才和李提摩太出了永定门，搭火车到天津去了。那时西太后得了荣禄电告，顿时大发雷霆。一面降旨垂帘听政，一面即下懿旨，传步军统领崇大金吾入宫，面谕飞速带领亲兵，到顺治门外绳匠胡同南海会馆密拿康党。崇大金吾奉旨出宫门，即飞传左右两翼官兵，暨弓箭手等多名，立时到了南海会馆。那知道搜索一过，只搜到了一名康广仁，并不见康有为的影子。没奈何只好将广仁拿了回来，送交刑部。一面又传知绿、步两营，以及各文武衙门，密拿有为和余党。又拿到了杨锐、林旭、谭嗣同、杨深秀、刘光第等五人，康有为和梁启超，仍旧没有拿到。奉旨将康广仁等六人解赴菜市口斩决，仍令各省府县严缉余党不提。

单表梁启超自康有为去后，自己也逃到天津。那时刚有一只日本轮船，要开神户，他便走下船去。再不想后面有人叫道："卓如！你往哪儿去？"梁启超大吃一惊，只当是清政府的走狗追捕来了。回头一看，原来是在上海办《时务报》的时候碰见的一个日本朋友，名儿叫做山田良政。和山田良政一同来的，还有两人，梁启超恰并不认识。当时也无暇细谈，一同到了船里，四人住在一处。把行李安顿以后，方才彼此招呼起来，知道一个是毕永年，一个是平山周。山田那时还不知道政变的事，乘间说道："你正在推行新政的时候，怎么百忙中要到日本去？"梁启超笑了一笑道："既到这里，可以讲给你听了。你说推行新政，险些儿连性命都推去了咧。"那时平山周、毕水年都愕然道："这又是什么缘故？"梁启超方才把政变的起因说了一番。毕永年道："别的人我都不知道，单这位谭嗣同先生，乃是大刀王五最知己的一个人，只怕这会子也免不了一个大逆不道的罪名了！"梁启超道："我们到了日本，才能知道详细咧。"

四个人在船中，天天谈论时局。平山喜欢喝酒，从天津买到了不少的啤酒，吃了之后，谈锋更健了。这晚，已是八月十五，中天月儿，在十点钟左右射进一线亮光来。他便拿出啤酒来，饮子一瓶，看看海面月光，觉得意味无穷，又取饮了一瓶，乘醉问梁启超道："你可知道孙文吗？"梁启超道："怎么不知？他是一个革命党呀！"平山周道："他是贵国的一个伟人咧！"梁启超笑了一笑道："平心讲来，今上聪明睿智，虽不能比到尧、舜；那汉文帝、唐太宗可也配得上的。只要西太后不干政事，佐治的臣子都是英才，富强不难立致，何必革命？况且今日人心未失，还是'天下归仁'的时候，比不得法国路易，一味残暴。不要说一个孙文，就使有百十来个孙文。学到了一百年，还是一个不成咧。"毕永年道："这话错了！'匪我族类，其心必异。'别的不必说，满、汉为什么不通婚？为什么老是不肯废科举？为什么兵权总是在满人手里？这几点都可见得他们压制汉人的地方。不是把满人完全推倒。任你变一千年的法，一辈子都变不出什么花样来！"山田良政道："你们贵国，大概也和我们日本一般，有了宪政党，又有民党。一个是主张局部的改革，一个是主张根本的改革；各有主见，未可厚非……"平山周道："我此番来做了一番大事业，把你们宪政党和民党调和起来，共同干一番轰轰烈烈的事情，把中国弄到富强的地步，岂不是好？"梁启超道："我们初无成见，只要孙文能够照我们的主张做，我们自然再不会拒绝他的。"毕永年道："我虽然没有碰见过孙先生，听见人家说：他是一个有主张有计划的人，不肯迁就的；就使肯迁就，他也是一个亡命之徒，不是把清政府推倒，只怕一辈子不能回国。那么，就是要襄赞宪政，从何赞起？只有康先生依孙先生的主张，那才对啦。"平山周道："我也是这个意思。不是把满政府推倒，不但孙先生不能回国，就是康先生也只好飘流海外了。"梁启超道："单是我们几个人说，是不中用的，且待把康先生、孙先生找到了，才有把握呢。"众人都说不错，也就无话了。

轮船到了神户，四个人都上了岸。耽搁一宵，第二天一同到了横滨。梁启超暂时住下，平山周和山田、毕永年都到东京去找犬养毅。犬养毅出来迎接，毕永年没有见过犬养毅，由山田、平山周两人介绍，才始知道。犬养毅是不会说中国话的，只对平山周说道："如今我家里来了一位远客，你们可要见他一见？"平山周问是何人，犬养道："出来便知？"说着，便走了进去。不多时候，引着一个华人出来。平山周看时，这人三十几岁的年纪，两道浓眉，一双闪烁不定的目光，似乎还有些骄倨的气象。犬养毅道："这位便是康有为先生，乃是支那维新党里一位中坚人物！"平山周听是康有为，忙问他逃出来的情形，才知道他由天津到了香港，碰见了宫崎寅藏与可儿长一，便一同到此。平山周道："我们乃是和梁启超先生同来的咧。"有为忙问道："卓如也来了吗？现在哪里？"平山周道："他在横滨，不知宫崎、可儿两先生到哪儿去了？"犬养毅道："他正到横滨找陈少白去了，探听孙逸仙到日本的日期咧。"平山周一闻此言，也要到横滨去。犬养毅道："今天有为先生在此，一来，我该尽地主之谊，畅叙一下；二来，我不懂华语，也得要你俩做个译员。"平山周、山田只好留下，一同吃了午饭。

康有为因梁启超在横滨，急于要去看他，遂与山田等三人一同动身到了横滨。康有为自去访启超。山田等都到少白寓处，跨进门儿，早已看见宫崎、可儿在房间里抵掌谈话。宫崎眼快，一见平山周，便问道："你也回来了吗？"又见山田良政和毕永年二人跟在后面，便上来招呼。山田是那两人认识的，只毕永年一人，由平山周详细介绍一番，方才知道是一名革命党人。同志会合，自有说不尽的乐处。是晚，即在少白寓里吃饭，直谈至深夜方散。宫崎等四人自有寄宿的地方，毕永年暂和少白一块儿住下。自此之后，天天相聚一处，讨论时局，专等逸仙到来，大家要瞻仰这旷世伟人。

约莫隔了十天，忽然宫崎气喘喘走了进来。那时少白正和永年在小客厅里下棋，少白的棋子比永年高了一着，只为了一个劫，关系永年全局的胜负，所以永年张开眼儿，一心致志的在棋枰上用功夫，益没有看见宫崎。忽然觉得有人替他放了一子说道："如此一着，全局都活了。"永年抬头一看，原来是宫崎寅藏。再看棋枰时，果然这一子乃是全局的命脉。少白抬起头来对宫崎说道："我们棋子远不及你们日本，所以只好在这屋子玩玩的。不想你又来做他的保镳师，我可要失败了。"宫崎道："本来下棋规矩，旁人不能开口；我今天因为有件要事要报告你，省得你们玩个不了，所以替他下这一子，便好收束了。"少白听着，忙将棋枰一推，问道："什么要事？"宫崎即将手里拿的一张报纸递给少白道："你瞧一瞧就知道了！"少白与永年便都凑弄来看，只见第二张上有一则新闻，题目是：保皇党丿新组织ム。永年指着"丿"和"ム"两个字问道："这都是什么字？"少白哈哈笑道："怪不得你要问，这是日本字呀。这句就是'保皇党之新组织。'永年方才明白。少白再看它载的新闻，译了出来是：

支那亡命客康有为与其门人梁启超，在其本国变法不成，为清廷所逻，逃至帝国，住居横滨，已半月有余。兹闻康有为与梁启超，曾经运动支那留东工业及理学学生并侨居商人多名，组织一保皇党，主旨在保全今光绪帝之政权，以便施行新政。将于本月二十二日开成立大会云。

少白看毕说道："这可了不得！他们要保皇，明明是我们的敌党。我们如其任他下去，他的势力越大，就是我们的势力越小，赶快要想个法儿抵制他才好。"永年道："照我的意思。赶快拍一通电报给孙先生，请他快到日本来，把兴中会推广起来，竭力吸收会员，省得他捷足先登。这不是一个最紧要的计划吗？"宫崎道："我也是这个主意，一半儿为公，一半儿为私。老实说句话：我渴望见一见孙先生，差不多从上年盼望起，直到如今了。"少白连忙起了电稿，把保皇党的事情，略略叙上一些，当即打发人到电局里去拍发了。

到二十二那一天，少白、永年和宫崎、平山等都打点去观保皇党开会，六个人坐了一辆汽车前去，一会儿就到会场。但见门上悬着两首旗儿，一首龙旗，一首党旗，旁边扎着绿色的柏枝，站着两个招待员，团花袍子，对襟马褂，垂着一条深黑的油松辫儿，堆下满脸笑容来接待来宾。到了里面，也有两个招待员，也是一般的打扮。少白等走到厅事里，平山、山田、永年是梁启超认识的，宫崎、可儿是康有为认识的，一时都上来迎接，引导到了来宾席里。少白看时，会场上首，悬着四尺大的光绪帝小影，左首壁上写着"人心惟危，道心惟微，维精维一，允执厥中。"十六个大字。会员大约只有二三十名，也有穿学生服的，也有穿袍褂的，但是都拖着一条辫儿。不多时候，铃声的令令一振，众党员鱼贯一般到了会场，一共分做三排，站在一丈以外的地方。旁边有一个人，张开嘴儿来赞礼，第一次呼道："跪！"这二三十名党员和康、梁二人，便一齐向着光绪帝的小影跪下。第二次接连呼了三个"叩"，那党员便磕了三个头。接着又是两次跪，六次叩首。礼毕，方才入座。即见康有为走上讲台，对众党员念了一遍墙上写的十六个大字——"人心惟危，道心惟微，维精维一，允执厥中。"——众党员也附和着念了一遍。康有为方才开口说道："今天是我们保皇党成立之日。我们为什么要组织这保皇党呢？因为我大清二百六十年来，历祖历宗深仁厚泽，沦肌浃肤。薄海臣民，未能仰报万一，罪该万死。素王曰：'臣事君以忠。'所谓'忠'者，并非依阿献媚，乃在致君于尧、舜。我皇上聪明睿智，为一大有为之君，惜乎西太后专政，致大权不属，未能施行仁政。我们第一步在保全今上之政权；第二步在赞襄今上，推行新政，由乱世而升平，由升平而太平，由太平而大同：这就是我们组织保皇党的意思。"讲毕，便点了一点头，站在一旁，各党员都一叠连声拍起掌来。那时，党员中忽然有一个体格肥胖、身材伟岸的人，跳上演讲台来。最奇的，就是他一双斜视的眼儿，从旁人的眼光看去，辨不出他的视线是向左还是向右。他跳上讲台之后，便对众人说道："兄弟到此，还只一天，竟能躬与斯会之盛。实为此生万幸！兄弟以为今日中国之所以不振，在于我们不知忠君爱国，真体不充，外邪侵入，这是一定的道理。诸君休要说'利人济国非吾事，自有周公、孔圣人。’要知道‘天下兴亡，匹夫有责！’我们能够团结一致，实行忠君爱国之事，国势无有不振。愿我同胞，人人自勉。”说毕，各党员也是一叠连声的拍掌。接着梁启超、徐勤那些人都继续演讲，大旨相同，不必赘述。

迨散会以后，平山便走将上去，将梁启超一拉，向他问道：“适才一个肥胖的党员，叫什么名字？”梁启超道：“哦！他吗？姓唐，名叫才常，号佛尘，和这会政变死难的谭嗣同，同隶湖南浏阳。谭复生指他狼顾鹗视，你看肖也不肖？”说毕哈哈大笑。那毕永年站在一旁，听见“唐才常”三个字，他倒惊了一惊，原来他只闻佛尘的名，恰不曾见过佛尘的面。因即疾趋而前，要梁启超介绍。那唐才常性质宽裕，不拘小节，所以什么人都结交，况且到这里参观的来宾，他越发重视了。当下便与平山、山田、永年等招呼起来。永年先开口说道：“不知你哥哥从水路来旱路来？”唐佛尘听了便说道：“哦！老哥也在圈子里。但是兄弟有句不知进退的话：这些会党的宗旨是极好，不外乎反清复明；那些规矩极不好，几乎满口都是俗气。即为适才老哥说‘旱路来水路来’，问的无非是‘山堂’。但是他的一首诗里：‘普通万国九洲同，名扬四海称英雄……’这些句子，是不是我们高兴念的？”说着，便问永年的姓名。永年知道他不喜欢说秘密隐语，也就直截了当地告诉他。佛尘道：“如照圈子里的规矩，我问你姓名，该得先说‘三天不问名，四天不问姓’了。”说罢，又哈哈大笑。那时会员都已络续散去，只剩下了康有为、梁启超、唐才常、徐勤和平山、山田、少白一干人。康有为便提议要办一种月报，这个报名仍旧叫做《强学报》。平山周道：“你们主张的是保皇，孙先生主张的是革命。就兄弟的愚见，在贵国人才缺乏的今日，不应该再分两派……”平山正说到这儿，忽然送进一通急电来，说是从中国湖南拍来的。

第十三回

红灯教妖言惑群众　正气会大义讨虏廷

这一天，正是六月中旬，在上海福州路中一家酒楼里，有一个少年坐着喝酒。喝了一口，长叹了一声。这少年二十左右年纪，唇红齿白，目秀眉清，只是面上带着一片愁容。他心里是怎样想，我们旁人虽然不得而知，可是他眼看着前后左右坐的短衣赤足的工人，俗气满面的市侩，都不是他的同志．似乎有些感慨的意思。正在这个时候，忽然有一个身穿半截长衫。（从前有此种衣服，上半截夏布，下半截为纱或罗。）手拿月宫团扇，从扶梯上走了上来，放开他架眼镜的眼儿，把酒客骨碌碌瞧了一周，忽然瞧见了这少年，便抢上前来说道："咦！你不是周景唐吗？怎么一忽儿到上海来了？"景唐也站了起来说道："燕卿兄，两年没有看见了！"说着，便叫他把衣服脱下，一块儿喝酒。一面问道："你如今可仍旧在官书局里吗？"燕卿道："早就辞去了，如今就在这同文日报社里做个编辑。"景唐道："《同文日报》，怎么没有听见过？"燕卿道："难怪你没有听见过．这是日本人办的。"景唐道："你说起日本人．我就记起德国人来了。你适才问我为什么到这儿来，我到这儿来的缘故。就在这一段历史里。光绪二十三年十月。德国占了胶州湾以后，它待中国人非常凶恶。有一天。有一个王阿承，本是做扛抬什物的苦工，下半天没有事，在路中闲逛。路旁有一座新造的房子，是德国一个巨商的住宅。王阿承生平不很看见过洋房，便走了过去，在那房子边东张西望。恰好这德国人从里面走了出来，阿承穿的衣服又褴褛不堪，他只当是贼子，便伸出蒲扇一般的手来，将阿承打了两个耳刮子，还叫他雇用的仆人，把阿承捆绑好了，送到曹州府里去，叫知府讯办。那知府审问一过，知道确是苦工，并非窃贼，便来告知这个德国人，请免予究办。德国人大怒，说：'这知府袒护本国偷儿，不肯惩办。将来偷儿越发多了，把我们德国人的东西都偷光了，由谁赔偿？'知府一想：'这个重大责任，确实担当不起。'没奈何，只好晦气了王阿承，胡乱地办了他一个窃贼罪，把他关在牢狱里了事。阿承是最温和最忠厚一个人，曹州府里的苦工，没有一个不知道的。自从有了这件事，一以传十，十以传百，阖府人民便大哗起来。那曹州知府害怕起来了，正和师爷们商量对付方法，忽然接到了一封信。曹州知府立刻拆开来一看，里面写道：

中国人不害中国人，我们要除灭洋人。朱红灯白。

燕卿道："什么名儿都好起，怎么起了'红灯'两个字？"景唐道："你不知道底细咧，这红灯就是红灯教的首领呀。"燕卿道："红灯教是不是白莲教？"景唐道："不是，不是！红灯教从前是没有的。近来他们要杀外国人，便聚集了一群十几岁的小女儿，设坛授法，到了四十九日，便好学成了。据说学成之后，便能在空中掷火，烧毁洋人的房屋。……"燕卿道："后来这朱红灯究竟怎样干下去呢？"，景唐道："这朱红灯设了一年多的法坛，手下居然有了几百教徒了。这一日，他突然发了一个号令：凡是在曹州居留的外国人，无论他是英国、德国、法国、美国，一概杀却；凡是外国人在曹州造的房子，无论是英国、德国、法国、美国，一概烧毁。这个号令一出，曹州的教士，一经出门，便遭杀戮，教堂住宅，也都着起火来。一时人声鼎沸，地方奸民，便趁着这个机会，打劫的打劫，奸淫的奸淫，真是闹得鸡犬不安。胶州地方得知了，也就一般的杀起外国人烧起外国房子来。因此恼怒了德国人，向北京皇帝交涉，说这红灯教乃是山东巡抚李秉衡煽动的，一定要把李秉衡撤换，要把胶州湾设立炮台，租借期定了九十九年。清廷依了他的话，立时叫李秉衡回去，命袁世凯来做山东巡抚。袁世凯到任不上几天，居然把朱红灯捉获了，立刻就地正法。从此以后，这些匪徒都躲到直隶去了。"燕卿道："哦！李秉衡撤任，那么，你也撤任了。"景唐道："就是他不撤任，我也要辞职了。他李秉衡忠厚有余，识见不足。说起那殉难六君子的遗书来，他就把脑袋缩到怀里去。他说：'徐致靖险些儿送了命咧。'"燕卿道："我自从到了《同文日报》里，倒碰到了一件意外的事，谁也都想不到的。"景唐道："什么事？"燕卿道："你道这《同文日报》是谁办的？一乃是日本一个文学家叫做福田橘次郎……"景唐道："这也算不得什么意外事。"燕卿道："他是一个日本人，他却并不留心日本的政事，口口声声只希望中国革命。他办这《同文日报》，也就是鼓吹中国的革命。你没有见过这报纸吗？今天第一篇论中国自强之策一篇文章，下面署林伯劳的就是我。中间有好多处批评清政府不好的地方。在福田的意思，还说我太和平。他说：'中国暮色沉沉的官僚太多，要行新政，非把这些官僚铲除净尽不可；要铲除官僚，非把清政府推倒不可。'"景唐道："这个人我倒要去见见他。不知他可能说中国话吗？"燕卿道："不要说中国话，连上海话、苏州话、北京话、广东话都会说。若不知道他国籍的人，只当他是中国人了。"景唐道："是这样吧：我住在佛照楼。他什么时候有功夫，就劳你驾来叫我一声，我便和你一同去看他如何？"燕卿答应。当下喝了一会儿酒，各自散去。

次日景唐不敢出门，只在佛照楼等候燕卿。在寂寞的当儿，拿出几本书来遣遣闷。忽然想到六君子受刑的事，豪气填胸，便吟起一首诗来，其句云：

长铗兴歌一再弹，风潮满目不堪看！容颜秋柳几经瘦，气节冬松尽耐寒。只有虫声伴长夜，都无人语功加餐。飘蓬本是平生惯，底事徒悲行路难？

吟成之后，咏诵一番，随抽出一张八行笺来，誊写一过，准备送登《同文日报》。不想等了半天，那燕卿只是不来。他再也等不住了，看看扶梯旁挂的钟，正是下午四点。打量燕卿一定在报馆里了，便穿起一件长衫，走出门去，一径到同文日报社的编辑间里。说也奇怪，只有一个姓李的校对坐着。问起燕卿来，姓李的说道："他已经来告过假，听说是害了病了。"景唐一想："他害了病，该得去访他一遭。但是时候已不早，索性明天去罢。"主意打定，便将这首诗掏了出来，递给那姓李的道："费心！替我交与主笔，请他即在今晚登出。"那姓李的点了点头，接了过去。景唐便辞别出来。

他什么都可省，只有酒是省不来的，因此又到那家酒楼里去找独酌的乐趣。他想："昨儿到这里来喝酒，碰见了一个老朋友，今天又不知碰见了哪个咧。"他一面喝酒，一面眼注着扶梯望进来的客人，巴不得有一个相熟的人做做伴儿。其实也是一种痴想，燕卿和景唐也不过偶然相值的，怎么还有第二次偶然的事呢？

景唐喝得醉醺醺回来，已是九点多钟了。天气异常炎热，他也顾不得什么，即在床上倒下，好在没有蚊子，正好嗤嗤地睡去。及至一觉醒来，还只是金鸡初唱，不论客人、茶房，都睡得鼾声震天价响。他再要睡去，却再也睡不熟了，便一骨碌起来，拿条手巾，把脸儿抹了一抹，便开门出来，想要走到晒台上去乘凉。那时天还不曾放光，一足跨上晒台，突然看见一个黑影，一手拿把白色扇儿，手不停挥地扇着，不由大吃一惊。仔细一想："鬼是没有的，除非是贼了！但是偷了东西，不赶快跑路，待天色明了，当然给人家捉获了，世间怎有这种笨贼？"便大着胆儿问道："你是谁？"那人答道："是我！"景唐笑道："你，你到底是谁呀？"那人大声说道："尤列！"景唐道："是客人吗？"那人道："不是客人是什么？"景唐一听是广东的口音，也听不出他说的什么话，而且恶狠狠的气度，不便和他接谈，也就默然不语了。不多时，天色慢慢明亮起来。适才自已报名尤列的客人，因为觉得天气有些冷了，便从凳儿上站起来，看景唐一眼，回到他自己房间里去了。景唐估量他的年纪，大约四十三四岁，体格强壮，状貌英挺，料想是一个很精干的商人，当时也就丢在一边。这时茶房已起来，便吩咐他倒盆水。洗过脸，喝了口茶，再去看钟，还只五点半，便取些饼干吃了，把五脏神安顿好，又在床上躺了一会，方才听见卖报的来了。左右没事，买了一张《申报》，一张《新闻报》，一张《同文日报》。他因为有一首诗投在《同文日报》中，所以先看《同文日报》。及展开来一看，果然一字不易的登出了。再看看别的新闻，也没有什么重大事情，略略浏览一过，扔在一边。

正想穿起长衫，去访燕卿，不想适才在晒台上碰见的尤列忽然走进来，笑眯眯地说道："你就是周景唐吗？"景唐倒呆了一呆，忙请他坐下问道："足下怎么知道我是周景唐？"尤列打着一半儿沪语说道："昨晚不知你是周景唐；今早也不知你是周景唐；到现在才知道你是周景唐。"景唐越发不懂了，呆呆地看着尤列，心里左右思索，终于思索不出他知道自己的原由。尤列笑道："我在《同文日报》……"景唐道："哦！有一首拙作在那里。"尤列道："我看见大作以后，再看下面署名，似乎在哪里见过的。仔细一想：哦！这里旅客一览表里，不是明明有'周景唐'三个字。我便查明号头，知道就是住在我隔壁的。因疑到就是今儿早晨在晒台上见过的，所以特地进来一瞧，果然不出所料！也足证'文字有灵'了。"景唐道："拙作是初学涂鸦，不能污高人之目。"尤列道："我生平不肯妄誉，恕我戆直：你的诗并不好，只不过你的志趣，倒不是寻常流品。十里洋场，怕还再找得出一个吗？"景唐道："尤先生太言重了，兄弟少不更事，知道什么呢？但不知尤先生向来办些什么事？"尤列道："'尤列'两个字，大概多不知道，'尤少纨'就有人听见过了。……"景唐便霍地站了起来，说道："啊！尤少纨先生就是老哥吗？记得四年以前，曾经听见老哥和一位孙逸仙先生在广州起义，究不知失败以后，你老在哪里呢？"尤列道："说来话长。我和逸仙碰见的第一次，是在香港医学校里，我说他是第二洪秀全，他说我是游智开。那时游智开正做广东巡抚，'游'和'尤'同音，所以他便把这句话和我开玩笑。但是自此以后，我和他就结了一个生死交。自在广州失败，他们到日本，我便到西贡。因为西贡交通不便，又到了香港。如今邓荫南、宋居仁，正在香港部署；李立庭在广西。我正想结识些同志，作卷土重来之举。如今得见足下，正好做我们的同志咧。"景唐道："老哥要结识同志，像兄弟般驽骀之才，只合聊供驱使。兄弟有个朋友，叫做林燕卿；还有他一个日本朋友，叫做福田橘次郎……"尤列道："福田吗？我和他碰见过好多次了。他是一个日本的民党，他很喜欢扶助中国革命。瘦削的身材，说话时害口吃的，可是不是？"景唐道："我还没有见过他。燕卿本来允许给我介绍的，但是他如今病了，所以我终于不曾见过福田。"尤列道："你要见他，我和你一同去好了。"景唐道："那么，这个时候就去可好？"尤列道："且慢，且慢！我还没吃点心咧。"接着，便吩咐茶房去叫了些汤面饺子来，胡乱吃了些。方才回到自己房里，把衣服穿上了，一同出门。叫了两部人力车，飞向虹口而去。

那时虹口地方，不及如今繁华，有的还都是荒野，只有西华德路，有几家高大住宅。那福田的家里，就在这西华德路的中间。两人跳下车来，尤列把门上电铃一按，当有一个中国人开门出来。问："福田可在家里？"那中国人举手向内一指，两人便走进去。才只跨上阶沿，那福田已经看见了迎出来，笑眯眯的向尤列招呼。景唐看时，果如尤列所言，脸儿十分瘦削，而且毫无血色。身上只穿日本的便服，拖了一双屐，导两人进房。尤列先说道："我今天到你这儿来，有一件很重要的事情，就是替你贵报里找到了一员健将。”福田瞟了一瞟景唐，问尤列道：“是谁呀？”尤列指着景唐说道：“就是这位周景唐先生。”一面把桌儿上本日的《同文日报》，展开来指着那首诗说道：“这首诗里‘容颜秋柳几经瘦，气节冬松尽耐寒’两句，多么挺硬啊！”福田看了看署名，说道：“啊！周景唐先生就是你呀。这岂但是报纸里的健将，简直是我们的同志咧！”景唐谦让了几句，即在一张写字台的旁边坐下。忽然见台子上放着一本章程，写着“正气会总则”字样，便随手拿过来，将第一页展开一看，便是一篇叙文。其文曰：

四郊多垒，卿士之羞；天下兴亡，匹夫有责。忧宗周之陨，为将及焉；兴四方之瞻，蹙靡聘矣。

昔者鲁连下士，蹈海而摈强秦；包胥累臣，哭庭而存弱楚。慕尔小国，尚挺英豪；讵以诸夏之大，人民之众，神明之胄，礼乐之邦，文酣武嬉，蚩蚩无睹，方领矩步，奄奄欲绝，低首腥膻，自甘奴隶，至于此极！将非江表王气，终于三百年乎？

夫日月所照，莫不尊亲，君臣之义，如何能废？盘根所由别利器，板荡始以识忠臣。是以甘陵党部，范孟博志在澄清；宋室遗民，谢皋羽常闻痛哭。诸君子者，人怀伟抱，世笃忠贞：或功勋余裔，瘝缨天阁之家，或诗礼传人，领袖清流之望。当此楚氛甚恶，越甲常鸣，讵知酣寝积薪之上，拱立岩墙之下？长蛇荐食，骑虎势成。将军何以得故宠？彼皆收用其私人！有粟岂得而食诸？无家何以为归矣！束手待毙，噬脐何及？

所愿咸损故态，同登正觉；卓荦为绝，发愤为雄；一鼓作气，喁然向风；上切不共戴天之仇，下存何以为家之思。庶竭一手一足之能，冀收群策群力之效。国于天地，必有与立；非我族类，其心必异。毋诱于势利，毋溺于奇衺！共图实际，勿盗虚声！俾中外系其安危，朝野倚为轻重。勿使新亭名士，寄感慨于山河；故宫旧臣，眷哀思于禾黍，幸甚！幸甚！

嗟乎！地有横流之海，精卫思填；石当缺陷之天，女娲能补。任重道远，黾勉以至。霜钟频警，辍笔怅然。

叙文后面，又附着章程二十几条。看毕，便问道：“这正气会是谁发起的？”福田道：“发起的是我和林述唐、唐才常三人；这章程叙文，都是唐才常草的。待要付印的时候，那唐才常被谭复生邀请到北京去了。唐才常是一个狂放不羁的人，在北京官场里定混不惯，至迟本月底可以南下的。”（此是追叙政变以前的事，读者注意！）景唐道：“看这篇叙文的笔墨，倒还不错。但是既说‘非我族类，其心必异；’又说‘君臣之义，如何能废？’究竟这个会是什么意义呢？”尤列道：“唐佛尘本是哥老会的会员，以反清复明为主旨的。但是他和康有为往来莫逆，似乎不是革命党。”福田道：“不啊！章程的表面，虽然说忠君爱国，骨子里是在掀革命之风潮，扫社会之腐败咧。”尤列道：“如今除了革命以外，别无办法。孔夫子说：‘汤武革命，顺乎天而应乎人。’我们中国，近年来外患日逼，内政不修；枝枝节节的变法，有什么用处？你看，那拉氏把一大批兴办海军的款子，拿了去造了一座穷奢极欲的颐和园，这和武则天有什么分别？还不是顺天应人的时候吗？”福田道：“尤先生这话，确是不磨之论。是这样吧：我今儿拍一通急电，请唐佛尘和林述唐不必逗留京师。他们干他们的事，我们干我们的事，分道扬镳，你看如何？”周景唐和尤列都说不错。当下主意打定，又谈了一会，景唐要去探林燕卿的病，便坐着福田的马车同去。

尤列因为还有别的事情，回到佛照楼来。到了房间，茶房便递上一封信来。拆开看时，知是广西李立庭寄来的。信中写道：

此间已有精锐三千，粮银三十万，克日举事，专待君来！　立庭

尤列看毕，连忙打点行李，将房金会好，即日动身。先搭长江船到了汉口，把从前接洽就绪的几个会党中人，和邓荫南、宋居仁手下几个弟兄，都带领着向南进发。水陆并进，过了好多天，方才到了藤县地界。因为到藤县时候已经不早，就找了一家客栈，暂时安宿一宵。那时和尤列同来的，一共有二十几个人，生怕人家看出情形，分了五六批，挨次走进客栈来，彼此都装做不认识的样子。

尤列到了客栈，肚子饿了，连忙吩咐跑堂的要了一壶酒，几色菜。那时天气还正炎热，脱去了衣服，和几个同房间的喝起酒来。各用隐语揣测广西的军情，有的说已经开仗了；有的说把广西全省可以肃清了；有的说还没有动作，专等我们到咧。正说的高兴，猛不防一个男子突然走了进来，恶狠狠地说道：“谁是尤列？”这一句话问得座中目瞪口呆，面面相觑。

第十四回

扶桑岛上杰士归来　扬子江头英雄一醉

尤列一想，若是官厅中来捉人的，断不会只有一人；即使来捉人的，在这樊笼中，再无脱逃之理，因此爽爽快快地说道："尤列便是我。"那人便拱手说道："名曰同志，未识荆州。"尤列便问他姓名，他说道："兄弟姓霍，名叫汉英。"说着，便将房门关上重言道："我是在李立庭跟前管理军需的。如今立庭败了，他已经逃往外国，打发我来找寻你们。免得冒昧走入广西。因知道你们一定绕道儿来的，所以就在这儿相候。适才听见你们隐语，我就心下明白，大胆走进来。"那时尤列和众人听见立庭失败，都大吃一惊，问道："怎么有三千精锐还失败呢？"汉英叹一口气道："唉！一言难尽！他说三千精锐，只不过是骁勇善战罢咧。其实流品庞杂得很，也有地方的无赖，也有会党的会员。平日间在地方上不是敲诈银钱，便是奸淫妇女，地方人民见了他，比官兵还要痛恨。我们起事，还是在七月初一夜里，点起人马，装起军械，浩浩荡荡，直向巡抚衙门进去，声势多么汹涌！他们官军在惊慌万状中，出来抵御，自然不能够得心应手。说到这里，要归民心向背的上面去了。当时城中人民得了风声，都扶老携幼，要逃出城去。只因四面城门，都给我们围住，老百姓知道左右没有性命，便拼着身子，和我们死打了一阵。打得我们既要对付官军，又要对付老百姓，一时仓皇失措，军心大乱，便节节败退，四散奔窜。立庭一看，不是路儿，只好连夜逃走。幸亏我'霍汉英'三个字，不很著名，可以从容到了这里。"尤列便问道："你可知道立庭将来打什么主意呢？"汉英道："他临走只说了一句话，说：'养精蓄锐，以图再举。"'尤列道："我们这里不能久住了。"

当即秘密通知二十几个同来的人，暂时宿了一宵，第二天便打发他们走了。自己秘密到了香港。本想依旧回到上海，再不想身子忽然害起病来，寒热交作，饮食无味。接连病了四五个月，方才能够挣扎起来。直到体格复原。已是次年二月中旬了。这日，正待整装启行，忽然有人登门来访。尤列出去迎接，却是老友陈少白。

我写到这里，且先补叙少白在横滨的事情：当少白拍电到伦敦的时候，孙逸仙当即拍了一个回电说："现在正要研究民生问题，大约还有几个月耽搁，到明年才好回到日本。"少白无可奈何，只好等着。到次年正月里，逸仙果然来了，那时犬养毅、宫崎寅藏、平山周、可儿长一、山田良政等都到横滨欢迎，即在横滨开了个欢迎大会。一切会中仪式，不必细述。单说犬养毅在当场致欢迎词以后，逸仙便走上台来，向众人先表谢忱，再将自己经过的情形对众说道："兄弟这会子到欧洲，虽然遭了一度危险，可是碰到了两件得意的事情：第一件是，扶助菲律宾独立。菲律宾隶属于西班牙之下，这是诸君所知道的。可是他们才只脱了西班牙的羁绊，那美国又来干涉他的政权，因此独立军首领阿圭拿度遣使向海外各国求助。他的演词乃是——

曩美利坚与西班牙战，而使我国——菲律宾——为内应，许以呼吸海天自由之空气。我等乃撞钟伐鼓。树独立之旗于太平洋之海滨，掷可惊之代价，将以达非常之希望耳。事成而食言，卷舒我海天之空气，以入于美洲之大陆。夫我菲律宾侠义的同胞之头颅血肉，岂肯为无代价之虚掷？前者为自由与西班牙战，今者独不可为自由而与美利坚战乎？亚洲侠国之友，见此不平，奋起相助，有提一师旅渡海而来者，吾菲律宾神圣祖宗之灵，实福祚之！吾先代菲律宾同胞九顿首以谢！

诸君呀！我们对于独立党当然表同情的，当时兄弟便运动同志，到菲岛去投阿氏的军，又购五万发的军火，助菲岛革命。可惜中途船覆，不但军火无着，同志亦多被溺。后来又替他代购三万发，那轰轰烈烈的菲律宾革命，便出现于世界了。第二件是民生主义研究的完成。我们中国自鸦片战争、中法战争、中日战争以后，外国压迫，日甚一日。同时清政府的恣肆妄为，也一日甚似一日。所以兄弟一方倡民族主义以求独立自由，一方倡民权主权以求平等。自从广州失败，游历欧美各国，又知道单求国家富强，民权发达，还不能登斯民于极乐之境。一定在社会方面，分配平均，人心方才可以安定。……"那时犬养、宫崎、平山一般抱社会主义的人，都震天价拍起掌来。再听逸仙续说道："我证诸古来之历史，知国民之隆替，关系于人民经济地位是否平等。中国经济程度虽还幼稚，但是将来一定要发生危险的。所以我在民族、民权之外，再加上一种'民生主义'，合成一个'三民主义'。诸君！我如今要把这个主义来救全中国及全世界了。但是国家断不是一个人可以救得的，所以要结了一个极坚固的团体，大家一致奋斗，才好成功。这全赖同志的热诚了。"说毕，众人都一叠连声的鼓起掌来。逸仙下了讲台，接着又有好多人演讲，都是对于"三民主义"表示信仰的意思。到了下午五时，方才振铃散会。晚间，犬养氏一干人又请逸仙在料理店里吃了晚饭，尽欢而散。这晚，逸仙即在少白寓中暂宿一宵，次日方才同少白、永年去找房子。

大凡到过横滨的人，都能够记起山下区一处地方来。那里有许多美丽的外国人住宅，又有规模宏大的领事馆，有一条通潮水的运河，一直流到山脚下。在运河那一边，有一个大旅馆，旅馆和运河中间有一条街路。街路一直下去，可以找到一所洋式的房屋，门前标着山下区一百二十一号。逸仙到了这里，左顾右盼，觉得此山明水秀之地，正可促进思想。因此便对少白、永年说道："我们就租了这所房子好否？"少白指着对面在空中飘扬的一首龙旗说道："老哥！这是满清政府的公使馆，相去还不上半里路。你已经在伦敦尝过的风味，难道到日本来再尝一遭吗？"永年先哈哈笑起来。逸仙道："怕他做甚！一来，他们治外法权已经撤废，再不能到这儿来捕我；二来。我已经上了一次当，第二次再也不会踏进公使馆里去了。那么，我们就住在他的对面，和他开开玩笑，岂不是一件乐事呢？"永年道："好的，好的。他们庆祝万寿的当儿，我们正可竖起一面青天白日旗来开开玩笑。"少白道："我适才的话，本来也是开玩笑。真的这么小的胆儿，怎配谈革命呢？"逸仙道："闲言少说，我们先把它租定了罢！"永年道："我们先得去瞧一瞧，究竟配也不配。"于是就找到那经租的主人，叫他导着到里面去看。地方倒还宽敞，空气也很流通。逸仙非常合意，当即把它租定。一面到木器店里去配了些木器，找几个仆人。第二天，那兴中会的分部，便宣告成立了。

那时日本人当中，最有热肠的要数犬养毅、平山周、山田良政、宫崎寅藏一干人，差不多天天到山下区一百二十一号来的。平山的主意，是要把康有为和孙逸仙调和，同心协力，去干革命事业。永年和少白恰不很赞成。逸仙道："宗旨虽然不同，救国到底一致。他不是一无思想的人，或许也有觉悟的一天，所以我倒赞成平山君的主张。"少白、永年听逸仙如此说，也就无话。事有凑巧，平山周正调停起劲的时候，那位康先生忽然回香港去了。平山周道："我们干事，不上手便罢，既上了手，半途而废，头里的气力，不是白使了吗？照我的意思，我本想再到中国走一遭，如今为这件事，越发要去了。你俩不妨和我一同去，索性到香港去找他。他如答应，固然是件妙事；不答应呢，他由他做，我由我做。"少白的意思，很有些不高兴。永年道："不打紧。那位唐佛尘先生是哥老会里的人，照哥老会的宗旨，也是反清的。你俩不妨到香港。我先到长江一带，把佛尘找到，叫他和康有为去说，在中间做一个线索，便不愁他不成了。"少白一听，这话不错，当即允许了。

次日便一同动身，永年从上海向长江进发，少白、平山一径到香港。少白听见尤列也在这里，所以便急急忙忙去找他。

相见之后，便把以上经过的事，一五一十说了一番，尤列也将自己的事实说了一遍。尤列便问："平山周住在何处？"少白道："唉！说起平山，教你见了，一半儿爱他，一半儿可怜咧！"尤列道："这是什么缘故？"少白道："康有为是一位开口今上、闭口今上的保皇党，谁都知道的。倘若有人对他说句清政府不好，他便把‘本朝二百六十年深仁厚泽，沦肌浃肤……’一派胡言，供献到你跟前来。你想，这等人配不配谈革命？平山先生硬要将他拉过来做我们同志。如今他就住在康有为的临时寓所里，还正在做那调和梦咧。”尤列道：“是这样罢，尽他调和，我们立下三个条件来：第一件，要求他入兴中会；第二件，要他发表一篇反对满清的宣言；第三件，向我们众人跟前宣一个誓，以后永远不再干保皇的事业。”少白待要开口，忽然底下人拿进一张名片来，说：“有一个女人家请见。”尤列接来看时，是一张白色新式的名片，正面写着”罗徐舜英”四个字。尤列说道：“奇了，这又是谁呢？……”少白见他有事，便向尤列告辞，把自己寓处告诉他，即辞别出来。

快要到寓所时候，见平山周正匆匆地从自己寓所走出来，一见少白便说道：“我正在找你呢。”少白便挽了他的手，走到里面。少白问道：“你做了一会子调人，可有什么眉目吗？”平山道：“话不是这么说的。你们中华有句古话：‘君子不以小人诗人。’所以他没有决绝地回复我，我这希望终是不绝的。我今天又反复劝导他，他对我说道：‘我何尝不知道在今日非是革命不可！但是我身受国恩，倘然干了这革命的勾当，千秋万世后，不是把我当做一个贰臣吗？”少白道：“他说这句话，还依旧是冬烘的头脑。汤武革命，难道我们便看汤武做贰臣吗？”平山道：“这些话如今暂且不说，且待逸仙到这儿来。由他自己打主意。我现在要告诉你一件事，史坚如明天可以到此。”少白道：“你怎么晓得？”平山道：“他有电报到我这儿，说：有一架印刷机器带来，是预备印《中国日报》用的，叫我先找一所房子。如今我已经找定了，就在士丹顿街十三号，是你们从前开乾亨行的旧址，我所以特地来通知你一声。”少白道：“士良到汉口去了。从前乾亨行一切的家伙，都是他整理的，不知放在什么地方，拍一个电去问他一声才好。”平山道：“这些东西值什么钱？尽可另外去买些。”乃当下便由少白开了一篇账，交与平山道：“索性托你罢。”平山接过来，约略看一遍，倒也应有尽有，便转托一个在香港做买卖的日本人，照账置办。一天当中，便将一个《中国日报》社的机关，部署完竣。

自此以后，平山、少白都迁移到报社里住下。第二天，史坚如果然到来。他俩忙着接风，运机器，雇用伙友工人，配置白纸油墨，忙了好多天才始完毕。那《中国日报》就在这个时候出版了。主笔是陈少白，副主笔史坚如，编辑撰述除平山周以外，尚有香港几个同志，共同担任。少白本想去邀尤列来主笔政的，只因尤列不久要到湖北去，只好自己来担负这个重任。出版以后，天天把保皇党骂得一佛出世，二佛涅槃。骂得康有为在香港不能再住，搭轮船到新加坡去了。

这日，他们几个人正在饮酒高谈之时，忽然邮差投进一封信来，函面是给平山周的。平山便拆了开来，看了一遍，突然说道：“吓！何必如此？”少白道：“是谁寄来？我们看得看不得？”平山便递给少白与坚如一同细看，知是毕永年寄来的，写道：

> 平山仁兄足下：弟自得友仁兄，深佩仁兄义气宏重，常思运雄力为敝国拯生灵，可谓天下之至公者矣！弟惜吾中国久成奴才世界，至愚至贱。盖举国之人，无不欲肥身赡家以自利者。弟实不愿与斯世斯人共图私利，故决然隐遁，归命牟尼。今将云游，特来告别。仁兄一片热肠，弟决不敢妄相阻挠。愿仁兄慎以图之，勿轻信人也。弟于日内往浙江普陀山，大约翌年华三月，由五台、终南而入峨嵋。从此萍踪浪迹，随遇可安，不复再预人间事矣！临颖依依，不尽欲白。龙华会上，或再有相见时乎！宫崎仁兄晤时，乞为道意，恨此番未得叙别也，劳思如何！释悟玄和尚上启。

悟玄就是毕永年。毕永年为什么忽然做和尚呢？当他和少白一同回国的时候，少白到香港，他从上海到汉口，第一先去访佛尘（唐才常）。那时佛尘在汉口租了一座大房子，和同志六十余人一同住着。永年进去的时候，可巧众人都已出去。佛尘便问永年：“几时动身？为何来此？”永年一一答毕，便转问佛尘道：“记得去岁你在保皇党里的时候，湖南有一通急电叫你回来，究竟为的是什么？”佛尘道：“说来话长：在上年六月中，我还在北京；后来由福田橘次郎电召到上海，把正气会组织就绪；我又到日本，这就是我和你碰见的当儿。不想湖南的同志，又拍电来叫我，我又只好回来。路过上海，那福田开的一家同文日报社，和我们组织的东文学社正气会连影子都没有了。我非常诧异，四下探听，方才知道他这《同文日报》，已经为着触怒当道封闭了。这东文学社因为也是福田所创办，同时被封。福田便到湖南，拍电叫我回来，意欲联络哥老会员，同举义旗。我对他说道：‘湖南僻在内地，不足成事，不如汉口便利。’他也很为赞成，因此便一同到这儿来。”永年接着将联络孙、康两人之事和佛尘商量。佛尘道：“我的主意，只在澄清宇内。力图富强，保皇不保皇，原没有一定主见的。既你具这一副热肠，和我商量，我一个人不能作主，今晚由我邀请众人畅饮一下，顺便讨论这事如何？”永年道：“我这会子到汉口来，正要与几位同志结识一下。四方豪杰，聚首一堂，还有何说？”佛尘见永年答应，当晚便约了福田。还有一个叫林述唐，以及哥老会辜天佑、张尧卿等，一共二十六人。到下午四点多钟，那时寒光耀天，静影沉碧，渔歌唱晚，牧子归来，一群志士，联翩而来，一同登上汉江边第一酒楼。主人唐佛尘备下三席丰盛的酒菜，向众人拱手说道：“今夕之宴，乃是互相慰劳，彼此欢迎，可不拘形迹，痛饮一场。”于是众人坐下之后，也有高唱的，也有召妓侑酒的。不过召妓的，都是哥老会里的人，如李云彪、杨鸿钧、张尧卿、李堃山以及辜天佑等，大都不修边幅的。那时汉口妓女有一个叫做林宝香的，乃是第一名角，脸儿固然不错，唱工也听得过去。众人本来将这个人推荐与毕永年，永年生性孤冷，不爱看花，因此便由李云彪叫了。追众妓女到齐之后，她方才姗姗而来，坐在云彪的后面，向云彪笑了一笑，便提起琵琶来，格铮铮弹起来。那时皮簧正是时髦的调儿，宝香唱了一出《卖马》，抑扬婉转，余音绕梁。那李堃山正拿着筷儿敲盘儿给她拍板，谁想敲得过重一些，这盘儿给他打翻了，一盘酱鸭子，一块块的都跳到自己身上来，把一件蓝缎袍子，渍上不少的油腻。连忙扔下筷子，拿手帕儿去抹，嘴里不住地说“该死！……”惹得众人哄堂大笑，那宝香也扑嗤一声唱不下去了。正在这个当儿，忽然一个人大踏步进来，大声说道：“你们好快乐！”众人一看，却是福田橘次郎，异口同声地说道：“迟到的罚酒三杯。”李云彪道：“你看，这个是中国名妓，福田先生是日本豪杰，两相辉映，真是千载一时！我们该痛饮一杯。”众人附和着，各将杯中之酒，一饮而尽。福田坐下以后，也连饮三杯。张尧卿饮的是玻璃大杯。福田便说道：“贵国人向来是小杯喝的，如今用这大杯，这就是哥老会的特色吗？”尧卿道：“不是，不是，这是香港人的饮法。我从前在香港，碰见了白浪滔天（即宫崎寅藏），他就是这么样喝酒的。我还是他传授的啦。”说着，哈哈大笑。那时永年生怕众人酒喝醉了，误了正事，便走将过来，凑着佛尘的耳朵说道：“适才我给你说的话，可以发表了。”佛尘点了点头，便把永年的主意，向众人宣布出来。众人中除福田、林述唐几个人以外，都胡言乱道，也有大骂那拉氏的，也有大骂满政府的，也有立刻要起义的，经过好多时候，秩序紊乱，终于没有一个正当的主意。永年心里已经很不快活。后来经福田一一劝止，更求他们静谈，方才回复原状。结果是赞成孙、康两派调和，于是唐才常便担任调和的责任。主意打定，众人又复放诞起来。就中有个张震声有些不耐烦了，霍地站了起来，向酒楼主人索了一枝笔，即在墙壁上题了一首诗道：

神州若大梦，醉眼为谁开？湖海诗千首，英雄酒一杯！

题罢，长叹几声。众人正哗啾的时候，都没有看见，只有毕永年见到了，便走上前去，将这首诗朗诵一遍，对张震声说道：“寥寥二十个字，感慨无穷。我虽然不善吟诗，恰极能知道诗意，足下正是一个痛哭流涕的贾长沙啦。”说着，即将震声一拉说道：“我们先走罢。”

第十五回

落魄江湖欣逢奇女　流连山水饱受虚惊

那时已在夜间十二点钟的时候，两人走下楼来，但见一轮皓月，正悬中天。永年叹道："'俟河之清，人寿几何？'我虽然不敢菲薄同志，但是细行不检，大节何全？今夜一席话，能不使人灰心吗？"张震声道："你还不知就里啦！我说一件事给你听：康有为曾经在上月里派了一个人到汉口来，把哥老会里著名的人物，如适才李云彪、杨鸿钧、张尧卿、李堃山、辜天佑一干人，都邀了过来，央求他们帮保皇党的忙，只去了一个西太后，不去光绪帝。哥老会员头里不肯答应，后来康有为每人给了一百块钱，他们见钱眼开，立刻便答应了。你想！才只一百块钱，就什么都不管了；倘然再多些，卖国卖友，哪一件事不干呢？"永年道："这是谁给你说的？"震声道："他们自己说出来的。"永年道："那还了得！从今不革命便罢，要是革命，哥老会的会员，一个都不要他！"说到这句话的时候，已经到了佛尘住宅。两人谈了一会，便抵足而卧，也不晓得他们是什么时候来的。

次日，永年一觉醒来，正在洗脸的时候，李堃山气喘喘地走进来，指着永年骂道："你好！欺兄灭弟，该当何罪？"永年一时摸不着头脑，愕然问道："什么欺兄灭弟？"李堃山道："休要装假惺惺了，昨晚你和张震声说的是什么话？"永年道："哦！有的，有的，我也不过是说一句公话。若说到欺兄灭弟，乃是我们洪门中第一条的议戒，我也知道。不过我自从碰见了唐佛尘先生以后，我已经明白了洪门中的规矩是没有用的。老哥！你今天休再提起这些不相干的话！"堃山一听，越加大怒，便抢上前来，将永年一把拖，要他到山堂里去评理。幸亏那时佛尘走进来，问明底细，便对堃山劝道："别忙吧！如今是什么时候，还在这里争这些小规矩吗？"说着，便将两人劝开，才算无事。永年到了这个时候，完全灰心，即日辞别佛尘，飘然引去，谢绝尘世，去做那木鱼钟磬的生涯去了。

少白、坚如看完后，虽然不知道就中详情，但是晓得他一定受了什么刺激，便灰心的，大家不免叹息一番。待喝完了酒，少白起了一个电稿，打发人到电局里去，叫他拍到汉口给郑弼臣。殊不知弼臣早已由汉口到上海，这电报去后，仍旧杳无消息。直到弼臣到香港，才知道电报未曾接到。

平山周先问起永年的事情来，弼臣道："我到了长江一带，不曾碰见过永年。到了上海，倒碰见少纨。"少白道："你碰见少纨，可知道这会子他为什么事到汉口去的？"弼臣道："少纨真是一个奇人，就是你我俩老友，也不能够明白他的意思。这会子到了上海，他才始和我明明白白地说了。他原来在三四年前有一个情妇的，名儿叫做徐湘娥……"少白道："吓！像少纨这么一个人也有情妇吗？"弼臣道："待我慢慢地说给你听：三年前，他曾经秘密到汉口去，改了一个名儿在客栈里住下。他初意是去看看长江的形势，本想几天就来的，怎晓得接连住了一个月，连身边的钱都住光了，客栈里欠下不少房饭钱，因没盘费，不能动身回来。幸亏那客栈主人，倒也不是寻常势利之辈，便对少纨说道：'尤先生！你既然没有钱，我们小本经营，又不能来帮你的忙；你是一个念书的人，又不会做买卖；如今我替你打出了一条主意：我们隔壁黄老头儿，你是碰见过的，家里多也没有，几十万家私，是谁也都知道的。只是他有了一把年纪，还只六年前养下一个儿子，小名叫做黄牛，要聘请一个先生教教书，到了如今，还不曾找到。你如其喜欢的，我就替你去说，好不好。"'少白笑道："他儿子叫黄牛，那么教黄牛的书，仿佛'对牛弹琴'了。"这句话说得坚如、平山周等都笑起来。弼臣道："且慢开玩笑，待我说完了。少纨听了这句话笑道：'我生平不曾做过教书先生，而且我急于要回家去的，怎好耽搁一年半载？只有待我写封家书，叫家里汇银子来。还你们的账，好不好？'店主人道：'并不是不相信你先生，只是我们本钱少，实在不便久候。'店主人刚说到这一句话，忽然门外有个二十左右的女人家对店主人说道：'老板！来，来，来！'那店主人连忙走了过去，不多时候，笑眯眯地走过来，对少纨说道：'尤先生！你的房饭钱，如今都由隔壁那位嫂子会好了。她还有十两银子，说是给你做盘费的。'说着，便放在少纨的跟前。少纨愕然道：'这算什么？我尤某平生不肯妄取一钱的。况且她是女人家，越发有些不便。'说到这儿，那女人家早已走进来，将店主人一推说道：'你只管拿了走。'店主人听如此说，也就走出门去了。那女人即在少纨房间里坐下，笑说道：'你只合做一个迂儒，做不得一个通儒。通权达变，方是通儒；守一定的绳墨，分毫不能移动，不是迂儒是什么？你单知道平生不肯妄取一钱，恰不知道欠下了他们小本经营的钱，比着取我的钱还要"妄"。这个上面，不是要通权达变了吗？'少纨一听，大吃一惊，生平见过聪明的女子尽有，却不曾有这么通脱、识见这么高超的人。当即问她姓名，那女子也毫不隐讳，直截了当答道：'徐湘娥。'少纨道：'那么，你念过什么书？'湘娥道：'念书有什么用？会念书的，是书给人用；不会念书的，人给书用。不瞒你说：我自少就把《十三经》念完，只没有用处；到后来，又念了些诸子百家历代史乘，方才慢慢地有些见解了。如今呢，我索性连书都不读了。'少纨道：'你为什么又到这儿来呢？'湘娥道：'你要问我为什么到这儿来，该得先知道我是怎么样一个人。我不是红拂，也不是缇萦，我只是一个放诞的女子。中国的女子，向来守着“无才便是德”和“在家从父，出家从夫”的老话，一生伏在闺阁里面。不知天有多么大，地有多么厚，简直变成了活死人，活在世间，有什么用？我就是要革除这恶习的一个人，所以从湖南醴陵出来，到了长沙，又到了汉口；如今还要从汉口到上海到天津、北京；三年当中，把全国游遍了。若有余力，再到外国去；没有的，便罢。’少纨道：‘你只合做一个奇女，算不得一个烈女。’湘娥也愕然道：‘怎见得？’少纨道：‘今日在泰西各国，虽然有男女平等之说，在今日到底还没有实行。你能够得风气之先，岂不是一个奇女？不过天生一个人，不论男女，肩头上都负有一重责任。顾亭林先生说得好：“天下兴亡，匹夫有责。”如今中国内政不修，外患迭乘，你单是这么游历了一遭，有什么裨益国家呢？’湘娥道：‘照你说，我们做女子的，也赶考做官不成？’少纨道：‘你说我“不是通儒”，这是你不通，不是我不通了。干国家事情，谁说一定要做官的？’湘娥道：‘不做官怎么好干国家的事情？’少纨便探头出来，向门外四下望了一望，低声说道：‘革命！’湘娥伸了伸舌头道：‘不怕捉将官里去？’少纨道：‘不要惊慌，我说个道理出来……’接着便将满清政府怎样的不好，中国怎样的贫弱，革命怎样的要紧，滔滔汩汩说了一遍，那湘娥方才慢慢地悟过来了。少纨道：‘话又要说回来了，我们革命，不是土匪，不是当年的白莲教，乃是堂堂正正的仁义之师，所以我主张孔教革命。不依遵孔教，就是土匪，就是白莲教。’湘娥道：“‘听君一席话，胜读十年书！”——但是我云游全国这个志愿，不能够中途打消，就在这云游当中，结识些英雄豪杰，也是意中的事。待三年以后，再看我徐湘娥是怎样一个人何如？’少纨哈哈笑道：‘当然！英雌变英雄了！’”少白道：“你说了许多话，还没有谈到一个‘情’字咧。……”弼臣道：“适才我说玩话罢咧。你想，少纨平素是汤武自命的人，怎么会有这等苟且的勾当？不过从此以后，他俩成了个生死知已罢咧。你别要性急，话还未完。今年少纨住在香港，她可巧也游历到了香港。不知她怎样知道，突然递了一个名片进去，名片上写的是罗徐舜英……”少白道：“罗徐舜英吗？有的，有的，就是这个湘娥吗？”弼臣道：“可不是吗？她三年当中，名儿也改了，丈夫也嫁过了。头里少纨摸不着头脑，直至进来后，才始知道是她。接谈之后，又知道她曾经和一个姓罗的学生结过婚，不上一年，姓罗的便死，她就立志不肯再醮，从此以后一心一意的做革命的事业咧。”少白道：“早知道有这一段公案，我死也不走，一定要结识一下呢。”弼臣道：“我在上海倒见过的，是一个有定识有定力的女丈夫。”少白和平山都说道：“我们如今又多着一个同志了。”弼臣道：“这会子少纨已和我约定，他在长江方面做我们的内应。”弼臣说到这儿，坚如忽然问少白道：“我们昨晚议定，因为北京消息不很灵通，派一名访员去做驻京记者，不知可派定了没有？”少白道：“交际活泼，文笔通畅，我意中只有一个应宗湄，你想好不好？”坚如皱眉一想，说道：“除了他也没有谁，就是他罢！”主意打定，当晚便得了宗湄的同意，给他饯行。第二日便打点行李，启程赴京。

一路上，话不絮烦。到北京，找定客店住下。他有一个姓张的朋友，名叫筱松，在北京做买卖，和张怀芝乃是宗兄弟。那时张怀芝正做武卫军的分统，消息自然灵通。所以一到之后，便去访他。筱松曾经受过宗湄的好处，见他登门拜访，自然殷勤接待。坐定之后，问了些别后的情况，再谈到这会子来京的缘故。筱松摇摇头道："如今时局，混乱已极。近来宫里发生一件事，京里报纸，都不敢登载，只有天津外国报登过一次。你们报社在香港，登登也不打紧。"宗湄道："听说光绪帝被西太后囚在瀛台，可就是这件事吗？"筱松道："事情还多咧。你可知道李鸿章为什么放两广总督的？第一件，康有为在香港，怕他在粤省有什么举动，不是李鸿章不能放心，也只有他能替太后效死。第二件说来话长。当康、梁政变的时候，慈禧太后正在颐和园中的谐趣园里，这谐趣园乃是西太后茶余酒后消遣之所，园中也有高山，一带清流，即从这山涧滔滔汩汩一泻而下。太后凭着栏干，和几个妃嫔观玩。正在得意忘形的时候，忽然一个太监呈上一份电报来。太后接来看时，乃是荣禄密告康、梁谋叛的一件大案。太后又气又慌，立刻传旨备驾，从颐和园到宫中。光绪帝跪接圣驾，西太后握着他两手哭骂道：'你才只几岁，我便把帝位授你，辛勤鞠育；到了长成，如今听那般大逆不道叛臣的话，忘却从前的深恩，要把我废了，亏你还是一个皇帝啦！'说罢，就下旨把光绪帝拘禁瀛台，一面便下谕仍旧垂帘听政。这日，在便殿召见刚毅、荣禄，西太后即对两人说道：'自从经这次政变后，虽然把几个叛臣正法治罪，康、梁两人，尚逋逃在外，难保他日不死灰复燃。为未雨绸缪计，该得先立一个太子。但是清朝家法，没有太子，就名曰"大阿哥"罢！'二人听了这话，知道西太后有废光绪帝的意思，忙奏道：'今欲另立大阿哥，宜请太后下谕，伪言皇上病重，求医海内，才好杜绝外人猜疑。'太后听了，微笑点头，似乎非常赞成。过几日，果然有征医诊治圣体之谕。一方面知道李鸿章与各国使臣密切，恐废立后，各国有责难的话，便派荣禄去见鸿章，叫他密询各国意见。鸿章自甲午后，罢职无事，闲居贤良寺中。荣禄往见，即将太后的话一一与他商量。鸿章搔搔脑袋，踌躇了一会，便对荣禄说道：'我好久不与国事，近来与各国不很往来，教我怎样说法？倘若放我复任，他们一定向我道贺，那时我再问他们意见，就可明白了。'在李鸿章是借此贪图复位，好把中国完全卖掉，一个人发财，做'李完用第二'。荣禄哪里知道其中底细？便据实奏明西太后，西太后便依言而行，这就是李鸿章总督两广的原委。后来谕旨一下，各国公使果然都来道贺。李鸿章便趁这机会，向各国公使问道：'我们中国，如今要立大阿哥，将来登皇帝位，你们是不是前去道贺的？'各国公使道：'我们只晓得光绪帝是中国的皇帝，历来和我们缔结条约，有了二十年的历史了。如今忽然另立，成什么话儿！'鸿章便将各领事的话走告荣禄，自己便到广东上总督的任去了。”宗湄道：“那么，你可知道西太后一方面就此算了呢，还是心犹未死？”筱松道：“这恰不知。待过了几天’，我去探听了，再详细告诉你。”宗湄不胜欢喜。便辞别而出。

筱松把私事料理停当，吃过晚饭，知道这个时候张怀芝已经到了公馆，便去找他。筱松在他家里走惯的，门房也熟悉了，所以不须转折，一径到了里面。不意才只一足跨上阶沿，便听豁琅琅一声响，接着，便有妇人的哭骂声、顿足声从里面送了出来。筱松一听，这是张怀芝姨太太周美云的口音，打量他夫妻俩又在吵嘴了，意欲退了出来；仔细一想：他们吵嘴，我不时看见的，便进去做一个调人也不妨。因此便大胆走到房间门口。将要跨进去，忽然有个婢女将他一拦说道：“二老爷请外面坐一会儿罢。”筱松眼快，早已看见周美云挂着两行眼泪，坐在一把椅子上，那怀芝正向她下跪赔礼。只好装做不见，退了转来，在客堂里等着。底下人倒一杯茶来，笑说道：“老爷就出来了。”筱松在百无聊赖的当中，抬起头来，看看四下悬挂的书画。本来是天天看见的，可是在这个时候看得仔细了。平时啧啧称道的一幅上官周画的九老图，那一方石砚和一锭墨，地位差了许多。要知道住在京里的人，都有几分古董眼光。筱松就看出破绽来，知道这不是上官周的真迹。

正在揣拟的时候，怀芝早已大踏步出来，嘴里不住地自言道：“笑话！笑话！”筱松踅身过来问道：“怎么好好的又闹了起来了？”怀芝道：“其实呢，这都是底下人传错的缘故。张润生侍郎要找一名出色的窑姬儿，因为他不大逛窑子的，便把这个事件托我。耽搁好几天，好容易给他找到了一个人，名儿叫做刘采青，另外租下一所房子，给她暂住，待润生看过了，再作计较。那底下人只当是我讨的新姨太太，回来后，和几个佣妇私下讲起来。可巧给太太听见了，因此便和我闹了起来。你想！这不是又呕闲气吗？”筱松道：“张侍郎不是张泽吗？他既不爱逛窑子，倒为什么讨姨太太呢？”怀芝道：“他原不是自己讨的。这句话只可我和你说，要是外人，别说出去。”那时怀芝竖起一个大拇指来说道：“荣老头儿，你休小觑他！他有了这一把年纪，旁的事情倒不讲究，只这‘女色’两个字上面，真所谓‘老夫耄矣，犹有雄心’咧。”筱松道：“哦！荣中堂啊！”怀芝道：“可不是呢？他已经有七位姨太太了，如今连刘采青讨了去，不是有了八位吗？”筱松道：“我倒不懂，荣中堂要讨姨太太，怎么要张侍郎帮忙呢？”怀芝道：“这当中也有一段事故：开平煤矿，你知道的，不是中国一宗新出产吗？近来因为有个英国商人，想要买这个矿，他不敢单独行事，思来想去，只有勾结了荣老头儿，别人才不敢有什么异议。又因为荣老头儿是一等的色鬼，他才想出这一条路来，把荣老头儿一张嘴封了，才好下手。”筱松想了一想道：“老哥！我到了一辈子京里，你不曾给我找下一个差使，如今这个差使，我可要讨过来了。既然你嫂子摔过了一遭醋罐子，往后你再去干这差使，说不定又给嫂子呕气。莫若由你备一封信，单说你自己没有功夫，一切都托了我，那么他一定与我接洽。这当中的油水，我自然有法子揩他一下。”怀芝道：“这也使得，只不过这件事要做的秘密，声张开去却不好听。”说着，当即到书房里，吩咐书记备了一封介绍信，交与筱松。

次日，筱松先到宗湄那里谈了一会，并不把这件事告诉他，接着就去见张侍郎。张侍郎见了这封信，十分高兴，立时要筱松引导去看刘采青。筱松一想：“我还不曾与采青见过面，她是不认识我的。突然而去，面面相觑，岂不是惹他疑吗？”因婉言对张侍郎说道：“请缓一些儿，待我先通知她一声，也好教她预备。要不然，造造次次的，岂不是吃大人的笑话？”

说着，便连忙辞了出来，依照怀芝说的地方，找了进去。采青住的房子，本是临时的，所以不很宏大。门前也有一管灯笼，里面一架影屏。绕过影屏，小小一行甬道，直进便是一排三间平屋，但是鸦雀无声。东张西望，连一个老婆子都没有。筱松是第一次来的，又不敢叫呼，只好悄悄地走上去。到第一间里去一张，那房门牢牢的锁着。中间一间，是客堂，只不过安放些椅子茶儿，悬挂些书画，别无他物。到了第三间，门儿恰没有锁着，但是关的很牢固。知道采青在里面，或许是睡在床上，不便惊动，踅身要走，仔细一想：“既已到此，怎好便走？悔不拉了怀芝同来，便不至进退维谷了。”这时他呆呆的站在檐前，出了一会神，又去推了一会门。忽然听见里面有谈话的声音，不由惊了一惊，便侧着耳朵细听这个活，恰一些儿听不懂，他便有些奇怪起来，恰好给他找到了一个孔儿，连忙俯着身子去张。不张则已，一张之后，禁不住“哎哟”一声，返身便奔。

第十六回

现妖孽拳匪乱津保　畏刺客长素避南洋

直奔至武卫衙门，晋谒怀芝，当怀芝出来的时候，筱松喘息还未停止。怀芝忙问道：“为甚这般慌慌张张？”筱松道：“不好，不好，出了妖怪了！”怀芝道：“什么地方出妖怪？”筱松道：“你置买下的刘采青，多大年纪，是什么地方找来的？”怀芝道：“什么？她是妖怪吗？”筱松道：“妖怪，妖怪！……”怀芝道：“这又奇了！石头胡同的李妈妈，你碰见过的，她是不是老鸨儿？我就叫她找来的。年纪才只一十七岁，我嫌她太小，李妈妈道：‘小的好玩。’我就化三千两银子买了过来，怎么说是妖怪呢？”筱松道：“这是我眼见的，我难道打谎？”怀芝道：“你眼见她怎样呢？”筱松先将怎样去见张侍郎，怎样先到采青住宅，怎样在门缝里张她的话叙过了，方才细说道“……我从门缝里看去，只见里面有六七个女儿家，都是十五六七岁模样；她们穿的衣服，都是红绿相间；脸儿上越发来得奇怪，满面都涂着白粉，鼻尖上涂了一点儿红。房间里摆了一张桌儿，燃一对大蜡烛，焚起三炷香。一个女儿家在上首，不知是不是采青，其余的都环在桌儿旁边，低头静听。上首的女子，手拿着一把宝剑，嘴儿低声念咒。我看了老大的吓了一跳，便一口气奔到你这儿来。”怀芝道：“吓！真个有这件事吗？记得毓贤巡抚山东时候，出了什么‘红灯照’，后来袁慰亭把那朱红灯杀了，才始太平。难道这刘采青也是那话儿吗？我倒有些不信。不是眼见，心里怎得放下？”当即便点了四名武卫兵，与筱松一同前去。不多时候，到了采青住宅，两人一同走出轿来，武卫兵领首，一直进去，四下瞧了一瞧，依旧不见一人。筱松指着第三间说道：“妖怪在这一间。”武卫兵又到了第三间，哪里有妖怪影子？但见门户洞开，物件一些无缺，可是采青不见了。怀芝再与筱松走进里面，细细地看了一番，只有红绿相杂的纸屑散了一地，别的并没什么。当下怀芝说道：“如今既已如此。我们先得把物件运了回去，把这件事告诉张侍郎，事就完了。只晦气我三千两银子罢咧。”说着，吩咐武卫兵将各房间门部下了锁，以待搬运物件；一面坐了轿子，回到衙门，写了一封信，仍旧交与筱松，由筱松交与张侍郎，把筱松看见情形，一叙在里面。张侍郎看了，也大为诧异。

自此以后，一传二，二传三……差不多传遍京城。过了几天，什么地方又发现红灯照了，过了几天，什么地方发现义和拳了，人心惶惶，不可终日。其实这个时候，只有少数的匪徒捣鬼罢咧。到了冬间，那拳匪方才在津、保一段蔓延起来。拳匪和红灯照不同，红灯照都是女子，拳匪纯是男子。乃是八卦教之余孽，附会《西游记》、《封神传》、《三国演义》、《绿牡丹》、《三侠五义》那些小说里的姓名，奉他做神明。诡说有一种神拳，可以抵挡枪炮，任你枪炮怎样厉害，神拳一玩，那枪炮里的子弹，立刻失了效力。因为有这谣言，一般愚民都纷纷去信奉他。他又叉起一首“扶清灭洋”的旗帜来号召党徒，声势非常浩大。他们出来，个个带着一把锋利的刀儿，所以铁铺子里别的东西都不做了，成日价铸他们使的刀儿。那时直隶总督裕禄出了一张告示，禁止铁铺子里铸刀，饬县官严密查办。不想给拳匪知道了，便聚集一千多人，一窝蜂拥到县署里去，恶狠狠地说道：“倘然不把这张告示收转去，便是二毛子，我们就把他杀却。”吓得县官脑袋往怀里藏，派人对众拳匪声明，准予弛禁，拳匪方才退去。那时人数愈聚愈众，连老百姓在内，整整有五六千人。但闻为首的一人说道：“我们趁这个机会，把洋鬼子的东西先毁灭了再说！”于是众人都响应一声，七手八脚，将空中架着的电线，一霎时毁坏得一点不留，接着又把保定铁路轨道，纷纷拆毁。一路上念着神咒，耀武扬威而来。到了落垡，突然看见对面一小队人马整步而来。拳匪一看，穿的不是旧式大袖褂，乃是西式军服，便又大喝一声道：“打二毛子！”众人便奋勇上前，施展他不规则的神拳。官军枪弹劈劈啪啪雨般的飞来，那拳匪使劲儿念他神咒，可是神咒不神，枪弹无情，竟打死不少的拳匪，其余的也就奔的奔逃的逃了。原来这和拳匪打仗的，不是他人，乃是直隶提督聂士成。因为当拳匪发现的当儿，曾经奉了相机剿抚之命，所以没有穷追。比至回衙门后，待要出示晓谕拳匪，招他前来投顺，不想忽然奉到谕旨，责士成不应攻打拳匪，杀死义民。士成便和裕禄商量。裕禄道：“朝旨如此，尚有何说？你赶快回到芦台去罢。”士成无可如何，只好依言而行。

原来当西太后谋废光绪要立大阿哥时候，那端王——载漪——知道他儿子溥仪可以做皇帝了，自己便是太上皇，心里多么快活！后来听见各国领事不肯答应，犹如九天之上，起了焦雷，心里十分愤怒，要把洋人杀的一个不留，才消心头之恨。只是没有机会可乘，只好暂时按下。如今忽然听见义和团扶清灭洋，不受枪炮，暗暗想道：“即此可知天命所归。把洋人杀完了，还怕他来说一句话？”欣幸之余，连忙与荣禄、刚毅商量，教他纵令拳匪，杀戮外人。荣禄、刚毅自然答应，当即奏请西太后下谕，嘉奖义和团，一面谕禁士成，不许再剿。这件事给一个礼部左侍郎许景澄、太常寺卿袁昶知道了，连忙联衔疏劾大学士徐桐、刚毅、启秀、赵舒翘和疆臣毓贤、裕禄等之误国大罪，洋洋数千言，中间有数语云：

……所灭之洋，指在中国之洋人而言，抑括五洲各国之洋人而言？仅灭在中国之洋人，不能禁其续至；若尽灭五洲各国，则洋人之多于华人，奚啻倍蓰？其能尽与否，不待智者而知之。不料毓贤、裕禄身为封疆大员，识不及此。裕禄且招揽拳匪头目，待如上宾。乡里无赖棍徒，聚众千百人，持“义和团”三字名帖，即可身入衙署，与该督分庭抗礼，不知轻朝廷而羞当世之士耶？……

这道奏章上去，刚毅、载漪见了大怒，说许、袁两人有通同洋人嫌疑，立刻也联衔会奏，谓：“许景澄、袁昶屡次被人参奏，声名恶劣。平日办理洋务，各存私心。每遇召见时，任意妄奏，莠言乱政，且语多离间，有不忍言者。实属大不敬！……”奏上，西太后便立即下谕：“许景澄、袁昶均着即行正法！”二人从容就义，到了临刑的时候，还大呼道：“气数！气数！”当时知道他历史的人，哪一个不叹息？只有义和团听见了，额手称庆，越发在天津横行恣肆。聂士成再也耐不下去，复了一封信给荣禄道：”拳匪害民，必贻祸于国家。士成忝为直隶提督，境内有匪不能剿，如职任何？若以剿匪受大戮，必不敢辞！”此书上后，端王、刚毅都说士成跋扈，拳匪也骂他是通夷。士成愤然道：“上不谅于朝廷，下见逼于拳匪，非一死无以自明，吾志决矣。”从此以后，清政府尽管养匪，他尽管剿匪，每次出战，亲自陷阵。

有一天，有一个兵士气喘喘的上来禀道：“老太太和太太，被匪掳去了！”士成正在喝酒，将酒杯一扔说道：“吓！这还了得！”连忙点起人马，黑夜追击。拳匪并不畏惧，个个拿着一把刀儿扑将过来。士成的部下也勇往直前，杀将过去。那拳匪见势不敌，慢慢退将下去了。忽然有人大呼道：“聂士成造反！”士成只当是拳匪，及至回头看时，乃是他一营新练的兵，不禁吃了一惊。待要叩问端的，那子弹早已扑面飞来。都是他新练之兵放的。士成即和这倒戈的新军激战，身上接连中了几枪，幸亏并非要害，熬痛陷阵。这时候，前有拳匪，后有变兵，腹背受敌，应接不暇。到了八里台，有一个将校走上前去，将他马缰一挽说道：“众寡不敌，请军门暂时退兵罢！”士成看时，乃是一名副将，只当他也叛变了，便挥起刀儿，将这副将斩于马前，一面尽管与敌军血战。这个当儿，忽然又有几个枪弹打在他的肚子上，他便从马上滚了下来，死在地下。几个将校都率领兵士，追将上去，要把尸身夺过来。拳匪恨士成切骨，不肯给他们夺回，要将尸身剁成肉酱，才肯甘休。正在相持的时候，忽然各国联军追将上来，拳匪即四散奔逃，方才把士成尸身扛了回来，依礼丧葬。

且说士成的母妻给拳匪掳去以后，关在黑暗的房里，整整过了好几天。及至士成死了，各国联军，破了天津，拳匪等即将她俩提了出来，斩首泄愤，把死尸抛在路旁，一哄而逃。

再说应宗湄为着探访京中时局，远道北上，住在骡马市大街广升客栈已经有了五六个月，仗着筱松的力量，和各部人员时有往来，所以政府里的黑幕，宫帏里的秘密，都能够详细知道。自从日本山口中将攻破天津以后，京里越发人心恐慌，一面怕拳匪，一面又怕洋人。在门外站着一看，避难的人络绎不断。在栈内住的客人，尤其是议论纷纷。有的说："洋人快要打进来了！"有的说："有义和团这么本领，只怕不久就要把洋人赶到大沽口外的。"宗湄想道："我的职责是驻京记者，越是吃紧时候，越不能走。只好等着消息，看将来情形，再作计较。"因此他尽管安心住着。

隔了几夜，从筱松家里回来，有了八九分的醉意。卸了衣服，待要上床安睡，忽然听见轰轰的炮声，于是阖栈里客人都惊慌起来，内外闹成一片。宗湄至此，不敢再睡，想出去探听消息。不多时，有个人走进客栈来，在天井当中对众人说话。他说："洋人打到通州，把巡阅长江大臣李秉衡打死了。"宗湄想："通州一破，逼近京城，到那个时候，还从何处出去？……但是要当晚逃出京城，是没有不可的。到了天津，又将怎样设法？……"正在踌躇的时候，又有一个人进来说道："东洋兵已经到东直门外了，连直隶总督裕禄都死了咧。"那时天井里挤满不少的客人，声音嘈杂，也听不出后面的话，左右那时电报已经不通，也不要知道它的详细，尽着在房间里踱来踱去的踌躇。直到两点多钟，炮声虽然没有，枪声依旧不断，外面的人声也略略静了些，方才上床而卧。

次日正在洗脸的时候，筱松慌慌张张走了进来说道："老湄！你还不走吗？听说各国联军已经入城，那西太后、光绪帝已经逃走了！"宗湄道："我原打算走的，只是怎样走法？"筱松道："你赶快把紧要的东西归着起来，呆笨的东西由它去，我和你一同走罢！"宗湄道："那么，你的行李呢？"筱松道："你休再管我了，快些儿打点物件罢！"宗湄也就无话，便把应穿的衣服和几十两银子装成一箱，问筱松道："就是这么走吗？"筱松并不和他说话，将宗湄手儿一拉，飞也似的到了门外，早有一辆骡车等着。骨碌跳到车上，对车夫说道："快去！"车夫豁拉一鞭，车便飞一般的走了。后来在车中间起筱松来，方才知道他雇的是长车，在张家湾略为耽搁，便一直到了天津。又在佛照楼住了一宵。幸亏那时天津地面已经平静，就搭了海船直至上海。筱松因有买卖关系，在上海要有几天耽搁，宗湄就此别了他回到香港。

社友当中，一则因他风尘劳顿，二则因他饱受虚惊，便在当晚备下一席酒菜，替宗湄洗尘。宗湄将京中的事，详细报告一遍。席间，平山周拿出一封信来给少白道："我倒忘了，这是逸仙今天寄来的信，不曾给你看过。"少白接过来，展开一看，里面写道：

平山兄足下：前托足下到香港所办之事，今事略变，郑兄不能行前所拟之法矣。如足下于说合之事，无成则已矣，由他自行其是，吾行吾人之事可也。兹福本君随后到港，弟联络港中富商以资臂助。其行事之法，已尽授意杨兄衢云。福本君到之日，望君会同福本君、杨兄三人，照弟意妥策善法施行可也。此致，即候大安！不一。弟孙文谨启。

应宗涓道：“弼臣已到惠州去了吗？”平山道：“你远在北京，怪不得不知道详细。逸仙的主意，本定两月以后，亲自到了内地，组织一队有秩序的革命军，同时发动的；不想半月以前，刘学询写了一封信给逸仙，大致说：‘两广总督李鸿章，欲因足下以谋广东之独立。惟所最恶者为康有为。君如得壮士暗杀之，大事即成，请速来广东可也！’你想！这话可是真的吗？”宗涓道：“刘学询是李鸿章的爪牙，自然是诱骗孙君了。”平山道：“可不是吗！他恶孙君，只怕还在康有为之上啦。”少白道：“我们如其把这封信寄给那拉氏，和那李鸿章开开玩笑，怕他这把总督交椅就有些坐不稳咧。”史坚如道：“不会，不会。中日战争的时候，承他人情，做过一会和事佬；这会子八国联军打到皇宫里去的时候，怕也要请教这老人家去订几条的瓜分条约咧。”宗涓道：“慢说笑话，请平山兄讲下去罢。”平山道：“你道逸仙怎样？他接到了这封信，立刻和宫崎、福本、山田那些人到香港来了。到了香港，李鸿章即派一炮舰前来迎接。这时李鸿章的心里，是得了一个孙文，在那拉氏跟前便多得了一个功，说不定把荣禄现今坐的一把交椅让给他。你想！他多么喜欢呀！当时我们生怕他当真要去，就竭力来拦阻他。不想逸仙哈哈笑道：‘我怎么会上李胡子的当？’一面便招了招宫崎说道：‘来，来，来，辛苦你走这一遭，他们奈何你不得。给你钱，老实不客气拿了过来，我们就借此与康有为商量联合，乐得往新加坡走一遭。’宫崎答应了，果然到广东去见刘学询，逸仙便由柴棍到新加坡。过了几天，宫崎亦到新加坡了。逸仙便叫他去见康有为，怎晓得康有为早已听见了孙、刘的交涉，只当真要杀他，不知躲避到哪里去了。二人只好回来。谁指望康有为暗中又报告新加坡市政厅，说逸仙等雇两名日本刺客刺他。因此新加坡市政厅密电香港的市政厅，请严密防范。逸仙到香港时，被香港政府监视，以致不能登岸。这封信里所说‘今事略变’，逆想就是指这件事情了。”史坚如道：“如今既然局面全变，士良方面估量早有布置，我们这里该得议定一个计划，把这计划与士良接洽了，庶乎不至临时局促。”少白道：“那么，就是今晚罢。”众人无话。待吃完了饭，休息一会，时表钟打过七下，众人便一同走进议事室去。除山田良政已往惠州，宫崎和逸仙同往日本以外，同志中有陈少白、史坚如、李纪堂、杨衢云、平山周、应宗涓一干人，公推杨衢云主席。杨衢云先报告惠州军事情形道：“惠州方面会党有马文奎、陈步程两首领，侠士有顾文彬、周伯琛两哥弟，都已接洽联络。大将有黄福，先锋有黄耀廷，敢死士有二百余人，根据地为三州田，都已布置就绪。如今这里与广州方面应该怎样部署，我们合该议个办法。关于这里的，是接济的事情，应该由谁担任？关于广州的，是响应的事情，应该由谁负责？该得由诸君从详讨沦！”平山周道：“逸仙初次计划广州方面召集同志，委的是坚如兄；这里接济，委的是少白、衢云、纪堂、宗湄诸兄。如今形势虽变，人员仍可不变。”少白道：“坚如君单身到广州去，怕力不胜任吧！”坚如道：“不消耽忧。广州会党中有李云彪、杨鸿钧，同志中也至少有五六十人，早有准备，只消指挥罢了。”衢云道：“平山君的主意，是照逸仙君原定的分配，诸君以为何如？”众人皆举手赞成。第二是报社问题。社中同志，为着要做革命的工作，没有功夫再顾到报纸，是否应该解散？也提出来讨论。有的主张解散；有的主张辛苦一些，不妨双方兼顾；有的主张暂时停顿，待事成后再说。衢云即将这三说付众人表决，结果以暂时停顿通过。时已钟鸣十下，诸事议毕，即行散会。杨衢云即将议决的事项，嘱宗湄起了一个电稿，拍密电给郑士良。一面又由少白起草，撰了一篇《中国日报》停版的宣言。诸事完毕，方才各自就寝。次日，专为这篇宣言，又出了一天报。当晚便草就了分科办事的细则，举定分科的主任不提。

且说史坚如在香港把《中国日报》职务卸去之后，第二天便打算往广州，香港同志自然也备酒饯行，预祝胜利。下午一时，便搭了轮船向广州进发。广州地方可不比香港，官厅耳目众多，所以同志不能全体出来欢迎，只好派了两个代表到船埠，将坚如接进城去。到了赁下的秘密机关里，坚如便将香港情形报告一遍，又将广州部署情形细问一过。忽然有一个同志递上一封信来，说：“这封信还是适才送来的。”坚如连忙拆开一看，乃是李云彪、杨鸿钧联名的辞职书。其言曰：

“云彪、鸿钧以下驷之材，谬蒙垂青。自汉皋宠邀来此，委以军官之职，以为内地响应，事关国家前途命脉，敢不牺牲一身以报盛意？惟昨日忽接唐君、佛尘来电，嘱在长江擘划军务，义不容辞。理难兼顾；用是即日率我健儿，转赴汉皋，以为唐君臂助。公等盛意，待报将来。爰草芜函，藉表歉忱。大雅君子，幸垂鉴焉！”

坚如看毕，连忙顿足大呼道：“怎么了！怎么了！在这很局促的期限中，忽然抽去了这许多人员，教我怎样设法呢？”于是众同志也都着慌起来。

第十七回

露机关汉阳洒碧血　改计划台岛做逋臣

汉口正气会员，自在扬子江头一度畅饮以后，唐才常因康有为之函招，又从汉口出发，往南洋游历一周。福田橘次郎因身子害病，即住在林述唐开设的旅馆里休养。有一天，忽然佛尘回来了，福田病体略瘥，即挣扎起来，出门欢迎。不料一足跨出门外，即见有三十几个短衣赤足的人，与佛尘谈笑进来。佛尘奔走风尘，面目黧黑，目光闪烁不定。这三十几个人，也有状丑狰狞的，也有肥胖黑丑的，也有鸠形鹄面身受创痕的，佛尘和他们，似乎非常亲密。福田便疑怪起来，暗中猜测，却终于不知他的就里。那时佛尘先把这三十几人的住宿安顿好了，便走将过来，对福田点点头，问道："贵体可好了吗？"福田道："虽没痊愈，比到你去的时候好得多了。"于是两人一同走进房间里坐下，佛尘便笑眯眯的拿出一大包纸币来说道："福田君！你看我们中国还有这么一个热肠人咧！"福田道："这个纸币，就是他们赞助的吗？"佛尘道："这个人姓邱，名叫菽园，我是在新加坡碰见的。他独力创办了一种报纸，叫做《天南新闻》，自己署一个别号叫'星洲寓公'。这三万块钱，就是他助给我们做革命经费的。"福田道："适才与君同来的三十几个人，都是谁呀？"佛尘道："说起这件事来，有一段极有趣的历史：我从南洋回来，在香港一个朋友家歇夜。约莫在三鼓时候，忽然一阵哗噪，我一惊而醒，忙即披衣下床，在窗缝里细看。只见天井里站着几十个武夫，明火执仗，前后呼喊。我就知道这是强盗了，待要开门出去，替主人解围，那强盗早已撞门进来。为首的恶狠狠说道：'你是主人吗？'我说道：'我不是主人，我也是强盗。'那强盗似乎呆了一呆，问道：'不要打谎，快些儿说！'我便答道：'我并没有打谎，我确是强盗，不过我是大盗，你们是小盗。我因为是大盗，所以主人要请我吃饭，请我睡觉；你们做小盗，主人一见就躲走了。若再小一些，主人不但不躲，还把他捆绑起来，送到衙门里去。你们如其相信的，先把大门关上了，我慢慢地说给你听。'那强盗倒也不敢凶狠，果然把大门关上，来问我的底细。我便对他们说道：'你们一共三十几人，到这里来抢劫主人的东西，满足你们的心意。抢得了三万块钱，多也不多？每人公分，不过一千块钱。为着一千块钱，冒这大险，把性命来换取，有甚便宜？我就不是这样的一般的抢劫，我抢的是当今皇太后的东西，劫的是全中国的土地。抢劫不到，也不过送一颗脑袋给他；抢劫到了，不但一千块，就是百万千万块钱，也在我的手中。你们喜欢做大强盗的，跟了我去；不喜欢的，我送给你每人一百块钱的路费；两件事由你们自己拣取。’那些强盗都异口同声地说道：‘我们愿去！我们愿去！’我听了大喜，立刻去找了主人出来，与他说明原委，当即备下五六席酒菜，请他们吃了。又安设一大间的地方，做他们歇息之地。到了第二天，我便率领了这班海盗动身，一路又反复训导，那海盗都能领会。福田君！不多日子，我就要叫他上北京杀西太后。这个领袖，还得你来担任一下！”福田霍地站了起来，握着唐佛尘的手慷慨说道：“唐君！成败虽然难说，生死乃我自由。拼我一身，为老友牺牲，还敢说一个‘不’字吗？”佛尘哈哈笑道：“谁说你是瘦弱书生？这一番痛快淋漓的活，不是壮士，谁能说得？”

二人又谈些别的，佛尘方才走了出来。先将上京事件，一一预备停当，又将福田的话，对三十几个海盗说道：“你们要知道他是一个日本人，尚且有这般血性，你们该得怎样？”那海盗听了，热血喷涌，摩拳擦掌，巴不得将西太后立时打死。

不料到了夜间三鼓，忽然有个老仆走进佛尘房间说道：“福田先生病了。”佛尘正拟第二天打发他率领海盗启程，忽然听见病了，心里多么着慌！连忙三脚两步走了过来。一足跨进房间，就看见床子跟前放着的一只痰盂，早已洒满了鲜红的血。福田仰卧床上，纸一般白的脸儿当中，还看得出他仅属的气息。这一来，真把佛尘急死了。只见福田慢慢地张开眼儿来，对佛尘一看，开口说道：“我不能够帮你的忙了！死亦寻常的事，不过海天万里，老母倚门，若得一面，死也瞑目！倘然邀天之幸，我福田躯壳尚在人间，他日买棹重来，或许还能眼见公等扬旌旗于京城，唱凯歌于都下啦！”佛尘唏吁叹息，默然好久，知道福田病势厉害，也不便强留，便当晚吩咐仆人，替他打点行李，给他下船。自佛尘以下，林述唐、沈克诚、容闳、狄平、傅良弼、黎科一干人众，都到船埠送行，直至船身不见，方才回了转来。

一宿无话。次日佛尘正在剃头的当儿，忽然李云彪、杨鸿钧应召而至。佛尘大喜说道：“此间一切舒齐，单等你来起事。”跟着又将福田如何害病，海盗如何踊跃的话说了一遍。李云彪因剃头匠站在跟前，嘴儿向佛尘撅了一撅，佛尘方才无话。

但是一切机密，剃发匠早已了了。待剃完了头，走出门来，一路上暗暗想道：“听说报告富有会是有赏银的。这一宗买卖，比逐日剃发好得多了，我何不就此干了一下呢？”主意打定，到了铺子里把家伙一扔，待要到衙门里去报告，恰好一个平日认识的衙差经过，便一把拉了进来，将佛尘的话，详详细细说给他听。那衙差急忙去报告了夏口厅。夏口厅又急忙报告了总督张之洞。张之洞得了这消息，大吃一惊，当晚点起三百兵士，命他前去搜捕。

兵士等打起灯笼，点齐军器，立刻整队出来。剃发匠做了前导，直造唐佛尘的住宅。先将房子团团围住，然后再派了十几名弟兄，进去捉拿。当兵士逼近唐宅的时候，正气会即富有会员已经知道，纷纷图逃，可是前后左右，都是兵士，无从出围。有几个身子矫捷的，跳到屋上，设法奔到邻屋，再由邻屋奔到邻屋的邻屋，这么的逃走的有六七个。佛尘却坐在房里，一些不动，兵士即将他一条辫儿一把抓住。佛尘道："我如要逃，早就逃了。休得如此，好好的缚起来就完了！"兵士见他如此态度，不敢再使粗暴，只将麻绳缚了他的两手。同时林述唐、傅良弼、黎科等二十余人，都已被缚。看看再无别人，便将这二十几名正气会员押将出来。一路上知道消息的，都开门出来看，人山人海，也有叹息的，也有窃窃私谈的，也有只知道是哥老会党，都说该死的。兵士回到衙门，将佛尘等暂时押下。张之洞连夜召集大小官吏，商议办理方法，都说非杀不可。于是将林述唐……等十一人，即夕正法；佛尘等九人，次日审取口供。

一夜无话。第二天，即将九人提了出来，当堂审问，个个慷慨淋漓的痛骂。就中有一个甲斐氏，是日本商人，由日本领事证明释放，其余八人即刻判了个"斩立决"不提。

且说张之洞自从杀了唐佛尘等二十余人，自谓长江的会党早已肃清，置酒会客，洋洋得意。这日，忽然由广州来了一通长电云：

> 万急！此间逆党孙文，聚众起事，连破龙冈、淡水、永湖、梁化、白芒花、三多祝等处，声势甚盛，现正分头痛剿。尚存尤列一名，闻长江一带，暗结声援。乞严密侦捕，以遏乱源！德寿。

张之洞看了，呆了多时，暗暗想道："怎么有这许多革命党？真所谓'野火烧不尽，春风吹又生'了。"

当时精干练敏的侦探，要数到青红帮首领刘贵狗了。那时他才只十九岁，手下党羽足有一千余人，所以张之洞就将侦缉尤列的差使给他。贵狗得了这个差使，当即派遣手下弟兄四出探听。就中有个弟兄名叫廖倚恩，与一个参将颜梓琴的手下叫做阿元的莫逆。这日在茶馆里谈起捉拿尤列的事来，阿元道："尤列吗？我倒知道，他不是一个革命党吗？"倚恩道："是啊！你看见过吗？"阿元道："我没有看见过，我的朋友看见过了。据他说：'他的年纪才只二十几岁，长得一副好脸子，说起话来，带一些女人家的声音。'可是不是？"倚恩道："不是，不是！照我们大帅开的，乃是一个三十几岁的男子，怎么说二十几岁呢？"阿元道："三十几岁，或许是三十一岁；二十几岁，或许是二十九岁；差的不过两岁。再说男子家不出老的尽多，你怎知道他不是像二十几岁的模样呢？"倚恩道："闲话少说。你既然知道，他如今究在什么地方呢？"阿元道："他在麻城，暗中结识了许多哥老会员，不久怕就要造反。只是他行踪没有一定的，今天在东，明天忽然在西，一辈子捉他不到。”倚恩道：“我们做你的帮手，只要尤列不走到别的地方去，这笼中之鸟，何须费力？”

读者诸君：要知道尤列并不在麻城地方。他自从和罗徐舜英一同从上海到了汉口，便与舜英分别，在长江以北纠集同志，联络新军，打算作惠州的后援。他虽然也往来武汉，恰不曾与唐佛尘等结合。佛尘事败，惠州消息又不好，张之洞又要捉他，他便秘密地到了日本。

话分两头，孙逸仙在香港既然不能登岸，即将惠州发动之责委托了郑弼臣，自己想由台湾转到内地。知道香港总督不明白中国革命的意思，即在船中写了一封信道：

中国南方志士，谨上书香港总督台前：窃士等十数年来，早虑满政府庸懦失政，既害本国，延及友邦。倘仍安厥故常，呆守小节，祸恐靡既。用是不惮劳悴，先事预筹，力谋变正，以杜后患。不期果有今日之祸。当此北方肇事，大局已摇；各省地方，势将糜烂；受其害者，不独华人也。“天下安危，匹夫有责”。先知先觉，义岂容辞？士等睹此时艰，亟思挽救。窃恐势力微弱，奏效为难；政府冥顽，转圜不易；疆臣重吏，观望依违；定乱苏民，究将谁属？深知贵国素敦友谊，保中为心，且商务教堂，遍于内地，故士等不嫌越分，呈请助力，以襄厥成，愿借殊勋，改造中国。则内无反侧，外固邦交，受其利者，又不特华人已也。一害一利，相去如斯，望贵国其慎裁之！否则恐各省华人，望治心切，过为失望，势将自谋，祸变之来，殆难逆料，此固非士等所愿，当亦非贵国之所愿也。时不可失，合则有成。如谓满政府虽失政于先，或补给于后，则请将其平素之积弊，及现在之凶顽，略为陈之：朝廷要务，决于满臣，紊政弄权，惟以贵选，是谓任私人。文武两途，专以贿进，能员循吏，转在下僚，是谓屈俊杰。失势则媚，得势则骄，面从心违，交邻惯技，是谓尚诈术。较量强弱，恩可为仇，朝得新欢，夕忘旧好，是谓渎邦交。外和内狠，匿怨计嫌，酿祸伏机，屡思报复，是谓嫉外人。上下交征，纵情滥耗，民膏民血，叠剥应需，是谓虐民庶。锻炼党罪，杀戮忠臣，杜绝新机，闭塞言路，是谓仇志士。严刑取供，狱多瘐毙，宁枉毋纵，多杀示威，是谓尚残刑。此积弊也。至于现在之凶狠，此后尚无涯矣，而就现在之已见者记，则如妖言惑众，煽乱危邦，酿祸奸民，褒以忠义，是谓诲民变。东乱既起，不即剿平，又借元凶，命为前导，是谓挑边衅。教异理同，传道何罪？唆耸民庶，屠戮远心，是谓仇教士。通商有约，保护宜周，乃种祸根，荡其物业，是谓害洋商。睦邻遣使，国体攸关，移炮环攻，如待强敌，是谓戕使命。书未绝交，使犹滞境，围困使署，囚禁外臣，是谓背公法。平匪全交，乃为至理，竟因忠谏，杀惨无辜，是谓戮忠臣。启衅贪功，觊觎大位，不加诛伐，反授兵权，是谓用偾师。裂土瓜分，群雄耽视，暗受调护，漠不知恩，是谓忘大德。民教失欢，原易排解，偏为挑拨，遂启祸端，是谓修小怨。凡此皆满政府之的确罪状，苟不反正，为祸何极？我南人求治之忱，良为此矣。士等深知今日为中外安危之所关，满汉存亡之所系，是用力陈利弊，曲慰同人，南省乱萌，藉兹稍缓。事宜借力，谋戒轻心，上国远图，或蒙取录。兹谨拟平治章程六则呈览，恳贵国转商同志之国，极力赞成。除去祸根，聿昭新治；事为偏益，利溥大同。惟是局紧机危，时刻可虑，望早赐覆，以定人心！……”

至其所开平治章程：（一）为迁都适中之地。（二）为中央设中央政府，各省立自治政府。（三）公权利于天下。（四）增添文武官俸。（五）平其政刑。（六）变科举为专门之学。这封信寄去之后，港督曾经对李鸿章说过，劝他提议两广独立。李鸿章也想借此图做帝王，正拟答应，忽然因拳匪变乱，满政府召李北上，致成泡影。那时平山已经从香港到了台湾，和逸仙一同住在北新起街，宫崎已往日本购置军火。逸仙一面拍电给宫崎，叫他速送军械，一面拍电给弼臣，叫他即日发动。正在这个当儿，忽然台湾总督儿玉氏底下的民政长官叫做后藤的来见逸仙、平山。逸仙速忙将他迎了进来，后藤氏道：“我们总督本来很赞成你们的革命，所以头里有‘起事之后，可以相助’这一句话。如今呢，这句话变做了白说了。”逸仙惊问道：“为什么？”后藤还没开口，平山先说道：“哦！我知道了，敝国不是换了新内阁了吗？这位伊藤总理，不是我们一党，同时儿玉氏怕也要调动呢。”后藤道：“着呀！不但不能够帮助军火，连你俩在这儿都站不牢呀。”逸仙听了，非常着急，当即打发山田良政到惠州去报告情形，叫他们相机行事，一面将在台湾事情结束。

过了几天，果然日本政府下了一道驱逐革命党的命令，没奈何只得与平山离开台湾，向日本进发。幸喜在启程的前一日，曾经接到郑弼臣的一通密电，说：“连日大捷，已经占了惠州、平海一带沿海之地。”心里稍为安慰。

不多几天，到了横滨，旧友新朋，都来迎接。忙了半天，方才在山下区一百二十一号旧址住下。过了几天，忽然走进一个人来，抬头看时，不是别人，乃是尤列。逸仙道：“你怎么在这儿？”尤列道：“我吗？给张之洞捉了，就地正法，我的魂灵从黄海飞渡过来，访你老友。”逸仙听了，摸不着头脑，呆呆望尤列好久。尤列哈哈笑道：“怪你不得要奇怪。”说着，拿出一张中国报来，放在逸仙跟前，指着新闻道：“尤列不是死了吗？”逸仙一看，这则新闻，题目乃是革命党人被诛，细看新闻里面载道：

在长江活动之革命党人尤列，曾由新任两广总督指名密电张制军侦缉。闻张督饬所属严捕多日，未见拿获。昨日忽由参将颜梓琴在麻城西门拘获，当即解送总督署审问，自认为革命党尤列不讳，即于当晚正法。按尤，字少纨；广东顺德县人。学识渊博，于书无所不窥，为孙文之老友。中年受戮，惜哉！

逸仙看毕，笑道："如今老友死了，兄弟合该备下一份牲醴，吊奠一番，才是道理呀。"尤列道："你且慢说笑话！我倒先要问你：这则新闻究竟是实是虚？"逸仙道："若是实的，你怎么在我跟前？自然是报馆弄错了。"尤列道："我头里也当是报馆里弄错，如今方才明白了。原来这则新闻，一个字都没有错。"逸仙道："一个字都没有错，你直是做了鬼子。"尤列道："这当中有一段惨史，也是一段情史。当我到汉口的时候，碰见了一个徐舜英，你不是知道的吗？"逸仙道："就是徐湘娥不是？"尤列道："着呀！这会子我到长江一带，因为带着女人家不便，就和她分别了。后来张之洞侦骑四出，我因为急于要躲到日本来，也没有去打听她的下落。直至到了日本，偶然记起了她，而且看见了这则新闻，便打了一个电报到她家里，原文是——

舜英女士：沪报载"尤列被杀"，知必惊惧。但列尚存，并未落网，请放心！并希以近状见告。

"这个电报后面，还附着我详细的住址。再不料她家里忽然来一通详电……"说着，便从衣袋里掏了出来，递与逸仙。逸仙看时，见写道：

舍妹死矣。吾父母仅育吾兄妹二人，少时皆受教育，故吾妹之学，卓然异众。吾好研求诗古文词，妹则独爱读飞仙剑侠诸书，时有瑰奇之行。比长，立志周游名山大川。比束装归来，曾一道及足下之名，似不胜其钦慕者。汉皋诸志士被害前，彼已知足下不能免当道之拘捕，故冒君之名，易服为男子，冀其捕伪者而脱君也。竟在麻城为颜梓琴捕去，致被惨杀！足下闻之，当亦悲不自胜也。徐昭仁叩。

逸仙看毕，叹道："这与俄国虚无党里的苏菲亚更有何异？"尤列道："我单知道她是一个奇女子，不料她也做了一个革命的实行牺牲者了！"逸仙道："少纨！你是一个文学专家，该得给她做一篇小传，他日《中华革命史》里，要添不少的光彩哩。"正说时，忽然又有两人走了进来。

第十八回

六百健儿竟寒虏胆　一名妖妇缔就交情

自李鸿章被召北上，继任两广总督的，是旗人德寿。坐席未暖，便有人报告：革命党郑士良，以三州田做根据地，希图起事。把一个贵族德寿，吓得屁滚尿流。三州田在广东大鹏湾附近，到香港只有一日路程。进可以战，退可以守，形势极为险要。所以德寿非常担惊，立刻行文水师提督何长清率领虎门防营四千名进驻深洲；一面又命陆路提督邓万林率领惠州的防营填扎淡水、镇隆，塞三州田的出路。布置既毕，专待开仗。

且说革命军只有六百健儿，三百杆的枪，一万发的子弹，实力上是禁不起官军一击。那大将黄福先对弼臣说道："以人数论，彼众我寡，若不虚张声势，断无取胜之道。"弼臣道："'将军欲以巧胜人，盘马弯弓猝不发。'自然先该虚张声势，以寒敌人之胆。"于是便传了出去，说：人马足有一万多名，粮饷足可支持三月，枪弹十分充足。倘然有樵子牧童到三州里来的，生怕他窥破内情说了出去，暂时拘禁，不使出外。因此一犬吠声，百犬吠影，风声鹤唳，草木皆兵。

何长清听了，大吃一惊，虽然进驻沙湾，恰先派哨骑到横冈窥探虚实。哨官包得胜整顿队伍，待要下令进攻，忽然一个探子来报，说："革命军已经发动，派遣大队人马，前来袭击。"包得胜只当少则一两千，多则五六千，着实担忧。便禀请何长清，添调军士一二营，向三州田出发。那时炮声隆隆，枪声啪啪，恰不闻对面的枪炮声。包得胜举起望远镜来一看，十分奇怪。你道为何？他从望远镜里看来：对面敌兵，疏疏落落的并没有几个，而且并没有肩着枪。他便暗暗想道："难道这几个人便可以打仗了吗？还是另外有伏兵呢？……"因此他倒不敢前进，随处只管留意伏兵。不料伏兵倒没有，那革命军已经走近跟前了。得胜一看，他先锋队每排只有五人，而且每人距离足有一丈多远。他以为这么情形，冲锋是很容易的，便将刀儿一挥，叫兵士勇往前进。谁知刹那间炸弹手枪，劈啪砰轰，顿时爆发。这些练营从来不曾碰见过这般打法，一时阵势大乱，军心涣散，只有后退，没有前进。革命军趁势追赶，接连杀了四十几人，夺了四十几杆枪，许多的子弹。霎时间敌军跑的影儿不留。

革命军既已胜了，便要趁势进取新安。那时海暾初出，照耀在虎门岛上，反射至新安城头，照见青天白日的国旗，飘扬空中，异常美丽。革命军中六百健儿，手舞足蹈，大呼："努力杀贼！"声震天地。正在这个勇气百倍的时候，忽然大将黄福传令说："取路东北，直向厦门，先夺沿海一带之地！"于是革命军齐集横冈，向镇隆前进。

何长清军虽受一度挫折，但尚有余众三千，阵于淡水之上，镇隆驻兵一千。革命军到平山、龙冈时，有千余名的农工人民前来投效，军声大振。黄耀廷将军队分做两起，一起是没有军械的，手中单拿刀剑，叫他在前冲锋；一起是有枪的，分为左右两翼，乘敌军不备匍匐上山。布置既毕，便下令：即向佛子刬进击敌军，在前锋的振臂一呼，潮涌似的向前急追。敌军见革命军来了，也振刷精神，上来迎击，格斗多时，虽然杀了几个，恰不曾分出胜负。敌将杜凤梧一想："第一次沙湾之战，大概是士卒不勇所致。如今士卒用命，一定可以取胜了。"即命军士奋往前进。正在打得起劲的当儿，蓦地听见两旁大呼的声音，子弹也像雨点一般飞来。凤梧大吃一惊，掉头看时，见左右都是革命军，三面受敌，后退不及，又纷纷溃乱。革命军一窝蜂似的杀将上来，凤梧无处可逃，早已被革命军擒住，余众都逃避一空。只见一路上堆着的黄龙旗帜，大袖的号褂，猪尾一般的翎毛，鸡子一般的品顶，满目都是。至于七百余杆枪，十几匹马，五万余发子弹，早已由革命军收拾停当。于是整队前进，即在镇隆驻扎。此时革命同志已有五六千人，分队散处荒野，建棚做饭，当太阳慢慢地落到海里去的时候，镇隆的十里荒郊中，炊烟四起，袅袅地入于空中。惟黄福等住在一古庙里面。吃过晚饭以后，黄福正和参谋军官共同讨论军略，忽然有人慌慌张张进来报道："不好，不好，敌军来袭营了！"黄福与军官等连忙出来察看，果然见半里之外，火把齐明，爆竹连响，足有三四百人，整队而来。但是看这情形，决非敌兵。黄福想了一想，道："哦！怪不得他放爆竹，打量又是老百姓替我们庆祝胜利了。"一言未了，早听见百姓们远远地高呼"民军万岁"的声音，当下黄福便命弟兄们排队迎接，不多时，三四百个老百姓早已到了跟前，爆竹齐放，呼声动地。为首的乃是一个四十几岁男子，递上一个梅红名片，写着"刘刚"两字。接着，刘刚便叫老百姓将所带的酒一百坛、猪三十头、米一百石舁进营里，作为犒赏之用。黄福即将刘刚接进里面，茶点款待，一面又赏赐老百姓几十两银子。周旋了半夜，方才散去。

次日，忽传敌军中刘邦盛、马维祺、莫善积已络续赶到，郑润材、刘永福也不日可至。黄福一想："他们添了这许多兵，我们只有一千杆枪，未免众寡不敌。"便改道向永湖前进。自镇隆至永湖，不上一日路程，而且官军不多。革命军一面应战，一面扎营，到了起灯时分，已经直达永湖。军士们照常汲水做饭。黄福将弟兄们检点一过，并无一人伤亡，自然喜欢。只有一件，甚为忧虑：在虎门、新安的同志消息不通；在博罗城里的一团民军也没有机会可以发动，精神上未免涣散一些。幸亏此间由六百名健儿起义，所向皆捷，同志竟加到一万人之多，将来沿海之地，完全克复，进取中原，便不难与惠州城中的同志互相联合。因此自大将以下，都勇气百倍。

话分两头，何长清自从沙湾一败，镇隆再败，不要说手中将士都已心胆俱裂，就是他自已也觉得有些支撑不住。后来，忽闻一个间谍进来报道："杜军门被敌军砍了脑袋！"长清一听，直如九天之上，顿时起了焦雷，半晌不语。

原来杜凤梧与何长清是很有来历的。当长清才只做到副将的时候，凤梧还是地方上一个痞棍，家里除了抽头聚赌以外，包揽词讼，包庇土娼，无一不为。结识了一个姘妇叫做青娘，二十以外的年纪，长得花朵儿一般的娇艳。一日，长清偶然出来阅兵，看的人男女老幼，挤满了一个空场。偶然掉头过去，忽然见一个绝色佳人，搔首弄姿，心里一动，就把阅操之事丢在脑后，草草完场，当即回营。心里胡思乱想，总忘不了这个美人儿。暗想："大凡会出来赶热闹的人，住的一定就在左近。"他便打发一名心腹二爷四出探听，查她有无丈夫，叫什么名儿。这当差的一打听便查得明明白白，回来禀道："这个妇人，小名青娘，年纪二十一岁，是痞棍杜凤梧的姘妇，住在八角巷里第四家。"长清一听，喜出望外。这八角巷里有个烂绅士，叫做郁孝才，是黑籍中的著名人物。长清也喜欢抽大烟，在衙门中不方便，便时常到他家里去。现在叫他做一名"撮合山"岂有不肯之理？再加她既然是人家姘妇，就是野丈夫知道了，也讲不出什么话来。因此便打定主意，走到孝才家里，央他设法。

孝才躺在床，一手拈起扦儿，一面烧烟，一面笑说道："笑话！这也配设法吗？你是一个协镇，和总兵只差一级。她不喜欢做一位官太太，倒喜欢做痞棍的野老婆吗？"接着便扔下扦子，一拍胸脯道："这件事包管在我身上！"长清，不胜喜欢。

孝才当即打发一个人将青娘叫了过来，孝才即将床沿一拍说道："你坐在这儿。这位是何副将，他喜欢和你谈谈天咧。"那时是三月的天气（是广东天气），青娘穿的是一件绿绸的单衫，手里拿着一块手帕儿，在嘴儿一抿，袅袅婷婷走了过来，眼儿瞟了一瞟长清便在床沿坐下，掉转头来对孝才问道："你老叫我来干什么？"孝才道："我适才不是说过吗？这位何副将叫你谈天啦。"那何长清便伸过手来，拉了青娘的手说道："我要和你谈天呀！"青娘道："你们会抽大烟，我又不会抽，谈什么天呢？"长清道："谈天何必要抽烟？什么都可谈，只要你心里想到什么地方，便谈到什么地方。"青娘道："那么，我想到上年和东洋人打仗，有个叫做什么刘永福的，这个人可有多大本领？"长清哈哈笑道："女人家讲究的是衣服怎么样好看，鞋子怎么样时式；倒瞧你不出，偏偏喜欢谈打仗的事情。难道要做一个娘子军吗？”青娘道：“我们女人家，连走路都不快，怎么好做娘子军？只为个听熟了刘永福，我不相信，要知道他是怎么样一个人。”长清道：“刘永福也不过是两条臂膊两条腿，并不和人家两样。只不过他练的黑旗军勇猛异常，可以一个人当人家十个。怪不得连东洋人都怕他咧。”

这三个人谈了一会，已到了更深时候，长清方才回去，此后，长清天天到孝才家来，天天碰见青娘，便与青娘结成了不解之缘。日子久了，长清也就趁凤梧不在的时候，走到青娘家里去。

也是合该有事。长清与青娘正在甜蜜的当儿，凤梧突然走了进来，一见长清颤巍巍地坐着，不由呆了一呆。他并不知道这个人是何长清，便掀开笑脸说道：“哦！你既然另外要找汉子，怎么不早一些儿说呢？”青娘吓的面如死灰。何长清恰态度从容，对凤梧说道：“你不要生气！你的姘妇如今已经做了我的情妇，估量你再也不会要她了。你不妨另外找了一个姘妇，我有的是钱。”说着，便掏出好多张的银票来，交与凤梧。凤梧头里倒并不生气，可是一见了银票，连忙眉儿倒竖，眼儿圆睁，怒气冲冲地说道：“我杜凤梧什么钱都趁，只不趁卖女人家的钱。女人家本是公物，并不是我杜凤梧私有的，她要怎样便怎样，干我什么事？”说着，将银票一扔，掉头而去。长清听了他这几句话，以为光明磊落，决不是寻常之辈。况且“君子不夺人之好”。我占了他的情妇，明明是夺他之好，未免有些对他不起。到了衙门以后，便设法委凤梧一个把总之职。过了几月，又升了千总；后来又由长清保举，升了守备；由守备而都司、参将，还不到两年功夫。那时长清已经升了镇台。刚巧四川土司作乱，跟着长清共同讨平。到了义和拳之乱，保守东南有功，长清简为提督，凤梧便升了总兵。

再说青娘嫌长清抽烟，年纪又老了，心里未免又活动起来，况且凤梧已经有了总兵之职，不为不尊，便乘间走到凤梧跟前，要重修旧好。头里凤梧不去理她，后来她缠绕不休，凤梧便拔出刀儿，将青娘头颈上一刀，一颗脑袋已滚在地上。他便提了这颗脑袋，当晚去见长清，将原委说明以后，扑通一声跪在地上，请长清定罪。长清道：“为了一个妇人将你定罪，固然吃人家笑话，况且这种荡妇，死有余辜，杀了也并不为过。赶快起来，干正经的事儿要紧！”从此以后，两人便成了生死之交。

这会子忽然听见凤梧被敌军斩了，心里怎不愤怒？早把性命丢在一边，连忙叫马维祺、莫善积、郑润材、刘永福、刘邦盛共同出来应援，收拾从淡水退回之残兵，重整旗鼓，与民军决一死战。

这日，天朗气清，黄金色的太阳笼罩大地，静悄悄的似乎专等着两军来决雌雄。已而呐喊声起，民军早已挺着它大无畏的精神，巴蛇吞象一般的勇往前来，但闻一片高呼的声音道：“杀！杀！杀！”官军方面的，要算刘万里最为骁勇，速忙指挥部下，奋勇迎战。无如部下兵士，一闻民军喊声，一见三色旗儿，早已魂胆都裂，连枪都不会放了，一个个退后的退后，奔逃的奔逃，向惠州城、淡水、白芒花等地方四散溃窜。气得刘万里三尸神暴跳，七窍里生烟，将马辔一拉，亲自陷入阵地，与民军射战一小时。忽然一个枪弹飞来，中在他的右腿里，一骨碌掉到马下来；生怕被民军擒获，立即挣扎起来，跳上马背，拉紧缰绳，飞也似的逃走。这一次损失军械不计其数，伤了兵士三四千名。他们还当民军有五六万之众，深恐众寡不敌，当即向就近招募敢死队五百余名，作为冲锋陷阵之用。

到了第七日，知道民军从崩冈墟整队而来，即向崩冈墟进发。崩冈墟前面，本有一条大河，民军隔河据守，何长清即命马维祺作为先锋，莫善积作为后援，合共七千余人，隔河激战，相持不下。忽然所招募的五百余名敢死士卒，阵势一变，回转身来，痛击官军，官军大吃一惊。这里民军就趁着这个机会，纷纷渡河。官军力不能支，又向后退却。

原来官军招募敢死士卒，就是它的失着。就近的老百姓，向来不曾到过战场。一听见了打仗，早已扶老携幼、挟硬肩软的躲走了，谁肯来做炮下之鬼？这五六百名的敢死士，都是民军闻风，假扮了老百姓去应募的。所以紧急的时候，倒戈相向。官军一时措手不及，惊慌万状，战斗力便完全失却了。

闲言少说。民军经此一番大胜，便从三多祝经过梅林，到了白沙，留宿一宵。那时四方同志，闻风响应，前后投效的，总计两万余人。到了次日，正要拔队启程，直向厦门的时候，忽然香港机关里打发应宗湄到军中来说道：“奉孙先生的令，说：‘政情忽变，后援难期。军中之事，请司令自决进退。’”当时军中正在兴高采烈的时候，忽然听到了这几句话，正如九天之上，顿起焦雷，心里多么不快！两万名的健儿皆眼眦欲裂，拔剑击石，愤呼之声，震动四野。几个将领见此情形，束手无措，没奈何开了一个临时会议。众人皆起来说道：“不进即退。如今厦门既无可进之路，不如从沿岸退出，再回到三州田山寨，设法从香港购买子弹；再向西北集合新安、虎门的同志，进陷广州。”

计议既定，即将附从同志如数解散，留下精于射击的一千多名，海陆并进，回到山寨。只是等了好多天，依旧购不到一批军火，长此困守，又非善策。在无可奈何之中，竟有功亏一篑之举。于是大将黄福、先锋黄耀廷便聚集这一千余名的健儿，痛哭淋漓地说道：“诸位壮士！我们自起义以来，所向克捷，敌军望风而靡，这都是诸君奋不顾身、以死报国的成绩。到了如今，两万多名的同志，只伤了四人，从此直捣黄龙，覆灭满洲政府，并非难事。谁指望同种同文的邻国，忽然更换内阁，以致我们计划完全失败，岂不可痛？但是事已至此，困守无益，不如暂时解散，静待时机。只是壮士等出入枪林弹雨之中，备尝艰苦，到如今昙花一现，瞬息消灭，只不过在珠江、五岭间留下一段慷慨激昂的战争吏，怎不令人气短咧，说毕，革命志士个个唏吁叹息，无精打采而散。

黄福等秘密到了惠州，与郑弼臣同走香港。香港做接应的少白、纪堂，都要到日本去会逸仙，只有杨衢云不愿再走海外。少白等不便强邀，只好由他。二人便从香港到了日本，将以上的事实，详详细细告诉了逸仙。上回走进房间来的两个人，正是少白、纪堂。

他们与少纨都是老友，都是兴中会里的会员，相见之后，自有一番议论。逸仙道："这番革命不成，原是痛心之事。但是要知道断绝外援的缘故，不是一言可了。宫崎尚在横滨，须得叫他过来，详详细细说给你听，才知道就中困难的情形。"说着，便站起来去打电话。不多一会，宫崎果然来了，只见他穿了一件粗服，飞蓬似的头发，猬毛般的胡髭。他们都看惯了，要是没有看惯的人，见了他怪怕的样子，都要吓了一跳。宫崎一足跨进房间，便叹了一口气，对众人说道："今日兄弟和你们会见，不比昔日和你们会见了！"逸仙愕然道："这是什么话？"宫崎道："昔日与诸君会见，还是革命志士宫崎寅藏；将来就是与诸君会见了，只怕就不是革命党中人物咧。"少白、纪堂、尤列听了，都不懂他的话，呆呆地看着他的脸儿。逸仙道："我早已知道你的意思了！英雄气短，志士心灰，不是想撇去人间烦恼，去做一个诵经礼佛的和尚吗？"宫崎道："和尚我却不喜欢做。你单看我适才印就的名片，就知道了。"说着就在衣袋中掏出一张名片来。众人看时，并没有宫崎寅藏姓名，单写着"白浪滔天"四字。

第十九回

倡排满当众翦辫发　遇刺客学塾丧身躯

众人看了，依旧不懂。宫崎便坐了下来，细细说道："我是一个浪漫派的人物，也是一个浸身在革命热潮中的人物。可是三十三年以来，东西奔走，惨淡经营，只落得一领破衣，两行清泪。回头一想，正如'南柯一梦'。读过袁子才'妙人那得来优孟，把我平生演一番'之句，怎不令人感喟无穷呢？如今大梦初醒，正要脱去名誉世界，实行那'把我平生演一番'的话了。因此我便把这个意思，告诉了我最亲爱的留香。留香凄然落泪，说道：'一世英豪，下侪于伶，岂不是自堕声誉？倘然停辛伫苦，静待时机，难不成天公老子一定不肯体恤你的苦衷吗？'但是我的主意已定，谁也不能挽回，便到了芝爱宕町下访桃中轩云右卫门。他是第一流的浪花节语者，你们大约都已知道。我便要在他门下，做一个入室弟子。他愕然道：'你是革命大将，怎么忽然喜欢干这优伶生活？'我将来意细细说明，他才始允许。诸君！你们要知道，从今以后，我便改名做'白浪滔天'。从今不是顶天立地的奇男子，乃是铁板铜琶的李龟年了！"众人听了，也有惊奇的，也有叹息的，虽然极力劝他一番，可是终不能挽回他的意思。

当下少白急于要知道军器中断的缘故，便向宫崎诘问。宫崎道："这都是采办军器的中六氏不好！这批军器，本来是菲律宾的志士购办的，后来因政府监视严厉，不能出口，暂时在小仓商店里保藏。这是你们知道的。后来菲律宾独立不成，逸仙君和菲岛志士商量，暂借一用，当交涉之冲的就是中六氏。要说起这件交涉的事情来，说了半天，怕还说不完。如今简单的说一句，中六和小仓暗下勾结，要把这批子弹卖给外国，赎一笔钱，甚至造出种种伪契约、伪文书来。因此交涉了好多天，依旧没有将小仓商店的子弹运出。结果，死了一个吾党健将史坚如！……"说到这里，逸仙忽问少白道："坚如的死耗，已经由飞鸿拍过一通电报，可是详情怎样，无从知道，你知道吗？"少白道："我们要把军队解散的时候，他便有一通密电拍到我们机关部里说：'功败垂成，忧心如捣，拼我一躯，与贼决战。'只这寥寥十六字，就知道他主意已决，无可挽回，所以我们也并不电阻。谁知即在这拍电那一天，便实行他轰炸督署的计划。约莫在三鼓以后，他早已藏了炸弹，扮了一名乡人，混到督署的左近。忽然督署门边轰的一响，接着豁琅琅一声，坍下一道墙壁，也不知伤了几个人。他一见有了进路，便直入总督署去。进了仪门，又抛了一颗炸弹。那时督署里的人员都一惊而醒，纷纷起来，有的慌得奔前又奔后，有的只穿一只鞋子，踉踉跄跄地找躲走的路儿。他又抛了两颗炸弹，这些该死的奴才，一时逃走不及，恰有十几个人都躲到阎罗老子家里去了。那时德寿已经起来，大概也打算一走了事。正在设法往后门一溜的时候，忽然一个人上来报道：'革命党已经给武巡捕捉获了。'德寿一颗忐忑不定的心方才放下。原来坚如已经到了大堂以内，他回头过来，见武巡捕追赶上来，便向后抛了一颗炸弹。恰不料这炸弹用力过猛，抛得太远，虽然声震屋瓦，巡捕的身子依旧无恙。待要再抛的时候，那巡捕身子矫捷，早已噗哧一声，飞也似的奔将过来，眼明手快，把坚如的两条臂膊牢牢握住。一面忙吩咐手下将坚如身边炸弹如数搜出，一面即禀报德寿。德寿一条狗命保全了，又捉获了一名他的对头冤家，自然喜欢得了不得，当晚便亲自审问起来。坚如从容上堂。德寿一看，才只这些年纪，倒大吃一惊，问过姓名以后即说道：'你只这般年纪，我也知道你不会干这件事的，一定是受人的愚弄。但究竟是谁指使你的，你明白说了出来，我就赦你的罪。'坚如道：'革命是聪明人才肯做，有什么愚弄不愚弄？革命是我们黄帝子孙人人应做的事情，有什么指使不指使？你要定什么罪就定什么罪，谁要你赦？'德寿还要问他的同党姓名，设种种的计策哄骗他，他到底没说过一个字。可怜呀！他这一条顶天立地的身子，第二天就死在德寿的刀下了。"众人听了，个个叹息，禁不住均洒了几点英雄泪。

宫崎霍地站了起来，向众人拱了一拱手道："诸君请别见怪，从今以后，要见宫崎寅藏的真面目，该得在红氍毹上了。"众人挽留不及，早已出门而去。

逸仙道："像皓东、坚如一时杰出的人才，平白地牺牲了，原自可惜，但是从来革命，没有不流一滴血便能成功的。譬如一个人心脏有病，要吃药调治的时候，便不能不牺牲胃脏，容纳这苦而且涩的药。如今就兄弟的意见，我们要重整旗鼓，希望最后的成功，非吸收同志、巩固团体不可。现在我们兴中会在日本，只有五六十个会员，将来起事之后，单靠着知识浅薄的会党做前驱，只怕有败无成。所以我如今想一方从吸收同志入手，一方宣传主义。宣传主义，由兄弟担任；吸收同志，不能不望诸位努力了。"尤列、少白、纪堂当然答应。当下闲谈一会，少白、纪堂即在逸仙寓里住下。

尤列已经租下一所房子，便别了三人出来。回到下处，即将在日本认识的朋友，一个个的写了出来，以便分头接洽。约计学政治、法律、师范的，有张继、王宠惠、戢翼翚、程家柽这几个人；学陆军的，有吴禄贞、刘伯刚、吴练之、蔡锷这几个人。写毕以后，方才吃饭。到了第二天，他竖起指头儿一算，交情最密的要数张继。先到了张继的寓处，与他说明了，如果他一赞成的，别的人就可教他帮同介绍了。主意打定，便带些银钱，提了一只皮箧，在横滨搭了火车到东京去。

车中无事可记。下车以后，觉得肚子有些饥饿，到料理馆吃了一些点心。这日乃是星期，打量张继不会到学校里去，便一径向他的寓处走。不上几步路，见有一个学生模样，从马路边踉踉跄跄的行来，脑袋几乎垂到胸前，看不出他是谁。及至走近跟前，方才知道是一个湖南学生，姓王，名叫壮民，喝得满面通红，颠东倒西，在途中乱闯。尤列将他一把拖了过来道："壮民！又喝醉了吗？你看，后面的摩托卡飞也似的来了，别做了车下之鬼咧！"壮民倒吓了一跳，抬起头来，抹了抹眼睛一看，笑说道："哦！我道是谁，原来是少纨！你几时到日本的？"尤列道："且慢道长论短，你可知道张继的行踪吗？"壮民道："你要找他，要待下星期，他到大阪去了。"尤列道："那么，元丞呢？"壮民道："你找他做什么？他倪着脖子，一天到晚念法律，满望将来回国做一个辩护士咧。你喜欢找朋友，还不如到我寓里去，给你见一见少年志士。"尤列道："谁呀？"壮民道："你可读过《开智录》没有？"尤列道："哦！冯自由？是镜如先生的儿子，怎么不晓得？"壮民道，"不是！我说的是郑贯公。"尤列道："闻名，可是不认识。"壮民将尤列一把拉说道："走！我酒也醒了，正可和你长谈。"

说着，便到了壮民的寓里，见是一排三间的洋房，四壁挂着德、法战争的油画，中间一幅中国地图。从中间左折，是壮民的书室，什么卢梭《民约论》、孟德斯鸠的《法意》，和《社会主义之精义》等书，堆满了一桌儿。尤列坐下之后，那壮民便向对面招一招手说道："贯公，我给你介绍一个朋友！"贯公正在译一册日文的《经济学》，一闻壮民的话，忙将笔一扔，三脚两步走了过来。壮民便指着他说道："这就是郑贯公，和自由是同学。"尤列看时，这人二十几岁年纪，穿的是黑呢的学生装，只是一条辫儿还垂在脑后。当下起来迎接，贯公点头作礼，大家坐下。尤列道："郑君勤学得很，星期休假都在忙着。"贯公道："第二期的《开智录》将要出版了，还缺几页稿子，我就把放着案头上的一部《经济原论》译了一章，充充篇幅，怎配说勤学呢？"尤列道："《开智录》我曾经读过，大约郑君也是我们同志了，怎么不加入兴中会呢？"贯公道："说起兴中会，我倒记起保国会来了。我上月中曾经为着私事回国一次，在上海耽搁了好多天。这日有人拉了我到一处地方去，说：'保国会今天开会，我们何不去瞧瞧？'我左右没事，就跟了他去。到了那边，会员果然不少。据人家说，发起这保国会的，是一个福建人，姓严名复，号叫几道，是一个英国海军毕业生。我曾经读过他几篇文章和一部他译的《原富》，便要留意他是怎么一个人。等到开会了，人家说：'这主席就是严几道。'我细细看时，他已经有了四十左右的年纪，一篇演说词，引古证今，博得大家拍了一天星斗的掌。待开会完毕，又发生了一件很有趣的事情：当庶务员要振铃散会的时候，忽然有一个人上来阻止道：'且慢！我还有句话咧。'立即上了演说台，对众说道：'要"保国"，必先排满；要排满，必先恢复汉家官仪！’说到这里，即伸手将他一条辫儿抓了过来示众人道：‘单这一条豚尾儿，就是服从满人的标帜。如今由兄弟来倡始，要求诸君来一同表示决心。’说着，便从衣袋里掏出剪子来，飕的一声，他自己辫子霎时剪下，拿着对大众说道：‘如今我和它脱离关系了，诸君快继起！诸君快继起！’众人都哈哈大笑起来，可是终没有一个人抢上去拿剪子，你看我，我看你，连严几道都没有动手，他只得叹了一口气走了下来。后来我仔细探听，才知道这人姓章，名叫炳麟，乃是余杭县一个布衣。”尤列道，“那么，你当时有没有入这保国会呢？”贯公道：“话还未完咧。我的母亲是最慈善的，什么事都由我，只有一件，她是不放松的，她曾经对我说道：‘你到东洋去，别的事情都不要紧，这条辫儿千万别剪了！’我只好服从母亲的命令。如今她死了，我不忍立刻便违背她的话，所以至少过了一年才剪。因为没有剪辫，所以也就没有入保国会，而且也没有入兴中会。到了西历明年一月二日，才是我剪辫的日子。”壮民道：“如今正是十二月七日，还不上一个月了。”尤列道：“好！‘求忠臣必于孝子之门。’郑君这般孝亲，将来定能忠国，还怕不是吾党一个健将吗？”壮民又对尤列说道：“适才我在路上问你几时到日本，你还不曾说给我听，如今可以说了。”尤列便将自己经过的情形和将来的计划说了一遍。壮民道：“我虽然没有入兴中会，但是兴中会的主义和孙先生的道德学问，非常佩服！可惜杨衢云先生死了，要不然，他一定是个不屈不挠的男子。”尤列惊道：“飞鸿吗？怎么样死的？”壮民道：“日本报纸还不曾登载，所以我并不知道。昨天新从国内出来的一个学生，叫做胡江啸，他详详细细告诉我，我叹息了好一会。听说惠州失败以后，同志四散，杨飞鸿家私也完了，无处安身，没法，便在香港一个英文私塾里当教习。那时两广总督德寿把史坚如杀了，生怕还有其余的革命党暗中举事，所以派遣探子，四下侦察。开列的名姓，除了孙先生以外，还有杨衢云、陈少白、李纪堂、郑士良一干人，悬了两千两的重赏，要把这几个人拿到，或是害死了，才肯干休。这日，侦探来报告说：‘旁的人都逃了，只有杨飞鸿在香港。’德寿暗暗想道：‘香港是英国管辖的，不是我们可能捉拿的。……但是任他逍遥法外，倒也不甘。……’思来想去，只有暗杀一个法子。当日，便传他一个心腹僚属南海县知县裴景福到了署里，将这个主意和他商量。裴景福道：‘叛国大逆，理宜伏法！但是暗杀他的人，倒不容易找。’德寿道：“‘重赏之下，必有勇夫。’我们赏格，本来定下的只有二千两，如今加到五千两，自然有人肯干了。’裴景福道：‘待卑职物色一下子，再来禀复。’说着，便辞了出来。到南海县署竖起指头儿细细一数：‘德彪……胆儿太小；洪宝……呆笨；郑生才，力气不大。’把衙门里的差役捕快一个个都想遍，始终找不出一个人才来，心里好生焦急，连吃饭的时候，都皱着眉头。他虽说做上两任知县，只因他老婆厉害，从来不曾讨过一房姨太太，连珠江名花都没有饱过一次眼福，只拥着一位小脚的黄脸婆子，过他家庭快活的日子。这晚，拿起酒杯，便将这件难事说给他老婆听。他老婆道：‘我从前只当阿福是一个不中用的狗才。那天早晨，我偶然出来，见他在天井里使拳脚，使刀枪，真个连防营兵部赶他不上。“人为财死，鸟为食亡。”你有了这么一大注银子给他，还怕他不干吗？’景福一听，掀开笑脸说道：‘真的吗？’他的老婆道：‘你不信，就叫他来试一试，做做玩意儿也不打紧。’果然，景福将阿福叫了过来问道：‘你会使拳脚的吗？’阿福笑了一笑，低头不语。景福道：‘那么，你使几套给我看看！’阿福不敢推辞，即在景福吃饭的房间里玩了起来。使了几套少林拳后，又去拿了一把刀来，使了几套少林刀。景福并不知道拳法的，只见他举动活泼，手法纯熟，便对他说道：‘如今有一件事要你去干，干得时，就有两千两赏银；干不得时，也不责备你，愿意不愿意？’阿福道：‘老爷吩咐的，怎敢不干，但不知是什么事？’裴景福便将暗杀杨飞鸿的事说了一遍。阿福一口应承。当下先备下了一支手枪，次日即单身下船到香港去。飞鸿住的学塾是教徒办的，什么人都可进去观览。这日，是在上午九点钟的时候，飞鸿正在教授英国文法的时候，见有一个穿黑色衣服的男子，靠着窗来看，飞鸿并不留意，只管滔滔汩汩，对学生讲文法的组织。忽然间砰的一声，一个子弹吁流流从窗外飞了进来，直到墙壁上啪的一声嵌了进去，刚巧在飞鸿的耳旁飞过。飞鸿连忙大呼：‘有贼！’那学生们个个惊慌，秩序纷乱。正在这个当儿，又是砰的一声，枪弹飞来，不偏不倚，正打在飞鸿的太阳穴里，立时仆到地上，说时迟，那时快，众教习闻得赶来，见飞鸿倒在地上，鲜血淋漓。急忙去找凶手，早已连影子都不见了。”尤列道：“这件事连逸仙都还不知道，倘然知道了，又不知要洒几许同情热泪咧！”贯公道：“那天在车站上碰见，手里拿着一本书的，不就是胡江啸吗？”壮民道：“可不是！说起这个人来，怪有趣的。他本来不是学生，是官报局里一个排字工人。”尤列道：“官报局？除非是《时务报》了。”壮民道：“戊戌政变前几个月，正是康、梁大出风头的时候，那时清政府赏梁启超六品衔，办理译书局事务。胡江啸正在局里学习排字。他天资聪颖，不上一年，居然文理通顺了，忙到南洋公学里念书去。这会子到日本来，大概入的是早稻田大学师范科。你竖起指头儿数一数，从他做排字工人起到如今，只不过三个年头儿。”尤列道：“我要找的两个人都找不到，难道白走了这一遭？如今倒要再问你一个人，松坡的住址可知道吗？”壮民道：“松坡，是不是蔡锷？”尤列道：“正是他。”壮民道：“听说他要入士官学校，住址倒不很明白，大约在寒香园罢？……”

尤列便别了出来，到寒香园去找松坡。不想才到门口，里面忽然有一个西洋装的男子出来，抬头看时，却是冯自由。尤列便说道：“你怎么也到东京来了？”自由道：“说来话长。你可吃过饭没有？”尤列道：“吃过些点心，但是要再吃一些，也还吃得下。”自由便将尤列一拉，说道：“我们到料理店去罢。”那时自由还只有二十岁左右，尤列是个前辈了，当然不闹什么客套。走进料理店里，随意点了几色小菜，要了一壶中国黄酒，两人对酌起来。自由道：“我们大同学校，本来是孙先生与我父亲发起的。后来那康有为到了日本，他的党徒一天多似一天，校里的教员，就不免有康党的分子在内了。到了现在，索性给康党包办了！别的倒还可耐，那大礼堂的中间，把光绪帝的照像和孔夫子的神位左右并列，教人如何耐得？所以我决计想退学出来，待明年到东京来入早稻田大学。听说我的亲戚陈国如住在寒香园，也要入早稻田，所以我来问他一声。如其他主意打定了，我也再不三心两意了。”尤列道：“这大同学校为了经费枯窘，才有今日的现象，可知干什么事都要钱。但不知你找到了国如没有？”自由道：“偏偏不巧，听说到一个朋友家里去了。”尤列道：“住在寒香园的，还有一个蔡松坡，你可认识不认识？”自由道：“倒不曾晓得，或许是才只到东京吗？”尤列道：“来了一个多月了。我在湖北的时候，他曾经给我一封信，说不多几天就要到日本了，我所以知道他到这儿，一定是一个月以外了。”自由道：“松坡是他的名儿吗？”尤列道：“他单名一个‘锷’字……”话还未完，忽然有人说道：“多谢惦记！”

第二十回

幸西安帝王悲末路　劫大通志士失机谋

尤列回头看时，不是松坡是谁？尤列道："'踏破铁鞋无觅处，得来全不费功夫。'找了你一天了，偏偏在料理馆里碰见你，不是奇遇吗？"说着，便替冯自由介绍了，一同坐下。松坡道："记得我在时务学堂出来的时候，曾经对先生说，到日本晤面了；如今果然在这儿碰见，不是奇遇中的奇遇吗？"自由道："时务学堂不是梁启超办的吗？"尤列道："创办的是江建霞，单名一个'标'字，那时正在两湖督学，梁启超是一个教习。"松坡将手中拿着的一卷纸儿放在桌上，尤列问道："什么东西？"松坡道："说起这东西来，又好气，又好笑。"说着，即将这纸卷递给尤列道："你先瞧了一瞧，我再说给你听！"尤列便展开来一看，面上写着"支那亡国二百四十二年纪念会启"十四个字，再看里面，却是一篇洋洋洒洒的文章，大旨说：汉族之亡，已经有了二百四十二年了，到今日还当没有亡国，真是梦话。其中有数语云："愿吾蜀人，无忘李定国；愿吾闽人，无忘郑成功；愿吾越人，无忘张煌言；愿吾吴人，无忘瞿式耜；愿吾楚人，无忘蒙正发；愿吾燕人，无忘李成黎……"尤列看毕说道："这是秦力山发起的，怎么又说好笑呢？"松坡道："这秦力山先生是一个饱学之士，也是一个热心革命的分子，我早已知道了。当唐才常汉口起义的时候，他在安徽大通响应，后援无着，终归失败。他便逃到日本来，组织了一个亡国纪念会。并没有到过，他便把我的名儿，放在发起人的里面，这不是可笑的吗？"尤列道："你允他没有？"松坡道："我得了这个消息，立刻到他地方，把名儿除了。"尤列道："有师必有弟，打量你是跟着你令师梁卓如先生做'保皇'的事业，因此便不赞成革命了吗？"松坡道："这倒不是，梁先生有梁先生的主义，我有我的主意，完全不同的。不过我初意想私费入陆军学校，没有蒙蔡公使允许，说不定将来要办官费了。我如其入了亡国纪念会，岂不是连官费都办不到了吗？"自由在一旁说道："在今日的中国，求学固然要紧，革命更要紧。不革命，学问有什么用处。我劝你老哥，就是不入亡国纪念会，也得入孙先生组织的兴中会。"松坡道："本来我们在学业未成的时候，不配说革命。如今是这么罢，我有一个同乡又是同学的黄兴，他不久就要到日本来了。到他来的时候，我和他一同入会罢。"尤列拍手狂笑道："他如其入了我们兴中会，一定是一名健将！”自由道：“你怎么晓得他？”尤列道：“我自从乙未广州失败以后，专在长江流域奔走，那时他和松坡，都在时务学堂里念书。我碰见松坡的时候多，碰见他的时候少。有一天，他们几个同学在野外闲游，走到一处地方，有一条一丈多阔的河道。一人说道：‘这条河谁可以跳过去？’黄兴伸出一个食指，在鼻管上一指说道：‘我能够跳过去。’在他说这句话，不过当做玩意儿，在那个人以为是真话，鼻子里哼了一声。他是好胜的，人禁得起一声哼吗？立时沉脸来看了那个人一眼说道：‘你打量我不会跳吗？你看！’话还未完，两腿儿一蹲，早就噗哧一声跳了过去。事不凑巧，到对岸只差两尺地位，扑通一声，全身没在河里了。那时在岸上看着的同学，一个个惊慌起来，就是那个说话的人，也吓的魂灵出窍，眼看着这圆形的浪花中，黄兴沉到水底去了。一时‘救命！救命！’的声音布满了岸上，就有几个农人听见声音，飞也似的跑了过来。将要跃到河里去救他，他恰早已从水底下爬到岸上来了，落汤鸡似的，浸得一身淋漓，也没顾到，只管拍拍胸脯对那个人说道：‘虽然没有跳过，胆量可也不弱了！’那个人也没理会他，只将他一拉说道：‘仔细冻坏了身子，快到学堂换衣服去。’众人都拍手庆贺，欢呼而去。你想：这个人多么激烈呀！”自由道：“他既然这般激烈，当然赞成我们兴中会的宗旨。到那时，松坡可不能再推诿了！”松坡道：“其实我何尝不赞成革命？只不过为着自己的地位，慎重一些罢咧。预料黄兴（克强）到了东京的时候，我的地位早已定夺了。就使他不加入，我也加入。”自由拍掌说道：“着呀！本来你不喜欢入别的学校，单喜欢学陆军，你的志趣就可知了。”

三人谈了一会，吃了些饭，走出料理馆来，松坡要回到寒香园去，自由一把拉住说道：“我打算今天回到横滨去了。和你同住的有一个陈国如，他说要入早稻田，究竟怎样？烦你给他说，寄一封信给我。”松坡道：“国如吗？有的，他也是才只到日本咧。”说着，便别了二人去了。自由知道尤列一时还不能回横滨，便别了他一个人自去。

尤列即在东京找定于一个住处，天天去找寻张继、戢翼翚这几个人，好不容易都被他找到了，把兴中会的宗旨说了一遍，个个赞成，便约定日期，到横滨来晤逸仙。这是尤列到东京的第四日。到了第五日早晨，方才搭了火车，回到横滨。才进了门，就有一个日本下女走上前来，将一张纸条儿交给他，说道：“刚才有个人来访你呢。”尤列拿来一看，里面写道：

“造访不遇，甚怅！第一星期后即当回国，有要言面谈。明日上午，幸勿公出！”

下署绶卿二字，知道吴禄贞已经到他寓里来过了。他把一切私事料理之后，下午便去访逸仙，将在东京接洽的情形报告一遍，又将杨衢云遭人暗杀的事告诉逸仙。逸仙道："我才只在日本报上看见，我们又少了一员健将了！"不禁叹息了一会。

次日，尤列便不出门，在寓里等候绶卿。约莫到了十点钟时候，绶卿方才来。尤列问道："你怎么知道我住的地方？"绶卿道："壮民说的。我只当你早已回来了，不想到昨天还没来。本想再回到东京来找你，仔细一想，倘然我去你来，徒然多了一个周折，所以就在横滨老等。"尤列道："你怎么忽然要回国呢？"绶卿道："堂堂政府，下与拳匪结合，轻开战端，糜烂京畿！这种情形，岂堪坐视？我本来早就要回国了，近来读中国寄来的报纸，据载：法、俄两国，计拟要求六款：第一，惩办罪魁；这倒可由他去；第二，禁军械入华；第三，赔军费诸损失；第四，西兵常驻北京；第五，毁大沽炮台；第六，京、津要处，西兵屯守。你看！这五款倘然给满政府承认了，不是和亡国没两样吗？所以我已经结合了好多的敢死士，一同回国，干一番惊天动地的事。就使不能覆灭虏廷，也教他魂飞魄裂。"尤列道："那么，你将什么地方做根据地呢？"绶卿道："夏口为军事冲要地，襟带江沔，依阻湖山，左控庐淝，右连寒汉；南北二途，有如绳直，一旦有变，河洛震惊，南服均阻：不是一个用兵好地吗？"尤列道："着呀！你真是一员名将咧！"绶卿道："你又说笑话了，如今正事要紧。我要找你的缘故，就是问你几时回国？"尤列道："现在逸仙和我们几个同志，因两次革命失败，仔细思量，知道是同志不多的缘故，乌合之众是万万不能革命的。所以我们现在的计划是，一方宣传革命的主义，一方便吸收革命的同志。待同志多了，再图起事。不过你既然只身回国，志在做一名江汉间的健儿，我们未便拦阻。成了，灿烂河山便是我汉人领土；不成，便当率我健儿，渡海西来，做君后盾。"

绶卿非常欢喜，当下谈了一会，便辞别出来。第二天又到了东京，打点行李，约同死友，到了横滨搭船，径向中国而来。及至绶卿到了上海，已是阳历新年，清廷西太后已经从太原到了西安，将巡抚署改做行宫仪制署。绶卿先在客栈住下，探听北京和各省的情形。那时上海文化渐开，志士也比从前多了一些了。那一天，来了一个朋友，姓王名照，是绶卿的同学。谈论间，绶卿问起交涉的情形来。王照道："现在正在争议中，还没有签字，结果终免不了'丧权辱国'四字。不过丧的是主权，辱的是国家，他们满人，何尝关一些痛痒？不说也罢，说起真气坏了肚子。"绶卿道："什么事气坏了肚子？"王照道："讲来话长，索性当做一件新闻听罢？当联军第一日到京城的时候，吓的那拉氏和载湉魂灵儿飞到半天，什么都不顾，踉踉跄跄出了宫外。那拉氏穿的是一件蓝布夏衣，载湉穿的是一件黑纱长衫，连被褥都没有带，乘了驼轿，从德胜门逃走。随行的，有载漪、弈劻、善耆、那彦图、刚毅、赵舒翘几个奴才，此外有神机、虎神营练兵一千名，马玉昆兵一千名，算他做了临时难民，熬了一百二十分的痛苦，一途行去。可是沿途的老百姓，遭了他们不少的荼毒。你道为何？这两千名的兵士拿不到饷银，'五脏神’有些不安稳起来，看见老百姓满仓的粮食，新鲜的鱼肉，馋涎老早滴了起来，便再顾不得什么，乱哄哄的抢了一场子。老百姓听见是皇帝老子底下的御林军，谁敢出来说一个‘不’字？到了怀来县后，县太爷吴永听见圣驾到来，连忙奔了出来，老早扑通一声，跪在头门之外。可怜那拉氏和载湉，再加上皇后，再加上一大群奴才，缓缓地走进县衙门里。吴永一步一步跪到县衙门里，两条腿儿跪得发肿，也算是他的无妄之灾了。那拉氏到了县衙门，住在吴永老婆的房间里，两手拍着桌儿，大声吩咐：‘进食！’吴永一听，连忙叫厨子做起饭来。那拉氏吃了一些，便命吴夫人替她梳头。吴夫人是谁？就是曾国藩的孙女，曾纪泽的女儿，所以宫禁里的事情，十分熟悉。那拉氏看她宛转如意，非常喜欢。话虽如此，怀来地方，怎及得北京繁华？吴永鞠躬尽瘁的报效，在那拉氏只是一个不适意。当下便由载湉写了一道硃谕，打发吴永往东南各省催解饷糈，一面命典史代理县务。约莫驻了三天，又从怀来到了宣化；驻了四日，从宣化又到了大同；自此又从忻州到了太原，驻在巡抚署里。地方固然宽大，陈设也周备一些了，而且陈列的东西，大半是乾隆幸五台时候的老家伙。那拉氏一把眼泪，不哭北京的皇宫，也不哭遭殃的百姓，倒在这老家伙跟前，左一句‘我的祖宗’，右一句‘我的祖宗’，狠狠的哭了一顿。正在这个当儿，忽然闻奏道：‘江苏巡抚鹿传霖，带了六千人马到了。’那拉氏立刻传见。传霖跪奏道；‘各国联军已陷京师，传闻将掠保定，追驾西来。太原地方，不便驻跸，还请圣裁！’那拉氏听了，吓得屁滚尿流，当即下了一道诏谕，要向西安进发。那时两江总督刘坤一联合东南各省督抚，实行他‘臣事君以忠’一句话，立即电奏道：

> 陕西贫瘠，逼近强俄，甘肃又为回教，内讧外患，在在堪虞。如谓陕西地险，可阻联军，则我能往，寇亦能往。山川之险，既不可恃，偏安之局，亦不能幸成。京师根本重地，不可轻弃！各国曾请退兵回銮，不占土地，回銮断无他虞。万不可局促偏安，为闭关自守之计！

据说这篇奏章，词句很为恳切。但是那拉氏呢，怕只怕滚圆的炮弹，打到她的龙体上来，他们说管说，我们走管走，九月初四那一天，居然到了西安了。”绶卿道：“他们哪里晓得外国人灭国灭种的手段？只当外国人要的是他一颗御玺，希望的是登了九五之尊，所以联军一到北京，他们便什么都不管，只将几条身子躲走了。不晓得北京地方，要遭了多少劫咧！”王照道：“听说皇宫里、颐和园里好多的珍宝，一大半给外国人拿了去了。”绶卿道：“说到满人这般不好，原该尝这些苦。只是这么一来，于他们没有大损害，晦气的只是我们小百姓吧。”王照道：“你还不晓得咧，她们到了西安，一天中吃了两百块钱的御菜，还说是挨苦日子。在这患难当中，还要把娱乐事情一件一件安排起来，今天盖造戏园，明天点缀行在。一班狗奴才，天天闹得穷奢极欲，仿佛天下太平一般，你想可笑不可笑？”绥卿道：“不但可笑，而且可怜。如今闲言少说，这些丑历史，我也不愿意听了。我已打定了主意，趁他们把全副精神对待外人的时候，施迅雷不及掩耳的手段，竖起革命的旗帜来，比到平时总容易得多了。如今长江一带的会党，已经有人接洽。只欠军饷一项，正想在上海设法张罗一些，不知你可助我一臂吗？”王照道：“我因为还有别事，须得往安庆走一遭，只怕没有功夫了。只有我自己名下助下五百块钱罢。”说着，便拿出一大卷钞票来，数了一会，交与绥卿。绥卿收下，王照便别去了。

且说绥卿又在上海向亲友处张罗了几千块钱，待要另设别的方法，忽然秦力山从日本回来了，绥卿大喜过望。力山道：“我第一次失败，原因就在于款项不足，如今这一件先得‘未雨绸缪’。我想我们起事地点，当然把武汉做根据，筹饷的地点，还得仍旧在大通。我们是不做绿林行径专务抢劫老百姓的。我们的目的，第一是省库；第二是捐局；第三是官钱局。不过省库不是平地可以抢劫的，先得从捐局厘卡入手才是。”绥卿也是这么意思。当下计议已定，两人便从上海搭轮船到安庆，转到大通，暂在客栈里住下。

再说大通地方有个青帮首领，本是安庆人，绰号便叫做“小安庆”，在三年前犯过了一次罪，几乎有性命之危，亏秦力山替他设法，才算判了两年监禁。出来后便把秦力山看做亲生父母一般，秦力山要他怎样，他便怎样。所以力山第一次响应的时候，他也使尽气力给力山帮忙，险些儿又被官兵捉获了。这会子因为在客栈里说话不便，特地由小安庆租下了一所极宽大的房子，作为办事的地方。除了外面充先锋的以外，其余策划的五六个人都住在里面。门上挂起一块煤矿公司的招牌来。约计准备了三天功夫，布置都已妥帖，于是空前的壮剧开幕了。

这一晚，北风凛冽，寒气砭骨，不上九点钟，街头上都已鸦雀无声了。击柝的更夫，耸着肩儿如飞一般的跑。这当儿可算一个极好的机会了。三鼓以后，忽然一阵声喧，接着四面锣声同时并起，正在打盹的守望兵，心头一惊，连忙吹起号来。众兵士和军官等从梦中惊醒转来，披起军衣，抹了一抹眼睛，抬头一看，‘满天都是火光。照例地方上有火灾，兵士应该前去弹压，因此李管带便指挥萧队官，带了手下弟兄，疾驰而去。到了失火地点，仔细一瞧，却是一条极冷落的街坊，只不过几家小铺子，一家茶馆，但是到了这个时候，早已人山人海，挤满了一条街路。火势正是冲天的当儿，当地的水龙，东也轰轰，西也当当，都跑拢来救火。那萧队官手下几十名弟兄，分四面站着弹压，各人手中高擎着一个“管第……标第……营”的灯笼，百来只的，眼睛都注射在乱哄哄的一堆火窟中。正在这时，忽然营部里的传令兵气喘喘地跑了过来，大呼道：“厘局里又起了火了！”萧队官一听，厘局是国家收税机关，也遭了火灾，这还了得？连忙吹了一声号笛，带领弟兄，拍腿就跑。跑了不多路，果然见远远地火光烛天，知道这火势不小，越发飞也似的奔去。及至跑到厘局左近，见前后十八间房子，已经焚去大半。幸亏办公的人员，把紧要公文都已运出，只有现存的两万多块银款攘取不及，打量已经葬在火窟之中。

读者诸君当然知道这是绥卿、力山干的事了。他们的计划：是先派几个人到距厘局较远地方纵起火来，使官兵只注意到这失火的地方，趁他一个措手不及，又在厘局纵起火来。厘局里的人员，一闻火警，一个个都逃生还来不及，哪个来顾到公共的事情？那小安庆便在这人乱马翻时候，呼的一声窜了进去，打开银库，去拿款子，却不料白花花的都是现银子，一张钞票都没有。这许多银子，一个人如何拿得了？看看火势早已逼拢来了，没奈何，只得拿了几百两的款子退将出来，飞跑到了机关部里。待要纠集了许多人马，趁势去袭攻衙门，恰被力山拦阻道："大通进不可战，退不可守，后面又无援兵，袭取了这小小衙门，有甚用处？我们既烧了厘局，不派多人前往提取现银便是失着，如今后悔不及，不如再设别法。"绥卿一想："大通果然做不来根据地。"也无话。

次日，各处传说焚厘局的是革命党人，官厅中早已侦骑四出，捉拿党人了。到了下午，城里城外果然贴遍了缉拿的告示。力山便说道："一到晚上，行路不便。我们早晚终须一走的，倒不如趁这时各自分散，到上海再说。"绥卿道："我如今想到少纨这一句话了。我们初意，本想在武汉起义的，只因饷项不足，才始到大通来干这勾当。可是费了好多心机，冒了万重危险，到如今连饷项还是无着。可知我们做事，全凭一些意气，没有精细的计划。老哥，且慢些儿！我们还得下一番苦功，一二年后，再来做造时势的英雄罢！"力山道："英雄，英雌，这时且慢发大议论。现在官厅虽说不知道我们姓名，可是到了严紧田地，保不定他们不进来检查。'三十六着，走为上着。'别再说闲话了！"绥卿听说，便将一切文件书函焚毁净尽，遣散了手下弟兄，与力山等分道而走。先到安庆，再由安庆到上海，仍旧在客栈住下。

过了一宵，不见力山来沪。他预备第二日搭轮东渡，恰好下半天是保国会第二次开会，左右闲着没事，前去参观。跨进门限，便有一个招待员堆下笑容说道："你不是绥卿吗？"

第二十一回

未必真痴大王有号　忽然变节文士无行

绥卿掉头一看，连忙说道："哎哟！克强，你也是保国会的会员吗？"克强道："哪里是会员？只不过帮帮忙罢咧。"绥卿道："那么，你几时到上海的？"克强道："我才只昨天到的，住在老开泰栈里。这时候手忙脚乱，不便和你说话。待散会以后，你如有功夫，一同到我那边去，畅畅快快的谈他一场，好不好？"绥卿点了点头，便撇了克强进去。

这一次的保国会和从前不同了。自从章炳麟把辫儿剪了以后，跟着剪发的，整整占了会员的大半，所以赴会的人都穿了一身西服，头上都成了濯濯牛山。只有那保国会的首领严几道一条辫儿还垂在背后，笑眯眯的向绥卿拱了一拱手，道："这是绥卿先生吗？"绥卿道："记得上年在一枝香同过席咧。"几道道："不错，不错。"说着，便将他导入会场里面。绥卿看看里面的规模，大概一方是主张推翻满洲政府，一方乃是摈斥强权。本日所设的节目，有什么提倡女学呀，振兴实业呀种种的议案。最触目的，就是一件倡办日报的事情。正在细看的时候，忽然又有一人进来，只见严几道和他招呼，叫他做经元翁。寒暄之后，便给绥卿介绍，指着这人说道："他姓经，名叫元善，是上海商界中数一数二的人物！当西太后要立载漪的儿子做大阿哥的时候，他曾拍了一通电报激烈反对。因此西太后不敢干这废立的事情。"绥卿笑了一笑，点了点头，也就坐下了。

那时章炳麟那些人都已到会，会场上已有不少的会员，便豁琅琅振起铃来。几道主席，把各种议案挨次讨论以后，忽然有人振开喉咙呼道："请商界志士经元善君演说！"这一句喊得震天价响。绥卿听见"商界志士"四个字，几乎扑嗤一声笑了出来。再看经元善跳上演台，开口便说道："兄弟算不得什么，我们商界有个严筱舫先生，他才是商界泰斗咧！他是一个道员，受过皇上的深恩……"绥卿听到这里，再也不要往下听了，便离座而起，走了出来，拖了克强一把，说道："帮甚鸟忙？到你客栈里去罢。"说着，拉了便走。

克强引导绥卿到老开泰栈来，到了楼上，便看见一个雄赳赳，气昂昂的男子，站在房门外面。克强指着他问绥卿道："你可认识他是谁？"绥卿对那男子点点头，道："初见，初见。"那男子也点了点头，问绥卿的姓名。克强将两人拉进里面说道："不用问姓叩名，由我来给你俩介绍罢。这位是吴禄贞君，号叫绶卿，是在日本学习骑兵的。"一面又对绶卿说道："这位姓马，名叫福益，也是我们的同志。只有一事，要叫你笑死，他喜欢喝酒，待酒喝醉了，非得有一个女人家伴他睡觉，否则，他的眼儿死也不合的。"福益道："你们念过书来的，难道忘却了'惟大英雄能好色'这一句话吗？"绶卿对他笑了一笑。克强拍了拍他的肩头道："好一个'英雄'！"一面掉头过来对绶卿说道："怎么你们这会子恁般冒昧？大通不是举事的地方，后面又没有接应，怪不得眼儿一闭，就失败了。"绶卿道："我何尝不晓得？我的计划是先筹军饷，再招士卒的。大通一役是筹饷，不是举事。"克强哈哈笑道："想不到你连强盗都会做。我们虽然贫儒，行囊倒还丰富，倒要仔细你打劫咧。"说着，福益也笑起来。绶卿便问克强："为甚事到上海？"克强探头门外，四下望了一望，便将门儿关上，指着马福益说道："不瞒你说，这位马君，是哥老会的首领。他们主旨，和三合会一般的，也是反清复明。他见拳匪倡乱以后，官军大败，清政府元气已伤，趁这机会，要实行他们的主旨。现在他正在接洽各地青红帮的弟兄。我呢，前几天得了松坡一封信，说他已经入了兴中会，而且叫我也去加入。我这会子就是为了这件事预备到日本去的。"绶卿道："你到日本去，我正好和你同走。国内的事情，待马君部署完备，我们来做一个后盾如何？"福益点头称是。

谈了一会，绶卿待要辞别出来，克强道："且慢，我们今晚宴请一个朋友，你来的正好，我们越发热闹了，怎还肯放你走？"绶卿道："这朋友是谁？"克强道："说起来你也知道的，也是江建霞先生的外甥，姓方，名叫玉琯，年纪只不过二十几岁。"绶卿道："哦！我知道了。你们在时务学堂念书的时候，记得有一个丰姿俊秀、谈吐温雅的小孩子，大约就是他了。"克强道："着呀！他年纪虽轻，恰是一位博学能文之士。才只昨天碰见，老友重逢，不是该尽一次地主之谊吗？"福益道："'说起曹操，曹操就到。'你看！他不是来了吗？"克强回头看时，果然见玉琯笑眯眯走了进来。绶卿、福益也都站起身来招呼。福益和玉琯是见过的，只有绶卿不认识，克强替他介绍过了，方才彼此坐下。玉琯穿着一件枣红色的缎袍子，上罩天青色的缎褂儿，头上留养三寸长的刘海发，一条油松辫儿光可鉴人，脸儿上似乎敷过香粉，一阵阵的香气送到鼻子管来。绶卿想道："这种脂粉气的人，只合做个吟风弄月的酸才子，却不懂克强如何如此优待他？"——那马福益一双圆彪彪的眼珠儿，只骨碌碌地看着他。玉琯倒有些不好意思起来，便别转头来对克强说道："你这会子到日本去，打算入什么学校？"克强道："在这内忧外患相逼而来的时候，要拿学问来救国，已经来不及了。我这会子到日本去，目的并不在于求学，乃在于结识革命同志。所以你问我'入什么学校'，我这早晚简直还没有主意，且待到了日本再说。"玉琯道："只可惜我庭训严厉，要不然，我也想去日本走一遭。"克强道："你如果真要去的，不消通知家属，就是这么走了，他也奈何你不得。”玉琯道：“到日本去，第一先要银钱。两条腿儿虽然长在我自己的肚子下，那‘墨西哥’（银元）恰牢握在我老子的手掌里，教我怎生走？”

正在说时，壁上时计打了五下，克强道：“我们可以去了。”福益、绶卿也都坐得不耐烦，便一同走了出来。克强道：“西菜没有味儿，我们吃中菜罢。”众人也都赞成，便走向福州路来。到了聚丰园里，克强道：“这是顶刮刮的宁波菜馆，今天请你们尝一尝宁波菜。”一边说，一面领众人走上楼去，跑堂的早过来招待。绶卿看时，但见中厅里已有一张圆桌儿，围坐着八九个人，在那里大吃大喝。就中有一个肥胖身材的，正在兴会淋漓，大发议论，一时也没有功夫听他说些甚么话。那时跑堂的指着左首一间道：“这个房间好坐。”克强看那房间也还宽敞，后面有四扇玻璃窗，就招呼众人坐下。叫了一席五块头的菜，在那时已经是很丰盛的了，众人挨次坐下，克强在主位筛酒，一边吃喝，一边攀谈。猛不防坐在中厅那一个肥胖身材的人，突然高声说道：“这算什么话？没有辫儿的，是看外国人的样；难道有辫儿的，不是看外国人的样吗？”绶卿吃一惊，便问克强道：“你可认识这个人？”克强摇摇头道：“不认识。”马福益道：“听他说的话，倒很有些意思。”那时玉琯正在细细瞧着那人的面，忽然说道：“哎哟！这个人怪熟识的，似乎到我们南洋公学里来过的，只怕是姓徐的吧？……”又往下听时，他索性滔滔汩汩讲起来了，说道：“你们不要弄错了！这一条辫儿，是满奴的特别标记，我们汉人是没有的。试问满人是不是外国人？”那时一座中人都默然无言，只有一个中年的男子说道：“你有几颗脑袋，说出这大逆不道的话来？幸亏是在租界，要是在内地，管教你捉将官里去。”那姓徐的哈哈笑道：“脑袋有甚用处？只一张嘴儿会吃饭罢咧。”那时马福益有意要联络他，但是陌生的怎好招呼，只得作罢。

等到吃毕了饭，他们也吃好了，众人都已散去，这姓徐的却还未走，在厅外踱来踱去，发痴的一般。踱到了福益跟前，两只眼珠儿在房间中瞟了一转，福益便霍的站起来，和他点了一点头，姓徐的也就抢上前来问道：“贵姓呀？”福益道：“敝姓马。”姓徐的道：“哦！马福益君。”他说下这句话，不但众人奇怪，连福益自己也奇怪起来，将姓徐的脸儿看了又看，终于看不出认识的地方来。暗暗想道：“我才来这几天，碰见的人，轮起指头儿一数，哪一个不记得？怎么偏偏记不起这个人来呢？……”那时玉琯已起来和他招呼，指着一条凳儿叫他坐下。姓徐的对马福益说道：“马君只怕不认识我了。”说到这里，将他鼻尖一指道：“‘野鸡大王’徐镜吾就是我。”克强忍不住格格地笑了起来，福益道：“哦，想到了！在味莼园里碰见过一次，可是不是？”徐镜吾道：“是呀！那天你和一个姓刘的说话，我在旁参了一句未议，便彼此问起姓名来的。”马福益回头对克强、绶卿说道：“适才他说姓刘的就是刘贵狗，本是汉口地方一个青皮，也做过官厅的爪牙。只因他年轻干练，我所以联络他。他对我说：‘从今天起，再不替官厅捉拿革命党了。’”绶卿对镜吾说道：“听你的谈论，也是一名志士，为什么有‘野鸡大王’的雅号呢?”镜吾道:“人家喜欢掩护自己的短处,只有我什么都会说出来。上海地方,有几个文人学士自命才子,立了一个诗社,一方面吟风弄月;一方面花天酒地。他们还说:‘这叫做名士风流。’还特地出了一张小报,名目叫做《娱意报》,把窑子里的窑姐儿,一个个评头品足,和考试一般的较量她们的高下:第一名叫她状元,第二名榜眼,第三名探花……和殿试有一无二,名目叫做‘开花榜’。可是他们见了沿路拉客的三等妓,说她是贱货,从不肯正眼儿觑她一觑。一般的耳目口鼻,一般的操皮肉生涯,为什么厚彼薄此?我就替她们抱不平,特地开起野鸡花榜来,也给她们三等妓吐吐气。因此人家便起我一个浑名,叫做‘野鸡大王’。”玉琯道:“我也记起来了。徐君是曾经和袁嘉谷一同到我们学堂里来过的。”镜吾细细一看,说道:“着呀!《娱意报》里一篇《云娘曲》,不是你做的吗?”玉琯笑了一笑。镜吾道:“在现今国运阽危的当儿,该做些激昂慷慨的文章出来,才好激发民气。这些花月文章是颓人志气的,老弟!我劝你不要做罢!”众人看他呆头呆脑的样子,都要笑将出来,只有绶卿连连点头,说道:“这句话真是‘金科玉律’!”克强道:“如今闲言少说。徐君和我们既然志同道合,就请徐君在上海担任鼓吹革命的事情;请马君担任联络各地会党的事情;请方君担任做些革命文章,帮助徐君一臂之力。我和吴君到日本去考查那兴中会的情形,看有多少同志,再作计较。”徐镜吾一口应承,一手拍拍玉琯的肩头,道:“老弟!你既然在学堂里念书,先得把脂粉洗净了,来做一个须眉丈夫!”说得众人都笑了起来。那时已在三点以后,各人将通信处记了出来,各自散去。

克强与绶卿、福益同到了老开泰栈里,克强就叫绶卿将行李运了过来,住在一起。次日,克强和绶卿探听有明治丸出口,便决定即日启程。一时到码头送行的,除了徐镜吾、方玉琯、马福益以外,尚有章炳麟、经元善、严复这一干人。和章炳麟同来的,有一个十六岁的学生,听去似乎是四川口音。克强、绶卿和他招呼时,方才知道是姓邹,名容,号叫威丹,也是到日本留学去的。三人下船之后,众人兀自在码头上站着,直至轮船启碇,方始回了转来。

且说方玉琯从码头回到校里,因为正在年假考试的时候,将校里功课温习一过。考试完毕,列在最优等里,领了一张第一学期的修业文凭,束装回家。到了第二年,依旧来校肄业。四月初上,被那徐镜吾催逼不过,便在课余之暇,草起一部革命书来,书名叫做《恨史》,把明末时候殉难的人,不论是官是民,一个个都替他立起传来。这日,刚是星期,他正在自己的卧室里撰一篇《张煌言传》,那袁嘉谷一足跨了进来,一见他的著作,诧异道:“你要修改《明史》耶?”玉琯摇摇头道:“我哪里配做史官?”便把在聚丰园里和黄克强、徐镜吾接洽的事说了一遍。嘉谷伸了伸舌头,道:“我要和你绝交了!”玉琯道:“为什么?”嘉谷道:“你读过书来的,岂不知‘当王者贵’这句话?这是大逆不道的事情,干下去就使不受显戮,千秋万世,也当你是一个叛臣!何苦呢!”玉琯道:“不是这么说的。

如今的皇帝不是我们汉人，我们干革命的事情，正是‘内华夏而外夷狄’的意思，怎么说是‘大逆不道’呢？”嘉谷道：“你说到这句话，真是痴子了！考诸古书：江淮以南，都是蛮种；衡岳以西，大半羌狄。我倒要问你：倘使巴蜀荆湘的人民，起来做皇帝，你爱戴不爱戴呢？”玉琯道：“如今姑且辟开种族，来讲政治。甲午以后，庚子再败，割地赔款，都是我们人民的脂膏。长此下去，中国不是岌岌可危吗？”嘉谷道：“这不是皇上的不好，是狗官的不好。皇上要励精求治，狗官偏要贿赂公行；皇上要登庸异才，狗官偏要倾轧猜忌；政治如何能良？我们念书的人，只要勉为良臣，致君尧舜，那便是一个好人了。”玉琯道：“你又要说迂话了。我连一名都没考中，什么地方去致君尧舜呢？”嘉谷便从衣袋里掏出一张《申报》来，指着一则新闻说道：“这不是我们进身之路吗？”玉琯接来看时，却是清政府经过拳匪之乱，受了各国之挫，非变法不可，便特地开起“经济特科”来，延揽全国的人才，考期即在五月中旬。嘉谷道：“我替你计划，革命固然不必谈，就是学堂里什么体操呀，英文呀，也都没有用处。照你的学问，去应经济特科，绰绰有余了。如其一经入彀，那么，不但功名富贵，立时到手；就是经济文章，也可从此发展，岂不是一举两得呢。”玉琯一听这话，心里倒有些动了起来，暗暗想道：“如其考取了，变节也不妨；没有考中呢，再谈革命不迟。”主意打定，便对嘉谷说道：“我准定把学堂脱离了。但是看这章程，要大吏保举的，我们又不认识大吏，这条路如何走呢？”嘉谷道：“你真是一个笨伯！你的母舅江建霞先生，如今不是在格致书院里掌教吗？他的名誉谁都知道，央他去运动，还有个不成的吗？”玉琯一想不错，便满口答应了。

读者要知嘉谷为什么苦苦劝玉琯赴试呢？并不是为玉琯打算，乃是要玉琯去转求他的舅父，把他保荐上去。倘然玉琯不去赴试，那嘉谷便无从启口。这是嘉谷的私心，作者应该叙明的。

到了明天，玉琯果然将嘉谷和自己的姓名开就了，去见江建霞，从头至尾说了一遍，最后讲到央求他保荐的话。江建霞在当时确实是一位漂亮的人物，可是他还是主张不废考试和拥护清帝的，一闻他外甥要去考经济特科，禁不住诧异道：“哎哟！你有考经济特科的资格吗？”玉琯道：“有没有这资格，外甥也不能自知，请先在舅父跟前试一试。果然合格的就去；不合格的，徒然糜费了川资，多劳了跋涉，也就不必去了。”建霞道：“是这样罢，后天就是格致书院的课期，你从来不曾考过月课，就在这月课上先试一试罢。”玉琯自然答应，当下便别了出来。到了后天，格致的课题在《申报》上宣布出来了，历史论题是《魏绛和戎论》；时务题是泰西名学有所谓“内籀”“外籀”者，颇与吾国“由隐而显，由显而隐”之说相似，能举古籍以证之欤？末复有诗题一，为“岳少保奉诏班师”，七言排律四十韵。玉琯看到这历史题与诗题，提起笔来，不假思索，一霎时便写了两大篇。只有这时务题，什么叫做“内籀”，什么叫做“外籀”，他原不曾用过这个功，却一点儿都不懂。拿出许多时务书来，胡乱翻了一遍，检不出“名学”两个字。幸亏他天资聪明，忽然记起制造局出版有一部叫做《辩学》的，他想：“这定就是‘名学’了！”连忙检了出来，在晚饭后，床头点起一枝洋烛，破费了两个钟头，将全书如数看完。仗着他的聪明，把名学的观念弄得明明白白，知道怎样是“内籀”，怎样是“外籀”，便将公孙龙、惠施、邓析、墨子的议论，一条一条引证出来，把名学的大略，说得丝毫不误。又将卷子拿过来，誊写一过，打发一个人送到格致书院去。

且说江建霞平时出的题目，本来是极普通的，这会子因为要试一试玉琯的学问，特地想一个极冷僻的题目。说也奇怪，在第一天他碰见过严几道，偶然讲起哲学来，严几道在席上大谈名学。建霞听了，暗暗想道：“这一个题目可难倒玉琯了！如其他能够找到《辩学》这一部书，就可见得他的博览；如其没有找到，就可见得他别的书也看得不多了。”谁想他得了玉琯的卷子以后，第一篇固然痛快淋漓，暗射李鸿章的和议；第二篇说名学，又精深透辟，和研究有素的一般。他就不免拍案惊奇，连连说：“的确是人才！的确是人才！”可怜其余的课卷，总共一千多本，连名学两个字都弄不清楚，只好看他第一篇的优劣定高下了。待全案发表，第一名当然是方玉琯了。这一篇文章，不上十天，都传诵抄录，当做枕中秘宝。不消说，玉琯的名儿也就布满上海了。

第二十二回

结欢心项城施狡计　释刺客大王得奇闻

那时总督两江的，是南皮张之洞，奖励“以中学为体，西学为用”的人才不遗余力。玉琯的名儿，也渐渐入到他的耳朵里了。不多几天，江建霞拿了他外甥平时做的文章，到总督署来见之洞，之洞将玉琯文章看了一过，大加叹赏。不消说，连袁嘉谷一同保举上去了。袁、方二人既已有了徵士资格，便打点行李，赴京应试。那时闹教区域虽然谕令停止考试，只因清廷急于登庸人才，所以经济特科，仍旧在京举行。

两人搭轮到了天津，暂在旅店住下，听见人家说，各国联军还未退去，玉琯便不敢进京了。嘉谷道：“我们又不是拳匪，难道给外国人吃了去不成？况且，各部大臣和各府县的地方官都在京里，外国人如果要杀中国人，早就把他们杀尽了，何至于单杀我们两个人呢？”玉琯听他说得不错，次日，即与嘉谷启程到北京。

北京有一个建霞的朋友，姓钟，名叫善述，是一名七品小京官。当他在南方时，建霞曾经帮助过他的银钱。所以写了一封介绍信给玉琯，叫两人到他家里去住。二人到京以后，按着信面写的——狮子胡同——前去找寻，找了好一会，果然找到一家门首，写着“钟公馆”三个大字。可是两扇大门牢牢的关着，伸手去推，固然推不开，打了两下，也没有人出来答应，真把两人急死了。倒是嘉谷有主意，对玉琯说道：“没有贴上招租条子，里面当然有人住着。他们不从前门出入，定然是在后门进去了。”于是重新找到了后门。玉琯探头一张，只见一个老妈子坐在门内打盹，静悄悄的再没有第二人。嘉谷一足跨了进去，将老妈子叫醒，问道：“你们老爷呢？”那老妈子抹一抹眼睛，将他俩上下一打量，问道：“你们哪儿来的？”嘉谷道：“我们从南边来的。”老妈子道：“哦！从南边来的，有什么事？”嘉谷道：“我们和你们老爷是朋友，特地来拜望的。”老妈子道：“老爷上衙门去了。”玉琯道：“太太呢？”老妈子道：“太太打麻雀去了。”嘉谷又问道：“你们老爷多早晚才来？”老妈子指着挂着的一管灯儿说道：“待这灯儿明了，他才回来。”两人没奈何，只好回转去。

到了晚上，又来瞧他，好不容易又和老妈子缠绕了好久，才始见了善述。那善述三十三四岁年纪，穿着一套半新不旧的衣服，堆下满脸笑容，迎到书房里面，玉琯便将建霞的信递上去。善述看了一过，抬起头来说道："哦！两位都是英才，是来考经济特科的。如今国家正在广搜人才，两位一举成名，将来怕不是朝廷的梁栋吗？舍下地方简陋，如其两位不嫌简慢，只管在这儿耽搁。行李带来了没有？"玉琯道："我们是先到旅店的，所以行李还在旅店里。既蒙老伯不弃，肯赐教诲，小侄就惊扰府上了。"善述谦让一番，便要打发人去携行李。可是他家里只一个当差的，又在三月前头已经回覆了。将要开口，又搔搔脑袋。嘉谷早已会意，便对玉琯说道："左右我们要亲自去领的，不如你坐在这儿，由我到客栈里，打发人送了来吧。"玉琯点了点头。

善述忙吩咐老妈子打了一管灯笼给嘉谷，方才又回到书房来和玉琯谈话，问问建霞的近况和南边的情形。玉琯一一说了，转问起京里的情形来。善述叹了一口气道："为了大师兄、二师兄，我们做京官的受了不少的累！往日里虽说京官清淡，到底有一两件的小差使可找，可以捞些油水，虽说不多，总还可以敷衍。自从联军进了京，什么事都不干了，除了几十两俸银以外，再没有旁的入款。再说上年端王因附和拳匪，发往新疆永远监禁；毓贤正了法；英年、赵舒翘斩监候；董福祥、徐桐、李秉衡革职的革职，拿办的拿办：几个大僚，胆儿都寒了，有的事情都不敢办。在这上头，又减少于许多差使。"

两人谈了一会，只见嘉谷方才押着行李来了。善述连忙打发老妈子打扫了一间空房，给两人住下，谈到夜深，各自归寝。玉琯细看善述住的房子倒还宽大，只是陈设的东西都破旧不堪，而且家里的底下人，除了一个老妈子，再找不出第二个人，打量他这几个月当中，境况一定不佳。待要和嘉谷商量行止，忽然听见善述说道："今晚可别要絮扰我了，给人家听见了，只当我这般不慷慨！……"说到这儿，忽然又一妇人声音说道："哦！你还说慷慨！连我的衣服，都给你慷慨完了！如今你瞧一瞧，我穿的一件棉衣，已经露了几个窟窿了！"善述道："你别要性急！我昨天得了一个消息：这会子山东巡抚袁世凯有些功绩；李老头儿已经保举过他一次，说不定圣驾回銮以后，那直隶总督一席可以稳稳到手。"妇人道："袁世凯升了总督，干你什么事？"善述道："他从前只怕连我都比不上！他到京里来找他叔子，身边的银子赌得一毫也没有，还向我借过二两银子。从此以后，我和他便成了一个知己了。他如其调督直隶，我便可以运动外用了。"玉琯听得明明白白，知道善述卧室和自己睡的地方只差了一间，意欲与嘉谷商量，那嘉谷恰早已睡熟了，只好一言不发，静待天明。

起来时已是九点半钟，老妈子打洗脸水来，问起善述时，她说："上衙门了。"也就无话。过了一会，老妈子端了两碗南边式的稀饭，两碟饭菜。一碟腌菜，一碟豆腐。玉琯一面吃，一面把昨晚听见的话一五一十对嘉谷说了。嘉谷道："真的吗？"玉琯道："我打什么谎？我想还是离开这儿罢。"嘉谷道："离开这儿有两宗难处：第一，我们才来了一天，便辞别走了，似乎露了痕迹；第二，我们离开这儿，到别处去住，到底人地生疏，教谁指点我们？”玉琯道：“依你怎样？”嘉谷道：“依我吗？他并不是瞧我们不起，只不过少几个钱罢咧。我们行囊虽然无多，毕竟还剩下百十来两银子，留下一半做往后的用费，就把这一半送给他作为饭食，岂不是两利而无一害？”玉琯道：“话是不错的，但是我们将这笔银子给他，没有一个名目，他如何肯受？”嘉谷想了一想道：“我们虽然初次到京，听说京里拜老师的风气最盛。我俩就把拜老师为名，将这笔钱作为贽敬如何？”玉琯道：“好的！好的！”两人商量定当，即晚善述来了，便把这话说了上去。善述头里再三推让，后来玉琯央求不休，也有些知道他的意思，也就允了。从此以后，两人便在善述家里住着，日间到外面去玩玩，夜里和善述谈谈京里事情。

一夕，善述从部里回来，笑对嘉谷等说道：“你们只知道宫中太监首推李莲英，其实有个叫张静轩的，他的骄奢，和李莲英没二样。张静轩本来姓唐，自从做了太监，便改姓为张。家拥巨资，在东安市场开设了一所球房，天天斗鸡走狗，京里人都已啧有烦言了。这回联军入京，太后和皇上圣驾出奔，他胆敢将宫里头的金珍珠宝，一古脑儿偷了出去，变化银钱，整整措了一百多万。京里的人，谁不知道？他生怕回銮以后要受重典，早已把宫禁内外打点好了。你想一个太监如此，十个百个太监都如此，怪不得国家一天穷似一天了！”玉琯道：“岳武穆王说：‘文官不爱钱，武官不怕死，则天下太平。’如今只怕适得其反罢。”善述道：“你说起武官来，更有一件事，管教你牙都笑落。当拳匪倡乱的时候，董福祥也是附和拳匪的，攻打使馆，十几日还攻不下。朝廷下了一道谕旨，令武卫军分统张怀芝入都助攻。怀芝奉旨，便率部到京，察看情形。见得城垣逼近使馆，居高临下，俯攻最易。因此便在城上安置炮位，待要向使馆射击，忽然心中想道：‘不好，不好！’连忙向部将拦阻，自己急急下城，跑到荣禄跟前说道：‘使馆距城垣只有咫尺之地，我们如其发炮了，全使馆可以立成齑粉。倘然这一炮果然把外国人打退，永远不来了，再好没有；倘然依旧是一个失败，别起交涉起来，卑职实在担不住。所以要求中堂发了一道手谕，卑职好遵谕行事。’荣禄也是一个老奸巨猾的人，听了张怀芝的话，一些儿不做声。怀芝只是不退。荣禄哈哈笑道：‘左右炮声一出，里边总是听得见的，用得着什么手谕？’怀芝一想，果然不错，便辞了出来。到了城上，把炮位换了一个方向，向使馆外面空地射击，费了一昼夜的功夫，耗了十来颗的弹子，使馆终于没有打中。你想，做武官的开炮，不是打敌人，却是了人事。荣禄说的‘里边’两个字，是指太后和皇上。只要太后、皇上听见炮声，知道他是正在起劲的进攻？不至于摘他的顶戴，革他的级职，就是把一座皇城送给外国人也不打紧。你道可笑不可笑？”玉琯道：“这简直是可哭。不过这一炮也幸亏没有放，要是放了，交涉越发闹的大了，不但张怀芝性命不保，只怕这荣老头儿也未必有这般安稳。”善述道：“如今要看这位袁中丞了。听说李中堂正在竭力保举他，说他办事干练，已经有督直的消息了。”嘉谷道：“不是袁世凯吗？确是位时髦人物，可惜有些谲诈。我有个朋友，他老子在历城县做钱谷师爷。上月里，历城知县调任了，他也回到家里来，曾经说起袁世凯的一件事。他说：‘上年拳匪正在猖狂的时候，端王、刚毅权倾一时。世凯在山东痛剿拳匪，杀了个朱红灯，这件事给端王听到了，骂他是二毛子。只因太后看重他，不是藉端中伤，断难锄去。于是两人便商量一条计策，奏请太后派李秉衡巡视海防，暗下乃是牵制世凯，使他不能畅所欲为，而且要找寻他不是的地方，做将来弹劾的资料。这个计划，不能说他不好。可是袁世凯神通多么广大！李秉衡的来意，他早已探得明明白白，提前饬所属的各府县盛备供张，使得李秉衡心里快活。怎奈李秉衡和袁世凯仿佛是个死冤家，任你怎样趋奉他，他只是一个不理，地方官的馈送，他也一概拒绝。弄得地方官错愕异常，偷偷地来告诉世凯。世凯笑道：“李呆子倒是这么一个人吗？”对属下说道：“我自有计较。”属下也就辞了出来。他细细想了一会，又想出了一条计策来。先期与几个心腹商量，写信给近省各县，大略说：“李钦使带兵过境，须谕知董保商贩人等暂时休业，别要把食物供给客军，免得多事。如敢故违，惟该管地方官是问。”一面通檄各县道：“李军纪律，素称严明。此次奉命到东，本部院已委妥员按站分设粮台，用备军食。务即谕李军经过城乡镇市，照常贸易，毋得惊疑迁避……明的这样说，暗的这样说，各府州县只当他真个为避免多事起见不敢明言，所以认真的谕令人民罢市起来。李秉衡的兵无从吃饭，只好到各县粮台来吃饭了。后来李秉衡到了抚署里，袁世凯又十分优待他，并且送他好多银子。因此李秉衡和他不但毫无恶意，而且变仇为亲，在太后跟前，替他说了一天星斗的好话。你想，这个计策毒也不毒？”玉琯在这当儿，把嘉谷肩头一拍，说道：“你只管说‘毒也不毒’，也该瞧瞧钟，迟也不迟？”嘉谷方才站丁起来，别了善述，自归寝室。

过了三天，偶然浏览《邸报》，载着一道谕旨，大意说：“经济特科从缓举行，先饬各省选派学生出洋肄业。”嘉谷、玉琯见了，都伸了伸舌头，道：“这真叫做‘捉鸡不着蚀把米’了。”嘉谷是个寒儒，越发愁得眉头紧蹙。玉琯道：“愁也没用。我如今也顾不得什么了，索性央求钟老伯，设法运动一个官费留学生，到外国去混了几年再说。”嘉谷连连摇头道：“不行，不行！到外国去至少五六年，这五六年当中，一家老少，难不成教他喝西北风吗？”正在说时，善述走了进来，听见“喝西北风”四个字，哈哈笑道：“说起喝西北风，这里北京地方，最多的是西北风，我自从到京，喝了十年了，或许再喝几年也难说。”——玉琯不待他说完，便收《邸报》给善述看。善述道：“我正要和你俩说，昨晚不知怎的忽然忘了。如今既然你们看到了，究竟打什么主意？回去呢？还是想旁的法儿呢？”玉琯便将自己的主意和嘉谷的话说了一遍。善述道：“可惜我年纪大了，要是和你们一般的年纪，丢了官都要去的。要知道我们做京官的当一辈子差，官运好的才得一个知县，由知县而知府，而道台，不知要过了多少年；官运不好的，一辈子当穷京官，永不发迹有什么味儿？说到外洋留学，依你的话六七年，毕业以后，照他的章程，至少同进士出身，比得我们做穷京官，不是好得多吗？”玉琯听一句，点一点头，越听越觉得这话不错，便要求善述设法。嘉谷早已打定主意，经济特科落了空，本省的乡试不多几天就要到了，他只管做他的科举梦。所以到了第二天，便别了善述与玉琯回家去了。这儿玉琯果然由善述设法，仗了袁世凯保举的力量，派送日本留学。当下写了一封信到家里，写了一封信给江建霞，别了善述，到天津乘轮船直指扶桑去了。

再说“野鸡大王”自从担任鼓吹革命职务以后，便在上海福州路青莲阁楼下租了一丈见方的地方，摆起个书摊来。那时新书不多，革命的书越发少了。徐镜吾本是一个呆子，将家里什物摒挡了一百几十块钱，印了一千部《嘉定屠城记》，一千部《扬州十日记》，其余如《黄书》、《明夷待访录》……也暂时拿来，当做鼓吹民权的材料。另外又叫方玉琯编起一部《恨史》来。谁知他伸着脖子，只等《恨史》出版，那玉琯恰音信全无，连忙亲身走到南洋公学去找他。谁知不找则已，一找之后气得他七窍生烟，三尸暴跳，同学们都似嘲非嘲、似笑非笑地说：“方玉琯到北京做官去了。”头里镜吾不懂这话，仔细探问，方才知道是考“经济特科”去的。他盛怒之下，再也顾不得什么，立时要赶到北京，把玉琯一口咬死；便打算了几十块盘川，把书摊交与他的女儿，自己便搭了轮船，往北京去了。

读者至此，当然有些不懂了，为什么不把书摊交与他的儿子，却交与他的女儿呢？说来煞是有趣：他也曾讨过一个老婆，却没有养过儿子，膝下只有一个爱女，名叫多智。人家听了这名儿，先要笑起来了。女儿长到十二岁，他老婆便一命呜呼。他对人家说道：“一个人在世间上，只许讨一个老婆，再不许讨第二个。”所以他情愿做一个鳏夫，再不作续弦之想。他的女儿多智呢，一双足儿固然不缠了，一头青丝，也飕溜溜剪得光而且滑，穿起一件长袍来，活像一个男孩子。那时已经有了十五岁了，在一个教会学堂里念书，夜间帮着她父亲卖书。不晓得她底细的，都说她是个青年男子，谁也不晓得她是一个女郎。有人叫她一声小弟弟时，她也只笑一笑，应一声便罢，从来不曾对人家说破。她这么工作，干了好几天，一切都知道了，所以镜吾便托付了她。

闲言少说。镜吾到了北京以后，找到钟善述家里，满望碰见玉琯，狠狠地骂他一顿，哪晓得仔细一问，在十天以前，早已出洋去了。白白地跑了一趟，一股忿气无处发泄，只在客栈里长吁短叹。有一天，听说李鸿章死了，袁世凯做了直隶总督了。他暗暗想道：“玉琯出洋，是袁世凯派出去的。玉琯是直接冤家，袁世凯自然是间接冤家了。……”想着，恨不得将袁世凯也一口吞下，方泄他心头之恨。

他正在胡思乱想之时，忽然隔壁房间里一阵声喧，讲起新闻来，讲的事情正是袁世凯。他何等关心，便仔细听去。只闻得一人问道：“你说总督署里出了一件案子，究竟是怎么一件事？”又一人道：“听说袁制军正和他一位高丽夫人吃酒，忽然署里哗传捉着刺客了。袁制军大吃一惊，连忙吩咐巡捕将刺客绑上来，看他瘦小的身材，焦黄的脸儿，哪里像一个武夫？问他姓名时，刺客说：‘姓贾，名叫炳仁。’只问了这一句，便笑着说道：‘哦！你要刺我，你这胆儿可也不小了，但是我并没有被你刺死，你的本领还不大，好！壮士！你去罢，我不来难为你。’说着，便吩咐巡捕将贾炳仁释放了，连谁主使的都不曾问他一句，你道奇怪不奇怪？”一人道：“平心说一句，如今这位袁制军威望太大了，兼差也太多了。单就我们知道的说，什么北洋大臣，长芦盐政大臣，督办内外铁路，参预政务大臣，督办商务大臣，督办芦汉铁路公司事宜，督练八旗兵丁，督办电政大臣，会订商律大臣，已经有了九个差事了；不知道的，还不知有多少。我不信一般两条腿，两条臂膊，就能办得了这许多事？”又一人道：“他因为兼差太多了，才有人妒忌他，才有人来暗杀他呢？”镜吾听的明白，正和苏子美读《汉书》到张子房搏浪击始皇一般，险些儿喊出“惜乎刺之不中”来。

第二十三回
名士风流解颐妙语　斯文败类污辱闺媛

他静静地想了一回，即在灯下草了一通长书给袁世凯，其文曰：

（上略）窃维中原板荡，垂二百有余年，抚有我土地，奴隶我人民，亦已至矣。论者或以君位为虚荣，民权为实际，欧洲大陆，且有迎异国人以为君者；苟得自由幸福，亦又何求？顾迎君者出于国民之公意，承认而奉以为君；亡国者出于强敌之野心，征服而兼并其国。契量比较，殆类天渊。此如可行，则甲午之役，庚子之役，皆可任操纵于列强之手，公等固不必糜民膏，构和议，为朝家保全计也。夫专制之酷，贻笑全球，牛马同胞，不侪人类，固已久矣，而犹可以迎君相比例耶？年来盈廷呓语，立宪立宪之名词，变法变法之声浪，遍唱于人间；然而改换面目，袭取皮毛，早为识者所哂。足下洞悉外情，熟观大势。真耶伪耶？此足下所知也。十九世纪而降，专制政体环球将无立足之地，而欲以补苴罅漏，粉饰弥缝，与列雄角竞于弱肉强食之时，愚者亦知其无济。而足下欲以一木之微，支将倾之大厦，片帆之影，挽已倒之狂澜也，不亦惑乎？昔令先尊君以一世之雄，驻军宿州，抗捻酋于西北，堵洪党于东南，旁午军书，忧劳成疾，其为胡家效力死也至矣。然而百战之将，位不过中丞，赏不及封典，而高坐养尊、安居无事者，王也，公也，侯也，伯也，车载斗量，何可胜数？嗟乎！异姓之卿，虽勋不录，尾大不掉，久已悬为大防矣。糜同胞之性命，逐故国之山河，以奉之于虏主，令先君九原有知，将拊膺悔叹曰："道非其道，愧不早为刘因也。"功奢赏吝，动辄招疑，昔张广泗、柴大纪之徒，以汗马殊勋，积封侯伯，顾一言见忌，斧钺相随；况足下无昔人之烈，而权重于当世者耶？或以人臣事贰，殆为不忠，旧学太师，重为箴训；独时势不同，即强权互异。藉使主权尚在，当朝国势尚侔各国，可以守土，可以保民，则为足下等后先疏附之徒，肫诚翊戴，能以致国家于自强，是足下等必能保殊勋至于永世，全晚节以无有异心，亦固其所。然某观于南北口岸之租割，是有土地而不能保守也；矿权路权之损失，是有权利而不知保守也。祖国之国权大去，中土之主权复非。只以罗雀掘鼠，以续保被征服国之君位殊荣，对外则以赔款供输，对内则以专制残杀，日蹙百里，将辗转而日即于亡，而足下犹欲拥护之，何其昧也？某等以为今日非改革无以救亡。方今种族昌明，民情可见矣。藉非国民主动，必不足以实行立宪；苟欲得将来之建设，舍现在之破坏，无他道焉。今足下居要位，执大权，其所以致此者，不过前倚荣禄、后倚庆邸以为援耳。足下才华卓越，高出同僚，犹依附草木以致通显，何委曲自苦？且亦不知黄雀在前，持弹者之日伺其后也。旧军窳败，足下为编练之；政治腐败，足下为争改之；竭尽愚诚，反丛忌谤。新军方成，兵权遽夺。履霜坚冰，足下曾一念及将来所有如何不测否耶？在昔伐越成功，伍员见杀；沼吴奏凯，文种受诛；刘、项之胜负既分，韩、彭之首领难保。人亦有言："狡兔死，走狗烹，高鸟尽，良弓藏。"古已如此，况非我族类，其心必异，而足下欲倚以为建殊功，望奕诗。今足下位高招尤，后来祸福诚未可料。为足下计，与其局蹐待罪，不如奋起求全，复故国之河山，造同胞之幸福。足下行之，直反手事耳。忆昔法倡革命，实启民权；美苦烦苛，乃倡独立；造世英雄，华、拿未远。某固不以庸庸厚福待足下，而以造世英雄待足下也。乃若以今较昔。烦苛逾于美国，专制甚于法人，炎汉声灵，淹然澌灭，如是久矣。即足下能享优业，保富贵，伣伣仙仙，以待百年，而涂炭水火，普遍中原，足下一人笑而万姓哭，足下岂亦安乎？况复原鹿复危，城狐自舞，惨怀麦秀，将召瓜分，行使种族长沉，山河永碎，犹大往事，人所同悲。公亦人类，应有感情，念及前途，杞忧何极？不揣冒昧，聊布区区，惟足下图之！

写毕以后，套上一个大信封，写上袁慰亭的名儿，放在一边。接着又写了一封信给玉琯。中有"向群兽而输诚，功名焉用？仗异类以游学，品节何存"之句，大意是说：他利令智昏，忘却本来面目。到了第二天，便将两信一同发出。自己到了天津，搭了轮船，即日南下。

且说方玉琯由袁世凯选派出洋，到了东京，找了一处下宿，并在一个学校里肄习日语。这学校当中，也有十几个中国同学，都是新近派来的。只有一个姓陶名叫家襄的，到日本已有一年。星期无事，家襄一定要和几个新同学到公园里去游玩。那时樱花节虽过，而园卉当有余妍，阵阵和风，嘤嘤啼鸟。那陶家襄便对新同学谈起祖国的情形来，痛哭流涕，人人感动。新同学中大都是血气少年，一个个发指眦裂，巴望自己学成之后，回到祖国，痛痛快快改革一番。家襄道："今日中国，补苴罅漏，已经无用。譬如身上长了一个毒疮，不是把腐肉完全割去，不能生长新肉出来。我们虽然在异邦留学，其实就是个个都成了博士，也救不了我们中国。"玉琯先有些怀疑，因即问道："照你说，学问是无用的，难道不识一丁的人，倒可以干国家大事吗？”家襄道：“你问我，我倒要问你，究竟识了一个‘丁’字有多么用处？老实说，如今中国非革命不可！诸君自己不承认是中国人便罢，如其承认的，都该做一个革命的志士！”这几句话，说得众人都面面相觑，不作一声。你道为何？这十几个学生，有一大半是考经济特科的徵士，笔下写得出“御览圣德”，口里喊得出“我皇上，我太后”；突然听见这几句话，自然目瞪口呆，说不出一句话来。陶家襄又反复解释了一遍，也有能够领会的，也有仍旧不能领会的。就中有一个二十三四岁的学生起来说道：“满洲皇帝，二百几十年来根深蒂固，我辈文人，手无寸铁，如何能够革命？”家襄不由愕然。过了好久，才始问道：“贵姓呀？”那学生说道：“敝姓曹。”一言未了，便在他衣袋内摸出一张名片来递与家襄，家襄看时，印着“曹汝霖”三字，搔了一搔脑袋，嘴里咂了一声，方才说道：“你以为中国如今是不能革命的，不能革命的理由就在于手无寸铁。哦！做铁匠的都是革命党吗？制造局里的工人，将来就是改造中国的元勋吗？”这几句话，说得曹汝霖哑口无言，踅过身去扑那翩舞花间的蝴蝶去了。有些不能领会革命意义的人，也觉得不好意思，一个个都溜之乎也，剩下的都是些赞成革命的人。家襄道：“你们既然都赞成革命的，该得赶快入革命的团体！”众人都问道：“革命团体在什么地方呢？”家襄掏出表来一看，说道：“这时才只十点钟。我们明天旷一天课，到横滨去走一遭，好不好？”那时坐着的一共七个人，都异口同声说道：“好！好！”当下议决以后，便搭了火车，同到横滨。

那时逸仙仍居山下区一百二十一号，兴中会办事处也就在这里。家襄导了这七个人进去，先在招待室叫他们坐下，自己进去见逸仙。逸仙正和钮惕生、吴禄贞、程家柽说话。家襄坐下以后，即将七个人要入会的话说了。逸仙问道：“是哪几个人呀？”家襄便将名单写了出来，众人都站起来看时，见是邹容、孙竹丹、叶匡、吴樾、姚彦华、楼思诰、方伯贵七人。逸仙看过之后，便与家襄一同出来接见。陶家襄便对七人说道：“这位就是孙逸仙先生。”七个人听见了，都向逸仙鞠躬。彼此坐下，逸仙便说道：“如今我们的革命，不单是为着皇帝是满洲人，要驱逐他；我们是种族革命的当中，同时实行政治革命。”说着，便将旧的兴中会章程和新订的兴中会章程都拿了过来，给他们七个人看。那七个人从头至尾看了一遍，果然觉得从前的兴中会，不外乎富国强兵、设报馆、立学校、兴大利、除积弊等事项。及至看了新章程，他列举的却是：“驱除鞑虏、”“恢复中华”、“建立民国”、“平均地权”四项。而且这四纲之外，又分了三个时期：第一期是军政时代；第二期是训政时代；第三期是宪政时代。有条有序，极为完备。七个人看完之后，表示诚恳加入。于是逸仙便将志愿书及誓书拿了出来，给邹容……等填写。其誓书为：

入会人：……省……县……当天发誓，驱除鞑虏，恢复中华，创立民国，平均地权，矢信矢忠，有始有卒。如或渝此，任众处罚。……年……月……日……誓。

书毕，下面打了两颗指模。一面由文书部发出七张会证来，邹容等一一收下，方才告别而去。

这里惕生等笑说道："如今会员倒多起来了。我们也有一个会员，这个人文学是非常有根柢，性质也非常亢爽，只是他自己承认是有头巾气的，其实不过要掉几句'之乎者也'，也看不出头巾气在哪里。年纪呢，将近四十岁了，还狠命的在那里学英文。幸亏他天资过人，居然一日千里。你想，这个人不是一个人才吗？"逸仙道："他可知道我不知道我？"惕生道："知是知道的，不过他没有见过先生，只当先生是一个粗暴可怕的人，所以不曾一同到这儿来。"逸仙道："没有见过我，怪不得他要怀疑。最可笑的，要数康有为的高足梁启超了。他自从那年逃了出来，我因他也是亡命之客，所以时时和他往来，劝他同干革命的事业。你道他怎样的议论？他说：'如今的光绪帝，天资聪明，好学深思，虽然未曾出洋游学，恰于世界大势了了胸中。譬如一所大房子，梁栋柱子并未崩坏，只要修理一下就得了，何必拆毁了重造呢？再说我是受过国恩的，赞助立宪，未为不可，"革命"两个字却谈不到。'你想！这议论可笑不可笑呢？"绶卿道："听说他要出一种杂志，名目叫做《新民业报》，打量放几句'保皇屁'啦。"惕生道："他既然有一种出版物，留学界的青年趋向未定，难保他不被这'保皇屁'所诱惑，我们该得也出一种杂志才好。"逸仙道："我也是这个意思。但是我们现在事情忙的很，谁有功夫去从事笔墨呢？"绶卿道："记得戢元丞和虬斋、溥泉都有办报的志愿，而且连报名都定了，叫做《国民报》，那时我因为料理自己的事情，不曾听清楚。"惕生道："这几位同志学问固然是很好的，但是报纸上不但要学问好，同时也要文章好。我倒有一个神交，他如今在广东《岭南日报》主笔政，姓胡，名叫汉民，号展堂，曾经和我通过信的。"逸仙道："你说起来，我倒想到了，国内报馆里的人才，我们一定要联络的。如今既然广东有这么一个人，就是不请他做主笔，也得吸收他做我们的同志。那么，他在报纸上自然也会鼓吹革命起来了。"惕生道："我和稚晖本来想到广东去走一遭。"逸仙道："稚晖又是谁？"惕生道："就是适才说的要掉'之乎者也'的，他姓吴，名叫敬恒。"逸仙道："无论他有没有头巾气，请他到我这里来谈谈也不打紧吧。"惕生便对绶卿、家柽说道："我们三个人一同去罢。"

两人答应，便辞了逸仙出来，一同搭车到了东京，找到吴稚晖住的地方。只见他的老婆正在拿着针线儿做活计，还没跨进他的书室，已听到"Book，dog……"的调儿，原来正在练习初步的英文。及至走进房间，绶卿忍不住要笑出来。原来他小小一间书房，桌儿上固然堆满了书籍，床子上也是书籍，低了头一看，地上也堆了书籍，只留下尺来阔的地方算是一条路。三人进去，稚晖便把英文书一扔，说道："你们别笑我到如今才念英文，算是'六十岁学跌打'。"惕生道："你天分高，什么事都一学就会。"稚晖道："倒不是这么说，我原没有一定要它会的心思，譬如一件没有玩过的东西，不妨玩它一玩。我是喜欢弄文墨的，中国文墨弄的厌了，且弄一弄外国文墨，不晓它里面意味怎样。幸亏这一本'外国三字经'的凡例里，不曾写着'老年人不许读'这一条，所以我就大胆读起来了。"几句话说得众人都大笑起来。稚晖又问道："你们见过了孙先生了，不知他的通脱和我的头巾气差多远？"惕生道："你又要说什么通脱和头巾气了。老实说，你也不见得有什么头巾气，不过率真一些。孙先生也不是什么可怕的，恰是气度宽大、存心忠实的人。你没有见过他，怪不得你；要一见之后，管教你可以水乳交融。"稚晖道："见见他原自不妨。他又不是大虫，怕他吃了不成？不过，我自己知道是调中国八股出身的，只当他调的是洋八股，显然不同，未必就可以成了中西合璧的局面。如今既然你们这么说，我倒要登门拜访咧。"

这日因时候不早，各自散去。第二天，惕生等仍旧到稚晖那里，和稚晖一同到横滨来。谁知正要搭车的当儿，忽然有一位稚晖的朋友，一见了稚晖，便将他一把拖来，说道："我正要来找你商量一件极紧要的事情。"稚辉道："我今天没有功夫，要到横滨去，明天再说罢。"那人一定不肯，一面说，一面将他拉了去了。这儿惕生等无可如何，只好由他。当下家柽、绶卿因横滨不去了，时候尚早，便都到学校里上课去。只有惕生要去找戢元丞，问他办《国民报》的事情。才要丢开脚步，陶家襄恰远远地走来。惕生问他："到哪里去？"家襄道："真要气死人了！说来话长。还是到我寓里去罢。"惕生急于要知家襄报告，也就跟了他到寓里。坐下以后，家襄说道："昨日我介绍七个人入兴中会，你是知道的。不想回到东京以后，发生一件又可恼又可笑的事情来。七个人的当中，彦华、思诰和我是住在一块儿的，此外还有一个同住的叫做曹汝霖。我们如今留学界里的人，也不算不多了，可是我自从到日本以来，见过了好多的人，比这曹汝霖再坏一些，简直没有。"惕生道："曹汝霖我似乎也见过一次，看去有些獐头鼠目，果然不是好人吗？"家襄道："单就他私德说，已经不成人样了。我们中国人为着国家贫弱，给外国人多么瞧不起！因此我们的举动越发要文明，也教日本说一句'中国学生的气象好'的一句话。那不要脸的曹某，恰干了一件败坏名誉的事情出来。有位刘婉扬女士，是湖南人，到日本来留学的女子，要数她第一个了。可是她的年纪才只一十八岁，是在女子师范肄业的，下课归来，时常和曹汝霖在路上碰见。头里没有什么，只不过大家瞧了一瞧罢了。到了日子久了，婉扬偶然对他笑了一笑，他便以为是婉扬爱上他了，便慢慢地和她搭讪起来。到了后来，便约了她到公园里去谈话，一谈两句，慢慢地谈到婚姻上面去了。这位婉扬女士却不是荡女，他谈起婚姻来，她便问他家里有没有老婆。汝霖道：‘我向你求婚，自然是没有老婆的。’婉扬道：‘那么，你可赌一个誓吗？’汝霖忙对着白日青天，宣了一天星斗的誓，什么‘雷殛火焚’咧，‘天诛地灭’咧，所有的恶誓没有一句不说到。只要说得婉扬相信，便什么都不顾了。婉扬到底阅历浅，果然被他哄上了，以为左右他没有老婆的，自己便是他的老婆了，因此便和他住在一起，俨如夫妇。谁知他却有一件事给婉扬疑心，就是他家里寄来的信，一看之后，便撕得粉碎，扔在火堆里，从来不肯给婉扬看过。婉扬还时常问长问短，问阿翁阿姑在家里怎样情形，他终是含糊了事的。婉扬有些奇怪起来了，但是不能和他明说，没奈何，只好忍着。有一天也是合该有事，汝霖刚巧出去了，邮差递进一封信来。接来看时，正是汝霖的家信。她也知道私拆人家的信是违法的，但是心里的疑团积了好久了，也顾不得什么了，用了一枚针，轻轻的将它剔了开来，即展开信纸，细细一看。看到中间一段，她的脑筋忽然受了特别激刺，一时便昏了过去。你道为甚？这信里中间有一段话：

……汝妻已于前日分娩，产下一雄，状貌魁梧，绝类汝妻。余为锡名曰“良材”，不知于汝意云何？汝妻意欲来东，是否可行，汝可于书言明。

她晕了好久，方才醒了过来，细细想道：‘你是有妻的，还要向我求婚，这明明是一个淫棍了。……倒还不算，有妻的如何说没有呢？……说没有也还不算，如何还要对天赌誓呢？……别的且弗论，单说他人格，已经卑鄙之至了。’她一面想，一面将信仍旧封好，放在他的写字台上。待汝霖来了，并不和他说起，照常和颜悦色的对付他，汝霖自然不疑了。等到汝霖到学校去了，她故意迟一步，写了一封留别的信，把行李整顿好了，便溜之大吉，回到中国去了。究竟怎样结果，我们可不得而知了。”

第二十四回

龚半痴演说皇帝梦　冯礼君高筑芙蓉城

惕生道："留学界里有这么大一件事，怎么我不知道？"家襄道："在婉扬女士要保自己的名誉，只好'哑巴吃黄连，说不出的苦。'至如曹汝霖，难道肯把自己劣迹说出来？要不是我们住在一块儿的，哪里能知道这般详细？"惕生道："那么，我们可以把他的罪状宣布出来。"家襄道："这倒还是个人的私德不好。还有一件妨害公务的事情咧。"惕生道："还有什么妨害公务的事情？"家襄道："昨天向晚的时候，他忽然拉了姚彦华、楼思诰说道：'这儿小菜吃的厌了，我们上料理店去罢。'彦华、思诰都是很节俭的，决意不去，他说道：'我做东道主，不要你们破费半个钱。'两人仍旧不去，他横劝竖说，一定要他们去，他俩没奈何，只好依从了他。到了菜馆里，喝过两瓶啤酒，他便开口说道，'你俩都入了兴中会了吗？'他俩点头道：'才只加入。你喜欢加入时，我们可以给你介绍。'汝霖道：'我固然死也不加入的，而且要你们赶快退了出来。'彦华愕然道：'为什么？'汝霖道：'兴中会讲的是革命，革命就是造反，造反就是大逆不道。你能够一辈子住在日本吗？要是要回到本国去时，这'革命'两个字一经出口，那地方便要派恶狠狠的人来捉拿你，捉获了，就要砍你的脑袋。你有两个脑袋倒也罢了，若是只有一个，砍了以后，便不会再长出来。难道人生在世，只砍了一个脑袋，便了结了一生吗？'思诰笑道：'"死或重于泰山，或轻于鸿毛。"哪一个不死？像那陆皓东、史坚如两个志士，身虽死了，他的精灵永远不死，将来流芳百世。这个死，可也当得一座泰山之重了。'汝霖道：'精灵是什么东西，你可瞧得见吗？不要说流芳百世，就是一年之内，他人已死了，这个名誉能够知道吗？人生如轻尘栖弱草，何必这般认真？'彦华道：'这话更可笑了。我倒要问你，你可吃饭穿衣的吗？你要吃饭穿衣，人家也要吃饭穿衣。倘然照你说不必认真，那么做农的不肯耕田，做女人家的都不肯织布，任你有多少钱，管教你不多天要饿死冻死了。'汝霖道：'我不是说不要去做，做的事情尽有咧。住在横滨的有位梁启超先生，他学问是很渊博的，但是他并不主张革命，单主张变法，他说："如今中国最要紧的是办学堂，没有学堂就没有人才；没有人才，就是革了命，靠谁来建设？"所以我劝你俩还是依照他的主意做去，将来不但没有性命之忧，而且有做官的希望。'

彦华和思诰知道他心术已坏，不足与语，也就一笑而罢。回到寓里以后，便偷偷地将这一篇话，一五一十告诉了我，我几乎冒出火来，想用手枪打死他！”惕生道：“这种人可以不必和他多说，但是一方也不可不防备他在同志当中煽惑。如今你的报告完了，我要找元丞去了。”说着，便辞别而出。

这里家襄写了一封信，又写几封信给国内的朋友，将兴中会章程秘密寄到国内来。

就中有个陈振民，是家襄少时的同学，那时正在长沙训蒙。这日，也接到了家襄一封信，并几份兴中会章程，知道家襄在兴中会联络部中。当下将章程读了一过，非常倾向，恨不能插翅东渡，和革命伟人晤谈一室。只因家境贫寒，游学无资，徒呼负负。不过他是会写字和刻石的。平时一手拿石，一手拿了铁笔，飕飕飕的和春蚕食叶一般伏在案头刻石，当做消遣的事情。到了酒醉以后，铺上一张大纸，提起笔来，写他擘窠大字，纵横变化，奕奕如生。有时在学生放学的时候，独自一人，走到田野、丛林的当中，对着累累荒塚，长啸几声，发舒他胸中抑郁之气。有一天，正是残照衔山、倦鸟知还的时候，在呼呼的风声中，他又对着荒塚出神。忽然间听见马蹄得得，自远而近，掉头看时，见马上骑着一个三十几岁的男子，腿裹白布，身穿短衣，面黑身长。一见振民，便将马头一拉，扑托一声，从马上跳下来，拍一拍振民的肩头，说道：“老弟！你看着这枯骨出神，可有什么意思？”振民一想：“这个人可也奇了，从来不认识的，怎么便问起这句话来？”因即说道：“我对着枯骨出神，是考究死的道理。譬如这一条一条的枯骨，当他未死之时，不是一般会吃饭会说话的吗？为什么如今忽然不会吃饭说话了呢？”那男子哈哈笑道，“痴汉，痴汉！人哪里会死？真个死了，一定是他自己喜欢死的；要是自己不喜欢死，便可以永远不死。”振民不懂他的话，暗暗想道：“难道他是仙人？……不是仙人，怎么有不死的法子呢？……”他正在想时，那男子又接着说道：“你看孔老夫子死了多少年了，可是他天天和一般念书的人讲话；秦始皇死了多少年了，他天天在造长城给人家看；其余的人，凡是有什么东西留下来的，都是天天和我们相见，和我们谈话，怎么便说他死？”振民顿时悟到了，便惊奇道：“我失了眼了，只当你是一位武夫，不晓得什么道理的。如今有这么高深的见解，打量是一位豪杰了。”说着，便问他姓名。那男子道：“我姓龚，号叫半痴。龚半伦就是我的堂哥子。”振民道：“哦！原来龚定盦先生就是令伯父吗？”半痴点了点头说道：“你已经知道我的姓名了，你的姓名我还不知道咧。”振民道：“姓陈，名叫作新，号振民。”半痴道：“有件事要恳求陈先生。我是远道而来的，到了这里，天色晚了，要请你代找一个歇息的地方。”振民道：“不必另找，寒舍不远，如其不嫌狭隘，下榻一宵何如？”半痴非常喜欢，便跟了振民，走到他家里。

振民连忙吩咐妻子备饭。他住的是城外近乡的地方，市远没有小菜，只不过青菜豆腐，再加上一盘猪肉罢咧。说也奇怪，半痴并不吃肉，豆腐青菜倒十分喜欢。喝了两壶酒，吃了两碗饭，便滔滔汩汩和振民谈起当世事务来。听他的口气，似乎十分瞧不起满政府。振民想道，“这个人倒是一个同志了。”因问他：“是从哪里来，到哪里去的？”半痴道：“打量你不是龌龊小人，说也无妨。你可知道萧桂生这个人吗？”振民道：“这倒不晓得。”半痴道：“他是一个哥老会里的正统，我便是他的参谋，我们是称做心腹的。”振民听见了“哥老会”三个字，心里便有些不高兴，因即说道：“龚老哥休要生气，我说句不知进退的话，像你有这般见解，有这般门第，怎么喜欢到这种团体里去呢？”半痴道：“你这话又错了！大约你还不晓得哥老会的宗旨和它的历史。你不嫌琐烦，我给你说一个详细。哥老会或称‘兄弟会’，大概是在乾隆年间成立的。到了同治年间，就有一班湘勇，散开以后，不免做他打劫的生涯。但是在我们会里的规矩是怪严的，不是真有反清复明的志趣，便算不得是哥弟。”振民惊异道：“哥老会也是谈革命的吗？”半痴道：“到了如今，越发兴旺起来了。你看上年惠州打仗，不是哥老会员做先锋吗？汉口唐才常起义，不是有好多的哥老会员吗？如今呢，有位孙逸仙先生，组织了一个兴中会，他也是革命的，把三合会、哥老会都合在一起了。振民又愕然道：“吓！原来哥老会和兴中会合在一起的吗？”半痴道：“可不是呢，如今我们都奉孙逸仙先生做‘正龙头’了。”振民道：“只怕如今的兴中会不是这样罢。”说着，便把章程拿出来给他看。半痴细细看了一遍说道：“哦！如今又把章程改换了。但是‘驱逐鞑虏’，也正是我们‘反清复明’；差的只是‘平均地权’这一条，是我们没有的。”振民问道：“你适才说的萧桂生，这个人可念过书没有？”半痴道：“说起这个人来怪有趣的。他本来是一个农人的儿子，在十五岁上，做了一个梦，和好多的兵士在一座城外打仗，只见城中军士如云，枪炮弓矢一齐射发出来，他只消把刀儿一挥，那弓矢枪弹都落到地上，一些没有力量了。后来他打胜了敌兵，就由好多兵士拥了他走进城中，一径到了一座很大的衙门里，当厅朝外站着，对兵士们不知说了些什么话。兵士们便拿上一件黄色龙袍来披在他身上，一顶紫金冠加在他脑袋上，众兵士都大呼：‘万岁！’他一惊而醒。到了第二天，他私下想道：‘说不定我有做皇帝的命吗？……怎么做了这么一个梦呢？……’话虽如此，他到底是一个农家小孩子，怎么会想做皇帝呢？不想到了十八岁上，有人叫他入哥老会。他问：‘哥老会是怎么一件事呢？’人家说道：‘是打走满洲的皇帝。’他一想：‘对了！我曾经做过一个梦，说不定入哥老会，就是做皇帝的机会了。’因此他并不踌躇，立刻就答应了。这句话已经有了七八年了，他还是天天等着做皇帝。后来和兴中会合并了，有个兴中会里的人对他说道：‘革命以后，我们中国是要改为民主的，再没有皇帝了，你休要妄想。’他还是不相信。直到今年，碰见了一位黄克强先生，反反复复说了一遍，他才始明白过来咧。”振民道：“那么，他底下有多少人呢？”半痴道：“他山堂是泰华山，至少一千几百人。”振民道：“他们都在哪里呢？”半痴道：“单这长沙城里城外，也已经有了六七百弟兄了。我今天本来不必到尊府惊扰，这里相识的弟兄尽多。只因你老弟状貌英挺，不同常人，意在把老弟引做同志，所以只好到这儿来吵扰了。”振民道：“这也不配说‘吵扰’二字，既然同志，原该聆教。老哥既说长沙地方有六七百名弟兄，不知可否替我介绍一二，以便商议大事。”半痴唯唯答应。

到了次日，半痴道：“我和你先到陆震东家里。他是长沙地方一名堂家，由他招集众兄弟，容易得多了。”振民高兴非常，当下跟着半痴出去，三脚两步，大家到了陆震东家里。震东正在和众人打牌，面前堆满了一大堆制钱。一见半痴，便将牌儿一扔，过来和半痴谈话。半痴将他与振民介绍过了，方才坐下。振民看那震东时，穿的也是短衣，两只眼儿闪铄不定，时时偷瞧那打牌的地方，看替他打牌的人，有没有输钱。振民暗中想道：“这种也配做第三四等人物吗？”正在想的时候，那半痴对震东说道：“这位陈振民君，将来也要去入兴中会，很喜欢和我们联络，要结识几位弟兄。我想在这个地方，要数到你老哥的资格最老了。就请你把弟兄们介绍几位给他。”震东就将振民上下打量一番，说道：“哦！你老哥说的话，我有什么不依？我们招聚天下英雄豪杰，‘栽下桃李树，结下万年红’……”半痴道：“休说这些话了！他是玲珑码子，不愿意到圈子里来的。”震东道：“那么，他为什么要结识我们？”半痴道：“还亏你是个堂家，连这些都不知道。前年我们组织兴汉会的时节，不是曾经和兴中会合并的吗？”振民便接着说道：“我有个朋友，叫做陶家襄，他如今是兴中会的会员，叫我在内地招集些同志。所以我很喜欢和你们贵会里联络，等到有了几十个同志了，这里就好设立一个分会了。”震东满口答应，便问明了振民住的地方，写在一本册子里。可怜他写了十几个七歪八斜的字，足足破费了半个钟头。写毕以后，半痴先辞别了到萍乡去，振民亦别了震东回到家里。可是一等六七日，音声全无。等的不耐烦了，只好又过去找他。震东又正在打麻雀。这次可不比上次了，只和振民点了一点头，只管打牌。过了好多时候，才打发一个替他跑腿者王阿明，引导振民到一个弟兄家里去。这弟兄叫黄叔慎，一足跨进，便听见他老婆吵嘴的声音：“不死的老乌龟！连人家寡妇还拿来当老婆呀！……你银钱怎么来的，还不是把亲养女儿的身子换来的吗？”振民一听，早又不高兴了，想不再进去，那王阿明偏要抢上前去，给他夫妻俩做和事佬，横劝竖说，才把他们劝开了。振民只好跟了进去，谈了几句？简直一点不懂，除了谈儿套江湖骗术以外，再没有别的新鲜话儿。谈了一会，也就辞出来，又到一家人家，据王阿明说：“这人姓冯，名叫礼君，是哥老会有智略的人，大众都叫他做‘小吴用’。”振民想道：“小吴用，他的见识一定高出侪辈了。”便高高兴兴的跟了王阿明进去。只见他住的也是一栋瓦房，过了一条四尺来阔的巷子，跨进门儿，才有三开间一所的房子，天井里纵纵横横晒着不少的衫裤，左边第一间黑魆魆的，正是小吴用坐卧之所。未到房门，先有一股阿芙蓉气刺到鼻子管来。入室以后，只见这小吴用横躺在床中间，左首放着一只盘儿，盘中露出大才如豆的灯光，那小吴用手里正拿着一条烟签儿，在灯上烧鸦片。一见阿明，懒洋洋地点了一点头，道："阿明！这几日可有什么油水？"阿明道："上月里趁过四两银子，到如今连一个小钱都没拿到过。这早晚陪着那位陈先生奔东走西，打量又是白跑的了。"小吴用听见"陈先生"三个字，便略略将身子挣了一挣，点了一点头。虽然在这没有光明的室中，也可瞧得出那小吴用的面庞儿，颜色和金子一般的黄，两颊瘦得成了窝儿，越发显得两个颧骨高了出来。阿明指着小吴用说道："这位冯大哥可比不得众人了，他文理精通，上知天文，下知地理，若是在军营中，还得给他穿上一件八卦衣。你有什么话，如今都可以给他讲了。"振民暗暗想道："王阿明的话虽然不能全信，但估量他的程度，至少比我高些。"于是先把家襄写信给他的事和自己的志趣说了一遍，末了将兴中会章程递过去。小吴用接过来，即在鸦片灯上瞧去，瞧到"恢复中华"四字说道："错了，错了！该得说恢复大明呀！"振民道："大明不过是一朝的国号，中华就是对夷狄说……"小吴用道："那么，也该说恢复大汉啊！"一面说，一面又看下去，看到"建立民国"底下有"大总统由国民选举"这一句，他立刻惊诧起来道："哎哟！统领、总兵都有的，怎么弄出大总统来了？"振民又把总统两字对他解说了，才算无话。又看到"平均地权"，皱了一皱眉头，道："这篇章程不好，地价有的，地主也有的，怎么有地权呢？况且地价怎好平均？地有高下燥湿肥瘠种种的不同，地价平了，人家都把好的地买了去了，坏的地谁要呢？除非出了一位'扒平王'，才好平均咧。"振民听了，几乎笑了出来，待要解释几句，知道他这陈腐的见解，说也没用，况且又是吸鸦片的，那里有革命的精神？只有阿明尽管站在一旁说道："冯大哥真是一个好才学呀！他什么书都念过。前天听他讲《三国志》，连曹操的小名他都知道咧！"振民也并不说什么话，当即站起来向小吴用告辞而出。一口气奔到家里，静静一想，知道这种会党是万万靠不住的，若不是自已兵权在握，这"革命"两字，只怕一辈子不能成功。因此他恨不得到陆军学校里去当学生，怎奈那时湖南地方还没有武备学堂。在无可奈何的当中，只好自已填了一张志愿书寄到东京，算为敷衍朋友的面子；此外的事情，只好在书信说一句"有负尊命"罢了。

话虽如此，这陈振民是一个性子激烈的人，第一步失败了，心里已经很不高兴了，怎还有心思放到训蒙上面去？他索性将家里所收受的几个学童都回复了，筹划些川费，到汉口去逛了一会。虽然他家里老婆子女都要靠着他一个吃喝，他也管不了许多，丢开脚步便走了。不多几时，到了汉口，只因没有相熟的朋友，只得找了一家客栈住下，日间到各处去玩玩，夜里到客栈来睡觉。一住数日，觉得也没有什么意思，那衣袋里钱一天少似一天了。待睡下之后，想到有一个堂表兄弟在河南做买卖，索性到河南走一遭，也不至于虚此一行。主意打定，正待整装待发的时候，那跑堂的忽然来说道：“哎哟！客官你要走了吗？”振民道：“我还要到河南去。”跑堂的说道：“远处到这里来的客人，在客栈里都找不到空房间，你还走吗？”振民道：“为什么呢？”跑堂的说道，“你还不知道吗？如今朝中最阔的直隶总督袁世凯已经到了信阳州，明天就要到汉口了。因为有好多人不曾看见过他，都想见一见他的面。所以武汉三镇不论城中乡下，男女老少，一窝蜂赶到汉口来。有的到了汉口，找不到歇息的地方，回转去的，也有索性租了一所房子，专为着看他一个人的。你先生还要把现成房间让出来吗？”振民道：“袁世凯既然做了直隶总督，事情很忙，为什么直到这儿来呢？”跑堂的说道：“他为了安葬他的生母刘氏，告了四十天假，叫藩司姓吴的暂代直隶总督。自己本来早已到过项城了，这会子是从项城回到天津去的，顺便绕道来汉口，要去看一看铁厂和兵工厂，所以有一天停留。本来京里大员到这儿来的很多，也没有什么希罕。只因袁世凯名望大些，什么人都知道他，只当他是有三头六臂似的。其实他一般是一双眼儿一张嘴，有甚两样呢？”振民一想：“袁世凯听说是一位时髦人物，既然来了，倒要见一见他。”主意打定，便把行李重新展开，暂时留下。不料到了正要上床的时候，忽然有人打起门来。

第二十五回

毒中毒计杀奸男女　险里险身受小虚惊

振民倒惊了一惊，暗想："我自从到了汉口，外面没有交过一个朋友，近处又没有一个亲戚，只不过为消心中的烦闷，做这无聊的勾当。如今忽然有人打起门来，除非家里妻子找到这里来了。"他一面想，一面起来开门，万不防开门之后，进来的乃是一个不相识的男子。振民呆呆地看着他，那男子微笑说道："你不认识我吗？我倒已在旅客姓名簿上知道你的姓名了。你坐！我说给你来历。"振民方始坐下，对那男子问道："素昧平生，突然枉顾，望先以姓名见告。"那男子道："怪你不得疑讶，但是我为着要找你一个人，多跑了好多路。"说到这儿，他便将门儿关上，指头儿在桌儿上写了三个字说道："不瞒你说，这就是我的姓名。"振民看时，乃是"马福益"三个字，忙说道："哦！就是同仇会的马先生？久闻大名了！"马福益低声说道："汉口一役，怪我自己用人不当。当唐才常被张之洞捉去的时候，我有个总参谋叫做刘佐楫，他为着保自己性命起见，把同党姓名，一古脑儿告诉了张之洞，要遂他'将功赎罪'的志愿。那时我们正住在一家小铺子楼上，兀自商量渡江的计划。忽然下面一阵声喧，我仔细一听，有一个衙差阿采的口音，知道不是路儿，连忙向窗外跳到屋上，悄悄地走到邻家的屋上，在墙角躲着。只听得我们楼上，郎郎当当的铁索声音，我猜十有九凶了。可怜他两个头目，不多一会，便给那衙役拿了去了。我待他走得远了，忙又走了下来，从冷静的街道逃了出来，步行到九江方才再搭轮船到了上海。……"振民道："那么，你怎么找到这儿来呢？"福益道："说来话长。我自从汉口逃到上海，碰见了一位黄克强先生，谈话之间，彼此志同道合，便纠集了八个同志，订了几条公约，各人分担事务，我担任的便是联络会党。这几个月里东奔西走，上海、湖南、汉口各地已经得了不少的同志。前几天，在上海接得克强一封信，说他已经在日本入了兴中会。还有一位姓宋的名叫教仁，和他住在一块儿。内地同志，也有好多接洽。据说湖南一方面，一个是你。因此我就找到你的家里，满望和你商量进行方法。谁知一足跨进你的家里，就看见你那位嫂子正在呜呜咽咽的哭，一见我进去，她才始收泪，问我来历。我并没和她说详细，单说和你是朋友，特地来拜访的。她说：'不在家里。'我又问：'到哪里去了？'她说：'不知道。'我心里一想：这一定有些蹊跷了。便向她问底细，她兀自不肯说。我便很诚恳地说道：‘我和振民是至好的朋友，什么话都可说，你不说，我便不走。’她听了这几句话，方才含泪说道：‘他在家里的时候，也成日价如颠如痴，一刻没有等在家里的。后来索性连学生都不教了，撇了我们到湖北去了。我娘儿俩天天挨着饿，到了今天，还杳无信息咧。’我听了这几句话，便掏出五十两银子给她做吃喝的用费，她坚决地不受。我就设了一个计道：‘我从前欠下振民一百两银子，如今算是还他五十两，还欠五十两。’她看我说的认真，才始受了。我当即辞了出来，一路找寻，找到这儿，才好不容易把你找到了。”振民道：“教你破费了银子，拯救我妻子的饥寒，心里十分不安！客中囊金无多，不能奉偿，未免惭愧得很！”马福益哈哈笑道：“银子希罕什么？我们多一个同志，就厚一分力量。只要同志一天天多了起来……”振民道：“我们如果要吸收同志，还得另想别法。那会党里面的人，简直十个当中挑不出一个。”接着，便把震东、小吴用那些人说了出来。马福益道：“如今说到会党里的人，固然是坏的多，好的少。但是我们联络的都是首领头目，底下小喽啰，再由首领头目自去接洽。好在无论三合、哥老，他们都抱着一个反清复明的主意，所以我们和他谈起革命来，只怕他不肯出力，不怕他起来反对。”振民道：“那么，你在湖北有几天耽搁呢？”福益指着自己的鼻尖说道：“我吗？不配说耽搁。这里官厅还正在捉拿我，只好说是躲避。话虽如此，明儿袁世凯到汉口了，我倒要冒着险去干一件事儿！”振民道：“什么事？”福益微笑地从身旁掏出一支手枪来，指着说道：“这位老哥跟了我多年了，打的都是兵士们，如今也教它尝尝大员的血肉。”振民诧异道：“听说袁世凯自从做了山东巡抚以后，励行新政，编练新军，是一个著名的能员。你却放着湖、广总督端方、两广总督德寿不杀，倒要杀这汉人呢？”福益笑道：“话不是这样说的！端方、德寿都是不中用的伧夫，留着也没有害，杀了也没有利，不关得失，我们何必用全力对付他？袁世凯真所谓乱世的奸雄。他能够帮我们革命，这种人才固然是我们欢迎的；反转来说，他要帮助满人来压制我们，这就是我们革命前途的障碍，不能不杀他！”振民道：“话虽如此，他是一个大员，防护一定严密，只怕不容易干咧。”福益道：“这也只好临时再想法儿。时候不早了，我们睡罢。”振民道：“你有没有找到房间？”福益道：“我就在这八号里。你明儿碰见我的时候，不要叫我是马福益，我在名簿上写的是‘冯寿山’，切休忘了！”说着，便将手枪往衣袋里一揣，开了门儿去了。

到了第二天，客栈里早已乱哄哄的闹着看袁世凯，有的说十一点可以到了，有的说下半天一点钟才可到。福益也不管他是什么时候到，只在十点左右，与振民吃了些点心，一同走到大智门去等火车。那时已经有了不少的人了，铁栅里面，这日不许外人进去，所以只好先找了一家茶馆坐下。约莫十一点左右，有人说道：“已经到了东王店了。”也有人说：“再一刻钟就到了。”那时马福益也没有功夫听众人的话，心里只管筹划怎样近身的法子。陈振民也暗暗想道：“不干便罢，既然干了，自然要他成功，怎样帮他一下子呢？”所以这个时候，两人一句话儿都没有，只是对着茶碗出神。其余的茶客，聒噪着谈袁世凯的轶事。有一个人问道：“听说袁世凯有个姨太太叫做金媛媛的，新近死了，他哭了几场，这句话不知真不真？”又一人说道：“金媛媛是上海有名的窑姐儿。那年偶然到天津去逛逛，给袁世凯看上了，便讨了过来，做他第七房姨太太。如今疾终正寝，还算是金媛媛的运气好！……”头里一人说道：“这算什么话？做了人家姨太太，命儿够苦了；没有享多少天的福便一命呜呼，正是苦中之苦，怎说她运气好呢？”又一人道：“你不晓得袁制军的脾气，我讲一件事给你听，你就知道了。他姨太太最多，第一个是高丽人，第五个是天津的窑姐儿，其余的多是他家里的婢女。第五妾小名叫做红红，说起她的来历，怪有味儿的。从前他在小站练兵的时候，有个候补同知段芝贵要谋一个差事，窥破袁世凯的性子，知道是一位色鬼，便特地在天津地方觅得红红，费了好多银钱，买了来送给他。红红貌儿长得花朵儿似的，而且弹得一手好琵琶，悠扬动听，所以袁世凯非常得意，当即给段芝贵一个右翼军提调的差使。话虽如此，做窑姐儿的大都水性杨花。事有凑巧，他家里有两个小厮，都是年轻貌美的时常在内室里走动，红红一见动心，便眉来眼去，百般挑逗，过了些时，两人都做了入幕之宾。说也奇怪，两足共著一靴，一些没有醋意。本来可以平平安安过去的，也是合该有事。有一个婢女向一个小厮借钱，那小厮不肯，这婢女便把他们暗昧的事情如数告诉了主人。要是别一个人，性子起来，早就将他们重则杀死，轻则撵了出去，那袁世凯却不是这么，格外和红红亲密，装做一些儿不得知。有一天，他起来的很早，吃了些点心，便坐了轿子去了。那一个小厮乘间溜到红红的房里来，并肩的坐在床沿上喁喁私语。正讲得入昧的时候，突然一个人走了进来，抬头看时，不是别人，正是世凯。红红和那小厮都大惊失色。那小厮乘间逃走，世凯追了上去，将他一把抓住，扭到一间暗室里关着。红红便扑通一声，跪在地上，一面哭，一面求饶。世凯堆下满面的笑容说道：‘我并不怪你，我长到四十岁了，你还是一个小妮子，自然有这件事发生了。不过你真爱他不爱他？如其是真爱他的，我也乐得做一个流水人情，就将你给他。’红红道：‘这是我偶然失了足，从今后再也不和他见面了，还得求老爷恕这一遭！’世凯大怒道：‘休要絮聒！我不是说虚话，你喜欢他时，我就成全你；要不然，给你吃刀子。’说着，便拔出一柄雪亮的刀儿来。红红大吓一跳，忙跪说道：‘既蒙你成全，自然感激不尽了。’世凯听了，方才把刀儿收进，在房间里踱来踱去，一面搔搔他的脑袋，一面说道：‘话虽如此，我究竟是朝廷命官，一个干干净净的家庭里，任着你们野鸳鸯在此双宿双飞，未免太不像样儿了。我替你想个法儿，你和他约定了日期，溜之乎也，那么，你们的志愿遂了，我的面子也保全了，岂不是一举两得吗？’红红心里虽然非常喜欢，嘴里却不肯说出来，故意泣道：‘我和你过了这些日子，如今忽然分散了，多么伤心呀？’世凯脸儿一沉说道：‘我不要你说这些假话。快去！要不肯去时，我便砍你的脑袋！’红红只好答应了，世凯方才走了出去。红红得了袁世凯的赦令，何等欢喜！连忙三脚两步走了出来，开了密室的门儿，这般如此，把世凯的话告诉了小厮。小厮头里被禁拘的时候，吓得魂灵出窍，如今听见了红红的话，自必喜出望外，连忙摒挡饰物，作为两人盘费。部署既定，到了第二天的早晨，便一同走出公馆门来，直奔城外，打算搭了轮船，同到上海居住。不想正在携手同行的时候，忽地噗哧一声，一个男子飞奔上来，大喝一声道：‘狗男女，吃我一刀！’说时迟，那时快，刀起头落，早已把红红与那小厮两条性命一同结果，那人便提了两颗脑袋，直奔袁公馆来。你道这人是谁？”头里一人说道：“这一定是袁世凯派来的刺客了。”又一人道：“呸！袁世凯要杀他，早就自己杀了，何必派个人到半路去杀他呢？不过派是袁世凯派去的，他不是冠冕堂皇派去的，是鬼鬼祟祟定下一条妙计出来的。当他与红红说话之后，便召个心腹佣妇，如此这般教了她一番话，给她五十两银子。那佣妇得了五十两银子，喜得眉花眼笑，自然满口应承。当即将另一小厮叫了过来说道：‘红姨和那个小厮明儿要逃走了，你可知道不知道？’另一小厮怒道：‘我待红姨不错，她为什么撇了我走呢？’佣妇道：‘一来，老爷每晚回家，他俩有些不便，这是一；除了老爷以外，还有一个你要缠绕她，又有些不便，这是二。有这两种不便，除了三十六着的上着以外，还有什么法儿？’另一小厮听了，越发怒不可遏，立刻要进去质问红红。那佣妇连忙将他拦住说道：‘你发了疯了！你去责问她，她慌了，一定在老爷跟前说你强奸她，你不是要受累吗？’另一小厮道：‘那么，我这一口气从什么地方出呢？’佣妇道：‘我替你想了一个极妙的法子：他们明儿一定是早晨逃的，你带了一柄刀儿，等在要紧路口，待他们来了，出其不防，一并杀却，把两颗脑袋拿了来告诉老爷，说：“他俩席卷私逃。”既出了你的气，又可在老爷跟前得一注厚赏。这计策好不好？’另一小厮一想，果然是条妙计，第二天便依样葫芦的做了。再不料把脑袋带了上来，报告了详情之后，袁世凯立刻大发雷霆，把这小厮大骂道：‘红姨要到泰山行香，我打发一个人陪了她去。你既然污了她的名誉，又断送了两条生命，你的罪名怎还可赦？’说着，立刻吩咐卫兵，将这小厮砍了。杀了两个奸夫，又可保全自己的名誉，这个计策可毒不毒？”这两个人讲完之后，马福益便拍了拍振民的臂膊，说道：“这条计可毒不毒？他表面励行新政，编练新军，骨子里是怀了极大的野心。即使没有野心，他的新军也是保护满洲皇帝的新军，他的新政也是巩固满洲皇位的新政，于我们人民有什么好处？”说到这儿，振民对他使个眼色，福益看时，有一个二十五六岁的男子正走近他的身边，似乎是听他们说话的样子，福益便中止他的谈话。正在这个当儿，忽然听见远远地汽笛的声音，于是众人大呼道：“来了！来了！”福益与振民也就会了茶钱，从茶楼中走了出来。那时路上拥挤不堪，即见有七八名巡警走上前来，挥开众人，可是不多时候，依旧合了拢来。那些众人都伸着颈子看那火车，只见一缕缕的浓烟从汽管里出来，散到天空。再看车站时，什么湖广总督呀，夏口厅呀……都已在月台上等候着。不多时，火车到了站边了，众人站着的地方，离火车足有五丈多远。只见一个一个的卫兵先跳下车来，其余的都看不清楚，只听见远远地呼喝的声音，大约那位袁制军已经下车了。又过了一会，只见有几个兵士和巡警来驱开众人。只能在屋子里看，不能站在路中。于是众人一窝蜂让到铺子里去，铺子也是站满了人的，站无可站，几乎把柜台都挤倒。

福益一想："远一些倒不妨，只要高些，才好把手枪对准他。"回头一看，却有人家堆积的十几枝的木头，上面已经站着不少的男女老少。他连忙掏出一大把制钱来，给一个小孩子道："小兄弟，这些钱给你买些糖果吃，你这站着的地方让给我罢。"小孩子见有钱给他，自然喜欢的了不得，笑眯眯的将钱儿接了过去，将站的地方让给福益，飞也似的跑去买糖果去了。那时振民站在他的下面，那一双眼睛时时射到福益的脸上去，有时瞧瞧他的右手，看他有没有将手枪装好。这时袁世凯已从车站里出来，坐的是一顶蓝呢大轿，围着他大轿的，前后左右也不知有多少卫士，那跟着后面的，就是本地的官绅，也是各人一顶大轿。袁世凯坐在轿子里面，只因路隔得远，瞧不出他的面庞。当走到福益的面前时候，相隔大约一丈多远，枪弹正可达到，他便私下将手枪掏了出来，一手提起，对准轿子，待要射击。忽然砰的一声，一个弹子从后方飞将过来，却打在袁世凯的轿角上，这轿子后方的一角受了弹子的力量，啪的一声飞到老远。于是便有"捉刺客，捉刺客"的声音发生，慌得众人都狂奔而逃。福益十分奇怪，自己并未拨过枪机，这个手枪又是谁放的？但众人既已逃了，自己带有手枪的也不能不逃，便和振民一同挤在人丛中，飞也似的奔去。及至到了客栈，福益兀自大呼咄咄怪事。振民道："你不明白放这手枪的人吗？我倒看得仔仔细细。你道是谁？就是我们在茶馆里讲话的时候，站在你后面像要听话的人。"福益道："就是这个人吗？若在两湖地方的同志，差不多我都知道；这个人为甚我不认识？再说他手法不很纯熟，大约是一个有血性没本领的人。"振民道："可惜不曾和他招呼，要不然，岂不大家多一个帮手？"福益道："这件事发生以后，官厅又要搜捕党人了。旅店茶楼，检查一定严厉。我们虽然住的是租界究属不便。你如其高兴到上海去的，和我一同去；不高兴的，回到长沙去，赶快干你联络的事情。一，要有毅力，碰到少有挫折的时候，切休灰心；二，要把生死念头丢在脑后。"振民道："不瞒你说，上海还不曾到过，本要去走一趟广广眼界，只因身边旅费不多，所以不敢启齿。"福益道："到了上海，不消你愁旅费，我们随处有朋友的。"振民听了，自然放心，便在当跟着福益搭轮去了，按下不表。

且说袁世凯受了这一弹，虽然惊了一惊，却仍夷然无事，不过头里本想假了一所民房做行辕的，如今既然发生了暗杀案，便改驻在夏口厅里了。当下一面吃饭，一面由各官绅商议缉捕刺客的事情。世凯道：“你们要捉获他呢，还是要吓走他？若是吓走他，那是最容易的事情，只消一张会衔告示，一道通缉命令，还怕这刺客不溜之乎也？若说要拿获他，就不是这样了？他费了全身的气力，冒了万分的危险，来暗杀我一个人，却未曾命中，心里多么不快？一定不会就此便了，明儿到铁厂里去，一定又来行刺的。我如今替你们打下一条主意来：我们对这件事，装做无事一般，一字不要提起，一面派下十几名侦探，穿起便衣来，装做老百姓模样。当我们到铁厂去的时候，叫他们杂在人丛中冒充看客，随时察看人丛中有没有形迹可疑的人。至于我呢，暂时不去参观，轿子里的人，尽可拣选一个和我面貌相似的给他坐着。这么试他一试，你们以为如何？”当下众人都称：“遵示！”一切便都由夏口厅承办，到下午五时许，都已部署定当。端方本在当晚宴请世凯，因有这一件事，便把地点改在夏口厅里。

一宿无话。次日早晨，各官绅即依照世凯所说的话如法炮制，除了与议几个人，外面一些不晓得个中的机巧。但是一路上看热闹的老百姓虽然不少，只并没有什么形迹可疑的人，一去一来，安然无事。世凯道：“我敢断定这刺客早已远飏，未必仍在汉口，从此后可以不必防备了。”众人还以为世凯太大意，时时加意防护。谁知两日当中，有时到武昌，有时到汉口，尽着来来去去，果然没有什么事情发生。

第二十六回

庆生辰名花受大辱　杀污吏烈士遭官刑

袁世凯参观铁厂兵工厂以后，当即搭轮到了上海，由上海直回天津。那时正是仲冬时候，西太后和光绪帝从陕西回来，袁世凯没有功夫干别的事情，赶快率领属下到顺德县去迎驾。西太后、光绪帝回宫以后，立刻赏穿黄马褂，并赐他紫禁城骑马，宠任无与伦比。袁世凯到这个地位，自己一打量，凡是清政府里的人，不论上下内外，再没有敢撼他一撼了。只是第一次接到了徐镜吾的一封信，第二次到汉口又碰见了一个刺客，生怕他们将来的徒党一天多似一天，爆发起来，很为危险，因此他又想出一条路儿来。当他小站练兵的时候，麾下有个偏裨叫做倪嗣冲的，那时正在直隶，是个候补道，狂嫖滥赌，挥金如土，世凯也有些听见。只因他是自己的羽翼，所以也不过问。这日，正是倪嗣冲的生辰，世凯亲往祝寿，姜桂题、冯国璋、王士珍、王占元、张怀芝、田中玉、孟恩远、陆建章、曹锟、段祺瑞、段芝贵都已先到，那时都出来迎接，倪嗣冲似乎出来的最迟。及至到了里面，忽然看见一个妓女跪在大厅上面，世凯不禁呆了一呆，心里有些不很高兴。看众人面上，都在格格地暗笑，任他绝世聪明，猜不出他们的哑谜。那时只见倪嗣冲匆匆抢上前来，向世凯打了一个千儿，禀道："乞大人恕罪！卑职放肆了。"一面禀过，一面趸转身子来，吩咐卫士将这妓女的衣服脱下，金珠首饰一概卸去，才由嗣冲吆喝一声道："去！"那妓女方才抹了抹眼泪去了。世凯越发怀疑了，直至嗣冲把详情说了出来，方始恍然明白。这个妓女名叫赛英，是天津地方数一数二的窑姐儿。倪嗣冲一见倾心，便把整千的银子给她置办衣服，购买珍饰。那赛英也因他会化钱，百般趋奉，越发弄得嗣冲感激涕零，又化了不少的冤枉钱。有一天，在宴会席上，嗣冲对几个朋友谈起赛英来，说赛英怎样多情，和自己怎样要好。有一个姓仇的朋友哼了一声道："你简直发了昏，窑姐儿怎么配说'情'字？不提起赛英便罢，提起赛英来，就要想到了唐俊升……"嗣冲道："俊升小子，不是唐太监的干儿子吗？"姓仇的朋友道："正是他。他和赛英真是如胶似漆，再也找不出第二个。那天，我们到她家里去，老妈子回复我们说：'不在家里。'后来仔细探听，才知道她陪着俊升在里面，不愿意再见别的客人。像你大模大样进去，她不给你吃闭门羹，还算得是体面客人咧。"倪嗣冲听了这一番话，直气得三尸神暴跳。但仔细一想，赛英待他百般殷勤。打量不会如此，还不相信姓仇的话。从这一日起，他便要试赛英的举动，便每晚到她家里去，第一夜，第二夜……到了第五夜，正在坐着谈话，忽然老妈子气喘喘地上来说道：“你的妈妈病势厉害，打发人来叫你快去！”赛英假意地流出眼泪来，一面安慰子嗣冲几句活，一面便打点些衣服出门去了。嗣冲一想：“头里并没有说起她妈妈的病，如今突然说病势利害，这一定是虚言了。”当下也就出来，悄悄地跟在她的后面，只见走了不多远路，便转入了一个胡同，在胡同最末的一座屋子里进去。说也奇怪，贴邻的一座屋子，便是嗣冲一个朋友家里，连忙打开门儿，问他朋友：“隔壁住的是什么人家？”他朋友道：“这便是惯做撮合山的吕妈妈家里。”嗣冲心里明白，便辞了出来。到了自己生辰，他仍装做没有这事的样子，打发人去叫赛英，而且吩咐她一定要穿自己给她的衣服，戴自己给她的珍饰。赛英一一答应，果然姗姗来前，不料正中嗣冲的计。立刻叫她到堂前，把经过的事宣布一遍，再狠狠骂了一顿，将衣服物饰卸下，这是出了他一口怨气。袁世凯听了嗣冲一番报告，哈哈笑道：“我道是怎么一回事，这些微小事，也何必小题大做？如今我倒有一件很紧要的事，须得开一个军事会议，下半天要劳诸位到我署里一叙。”那时早已排上筵席，世凯是顶头上司，自然另有一席，藩臬等司一概未到，所以只是这几个旧部作陪。宴毕以后，世凯提前回署。

到了下午三点过后，姜桂题、段芝贵……都陆续到了。到了四点钟，已一一到齐，一共二十五人。除了上述几个人外，尚有杨荣泰、龚元友、吴长纯、徐邦杰、任永清、梁华殿、何宗莲、马龙标、雷震春、王英楷、吴凤岭、赵国贤一十二人。齐集之后，一一邀进里面，把左右侍从，皆令退去，关上门儿，开口说道：“如今国是初定，外交方面虽然失败，但尚可安安稳稳，过几年太平日子。怕的各省匪徒，东出西没，蠢蠢欲动。更有那些革命党人，勾结会党，暗图举事。即如那景廷宾，自东台溃亡，心还未死，又在广宗纠集余众，建旗倡乱。因此中国此后危机，不在乎外人而在乎国内。你们如今官职都在府道以上，都有保守疆土的责任。我倒要问，是否能够始终不贰，尽心卫国？”于是众人异口同声的起立，说道：“我们身受国恩，自然应该为国效死！”世凯道：“那么，我有一篇盟书在此，你们赞成的便请签字！”众人拿来看时，见这盟书写道：

……等鉴于中国之祸迫于眉睫，愿以一身许国，共结报国之盟，当推……为盟长；自盟之后，皆惟盟长之命是听，始终不渝，至死靡他，如有违者，当受天殛！此盟。

下面写了好多姓名。众人看毕，都极口赞好，在自己姓名底下签了名。世凯又说道：“我们结盟既成，即当入手办事。适才我说的景廷宾，听说已经有了一万多人，再不讨平，后患不堪设想。谁肯担这重任？赶快说来！”当下便有倪嗣冲、段祺瑞挺身而出，大声说道：“我等敢担这重任！”世凯不胜欢喜，当下即将盟书藏过，送了众人出来。一面又行文清河道、袁大化、顺广道、庞鸿书，命他帮同倪、段，共讨景匪不提。

且说这景廷宾虽说是一名匪首，可是他和上年的拳匪不同。他是一个商人出身的，曾经受过官厅冤屈，坐了三年牢监，心中愤愤不平，抱一种杀尽贪官污吏的大志，只因手无寸铁，不能举事，只好大呼负负。后来听见人说：“义和拳有极大的本领，能够避免枪炮。”他喜欢的了不得，立刻找到了一位大师兄，诚心学习神拳。再不想学了好多个月，没有一些什么本领，知道避免枪炮，全是虚言。但事已至此，身不由主，只好仗着人多势盛，一同混在里面。他们专杀洋鬼子，廷宾专杀贪官污吏土豪劣绅。其一路上被他杀死的，倒也不少。后来拳匪给联军打败了，逃的逃，奔的奔，轰轰烈烈的义和团，一霎时烟消云灭，不留一个影子。只有景廷宾咬紧了牙齿儿说道：“我景某为何事而来？更为何事而去？”便招集残卒四五千人，当场说道：“我们受了历来暴官污吏的痛苦也已够了，如此下去，不但我们自己，连我们的儿子，我们的孙子，都要吃他的苦。再有李鸿章这贼把中国土地送给外人，撒手入地狱，算给他寿终正寝。如今又走出一个袁世凯来，脑袋上顶着那个老母猪西太后肆行无忌，不知又要害几多老百姓。你们要知道，我们举事，不是造反，乃是杀尽贪官污吏土豪劣绅。成功了，施行起利民的政治；不成，拼着一条身子，死在枪炮堆里，爽爽快快做一个烈鬼，强如天天受那狗官的鸟气！”说毕，众人掌声雷动，高呼：“愿死！”廷宾知道人心可用，当下起了一个名目，叫做“锄奸靖逆军”，自己充首领，名目叫做“靖逆大元帅”，浩浩荡荡，一路行来。到了隆平，忽然有六七百名乡民，各人手中拿了一炷香，拥上前来，跪在道旁。廷宾忙问缘故。那为首的一个乡人说道：“本县底下有一个姓邱的，名叫德金，一向以贩卖人口为业。到了如今，多上几百万的家私，因此名誉大了起来，省道府县都和他往来。三年前，他一个女儿许与周道台做媳妇。如今周道台升了巡抚，越发阔了，哪里把我们瞧在眼上？上月里，他儿子——叫做阿狗，见了洪秀才的女儿金香，看上了她，便打发人来做媒，说：‘要娶她做二房。’人家好端端的一个女儿，老子又是秀才，怎肯做他的小老婆呢？所以一百二十个不答应。这一来，阿狗父子心里有些不快活了，便想下一个毒计，打发人拿些枪儿刀儿，偷偷地放在洪秀才的家里，一面写了一封信给县里说：‘洪秀才是个拳匪。’县里太爷得了这封信，连忙派遣捕头衙役到洪秀才家里，四下一搜，果然有刀有枪，立刻将秀才捉了去。太爷问他来历时，他因为自己一向是念书的，自然不肯认是匪徒。那太爷立刻吩咐差役责他手心，后来又革了他的功名，严刑讯究。可怜他是一个五十将近的人，怎禁得起拷掠之苦？没奈何，只好随着官供了一篇。县太爷取了口供，便定了洪秀才一个大逆的罪名，在前几天就将他正法了。

我们因为心里不平，一定要替洪秀才抱不平。闻知贵军存伐暴救民的主意，所以我们特地纠同村民，前来求给洪秀才出气，就是我们的万幸了！”景廷宾听了这一篇话，睁开圆彪彪的眼珠儿说道：“吓！有这等事吗？好！你们喜欢当靖逆军的留在这里，不喜欢的回去。”于是众人中便有一百几十短衣赤足的农人情愿留住，其余的也就散了。那个时候，廷宾下紧急命令：先到邱德金家里，仔细他躲走了。众人狂啸一声，便走向黄墟村而去。到了那里，先派人将紧要路口节节守住，自己带了几十兵丁，闯到德金的家里。有些老妈子媳妇们突然看见这许多人进来，都吓得脑袋往怀里藏，有的躲在柴堆里，有的躲在园子里。廷宾却不难为她们，尽着搜索德金和阿狗的夫妇老少四口子。可是搜来搜去，只是搜不着。廷宾当即吩咐兵士，将他所有细软物件，所藏的银子，如数拿了过来，一面就将他房子封锁停当。部署既毕，方才回了转来。那时，这黄墟村里看见大队兵到，只当又是拳匪造反，携妻挈子，纷纷逃难，到了紧要路口，都要受兵士盘诘一番，方能放行。待景廷宾到了这个地方，刚有五个人和兵士争论。这五个人都穿着蓝布袄子，蓝布裹头，看去是农人的打扮。兵士对他说道：“我们到这里来，是专为捉拿邱德金父子，和你们并不为难的，你们只管安心过活，不必逃走。”这五个人不住的瑟瑟地抖，对兵士说道：“我们并非逃难，乃是到亲戚家里去的。”正在说时，就中有新投入靖逆军的本地乡人大声呼道：“休放他们走！他们便是邱德金的家属！”廷宾一闻此言，连忙奔将上去，吩咐兵丁，将他们衣服一齐剥下，果然里面穿的都是绸绫。廷宾放出一副凶恶脸儿，问他们名儿，知道男的便是德金父子，女的便是德金妻媳，另有一个妇人，是德金浑家的近身女佣，得了乡人聚众消息，扮了农人逃走的。廷宾大喜，即将他们带了前去，一面下令再往城中县署。城里百姓骤见大兵，自然也仓皇奔逃。廷宾照旧派兵在各城门把守，防备知县逃走。其余一干人众，都拥到县衙门去，不但六房三班个个逃走，就是几个护勇，也要向后门一溜，却早被靖逆军追着，一并捆缚候判。再次在县衙里找寻知县，只见一叠一叠的文卷还仍旧放在案上，笔砚纸墨丝毫未动，只有一颗印儿没有踪影。好在搜索的人多，东也一堆，西也一堆，差不多连厕所里都找到。忽然听见一人高呼道：“狗官在这儿了！”众人听了大喜，连忙一窝蜂拥到那边去，睁眼一看，原来在草料房里面。这县官正躲在马草堆中，上面覆着一块板儿。及至拖了出来，早已面目黧黑。和戏台上的包龙图一般了。廷宾至此，便逼着他交出钱粮公款来。知县没奈何，只好将帐簿银钱如数送呈，扑通一声跪在地上，哀哀乞命。廷宾道：“你只一个人，但是死在你的手下的，不知有多少老百姓了。今天幸亏是你给我拿获，倘然是我给你拿获了，打量你的详文里一定说：‘……匪首某某，罪大恶极，当经卑职拿获，就地正法，以昭炯戒……’的一派屁话了。哼！你要我饶命，没有不可，只消把洪秀才的性命救活过来，我就恕你一死！”哪知县听到了这句话，马上把脑袋低了下来，默然无言。廷宾便大喝一声道：“拿去砍了！”兵士们便七手八脚将他绑住，拥了出去，这知县早已面如死灰，形容凄惨了。接着又吩咐将邱德金父子带了上来，不容他开口，着即验明正身，到县门外当街砍作数块。这一起冤枉案子，总算到此洗雪明白。阖县百姓知道了底细，方才个个称赞他是义军，前来归附，愿充兵丁的，一时就有一千多人。更有那黄墟村附近的人民，往日里和洪秀才要好的，特地制了一块匾额，上写“吊民伐罪”四个大字，吹吹打打送到军队里来。廷宾当即犒赏了五十两银子，老百姓都欢天喜地而去。这也算是靖逆军里一桩点缀的佳话。

闲言丢开，再叙正文：景廷宾既把知县杀了，便把隆平县做了大本营，再向柏乡、高邑等地方进展。那时已有士卒一万余名，留三千人马驻守隆平，其余一齐出发。到了柏乡地界，那些防营果然不战而溃。这晚三鼓时分，忽然有间谍来报说，“满政府已经派倪嗣冲、段祺瑞前来讨伐。”廷宾不慌不忙，点起人马，前往迎敌。只因枪弹不多，只好挑选五百名敢死之士冲锋陷阵，中间是弓箭手，再后方是枪炮队。其实他们的军火，后路既无接济，只好在外面上备了一种形式，战争的时候，全靠着短兵相接的力量。当在柏乡出发的时候，本已听见劈劈啪啪的枪声了。这里一共只有十万发子弹，打不上几个钟头，没奈何，只好买了好多的百子炮，一路上也劈劈啪啪放了过去，给敌人听见了，只当也是枪声。到了接近的时候，续由敢死队直冲过去，前仆后继，杀得敌人抵挡不住，一个个向后溃退。那时敌军已经知道靖逆军子弹不多，第二次作战，只是用炮火猛攻，这里死了不少的弟兄，但士气还是十分奋勇，个个奋往前进。怎奈军火不继，兵士胆寒，只好向后方溃退。直至退到隆平，那官军还是穷追不已。众人都请景廷宾暂时逃走，待办足了军火，再举义旗。景廷宾仍旧对众说道：“何所为而来？何所为而去？”不顾众人的话，尽管亲自陷阵。奋战多时，自己一方的力量慢慢薄弱起来，给敌军一枪中了腮上，痛不可忍，从马上跌了下来。敌军一见，连忙将他捉牢，捆绑而去。一面兀自炮声隆隆，伤了不少的兵士。廷宾被捉到敌营以后，当即由袁大化审问，廷宾即将自己要杀尽贪官污吏的意思，慷慨淋漓说了一遍。大化和倪嗣冲等商量处置廷宾的方法。倪嗣冲等说：“须请袁大帅的示。”大化即拟了一通电报，拍到总督署里。不多时，得了总督复电：“匪首景廷宾既经拿获，应即解省处分。”于是袁大化便将廷宾解送督署，由袁世凯亲自审问一过，将他枭首示众。

廷宾手下有个赵洛凤，乃是廷宾拜把兄弟，听见廷宾被世凯杀死，心中大痛，连忙收拾廷宾残部，在威县起事，旗帜上大书“为景义士报仇”五个大字。可是人数只得三千，枪弹一无着落，鏖战了两三次，败得落花流水，只好逃向南边而去。一径到了上海，在租界里暂时住下，身边虽然尚有几两银子，只好暂顾目前，难作久长之计。

正是英雄末路、落魄风尘的时候，心里十分烦闷，偶然走到马路上闲逛。时在晚饭之后，六街灯火，照耀如昼。行走来，到了青莲阁的门前，见有好多人围着看热闹。洛凤亦挤了进去，仔细一看，乃是一家书摊，有一个穿西装的在那里卖书，陈列的书籍，一大半是诋毁满清的文章。就中还有一本小册子，是簇新出版的，突然给洛凤看见了，连忙拿了过来，大略翻了一遍。洛凤虽然不是文士，倒也略知文墨。只见为首一章，有“景廷宾者，本为八卦教中之教徒”一句话，便将著书的人名看了一看，见写着“编者徐镜吾”五个字，因即问道：“这徐镜吾是谁？”卖书的说道，“就是我！”洛凤道：“这便错了，他并不是八卦教徒咧。”镜吾道：“我并不是向壁虚造，乃是根据报纸的，打量不会大错。你怎么晓得他呢？”洛凤笑道：“我不晓得，谁还晓得？我虽然不曾将这部书看完，打量你还不晓得景廷宾之外，世间尚有一赵洛凤呢。”镜吾道：“赵洛凤，怎么不晓得，给袁世凯拿获了，昨天的报纸里不是明明登着的吗？”洛凤哈哈笑道：“报纸靠不住！报纸靠不住！”说着，将书一扔走了。镜吾知道语有蹊跷，便抢上前去，将他拦住说道：“老哥！我们是靠着卖书吃饭的，个个像你一般，说了半天空话，将书一扔便走，我们岂不要去喝西北风吗？”洛凤道：“你要我买书，我就给你买了一本。”说着，掏出两角小银币来在摊上一扔，拿了一本《景廷宾》又要走了。又被镜吾拦住，说追，“不行！书价之外，还得赔偿功夫！‘时者，金也’，你可知道不知道？”那时不但洛凤动怒，便是旁边买书的人也代抱不平，说：“讲几句话要赔偿功夫钱，那么凡是和你论价的人，都该在书价之外，出一种功夫钱了。”镜吾道：“你们就是和我谈了半天，我也不要钱，我偏要他赔偿功夫。只要他也应许我谈半点钟话，我就饶他。”众人都不懂这句话，只有几个知道镜吾脾气的人出来调停，道：“他是呆子，你休要生气！他要你说话，你就允许他，事就完了。”洛凤道：“我住在名利栈十二号，你要谈话，到我那边来，这时候可再没功夫和你闲缠了。”

第二十七回

蔡公使计封纪念会　徐大王智揽学校生

镜吾闻言，便现出笑容来，说道："好的！好的！我就来。"一时众人听他的话，禁不住都笑了起来，异口同声地说道："疯子！疯子！"镜吾没听见的一般，对他女儿说道："收摊，收摊。"他女儿即将满摊书籍，一册册理归箱里，加了锁，存放在旁边杂货铺里，垂着手等她老子的命令。镜吾叫了一部车子送她回去，自己手里挟了五六本书，三脚两步走到名利栈去，问茶房："有几个北方来的客人？"茶房笑道："北方来的客人很多，你问的是哪一个啦？"镜吾摇摇头道："这……"

正在说时，那洛凤刚开出门来，一见镜吾便说道："你看，这不是十二号吗？"镜吾便笑了一笑，走了过去。洛凤也有些奇怪他的举动，倒要看看他是怎样一个人，便将他迎到房间里面。镜吾先在衣袋里掏出两角小银币来，向桌儿上一扔道："今晚要做一宗亏本买卖，除了两角钱还你以外，再奉赠你这几部书。"洛凤越发奇怪："适才这么认真，一会儿又这么慷慨！……真个是疯子了！"再去看他拿来的书：一种是簇新出版的《民报》，一种是《思痛录》，一种是白浪庵滔天著的《三十三年落花梦》，一种是《烈士血》，一种是《黄帝魂》。镜吾道："我因为听你说的话有些蹊跷，听你口音又是北人，特地要问你详细。知道在众人跟前你不肯说的，所以故意和你为难，要逼着你说出住址来，我才好来问你，别弄错当我是生意经络咧。"洛凤道："你要问我，我先要问你。你为什么要出这一部书？"镜吾道："我不是书贾，我是革命党。所以我别的书都不卖，单卖这些革命书。那景廷宾是一个轰轰烈烈的革命伟人，我将他的事迹编了一部书，好给人家看了都来革命。"洛凤至此，方才明白。因把自己怎样和景廷宾拜把，怎样帮着景廷宾打官军，怎样败下来，怎样逃到上海，前前后后说了一遍。镜吾道："哦！怪不得你说景廷宾不是八卦教徒，原来你俩是兄弟！但是你如今住在这里，怎么计划呢？"洛凤道："我们哪有一定？有钱的时候，随手散去；没钱的时候，做小贩，做仆役，件件都会。"镜吾道："不是这么，我们如今也算得是一个同志了。'惺惺惜惺惺'，自然不教你落拓穷途，埋没一生。我日前碰见了两位朋友：一位是姓马的，名叫福益；一位是姓陈的，名叫振民，他们在上海已经设立了一个机关，叫做支那亡国纪念分会。这亡国纪念会本是秦力山发起的，总会在日本，和孙逸仙先生的兴中会名目虽异，主旨一般。因为要国内的人大家起来革命，才始立起分会来。你如其喜欢和他们同干的，我明日便介绍你入会，你就在会中帮忙，好也不好？”洛凤道，“既然主旨相同，自然就好同干了。”镜吾不胜欢喜，当晚便辞了回家。

次日，把书摊的事交待了女儿，自己又走到名利栈来。洛凤才起床，见镜吾来了，便急急洗过脸儿，吃些点心，跟着他到纪念会去。这个会所在法租界偏西摘星里里面。那时福益已经出去，只留着振民在房间里看报。镜吾当即介绍，振民倒呆了一呆。镜吾看出他的意思，便替洛凤代说道：“给袁世凯拿获的，乃是假的赵洛凤，不是真的赵洛凤。”振民道：“咦！这又奇了！怎么说是假的赵洛凤？据报纸上载的口供，年岁籍贯，从前的履历，现今的地位，都说得详详细细的，他又怎么知道呢？”这时，赵洛凤已坐了下来，答道：“我当时也知道这些兵力万万敌不过官军的，只因当时报仇心切，顾不得什么，便突然的起事。到后来眼见弟兄们慢慢地少起来了，我便自己想道：‘我为的是景廷宾一个人。景廷宾一个人的仇还没有报，又死了如许的弟兄，那么，这个仇岂非一辈子报不了吗？’所以我便和弟兄们商量，有谁肯牺牲他的性命来假充一个我，给他们拿了去，省得他们穷追，伤了一条性命，可以保全好多条弟兄的性命。当时就有一人挺身而出，慷慨说道：‘就是我吧！’于是众人一叠连声的欢呼。我便对他说道：‘兄弟！一个人终有一遭死的，死在为国为民的上面，流芳百世。你安心去，待我有了机会，管教替你报这仇。’那弟兄头也不回地奔上前敌去，因此便给官军捉获了。”

正说到此间，福益忽然匆匆促促地走了进来，手里拿着一张电报，叫振民翻出来。振民便拿起一本密电码，照密码翻译，文曰：“纪念会被蔡钧运动日警解散，秦。”

原来秦力山自从组织支那亡国纪念会后，留学生中加入的一天多似一天，会址又和公使馆相近。每月开会四次，当开会时节，演说支那亡国惨状和“扬州十日”、“嘉定三屠”的惨史，喉咙格外高些，故意给那公使馆里的人听见。那时驻日满清公使是蔡钧，时常有人把支那亡国纪念会的举动报告他。他在治外法权已经收回的日本也无可如何，只好塞住了两只耳朵，装做没有听见。

一天，又有一个人把新出版的一种刊物拿了进来给蔡钧看，名目是《光复报》。蔡钧只当就是纪念会里出版的，细细一看：中间第一骂西太后，把西太后怎样出身，怎样入宫，怎样和安得海相昵，怎样又宠任了李莲英，详详细细，和盘托出；第二骂的是光绪帝；第三骂满政府里的大员；第四骂蔡钧，把蔡钧卑鄙龌龊的历史宣露无遗。这时他可真也耐不住了，倘然他有拿人权力的，立刻就要把纪念会里的会员，一个个拿来砍脑袋了。无如身在异国，手无政权，任你愤怒到七窍生烟，也奈何他们不得。他在这无可设法之中，却异想天开，打出一条路来。

这纪念会在公使馆对面，纪念会里的茶房阿巧和公使馆里的门房松福天天碰见，结识得十分亲密。阿巧别无嗜好，只喜欢喝一杯酒。可是在日本要买中国酒，委实是贵的了不得，所以阿巧虽然喜欢喝酒，到了无钱时候，只好不喝。这一晚，阿巧偶然走出门来，只见松福笑眯眯的向他招手，阿巧便走了过来。松福问道，"公事可了？"阿巧道："他们都走了。"松福道："再好没有！"指着地上说道："这一坛绍酒，可够我俩畅喝了。"阿巧看时，果然放着一小坛绍酒，约摸有十二三斤，惊道："贵的很呀！"松福道："我哪里有这些钱去买酒？这是人家送的。打量你好多天没喝，喉子里燥了，咱俩今晚痛喝一场子，可好不好？"阿巧听了，两爿脸上早掀开笑容来，说道："松福哥！你既然喜欢喝酒，我怎能不陪着你喝？"说着便在一条凳儿上坐下来。松福又拿出几盘置备好的下酒菜来，将酒坛打开，舀了一壶酒在风炉上暖着，一面只管和阿巧闲谈。不多时，酒已热了，两人便对酌起来。阿巧虽然视酒如命，可是酒量敌不过松福，他却自以为比松福好，一壶完了，又是一壶。接连吃了七八壶，松福还是态度如常，那阿巧早已醉了，说话有些不自然，偏说自己没有醉，夹七夹八，不知讲些什么。松福一想，不好再喝了，便把酒壶放在一边，说道："老巧！仔细醉坏了身子，明儿不能干事。"阿巧点了点头，便站了起来，怎奈两腿失了自由，颠东倒西，放不安稳。松福知道由他一个人去不妥的，连忙将他扶住，挽着他走出门去，进了纪念会里，扶着他到床上睡下。阿巧两只眼儿，早已没有精神，倒下床子以后，再也顾不得什么，便嗤嗤睡去。松福悄悄地走了出来，将他门儿关上，直到里面四下一看，办事室的门儿都已锁上，无可设法，只有一间会客室开着，便走了进去。见室中有两架书橱，他便将橱门扭开，在怀里掏出一包东西来放在里面，外面把书护着。安排停当，方才将大门关上，自己从短垣上跳出，人不知鬼不觉的回到自己门房里。

阿巧这一睡，到了天明还没醒来。六点钟，便擂鼓般有人打门，阿巧方才从梦里惊醒，一骨碌起来，觉得嘴里苦的不堪，身子也十分疲倦，当将衣服一披，前去开门。那掌文牍的已经来了，接着会里的人一一都到，这一所房子顿时便热闹起来。

约略上午十点钟时候，阿巧正在整理房间，忽见一个日本警长带了一群日本警士走进门来。阿巧问他："干吗？"警长道："捉拿罪犯！"阿巧大惊，忙去通知力山。力山道："我们是政治犯，他们难道来拿我们？让他进来吧！"阿巧出去，照样对警长说了。警长便率领警士走到里面，在各办事室搜索一遍。最后到了会客室，将书橱内的书一册册检查起来，忽然在里面发现了一大包的东西，拿来一看，不是别物，正是手枪和子弹。

原来蔡钧蓄意要封闭纪念会，只因自己没有这权柄，便想法唆使门房松福把阿巧灌醉了，将危险物放到纪念会里去。一面便报了日本警察署，叫他前去搜索，果然搜出几只手枪，几十颗弹子来。

秦力山这一干人目瞪口呆，一些摸不着头脑。但是事已至此，无可抵赖，只好由他拘到警署里去。这个消息传到其余的会员耳朵里，个个惊慌起来，立刻拍了一通急电到横滨，报告逸仙。逸仙接到电报，已有几分猜到是蔡钧做的鬼戏，只因没有证据，不好向他为难。无可如何，只好到东京，和几个要好的日本朋友商量，央他设法营救，才算把捕去几个人释放出来，可是这个纪念会已给警署牢牢的封闭了。

再说蔡钧与松福商议时候，本来允许松福一百元，事后为了他的心愿，却只拿了卅元出来。松福大不高兴，只为名分悬殊，不好和他争论，不过从此以后，便慢慢地把这内幕泄漏出来了。

那时东京留学生一天多似一天，差不多有一半是入了纪念会的。得知了蔡钧捣鬼的事情，便立刻召集了全体中国学生开了一个大会，就是不曾加入纪念会的，这日也都到会，统计人数，整整有四五百名。会场中主席的报告了事实以后，一个个发指眦裂，声势汹汹，要和蔡钧为难。也有几个和平的，对众说道："和他为难，也没有什么结果，不如写信去质问他。"可是这个时候，群情愤激，不可遏止，末了，仍旧一致主张到公使馆去。呼喝一声，早已潮也似的涌出来，簇拥着奔到公使馆门首，把公使馆团团围住。一面派了十个代表，走进里面去质问，谁知蔡钧得了风信，早已往后门溜之乎也，搜索一遍，连影子都不见了。这些学生愤无可泄，便拥到里面，把他私人住的房间打得落花流水，房间里东西都成齑粉，打毕之后，方才一哄而散。事后报警署侦查，指不出一个学生的姓名来，也就不好惩办，只晦气了公使馆的家伙，打得七零八落，没一件可用。秦力山生怕又被日警捉拿，当即躲到横滨，把纪念会被封的事拍了一通电到上海，接着又详细写了一封信。

马福益在上海得知详情之后，知道这亡国纪念会已经解散了，便叫振民打起一个集会的信稿来，把本地会员召集拢来，开了一次大会，商量主意。这时赵洛风正坐在旁边，便说道："纠集同志是一件很不容易的事情。如今贵会既然有了这许多的会员，无故解散，岂不可惜？我想日本的纪念会虽然解散，这里的纪念分会依然无恙，难道不好把这里的分会改做了纪念总会吗？"头里马福益正在忙着看电报，不曾留意洛风这一个人，如今忽然听见他说话，便叩问姓名起来。洛风一一答了，镜吾又将前事代为叙述一遍。福益听毕，便睁了一睁眼，道："嘎！真是有眼不识英雄了！如今既是同志，不妨大家商议。我想日本纪念会既然封了，这里的纪念会虽然不曾封闭，可是也惹外人注目了。我们不妨另起炉灶，组织一个'华兴会'，取'中华兴盛'之义。左右会员是现成的，会址又是现成的，只消换了一块招牌就得了。"洛风也以为然，当即将外面挂着的一块招牌收了进来，一面去另制了一块“华兴会”的招牌。福益又嘱振民拟了一通电，拍到日本，又拟了一张开会通知书。

过了三天，各会员都已到齐，仍旧用纪念会的名义开会。先由福益将日本纪念会本部被封闭情形报告一番，再把改纪念会为华兴会的理由提了出来。众人也有一部分主张保存会名的，不过多数都说：“一样革命，什么会名都好。”因此便把“华兴会”三字通过。接着，又将纪念会《章程》修改一过，重行选举职员。会长和各职员都没有变更。只加添了一个干事员。这个干事员就是赵洛凤。一切齐备，便宣告散会。

众人散去以后，福益便对洛凤、镜吾等说道：“现在我们华兴会虽然成立，但是全体会员人数不过三百几十人，要实行举事，尚非其时。所以第一步就在于扩充会员；第二步在于筹划军饷；第三步购置军械：这重责任，不是我马福益担任，还有谁来担任？所以我准备明儿动身，先到长江南北，将各地同志都联络了，然后再到两广。待两广分会成立，方才可以起义。这里会务，只好重劳两位了！”众人正待发言，振民先起立说道：“我并不是推诿，因为我自己知道学力不足，够不上办事，还得趁这个当儿去求些学问。昨天在报纸上看见湖南正在开办兵目学堂，不取学膳各费，我想就去入这个学堂肄业。这会务还得请赵、徐两君偏劳了。”赵洛凤是一个江湖游侠，怎奈得困守一隅？也起来说道：“适才马君说要联络长江南北和两广的同志去，没有说到黄河南北的同志。洛凤就请改姓易名，担负这重责任。”马福益一想：“众人都要走了，剩下的除了徐镜吾以外，只不过几个干事员了！……”禁不得搔了一搔头皮，现出一种无可奈何的样儿来。徐镜吾把胸脯一拍道：“你们干的都是公事，尽管走，这里由我负责罢！”福益方才放心。次日洛凤、福益、振民三人果然同时启程，各干各的去了。

徐镜吾邀集了几个重要职员，每日轮流办事，会务自无废弛之虞。不过镜吾虽然是一个似疯非疯的人，他办事是主急进的。他想，华兴会里的会员，大半是会党里的人，万不及那保国会里会员的有力，因此他便立意要拉拢学界里的人。但有一件：他自从摆设书摊以后，凡是上海学界里的人，差不多都认识他，都叫他一声“徐疯子”，有的叫他“野鸡大王”，他说的话，没有一个不当他是疯话，还谁来听信他？只有南洋公学里的学生，一来年纪轻，晓得什么疯不疯？二来气盛，喜欢听革命的议论，久而久之，这些学生都被他同化了。就中有一个学生叫做蔡志远，这日到他的书摊来买书，志远买的本是化学书，可是他的书摊里，不但化学书没有，连历史、地理书都找不到。志远禁不住笑了一声道：“怎么连化学书都没有？”镜吾道：“你要买化学书，就不该走到这里来；你跑到这里来，就不该买化学书。”志远道：“这儿是卖书的，化学书也是书，为什么不该卖？”镜吾道：“现在是什么时候？甲午一次失败了，满洲人把我们台湾拿来做人情，庚子又一次失败了，满洲人又把胶州、旅顺、大连、威海卫、海参崴、广州湾拿来做人情；这么下去，江苏、浙江、福建、广东……不多天也要送给人家了，我们还能够安安稳稳吃饭吗？老实说，如今不是俛着脖子，念‘氢2氧’‘钾氯氧3’……的时候，乃是轰轰烈烈实行推倒满洲政府的时候。我卖的书，不是奴隶教育的书，乃是革命教育的书。你喜欢做革命伟人的，便买一本去，喜欢做奴隶的，请拍腿便走，到别人家去赐顾罢！”志远听了他这一番话，倒怔了一怔，再看他放着的书，果然都是谈革命的书，也就不做声息的拣了几部去了。自从这一天起，那志远便天天来买书。过了几天，凡是南洋公学里的学生，都到他这里来赐顾，他就随时向学生们谈革命的大义。每到星期，总是一大群学生们围在他跟前，听他滔滔汩汩的议论。他见人数慢慢地多了起来了，便和他们约定，第二星期在华兴会聚集。学生们也十分高兴，到了下星期，便成群结队而来。镜吾一个一个劝他入会，统共南洋公学里入会的学生足有一百几十名。这一百几十名学生，平时在学堂里自然格外亲密，和没有入会的学生显然是两样的。因此没有入会的学生都疑怪起来，随时随地探他们的秘密。探了好多个月，才得到了一份华兴会《章程》，喜欢的了不得，便举出一个代表来，和已入会的学生商量，也要加入会中。已入会的学生，巴不得同志多了起来，自然表示十分欢迎，便又一个一个介绍进去。不上一个月，南洋公学里的学生，没有一个不是华兴会的会员了。话虽如此，那南洋公学里的监督、提调、教习，哪一个不是头脑冬烘？尤其是国文教习，最喜欢讲“春秋不可旷世无君、”“当王者贵”这一流话，因此便惹起一场很大的风潮来。

第二十八回

激民变假名逃性命　闹学潮无术作调人

酿这个风潮的主要人物，原来就是蔡志远。这日，国文教习出了一个国文题目，叫做《自强宜变法论》。志远的论文，说不革命变法也没用，中间有一段文字是：

变法者，变中国之法耶，变满政府之法耶？变中国之法也，我变而彼不变，我无如彼何也；变满政府之法也，是为虎生翼，予虏以权也，可乎哉？

那国文教习读了这篇文章，勃然大怒。提起笔来，批在文章的后面道：

我朝入关，亦既二百六十余年，深仁厚泽，寰宇同戴。该生出此狂言，显见心存叛逆！况本公学为朝廷特设，所以造成有用之才，充作栋梁之用。该生身受国恩，不知感戴，胆敢毁谤朝廷，肆其狂逆，罪应不赦！姑念年幼无知，难保非受人诱惑，特从轻处分，着即除名革退，以儆效尤！

接着，便由监督出名，挂出一面开革蔡志远的牌来。学生们见了，顿时大哗，一窝蜂拥到监督室，质问撤退蔡志远的原由。监督答道："为他毁谤朝廷。"学生又问道："什么叫做朝廷？"监督道："你们也说出这些话来，连你们都一起开革！"学生们越发大怒，一个个发指眦裂，奋拳攘臂，声势汹汹的走将上去要打监督。监督不提防有这一回事，所以仍旧用压制手段来对付。如今忽然见学生这样猛烈，不由大吃一惊，脸儿吓得纸一般白。正在危急的时候，幸亏外面跑进一个四十几岁的教习来，连忙走将上去，将学生等一拦说道："什么事都可以讲，用不着动武。"说着，便劝学生退了出来。

原来这人姓张，号叫伯纯，学问道德，两皆高尚，所以学生们十分敬服。他曾经在陈宝箴底下办过矿务，在张之洞底下办过军务。前一年，又与唐虎臣共商政治革命的方法，给地方官知道了，便避到上海来，和容闳、章炳麟、严又陵几个人组织一个保国会。第一次开会完毕，他回到佛照楼，一足跨进房间，即见有一个雄赳赳、气昂昂的男子坐着，他倒吓了一跳。后来见这男子堆着满面笑容站起来说道："渴慕先生，急欲一见，不知冒昧，擅入此室，幸先生恕罪！"伯纯至此，方才知道是来拜访他的，便问他姓名。那人道："姓秦，名叫力山。"伯纯闭目想了一会，力山道："不曾见过一面，怪不得先生不知道。但是我说起一件事来，先生就知道了。"伯纯道："什么事？"力山道："罗长祷这个人，先生可认识不认识？"伯纯道："怎么不认识？他不是在大通当榷运差吗？"力山道："着呀！要说起这件事来，该得先叙他的人：他自接了榷运差，真是财运亨通，在盐榷上面发了不少的财。俗语说得好：'富贵多淫欲。'他本来有一房姨太太的，只因日久生厌，想再娶一房新姨太太。大通地方虽有几个窑姐儿，可是都不中他的意。有一天，他上衙门去，从轿子里看见一个十八九岁的姑娘，站在一家门首，真有闭月羞花之容。无如身为大吏，不能跳下肩舆，和她说话，只好把地方和门儿牢牢记着。回到署里，急忙备下一席酒菜，派人去邀请一个心腹绅士魏越石来吃饭。席间，即将适才看见的姑娘和自己的意思说了出来。越石道：'待我派人去探听一下，如其是贫家的女儿，多少给她几个钱就行了。'长椅便深深一揖，重托了他。越石一口应承，辞别而去。第二天，越石来了，面上似乎有些不很欢喜。长祷将他迎进里面；问他端的。越石道：'我派人去探听以后，知道这女孩子的老子是做买卖的，两年前死了。我一想这就容易了，便亲自找到她的家里，见一母一女，正在做活。我从远远地说起，慢慢地到了她女儿身上，允许她一千银子，我估量她一定答应了，哪晓得恰得其反。她母亲对我说道："本来做了一房官太太，是我们求也求不到的。再说你老走到我门上来，也不是一件容易的事，怎有不答应的？可是有一件为难的事，该得你老原谅！她老子死的时候，曾经指着她说：'我只有这个女儿，任他怎样穷，切休做人家的二房，也休做养媳妇'，所以我娘儿俩，半辈子在十个指头儿里做吃喝，再没有生过什么妄想。还得央你老向局老爷恳求一下才好！"我听了这几句话，赛似一桶冷水，浇在背上。一来，对不起都转委我的一番盛意；二来，失了我自己的体面。"长祷皱了一皱眉头，忽然说道："不打紧，这又不是重要的事情，只不过是件玩意儿罢了，说得上一个'对不起'吗？"越石方才放心，辞了出来，只当他就此作罢了。怎晓得才隔了一天，他竟派了六七名的巡丁，直往那女人家的家里，想把这女儿抢了过来。幸亏那巡丁弄错了门户，把隔壁的一个女儿抢了过来。长祷一看，并非自己看见的这一个女儿，顿时大怒，把那些巡丁狠狠骂了一顿，叫他们送了回去，重新把自己看见过的抢了回来。叵耐他看见过的女儿，因隔壁这个女儿抢去了，心里明白，立刻连家伙都不拿一件，逃之夭夭了。巡丁见这空洞洞的一所房子，自然都回转来，把实情报告了长祷。长祷一时火起，将那巡丁头目打一顿板子，直直打得血肉淋漓，还诬陷他是强抢人家妇女。先生！你说这个人可好不好？"伯纯道："我虽然和他是老友，可是他的行径，我很不满意的。再看这一件事，简直是地方之蠹！”力山道：“着呀！他这么一来，不要说地方上的人民不满意，就是他底下的人，也没有一个不怨恨他，时常想把他打死了，才泄心头之恨。只因人民胆量小，不敢动手，他底下的人，为了一只饭碗儿，又没有主意，只好都一言不发的忍耐着。如今要说到我们了。不瞒先生说，我是抱定一个推倒满政府主意的，只因没有饷械，不能够立时举义。因为知道大通有这么一个坏官，便和我朋友吴绶卿商量了一个计划：第一劫盐局；第二劫税局。当劫盐局的时候，大通老百姓得到了消息，都一窝蜂拥了过来，情愿给我们帮忙，我们即将榷运局团团围住。当有一人跳到屋上大呼道：‘别教民贼罗长裿躲走了！’又有大众呼道：‘捉不到罗贼，一辈子不走！’于是拍掌声、狂呼声，响震屋瓦。罗长裿见了这声势汹汹，吓的屁滚尿流，只恨他爷娘少生了两个翅儿，不能从空中飞去。幸亏他有急智，连忙霍的一声跳到墙上，对众大言道：‘兄弟在此供职，确乎有些对不住民众。但是自己死了，很不打紧，倒是我的亲戚张伯纯的儿子，现在寄养在我跟前的，我死了，要累他老人家自己养了。你们就是不在兄弟面上留情，也该替伯纯先生设个法啊……”’力山说到这儿，伯纯便哈哈笑道：“怎么有这件事？他固然不是我的亲戚，我的儿子也不曾叫他寄养过，但是……”力山道：“我们在那个时候，哪里知道他是假是真？一闻大名，我就对众说道：‘张先生是一个好人，难道你们不晓得？他既是张先生的亲戚，我们就得看张先生的面上，看张先生儿子的面上，饶了他的狗命吧？’众人听了我这一句话，立即哄然一声，各自散去。如今想来，算是他的命不该死，给他过了难关了。”伯纯道：“话虽如此，你怎么知道我住在这里呢？”力山道：“说来奇怪，今天你们保国会开会，我正在门外走过，顺道便走进门去，见你正在签名，我便知道张伯纯先生就在眼前了。后来听见你告诉一个人，说住在这里，所以我便走到这里来。”伯纯道：“哦！有的，是几道吧！好久没有见他，他问我，我就把这住址告诉他，再不防背后有你咧。”力山道：“先生的道德、学问，我们是很敬仰的，所以敢说一句不知进退的话，如今的时势，不单是革新可以了的。根本救国，还是要革命。我们同志因此组织了一个‘亡国纪念会’，想请先生加入这个会中：一来，有主持会务的人；二来，可以号召会员……”伯纯笑道：“你这话也不错。不过像容纯甫、严几道那些人都是我的老友，我退出了，在他们的面子上过不去，所以还请缓几天，待有机会，一准遵命。”力山无可奈何，只好由他。这是一年前的话。

如今他已经受了刘江督的委令，办理制造局广方言馆的事务，一面在空闲的时候；还到南洋公学来教授些功课。这日他正从外面进来，见监督室门之外围着这许多学生，先吓了一跳，接着见学生要打校长，越发惊慌。立刻将他们拉了出来，带领着到了大讲堂，便对众学生说道：“你们信从我的，请坐下来，我自有话对你们说；如其不信从的，请各干各的，我连书也不教，就此丢开脚步走了。”

众学生听如此说，一个个坐了下来。伯纯带着滑稽态度说道：“不瞒你们说，我虽然出来做个和事佬，其实你们究竟为着甚事，我还不明白，该请你们举个代表，详细报告一下。”这句话发表以后。怒气冲天的学生顿时都开了笑颜了。当下由众人讨论结果，推蔡志远自己把前后事情详细说了一遍。伯纯听毕，对学生说道：“我不袒护你们，也不袒护监督。无论你们怎样的不好，照孔夫子‘诲人不倦’这一句话讲，万万不能有革退学生的事情。再说到你们学生，都是远道而来的，备了资斧来就学，忽然中途辍业，也有些不宜。我来替你们打一个主意：你们休要和监督为难，适才威吓监督的举动，我替你们向监督说句负歉话；至于开除蔡生，叫他收回成命。你们说这个办法好不好？”有一部分学生因为与伯纯有感情的，都表示赞成，大部分的学生都说道：“向监督威吓是我们的不是，就使我们亲自向他道歉，也没有不可，不劳张先生代干。不过这位国文教习，我们一定要请监督撤换，要不然我们便全数退出。”伯纯一想：“旁的事情都可办到，撤换教员，如何说得出？……”搔了搔脑袋，皱了皱眉头，默然多时，重新又向学生劝解一番。学生们都是革命化的，如何劝得醒？那时天又渐渐暗了下来，正在不可开交的当儿，学堂里又撞吃饭钟了。伯纯道：“‘撑开肚子吃饭，顿起精神读书。’我们先吃了饭，再作计较罢。”那学生当中有一人说道：“这件事不解决，我们再不在这学堂里吃饭！”众人也都附和着，便一哄而散。各人都检点行李，约同出校，决计先在高升栈暂住。伯纯虽欲上前阻止，人多口杂，哪里阻止得及？只好由他。校长因他们全体退学，校务停顿，虽然觉得有失面子，但也无可奈何，按下不提。

且说学生等到了高升栈以后，把高升栈空着的房间一查，不够全体学生居住，栈主人嫌他们人多，而且言明有好多天耽搁，只好向各房间客人恳情，叫他们另找别家客栈，把学生们安顿了。可是这一晚，上自掌柜，下至跑堂，整整给学生们闹了一夜。他们把行李安放以后，肚子饿了，第一件功课便是吃饭。他们到底年轻，席间争羹夺汤，哗笑声当中，再夹杂一片吵闹声，几乎把屋子都闹翻了。第二件功课是开全体会议。三百几十名学子一起聚在大客厅中，讨论善后的方法，有的说，“还是各自回去，待下学期再作计较”；有的说，“另外组织一个学校”，结果多数议决，如其把国文教习撤换了，重行回校，要不然，一准另行组织学校，聘请名人提任教授。这两个功课做完，已是十一点钟时候，本来再没有别的功课了，可是他们还有一种闲谈的功课。一会儿谈革命，一会儿谈科学，一会儿谈徐镜吾，说到哪里，便是哪里，整整又谈上了两三个钟头。就中稍为老成的下了一道睡觉的动员令；方才各归卧室，上床睡去。

一宿无话。到了次日，时计敲过十下，学生们次第起床。待他们洗过了脸，张伯纯方才进来了。众人都围着向他问话。伯纯道：“撤换国文教习是万万办不到的。不过校长已经答应，把开除蔡生的成命收回以外，可以不必向他道歉。”众学生都异口同声说道："不行！不行！道歉倒不算回事，国文教习一定要撤换！"伯纯再要说时，早已你一言，我一语，聒噪起来，也有骂校长的，也有骂教员的，闹成一片。伯纯知道不能插嘴，便辞了出来。这里学生知道要求的事完全失望，便筹划组织学社的事，开起第二次会议来。第一件经费，由各学生先拿出五十块钱来，一共有一万五千八百元，先租下了一所房子，置备下一批器具，再聘请几位教习。接着，公推了七八名的筹备员。那聘请教习的事务，由蔡志远担任。正当议决的时候，徐镜吾得了消息，走了进来。志远忽然想到，住在上海的有个馀杭人章炳麟，文学还过得去，想聘他做国文教习，因急急和镜吾商量。镜吾道："这位先生，文学是还可以，不过脾气不好，又不肯讲究清洁，有时候十天五天还不洗脸的。"志远道："我们只要他教国文，并不是讨了他来当老婆，管他清洁不清洁？"镜吾道："那么，很容易，由我和他说，再没有个不答应。"志远才把一颗心放下了。镜吾负了这个使命，巴不得他们成功，走出栈门，跳上车子，飞也似的去找太炎。

太炎住在跑马厅会乐里，自己租下一所房子，雇了一名小厮，虽然地位不大，倒也聊可容膝。镜吾走进房间，见他桌儿上摊满了新旧书籍，他赤着足儿，一手挖脚，一手正拿着一本《黄书》朗诵。镜吾站在跟前，还没有看见，直至叫他一声，才始回头过来，点了一点头，仍旧看他手中的书。镜吾抢上前去，将他手中的书夺了过来，往桌上一扔道："哈！不要看了！"太炎道："你可得知我们一件事？"镜吾道："得知的。"太炎诧异道："吓！什么事你得知的？"镜吾道："我就是要问你什么事，你不说出什么事来，我怎么能够知道是什么事？"太炎也禁不住笑了一笑，便据实说道："我近来组织了一个光复会，把保国会取消了。可笑吴稚晖惯会做文章的，他说从广东回来，身子乏了，不会提笔，这光复会的宣言一定要我做。我想，时下文章很不好看，要学这《黄书》的体裁做了一篇，倒也别致，适才正在预备咧。"镜吾道："这光复会是你和他发起的吗？"太炎道："发起的还有蔡孑民咧。"镜吾道："听说吴稚晖到广东办什么武备学堂去的，所以他从日本赶了回来，如今为什么又到上海来呢？"太炎道："为了这件事，和稚晖险些儿争了起来。这学校是两广总督陶模办的。陶模是满虏的奴才，他替陶模办事，岂不是变做了奴才的奴才？他还强词夺理说：'别有用心，非你所知；我持躬清正，自不失身份。'你想为着要钱，才去做满虏的奴才，配得上说'清正'两个字吗？"镜吾道，"哦！我知道了，因为陶模死了，所以他回来了，是不是？陶模办的学堂，你是不赞成的，倘然学生们自己办的学堂，你可赞成不赞成？"太炎道："那么，自然赞成的。"镜吾道："南洋公学的风潮，打量你在报纸上见过了。如今他们学生不愿意再进公学，准备自己组织一个学社。这国文教习一席，要请你老哥担任。我今天到这儿来，为的就是这件事。"太炎低头想了好久，方才说道："我除了撰《訄书》以外，正苦太闲，教授国文可以答应。但是有个条件：

叫他们三百几十名学生都加入我们光复会里，使得使不得？”镜吾道：“哎哟！他们已经入了华兴会了。”太炎道：“华兴会和光复会一般是革命的，有什么打紧？”镜吾道：“待我和他们商量过了，再作计较。”说着，便辞别而去。太炎把《黄书》浏览一过，便提起笔来，草了一篇《光复会宣言》，即穿好衣服鞋袜，走了出来，去找稚晖。他生平不很喜欢坐车的，俛着脑袋，三脚两步走来。

忽然有人在后呼道：“太炎！到哪儿去？”太炎回头看时，却是桐庐周振宇，原是他少年时学友，即停足问道：“你几时到上海的？”振宇道：“今天才到。我们好久没见了，该得往馆子里畅叙一下。”不由分说，拉了太炎便走。到了福州路中段一家杏花春绍兴酒家，走到楼上，拣了洁净座头坐下，向跑堂的要了一壶酒，几色菜，一壁喝，一壁谈起来。振宇问太炎拿着的是什么，太炎即将《光复会宣言》往桌儿上一扔说道：“请你看一看，可好不好？”振宇读了一遍，便说道：“你组织光复会，原来和我们组织的‘白布会’一般的主意。”太炎眉儿一扬，说道：“好久不见，只当你仍旧是一名书生，原来也干起革命事业来了。”振宇道：“你多年不到故乡，怪不得消息隔膜，我们这白布会成立，如今有三个年头了。”太炎道：“‘白布会’是怎样一个宗旨呢？”振宇道：“我们严州有一种客游，自从洪秀全起义以后，温、处各属游民麇集我们境内，作工度日。这种客民，大半是白布会的党徒，近年来又加上浦城、玉山、巢湖的游民和湖南的湘勇、本地的绿营，相聚成群，好勇斗狠，惹出种种骚扰的情事出来。地方居民怨声载道，禀请官厅惩治，官厅也因为他们凶狠异常，恐酿事变，不敢缉捕。可到了如今，不但没有扰民的歹人，而且从前扰民的歹人，如今都变做了良民了。你道这是谁的功劳？说来你也知道，就是桐庐贡生濮振声。

第二十九回

白布会浙东树义帜　满学生岛国施狡谋

太炎问道："这又是什么话？"振宇道："他早已收罗这些党徒编做了独立军了。"太炎越发惊诧道："苍水就义，阁部殉难，浙水朝声，久无嗣响。想不到六十余岁的乡曲老儒，还有这一片雄心吗？"振宇道："你别要性急，待我细说一番，说不定还要借重你咧。景潮先生（即濮振声）本是一个候选训导，只因他富有家私，散财仗义，凡是建德、分水、桐庐、富阳、新城、临安各县，没有一个不知道他的名儿；就是我适才说的客民，也都仰望崇拜，称他一声'濮先生'，景潮知道有机可乘，便身入其中，将他们章程改订一过。他的军制是五人为伍，有伍长；五伍为偏，有偏领；二偏为队，有队正；二队为哨，有哨官。哨官叫做百夫长，五哨为营，有营官，营官叫做千夫长，景潮自己统率他。他们还有很有趣的称呼：叫千夫长做老三，百夫长做老五，队正叫大老七，偏领叫小老七，伍长叫大老九，普通的会员叫小老九。聘请刘云和做军师，天天训诲，把会众训诲得个个悦服，人人守规，那地方上还有什么歹人？"太炎道："你说了半天，兀自没有说出主旨来。他编练成军以后，究竟干些什么事儿呢？"振宇道："我这会子到上海来，为的就是此事。上月里，有一个天主堂的教民，名叫高阿瑞，是赌博过活的，在一个泥水匠家里打牌，两个钟头输了十七千大钱。输得怒火上升，面红耳赤，一时性起，将赢家门前放着的银钱一古脑儿抢了过来，掉头就走。被他抢去的赢家固然大怒，便是看在一旁的人也愤愤不平，走上前去，将他一把扭住，要夺回他抢去的钱。却被他一拳打来，正打中赢家的鼻子，鼻血潮也似的涌出来。他觉得不是路儿，拍腿便跑，把银钱放在家中，用指甲抓破自己的面上，挂着两条血痕，一直奔到县衙门里去哭诉。自从去岁子闹拳乱订条约以后，凡是教民到官衙里去，可以面见官长。桐庐知县一听见来的是教民，便亲自出来迎接进去，一见他面上血痕，即问他缘故。高阿瑞道：'有个甄中侯，借我五十千大钱，屡索不还，民因他贫寒，十分原谅。不想他今天和一般游民在泥水匠家里大赌牌九，赢得不少的银钱，民便向他索钱，他连理都不理。民多说几句话是有的，他不问情由，动手便打，把我面儿抓破了。我偶然伸手抵挡，刚刚臂膊撞在他的鼻子上，鼻血有些撞出，便说我打伤他，纠集了好多歹人，逼着民给他医伤费。没奈何，只好来禀告太爷，还得请太爷作主。”知县听了这一番话，也不论是实是虚，一面把阿瑞安慰一番，请他回去；一面将甄中侯和泥水匠等一干人众传到县堂，并不细问，即将惊堂木一拍，吩咐衙役把中侯等六七个人带到牢狱，定了六个月监禁之罪。你想！这种官儿该杀不该杀？”太炎道：“你这话就错了，他们做官是为着银钱来的。谋到一个知县，好生艰难，所以什么事都要服从上峰的主旨。上年三月里，满虏不是下过一道伪论吗？他说：‘各省地方官，如其不能实力保护教士教民，即予严重处分。’但是在拳乱未作的时候，称拳匪做义民，杀许景澄，杀袁昶，也就是现在重视教士的满虏。他怎样开口，地方官就怎样干。你要杀地方官，还得先杀满虏吧！”振宇道：“话还没有完咧。景潮得了这个消息，早有举义的意思，事前先密派心腹将士通知教士教民，叫他提早躲避，一面又禁止军士，不许焚毁教堂，杀戮教士。一切安排停当，便下令起事。一路上人民欢腾，父老欢迎。由桐庐、分水，直至严陵，衢、处两属，常，玉各地，皆有党人响应。指日出安徽，图黄河以北各省。你说的扫荡虏廷，不上几天就可实现。只不知大江以南的会党怎样情形，特地派我来调查一下。如能同时响应，分北方虏廷兵力，岂不是越发容易了吗？”太炎道：“这几天我为了光复会的事，忙得一些儿没有空闲。我有一个朋友叫做陶成章，他正在筹划龙华会的事情，把绍兴的平洋党，嵊县的乌带党、金钱党、祖宗教、百子会、白旗会、红旗会、黑旗会、八旗会等等会党，都已联络。所以你们的白布会，他当然也要联络的。你住在哪里，你把住址说出来，明儿下半天，我就陪着他来见你。”振宇非常喜欢，即将自己住处用铅笔写出来给他。太炎一看，是法租界恒裕里十三号，便揣在衣袋中。两人都不会喝酒，喝了一壶，已有一半醉意，连忙胡乱吃了些饭，各自分散。

太炎便一径到了吴稚晖寓处。跨进房间，即见有两人坐着，大约都只有二十左右的年纪。稚晖替他介绍，方才知道一个是胡汉民，号叫展堂，一个叫陈其美，号叫英士。稚晖指着英士说道：“这位陈君虽然在买卖场中鬼混，可是他不是一个寻常市侩，是一个有志革命的少年。”又指着展堂说道：“他是《岭南报》的主笔，因在国内言论不能自由，所以不愿再干下去。不多几天，要东渡日本了。”说毕，又将太炎的姓名告诉二人，二人都起来招呼。只是展堂还是满口广东话，太炎听不分明，只有略略周旋一下，便坐了下来，将草定的宣言，交与稚晖。稚晖读了一遍笑道：“你的人还没作古，文章倒已作古了。”太炎道：“似乎这样子好看些。”稚晖道：“做文章只不过把《说文》和《韵府》里的字拿来布置一下，布置得好，布置得不好，究竟在什么地方，你可说得出？”说得众人都大笑起来。只有太炎一言不发的，只管读他自己做的文章，脸上有一种说不出的得意样子。读了一会，他便指着说道：“我把这东西交给你了。此后怎样发表，怎样修改，怎样付印，责任都由你负去了。”稚晖道：“你去！你只管去钻你的故纸，大概待你故纸钻破了，命也就可以革成了。”又说得展堂、英士笑了起来。太炎去后，展堂、英士亦次第告别。

次日，展堂便从上海启程，几个相知的朋友自然都到船埠送行。那时稚晖从衣袋里掏出一封信来，交给展堂道："留东同志，我认识的不少，只这吴绶卿、钮惕生有志节的。你到了日本，就去见他，一来，可以知道些留学界里情形；二来，可以知道日本学校的情形。这一封信，就是我替你介绍两君的。"展堂接了过来，向稚晖道了一声谢，便将书藏在箧中，分手入舱。待船已启碇，不数日便抵横滨。过了一宵，第二天，趁火车到东京，找了一处寓所暂时住下、便急急忙忙去找绶卿。

这日正是星期，绶卿是不喜到外面闲耍的人，所以展堂进去时，他正在看一书。见展堂，即站起来迎接，叩问姓名。展书将稚晖的信递过去。绶卿拆开一看，才知道展堂是初到日本的，便笑说道："哦！足下大名，曾经听稚晖说起过，企慕好久了。但是照兄弟的意思，光是到日本来求些学问，也没什么意思，不如投身革命团体，准备将来干一番轰轰烈烈的大事，有些实际。古语说得好：'人死留名，豹死留皮。'一个臭皮囊，究竟留着做什么用，也得想一下子。"展堂微笑点头，说道："不错，'天下兴亡，匹夫有责。'何况我们是读过书来的？越发该把国家事情放在肩头上了。"展堂正说到这里，绶卿忽然看了一看表，说道："今天我们中国留学生开联合会，时候到了，你高兴去的，一同去吧。"展堂道："我没有入会，怎么好去？"绶卿道："不，如今留学生还没有团体咧。今天一来为解决支那亡国纪念会是不是应该重新组织，二来为筹备'日本留学生交谊会'的事情。你如今也是留学生了，怎么不可以与会？"展堂听如此说，就跟了绶卿同去参加。

到了会场，已有好多人坐着谈话。展堂一看，多数是不认识的，只有几个广东同乡，从前曾会见过的，不免彼此招呼，问问'几时到日？入什么学校？'那些普通话。那时有一个四川口音的学生年少气盛，正在那里滔滔汩汩议论国事，只听他说道："你不晓得吗？他叫'布尔德'，是真正的一位满洲留学生，他因为要来侦探我们动静和一切计划，所以改名做'朱绍先'，像这般人容他走进来，我们的秘密都给他知道了，简直是引狼入室，还谈什么革命？"展堂便指着这四川人问他同乡道："这人是谁？"他同乡道："听说姓邹，单名一个'容'字，号叫威丹。"展堂又问道："他说的朱绍先，究竟是怎样一个人？"那时他的同乡都是官费生，生怕招了怨，官费无着，所以都笑了一笑，不肯说出来。展堂也猜中了他们意思，不再往下问。

但是他们要瞒展堂，读本书的诸君是瞒不过的，如今细表出来，也好教读者知道满政府手段的凶狠。自从庚子年联军入京，结了辛丑不平等的条约，那拉氏为掩护表面起见，命各省选派学生出洋游学，因此留学界的人数一天多似一天，留学界里有几个革命分子，那拉氏也略有听见。那拉氏便密召弈劻进内，和他商量抵制的方法。弈劻道："这件事有两个办法：第一，须软化学生；第二，须羁縻人心。羁縻人心是怎么一个法子？臣愚以为袁世凯英明果敢，可以命他设想。若说软化学生，臣倒有一条计策。"那拉氏道："什么计策？"弈劻道："选八旗子弟中聪明活泼的少年，派他赴日游学，多给他些银钱。每年除了学膳费外，再给他五百块钱的交际费，叫他们天天侦察留学生的举动。就中倘然有安分守己、不曾加入乱党的学生，须要他设法联络，或是贿以金钱，或是动以将来的官阶，务要使得他不再加入乱党才好。倘然有已经加入乱党的，也要叫他设法劝喻，使这般乱党慢慢地悔悟过来。不知佛爷圣意如何？"那拉氏听了大喜，一面即谕令学部大臣张百熙挑选八旗学生数名，考取后，入宫面授机宜，方才派令出洋。一面密召袁世凯入宫，将弈劻的意思向他说了一遍，然后再询以缓和人心的方策。世凯奏道："臣闻'防民之口，甚于防川'，故英明之主，当因势而利导之。今国家已翻然改政，各省学校次第设立，军事编制亦已改良，仍未足以餍百姓之望。臣以为，今天下百姓之所望者，在得政权，而政权之所寄，在乎立宪。故朝廷不妨明令各省，限定若干年后，效法英、日，实行立宪。于君权丝毫无恙，而使人民有参与政治之权，一举两得，便利孰甚？伏维皇太后皇上圣裁！"那拉氏听了这话，心里未始不以为然，但终觉得这"立宪"两个字有万分的危险，默然无语的好多时，临了只点了点头，道："哦！知道了。"世凯见那拉氏这种态度，知道他的话是不很对劲了，便翻过来说道："这也不过是骗骗百姓，遮遮他们的耳目罢了。若说真个把政权交给他们，那岂不是'尾大不掉？"那拉氏哈哈一笑。袁世凯知道弥缝过了，便辞了出来。这一场话柄，到此算是告了结束。

如今再说到留学生中的旗人，这布尔德也是其中之一，最是活泼伶俐，怪会说话的人。自从到了东京，便改名朱绍先，东京的酒楼妓寮，没有一处不逛到。留学生当中，见他手头阔绰想揩些油水的，都和他打熬得十分亲密。有一天，他去逛上野公园，正是樱花盛开的时节，一红男绿女，往来如织。他逛了一会，诗兴大发了，便袋里摸出铅笔来，偷偷的在墙上写上了一首诗（日本公园不许涂抹）道：

樱花时节游人多，日暖风清袭袖过；正是英雄寻乐处，酒酣耳热又狂歌。

写毕以后，自己吟了一遍，觉得非常得意，脑袋瓜儿接连打了五六个圈儿。猛听得背后有人哼了一声道："有此妙诗，真是青莲复生，少陵再世了！"他吓了一跳，连忙趄转身子来一看，站着一个西装的少年，不过一条辫子还垂在背后。他只当这少年真是赞他的诗，便说道："涂鸦之作，贻笑大方，何遽蒙大雅赞不绝口？"那少年道："因为人家做诗都是苦吟的，所以有'鬓任茎茎白，诗须字字清'

之句。就是杜少陵，也不免有‘饭颗山头太瘦生’之诮。如今见了足下的吟诗，正如黄河千里，一泻而下，不劳丝毫思索，因此我就大赞而特赞起来了。”布尔德听了这几句话，才知道不是赞他，却是诮他。但是他的责任在于联络学生，怎敢和留学生招怨？他越发堆下满面笑容来，问这少年的姓名。那少年有些轻视他，联珠一般的答道：“姓章，名宗祥，字仲和，浙江湖州府乌程县人。十七岁入泮，毕业于上海南洋公学，现在帝国大学法科肄业。”布尔德文理虽然不通，可是事理恰非常明白，见他这种傲慢态度，便说道：“你怎么不把这些头衔印在名片上，也好给人家拿到了时常记在心里呢？”说着，格格地笑个不了，仲和倒羞得满面通红。幸亏他也是一个会看风色的人，听他说话，是一个有干才的学生，便收拾他一副老气横秋的面容，换过一副笑颜来，问他姓名。布尔德便掏出一张名片来给他。仲和看时，见上写“朱绍先”三个字，旁有“尔德直隶天津府隆平县”一行小字。这才大家谈论起来，谈到后来，越谈越密切了，尔德只不说出自己是满人，此外没有一句话不说。估量仲和是一个好色的人，便乘机说道：“章君！我俩虽是倾盖之交，但是心心相印，也可算得一个知己了。别的地方打量你都到过了，或许……”那时刚有一群游客在跟前走过，尔德便凑在他的耳朵说了几句话。仲和微笑地点了一点头道：“好！我可奉陪。”两人便走出上野公园，坐了车子，一径到一个很华丽的房子里，当有一个女儿家笑眯眯地迎了出来，打着日本语和布尔德讲话。仲和到了日本虽已多日，可是他的功夫都放在酬应的上面，只能够懂得普通话，土语还不能全懂。倒是布尔德到日本迟，恰什么话都知道。所以他们两人笑谑，仲和只是仰着头笑，不能参加谈话。布尔德指着这日本女儿对仲和说道：“这是日本著名艺妓有美节子，在中国犹如卖笑的髦儿戏子。你看她这副面庞，若是在咱们京里，还不是一个阔老的姨太太吗？”仲和看时，果然肌白唇红，秀色可餐，只是客况萧条，不敢存真个销魂的思想罢咧。当下，布尔德便留仲和在有美节子家里晚膳。仲和见布尔德手头非常阔绰，皮夹里的钞票至少两百多块，估量他一定是富家子，因此越发拉拢他，想不时问他调动些。这日一度闲逛，从此仲和便与布尔德天天碰见，不但自己和他往来亲密，而且又替陆宗舆、汪荣宝、曹汝霖三人介绍了。一到星期，这五个人便聚在十块儿，不是料理店，便是大剧场，东道主没有一次不是布尔德做的。

仲和要向布尔德借钱，觉得有些说不出口，他竟异想天开，和布尔德结了把兄弟。有一天，布尔德又要请汪、陆、曹、章四人吃饭，汪、陆、曹三人叫仲和代邀。仲和因为要借他的钱，没有替他邀到，假说自己忙，没有功夫，布尔德也就无话，只两人对酌。吃到中途，仲和便对布尔德说道：“叨在兄弟不妨直说。我到日本来的时候，带的钱固然有限，因为家父约束严，不教寄信去索。可是因这一来，我的债负一天多似一天，如今欠下了四百多块钱了。”布尔德道：“你的意思我已经知道了。既然结为兄弟，不要说四五百块，便是四五千块，单要我有这力量，也许可以商量的。是这么吧：今晚只管喝酒，明儿我们仍旧在公园里相叙，在下午三点的时候，我交给你吧。”仲和听了，不禁大喜。当下吃毕以后，各自散去。到了次日，仲和便到了公园等他。直至四点左右，那布尔德方才来了。

读者应该知道，布尔德并不是一个仗义疏财的人，也不是一个麻木不仁，由章仲和利用的人，仲和狡猾的心理，有了这许多天的盘桓，布尔德已经看得了了。只因仲和与汪、陆、曹三人都有极大的钻营手段，估量他回国以后，一定可居要职，一定可以压制人民，所以格外拉拢他。不过因为仲和太要用手段，布尔德有时也要捉弄他。即如这日既已两人相遇，照理先把银子给他了，然后再谈别的；那布尔德偏偏不肯，故意和他开玩笑。相见之下，并不提起昨晚的事情，只将他拉到热闹的地方，品评来往的女人家哪一个媸，哪一个妍，滔滔汩汩，说个不了。仲和虽然一味敷衍，可是肚子里累他打了不少时候官司，暗暗想道：“难道他忘却了吗？……不然，他昨天的话是虚言吗？……”辘轳一般，转了好久。实在不能再忍了，便打定了主意，要启口问他。谁知布尔德早已猜中，不由他问到这件事，连忙提前问他道：“你在日本看见几个满洲学生，可讨厌不讨厌？”仲和转问道：“你呢？”布尔德道：“我吗？极讨厌他们。因为旗籍学生大半要摆官架子的。”仲和道：“我也何尝不讨厌？”布尔德连忙沉下脸来，说道：“哦！你是瞧不起旗籍学生的？我适才不过是一句玩话，其实我便是一名旗籍学生。我从前所以和你说是‘朱绍先’，乃是假话，我叫布尔德。我已知道你是一名革命党，生怕你要和我为难，所以改了姓名。如今你既然自己供出来了，我调查的责任完了，和你拜把的事也可以取消，昨儿答应你的事情更可不必说，只消清清爽爽，在我留东革命党调查表当中加上你一个姓名，报告政府，叫他们谨防，事就完了。’说着，即在衣袋中另外拿出一张名片来给仲和。仲和一看，果然是布尔德，吓得他魂灵儿飞上半天。

第三十回

媚鞑虏公园屈尊膝　迎公使车站受虚惊

他拿了这张名片，呆呆地看了布尔德好久，半句话都说不出来。这个时候，恰有暗地觑见他俩情形的留学生，见他们和演剧一般，便走远一些，叫了一声怪采道："好一个布尔德！"这一声采连布尔德都惊了一惊，连忙回转头来，细细察看，只因游人过多，穿西装、和服的留学生也不计其数，究竟是谁喝的，哪里知道？也只好置之不问。不过这一喝，把章仲和的脑筋倒喝醒了，当即对布尔德问道："你真个是旗人呢，还是汉人？"布尔德道："我何必自己认做旗人呢？只因我你要好了，才始对你说句实话，但是你切不可对人家说我是旗人。"仲和便扑通一声，跪在布尔德跟前哀求道："好哥哥，你既是旗人，为什么不早说？为什么故意说讨厌旗人？老实说：我因为急于要向你借钱，所以要顺从你的意思，你怎样说，我便也怎样说。其实都是同胞，我是比不得那些狂妄的少年有满、汉见解的。"说着，还指着太阳向布尔德宣誓。布尔德笑了一笑，连忙将他扶了起来，叫他在休憩椅上坐。仲和四下里看了看，没人，方才坐下。布尔德道："何必如此，我不过防你是一个革命党罢咧。如今你既不是革命党，那么，我们依旧是兄弟，什么事都可商量。"一面说，一面掏出钞票来，数了五百块钱交给他。仲和两只眼儿注定在这钞票上，伸手接了过来，向布尔德谢了又谢。布尔德道："你既然兄弟一般的待我，就什么话都可说了。我是皇室近支，蒙老佛爷十分重视的。说句良心话，老佛爷最爱人才，像你那样学问，给她知道了，一定重用。但是一方面也最恶革命党，如康、梁、孙文这班人，她老人家切齿痛恨的。她时常对几个大臣说：'我朝历祖历宗，待汉人不薄，一切政教设施，满、汉从无歧视。为什么汉人要革命？'说着，深深叹息。"仲和道："我头里已经说过了，有满、汉见解的，即是狂妄少年。我平生最恨的便是这班人。"布尔德道："不但你自己应该如此，凡是你认识的朋友，你都该劝他，使他猛然省悟了才好。我记得今天《朝日新闻》上登过一则告白，说后天开留日学生大会。不知讨论些甚么事，你可去不去？"仲和道："告了一天假，去看看他们情形，也不打紧。"布尔德道："我也是这个意思。"两人谈了一会，时候已经不早，各自回寓。

到了开会那一天，仲和便约了汪荣宝、曹汝霖、陆宗舆三人一同前去。汪、曹、陆三人在签名处签了名进去了。仲和在最后，在签名簿上写了“章宗祥”三个字，待要趸身进去，忽然被邹容拦住道：“且慢！你是章宗祥吗？你要进去时，先得跪在地上，再重重地宣誓道：‘我是革命党，我是最恨鞑虏的。’那才放你进去。”仲和一想：“这一定是前天的事情被人看见了。”那时他的面上，红一会，白一会，旁边众人只当邹容和他开玩笑，都劝邹容不要捉弄他。邹容道：“今天开会，是多么郑重一件事，我怎么会捉弄他？你们都不知道，他和一个鞑虏在公园里商量，要杀尽我们汉人，我都听见了。他还向鞑虏下个跪，难道我们就不可以叫他下跪吗？”众人听了，都向邹容叩问详细，邹容一五一十说了一遍，丝毫没有遗漏。仲和暗暗惊服他的侦探手段。众人道：“既然有这一件事，我们单是不许他到会还是太老实，该将他扣留起来，我们就在开会的时候，讨论一个办法，再作计较。”邹容自然赞成。当下就有五六个人将仲和一把抓住，七手八脚，拥他进去，将他暂时禁在一间空房子内。过了一会，那布尔德也来了，签名簿上写的是“朱绍先”，冤家狭路相逢，偏偏又碰见了邹容。那时邹容便不似待仲和这般老实了，一见“朱绍先”三个字，即伸出手来，对准布尔德的面儿劈啪地打了一个耳刮子道：“好一个朱绍先！来，来，来！给你俩亲亲密密谈话去。”说着，即将布尔德拉了进去，禁在仲和一块儿。于是众人又来问详细，邹容便将朱绍先是布尔德化名的话告诉大众。

当展堂进去的时候，邹容正在宣布朱绍先的秘密，可惜展堂不曾听到上半截，因此便不能知道这件事的底细。展堂是一个性急的人，便找了一个朋友叩问，那朋友方才照邹容报告的告诉了展堂，展堂才始明白了。过了半个钟头，铃声大振，学生们都挨次入座。这日，逸仙、少白、少纨都没有到，公推黄克强主席，将留学界情形报告一过。第一件讨论的便是组织学生会，多数主张：先由各省学生组织分会后，再组织总会。第二件讨论支那亡国纪念会是否继续，多数主张：以经费窘急，暂时停顿。各案议决以后，邹容便将适才布尔德和章宗祥的事情当场宣布，要求主席付讨论。汪荣宝、曹汝霖、陆宗舆三人因为和仲和莫逆，一听到这件临时提案，早就设法脱身走了。还有几个官费生不敢谈革命的人，噤若寒蝉，一句话都不说。一时像宋渔父、程家柽、戢翼翚、张继、冯自由、陈佩忍……激烈分子，当然你一言，我一语，讨论起来。有的说，“驱逐他们回国”；有的说，“惩罚他些钱”。那时有一人起立说道：“驱逐回国是我们权力所不及的，罚他银钱，又怕日本当局干涉，都不是妥当的办法。我有一个主意，不知可好？我们只管放他出来，让大众认明白了，以后这两个人永远不许他入我们团体，永远不许和他往来谈话，这种办法似乎和平些。”这人说毕，众人都拍手赞成。付表决时，得多数同意通过。那时绶卿指着适才说话的人说道：“这人便是叫钮惕生。”展堂点了点头。到了散会以后，主席对众人说道：“诸君且慢走，还给你们瞧瞧两个怪物咧。”说着，便叫邹容等去引布尔德与章宗祥出来。这个当儿，展堂央绶卿介绍惕生，绶卿便把惕生拉了过来，掏出稚晖的信给他看。惕生看毕，和展堂握握手说道：“胡君是岭南文星，耳名已久。此次来东，将来我们革命团体的机关报，又多了一名撰述的健将了！”展堂谦逊一番，正要与惕生谈话，忽然见有三四个学生拥着布尔德与章宗祥出来，大呼道：“诸君请看鞑虏的怪状呀！请看未来的奴才呀！”众人果然一窝蜂拥将上来。但见仲和俛着脖子，受绑的罪犯般，一些不做声；那布尔德涨红了脸，咬紧了牙齿，现出痛恨的样子。那时众人如看新妇一般，凑近眼儿，仔细瞧去，一面还向他调笑。有的说道：“好一个贵族学生呀！”有的说：“‘奴才跪奏，皇上圣鉴。’快学习起来，准备将来戴红顶、插花翎啊！”最惹人发笑的是刘成禺，他本来站在远远的地方，忽然排开众人，抢上前来，在章宗祥跟前将脑袋晃了两晃问道：“载湉阿哥的粪可甜也不甜？”说得众人捧腹大笑，声震屋瓦。那时章宗祥依旧如此，那布尔德已经忍无可忍了，便睁开眼儿大言道：“我今天虽然受你们侮辱，可是你们也只靠着身在异国。我希望你们将来毕业归国，回到北京，也这么侮辱我一番，我就……”话还未完，早就劈啪一声有人打下一个耳光过来，打他的就是扭他出来的人，接着向大众问道：“你们看清了没有？”有一人抗声应道：“看清了！有眼，有耳，有鼻，有舌，有手，有足，都和大家一样，差的只是他俩没有脸儿。”众人遂附和着说道：“着呀！着呀！”于是扭布尔德和章宗祥的人便将他俩一推说道：“去吧！赶快去养成奴隶资格，赶快回国充当奴隶！”

这两人在无可奈何之中，只好充耳不闻，低着头跑出门来。大约距会所半里之地，布尔德便对仲和说道：“不瞒你说，我自有生以来，不曾尝过这般痛苦。如今只为了你一个人，累得我受空前未有之奇辱，倘然你变了心了，哼！你这性命，就在我的掌握中。”仲和道：“好哥哥！休要生气！我已经害了你了，此后不要说变心，就是生生世世变猪做狗，来报效你老哥，我也情愿！你如其再不信，我把家庭里的事情说给你听：我有个哥子，叫做章宗元，本来一母所生，不应视同水火。我和他同在南洋公学的时候，他什么事都要比我出风头。后来他到美国游学去了，我也要到美国去，他便恶狠狠地说道：‘你要和我比高低吗？哼！你这么下去，管教你玷辱门楣。你的学问越高，你的奸恶越深！我睁着两只眼儿看你，你如其有出息时，我便把留美的经费加倍给你。’我听了这话，直气得七窍生烟。当时也曾下过一个决心，若不是做了一个大官儿，再也不见他的面了。好哥哥！我是一个希望做官的人，单要将来可以在政府里得一席之地，什么事都肯做。你还防我变心吗？”布尔德道：“我已经有了一个计划。他们有团体，我们也可结团体。我想我们这个团体，不妨命名曰‘尊君会’。”仲和想了一想道：‘尊君’吗？这意义和‘保皇’并没有两样。保皇会是康有为组织的，康有为又是老佛爷切齿痛恨的人，只怕不妥。就我主见，还不如改为‘励忠会’吧。‘臣事君以忠’，谁都念过的，我们做臣子的，单消随时勉励就完了事了。”布尔德道：“不论是‘励忠会’‘尊君会’，我们至迟明天就要组织。你只管把你的朋友邀了过来，我也只管把我的朋友邀了过来，一切会名章程都由大众公决，那就见得不是我俩的私意了。”仲和自然诺诺连声的答应。主意既定，便各回寓。次日，又告了一天假，亲到汪荣宝、曹汝霖、陆宗舆几个人寓处去，到了汪荣宝的寓处，由章宗祥把布尔德的意思说明后，荣宝便说道：“我们还有一个朋友可以加入，这人是初到日本的，姓杨，单名度，号呼皙子。别的且不说，单是一手文章，纵横曲折，随意所至，岂不是我们一个很重要的臂助吗？”仲和道：“我如今不敢说了，杨皙子是好是歹，我原是不明白。若是你负责的，你尽管邀来，我们那位阿先阿哥性情古怪，倘然有甚不合，岂不是我又做了一个罪人了吗？”汪荣宝道：“不打紧，由我负全责介绍。”仲和听如此说，也就无话。当日，五个人一同到布尔德的寓里去。他们旗籍学生原自住在一块儿的，所以早已到齐。旗籍学生连自费在内，统共十五名，除了布尔德外，也有认识的，也有不认识的。就中最漂亮、最有口才的，要数连经，穿一件枣红色的袍子，外面罩上一件一字襟的背心，背后拖着一条油松辫，右手夹着一枝雪茄，一面抽烟，一面高谈阔论。自然，进去的人个个注意他。他打着极纯粹的京语，一个个问起姓名来，一个个和他周旋一下，周旋的话因人而施，各不相同，因此没有一人不佩服他。话虽如此，这日却也触了一次霉头。头里他曾经问过杨皙子的姓，到了将开会的时光，不知为着何事，又问起皙子贵姓来。皙子倒也很喜欢谈谐的，便顺口答道：“依旧姓杨。”连经听到“依旧”二字，知道头里曾经问过了，不由得涨了满面通红，勉强笑了一笑，点了一点头便混过去了。到了开会的时候，也并没正式排过秩序，大餐柜上先摆上一盆日本产的纸烟和日本产的雪茄烟，又放上了一壶茶。原来旗籍学生大半贵胄，他们是快活了半辈子，怎么肯受羁束！所以开会的时候，烟云缭绕，言语喧噪，议了半天，才议决了一个会名，仍旧叫做“尊君会”，其余的因时候不早，不曾决定。还是布尔德提出一件事来，当即对大众说道：“蔡公使为着受留学生的胁迫，已经逃回中国去了，如今来的公使是汪大燮。这人很明白君父大义，我们如其要占胜利，须得提早和他联络。要和他联系，当明天他到横滨的时候，我们该得前去迎接。只是怎样迎接，还得请诸君商量一下子，”众人听了这话，都说出一个仪式来，但是各人说的都各不相同，不能表决。最后杨度起立说道：“鄙人以为新公使就任，我们支那留学生为壮国威起见，当然要前去欢迎的，但是也不必过于费钱。照我个人的意思，提早制了两首旗，一首国旗，一首欢迎旗，写‘支那留日学生欢迎汪公使’字样，到了晚上，请他吃大餐，乘间我们就开了一个联欢会，约计起来，只不过几十块钱够使了，似乎不消大排场吧。”汪荣宝道：“大排场原自不必，但若书上‘支那留日学生欢迎汪公使’字样，我们到底不是全体学生，给他们得知了，岂不是又要和我们交涉吗？”仲和道：“话不是这么说的，试问我们是不是留日学生？又没有加上‘全体’二字，有什么妨碍呢？”众人听了这句话，都笑说道：“仲和真是一个法律家，在‘留日学生’四个字当中，又想出‘全体’两个字来。就是把东京、横滨、长崎、大阪、神户、西京的学生起来和你争辩，只怕也要被你屈服了。”布尔德道：“如今不是说闲话的时候，究竟怎么办，也该打一条主意呢。”又经众人商量了好多时，抽了好多枝纸烟，喝了好多杯茶，方才决定，仍旧依照杨哲子的话。

这晚会散以后，一宿无话。到了第二日，这二十几个人的小团体，自然一个不缺的齐集在火车站，一同搭车去欢迎。国旗与欢迎旗，都是布尔德和连经置办的，本来在金黄的太阳和拂拂的西风之下，旗帜飞舞，颜色鲜明，远远地看来，多么美丽？无奈这日天不做美，当他们搭车的时候，天空已经布满黑云，及至到了横滨，早已洒过一阵大雨。那两首旗帜受了雨水，统身湿透，都括在旗杆儿上面，五六步外看来，简直是两条杆儿，哪里是旗？至于这二十几个人，虽然也有一半穿雨衣的，可是未穿雨衣的人，都淋得落汤鸡一般，一条辫儿的下端，檐溜一般滴滴流出雨水来。看看时候还早，汪大燮还不曾来，只好站着等候他，连吃饭的功夫都没有。直等过一点多钟，那汪公使方才来了，这二十几个人虽然一身淋漓，却也毕恭毕敬，整冠束带前往迎接。汪公使事前未曾接到电报，临时又看不出旗帜上写的字，不晓得究竟是谁来欢迎的，也只好颟颟顸顸，向那二十几个人点了点头，一径走到车站休憩处去。再不想这二十几个人同时也跟了进去。在这二十几个人的后面，也有横滨的华侨，也有日本的警官，汪大燮周旋一下，才知道这二十几个人是祖国的留日学生。汪公使哪里知道这是一部分的学生，只当是全体留学生的代表，暗暗想道：“蔡公使被学生包围，这一定是蔡公使自己的不好；要不然，他们为什么来欢迎我呢？……”他想到这儿，以为留学生很容易驾驭的，便站起来对学生说道：“今天承诸君美意，远道来迎，感激无涯。不过兄弟在未曾就任之前，先要对诸君说一句不知进退的话：国家经庚子之乱，皇上、皇太后锐意维新，所以派遣你们出洋游学，无非需才孔亟，要仗着你们学成归国，辅佐圣治，使国家臻于强盛之域的意思，所以你们这两个肩头上负着极重大的责任……”那时这二十几个学生异口同声应道：“是！是！”讵知这“是！”“是！”的声音未了，蓦地间砰的一声，在汪大燮背后响了起来。接着，有人大呼道：“国贼！民贼！”汪大燮和众人都大吃一惊。回头看时，只有一个黑影倏忽不见，连巡士都捉摸不着。

这一件小小事情，不上一天，竟传遍了横滨，到底没有人知道这个鬼是谁捣的。但是作者却千方百计探听到了这个消息，请向读者报告一下：读者想还能够记起洪宪皇帝时候，在西北隅猖狂的白狼。这白狼究为何人，估量一百个人当中，还没有一个知道。谁指望这日在横滨恫吓汪太燮的，正是这白狼第一次的革命工作。原来白狼并不是什么三头六臂的奇人，也不是纵横江湖的盗匪，乃是河南汝阳一个书生。他姓白，名叫朗斋，老子死后，酷好《水浒传》和《七侠五义》等旧小说，刻意学成了一个轻财仗义、惯抱不平的侠士。虽未必懂得百般武艺，恰也能够使棒弄枪。至于文学上呢，旁的书都随读随忘，只有一部《周易》，从十二岁读起，一直到了三十岁上，还是带在身边，不但朗斋能诵，而且触类旁通，早悟彻了个中玄理。闲言休述。只因拳匪之乱，联军入京，光绪帝和那拉氏出奔陕西，一时财政无着，向各省催解饷需，河南一省，报解独多。到了时局太平，省库空虚，伪廷又下谕催办新政。河南巡抚无法可想，不得不令饬地方官向富户勒捐。县令奉到公文，轮起指头儿一数，白朗斋还不是邑中首富吗？连忙坐了一顶轿子，带了几名衙役，一径到了白公馆里来见朗斋。朗斋向来不喜欢和地方官往来的，这日忽然听见知县来见他，就知道一定为了款项了，便大踏步出来接见。酬应一番以后，彼此坐下，那知县果然谈起款项来，硬要朗斋报效十万两银子。这个时候的朗斋，家私早已化完，只剩下几亩薄田，几间住屋，委实再没有报效饷需的力量，因此便依实回复了知县。知县决意不肯，一定要他拿出银子来，他如其不答应，那知县只是不走。那朗斋低着头想了一会，计上心来，徐徐地说道："说到十万两的银子，数目也并不大，不过因治下手头上没有，就不能立时答应公祖。如今公祖既说一定要的，那么，请限我三天，由我向亲友跟前设法，三天以后，一定奉上，请公祖放心。"知县一想，他就使没有钱，因他是个著名的富户，四下搜罗，区区十万块钱，不难顷刻而集，因此把这颗心放下，告辞而回。及至到了三天以后，并不见朗斋把银送来，只从邮局寄来一封信。

第三十一回

白朗斋围炉谈易理　李仲湄当席宣名言

知县拆开一看，见其里面写道：

引乱民为护身之符，与列强轻启战端，此皆鞑虏之罪，吾民不任受过。伪驾出京，又不知体恤民艰，悉索敝赋，吾民何辜，而具此无谓之供应乎？昨驾到蓬庐，以十万金为索，足见足下情急狼狈之状。惟足下是举，乃为鞑虏筹饷需，而非为国家造幸福。吾人赖国家以生，而非倚鞑虏为活，虽十金吾犹吝之，更何论夫十万金？‘笑骂由他笑骂，好官我自为之。’寄语足下，好事鞑虏，善为奴才，勿以我为念。

知县读毕，大吃一惊，一时性起，不管他是绅是民，立即派了几名衙役前去捉拿朗斋。不料衙役回来禀报说："白朗斋早已躲避无踪，只剩下一所空房子了。"知县没奈何，只好把这空房子封闭了事。

原来朗斋只有一妻一子，当这封信寄出的时候，他早已带了妻、子逃出汝阳，到了上海，东渡日本，入士官学校肄业。那时中国学生入士官的一天多似一天，他只和吴禄贞最称莫逆。他常对绶卿说道："学军事的，当以肃清民贼为主旨。有这个思想的，只足下一人。"绶卿也不说什么，只微微地笑了一笑。这会子留日学生开大会，朗斋也在其内，当布尔德、章宗祥释放的时候，绶卿曾经对朗斋说道："他们受了这一次奇辱，心里多么怀恨，此去一定设法报复，说不定我们同志中要遭他危险，非随时侦探他们的举动不可。好在你身有拳术，又是他们不认识的人，这趟差使，非你不可了。"朗斋拍一拍胸脯道："我去！我去！"说着，飞也似的走了。到了晚上回来，绶卿便问道："可有什么消息？"朗斋道："索性明儿一起告诉你。"到了第二天晚上，绶卿又问他，他又说道："索性明儿一起告诉你。"这么样过了五六天，绶卿再也耐不住了，笑着对他说道："我只当你是一名活泼有用之才，如今音信全无，原来是‘银样蜡枪头’。"朗斋道："呸！你知道什么？这一星期当中，我把他们的内幕计划都探出来了。你别要性急，我慢慢地来告诉你：他们第一次组织了一个尊君会，第二次到横滨迎接汪大燮，当晚到东京晚餐，这都不必细说。近几天有一件事最要注意，他们尊君会里有调查部，专务调查我们倡言革命的人，怎样举动，怎样组织，每月向汪大燮和满廷报告一次。凡是革命党，如其是官费生，停止他的官费，如其为私费生，将来回国以后不给他做官。”绶卿笑道：“谁指望做鞑虏铁蹄下的官呢？”朗斋道：“他们还有一个计划，就是专门搜罗学费不继的学生，或是替他运动官费，或是将金钱补助他，使得软化了，然后拉他入尊君会。”绶卿道：“这倒是很可注意的一件事，我们也该想个法儿抵制他。”朗斋道：“他们是贵胄，只消一举手之劳；我们身无分文，用什么去补助？我想过了，如其有人入他们尊君会的，立时将他暗杀了，使得他们心惊胆裂，不敢再有这种不良分子，岂不是很爽快的办法？”绶卿笑道：“你有臂膊，人家也有臂膊；你有拳术，怎知道人家没有拳术？”朗斋哈哈狂笑一阵，道：“我早已胸有成竹了。”说着，长啸一声，出门而去。

绶卿与朗斋住在一块儿的，朗斋的房间里书籍凌乱，什物纵横，几乎没有插足之地。他每次出去，从来没有关上门儿的。这日，绶卿只当他在房间里，三脚两步走了过来，不想四下一看，连影子都没有。只见他案上铺着一张飞薄的书笺，笺上写着一首诗道：

笑拂芙蓉上酒楼，百壶吸尽天地秋；磦砢旁薄消不得，未曾倾倒玉山头。人生及时须纵酒，冲寒典却鹔鹴裘！白眼向天一长啸，廓清胸次万古愁。起视人间世，鬼域幻阴谋，大盗擅金穴，小盗攫玉钩。大盗小盗相乘除，两间不平何时休？黑夜排墙探虎穴，款段途次报仇雠，白刃猝落血花迸，向空狂掷鼠子头。如此作剧良非恶，镇日无事淬霜锷，击刺凌白猿，竭来傲黄鹤。偶挥搏浪椎，反惹天下索。肩随介子骖卫霍，兄事鲁连友朱郭。屠狗卖浆差可儿，古今侠风正寥落。平生意气何所似？脱手千金一然诺。烹肝喋血足消遣，安用纵横短长略？

书法遒劲，认识是朗斋写的。“但朗斋没有这么好诗，又是谁作的呢？”正在猜疑的当儿，忽然有人大呼道：“捉贼！捉贼！”绶卿回头看时，正是朗斋回来了。绶卿道：“你要捉我贼，我先要捉你贼，你这首诗是从哪里偷来的？”朗斋道：“这首诗我曾在报纸上看见，因为他说的话和我的性格怪近的，所以我便抄了下来，它题目就叫侠士行。我还想找一个会写字的，写到立轴上，就悬在我的房间里咧。”绶卿道：“我们留学生当中，没有一个会写字的。记得前几天在一家美术公司看见过一副对联，联语是：‘撑眼看天下，赤心护国家。’是一个日本人写的，名叫中村秀彦，字如龙蛇，笔笔生动。”朗斋道：“这中村秀彦我又不认识，为了写一幅字，使全副精神去找这个人，何苦呢？”绶卿道：“话不是这么说的，你为什么为了求学问，便使全副精神到日本来？”朗斋也禁不住笑了起来。

这日下午，朗斋从外面回来，一径走到绶卿房间里，笑眯眯地说道：“我今天早晨占了一个卦，断定下半天有一件如意的事情。不想到外面逛了一会，不但碰到了一件如意的事，而且同时碰到两件有趣的事情。你上半天说的中村秀彦，我不曾去找他，却无意中给我碰见了。”绶卿道：“什么地方碰见的？”朗斋道：“说来话长。我们留学生当中有一个叫吴樾的，你可知道？”绶卿道：“碰见好多次了。”朗斋道：“他是一个主张暗杀的人，只恨自己不会造炸弹，所以一心要找一个会造炸弹的日本人，向他学习制造的法子。当时便有一个姓杨名叫笃生的也有这个意思，两人便到处探听，不知从何处探得这中村秀彦是社会党，而且是会造炸弹的人，他们便专诚去拜访。那中村头里不肯承认，后来见吴樾、笃生等都是有志节的少年，方才微笑答应。订定每晚到他家里学习一小时，大约两星期便可毕业。不想制造炸弹的原料受日本警察的干涉，无从购置，只好作罢。他们正在吴樾的寓里谈论这件事，我刚巧走了进去，大家谈起来，才知道这三十几岁的日本男子便是中村秀彦。我已经和他说起过，他一口答应，明天还要到他家里去找他咧。”绶卿道：“你说有两件得意的事，还有一件是什么？”朗斋道：“我正要知道造炸弹的法子，现在他们都已知道，我正好在一处学习，岂非又是一件可喜的事吗？”两人正在说话的时候，忽然又有一人进来，抬头一看，正是吴樾。朗斋道：“你怎么又来了？”吴樾道：“我特地来报告一件可喜的事。”绶卿道：“又是一件喜事，为什么可喜的事这么多？朗斋这几天可算是‘喜气临门’了。”吴樾道：“适才据杨笃生说：有个李仲湄，是兴中会的老会员，孙逸仙先生极看重他。他是制造炸弹的老手，明天可以到东京了。我们到底手术未精，正可向他请教，这还不是一件可喜的事吗？”绶卿道：“我道是甚事，原来仲湄要到东京来了，我们该得开一个欢迎会。”朗斋道：“开会的地址，还是这儿大些，再说明天是星期，大家没事，我们正好热闹一场。”吴樾道：“那么，我明儿就将笃生邀了过来。”说着，便辞别而去。

翌日，绶卿与朗斋均不曾出门，燃起一具火炉，一面烤火，一面谈话。朗斋衣袋中插上一枝铅笔，一本箚记，绶卿顺便拿了过来道：“一定是什么‘炸弹秘诀’或是‘炸弹制造法’了。”朗斋道：“这也是一种炸弹，不过是无形的炸弹罢咧。”绶卿翻开一看，见里面绘的有什么《先天图》呀，《太极图》呀，《两仪四象图》呀，还加上了好多的说明，看了一些不懂，因说道：“你学的是陆军，理该带着一本《战术教程》才行，为什么倒喜欢下这迂腐的功夫呢？”朗斋道：“迂吗？你就错了！军事乃是形下之学，这乃是形上之学。若说形上之学是迂的，那么帝国大学里的哲学家都是迂儒了。”绶卿道：“哲学是说理的，你这是讲数的，怎么可以并论？”朗斋道：“这又错了！数就是理，理就是数，本来没有分别的。只因数是不可知的，所以人家都说它迷信。其实事理繁复一些就是数，并非不可知的。我举一个例来说：打牌，谁也知道的，一个是老手，一个是初学，照理，老手是胜的，初学必负。但是有一次，初学的人偏偏大胜而特胜，老手倒负了。人家自然说：这是数呀！哪里晓得也是理。因为世间事情，没有一件不有来源的，换句话说：就是有果必有因。因上加因，绕了好多弯子，这个‘因’就难找了。但也不过是难找，并不是没有因……”绶卿道：“你说的话我明白了。但是说理只管说理，为什么要说阴阳呢？”朗斋道：“亏你是一个陆军学生，连代数里正负都不知道？阴就是负，阳就是正。在人事上，有男必有女，有来必有往，有好必有歹……凡是相对的事情，都是阴阳。本来宇宙是浑浑噩噩的，只有‘无极’，哪里有‘太极’？两仪更可不必说了。但是自有人生，便有差别；有差别了，便有阴阳。所以‘无极’是先天，一涉‘太极’便是后天了。”绶卿道：“不错，这便是形上形下之别。可是为什么把它卜吉凶呢？”朗斋道：“这就难说了。但就现今的科学说来，也是一种心理的现象。催眠术可不必说，即如：‘千里眼’‘心理交通’是多么一件神秘的事呀？”绶卿道：“你既然精通卜筮，可知道中华几时才可光复呢？”朗斋道：“我俩如其不死，九年当中，一定可以眼见满清的灭亡。”绶卿道：“你能够知道中华光复的期限，难道不能够知你自己的寿数吗？”说着，哈哈狂笑一阵。朗斋指着门外说道：“我没工夫和你歪缠，他们来了。”绶卿看时，果然有四个人进来，吴樾、笃生和李仲湄，都是素识，就中尚有一个日本人，却不曾碰见过。仲湄一见绶卿，连忙和他握手道：“好久不见了！”一面指着日本人说道：“这位是幸德秋水君，社会党里的中坚分子。”朗斋也起来周旋。各人间过姓名，方才坐下。绶卿先问道：“我好久没到横滨去了，不知逸仙先生近来怎样，也不知道兴中会的情状如何，还得请仲湄先生报告一二！”仲湄道：“逸仙是一辈子抱乐观的人，无论失败到怎么地步，他终没有一句失望的话，就可见得他的伟大了。他如今天天在横滨演说，听的人总是拥挤不堪的，因此他越发兴会淋漓。一次演说甚至经过了三四个钟头，他老人家并没有一些倦容，只不过额角上长了些汗罢咧。至于兴中会的会员，现在也很发达，凡是横滨的华侨，大半加入了。昨日还有一位姓廖名叫仲恺的，和他的夫人何香凝女士，慕逸仙的名儿，特地远道来见他，也加入兴中会了。我和他虽然初次相见，但听了他的言论，不愧为有道积学之士，而且看他一种坚决的态度，就可知道他的毅力非常强盛，所以孙先生非常重视他。”仲湄滔滔汩汩地讲，那朗斋、吴樾等伸着脖子听。绶卿道：“时候已经不早了，我们吃了饭再开会罢。”笃生道：“我们早已指定到森田餐馆里去吃饭，吃了饭再到这儿来开会。”众人一致赞成，便一同到森田餐馆里去。待吃过中饭，又复回到朗斋寓里来。到了时计敲过一下，便振铃开会。这个欢迎会并不十分拘束，和寻常的谈话会一般，所以在会客室里举行。大餐柜上摆起四盘点心，四盘水果，一盘纸烟，一盘雪茄，各会员可以随意吃喝。就中年纪大些的，要数到吴绶卿了，众人便公推他致欢迎词。绶卿即立起说道：“今日欢迎李君，虽说是一种私情，其实乃是公谊。因为我们同志都是革命分子，而今日之中国还是英雄革命的时代，不是团体革命的时代，所以我们同志都注重于暗杀。可是我国科学尚未发达，说来惭愧，连制造炸弹的法子还无人知道。李君既然是为教授我们制造炸弹来的，自然就是普及革命的教育。倘然因李君制造炸弹的方法普遍后，我国的贪官污吏、满奴汉奸如数杀光，中国就此太平了，那么，李君的个人，岂不就是中国的福星吗？所以鄙人说，今日欢迎李君，乃是公谊，不是私情。”众人听毕，都拍起掌来。接着，吴樾、笃生都有演说，最后，由仲湄致谢词，也起立说道：“适才蒙吴君推许过当，鄙人实惭愧无地。鄙人要向诸君表示谢忱，觉得一切虚伪敷衍之词，都不配用在我热心同志的跟前。因此我就将我学习炸弹的历史，向诸同志报告一下：诸同志既是热心革命之分子，自然熟知孙先生革命的历史。孙先生第一次在广州起义，就中有个郑士良先生出入锋镝，诸同志当然知道。鄙人就在这个时候，襄助士良先生侦察敌情。不幸手续未完，中途激变，事败垂成，孙、郑两先生都亡命海外，鄙人也到南洋游历一番。到了第二次惠州革命失败后，陈、郑两先生又走海外，鄙人即秘密到了广州城里，去叩问史坚如的意思。坚如道：‘我在没有举事的时候，已经具了一个牺牲性命的决心了。如今惠州方面虽然为着军火不继，无形解散，到底广州尚有一个史坚如，难道就无声无臭，从此了事吗？’我又问他道：‘你一条身子，究竟不是万人敌。如今军心都散了，你用什么法儿来革命？’坚如道：‘我们自有极妙的法宝，你忘了吗？’我恍然道：‘哦！这个法宝还是张老德传给我们的咧。’——诸同志！这张老德是谁呢？他是广东一个制造西药的商人，能够制造一种银爆药，我们因它可以当炸弹用，便和坚如一同央他指教，不上几天，便学会了。这就是鄙人学习炸弹的第一步。可惜那时我虽然逃出法网，坚如却被德寿捉获，就地正法了。在这里，我还要把一件题外的事讲给诸位听听。坚如有一妹子，名叫憬然，年纪才十六岁。坚如死后，伯叔兄弟恐被牵累，逃避一空。只有憬然未走，时时想要替他哥子报仇，可是没有机会，只好徒呼负负。但是她懂得医学的，满望将来在革命军中做一名看护妇。怎奈不永其年，不上二十岁，就染疫死了，这也是一件很伤心的事。我第一步还只学了些银爆药，和真正的炸弹相去尚远。第二步就……”说到这里，指着幸德秋水道：“全仗这位幸德先生。当我到日本来的时候，幸德君正从欧洲回来，他与宫崎寅藏君一般见地，要扶植中国革命。当时我谈起制造炸弹来，他便替我介绍个德国社会党奥勃司君，说他是制造炸弹的专家。因此又向奥勃司学会了炸弹。这是我学习炸弹的第二步。诸君要知道，一样杀人的东西，给同志知道了，将来用它去杀鞑虏，这是对的；给汉奸知道了，替鞑虏来杀汉人，追本穷原，那时我岂不是成了罪魁祸首吗？所以今日我还得向诸同志说句话在头里：要具牺牲性命的决心，有杀灭鞑虏的志愿，才好学制造炸弹的法子；要不然，多了一分技术，便是多了一名刽子手，这是一件可怕的事情咧！”讲毕，众人一叠连声的拍掌。仲湄坐下，幸德又讲了一遍“民生主义”，说：“孙先生近来新主张的民生主义，就是社会主义。”那时，留日同志大半趋重于狭小的民族主义，只要推倒满清，万事便了，所以对于幸德秋水的议论不很注意，也只照例拍了一会掌罢了。散会之后，众人络续回去，只留着绶卿、朗斋二人，又靠着火炉杂谈一会，方才吃饭。

到了晚上，朗斋便到笃生寓处里去学习炸弹，每晚一个小时，接连学上半个月，同志中加多了三十几个。毕竟人数太多，机密易漏，朗斋又是喜欢高谈阔论的，这个消息竟传到尊君会里去了。那连经是一个最活泼的人，一经得了这个风信，速忙暗地里打发了一个人，在留学生当中探听。刚巧朗斋正和一个朋友在料理店里诟骂布尔德和章宗祥，而且言语中露出势不两立的意思来，那人听了，便去告诉连经。连经不觉慌了起来，当晚邀集会员，开了一次紧急会议，决定将所探得的事实报告了汪大燮。汪大燮也想不出法子，在公使馆里商量好多时，才始议决将这件事情报告了日本警署，叫他们按照所开地址前去搜查。日本人最注重治安的，听见东京地方竟有造炸弹的巢穴，也不由慌了起来，立刻侦骑四出，到处侦查。可巧这晚笃生寓里一个人没有，证据也找不到，只好又到了朗斋寓里，仍旧没有证据，只有一首《侠士行》依旧放在桌上，便拿了去，送到警察署里。日本虽说君权很重，可是言论有自由权的，单这一首《侠士行》，怎好算做妨害治安的证物呢？当下警官笑了一笑，就将这首歌附在一封信里报告汪公使，信里说：“得不到犯罪的凭证，只找到了慷慨激昂一首歌，无从证办。”可是汪大燮得了一首歌非常喜欢，硬指“白刀猝落血花迸。向空狂掷鼠子头”，便是要杀旗籍学生的表示，一定要日本警署把朗斋驱逐出境。才肯甘休。

第三十二回

何物汉奸甘心杀友　仰彼义帜壮心从戎

日本警官未始不晓得中国学生大半是革命党，但是没有妨害治安的证据，万无驱逐出境之理。在这两难的地位，只好向政府请示办法了。日本政府也是最恨中国革命党的，便颁下一通临时取缔支那学生的规则。既曰临时，自然往后还有更厉害的了。因此有几个学生都纷纷回国，不愿受他国政府的束缚，便是朗斋也是其中之一。当临行时，他对绶卿说道："驱除鞑虏，同志中尽多豪杰，不消我来参与。我将来做第二步的大事，还得请你们做个后盾咧。"说着，便握手而别，先由横滨到了上海。他要看看那时上海的情形，便在一家客栈里住下。和他一同回国的，有邹威丹、杨笃生、陈天华这几个人。天华、笃生因没有毕业，拟待寒假一过，仍旧东渡。朗斋因为不能回家，拟找一个世外桃源，做他啸傲自得之地。只有威丹打定主意，在上海做他鼓吹革命的工作。

次日，威丹与朗斋一同去找章太炎。太炎正在草《訄书》的初稿，还只成了第一章，一见威丹进来，便堆下满脸笑容来迎接。威丹即将朗斋与太炎介绍。彼此坐下，威丹问起上海情形来，太炎道："我连《光复会宣言》都草就了，那满虏法网严密，耳目众多，不便公然开会。所以依了孑民的意思，表面上改做中国教育会，已在十月中成立了。现在我们正在规划一个女学校，经费早已筹足，到明年正月就好开学。这都是上海同志半年来的成绩，可也不玷辱了我们的声望了。"太炎又问起日本留学界的近况。威丹道："革命同志倒一天多似一天。只是有最痛心的一件事，那旗籍学生勾结我们汉人，暗中侦探我们的举动，实在是留学界的大污点！"太炎道："被他勾结的汉人是谁？"威丹一个个说了出来，说到杨度，太炎狂笑道："亏他一溜，溜到日本去了！"威丹道："怎么！他敢是犯过案吗？"太炎道："沈荩这件案子你知道不知道？"威丹道："在报纸里见过，可是不很详细。"太炎便霍地起来，指着火炉说道："我们向火吧。"于是威丹与朗斋都移过椅子来，凑在火炉旁边，要听他说沈荩的案子。太炎便慢慢地说道："说到这个沈荩，也算不得是我们的同志。他从前在武昌总督衙门里当过文牍老夫子，那时正是唐才常起义的时候。拿唐才常时，在他机关里忽然搜到一张沈荩的名片，因此就疑到沈荩和唐才常是勾通的，便要拿他审问。他知道不是路儿，连忙一溜烟儿躲到日本，去住了两年方才回来，改了姓名，住在北京，在北京报馆里当访员，这都是他以前的事迹。后来他发现了李汉奸李鸿章与俄国订立的秘密条约……”威丹道：“这又是什么条约？”太炎道：“自庚子乱后，俄国借保护在华铁路的名目，侵占满洲，夺取营口，什么人都知道的。但是这都是李鸿章这汉奸种下的祸根。俄人订辛丑条约时。李鸿章正在两广总督任上。清廷要与各国议和，李奸秘密地和俄人商量，若能运动自己充和议全权大臣，那么什么都可以让步。俄人立即答应，便向满政府声明，不是李某充全权大臣，不能开议。满政府连忙允许，所以就将李奸召到北京，放陶模署两广总督。沈荩得了这个秘密，便草了一篇通信，寄到上海，叫各报披露出来。当时李奸虽已去世，但是那班狗官都是痛恨维新党的，就中要算瞿鸿玑尤其厉害，见了这种言词激烈、攻讦虏廷的新闻，顿时大发雷霆，立时上了一个奏折，请那拉氏下谕，严拿康党。那拉氏即交军机议奏。军机大臣虽然顽固居多，可是无辜株连，多数不以为然，便将这个意思奏复那拉氏。那拉氏老大的不高兴，定要照瞿鸿玑奏的办理。那时有一个内务府郎中叫做庆宽，揣知那拉氏的意思，自告奋勇，愿为鹰犬，在那拉氏跟前扑通跪下，叩了几个响头，奏道：‘汉狗儿没有一个好东西，太后若不究办，将来军机中也难免有革命党了。’”威丹笑道：“他们连革命党、维新党、康党都没有弄清楚，亏他还能说出‘拿办’两个字来！”太炎道：“这一个小奴才庆宽到底不凡，一句话就吓得那拉氏屁滚尿流，连忙颤声说道：‘那么，你你……去办罢！’庆宽奉了这道拿办革命党的圣旨，喜欢的了不得，鞠躬谨肃退了出来，连忙来和他的密友李盛铎商量道：‘不瞒你说，我虽然在老佛爷跟前讨了这个差使，其实谁是革命党，革命党是怎么样的，我完全不懂得。你知道的请说些给我听吧。’李盛铎道：‘你不懂得，难道我倒懂得？’一言未了，忽然隔室里一人大声说道：‘革命党吗？我夹袋里多的很，打上八圈麻雀，革命党就在你的跟前了。’庆宽一听，这是已革翰林吴式钊的声音，便叫道：‘式钊！快过来！你说的革命党是谁呀？’式钊方才捧着一枝马蹄式水烟筒过来，笑眯眯地说道：‘昨儿才只打了四圈牌，就输给你八十块钱，心里有些不服。战败之将，还想一斗，不知你可有兴趣？’庆宽道：‘我今天是为着拿办革命党来的，先得把公事办完了，才好打牌。你既然知道的，快些儿说吧。’吴式钊道：‘我知道的有一个沈克諴，他就是湖北要犯沈荩，他住的地方和他的面貌我都知道，你要拿他时，我可以替你做眼线。不过还有个说法，须得替我保举，把功名开复了才行。’庆宽道：‘这何消说？倘然这件事真个办成了，自然开复的。’他说到这里，别转头来，问李盛铎道：‘可对不对？’李盛铎皱了皱眉，道：‘他是我的门生，我也难说。论理，沈克諴并不是罪大恶极的人，平白地将他拿了来，友谊暂且不论，全国公论一定要说我们的不是。但是为着式钊的功名起见，这件案子确是开复原官的极好机会。只是式钊自己万万不可出面。’式钊道：‘我自己不出面也可，我有一个内侄，叫做倪世仪，我把住址、面貌告诉他，叫他做眼线，还不是一样的吗？’盛铎道：‘这个办法妥当。’式钊道：‘你有没有捉拿的人？’庆宽道：‘这又不消多人，就打发我的跟班跟着你的令内侄，再到五城兵马司叫几个人去就行了。’式钊连忙打发一个当差的去叫了世仪来，将沈克諴住址、面貌都告诉了他。世仪正在京里找差使，也曾听见人家说：‘如今能够捉拿革命党，就可得功名。’一闻此言，自然一百二十分的高兴，即忙与庆宽的跟班拿着庆宽的片子，到兵马司叫了几个衙役，一直同到西三条胡同东三家屋内，果然有个姓沈的人，连忙将他拿住，扭到李宅。急得李盛铎双足乱顿，对世仪说道：‘这件事我不管的，为什么拿到这儿来？快送九门提督衙门。’式钊故意说道：‘为什么不拿到提署里去？’世仪已经会意，便依照李盛铎的话，一径解往提署。式钊与庆宽即辞了李盛铎出来，也一直到了提署探听消息。当日由提署审问一过，转解刑部，暂时将他禁在天牢。到了第二天，刑部堂官又提沈荩审问。沈荩道：‘我确是一个流血党，但是庚子年的案子已有明文，不事株连，在今日我曾经干过什么事情？还得请大人明示！’那堂官却呆呆地看着沈荩，说不出一句话来。没奈何，只好仍旧把他收监。直到二十九那一天，那拉氏另派大员会审这件案子，严刑拷打一回以后，再问他道：‘你究竟是不是革命党？’沈荩道：‘我就是自己要承认革命党，只因得不到证据。轻易承认了，未免对不住自己。’问官又是没法。正在这个时候，得了一道急旨，说：‘着将沈荩立毙杖下！’有了这一道旨，那问官便也不在审问上下功夫，只是一味严刑拷掠，把一个沈荩打得血肉横飞，晕了又醒，醒了又晕，到了最后，便一晕不再醒了。”威丹道：“真个岂有此理！不知他宣布的是怎样罪状？”太炎道：“说到这一点，越发可笑了！当时因为没有犯罪的证据，庆宽就挺身而出，拿了一张康有为照片，对刑官说道：‘这罪犯不是姓沈的，就是戊戌乱党康有为。不信，请看照片。’长素的面目虽然和沈荩微有不同，但是他一部长须，恰和长素一般无二。因此杖死之后，只说是打死了康有为，并不说是沈荩。沈荩平白地牺牲了一条身子，倒便宜庆宽得了一个即补道，吴式钊开复了一个翰林，倪世仪得了一个同知。”朗斋道：“鞑虏阴鸷凶狠，不足深怪，独恨那狼狈为奸的汉人也这么了无心肝，委实不能原谅。如使我在东京时，将那附和满人的学生杀戮一空，也未始不是一件快事。叵耐才有这个志愿，便有束缚我们自由的规则颁下，使我们不能安居。或许他们这班东西还不是寿终正寝的时候吗？”威丹又问道：“你还只说到一个沈荩，这杨度又怎样呢？”太炎道：“他吗？说起来更可笑了！…”

才说到这一句，门铃一响，又走进两个人来：一个是广东会馆里司账先生，名叫汪伯祺，是个秀才，太炎与孑民组织中国教育会的时候，他东奔西走，很为巴结；后面一个将近二十岁的少年，却不认识。当下走进了太炎房间，那伯祺先说道：“太炎先生，我先给你介绍一个同志。”太炎瞧了瞧少年，点了一点头，指着一把椅子说道：“先向火吧。”威丹、朗斋也站起来点头，伯祺便指着少年说道：

"他是我的宗兄弟，名叫兆铭，十七岁上进了个学，第二年便中了举人……"太炎摇头道："我没有进过考场，不懂这个名目……"兆铭也说道："你再提起，提起了使我惭愧。"伯祺道："不啊！我假如替你立了一篇生传，起笔就得这么说：'汪某，字某某，某县人，生而颖悟，某某岁，补博士弟子员……'这似乎也是刻板的文章吧！"说得众人都大笑起来。伯祺道："不要笑！还有下文咧。他在今年便在岑督衙署里充一名文案，岑督十分重视他，派他到日本去学法政。他忽然觉悟到自己以前的错误，即敝屣功名，决定把推翻专制政府的责任放在自己的肩头上。所以自己起了一个别署，叫做'精卫'，取'精卫衔石填海'的意思……"太炎道："伯祺君算不得'书生'，乃是'书熟'，连'精卫'两字的来历都明白，书也不为不'熟'了。"于是众人又笑了起来。这时，朗斋忽然问道："今天看上海报纸，广西的匪势正蔓延得不可开交，究竟是怎么一回事？"精卫道："这倒不能说他是匪，他的来历，很是古怪的。党首杨元宝和姬七，听说都是广东惠州的三合会会员，从前和郑士良结识的马文奎，就是这会中首领。后来马文奎到了北方，为着和马贼决斗，死了，会中便推戴杨元宝和姬七做首领。可是惠州自经庚子年士良起义，史坚如炸总督署以后，官厅中防止会党非常严密。杨、姬二人不能自由举动，便相约奔到广西梧州属的佃余村。这村庄里户口虽繁，大半都是贫民。杨、姬二人头里都装扮农夫模样，当日薄崦嵫的时候，在山田中作工的人还没回来，他俩便缓步走到陇亩当中，问他们的生活怎样，作工苦也不苦，远远地说起来，说到现今满政府的不良，贪官污吏的病国殃民，他们做农民的便慢慢地明白起来了。再过了几天，这一村里的人民一大半入了三合会了。在上年闰月二十二那一天．杨元宝邀集村众，高声说道：'我们本是反清复明的，如今我们军火已经办到，立刻要举事讨虏。诸君有愿意跟着我们去的，快跑上来！'一时潮也似的涌过来的，整整有七八百个……"太炎听到这个地方。顿时兴会淋漓，把手中拿着的书向桌上一扔，凑近精卫问道："有这么的勇敢吗？"精卫道："不要说他们已经入了三合会，便是庆远、柳州的游勇，到后来也闻风响应，崛起一隅。杨、姬既从佃余村进攻，官军中也有管带振新前营张大发、振新后营蓝肇常会同督队，出来迎战。相持一日夜，杨、姬使退踞地势险要的那陈村地方。距这次战争不多天，忽然喧传庆远府属之东兰州失守了。提督苏元春听了，大吃一惊，连忙派遣探子往查情形，知道会党已经有了一万余名之多。立即命各路官军，认真剿办。但是他的魂灵儿，早已飞上半天，生怕官军敌不过会党，杀到省城里来，说不定脑袋瓜儿要保不住。果然，不上几天，就出了一个岔子。有个道台和一个统领押了五千杆毛瑟枪，五万颗的子弹，三千杆鸭毛枪，几十箱的码子，六尊开花炮，十二尊土炮，解到浔州下流，忽然有个营官模样的走将上来，手拿着令箭对两人说：'奉大帅钧令，在这里防堵党匪，所以前来照料一切。但是大帅盼望军火很急，若从上流直驶，上水不便，不如雇工从陆路搬到浔州来得快些。'那道台和统领一想，这话不错，立即就叫地方派夫，由陆起解。这个营官便派兵护送军械，交付夫役。怎晓得走了不多路，即见前面有大队兵丁呼啸而至，一面将军械夺下，一面要和这道台、统领为难。道台、统领才知道，适才的营官是会党假扮的，平白地上了一个大当，损失了许多军火。这事一来，越发吓得苏元春把脑袋往怀里藏。没法，只好与巡抚王子春商量办法。子春想一想，道：'这件事闹大了，不但你有处分，连我也有不是。现在只有弥缝之一法，上了一道奏折说，"会匪早已肃清。"省得朝廷责问。你呢？必须……'凑着元春的耳朵说了几句秘密话。元春点点头道：'好的！好的！'回来之后，当即通令驻兵之处，提早与会党约定：除了他驻兵的二百里当中地方不要骚扰外，其余的地方，官军一概不问。自有这句话，会党越发蔓延了，柳、庆以外，南宁、镇安、泗城、百色、郁林、浔州、太平、思顺各处都是会党了。这个消息传到虏廷，虏廷便将王子春革职，将苏元春拿交刑部问罪，放岑春煊总督两广。"朗斋听了，暗暗想道："这个会党如其有规律，有训练，倒可以趁这机会，利用他推倒满清。"因又问道："你适才说'这会党不可叫他做匪'，是什么缘故呢？"精卫道："你休要小觑他，当他是打家劫舍、掳掠财帛的强盗。他们起事的时候，曾经草了一篇檄文，我还抄下来藏在这里，给你们瞧瞧。"说着，便从衣袋里拿了出来，递给众人。众人争着来看，见檄文里写道：

> 自吴逆叛国，引虏入华，汉族衣冠灭于夷狄者，二百有余年矣。扬州十日，嘉定三屠，惨杀我同胞也如此；困以八股，饵以科举，愚蒙我同胞也如此；甲午一败，庚子再败，丧失吾土地国权也又如此。而淫妇贼奴，方且攫夺我民脂民膏，造颐和园以为其荒纵之所。福虏享之，祸吾承之，是可忍，孰不可忍？爰率我师，大张挞伐，旌旗所指，靡然风从。行见自南徂北，直捣黄龙，歼彼淫妪，擒彼虏酋，指顾间事耳。告吾有众，曷兴乎来！

众人看毕，都赞叹道："这哪里是寻常的会匪？"太炎道："旨趣不错，文章欠佳。"威丹道："你又要评文章了。人家没有读过秦汉以上的书，做得出这般文章，已经不容易的了，难道还要他学《太玄》、《法言》吗？"精卫道："不单是这篇檄文上见得出他们的旨趣，就看他占到地方的设施，也可以见得他们的政治。庆远府及东兰州那些地方被他们据守以后，布置一切，设驻守防御。地方事归衡民司管辖，刑政归理问厅管辖，另外设一议事厅，有俊才硕学的充议员，这岂不是立法，司法，行政，三权鼎立吗？每县设一总统，一法问官，一税纳司，也各司其职，这岂不又是自治的雏形吗？还有一个特点，他们自己固然秋毫无犯，而且每日派出小队剿捕土匪，越是会党所到的地方，越没有土匪，因此没有战事地方的人民，为了避免土匪起见，都躲到战地里来，这岂不又是一桩奇事？"精卫说了这一席话，别人倒还不很着急，只这朗斋听了，心里顿时像热锅上蚂蚁动了起来。人家正围着炉子杂谈，他恰在房间里踱来踱去，俛着脑袋，不知想的什么。过了一会，众人次第辞去，他也就和威丹回来。

走到客栈，已是起灯时分。吃过晚饭，朗斋忽然对威丹说道："我的主意打定了！"威丹道："你要找一所世外桃源，做你'独善其身'的功课，这个主意我就不赞成。"朗斋道："如今便不是这个主意，如今打的主意是要到广西去。"威丹道："到广西去未始不好，但是一会儿这样主意，一会儿那样主意，你的主意既然没有一定，那么，今天到广西去，明天说不定又到上海来了。"朗斋道："我主意何尝不是一定？不过我的主意是依照易理的，一动一静，都有一定的规律。"说到这里，威丹早就把两只耳掩住道："休要再说了。仔细周濂溪先生从地下钻出来和你谈易理。"朗斋也就不说了，只谈了些别的话，便倒床而睡。到了第二天早晨，时计才只敲过六下，威丹已经起来了。他自己以为是很早的，不想那朗斋早已没有影子，连他妻子、行李都不见了。

第三十三回

考特科姓名悬党籍　逃荒山德义感村民

威丹细看桌上，留下一张字条儿，写道：

仆去西粤，时当以消息告左右。妻子已寄死友顾永叔家，可勿念！

威丹看毕，知道他果然到广西去了，也就丢开。洗脸吃点心之后，忽然记起太炎一句活："待女学校开学，便要筹办一种报纸，名目叫做《苏报》。"只不知这笔经费可有着落没有？因此他又往访太炎。太炎道："梦坡曾经与孑民说起，开办经费由他独力担当，但不知近几天有没有接洽过，还得去问孑民。"威丹道："他这几天住在什么地方？"太炎道："找他吗？我和你一同去。"说着，便穿起一件和服，把门儿关上，与威丹一同出来。太炎道："稚晖、孑民这几天忙着筹备女学校的事情，一定住在校里，我们可到女学校去找他。"当下便叫了两部东洋车，向南而去。

到了校门口，见学校招牌早已挂上。黑漆底的，写了"爱国女学校"五个白字。走进门去，见地位倒还宽大，两个木匠正在装饰房间，斧凿丁冬。再到了客堂间，见有四个人坐着说话，除孑民、稚晖外，一个是陈梦坡，一个是姜思高。孑民、思高都是商务印书馆的编辑，梦坡是阳湖的资本家，太炎都认识的，威丹还是初见，叩姓名，问籍贯，闹了一会照例文章，方才坐下。太炎便问道："这几天你们忙着办学校，我们除了手拿一书外，一些没有事做，不知《苏报》的事情可舒齐了没有？"孑民待要答话，梦坡先接说道："款子我已经准备了四千块钱，也只因他们忙着办学校，没有功夫顾到这件事。还有我一位朋友金四维办事很干练，本来请他当营业部主任的，他眼见几个月前考经济特科的时候，时务书的销路好，异想天开，在福州路开起一家书店来。因这两种原因，报馆的事情便停顿了。"孑民道："满政府想了一个羁縻读书人的妙法，再不想闹了一场大笑话。应经济特科的人也满望飞黄腾达，得了一个奴才资格，为了杨度的案子，满政府便疑考取的人都是新党，不敢录用，犹如做了一场春梦。若给会撰小说的著成一部小说，倒可以起一个名儿，叫做'新贵梦'。"威丹一听见"杨度"两字，便向太炎说道："昨天你讲杨度东渡的来历，还不曾完篇，今天合该赓续了。"太炎道："我还是不很详细，你要详细时，得请教孑民。"稚晖道："着呀！既有'新贵梦'一个名目，不可无'新贵梦'一部小说。你也做过'新贵人'的，现身说法，便请起草。"孑民便说道："湖南举人杨度，在湘潭地方很有些文名，湘潭人都叫他做'杨才子'。杨才子一手八股固然不错，就是在诗古文辞上，也下过一番功夫。但自从戊戌以后，他生怕旧学不合时用，便措办了些款子，东渡日本，在东京宏文学院里做了一年的旁听生，买了一张师范毕业文凭，浩然归国，在万山丛叠当中，办一个小学堂。但是到了城中开什么教育会、公益会，他便不远千里而来，在演说坛上大讲其中西合璧的学说，一时湖南的官吏，上自巡抚，下至知县，都惊异万分，说他是一个奇才。正在这个当儿，那满政府刚开经济特科，谕令各省保举通儒硕学，来京应试。湖南巡抚便将杨度保举上去。杨度自然得意非凡，一肩行李，北上京华，功名未定，徵士现在。可是一件，自从沈荩杖死以后，满政府一百二十分嫉恶留学生，凡在履历中写上'曾经出洋'字样的，一概不准与试。杨才子得了这个消息，只写上'某某科举人'五个字，果然平平安安入场考试。题纸既下，他略为想了一想，便提笔疾书，鹦鹉才高，万言立就，居然顷刻之间，全稿立就，全场中缴卷的，数他第一。及至全案揭晓，名列前茅，这时候杨才子得意之状，不要说拙于词令的我不能描摹，就是锦心绣口的稚晖，怕也不能形容。可惜他太喜欢学时髦，到了复试的时候，本来仍旧弹一下子'且夫''尝谓'的老调儿就行了，他偏要搬几个新名词进去。他文章里面有这么几句："言乎哲学，则达尔文之物种可稽；言乎法律，则卢骚氏之民约具在……"达尔文、卢骚，阅卷的人连梦里都不曾听见过，要查考来历，他案上只放着《尚友录》、《史姓韵编》；外国鬼怎么会跑到中国书里来？因此便断定他一定是个革命党，连卷连履历一并进呈御览。那拉氏单把他履历一看，是湖南人，她忽然想到："谭嗣同是湖南人，唐才常也是湖南人，沈克诚又是湖南人；如今杨度是湖南人，湖南人都是革命党。"未免越想越怕起来，便打定主意，下了一道谕旨，捉拿杨度。吓得杨度魂灵出窍，连忙实行他三十六着的上着，溜之乎也，跳下轮船，躲到日本去了。"稚晖道："不知曾国藩的爵位谥法，可有被她削夺？"众人听了，摸不着头脑。稚晖道："曾国藩难道不也是湖南人吗？"说得众人笑了起来。这时壁上时计刚敲十二下，梦坡道："今天由我作东道主，吃馆子去罢。"椎晖道："又是一个难题目来了。"梦坡道："什么难题目？"稚晖道："我和思高是武进人，喜欢吃武进菜；太炎是余杭人，喜欢吃余杭菜；威丹是四川人，喜欢吃四川菜；孑民是绍兴人，又喜欢吃绍兴菜：你做东道主的可不必论，也得有四种吃法，你上哪里馆子去呢？"梦坡道："不该论人，该论地。这里是上海，我们又住在上海，便都算上海人，到本地馆子里去吧。"众人笑了一阵，也就议决到悦来楼去。

六人叫了六部车子，同到四马路中，将要登楼，碰见了徐镜吾，便给太炎拉了过来，一同进去，拣了一个座头。跑堂将酒菜问过，挨次端了上来，一面吃喝，一面谈话。镜吾道："今天下午，借张园开演说会，你们可去不去？"太炎道："我已经答应他们了，不能不走一趟。"威丹道："是谁发起的？"太炎道："你还不晓得？从南洋公学出来的学生，已经组织了一个爱国学社，这爱国学社里的学生，个个是我们的革命同志，轮起指头儿一数，只怕全中国只有这一个学校咧。"威丹道："我也想过，现在只有学校里的学生，才是将来革命的健全分子。"才说到此句，忽有一人拍镜吾的肩头说道："徐先生，你好呀！"镜吾掉头一看，便站起来说道："哦！你不是朱远香吗？"那人道："着呀！我上月里到你那里买一本《二十世纪之支那》，一本《译学汇编》，可有没有？"镜吾道："我卖书和人家两样的，凡是在我地方买过书，或是经过一度的谈话，一定要问过他的姓名和住址。不但如此，回到家里，一定要把姓名和住址看了一遍，所以不曾忘记。你们不信，他的住址我也能够说出来，丝毫不误。他住的地方是城中猛将堂左近，是不是？"远香道："今天正要请你到猛将堂走一遭。"镜吾愕然道："为什么？"远香凑着他耳朵说了几句话，镜吾便站起来说道："我去！我去！"说着，便跟着远香去了。众人也不晓得他的底细，揣测了一回，也就作罢。吃完了饭，便一同到张园里去。镜吾已走，剩下的仍是六人，叫了一部马车，前后分做两排坐下，豁剌一声，飞也似的向张园进发。

及至到了门前，即见一首校旗，一首"演说会"旗，交叉着在瑟瑟地北风中飘扬。太炎等跳下车来，把车资会好，先后进去，自有招待员前来招待，都不过十七八岁的少年。到了里面，已有了不少的来宾，东边三五，西边六七，嘈嘈杂杂的，也不晓得谈些什么。一周会场，那爱国学社里的学生仿佛游蜂一般，凑将上来。孑民、太炎、稚晖都是教员，两只耳朵里只听见"先生""先生"的声音，再没听见别的事情了。孑民、稚晖等都爱闲静的，早已歇在里面。威丹爱热闹的，一会儿到那边，一会儿到这边。

太炎也走了出来，不想迎面碰见陶成章。太炎便问道："那天我和你说的周振宇，可到你跟前来过？"成章一闻此言，便将太炎一把拉，叫他到了一处静僻的地方说道："你还不晓得吗？那濮振声给浙抚拿到了，如今正在仁和县里软禁着呢。"太炎惊问道："吓！怎么报纸里还不曾见过？"成章道："自振声起义，四方响应，声势浩大，莫可与论。警报传到杭城，那浙抚大吃一惊，便命统带黄书霖率领小队，星夜奔往严陵，蹑振声的后面。振声连忙率军队退转严州，和黄书霖在横村埠大战一场。可是他的军火不及清军，战了一天功夫，竟死了百多名弟兄。第二天，又在百岁坊大战一场，又大败，死了一千多名弟兄。振声经这两次失败，知道一时难以取胜，没奈何率领残部，奔向山中避匿。清军四下找寻，找不到他驻扎的地方，本来尽好养精蓄锐，静待时机。叵耐清军的副将费亮，忽又从新城率兵来援，因见找不到振声，便与黄书霖商定，多购眼线，悬下重赏，四下里严密侦查。要是别个，尽不必费什么周折，早就把整个的濮振声捉将官里去了。多只为振声是一方士民所爱戴的，所以甲村里今天输一担粮，乙村里明天输一担柴，都节省自己的衣食来供养他。侦探在无可设法之中，却会想出一个妙法来。他们都改扮做老百姓模样，散在各地，每天出来，不是往山上打柴，便是在溪水里打鱼。有一天，他们偶然谈起濮振声来，一个侦探说道：‘濮先生真是一个好人儿，我们巴望他打胜仗……’又一侦探说道：‘你还在做梦哩，濮先生老早给官军拿了去了！’头里一个侦探道：‘休要撒谎！拿了去了，难道我们一些儿不知？’两个人叽哩咕噜争了起来，一个说有，一个说没有，越争越厉害了。旁边老百姓说道：‘这何消争得？既然你们都是爱重濮先生的，说也不妨。濮先生动也不曾动的住在柳阿四屋里，成日价拿着一本书消遣，谁说他捉了去呢？’那后说话的侦探也就无话，头里这个侦探故意双手合十说道：‘阿弥陀佛！我们原巴望他老人家活着咧。’老百姓见他们这么一副神气，自然一些不提防他们是侦探，个个和他们非常亲昵。可是到了第二天，这两个侦探就连影子都没有，即有一大队清军声势煊赫，杀进山寨里来，吓得老百姓个个躲在屋子里不敢出来。只有柳阿四挺身而出，对清军说道：‘我也知道你们是来要濮先生的，“木已成舟，”我们也不能保全濮先生一条身子。不过濮先生自从出兵以来，不曾动得我们一木一草，我们感濮先生的情，留他在这里，也是以德报恩的正理。你们要濮先生时，濮先生不是怕死贪生的人，不消你们动手，便当跟着你走，你们别难为了老百姓。要不然我们老百姓也不是容易惹的，死便大家死，苍蝇也得撼一撼石柱咧！’清军听了这一篇慷慨淋漓的话，知道濮振声大得民心，一经株连，反闹乱子，连忙诺诺连声的答应。柳阿四方才引导振声出来，交与清军，自己扑通一声，跪在地上道：‘我们不能一辈子保全濮先生的生命，这是我们的罪孽，还望濮先生看在合村老百姓面上，原谅我们！’说着，伏地大哭。振声连忙将他扶起，笑说道：‘你们切休惦记我一个人。我有了这一把年纪，也活够了。再说为了我起兵之故，浙西一带半遭官军荼毒，罪魁祸首都是我一个人，再没这脸皮对我父老。只是大事垂成，一旦隳败，平白地蹂躏了一千里地方，苦累了几十万人民，死有余恨！如今疮痍未复，你们急宜各安生业，休养生息，恢复元气，也可补我万一的罪戾！’说完，又转头对清军说道：‘这回反抗官军，罪在一人，千万不要妄杀无辜。’清军也唯唯答应。那时，其余的老百姓知道不曾难为村众，便都走将出来，男女老少，合共一千多人，带着眼泪来送振声。振声又好言安慰一番，方才掉头而去。清军将濮振声解送杭城，浙江巡抚不免问起捉拿振声的情形来。清军把购买眼线的话说了一遍，最后又说起振声被逮的时候，有一千多名的老百姓挥泪相送。浙抚就知道振声万不可杀，杀了一定惹出一场大乱来。因此把这重罪名，加在振声的儿子身上，将他儿子捉拿到案，不问情由，定了他一个死刑。振声却拘在仁和县署的西侧，将来怎样办法，还不可知。”

两人谈得正密，忽然一个学生奔将上来，一见太炎便喊道："章先生，你怎么在这里？累得我们好找呀。"太炎道："我倒忘了，我们谈了这许多时刻，连演说都不曾预备咧。"说着，便拉了成章到会场来。只见稚晖正站在演说台上对众演说道："……'命'是谁的'命'？我们革的又是谁的'命'？譬如学堂里的先生，他有教书的资格，我们应该听他命令；家里的父母，他有养我的资格，应该听他命令；如今的满洲政府，他们的才智万万比不上我们，我们也俛首帖耳，听他命令，那么，何不听牛马猪狗的命令呢？听满虏的命令，越弄越糟；听牛马猪狗的命令，临了还可以吃它的肉。两方比了一比，也就明白了！……"众人听了，轰雷般拍了一阵掌，且笑得前仰后合。稚晖讲毕以后，便是太炎。（他的议论，听见过的很多，不待作者介绍。）太炎以后，便是邹威丹，把民族主义说得十分透彻。最后，有一位老儒，年纪约在四十六七岁，穿着一件鼻烟色的袍子，罩上一件青呢马褂，鼻梁上架的是一副铜脚眼镜，见威丹讲毕下台，他连忙摆了一摆手，道："慢，慢！我也要说几句话。"众人便声色不动地听他演说。只见他一步一步走到演说台上，向众人弯了一弯腰，咳嗽了几声，吐了一口浓痰，方才说道："'汤武革命，顺乎天而应乎人。'……喀哼喀哼（咳声）'汤武革命，顺乎天而应乎人。'……喀哼喀哼……这是古书上面一句话，所以革命是应该的。汤武尚且要革命，何况我们？革命是应该的！如其不革命……喀哼喀哼……"

引得满堂大笑起来。偏有新闻记者要记到新闻里去，都走上前来，问他的姓名。他一想，我才只演说这几句话，便有那么多的人来恭维我，便快乐得什么似的，睨着一双眼儿说道："我……我叫龙子和。……"那新闻记者记在小册子里，他便惊道："哎哟！你们要载到新闻上去吗？这可不好。我不是住在租界，我是南汇县里小学堂的教习。你登了出来，南汇县如其看见了，岂不是要拿我了吗？"他正在和新闻记者说话的时候，便有一个人将他拉了去，对他说道："你既要革命，不应这么胆小；既这么胆小，不应革命。快回去吧，别要丢我们脸了！"说着，拖着去了。

且说太炎自闻成章之言，因浙江是桑梓之地，很想把振声设法救了出来。但是这时在上海的同乡，大半没有革命思想，再说众人听见了太炎的话，无论他是不是，先是加上了他"疯子"两个字，越发不能见信于人。搜索枯肠，忽然想起那天在吴稚晖寓里碰见的，有一个年轻的浙江人，名叫做陈其美，何不先和他商量，或许少年队里有几个血性之士，那便容易设法了。主意打定，连忙去找陈英士。那时英士正在少年时代，只因他天姿聪颖，不肯把做买卖当做一件个人生活问题，所以即在那个时候，组织了一个商余学社，除了国文、算学、英文以外，每晚还聘请名人演讲。太炎到了英士那里，英士请了他吃晚饭，并且请他演讲一小时民族主义。太炎是无可无不可的，即在商余学社里发挥他"内华夏而外夷狄"的主义。讲毕以后，众人照例也拍下一回掌。掌声未歇，忽然后有一人跳将上来，对众人说道：“诸君：不要当我是一个商人。我不是商人，我是绍兴府学堂里算学教员。适才听见章太炎的言论，使我十分钦服，不过我更有一种感想，敢在诸君跟前发表一下。我们的目标，以为不只是种族革命，同时要举行政治革命。种族革命是一种气节上的事情，政治革命方才是实际上的事情。不过如今的政府是满洲人的政府，也是专制的政府，所以举行政治革命，同时就是种族革命……”讲毕，众人狂拍了一阵手。太炎虽然有成见的，但这时正要找几个同乡解决浙江问题，所以一听见“绍兴府算学教习”这几个字，又听他是山阴的口音，连忙走上前去，问他姓名。那人答道：“姓徐，名叫锡麟。”太炎道：“山阴、会稽乃是邻县，你可认识陶成章吗？”锡麟道：“成章吗？有什么不认识？不过我到上海来没有碰见过，不知他住在什么地方？”太炎便把振声的事一一告诉了锡麟，说：“成章现在正在组织龙华会，只因会员不多，才始叫我帮助一下。你们既是……”锡麟道：“不瞒你说，这会子浙江事情，我也曾听见得详详细细，只因我要到日本大阪去观博览会，所以也就不在心上。听说有个王金宝已经纠集会党，组成了一个万云会了，将来怎样结局，我们不敢断定。成章如其和他接洽，分头并进，力量自然更厚。兄弟在日本耽搁，也不过两三个月，回来以后，再看情形如何，来定我们的计划。”太炎因不得要领，也就辞别回来。不想到了第二天的上午，蓦地来了一个滑稽的警报。

第三十四回

拿民党恶探遭斥革　弄黑幕地痞划计谋

且说徐镜吾自在福州路摆设书摊后，名誉一天大似一天，江苏全省人士都晓得，“野鸡大王”就是革命党，革命党就是“野鸡大王”。这个消息传到两江总督魏光焘的耳朵里，便立时派人到他书摊来买书，计买到《二十世纪之支那》、邹辑《思痛录》等书六七种。光焘浏览一遍，觉得这“野鸡大王”果然是一名革命党，立刻密电上海道，嘱其设法逮捕。上海道奉电后，即派了一名侦探，设法诱他到华界来，以便拿办。这侦探姓范，名叫永宽，在青红帮中算是一个红人儿，得了这趟好差使，心里何等喜欢！从即日起，改换了文人装束，天天到镜吾书摊去买书。不想第一次到镜吾书摊旁边，就看见朱远香和他正在高谈阔论。永宽一时计上心来，立时躲开，回到华界一家茶楼坐下，泡了一壶茶等候远香。他坐的地方正对着远香来路，远香回来，可以看得明明白白。约莫过了一个多的钟头，远香果然来了，手里还拿着了一包书。永宽便从栏杆上俛下身子高呼起来。远香抬头一看，见是永宽，心里一惊，瞧瞧自己拿着的书，都是鼓吹革命的出版物。幸亏他有急智，忙将这书籍在一家认识的铺子里存放了，方才咯登咯登走了上来。永宽把凳儿一拍说道：“你坐，我有话问你。我只知道你是一名秀才，不想你是一个革命党。到了今儿，‘打开纸窗说亮话’，做侦探的公事公办，咱俩交情自交情，公事自公事，还望你老原谅。”远香听了这话，正如九天之上起了焦雷，顿时面如土色，呆呆地看着范永宽。永宽故意铁青了脸，一些不露声色。过了些时，远香方才说道：“永宽，你怎么说我是革命党？我和你结交了半辈子，难道还不明白我是怎么一个人？”永宽道：“你休抵赖！适才我亲见你和“野鸡大王”说话，又亲见你买了好多本革命书。要不是革命党，买这些书什么用？”远香知道抵赖无益，便堆下满脸的笑容来向他央求。永宽抵死不肯，远香尽着恳求，临了，永宽庄容说道：“恕你一遭，没有不可。但是拿办“野鸡大王”，魏大帅有密札的。拿到了他虽然有奖，拿不到他，我也得受处分的。倘然你能够将他骗到华界来，便饶你；不然，就是你的晦气。”远香低着头想了一会，才始说道：“左右我和他没有大交情，这件事倒使得。”永宽道：“话虽如此，你我交情暂时搁在一边，先把你妻子做个抵头。待我把“野鸡大王”捉到了，再还你的妻子，好不好？”远香道："好的，好的，只要你饶了我的命，什么都可以。"说着，便与永宽一同出来，一径到了猛将堂，和他妻子说明缘故，一面命永宽派人前来看管，自己便飞也似的奔到镜吾地方来。不想那时镜吾早已不在，只留下他的女儿管守书摊。问起镜吾来，她说不知道，这可急死了远香了。没奈何只好回了转来。到了第二天近午的时候，他又从南市出来，刚到了四马路，眼见镜吾给一个朋友拉到悦来楼去，不觉喜出望外。即在马路旁边临时想了一条计策，方才走上楼来，招呼以后，即凑着镜吾耳朵说道："我有个朋友，近来著了一部《亡国恨》，是专写明末恨事的小说，现在已经杀青。可是他不肯轻易示人，须得到他跟前去看。如其可以出版的，就和他订了一个合同，由你印行；不能出版的，就作罢论。"镜吾不知是计，一听见有这么好一部书，何等高兴？所以不待终席，便跟了远香走了。及至到了远香家里，镜吾便说道："下半天还得到张园里走一遭，你适才说的书，赶快叫你朋友拿了来。"远香答应一声，便走到里面去了。过了半刻钟头，从门边跨进一个人来，穿着一件黑色缎褂儿，一顶瓜帽歪在脑袋瓜儿的左方，黑鬼脸儿，布着百十来颗麻子，走到镜吾跟前看了一看。镜吾只当是著《亡国恨》的朋友，便站起来问。道："贵姓呀？"那人道："范永宽！"一言才了，即有两个青皮式的武夫走了进来，永宽便喝道："拿！"接着。那两个人便走将上去，将他抓住，拿出镣铐来把两手铐上，又喝道："去！"镜吾一时摸不着头脑，便问道："身居上海，或许有犯罪的情事，但是犯的是什么罪，也得说一个明白，好教人家知道。"永宽道："你做什么买卖的，自己还不知道吗？"那两个青皮道："拿革命党，咱们拿赏金，可明白不明白？"镜吾到此，方才晓得为远香所卖，悔已无及。但是他并不畏惧，一边走，一边预备口供。大凡神志一清，智慧自生，他因为没有恐惧心，才给他想出了一条妙计。到了道台衙门，问了一番口供，镜吾知道一定要到制台衙门去的，在道台跟前，只一味用抵赖的法子。道台将他当日解送南京。魏光焘最恨的是革命党，并不将他发付有司，亲自坐堂鞫审。先将姓名、年岁、籍贯问明之后，劈头第一句就说："你为什么做革命党？"镜吾道："我是一个书贩，并不是革命党。"光焘道："因为你卖的书都是革命书，证据确凿，还容称抵赖吗？"镜吾道："不曾见大帅惠顾小摊，怎见得我是卖革命书的？"光焘即将所买的书掷向他的跟前道："你瞧！"镜吾一看，果然是自己的卖品，因说道："大帅是最痛恨革命党，尚要买这几册革命书消消闲；商人是靠卖书吃饭的，怎么不要做这投机的买卖呢？"光焘听了，也觉得无言可答，便把惊堂木一拍，喝道："胡说！"镜吾便恳切地说道："请大帅注意：商人浑号叫做'野鸡大王'，因为时常在雉妓家里鬼混，偶然开过一次花榜，人家就送了我这一个徽号。若说是革命党首领，人家该叫我做'革命大王'，怎么会叫我'野鸡大王'呢？"说得两旁衙役都大笑起来。光焘又喝了一声，叫镜吾从实供了出来，镜吾道："商人委实不是革命党。所以要卖革命的书，乃是要知道革命党的姓名和巢穴，并不是鼓吹革命。大帅如要捉拿革命党，限商人一个月的时光，尽教把党人姓名一古脑儿查了出来。”光焘一想：“话也不错，我正可利用他去侦探民党。”再看他呆头呆脑的模样，估量不是会革命的人，因此就当堂将他释放了。

再说太炎得了镜吾被捕消息，立刻通知孑民、稚晖、思高、梦坡那几个人，筹商援救的方法。当晚也曾开过一次谈话会，众人都说：“镜吾鼓吹革命的功绩，实在不少，值得援助的。不过这援助的方法，简直想不出来。”当下没有结果，也就无形散会。到了第二天，在中国教育会开会，依旧没有办法。忽有一人起立说道：“现在通州张季直也可算得是个阔人，保一个野鸡大王绰绰有余。鄙人与季直有师弟之谊，前去央求，一定答应。再由季直向魏大帅恳情，还怕魏大帅不答应吗？”众人看时，这人獐头鼠目，一望而知为不是真正革命的分子，只不过他的姓名一时叫不出来。那时邹威丹听了这句话，先是不入耳，便站起来说道：“革命原是要流血的，镜吾拿去了，只管由镜吾去流血；将来我们拿去了，也只管由我们来流血。若说要奴颜婢膝的狗绅士来讨情，还不如老早向虏廷谋一个优差，去做那跪奏的奴才好得多，何必来讲革命呢？”当即有一人附和道：“谭嗣同不过是个保皇党，当戊戌政变，他尚且知道大义，绝不躲避，慷慨说道：‘中国人没有流过血，所以政治不能改良，如今请从嗣同为始。’我们既然有志革命，怎好把生命看得太重？”众人看时，这说话的却是黄楚南。于是一唱百和，表同情者不计其数，终究把“不主张援助”通过。到散会以后，有人间起适才提及张謇的是谁，楚南道：“他也姓黄，是我的族兄弟，名叫德渊。我早知道他是势利派中人，也就不曾介绍他入这中国教育会了。”众人方始知道这黄德渊、黄楚南是从南汇来的。

当日无话。次日，镜吾忽然从南京回来。他一足跨进门槛，太炎便愕然道：“你怎么回来了？”镜吾即将当时口供和审问情形一一说个明白，太炎方始恍然。那时太炎正在撰著一篇文章，看他题目是《驳康有为书》。镜吾道：“我记得你正撰着一部《訄书》，为什么又草起这篇书来？”太炎道：“这是你不明白的，而且你这几天给魏光焘缠昏了，越发免不了糊里糊涂。你可知近来康有为的举动吗？”镜吾道：“康有为的举动不难知，他不过是保皇罢咧。”太炎便将保皇党的刊物拿过来给镜吾看。原来康有为曾经著有一篇谈君主立宪的文章，大意是说：“朝廷急宜效法日本，施行君主立宪。若再不及早自谋，革命党将乘机而起，祸乱国家。”镜吾道：“‘自行束脩以上，吾未尝无诲焉。’康有为不曾送束脩给你，你何必‘好整以暇’，去教诲他？况且他是保皇党，把‘光绪帝’三个字顶在头上，你便说得天花乱坠，他也未必来理你一理。这又何苦呢？”太炎道：“你晓得《苏报》将要出版了吗？我因为怕将来没有文章材料；有这等好题目，还任它错过吗？将来你的案子，也是我做文章的好材料咧。”镜吾道：“《苏报》出版的日期可定了没有？”太炎道：“大约就在这一个月里面。主任是孑民，我和稚晖、威丹都是撰述员。有一件事要托你：本地重要的新闻，除了几个外勤记者以外，耳目亮一些的要数到你，所以便将你一个人排做特约新闻员。”

镜吾答应，当即辞了太炎出来，仍旧去干那卖书生涯。不想到了福州路，迎面来了范永宽，镜吾只管昂头走来，没有看见。那永宽早已看见了镜吾，不禁大吃一惊。原来当魏光焘密拿“野鸡大王”札子下后，曾经许下侦探，有能把大王拿到的，赏银五千两。后来范永宽居然将镜吾拿着，解到道台衙门，心里多么喜欢！眼巴巴只希望五千两银子到手。他还曾经和他一个姘妇说过：“十天以后，我便是一个老板。”他姘妇不相信，说：“你天天说发财，财只是不发，连家里的东西都当光了，如今还吹甚牛屄？”永宽便将镜吾的事情一五一十说给她听，而且对天宣誓说：“如有半些虚言，情愿雷殛火焚！”那姘妇方才相信，也以为十天以后，真个可以做个老板娘了，因此百般奉承他。知他喜欢吃鸡子的，便天天早晨用冰糖滚鸡子给他吃，永宽真是喜得眉花眼笑了。当他碰见镜吾的时候，已是做“财神梦”的第三天了。在他的意思，以为镜吾一经解省，便当定一个死罪；当镜吾砍头之日，就是他五千两到手之时。所以他每天买张报纸，看镜吾有没有正法。猛不防第三天上，在马路上看见了镜吾，当时还只当是看错了，但仔细一瞧，那天问他“贵姓呀？”的人，不是他是谁？后来又疑他是鬼，但是在青天白日之下，怎么便会现形？况且鬼是没有脚的，他俨然穿着一双黄色的皮鞋，一定不是鬼了。

他在这疑信参半的当儿，将身子躲过，连忙坐了一部东洋车，回到道台衙门里打听消息，那时道台衙门里也不晓得这个就里，累得他彷徨了一夜。到了次日，他依旧去买了一张报纸来看，才知道魏光焘因他不是真正革命党，已经将他释放，不觉倒抽了一口冷气。但他还希望人虽释放，赏金依旧可领，所以又奔到苏松太道署里去问，哪晓得苏松太道早已受了魏光焘的斥责，说他把不关重要的人当他做革命党，拿来塞责。苏松太道因此迁怒于范永宽，说他不该妄拿无辜，即将他侦探斥革，以儆效尤。范永宽经这一次挫折，心里恨镜吾切骨，想要将镜吾打一顿，才始快活。可是镜吾自此以后，永远不再走到华界来，而且也从来不曾经过冷僻的地方，永宽半辈子找不到他的机会，也只好一天一天忍耐着。幸亏他向来手头宽，在朋友跟前不计较的，所以各衙门里几个老朋友，依旧和他十分亲密，他因此可以在家开场聚赌，抽头为生。

上面说的黄德渊不时到上海来，住在他的家里。只因永宽从前在南汇县当过差的，因此亲上加亲，密上加密。这天，中国教育会将德渊除名了，德渊便大骂革命党：抽大烟的时候骂，打牌的时候也骂，吃饭的时候也骂。次数骂得多了，永宽便问道：“你为什么骂革命党？”德渊道：“他们都是想造反，哪里是革命？

别的人且不要说，单说我们族兄弟楚南，只不过一个学堂里教书先生，他整百银子从哪儿来的，还不是干骗人的勾当吗？”永宽道：“再休提起革命党，提起来气死了人咧……”接着把镜吾的案子前后说了一遍。德渊道：“这还是你自己不小心，若说起我来，真教人冤死了！通州张季直先生有名儿没有？我那年曾经到通州走过一遭，他正在建造一座师范学堂，蒙他不弃，叫我给他帮一个月忙，他待我多么厚呀？我就为了援救你说的野鸡大王，才把他老人家捧了出来。不想他们说我是拍张先生的马屁，将我骂的‘一佛出世，二佛涅槃。’早知道是你办的案子，谁高兴管这闲事？”永宽道：“其实官厅中拿革命党，也怨不得他，如今的民党太不成样儿了！你想：像野鸡大王这样人，都要做起革命党来！”德渊道：“闲言少说，我倒要和你商量一件事儿：我们县里有一所永宁寺，里面有个和尚叫做禅慧，只因这座寺院自明末以后，香火不很兴旺，那天同我商量，要想一个法子，把它香火兴旺起来。我也曾替他想过一个法子……”永宽道：“这有什么法子可想呢？”德渊那时正躺在床上抽大烟，听了永宽的话，只“唔”的响了一声，只管抽烟，半晌没有话，永宽一双眼珠儿只是一瞬也不瞬的注视着他。待他抽好了烟，方才将烟枪一扔说道：“我和你兄弟一般，说也无妨。我那时替他想了一个法子。正在佛诞那一天，到寺烧香的虽说不多，也有二三百名男女。正是香烟缭绕之时，忽然有个小和尚在大殿上扑通一声，全身倒地了。众人都大惊失色。我那时也在人丛中，心里明白。旋见这小和尚慢慢地醒了过来，霍地站起，对众说道：‘我是齐天大圣孙悟空，只因此间人民不肯敬佛，所以每年降灾，不是火灾，便是水患。今年还要大发疫气，死伤无算。你们如肯听我的话，在这寺院后面大松树下掘地两丈，有我通天棍一条，将这棍上铁锈铲将下来，用清水煎服，可以免疫；否则必遭不幸！’众人一听，连忙怂恿和尚把这棍儿掘了起来，和尚便雇了几名小工，往大松树下起土，于是五六七八……个人拥将上来，你一耜，我一铲，不上两个钟头，早已有了两丈深了。那时一干人都围了拢来，睁开两只眼珠儿往下张，果然有一条铁棍儿横在泥土的当中。于是众人大呼道：‘菩萨真灵的很呀！’有的说道：‘我们往日委实没有功夫来拜菩萨，并不是不肯敬佛呀！’也有人合拢双手，狠命地向这铁棍乱拜。这本来是一个很好的法子，将来四面八方迷信的男女有了这一件事，哪个不到永宁寺去进香？那么，永宁寺的香火，岂不是就此可以兴盛了吗？谁知正在这个当儿，忽然有一个姓顾名叫冰畦的，“噗哧”一声从人丛中挤了出来，大声说道：‘哼！和尚骗人，你们切莫上他的当！你看：这条棍子是从哪里来的？这里关帝殿前面的铁栏杆少了一条铁棍儿，明明是他们拆下来，预早埋在这儿的。骗你们则可，哼！骗我们就不行！’众人听了这句话，便都拥到关帝殿去瞧，果然少了一条铁棍儿，因此便大噪起来．说：‘铁栏杆怎么好做通天棍？这还说不是骗人吗？’一人说，百人和，哄然一声，都散得一个不留。自此以后，一些儿香火都没有了。”永宽道：“这顾冰畦是怎么样人呢？”德渊道："他也是一个革命党，和黄楚南在一个学堂里教书的。"永宽想了一会，忽然笑说道："有了！只要和尚供给我们十天饭，管教他整千整百的银子进门来。"德渊道："果然有整千整百的银子，不要说供给十天饭，就是一百天一千天，还怕他不肯？"永宽便凑着德渊耳朵说道："你可知道西天门教吗？这个教虽说也是念经拜佛，但是在我们江苏省里，信奉的人很多。好在我有一个朋友，他是自少奉这个教的，能够当场作法，召请诸佛，现出诸种幻相，教老百姓看了，一定十分相信。"德渊拍手道："着呀！一定使老百姓相信了，才可以哄动远近。但是你这朋友现在哪里呢？"永宽道："就在上海。如其他肯去的，我们就明天动身。"德渊自然喜欢。当下永宽便去看那位朋友。那朋友姓王，名叫阿仁，一听此言，十分高兴，立刻就答应了。

到了第二天，王阿仁、范永宽、黄德渊一同动身。到了南汇县，先由黄德渊到永宁寺和这和尚说明了，和尚道："你肯替我设法，还有什么说的？但是前会子出过了岔子，人家已经不相信了，这会子别又出了岔子咧！"德渊道："不会的，他对我说过了，如其出了什么破绽，愿赔偿银子。"和尚大喜，当下便去邀请王阿仁、范永宽进来，打扫了两间房子，给他们住下。第二天便写了几百张广告，遍贴通衢。广告上说："现有活佛驻驾永宁寺中，将于某日启请诸佛降坛，诏示一切人众。善男信女，届期请到寺恭聆法旨。"这张广告贴出以后，远近人民都说又是和尚捣鬼了。但话虽这么说，到底爱凑热闹的多，到了这日，依旧是挤了一寺院。

第三十五回

永宁寺演空前活剧　苏报馆遭意外风潮

当时但见王阿仁将一条辫儿缠在头顶，覆上一顶僧帽，披上一件僧衣，摇摇摆摆走了出来，跳上讲坛，向大众合掌行礼，便在坛上坐下。大众肃静无哗，都睁着眼看那王阿仁的面孔。也有凑着耳朵低声说："什么'西天门教''东天门教'？又是那和尚捣鬼了！你看这人的辫子是盘在头顶上的，哪里配称活佛呢？"正在说时，忽见王阿仁焚了一炷香，对天合十三次，闭上眼儿，合掌喃喃，不知念的什么咒语。这么着可两三分钟，阿仁稽首说道："今蒙诸天菩萨，鉴此方男女诚心祈求，降临下界。愿诸佛稍现色相，俾大众知道佛法宏大，不敢玩视。"说毕，即走下坛来，在坛下顶礼膜拜。众人看坛上时，果然现出一尊释迦牟尼佛的金身来，一会儿又在释迦牟尼旁边现出韦陀金刚佛身来。这个时候，不但大众个个咋舌，就是黄德渊、范永宽几个人也万分惊奇，狠命抹了抹眼睛，仔细瞧去，不是这佛像明明白白现在跟前，并无变动？不由得不一叠连声喝起彩来。过了十分钟，这佛像方才慢慢地隐去。王阿仁又向空膜拜了一回，对大众说道："佛临去时，曾经留下法旨，说：'下界地方，要数永宁寺最为清洁。从今日起，每逢朔、望，下降一次，受大众香火。'"说毕，进内而去。众人虽然眼见这奇异的点化，但因前次曾经演过一次骗人的把戏，到此还是半信半疑。不过一传二,二传三，不上两天，南汇县人民都知道了有这一次的奇事，纷纷到寺里来，请求再演一次。王阿仁并不推却，果然照样的演了起来。可是这一次现出来的不是佛像，乃是一篇文字，见其中写道：

本天尊并非牛马，可由尔等招之使来，挥之使去。尔等众生不知诚求，一再冒渎，殊属不敬。应降小灾，以示薄儆！

众人看了，又走近了几步，到后面来瞧，一般的也是这么一篇文字。又只见过了十分钟，慢慢地隐去。到此方才个个笃信，人人战栗，都来叩问："活佛说'小灾'，不知是怎样一种灾殃，还有什么法子可以挽回？"王阿仁道："小则害病，大则伤亡儿孙。如能纠资在寺里诵经十昼夜，可以免去。"众人自然相信，生恐触了佛怒，便赶快的纠集银钱，照阿仁说的话念了十天经。从这一日起，永宁寺的香火顿时兴旺起来。每逢朔、望，远近男女都来听经，每人照例出五个铜子，叫做“供养费”。过了两个月，南汇县里的人民发狂一般的，天天要到寺里来走一趟。王阿仁便趁着这个机会，与永宽、德渊、和尚等狼狈为奸。有青年妇女进来，用迷药将她迷住，轮流宣淫。

这个消息又传到黄楚南、顾冰畦的耳朵里，勃然大怒。当即由两人具名，撰了一张禀帖，告黄德渊与永宁寺和尚施用邪说，蛊惑男女，请求封禁。这个禀帖递进以后，南汇县知县立刻就函邀黄德渊到署，问他底细。德渊倒呆了一呆，立刻计上心来，对那知县说道：“只因有个姓王的朋友，他是信奉西天门教的，要到永宁寺来传教，我替他介绍与和尚是有的；若说蛊惑男女，决无此事。但如今既有人出来攻击，治晚便叫他迁个地方就行了。”知县名叫戴子迈，点点头道：“这么办法和平些个，省得引起纠纷。”德渊一想：“这条计策果然中了。”

便出来对一般无知男女说道：“活佛因为看重一方人民，才肯来此传教。本想耽搁一年半载，使本地众生，同证三昧。如今忽然有革命党黄楚南、顾冰畦两人禀控县署，说‘活佛蛊惑男女，理当将人拿办，将寺封禁。’我想，如其真个拿办封禁，未免亵渎诸佛，犯罪不小；只好请活佛即日走避，另找地方，免遭他们荼毒。只是你们以后无处可聆法旨，兄弟实在万分抱歉！”这些无知男女自从信奉西天门教以来，对于活佛的信仰已经牢不可破，一闻此言，个个大发雷霆，当即鸣锣聚众，一窝蜂拥到黄、顾两人学堂里，要把他俩打死。

且说黄、顾二人是在福音教堂所开的小学堂里教书。他们又有一个讲学会，表面是说讲学，其实也是鼓吹革命，仿佛是中国教育会的分会。这日是星期，远近到会的人不计其数。正在兴会讲演革命之时，忽有五六百人闯将进来，恶狠狠地直奔顾、黄。为首的一人喝道：“打！打！……”众人便拥将上来，要取顾、黄。幸顾、黄见机，一看不是路儿，连忙往屋子后面一溜，使劲儿奔出后门，飞也似的逃去。众人到里面搜索一下，不见顾、黄，也就退了出来，大呼：“便宜了两个狗才！”那时会员等早已先后逃走，不留一个。这些乱民便将会中什物、玻璃窗打得粉碎，又将所藏衣服抢的抢，偷的偷，一点不留，方才呼啸而去。

这个会就在学堂里，这学堂就在福音堂里，如今什物打毁了，那牧师多么怨恨，立刻央监理公会的长老步惠廉，亲自到县里去见戴子迈，把情形告诉一遍，然后说道：“这些乱民都是义和拳余孽，如不惩办，后患不堪设想。”子迈虽然不信南汇地方有义和拳，但是保护教堂教民，曾经由那拉氏下过上谕，因此亲自到了福音堂勘验一遍，将黄德渊拘拿到案，严厉审问。德渊道：“捣毁教堂，这是无知愚民的不好，治晚不曾教唆他一句。不过公祖也不要中了他们的计。黄楚南、顾冰畦都是著名的革命党，仗着教士的势力，每礼拜开会，昌言革命。将来给大帅知道了，倒说公祖容留乱党，贻害国家，不知公祖可担得起担不起？”子迈一想："保护教堂，见过明文的，但是一方面捉拿革党，功令何等严厉？要想一个两全的办法，只有把捣毁什物的愚民惩办了一两个；一方面黄、顾二人也拿他到案。"主意打定，便逼令德渊供出为首捣毁的人来，打发衙差前去拿获。一方面又将楚南、冰畦二人，传案审问。楚南、冰畦自得了步惠廉禀控乱民的消息，当即奔回讲学会里，将革命的书翰文件整理一过，一古脑儿交与福音堂牧师保存。及至到了法堂，他们异口同声地说道："我们并不是革命党，即使有人硬指我们是革命党，也得拿个证据出来。"子迈便盛气说道："你们是不是革命党且弗论，单问你们组织讲学会，可有没有？"楚南道："讲学会是有的，可是讲学会不是革命！"那戴子迈不问情由，当将黄、顾两人暂行发押，拟设法找个证据，便把他们送到督署去。

不想步惠廉听见黄、顾二人押在监内，便着急的了不得。因为步惠廉是在上海英租界三马路礼拜堂居住的。南汇的福音教堂虽说有四个牧师常驻，却全仗黄、顾两人在就地给他们做个先锋，使就地士民和教堂来往亲密。如今两人被逮，就是福音教堂失了臂膊，怎有不着急的道理？所以撇下一切事务，立刻赶到南汇来。谁知到了南汇，已是夜间四鼓，四下城门紧闭，任你怎样叫喊，只是一个不理。没奈何，只好在城外一家小客栈暂时歇息。到了天明，方才进城。到了县署，已是八点钟左右，那戴子迈还正拥着爱妾，高卧未起。步惠廉在会客厅中坐下，哈哈笑道："到底你们中国官适意，这早晚还在床上。要是我们英国官吏，早晨五点半就要起来了！"当差的听见"洋大人"这句话，便去报告子迈，子迈便怒斥道："既然洋大人到衙门里来，为什么不早说？直到这个时候才来通知我。你们这班东西太不知轻重了！"当差道："恐惊老爷的台驾，不敢来回。因为洋大人说了这几句话，才敢斗胆来禀报。"子迈怎敢怠慢，连忙披衣而起，连脸都不曾洗，便三脚两步奔了出来，向步惠廉拱了一拱手，道："有失迎迓！"说着，便在下面坐下说道："愚民捣毁教堂，实属可恶已极！我皇太后、皇上早有谕旨，令各地方官切实保护。如今本县已将捣毁教堂的愚民捉拿到案，严行惩办。贵长老尽可放心。"步惠廉正色道："这是条约里载上的，你们该得如此做法，何消说得？但是我们教堂里有两个教书先生，一个叫做黄楚南，一个叫做顾冰畦，听说被贵署捉拿到案，现今拘在监狱，究竟他犯的什么罪？"子迈一听，骤然吃了一惊，徐徐答道："他俩据说是革命党，革命党是要拿的。"步惠廉道："哦！是'据说'，原来还不是'实在'！且待贵署找到了实在的证据，再把他拘禁；现在还没得到证据，这两个人暂时给我保去。"子迈一想道："这怎么使得！拿到了一个革命党谈何容易。如今拿到了，轻易给你保了去，不能升官倒还小事，因此斥革，待将如何？"因说道："这是我们中国人办自己中国人，似乎和贵堂里没有什么关系，还请贵长老原谅。"步惠廉道："不可以！万万不可以！"子迈道："贵长老说'不可以'，究有什么理由？"步惠廉道："他俩是我们学堂里的教习，贵县既不肯将他俩释放，须得找两个和他一般的学问，一般的手段，给我试验过了，确实可以充我这学堂教习的，然后你把这两个人定死罪也好，长监也好，便都不关我们的事！”子迈道：“贵长老这句话却错了。如果凡是犯罪的人都要找一个替人，那么，敝国捉拿罪犯就很不容易了。”说着，便端茶送客。那步惠廉却装做不懂，只管要索黄、顾二人，子迈只是不肯。步惠廉怒道：“哦！贵县听信义和拳一面之辞，妄将好人当做革命党，我再三向你恳情不允，这明明是贵县纵容拳匪。如今也没别说，只消贵县担保，此后如有不良人民在我们教堂里乱吵乱闹，便须由贵县身家性命负责。这黄、顾二人尽由贵县处分，我再也不说一句话。”子迈一听，觉得有些担当不起，便堆下满脸笑容，道：“不是本县固执己见，只恐上峰知道了，说‘纵容革命党’，那可担当不起。还得请贵长老想个两全的法子。”步惠廉道：“这愁他做甚？到底了无证据，怎好妄指他们是革命党？若说江督有甚话儿，贵县不是没有嘴儿的，难道随便就指定罪名吗？”子迈一听，话也不错，便将黄、顾二人释放出来，由步惠廉说了一个“保”字了案。

当楚南、冰畦受押之时，子迈已将这件案子详禀督署。黄、顾二人才释，督署“就地正法”的电报却拍到南汇来了。急得戴子迈屁滚尿流，无路可走，只好不管“三七二十一,四七二十八”，重新派遣衙役，往各处去捉拿顾、黄。

哪晓得顾、黄早已搭轮由南汇到了上海，四下找人不得，便一径奔到苏报馆里。讵知二人一足跨进报馆，只见两个茶房在那里检点什物，见有人进来，都现仓皇恐惧的样子。又到了编辑室，简直连一个人都没有。再问这两个茶房，一个肥胖的答道：“这里报馆惹下了偌大案子，你们还不知道吗？”黄、顾二人吃了一惊，道：“什么案子？”茶房道：“我们也不晓得是什么案子，单知道这里报纸里骂过一次皇帝老子，那上海道便发了脾气，把章先生和邹先生捉了去了。”顾、黄二人倒抽了一口冷气，走出来，暂在一家客栈住下，再去探听消息。

原来章炳麟著的一篇《驳康有为书》和邹容著的一部《革命军》，在楚南等被拿的时候，已经脱稿了。刚巧《苏报》在那时出版，两人的著作便都在《苏报》上发表。一时仰望章、邹二人的革命志士，都喜欢读他两人的大作，因此《苏报》的销路顿时兴旺起来。可是太炎《驳康有为书》里面，有“载湉小丑”的字样，邹容著的《革命军》里面，又有“披毛戴角之群兽”字样，文字虽奇，传诵太广，因此便传到两江总督的耳朵里去。两江总督魏光焘得了这个消息，便派人买了一份《苏报》来看，果然所传不误，便打点法子，要捉拿《苏报》馆几个编辑。章、邹等哪里知道？依旧是兴会淋漓的干他笔墨生涯。

这日，正是陈梦坡的小诞辰。编辑部里几个编辑和营业部里几个同事，都逼着他要吃东道。梦坡便叫了两席酒菜，款待诸同事。不想正在兴酣之时，猛可的见叶浩吾气喘喘地走了进来，众人都站起来迎接，邀他入座。浩吾道：“我今天得知一件事，特地来报告你们。你们报纸里，有诋毁满政府的议论，给江督知道了，和这里领事商量，要捉拿你们。这是我千真万确的消息。你们如其不愿受他们缉拿的，赶速逃走。不然，就要糟了！”那时座中有吴稚晖、蔡孑民、章太炎、汪文溥、陈彝范这几个人，只有邹威丹未在，众人中也有主张由他拘捕的，也有主张避之则吉的。梦坡道：“受满政府的拘捕已经心有不甘，何况受外人的拘捕？照我说，你们还是一溜为妙。即使你们不溜，我也不能不溜了。”当下蔡、汪、陈都说：“这话不错，我们何必受这闲气？”只有章太炎尽着呆头呆脑说道：“我不走！我不走！我们堂堂神明之胄，难道就怕他们吗？”当下众人再三劝告，他只是置之不理，无可奈何，只好由他。众人便把一切什物打点一番，离开报馆走了。这里只剩下一个太炎，还只管料理第二天出版的事宜。

到了十点以后，果然有一群巡捕走进门来，声势汹汹的直到编辑室里，高声问道：“章炳麟、邹容在哪里？”太炎便说道：“邹容不在这里，章炳麟便是我。”巡捕道：“章炳麟既是你，便请你到捕房里去！”太炎道：“且慢！待我一篇文章做完了，才好和你同去。”巡捕道：“不能！不能！”伸出手来便抓，早把太炎两手握住，将他肩头一拍道：“去！快去！”太炎到此也无可奈何，只好跟了他们，到捕房里去了。

再说邹威丹那天因论文业已撰好，回到寓里，身子疲倦，早已上床安睡。第二天早晨，忽然有个人拿进一封信来。威丹拆开看时，却是太炎写给他的，大意是说：“现有要事商量，望弟速来！”可是仔细看这封信时，并不是太炎手笔，未免拿了这封信呆呆想了一会。再仔细一想；“太炎是第一等疏懒的人，或许叫人家代写也难说。”便问道：“你是从《苏报》馆来的吗？”那人道：“不啊！他有马车候在门外，你去了自然知道。”威丹万不防及有这么一件事，所以并不疑虑，立刻披了外衣走出门来，霍的跳上马车，“嗒嗒”蹄声，这马车便飞也似的去了。不多时候，马车戛然停止，车夫将车门扭开，威丹跳下车，抬头一看，见是捕房，便说道：“章先生在这里吗？”那如狼似虎的巡捕吆喝一声道：“休多说！快进去！”威丹见了这个情形，方才明白是出了案子了，因笑道：“何必如此？邹容岂是畏罪图逃的人！”说着，便昂然进去。不消说，审问时候，当然侃侃而谈，毫无顾忌。

那时正是西历七月一日，楚南、冰畦是一个逋逃客，不便在朋友家里居住，即找了一家小客栈安身。过了半天，方才将以上章、邹事情详细探听出来。“惺惺惜惺惺，”禁不住浩叹一声，想要到捕房里去拜望他们。才要起身，忽然有个人走了进来，对顾、黄说道：“好找呀！”顾、黄抬头看时，不是别人，正是南汇城守杨千总，往日里和楚南十分亲密，楚南一见他来，便笑颜迎迓。只有冰畦心细，暗暗想道：“十里洋场，任你有三头六臂，怎找得到我们两人？如今我们坐席未暖，他便走了进来，这分明不是找得，乃是提早跟踪在我们后面的。”估量他不怀好意，因此只和他点了点头，只管坐着看报。黄楚南与杨千总说那样，讲这样，谈了一天星斗的话，方才别去。

第二天，杨千总又到客栈里来，要请黄、顾上馆子去。冰畦想道：“这分明是第一步计划，要把我们灌醉了，诱骗到华界去。但是骗不骗由你，醉不醉由我，乐得扰你一顿。”当下一味答应，便跟着他出来，一同到了一家镇江馆子里，叫了一席极丰盛的菜，要了一坛好酒。冰畦心里想道：“把这一坛酒给我们喝，这可真要醉了。”乘间拉了楚南到远处，把他揣测的告诉楚南，且叮嘱道：“你是贪杯的，可是今天万不可多喝！我怎样，你也怎样，一切都跟着样儿，那就不会惹事了。”楚南点了点头，仍旧回到原处。那时菜已端上，大家坐下吃喝，冰畦自己是不会喝酒的，只留意楚南。大凡贪杯的人，一见了酒，仿佛碰见了十分亲密的朋友，不肯当面错过。筛他一杯，他咕嘟咕嘟便喝一杯。冰畦便伸过一条腿去，不住的将他腿儿乱踢，楚南方才停饮。但是杨千总抵死劝他，劝不过了，方才又喝了一杯。楚南一想：“他知道我会喝酒的，我若是不装些醉意，他当然一劝再劝，不肯甘休。”主意打定，便霍地起来，暗中将指头儿在舌根上一按，“哇”的一声呕吐起来。杨千总愕然道：“醉了吗？”楚南道：“今日不知怎的，喝些须酒便醉了。”杨千总见他如此，也就不再劝饮，叫跑堂的拿上饭来，各人胡乱吃了些，便走了出来。杨千总道：“黄兄既然有些醉意，不好便睡，须得找一处清静些地方，闲散一会才好。照我说，城中湖心亭风景清幽，我们去逛逛好不好？”楚南看看冰畦。冰畦道：“好的，好的，我们去吧！”说着，三人便缓步走去。到了新北门将近的地方，冰畦忽然将楚南一把拉过来道：“我们忘却了一件事了。”

第三十六回

演革命婆心兼苦口　问休咎鸡筋饱老拳

杨千总问道："什么事忘了？"冰畦道："我们有个朋友，约定下午一点钟来的，我们须得等候他。只是对不起你老人家，累你破费了。"说着，即拱了拱手，踅身回去。杨千总费了如许心思，化了如许钱，临了仍旧落了一个空，心里多么不高兴！无可奈何，只好回到南汇去。

且说黄、顾两人被步惠廉保释以后，被省宪严厉申斥，戴子迈便特地走到上海，向苏松太道辩明不得已的缘故。苏松太道正色说道："今日释放一个革命党是不得已，明天释放一个强盗又是不得已，那么，地方上的流民，国家的罪犯，一辈子不消捉拿了！这会子苏报馆里的乱党，我们都要向工部局索他回来；不要说南汇本是中国地界，怎好为了一个教士的情面，任他逍遥法外呢？"戴子迈碰了这一个钉子，只好低声下气退了出来，再设法索回黄、顾二人。他探听得步惠廉最爱吃鸡的，特来买了十二只又肥又大的雄鸡，叫当差的挑到步惠廉的家里，亲自到惠廉跟前来恳请。步惠廉笑道："兄弟留华多年，不曾妄取人家一草一木。别要说十二只鸡，就是一百二十只，兄弟也不受。"子迈道："不瞒长老说，兄弟为了黄楚南、顾冰畦两个人，受了上峰好多次谴责。此来专为央求长老：把此两人送到松江府署，互控的黄德渊当庭对质一下，仍交贵教士保释。不知可行？"步惠廉笑道："如果黄、顾两人有革命的实据，兄弟当然应该把他交案。如今他们怎肯和土棍当堂对质？"子迈想了好久，又说道："如今兄弟有个办法，不妨教黄、顾两人顶帽辉煌，和知府一同坐着，令黄德渊跪在案下，如此分别审问行不行？"步惠廉道："不行！不行！倘然我平白地说你是个强盗，也教你顶帽辉煌的来受审，这个道理可有没有？"子迈又再三恳求，步惠廉只是一个不允，无可奈何，只好退了出来。又走到苏松太道跟前禀报一番，自己认了一个疏忽的罪名，愿任道台处分。苏松太道到了这个地步，也觉得无可奈何，只好照实详了上宪。

那时满政府为了《苏报》案子，已经电饬苏省官吏，向上海工部局索回章、邹两人，由华官自办。苏松太道接连过了两起交涉，而且都是最重要的革命党案，未免心绪烦乱，日夜苦虑焦思，筹商索回民党的法子。据那时外间传说，上海道曾经化了十万两银子，要求租界会审公堂把章、邹定一个死罪，美领事因恐受舆论诘责，没有答应。这件事是虚是实，不得而知，但是那时外务部大臣联芳行文各国公使，要求将章、邹交还，这是人人知道的。租界当局因为国事犯没有引渡的法律，所以不允交还，只把章、邹二人按照妨害治安的法律，判禁西牢三年。此是后话不提。

且说吴、蔡、汪、陈等得了叶浩吾报告的消息，当即离开报馆，走避海外：稚晖搭了太平洋邮船，避往伦敦；孑民到了青岛；汪、陈二人逃往日本。同去的尚有黄中央等数人。那时《苏报》案子，消息已经传到日本，日本留学生闻知汪、陈等东渡，即开会欢迎。这日，留日学生特地派人到横滨，请孙逸仙到会演说。

逸仙自到日本以后，除了读书以外，便是宣传主义，两年以来，不曾一天休息，如今有了这个机会，自然很高兴的到东京来了。那时黄克强和宋教仁都住在郊外淀稿町角寒香园中，众人议定，即在此处开会。当黄中央等进去的时候，但见门外悬有黑底白字的招牌一方，上写着华兴会总事务所七个大字。入门，见有石子砌的甬道，两旁花木正繁盛葱茏，清气扑人。走进客厅，已有好多学生坐着，也有认识的，也有不认识的，都站起来迎接。最饶趣的，那奔走伺候的是一个日本妇人，年纪二十几岁，静雅可爱，叫宋教仁做中岛先生。中央不知其故，后来询问，知道这是宋教仁从前的托姓，那妇人叫顺了嘴了。中央又问宋教仁道：“门上悬着华兴会招牌，这是一件什么性质的会？”宋教仁道：“从前力山曾经组织过支那亡国纪念会，后来这纪念会被蔡钧运动日警封闭了，同时上海的纪念分会也告了停顿。前次马福益寄一封信给克强，说：‘把纪念会改做华兴会，不知好也不好？’我们以为一个团体，只要分子个个有力，倒不在乎名目的好歹。他既改了华兴会，我们这里总会自然也跟着改了华兴会了。”话还未完，只听得有人说道：“中山先生来了，中山先生来了！”“中山”两个字，是逸仙初到日本的时候自署的，也和宋教仁改中岛一般，叫顺了嘴了，所以不称他做“逸仙先生”，却叫他做“中山先生”。闲言少说，单表那时留学生等一闻逸仙已到，便一个个出来迎迓。只见逸仙堆着了满面笑容，和众人一一点头。进了客厅，众人都认识的，只有汪文溥、陈彝范、黄中央是初见，当由认识那三人的介绍了，便和三人握手，不免问了些上海《苏报》案的情形，方才坐下。过了一会，欢迎会开幕了，由克强致开会词，并由卢元钦报告汪、陈、黄为国尽力的历史，再由陈彝范报告《苏报》案经过的情形，然后方请逸仙演说。逸仙登上演坛，向众人行了一个鞠躬礼，启口说道：

在兄弟的意思，以为今天欢迎汪、陈、黄三君，不是欢迎汪、陈、黄的个人，乃欢迎未来的革命志士。汪、陈、黄三君，我不曾与他共事，怎么能够知道他是革命的志士呢？因为原动力越大，反动力越强，是物理学的公理。兄弟自甲午年起便从事革命，那时国内人民没有直接的受了野蛮政府的压迫，所以除了洪门会党以外，和他说“革命”两个字，都要惊惶失措，掩耳欲走。自从庚子以后，外患日深，满政府的压力也一天大似一天，我们中国人才知道满洲政府的靠不住，革命万万不可缓，才始有鼓吹革命的《苏报》出来。如今《苏报》又受了满政府的压迫，把主笔拿了去，汪、陈二君幸得保全，从今后，当熬想到国内言论的不自由，完全出于满政府之所赐了，因悟到满政府的专制，当然要想革命了。汪、陈二君都是受过苦痛来的，不是将来的革命志士，还是什么？（鼓掌）话虽如此，革命是有主义有方法的，主义是将来建设的目标，方法便是现在使用的手段。如今先来讲主义：无论什么国家，都有一个主权，有主权才可以自由，才可以平等。中国就不是这样，自与俄国结了尼布楚条约以后，如中英条约，中法条约，中日条约，辛丑条约……哪一次不是损失主权的？这仿佛是一个奴隶，已经写过一张卖身契，举动不得自由，还可算得一个人吗？所以兄弟第一个主张的是“民族主义”，务使中国民族可以平等自由，才是真正的国家。第二，满政府一味专制，我们人民一些没有政治权，因此就由他妄作妄为起来，使我们人民一日不能安居，这与受外国人的牵制一样。所以我们该把满政府推倒了，建立一个“共和国家”，人人有政治权，才好享自由的幸福，这就叫做“民权主义”。（鼓掌）兄弟从前革命，只是抱了这“民族”“民权”的主义，来做目标的；自从在伦敦被难以后，和泰西各国人士相接触，又看了他们的出版物，便知道国家财产之多寡却不足虑，惟“不平”二字，实为扰事之原，所以孔子有“不患寡而患不均”的话。欧洲各国，在现今已经有唱社会革命的人。但是中国生产尚未发达，这不均之患在眼前还不会发生，只消防止将来的发生就行了，所以兄弟又在民族、民权之外，加上了一个“民生主义”。这民生主义的里面有两个条件：第一是平均地权；第二是节制资本。有这两个条件，民生主义方才完成。有了民生主义，兄弟的“三民主义”，方才完成。（鼓掌）因为要实现三民主义，所以要革命。如今再来讲革命的方法：“革命”两个字提出来，我知道众人脑筋中同时一定就想到武力。不错，武力是要的，但是单靠着武力，不能革命。“纣有臣亿万人。惟亿万心；予有臣三千。惟一心。”譬如我们有五千兵士，手中连枪都没有，敌军也有五千兵士，枪炮齐备，照常理论，敌军一定胜，我们一定败了；其实不然。设使我们这五千人没有一人怕死，勇往直前，奔赴前敌，就使炮火扑人，枪弹如雨，至多打死了五百人，留下的四千五百人拥将过去，夺了敌人的枪炮，便可以拿来打敌人，即此就可见得“一心”两个字，力量比枪炮更要厉害。本了这个原则，兄弟近来主张组织一个极大的革命团体，把散在东西各国的华侨都吸收进来，合成一会。听说如今太炎已经把上年发起的光复会组织成立了；这里克强也已经组织了一个华兴会，都是革命的团体。兄弟也就在这几天启程，要到欧美各国走一趟，以便与海外华侨接洽。日前安南总督韬美曾经寄来一封信，要我到安南去。我想先到安南，再由安南到南洋。如今所希望的，诸君既已入了革命团体，务须把这种革命精神永远保全，人心勿使涣散，将来由小团体变成了大团体，自然更有力量了。（大鼓掌）

说毕，向众人一鞠躬，下演说台。接着，汪文溥致了谢辞，方才散会。

这晚，留学生等又发起在大餐馆里宴请逸仙和汪、陈、黄三人。各人皆与会淋漓，喝了不少的酒，直至十点过后，方才各自散去。

逸仙第二天便回到横滨。留学生等自经此次听讲以后，加入革命团体的越发多了。布尔德虽然组织一个尊君会，可是只有二十几个同志，力量不厚，眼看着留学生等今天开会，明天演讲，心里多么难受。那天逸仙演讲三民主义以后，第二天东京报纸都把演说词登了出来，评论中有称逸仙是东方玛志尼的，也有称他是华盛顿的。

那位留学生总监督汪大燮生怕受虏廷的谴责，忙传布尔德和章宗祥等到署，商量抵制方法。布尔德道："他们鼓吹革命，有什么《二十世纪之支那》一种刊物，我们也不妨发行一种杂志来抵制他。"汪大燮一想："文字鼓吹确也是一种方法。"便问道："这个杂志定一个什么名儿呢？"仲和想了一想道："要使人家购买，须得普通一些，就是叫做《大中国》吧。"大燮问众人，众人并无异议。当场又推定了仲和做总主任，其余的都充撰述员。议决之后，各人便赶紧撰稿，不上半个月，这《大中国》杂志居然出版了。布尔德撰的是一篇《释君》，把满清历朝的皇帝赞扬得比尧舜还要好，末了，再讲到那拉后的精明果断，君临天下，绰有余裕，人民应该爱戴……这篇文章，文字上是似通非通的，幸得仲和替他改削一下，才勉充篇幅。曹汝霖撰了一篇《箴义勇队》，说义勇队当中都是革命党，未免忘却了本旨了，如其顾名思义，应该抛却了革命宗旨，专对俄国。在他们本意，原在于鼓吹尊君，殊不知最犯留学界之忌的，就在这两篇文章。原来这义勇队的本旨，虽说是为对俄而起，其实一半也带着愤恨满政府丧失主权，在开会演说的当儿，不免有牵涉满政府的话。如今给他们尽情发表出来，在义勇队的同志当中多么痛恨？

有一天，东京报纸中登载一则预知术大家来东的广告，说："这位预知术大家柳爱明先生系美国心理学博士，无论世界大局，国家命运，个人吉凶，都能够在十年以前决定。"竟哄动了一时，愚夫愚妇到这位柳爱明先生跟前去卜吉凶的固然不少；就是略为开通的人士，要问将来国家的命运，也想到他跟前去试一试。

那位最信卦的布尔德先生一见了这广告，要卜一卜满政府的命运，连忙三脚两步奔到柳爱明寓所来，请柳爱明判断一下。柳爱明道：“你问的是支那呢，还是支那的政府？若说支那，不是恭维你，将来一定是世界的盟主。若说现今的支那政府，鄙人在纽约时已经推算过了，尚有八年的命运，要加上一年固然不可，要减少一年，也恐未必。”布尔德听了这几句话，便哼了一声，掏出一块钱来说道：“我们只不过要下子，譬如上馆子罢咧。”柳爱明听了他一声哼，又看了看他的面上，忙着急道：“喂！喂！你赶快回去，躲两个月。要不然，你的性命就危险了。”布尔德理也不理，出门而去。

到了中途，刚巧碰见了一个学生，布尔德不曾和他见过面，不在心上，那学生是见过他的，知道他是布尔德，便悄悄地跟着他的后面走去。这日也是星期，左右没事，布尔德到东，他也跟到东；布尔德到西，他也跟到西。只见他越走越与东京差得远，慢慢地到了冷僻地方去了。原来这布尔德曾经结识了一个日妇，这日妇是住在距东京两里的地方的，这日他心里老大不高兴，索性去找那日妇消遣。猛可里在四无人声的巷中，“唪哧”一声，跳出一个人来，将他一把扭住，喝道：“奴才！慢走！”布尔德吓了一跳，回头看时，这人正是适才路上碰见的学生，忙颤声说道：“老哥！休要如此！你要银钱时，我这里只有三十块钱钞票，一只金表儿，你要的拿去，休难为我！”那学生把眼儿一睁，眉儿一扬，喝道：“有眼无珠的奴才！你可知道湖北张振武吗？”布尔德又颤声说道：“张振武吗？知…知……知道的，但…但……但是你和我有…有……有什么冤……仇呢？”振武道：“你在日本干的事情，我都知道。我要问你，你和我们留学生有什么仇，只管和我们留学生为难？组织义勇队的就是我，我就是义勇队；你们既然要和义勇队为难，分明就是与我为难。如今我要的性命，你有胆量时，便与我一决胜负；要不然，就得死在我老拳之下！”布尔德一闻此言，方才知道为着《大中国》杂志而起，连忙“扑通”一声，跪在地上说道：“老哥！请你原谅！这……这……这篇文章，并不是我做的……”振武并不待他说完，便握拳打去，不想猛然有人将他臂膊一拉，说道：“振武！仔细惹下大祸！”振武回头看时，却是黄克强。克强为什么到这冷僻的地方来，作者当时未曾调查，不能妄断，不过当时他身边带着一架夜行灯，这是振武看得明明白白的。当下将他臂膊挽住，笑了一笑，道：“想不到你的性子比我还要坏，这是什么事，也够使性子吗？”振武方才将拳头放下，指着布尔德道：“你道他是谁？”克强道：“他是布尔德，‘谁个不知，哪个不晓’，还待你问？”振武道：“既说是布尔德，是不是该打？”克强道：“打他有什么用？你把他打死了，满政府依旧是满政府，只不过少一个小奴才。说不定日本政府还给你处分。”说到这儿，又别转头来对布尔德道：“快走！你要知道在国内由你们满奴作怪，在国外便不许你们逞强。你们快些猛省，不多时候，在国内也不由你们作怪，我们汉人不是一辈子屈伏在你们满人底下的。若说你们少数人可以压服多数人，不是梦想吗？”布尔德本已吓得魂灵出窍，忽然碰见了一个救星，虽然捏了一把汗，究竟躲过性命，怎敢再说一句话？当即从地上霍地起来，飞也似的奔回去了。克强便挽了振武的手说道：“何苦与他们怄闲气？倒是有件紧要的事，我们不能不商量一下。”振武道：“什么事？”克强道：“适才中山先生寄信给我们，说后天要启程到安南去了，据说河内将要开博览会，他要趁这机会去宣传主义。我们都是信仰主义的，他临去时，曾经对我说过：‘我到安南去，你们喜欢什么东西，都对我说，我一定给你们带来。’我是明白的，他说的东西，并不是什么金珠宝物，也不是什么绸缎绫罗，必是精神上的东西。”振武道：“‘精神上的东西’是什么？”克强道：“譬如海外的民情风俗，华侨的生活情形，我们不曾到过各国，都不能知道的。他既然去了，将来当然把这些的事实来告诉我们，所以我们一定要去欢送他。但是后天又不是星期，还是全体告一天假呢，还是举几个代表去？”振武道：“就我的意思，要去的去，不要去的就罢，我们只消通告他们。”克强一想：“话也不错。”当晚回去，便用誊写板印了几百张的通告发了。过了两天，居然全体出发，不留一个，送逸仙启程。

第三十七回

志士变心蝇营狗苟　侦探肆毒李代桃僵

且说布尔德吃了这场亏，虽未伤及身体，却已饱受虚惊，越想越气。溜走之后，在他姘妇家里闲坐一会，便走到监督署里去见汪大燮。只见大燮手里正拿着一部《訄书》，布尔德在学生中是另眼看待的，所以不拘礼数。便愕然道："监督也爱看这等书吗？"大燮脸儿一红，说道："不啊！我听得上海的《苏报》案就是为这部书而起，特地买来．看它究竟说些什么。谁知不看犹可，一看之后，直气得我两眼冒出火来。哪里是《訄书》，简直是'屁书'咧！"布尔德道："监督为着看书怄气，我却为做书怄气。"大燮愕然道："为什么？"布尔德道："留日学生组织义勇队．我们《大中国》杂志里便登了一篇《箴义勇队》的文章，便累得我吃一场亏。"大燮道："《箴义勇队》那篇文章我看过了，轻圆流利，的是断轮老手，为甚惹出事来呢？"布尔德便将中途受辱的话说了出来。大燮道："你可知道他的姓名吗？"布尔德想了一会，道："他曾经对我说过．可是我一时记不起了，似乎是姓刘的？……——或是姓张的？……"大燮道："哦！姓刘的，我知道的，只有一个刘佐楫？如今留东的学生，脾气坏不过，斥责他是办不到的，只可邀他进来，婉言劝导一番，叮嘱他以后休得如此就是了。"布尔德自经这一次挫折，也不敢再有激烈的主张，听见大燮的话，也以为是妥善办法，便再三恳求大燮，给他争一点面子，方才辞别出来。

如今说到刘佐楫，在戊戌以前，本是个爱国志士，曾与李炳寰、田邦璿、蔡钟浩等十余人组织一个自立党。庚子年，唐才常起事，自立党遥为声援。及唐被害，佐楫大惧，而且当道正在严密查拿余党，越发慌得他无路可走。幸亏他想出一个人来，连夜三脚两步去找门路。

这人就是大名鼎鼎的王先谦，长得满面麻子，人家都称他做"王麻子"——他除了好女色以外，还有断袖之癖，把唱花旦的全姣与白云两人邀到家里，成日价纵欲取乐。姨太太时常和戏子杂坐谈笑，丑声四播，人人不齿。只因他会做一手古文，总督以下都尊他一声"先生"，所以在两湖地方很有声名。

当日佐楫进去，先扑通一声跪在他的跟前，捣蒜似的叩了十几个响头。倒惹得王麻子吓了一跳，连忙将他扶起，说道："有话好说，休要如此！"佐楫方才将自立党的举动，和省札严缉的话告诉了，央他援救。麻子道："单为了你一个人，援救也非难事，可是你为甚要去入自立党？"佐楫道："这并不是晚生自己入的，是李炳寰把我名儿写进去的。不瞒你老说，晚生不但痛恨革命党，而且连康、梁都瞧不起。康、梁策论并非不佳，只因他心术不端，遂致流起叛逆，可知八股是万万废不得的。"麻子哈哈笑道："八股有什么用处？做士子的该求些实学才好。"佐楫道："可不是吗！像你老知道忠君大义，才配讲实学。如今学生都是狂妄少年，那'学问'两字就累了他半辈子了。"麻子道："闲话少说。近日省中正在考送留学生的时候，你既然愿做个守范围的学生，我便给你运动个官费生，好不好？"刘佐楫闻言，喜得眉花眼笑，连忙爬下又磕了个头，道："蒙你老栽培，还有何说？将来略有成就，便当犬马图报！"麻子道："那么，你只管回去。省中要拿你的时候，有我在这里管，教你平安无事。"刘佐楫便欢天喜地的拜别而出。

不上一月，那佐楫已经由湖南到了日本，入了早稻田大学师范科。总算他不忘根本，每月写一封信来，问问王麻子的起居，最近有一封信里还夹着几句话道："留东学生，尽皆叛逆。吾辈在此，立异则蒙顽固之名，从同则有身家之惧。"王麻子接到了这封信，给湖南官绅看了，那刘佐楫便给官绅重视的了不得。这会子因俄罗斯不肯照约撤兵，留学生当中组织义勇队，曾经有人去劝他入队，刘佐楫抵死不肯。旁边有个湖北学生王璟芳是他一个知心朋友，当时便对他说道："这义勇队是对俄而起的，我们只要不入革命团体，这对俄的团体有甚不好入？"佐楫一听，这话不错，方才把自己姓名签了，但是他回到家里一想："这团体虽然是对俄的，却这分子个个都是革命党，将来岂不要被他牵累？无如姓名已经签下，在理不能反悔。……"没奈何，写了一封信给王麻子，便加上上面的几句话；一面又去面见汪大燮，先把入义勇队的事实讲明了，然后再说出"立异则蒙顽固之名，从同则有身家之惧"那些话来。因此汪大燮便知道义勇队里有这一个人。

当下布尔德出门以后，大燮便宁打发当差的到佐楫寓里来叫他。只见他住的一座偌大房子，除了几树残柳临风摇曳，一条黑狗当檐酣卧外，鸦雀无声。只有佐楫一人伏在书案，正在摘录那潘斯泰洛奇康德的《教育学说》，一见监督署的当差进来，少不得呆了一呆。那当差道："往日里很热闹的，怎么今天这般冷静了？"佐楫道："你不晓得咧，他们都是革命党，明儿他们准备到横滨去欢送首领孙文，今晚正在留香园开预备会。但是你又为甚到这儿来？"当差道："监督要你去，打发我来叫你的。"佐楫道："监督为什么叫我去呢？"当差道："这却不知道，我只晓得有个叫做布尔德的来见他，待布尔德去了，他便打发我来叫你了。"佐楫暗想："布尔穗是满人，大概出了岔子了……"因道："你尽管回去，我就来。"当差的答应一声，便回头去了。佐楫左思右想，过了一会，方才换过一套衣服，又把指头上戴的一只宝石戒卸下，方始出门而来。

及至到了监督署，目不旁瞬的只管是看汪大燮的脸上。大燮坐下之后，劈头第一句先问道："你前次对我说，曾经入了义勇队是不是？"佐楫嗫嚅道："是！是！但是我是不得已的。"大燮见他这么谦恭，胆儿壮了，便说道："如今学生实在太不成样儿！"佐楫道："是！都是狂妄少年。"大燮心里一想："听他这么说，打布尔德的断乎不是他了。"又说道："听说我们刊行《大中国》杂志，义勇队里非常痛恨，可有没有？"佐楫道："这我不知道，因为我是被人家强迫入队的，所以他们开会，我从没到过一次。"大燮道："哦！你没有到过会，他们可来邀你呢？"佐楫道："旁的人没有，只有王璟芳来过一趟，我不肯去，他也就不去了。"大燮道："王璟芳又是怎样一个人呢？"佐楫道："他倒不是革命党，是一个安分守己的学生，我可力保。"大燮即将布尔德受人侮辱的事说了一遍。然后问道："你可知道这是谁干的？"佐楫道："他们干的事我完全不知道，打量干这事的，一定是个狂妄少年。"大燮也没话说，便端起茶来送客．佐楫方才辞别而去。

过了几天，汪大燮忽然奉到满廷急电，嘱其赶速回国，刘佐楫、王璟芳二人也刚巧在早稻田大学毕业，一个监督，两个学生，一道儿整装归来。船中又讲些忠君爱国的大义。及至到了天津，刘、王二人，搭轮赴沪，大燮便回到北京。

那时袁世凯正为督办电政大臣，兼办招商局事宜，权倾中外。大燮朝见以后，先去访谒世凯。世凯少不得问起留学界情形来，大燮摇摇头道："了不得！了不得！只有少数的学生知道安分守己，其余的哪一个不是革命党？"世凯道："照你的意思，该怎样防止他们呢？"大燮道："在国外的，自然只有劝道的一法；倒是在国内的，不可不严密查拿。"世凯哈哈笑道："把这整千整万的学生聚在一块儿，叫他们造反，我们调一小队兵去抵敌他，看他拗得过拗不过？"大燮道："宫保练的新军个个中用，他们自然拗不过的。"世凯道："话不是这么说的，他们有在振武学校毕业的，也有在士官学校毕业的，军事学识过我十倍，倒不能小觑他。但有一事，你要知道，学生们嘴里谈革命，只不过一时的高兴，真要革命的，只怕一百个当中挑不出一个。你如不信，把几个稍守范围的赏给他一个功名，怕其余的学生不一个一个变了他的初志吗？"大燮道："如宫保说，是不消顾虑的了。"世凯道："这倒不是。我从前曾有两种主张：一种是笼络手段，择宗旨纯正、学问渊深的学生，予以出身，授以官阶，省得他再有革命的思想，这就是开经济特科和考试留学生的本意。第二是洗刷政治，只消施于一二差强人意的新政，使几个头脑新颖的士子不敢非议朝政，那附和革命的人自然少了，这就是废科举、立学堂、设商部、改律法的本意。如今这个笼络手段还正可用，你眼见的学生，有几个宗旨纯正、学问渊深的，奏将上去，或由朝廷试用，或由皇上钦赐一个功名，你说这是琐碎的事情，直是防止革命的一剂灵药。"大燮道："这回和我同来的，一个叫做刘佐楫，一个叫做王璟芳，都合着宫保说的‘宗旨纯正，学问渊深’的两句考语，但是如今一个回湖南，一个回湖北去了。”世凯道：“这正可由你拍电给端午帅，再由端午帅保举他们，不是更为有力了吗？”大燮一听，这话不错，回到私第便如法炮制，拍了一通电给端方，把刘佐楫、王璟芳两人揄扬得比天还高。

端方得了这通电报，除刘佐楫远在长沙，电询王先谦外，这王璟芳近在咫尺，便饬属下，传他晋见。

且说日本留学界发起义勇队以后，上海继起，湖北学界也跟着组织起来。当王璟芳到汉口之时，正义勇队成立之日。武昌学界中人，探悉王璟芳是日本义勇队的分子，即在开成立会那一天，一致欢迎他。他暗想：“武昌省会所在，官厅耳目周密，估量不会有什么革命党。他们既然开会欢迎，自亦情不可却。”因此征装才卸，便亟亟奔到武昌城来。殊不知这义勇队里的分子，虽说都是学堂教习，其实大半是华兴会里会员，就是那湖广总督所通缉的马福益，也在其内。

福益自从由上海到了两湖，便改姓名叫做“冯禄吉”，奔走长沙、武汉之间，凡三合会、青帮、白帮各小会，除了少数腐败分子外，其余都容纳在华兴会里。不上一年，已经有二十几万人了。那时他刚从湖南到湖北，闻知留日学生界的义勇队员回国，自然也高高兴兴的来与会。

大约在下午一点时光，王璟芳穿了一件蓝色长袍，罩上一件黑色褂儿，戴一顶元色缎的西瓜皮帽，里面早已缀上了一条假辫子。才到门前，一眼看见悬的两方旗，一方是义勇队旗，一方是欢迎他的旗，却没有龙旗，心中老大的不高兴。及至进了会场，大多数的是西装剪辫少年，他越发觉得害怕起来。但是身既到此，不能退出，只好虚与委蛇，表面上周旋一下。那时到会的会员足有百多名，铃声一振，便公推冯禄吉为临时主席。福益走上台去，报告开会宗旨道：“俄国侵略野心，大概诸君都已看出了，可是昔人有句话：‘夫人必自侮，而后人侮之。’不是政府着着退让，俄国何至于这般强硬？所以我们义勇队的主旨：一方固然是对俄；一方对于政府也该痛下针砭，使得他们知道民气的厉害。今天王君新从日本回来，一定别有高见，我们抱一百二十分的热诚来欢迎王君，就是希望王君赐我们点教训。”说毕，下演台坐在旁边。众人都拍了一阵子手。王璟芳的面上顿时色如死灰，他暗暗想道：“这些会员大约都是革命党了。我身在会中，将来给省宪知道，岂不是把我也当做革命党了吗？……况且这会场当中，难保没有官厅侦探杂在里面，他把嘴儿一努，我的性命便要葬送了。”他想到这里，立刻上演台说道：“兄弟在日本入义勇队，也不过徇朋友之请，并没有尽过什么力，今天蒙诸君开会欢迎，非常惭愧。惟此番和刘君佐楫跟着汪监督大燮回国，在船中曾经以大义互相勖勉。吾人为国家争主权、作外交之后盾，原是应尽的义务，但一方面也得知道尊君大义，守我们臣民的本分。所以日本宪法第一条，就载上‘天皇神圣不可侵犯’一句话，正见得他们知道尊君，知道爱国，他们所以能够强盛。这是我们不可不效法的。也就是兄弟对于诸君贡献的一句话。”说毕，众人都面面相觑，鸦雀无声。尤其是马福益暗暗伸舌，心里忖道：“想不到一个簇新留学生，说出这般没廉耻的话来。”只缘当时耳目众多，不便反对，待职员选定以后，他就溜之乎也。

原来福益寄寓在李得彪家里，得彪也是个哥老会员，在总督衙门当差，专探官场对付革命党消息的。这日，福益听了王璟芳这一席话，估量璟芳一定和端方有关系，特地叮嘱得彪留意侦探。到了第二天晚上，得彪从衙门回来，便悄悄对福益说道：“你说的王璟芳，今日果然来见过端督。原来端督因他会拍满人马屁，要保举他一个功名，所以特地将他传去，问问他的宗旨。王璟芳便说道：‘不瞒大帅说，不但留学界里都是革命党，便是武昌城中，也都是革命党。’跟手就将昨日你们开会情形，什么‘门上不悬龙旗’咧，‘要严厉责骂政府’咧，前后说了一遍。端督又问起和他同来的刘佐楫来，王璟芳道：‘这须由大帅详询湖南人士，学生不敢袒护。’端督点了点头，道：‘哦！只要你们能够效忠守正，朝廷自然要重用你们的。’说着，便端茶送客。璟芳去后，端督连忙打发当侦探的刘贵狗在武昌城中密查民党，一面又缮就一道保举王璟芳的奏章，明天就可发出。我知道的就是这些，其余的不得详细了。”福益和刘佐楫是死冤家，“这人如果得志，湖南同志一定遭他的荼毒。”少不得在房间里踱来踱去，思量剪除他的方法。得彪从旁说道：“这刘佐楫在庚子举义时，不是充过你的总参谋吗？”福益道：“这只怪我知人不明，他从前确像个志士。自从庚子失败以后．他生怕大祸轮到自己身上，要想将功赎罪，把同志的姓名住址悄悄地告诉了官厅。当时有两个头目给官厅拿了去杀死了，我幸亏躲得快，要不然，还不是吃了张之洞一刀？所以不提起了他便罢，提起了他，死有余辜。如今他又回到湖南来了，照他鬼鬼祟祟的行为，湖南同志说不定要遭他的殃。我少不得到长沙走一趟，能够将他狗命结果了固然是好；否则也得将同志叮嘱一下，休要和他往来，上他的当！这里探听消息的事情，只好劳下你了。”得彪道：“武汉形势险要，将来必是革命的根据地，现在还有租界可作逋逃之薮，你尽管放心前去。”马福益听如此说。第二天便动身到长沙去了。

且说自从王璟芳把义勇队情形报告湖广总督端方以后，端方便将义勇队当做乱党机关，立刻派人前往搜拿，殊不知得彪早已得了这个消息，连夜将印章、文件、名册等物整理完全，连同职员夫役。一古脑儿迁到汉口的租界中。衙役到了那里，只剩下一所空房子，几株老树乱噪鸦雀罢咧。端方又责令汉防提督程文炳、夏口厅、冯少竹一同严密查拿，这刘贵狗正是程文炳手下一名侦探。忮刻凶暴，前书已经叙过。这会子奉命查拿民党，却是一等的优差。先秘密地到武昌城走了一趟，知道民党都在汉口。便日夜在汉口侦查。那华兴会里的会员也知道他是个恶侦探，却也故意和他开玩笑，尽管打起义勇队的旗帜来，今天开会演说，明天拍电抗争。刘贵狗眼看着他们闹了一天星斗，不能够到租界来捉人。他因此又想出一个诱骗的法子来，派了几名不著名的弟兄，打扮做学生模样。也在租界中到处演说，一个叫做刘三全，本是他的堂弟；一个叫做李元明，满口是爱国排满。华兴会同志果然当他是爱国志士，便千方百计拉他两人入会。他俩第一步可算是成功了。第二步便探听得华兴会的重要人物是夏观沧，义勇队的重要人物是邹叔平，便刻意和他俩拉拢，巴望订了莫逆交后，便可诱他到华界里来，谁知正在密谈之时，李得彪刚从门外进来，一眼瞥见三全、元明，连忙将身子退出，绕了一个弯儿，从后门进去，打发夫役把叔平、观沧唤了进来，附耳说道：“适才和你们说话的是谁？”两人道：“是新入会的同志。”得彪哈哈笑道：“这般人配说同志吗？他或许不认识我，我可认识他们。老实说，这两个人都是刘贵狗的爪牙，他们入会便是一条恶计，你上他的当！”叔平道：“怪不得，他们的议论都是似是而非的，原来是狗党呀！”

第三十八回

捉部员刘贵狗中计　见胡匪洪一峰上山

一条极深僻的弄底，这晚忽然灯烛辉煌，有五六个人在一座楼房里谈话。一个瘦削短小身材的说道："住在荣庆栈的屈恂如，年纪三十以外，举止阔绰，我详细调查过了，确是革命党。"一个肥胖的说道："不错，千真万确的是革命党。"于是坐在上首的这个人微笑说道："咦！这又奇了！为什么革命党有这大胆，敢在华界居住？你们弄错了吧！"那时瘦削的和肥胖的两个人同声说道："决不错，决不错！"众人方才相信。坐在上首的人即对众人说道："既如此，我们该禀朋上宪，前去捉拿，如其稍缓些须，仔细他逃躲了。"说着，便吩咐众人，静候宪谕，自己当即到衙门里去禀报。

第二天上午十点时候，果然有一群人拥到荣庆栈里，那为首的就是那晚坐在上首的人。派兵点将，嘱两个守住荣庆栈的后门，两个守住前门，其余的人由为首的带领，到屈恂如房间里去。恂如此时还正高卧未醒，那为首的便擂鼓一般打起门来。恂如香甜温软的好梦，猛可的被这打门声惊醒，连忙应了一声，霍的跳下床来，披上衣服，前来开门。他连眼睛都不曾全开，不提防的奔进五六个彪形大汉来，不由的呆了一呆。定了定神，问道："你们干嘛？"那为首的睁开圆彪彪的怪眼，喝道："你还问我'干么'，我是来拿你的！"恂如把为首的上下一打量，笑道："拿我吗？你姓什么？叫什么？"为首的说道："汉口谁也知道刘贵狗，偏你不认识老子吗？"恂如便举起萝卜一般的手掌，对准贵狗的脸儿，噼啪一声打个畅快，睁开双眼喝道："谁是谁的老子？"当下贵狗受了这一掌，倒有些退缩了，暗想："别要弄错了呢？该得查一查行李才好。"可是他只管这么想，他手下的三全、元明见贵狗这么吃亏，无名火早已按捺不住，也不听贵狗号令，只管喝令衙役，将恂如加上铁链，赶快捉到衙门里去。贵狗一想："他两人既说是千真万确的，这会子又敢大胆把他锁住，当然是不会错的了。"便也不再检查行李，尽由着他们扭了去。至于恂如的房间，暂时交付荣庆栈的掌柜，教他负完全的责任。

那掌柜姓林的，原是一个很老练的人，对贵狗说道："保管行李是我们开客栈的本分，但是俗话说得好：'人心难料。'他留下的行李一共多少，我又不详细，说不定将来以少报多，将歹作好，这时我又怎么分辩？所以要请你刘大哥当场点查一下，开下一批细账，免得将来出岔子。”贵狗一想：“这话不错。”便答应了，由掌柜的率领茶房走到恂如房间，先将他桌儿上放的东西检点起来。计有：《红楼梦》一全册，白铜墨盒一只，紫毫一枝，白铜镶象牙的水烟袋一枝，皮夹一只，内储梅红名片五十张。掌柜嘴里说，刘贵狗提起笔来写。接着又见壁上挂着蓝布公文袋一只，内有公文一角，乃是外务部行军机处的。掌柜愕然道：“刘大哥，你看，他带着这一角公文，只怕不是什么乱党吧。”贵狗道：“你们知道什么？越是革命党，越要找这些东西来遮人家的耳目。”掌柜不敢往下再说，只管叫茶房打开箱子来。茶房试过了好多钥匙，只是配不上，最后叫个铜匠来打开。不料打开箱盖以后，劈头在上面的就是许多信札，拿来看时，袁世凯写给他的也有，张翼翚写给他的也有，徐世昌写给他的也有……总而言之，都是红字头的大员。掌柜吐了吐舌头，道：“刘大哥！适才那些公文是在外面的，或许是掩人家的耳目；如今这些信札是藏在箱子里的，还是仔细些吧！”刘贵狗到此也呆住了，即将他的信一封一封拿来细看。就中有一封信最关重要，署名的是增祺，其文曰：

恂如老弟：俄国兵队，日有增加，万非吾国所能敌。近又提出新约五条，迫我承认。东省之事，不能不由日本与之交涉，我等只有顺从之一法。惟南方民气如何，是否将惹起革命风潮，不能不仰老弟束装南下，一为调查。惟事须秘密，即所到之处，本地官场亦毋庸往来，以免招摇为要！顺颂大安！
增祺

掌柜道：“这增祺不是奉天将军吗？”贵狗道：“可不是吗！他一定是什么部员，或是增祺的亲戚。左右我们‘一错加上二失’，已经把他捉到夏口厅去了，索性将他东西点查一下吧。”掌柜又一件一件的点起来，里面都是贵重物品，还有三千块钱钞票，都给他开在细账当中。正在这个当儿，忽然三全气喘喘地走了进来，对贵狗说道：“贵哥！糟了！糟了！……”贵狗道：“敢是弄错了吗？”三全扑通一声跪在地上，捣蒜似的向贵狗叩头道：“贵哥！我累了你了！要不是我轻听人言，何至于惹出这桩祸事来？”贵狗急得跺足道：“累我也罢，不累我也罢，就使碰了一百二十个头也不中用。赶快起来说给我听。”三全方才一骨碌起来，说道：“我等把他解到夏口厅时，只当他真是革命党，一路上将他骂一个畅快，他并不和我等计较。及至太爷升堂，叫他跪下，他反冷笑道：‘你该跪我，还要我该跪你？’太爷道：‘你是不是屈恂如？’恂如道：‘怎么不是？’太爷道：‘那么，你是革命党了，怎么不跪？’恂如道：‘你怎么知道我是革命党？’那冯太爷便吩咐我们拿上证据，我们遍视贵哥，却连你贵哥的影子都没有。我们本想来找你，那屈恂如忽然说道：‘打量你们也找不到什么证据，你要证据时，还是我给你吧！’说着，忽从靴筒里掏出一角公文来，递给冯太爷。冯太爷接来一看，顿时面如土色，从公案里走了出来，向恂如深深一揖说道：‘求老哥包容，兄弟冒昧之罪自知难赦，只好求老哥见恕其在这乱党四起的时候，不得不取‘宁严毋宽，的手段，以致冒渎之情，勿罪既往了。’恂如将太爷一拦，说道：‘不须如此！你为严查革命党起见，我也原谅。但是这有目无珠的侦探空长了两只眼儿，快给我挖下来！’冯太爷接连应了几个‘是’字，忙打发两名干差押着我们来找你，可是元明那厮逃走了”。贵狗闻言，急得屁滚尿流，皱皱眉头，搔搔脑袋，想不出法子。那三全又说道：“贵哥，须得快些打主意，那衙差在门外等着咧！”贵狗一想：“这重罪名终是躲不过的，还不如爽爽快快上衙门去。”主意打定，即将一切物件交与掌柜，拍腿便走。

作者趁他们未到衙门之时，把恂如的来历叙述一下：恂如即是屈节，满洲人，是增祺的表弟。论他功名，不过是外务部里一个主事，只因他勾结太监李莲英，所以权力很大。在两个月以前，俄公使拉萨提出五条的密约来，其条文如左：

第一条 满洲之将军、都统、道台、知府等，其任免黜陟，当由清政府与俄公使协议。东三省驻扎之清国兵员，当听俄公使摄制。土匪马贼。清政府任其讨伐之责；力不尽时，俄国可以出兵相助。

第二条 在满洲两国之市港，概不准与他国通商，矿山不许他国管理开掘。

第三条 满洲之税关归两国协办，二千年后，还诸清国；然仍当与俄国协定，不许第三国过问。

第四条 满洲之电信邮政皆由两国协办，其经理人如有过失，可由俄公使与以赏罚。

第五条 该条约所订期内，如与他国有交战之事，清、俄当合力赴急；清政府如不肯时，可由俄国独任。战胜之后，满洲全部当归俄国管辖，满洲之文武官当移出满洲，但普通人民不在此限。

这五条密约，俄公使拉萨曾经和奉天将军增祺商量过，增祺道：“别人不打紧，只愁老佛爷不答应。我有个亲戚叫做屈节，他和李总管很要好。你如能送十万银子给他，管教你在老佛爷跟前说得句句入耳。”拉萨道：“十万银子算什么，只要成功了就好。”增祺听了，连忙写一封信给屈恂如，叫他立刻到奉天，把这件事与他说明了，叫他赶快和李莲英商量。恂如听有十万块钱的入款，何等高兴！当即由奉天赶到北京，把增祺吩咐的话，一五一十与李莲英说了。李莲英伸出五个拇指来说道：“要有这个数目才行。”恂如一想：“统共只有十万块钱，给你拿了五万块钱，只剩下五万块，这一宗买卖，利子未免太薄了。”连忙心生一计，对李莲英说道："老总管！你是一个很明白的人，我为着亲戚面上才干这件事，揩不到一点油水的。你老总管跟前的好歹，他们当然也晓得，只要事成了，他们敢不孝顺么？"李莲英微微点了点头，道："哦！准是这个。"恂如只当他答应了，磕了个头，道："惊动老总管了。"说着，回到私邸里，便拍了一通密电给增祺，说："事已妥帖，勿忧！"增祺得了这通回电，多么喜欢！一面与俄人接洽，一面又写了一封信给恂如，打发他到南方来察看民情，这封信就是在荣庆栈里给刘贵狗检出来的。恂如到汉口时，别人不知道，那得彪却已从荣庆栈几个茶房口里听到了。知道三全、元明是刘贵狗的爪牙，故意打发一个人，在三全、元明跟前告密，指屈恂如为革命党。三全、元明都不相信，那个人也是荣庆栈里跑堂的，便掏出一件东西来说道："这是我在他的房间里拾得的，还不是一个铁证吗？"三全看时，是一方委状，其式如下：

今委屈恂如为中华长江第一军正使，此令。某年某月某日，中华军政府长江大都督魏。

委状中有一颗两寸见方的红印，看来千真万确，方才相信了。因对那个跑堂的说道："这张东西就交给我们吧。"那个跑堂的说："且慢些儿，我又不会到哪里去的。你只管把他捉到了，左右我要法堂里去做见证的，便由我缴了上去，不是也一样的吗？"三全、元明一听这话不错，便去报告刘贵狗。

刘贵狗到夏口厅时，受了冯少竹一顿骂，要将他定罪，他方才将荣庆栈的跑堂供了出来。谁知派人到荣庆栈传跑堂时，这跑堂的早已逃之夭夭，溜到湖南去了。他到了这个时候，才知道上了什么人当了。幸亏他是汉阳提督程文炳的亲信，经文炳向恂如再三谢罪，又在大馆子里请了他一席酒，才算无事。

再说恂如一住半月，只因长江南北，往日里都是会党，在那时都是华兴会的会员，和恂如通声气的人只有几个官员，不晓得革命党究竟有多少；若是在商业场中一看，那些做买卖的，每天只不过弹他持筹握算的老调儿，只要自己铺子里趁了钱，什么俄罗斯、日本都不在他们心上，因此他也不愿久住，便打点行李，回到北京城去了。常言道："好事多磨。"在恂如的意思，以为这十万块钱，只消用三万块钱向李莲英搪塞一下，余的七万块钱总得稳稳到手了。不料到了京师，忽然得到一个恶消息，就是增祺给俄国人拘禁了。大吃一惊，四下里仔细探听，才知道是自己贪小的缘故。李莲英本是一个老奸巨猾的太监，恂如是初出茅庐的人，那天向他允许的银子，他早知道是一种过桥拆桥的手段，心里老大不高兴，暗想："你要给我上当，我也给你上一次当。"所以当前只点了一点头，始终没有到那拉氏跟前说起过。那增祺一方面，只当恂如已经布置妥帖，在俄人跟前允许得十分确实，俄公使拉萨便拿着这五条密约，来见奕劻、王文韶、李经羲几个人，要他签字。奕劻等愕然道："这般损失主权的条约，就使瞒过了全国百姓，那老佛爷先自不肯答应，我们怎好签字？"拉萨道：严老佛爷早已答应了，不答应的只是你们几个人。"奕劻不信，连忙入宫去叩问，那拉氏非但没有答应过，而且连这条约都不曾过目。于是又来回明拉萨道："如其贵公使不信，尽可入宫叩问。大凡有了懿旨，我们断没有不遵的。"拉萨似信非信的，生恐奕劻等故意留难，便亲自去见那拉氏。问起这条约来，果然并未接洽。俄公使这一气，真气得七窍生烟，回到使馆以后，连忙拍了一通长电，责问俄将亚列基塞夫，说他不应办事如此糊涂。亚列基塞夫是个武官，本来不受公使管辖的，接了这一通电报，十分恼怒，恨不得将增祺一口吞下，才泄他心头之恨。

事有凑巧，俄国驻扎奉天军务官叫做廓来萨可的，忽然下了一道命令，叫俄兵将奉天商团的军械缴了过来。那商团本来是防胡匪的，可是遇见了如狼似虎的俄兵，都吓得把脑袋往怀里藏，还怎敢说一个"不"字？没奈何，只好把三百几十杆的枪枝，三万五千发弹子，一古脑儿奉献于俄国兵官之麾下。这商团便无形解散。自此以后，胡匪越发横行，四出骚扰，一无顾忌。

胡匪首领何子俊，据土人说也是一条绿林好汉。商民中有个叫做洪一峰的，向来仗义疏财，有胆量，有侠肠的。眼见胡匪横行乡曲，便带了十万两银子，亲自到了盗窟中，请见子俊。子俊听见有人见他，倒也呆了一呆，仔细一想："东三省的官军断没有那么大胆敢上山来，来的定是有胆量的人。"当即吩咐小喽啰给洪一峰进来。待一峰到了山寨，四下看时，陈设布置，与富贵人家了无所异。当差的引到客厅，即前去通报子俊。一峰即在这个当儿，在客厅中浏览一下。只见上首悬着一幅《白山黑水图》，两旁挂的是尤云青写的对联，是"杀天下乱臣贼子，作世间夏雨春风"，笔意苍老。左右两壁也是名人书画。他正在赏识的时候，忽报何子俊来了，只见他穿的是一身西装，辫儿都已剪去，年纪只有二十七八岁，面白如霜。一见一峰，便弯了弯腰，让一峰坐下，微笑地问道："洪先生到我们这里来，不知有甚见教？"一峰道："兄弟是商团中总干事，好汉想已明白。只因这回俄兵勒缴枪械，商民人人自危，深恐贵寨中因粮饷不足之故，率大兵前去借银，那时空空妙手，无法谋办。所以公推兄弟来与好汉商量，当此俄人恣意侵略的时候，揆诸'兄弟阋墙，外御其侮'之义，我们该一致对付俄人，暂时停止内侮。谨奉票银十万，作为弟兄们粮饷之费，整顿贵寨军纪，以与俄人相见于疆场，不但东省人民都蒙厚泽，就是国家方面，也获益非鲜了。"说着，便将一张银票掏了出来，递给子俊。子俊看了看银票，说道："老哥说的话，兄弟也很明白。要知道兄弟也是做买卖出身的，深知四民之中，要数到商人最为狡猾。兄弟在个中尝过不少的苦痛，约莫六七年前，曾经对人说过一句话：'与其做商场牛马，不如作山寨喽啰。’打定主意，方才投身绿林，专和商人作对。如老哥一般行径的，买卖场中，确是少见！如今既肯屈驾赐教，兄弟再无不从之理。此后二年当中，奉省治定，便由兄弟负责，只请放心。”一峰一闻此言，喜欢的了不得，便拱了拱手，起立告辞。子俊一直送到山寨之外，方才回去。

自此之后，果然奉天城中再没打家劫舍的事情。但是杀死俄兵的案子却一天多似一天，这日，竟杀死了一个俄国副官长。亚列基塞夫愤怒已极，忙与增祺商量，嘱他于五日之内，肃清境内土匪，否则定当用兵队代守省城。增祺自然唯唯遵命，忙打电报给袁世凯，速出兵剿匪。世凯复电云：“北洋可饬海船前来，惟须照会俄人，请准我兵登陆，方可照办。”增棋接电之后，又与亚列基塞夫商量，亚列基塞夫，笑道：“奉天本有华兵，打胡匪也尽够了。何必小题大做，乞北洋援兵？”增祺又碰了一个钉子回来，将实情电告袁世凯，世凯置之不理。那境内俄兵又接连被胡匪杀死了几个，亚列基塞夫越发愤怒，“不管三七二十一，四七二十八”，用火车一百辆，运重兵到奉天城里，直至将军署中，大喝：“增祺何在？”这一来，把增祺吓得浑身抖擞，牙齿儿捉对厮打，又不敢不出来迎接。只见他翎顶虽然辉煌，那两条腿儿瑟瑟地抖得起劲，离亚列基塞夫尚有百步之遥，先已扑通一声跪在地上，捣蒜似的叩了几十个响头。可是不知道马屁的俄将并不领他叩头之情，又是大喝一声道：“拿！”便有十几名俄兵一拥上前，七手八脚，早把一个增祺像螃蟹一般的捆绑定当，静待号令。亚列基塞夫又喝道：“将他幽禁密室，不许与外人通信！”俄兵一闻号令，即将增棋簇拥而去。亚列基塞夫便在署中做了一所大本营。

第三十九回

鼙鼓声中漫天歌舞　清谈席上一具侠肠

自此以后，俄兵越发横行，华人搭火车的，行李货物肆意劫掠，邮递信件都被焚毁，奉天居民，大半躲到关内来。袁世凯得了这个警报，立刻命津海关道唐绍仪到京，探听清政府对俄方针。

当袁世凯在朝鲜充营务处时，朝鲜的东学党起而倡乱，世凯因商务委员陈某困在城中，亲自督师往迎，将抵城门，忽见一少年骑马挟枪，护陈委员出城而来，大吃一惊。忙问底细，知道这少年是朝鲜关口外国人的书记，姓唐，名叫绍仪，和陈委员是广东同乡。世凯暗暗钦佩他的热肠，因此，两人的交情异常密切。这时，世凯为直隶总督，绍仪与世凯意见极为融洽。

这回奉命到京，自然十分慎重。他劈头先去见庆王奕劻，掏出一封袁世凯的信来，递将上去。奕劻看了一遍，对绍仪说道："慰亭到底年少气盛，还不知道做官的秘诀。东三省的地方老早在俄国人手里了，我们政府倒没有着急。要他这般惊惶吗？"绍仪听了这几句话，少不得呆了一会，暗想："这是国家大事，怎么看做儿戏一般呢？"可惜他是一个区区津海关道，不能说什么话，只好倒抽了一口气，拜辞而出。那时天色虽晚，因公务在身，不欲久留京师，即趁夜车回津，把奕劻的话如数禀告了世凯。世凯道："吓！好糊涂的老头儿，把他们自己的家乡占去了，还不着急，难道要杀了他一家，才肯拚他老命吗？"说着，搔搔头说道："你只管回衙门去，待我叫段芝贵到日本领事馆问了情形再说。"唐绍仪回去。

这晚世凯沉思了半夜，到三鼓时分，方才归寝。次日，九点过后，即传见段芝贵，叫他到领事馆问日俄协约有否签押。芝贵那时乃是候选道加按察使衔，满望在世凯手下得一优差，所以世凯叫他怎样，他便怎样，怎敢说一个"不"字？再说他从来不曾和各国领事说过什么话，如今居然叫他到领事馆去，自然是一趟荣幸的差使。

闲言少说。芝贵到了日本领事馆以后，依照袁世凯吩咐的话向领事叩问。领事道："这种外交上事情，怎好轻易告诉你们？你们如要知道详细，尽可去问我国驻北京公使！"芝贵心里一想："我是奉袁制军的钧命来的，倘然一些没有头绪，回去时怎么销差？"想到这儿，老着脸皮向领事询问，一定要他说个底细。领事倒也无可奈何，只好说道："俄日协约已经签字，协约里本来权利分明，各有界限，只为俄人贪得无厌，得步进步，日本也未必肯忍受下去。况且近来他在东三省恣意横行，又干涉朝鲜的内政，显然和日本的主权两不相容。将来怎样，尚不可知。"芝贵得到了这段消息，犹如在山中拾了宝贝回来，急急的奔到总督署里，把领事的话告诉了袁世凯。世凯原是一个好胜的人，他并非真有爱国的心肠，不过自己是编练新军的人，眼看着俄人横行东省，坐失中国主权，教人家看来，似乎中国新军太不中用，自己的面子上也不好看。因此他奏准即日进京，预备晋见那拉太后，痛陈利害。谁知到了北京，那奕劻、王文韶几个人都笑说道："你真傻！正当万寿，怎好把这些不入耳的话向老佛爷启齿？"世凯忍气说道："太后万寿，只你两人知道吗？在这风雨飘摇的当儿，以太后之明，难道肯为着自己一人的常诞，把国家大事丢在脑后？"世凯说这话的时候，除了王文韶、奕劻以外尚有瞿鸿玑、荣庆、唐文治那些人在座，都面面相觑，暗暗惊服世凯胆大。殊不知当奕劻入领枢府之时，那拉氏曾经对他说过"凡事当决诸袁某"一句话，世凯也曾经得人传说，知道王文韶与奕劻断不敢在他跟前挺腰子，才说出一派强硬的话来。果然两人默然不做一声，当即同到张之洞那里，问他意见。之洞道："前次为着废科举，你们抵死似的和我反对，如今在这为难的当儿，倒来和我商量，我一个人怎好作主？须得在明儿到颐和园里去算账了。"王文韶、奕劻接连受了两人的埋怨，真气得鼻子里冒出烟来，却因两人都是宠臣，委实也奈何他不得，只好暂时忍受。

到了第二日，便是那拉氏的常诞。那时那拉氏正在颐和园中，早晨六时，那拉氏便已起床，宫女侍盥应茶之余，即传旨，先到雍和宫礼佛。懿旨传到各处，忙得"发昏第十一章"，尚书以下各大臣，这日也特别起早，到了七点钟，都已到齐，在正大光明殿下站班候驾。那拉后到了雍和宫上，即在丈二玉佛跟前拈香礼拜，众宫女、太监也跟着拜在后面。待拜毕之后，到正大光明殿，只见各部大臣一刹那顷都跪在殿下。那拉后微笑，那时众大臣都伏在地上，御驾从殿中启行，经过排云仁寿两殿，直出宫门，各大臣都随驾在后。到了殿上。外宾、宗室、各大臣挨次入贺毕，已是十二点时分。便有一道谕旨，赏各大臣在园中吃饭。吃毕，便在园中听戏。那时最受那拉后赏识的，胡生是小叫天（即谭鑫培），武生乃是杨小楼，花旦为胖巧玲，只要是京中名角，无一不在罗致之中。再说看戏的人：东边照料的是礼王，第一间有礼王、恭王、醇王、庆王等。第二间有瀛贝勒、洵贝勒、涛贝勒、伦贝子、载搏。第三间有王文韶、鹿传霖、瞿鸿玑等。第四间有世续、庄山、崇礼、孙家鼐、敬信、那桐等。第五间有裕德、荣庆、葛宝华、松淮、奎俊、溥良等。西边照料的是增崇。第一间有那王、肃王、博公、振贝子等。第二间有阿王、熙贝勒、达公、芬车等。第三间有色楞额、伊立布、纳钦泰、继禄，增崇等。第四间有徐郙、张百熙、陆润庠、朱益藩、郑沅、徐会澧等。第五间有陆宝忠、张之洞、诚勋、陈夔龙等。歌舞升平，颇极一时之盛。只是奕劻与王文韶等有事在心，名虽看戏，实则很要在那天出一口气，预备即在戏剧完了以后，即请那拉后之旨，决定对俄方策。叵耐瞧来瞧去，只有张之洞和陆宝忠坐在一起，并不见有袁世凯的影子。

作者一笔不能两写，他们怎样快乐，怎样热闹，读者当可推想，姑且暂时搁下。如今再讲到袁世凯的身上来。他自从小站练兵以后，手下如段祺瑞、曹锟、倪嗣冲、张怀芝、王士珍、王英楷等，都是一时名将。而且他们心目中，只有袁世凯，再没有光绪帝，所以中国兵权都在他一人手里。后来铁良做了京旗练兵大臣，暗想："袁世凯是汉人，掌了这么大的兵权。倘然他变了心时，那满人的性命不是就在他的手中吗？"亏他想得出方策，把满人当中稍有军略的一个个拔擢出来，不是协统，便是标统，以便将来抵制汉人。袁世凯何等机警，见他这般措施，心下早已明白。往日里虽没有机会，到了这会子，俄人如此横行，想要出一次特别风头，所以到京以后，贺了万寿，便请旨到奉天去看一看俄国的兵力。如其他有抵御俄兵的力量，回京以后，即将竭力主战，仗着他自己的腰子战胜了俄国，也教铁良不敢再使手段。这是他到京以后的计划。怎奈不到奉天则已，一到奉天之后，看他们的军队，枪械固然充实，纪律又异常严密，万不是中国豆腐兵可以抵敌的，只好无精打采的回来。到得那拉后召见的时候，只好说几句冠冕话塞责。那时清廷没有和俄国开仗，这就是一种重要的原因，姑且接下不表。

再说俄人着着进步，由东三省而干涉朝鲜内政，日本政府再也不能忍耐，便与俄国决裂，布告东西各国，决意激战。满廷得了消息，割辽河以东的地方给他们两国作为战地，辽河以西严守中立，一而谕令世凯设防。

消息传出以后，农工商各界智识浅短，还不很起劲，那些革命党人人切齿，个个痛恨，哪一个不跃跃欲试？就中最激烈的要数李纪堂。纪堂自在惠州失败以后，东西奔走，专以物色人才为事。史坚如死了，山田良政又死了，宫崎寅藏又入了浪花馆，旧同志当中，除了首领孙逸仙以外，只不过少白、少纨、士良、衢云这几个人。后来忽然听见杨衢云也在香港遭了暗杀，他早已知道暗杀的主犯便是德寿，只因找不到凶手，也就暂且按捺。到了这年，有名李桂芬的，忽然被香港政府拿获，臬司研讯结果，知道就是谋杀杨衢云的凶手，主使的果然是两广总督德寿。李桂芬当即定了缳首之刑，德寿依然逍遥法外。纪堂本想先从暗杀德寿入手，如果胜利，就此起义。无如这个时候，两广总督已经换了岑春煊，德寿改为漕运总督。他到了清江，在一家客栈里住下。大凡衙门所在的地方必有茶馆，衙门里的差役，就在这茶馆中干那通贿勒索的勾当。纪堂的意思，要联络了这一伙差役，引他入党，然后再打发和德寿接近的人去杀死德寿，因此便改扮工人模样，天天上茶馆子去。那茶馆里坐着的茶客，除了打官司的乡民以外，果然不少衙门的差役，见纪堂天天到馆中来，少不得有些疑怪。问起来由，纪堂改变了一个姓名，又捏造了一段事实，对他们说道："我是从广西逃难来的，到了这儿，盘费完了，意欲结识几名弟兄，找些事儿干。没法儿，只有破费五文钱一碗茶，在这儿坐坐。"就中有个哥老会党，听纪堂的话，只当是圈子里的，不免问起"山堂香路"来。纪堂与各会党周旋好久，个中门槛，色色俱全，自然应答如流。问过详细，才知道这人姓姚，名叫若华，他对纪堂说道："清江弟兄最多，只他一辈，也得五千多名。"纪堂不由惊了一惊，暗想："只这五千名的会党，已经可以举事，若再联络些新军，这清江怕不是指顾间在我们手中吗？"只为若华还是初次碰见，不便真说，只敷衍数语，便分别回来。

这晚，吃过了饭，即将门儿关上，取出笔墨，想要写几封信给旧同志。才只提起笔来，便有人来打门，纪堂将笔儿一扔，忙上来开门，进来不是别人，正是姚若华。纪堂便让他入室，一同坐下。只见若华笑说道："文房满案，分明是斯文中人，日间老哥对我说的竟是打谎了。"纪堂呆了一呆，还不敢直说，少不得掩饰道："难道我们做工的便不许识字吗？"若华又指着一张信笺说道："这里分明印上'守志庐用笺'五个字，若说做工的，只有守业，没有守志的；只有工场，没有工庐的。兄弟早已明白，老哥所守的志，便是兄弟的志，也便是我们圈子里的志，可是不是？"纪堂不料他一个衙差，竟有这般文雅，到此更何从抵赖？只得直说道："欺罔老哥，兄弟知罪。但因老哥乃是公门中人，兄弟有机密要事，深恐轻易泄漏，坏了全局。如今知道老哥也是同道，怎敢隐瞒？"接着，便将门儿关上，把暗杀德寿的计划一五一十说了出来。若华道："不瞒你说，我们圈子里的主旨本来是反清复明的，只缘家有老母，奉养无人，才始在衙门里充当一名差役。如今老母已经去世，正想干这反清复明的大事，只可惜弟兄当中都是庸碌无能之辈，没有一个深明大义的人。常言说得好：'牡丹虽好，终仗绿叶扶持。'偌大清江，几千名弟兄，竟挑选不出一名运筹帷幄的人才，教我怎生干去？如今忽然碰见了老哥，正是天缘，或许便是我们成事的机会。老哥！'天下英雄，使君与操。'岂不是将来一段佳话吗？纪堂道："常言说'有眼不识泰山'，若教兄弟早知老哥具这一副热肠，今天一席谈话，何至这般客套呢？如今闲言少说，兄弟此来，具有决心，只愁没有与德寿接近之人，便无从下手。老哥如可设法，我们大事便从今日为始了。"若华道："不消你担忧，在那厮跟前伺候的刘忠权便是我拜把弟兄，好在他胆大心细，遇事敢为。我若与他商量，他再不会说一个'不'字。"纪堂听了，不胜喜欢，当晚便与若华计议："杀了德寿以后，便率领弟兄，夺取新军枪械，占了徐州，进窥金陵。得了龙盘虎踞之地，江南天下，不难定也。"若华道："清江新军虽说为数无多，倒也不下两千余名，我们赤手空拳夺取他们枪械，怕也不是一件容易之事。好在新军中也有三数百名是我们弟兄，照兄弟愚见，不如先教这三数百名的弟兄约定时候，提早内变，惹得他们心慌意乱的时候，我们乘机起事，趁他们一个不备，似乎较为妥当吧。”纪堂连连点头，道：“着呀！老哥真不愧为运筹帷幄的军师！”说着，在屋里踱了一回，又把脑袋打了几个圈儿，道：“那个刘忠权，便请你明儿接洽罢。”若华道：“不行！不行！他是个好酒的人，不是灌饱了黄汤，轻易不肯答应的。今晚来不及了，明儿晚上，就邀他在这儿喝酒，也教他和你碰面，好不好？”纪堂点了点头。当晚若华别去。纪堂也就上床安睡。

次日向晚时分，果然若华带了一个彪形大汉过来，纪堂看时，这人身长七尺，脸黑眼圆，穿的是一件黑色长袍，手里拿着一条三尺长的旱烟管，向纪堂弯了弯腰。若华将他们二人介绍之后，便掏出两块钱来，吩咐跑堂的去买酒菜。纪堂如何肯教他破费，便自己掏出钱来，交与跑堂的去买。不多时，跑堂的早将酒菜端上，三人一边吃喝，一边谈话。

作者权将他们三人丢开，别叙一个隔房住宿的方贵仙。原来这贵仙的老子和德寿是老友，贵仙老子死了，自己又没什么能耐，没奈何从北京远道南来，想在德寿底下找个差使。这晚，他正是行装初卸的时候，不便冒昧进去，暂时客店耽搁，设想进见的词令。只因德寿是个著名浇薄的满奴，生恐一见生客，便尔挡驾，所以深思熟虑到了三鼓，还不曾熟睡。纪堂等正在密谈，虽然声音轻微，在静夜的时候，到底容易听出。贵仙忽闻“德寿”二字，便十分关心，往下听去，原来都是暗杀造反那些话，禁不住“哈哈”两声笑将出来，顿时隔房里寂然无声了。挨过这一晚，方贵仙便在上午十点钟到总督署去，作者不曾在旁，不知他说些甚话，只晓得这日下午三点时分，李纪堂忽然带了行李，与一个不识姓名的人远走高飞了。纪堂与若华、忠权本约定在第二夜把德寿杀死，第三日起事，不料正在高谈之时，听见隔房笑声，忠权便摆了摆手，阻断他俩的话柄，自己走到掌柜跟前，去探听这隔房的客人。掌柜道：“这客人从山东来的，干甚事却不详细。看他衣着，估量也不过是做买卖的罢咧。”忠权回到房间，把掌柜的话告诉了二人，约定第二夜在若华家里重新计议，主意打定，各自散去。

次日下午，纪堂因昨日写给几个老同志的信尚未完工，便又坐在案头，写起信来。还没有写到一半，猛可的走进一个短小精悍的人来，在纪堂肩头一拍道：“李纪堂还不快走？祸事就在眼前了！”纪堂惊了一惊，抬头看时，并不认识，最奇的，他也一口广东话，一时无以应付，只呆呆看了这人好多时。这人说道：“你不认识我，我却认识你，但此时不便说话。你只管打点行李跟着我走，要不然，你的性命便在满奴手里了！”纪堂听他的话似无恶意，便将笔墨一扔，打点行李，把旅费会好，即日跟了那人，跳下内河行船，到了上海，暂在英租界住下。

纪堂再也忍耐不住，便问道：“如今可没有什么妨碍了，你究是谁？究为什么叫我走？”那人道：“我的姓名暂且不说，要叫唤时，称我一声老全就行了。至于叫你躲走的缘故，正合着常言道‘说话容易，只怕隔垣有耳’一句话。这般机密的事宜，在耳目众多的客店里商量，怎有不泄漏之理？我且问你，当你们说话的时候，蓦地来了一阵狂笑声，可有没有？”纪堂道：“有是有的，听说这方贵仙不过是个做买卖的，难不成他会去告密吗？”老全道：“这就错了，他是德寿的世交，到江南来找差使的。正苦没有门路，如今有你们这一种好资料，不在德寿跟前讨了一个大功，更待何时？”纪堂道：“他告了密，德寿又怎样办法呢？”老全道：“幸亏他不知道你三个人的姓名，要不然姚若华和刘忠权老早郎当铁索，做了罪犯。如今他俩已经躲走，打量不是北走幽燕，便南走闽粤了。”

第四十回

过来人演说亡国史　莽英雄酿成末路悲

纪堂道："听老哥的口音，似乎也是粤籍，怎么到清江来？又怎么知道总督署里的消息？"老全道："说来话长，你可知道戴梅香这个人吗？"纪堂道："听见过他的名字，只知道他是康有为手下一个走卒，所以我们并不与他接近。不知近来干些什么勾当？"老全道："这位戴梅香本来不是惠州人，是寄寓惠州的，在两个月前头，从南洋来了个姓徐的人，是康先生的弟子，不知怎么碰见了戴梅香，对他说道：'广东的大员都是我们密党，所以拿了革命党，立刻斩首，拿了保皇党，一定释放。你若入了我们保皇党，任你怎样干去，管教没有性命之忧。'梅香本有起事的决心，一闻此言，喜出望外，便对姓徐的说道：'我奔走数月，已得3千多敢战之士，六百余杆快枪，十万发子弹，袭取惠州，绰有余裕。欠的只是粮饷，不知党中可有什么准备？'姓徐的道：'我们在练港设有一家银公司，这次粮饷可向银公司支领。'梅香越发喜欢，便把千余个弟兄日夜训练，指望即在一月以后定期举事。我本是郑士良的旧部……"纪堂道："哦！是了，是了，曾记得士良说起有一个死友洪全福就是老哥吗？"老全微笑点头道："同是锋镝余生！"纪堂便问他几年来的踪迹。老全道："士良病死，衢云遭劫，环顾同侪，寥若晨星。因想亡命莫如海外，南洋尽多华侨，便束装南行，在新加坡、爪哇、雪兰峨等处鬼混了几年。回到广东，碰见了那位老戴，知道他有袭取全粤、进窥湘鄂的计划，便与他商量，嘱他不妨借保皇党的财力，干自己的大事。不知梅香也正打着这个主意，便叫我担任江淮，请陆亚发担任广西，马福益担任两湖。我到这儿来，就是为考察东南的形势，不想无意中碰见了十年老友刘忠权，这不是一件可喜的事情吗？"纪堂道："既如此，正与我主旨相合，为甚又叫我躲走呢？"老全道："我们前次惠州一役，苦在粮械两缺，临了，仍旧解散。干一遭，进一步，如今可不能不慎重了。我们已经规划妥当。姚若华、刘忠权在北方有好多路弟兄，此去筹饷购械，足有两三个月的勾留。我们且先回到广东，将详情告诉了梅香，嘱他展缓日期，那么，我们便可从容布置了。"

正在说时，忽有一人在窗前经过，又回过头来，俛下身子，向窗内望了一望说道："哎哟！这不是纪堂吗？"纪堂看时，却是应宗湄，连忙霍的起来，开门相迎。与洪全福通过姓名，方才知道也是旧日同道，自然格外亲密。纪堂便问起宗湄的近况来。宗湄道："我是上年到安南的，在河内遇见了华商黄龙生、甄吉亭、甄璧、杨寿彭、曾齐等。他们身处安南，眼见安南受法人虐待，爱国思想异常浓厚。据他们说：'法国捐税比别国重得多，田亩捐，房屋捐……凡是普通捐固然都有，还有人口捐，婚嫁捐，货物捐……比中国的厘卡还要酷到十倍。有一个安南人，家里只有一对老夫妻，年纪都已四十以外了，这日，忽然养下一个儿子。老夫妻老年育儿，心里虽然喜欢，可是一贫彻骨，又添了一个食指，在喜欢的当中，少不得又担了些忧愁。谁知他俩自己还愁不了，那不做美的法国人忽然派遣巡警走上门来。这个巡警也是安南人，一进了门，便恶狠狠地说道："你们养了儿子，难道连大法国的条例都忘了？养子例有丁口捐。如今已经过了一个月，怎么不到衙门里报告呢？"那老夫妻道："律例有甚不知？多只为家里没有钱，养一个儿子都养不了，有什么钱好纳捐呢？"那巡警道："大法国总督的厉害你是知道的。有，也要纳；没，也要纳。如有一个'不'字，哼！只好捉你去！"老夫妻道："我们家里连一颗米、一梗草都是向人家央求来的。"说到这里，指着天空道："如果要捐，除非把这一块天捐给你们。"那巡警四下一看，家里确是百无一件，便回去把老夫妻的话报告了法国人。法国人立刻派两个法捕到这老夫妻家里来，不则一声，守在他的门外。老夫妻倒有些不懂了，暗想："我们并不是大机关、大商店，为什么派了两个巡捕来守门呢？"少不得向那巡捕问原故了。巡捕笑道："你们自己说的话也忘了吗？你说：'把这一块天捐给大法国。'大法国体谅你们贫穷，权将这块天空接受了，从此以后，这天空是大法国的天空，不是你们的天空。你们只合在屋子里坐，不能再见天日。"那老夫妻见法国人这般凶酷，只哭的死去活来，后来幸亏有几个亲戚给他去说情，才将巡捕召回。'——像这种的事情不一而足。后来法国内阁更换，韬美来做安南总督，才把一切苛捐杂税废除净尽，那黄龙生、甄吉亭等也时常与他往来。有一天，韬美向龙生问道：'你们中国有位孙文，他是不是和我国拿破仑一般的？'龙生本来没有见过孙先生，但是我曾经将孙先生的道德学问详细和他说过，因此他便将我的话对韬美说道：'孙先生和拿破仑是两样的：孙先生没有帝王思想，他的革命是要建造一个真正民国。'接着，将孙先生的学问思想说了一遍。韬美听了，钦佩的了不得，便问孙先生现住何处。龙生答道：'在日本。'韬美便特地写了一封信给日本东京法公使，托他转告孙先生，致钦慕之意，并希望共到安南欢叙一场。孙先生上年为着在日本宣传主义，没有功夫，不曾答应。到今年方才由日本到安南，可是那韬美已在一月以前离任回法了。当韬美离任时，曾经对他一个秘书长说道：'我因公务在身，不能久留，中国孙先生不久来此，你缓几天走，便请你招待。'秘书长哈德安也很钦慕孙先生的，自然以一见为快，便诺诺连声的答应了。后来孙先生到安南，哈德安果然殷勤接待，当日备了一席酒菜，宴请先生。哈德安在席间对先生说道：'可惜韬美总督离了任了！要不然，他一定能够帮助你干革命事业。如今兄弟可以替你帮助的，只有替你介绍几个有力分子。’因指席间几个华商说道：‘这位是黄龙生君，这位是甄吉亭君，这位是杨寿彭君，这两位是甄璧、曾齐二君。’先生一一和他们握手。次日，在河内博览会中，演说了三个钟头，听的人个个动容，吸收了不少的同志。博览会结束以后，先生要往檀香山去，便打发我到上海来联络中国教育会的同志。不想逃的逃，拘的拘，早已风流云散了。本想住了两天便到日本去找少白、少纨几个老友，不想忽然在这里碰见了你，真是‘踏破铁鞋无觅处，得来全不费功夫’了。”纪堂也先将自己经过的事情表叙一番，再说到他们的计划，道：“左右孙先生到檀香山去了，你别往日本，先和我俩到广东去吧。”宗湄是无可无不可的，也就答应了。

第二日，三人的旅费算清，一同下香港船，不上几天，便到香港。耽搁一日，秘密地到了惠州。

当进城的时候，正是向午的时分，才到城中，便发生了一件惊天动地的事情。你道为何？一条很热闹的街上，悬挂着一颗鲜血淋漓的头颅，旁边还写着五个大字道：“罪犯戴梅香。”如此惨酷的情形，入到三人眼里，怎么不使他惊心动魄？原来梅香既与保皇党联络之后，先向香港银公司领取了十万两银子，日夜把千多个的兄弟秘密训练。表面上碍着保皇党的监视者，不能不打起一面“肃清君侧”的旗帜来，暗下却嘱咐弟兄，打一个“驱除鞑虏”的主意。那监视军队的保皇党姓周，名叫水芳，原是姓徐的弟子。有一天，水芳和几个弟兄不知何故，忽然冲突起来，有一个弟兄骂了水芳一句“满奴”，水芳便怒斥道：“我又不是满人，为什么骂我‘满奴’？”那弟兄道，“你做满人的走狗，不是‘满奴’是什么？”水芳心里一惊，暗道：“这还了得！这分明是革命党口吻！十万银子已经到了他的手中，再也抓不回来；只有提早将他党羽扑灭了，另设别法，才免将来的祸。”

主意打定，便悄悄地到了姓徐的跟前去报告。姓徐的也吃一惊，秘密地到两广总督岑春煊跟前商量办法。春煊道：“柳庆的土匪还未肃清，惠州城又起了这变故，两粤地方岌岌可危。须得趁他尚未发动之时，乘他不备，提早扑灭。一来，省力；二来，也可以寒广西匪军之胆。我自有计较，你放心。”姓徐的即辞别而去。

这个消息从广州传到惠州戴梅香耳里，知道事机泄漏，若不快干起事，必无幸免。当即邀集手下弟兄计议军事，约定当日起事，一切军需检点齐备。到了下午三点钟时分，便由梅香率领弟兄溯东江而上，计有大船十几艘，衔接而进，船头架了三四尊大炮，建起一面“驱除鞑虏”旗帜，破浪而来，声势煊赫，大有天下无敌的气概。到了绿兰关左近，忽有两只扒船飞也似驶来，一个弟兄呼道：“这是官船！”众弟兄便都拿出枪来，向扒船威吓。扒船里有两三名游勇，大声说道：

"这里是迎接官眷的扒船，并不是什么巡船，休要开枪。"说着，又飞也似的驶开去了。那时，已是夜半，暂在江中停泊一宵。

第二天的早晨，进至铁冈，忽然又遇扒船三艘，疾驶而来。这三艘可是巡船了；中间有一百几十名巡勇。梅香跳出船头，大喝一声道："巡船休走！"那巡船闻声，环顾前后，进又不可，退又不及，明知不是梅香敌手，也只得于死中求生，决一胜负。只听他们劈啪数声，枪弹如雨点一般的飞来，幸都未命中。梅香便吩咐弟兄等开枪还击。两方苦战，直过了五六个钟头，共计伤了九个巡勇，死的共有七人。巡船知万难抵敌，便疾驶而逃。梅香即下令：嘱改道登岸，由陆路进发。

有个军官叫做马得胜，对梅香说道："我们初意本在袭取惠州，得了惠州，有险可守，有饷可筹，进取广州，势如破竹。今理以一千名之弟兄，与数万官军，苦战决胜，未免难如登天。且铁冈一战，事机已泄，官军一定调大队前来，惠州城中也一定有防备。进不可取，不如暂且解散，静待时机。"梅香道："解散也是死，不解散也是死，同是一死，何不决一死战？"马得胜如何肯听？当即向梅香拱了拱手道："明知必败，何苦多伤弟兄？马某去了，将来有用某之处，定当再供驱使。"说罢便走。再不想有五六百名弟兄也同时说道："马大哥走了，我们也走。"说着，哄然一声，跟着得胜去了。梅香四顾弟兄，少了一半，禁不住长叹一声道："俺戴梅香苦心孤诣，经营数月，纠集了千多名的弟兄，功败垂成，大事已去，岂非天意！"说道，便邀集十几个心腹弟兄到跟前，说道："如今不能再战，只好静待机会。如天不亡我，终须有卷土重来之日。你我都是生死交情，如愿相从，便请指天盟誓。"这十几名的弟兄，异口同声说道："我们愿跟着戴大哥死，不愿丢了戴大哥活！如不相从，世世变猪变狗！"梅香喝彩道："好弟兄！"一面拿出一万两银子来，散给其余的五六百名弟兄，打发散去，各自谋生。自己便带了这十几个心腹弟兄，乘一艘船向石龙而来，想要到了隐僻之处，暂时躲身，待官军搜捕懈怠，再图大举。

如今再说保皇党里的周水芳，自从向姓徐的告密以后，不再回到梅香军中，便在岑春煊麾下做个爪牙。春煊虽然反对革命党，可是一方面也未必信任保皇党，所以并不将重要的事情托付他，只叫他当个闲员，每月支一百元干薪。有一天，他到西村，西村的老百姓问起戴梅香来，水芳道："岑大帅悬了五千块钱的赏格要捉拿戴梅香，就中有两个原故：第一，戴梅香到了什么地方，就向什么地方的老百姓索诈银钱，掠夺财物；第二，他要把皇帝老子打走了，自己来做皇帝，将来横征苛敛，一定苦累百姓。有这两种不好，所以不好教他活在世上。就是你们老百姓，也该帮官军的忙来除灭此人。"老百姓本来智识浅短，只当他讲的是实话，而且拿获了梅香，还有五千元的赏格，便都四下里探听戴梅香的踪迹。

这日，忽然听见砰的一声，知是放枪，都开门出来，察看情形，但见有几十个巡勇追赶十几个人，飞奔而来。知道这奔逃的大约是戴梅香一干人，便连忙鸣锣众聚，大呼："捉拿戴梅香！"一霎时，奔集一百多人，把梅香等十几个人围在中心。梅香惊咤道："吓！我戴梅香平素待人不薄，且从未取过百姓一草一木，你们与我何仇，苦苦作对？"老百姓道："你要做皇帝老子，要捉弄我们百姓，今天好容易碰见了，还放你走！"说道，都拿起器械来要打。这十几名的心腹弟兄也举起枪来乱放，虽然打死了几个老百姓、两三个巡勇，可是众寡不敌，万无生理。梅香当即掏出一支短枪来，向自己胸窝砰的一响，想就此自杀了事，谁知慌忙中打在臂膊上，虽然血流如注，并不致命。老百姓一见他要自杀，生恐不能活捉，急忙一窝蜂拥上去将他拿住，这十几个弟兄也个个捉获。

当晚由老百姓看守，次日，便解到营务处里审问一过。首先受审的便是戴梅香。问官叩姓名毕，即问道："你究受何人主使？"梅香道："我确乎有人主使，就是我的良心。我平生别无所长，只不过众弟兄有急难之时，向我借钱，我立刻就借给他，因此众弟兄都和我非常要好，便推举我做首领。"那问官又问道："你们有多少军火呢"？"梅香道："现在有的，毛瑟枪一千余枝，子弹七万余发。不过这等东西，现今都在大本营。"问官道："大本营在什么地方呢？"梅香笑道："哼！我岂肯对你说？老实说，我们弟兄个个敢战，人人肯死，估量也不是你们豆腐官军能够抵敌的。就使以民心论，你们欺负百姓，百端抽剥，做老百姓的早已怨声载道，终须有日结果了你们狗命！不过如今时机未到，被你们拿获。你们既已将我捉获，我只有一死，别无可说！"营务处既已得了口供，即将前后事实，行文详省。得了岑督复电："着即斩首示众。"于是戴梅香与这十几个弟兄即日被杀，还将梅香这颗头颅悬在咸鱼街口示众。

纪堂、全福、宗湄三人已将这段详情探明之后，心中说不尽的气愤。全福道："周水芳那贼我曾经见过一次，獐头鼠目，本来不是好东西！"宗湄把牙齿咬紧了说道："这个人教我遇见了，定教他吃一刀！"纪堂将他一拉，说道："仔细人家听见了，还是少说罢。"

全福便带领两人，走到悦来栈里歇息。三人都改了姓名：一个叫吕芝舍，一个叫陆重寿，一个叫程祖濬。纪堂因为前次在清江走了消息，这会儿再不敢在客栈里说话，便说的也只不过是寻常的话儿。全福心里一想："如今全局都坏，计划势必变更，若不是从长计议，将来的事情怎样进行？"想到这儿，便向纪堂、宗湄说道："我们天天奔走，不得一日安宁，连惠州名胜都没有领略过，未免令'青山笑我，绿水讥人'了。去，去，去！百花渊也得走一遭呢。"纪堂心中明白："在这残冬将尽时候，木落草枯，有何景物可赏？这明明是借题发挥，要在静寂僻冷之地作一席长谈罢咧。"因此并没说什么话，跟着全福便走。

到了百花渊后，只有瑟瑟西风，潺潺流水，游人旅客，寥如晨星。三人即在亭子中坐下，泡了一壶茶。全福道："今戴军解散，广东局面又变。自淡水湖一役，久无激昂慷慨之战史，难不成坐看东南山色，长此黯淡吗？"纪堂道："胜败兵家之常，即就惠州沦，喋血之士尚不下数千名，我们何妨整理残部，再图一举？”宗湄道：“如果如两君的话，惠州是我们旧游之地，昔日子弟尚能认识故主，舍了我三个人，再无别人可以担当大事。愁只愁忠权、若华奔走幽燕，还不知道有这一段伤心惨史，倒不能不有一个人去一趟。”当下三人议定，推派宗湄前去。宗湄道，“我就趁这当儿，看一看北方情形，未始不是一举两得的事。”广东方面，洪全福担任军饷，李纪堂担任军政。各自议定，方才回来。

一路上谈些不关紧要的事，不觉天色已暮。到了一座大桥旁边，只见对面河旁有一个人踉踉跄跄地走来，看他情形，似乎是已经喝醉了的。洪全福即举起手来指道：“你俩看，这是谁？”纪堂与宗湄看时，见这人瘦削身材，穿一身绸绫，便问道：“是谁呢？”全福道：“就是周水芳！”宗湄一听是水芳，连忙赶上两步去追他，两人叫唤，他也不理，只管飞步的走去。只见水芳左一歪，右一扭，转弯抹角过了好多路，方才走进一家客店。这客店不大不小，水芳正住在左边一间。进房之后，倒在床上。这时，宗湄便“嗱吓”一声，窜将进去。

第四十一回

客店寻仇张冠李戴　当街演说苦口婆心

纪堂一想："宗湄素性和平，忽然这般激烈起来，难保不酿成大祸。"待要上前拦阻，那宗湄早已走进房间，抢到那人跟前，恶狠狠地说道："不要脸的保皇党，勾结大吏，残害同胞，今日要取你的性命！"话甫出口，纪堂、全福都已到了门口，大呼道："宗湄，休得造次！我们弄错了，他不是周水芳呀！"此时宗湄已将手枪掏出，一闻此言，连忙将手缩住，回头过来向他俩问道："怎么一会儿说是周水芳，一会儿又说不是呢？"全福等方才进来，四下一望，见并无别人，便对着宗湄说道："我们只看他侧面，如今瞧他的正面，知道年貌不符了。"说着，将宗湄推开。向那人说了几句抱歉的话，那人笑道："哈哈！好一个'弄错了！'你看他已是'箭上弦，刀出鞘'，准备与我交锋的当儿，呼吸之间，我的性命便伤在他的手里，你们单说几句抱歉话便算了事吗？！好！好！好！你们一伙子都带着凶器，不是土匪，便是乱党，捉你官里去，见一个下落！"说着，真个走将上来，将宗湄两手抓住。宗湄往日里是自负有力的，到此两条臂膊，竟如受了电气，一些儿不能动弹。全福想道："真个是周水芳，真个将他杀死，到官里去倒也无妨；如今既不是周水芳，平白地牺牲性命，未免太不合算。"便向那人拱手道："先生话原不错，但是这都是我的不是，不是他的不是。先生如果要出这一口气，便请打瞎了我这双眼睛！"同时纪堂也是这么说了一遍。那人便将手一松，打了一阵哈哈，对三人说道："谁是谁非，我又不是法官，暂且不管。我只问你，周水芳是谁，为什么要杀他？"全福先开口说道："你老是怎么样一个人，我们还不知底细。这儿又不是说话地方，只好请你老原谅，暂时做一个闷葫芦了。"那人道："适才何等鲁莽，这会子又何等仔细？老实说，你们说也罢，不说也罢，左右是笼中之鸟，不怕你们远走高飞……"说到这儿，便往门外叫喊道："金彪，快给我拿下！"

话还未完，早有三数个彪形大汉从屋子后面奔将出来。宗湄要掏手枪时，两手早已被大汉缚住，纪堂、全福也已蚕茧一般绑在索子里面。三人面面相觑，却又不肯向那人央求，由他们七手八脚，搜去手枪，簇拥到一间屋子里关着。门外自有大汉轮流看守。

三人看这屋子倒还清爽，床也齐备，只是有两个疑点：第一，既把他们拿下，为什么不即刻送官？第二，这里究竟是什么地方？不免你一句、我一句揣测起来。全福道："说不定他也是个保皇党，要不然，何至苦苦和我们作对呢？"纪堂道："不是，不是，若说是保皇党，又为什么不知道周水芳呢？"宗湄道："或许他是故意问我的。"纪堂道："不会，不会，或许把我们当做了强盗了。"

正说间，忽然呀的一声，门儿大开，那人一足跨进房来，笑说道："你们给我受了一次虚惊，如今我也给你们受一次虚惊，两不亏本。现在我已经在门外听见你们的话了，知道你们不是强盗，也不是保皇党，乃是……"说到这一句，把手掌伸了开来道："这一流人物啊！"三人看时，见他手掌里写着"革命党"三个字，便不免个个惊异，呆看着那人的脸。只见那人英挺的容貌中，露出微笑来，看着宗湄道："是也不是？"全福听他头里的话，又看他面容，知道并无恶意，因说道："我们的葫芦已经给你打破了，可是你究是怎么一个人，我们还是猜不透。如蒙明白见告，便死也甘心！"那人先解了纪堂等三人的缚，又打发个小厮泡上茶来，一一捧到三人跟前，才说道："头里是你们的不是，后来是我们的不是，这一盏清茶，可也抵得几句抱歉的话了。"于是三人都笑了起来，向那人谦逊几句。

那人道："如今可以把你们要打死周水芳的原故说出来了！"纪堂便叫全福将戴梅香的始末向那人告诉一场。那人道："清数未终，志士受戮，东胡群兽，声势正盛。我白朗斋也正为这一件大事常年奔走咧。"纪堂霍的起来，拱手道："原来是白朗斋先生，曾听旧日同志谈起留东学子，说有一位奇人，叫做白朗斋，天文历算之外，兼精易理，渴想一见，未有机遇。不料乃在此间相逢，真是幸会之至！"朗斋道："这正叫做'不打不成相识'，遇合之际，谁说没有天缘呢？"那时全福、宗湄也说了些仰慕的话，方才问到他近来的踪迹。朗斋道："说来话长！广西发难，远在上年之冬，只因兵精粮足，声势浩荡，不上半年，连陷数城。但是杨元宝、姬七一流人物豚犬不若，固守着洪门中'反清复明'的主旨，败固不必说，成也不过做一个家天下罢咧。那时我正从日本回来，不知底细，直抵广西考查情形，见他士气大有可用，便劝他变换军制，依照新法部勒。杨、姬二人倒也唯唯听命，三数月来，义旗所指，势如破竹，苏元春、王子春不足道，便骁勇如冯子材，老成如岑春煊，也心惊胆颤。如果两广既下，进窥两湖，租税所入，足资军需，又何愁不辟易清军，直捣幽燕呢？谁指望杨、姬二人嫉功忌能，把参谋长罗若水，无故正法。'君子明哲保身'，我就知道这回起义不易成功了！"纪堂道："罗若水是士官学校平炮科学生呀！"朗斋道："是呀！在这种军队中，真是鸡群之鹤了。平白地把他杀死，还有哪个愿和他们共事，因此我就带了十几个心腹死士回到广州，又从广州回到这里。正要探听戴梅香的详细，不料碰见了你们这一干人，可不是天假之缘吗？"纪堂道："广西既然有这一支军队，难道就听他自生自灭吗？"朗斋道："自前月起，岑春煊自知力不能敌，将调川黔湘鄂四省之兵合攻义军，义军也得知这个消息，正在整顿内部，准备背城一战。就中有个姓陆名叫亚发的，正想独树一帜，扫除专制淫威。将来是否成功，在这个时候，我也不便说。古人说得好：谋事在人，成事在天。就说到兄弟，明知胡运未终，也不敢作徜徉山水、啸傲烟霞之想，又何况诸君都正是壮年呢？”纪堂道：“照你老说来，胡运未终，我们革命是徒劳无功了，又何必多此一举呢？”朗斋道：“话不是这么说的！譬如炊饭，火候到了，自然成熟；又如植树，必待十年，方始成阴。一辈子不干，便一辈子没有这一日。”全福道：“着呀！‘鞠躬尽瘁，死而后已；成败利钝，非所计也’方是大英雄、大豪杰！瞻前顾后，便一辈子不能干。所以我们打的主意再也不能更变。”朗斋便问：“打的是什么主意？”全福道：“‘隔垣有耳’，怎好轻说？时候不早了，我们上馆子里喝一场子吧。”朗斋道：“你们只当这里是客栈吗？我才到惠州，便把这所房子租了过来。如果是客栈，我又何至于这般自由？”全福一闻此言，方才将三人议定的计划说了出来。朗斋道：“好呀！我也想往汝阳走遭，但是我妻子还在上海，所以必须又在上海耽搁几天。如今应宗湄君要到山东去找姚若华、刘忠权那一伙人，和我正是一路，途中不至于寂寞了。”纪堂道：“你如果回到汝阳去，这里房子就给我们住好不好？”朗斋道：“你们来的时候，原来不曾看过门上挂的一块牌儿……”全福道：“我倒见过了，可不是写上‘悦来新栈’四个字吗？”朗斋笑道：“倒是你眼快足快，只可惜把我当做了周水芳。”说着，众人又笑了起来。朗斋道：“这时不是说闲话的时候，说不定我明天就走了。既是你们喜欢住在这里，须得留心来往的客人。惠州城中，谁都知道是会党出没之地，因此衙门探役也就四下密布。我在这里，仗着十几个心腹弟兄随处留心，门内之事才始不至漏出外去。我若走了，那十个弟兄当然跟着我同走，那时你们无人照料，说不定出岔子，倒是我连累你们了。”全福道：“这倒不消担忧。如今虽说同志星散，打量在惠州城中找十几个弟兄，却还容易。只求你早去早回，时时指点我们，使我们有所依归，才不辜负我们相交一场！”朗斋微笑点头道：“我也不过把妻子安顿一下罢了，本来没有什么紧要事儿，约计一月以后，便可回到这里了。”纪堂等自然非常喜欢，即将朗斋邀到一家馆子里吃饭。次日，全福果然找到十几个梅香部下的弟兄，即派他在栈中侦察来往客人。

那朗斋与宗湄当日下了小轮，经由广州到上海去。宗湄本可直至烟台，转到济南，只因朗斋须往上海，因此也一同到了上海。

那时上海正闹着那拉氏七旬万寿，小的铺子制就了十来盏红色灯笼，准备在万寿那一晚悬挂门上，大的铺子和公司提早定就了百多架的电灯，准备一面庆祝万寿，一面做他招揽生意的广告，这都是上海商会在三日前头通知各店铺的。朗斋急于带妻子回乡，才住了一天．便动身往河南去了。宗湄要看看上海民心的向背，特地等过了万寿，方肯启程。他暗想：“任你做买卖的怎样愚昧无知，近年来受了好多革命潮流的激荡，想再不会庆祝万寿了。”

到了这一天，即从客栈中缓步出来，由福州路中央，一直往北走去。过九江路、汉口路，到了南京路，抬头一看，十家中倒有九家挂着一方龙旗. 有的还在门前悬上了“万寿无疆”的红灯笼。再由北面到南市去. 也是这样。禁不住叹了一口气，便闷闷不乐的回到佛照楼来，吩咐跑堂的叫了几色酒菜，自吃自喝，顺手在桌儿上抽了一本书，一面看，一面喝，不觉喝到八分醉意，胡乱吃了些饭，已是满街灯火。睡觉尚早，又从客栈里踱了出来，看看夜里的光景。只见一路上车马往来如织，连那马车上都有插着小龙旗，表示庆祝的意思，他越发不懂了。及至到了马路，前几天准备着的五色电灯，到这时候都照耀如同白昼。有一家门前扎上了柏枝，在柏枝中嵌着一百几十盏电灯，门上用五色电灯装就了“万寿无疆”四字。那时上海电灯初行，似这般的装置从来不曾见过，所以这公司的门前整整围了一大堆人，都抬着头看热闹。有的说：“这一晚的电灯费倒化了不少。”有的说：“为了皇太后的万寿，化了这些钱算什么？”就中有一个人说道：“你看，偌大‘万寿无疆’四个字，分明是说给我们听：‘万寿’是要‘无疆’的，甲午年也是万寿，不是把台湾送了日本人吗？再前十年的甲申也是万寿，不是把安南送给了法国人吗？每过一次‘万寿’，便失一次‘疆’。过了今年，不知又要把什么地方送给人家咧。”宗涓急看时，这人三十左右年纪，虽然穿着长袍大褂，辫子却已剪去，脑后光溜溜的，顶上戴着一顶呢便帽，觉得他话虽滑稽，却有风趣，禁不住拍起掌来。那人便回过头来看看宗涓，正要开口说话，只听得站在他旁边的一个人说道：“你有几个脑袋瓜子，连皇帝老子的娘都骂起来了。”又有一人说道：“这里是外国租界，怕他吗？”头里这人说道：“话不是这么说的，什么外国地界、中国地界。我们有一颗心，就有主张；有一张嘴，就要说话。托赖外国人的势力来说话，那么，何不仰仗满洲人的势力闭口不言呢？”宗涓又拍了一阵掌，待要和那人招呼，那人早被旁边站着的一把拉了去了。宗涓便也离开了这公司门口，一步一步踱了过来。到了青莲阁门前，忽然听见一阵狂笑的声音，掉头看时，只见一个书摊面前围着一大堆人，只听里面有个人说道：“……什么叫做‘万寿’？就是老不死的淫妇；什么叫做‘无疆’？就是把中国土地送给外国人……”宗涓一听，在这普天同庆当中，又有一个排满的人，倒也差强人意。便从人群中挤了进去，放眼一看，见那卖书的徐镜吾正足蹈手舞的对众人演说道：“你看哪！那满街庆祝万寿的灯笼呀，龙旗呀，那是表现他的奴隶性！你们要知道，中国亡了二百六十年了，我们都是亡国之民，吊还来不及，怎么还配说上一个‘庆’字？吊死还来不及，怎么还配说上‘祝寿’两个字呢？你们又要知道，那拉氏是我们的仇人，仇人的诞辰是不是我们好庆祝的？再说上年她的常诞本是在十月里的，只因广西不靖，没有举行。到了十一月里补祝，一共化了一千二百万两银子。这会子是她的正诞了，当然非化了几千万不可，这都是民脂民膏，都是汉人的膏血！……”说到这儿，他的眼儿瞟到左边，猛然见一个人手里拿着一部石印的《御批通鉴辑览》，便停止了他的演说，指着书对那人说道："吓！你要看历史，详些的《二十四史》、《资治通鉴》，简一些《纲鉴易知录》、《廿一史约编》，哪一部不好读，偏要读'御批'的，这又是什么道理？'御'字是我们爱拍马屁的汉人奉赠给他的，其实呢，他们是未开化的游牧蛮族，是逐水草而居的犬羊贱种，配说个'御'吗？你买了这些书来看。你也就变了犬羊贱种了！"那人听了这几句话，顿时面红耳赤，默然无语。镜吾又说道："我不是要你买我的书，兜揽你的生意，我只是要你知道爱国爱种的大义。明天下午，味莼园里开会，请你们大家去听听！"说着，拿出一大叠章程来。一张一张的分给站着的人，宗湄也拿到了一份，接来一看，见是白报纸印的，面上写着《龙华会简章》。宗湄不懂得龙华会的意义，也不及看里面的章程，只因是镜吾分给的，估量一定是革命团体了，便将章程向衣袋里一揣，买了几本《浙江潮》、《江苏》、《湖北学生界》等杂志，走了出来。

又向西行去，到了胡家闸，又是人山人海的围着一大堆。只听一人大呼道："皇太后、光绪帝，一角洋钿买一张！"宗湄呆了，"这又是什么东西呢？"便又挤了进去，只见一个会馆门前放着一大批照片，什么林黛玉、胡宝玉、张书玉、陆兰芬、向九霄……各种照片都有。这一天因为是那拉氏七旬万寿，光绪帝和那拉氏照片的销路格外热闹。宗湄暗暗想道："这老娼妇呆孩子正是我们的对头冤家。我们既要革命，倒不可不将这对头冤家见识见识。"便摸出两角小洋来，一样买了一张。

趄身回来，又一步一步向东行去，那时徐镜吾依旧兴会淋漓的在那里演说。宗湄因身子乏了，无暇再听，便进弄去，回到佛照楼。走进房间，一面喝茶，一面将那拉氏的照片拿出来一看，只见那拉氏穿着朝服，斜签着坐在殿上。再把光绪帝的照片拿来一看，见他戴着一顶缨帽，穿着团龙袍褂，年纪不过三十几岁，满脸甫懦无能的样子。看了一会扔在桌上。再把《龙华会章程》展开来看时，上面是一篇叙文，足有三千多字，全篇都用白话。大意是说："驱除鞑虏是报祖上的仇，报仇之后，即将土地平均，不准富豪们坐得便宜。"宗湄一想："这就与我们兴中会宗旨一般了。"再看他的章程，才知道这"龙华"两个字是哥老会里的山名，叫做"一统龙华山"，山名之外，还有堂名，叫做"同登普渡堂"，那个会便叫"革命协会"。只缘"革命"二字容易惹起官厅的注意，所以将山名做了会名。再看那职官，分做内外二府：内府叫做枢密府，有大指挥、左指挥、右指挥等官。外府叫做都督府，有大都督、左都督、右都督等官。都督府须听枢密府的命令。宗湄大略看了一遍，觉得他还有一件未到之处，就是：鞑虏驱除之后，究竟是什么国体，不曾说明，照他章程里说："……等新朝廷成立以后，还要封侯封王呢……"这两句话看来，似乎革命以后，仍旧主张君主专制。不过在这满清淫威之下，革命是第一步办法，革命以后的建设，自然有人出来主张，何必管他？

既是明天开会，不妨再耽搁一天，看看他们的情形。主意打定，便脱衣上床安睡。

次日早晨，客栈里的客人都正在温他美满的好梦，就是跑堂的茶房，也还把脑袋深藏在蓝布棉被中嗤嗤睡着，看那壁上的钟敲五下，宗湄便醒了。看钟时觉得太早。要把茶房唤醒，心里不忍，闲着却又无事，没奈何把冷手巾抹了抹脸，想要到黄浦滩边呼吸些新鲜空气。那时马路旁的店铺排门都未打开，只有倒马桶的往来马路当中，把一阵一阵的木樨香送将过来。往东行去，不多时已经到了外滩。外国人的马车早已往来如梭，暗想："中国委实太不讲究卫生了！在华人堆里，我起来似乎太早，怎晓得外国人起来的比我还早。"一边想，一边走，从福州路直到了外白渡桥，又从外白渡桥回了转来，走进客栈，还只六点多钟。茶房等方才起来，便洗过脸，喝了口茶，又抽出信笺来写了几封信。

第四十二回

访义士暗中授机密　争法律会场闹风潮

吃过午饭，才始叫了一部车子到味莼园去。从福州路到味莼园有不少的路途，那拉车的又走的很慢，所以到了那边，已在一点以后。四下一看，除了几个招待和干事员以外，其余的会员尚未到会。干事员等忙着布置会场，招待来宾。直至两点以后，方才人数多了起来，由干事员振铃开会。当时跳上台去报告开会宗旨的，唤做陶成章，宗湄见了，暗暗吃了一惊。你道为何？原来这陶成章，就是昨晚在一家公司门前发“万寿无疆”妙论的人。

作者一笔不能两写，先得将成章的往事追述一番：成章自从碰见周振宇以后，知道濮振声已给浙抚拿获，只缘他大得民心，杀了反激民变，便将振声禁拘仁和县的西侧，特地造了两间房子给他居住，饮食起居十分适意。成章想道：“他是白布会的老会员，羽党一定很多。如能仗着他的介绍，联络一切会党，那么龙华会的势力越发伟大了。”主意打定，便到章太炎那里，商量往探振声的法子。太炎正和两个客人谈话，便指着对成章说道：“这位姓沈，名英，这位姓张，名恭，都是热心革命的分子，很可以做你的助手。”成章便与他俩招呼，才知道沈英、张恭虽然不曾出过洋，却是光复会里的会员。接谈之下，议论风发，成章暗暗佩服，当下即将上海一部分的会务托了他们。张恭又将一个姓孙的朋友介绍给成章，对成章说道：“这位姓孙的虽说也是我们同志，但是他和仁和县的知县最称莫逆；有了他，那濮振声便容易见了。”成章越发欢喜。

第二天，便与一个同学魏兰一同赶到杭州去，先在杭州城中暂时住下，按着张恭写的地址，去找姓孙的同志。原来这个姓孙的，号叫信之，在武林小学堂里当校长。成章递了一张名片，信之接来一看，虽不认识，也闻名，连忙将二人迎了进去，在会客室里坐下。彼此先说了些仰慕的话，成章方才将张恭的介绍信递过去。信之接来一看，便说道：“哦！两位要见濮振老呀？说到振老现在的境遇，实在生不如死！……”成章愕然道：“为什么？”信之道：“他自己虽然活着，他一个英挺秀拔的儿子，却为着他受了惨刑。六十余岁的老人，回首往事，功业既成梦幻，而膝下一个千里驹又遭惨戮，为公为私，两俱伤心。幸亏他胸怀旷达，了无罣碍，听说每天须喝两三斤酒，读一遍《老子道德经》，闲着的时候，还找衙门里老夫子围棋。有一天，他和老夫子争一个劫，这个劫是关系全局胜负的。老夫子深思焦虑，长出一头汗珠来，振老却从从容容应付，他临了，老夫子竟全局都负。振老便笑说道：‘兄弟当初革命，与官军也只争一劫，若是和今天下棋一般，何至全局都输？这其中不是有天的吗。’老夫子也笑了一笑，默然无语。可是从此以后，这老夫子永远不到振老那里来了。”成章道：“这个自然给仁和县知道了，说不定叫他做同党，不要说饭碗打碎了，便脑袋瓜子也怕保不住呢？”信之四下里望了一望，道：“我们此刻不便说话。两位既要见他。索性下半天到了那里畅谈吧。”成章便起身告辞，信之哪里肯放，说道：“两君奔走国事，好久不尝武林风味。虽无羊羔美酒，那湖鱼越酿还不是现成的吗？”成章、魏兰只得遵命。迨吃了午饭，各人洗过了脸，方才一同到仁和县去。

信之与仁和知县是时常接见的，所以不拘礼数。信之便乘间说道：“今天要请公祖原谅，这陶、魏两君乃是东南棋家，因闻濮振声下得一手好棋，特地前来与治晚商量，想要与他交一次手，不知公祖允也不允？”那县令向来很相信他的，一口答应，便吩咐当差的陪了过去。走出大堂，有一扇东角门，劈面就见一座簇新房子，虽只两间，却也用砖砌成门面，有两个卫兵似的守在门口。那当差的打了一个招呼，便导着两人进去。见里面也有一个小小天井，都用石子砌成甬道，两旁种着几株花木，一个当差的正蹲着身子，在那里收拾瓦砾。当下信之、成章、魏兰都掏出片子来，叫他拿进去。

还未到门上，即见有一个老头儿迎了出来，问道：“是谁呢？”成章看时，这人须发皓白，精神尚还矍铄，打量就是振声了，便抢上前去，和他周旋。那振声理也不理，只管把名片接来，一壁看，一壁念道：“陶成章、魏兰……”看毕，方才抬起头来说道：“就是你们三位呀！”成章、魏兰都点了点头道：“尊驾想就是濮先生了？”振声道：“你们到我这里来，真可谓‘空谷足音’了，我这生涯正苦岑寂，促膝坐谈，倒也称心。”说着，便吩咐当差的在门外等候，回过头来问道：“你们会喝酒吗？”成章道：“晚生等此来，专为倾慕风仪，渴思一见，怎好教先生破费？”振声道：“不待你说，我已知道来意，所以叫县里当差避在门外。可是我有一件古怪脾气，不是长谈便罢，如其长谈了，非有杯中物不行。”成章等便也不辞，即在他房间里坐下。振声便对他自己当差说道：“快烫几壶好酒，拿几盘小菜来！”当差应了一声“是”，回头而去。不多时，已将酒菜送上。振声将酒壶拿了过来，给三人筛了满杯，一面喝，一面说道：“‘不入虎穴，焉得虎子？’你们冒险前来，正合老夫之意。老夫转战浙水越山间，半生功业，败于一旦，虽死不能瞑目。正待公等继我而起，扫除胡虏，则功不必自我成，我死也安心瞑目了！诸君说是慕老夫的风仪，老夫有什么风仪可慕？抚心自问，只是当年跃马严陵，与虏军血战苦竹黄芦中一段聊以自快的壮吏罢了。要知道钱塘乃全浙门户，据江而守，敌军不易水渡。老夫当年不知将浙东作为根据之地，要想从严、衢上出安徽，致腹背受敌，实为失计。不过手下残部尚有三数千敢死之士，若把双龙、九龙、千人各会，平洋、乌带、金钱各党合而为一。部勒有方，训练得当，十万雄兵不难招聚。虏军大半老弱，一鼓作气，怕不令敌人望风而靡吗？”成章道：“先生话原不错，但晚生等足迹不广，诸会党的首领都未认识，还得请先生介绍一下！”振声便把酒杯一扔，拿起笔来，开了一批首领名单：

双龙会王金宝

九龙会刘家福

千人会杜亦勇

平洋党竺绍康

乌带党赵素

金钱党裘文高

开毕之后，又从衣缝里拿出一方白布来，一并交与成章道：“我们虽然各自成会，那‘反清复明’主旨一般。只消拿出这方白布来，他们自然殷勤接待。”成章接了，和信之、魏兰一同看时，只见白布之中盖着一方红印，是“白布会之印”五个篆文，红印上面，写着“白布会会证”五个黑字，此外一无所有。成章便揣在衣袋里面。振声道：“莫小觑这一方小小白布，也从千困万难中出来。幸亏那时藏在衣缝里，今天有了用处，要不然，早就给狼虎似的衙差搜了去。”说着，咽嘟一声，满饮一杯。成章道：“你老再多喝几杯，我们喝够了！”振声道：“老夫朝不保暮，活着一日，便算一日。得与诸君作一席之谈，胜似服了一剂延寿散。此后料无相见之日，何妨多谈片刻呢？”成章等听了，也禁不住掉下泪来，便勉强多饮了几杯，方才散席。振声又兴会淋漓，追述他在严、衢间与清军鏖战的事实，约莫到了夕阳将下，方才告辞出来。

这晚，成章、魏兰即宿在武林小学堂里，次日上午，方才回到客栈。从这一日起，成章与魏兰奔走处州、衢州、浦江、严州、绍兴、嵊县各属，整整费了三数个月，和几个首领一一接洽，把各会党里的人员，一一写在姓名册里。又从杭州至福建、江苏、江西、安徽各省，把各会党人员吸收过来，打做一团，组织了一个龙华会。这日，在味莼园里开的，正是五省务会党代表大会。

宗涓一见成章，便暗暗想道：“在昨晚听见他的妙论，只当他是个寻常人，想不到竟是龙华会的首领。但不知他有没有入过兴中会？倒要问他一问。”

正默想时，猛可里后面有人聒噪起来。一个人说道：“照例先该推一位临时主席才是，怎么擅专的跳上台去呢？”旁边一人说道：“推了，也是他主席，不推，也是他主席，轮不到我，也轮不到你，何必多一番周折呢？”头里这人说道：“忠权！你到底忠实有余，学问不够，二十世纪乃是法治的时代，什么都讲法律的。你的话是事实，不是法律。”忠权跳起来道：“什么叫做学问，我实在不知道。我刘忠权是武人，不配在这里讲话是不是？好！请你来做个考试官。谁有学问，谁没学问，甄别一下子。有的，许他说话；没的，撵他出去，可行？”那时会场里一干众人都掉转头来看他。宗湄一闻“刘忠权”三字，也吃了一惊，仔细看时，这人头戴一顶反沿皮帽，身穿一袭玄色素缎皮袍，罩上一件天青缎褂，足蹬一双玄缎快鞋，身长七尺，满脸麻子，一面说话，一面红涨着面，额角上连青筋都暴出来。本想与他招呼，此时不便说话，只好呆呆地看着他。那个是个白脸少年，约莫只有十八九岁，穿着一身布服，朴质无华，被刘忠权一顿跳，倒也呆住了。站在台上的陶成章见会场里哗噪起来，便停止了演说，跳下台来，走到刘忠权跟前，问他端的。忠权只管和那少年说话，哪里听见？那少年倒已听见，从从容容地说道：“这都是我的不是，我以为开会例须推个临时主席。本来在会场里尽可站起来说话，我却和这位刘忠权君私下说着，一不小心，倒惹他恼怒了。”成章道：“说起来，也不是你的不是，倒是我的不是了。我的意思是：左右开会秩序单里有‘选举职员’一项，也不必多费手续了。而且这个会是我发起的，若不是我来报告，怕不能详细，却不道起你俩的冲突来了。”忠权道：“谁和他冲突？有学问的才配和他冲突咧。”惹得满堂的人都笑起来。成章道：“他叫刘忠权。你呢？”那少年便掏出一张名片来给他。成章看时，见中间写着“王汉”二字，旁注“竹安湖北蕲水”六个小字。成章和他点了点头，笑说道：“你的主张不错，便请诸君公推一个临时主席吧。”那刘忠权便霍地站起来，叫道：“俺推陶成章！”这五个字说得震天价响，又惹得满堂都笑了起来。接着，又有一人站起来，也推成章。于是众人便拍手赞成。成章重新踱了上去，才算将秩序单开着的事项一一完毕。铃声儿一动，众人四散奔走。

宗湄待要与成章说话，一会儿已经不知去向，只好趑转身来，将忠权一拉，说道：“你是刘忠权君吗？”忠权点头，说道：“你怎么知道我？”宗湄道：“幸亏我不到山东去找你，要不然，白走了一趟。”接着，便将纪堂、全福的事表叙一番。忠权道：“哦！他们如今到了惠州了！那么，你呢？”宗湄道：“我本想找你和姚君去的，因见了《龙华会章程》，觉得和我们主旨相同，所以暂住一天，到这儿来看一看情形，不想在会场里碰见你了。”忠权道：“我有好多的话说，便请到馆子里喝一杯罢。”宗湄并不推辞，便与忠权叫了一部马车，到了福州路中，忠权指着一家酒店道：“这里才有好酒。”宗湄看时，招牌却是言茂源。他是不很会喝酒的，好也罢，不好也罢，好歹跟着他走。登上酒楼，早有七八个酒客一堆一堆坐着喝酒，正在议论昨天万寿的热闹。有的说：“皇太后福气好得很呀！她做寿，便有这许多人来庆祝。还记得我的娘到六十岁的时候，连面都没得吃咧。”有的说道：“她是皇帝老子的娘，自然和我们百姓不同的。”忠权忍耐不住，便骂道：“放你娘屁！”宗湄连忙将他一拉说道：“何苦呢？”幸亏那几个说话的人不曾听见，才算无事。当下便到了靠窗桌儿旁坐下，跑堂的过来，要了一壶酒，一盘豆腐干，一盘牛肉，一盘炒芹菜，另外打发跑堂的买了十文钱长生果，六文钱青豆，一边喝酒，一边说道："你可知道适才和我争论的是谁？"宗湄道："我看过他的名片，姓王，单名一个'汉'字。"忠权道："我们叫他做竹安，有时叫他阿竹。他十六岁上，便诗书精通，做得一手好文章，而且喜欢舞剑。上年，买了一部叫做什么'三十年……'我倒忘了，据他自己说，是东洋人做的，里面都是讲孙文的事情……"宗湄道："哦！就是《三十年落花梦》吧！"忠权道："着呀！有一个做梦的'梦'字。还有一本书，是邹容做的。"宗湄道："是不是《革命军》？"忠权道："这些书打量你都看过了，他也因为念过这两部书，便连觉都不睡，饭都不吃，决意要做个革命党，天天在蕲水地方演说革命。把他老子娘吓坏了，生恐给官厅捉了去，遭灭门之祸，便想出一条计策来，提早讨他一房媳妇，叫媳妇笼络他，使他不要再谈革命。他媳妇高氏果然手段灵敏，日劝夜规，把一个英气勃勃的少年，变做了庸懦无能的男子了。"宗湄道："哎！可惜了！"忠权道："不啊！他不是女人家能够笼络的，不过他窥破他老子娘的意思，故意装做没用的样子，慰慰他老子娘的心罢咧。过了半年，他便改变了。有一天，黎明的时候便起来了，在床面前题了一副对联道：'真配偶要读书识字，新世界贵平等自由。'"宗湄道："打量他的夫人是一个不识字的女子了。"忠权道："自然，他就在这日要别了他老子娘出门去，他老子娘抵死不允，到底被他偷偷地逃走了。由蕲水到武昌，碰见了湖南人胡瑛、黄冈、何季达那些人，想要组织一个"革命同志会"。正待开会的当儿，忽被省宪知道了，侦骑四出，缉拿王汉。无奈，只好回到家里。"宗湄道："那么，他怎么又到上海来呢？"忠权喝了一杯酒，说道："左右晚来无事，就把他做做话柄也不妨。他在家里烦闷起来了。思来想去，终不如出门的好，便又偷偷地逃了出来，半年没有回家。惹得他哥东找西寻，找了好多个月。忽然到了一个古庙中，见他坐在蒲团上不做一声，见了他哥，也并不招呼。他哥只当他发了痴了，大声叫他，他只是不应，叫他回家，他也不理。约莫过了半个钟头，猛然站了起来，向他哥拱了拱手道："哥哥，我去了！你好好的侍奉父母吧！"说着，飞也似的去了。宗湄道："打量这一走，就走到上海来了。"忠权道："是。那时我尚在济南，仗着朋友帮助，筹得五万块钱的军饷。又在青岛、烟台走了一趟，筹得一万块钱。待要动身，忽然济南地方弟兄发起一个救国会，叫我们襄助办理。我因急要南下，只好留着若华在山东，俺自己当即动身，到了上海。本想即回清江，上海的弟兄轮流宴请，没法推辞，一住五月。这王竹安就是在第一天席上碰见的。议论激烈，英气逼人，我便和他结了一个朋友。其实在今天以前，已经与他争论好多次了。"宗湄道："我来做个裁判官，他好胜，你也好胜；他盛气，你也盛气；正是半斤对八两。其实干国家大事的，一半仗学问，一半仗胆量，他的学问和你的胆量，合在一起，正好同心戮力。共成大事。明儿由我做东道主，给你俩做一个和事佬吧。"刘忠权道："我原不曾与他有什么意见，我生性是这样的，两方争论，只许人让我，不能我让人，待性子过了，也就没事了，用不着做和事佬。不过你我都是同志，都是初见，今晚只算小酌，明儿就由我做东道主，来宴请你俩叙吧。”宗湄道：“我们用不着闹客套。你做东道主也好，我做东道主也好。‘同在异乡为异客。’只要留下一点纪念，将来凯旋归来，痛饮黄龙，做一段佳话，那才是一叙。”那时两人酒已喝够，大家吃了些饭，便走出门来，各自分散。

第二天，忠权到佛照楼来找宗湄。宗湄正在写信，忠权一看，见是写给纪堂和全福的，忠权便问道：“看得看不得？”宗湄笑道：“怎么昨儿如此粗鲁，今天又这般仔细？”忠权道：“说起来，又是那阿竹的故事。前天，我到高升栈去找他，他有一封写好的信搁在桌上，我拿起来便看，不道他一把夺了过去，怒冲冲地说道：“书信秘密，各有自由，你连这个法律都不知道吗？”我听了也恼怒起来，道：“横法律，竖法律，照法律，打皇帝是大逆不道，你革什么命？”一句话，他倒被我说倒了，顿时转怒为笑。因此我便知道私信是看不得的，所以问你一声。”宗湄道：“平心而论，我们革命全仗纪律，这纪律就是法律。书信秘密，各国法律都有这一条，倒是中国没有的。不过我这信是公开的，并不秘密，你要看尽管看。”忠权笑着展开，从头至尾看了一遍，知道是一封上海同志情形报告书，都是忠权知道的事情，便也仍旧放在桌上。宗湄写信既毕，便问：“宴客是午刻呢，还是申刻呢？”忠权道：“自然是午刻。别人请帖我已经寄出了。时候快到了，我们一同到高升栈去找竹安吧。”宗湄便将书信贴上邮花，一同走了出来，步行走去。先将书信寄出，然后到高升栈来。不料走到那儿，王竹安早已走的连影子都没有了。

第四十三回

骗学款刘佐楫受辱　改课卷单启鹏病狂

王竹安行踪诡秘，应、刘二人固然不能知道他的去处，就是作者写到此处，也还不能妄断，只好暂时搁下。

如今追叙马福益从湖北到了长沙，仍旧改姓易名，住在哥老会员胡宗愚家里。哥老会自从黄兴组织华兴会以后，各省党员除了已入龙华会外，其余的都入了华兴会。即在宗愚家里，做了一个湖南分机关。外面是一家杂货铺子，挂上一块招牌，名目叫“中发”，“中”便是“华”。“发”便是“兴”，就作为华兴会的暗号。马福益到长沙后，劈头一件事就是侦查刘佐楫的举动。宗愚道：“说起这个人来，真是我们湖南一个宝货。听说端方曾经保举两个留日学生，一个是湖北人，叫做什么王璟芳，邀进署里，细细考查之后，果然有奴才资格，连忙上了一道奏章。加上‘效忠守正’四个字的考语。虏廷见了，不胜喜欢，谕旨下来，赏了他一名举人。”福益道：“还有一个，我也知道了，大概就是刘佐楫了。”宗愚道：“是呀！算他的晦气，端方正要叫他进见的时候，不知何人写了一封匿信给端方，说他声名如何恶劣，品行如何卑鄙。端方便暗中打发一个人到湖南来打听，果然都说他坏的，因此便将保举一件事搁起来了。”福益道：“那么，他现在什么地方呢？”宗愚道：“亏他异想天开。在北门城里设立一个明德学堂，一同发起的尚有胡元倓，是我的堂弟兄子。元倓忠厚诚笃，他诡计百出，两个人正如水火。前几天，为着筹措开办经费，闹出一桩笑话来。原来北门有一个侨日华商，新从日本回来，腰橐累累，声势很盛。佐楫心里一动，便想在他身上弄一笔巨款，仗着他一张舌翻莲花的嘴，不上几天，果然被他拉拢了。他便在筹备处备下一席酒菜，将那侨商请了过来，殷勤款待，嘴里横老伯、竖老伯一百二十分的恭维。最后说到开办经费，那侨商觉得过意不去，一开口便是五千元，喜得刘佐楫眼睛没缝儿。待侨商去了后，便对元伐说道：‘老倓！我们开办费用不了这许多。老实说，什么人办事都为钱，我俩就把这剩下来的钱平分了吧。’元倓道：‘这怎么使得？区区几千块钱是用得了的，要是坏了自己名儿，一辈子没饭吃了。’佐楫听了，老大不高兴，便对元倓说道：‘那位财神菩萨是我请来的，如今你既然与我宗旨不同，这明德学堂由你办去，我另办一个师范学堂。这笔款子，对不起，我拿去了。’

元傒一想，左右不能与他共事的，便毫无难色的说道：‘也好，各干各的吧。’因此两人便同时办起两个学堂来。元傒自己筹了一笔款子，惨淡经营，好容易把个明德学堂布置就绪，虽然规模不大，那校舍课堂倒也面目一新。约莫在一星期以前，那个侨商听见明德学堂不久要开学了，因思自己是个校董，便高高兴兴走进学堂来察看情形。元傒照常接待，却也并不谈起与佐楫交涉的事，只导着他各处走了一转。那侨商有时称赞他陈设得美备，有时批评他装饰得太简陋，元傒也含糊应着。到了一处，正是会客室，门外悬着一块牌，写的是助款各户的姓名。侨商一想：‘我捐助的是五千元，自然姓名在众人之前了。’及至仔细一看，自始至终，并没有他的名儿。他便忍不住了，向元傒问起原故来。元傒道：‘不瞒先生说，这笔款子如数给刘君挪充师范学堂的经费了。’侨商道：“我是助到这里来的，为什么挪到那边去了？’元傒不忍说出佐楫的劣迹来，只把如何与他意见不合，如何另张旗帜的话说了一遍。那侨商本来很高兴的来做校董的，顿时触了一个霉头，心里何等恼怒？当下默然无言，别了出来。到了家里，便打发仆人到师范学堂里来邀请佐楫。佐楫本想到这侨商跟前来报告另设师范学堂原委的，只缘天天忙着修屋子，置校具，没得空儿，一径延着。如今侨商已来邀请他，他多么高兴，便三脚两步走到他的家里去。走进房间，便拱了一拱手，叫了一声：‘老伯！’接着堆下满脸笑容，说道：“好久不曾给老伯请安，老伯好呀！’哪知侨商沉下脸儿，冷冷说道：“你坐，我有话说！’佐楫一看，知道不是路儿了，心里一跳，嘴里应了几个‘是’，即在旁坐下，那两只眼珠子呆呆地看着侨商的脸，一瞬也不瞬。那侨商劈头问道：‘我助在明德学堂的五千块钱在哪里了？’佐楫脸儿一红，支吾说道：‘晚生本要来禀明老伯的，只因这几天没有空，所以未来，这笔款子已经由晚生擅专的挪移到师范学堂了。’侨商道：‘谁教你挪过去的？’佐楫道：‘是！是！这是晚生的不是。’侨商道：‘你赶快给我挪了回去！不然，我便向省宪告你一个侵吞公款！’佐楫再要说时，那侨商早已霍地起来，走到里面去了。佐楫只好垂头丧气回来。可怜他这五千块钱已化去了一千块，好容易东拼西凑，合成原数，仍筹拿到这侨商跟前，方才再由侨商拨充了明德学堂基本金。”福益道：“好呀！这些人不给他吃些亏，他越发横行了。”宗愚道：“听见有人说，他料定这件事是元傒干的，恨得元傒了不得，说不定将来还放出什么毒手来咧。”福益道：“不消愁得，我们一朝发动了，这等狗奴才还放他走吗？最怕的倒是我们的同志太没团结了。我前次在汉口，已经有信给克强，叫他回来一趟，想在长沙开一次大会，把会员整顿一下。打量三月放春假的时候，他总可回国了。”宗愚道：“我的意思，应把学堂里的教员、学生都吸收进来：一来，我们弟兄当中，知识浅短，他们有学问的杂在当中，日子久了，多少可以熏染一些。二来，我们购买军火非常烦难，他们学堂里有兵式体操的，向官厅领取枪械，名正言顺，一旦有事，便可应用。所以我早已与元傒说过，将来开学之后，教员、学生都设法劝他入会。”福益道：

"我尚须往浏阳走一趟，一去至少两月。学界联络，全仗你去干了。"两人密谈，不觉到了深更，各自安睡。次日，福益轻装出门，别了宗愚到浏阳去了。

光阴迅速，到了正月二十左右，省中师范馆与湖南高等学堂、明德学堂都前后开学。胡元倓一方为明德学堂的堂长，一方为高等学堂的监督，将他一种诚恳态度对付学生，不惟两校学生异常爱戴，就是师范馆里的学生，也竭诚信仰他。元倓就趁这个当儿，暗中与各教员各学生联络，慢慢的把革命思想灌输进去，那时受元倓运动入华兴会的，教员中有龙绂年、周震麟、陆鸿逵，学生中有沈明煦、何炜、黄思真、萧振鹏、向先倸、张翥、魏鼎勋等六十余人，个个填了志愿书，写了誓言，每逢星期下半天，都到宗愚家来讨论革命。日复一日，到了春假以后，那师范馆里的学生因钦慕元倓的学问文章，有二十几个人转到明德学堂来。明德本是中学，因这二十几个学生程度较高，元倓特地为了他们添设一班高等师范班。那时刘佐楫正充师范馆的舍监，一见自己学堂里的学生都到明德去，心里又妒又恨，越发要把胡元倓生吞下去。可是元倓规行矩步，无隙可乘，佐楫也奈何他不得。

有一天，明德学校的国文教员周震麟偶然到师范馆里去参观，到了大讲堂中，见四壁悬着中外各种地图。师范馆里的学生便问他道："周先生乃是吏地名家，我们这儿挂着的地图可好不好？"震麟道："这几种地图大致也还不错。但是照兄弟的意见，教授学生地理应用暗射图，不过精确的暗射图内地很少，只有湖北书局邹代钧刻的还可充用。如刘佐翁所刻的暗射图，是模仿两湖木板图，系兄弟未学地理时之所模，谬误很多。诸君今日为师范生，将来便是小学生的师表。这是该得注意的。"当震麟说话的时候，那刘佐楫正站在门外窃听，一闻震麟在学生跟前批评他，顿时大怒，立刻一口气跑到明德学堂，对元倓说道："贵教习破坏我们师范馆名誉，替邹代钧做广告，卑鄙已极！你把他辞退了便罢，要不然，我便和你交涉。"元倓笑道："这算什么话？教习进退，不是我个人私意可以作主的，须得看学董的意思。如今本堂的学董都敬爱周君，翕服周君，我为着你一句话便辞退了他，这不是和周君反对，和全堂反对？你想行不行？"佐楫道："依你说，做教习的应得破坏人家名誉的吗？"元恢道："是否破坏名誉，我不得而知。就使有这件事的，这是周君个人的事情，与我们学堂是无涉，更不与我个人相干。"佐楫得不到便宜，又抹了一鼻子灰，心里又恨震麟，又恨元倓。在不得开交的当儿，亏他会心不远，忽然想到了王麻子王先谦那时先谦正充师范馆馆长，只因这日是星期，例不到馆的。佐楫便三脚两步走到荷花池王公馆里去。才到门外，便听见拉胡琴的声音，暗暗想道："老头子又在兴头上了。"跨进门儿，走到王麻子的书房间里，那小旦云雅子正在唱《翠香寄柬》，装得与女儿家一般，将麻子做了小生，装腔做势，引得坐着的两个姨太太都抵着嘴儿狂笑。佐楫无说话的机会．也只好在旁边坐下，一同听他唱戏。待唱完了，已是掌灯时分，那姨太太、云雅子等方才散去。佐楫急于要走，即将周震麟如何破坏学堂名誉，胡元倓如何袒护周某，一五一十说了出来，央求先谦想一个报复的法子。先谦捋捋他的胡须，在房间里踱了好一回，忽然大声说道："有了，有了。"即凑着佐楫的耳朵，鬼鬼祟祟说了一遍。佐楫顿时狂喜道："好极，好极！什么都不怕了。"说着，便辞了出来，一口气奔到学堂里，胡乱吃了些晚饭，吩咐校役点起灯儿，立时撰起一张禀帖来。禀帖里有几句重要的话：

"周震嶙本革党巨魁，满口尊汉灭满。胡元倓为哥匪首领，主张扶明灭清……"

撰好以后，自己读了一遍，得意之极。便打发校役买了一张禀纸，亲自缮写一过。次日上午，便投进巡抚署里去。以为这一来，明德学堂一定破产，何等得意！

那时湘抚赵尔巽，虽说不得怎么明白，因为湖南风气大开，不敢过于守旧。一见这张禀，不敢造次，先将佐楫传进署来，问道："这胡元倓扶明灭清可有什么证据？"佐楫打千禀道："有很确实的证据。他办的明德学堂，学生草帽上都缀上一个'明'字，宪台只消派人到他学堂一查就明白了。"尔巽想了一想，禁不住哈哈大笑。佐楫脸儿顿时红了起来。尔巽道："他学堂叫'明德'，自然是缀一个'明'字，怎好便说是'扶明灭清'呢？譬如有人设立一个'自强学堂'，学生草帽上缀一个'强'字，难不成便指他做强盗了吗？这且不说。那周震麟尊汉灭满，又有什么证据呢？"佐楫道："这是从他自己编的讲义中看出来的。句子可是忘了，只看他《人种》一章里面的文章，就可知道了。"尔巽便吩咐佐楫暂坐，又派人到明德学堂里去传震麟并嘱他将讲义带来。不多时候，震麟进见，尔巽问到佐楫探他的话，便问道："你是明德的教习吗？"震麟躬身答道："是！"尔巽道："讲义是你自编的吗？"震麟又应道："是！"即将讲义呈上去。尔巽依照佐楫的话，先将《人种》一章翻了出来，仔细看去，头里论世界人种，什么"条顿""盎格鲁-撒克逊""斯拉夫"，尔巽一点不懂，最后说到黄种有几句话："黄种中有蒙古族、鞑靼族、满族、汉族，其中以汉族为最多最贵。"尔巽一想："多一事不如少一事。"便将讲义交与震麟命他回去。一面将佐楫传来，说道："我已将讲义看过，并没有什么尊汉灭满的话。你深文周内，是不是和他有仇？"佐楫道："治晚向来宅心公正，安分守己，并不与外人有意见，何况在同学界中呢？不过治晚身受国恩，常思图报。窃恐学界中发生乱党，为国家起见，为我皇上起见，撇去朋友之情，顾全地方治安，舍私从公，当蒙宪台原谅才敢大胆上陈，今既没有证据，再好也没有了。"尔巽道："此后休再管人闲事，好好的讲究教学吧。"佐楫接连应了几个"是"，才始退了出来。

到了校里，王麻子正在与学生讲"齐家治国"的大道，一见佐楫回来，即草草讲了几句，跳下讲坛，走到办事室里问道："这剂药灵不灵？"佐楫倒抽一口冷气道："不行！不行！"王先谦道："世风不古，邪说横行，难道他置之不理吗？"佐楫方才将经过情形一五一十说了出来。先谦道："明天我和朱启、孔宪教、颜町铸亲自去见赵抚，难道不给我四人的面子？"佐楫道："不中用的，倘然不是重整旗鼓，这耻一辈子也不能洗刷！"正在说时，忽然有个人走了进来说道："什么耻，窑子里丢了脸了吗？"惹得先谦哈哈笑了起来。佐楫道："瓜田李下，理合自知嫌疑。请你不要进来，我们谈的就是你贵校的事情。"读者当还不知道这人是谁。原来是明德学堂里学生单启鸿的哥子，名叫单启鹏，本是武备学堂的教习，因他反复无常，教习、学生都和他不对，将他撵了出来。他便与刘佐楫相勾结，充高等、明德两学堂的理化教习，又为着学问肤浅、专事压制之故，被学生们反对，所以他除了刘佐楫以外，再无第二知己。当下他走进办事室里，痴笑一会，方才抬起头来说道："不要捉弄人家，我进来了，你们就不说了。"先谦道："我都想不出法子，你理化博士懂得什么？"启鹏道："究竟为着甚事，我委实不知道。"佐楫方才把前后事情说了出来。启鹏皱了皱眉道："这倒没有法想，只有一件事，不知行也不行？我的弟弟启鸿是在明德里念书的，就在我弟弟的课卷上想了一些法子，岂不是便当得多了吗？"佐楫道："如今是要确实的证据了，如其在课卷里弄上一些毛病，说不定又给赵老头子看出来了，我们岂不是丢了第二次的脸吗？"单启鹏道："好歹丢我的脸，与你们无关。我这早晚暂且不说，待明天自然给你们知道。"原来启鹏素有"申疯子"之号，所以众人并不将他的话放在心上，只管自己闲谈。单启鹏坐了一会，到了家里以后，便叫他弟弟启鸿把课卷拿过来。启鸿当将春假考试的课卷检出，交与启鹏。启鹏细细看了一遍，就中有《论东三省之形势》一文。最后一段是：

"……为我朝发祥之地，而今日者，俄日两国群欲争此一脔。……"

启鹏即提起笔来，在它下面添上几句道：

"……安得集我师旅，整我干戈，收复此大好河山，以雪我汉之耻，而复故国之仇耶！……"

写毕，对他弟弟说道："你放在这里，我有用处。"

第二天，他竟坐了一乘轿子，亲自到抚署禀见。说有机密要公，务求赏见。戈什哈看他一眼，将他的名帖拿下进去。尔巽并不知道启鹏是明德学堂的教习，听说有要公，连忙出来接见。单启鹏行过礼，便将他兄弟的课卷呈上去．说道："这是生员兄弟的课卷，中间有几句话很荒唐，生员不敢包隐。还请宪台钧察。"尔巽将课卷接了过去，启鹏就指着那自己添上的几句给尔巽看。尔巽看了以后，心里一想；“哦！老案子又来了。”因问道：“这几句文章是谁改的呀？”启鹏道：“这是课卷，自然是教习改的了。”尔巽道：“是不是周震麟？”启鹏道：“是！”尔巽笑对启鹏说道：“这周震麟究竟和你们有什么大仇？你想，上文既尊为‘我朝’，下文忽然变了口吻，有‘雪我汉之耻’的妄语。前后显然两橛。再看那笔迹时，从‘安得’两个字起。至‘仇耶’两个字止，又显然不是一个人写的。不消把周某传问，便知道是你们捏造的了。”启鹏虽说是疯子，但是碰了这么大个钉子，也知道糟了，连忙敷衍辞了出来，不敢声张。怎晓得凡事不干便罢，一干之后，便潮也似的传了开去，这个消息已传到元傒的耳朵里。那天正是星期六晚，华兴会照例须开职员会议。后因只到的有三人，便改开了谈话会。元傒即将这件事当场向宗愚和震麟报告。震麟道：“他们的手段只不过如此罢了，我们就说是革命党……”才说到这一句，忽然窗后一人大呼道：“好！原来你们都是革命党！”

第四十四回

血性男儿誓歼虏贼　风流名士贻误军机

元倓、震麟都大吃一惊，即将窗儿推开，四下找寻，并不见有什么影子。宗愚道："你们休要捣鬼！倘是外人，怎么会到屋子里来？说不定是我们自己人，打从后门进来，和我们开玩笑咧。"话还未完，果然有个魁梧奇伟的人仰着脖子，哈哈笑了进来。宗愚看时，不是别人，正是他们日夕盼望的黄克强，连忙起来迎接，让他坐下。三人中，震麟和克强是从前时务学堂的同学，宗愚在上海的时候，就碰见过了，只有元倓闻名，不曾见面，由宗愚介绍一过，不免问些履历。克强道："适才你们谈什么？我只听见'革命党'三个字。"宗愚道："说来话长，原来你们留学生都不是好东西。我们湖南如今又出了一个宝贝了！"接着，便将刘佐楫办学起，至单启鹏改课卷止，前后说了一遍。克强道："这等人都是贼，是贼应该杀。不过这还是小贼，我说一个大贼给你们听：铁良自从充了练兵大臣以后，本想夺回袁世凯的兵权，后来仔细考察，见世凯心腹遍布京、津，那拉后又十分信任，知道自己万不是他的对手，要升官发财，非与世凯拉拢不可，因此便变敌为亲，拜世凯做老师。这会子放了一任钦差，也全仗世凯的力量。当他出京的时候，世凯曾经叮嘱他道：'如今日、俄战事虽急，但国家重兵防守要害。外患可以无虑；怕的倒是革命党。他们多半是外国军官学校毕业的，散在各省，混入新军当中，暗中计划，我们看他不出，一旦爆发，收拾为难。你此去须得放开眼光，严密侦察，一有可疑，宁酷毋纵！'铁良连连应了几个'是'，拜辞出来，整装启行。先由天津到了山东，山东大小官吏恭迓道左，张灯宴饮，自不消说。可是不知道铁良此次出京究为何事，席间不免问将起来。铁良左右四顾道："请叫他们退下去！"于是自巡抚以下的随身当差，一一叱令退去。铁良方始低声说道："袁宫保因见上海、南汇党案，知道国中民党密布，将来定为大患。又恐地方官政事繁琐，无暇兼顾，特地派兄弟出京，严密侦察，一经拿获，即行就地正法。不过兄弟人地两疏，侦查不易，仍须仰赖诸公共同协助，才有效力。"当下道府以上倒还不很起劲，只有做知县的，却想趁此机会升官发财，都牢牢记在心里。听说有个姓俞的知县，是米铺子里做伙计出身的，回到衙门以后，便吩咐捕役：'须在三日以内，捕获一个民党，否则重办不贷。'捕役禀道：'太爷的令原该奉行，但是境内如有民党固然是好，倘然没有民党，便小的跑断了腿，过了半辈子也拿不到，那不是受冤枉吗？’那姓俞的知县因为功名心切，一闻此言，便大怒拍案道：“混帐！忘八羔子！袁宫保早就说过：‘国内民党密布’。难道布在他县，便不许布在本县吗？”

宗愚道：“好一个米伙！他看惯了密布在米仓里的大米，把民党当做大米了。”克强道：“话还未完咧。捕役听见了这几句话，皱了一皱眉头，应了几声‘是’，走出衙门来。一共三四个人，一同拥到茶馆子里坐下。阿大先开口说道：‘太爷不懂外面事情，单晓得张开嘴儿说。可是三日当中捉不到一个革命党，连饭碗儿都打碎了，还不想个法儿呢？’阿二道：“大家一对眼儿两条臂膊，谁是革命党哪里知道？’阿三道：“管他是革命党不是革命党，只消捉了一个地棍充充数就行了。’阿大道：‘阿弥陀佛！我生平什么事都做的，只不肯冤枉人家。’那时，你一言，我一语，争论不决。那茶博士打从旁边走过，听见他们的话，便举起一只手放在嘴巴右边，问道：“喂，老大哥！拿获了革命党，可有赏格没有？’阿大道：“皇帝老子没有白使人的。果然拿获了，怎么没有？’茶博士连忙摆一摆手说道：‘既如此，休要声张！待茶会散了，我自有办法。’捕役听如此说，也就把话儿岔开，谈些别的事情。茶博士来来往往，忙着泡茶，到了太阳将要下山，一伙茶客都纷纷散去，回家吃饭去了，茶博士又走上前来，举起一条腿儿搁在凳子上面，一面扬一扬眉儿，一面笑着说道：‘老大哥！有话说在头里，过了桥儿拆了桥不行的。真个有赏格时，先得付一笔定钱。’阿大道：“连革命党的影子都没有看见，便要咱们破费了，要是捉不到时，我们不是白化了银子吗？’茶博士道：‘不会，不会，果然捉不到时，我罚银子。再说多也不必，只消喝十来杯高粱，润一润俺喉咙，也就化不了许多钱。’阿大道：“就是这么，赶快走吧！’说着，便会了茶钱，走将出来，一径到了芙蓉街一家酒饭馆里，要了一壶酒，几色菜，大家吃喝起来。茶博士四下望了一望道：“这里倒清净，可以说话了。你道革命党在哪里？就在这一条街尽头一家坐南朝北的面馆子里，有个南边打扮，假充跑堂的便是。我不便过去，左右你们闲着，只消给我会好了酒钱，就请赶快下手。’阿大等一听这话不错，即依他的话走将过去。到了尽头地方，果然面馆子里有一个南边打扮的人正在伺候客人，阿大等吆喝一声，拥将进去，立刻将他捉住，喝道：‘大胆革命党！当你老子没有眼珠子，敢在大街里鬼混！……’那人不慌不忙的问道：“你知道我是革命党，可知道我姓甚名谁？’阿大被这一问，倒也问住了，半晌答不出话来。倒是阿三有主意，忙说道：‘管他姓张姓李，太爷叫我来拿南边人，我们就拿南边人，再没第二句话。’说着，便掏出铁链，套在那人的脖子上，一拉说道：‘去！’那人也只好跟了他们走。一直到了历城县的衙门里，禀报那俞知县。知县正在做升官发财的美梦，一听革命党捉到了，直笑得他张开嘴儿合不拢来。连忙传点开门，盛服登堂，把那革命党传将上来，审问一过。始知道这人姓姚，名叫若华，是江苏省淮安府山阳县人。据供：‘十六岁上，便入了哥老会；自孙逸仙先生创立兴中会，便由朋友介绍，与一个姓刘名叫忠权的一同加入。本在清江漕运总督衙门里当差。只缘清江地方要组织一个革命协会，没有经费，特地到山东各帮弟兄处来筹饷，不想山东弟兄正在组织救国会，会中弟兄不少，气象很好，我便在山东做事了。今天给你拿获了，也是胡运未终，天数使然，只有一死。’俞知县又问他：‘救国会在什么地方？弟兄都叫什么名儿？’他抵死不说。知县也无可奈何，便依照口供，详文省宪。那时铁良尚在济南，猛然记起袁世凯‘宁酷毋纵’的话，便请省宪饬令俞知县将姚若华立时就地正法，枭首示众。你想这铁良是不是一个大贼！”

震麟道：“那么，便该杀却他！”克强道：“杀他的人来了……”宗愚道：“铁良已经杀了吗？”克强道：“别要性急，话还未完咧。这件事传到上海，麻木不仁的中国人本来不动声色，依旧过他歌舞弦管、纸醉金迷的生活。就中有个姓王名叫竹安的闻悉此事，勃然大怒，探知铁良已经到了江宁，将来须由江宁到武昌，他便人不知鬼不觉的从上海动身，悄悄地到汉口等候铁良。仔细一想‘家中住在蕲水，若在武昌下手，岂不连累父兄’？所以又从汉口跟踪到河南彰德。那时铁良已把车子换了轿子，前后拥着百十来名亲兵。王竹安扮个苦工，跟随在后。这时他也再顾不得什么，便飞也似的奔将上去，掏出手枪，对准铁良轿子‘砰’的一枪……”

宗愚道：“打死了吗？”克强道：“如果打死了，我们今天还该大喝一场咧。这枪弹滴流流的飞将过去，碰到玻璃上，乒乓一声，玻璃打的粉碎，弹子却在铁良面前穿过。铁良虽然吃了一惊，仍端坐轿内，没有动他分毫。说时迟，那时快，一击不中，接着又是一枪，依旧没有打着。两旁卫队早已一窝蜂似的拥将上来，要拿竹安。幸亏他身子活泼，一见势头不佳，连忙两脚一紧，飞奔而去。卫兵追赶不及，只好回来看卫主人。那铁良早已面如死灰，呆若木鸡了。”宗愚道：“可惜！可惜！便宜了那厮！”！震麟道：“虏廷罪恶，已贯满盈，物极必反，他日义旗所指，怕他们不尝我等之刃？”

克强四下一望，问道：“哎哟！我倒忘了，怎不见了福益呢？”宗愚道：“他说到浏阳去，两个月回来。如今两月多了，说不定就在这几天可到。”接着，宗愚便问克强：“几时离开日本的？”克强道：“春假以前就动身了。在上海耽搁好多天，便得了这一件惊天动地的消息。因见报纸上都没有登载，所以我料定你们是不知道的。你们估量这王竹安究竟到哪儿去呢？”震麟道：“说不定又到北京去候那铁良去了。”克强道：“不是到北京去，到鬼门关去了。”元俠道：“可是给官厅拿获了吗？”克强道：“不！他飞奔而逃，不是怕死，是不肯死在满奴手里。他逃出虎口以后，便在一家客栈里住下。到了夜里，他细细一想，连一个铁良都打他不死，还有什么事好干？禁不住生了自杀念头，举起手枪，对准自己的脑袋瓜子

‘砰’的一声，一霎时便呜呼哀哉了。”宗愚道：“这些事情你怎么知道的？”克强道：“我们华兴会里的一个干事胡瑛正在彰德，闻知此事，便在黑夜中将他尸身运出，买棺成殓，替他葬在城外。这会子胡瑛到日本去，就把这件事详详细细告诉我。哎哟！我倒记起一件事来了！福益写信给我，说：‘在长沙地方要开一次大会。’如今该预备起来了！”他说的时候，睁开圆彪彪的眼珠儿，看看宗愚，又看看震麟。宗愚道：“别的事也不消预备，只要有了开会日期，发了一次信就完了。”克强道：“我想就定在下月初十吧！打量那时福益当可来了。”他一面说，一面提起笔来，亲自撰了一篇通告，递与宗愚叮嘱宗愚赶快誊写起来。宗愚接了过来，看了一遍，照照壁上时计，已指五下，便吩咐厨房备饭。不多时，厨房已将酒菜端了上来。四人都不很会喝酒的，略饮几杯，便都吃饭。四人又议了一会，克强站起来要回到客栈里去，震麟道：“不妥当吧！”克强道：“我还不是通缉的罪犯，怕他什么？你不信，我明儿还想进抚署里去，见一见那赵老头子咧。”说着，昂然而去。这里元倓、震麟也回到明德学堂。

第二天，宗愚即将通告按照名册，发了四百几十封信儿，只有福益因不知他的地址，不曾寄去。眼看着离四月初十一天近似一天，那福益仍旧杳无消息，急得克强进退无路。因想：“浏阳有个廖方亭，是那里副龙头，福益的踪迹他当然知道，何不寄信问他？”打定主意，提笔要写，忽然一个邮差气喘喘的跑进铺子，把一封信儿在柜台上一扔，掉头而去。一时管铺子的将信拿了进来，克强拆开一看，满纸都是暗码。宗愚翻出来，始知是陆亚发的信，其言曰：

……柳、庆党军声势虽盛，内力不充，深恐经粤、黔、湘、蜀四省官军之攻击，不能胜任。亚发已收拾旧部，痛加训练，将于秋风起时，与柳、庆党军合力抵御。届时务望贵处响应，以寒敌军之胆，而厚我军之力。是所深幸！亚发

原来岑春煊自到广东以来，调兵遣将。煞费苦心。只缘党军声势浩大，官军屡挫，提督苏元春、巡抚王子春同时治罪，满政府即简柯逢时为广西巡抚。要知道这柯逢时是善于钻营的人，一个广西巡抚尚不足餍他欲望，再说素来与岑春煊意见不合，便想得一个攻讦的方法，才到湖北，便电奏满廷道：

西匪逼近省城，该督臣岑并未电奏，迹近蒙蔽……

满廷得了电奏，即降旨着岑督明白回奏。岑春煊奉到谕旨，气得鼻子里冒出火来，立即复奏道：

……抚臣柯逢时驻在湖北，煊驻地离省仅三百余里，未闻有踪迹。柯如此电奏，请柯将匪目何人，匪股若干，现在离省若干奏明。煊并不恨柯之诬奏，惟自恨形同聋聩。倘柯能详实复奏，煊甘受罪。现在匪势延至广东，请饬柯专督西省军务，煊请移军力扼广东……

满廷诸臣议奏之下，皆以柯逢时既与岑春煊形同水火，督办军务，生恐两相扞格，特地另简一位福建名士郑孝胥督办广西军务。这郑孝胥号叫苏戡，与龙阳才子易实甫同是风流自赏的名士。到了广东，岑春煊便要他带了湖北武建军八营前往西省，驻扎柳州，那时柳州党军势盛，这位孝胥先生的用兵方法也和做文章一般，层次井然：第一步，他先派遣探子，到外面去打听党军的虚实。据探子的报告：党军中有一种女党员，那党首名叫韦五娘，悍猛异常，部下有女兵百余人，皆赤身穿红兜肚，着绿裤。那时孝胥正在吟一首诗，才得

征途千里磋飘蓬……

忽然听见了“韦五娘”三字，连忙将笔儿一扔，笑得眼儿没缝的问道：“韦五娘，可不是窑姐儿吗？”左右听见这话，都禁不住笑了起来。后经众人说明是女党员，才始将桌儿一拍说道：“女党员吗？该杀！该杀！快给我拿来！”左右又禀道：“如今这女党员凶悍异常，不是大兵出力剿伐，怎么拿得她到？”孝胥方才说道：“哦！有这么厉害吗？我倒要问你：她有多少年纪？有没有丈夫？”那探子却答不出来，左右都伸了伸舌头，一面向探子使了一个眼色。探子会意，故意和他开个玩笑说道：“小的也是听见人家说的，韦五娘年纪二十，长得花朵儿似的，现在还没有丈夫。她这会出来，专为物色男子，不论贫富老幼，只要本领强过了她，什么人都是她的丈夫。”孝胥又笑道：“难道像我这一把年纪，她也不计的吗？”那探子便在他跟前打了一个千儿，说道：“不瞒大帅说：白须髭的老头儿她也不厌憎。”孝胥哈哈狂笑一阵，即令探子退下。到了次日，鼓起精神写了一副对联道：

五更鹃泣千山泪
娘子军声百粤惊

当他挥写的时候，有几位幕友站在旁边暗暗想道：“这一手书法倒还不错，这一副对联简直是打呓语，谁说名下无虚士呢？”正在暗暗讥诮，只见孝胥指着对联对差役说道：“你给我送到韦五娘营里去，说：“闽县郑孝胥慕她的才，送给她的。”幕友一想：“这怎么使得？就使不给五娘轻视，教朝廷得知了，不是失官

体吗？”于是走将上去阻上道：“督办倜傥风流，原为我等所深慕。但五娘是个匪党，督办赏她对联，给朝廷知道了，难免嫌疑。”孝胥一想：“果然不错。”当即将这副对联撕得粉碎。（他平生行径，大都如此。）可是岑春煊信任他了不得，除了武建军以外，尚有洋操队三千五百名也命他管带。那时，三点会里的洪钧正在离浔州百来里地方率兵进攻，孝胥便命这三千五百名的洋操队前往剿除，才只交绥，那洪钧便节节退让。孝胥只当党军支撑不住，便追赶上去，一直到了乱山丛中。党军忽然从后面抄了过来，将郑军四面围住，洋操队死了一千多名，高等将官也十死八九。这一次失败后，党军声势愈震，广西全省，除了桂林一郡外，都落洪钧之手。那时柯逢时又具奏清廷说：“粤西乱势纷纷，用兵已久，前后调兵数十营，用款百余万，区区小丑，尚未能荡平，实蔓生之草，根株已深，非急切所能告捷。拟开办乡团，以为官兵之助。”奏上，兵都议覆，事属可行。不上半年，广西乡团完全成立。

这个当儿，陆亚发虽然秘密练兵，正苦军火不足。一闻开办乡团，心中大喜，即吩咐手下弟兄假作老百姓模样，前往投入乡团，充当团丁，因此乡团中的团丁，十分之九是华兴会的会员了。这时，正是八月初上，乡团兵丁居然操演得十分精锐，郑孝胥即日下令，叫他们前往柳、庆帮助官军讨伐党军。陆亚发即日开了一次秘密会议，约定到接触党军的时候，即与党军联合，反攻官军，众人一一会意。到了两方交绥，指挥的也是陆亚发，令乡团节节前进，不许退让。不多时候，接近党军了，连忙树起一方华兴会旗帜来，向众人一指，那一千余名团丁，除了不是陆党以外，其余的都向后转，与官军激战。官军措手不及，阵伍大乱，奔的奔，死的死，险些儿全军覆没。陆亚发便节节前进，直到了去桂林城三百里的地方驻扎。一面又写一封信给黄兴、马福益，嘱他们同时在湖南起事。

第四十五回

浏阳城外一堆碧血　了轩町里两枝名庄

且说克强本想在四月初十开一次大会，聚集各省首领，密议起兵日期。后因福益于四月十五方到，重要人物如宋教仁、胡瑛、陈天华、张继等都不曾莅湘，因此决定在各校暑假期后重行召集。克强、福益奔走湘、鄂之间，联络会员，留宗愚在机关办事。到了七月廿外，忽然接到了陆亚发一封信，令在湖南起事。那时宋、胡、陈、张等都已到齐，克强便邀集一干人众，在机关里商议办法。宋教仁先起立说道："广西发难，湘、鄂响应，既可弱清军之势，又可厚我军之力，时不可失，宜如所请。"张继起立赞成。克强道："话虽如此，我们华兴会组织尚未完备，不但饷械两缺，而且士卒无多，仓卒举事，反危大局。不如赶快准备，待诸事齐备，即行发动。"那时胡瑛、陈天华、胡元倓、周震麟、胡宗愚那些人都表示赞成。马福益生恐克强付了表决，即起立说道："兄弟初意也是如此，后来想到浏阳地方下月初将开普济会，那时四方英豪群集于此，若不乘此起事，将来邀集为难。照兄弟愚见，长沙诸事未备，仓卒不易举动，不妨到了下月初，一同赴浏阳普济会，届时商议一下，再作计较。"这几句话说得众人娓娓动听，全体表示同意，一致通过。

作者一笔不能两写，且把华兴会同志暂时丢开，再叙一叙刘佐楫。

佐楫一再谋陷害胡元倓、周震麟二人，结果不但没有达到目的，而且触了好多次霉头，好生愤懑。但他心还未死，对于胡、周二人真有不共戴天的气概，天天暗中伺他的举动。有一天，佐楫打从中发杂货铺门前走过，约离了一丈多路的，无意中回头过去，似乎觉得有两个人的影子走进这铺子里，一个像元倓，一个像福益。他暗暗想道："福益还有这个胆量在长沙城里鬼混吗？若说元倓果与福益一道儿走，那么，他是革命党可以无疑了。"但他虽如此想，究还不敢自信，回到学堂里，又细细思量侦查他们的法子，一面不住的搔脑袋，一面在屋子里踱来踱去。正在这个当儿，忽然有人呼道："巨丞！（佐楫字）你又在出些什么神？"佐楫回转头来一看，不是别人，正是单启鹏。佐楫忙笑说道："你真不愧为疯子了，在赵老头儿跟前坍了这么大一次台，到如今便丢在脑后了。我倒不肯如此，所以茶余酒后，我终是想这一件事的，'此仇不报，不是丈夫'，你可知道我正在'卧薪尝胆’的时候吗？”启鹏道：“我不疯，你倒疯了！你家的地板不是《大清律例》，不是《洗冤录》。独漉独漉的走，仇依旧没有报，那地板倒走坏了。”佐楫道：“你知道什么？我并不是空想咧。”因将自己所看见的事情说了一遍。启鹏道：“福益是不是姓马？”佐楫道：“怎么不是？他这会子混到湖南来，说不定又在组织什么乱党机关了。我想的就是用什么法子可以探得他们的秘密。”启鹏道：“他既与胡元倓往来，那么，胡元倓一定是他的同党了。我自有法子，十天以后，给你一个分晓。那时，一定不会说我是疯子了。”说着，便掉头而去。

原来在明德学堂里念书的，除了他弟弟启鸿以外，尚有一个他的外甥黄麟书。启鹏就悄悄地将麟书叫到家里，详详细细教他一番，许他事成以后，赏他一百块钱。一面又将启鸿叫到跟前，也如此这般说了一遍。两人都答应而去。

这日，正在休息的时候，两人忽然争吵起来。麟书道：“哦！你想做官，把那胡人捧到半天儿！”启鸿道：“你是乱党，大逆不道！”两人你一言，我一语，都争论得面红耳赤，几乎用武。那胡元倓刚巧在两人面前走过，一见他俩冲突，便问他端的。单启鸿手里正拿一本《历史讲义》，便翻开来，指着“国朝”二字说道：“这讲义是张先生编的，不道麟书竟妄加批评说：‘明明是虏廷，是伪朝，怎么称他为“国朝”呢？’我说：‘这不但是批评张先生，而且是批评现今皇上。’他就此和我争起来了。”元倓笑了一笑，拍拍麟书的肩头道：“这种话不要说！这是革命党说的，给官厅知道了，就要把你当做革命党办，这是很危险的。”麟书默然无语，元倓也就走了。

到了第二天夜里，元倓正在房间里看书。麟书一足跨了进去，便问元倓道：“胡先生昨天说的话我有些不懂。无论何事，该论是非，不宜论利害。命如其应革的，赴汤蹈火，也正不妨；如其不应革的，就使官厅不当我们做革命党办，我们也不应做。不知胡先生的意见怎样？”元倓微笑问道：“你喜欢革命吗？”麟书道：“我不是喜欢！记得周先生曾经对我们说：‘我们都是汉种，现在皇室是满种。’只这一句话，我就想到少数满人怎好治理我们多数汉人？因此便主张革命了。”元倓道：“你单知道谈革命，革命不是谈的，乃是干的。我倒问你：你要革命，怎样革去？”麟书摇摇头道：“学生年轻识短，不知道。”元倓道：“革命有革命的团体，不是一个人可以革的。既要革命，须入团体。”麟书道：“团体在哪里？学生也不知道。”元倓道：“革命是要流血的呀！不肯流血，就不必革命！”麟书道：“这个自然，流血倒不怕，只不晓得这团体，便无从去干。”元倓又反复问了一会，见他确是一革命分子，便从箱子里掏出志愿书、章程等，教麟书填了，然后说道：“到得开会的时候，我会通知你的。”麟书又向元倓央求道：“千万别给我舅父知道了，他是一个很顽固的人物。”元倓一百二十分相信他，自然唯唯答应。

到了那天开会，元倓当然通知他，因此他也在会议之列，会员是谁，如何议决，他都看得明明白白，到次日便悄悄地来报告启鹏，启鹏自以大功告成，喜出望外，连忙打发人来邀佐楫，左楫才只跨进他的房间，他便说道："臣丞！如何呀？我对你说十日，如今才只七天咧。"佐楫道："你已经探了出来了吗？"启鹏指着他的外甥和兄弟说道："你问他们，才知道我的手段不错咧。"麟书笑了一笑，便将如何故意争论，如何由元倓调停，如何使元倓当，介绍入华兴会，接着又将会里的情形，会员的姓名，详细报告一遍。启鹏道："事不宜迟，我们赶快去报告官厅，可以将他们一网打尽了。"佐楫道："如今只消秘密些，笼中之鸟，怕他飞到哪里去？他们既然想在浏阳起事，我们索性做一宗好买卖，也暗中跟到浏阳去，由麟书做了内应。待他们百事齐备，要发动之时，我们通报了浏阳县，请他派大队人马捕捉，这终是一网打尽。"启鹏一听，这话不错，便照常叫麟书仍去充会员。到了八月初一，长沙城中的会员一齐出发。麟书也在其内。启鹏、佐楫为避耳目起见，特地迟了一日。克强等到了浏阳，不便住在客栈，即在一个哥老会党员家里住着。初八一天，正是普济会期，克强、教仁、胡瑛、天华等都不是哥老会员，特由福益、宗愚引导，坐在旁听席里。这日到的有三十六个正龙头，七十二个副龙头，如杨鸿钧、萧松山、刘传福、陈尧、胡佐臣、胡云、贺桂林、顾鼎章、萧朝举、李云龙、何步鸿、刘家福、王金宝、萧桂生、游得胜等，都聚在一堂。开会系在一个寺院当中，寺内僧众数十人，个个都是会党，计到会的一共八百余人。场中正面坛上，设五祖关帝神位，距神位一丈之地，方是各会员的座位，左右两旁是来宾坐席。（这个来宾，不是张三李四什么人都可进去的。第一，须要宗旨相同譬如克强、教仁等都是华兴会员，或者虽非华兴会员，如三合会、三点会等，都是一般宗旨。第二，须由哥老会中有力人员介绍，譬如宋、黄、胡、陈、张不是马福益介绍，便不能进去。）那时会员已经到齐，即由江苏东梁山正龙头李云龙，率领各山首领及各会员在神前行礼，都用跪拜式，一共拜了四十八拜。克强低声对教仁说道："会党里规律很严，可惜迷信太重，向那五祖关帝拜上四十八拜，未免太使力了。"教仁、胡瑛等都笑了一笑。接着，又见云龙走上坛前，对众朗读檄文，他们叫做"出山东"。"出山东"里的文章大都粗鄙可笑，后面有几句还可节取，其辞曰：

"……伏愿当道俊彦，执事仁兄，踊跃急公，指挥美举！俾豪杰同心，雷雨拟经纶之盛；英雄合志，光辉如璧玉之圆……"

诵毕，方才由各山龙头报告会员的数目及讨论死难会员抚恤的方法，讨论毕，方才散会。那时马福益便趁众人未散之时，将陆亚发的信对众报告，询问众人是否应开一联合会议。众人都说："事情重大，当然即须讨论。为时尚早，不妨即在当日开议。"于是哥老会员之外，凡华兴会会员，一一入席。先公推一个临时主席，由福益提出克强，众人举手赞成。克强便走到主席座里，先将长沙议决的主张报告一过，即请众人打一个主意。那时哥老会员因日俄战争，中国坐失主权，久已跃跃欲试，一闻此言，全数主张提早起事。于是共同约定，准于十月初十，各省同时起兵，不得逾限，全体欢声雷动，互相叮嘱而散。各省龙头略住数日，即各归山堂，赶紧部署，惟南路正统萧桂生与西路副统游得胜，留在浏阳，帮办军务。议定分中路及东南西北五路，各路设一正统，一副统。公推克强为总司令官，福益为副司令官，宋教仁、张继为司令协理，以下如参谋部、军需部、文书部皆各有专司。部署既定，即暗中添置军火，以备起事。

这晚，会员六七人正在机关部闲谈，忽然一个军事侦探气喘喘的跑了进来说道："快走！快走！不知怎的漏了风声，那官军快到这里来了！"那时坐着的只有克强、教仁、胡瑛、张继、元倓、震麟这几个人，一闻此言，连忙绕到后面，在坑厕旁边打毁墙壁，开了一条路儿，飞也似的逃奔而去。这军事侦探又去找马福益，找来找去，不知他的所在，又到萧桂生、游得胜寓里去找二人，只见门前人山人海，正在纷纷议论。原来萧、游二人是住在一家客栈里的，这侦探一见客栈门前聚着这许多人，便知道不是路儿，即缩住了脚，远远地躲在墙角听他们的话，只闻一人说道："这两个人自己说是做买卖的，如今给县里捉了去，打量是强盗了。"又一人道："强盗吗？这里并没有出过盗案呢。"有的说："一定是做不正当的买卖的。"有的说："这是骗子。"七嘴八舌，哗噪非常。这侦探一想："这两个人一定已经捉了去了。但是，他这两个人之地址官厅都知道了，说不定连我都要捉了去。"想到这儿，便趄转身子，打从冷僻的街道飞奔而走。

那时马福益正在一个朋友家里喝酒。忽有人报游得胜、萧桂生被官厅拿获了，福益吃了一惊。本想即日躲走，仔细一想："如许军火还都埋在地穴，经营数月，一旦败弃，未免徒劳无功。不如暂在本地冷落地方暂躲几天，待官厅冷了过来，未始不可重整旗鼓。"所以他打定主意，今日到了东，明日到了西，没有一定住宿的地方。至于出来的时候，也至少至二鼓以后，果然人不知鬼不觉的过了半个多月。捉去的萧桂生、游得胜究竟怎样口供，怎样办法，也消息沉沉，不得而知。再说官厅又没有通缉他的告示，因此便疏忽起来。

这日，夕阳将下，炊烟四起的时候，福益从一个朋友家里出来，将弃旧巢而换新巢。在途中忽然碰见了黄麟书，他们本来在华兴会中见过多次的，便诧异道："咦！你为什么还在这里，不怕……"说到这里，四下里一望，见没有人，方才接着说道："仔细捉将官里去呢！"麟书道："我可不消愁得，这里县衙门里有个余差头，什么人都怕他的，我就是由一个朋友介绍，和他要好，他便处处护卫我。他说十，人家就不能够九，所以我就是一天跑到晚，没有人敢来捉的。你如其打一个不走的主意，该得先和他拉拢了才好。"福益一想："县衙里有这么一个人，我们怎好不去联络？说不定将来还能做我们的内应咧。"他想到这里，便立刻要去见那差头。那麟书一口答应替他介绍，当下就跟着麟书走。转了几个弯儿，到将县衙门了。福益道："只怕不妥当吧！"麟书道："你真是痴子，谁来捉你呢？若说是衙差捉的，只消我和差头说一声就行了。"福益还不知道是谁，一听说话不错，也就跟他进去。到了左边一个房间里面，麟书道："这里就是差头住的，你请坐一会儿，我去叫他出来。"说着，便走向隔壁房间里，过了好多时候，才始与一个四十几岁的男子一同进来。福益看时，这人黄脸长身，浓眉大鼻，有七八分凶悍气，知道不是好人，悔不该跟他进来。那时这差头进来，便老气横秋的问道："你是马福益吗？"福益点了点头道："不错。"差头道："太爷本来要捉你，但有我在这儿，尽可放心。不知尚有几个同志留在这里，索性一并说与我听，好关照。"福益道："同志估量都已星散了，就在这里，我也不晓得。"那差头便张开嘴儿叫道："老周！来咦！"一霎时，便有三四个差役走将过来，垂手请示。福益知道不是路儿，便一骨碌起来，想要逃走。那差头早已嘑哧一声，抢将过来，将他两手握住，众差役也拥到他的身边，将他身子摸索一过，遂掏出铁链将福益两手牢牢缚住。那时差头哈哈笑说道："马福益！你今天可也不敢再横行了。"福益不去理他，只别转头来，对麟书笑说道："好一个同志，祝你做官发财吧！"说着，叹了一口气，低着脑袋对差头说道："快去见那小奴才！"差头道："谁是'奴才'呀？"福益道："就是你们太爷！"差头道："哼！小奴才！如今小奴才要封你做'平肩王'了！"说着，便将福益一拉，恶狠狠的去了。那时县署里急待捉拿的就是黄兴和马福益二人。生怕他们急于逃走，所以未下通缉之令，这会子马福益既经被获，那位知县喜欢的了不得，真如得了珍宝一般；审判定案以后，即将福益、得胜、桂生三人同时在西门外正法不提。

再说黄克强、宋教仁等从浏阳逃出，一直到了上海。本想到广西去找陆亚发，后来消息传来，知道陆亚发头里声势甚盛，后因内部发生意见，节节败退，亚发也为官军所擒，因此便不再前去，搭了轮船，东渡日本了。克强住在小石川茗荷谷町，教仁住牛込区东五轩町二十番地下宿屋，这下宿屋的主妇叫做林福子，有一个妹子，叫做御关，都只二十岁左右，伺候周到，教仁很为喜欢。有一天，克强从小石川到朱込区来访教仁，教仁正和福子姊妹闲谈，福子问道："你们为什么要革命？像我们日本，天皇万世一系，从来不曾听见有革命党。你们中国也有皇帝，为什么要撵走他？"教仁道："你们皇帝是同种的，我们是异种的；你们是立宪政体，我们是专制政体，我们革命，是要革异族的专制皇帝的命。"御关道："那么，革命成功以后，谁来做皇帝呢？"教仁还未启口，那克强已经闯了进来，脱口说道："我来做皇帝。"御关看时，克强方面大耳，状貌英挺，小女子的心理十分幼稚，暗暗想道："这人倒确有皇帝资格，说不定将来中国的皇帝就是他了。"她心里这么想，一双秋波一瞬不瞬的看着他。克强便对教仁道："我们中国女学，不很发达，所以我们华兴会里只有男会员，没有一个女会员。昨天碰见陶成章……"教仁道："成章也到日本来了吗？"克强道："才只前几天到的。据他说：他们龙华会里倒有一个女会员，姓秋，单名一个瑾字，暑假以后到日本的。”教仁道：“不知什么地方人？”克强道：“是绍兴人，其余的详情却不知道。”那时御关接说道：“我听懂了，什么女会员呀，到日本呀，你们老是鬼鬼祟祟的……”。克强改操日语道：“我们是革命伟人，磊磊落落，不作鬼鬼祟祟的事情。我们说的女会员，乃是一个会里的会员，譬如你们日本政友会、宪政会里的一个会员，可有什么希罕？”福子道：“我们可以入你们的会吗？”克强道：“你入了中国籍了，我便许你入会。”福子微微笑了笑道：“我便做中国人。”御关道：“我也喜欢做中国人。”教仁道：“闲言少说。成章既在日本，我们左右闲着，何不去找他一趟？再说叫他介绍，见一见这秋女士。”克强道：“他住在驹込追分町浪花馆里。”教仁道：“那么，更便当了。”说着，便各披了外衣，一同去找成章。不多时候，已经到了浪花馆。踏进房间，早有一个来客坐着，克强、教仁都不认识。始由成章指着这人，对宋、黄二人说道：“这位是绍兴志士徐锡麟伯荪先生。”

第四十六回
吟长歌闺阁逢知己　谈国事异国识奇才

且说这秋瑾乃是浙江绍兴人，父亲做过湖南湘潭县知县。她为人读书作文以外，又爱骑马击剑，所以又号，“鉴湖女侠”。她丈夫叫做王廷钧，是一个富家子，屡次应考，未青一衿，于是化了几千两银子，捐了一个京官，在壬寅那一年，带了秋瑾到北京去，住在南横街圆通观。有一天，秋瑾做了一首《红毛刀歌》，其词道：

一泓秋水净纤毫，远看不知光如刀；直骇玉龙蟠匣内，待乘雷雨腾云霄。传闻利器来红毛，大食、日本羞同曹：濡血便令骨节解，断头不俟锋刃交。抽刀出鞘天为摇，日月星辰芒骤韬，斫地一声海水立，露锋三寸隐风号。陆刳犀象水截蚊，魍魉惊避魑魅逃；遭斯刃者凡几辈，髑髅成台血涌涛。刀头百万冤魂泣，腕底乾坤杀劫操。竭来挂壁暂不用，夜半鸣啸闻疑鸦；英灵渴欲饮战血，也如磊块需酒浇。红毛红毛尔休骄，尔器诚利吾宁抛！自强在人不在器，区区一刀焉足豪？

这首诗做成之后，偶然放在书斋里的案头上不曾收拾。有一个姓廉号叫南湖的（廷钧的同寅），偶然走到她家里来，一见这诗，忽然惊异道：“哎哟！向来不曾听见你会吟诗，忽然吟了这么一首好诗，难道大智若愚吗？”廷钧笑着摇头道：“这不是我做的。”南湖细细一看，笑说道：“看这笔迹，似乎是女人写的。”廷钧道：“不知是她做的呢，还是从哪里抄下来的。”南湖道：“哦！是令正的笔墨啊？”终说这一句，才见一个妇人走来，向南湖弯了弯腰道：“涂鸦之作，不堪入目，不想忘却收拾，竟为大方所见。”原来秋瑾住在京师，向来不出门外一步，所以这会子南湖还是初见。一闻她的话，知道是她做的，暗暗惊奇，便对她说道：“激昂慷慨，愧煞须眉！出自闺阁，宁非奇才？”说着，便亲自抄了一纸，揣在衣袋里，辞了廷钧去了。

且说南湖有位夫人，姓吴，名叫芝瑛，文采昭曜，盛极一时。南湖从门外进来，走到书房里，笑对芝瑛说道：“前几天你向我夸口说：‘京师地方，找不出第二个女友。'今天我见了一位女英雄，你便比下去了。"芝瑛道："谁呀？"南湖即将这首《红毛刀歌》掏了出来，递给芝瑛道："你且先读了一遍，看是谁作的？"芝瑛从头至尾看过一遍，赞不绝口。南湖说道："这是王廷钧夫人秋瑾作的，她还说是'初学涂鸦'咧。"芝瑛道："有此美才，怎么我竟未知道？明天你陪我去见她一见。"南湖道："我也是这个意思。京师地方，充满了尘俗之气，往日里来往我家的太太们满口势利话，估量你都不愿结交的。如今得了这一位闺阁良友，时时过从，正好解你寂寞。我把这首诗抄了来给你看，就是这个缘故。"芝瑛自然十分喜欢。

次日，吴芝瑛便与南湖驱车到南横街，廷钧不在家里，老妈子传话，秋瑾出来接见。南湖是见过的，芝瑛从未会过，便由南湖介绍。秋瑾道："哦！原来就是芝瑛女士。记得我初到京师时，曾在报纸上读过一首诗，后来又看夫人临的《黄庭经》，钦慕的了不得！当时不知是哪一个，不想多日想慕的人，如今即在眼前，真是此生之幸了！"芝瑛又极赞她那首《红毛刀歌》。秋瑾谦让一番，请芝瑛到内室去坐。南湖因廷钧不在，先自别去，留下芝瑛与秋瑾在房里密谈。芝瑛见秋瑾案上放着的都是些诗文集，便说道："女士的文才，钦佩万分！惟在今日环球交通的时代，更宜留心些时务。我们女子，也是国民一份子，岂甘自暴自弃？"

秋瑾本是一个有雄心的女子，听了这句话，自然打入心坎。待芝瑛去后，便亲自走到书局里，买了好几部新书。京师地方，禁令森严，有的书是买不到的，只买了几本政治、法律等书，枯燥无味，远不及旧书入胜。她的亲戚中有个陶大均，暗中送了她一本《二十世纪之支那》，又有个陈静斋，送她一本章炳麟的《訄书》，秋瑾看了一遍，顿时发生了革命思想，恨不得手执钢刀，立时杀尽胡虏。只因她丈夫是做部郎的，不便与他议论。只在廷钧不在的时候，拿出红毛刀来，在闺房中舞一会，长叹了一会。

廷钧每夜回来，至早须在二鼓以后。秋瑾吃了晚饭，小窗无侣，即躺在床上，拿着《訄书》遣闷，不多时候，便嗤嗤睡去。约莫过了两点钟，忽然有人拍拍她的肩头道："喂！你发了疯了！"秋瑾一惊醒来，抹了一抹眼睛看时，正是她的丈夫王廷钧，睁着眼儿说道："你要造反了吗？"秋瑾看她自己的手里拿着《訄书》，床头边放着红毛刀，自己也懊悔不小心，因说道："这不过是个玩意儿，便说是造反了吗？"廷钧道："刀是凶器，为什么放在床头？《訄书》是禁书，是谁给你的？"秋瑾怒道："我有我的自由，你须管我不得！你若是仗着官势来办我一个造反的罪名，我也不怕！"两人你一言，我一语，争吵了好些时候。秋瑾不屑和他多讲，便和衣而卧。

天明以后，秋瑾起来，廷钧兀自咕哝着，秋瑾依旧不理，吃了些点心，便到芝瑛家里去。芝瑛早晨起来极早，洗面漱口以后，照例须诵三遍《金刚经》，一遍《心经》，诵毕以后，方才吃点心。当秋瑾进去的时候，芝瑛才只诵毕，诧异道："你怎么来的这么早？"秋瑾两脸发青，一言不答。芝瑛连忙请她在房间里坐下。缓缓说道："你我感情怎样，我不得而知，我知道你是一个巾帼须眉，待你如手足一般。你这早来此，究竟为的甚事？你尽管告诉我，我自然有法处置。"秋瑾喝过茶，才把与廷钧冲突一段事情告诉了芝瑛。芝瑛道：'骏马驼痴汉'，自古有遗憾！这也怨你不得。不过在不如意的家庭里，我们只有遵守三从中'从夫'一项的旧道德。若拿新道德来比附，那就一天也不能安居了。"正在说时，那老妈子忽然报说："有两个客人等在书房，请见老爷。"那时南湖已经出门了，芝瑛便问："客人是谁？"那老妈子又去问了回来，道："一个姓陈，名叫静斋，一个姓陶，名叫大均。"秋瑾道："这是我的亲戚，一定是为着我的事情来的，最好由夫人与我一道出去接见。"芝瑛也愿意给她做个调人，立即答应，导着秋瑾出来。即见大均对秋瑾说道："哎哟！你在这里呀？我们到你家里去过了，据廷钧说：你和他口角，一早就不见了你。他着了慌了。我们料定你不会到哪里去的，所以先到夫人这里来找一找看。"说着，便向芝瑛行了一个礼。芝瑛道："夫妻口角，本是家庭间常事，用不着什么调停的，不过他俩口角的起因乃是在一本书上头，这件事万不可声张的。所以他错也罢，他不错也罢，烦你俩对他说：此后切休提起！要是提起了，就要闹起来；闹起来就给人家知道了，不是要的！"一面回过头来，对秋瑾道："往日里我要留你的，今天不留了。你好好的回去，别再和他争论，惹出是非来。"陈静斋道："我俩也是这个主意，巴不得他俩和好如初。"秋瑾道："夫人的话一片诚意，理宜听从。可是我和他口角不止这一次了，往日里都是他让我的。这会子他有了挟制的话了，死也不肯让我，以后更可不必说了。我已打定了主意，措办些经费，到日本留学去，他不娶也好，另娶也好，好歹待我毕了业再说。"静斋、大均都看了看芝瑛，问道："夫人看这个主意怎样？"芝瑛道："这句话我们却不能说，说是好的，那么，廷均又怪我们帮着她了；说是不好的，她将来的幸福却全被我们一句话牺牲了。"大均道："就我意见，留学倒也是一个主意。如今女学正在萌芽时代，她能够到日本得些新学问新知识来，做将来女界的导师，使女学普及全国，也未始不是为国尽力的一件事。至于家庭里面的事，倒还是小事咧。"芝瑛想了一会，说道："话也不错，她如其主意打定了，我们硬劝也没用。不过中间人说话总是公平的，偏了一方，怎么调停得下？还得请你俩看一看廷钧的意思，这件事办得到办不到。办得到的，固然更好；办不到的，白打了一个主意。"静斋道："夫人这话不错，这完全是他俩的事情，我们做不得主的。"秋瑾道："别的话都可从夫人的命，这件事只好方命了。他答应也要去的，不答应也要去的！芝瑛又劝她一会，只是劝她不转，无可奈何，只好由她。

这日，秋瑾到了家里，摒挡一切首饰等物，一共得了一千块钱。又把女装脱下，改扮了男人的装束，将留下的衣服，一古脑儿拿了芝瑛家里来，如数送给了她。芝瑛知道她是没有第二个主意的人，权且将衣服收下，另外捡了几十部书送给她。秋瑾道："我两人情好已经和姊妹一般了，但是没有姊妹的形式，终嫌疏远一些。我想就趁我要启程的当儿，我俩填了一纸《金兰谱》，不知夫人许也不许？"芝瑛道："我本来早已有这意思，只因忙着调停你夫妻俩的事情，没有开口。如今你既说起来了，正合我意，怎有不允的道理？"说着，便打发一人，去买了两张《金兰谱》，当由两人各填一张，交换过了，又点起香烛，拜了八拜，叫了一席酒菜，欢叙一场而散。

次日，秋瑾便将子女寄在亲戚家里，自己上了火车往天津去搭轮船。车站上送行的，南湖夫妻以外，尚有陶大均、陈静斋二人。这二人本也要到日本去的，只因中途发生了一件事，只好暂缓几天。

且说秋瑾在天津搭了太阳丸到日本，即进留学生会馆日语讲习会里学习日语。有一天，秋瑾正从会馆出来，忽然有人呼道："这可是瑾姐吗？"秋瑾看时，乃是陈静斋的儿子陈筱斋，便问道："你住在什么地方？"筱斋道："柏木町。"秋瑾道："此刻到哪儿去？"筱斋道："我们绍兴有个陶成章，不知姊姊可认识？"秋瑾道："听见过他的名儿，恰不曾见过面。"筱斋道："他从前和我同学，上年是毕业回国，曾经组织了一个龙华会，前几天不知为着什么事到日本来的。我此刻就是去找他。"秋瑾道："龙华会是一种什么团体呀？"筱斋道："是革命团体。"秋瑾眉儿一扬，说道："哦！是革命团体吗？他不知和章炳麟是一气的还是两起的？"筱斋道："就团体讲，他组织的是龙华会，里面的分子除了敖嘉熊、魏兰等少数学子外，其余的都是会党。章炳麟组织的是光复会，里面分子如蔡元培、邹容等，不是学生，便是文人。就主张讲，龙华会是革命的，光复会也是革命，并没两样。而且听说成章一面组织龙华会，一面自己又入了光复会咧。"秋瑾道："我到日本后，正在找这种机关，只因人地两疏，一直没有找到。如今你到成章那里去？我就跟着你去，便请你介绍一下。"筱斋点头答应，便与秋瑾一道儿走向成章寓所去。

到了门口，果然高挂着龙华会办事处的招牌。两人一同进内，见成章正在看报。一见筱斋进去，便点头请坐。又见后面跟着女人家，也点了点头，问筱斋道："这是何人？"筱斋道："这是我的表姊，姓秋，名瑾，才到日本来的。还是你同县咧。"成章便霍的起来说道："我们会稽女界黑暗极了！到日本来留学的，女士还是第一个了。"筱斋接着又将她的志愿说了一遍。成章道："好呀！将来怕不是一个中华的苏菲亚吗？"说着，他又把俄国虚无党的情形和苏菲亚的人品作为，慷慨淋漓的畅说，越发引得秋瑾革命思潮格外高涨，一定要入这龙华会。成章便将志愿书捡了出来给她填写，又宣了一个誓，方才辞别出来。

成章自秋瑾、筱斋去后，吃了些晚饭便到各处去找朋友。不想无意中碰见了克强，偶然谈到华兴会，接着，又谈到了龙华会，又因龙华会谈到了秋瑾，所以克强知道有这一件事。

这日，克强与教仁一同去访成章，正是徐伯荪整装返国之时。当下彼此招呼一过，伯荪便别了成章，打点行李，搭火事到横滨去了。教仁道：“我留东也已多年，却不曾见过这位伯荪先生。”成章道：“他不是留学生，是到大阪来参观博览会的。因同乡朋友多在东京，所以他又到东京来逛一趟。你俩要知道他的来历吗？说来很饶趣味。他在十二岁上，不知为了一件什么事，从家里逃了出来的，独自一个人走到钱塘县削发为僧。你想一个小孩子有这么大胆，奇也不奇？”克强道：“大胆的尽有，做和尚真奇了。”成章道：“累得家里好找，整整找上一个月，才始找了回来。他的天姿超出众人，少时念书，别的都不喜欢，单爱数学。到了十五岁上，不但代数、几何、三角、八线件件都精，就是天文、地理也无一不晓。他曾经造过浑天仪和绍兴地势图，并没有什么人传授过他。四年前，有人公推他充了绍兴府学堂的算学教习。知府叫做熊起蟠，和他非常要好，学问里的事情，一切都由他计划，因此这学堂里的教育，比到什么学堂都好。他这会子到日本来，住在龙冈町旅馆里。浙江学生正为着章炳麟入狱的事情，在牛汲区赤城元町清风亭开会商议，那时凡属国民教育会里的会员个个都到。……”克强道：“我却不曾到。”宋教仁道：“我也没有到。”成章道：“我说的是属国民教育会里的浙江学生，不是属国民教育会全体。便是兄弟这日也拨忙到会。大家正在讨论做助章、邹问题，忽然听见一个人站起来说道：‘裁哉！法子来东哉！’我一想：这正是我们绍兴人的口音，不知是山阴呢？还是会稽？后来见他当场助了五百块钱，作为与满廷吃官司的讼费，我就知道他是一位很热心革命的人。散会以后，与他招呼，才知道他是山阴的徐锡麟。他问起我的履历来，似乎很为惊奇，对我说道：‘不想我文弱的绍兴，有足下这么一个豪杰，足为湖山生色了！’当下我对他说道：‘兄弟哪里配称豪杰？广东的孙逸仙、浙江的蔡孑民、江苏的钮永建才是豪杰咧。’他又问道：‘孙逸仙、蔡孑民闻名已久，不消说了。这钮永建是怎样一个人？’我道：‘今天没有空儿，明儿到我那里来，我陪了你去见他。’他很为高兴，第二日上半天就来了。我便与他一同去见老钮，彼此高谈阔论。竟结了一个知己。”克强道，“老钮是我们老友了，不消你说。你昨儿对我说的一位秋女士，我们倒要见识见识，烦你做一个导线，行不行？”成章道：“我还只碰见过一次，但她既肯来见我，我们去见她也不要紧。左右此刻无事，去吧！”

说着，拿起一条司的克，导着教仁、克强走出门来。成章从衣袋里掏出一本小册子来，瞧了一瞧地址，便一同跳上电车，直到秋瑾的寓处。不想秋瑾早已出门，到一个同学的家里去了。成章道：“我明天说不定就要返国，你俩已经知道了她的住处，特地来找她，同是国人，估量也不会拒绝的。”克强、教仁高兴而来，只得扫兴而返。

成章这会子东渡，意在招纳留学界中人物。留学生见龙华会中流品复杂，都不愿厕身其中，多数入了光复、华兴两会。成章不能久留，便在翌日束装返国。

到上海时，满廷正与章、邹两人在租界里涉讼，他要探听详细的情形，便立意先去见蔡孑民。原来孑民自《苏报》案发，曾经逃至青岛。后来以爱国女学校无人主持，又秘密地从青岛回到上海，即在上海办了一种报纸，叫做《俄事警闻》。又因太炎等在拘禁中，便重新把光复会整理一番，这会所就设在俄事警闻社里面。成章本是一个老会员，一足跨进主任室中，早有好多人坐着，也有认识的，也有不认识的，大家寒暄一下，方才问到章、邹的事情。孑民道："这件案子，公堂里已经审过三次了。原告律师是古柏，被告律师琼司及爱利司，打量你都知道的。古柏拿了一本《革命军》，当做犯罪的证据。那被告律师以为满政府控告的，乃就著、印、卖三者而言。这些书虽说是章、邹所著，可是印和卖他并不承认。若单著书，没有人替他印、卖，绝不会有害社会。无害社会，便没有罪。那原告律师以为，文明国例，凡著书，须载印和卖的姓名。这些书既然都没有的，那便是章、邹自印自卖了。两方争论相持不下，只好把他俩还押原处，候定期再审。大约经各国公使的力争，引渡给中国官厅是不会的了。租界中的审判，两三年监禁，只怕免不了。"正说到这句话，忽然茶房递进一张名片来，对孑民说道："有人请见。"孑民接来看时，是徐锡麟。

第四十七回

锄奸官万福华被拘　逢暴客徐锡麟探穴

成章瞧了一瞧名片道："哎哟……是伯荪吗？请他进来！请他进来！"茶房即应命而去。那时座中诸客都已辞去，孑民问成章道："这位贵同乡是怎样一个人呢？"成章便将如何与他相遇，如何知道他的履历，大略说了几句。话还未完，那伯荪已走了进来。孑民笑颜相迎，请他坐下，互道钦慕之意。成章问他："几时动身？住在何处？"伯荪道："奇怪！我动身那一天，你还没有说起回国，我才只昨天到的，你怎么忽然在上海了？"成章哈哈笑道："原来只差一天。"伯荪道："我住的是五马路周昌记里。听见人家说起蔡先生来，异常向往，所以不辞唐突，贸然进谒。不料你也在这里，真是事有凑巧了。"成章指着孑民，说道："蔡先生就是我们光复会的会长，精干有断，不似我们粗豪。但是没有我们的粗豪，不能成全他的精干；没有他的精干，不能成全我们的粗豪。这是互相为用的。所以我今天给你介绍，就请你入这个光复会。"伯荪自然一口答应，照例填过志愿履历书，方才从新坐下。

这晚，蔡孑民以成章初到，伯荪初见，即在大新街金谷香番菜馆中请他吃大餐，当即邀了同社中陈佩忍、高天梅作陪。陈、高两人也是光复会的会员，孑民一并替伯荪介绍一过。当下一同走进了金谷香，即在第四号房间坐下。西崽走来，递上笔墨纸张，各人开了菜单交西崽，并要了香槟酒及绍酒，高天梅道："你们绍老爱喝绍酒，这就见得你们爱乡了。"孑民道："我们不但爱乡，而且爱国。绍酒虽是我们绍兴土产，可也是中国的出品。你们喜欢喝香槟酒，要知道这是外国的出品，我们喝它就是添了中国一个漏卮。"天梅哈哈笑道："你要替你们土产做广告，亏你做出一篇《经世文编》式的文章出来。"说着，引得众人都笑起来。那时西崽已将酒菜端上，各人一面闲谈，一面吃喝。正在兴会淋漓，猛听见隔壁房间中砰的一声，接着，又是一阵脚步声，孑民等都吃了一惊，忙出去观看。只见第五号房间中，有个大员模样的人站在当地瑟瑟地抖，一个西装少年早已被几个武人抓住。不多时，扶梯声响，来了两个巡捕，进了房间，唧哩咕噜不知说些什么，当即将那西装少年扭了去了。

且说王之春在广西巡抚任内，闻知俄人在东三省猖狂恣肆，满政府中多数主张让步，只有袁世凯、张之洞始终主张与俄开战。那王之春迎合那拉氏的心理，便下了一道奏章，中间有云：

昔林文忠谓："中国之患在俄罗斯。"即可知俄国之强，不自今始。以林文忠之英才伟略，尚不敢与俄罗斯为敌，况袁、张等远不如林者乎？庚子之变，我皇太后、皇上蒙尘西狩，迄今四年，元气未复。正宜力事休养，以为他日一鼓作气之计，安可轻启边衅，以召外侮？臣愚以为，此时对俄不妨让步，先宜休养生息，以厚我国之力，他日不难雪此耻也。……

这道奏章上去，那拉氏便召见王文韶与奕劻商议，两人正是暮气沉沉，一息奄奄的时候，见了这道奏章，自然一百二十分的赞同，异口同声的说道："该巡抚阅历较深，所奏皆至理名言，似宜嘉纳。"那拉氏也因为尝过庚子年的苦痛，听见和外国人开战，骨头都吓酥了，王文韶、奕劻的话早就一句句打入心坎里去。连忙一道谕旨，把辽东地方送给了日俄两国作为战场。这件事报纸上虽然不曾登载过，那在京里做官的人，却都详细。一传二,二传三，直传到一个保皇党员万福华的耳朵里。

那时福华正在上海运动，和革命党人不相往来，和两粤大吏声气素通，独有这件事，他恨王之春切骨。事有凑巧，王之春这会子为了玩忽吏治，被清廷拿办，革职以后，在上海地方觅一个安乐窝，做他终身享福之地。上岸后，暂住在太平坊。万福华探得明白，便写封信去，约他在金谷香吃大餐。之春一见是福华请他，他正在失意的时候，只当保皇党里另有作为，便高高兴兴的答应了。到了晚上，福华即藏了一支手枪，提早先到了金谷香等候之春。整整等上一个多的钟头，方才由西崽陪进一个人来，身穿蓝缎袍子，玫瑰色花缎马褂，头戴元缎西瓜皮帽，垂着条小辫儿，才只两尺来长。一见福华，便拱手道："好久不见了！"福华也拱手应声"是"，当即请他坐下。之春道:"你好呀！"福华又应了一声"是"。那时西崽走来，请开菜单。福华心里一想："非俟菜单开了，不能动手。"便请之春先开。之春提起笔来，一面写，一面说道："兄弟最喜欢吃的是鹌鹑。"便写了一只"鹌鹑"。又说道："火腿布丁的味儿还不错。"又写了一只"火腿布丁"。末了，又说道："酒呢？还是啤酒不会醉。"便叫西崽拿啤酒来。接着，福华也胡乱开张菜单，交与西崽去了。

那时房间里只剩福华与之春二人。之春还微笑地问道："如今康先生可在国内吗？"说着，抽了一口雪茄，喷得桌儿上都缠蕴着烟雾。福华含糊的应了一声，那右手早已插进裤袋里去摸手枪，脸儿上一阵红，一阵白。说时迟，那时快，福华恨心一起，牙齿一咬，即将手枪掏出来，向之春指着，喝道："卖国贼王之春！

今天特来取你狗命！”接着，便一枪打去。那王之春见他拿出手枪来，已知事儿不妙，连忙将身子一蹲，躲在大餐台下，福华的枪弹早呼的一声飞到壁上，打了一个窟窿。那时西崽也来了，之春的当差也走了进来，七手八脚将福华捉牢，一面去报巡捕，便将福华生生的捉到捕房里去了。

当时孑民、佩忍、天梅等把详细原委调查明白，当晚即在报社中开了一个谈说会，讨论援助的方法。议决筹款替他延个律师，出庭辩护。当场助十块的也有，助二十块的也有，助五十块钱的也有，伯荪一个人助了一百块。

散会以后，已经十点多钟，成章与伯荪别了孑民出来，成章到一家新开的惠商旅馆里歇息，拉着伯荪同去，开了一间特别官房。跑堂的泡上一壶茶来，成章道：“上海习惯，非到夜里一二点不睡。此刻才只十一点钟，时候正早，沦茗清谈，借消长夜如何？”伯荪道：“我虽说是绍兴人，却也和上海人一般，怕昼不怕夜的。”成章道：“你虽然入了龙华会，却还不知龙华会里的计划，如今说给你听听：现在我们会员，二十一省及新疆、西藏、蒙古、满洲等地方都有，不过中国地方太大，不能不分头办事。我们所经营的是江苏、安徽、江西、浙江、福建五省。这五省中，每省又分两路：江苏分江南路、江北路；安徽分皖南路、皖北路；江西分赣北路、赣南路；浙江分浙东路、浙西路；福建分闽上路、闽下路。每路中都设立一个“都督府”，有大都督、左都督、右都督的分别。都督之下，有统制司，有军政司，有巡察司，有介士曹。大都督权柄最大，所有自己手下的兄弟都听他命令。但是要举义旗的时候，必定要同枢密府商量。……”伯荪道：“枢密府是什么机关？”成章道：“都督府是外府，枢密府是内府。”因又把枢密府的制度权限说了一遍。接着说道：“左右都督帮着大都督行事；若左右都督上面没有大都督时，他的权柄便和大都督的一般。统制使、军政使、巡察使都听大都督、左右都督的命令，受大都督、左右都督的委任，然后各办各事。正副介士都听统制使、军政使的命令。如今我们安排都已妥洽，所难是两件东西。……”伯荪道：“我知道了。‘饷’，‘械’，是不是？”成章道：“着！这两件东西有了，我们就可发动了。”伯荪道：“我以为难却在械，不在饷，军兴以后，要免除抄掠的毛病，莫如散行军用票。大兵所到之地，招各巨商在境内承销，大的地方几百万，小的地方几十万。待事成之后，立即收回，似乎不至病民。”成章想了一想道：“也只有这一法！那么，军火呢？”伯荪道：“这就难了！兵工厂、制造局都在官军手里，我们需用军火，不能不仰给于外国。向外国定购军火，第一就要现款，军用票是不行的。第二，运输不易。运输倒还有法可想，只是这宗购办军火的款子，倒不易筹得！”成章道：“这会子我到日本去没有空儿。想在明年秋间，再到日本，转到南洋，向华侨募些款。国内是不行的。”伯荪道：“这点我也可替你帮些忙。”成章手指着壁上挂钟道：“不早了，明儿再说吧。”伯荪看时，已经三点多钟了，便各自上床安睡。

翌晨起来，伯荪急要回绍兴去，便问成章："行止如何？"成章道："我在上海还有别的事情，须明年二月中方可到绍。"伯荪打叠行装告别，由杭州渡钱塘到绍兴。那时正是十二月中，家乡中正在供那敬神闹腊的事情。伯荪家里，上有家长，不能擅主，免不得也演了一番俗套。分岁那一天，伯荪邀了两个学生到家里吃分岁酒。二人都不会喝酒的，这晚，伯荪一定要他俩畅喝一场。原来这两个学生，一个叫做陈伯平，会稽人，一个叫做马宗汉，余姚人，都曾在绍兴府学堂念过书，都抱着一腔革命大志，那时两人都住在山阴城中，所以一招便至，酒酣以后，伯荪方才说道："我们走走日本，本省各地从来不曾涉足其间，未免舍近图远。我已打定主意，拟自明年正月为始，即在本省中游历一周。你俩如其愿去的，我们便携手同行。"宗汉、伯平听了异常高兴，道："'读万卷书，行万里路'，大丈夫之事！我们正愁所见不广，你有此一举，我们真是求之不得。"伯荪听了，哈哈大笑。当晚尽欢而散。度过残年，过了元宵，伯荪便偕同伯平、宗汉两人从山阴出发，向诸暨、嵊县、东阳、义乌进行。凡山林丛杂没有舟楫之地，仗着两条腿儿徒步走去，有时日暮途穷，找不到一个歇息地方，即在荆棘丛中露宿过夜。

有一天，天气将暮，夕阳挂山，一阵一阵的飞鸟都不知在什么地方漫游回来，归到它故巢里去。两三牧童，骑着牛背，很得意的回来。那时三人正在山缝中左右顾盼，彳亍缓步。忽然唪哧一声，从竹林从中跳出五六个大汉来。要是在寻常的人，早就把脑袋吓得向怀里藏了。他三人是置死生于度外的，一些没有惊惧之色。细看去，但见他们穿的都是玄色洋缎袍子，外系杏黄丝条，头戴反檐毡帽，手里倒提钢刀，雄趔赳气昂昂的喝道："如今我们独立军正欠军饷，难得你们贵公子游玩到此，请你们少则五千，多则一万，随热诚捐助。要不然，便请你们到绍兴大山里去！"说着，把手中的快刀晃了一晃。伯荪一想："'独立军'，多么好听呀！我也说几句话给他听听，看他如何？"因笑嘻嘻走上前，向那为首的说道："老兄！你单知道你们独立军欠军饷，你们可知道我们光复军也欠军饷吗？"那为首的一闻此言，摸不着头脑，把他三人上下打量一番，方才问道："什么叫做'光复军'？"伯平先问道："什么叫做'独立军'？"那为首的说道："俺独立军反清复明，最爱的是革命党人，最恶的是贪官劣绅。你们垂着一条辫儿，穿着长袍大褂，分明是绅士模样，俺等才始出来借饷。"伯荪、伯平、宗汉一时都把西瓜皮帽摘了下来说道："你看！我们是有辫儿的没有辫儿的？"那为首的看时，果然他们的辫儿都是缀在帽儿里面的，三颗脑袋早已牛山濯濯了。那伙众人方才把刀儿放下，换过一副笑容来说道："三位估量都是革命党中人了。"伯荪道："我们当然是革命党人。但是我们都是绍兴人，你适才说绍兴大山里，首领是谁？地址何处？怎么我们不知道？"那为首的道："这都不便说。诸位如肯到大山里一走，便知道了。"伯荪道："那么，你们尊姓大名？"为首的便指着众人道："他叫陆云汉，他叫李伯年，他叫邹振威，他叫马学良，我姓项，名循规。”伯荪也把自己三人姓名告诉他们，说道：“你看，天色将冥了，我们是露宿惯了。你们赶快回去吧。”循规道：“笑话笑话！岂有坐视你们露宿之理？我们山寨虽小，尽可歇马。便请荒宿一宵，明儿一早，同往绍兴如何？”伯荪等也并不推辞，便跟着他五个人一道走去。到了山腰当中，有八九间房子，黄土为墙，绿溪如环，四面绿树垂抱，俨然隐士幽居。若说此中住着革命党人，什么人都不信的。

当下进得屋去，循规便让伯荪等上坐。众兄弟献茶递烟忙了一会，循规又让他三人净过面，这才吩咐预备晚餐。一霎时，大盘大碗的鱼肉砌满了一桌。伯荪等三人也不客气，团团围坐，畅谈痛饮起来。循规道：“徐先生才说：府上是绍兴。这回是从府上出来么？”伯荪道：“我三人因欲浏览天下形势，结伴漫游，方从绍兴出来。游过几县邻州府县，原意本想借此结识几个肝胆朋友，沿路所经所过，不料都是些利禄熏心危巢酣睡之徒！今日得见诸君，才知天下有人，志同于我者正多，真是快慰已极！”说毕满饮一杯。循规道：“不敢动问徐先生：还是代那个山会来寻弟兄？还是自己开山立堂？”伯荪微笑道：“我因为国事日非，虏廷只图骄纵，不管我汉族亡国灭种，便立志要复我国仇。自从留学日本，认识许多革命志士，组织团体，图谋大举，但是力量终嫌薄弱，所以大家议定，与国内贤豪志士共成盛业。我想我浙江素来人才蔚起，绍兴等处更为英雄隐居之地。故归国来约这两位兄弟遨游寻访。去年在上海时会着光复会会长蔡元培先生，大家倾谈之下，晓得东南五省已有组织。又因旧友陶成章的劝导，便加入了光复会，一致进行。……”说着便将光复会的组织、章程、宗旨、计划等项向众人说了一遍。循规等众人听罢大喜，说道：“既然如此，明日我们到大山里和龙大哥商量，大伙儿结成一堆去杀鞑子！”伯平问道：“龙大哥是谁？”李伯年道：“龙大哥就是我们的龙头大哥。他姓龙，名天衢，原本是湖南人。一身好本领，还加一肚子好才学，真是‘文武全才’！我们宁、绍、温、台一带的弟兄都是他所管辖。”宗汉道：“你们说的‘大山里’，可是他住在那里？”循规道：“是的，明天我领你们三位去，他一定欢喜的了不得。”大家说说谈谈，不觉已是残月挂山，远峰涌翠，席上也杯盘狼藉，项循规便叫陆云汉掌灯，领三人到屋后一个清幽小房里安歇。

次早，众人起身，梳洗已毕，收拾些酒饭吃过，循规吩咐李伯年看好山寨，自己带着个小弟兄同三人下山，一直向绍兴行来。沿途经过，都有弟兄招待，不要打尖住店，甚为方便。

第三日，午时左右，来到江边，循规招呼三人立在滩上崖下，自己带着从人沿江望去，只见远远的有一只小渔船随着浪花荡动。循规叫从人过去，一路打着呼哨，早有个戴破箬笠的男子由岸上奔来。那从人向来的那男子一举手，那男子把箬笠一掀，负在背上，两人便走近咕噜了几句，跳上江边的小船，沿岸摇将过来。循规向船上的男子说了几句，那男子躬身应着，便上船摇着桨，直奔上流头芦苇丛中去了。不多时，一阵水响，芦苇里早钻出一只双舱大船来。循规便招呼三人来到水边，候船靠边，船上水手打好扶手，方让三人上船，进舱坐定。舱里桌上摆着几色茶食点心，还有一支水烟袋。三人都不吸烟，循规便拿起来吸着，一面招呼水手道：“开吧！”只听得哧的一声，船已离岸。伯荪心想：“看这情形，他们很有纪律。若能肯为我用，倒是一部劲旅。只不知他们实力如何，如若充足时，两浙便不成问题了。”伯平、宗汉二人素来胆壮，并没顾到有无危险，只注目那船窗外蔚蓝的天光，碧绿的流水，悠然自得，兴致勃然。

第四十八回

识英雄嵊山诉衷曲　襄盛举商贾助黄金

二人正看之间，只见下流一只快船飞也似抢来。两船相遇，各打呼哨。循规便出舱去，立在船头上，叫住来船，向那只船头上的大汉说了一阵话，大汉连连点头，便掉转船头，抢先去了。

不一会，听得水手乱打呼哨，循规道："快到了！亏得风顺，省了不少的时候。"三人听得，忙将头钻到窗外观看。只见白茫茫烟波浩渺中，隐隐现出一座青葱雄峻的小山。远看去，虽然不大，却层峦叠嶂，曲折盘旋，一时真窥不透个中究竟。一时间，船近山边，越显得嵯峨挺拔，崖石惊人。三人未到舱门，向左右望去。只见绿树阴下，泊着无数渔船；滩上崖头，不见半个人影。三人心中有些诧异起来。正想问，循规已来到跟前，请三人上岸。三人只得随他登陆步行。走过沙滩，便是一片石障，当面立着。要是在远处望去，竟分不出是另外一个峰嶂，走到跟前，方知是屏风般那么一座翠峰挡住山口。

三人随着循规转过这屏嶂，但见密密层层的树林里露着一幅黄旗，迎风招展，显出"义方堂"三个大字，气象很是森严。三人正在一面行走，一面观望，陡听震天一声怪叫，那树林深处，一道木栅霍的敞开，栅内走出百十个七长八短的蓝衣汉子来，两边排着，为头一个就是江里遇着的快船上的大汉。循规向前微笑点头，那汉子向后招呼，早走出一个人来。相近处看时，那人生得方面剑眉，身材精干，遍体青衣，头扎青巾，十分威壮。循规回头向三人道："这位便是龙大哥，亲自来接三位。"伯荪听说，抢声向龙天衢拱手致意。方要开言，天衢抢先说道："辛苦！到里面再谈吧。"于是一拥进栅。又听得怪叫，栅门早已关闭。旁边有人牵过五骑马来。天衢接过三条马鞭，分递三人，然后才和循规翻身上马。伯荪等三人踏镫上骑，天衢早唰的一鞭，马头一昂，冲过前面，回身拱手道："兄弟领道。"说着，泼剌剌如飞而去。循规和伯荪等也飞马相随。约莫半点钟工夫，早见万层石崖之下，乱树丛杂之中，露出一所高大瓦房。看去约有二三百间房屋，周围城一般的砖墙围住，里面还有不少的空地。这时，循规一勒缰赶到面前，腰里拔出个牛角呜呜的吹起，那围墙门随即咿呀的敞开。门里闪出三十多个短衣窄袖的人，垂手站着，鸦雀无声。循规跳下马来，紧走几步，引导着众人扳鞍下马。

忽走过几个门前侍立的汉子，接过鞭子，牵过马匹。天衢将头一摆，一伙人都退入门内，天衢这才让三人进了寨门。由二门向东，走了多时，方到一座院落。但见屏开龟甲，帘卷虾须，富丽堂皇，铺张得十分齐整。

天衢让三人坐定，献过茶，和循规坐在主位，开言道："我龙天衢读书不成，学武不就，因念河山腥膻，想拼此无用之身，仗着老天给我的一腔热血，跟随天下英雄，共杀胡虏！怎奈中原无主已久，百姓只知苟安，莽莽大地，竟甘心送给胡奴作淫乐之资，媚外之贡，不想收回。我孤掌难鸣，只得在这大好河山中，保全这水中的一点土，以见汉族不曾死完，胡儿终不能囊括中华。好在这班狗官只知敷衍苟安，不敢来寻事致坏他的奴才前程，因而得保全这尺寸青山。今日天幸，三位光临，千万携带我和众弟兄替同胞尽些须义务，免得辜负老天给的一腔热血，七尺雄躯。"伯荪听罢，暗想道："我初来时，以为不过是一群会党啸集山林，这般看来，竟是一个热心毅力的志士。会党强盗中尽多英雄，我此行不虚了。"因说道："龙寨主你的怀抱我已尽知，天可怜汉族不亡，才生你我大家。既然都是伤心人，自然共同行动，使我们的力量加厚，团结一致，去击破贼虏，复我河山！只不知贵出堂有多少弟兄？多少枪械？"天衢道："宁、绍一带，水陆两路弟兄都归本山堂节制，共有五千多弟兄，至于我这嵊山以内的弟兄，连项兄弟那边算起，有两千六百余人，八百多船只，六七百快枪，土枪我们可以随时造的。这两浙、安徽的山堂，我们通是一条线上。现在两浙的旗兵、防营、水师都是久不训练的，而且营里吃粮的有不少的我们弟兄在内，如果干起来，没有不得胜利的。不过现在时势不比从前，要不是天下齐举，恐怕不容易剿灭胡儿。所以众弟兄要动手时，我都劝住，不要无谓的丢却性命。等到天下英雄齐起时，我们再动，到那时养精蓄锐，万事俱齐，怕不一举而成么？只是方才你先生说的光复会蔡元培，不知可是绍兴那个蔡会长么？我们久闻其名，因为我们都是粗鲁汉子，所以没去会他。不知如我们这般的人，也可以入会么？"伯荪道："龙寨主，你太客气了！什么是'粗鲁'？你这样处心积虑，密计深思，还说是粗鲁，那么，天下再无精细人了。"接着便把光复会的原本以及一切细说一遍。伯平又在随身包里取出章程、愿书交给伯荪，伯荪递给众人看过。天衢便首先签名，宣誓入会，其余众兄弟自不待说。天衢又叫头目分赴各路，劝导弟兄们入会，一面大摆筵宴，款待伯荪等三人。

伯荪等留山数日，天衢、循规带领着参观各种操法，检视枪械，知大可作用，便要告辞回上海报告会中。天衢等知伯荪任重事紧，也不强留，便设筵欢送下山，珍重而别。

伯荪等三人别了天衢，回到绍兴取夏衣，准备赴沪。不意伯荪路途辛苦，感受风寒，害起虐疾来。伯平、宗汉二人时来探望。一日，伯荪方在寒热大作，伯平走来探望，伯荪方要起来招待，伯平走到床前按住，道："不要起动，你好点儿么？"伯荪喘点头，道："好些儿！宗汉咧？怎的两日没见他来？如果我们天天畅谈一会，我这病准保好的飞快。”伯平道：“提起宗汉，我想起一桩事来了。他要我不要告诉你，恐怕你在病中动气。我想不告诉你，你一定也会知道的”伯荪道：“什么事呢？”伯平道：“绍兴城里有个龚声耀你知道么？”伯荪道：“知道的，是个包赌开娼的滥秀才！”伯平道：“他有个女儿名叫阿兰，一个儿子名叫琴薰，一家子都入了天主教。不知怎样，他的儿子就给那外国教士做龙阳，女儿便给那教士的两个侄儿合奸了。从此他就挂起‘教民’的招牌来。前月教堂里要扩充房子，他便要他儿子向教士说：‘城内大善寺地点适中，便于传教，伍千银子就可买下。’教士便叫他父子去买。他就叫了城里许多流氓拥到寺里，勒逼和尚写张借他五千银子的字据。和尚不肯写，他吆喝流氓将和尚打了一顿，限三天出庙。和尚哀求阖城绅士帮忙，这些绅士都怕声耀横暴，不敢多管闲事。宗汉听了，走到教堂去向教士说，教士道：‘我出钱买房子，和尚欠姓龚的钱不欠，我不知道，我也不管。但是如教民被辱，我们是要据约交涉，要惩凶赔偿的。’宗汉气了个发昏。今日龚声耀又到大善寺去了，宗汉邀了许多人去找姓龚的说话，现在还不知怎样。我来时，寺门口围住了不少人，大概已在争执。我看过你的病，还要去帮宗汉哪。”伯荪听罢，陡然一跃下床，抽条被裹在身上，一面抖着，拉着伯平就走。伯平急道：“你怎么了？”伯荪一言不发，拉着伯平出房，由后门直奔到大善寺来。待家中人知道赶来时，伯荪已到寺里去了。

伯荪进得寺门，只见那老和尚在大殿上满头是汗，一手拭泪，一手颤巍巍的持着笔正写卖契。当地里立着个高颧赤鼻、近视眼、尖脑袋的瘦子，领着二三十人指手画脚的说：“这面好盖神父相公的住宅，这前面的地皮可以盖个大讲堂……”伯荪认识他便是龚声耀，也不理他，一直走到大雄宝殿上，向寺前围着的看众约三四百人——高声说道：“这大善寺是我们绍兴人的公产，和尚无权发卖。即使能卖，也不能卖给外国人。我们中国的土地，就是我们大家的产业，万不能让外国人来蚕食鲸吞。他们今天可以买大善寺，明天就可以霸占绍兴；今日他们买大善寺，我们不说话，他们知道中国人好欺，马上就要来瓜分中国了。如果我们绍兴人不是凉血动物，断不能听凭鬼蜮横行，为虎作伥！我们非打死这外国走狗不可！”听的人“轰”一声，一窝蜂直奔声耀，一把揪翻，拳打脚踢。伯平赶上前，在他衣袋里掏出他逼得的五千两银子借据，连那和尚未写完的契据一齐撕碎，在佛前油灯上点着，掷向香炉里烧了。正乱里，只见宗汉领着七八个和尚跑出来，嚷道：“众位别打了！让他吃点东西吧！”说着，一个小和尚早提了一小酒坛粪，走到丹墀来。众人见了，齐声喝“好！”便将声耀放起，要他吃了这坛粪。声耀左右一望，带来的流氓半个也不见了，待不吃，挨打不过，没法子，咬紧牙关，吞将下去。不料一阵作恶，连那早上在教堂里吃的牛油面包，一齐呕将出来。众人怕秽，才掩鼻走开。伯荪问宗汉道：“你从哪里来的？怎么我来时没见你？”宗汉道：“我来到这里，正要和这奴才讲理，便被他的走狗将我推推搡搡，关在和尚房里。适才流氓逃走，我才脱身，叫众和尚来灌他的屎。”说罢大笑。伯荪叫过老和尚，吩咐：“不要胆怯，万事有我。”一面叫小和尚将声耀扔出山门，一面谢了众人，待人散尽，才和老和尚进方丈来，写了一封信给县里，要知县发张告示来寺里张贴，永禁典卖。又具了个公呈到府学，说：“龚声耀服膺异端，逼盗公产，包娼庇赌，帷薄不修，且乃父曾设妓寮，兼演昆旦，例不得列身庠序，请予革惩！”这才和伯平、宗汉回家来。那龚声耀情知不妙，将儿女献给外国人，自己一溜烟逃走。等到府县行文拘提时，已走之远矣。

伯荪回家后，其疾若失，精神更加爽快，便与同志们计议：要革命先要培植人才，要培植人才，先要办学校。计议既定，便写信给龙天衢筹款，一面约陶成章回绍助理。不一月，天衢派人送六千银子来，伯荪便着手筹备，出榜招生。这学堂便定名为“大通师范学堂”。一时闻风投考的非常踊跃，到开学时，已有百数人。伯荪自己担任算学教习，（他自小就精通勾股、天文等学，能自造浑天仪。）又与陶成章计划，创立体育会，聚集各校学生，课余之时，从事操兵。不多时，会员增至六七百人，伯荪、成章等即将革命学说渐渐灌入众青年的脑筋里。

光阴迅速，又是一年。成章与伯荪计划道：“这样坐守，革命何日能成？况僻处一隅，见闻有限，且不能大举。不如设法钻到宦海里去，握着兵柄，便容易了。”伯荪道：“‘不入虎穴，焉得虎子？’此计大妙！只是现在要入宦途却不难，无钱运动去做官才真难！”成章道：“这倒有一个法子：我们学堂里学生袁暖的父亲袁琪孙是个洋货商人。这人倒素抱大志，常和我说起：若有人能复国仇，他宁肯毁家纾难。”伯荪道：“我也认识他，他是明朝袁崇焕的后裔，流寓长沙，来此经商，但不知他这话可真？”成章道：“他生平不作妄语，并且挥金如土。店里的账，要是穷人欠的，他就一笔勾消。若有人出洋留学，寻着他借贷，一助几百两，从不曾推却。前回我介绍他入光复会时，他就要捐钱，当时因为尚不须巨款，没有收他的。现在向他商量，有个不乐从的吗？”伯荪道：“好！我马上就去。”成章道：“你我同去如何？”伯荪道：“我去不行；你再去，好么？”成章点头，伯荪披上马褂便出门去了。

成章坐着等候，一直到晚，也不见回来，心中大疑，便走出学堂大门外伫望，看看日色沉西，还不见踪影，更加惶惑。斋夫来请吃晚饭，勉强吞了两口，便叫斋夫到洪昌洋货号去探听。约莫又有半点钟光景，只见伯荪提着个皮包走进房来。成章忙问：“怎么了？”伯荪点头道：“办好了。只是还有事商量。”成章道：“什么事商量？”伯荪道：“我到他店里将来意说明。他不待我说完就问道：“两万元够用么？’我便将在路上盘算的细细告诉他，‘大约需五万左右。’他道：‘五万不难，不过一时却拿不出。如果要用时，现在有两万元，即可拿去。其余三万，尽十天内筹齐，如果等不及，随便电汇到哪里都可以，电费、汇费我另外付出好了。’他便将两万元庄票，又取了许多路上可用的洋货等类，装在这个皮包内交给我。又留我吃饭，我不肯，他说：‘并不是循俗饯行，因为还有话讲。’我便允了。他在席上问我道：‘单丝不成线，独木不成林。最好到日本学堂里去联络留学生，要不然势力太单了，徒劳无功。’我想这话也不错，所以我要和你商量。”成章道：“留学生同志我们已经认识很多了。不过我们自己太不懂军事。倒不妨到日本去学习学习。”伯荪点头称是。

次日，伯荪将学堂事务交待清楚，便与马宗汉等十几个同志学生启程赴省，报捐道员。领了部照，便到上海，买轮东渡。到得东京，便在旅馆住下。次日，出外询访旧友不遇，回来忽然看见同乡胡俭迎面走来，忙上前招呼。胡俭喜道：“你几时来的？住在哪里？真想不到在这里与你相逢！”伯荪道：“我昨天才到，住在龙冈町美迺和。”胡俭道：“你此时到哪里去？”伯荪道：“方才寻一个朋友没寻着。现在想去看钮惕生去。”胡俭道：“钮惕生到江户去了，你且到我寓所里坐坐。我们久不见了，得仔细谈谈才好。”伯荪应允。

二人同行至赤城元町胡俭寓所里坐定。胡俭道：“你这回到日本来有何事体？可有同伴？”伯荪道：“我来求学的。同来的有十三位，都是学生。”胡俭道：“你要学什么哩？”伯荪道：“我想学陆军。”胡俭道：“那么，你机会正好，振武学校正在招新生。”伯荪道：“那么，我便去通商局走一遭。”胡俭道：“你到通商局干什么？”伯荪道：“我去会局长石井菊次郎，托他设法。”胡俭道：“你且吃过饭再去吧。现在还不是会客的时间哪。”伯荪应允。胡俭便邀他到料理店饱餐一顿，方分手而去。

次日，胡俭去看徐伯荪，伯荪方才起身。寒暄已毕，胡俭便问：“昨日会着石井么？”伯荪叹了口气道：“咳！不要提起了！我先要求入联队，他不许；我便提起振武学校的事，请他帮忙，他只写了个条子告诉我，要我去找中国公使。我又到公使馆，费尽唇舌，才勉强派人领着我报了名。明日检查体格，还不知道怎样咧。”胡俭道：“既报了名，以你的才学，还有个不取的吗？”伯荪道：“那也只好看着罢了！”二人又谈了一会，胡俭才告辞回去。

隔了两日，胡俭方在温理功课，忽见伯荪走来，连忙让坐，道：“这两日学校里才开学，功课极忙，没有看你，抱歉得很！你考振武学校怎么样了？想必是取了的？”伯荪道：“不但没取，我还没考。”胡俭道：“这是何故？”伯荪道：“前天检查体格，因为我是近视眼，不及格，所以没考。”胡俭道：“那么，我劝你还是学经济、政治吧。为民致力，为国效劳，文武是一样的。”伯荪道：“这倒不在乎。不过我想还在这里住几个月，结识几个朋友，再回国去。”胡俭道：“你既来了，且等等机会，何必又忙着回去咧？你们同伴的几位可曾投考学校？”伯荪道：“他们都考了学校了。只有马宗汉不愿读书，要同我回去。”胡俭道：“你要结识朋友，可惜我们绍兴一个奇女子到江户去了！不然，倒真是不可不一见。”伯荪道：“谁呀？”胡俭道：“就是南门秋寿南的女儿秋瑾，才华既好，志气又高，凡是留东学界，谁不佩服她！”伯荪道：“她几时回来，你可知道？”胡俭道：“这我可不知道。一两天里，我还要请假到江户去一趟，那时才能知道。”伯荪道：“你知道时，千万先给个信给我。”胡俭应道：“这个自然。要不然，我也不对你说了。”谈话时，天色已晚，伯荪便告辞回寓。

第四十九回

游欧美主义感侨民　渡扶桑革命筑始基

且说孙逸仙在美国结合许多同志，又漫游大陆，考查一切社会政治状况以后，认定为害世界人群的只是帝国主义和托拉斯、辛迪加，便悉心研究，创定“三民主义”为救全中国及全世界的良方，又提出“节制资本”、“平均地权”两个口号。一时在欧美的华侨闻风响应的，不知多少。忽忽数年，无一日不致力于革命，一九零五年，重到欧洲，在比国华侨会馆中揭櫫三民主义，五权宪法，召集中华革命同盟大会。遂开第一次大会于比京，收了三十多个新同志，组织成一个支部。又整顿行装到德国柏林，陡然接着日本同志来函报告：马福益在湖南被擒遭害。逸仙凄然长叹，心中大为不怿，所幸柏林开会时又有二十多个华侨领袖及学界优秀分子加盟，逸仙知道人心未死，大事可为，便重返华盛顿，召集第二次大会。所有洪门会馆中人以及欧美侨商、学生都纷纷来会，便在大会中议定旗章。逸仙取张邮片手绘“青天白日”形式，记明尺寸，（此邮片曾由吴敬恒制铜版，刊登《中山逝世二周纪念刊》，上海的。）提出大会，一致通过。又决定革命方略，从此规模大具。

逸仙遍历欧美，开过三次大会，非但新添了许多同志，即对于筹款一项，也有了不少的成绩。侨商中踊跃输将，争先恐后，不及三月，便集成百万巨资，陆续汇到横滨储藏待用。逸仙对于吸收同志，募集款项两事既已得有相当结果，心中非常高兴，想道：“此间已有眉目，不必再多耽搁。留日同志最多，虽说常通书信，到底不知会务发达到什么样子。况且此间情形，也要去向大众报告一番，乘便就可以开一个大会，策励进行。”计划已定，便不肯耽延时日，收拾启程。恰巧这日接着横滨来电说“同志均提议扩大中华革命同盟会组织，盼速来日主持”等语，逸仙便立即动身，趁维多利亚号邮船赴日。

驻横滨总部接着逸仙动身日期的电讯，便分发通告，一时传遍三岛。所有会中同志，留日青年，以及华侨并日本党人等都先期到横滨来等候欢迎。邮船抵埠之日，埠头上车马塞途，人集如蚁。一声汽笛，船抵埠头。万众欢呼声中，孙逸仙便上了岸，与欢迎诸人一一握手致谢。当下汪兆铭等便代表总部上前慰劳，即携手发车，直向山下区一二一号总部而去。那些欢迎的人们，也就纷纷各散。

逸仙到得总部，便把在欧美情形及发达的状况向众人说了一遍，接着便问日本情形。汪精卫报告道："留东同胞思想极有进步，革命空气日渐高涨。'排满''复国'，已成普通口语，每逢集会或群众宴会，必有革命的演说或谈话发现。今年正月里，学生刘成禺竟在新年宴会上演说革命排满，被公使及留学生监督驱逐回国，同时下令取缔学生。从此学界愈益愤激，纷纷加入本会。照此现象看来，革命事业大可观成。而且在日革命团体都倾向本会，即国内的光复会、龙华会也派代表来联络。若我们扩大组织，本会必可成一个革命的大本营，中国革命分子的大结合，也就可以组成一个革命势力的集中重心。"逸仙道："这都是各位同志努力的结果。我先以为中国民气闭塞太甚，革命事业非短期间所能奏效。近来以观察所得，这事业已可及身而成，非常欣喜！但是各革命团体虽与本会目的相同，但多数只持狭隘的种族革命，而未顾及革命的元素——建设问题。结合后，还要注重会众的训练和组织，使人人负着建设的责任去革命才好。若不然，仍然是一个封建嬗递的革命，人民得不着什么利益，那就与我们革命的目的相去甚远了。"众人听了，点头称是。

胡毅生将马福益被害之事向逸仙详细报告。逸仙凄然道："马福益成仁，吾党在长江势力弱去一半了！寸土未收，遽亡健将。在他为国牺牲，死亦何恨？只是后死者责任更重了！但不知近来广东消息如何？"汪精卫道："李纪堂、洪全福又在惠州举义，不幸孤立无援，重遭失败。他们愤恨已极，决计要刺杀德寿，为史坚如报仇，又想占领广州，作革命根据地。不料日本伊藤内阁变更对支政策，一意压迫中华革命党人。总部在这时无法接济他们的军火。他们便倾家荡产，自运枪械，图谋大举。号召两粤同志，聚集广州，要候德寿朔望出署上香时刺杀他，便占领广州，收复全粤，传檄天下。哪知事机不密，被德寿的侦探改姓更名混了进来，探得消息，向德寿告密。德寿便叫人假扮自己模样，出署到庙里上香，暗中调集防营旗丁捉拿党人。纪堂、全福不知内里情由，依时发动，被营兵四处包围兜杀，又在机关里捉去许多人，就义的同志不少！幸得纪堂、全福乘间逃往香港，未遭毒手，现在仍在港联络整顿，预备再举。前天曾派人来询问先生近况、总部计划，说是先生如果东来，他们还要前来探望。"逸仙叹道："革命志士舍身赴义，不待总部命令便奋起义师，发难反正，这不能不说是革命潮流澎湃的好现象。不过如此轻易发动，既失联络，又使敌人戒备，无谓的牺牲同志，而无益于革命的进展，同时损失革命的力量，减少革命的分子，这都是本会无组织无训练的原故。我们革命同盟会须得从速组织起来，使同志们团结一致，指挥统一才好。"宋教仁道："昨日宫崎寅藏来通知说：'黄克强久慕先生，知道先生今天到横滨，他明天在东京召集留东学界及革命同志，开一个欢迎会迎接先生，表示景仰的热忱，且图一见颜色。'又说传单已经印发，要我转告先生，明天请先生先到东京凤乐园相会，晚上再到领田町商士见楼开会。我想明夜到的人一定多，先生何妨把我们大会的日期定在三四天内，明天在会场上宣布一下，请大众待开过大会再分散，那么，由远处来的人一定等着，而且传扬开去，这次会一定可以扩大许多力量。”逸仙听了，道：“就是后天开预备会，再后天开正式大会吧。只是会场应用文件以及发通告的手续都很烦的，须得早为预备，方免得临时误事。”毅生答道：“钝初已经在着手起草，通告今夜印发便了。”教仁道：“会场咧？这会场须秘密点才好呀！”逸仙道：“这点我也想到了。内田良平家里地方宽大而且深邃，再好没有。”商议既定，各自分头赶办。

次日，逸仙同教仁、精卫等乘车到东京，一直往凤乐园来。到了凤乐园，宫崎和克强早在门口迎候。逸仙等下车招呼，进内坐定，克强便介绍先到的两位：一个是张继，一个是程家柽，都是革命分子。逸仙一一相见毕，又与克强说了些互慕的话，并致谢开会欢迎的盛意。克强也谦逊几句。逸仙见克强慷慨刚直，豪迈爽朗，心中甚喜。克强见逸仙蔼如冬日，肃若秋霜，镇静精诚，凝威严敬，不觉肃然起敬。当下众人罄怀畅谈一会，即入座聚饮。席间高谈阔论，兴致勃然，直到电炬通明，方才散席。克强便陪逸仙乘车向饭田町赴欢迎会。

来到商士见楼，赴会的人众已有数千余人，后面陆续来的还是络绎不绝。克强领着逸仙一千人，从人缝中走入里面，一看开会时间已到，也无暇招呼众人，便吩咐振铃开会。一霎时，铃声铿锵，各人坐定，后来的人还黑压压站着围了九层。当下众人公推教仁致开会词，报告开会宗旨后，接着程家柽等都有演说。最后逸仙登台，台下早掌声雷动。逸仙用极诚挚和平的态度演说道：

“兄弟今天承各位欢迎，很是抱愧！因为兄弟对于全中国的解放的运动还没有什么成功，而诸君对兄弟如此之热望，这是兄弟很感谢的，而且深望诸君以此盛意来策励我致力于革命。

“兄弟所讲的是三大主义：第一是民族主义，第二是民权主义，第三是民生主义。那民族主义却不必要什么研究，才会晓得的。譬如一个人见着父母，总是认得，决不会把路人当作父母。民族主义也是这样。这是从种性发出来，人人都是一样的。满洲入关到如今，已有二百六十多年，我们汉人，就是小孩子见着满人，也是认得，总不会把来当作汉人。这就是民族主义的根本。但是有要紧一层不可不知，民族主义并非是遇着不同族的人便要排斥他，是不许那不同族的人来夺我民族的政权。因为我汉人有政权，才是有国。假如政权被不同族的人所把持，那就虽是有国，却已经不是我汉人的国了。我们想一想，现在国在哪里？政权在哪里？我们已经成为亡国之民了。地球上人数不过一千几百兆，我们汉人有四百兆，占了四分之一。算得地球上最大的民族，且是地球上最老最文明的民族。到了今天，都成为亡国之民，这不是大可怪的吗？那非洲杜国，不过二十多万人，英国去灭他，尚且相争至三年之久。菲律宾岛不过数百万人，美国去灭他，尚且相持数岁。难道我们汉人就甘心于亡国？想起我汉族亡国时代，我们祖宗是不肯服从满洲的。闭眼想想历史上我们祖宗流血成河、伏尸蔽野的光景。我们祖宗很对得住子孙。所难过的是我们做子孙的人。再想想亡国以后满洲政府愚民时代，我们汉人面子上从他，心里还是不愿的，所以有几回的起义。到了今日，我们汉人民族革命的风潮一日千丈，那满洲人也倡排汉主义。他们的口头话是说：‘他的祖宗有团结力，有武力，故此制服汉人。他们要长保这力量，以便永居人上。’他们这几句话本是不错。然而还有一个最大的原因，是汉人无团体。我们汉人有了团体，这力量定比他大几千万倍，民族革命的事不怕不成功。惟是兄弟曾听见人说，民族革命是要尽灭满洲民族。这话大错。民族革命的原故，是不甘心满洲人灭我们的国，主我们的政，定要扑灭他的政府，光复我们民族的国家。假如我们实行革命的时候，那满洲人不来阻害我们，我们决无寻仇之理。当他初灭汉族的时候，攻城破了，还要大杀十日才肯封刀，这不是人类所为。我们决不如此。惟有他来阻害我们，那就尽力惩治，不能与他并立。照现在看起来，满洲政府要实行排汉主义，谋中央集权、拿宪法做愚民的器具，他的心事真是一天毒一天。然而所以他死命把持政权的原故，未必不是怕我汉人要剿灭他，故此骑虎难下。所以我们总要把民族革命的目的认得清楚，如果满人始终执迷，仍然要把持政权，制驭汉族，那就是汉人一日不死，一日不能坐视的。想来诸君亦同此意。民族革命的大要如此。

“至于民权主义，就是政治革命的根本。将来民族革命实行以后，现存的恶劣政治固然一扫而尽，还有那恶劣政治的根本不可不去。中国数千年来，都是君主专制政体。这种政体不是平等自由的国民所堪受的。要去这政体，不是专靠民族革命可以成功。试想明太祖驱除蒙古，恢复中国，民族革命已经做成，他的政治却不过依然同汉、唐、宋相近，故此三百年后，复被外人侵入。这是政体不好的原故，不是政治革命，是断断不行的。研究政治革命的工夫，煞费经营。至于着手的时候，却是同民族革命并行。我们推倒满洲政府，从驱除满人那一面说，是民族革命；从颠覆君主政体那一面说，是政治革命。并不是把来分作两次去做。讲到那政治革命的结果，是建立民主立宪政体。照现在这样的政治论起来，就算汉人为君主，也不能不革命。法兰西大革命及俄罗斯革命，本没有种族问题，却纯是政治问题。法兰西民主政治已经成立，俄罗斯虚无党也终要达这目的。中国革命之后，这种政体最为相宜。这也是人人晓得的。惟尚有一层要紧的话：凡是革命的人，如果存有一些皇帝思想，就会弄到亡国。因为中国从来当国家做私人的财产，所以凡有草莽英雄崛起，一定彼此相争，争不到手，宁可各据一方，定不相下，往往弄到分裂一二百年，还没有定局。今日中国，正是万国眈眈虎视的时候。如果革命家自己相争，四分五裂，岂不是自亡其国？近来志士都怕外人瓜分中国，兄弟的见解却是两样。外人断不能瓜分我中国，只怕中国人自己瓜分起来，那就不可救了。所以我们定要由平民革命，建设国民政府。这不止是我们革命之目的，并且是我们革命的时候所万不可少的。

“说到民生主义，因这里头千头万绪，成为一种科学，不是十分研究，不得清楚。并且社会问题，隐患在将来，不像民族、民权两问题是燃眉之急，所以少人去理会它。虽然如此，人的眼光要看得远。凡是大灾大祸，没有发生的时候，要防止它是容易的，到了发生之后，要扑灭它却是极难。社会问题，在欧美是积重难返，在中国却还在幼稚时代。但是将来总会发生的，到那时候收拾不来，又要弄成大革命了。革命的事情是万不得已才用，不可频频伤国民的元气。我们实行民族革命，政治革命的时候，须同时想法子改良社会经济组织，防止后来的社会革命。这真是最大的责任。于今先说民生主义所以要发生的原故：这民生主义是到十九世纪之下半期才盛行的，以前所以没有盛行民生主义的原因，总由于文明没有发达。文明越发达，社会问题愈着紧。这个道理很觉费解，却可以拿浅近的事体来作譬喻。大凡文明进步，个人用体力的时候少，用天然力的时候多，那电力、汽力比起人的体力要快千倍。举一个例说：古代一人耕田，劳身焦思，所得谷米，至多不过供数人之食。近世农学发达，一人所耕，千人食之不尽。因为他不是专用手足，是借机械的力去帮助人工，自然事半功倍。故此古代重农工，因他的生产刚够人的用度，故他不得不专注重生产。近代却是两样。农工所生产的物品不愁不足，只愁有余，故此更重商业，要将货物输出别国，好谋利益。这是欧美各国大概一样的。照这样说来，似乎欧美各国家给人足，乐享幸福，古代所万不能及的。然而试看各国的现象，与刚才所说，正是反比例。统计上，英国财富多于前代不止数千倍，人民的贫穷甚于前代也不止数千倍，并且富者极少，贫者极多。这是人力不能与资本力相抗的原故。古代农工诸业都是靠人力去做成，现时天然力发达，人力万万不能追及，因此农工诸业都在资本家手里。资本越大，利用天然力越厚，贫民怎能同他相争，自然弄得无立足地了。社会党所以倡民生主义，就是因贫富不均，想要设法挽救。这种人日兴月盛，遂变为一种很繁博的科学。其中流派极多。有主张废资本家，归诸国有的，有主张均分于贫民的，有主张归诸公有的，议论纷纷。凡有识见的人，皆知道社会革命欧美是决不能免的。这真是前车可鉴。将来中国要到这步田地才去讲民生主义，已经迟了。这种现象，中国虽还没有，但我们或者也看不见，我们子孙总看得见的。与其将来弄到无可奈何，才去想大破坏，不如今日预筹个防止的法子。况且中国今日如果实行民生主义，总较欧美易得许多。因为社会问题是文明进步所致。文明程度不高，那社会问题也就不大。举一例来说，今日中国贫民还有砍柴割禾去谋生活的，欧美却早绝迹。因一切谋生利益尽被资本家吸收，贫民虽有力量，却无权利去做；就算得些蝇头微利，也决不能生存。故此社会党常言：‘文明不利于贫民，不如复古。’这也是矫枉过正的话。况且文明进步是自然所致，不能逃避的。文明有善果，也有恶果。须要取那善果，避那恶果。欧美各国，善果被富人享尽，贫民反受恶果，总由少数人把持文明幸福，故成此不平等的世界。我们这回革命，不但要做国民的国家，而且要做社会的国家。这决是欧美所不能及的。欧美为甚不能解决社会问题？因为没有解决土地问题。大凡文明进步，地价日涨。譬如英国，一百年前，人数已有一千余万。本地之粮，供给有余。到于今日，人数不过加三倍，粮米已不够二月之用，民食专靠外国之粟。故英国要注重海军，保护海权，防粮运不继。因英国富人把耕地改做牧地，或变猎场，所获较丰，且征收容易，故农业渐废，并非土地不足。贫民无田可耕，都靠做工餬口。工业全归资本家所握。工厂偶然停歇，贫民立时饥饿。即就伦敦一城计算，每年冬季，工人失业的常有六七十万人，全国更可知。英国大地主威斯敏士达公爵有封地在伦敦西偏，后来因扩张伦敦城，统把那地圈进去。他一家的地租占伦敦地租四分之一，富与国家相等。贫富不均竟到这地步，平等二字已成口头空话了。大凡社会现象，总不能全听其自然。好像树木，由它自然生长，定然枝蔓。社会问题，亦是如此。中国现在资本家还没有出世，所以几千年地价从来没有加增。这是与各国不同的。但是革命之后，却不能照前一样。比方现在香港、上海地价比内地高至数百倍，因为文明发达，交通便利，故此涨到这样。假如他日全国改良，那地价一定是跟着文明日日涨高的，在那时候，以前值一万银子的地，必涨至数十万数百万。上海五十年前，黄浦滩边的地本无甚价值，近来竟加至每亩百数十万元。这就是最显的证据了。就这样看来，将来富者日富，贫者日贫。十年之后，社会问题便一天紧似一天了。这种流弊想也是人人知道的，不过眼前还没有这现象，所以容易忽略过去。然而眼前忽略，到日后却不可收拾，故此今日要筹个解决的法子。这是我们同志应该留意的。闻得有人说，民生主义是要杀四万万人之半，夺富人之田为己有。这是他未知其中道理，随口说去，那不必去管他。解决的法子，社会学者所见不一。兄弟所最信的，是定地价的法子。比方地主有地，价值一千元，可定价为一千或多至二千。就算那地将来因交通发达，价涨至一万，地主应得二千，已属有益无损，赢利八千，当归国家。这于国计民生，皆有大益，少数富人把持垄断的弊窦，自然永绝。这是最简便易行之法。欧美各国，地价已涨至极点，算算要定地价，苦于没有标准，故此难行。至于地价未涨的地方，恰好急行此法，所以德国在胶州湾、荷兰在爪哇已有实效。中国内地，文明没有进步，地价没有增涨，倘若仿行起来，一定容易。兄弟刚才所说社会革命在外国难，在中国易，就是为此。行了这法之后，文明越进，国家越富，一切财政问题断不至难办。现今苛捐尽数蠲除，物价也渐便宜了，人民也渐富足了，把几千年捐输的弊政永远断绝。漫说中国从前所没有，就欧美、日本虽说富强，究竟人民负担租税未免太重。中国行了社会革命之后，私人永远不用纳税，但收地租一项，已成地球上最富的国。这社会的国家，决非他国所能及的。我们做事，要在人前，不要落人后。这社会革命的事业，定为文明各国将来所取法的。

“总之，我们革命的目的是为众生谋幸福。因不愿少数满洲人专利，故要民族革命；不愿君主一人专利，故要政治革命；不愿少数富人专利，故要社会革命。这三样有一样做不到，也不是我们的本意。达了这三样目的之后，当然为至完美的国家。

“尚有一问题我们应要研究的，就是将来中华民国的宪法。‘宪法’二字，近时人人知道。便是满洲政府，也晓得派些奴才出洋，考察政治，弄些预备立宪的上谕自惊自扰。那中华民国的宪法，更是要讲求的，不用说了。兄弟历观各国的宪法，有文宪法，是美国最好；无文宪法，是英国最好。英是不能学的，美是不必学的。英的宪法，所谓三权分立，行政权、立法权、裁判权各不相统。这是从六七百年前，由渐而生成了习惯，但界限还没有清楚。后来法国孟德斯鸠将英国制度作为根本，参合自己的理想，成为一家之学。美国宪法又将孟氏学说作为根本，把那三权界限更分得清楚，在一百年前算是最完美的了。一百二十年以来，虽数次修改，那大体仍然是未变的。但是这百余年间，美国文明日日进步，土地财产也是增加不已。当时的宪法，现在已经是不适用的了。兄弟的意思：将来中华民国的宪法是要创一种新主义，叫做‘五权分立’。那五权除刚才所说三权之外，尚有两权：一是考选权。平等自由原是国民的权利，但官吏却是国民公仆。美国官使有由选举得来的，有由委任得来的，从前本无考试的制度，所以无论是选举，是委任，皆有很大的流弊。就选举上说，那些略有口才的人便去巴结国民，运动选举；那些学问思想高尚的，反都因讷于口才，没有人去物色他。所以美国代表院中，往往有愚蠢无知的人夹杂在内，那历史实在可笑。就委任上说，凡是委任官，都是跟着大统领进退。美国共和党、民主党向来是迭相兴废。遇着换了大统领，由内阁至邮政局长，不下六七万人同时具换。所以美国政治腐败散漫是各国所没有的。这样看来，都是考选制度不发达的原故。考选本是中国始创的，可惜那制度不好，却被外国学去，改良之后，成了美制。英国首先仿行考选制度，美国也渐取法。大凡下级官吏，必要考试合格，方得委任。自从行了此制，美国政治方有起色。但是它只能用于下级官吏，并且考选之权仍然在行政之部下，虽少有补救，也是不完全的。所以将来中华民国宪法必要设独立机关，专掌考选权，大小官吏，必须考试定他的资格。无论那官吏是由选举的，抑或由委任的，必须合格之人，方得有效。这法可以除却盲从滥举及任用私人的流弊。中国向来铨选，最重资格。这本是美意。但是在君主专制国中，黜涉人才，悉凭君主一人的喜怒，所以虽讲资格，也是虚文。至于社会共同的政体，这讲资格的法子正是合用。因为那官吏不是君主的私人，是国民的公仆，必须十分称职，方可任用。但是这考选权如果属于行政部，那权限未免太广，流弊反多，所以必须成了独立机关，才得妥当。一为纠察权，专管监督弹劾的事。这机关无论何国，皆必有的，其理为人所易晓。但是中华民国宪法，这机关定要独立。中国从古以来，本有御史台主持风宪，然亦不过君主的奴仆，没有中用的道理。就是现在立宪各国，没有不是立法机关兼监督的权限。那权限虽然有强有弱，总是不能独立，因此生出无数弊病。比方美国，纠察权归议院掌握，往往擅用此权，挟制行政机关，使它不得不频频首听命，因此常常成为议院专制。除非有雄才大略的大总统，如林肯、白坚尼、罗斯威等，才能达行政独立之目的。况且照正理上说，裁判人民的机关已经独立，裁判官吏的机关却仍在别的机关之下，这也是论理上说不过去的，故此这机关也要独立。合上四权，共成为五权分立。这不但是各国制度上所未有，便是学说上也不多见，可谓破天荒的政体。兄弟如今发明这基础，至于那详细的条理，完全的结构，要望大众同志尽力研究，匡所不逮，以成将来中华民国的宪法。这便是民族的国家、国民的国家、社会的国家皆得完全无缺的治理。这是我四万万人最大的幸福了！想诸君必肯担任，共成此举，是兄弟所最希望的！”

逸仙演说毕，精卫便登台报告革命同盟会开会日期、地点和程序，请大家到会。会场一致赞成，遂宣告散会。

第五十回

汇众流同盟会成立　谋起义刘道一丧元

逸仙于散会之后，被克强拉着来到宫崎寅藏家里，夜话一宵。次晨，洗盥已毕，即派人到内田良平家里商借会场，准备开会，一面派定会场内纠察、招待等执事人员。布置方毕，已是晌午时分，大家忙进午餐。忽见宋教仁兴匆匆笑容满面走将进来。克强见了，问道："有何喜事？你为甚这般欢喜？"教仁道："不是旁的，因为看着革命事业即可成功，不由的满心欢畅。"逸仙道："现在还不过稍有眉目，那里就说得上成功？况且此时正我辈卧薪尝胆策励努力之时，若遽抱乐观，恐怕因而懈怠，倒不是好现象了！"教仁道："我因为今日听得许多官费生为着热心革命，情愿牺牲，要退去官费，加入同盟，免受监督干涉，会友怀疑。从这一点上便可以看出人心如何，哪得不喜？"克强道："这确是可喜，不是喜的学生加盟，实是喜的中国人中能为革命牺牲的大有人在！"逸仙问道："会场一切都布置好了么？"教仁道："我正为这事到这里来的。内田良平家里因为另外有个集会，时间冲突，不能借给我们。我们还得另想别法才好。"克强道："也不必另外计划了，我看还是在富士见楼吧。"逸仙等计议一番，也只好如此。

到了会期那天，宋教仁、胡汉民……等大家都到会场富士见楼忙着布置招待一切。时来正午，早有华兴会、光复会的分子，接着首领的通告，纷纷到会，兴中会的会员更不必说。

那时正是秋风飒飒，而会场里却气涌如云，黑压压的也不知有多少人到会。但照签名簿计算，除甘肃一省无留学生外，其余十七省学生皆有，实为旅外华人空前之盛会！当时即由十七省到会人士代表十七省人民，宣布开会。逸仙登台报告党纲宗旨毕，便将宣言及党纲逐条讨论，通过如下：

同盟会宣言

天运岁次年月日，中华国民军都督奉军政府命，以军政府之宗旨及条理布告国民：今者国民军起，立军政府，涤二百六十年之膻腥，复四千年之祖国，谋四万万人之福祉。此不独军政府责无旁贷，凡我国民，皆当引为己责者也。

维我中国开国以来，以中国人治中国。虽间有异族篡据，我祖我宗常能驱除光复，以贻后人。今汉人倡率义师，殄除胡虏，此为上继先人遗烈，大义所在，凡我汉人，当无不晓然。惟前代革命，如有明及太平天国，只以驱除光复自任，此外无所转移。我等今日与前代殊，于驱除鞑虏、恢复中华之外，国体民生，尚当变更。虽经纬万端，要其一贯之精神，则为自由、平等、博爱。故前代为英雄革命，今日为国民革命。所谓“国民革命”者，一国之人皆有自由、平等、博爱之精神，即皆负革命之责任，军政府特为其机关而已。自今以往，国民之责任，即军政府之责任；军政府之功，即国民之功。军政府与国民同心戮力，以尽责任，用特披露腹心，以今日革命之大经暨将来治国之大本布告天下：

一　驱除鞑虏

今之满洲，本塞外东胡。昔在明朝，屡为边患。后中国多事，长驱入关，灭我中国，迫我汉人为其奴隶，有不从者，杀戮亿万。我汉人为亡国之民者二百六个年于斯。满洲政府穷凶极恶，今已贯盈，义师所指，覆彼政府，还我主权。其满洲汉军人等，如悔悟来降者，免其罪；敢有抵抗，杀无赦！汉人有为满奴作汉奸者，亦如之！

二　恢复中华

中国者，中国人之中国。中国之政治，中国人任之。驱除鞑虏之后，光复民族的国家，敢有为石敬塘、吴三桂之所为者，天下共击之！

三　建立民国

今者由平等革命以建立民国政府，凡我国民皆平等，皆有参政权。大总统由国民共举，议会以国民公举之议员构成之。制定《中华民国宪法》人人共守。敢有帝制自为者，天下共击之！

四　平均地权

文明之福祉，国民平等以享之。当改良社会经济组织，核定天下地价。其现有之地价，仍属原主所有；其革命后社会改良进步之增价，则归于国家，为国民所共享。肇造社会的国家，俾家给人足，四海之内，无一夫不获其所。敢有垄断以制国民之生命者，与众弃之！

右四纲，其处分之序则分三期：第一期，为军法之治。义师既起，各地反正，土地人民新脱满洲之羁绊，临敌者宜同仇敌忾，内缉族人，外御寇仇，军队与人民同受治于军法之下，军队与人民戮力破敌，人民供军队之需要及不妨其安宁。既破敌者及未破敌之地方行政，军政府总摄之。以次扫除积弊政治之害，如政府之压制，官吏之贪婪，差役之勒索，刑罚之残酷，抽捐之横暴，辫发之屈辱，与满洲势力同时斩绝。风俗之害，如奴婢之畜养，缠足之残忍，鸦片之流毒，风水之阻害，亦一切禁止。每一县以三年为限，其未及三年已有成效者，皆解军法，布约法。第二期，为约法之治。每县既解军法之后，军政府以地方自治权归之其地之人民。地方议会议员及地方行政官，皆由人民选举。凡军政府对于人民之权利义务，及人民对于政府之权利义务，悉规定于约法，军政府与地方议会及人民皆循守之，有违法者，负其责任。以天下定后六年为限，始解约法，布宪法。第三期，为宪法之治。全国行约法六年后，制定宪法，军政府解兵权、行政权，国民公举大总统及公举议员，以组织国会。一国之政事，依宪法中行之。

此三期，第一期，为军政府督率国民扫除旧污之时代。第二期，为军政府授地方自治权于人民，而自总揽国事之时代。第三期，为军政府解除权柄，宪法上国家机关分掌国事之时代。俾我国民循序以进，养成自由平等之资格。中华民国之根本，胥于是乎在焉。以上为纲有四，其序有三。军政府为国戮力，矢信矢忠，终始不渝，尤深信我国民必须踔厉坚忍，共成大业。汉族神灵久耀于四海，比遭邦家多难，困苦百折。今际光复时代，祈人人各发扬其精神。我汉人同为轩辕之子孙，国人相视皆伯叔兄弟，诸姑姊妹，一切平等，无有贵贱之差，贫富之别，休戚与共，患难相救，同心同德，以卫国保种自任。战士不爱其命，闾阎不惜其力，即革命可成，令政可立。愿我四万万人共勉之！

次即议定六个口号：

一 推翻现今恶劣政府！

二 建设共和政体！

三 维持世界和平！

四 主张土地国有！

五 主张中日两国国民的联合！

六 要求世界列国赞成中国革新事业！

口号既定，又将章程逐项讨论，议决通过。所有到会的各会党便完全加入中华革命同盟会，一致受孙逸仙的指导，致力革命。同时到会人士一致宣誓加盟，誓词如下：

联盟人某某省，某某县，某姓，某名，当天发誓：驱除鞑虏、恢复中华，创立民国，平均地权。矢信矢忠，有始有卒。如或渝此，任众处罚！

天运某某　年　月　日　　　　某姓名

逸仙又将三民主义及革命的方略淋漓痛快的演说一番。会众鼓掌欢呼：“中华共和民国万岁！中华革命同盟会万岁！”即时投票选举逸仙为总理，黄兴（即克强）为总务，何天炯为会计，胡汉民为书记，汪精卫为评议部长。

散会后，逸仙、克强诸人忙将议决的宣言、党纲、章程等付印，即通告海内外各地务会合并组设支部。接着便派胡汉民等组织《民报》为宣传机关。宋教仁、陈天华所刊行的《二十世纪之支那》也归并于《民报》。后来章炳麟出狱，也加入同盟会，在《民报》帮忙。中国革命潮流的激荡，《民报》实有不少的力量。

同盟会既完全成立，各同志便有遄回内地组织支部的。单说湖南籍会员刘道一、宁调元、胡瑛等报告总部要回湘组织机关，总部当然允许。他三人便由日本整束归装，乘轮回国，经上海，走长江，越汉口，渡洞庭，直抵长沙，即在刘道一家中住下。

三人商议道：“总部自从广东失败以后，慎重异常。若是照这样宕延，革命不知何日才得成功！现在日俄战后，满洲政府白送了辽东半岛给人家，一路听来，民心愤激已极，对于革命的热望真是达于极点。如果趁此发难，只要登高一呼，怕不万山齐响么？”道一道：“我们中国人素来是一鼓作气，若不乘时利导，过了些时，便烟消火灭的馁了下去，岂不是坐失机会？我想江西的萍乡与我们醴陵是交界地方，那里的防营和我有些关系，并且会党中人极多。县分既富，地势又好，如果在那里起事，江西省城隔着将及七八百里，调兵也来不及；等到湖南兵奉文越境，我们已准备好了。这倒是个进可战，退可守的地方。”调元、胡瑛都赞成其说，便大家分头运动联络，图谋大举。

度过残年，岁逢丙午。刘道一等三人已将防营运动妥洽，便纠集同志和会党举起义旗来。哪知那些防营完全未经训练，有的降，有的不降，还有逃跑的，等到东京总部接到报告要想救应时，已被清兵打得落花流水。刘道一陷身成仁！孙逸仙有悼刘道一烈士律诗一首道：

半壁东南三楚雄，刘郎死去霸图空！尚余遗孽艰难甚，谁与斯人慷慨同？塞上秋风悲战马，神州落日泣哀鸿！几日痛饮黄龙酒，横揽江流一奠公！

那满清政府接着萍醴党人起事的消息，只吓得胆颤心摇，连忙开军机会议，七舌八嘴的乌乱了多时，除接到湘、赣两抚电奏事平，大家敷衍庆祝大开保案外，也想不出什么法子来。那拉后恐怕江山瓦解，淫乐无由，便下懿旨：着内阁大臣迅筹绝灭根株之方。内阁诸人又乱嘈嘈闹了两日，才想出一个办法来。你道是什么神机妙算？说也可怜，只是要求日本驱逐中国革命党人。日本政府恐怕中国革命成功，于己不利，便允了清廷要求，下令禁止中国党人居留境内。孙逸仙、黄兴等一班党人遂立足不住，被逼离日。

孙逸仙便带同汪精卫、胡汉民等一干人来到安南河内，赁了一所房子，设立机关，计划收复两广为革命根据。荏苒一年，至丁未春间，接到广东潮州支部报告：已组成义勇队，且与驻防营兵联络就绪，只俟总部下令，即可首先举义。逸仙得了这个消息，便派遣同志往潮州、黄冈帮同作事，并声明一俟得手，逸仙即亲来前敌指挥作战。不到几天，又接着报告说：义勇队事机不密，被州县探悉，搜捕为首之人，大众惧祸，不得不先期发动。但是防营不敢响应，义勇队孤立无援，致遭失败。

逸仙得报，焦急的了不得，遂与同志们集议，仍照前定方略，先取广东，再由两湖直扑京辽。计划方定，忽有惠州七女湖支部邓子瑜派人来到河内总部说："地方营兵均已联络成功，手续已预备完全，只求总部接济饷械。"逸仙便吩咐来人："总部接济即日便到，决不迟误。"来人回报子瑜。

子瑜听了大喜，便邀集同志大开筵席，宣誓起义，高提青天白日旗帜，由七女湖直扑惠州。不料那些营兵今日联这，明日联那，无非图吃安静粮，并无诚意。子瑜集了三千余人大举攻惠，那营兵竟见若无睹，既不践约，也不攻击。省里得了这信，便连忙调集大兵来攻。子瑜率了这几千人迎头应战，鏖了一昼夜，兵疲粮罄，只得退守七女湖。清军乘胜直追，这时营兵也乘势来打死老虎，四面围攻，子瑜既无援兵，又未得着总部接济，遂全军覆灭，仅剩只身逃脱。你道总部为何无接济？难道逸仙叫人上当么？原来是留东同志大家因些小意见，致运械误期，遂使邓子瑜惨遭失败！

逸仙得了子瑜失败的消息，非常惋惜。忽见克强、汉民、精卫、毅生等一干走来，说道："钦、廉两属又有了机会了，我们应该趁此从速着手才好。倘若再延，恐怕又难得手。"逸仙道："你们得了钦、廉来的报告么？"毅生道："没有。这是廉州绅士刘恩裕素来和克强联络得了信息，来通知克强的。要我们预先筹划，免得临时措手不及。"逸仙问道："是什么信息？"克强道："钦、廉两属连年荒歉，人民正苦没法想，不料两广总督不但不奏请免赋，拨款办赈，反要严厉催科，增加捐项。那班贪官污吏又借题发挥，放开手段来括地皮。弄得人民走投无路，铤而走险，推刘恩裕出面，纠集两属各县的团练乡丁，反对加捐催税。各县人民纷纷响应，实行抗捐。因此刘恩裕派人来，要克强转请我们援助。"逸仙听罢大喜，便派黄兴亲赴廉州，约同各属绅士乡团起义，革命军即到钦、廉声援。一面发通告集合同志组织军队。又派日本同志萱野长知回日运械补充。又在安南聘请法国军官指挥军事，并着河内总机关将所有存械一律运至沿海东兴一带，等候集合的同志到来取用，组织成军。

不到两日，便接着内地报告说："钦、廉两属农民抗捐，各县团练一齐抗官杀差，会齐起义。省城总督衙门已派统领郭人漳、赵伯先各带本标人马，前往剿办。”逸仙更加欢喜道：“事成了！赵、郭两人都是同盟会的同志。现在是他两个到钦、廉正可反戈破竹，收复百粤了！”便派胡毅生、胡汉民分头潜往内地，与赵伯先、郭人漳接洽：要他俩至相当的时期、适当的地点，便倒戈反攻。一面写信详细通知克强，说明赵、郭之事，要他放心努力。布置已妥，毅生、汉民二人便收拾了书信行囊，改换装束，转赴香港，再到廉州来会郭、赵二人。

第五十一回

抗苛税钦廉起义师　出奇兵逸仙夺炮垒

广东钦、廉两属地方，素来民风剽悍难治，兼之地瘠民贫，俗语说得好："贫困出英雄。"所以"好勇斗狠"四个字便成了钦、廉人民的定评。但是他们既没有组织，又没有训练，更无所谓目的，倘或一时间与乡邻有些些小的口角，便可以由双方决斗。进而至于聚族械斗，流血聚尸，在所不惜。从来不肯涉讼，就以相斗为决，谁斗输了谁就算无理。那斗胜了的一边，便俨如战胜了敌国开疆辟土一般，不但是献俘庆功，光荣一族，并且从此扬威耀武，称霸一方。太平天国失败后，曾、胡诸人创设厘金杂捐，弥补战费，献媚虏廷，便弄得民不聊生。以素来勇悍的钦、廉百姓，自然免不了铤而走险，揭竿为盗，稍有资产的便不得安枕。于是绿营兵弁便借此生财，假名分防剿匪，到处敲诈淫掠。一遇了盗案，他们不但不去认真踩缉强盗，反要向事主讹索一番，然后左一趟右一趟的勘验咧，调查咧，传问咧，倒把个事主弄得比被强盗抢劫还要痛苦。倘然事主是个有体面的缙绅，他便提两个无知乡民，再株连许多良户，栽赃勒索，无所不为，结果仍然追不出原赃，倒无端蹂躏几家农户，甚或送却几条无辜性命。因此钦、廉百姓起而自卫，联络乡村，组织团练。倘遇匪警盗劫，便集团抵抗，不再劳动绿营防兵。那营兵武弁也就乐得吃太平粮，不过少了一宗大收入罢了。但是民众经这一番的团结，便很有力量，差不多的事，官府也就不敢十分的作威作福。那民团的自卫精神便扩大起来。起初还是对向盗匪的，渐渐就对于压迫他们的阶级也就有很显明的反抗运动。这回广东制军衙门催租加税，雷厉风行，便激恼了钦、廉两属的小百姓，一声团集，抗不交纳。县里派差下乡时，不是杀死，就是打伤。事情越闹越大，大家知道断不能和平了结，便一不做，二不休，推举廉州绅士刘恩裕做首领，集合起来。恩裕知道事体已不可收拾，若不求外援，断乎抵不过清吏压迫和武力，到失败时不知要流多少无谓牺牲的血，便想起除了革命党是与清廷反对的以外，还有谁咧？因此派人向克强乞援。

恩裕派人去后，一面分派团丁把守要隘，一面专人打探省城消息。一日侦探报告说："省城已经调兵来剿办。"恩裕听了，甚为焦急。恰巧家丁报道："外面有个姓黄的，带了好几个人来拜会。"恩裕问道："你没问他从哪里来么？"家丁道：

"听他们口音不是本地人，也不是本省人，问他时，说是从安南来的。"恩裕听罢，知是克强来了，真是喜从天降，急忙跑将出来，一把拉着克强的手道："呵唷！你来了！真想死我了！"克强微笑点头答应，便跟着他一直到里面书房里坐定，互问预备的情形，各自说了个仔细。

恩裕一面叫家人预备酒菜，一面派人通告各县乡首领前来集会。不一时，住在刘家左近的代表便都来到。恩裕介绍一过，克强便向众人说道："满奴入关已经有二百几十年了。当他初占中国时，杀人如麻，我们的祖宗不知被他杀了多少！不服他的有死无生！我汉人因为自相争杀之后，元气大伤，无法抵抗，忍辱含垢，没奈何，屈服了。他从此以为汉人好欺，横征暴敛，层出不穷，把我们的血汗脂膏一齐吸去，供他们满族骄奢淫逸！现在的那拉氏慈禧后更加淫纵无度，把我们四万万人骨血积成的海军经费移来修颐和园，以便与姘夫往来；还要使她的走狗汉贼李鸿章等一班人尽力搜刮，供她的挥霍。我们中国因为陆军衰颓，海军军费被挪，毫无武力，以致与外国战一次，败一次，赔偿外国军费几万万，割地万余方里。推原祸始，难道不是满奴汉奸狼狈为奸酿出来的吗？最近那拉氏因为她的真子同治被她逼的短命了，假子光绪又不中她的意，想另外立一个与她同心同德祸国殃民的奴才做皇帝，好更加称心如意的把我们汉族的大好河山败掉。不料外国公使因为与他们各国的利害有关系，并且乘势要求利益，那拉氏便利用拳匪杀外国公使和侨民，以为可以如愿。可怜外国联军问罪，攻破京城，惨杀的还是我们汉族！她又辟租界赔战费的丧权辱国，叫她的奴才李鸿章与外国人订卖国条约，以图据位淫乐。因此她增税加捐以献媚外人，供已挥霍。现在府库罄空，四海萧然，我们做百姓的无论士农工商，劳力终年，不能得一温饱。满奴汉贼还要另出法子，额外诛求，增加捐税。贪官污吏更借题敲诈讹索，以饱私囊。百姓若缴纳稍迟，便牢狱枷锁；略为陈情求免，便说是乱民抗捐，格杀勿论，遣那强盗不如的野蛮兵来压制百姓，鱼肉百姓，使你无可奈何，非服他宰割不可。现在中华革命同盟会因为要免除人民的疾苦，光复汉族的河山，已经准备许多精兵健将，暗赴各省起义，剿灭鞑虏。听得你们受了官吏的压制，无处喊冤，非常之怜悯，所以派我兄弟到这里来帮忙，随后还有许多的军兵枪炮来接济。又通知了各省的同志起义救应。我们从此要努力冲锋，杀尽贪官污吏汉奸满奴！解除我们的痛苦！我们自己以及子孙的生死存亡就在此一举了！"众人听了，无一个不咬牙切齿的恨鞑子，磨拳擦掌的恨不得即刻出师作战。

当日克强和恩裕将各处团练实力通盘筹算一番，支配均匀，又忙着制备旗章，筹划粮秣。诸事有了眉目，才约定第三日起事。

匆匆忙过两天，已有青龙圩、风节圩、米仔村、白鹤洞等处团丁奉调集合。其余各处也都遵依计划，各赴目的地。克强为总指挥，与同来的会员任指挥作战之责。刘恩裕担任后方筹划、补充给养等项。时当正午，便在刘家圩树起青天白日大旗，浩浩荡荡，直奔县城。

且说合浦县城只驻有一员城防守备，几十名兵丁。平日从未操演过，更加上守备吃缺，差不多是无兵一样。那时合浦县知县姓赵名祺端，是个汉军旗人。守备姓武，名扬威，湖北人，捐纳出身。那日赵知县虽听得刘家圩聚众抗捐，以为乡下人不过闹闹罢了，能有多大施为？所以除照例标签派差，会同地方弹压外，毫无准备。武守备更是一毫不知。等到申牌时分，只听一声呼喊，城里面的人潮水般乱涌。武守备将烟枪放下，叫亲兵出外查问。一会儿亲兵回报道："回老爷：大事不好了！"武守备推开烟灯盘子，忙问道："什么事？"亲兵道："听说是刘家圩的刘恩裕——就是刘举人刘大老爷的侄子，从前在湖南做过官的那个绰号'刘二猛子'的家……"武守备急道："蠢东西！'刘'些什么？我只问你：外面闹些什么？"那亲兵急了才说出来，道："刘家里引了革命党杀进城来了。老爷标下看城的弟兄也降了他们了。街上百姓正在关门闭……"武守备也没听完，急忙走到上房，拉着他的妻子就走。方才出得上房，只见一个短衣窄袖、长眉星眼的少年拖着他的亲兵问道："就是他么？"那亲兵方只点头，只听得啪的一声，他的妻子往后便倒。他连忙跪下求饶，哪知还没跪的下去，早和他妻子结伴作酆都旅行去了。

那少年回手一枪，又将那亲兵打死，便招呼随来的团丁将守备署里检查一遍，见只有些土炮废枪，银钱衣服，便封存了，派人守住。自己带着众团丁，回身到县衙来。只见衙前已高揭青天白日旗帜，知已占领，便一直进内。那占领县衙的是白鹤洞团首胡明春，见那少年进来，连忙招呼道："马先生！辛苦了！"原来那少年姓马，名如龙，是随克强来的同盟会会员。

如龙问道："赵祺端咧？"明春道："杀了。"如龙又问道："安了民么？"明春道："还候着你先生咧。"如龙便叫人出示安民，一面派人报告总指挥，一面领队向旦那澎进攻。

且说两广总督张人骏正在催捐催得高兴的时候，陡然接二连三雪片般接到钦、廉一带的报告急文书，急忙飞调新军标统郭人漳、赵声各带本标，驰赴钦、廉剿办。这郭人漳，号保生，湖南湘潭人，世袭出身；赵声，字伯先，江苏丹徒人，是江南陆师学堂和日本早稻田大学的毕业生，两人都是同盟会会员。这时奉了督署文书，还不知有革命党人在内，只道纯粹是乡民聚众抗捐，便连忙统率本标，分途出发。

赵声行至中途，遇着胡毅生前来通讯，便对毅生道："只要总部的正式革命军来参加举义作战，我当然响应。"毅生讨了回书，便回河内。

毅生方回，汉民也到了。问起郭人漳时，答语和赵伯先一般。逸仙听了甚喜，便计划占领防城至东兴一带以通声气。原来东兴与安南所属之芒街，只一桥之隔，革命军要是由河内到东兴，甚是便利。只候日本军械运到，便将会内三千余人集合起来，加上钦、廉乡勇团丁七八千人，以及赵、郭所部，便有一万数千可以作战的军队，广东全省自不成问题，广西也可以迎刃而解。再出长江，有两湖、赣、皖的新军响应，革命事业已可有一半的成功。逸仙便派人攻取防城。防城本无重兵，又且骤不及防，便唾手而得。不料日本东京本部内会员争执，意见正烈，军械因而不能运济。逸仙闻讯大急，因为河内所有的军械已经全数运出，尚不够用，乡团来催接济，更是茫无以应。逸仙急得无可奈何，只得令占领防城的革军进逼钦州，要郭人漳响应。哪知人漳见革军势单力弱，恐怕响应了没有结果，不敢倒戈。逸仙又令防城革军进攻灵山，望赵伯先响应。伯先因为人漳不动，恐怕腹背受敌，也不敢动。到此时革军已是势孤力尽，不能进取，没奈何只得退入十万大山，另想他法。

逸仙经这大打击，中心仍不少馁，想道："不如以迅雷不及掩耳的手段袭取镇南关，与十万大山中的革军会攻龙州，呼应钦、廉。"计划既定，便派人联络那模村的游勇。因为镇南关凭险设防，如同天堑，只有那模村的游勇勇敢善战，又熟于地理，非他们作先锋，不易得手。

那模村中的游勇有三个首领：一个叫黄明堂，一个叫何五，一个叫李晖坚。统率着一班弟兄，专做绿林勾当。每次官兵去剿捕他们，黄朋堂等三个便率众对抗，出没飘忽，勇悍异常，官兵无一次不是失利而回。地方官前程要紧，便不敢惹动他们，反而向他们讲和，每年给他们些粮食，算是招安，只要他们不在中国界内劫掠。那些游勇因此便专在安南境内和法国人作对。法国派驻安南总督韬美因此非常焦急。逸仙会晤韬美时，韬美曾说起游勇的剽悍，深以为苦。逸仙说道："此事不难，你若允许我派人前往收抚，自能安然无事。"韬美听了，不胜欣喜，当即嘱托逸仙抚绥游勇。逸仙满口应允，回到总部便派人到那模村向游勇说道："我等同为汉族，我们的河山被满人占了二百多年，我们做满人的奴隶也是二百多年了。如今汉族志士组织革命同盟会，会员遍全国，不久就要起义，光复汉土，推翻满清。但是，要灭满不是难事，只怕外国人助满人和我们汉人作对，那就难了。所以我们要和外国人联络，使他们帮助我们，我们才有光复故国之望。你们如果要做英雄，争口气，就不要无谓牺牲，不要和法国人为难。我们大家携手作一番复国运动，方不愧为一个堂堂男子！"黄明堂等人听了大为感动，便对来人立誓不扰法境，愿受指挥。

此时逸仙要取镇南关，正用的着这班人。便差人到那模村和黄明堂等说：要他们作攻关先锋。黄明堂等听说，满心欢喜，便召集弟兄说明了，大家都踊跃应命。

逸仙得了回报，便亲率同志到那模村，率同黄明堂等全部一百余人，于阳历十二月一号夜里出发。武器只有手枪四十二支，其余都是刀叉等件，从山后小路直奔山上。到得山腰，攀藤附葛爬将上去。逸仙奋勇前进，手足不停，众人益发鼓勇冲上。不一时已到第三炮台后面，一声呐喊，山鸣谷应，众人举起手枪突攻进去。台兵猛然见着，也不知兵从何来，况在黑暗之中，更不知东西南北，也不知有多少人马，急切里无从应敌。逸仙率着这一百余人足不停趾，攻将进去，台兵伤亡无数。只见白弹横飞，刀光斜起，转瞬之间，台兵除死亡外，都已逃匿无踪。逸仙率众突过第三炮台，派人把守，便再攻第二炮台。等攻到台前时，台兵早已逃散。逸仙乘胜向第一炮台前进。只因进的迅速台兵见声势汹涌，不敢抵敌，弃台而走。不到一夜工夫，已连夺三座炮台，青天白日旗飘扬于镇南炮台之上。逸仙便连忙检点弹药，指挥守御，一面派人通知总部，召集同志同来守台，一面派人通知黄兴到来，帮同作战。

那些台兵被革军击败，逃至山下，报告本营统领陆荣廷。（由陆亚发一股招安的）荣廷闻报，急率五营人马飞奔而来。到山前，便开炮仰攻，山上革军也发炮还击。逸仙手执手枪，率领同志和黄明堂等奋勇迎战，自山上冲下，莫不以一当百，大呼前进。陆荣廷虽督兵抵御，怎奈一边是顺冲，一边是仰拒，况且革军人人舍死，个个拼命，有进无退，毫不畏惧，清兵遂不能支持，全队溃退。逸仙率革军猛追，夺获枪械子弹无数，斩杀数百人，方才奏凯收军。

陆荣廷败退二十余里，方才收集人马，略定喘息。检点弁兵已损失四百余人，带伤的更是不少。荣廷自思："生平在绿林生活，从未经此大败，这班人也不知是哪里来的？如此勇猛！……"正在左思右想，不得主意，忽闻金鼓齐鸣，人嘶马喊，忙出营看时，只见一标人马，黑压压潮也似涌将过来，荣廷不觉大惊。

第五十二回

孙逸仙远走新加坡　秋竟雄组织光复军

陆荣廷见了来兵，疑是革军埋伏，连忙吩咐掌号站队，准备迎战。正闹里，只见一骑马箭也似来到跟前。马上一个蓝顶纬帽穿得胜马褂、束战裙的旗牌官滚鞍下马，抢上前打个千，双手高擎，送上一个名帖。荣廷接过看时，才知是广西防营统领龙济光（云南人，由绿林招安的）率兵来会同作战，不觉哈哈大笑。

一时，龙军安营已定，龙济光过营拜访。荣廷迎接进营，寒暄毕，济光便问起三座炮台失守的原由，又问曾否接仗。荣廷一一说了，并说："革军凶猛异常，不可轻敌。今幸参戎威临，兄弟得随镫立功，不胜欣喜！"济光虽然口头客气两句，心下想笑荣廷无能，便道："胜败本行军之常事，何足为虑？兄弟到此，理应帮助协戎为国家效力。协戎过于谦虚，反使兄弟不安。不过贵部接仗辛苦，自应稍为休息。兄弟愿效犬马之劳，前往山前，代协戎吐气。"荣廷听了，虽然心下不快，却也无可奈何，只得说声"遵命"，便请茶送客。

济光回营，便叫文牍师爷办封移文，请荣廷于明日拂晓带队作后援，一面便拔营前进十里扎住。等到四更时分，传令袭攻，静悄悄、荡悠悠直到山前。哪知逸仙早已沿途派人哨探，济光来攻，山上早已知晓。逸仙便令众人不要惊慌，分一半人马露夜下山，伏在山腰。山上更掩旗熄灯，只闻传更喝号，不见一些什么。济光统兵来到山前，已是晨光熹微，薄雾匝地，便传令乘雾攻关。众弁兵一声喊，直冲上去，枪炮齐轰。不料山上静寂寂鸦雀无声，也不回击。济光便督队猛进。哪知刚到半山，斜刺里弹如飞蝗，由侧面扫射过来。龙军不知就里，不及提防，中弹的不计其数，直向山下滚去，反把后队冲倒。山径逼窄，又不能散开迎战，前队又被截断，长蛇般队伍直打成葫芦一般。济光知已中计，忙传令掌号退兵。那山上早已巨炮连轰，直打得龙军奔逃无路，伤亡枕藉。济光只领得一半残兵，败下十余里来，会着荣廷的援队，方才歇住。检点人马，已少去七八百人，且始终未见一个革命党人之面。济光羞愧无地，便与荣廷商量会师进攻。

逸仙在关上，见龙军后队被击破，便令汉民率同志五十人，往招被截住的三百余人归降。这三百余人已是走投无路，自然俯首归顺。逸仙又下令撤退山腰埋伏之兵，并要他们归台时收拾龙军遗弃的器械。这时克强因钦、廉失败，早已赶回河内，率领同志前来助战，便与逸仙、汉民分守三座炮台。酉牌时分，哨探报告说："龙、陆合兵来攻。"逸仙忙通知克强、汉民一同守御。那龙济光因为冒险登山吃了大亏，已是胆寒。只在山下放枪开炮，绝不敢冲锋上山。逸仙料定敌人心虚，也只零落发炮还击。等到二鼓左右，方与克强各率百余人，分左右两翼隐蔽下山，一直扑到龙、陆营前，方才拔出手枪猛击，一面持刀突阵。龙、陆两军促不及防，营伍大乱，自相践踏，溃败纷逃。逸仙、克强两队会合，呐喊穷追。龙、陆两军死伤遍地，直退走三十余里方才站住。荣廷、济光二人满怀忧愧，相对无言。待得天明，方派兵到附近乡村民家搜取柴米，埋锅造饭，收拾残卒，重整旗鼓，预备再去拼命。

二人方在计议，忽然旗牌递进一角公文。荣廷叫师爷拆开来看，却是总督衙门催促迅速肃清的札饬，二人更加烦急。没奈何，率领所部重到山前，不分昼夜，轮流突攻。逸仙和克强也更番应战，奇计百出，龙、陆二人卖尽气力，不能得手。

如此战了六昼夜，逸仙和克强、汉民等虽然迭获胜利，但是子弹粮秣均无来源，看看告绝。并且十万大山中的一支人马因为路远，不能来援；又被清兵挡住，不能进攻钦、廉，看着已是不支。而逸仙毫无畏惧，仍然作殊死战。看看又过了一昼夜，真已弹尽粮绝，无法撑持，逸仙乃和汉民等商议，只得率众退往安南境内。临行时，克强要将炮台烧毁，逸仙道："我们再要取这三台也不难。这是国防，倘毁去之后，满奴不来修复，一旦有警，边塞无防，受祸的还是民众。他如果即来修复，我等毁也无益，何必徒然使那狗官借着修缮边防炮垒的题目，又来搜刮害民！"克强听了，深服逸仙卓见。

计议既定，便率领百余同志仍走后山，退下山来。那山上原有投降的龙军，自然报请清兵上关，不必细说。只说那逸仙率领百余人下得山来，便向那模村去。正走到谅山歇足休息，只见前面一人身背包裹，走到跟前，也就歇下。这时，逸仙和克强正在计划要派人整顿东京总部，并说起惠州、钦廉、镇南关接二连三失败的原由。那人留心听着，便和党员中一个姓李的攀谈，借着问路，说起话来。正说得入港，那人便指着逸仙问道："这是谁？"姓李的想着已到安南境地。说也无妨，便道："他便是孙文。"那人抬眼仔细望了一望，才负起包裹，作别走了。

原来这人便是广东的侦探，既得了这个消息，星夜赶到广州来报告两广总督张人骏。人骏听得这个报告，才知这几次的事件都有孙文在内，连忙拜折进京，启奏那拉氏。内阁接了朱批原折，便向法国驻京公使交涉，要求将孙文引渡。法使只允放逐出境，虏廷也无可奈何。

那安南总督接到放逐孙逸仙的公文，便派人通知逸仙，要他且往他处游历。那时逸仙已返至河内，一接了通知，便邀集一班同志计议：一面令黄克强筹备再入钦、廉；一面令黄明堂窥取河口，以图进取云南，又电巴黎巨商张人杰（同盟会会员，号静江，浙江南浔人）汇款接济。恰巧安南提岸有个华侨姓黄名景南，将生平所积的六千元扫数捐入同盟会。逸仙劝他留些作养老之资，他道：“革命如果不成，一定要被瓜分，老也无处养。革命若成功，我随处可吃饭，且少受些外国人的气，死也甘心！”逸仙见他来意诚挚，便收下来，布置一切，且维持机关。布置已毕，逸仙便往新加坡去筹计接济，并联络华侨。

且说东京总部接着镇南关失败的消息，又听得清廷向法使交涉，不许党人在安南屯住，同志无不大愤。国内同志得了消息，也都气忿填胸。就中单讲徐伯荪（锡麟）自日本考振武学校被摒后，回国来遨游海内，遍走辽东，亲自调查日俄战迹，又结识了关东马贼领袖冯麟阁，结为心腹。然后到北京，敛住锋芒，结交权贵，袁世凯、那桐等都很器重他。伯荪知可以照原定计划实行了，便到湖北窥探张之洞的究竟。见张不是有心革命的，便以对袁、那的手段对他。张之洞见伯荪英挺豪雄，也叹为奇才。伯荪又便道到湖南，游说他的瓜葛亲戚湘抚俞廉三。廉三因是张之洞器重的人，便也十分恭敬。伯荪见各省内容不过如此，又见同盟会的势力潜长弥漫，大抱乐观，乃到京运动，指省安徽。又动四处找了几封八行书，才到安庆来。皖抚恩铭（旗人）一连接着几封代徐锡麟说项的电信，已知道这人颇有来头。传见时，见伯荪聪明灵敏，更以为是干才，便想引为私人：一则可以见好各大老，二则可以使为鹰犬有利于己。便委伯荪为陆军小学堂监督。伯荪正中下怀，接事后便整顿校务，训迪学生，渐渐把革命学说输入学生脑筋中。一面联欢同僚，殷勤上院，一时竟称为安徽第一能员。不到一年，又调任巡警学堂总办。伯荪便引马宗汉、陈伯平来皖，名为幕僚，实作臂助，暗中将学生运动妥帖。恩铭做梦也想不到，反为伯荪保奏，加了个二品衔。伯荪也就红顶花翎，且为优孟。

伯荪听得各处义师失败，各省党案纷起，心中大愤。适秋瑾由浙派伯平来皖报告光复军事，伯荪乃决意起事。以为皖、浙连疆，且握长江之中，一旦得手，天下震动，此而不图，无能为矣。（录徐烈士致袁琪生书中语）便留下伯平，准备起手。

原来秋瑾自从加入同盟会后，又与诸女友组共爱会，自任会长，到处演说革命排满。她本长于言词，兼之精神贯注，听者无不动容，声誉因之鹊起。清廷闻得，便令驻日公使阴嗾日本禁止，日本警视局派人到秋瑾寓所搜查，并无枪弹等危险物。只有一束小稿件，里面诗词也有，文章也有，还有一张《盟书》底稿，写道：

同心之言

秋闺瑾，字璿卿，号旦吾。浙江山阴县民籍。年二十八岁，十月十一日卯时生。适王。

曾祖家丞，祖嘉禾，父寿南，母单氏现年六十岁。兄原名誉章，字徕稷，泮名应奎。妹闺珵，字佩卿。弟宗章。侄三锡甲、锡辰、锡揆。侄女二慕芬、慕昭、子派名元德、名源深，字仲瀛，号艾潭。女名桂芬，字灿芝。

跨马担簦，乘车戴笠；贵贱不渝，始终如一。

紫英仁姊大人同心惠存！如胞妹秋闺瑾谨顿首拜：

甲辰元月，订文字之交于京师旅次。

（按：秋烈士原名"闺瑾"，东渡后，去"闺"字。单名"瑾"，改字竞雄，别号鉴湖女侠，右盟书为予吴芝瑛者）后面有一首诗道：

赠芝瑛如姊

曾因同调防天涯，知己相逢乐是偕。不结死生盟终泛，和吹篪笪韵应佳。芝兰气味心相印，金石襟怀志黯谐。文字之交管鲍谊，从今相爱莫相乖！

此外别无所有。日警也就无法逮捕她。可是秋瑾经了这番激刺，怒不可遏，决计回国，实行革命。便由陈伯平认识徐伯荪，意志相同，当然合作。

秋瑾到得上海，便在美租界虹口厚德里租下一所房子，做同盟会通讯机关，并联络大江南北、浙水东西的绿林豪俊，为徐伯荪声援。一面又觅得能制炸弹的同志陈墨峰，在机关里制造炸弹。不料药性爆发，墨峰及秋瑾均受微伤。巡捕房听得巨响，忙派探将秋瑾捕去讯问。好在制造用具都被炸了，事无佐证，释了出来。她便发行《中国女报》，为中国妇女界出版刊物之鼻祖，极力鼓吹革命，一时影响甚大。徐伯荪见她锋芒太露，恐遭不测，无谓牺牲，便请她回绍兴主持大通体育会，兼之绍兴明道女学慕名来聘请长校，便回绍兴。仍不时的往来江浙，组织光复军，龙天衢，吕东升，项循规、邵荣等都隶部下。秋瑾便将所有之众分编为八军，以"光复汉族大振国权"八字分冠各军，统名曰"光复军"。海军设大将、副将各一，行军正、副参谋各一，以下为中军、左军、右军，中佐尉、左佐尉、右佐尉。又制定军服，自大将至佐尉一律黑色对襟短衣，白布包头，胸悬识别带：以黄白红蓝分等级。兵士胸前一大白月，中书所隶属之军号；如属光字军即书一"光"字，肩章白色圆形，上书"中""左""右"等字及号数。军旗白色，中书一黑色"汉"字；顺旗黄色，中书黑色"后汉"两字。又刊定各种汉篆印章，并制金戒指二十八个，每个正面镌一个字，分给诸首领。其二十八字文曰：

黄河溯源浙江潮，卫我中华汉族豪；莫使满胡留片甲，轩辕神胄是天骄。就以这二十八个字为口号。这都是徐伯荪和秋瑾商定的。遂以伯荪为"光复军首领"，秋瑾为"协领"，张恭、龙天衢等为"分统"。丁未四月即已编成。又在军中选壮士三十二人编为敢死队，以周华昌、俞炜、叶颂清率领到杭州。周华昌又别招部下二百人驻江干伺动静。一切布置停当，伯平才来皖报告伯荪。

伯荪既得报告，想着："浙东义师一起，谁不知道大通体育会是机关？既知大通体育会是机关，当然根究到我身上。此时若不发难，必然束手被擒。况且光复军既已编定，万不能再缓；倘迁延下去给清吏知道，岂不是一场巧计付之东流，性命还要不保？”想罢，便与伯平、宗汉商议。伯平道：“我想，此时不动，机关一定泄漏。先发制人，才能胜算。安徽的新军、警察都与你有关系；所虑者，不过满奴恩铭一人。依我之见，候他出衙时，我拼着这条性命把他刺死，你与宗汉便指挥军警，收缴防营绿营的枪械，安庆便在我们掌握之中。安庆一得，安徽全省传檄可定了。”宗汉道：“我想也是如此，不过刺恩铭还是我去。我曾习拳术，比你稍为便利些，容易得手。你便帮伯荪指挥军警吧。”伯荪道：“且不要争，依我说，只有我能接近恩铭。况且五月二十八日是巡警学堂卒业之期，恩铭和各大吏一定要到学堂来。那时我于中下手，杀个尽绝，岂不是一网打尽？断没个不成的。我们现在就决定五月二十八日为起义日期，就通知各处，一齐并举。”伯平、宗汉听了，都以为是，便一面通告本城军警里面的同志，一面通知秋瑾和光复军各领袖。

第五十三回

刺胡奴徐伯荪就义　急国仇秋竞雄捐躯

安徽巡抚恩铭因为听了幕友的话，说："五月二十八日日子不好。"便将巡警学堂执事顾松传去，令改为五月二十六日举行巡警学生卒业典礼。顾松回堂告诉伯荪。伯荪听了，大为着急。因为各地通告已发，都约的是二十八日，现在陡然改期，且日子急迫，再发通告也来不及，并且本地预备的手续也没弄妥，因此十分为难。但是，"谋事在人，成事在天。"伯荪想到若不即时下手，风声一播，决无幸免，已成骑虎之势，非干不可。

到得五月二十六日那天早上，伯荪绝早起身，梳洗毕，便取出手枪来，亲自擦一过。又将裹衣结束停当，对镜持枪微笑。原来伯荪在俄逼辽东时，痛忧国事，极力锻炼，备为国用。每日将纸画个俄国人做靶子，用汽枪习射，久而久之，竟练成弹无虚发。这时他已下了决心，知道必中。但愿此大好头颅，满腔热血，就此一掷，未免凛极而笑。正在预备时，仆人已经来报说："府县都已到了，预备伺候大帅，特先禀见大人。"伯荪便说："请！"一面缓步来到客厅。

那安庆府知府龚镇湘（号省吾，湖南善化人。善化今改长沙）虽说是个中书出身，文墨却不见高，但是逢迎谄媚，受贿殃民，却是一等的能干。平日在同僚中，最怕伯荪的正直，况且伯荪是红员，更加趋奉。这日为逢迎伯荪起见，便派怀宁县知县与左右二堂（同知、通判）到学堂伺候。自己起了个绝早，乘轿到学堂来。投进了帖子，见门房高擎名帖，抢到轿前打千说："请！"便落平下轿。门房领他到客厅里，早见伯荪红顶花翎，满身公服，笑容满面，立在当地。镇湘忙抢上前打千请安。伯荪让坐送茶。镇湘斜签着坐下，说道："卑职本应早来伺候，只因先到院上打听大帅出衙的时候，所以稍来晚一点。"伯荪道："是。"镇湘又道："卑职已经打听得大帅要十点钟过后才能出衙，大人尽可休息一会。"伯荪点头。镇湘又道："下月初五日，闻说是院上三姨太太二十岁整诞，大人想必还没办礼物，卑职想替大人办一份送到院上，也见得大人的敬意，并且也算卑职对大人的一点孝敬。但不知道大人意思要办些什么物品？"伯荪听了微笑道："承情关照，且候明天再商量吧。"镇湘凑近一步，向伯荪低声说道："卑职听说现在的保案，走三姨太太这面的多少都有些把握，卑职已经托了人。但是外面还得有人说说才好，卑职想求大人栽培，代卑职便中提一提。口上春风，卑职就沐恩无地！当矢犬马，以报高深！”伯荪心中好笑，暗想：“竟有这样不敦品、不顾廉耻的下流东西！待我拿他来消闷，引他玩玩。”便道：“这个容易，我还可以代托京里的朋友替太守设法。”镇湘大喜，连忙打千道谢，“大人恩典……”说个不住。伯荪又要他道：“这事我得和太守仔细商量。贵衙也有不便，我听说令妹丈不是住在省城吗？我想借他府上说说话，不知可行？只是令妹丈没见过，倒有些不方便！”镇湘一听，想道：“这又不知是谁告诉他的？他们年轻人，自然欢喜这个。反正只要他果真代我向京里去说，我能升官发财；他又不能把我妹子抢去，给他点甜头又何妨？就是他抢了去，又与我什么相干！一来是堂妹子，即亲妹子也没紧要。二来妹子总是要胡闹的，如今马回子走了，正没主顾，落得叫他去，让她赚几文。还要他给我妹丈寻个差使，也省得常来向我噜嗦。”想罢，便连忙应道：“是！舍妹婿现在卑职衙门里帮着抄写。要是大人赏光，卑职就叫卑职的妹子伺候。至于大人有什么言语，尽管到那时吩咐卑职好了，卑职没个不遵命的。”伯荪故意密笑点头，镇湘满心欢喜。

伯荪正在戏要龚镇湘，拿他来解闷，忽见家人来报说：“三司均已出衙了。”伯荪便站起来，出去迎接。镇湘随在后面，还说道：“后天就请大人赏光吧。”伯荪一面随口答应，一面走出门外。那抚、藩、臬三司一齐到来，伯荪率阖城官员、全堂学生奏乐迎入。

恩铭早已得了些风声，顾松报告说：“革命党要起事，学生、教员里都有党人，徐总办也与他们通气。”故托词幕友说日期不利要改期，原是早点让学生卒业离堂，分散势力，好来下手伯荪，还不料伯荪会舍身刺他。到得学堂看时，没甚动静，心下已放宽一半。便登大礼堂凝立，预备训告一番忠君大义。不料伯荪上前打了个千说道：“职道回大帅：……”说时迟，那时快，伯荪趁这句话里，早在靴里拔出手枪，啪啪啪！一连几发，早将恩铭击死。众官员只吓得魂飞魄散，满地乱窜。那龚镇湘不知就里，一把拉着伯荪道：“这……这……这是谁……谁干的？徐大……大人，你怎不拿……”伯荪方扭转身躯，见了他愤满胸膛，顺手一枪击去。早有顾松拖开镇湘道：“你还不走？就是他！”镇湘吓得忙放手时，一颗子弹已打在屁股上了。马宗汉见顾松在逃，拔出倭刀，一刀将他宰了。二人回身再找众官时，已都逃的逃，走的走；还有些恩铭的死党及善于拍马屁不顾性命的，拖起恩铭，也不管是死是活的，纳到轿子里，夺门出去。伯荪喝令关门，已是不及，藩、臬诸人就此逃走。

伯荪怒杀守门仆人，便与伯平、宗汉领全队学生百余人冲往军械局，劫取军械。不意军械局早有准备，伯荪等三次冲锋，局中守兵拒敌，弹如雨下。伯荪率学生奋勇向前，口中喊道：“我们冲进去最多死一两个人；若畏缩不前，站在门外给他们打，大家都非死不可！”众学生听了，奋勇随伯荪、伯平、宗汉三人夺门冲进。那时清兵已经追到，便朝局里开枪攻击。伯荪正赶散守兵，便回身持枪拒敌。宗汉见局内无多枪械，子弹又不合口径，心中大急。忙与伯平两个拣来拣去，只拣了一门可用之炮，连忙装弹射击。哪知那炮久未拭擦，一弹未发，撞子针早已两断。伯平方欲再战，可怜一弹飞来，竟成国殇！死时年方二十六岁！方在沪与秋瑾装炸弹（即陈黑峰，本名渊。事见前回）伤目，赴日医愈，又精研制弹，返国欲刺铁良、端方未果，而遽死于此！

伯平死后，伯荪见事不可为，即攀登屋上，想脱险去指挥援军。哪知那时援军已被拒于城门之外。清兵见伯荪上屋，便开枪乱击。伯荪越过三四家屋脊，不料一失足，致被清兵擒获。

宗汉见伯平死了，便要焚军械局，殉身火中。伯荪道："徒死无益。不如留此有用之身，且作后图。"宗汉便乘间逃出。行到半途，被清兵盘获，与伯荪一同系狱。

安庆城中，这时已人声鼎沸，四民骚然，清吏一面安民，一面即会审伯荪。臬司问道："你是革命党么？大概是孙文指使你来的吧？唉！我圣朝深仁厚泽，迈越前古，小民食毛践土，沐圣恩已二百余年，凡属蚩氓，皆应思如何仰报天恩之高厚！何况你出身乡贡，名登仕版，竟敢作出这样犯上灭伦、大逆不道的事来！不知你所读何书？所学何事？"伯荪面不改色，冷笑道："你们这班东西，真不配受我的教训，我也不屑教诲你们。我自是汉族，黄帝子孙，为祖宗报仇复国，伐罪救民！我的良心使我如此，孙文岂能支使我？我好恨！"臬司问道："大帅被你刺了，你今被擒，也是法网难逃，你还有什么恨的？"伯荪仰天大叫道："恨不杀尽腥秽胡奴，为汉族吐气！"藩司道："这狂徒逆犯何必尽问？将他带下去！"伯荪从容自若，随卒差下堂而去。

这里众官又提马宗汉讯问革命党起事的计划，同党的人名，哪知宗汉一上堂便破口大骂，绝不容他们讯问。三司问官便夹棍楝子五刑并用，宗汉备受毒刑，体无完肤，反是咬紧牙关，一言不发。众官无法，只得将他收监。

这夜，满城文武官员乱嘈嘈、酸溜溜的会议了一夜，便决定照张汶祥刺马新贻的前例，将徐锡麟剖心祭恩铭。便发电至虏廷请示，复电照准。便于次日五月二十七日将徐伯荪提到恩铭灵前，剖心祭灵。伯荪慷慨就义，时年三十五岁。七月十六日，又杀马宗汉于安庆狱前，成仁时年二十四岁。

且说秋瑾在绍兴大通学堂接着徐伯荪来信，便饬八军大将准期起事。预定先由金华起义，杭州清兵必定开往金华应战，再以绍兴义军渡江袭取杭州，以军学界为内应。事成便进取江苏，败就返绍兴，经处州，突过江西边界入皖，与伯荪会师。不料金华的义师未起之先，绍兴党人裘文高遽然到嵊山，会同龙天衢所部，树起"汉"字大旗，直至嵊县西乡扎营。杭州清吏得了消息，便严加防范，大索党人。

那时绍兴城有个地棍胡道南，因为讹诈不遂，被秋瑾骂过一顿，怀恨在心，专一刺探秋瑾的行动，想要报仇。一日胡道南因为天热，在家里坐不住，便走到茶楼上泡壶茶，坐着贪风凉。忽见一个尖头鼠目的人走到跟前，乜着双近视眼，问道："你不是胡道翁吗？"道南仔细一看，认得是县城里有名的"教绅"龚声耀，便连忙起身让座倒茶，闲谈了几句。声耀便道："我今天特地到府奉候，不想大驾外出。令正夫人说在这里，故而跟寻到此，和道翁商量一桩事件。"道南道："不知是什么贵干？"声耀便在衣袋里取出一张字纸，拿折扇遮断外面给道南观看。道南从头看了一遍道："我也正为此事在这里思索，但不知道这泼妇有这么宽的线索！这一来，倒要惊动一两省呢！"声耀道："我昨日得了这个信息，我就想起这该报大善寺的仇了！但是与他隔了一省了，告也无益，况且他现在做官，若无真凭实据，也攀他不倒。我便连夜打听得这泼妇的事，只有你道翁查得明白，所以特地奉访。我只志在报仇，其他不敢有所妄冀。至于官府里如果有好处下来，那么，听凭道翁尊意好了。"道南忙道："有福同享！有福同享！真凭实据我都现成，只因为没得日期。现在你既完全知道，我俩就去吧。"

绍兴府知府贵福（满人）方在签押房查阅党案文卷，幕友欧阳杰走将进来，回道："晚生有件事体要回东翁，只是关系太大！"贵福一面让座，叫人倒茶，一面问道："不知师爷为着什么事儿作难？何妨说出来，咱们大伙儿琢磨琢磨。"欧阳杰在靴掖里拔出一个白禀来，递给贵福道："东翁请看。"贵福接过，从头看下，那脸随着变成白色。一直看完，嗐了一声，才说道："这还了得！这不是造反吗！胆子真不小！师爷，您说怎么办？"欧阳杰道："这龚声耀是晚生的亲家，和胡道南都是本城中忠孝传家、信义立身的乡绅，这话必是不假。晚生愚见：这是东翁的大喜，晚生也连带托福。东翁最好是连夜上省报知大帅与将军，这还不是东翁的一件大功么？"贵福听了，登时笑逐颜开道："成！成！咱们就这样办。来！收拾好了我随身东西，传伺候，我要上省。"一众奴仆应声连忙收拾，贵福便星夜渡江进省报告。

五月二十七日，浙江巡抚张曾扬接着绍兴府知府贵福的面禀报告，想道："一个女子未必有这样能为？……"便请省绅汤寿潜到衙，询问秋瑾的为人。寿潜素来顽固，恨秋瑾刺骨，便故意张皇其词，说："秋瑾是人妖，非尽法严办不可！若不然，将来必流毒乡闾，为祸国家。况且安庆巨变的电讯说是徐锡麟，贵太守又说她与徐通声气，这可见秋瑾确是谋叛。大公祖为国除奸，幸勿犹移！"曾扬听了这一篇话，便想大兴党狱。

寿潜还恐曾扬犹豫不决，不肯捕杀秋瑾，便遣人通知他的朋友张让三。那让三（浙江鄞县人）是个"绍兴师爷"的嫡派，生平以游幕为业，其思想顽固自不待言。这时他在浙江抚署当幕友，女儿世芳正在大通学堂读书。他听了有人报告秋瑾谋逆的事，深恐因女儿在大通学堂肄业而株连自己，便连忙来见曾扬，极力主张捕杀秋瑾。曾扬心想：凭一纸报告，而杀一有名女子，恐有不妥。故只拟逮捕讯问。让三大急道："谋逆大案，东翁若不事先以迅雷不及掩耳手段处置，诛灭正凶，倘监候审讯时一有疏虞，如何是好？杀一女子而利天下，东翁有何不为咧？"曾扬听了，方下决心，便嘱让三办稿，交贵福去办。让三连忙办好，星夜送去，并将女儿暗中托故接回，并通知寿潜，二人心下均暗自欢喜。

秋瑾接着了徐伯荪成仁的消息，放声痛哭，便召集学生商议举事。学生们要六月初一日杀了贵福起义，占领绍兴，再图进取。秋瑾因为金华义师失期，前已改定六月初十日，现在决不能缩近，致蹈伯荪覆辙，便遣学生二十人，往杭城埋伏为内应。六月初三早上，秋瑾接着杭州法政学堂学生来信，说："清兵已发，速为定谋抵制。"秋瑾又和同志学生商议。大家说："且候嵊县人来，即便起手。"初四日上午九点钟，嵊县党人王金发来报告说："多数人晚上可到。"大家便忙着预备。正闹里，有侦探报道："清兵已经来了。"秋瑾一面布置抵敌，一面使人再探，回报说："清兵往东浦去了。"秋瑾心下稍安，便分遣学生四路埋伏。不一时，清兵已入城，学生劝秋瑾出走。秋瑾不肯，说："'生则同生，死则同死！'走什么？"正说间，清兵已将大通学堂团团围住。秋瑾带着一班不肯逃走的学生敞开大门，开枪拒敌。清兵死十余人，伤二十余人；学生死两人。卒以众寡不敌，被获，同时被擒的同志有程毅等六人。（程毅后来瘐死狱中）。

贵福捉住了秋瑾，便交山阴县知县李宗岳审讯。秋瑾眼横眉竖，不发一言。宗岳左盘右问，软骗硬吓，始终问不出一句话来，便叫取纸笔，要秋瑾自写供辞。秋瑾提笔写了一个"秋"字，便不写了。宗岳问道："'秋'什么？"秋瑾狂草了"秋风秋雨愁煞人"七字，仍然掷笔不语。宗岳无奈，即以这七个字复命。贵福已经接到省札，便不问口供，于六月初六日，杀秋竞雄烈士于绍兴轩亭口。徐寄尘女士收遗骸，葬于西湖西泠，吴芝瑛女士为题墓表，后迁葬潇湘。就义时年三十一岁。

吴芝瑛铭其墓曰：

> 会稽峨峨，勾践所宅；十载卧薪，千秋采葛。猿公好剑，越女是传；于皇秋君，笃生其间！神州陆沈，胡运输硒；天下兴亡，匹妇有责。撇环仗剑，遵海而东；贤豪荟萃，风虎云龙。询谋佥同，奇勋将集；爰求死士，奋身虎穴。犄角者谁？东浦桓桓；如何军覆？乃剖厥肝！猿鹤兴悲，鸱枭毁室；秋雨秋风，歼我良杰！轩亭既殉，西泠是葬；白马素车，临风悲怆！胡德无厌，酷及九原；丰碑既仆，墓犁为田。孤山云黯，圣湖水清；行人过此，涕泗纵横！天道循环，无往不复；皇汉中兴，强胡自仆。素旗丹旐，君来自湘；湖山还我，日月重光。玄宫永闷，令闻不灭；于斯万年，视兹贞石！

第五十四回

转战粤南清兵中计　围攻安庆义士失机

且说黄兴自与逸仙分手之后，一意要在钦、廉、上思一带着手起事，即率领同志二百余人，从安南的东京动身，周历广西内地。所过之处，但遇清兵，便暗袭截击，飘忽应战。大小接仗十余次，从未打过败仗。所以黄兴所率的二百多人，竟磨炼成百战劲旅，差不多和“岳家长胜军”一般，清兵闻风丧胆。一听是黄兴过境，不是掩门息鼓，让他过去；就是交锋即退，隐匿不报。因此“黄兴”两字竟威镇钦、廉，名闻天下，真果是能止儿啼，足寒敌胆。

有一次，上思守将清统领郭钦奉了上司文札，进剿黄兴。黄兴得报，便列队迎敌。郭钦指挥部下三营步兵占据了一个山头作为根据，抽调两哨兵丁为前卫，下山进攻。不料前哨兵丁方在搜索前进，陡然一排枪从右翼射来。那帮带黄彪，任临时指挥，见右翼发现敌人，本队中已有二人中弹倒地，便连忙调队右转弯散开，卧倒快放。打了一阵，一个敌人也没有，一声回枪也不曾听得，黄彪便带队跃进，跑着打着的进了一里多路。忽听得现在阵线的左侧面大本营所在地方面枪声如爆，喊杀如雷，黄彪心中大疑，忙撤回队伍，回到原处。只听得正面一声炮响，弹如飞蝗直射过来，同时左右两翼，伏兵齐起，三方面一齐呐喊冲锋。黄彪手足无措，忙率残卒向根据地败走。及至到得山前，静荡荡的不见一人，昂头望去，只见本军的军旗迎风招展，黄彪便督队上山。刚到半山腰里，山上山下同时发现无数敌人，大呼：“缴枪！”黄彪卡在山腰，上下不得，无路可走，只得将枪枝子弹一齐缴给黄兴。

原来黄兴知道清兵来攻，打探明白，便分散应敌：派二十个弟兄埋伏在右翼，看见清兵的先头队便开枪诱敌，使敌人脱离正面，追往右侧，与他的本队失联络。又派二十个弟兄在正面据守，专待敌人先头队自右侧退回时隐蔽进攻。又派二十个弟兄携带爆竹埋伏左翼，虚作攻击，逼敌人退回原处。自己领了一百多弟兄绕至敌人根据地山头后面袭攻，郭钦守御不及，被黄兴率众白刃突阵，斩首数十级，夺枪数十枝。郭钦搴旗败退，被黄兴奋勇向前，手刃大旗弁，将军旗夺将过来。郭钦下马飞奔，清兵纷纷四散，越山逃走。黄兴便占住山头，将夺来的军旗树起，诱黄彪到山腰时前后夹攻，将他缴械。

郭钦与黄兴本是留日时的同学，只因为主义而战争，为生死存亡而奋斗，故不能顾及交情。黄兴既将郭钦击败之后，想着："这回击败的清兵，非同地方防营可比。郭钦虽败，两广之兵尚多，我自己未得一个根据地，倘几路来攻，拿什么来守御？还是缓他一缓再说。"想罢，便写了一封信，连夺得的军旗枪械都送还郭钦。书中大意是说：你我本为同学好友，只为所处之境地不同，乃致兵戎相见，深为惋恨！现将阵前拾得之物奉还，以免难于报销……等语。郭钦见书，心想："克强善于军事，我非其敌，不如借此转舵，落个人情，为将来相见之地罢。"想罢，便拔营回防，只以"业经痛剿溃窜"的官样文章回复上司。

黄兴战败清兵，计退郭钦之后，满拟就此立基，收复钦、廉，进取两粤以为革命基础。无奈安南总部已被压迫，不复存在；东京路远，声气不通；接济毫无，弹药告罄；转战数月，人马俱疲。不得已，乃退出粤境，安置了众人，自己再另图发展。

黄兴转战钦、廉之际，黄明堂遵奉逸仙的命令，要谋取河口，进夺云南为根据。四月中，明堂来到安南与云南交界地方，会合该地党人一百余人，集议袭取河口。当时有个少年党人说道："满清边防督办王镇邦，号玉藩，奸险成性，我们已联络了他的部下左营管带黄元贞和中军官熊通，约为内应。现在我们要攻取河口时，最好先通知他们俩，要他俩内应，杀了王镇邦，便无难事了。"明堂问那少年姓名，答道："姓许，名健，号运葵，原籍湖南长沙。"明堂便命许运葵前往通知黄元贞和熊通二人。

隔了一日，运葵回报说："俱已妥贴，只候我们进攻，黄元贞便倒戈相应。"明堂便召集全体党员一百余人以及散居铁路附近的党员二百余人，装扮苦工模样，身藏手枪短刀，混进国界，先向河口巡警局来。那巡警局里的警士，原有一多半是勾通了的，其余也不见得为清效死。只有一个巡官，平日专门压制警士，克扣肥私，并且满口忠君报国，极恨革命党人。这时党人来到警局，树起青天白日大旗，便将这巡官拿下斩首，以儆其余。那些不曾受联络的警士见此情形，自然帖服无语。明堂既占警局，便发号施令，将党员警士一律调出，向边防军营进攻，分三路并进。一面派许运葵通知黄元贞内应，只候号炮一响，便一齐举事。部署既定，还不及顿饭工夫，只听得震天一声炮响，四面枪声齐起。河口官民闻警，顷刻大乱。革命军乘势进攻边防右营。那督办王镇邦睡里梦里不知兵从何来，忙发令集队应敌时，忽然间，左营管带黄元贞带领全营五百余人直攻进来，镇邦更莫名其妙，只好弃衙而走。那右营抵敌不住，也退出河口六十里驻扎，镇邦便驻在右营营里。

明堂既已占领河口，收降黄元贞，声势大振。一面派人赴南洋通知逸仙，更迎黄兴来任大元帅，一面布垒设防，等候干部来到。五月初三日的早上，明堂正在计划粮秣，忽报："营外有绅士杨增德求见。"明堂叫请进来，相见礼毕，明堂问道："有何贵干？"增德道："贵军初到时，王玉藩督办不知贵会宗旨，所以发生误会。其实王督办也始终没犯及贵军。现在王督办已知道贵军是堂堂的革命军，大家都是汉族，岂有个不愿复国的？所以王督办托兄弟代为表明心迹，愿与贵军携手，作攻蒙自的先锋以自效。蒙自一得，云南全省便在掌握之中了。但不知先生意下如何？"明堂听罢，想了一想，道："王镇邦要投降是可以的。我这里先派个人去与他接洽便了。"当有党人王槐庭自告奋勇，愿去窥探镇邦虚实，明堂便派他带兵丁二名，和增德同往。

槐庭随着增德来到镇邦营里，也不见迎接，也不见传呼。增德独自进去了半天，才见一个亲兵来请槐庭进去。槐庭带同从人来到里面。只见镇邦戎装纬帽，坐在上面，只向槐庭略点点头，道："请坐！"槐庭坐下便问道："闻得贵军愿脱离胡虏，同作革命军，上复国仇，下拯民众，可是的？"镇邦道："不错。但是敝营降了革命军之后，恐怕被人弄送。行军时须得你们在前，我们在后，倘遇见敌人，我们自然上前去打。"槐庭一听，就知他不是诚意投降，便道："方才杨先生不是说：贵军愿为攻蒙自的先锋么？怎么行军倒要在后面，而且不放心革命军呢？我们是大公无我的。凡是与我们志同道合来携手的，不问以前的事实如何，无不推心置腹，共同努力。你尽可放心。"镇邦道："那么，就请你们首领明日到这里来，校阅兵卒，检视械弹，我一定诚心归降便了。"槐庭道："如果你对我们再无怀疑之处，即可同我坦然前往河口输诚。你要我们首领单人到此是何意思？依我说：你既然也是黄帝子孙，自应致力于复国保种，以期上慰祖宗，下安黎庶。倘犹疑不决，或再有他图，那就非我神明华胄之所应为，也就决无好处！"镇邦见道着真病，突然翻脸，拔出腰刀，照定槐庭头上就是一刀。可怜槐庭未睹成功，先流热血！竟惨死于镇邦刀下。两个从人也被镇邦的亲兵枪杀。

那熊通（镇邦的中军官）自接了革命军的通知，已将下级官弁千总、把总、外委、哨官等联络一致，专等机会下手。这日正在营后秘密修书，要明堂派队来攻，以便里应外合。忽听得前面噼啪枪声，连忙拔出手枪，装好子弹，握在手里，直奔出来。只见镇邦怒目横眉，持刀站在当地，地下躺着三个热血横流的死尸，却又都不认识，便忙问原故。镇邦道："没甚大事。是我要骗那革命党的头子没骗动，来了这几个小革命党，恼得我火发，杀了他出气。"熊通听了，一凝神，主意已定，枪机一拨，"啪"的一声将镇邦打死，便高呼道："王镇邦甘心作汉奸，残害同胞，我已将他杀了！众弟兄随我来！"那些兵弁原是联络好了的，况且平日深恨镇邦枯刻，恨不杀他，故听了熊通之言，齐声愿服。熊通便命将右营管带朱菊生拿来杀了，又将杨增德绑好，请出许运葵来，树旗掌号，直往河口归降。明堂接着，不胜喜悦，便令熊通管带右营。又杀了杨增德，祭奠王槐庭烈士及两个从人。

这时孙逸仙正在南洋，接了明堂的报告，便想回国到河口亲自指挥。无奈法国不许逸仙在境内通过，不得回国，便电令黄兴前往指挥。黄兴接电，急忙由安南动身前往。不料行到越南车站，法国警察疑他是日本人，恐怕他前进受危险，将黄兴截留，送回河内。广东官吏听得黄兴被截，便向法国驻安南总督交涉引渡。法总督便将黄兴逐出境外。

满清云贵总督锡良因河口失守，惊慌万状，四处发电求援。贵州、广西等邻省都发兵救援，不一月，兵如云集。便以蒙自为大本营，派队进攻。明堂率众迎敌，死守将近一月。卒以众寡悬殊，弹尽粮绝，惨遭失败！明堂率六百余人退入安南。法国官吏将六百余人遣散出境，送往英属新加坡。

轮船到新加坡时，英官阻止，不许登岸。驻新加坡法国领事乃向新加坡总督交涉。新加坡总督道："凡是一国的人民与他本国的政府作战，而未得他国认为交战团体的，不能认为国事犯，只能当作乱民。乱民入境，有干禁例，所以不准登岸。"法国邮船停泊了两日，还没得结果。后来直等到法属政府声明：河口革命战争，法属政府对于双方实取中立态度。在事实上，等于承认为交战团体。送来新加坡之党人，不能认为乱民，应准许登陆。新加坡总督才准党人上岸。明堂上岸后向逸仙报告经过，逸仙慰勉一番，又设法安置这六百余劳苦辛勤的同志。

河口之战方才了结，又有安庆革命发生。且等我仔细说来：

且说同盟会有个会员，姓熊，名成基，号味根，祖籍江苏扬州，只因两代游宦在皖，故而在安庆生长。他少时即慕岳飞、于谦、文天祥、史可法之为人，慷慨任侠，淡于名利。年稍长，入南京将弁学堂当学生，锐志苦学，且结交豪俊。毕业后，在南京新军中充当排长，由统领赵声介绍入同盟会，倾心革命。那时适值顾忠琛调任安徽新军统领，素来器重味根，便调味根充安徽新军炮队营前队队官。味根正因为南京人地生疏，且驻军众多，要想革命实在不易，若是安徽，本为他的第二故乡，甚易着手。所以一闻顾忠琛调他到安徽，真是说不尽的满心欢喜。

到了安庆时，便结纳同僚，鼓吹革命。与徐伯荪、薛哲暗通声气。及徐伯荪刺杀恩铭，慷慨就义，味根愈加愤恨，立志要为伯荪报仇雪恨。戊申冬间，那拉氏及载湉相继死亡，溥仪新立，外间谣诼纷纭，兼以主张立宪的宪政会酝酿请愿，民智日开，天下惶然；又值南洋、湖北的新军在皖秋操，军中同盟会的潜势力极大：味根认为千载一时之机，便召集同志商议道："现在正值人心骚动，我们如果乘机先发，他处必然闻风响应。况且秋操军队本想藉此起事。我们若得了安庆，就招致秋操新军横锁长江。那时南洋、湖北两军都在掌握之中，东南西南的劲旅尽在于此，长江上下游即可唾手而得了。我们再大张挞伐，一鼓北上，推翻满清，平定燕辽意中之事。不知众位意下如何？"众人听了，皆以为然，全体赞成。

味根见众人同心，欣喜之至，便分派部下军队以及预先联络好了的队伍，分取城内城外两处的火药库、军械局。得了械弹，然后占据省城，号召他军。又派人通知薛哲于义军攻城时，率同志开城放人。布置既定，便亲至炮队营，齐集站队，向众官佐士兵说道："我们汉族无端为满人做了二百多年的奴隶，难道我们是甘心的吗？我们如果不甘心做奴隶，便要自己挣扎，争回人格，推翻满奴，复我汉族的旧河山，永除专制流毒，我们以及我们的子子孙孙才有出头的日子！现在革命军已遍全国，约期举义。我们要乘此团结杀贼，救国救民！……"当时，大众官兵都拍掌欢呼，愿一致效死。独有个排长陈镛昌出队说道："我以为我们食君之禄，忠君之事。满洲人也是同种，二百年并没待错汉人。我们还是安分守己，鞅掌王事，是我们的分内事。这大逆之事，宁死不为。"话没说完，大众齐喊："杀汉奸！杀奴才！……"味根当即传令将镛昌斩首。随即整队出营，举火为号。众军见了号火，一齐呐喊，扑奔火药库来，破门直入，夺得枪枝子弹。奋勇争先，直薄城下。

哪知薛哲胆小如鼠，深恐事败株连，爽约不来开城，并且举家逃避。味根督队来到城下，见城门紧闭，知道内部有变。急带队来到城外江边临江寺附近高阜上，发炮向城内抚院轰击。那江中停泊的炮舰闻得兵变攻城，便开炮攻击变兵。味根腹背受敌，兵士又一日夜未得饮食，料不能支，便带兵向西北退往乡间，对众官兵痛哭演说一场，劝令回家待时。众官兵号啕大哭而散。味根个人带了几个心腹之人化装逃走，改名"张建勋"，由皖北出亡。

第五十五回

贪利禄忍心卖良友　闻壮举慷慨刺虏酋

味根在皖失败，便由河南至山东烟台，便赴大连，航海至日本。东京总部对于味根的热心毅胆极表钦敬，除助给资斧并热烈欢迎外，还留味根在总部办事，往来关东、日本之间，筹划革命。

味根在日本居住，日与革命同志周旋，革命思想更为浓炽。一日在寓披阅《朝日新闻》，见有一段记载，说："支那政府派遣出洋考察海军大臣载洵（满清宗室贝勒）、萨镇冰一行，已定期由俄取道哈尔滨返支那……"云云。味根阅毕，心中一动，便向总部请假，只说："要到关东游历，考查日本在大连、旅顺之设施，顺便另有擘划。（见下文熊烈士供辞）"总部照准。味根便收拾行装往吉林。打听得载洵和萨镇冰返国确期，便到哈尔滨迎候，与友人臧治平商议，预备下手暗杀。

这臧治平——号冠三——本出身寒家，自幼即父母双亡，无衣无食。幸得姑母怜悯收留他，将他抚养成人，又给他成家授室，要他发愤读书，接续臧氏门第。他善于经商，不到几年，便在长春开一家旭东公司。姑母的儿子——表弟徐佳庠——便随他读书。及至佳庠长大成人，在江南陆师学堂学陆军，与熊味根最称莫逆。治平也因此认识味根。味根见他贫苦，时常周济他，并劝导他加入同盟会。哪知治平心怀叵测，暗想："革命党哪里得成功？清朝没亡在八国联军手里，难道会亡在这班毛躁小伙子手里吗？倒不如借此侦探报功，倒可以博个一官半职，荣耀半生。"主意打定，便故意逢迎味根，满口所说的都是革命话，发表的主张比味根还要激烈。佳庠见了，满心欢喜，以为代味根介绍了一个帮手，亦可稍纾对良朋的热情。治平的姑母听得侄儿有此大志，更加欣慰，以为侄儿有此大志，也不枉教诲一场。味根见他外貌诚悫异常，也便当他是一个同志看待。

味根立志要刺载洵，以儆满奴，便和治平说明，要他做助手。治平听得，拍案道："你不要去，你是文武兼资，国家有用之材。我读书不成，又且年纪已长，正要觅个死所。何况杀满奴是我们的分内事呢，还是让我独自去！"味根道："我们志意相同，也不必争执。况我还另有大事商量。”治平忙问道：“还有何事比这还大？”味根道：“我有个朋友——孙元，号竹丹，一名铭，南京人氏。在日本设法弄得一部‘日本军事计划秘本’。这书与俄国关系极大。如果书归俄国，那么，俄人足以败日雪耻。竹丹和我商量，党中经费不足，想将它卖给俄国，得钱为起义经费。竹丹到北京进行去了。我带了四本来，想寻俄国人介绍。如果事成，我便将款送往东京，载洵便由你去杀。若是不行，我杀了载洵，生死不能预定，你便将四本书送还竹丹；你如有可以销售之处，也可极力设法将书卖去，免误大事。这岂不是你我相互尽责么？”治平听了，问道：“这书可曾觅着受主？”味根道：“我曾以学俄文为名，结交了一个俄国人，名唤夹根——介绍我见了来哈尔滨的俄国外交大臣。议价一百万，交了两册书做样子。俄国正在审查，还未定妥。我已经发电到北京约竹丹去了，大约不日就可抵埠，总在载洵回国之前。”治平听了，欢喜异常。

不到两日，孙竹丹果然由北京来到哈尔滨。味根会着，便介绍治平相见。竹丹背后向味根道：“这人年纪虽高，但是蜂目豺声，你倒不可不防！”味根道：“他思想很新，并且是个坐地分赃的马贼，与官府是不对的。我在他家居住不止一次，倒没甚紧要。”竹丹道：“‘害人之心不可有，防人之心不可无。’我们还是谨慎的好。”味根点头答应，便托词两人寄居此处不便，托治平代为赁房居住。治平心下一想：“在我家里出事总不好，不如随他住在外面吧。这样的雏儿，还怕他飞了不成！”便假意劝留一番，方在附近给赁一栋房子。竹丹又托他置备些家具，二人便迁入住下。

竹丹因为北京有事，这里卖书的还要候俄国政府秘密调查过方能成事，耽搁了两星期，便将带来的三千元交给味根做用费，回北京去了。治平想着竹丹回京，味根的事一定成了，便写信给味根借一万银子。味根知他误会，连忙来到治平家里，辩明实未成事。治平不见面。味根异常焦急，忙写回信，剀切说明竹丹有事，不能耽搁，实在没得款子。治平又来一信，道：“君在吾家，居有数月，现时年关将近，即不言交情，而伙食一项君亦不给耶？倘不见谅，休怪无情！……”味根大恨，继思：“载洵即日要到哈了，我就与他拚了吧！也免得受这肮脏气！……这也只怪我自己目不识人！……”

正在胡思乱想，突然撞进几个俄国警察，带着几个中国差探，向味根喝道：“你是熊成基吗？”味根知事不妙，反倒坦然道：“我便是熊成基！”话未说完，已被捆了，所有的物件金钱都被抄去。

东三省总督锡良听得获住熊成基，不知是怎么的个八臂哪吒，连忙亲自鞫问。味根微笑道：“你也不必细问，给张纸给我，我将一切经过写出来，也留些后人为我作传的材料。”锡良便叫给纸笔。味根接过，坐在地上，簌簌的手不停挥，不一时早已源源本本写出，只将要刺载洵一段和孙竹丹、徐佳庠的事实瞒却。其词曰：

熊成基供：字味根，实年二十三岁，军册年二十六岁。江苏扬州府甘泉县人，寄居安徽芜湖。祖父熊瑞生，曾任安徽繁昌县，父熊存仁，系候选通判，均已早故。母亲胡氏，在堂。胞兄熊成模，安徽候补州吏目。胞弟熊成鳌，年尚幼小。我一向在学堂肄业，尚未定婚。先在安徽练军武备学堂，后入南洋炮兵学堂，均先后毕业。由南洋炮兵将校科，派陆军第九镇第九标炮兵排长，继调安徽马营队官，由马营调炮营队官。

我平日革命宗旨，以推翻政府，改革政治为主要，不尽系满、汉种族之见。我平日待士卒甚厚，大众颇为我用。遂阴结在营同志，屡欲乘机起事，俱未得便。戊申年十月间，因各省军队俱赴太湖秋操，又值国丧，人心皇皇，皖省留防军队仅有数千人。我本意如能攻开省城，据有根本重地，再连夜直赴太湖之秋操演习地。荫昌、端方均属平庸之辈，卫队都不过千余名，断不济事。至秋操之兵虽有两万，然多系空枪，难以抵御我军。如我得该两镇兵队，直行北上，则必势如破竹。且该两镇兵多系安徽邻省之军队，如一旦为我所有，该邻省亦必在我之掌握中。有此天然一部落之根据地，一面攻取他省，一面宣布独立，又何患目的不达？天下可唾手而得。遂于是月二十六日夜间乘机暴动。逼胁混成协全军起义，放火为号，开炮攻城，皆我一人主谋，并无主使之人。孰料城中内应误事，计划未周，以致失败！

我之宗旨，事成则已，否则牺牲其身，社会上亦不无小受影响也。况各国革命之历史，皆流血多次，而后成功。我此次失败者，普通社会中人不知附和也。推其不知附和之原因，盖由自由之血尚未足耳。譬如草木，不得雨露，必不能发达。我们之自由树不得多血灌溉之，又焉能期其茂盛？我今早死一日，我们之自由树早得一日鲜血；早得血一日，则早茂盛一日，花方早放一日。故我现望速死也。呜呼！尔虏政府！尔等决不能诛尽我党！亦只有愈死愈多而已。

起事之次日，为二十七日，下午四钟，败散，带残兵奔庐州一带而去，被姜桂题马队三百余人追至。我之败兵反击，姜军如鸟兽散，殊为可哂！嗣我困无援助，所带残兵仅有三百余人，已知不能成事，即劝伊等各自逃生。我遂由庐州西北走去，西北又向正北，由正北再向东北，日行二三十里不等，均循僻道空地逃去，夜则宿古庙或小店。所经地名，日久不复记忆。田中玉带兵追剿，我遇见多次，他们亦不相识。且官兵各存意见，均想邀功，我乃脱逃虎穴。（按熊烈士供词，尚有未尽者，因当时恐连及于人之故。曾忆其到东京后，与同志谈及，事败逃至庐州，解散军队毕，本拟自杀；复思大丈夫作事，不可以失败灰心，留此残躯，或可再举，故未果。然身无分文，大地茫茫，投向何所？不觉放声大哭。时有兵士数人尚未散去。其中一人（姓名不能记忆）云："君不必如此。我家不远，可一行乎？"烈士允之。至其家，兵士惟一老母。旋云："君须路费否？"遂赠烈士洋蚨三枚。烈士又复潜赴安庆，随赴芜湖，至其姑母处。烈士姑母素奉佛教，自建一庵于芜湖市中。烈士到日，天已暮，入拜姑母。其姑大惊云："此地捕令森严，非安乐土。汝须速换服装，方可逃避。"遂与烈士改易僧服，赠旅费，并告以佛门规矩。烈士一路逃至河南，均系投宿寺庙，故未遇捕云。在东京时，一日偕烈士游市中，烈士购西乡隆盛像一帧，题云："甘为同胞死，君名何可夸？遍洒英雄血，灌溉自由花。"）

后由河南至山东烟台，由烟台至大连。今年正月由大连至日本神户，由神户至东京，住勤学舍。勤学舍者，即我们革命机关本部也。（按烈士在东，系与孙竹丹烈士同住牛込区市ヶ谷町澄吉馆。其伪言住勤学舍者，因恐株及孙烈士也。）

本年正二月间，我曾至潘阳、长春一带游历。在潘阳居留一天，住在东洋旅馆。因闻田中玉在奉天，伊曾充安徽督练处总参议，他手中有我的照片，并因潘阳事无可为，故未久留。复到长春，在府署西偏租赁民房一间，改易姓名为"张建勋，字立斋，河南永城县人"。自此我遂以此名字、籍贯对人。我的"熊成基"本名，从未向人道及。未久即行回日。六月间党人集议，以党中经济困难，欲谋举办大事，必先筹得巨款，始易为力。东三省介于日、俄两国之间，将来必有战争，大有可乘之机。适有北京派往日本之委员孙铭号竹丹，在日本时曾与我相识。（伪称孙烈士系委员者，因此时孙君在北京，恐被波及也。）

但伊不知我系何许人，我以别号"望云"二字告之。（按熊烈士在东，易姓名曰潜龙，号望云，皆孙君与伊改者。）

伊得有《日本军事计划秘本》约十余册，据云，系为中国政府所觅。（孙君费尽心机，潜得秘本，欲卖去以作本党运动经费。熊言系为政府所觅，盖假词耳。）

伊留一份，如以售与俄人，当得重价。我即挺身担任，代为销售。约定售妥，各得其价之半。先以四册作为样本，意欲藉此联络俄人，酿成战局，以便从中举事。故于八月间，乔装来东。先至长春，住臧冠三家中。臧前开旭东公司，伊子克明在日本东京耶稣教堂。臧平日与我之友人相契，所以知冠三其人而投止之。后我因在臧家居住究属不便，乃嘱其代租房间栖身，并将售书来意告知，嘱其留意代销。又在臧冠三家，曾见过徐尚德几次。徐亦绝不知我来历。伊后赴大连去讫，有人说，徐曾由大连寄我银元八十枚，实无其事。如不见信，可以赴邮局或钱行调查。缘徐尚德之妻系日本人，粗通中东文字，其人智识亦非甚高。如其知我底蕴，恐亦早向官府报告矣。我于八月中即到哈尔滨，寓在宾如栈。从俄人夹根肄业俄文为名，暗谋交接俄人，销售秘密书册，乘便纠合同志，以图大举。适俄外部大臣来哈，由在哈俄商介绍往见。先交样本二册，议价银一百万。俄人现正调查，尚未定局。不意臧冠三走漏消息，致被拿获。孙竹丹现在北京。（按孙君在北京，亦系臧冠三指出。烈士知不能瞒，故言之。）

与我虽在东京认识，并不知我真姓名。缘吾在日本时，颇守静密主意，不肯稍涉嚣张，从未吐露真名。惟伊党中首领黄兴一人知我底蕴。（烈士在东，同志中惟孙竹丹、石德纯、萧翼鲲、钱兆湘四人知之，黄克强尚由萧君介绍，始识烈士。）

所有旅行日用均由东京革命机关本部津贴。（按当时熊烈士在东一切费用，多系孙烈士所筹。石德纯、萧翼鲲二君亦有补助。至返国旅费，皆由孙烈士所赠。熊烈士言系机关部津贴，盖恐株连党人也。）

或疑我之在哈尔滨系图行刺贝勒，亦属误会。

总之，我心坚定，百折不回！所短者，年纪究竟太轻，尚欠阅历，以致上年安徽之举事与愿违。然心地光明磊落，所说皆是肺腑之言。倘使因我任意株连，自问不安，亦觉无谓。至此次举发我之人，董姓素不认识，不过在长春臧冠三家见过数次。请讯董姓便知。所供是实。熊成基供。已酉年十二月　日。

锡良看罢，也可惜这英挺少年，便传臧冠三讯问。治平上堂跪下，锡良问道："你报的还有一个徐尚德咧？哪里去了？"治平道："徐尚德又名徐佳庠，是小人的表弟。小的知道他是个革命党。小的就由他才认识熊成基的。"原来熊味根被获时，就有通令捉拿徐尚德。治平的姑母臧氏听得，咬牙痛恨，便请人将抚养治平的事实，及现在他想将表弟牵连杀死以图吞没店股等忘恩背德的情形，向总督衙门具禀控告。这时锡良将徐臧氏原禀向下一掷，骂道："你这禽兽！你自去看来！熊成基匿居你家两次，在先怎么不报？显见得你平日与革党勾结，一时敲诈不遂，便来出首！还敢将曾受深恩的表弟罗致在内，贪图吞没，真是禽兽不如！来！打！"众衙役将治平按下，打了三百大板，直打得肉糜横飞，鲜血迸溅。锡良吩咐一并收监，退堂。

次日便判决：熊成基枭首，臧冠三监禁十年，徐尚德无罪免缉。熊味根烈士遂就义于冰天雪地之时！孙竹丹因熊案发生后，清廷据东督锡良、吉抚陈昭常电奏通缉，立身不住，逃往日本。辛亥年，被同志误会为熊案告密者，以铁哑铃击死。臧冠三光复运动出狱，在奉天做了两任行政官。

熊味根就义之耗传至南洋，逸仙、克强、精卫听了，都十分悲悼。那时赵声也因在南京对所部兵士在明孝陵演说亡国惨史，既忌去职，投到南洋，同时听得味根消息，便叹道："在南京时，殊不知他有这等的毅胆热肠，只当他一个普通会员罢了。岂料他倒先我而成名！"精卫道："伯荪、味根舍身刺那恩铭、载洵等酒囊饭袋，与虏无损，与我无益，倒反送却有用之躯，太不值得了！我想载沣死后，载沣辅他的儿子秉政，要杀就要杀载沣，才是‘擒贼擒王’之计。现在我便去北京，杀死载沣，使满清政府慌乱无主，便好乘机起义。我去必然能够成功。即不然，也就跟着伯荪、味根去！倘若给我办到，岂不比杀那庸碌之流强的多吗！”众同志方要答言，逸仙早抢先说道：“这断断使不得！”

第五十六回

酒楼遇旧促膝谈心　陵畔陈师慷慨训士

精卫道："为国杀贼，有何不可？"逸仙道："载澧身秉国政，禁卫森严，决非恩铭可比，如何能被人刺杀？况且他深居简出，也不易得着机会。你是本党中坚分子，更不可轻身行险，致贻误党国。你如有失误，党国前途必受莫大影响。这是万不可行的！"汉民、克强等也都劝阻。精卫道："这宗旨已定，势在必行。我如失败牺牲，虽说稍有影响，还有众同志在，大概已不致发生重大的妨碍。如果杀了载澧，满廷纷扰，天下震动，革命即此可成，那么，我虽死何害？现在只请诸同志发号施令，使海内外一齐预备。我就此动身。目的一达，各省并举，决可收事半功倍之效。如若诸同志不许我去，我必自杀。与其留住我而仍然自杀而死，何如听我去拚一头？设或功成不死也未可知。现在要我自杀在这里，或死在北京，只在诸同志裁夺！汪精卫已算死定了！"言方毕，座中有两人起立，说道："精卫同志意志已决，我们不必阻挡。况且汪同志身为暗杀部领袖，更无言而不行之理。我两个情愿帮同他走一遭。"众人看时，却是女党员陈璧君、男党员黄树中。逸仙知精卫言出必行，坚留无益，便道："精卫既立志要行，两位同志肯同往臂助，再好没有。"暗杀部的党员俞云纪、黎仲实两人言道："北京军警密布，载澧警跸严密。精卫同志此去，虽树中、璧君两位同行，还恐人力单薄，呼应不灵，有误大事。我两个也愿与精卫同志同走一遭，合力进行，比较的可以有把握。因为精卫同志此去，虽说见机行事，此时不能决定用一种什么手段对付鞑奴，然而炸弹是不可不预备的。倘若由这里带去，路上恐怕被盘查出来；到了北京，一时又无处置备；除非到了北京亲自制造，更无别法。这一点是我们的专长。相偕前往，正可帮助精卫同志成此大事。"精卫听了大喜，道："我正着急这事，你们两位肯同去，又有陈、黄两位帮忙，此事必成！这真是天佑汉族！事不宜迟，明天就走。"逸仙道："各位同志为党国不顾生命，深入虎穴，誓歼虏酋，党国前途，关系极大！我们明日公饯诸同志，预祝成功！"

如今乘这汪精卫到北京的空儿，让我来补说一桩事。

读者诸公，你说那前回在广东当统领的赵声——即赵伯先——怎么会到孙逸仙这里来的？原来赵伯先在广东被调到天津，恰值山东巡抚周馥升任两江总督。

因为江南新军统领屡次易人，总不得当，便写信与袁世凯，请他荐一个晓畅军事的人才。袁世凯素来知道伯先军学湛深，况且又是南边人，人地相宜，便荐伯先到江南。伯先喜得手舞足蹈，即日南下，暗想："我数年来处心积虑，原想绾握军符，分防重镇，就此联络军人，据守地利，做一番伟大事业。此番我到南京去，正是手握东南精锐，身镇长江天堑，怕不达到我的目的么？"因此欣然到南京督署投书求见。周馥因为他是袁世凯荐来的，必是可用，便另眼相看，即日下札委统江南新军。伯先接事后，勤督操课，日夕训练，并且爱兵如子，体恤周至，那数千江南虎旅，竟成了赵家子弟兵。伯先便乘机宣传革命，组织党国，当时豪杰如熊味根等，都是受他的熏陶而许身党国的。

伯先在军中与一个书记官文一厂最称莫逆，无事时便杯酒谈心，纵说今古，久而久之，竟由僚属而成知己，无事不谈。这文一厂年少风流，性情倜傥，见伯先如此相待，也便以生死相许。

如此相处了不少的时候。一日伯先听得浙案爆发，传来消息，说秋瑾之外，死者不计其数，连陶成章也在其内。伯先痛哭一场，取出一张照片供在桌上，摆着两只酒杯，斟满了酒，举起一杯向那相片道："好朋友！伯先今日和你痛饮一场。"说完将酒奠了，举起那一杯来，自己一饮而尽。饮罢又痛哭。一厂在隔壁房内听得，忙走过来。只见伯先独自一人在房里号啕大哭，见他进去也不理他。又见案上供着一张相片，忙仔细一看，见是一个西装少年的照像，上款题着"伯先道兄惠存"，下款署名是"陶成章"三字，心下早已明白，忙向伯先说道："陶焕卿已在杭州被杀，固是痛心之事，但长官如此举动，倘给人瞧见，岂不有误大事？我劝长官且为隐忍。以长官如此悲痛，和成章断非泛泛之交。'知友之死，当思其仇'，也不是一哭可报的。望长官忍耐一时，且图为焕卿吐气，不要一时固执，致泄露一切，致使焕卿地下不安。"伯先听了，止住悲声，呆呆坐着。一厂便邀他到江边散步解闷。

二人来到江边，眺望一回，便到江天楼酒店里沽饮三杯，凭栏远望。正闷饮间，忽见隔座一人探头探脑的向伯先凝望。伯先心中好生奇怪。正要迫问时，那人早到跟前，施礼道："伯先兄！你人好么？"伯先定睛看时，这人正是陶成章，心中大惊，却也不惧，便道："焕卿！你有什么未了之事尽管向我细说。想你今日为我精诚所感，到此现身，决不是无语而来的。你我交情。原无死生，望你仍如以前一样坦直才好。"成章哈哈笑道："伯先！你当我是鬼吗？如果我是鬼，也不能来见你了。"一厂站起来，一手拉住伯先，一手拉住成章道："坐下再慢慢儿谈吧。"伯先、成章依言坐下，叫堂倌添了杯箸，斟了酒，成章才说道："我在浙中变姓名逃出，听说你在这里当标统，便来寻你。恰好我的故友文一厂在你幕中，我便先去会他，要他告诉你我住在这里。因为这里主人是我生死之交，便约你来此相会，以免走漏风声，有碍于你。"一厂笑着，把伯先如何哭奠，自己如何劝住，便故意不说明，引伯先来此，以图一笑的事说了一遍，伯先方才明白。

成章又问伯先道："近日又有桩大事，你知道么？"伯先道："什么事？"成章道："吴樾又死了！并且死的很惨！"伯先道："我也听见一点，只不知道详细。"成章道："只因虏廷想缓和民气，假意立宪，派端方、戴鸿慈、李盛铎、载泽、尚其亨五个出洋考查宪政。吴樾想趁这时把这五个满奴汉奸一网打尽，一则儆戒虏廷；二则唤起革命。等这五大臣到东站上车时，一个炸弹轰然击去。不料这五个政蠹倒不过稍受微伤，可怜吴樾竟先自炸死，肝肠迸裂，肢体不全，真令人伤心！"伯先拍案道："好！你我是将来之雄鬼，吴樾倒做了成功的雄鬼！你我应贺一贺他的成功。"说毕，各举巨觞，一饮而尽。成章道："你闻我死便哭奠，知道吴樾死便贺祝，这是什么道理？"伯先道："你认识吴樾么？"成章道："难道认识的死了就该哭奠，不认识的死了就该庆祝么？"伯先道："岂有此理？实告诉你：我和吴樾也是亲如手足的朋友，原本由文一厂兄介绍才认识他。他对我无话不说。他这番谋炸五大臣，原和我商量。我说：'你年轻貌俊，极像个公子哥儿，最好你混充公子混入车中，霹雳一声，同归于尽。'他便与我约定，他去干暗杀，我来任大举。哪知他在此暑天，把炸弹带在身边，药性暴烈，不便久藏，以致身殉而贼不亡！你想他不负一言，而见死如归，我岂可负他？惟有急起直追，轰轰烈烈干一场，才对得起死友！"说罢，一厂、伯先俱泪雨纷下，成章也相对黯然。

三人又对酒痛哭一回，天色已晚，便珍重而别。伯先约成章明天到营里细谈，成章次日果然来到营里，寻着一厂，便在一厂房里和伯先相见，又谈了一天的话，成章才告别还乡，隐居待时。伯先致送他些盘缠，以壮行色。

光阴迅速，已是秋深，伯先久静思动，每日总是长吁短叹。一日在操场柳下，看见自己的坐马伸着头啮草，毛丰躯壮，比以前雄壮的多，感触满怀，暗想道："古人云，'秋高马肥，正当用武。'我忍辱依贼，毫无发展，这样下去，和穷秀才窗下老死何异？况且'周公恐惧流言日，王莽谦恭下士时；假使当年身便死，一生真伪有谁知？'倘天不假年，我成短命，岂不一片雄心，反成罪案？我何不率领部下到孝陵去演说一番，激发他们的爱国热心，也消消我胸中块垒？"想罢，便下令到孝陵练习野外勤务。一时间人马奔腾，刀枪耀日，齐到孝陵来。

练习了一回野战，伯先带领官佐士兵来到陵前，行礼致敬毕，伯先陡然向官兵问道："弟兄们！可知道这陵墓里葬的是谁？"众官士看见他声色俱厉，摸不着头脑，不敢作声。伯先顿足长叹道："唉！难道连自己祖宗英雄的坟墓近在咫尺也不知道么？"众官兵无言可答，却都兴奋起来，义形于色。伯先提高嗓子说道："弟兄们听清！这是大明太祖高皇帝的陵墓！他是我汉族中一个迈越前古的英雄！他能赤手空拳，振臂一呼，唤醒汉族子孙，从那称雄欧亚的胡元手里，夺回我汉族的锦绣河山！洗我们汉族的奇耻大辱！不使汉族再受胡儿蹂躏！不料到了他的子孙思宗皇帝手里，又被满洲胡族夺了江山，汉人依然子子孙孙做了奴隶！满人都有粮饷，不必做事，可以终身温饱；汉人纳粮之外，还要当差，终岁辛勤，不得一饱。还有种种的压制，不胜细说。弟兄们！看我们怎对得起这长眠地下的前辈英雄？”说着便流下泪来，众官兵也一齐洒泪。伯先呜咽说道：“这我不过是大略说一说前朝的遗恨，诸位不要忘了自己是汉族子孙！譬如我们都是同胞手足，同住在祖宗遗下的一所房子里。这房子非常闳大，非常华美，亭台楼阁，奇花异草，鱼米菜蔬……等等无一不有。我们祖上造这房子，原想自己的子孙能够在这里安居乐业，永传万代。哪知子孙不争气，竟把这房子平白让人家占了去，还要做人家奴隶，这是多么伤心的事情！这个譬喻大概诸位都可以明白。既然明白，便要大家发愤为雄，替祖宗争口气，夺回我们祖宗创造的好家园，使子子孙孙永保无疆，才对得起我们的祖宗，才不愧为黄帝子孙！”众兵士听了，个个摩拳擦掌，咬牙切齿，誓杀胡奴，恢复祖国。伯先见了，知人心未死，士气可用，心中十分欢喜，便带着官兵们整齐步伐，高唱革命歌。便在那栖鸦匝树、暮色苍茫之中，刀枪丛拥，慷慨高歌的一直回到营里去。

不料伯先在孝陵一番演说，早被那快嘴的报告了两江总督周馥。周馥一听，吓了个魂不附体。想着：“要办了他，一来他是一军之长，深得军心，还怕激成他变；二来他是袁慰帅的人，没真凭实据怎好办他？”想来想去，只有将他削职的一个办法，便下令：“赵声着升补参谋处参议。”轻轻的将伯先兵柄解去。伯先知是演说事泄，郁郁不乐。文一厂向伯先道：“江南之苗已秀，何必拘拘一隅？再到他处播种，有何不可？”伯先乃欣然解职。士兵痛哭送别，伯先又勉励一番，挥泪而去。

伯先解职后，依然纵酒狂歌，四出交游。一日，在一酒店独酌，见一少年注目而视，便问道：“朋友，你看些什么？”那人道：“足下是赵伯先么？”伯先道：“我便是赵声。”那人走将过来道：“我久闻同人中说起先生大名，今日因见足下意气豪放，向掌柜的一打听，果然便是先生。风采辉煌，真不愧江南人杰！”伯先问道：“足下贵姓大名？”那人道：“我姓陈，名更新，福建人。此处不是谈话之所，屈先生到敝寓一行可以么？”伯先坦然道：“如此，就去罢。”更新会过钞，伯先也不客气，便随着他来到他家里。

更新问道：“久闻先生怀抱大志，欲复故国河山，但不知高明策划是从何处着手？”伯先听了一怔，暗想：“这不要是周馥的侦探吧？……不要上当才好！”便装呆道：“近年来失地数千里，南北版图均有裂迹。我辈为军人的，自当深以为耻。一旦王师征伐，效命疆场，得将台湾、辽东等失地一一收回，献俘太庙，乃不愧为军人。至于从何处着手，那自有庙堂诸公深谋荩划，不必我们偏裨小将葸葸过虑了。”更新听罢，知道伯先不放心他，故意如此说，便将座儿挪近一步，慷慨说道：“我便是同盟会会员！今日所以请先生来这里，原是为大家携手，设法大举。不料先生竟误把我当作外人。虽然，先生因孝陵演说，明升暗罚，无怪乎不放心。现在兄弟却决不疑先生，先生请看……”说罢便将同盟会盟单等项递给伯先。伯先跃起道：“惭愧！惭愧！你能如此坦白相与，我真是有眼无珠！”更新道：“伯先兄！你不必如此。我知道你对于这闲曹散职郁郁不乐，又因平日结欢士兵，挥金如土，囊空如洗，进退两难，此处已成鸡肋，他处又不能成行，是也不是？”伯先被他道着心病，大为感动，只一言不发。默然良久，方长叹一声，低下头去。更新道：“伯先兄！我劝你不如将职辞去，我们同处此间，静待时机。一切用度以及保险都由我负责。免得你日在虎口，而我们又可以互相为助，好么？”伯先仔细想了一想，道：“且候我俟机辞职。此时若突然不干，反使他们疑心。”更新也以为是。两个又倾谈了一会，伯先方始起身告辞。

伯先从此留心侦察更新举动，往返半月，毫无破绽，知道更新确实是推诚相与，便称病辞职。周馥巴不得他不干，一见辞禀，轻描淡写，批了个“慰留”，顾全袁世凯的面子。候第二次辞禀到来，便不客气的照准。一面致书袁世凯，只说赵某因病坚辞，慰留无效等语。袁世凯也就不在心上。

伯先自此和更新同在一处，整日组织党务。若遇有可为的人，便劝导加入。又因此认识了倪映典、姚雨平、朱执信等一班党人。因为伯先在广东统过兵，大家商量，说总部派黄兴、胡汉民到广东发难，便要伯先会同雨平、执信、映典等一干人前往帮忙。伯先便先到南洋接洽一切，正遇着汪精卫要启程往北京暗杀载沣。精卫走后，他才和众人到香港去。

第五十七回

扫穴犁庭事败俄顷　冲锋陷阵机失须臾

且说汪精卫带领了陈璧君、黄树中、俞云纪、黎仲实等，一众五人，辞别了逸仙及诸同志，绝无留恋，鼓轮北去。一路行程并无耽搁，早已到了北京。精卫便与众人商议，觅一所房屋，开个照相馆遮人耳目，并且采办药料时，也免人疑惑。好在俞云纪，汪精卫都会照相，一切都内行，不到两日，便将房屋觅妥，制备些物品，装璜门面，发贴广告，便正式开张。暗地里购备些硝磺镪水等物，交与俞云纪、黎仲实两个秘密制造炸药。一切运送，因避军警盘查，都由璧君携带。因此人不知鬼不觉的预备妥帖。

精卫、树中便借照相为由，结交宫内的老公（即太监）和禁卫军士。挥金如土，一意交欢，自然容易成为知交。不到半个月，宫内有几个老公早被精卫勾结得伏伏贴贴，愿为效死。便把云纪、仲实造成的炸药密运进宫埋好，又接好电线，以为点放之用。这一番惨淡经营，手腕的敏捷，布置的巧妙，都是精卫和树中晓夜商量，费尽心力，方得成熟。并且预备的手续出人意料之外，不是局内人，任凭如何也看他不出。

这炸药既已埋好，只等电流接通，便将机关一拨，要将宫闱炸成一个火窟灰堆。岂仅载澧，便是溥仪也逃不了，因此众人欢喜非常。

那精卫拉拢的老公之中，有一个名叫小喜子的，是河间人，净身进宫已经六年。因为为人伶俐，深得司礼监老张的欢喜，把他一步步提升到乾清宫掌宫监。照例这个缺是应由一个张小傻子升补的，因为小喜子是老张的红人，张小傻子无可奈何，只好怀恨在心，暗图陷害。那小喜子的父亲是个混混，（即流痞，京语谓之“混混”。）为赌钱被个宗室旗人一脚踢死的。故而小喜子虽因家贫无法，净身进宫，却是想起父仇，便深恨旗人。自从在精卫处照相认识后，时常口头露出些言语，精卫便利用这一点，将他结纳。他也深恨旗人的暴虐，宫闱的不仁，乐为效死。

哪知张小傻子昼夜窥探小喜子的行动，极力拉拢小喜子打骂过的小老公，因此这桩事就被他探了个仔细。心中一喜，真比拾着什么宝贝还加欢畅，连忙走到步军统领衙门告密。那步军统领得知此事，还当了得？连忙一面奏闻，由宫中搜检栽埋炸药的地方，先将里面电线剪断；一面派五城兵马司密拿党人。

精卫、树中等正庆大功将成，满心欢悦，忽见小喜子化装一个混混模样，慌慌张张走将进来，说道："不好了！里头知道了！你们快走！我要逃命了！"精卫等再要问仔细时，他已出门走的远了。精卫不知里面电线已断，忙要璧君、仲实、云纪快走，留性命报告总部，再作后图。自己预算和树中两个拨动机关，与满奴同归于尽。仲实等尚在犹疑不决，精卫急道："你们难道不听我指挥么？大家死了有何益处？"三人无奈，方才出门逃去。

哪知精卫等雇用的一个仆人——名叫张小山——早一日得知此事，也到步军统领衙门出首邀赏。步军统领忙点两翼兵丁，亲自前来，将照相馆团团围住，冲将进去。只见精卫、树中昂然不动，众兵丁连忙拿下捆了。四处一搜，机关尽露，便将精卫、树中两个带回衙门，修折启奏。奉虏旨："交民政部审问。"

满清民政大臣肃亲王在旗人中，尤其是在宗室中，头脑总算是比较清醒的，知道满、汉结怨已深，潮流所趋，若过于压迫，横决愈甚。况且此案牵涉宫中，不便穷治。便将此意告知摄政王载澧。载澧一则有些惧怕肃亲王，二则也怕怨深身丧，所以不交法部，而交民政部。

肃亲王奉了旨意，便提精卫审问。精卫昂然上堂，肃亲王问道："你为何行此不轨之事？同谋的有几人？主谋的是谁？"精卫答道："主谋的是我。黄树中是我花钱雇的。至于为什么要这样，你拿纸笔来，我详细写给你。"肃亲王便叫给纸笔。精卫不假思索，洋洋洒洒，立就数千言，畅论必须革命的理由，引贯古今，纵横欧美，透彻无遗。肃亲王阅了供词，深切畅达，也深服为不磨之论，便提黄树中与精卫对质。不料黄树中上堂即说："主谋是我。汪精卫是我请来照相，敷衍外面的，与他无干。"两人当堂争论，各认主谋。肃亲王见他俩绝不推诿，反而争死，大为诧异，便将二人收监，录供复奏，都定为主谋。奉旨，判了个永远监禁。

罪名既定，送往法部执行。司法大臣是满人廷杰，心中正因这案破例交民政部审问，侵了他的权限，老大的不高兴。恰值民政部将黄、汪二人送来监禁，便有意虐待他二人，想要瘐死他俩，以泄心头之火。便将汪精卫、黄树中二人分别收入天牢，项带铁枷，手铐脚镣，每日只给薄粥两碗，粗饼一块。从此二人便过那铁窗生活。

陈璧君、俞云纪、黎仲实三人自奉了汪精卫之命，逃出京城，便慌慌张张混出正阳门，在附近觅了个隐僻之所暂时存身，打听消息。就中陈璧君更加神思恍惚，茶饭无心。后来打探得二人已经判定永远监禁，不至于死，方才略略放心。便遵依精卫之言，赶回去报告逸仙。

到了总部，逸仙等正因精卫北去，久没消息，甚为惦念。忽见云纪等三人回来，不见精卫、树中，便知不妙，忙问道："精卫、树中咧？难道有什么变故吗？"

璧君听了，心中一急，两泪如雨，早已说不出话来。逸仙见璧君如此，只道精卫已经丧命，心下更为焦急，连问"怎样了？怎样了？……"仲实忙答道："精卫、树中虽然被捕。却只定了永远监禁。我们赶回，正为商量营救的。"接着便把北京事实的经过源源本本细说一遍。逸仙听罢，长叹道："总是虏运未终，所以处处事败垂成。精卫、树中两人幸而不死。现在正有一机会，在此不久，便可起手，得手之后，他二人自然可以出狱；要不然，既已定了，倒不易设法营救。"璧君忙问道："不知是什么机会？"逸仙便一一告知三人。

原来逸仙、克强等自汪、黄等动身后，仍旧是不稍松懈，积极进行。逸仙因为连遭失败，被满清政府要求英、日、法等国不得在边地容留逸仙。这回广州新军运动成功，便在香港设立机关，逸仙当然不便前往，便和克强、汉民商议道："这次的举事，是广州新军自动的，时机大有可为。广州得手，便可按照原定计划奠定全国。但是军饷军费却万万不能缺少。我既不能到香港亲自布置，在这也是白守着。所以我决定仍去游历欧美，向各地华侨募集款项，接济军饷用费。如此，双方并进，方才于事有济。大家以为如何？"克强、汉民等听了这个计划，深以为然，便决定分途进行方法：逸仙游历欧美，专任筹款接济军费；克强、汉民等到香港设一南方革命总机关，专门联络同志，运动广州新军起义，指挥各省党员响应。

逸仙将这广东新军起义，并有伯先等前往之事说与璧君等知道，璧君方始略略放心。是日饭后，便各依计划预备启程。逸仙料理一番，便乘轮放洋，诸同志自有一番叮咛送别，不必细说。逸仙走后，次日，克强、汉民二人便带同一众党员，分批陆续潜入香港，布置机关，与广州新军暗通声气，准备起事。

原来广州新军自赵伯先辞去标统之时，已经有了革命的动机。赵伯先何以要辞却标统，远走南北两洋呢？新军为何因赵伯先辞标统，便有革命动机呢？这话且等我慢慢说来：

自从钦、廉抗捐事起，伯先和郭人漳奉令带兵分途进剿，所有已失各地，多是伯先次第克复。事平之后，班师回省，论功第一，自然应得重赏。但是功高遭谤，千古一辙。那没得功的，见伯先声名赫绩，指日可升，未免因羡生妒，因妒生恨。但是伯先新立大功，没可中伤之处，这些人便无中生有，想入非非，平白的散出一种谣言来，说："赵声和革命党是约好了的。所以赵声的兵到那里，革命党便将那里让出给他。原为要赵声立功，好高升。等赵声手握大兵，那时再由赵声全军兵变起事。要不然，怎么会一兵不折，就能收复钦、廉，剿平革命党咧？"这种言语，入情入理，任凭是谁，听了也要深信；何况粤督张人骏是个著名的糊涂蛋咧？人骏听得这些言语，心中便有些疑惑。到得后来，愈说愈多，愈说愈甚，竟说赵声连起事的日期也约定了，并且有不少的革命党已经埋伏在城内，预备起事。这样的到处传扬，风起云涌，人骏便害怕起来。心想把赵声拿办，只是他兵权在握，若不布置妥当，他借此兵变，到不是个了局，而且自己前程还要保不住。左思右想，没个主意，便与幕友们大家商量。众人七嘴八舌，也无个定见。最后还是人骏急出一个方法来，借个题目把伯先一标人马调到省城以外，同时把防营调进城来，将伯先留省候令。到那时，伯先与部下已经隔断，势力孤单，呼应不灵，便好下手了。众幕僚齐赞好计，人骏便如法施行。伯先为人何等机警？见人骏无故下令换防，将自己标兵与防营对调，这明明是因为近日谣言，想要下手拿办，又怕挟兵为乱，故使出这种计策来。伯先既已瞧穿了内幕，想道："我现在只这一标兵丁，其余的军营都和我宗旨不同。比较起来，我比他的势力薄弱多了。与其等他来算计我，何如我先跳出虎口再作后图？"便递了一个因病辞职的禀呈，也没候批下，便向北洋去了。这是以前的事。

伯先去后，人骏便没深究。但是伯先标下的官弁目兵人人想念赵标统的好处，恋恋不忘。加之继任的标统是人骏的私人，只知克扣军粮，严厉压制，并且不时撤换官弁，位置私人，转使官兵追思赵伯先的恩惠，因而怨及人骏，诽议沸腾。况且这班官弁目兵平时又受足了伯先革命思想的灌输，便自然而然的向革命的路上进发。革命党人知道这个原因，便派倪映典到广州，专一运动新军。

倪映典本是广东督练公所的排长，因为醉心革命，被同事排挤去职，和新军有历史上的关系，所以极易收效。加之伯先已会同朱执信、姚雨平、陈更新、陈炯明等到了香港，声威号召，全军默契，反而自请起义。映典便报告香港机关。

伯先得了报告，便遣人邀克强、汉民来港妥筹进行，并设立统筹机关，指挥南部各省的同志，免得像河口一役，无人指挥，以致失败。克强，汉民到了香港，与伯先相见之下，知道新军接洽已告完满，不胜欣喜，便急忙发出通告，召集各处党员。一面通告各省机关，预备响应。

各处党员齐集后，依各人志愿组织了革命敢死队。便通知倪映典，约定新军于庚戌正月十四日，分伏各城门，候敢死队到时，举火开城，会同进攻各衙营。先期数日，制备了许多青天白日军旗，夹缝在被褥里面，运进广州，以备新军反正时应用。诸事料理已毕，已是己酉残腊，各党员一个个磨砺精神，准备杀贼。

且说广州新军炮队营前队队官，姓范，名金祥，原本是个世家子弟。他父亲是湖南候补道，因为富有票的案子，被湘抚俞廉三拿力，一气身亡。母亲王氏带了他弟兄三个逃回广东，辛苦养大。日夕以报父仇为嘱。金祥居长，十多岁便考进陆军学堂，毕业后便在新军服务。因想着要报父仇，非加入革命党不可，故而与倪映典极为契好，即由映典介绍加入了同盟会。

金祥有个庶母罗氏，本是娼妓出身。自他父亲死后，便与金祥的表兄王鸿恩私通，结了个不解之缘，金祥还不知道。那年六月间，罗氏将毒药下在汽水中，毒死王氏和两个小儿子，与鸿恩卷往香港，实行同居。金祥虽则禀官请究，但是罗氏逃匿在外人境地，且不知住所，也就无处雪冤。

一日，罗氏与鸿恩商议："若不害死金祥，终是后患。"鸿恩道："这有何难？现在官府正查拿革命党。我在广州时，已知金祥是个革命党人，在他箱子里看见不少的革命书籍，《訄书》、《革命军》、《汉族魂》什么都有。现在只要去出首报告，怕这小子不死在我眼前么？"罗氏道："真的吗？倘或他没有了咧，岂不是你要吃亏。况且他已告了你我二人，现在广州正在缉捕，自投罗网，你如何去得？"鸿恩道："这不打紧。我有个朋友在巡警局里当巡官。我秘密去告诉他，要他到金祥家里一搜便得。他有这个功劳，马上可以高升，岂有个不乐意的吗？"罗氏听了，道："金祥要逢礼拜才能出营。今日是礼拜一，你去正好。只是要早去早回，休使人挂念。"鸿恩道："这有什么挂念的，难道他有千里眼顺风耳么？"

二人商议停当，鸿恩便悄悄的来到广州，寻一个栈房住下。到得夜里，溜到西关巡警局里，会着他的朋友，巡官郑观南，将金祥是革命党，特地来报告的话说了一遍。观南听了，便道："你和他是仇家，这是谁都知道的。这事功劳虽有，只是你不好出面。"鸿恩道："我原是送这件功劳给你的。我俩知己之交，何分你我？只要你能得功，我不出面何妨？"观南听了大喜，便答应了，要鸿恩明日来领导到金祥家里。鸿恩道："事不宜迟。何必等到明日咧？"观南便道："那么，你就候一候，我便去报告。"说着便进里面去报告。

一会儿，观南已换了制服，带了许多武装巡警掌灯出来，向鸿恩道："我们就去。"鸿恩忙起身领着一干人直到金祥家里，敲门入内。那范家只有个老家人和一个帐房在家，见黑夜里来了这许多武装警察，直骇得目瞪口呆。方要询问，早被巡警抓住帐房，老家人趁闹里溜了出去。观南指挥警士满屋搜检，果然搜出许多革命书报。便将帐房捆住，一面派人到炮队营，只说家里有要事，要金祥回来。将近天明，金祥已请假来家看视。方才踏进大门，鸿恩便指示观南道："就是他。"观南一鸣警笛，众警士早一窝蜂上前将金祥拿下，拖着便走。

那老家人逃出大门，便想要到营里去告诉金祥。不料夜色已深，街上不许走过，只得伏在左近探讯。金祥回来时便要去拦阻，还没赶到，金祥已被拿下。他见众警士蜂拥着金祥去后，想起前后情形，便号啕大哭起来。恰巧有炮队营的采买兵士经过，见这老者哭得伤心，便上前动问情由。老家人便将罗氏、鸿恩和奸，毒害满门的事实，以及鸿恩带警士搜捕金祥的毒计，一一尽情诉说出来。这兵士不听犹可，听得时，无名火高起万丈，便道："你休啼哭。你主人便是我们营里的队官。你且和我到营里，大家商量救他去。"老家人听罢，不胜之喜，便随这兵士来到营里，向大众哭诉。众目兵听罢，大声鼓噪，一拥而出，齐奔西关巡警局来。

到得巡警局前，口口声声说巡警局不能擅捕军官，警局说是拿的是革命党，各不相让。众目兵因“革命党”三字刺着心病，疑心机关已泄，即忙通知各营，也不及等到约期，便攻破警局，救出金祥，杀死鸿恩和警官等，动手由城内发难。

那时倪映典正隐伏在他的友人—李荫苏—家里，得了这个消息，知道已经不能进城，深恐城内发难，香港的敢死队未到广州，仓促发难，没有联络，如何能够成事？便忙奔到城外新兵营里，会同各官长，集队演说道：“赵标统今天四点钟由江门带了十多万子弹来助战，要你们大家努力向前，杀尽满奴，恢复我汉族河山！更要你们不要辜负了从前一番教育，为国奋斗！现在城内的新军已经奉了赵标统的命令首先举义，围攻督署，大家快随我来！攻进城去，援助他们！”众官兵听得赵标统来了，勇气百倍，一声呐喊，随着映典直向广州城扑来。

满清广东水师提督李准得了新军兵变讯息，忙率领部下，前来救援广州。刚到横支冈，遇着映典这一支兵，便忙发令开枪截击。映典手挥青天白日旗，大呼前进，众兵士随着散开抵敌。不料当头一弹飞来，映典不及闪避，竟作了革命的牺牲者！众兵士见映典阵亡，失了指挥，军心大乱，被李准领兵横击，打得纷散。

那城内的新军系由西关突入发难。因城外无援，被防营巡警围住困战，又被李准带队进城，四面包抄攻击。不半日，只打得血染沟渠、尸集闹市，空牺牲了无数健儿，结果仍旧失败。范金祥也死在乱军之中。只便宜了李准向他的恩主献功，博得个忠实奴才资格。

消息传到香港。克强、伯先等同声痛哭，一面为映典设奠，一面筹划再举。伯先因屡遭打击，愤懑填膺，身体便有些不快，亏得克强、汉民诸人时相劝慰，未成大病。

第五十八回

筹军费一夜集多金　怀国仇独身击满虏

广州元旦革命失败时，孙逸仙正由美洲东渡到三藩市筹募款项。还未得手，陡然听得广州失败的消息，深恐同志们因多次失败而灰心，便取道檀香山，经日本，想要回到南洋来鼓励同志，团结努力，以图再举。

到得日本长崎，用着“中山氏”的名号登陆，住在美迺和旅馆，便有留日同志黄膺白（即黄郛）等来进见。因为日本政府接受满清政府的要求，不许逸仙在日本境内居留，所以党员也不敢开会欢迎。同志中，黄膺白素来胆识过人，为逸仙所称许，故他首先来谒见。随后陈英士率带了留日陆军学生蒋中正（号介石，浙江奉化禽孝乡人）等前来相会。逸仙将数次起事的经过和失败的原因大略说了一遍，便和英士商量进取的计划。英士道：“现在最好能够召集一个各省的代表会，决定一个日期，四面八方同时并起，一举而定。”逸仙道：“英、法、日、俄的属地都不能活动，这个会倒不易开。我看还是总部计划了，通知全国，照期行事的好。”英士道：“那么，我便担任江、浙。在期前先回到上海去。上海为全国经济的中心，加以中外杂居，这地方最难对付，我来汪其难者。这蒋介石君是我们同志中一个勇敢分子！他介绍了不少的同学入会，并且组织了几种出版物鼓吹革命。现在他要同我回国革命，到期决定同行。因为他是个革命健者，而且是我一个帮手，所以特来见见先生。”逸仙见介石丰姿英挺，神光焕发，便知他是个富于精诚勇敢的人，心中甚喜。

正要与介石谈话时，陡然走进一个日本警官，向逸仙道：“你是支那孙逸仙么？”逸仙站起来应道：“不错。”警官道：“我们政府有命令，不许你在日本居留。因为你是支那乱党，你住在我国，妨害日、支亲善，所以警视部要我来令你出境。”逸仙道：“我并不在此居留，原是路过，你们不必如此惊惶。”警官道：“那么，你哪天走咧？”逸仙道：“今夜就走。”那警官听了，方点头告辞而去。

逸仙便忙着和英士等谈了几句要紧的言语，便乘船往槟榔屿。同时发电，约在香港的同志到槟榔屿来会议。

逸仙到槟榔屿时，克强、汉民、伯先等一干重要分子早已到屿等候，相见之下，互问情形。伯先道：“这番失败，破坏了最精锐的潜势力——广州新军，失却了最忠勇的同志——倪映典，真是莫大的损失！况且既在经费困难异常，一筹莫展，新军同志被满清官吏严厉踩缉，亡命来港的很多，招待安插的力量已穷尽无余，众同志活动的用费也丝毫无着。只望先生统筹全局，为已死的同志泄憾，为可怜的人民解悬！”逸仙道：“成败本不足计。七十二战每次失败的刘邦，尚且能以坚忍而得最后的胜利，何况我们才失败几次咧？革命的成功，全在最后五分钟的奋斗。欧美各国革命事业的成功，无不是屡仆屡起，再接再厉，在万死一生中得着光明。我们既在同志们经一次失败，坚一分意志，而且增一番经验，只要如此干下去，怕不在最近期内达到光复全国的目的吗？经费虽然穷困，革命的需要已为一般人恳切的认识。踊跃输将的侨外同胞，正在竭力为我们后盾。只愁我们没有计划，没有勇气去努力救国，财政问题倒可以不必顾虑。我这番回来，已经有了具体的计划，只望诸同志勿懈初心，奋勇前进。”汉民道：“目前最要紧的是要立即筹划几千块钱，接济在港的同志使他们不致散去，方能保全基本实力。然后设法分遣同志回内地约齐起义，力谋大举。就是我们这几个人也要速回香港，维持机关，并与各方接洽，竭力恢复局势，然后才能有为。照这说法，至少明日就要筹得五千元，作第一步目前的用费。着手进行时，还须有几十万巨款预备用度。”逸仙道：“此话不错。我今夜就和此地华侨商量。区区五千元，大概不难筹得。至于以后的用度，自然要先事筹帷。即如今便起首措集，还可来得及。总之，我既担任筹集军费，我决不使诸同志因经费问题滞碍进行！”众人听了，深为放心。

逸仙别了众人，来到华侨会馆，和首事梁明说明来意，要请侨胞慨助。这梁明本来与逸仙交情极好，平素最崇拜逸仙。一闻逸仙说起筹款。便连忙发出请帖，即夜齐集了几十个侨商领袖。逸仙将革命须款，望侨胞慷慨救祖国危亡的话演说一遍。这些华侨深恨满清媚外丧权，致侨民无保护，受尽外人压迫；目又濡染外邦文明，痛憾祖国腐败，亟思革命；对于逸仙更有相当的信仰，所以争先认捐，不到半夜，已经交集八千余金。逸仙携回交给众同志，先遣人送五千往香港接济穷困党人。

不到几天工夫，各侨商领袖分途劝募，已集到五六万金。那远处的华侨闻风筹募，汇来捐助的更络绎不绝。逸仙等得了这些款项，已可恢复进行。克强、伯先、汉民等便回香港重整机关。逸仙便遍游南洋、英、荷各属募捐。

不料荷兰政府早由满清政府预先交涉，不准中国党人入境。逸仙到埠便遭拒绝，不许登陆。逸仙便往英属各岛，不料也是一般。无法，只好远赴欧美劝募。幸而侨商热心，到底解囊相助。逸仙筹得便汇往香港应用，先后竟达数十万金。

且说同盟会中有个党员，姓温，名生才，广东嘉应州（现改梅县）人。父迎盛、母林氏都相继去世。乡邻荐他到连州知州沈宗济那里当差。生才不甘下贱，便投身行伍，在浙江提标冯子材部下当兵。后来见带兵官一味的只知克扣军粮，不理事务，知道也不能得益，便随胞兄贵生往南洋经商。即在南洋加入同盟会，抱定宗旨，要轰轰烈烈的留名万世。

那时适值满清政府倒行逆施，将各省商民自办之铁路收归国有，民气鼎沸。生才在南洋与逸仙接近有年，革命排满的思想已满储于脑海。听得这个消息，愤懑异常，便决定回国暗杀。

辛亥二月初三日，生才便由南洋暗藏了手枪，起身回到广州，在东市街觅间小屋住下，暗想道："我是个平庸之人，死了于世上没多大的关系，于党里更没甚重要。如果能够杀却一个满酋，和徐锡麟一般，既使虏廷震惊，又唤醒国内同胞，我拚一死也便值得。"想罢便出去打听新任满洲镇粤将军孚琦出衙的消息。

三月初十日，生才方在街上闲游，忽见仪仗云拥，护着一顶八人大轿过去。忙向旁人打听，才知是孚琦到燕塘看试验飞艇去。生才心下打算："他回时必走东门直街，我且到咨议局前麒麟阁去候着他。"想罢便忙回寓所里，取了手枪、子弹，直向东门来。

那孚琦看过飞艇，顺便到农事试验场参观一过，才打轿回衙。六点十五分钟，孚琦来到东门咨议局前麒麟阁门口。生才扑上前去，左手扭住轿杠，右手拔出手枪，照着孚琦啪……啪……啪……一连几枪。那些卫队一闻枪声，早已四散奔走，轿夫便将轿子一顿，各自逃生，一任温生才打了个畅快。那孚琦身中四枪，一声儿不言语，就此魂升魄降。生才见孚琦已死，从容由东较场口积厚新街走去。孚琦的儿子随来在后，闻讯赶到轿前，只见孚琦一足伸出轿外，头面血染，早已气绝身亡。那时值岗巡警郑家森亲见一个面黑身矮、穿薯莨绸衣衫（广州天热故三月已夏服）的人打死孚琦，缓步走去，只因独自一人，不敢捉拿，便尾随在后，直由积厚新街转至东关凤仪街，遇见河南侦缉队队弁黄熙材，巡警固定邦、曹德、陈金，才说明，会同追拿。生才知后有追者，便转身向永胜街走去。那时东二分驻所巡警大集，生才大笑道："你们要升官么？去好了！"便立住不动。众人将生才捉住，解往番禺县，一面送孚琦的尸首和他的儿子回署。

孚琦被刺，广州一城顿入恐慌时代。旗兵、防营纷纷出巡。总督张鸣岐札委营务处黄松培审问温生才。生才上堂，面不改色，立而不跪。松培要骗他的供词，温语细问。生才道："我是顺德人。（诡供顺德，恐累家族也）与孚琦素无仇隙，并且不认识。不过近来苛细杂捐，抽剥已极，民不聊生，皆由满人专制，害我同胞，故欲杀尽满奴，为我同胞吐气！"松培道："许多满人你怎能杀尽？你岂不是愚蠢已极！"生才瞋目大声道："杀一儆百！"松培问行刺时情形，生才双手拍腿，眉飞色舞地言道："我站在麒麟阁门口，看见他来，欢喜异常，抓住轿子就打。头一枪，卫队、轿夫便都跑了，可笑这班饭桶！第二枪打在他太阳穴，第三枪打在他颈喉；我恐他未死，照定他肚皮、心口连放两枪。"

说到这里，水师提督李准来到营务处会审。松培让坐再问。生才向李准道：

"我二十年前便认识你。那时你还是公子哥儿，现在你居然是统兵大将了。你知道为将之道么？凡为统领的，应如何恩威并济，兵士方能用命；应如何纪律严明，百姓方不受扰，你知道么？唉！你知道什么？你只知道媚异种，杀同胞罢咧！"李准大喝道："休得胡言！你只供出主谋的是谁，便饶你性命！"生才大笑道："饶么？主谋的便是我二十年故交李准！"李准大怒，喝叫用刑。生才任他夹打，咬紧牙齿一声不响。李、黄二人无法，只好将他松刑，收入县监。

十四日，张鸣岐亲自提问，派兵押解，用无顶轿将生才抬至督署。鸣岐和右都统、藩臬两司、营务处、巡警道，带同厅丞、检长，坐二堂讯问。生才侃侃而谈，叙述行刺的经过，后来竟演说起革命排满来。鸣岐讯问毕，将生才交番禺县杨知县带回收监。

杨知县差人唤照相馆宋代生才拍照，以备呈报咨部。生才听得照相的来了，昂然向天大笑道："我今天出世了！"岸然不动，候拍照毕，笑道："代我好好的洗几张！留着底片，将来你们要卖大钱的。"

张鸣岐见生才直供不讳，便判决死刑。十七日早，与臬司、警道等升座．提生才来，道："你已判定斩立决，你还有什么说的么？"生才笑道："有说的，也不屑对你们这班奴才说！"当堂给过食物，便押到东校场。生才从容就义，年才四十二岁！

且说在美洲的华侨有一个结合，名叫"洪门会"，专以"反清复明"为宗旨，和内地的会党大致差不多。所有华侨都以这洪门会为总会。孙逸仙在美洲时，即由洪门会而联络得多数华侨，将各埠华侨联成一气，改洪门会为"致公堂"。以努力于革命事业。当逸仙在南洋被英、荷摒拒后，即决定到美洲筹款。因为在槟榔屿时，已经发过一次筹款通函，便再寄一函与致公堂催促，免致稽延时日。函云：

> 前函所云需十万元始能布置周到，实收成功之效者，非待十万到齐到后发动，刻下已开始陆续布置，在在需款矣。此次之动，乃因日俄协约，时势甚急，岌岌不可终日，而内地革命风潮亦已普及，军心民心，皆同归向；加以吾党久困奇穷，不能稍待：有此三者，相迫而来，不得不发。故举动各人，决意为破釜沉舟之举，誓不反顾，与虏一搏。有十万元为事前之布置固起，无之，亦必冒险而起也。况精卫君已去，吾辈何忍徒生？若事或不成，则"宁为玉碎，不为瓦全"也！弟亦决意到时潜入内地，就与其事。故今日若得十万元则出以安全，不得十万元则必出以冒险耳。此十万元不过一"安全""冒险"之问题，非为起不起之问题也。今内地同志已有决死之心，亦何暇计其安险！但念海外同志必不忍内地同志独出冒险，而不一援手，以拯之于安全之地位也，故欲各尽所能，以相有济。内地同志舍命，海外同志出

财，庶免内地同志有轻掷宝贵性命如精卫君者，则诚莫大之幸矣！弟望美洲各埠同志各尽义务，惟力是视；能筹足十万元固佳，否则多少亦望速速电汇，以应急需，是为至祷！中国兴亡，在此一举；革命军在此一役也。

十一月，由南洋 弟孙文

动身时又致书邓泽如云：

弟近顷因有要务，即须动程，赴欧遄美。此行至速，尚可及期返东。南洋筹款之事，既有头绪，且得各埠同志力任提倡，成效必大。日前，弟招汉民兄前来，兹已到庇能，（庇能即槟榔屿）此间各事，即以付托。望兄鼎力与筹，务至完善为祷！

前因弟尚勾留庇能，故约请李登同兄等到，叙商伊等之行动。兹则无暇及此，可止伊等不来。将来各事，自可与香港办事人磋商可也。

行至高浪堡，又致书各同志云：

各同志大鉴：

弟以十二月六号发梧城，十号晚行抵高浪堡埠。寄泊数时，即又动程西向。此后与南洋相隔，以日而远，中途未便致书。必俟抵美或回华后，方能通音问也。

弟之此行，以有特别之外交问题，须往英京；及预计南洋之款，恐难足十万，有误大举之期，故顺此赶程赴美，向华侨筹足此数，以应要需。此行想可达目的，因近半年来，美之华侨开通颇众，而所筹之款为数不多，当易集事也。此间事，望兄等竭力图之，以收分途并进之效。汉民兄此时想已会面，详筹一切矣。

逸仙将一切付托好，便专赴美洲。

美洲致公堂同志接了逸仙的信，便排印出来，分发各埠，并催促筹款。留美同志冯自由、黄芸苏、陈耀垣等更抖擞精神，办理劝募事项，成绩已有可观。域多利致公堂竟将堂产变卖捐助。及逸仙到美，输助者更为踊跃。不到一月，便得到下列的数目：

域多利致公堂　三万四千元

温哥华致公堂　一万九千元

满得科致公堂　一万一千元

金山　一万元

檀香山　二千元

纽约　二千元

共得七万八千元

再加上南洋、暹罗各处报告，共得一十八万七千六百三十六元。于是倾全党的人力财力，以谋取广州。

第五十九回

黄克强回港组机关　谭人凤归里聚豪杰

赵声、黄兴、胡汉民等由槟榔屿回到香港，长江各省及闽、桂、日本各处的同志多已到来，便组织“统筹部”分任职事：举黄兴为统筹部部长，赵声为副部长。内分八课：一、出纳课，掌出纳财政之事，举李海云为课长。一、秘书课，掌一切文书之事，举胡汉民为课长。一、储备课，掌购军械之事，举胡毅为课长。一、调度课，掌运动新旧军人之事，举姚雨平为课长。一、交通课，掌湘、鄂、赣、皖、苏、浙、桂、闽、滇、粤各路交通之事，举赵声兼任课长。一、编制课，掌草定规制之事，举陈炯明为课长。一、调查课，掌伺察政情、谍报军事之事，举黄兴兼任课长。一、总务课，掌其他一切杂务，举洪承点为课长。其余各同志各依所长，分配各课。总机关设在香港跑马地三十五号，各分机关分设各处。又在摆花街设实行部，专以制造炸弹，为发难及暗杀之用。又以屡次失败都是由一机关或一部分牵破全局，议定各部各课概由主任人负责，各不相问。

措施方定，谭人凤（号石屏，湖南人）来到香港，便到统筹部会见伯先、克强。石屏道：“南京的事听说已有计划，可以不必再谈。湖南、湖北两省是长江重要省区，若取得两湖，可以震动全国，控制虏廷，建瓴而下，长江各省必势如破竹。倘然不取两湖，即使占领了广东，也无屏障，仍然不能发展，而且恐怕为敌人包围，这一点曾注意么？”伯先、克强听了，甚以为然，便问道：“依你如何办法咧？”石屏道：“现在尧卿（孙武）、觉生（居正）在武汉图谋起事，只因缺乏经费，不能设立机关，张大势力。湖南同志更多，都因无钱不能布置进行。若能每处拨一千元，使两湖机关都得成立，势力集中，广东一动，湘、鄂并起，便西南可定，天下归风了。”伯先、克强极为赞同，立即拨二千元交给石屏。石屏便启程由上海往两湖。

石屏到了汉口，便寻着居正、孙武，对统筹部拨给的款子交付，又帮同在汉口租界内组织了机关，才乘轮往长沙来。

石屏在船上遇着由日本回湖南的同志谢价僧、刘承烈二人，故交偶值，分外欢欣。轮船抵埠，三人便同到南门外碧湘街曾伯兴家里住下。伯兴也是同志，自然特别欢迎。

到得晚上，伯兴设宴与三人接风，石屏等三人也不客气，开怀畅饮。席间，石屏问起湖南同志的消息，伯兴道："现在同志多出亡在外，只有焦达峰、杨任几个还在此地。"承烈道："焦达峰在长沙么？明日倒要去会会他。"价僧便问："焦达峰是怎样一个人？"承烈道："他原名大鹏，浏阳县人，素来提倡急进革命。曾到日本想学陆军，因为资格不合，没考得。在东京时和克强极要好。戊申年，他和克强组织大森军事讲习会，集合同志研究军事，很有声名。他对于内地会党情形极熟，所以他组织一个共进会，想改造会党，自任会里的参谋长。又与聂荆、喻培仑等学制造炸弹。戊申十月，同盟会分派各省都督时，湖北是孙武，河南是罗杰，安徽是方汉臣，广东是聂荆，广西是玉山，四川是何起义，江苏是傅梦豪，湘南便是焦达峰。那时你还没到东京哩。"伯兴道："达峰现在正在想组织机关，和我商量了几次，要借我家里做机关部。我本没甚么问题，只因巡防营统领黄忠浩就住在隔壁，他的兄弟黄诚斋又住在我前面，哥儿俩都是孝顺奴才；倘若我家出进的人多，不顺眼，被他们看破，岂不误事？因此要另外设法。只是经费困难，要不然，偌大的长沙，怕寻不出房子么？"石屏道："经费不成问题，你明天引我们去会会达峰好么？"伯兴点头应允。

三人吃过酒饭，正在厅上散坐，只见一个中等身材的人向厅上走来。伯兴忙起身招呼，便给三人介绍道："这便是陈作新同志。"作新也问过姓名，知道都是一家人，便向伯兴道："达峰要我来和你商量一桩事，他有两个同乡夏布客人，一个叫刘肯堂，一个叫周文海，在汉口时会着的。他已经劝他俩加入了同盟会。现在达峰要他俩筹些款接济各处。他俩只有堆存在省里的一批夏布，愿意捐助，你有受主么？或押或卖均可。"伯兴道："这还可以想法。烦你请达峰明早来一趟好么？谭先生有事和他商量哩。"石屏接着说道："我从香港来，克强有话要我对湖南同志说。最好请陈同志和焦同志设法集个会，我们大家商量一个进行的方法。"作新道："既是如此，此地不便聚集多人，明天还在焦家开个首领谈话会吧。"石屏等都道："好极！"

正谈话时，突然听得一阵惨切的号哭声音，价僧诧异道："好像是个女子声音，只是从何而来呢？"承烈也道："这声音就在这屋里，近的很。"伯兴道："你们不要诧异，这声音便是隔壁黄忠浩家里出来的。黄忠浩最欢喜虐打丫头，我住在这里两年，已经听见他打死了五个了。他在广西带兵剿匪时，掳了二十多个良民幼女，带回来做丫头，一点事不对，便打的鹰啼鬼叫。前回因为一个丫头用没开的水泡了一碗茶，他便叫亲兵把那丫头剥了袴子，打一百军棍。末了，还说那丫头打过了不该不谢恩，烧红了烙铁，去烙她的阴户，就此烙死了。今夜又不知是哪个丫头倒霉。"说犹未了，伯兴的家人来报，说："隔壁黄大人因为丫头拿错了衣服，嗾使那只西藏狗，活活的把个丫头嗓子乳头都咬穿，一直咬死了。邻居田二少爷要动公愤告他，特差人来问老爷联名不联名？"伯兴道："回个帖子，就说：我知道了，既然二少爷出头，再好也没有。我无不赞成。”家人答应去了。石屏叹道：“黄忠浩也是读书出身，居然如此惨无人道！万恶的官僚不铲除净尽，百姓终是无生路的！”价僧、承烈也痛恨不置。作新听了，更气的两眼发直，好半晌才道：“我决不使这禽兽得好死！”

三人方在痛恨，伯兴的家人又来报道：“田二少爷被捉到巡警局里去了。小的去打听，说是田家打坏了黄统领家墙壁，黄大人拿片子叫局里抓的。”作新听了，大叫一声道：“好狗肉的！不杀你誓不为人！”石屏道：“陈同志！除奸有日，何必性急？且休声张，免误大事。”作新才勉强压下口气，告别而去。石屏又叮咛明日焦家的约会，方才送过作新，各自归寝。

次日，伯兴和石屏、承烈、价僧等四人梳洗过，便到北门左局街来。到得焦家门首，伯兴上前叩门，里面一个小厮开门出来。伯兴问道：“左耀国先生在家么？”小厮道：“你是哪里来的？”伯兴道：“我们是南门外曾家来的。”小厮道：“且等我去看看来。”说着，便进里面去了。不一会，只见作新同一个瘦长身材、满脸英气的人，领了七八个人迎将出来。伯兴等随着来到里面夹正房里坐定。承烈便指着瘦长身材的人，向价僧、石屏道：“这位便是焦达峰同志。”达峰向二人招呼过，便将在座诸人一一介绍。原来“左耀国”便是达峰的化名。在座的是徐鸿宾、杨任、彭邦栋、周果一、吴夑、郑人康、柳鹑火、黄菊初、李琦、禹骨刚、邵中柱和由浙江失败回湘的龙天衢等十余人。

石屏向大众说道：“我这回从香港统筹部来到湖南，原是受统筹部正副两部长——黄克强、赵伯先两同志的委托，来两湖接济诸同志，并设法组织机关，筹划进行的。去年孙总理在槟榔屿召集会议，与胡汉民、黄克强诸同志，及海外各部代表邓泽如、孙眉——总理的胞兄等议决：先取广州。广州一得，便由克强同志统一军出湖南，攻湖北。伯先同志统一军出江西，经安徽，取南京。所以克强同志便要我来和诸位计议，候广州得手，在湘同志便可发难。并要我稍许带了一点款项来做组织机关的费用。以后的用费，统筹部还有接济。只不知诸同志在湖南的成绩，现在已经到了什么程度？还得请诸同志详实说明，我好报告统筹部，通盘计划。”达峰首先起立说道：“萍、浏一带的同志最多，离省城也最近，约有三千余人，是我组织的。常德、沅、靖、辰、桑一带，是杨任同志接洽的，那边很多勇敢的分子。衡、永、郴、桂一带，是彭邦栋同志组织的，还有周果一、柳鹑火等几位同志帮忙，现在还未十分妥当。宝庆、武冈有禹骨刚同志负责，不成问题。长沙方面，新军有陈作新同志担任，巡防营有徐鸿宾同志担任，并且四十九标标统王中隆、五十标标统梅馨都是同志。只有巡防统领黄忠浩是个障碍，非拔去不可。”作新起立道：“这事交给我。”石屏道：“这还容易解决。只是岳州是咽喉之地，难道竟没准备么？”达峰道：“湘阴、岳州都是陈嘉佑同志去联络的，因为他没回来，所以没报告。他们各位都是来催款的；陈同志自筹用费，所以没来。”石屏听罢，便将统筹部对于湖南进兵的计划书和一千元组织费取出，交给达峰、伯兴，并派价僧、承烈帮办。

达峰等接过了计划书和组织费，便设宴款待石屏等，大家尽欢而散。当夜，达峰便派陈作新去寻觅房屋。次日午后，作新来向达峰说道：“接贵街有一栋五开间的公馆房子，佃钱很便宜，我就同你去看看吧。如果合适，就把它租下；要不然就到北门外寻去，那里比较僻静点。”达峰道：“接贵街离抚台衙门很近，倘出进人多不方便。还是到北门外寻去吧。”吃过午饭，达峰和作新便同到北门外来，走过吊桥，便向新河行去。到得新河街上，见新造的房子很多，二人便向左右铺家打听，说都是朱乾升家里新造的。达峰和作新二人便叫部人力车来到大西门朱家，寻着帐房，问明租金，指定最大的一栋付了押租，方回到左局街来。一面差人去收拾房屋采购家具，自己便和作新检点了些文件，到南门外碧湘街曾家来会谭石屏。

石屏自从在焦达峰家回来，便和伯兴等商量湖南与广东取联络的方法和通气的办法。伯兴道：“湖南与广东虽是邻省，但川粤汉铁路没筑成，若想直接由湖南通气，路途遥远，关津险阻，困难非常，倒不如由长江来的爽便。最好请统筹部在上海、汉口等处设立交通机关，一路传达，方不致误事。”石屏道：“我来时听说统筹部已派郑赞臣到上海办理苏、浙、皖三省的交通。现在我们便写信给统筹部，要他通知赞臣代办湘、粤间的交通和人员来往的招待。汉口一方面就托孙尧卿好了。”伯兴点头称是。石屏便取纸笔，修书给克强。

正在写信，作新领达峰来到，石屏、伯兴连忙起身让坐。茶罢，达峰将已运动成熟的湖南常备新军官弁目兵花名册和加入同盟会的愿书号册、械弹清册等交给石屏过目，并说道：“这是抄的副本，就请先生转呈统筹部吧。至于湖南本党的势力是非常的扩大而且巩固的：除军界外，在省城方面有商会会长省绅龙璋，教育界周震麟、周剑帆等，况且湘人富于革命性，青年学子十之八九是我们同志。只要统筹部命令一到，即可举事。”石屏听了甚为欣慰，便道：“既是如此，此处就请各位同志赶急筹划。我也不必等在此地，今夜我便乘轮船动身去香港报告。这信也不消写得了。”伯兴留石屏多住两日，候机关成立了再走。石屏道：“这倒不必。香港望信甚急，这里也还要钱才能维持，并且我还要计划北部的革命工作，能少耽搁一天好一天。”达峰等听了，也不便强留，即夕设宴饯行。石屏恐惹不利，谢绝同志不要送行，一肩行李，乘江轮飘然而去。

石屏到了汉口，便到机关部，将湖南的情形和请他们担任通气招待等事的话向孙武说过。孙武满口应承，石屏便换船往上海进发。

不日船抵黄浦，石屏便登岸到长安栈住下，吃过饭，写了封信叫茶房送去，要郑赞臣即来一趟。约莫下午三点钟时候，赞臣来到。和石屏相见过，赞臣道，“这回你真辛苦了！”石屏道：“‘辛苦’两字谈不到，不过稍许有点成绩可以稍慰同志们的企望罢了。”说着便将两湖情形大概说了一遍。接着便问苏、浙、皖三省目前的状况。赞臣道：“江南第九镇和安徽的李烈钧、柏文蔚各部新军都已运动好了。浙江军中也有人去了，大概一个月内都可以成熟。只是款项不敷，还得总部设法才好。”石屏道：“要做事钱当然不能少。我明天便到香港去，要统筹部拨款来接济你。只是两湖同志要托你代办通气机关和来往同志的招待，可以么？”赞臣道：“大家都是为革命工作，这有什么不可以！”石屏道：“那末，我到香港再要统筹部补一个命令给你吧。我今日就动身往港，你们不要送，免得招摇。”赞臣答应了，便请石屏到一枝香吃过夜饭，独自一个送石屏上船。

克强、伯先自石屏走后，便积极的筹运军械，又通知在东京的同志陈英士等准备回国起事。这日正要派人到广西去筹备会同军队起义，石屏已回到部里。克强等大喜，便道：“你来得正好！此地正要派人到广西，因为不知湖南的详细，你恰好到了，真是天助成功！且说两湖怎么样了？”石屏笑道：“你怎么急到这样？事多着哪！且候我慢慢的来说。”伯先也笑道：“克强也不必性急，你也不必‘慢慢’，请你就说出来吧。”石屏笑着把孙武、焦达峰等事细细的说过，又把达峰托转呈的各项表册取出，交给克强，然后才将沿途委托通气机关，及赞臣需款，两湖也要继续拨款维持的一古脑儿说了个明白。克强等当时议定：两湖各汇三千元。赞臣那里拨三千元，因为兼顾三省和担任两湖通气，又由选锋费内拨一千五百元，购械余款内拨二千元，共六千五百元。均即日汇出。又议定派方君瑛、方醒、严骥等往来香港、桂林间担任通气。李恢持克强、伯先的书信，往广西说刘建藩、方声涛、耿鹤生、何叙甫、赵正平、杨子明等一班同志军官到期响应。

当时因为广东水师提督李准数次攻击革命军，反动最力，决计先行刺杀李准，再谋起事。恰巧冯云由槟榔屿来到，自告奋勇，愿往刺死李准，不达目的誓不生还。克强见他义勇激发，便教给他如何布置，如何掷弹等等；又拨给行动费一千元。哪知冯云专吹牛屄，毫无胆量，屡次推宕，不敢启程。直到辛亥正月，克强将他唤来说道：“现在将近发难了。若行刺离发难太近，敌人初损重要人物，防范必严，反而妨碍发难。你即日动身去吧。”冯云无奈，去了一个多月，又回到香港说：“到广州登岸时掉在水里，酿成大病，不得已返乡调理好了。因为资斧不给，所以再来商量。”伯先大怒道：“你能干就干，不能干何必这样耽误大事？现在再限你在本月二十日以前办到，如办不到时，休来见我！”冯云假意发恨道：“真是瘟病！死了倒也罢了。这贻误大事，令我作万世罪人，真恨煞人！”伯先叫：“再拨五百元给他！”冯云领了五百元，动身去了。他这一去，竟如武昌黄鹤楼的黄鹤，一去不复返了。

第六十回

深谋远虑计袭五羊　云涌风从威来八面

三月十五日早上，克强、伯先、石屏方才起身，调查课送来一个报告。克强忙拆开观看，原来是一张电传的满清政府与粤督张鸣岐往来电文。其文如下：

北京，军机处钧鉴：

午。兼署将军、满洲副都统孚琦被匪枪伤出缺。获犯温生才，供讯大概情形。于初十日会同电奏，十三日钦奉电传谕旨："切实研究，务得实情，严行惩办！"等因。钦此。遵即督饬缉捕总局司道提犯覆讯。据该犯温生才供："年四十二岁，实系嘉应州丙村人。素充长随，因出洋学习工艺，投入孙文革命党，回华后，专持暗杀主义。本月初十日，在燕塘看演飞机，闻知将军亦到观看，独自一人在东门外道旁拔枪向轿车连击四响，不知中伤何处，当即被获。"不讳。

诘以革命党内容，据称：孙文革命如何布置，伊实茫无所知。惟自在南洋闻其演说革命宗旨，甚为信服，情愿牺牲性命。并非与将军挟有私仇，亦非有人主使及另有知情同谋之人等语，鸣等提犯亲讯，无异。

查《现行律》载："部民谋杀本属知府、知州、知县，已杀者绞。其非本属者，依凡人谋杀论。"又："谋杀人造意者，绞监候"等语：部民谋杀非所属府州县以上官，律无治罪明文。惟查同治十年，两江总督马新贻被漏网发匪张文祥刺死，当将该犯张文祥比照大逆问拟凌迟处死，摘心致祭在案。该犯温生才身充革党，戕杀现任将军，与张文祥情罪相同。但《现行刑律凌迟》等刑业已删改，本案钦奉谕旨，"从严惩办"，相应请旨，将该犯温生才即行正法，以昭炯戒！

除将本案供招另行咨达查照外，谨请代奏。鸣岐谨肃覆。

宣统三年三月十六日，承准军机大臣谏电开："奉旨：'张鸣岐等电奏审明戕杀前将军孚琦之凶犯温生才请旨，着即行正法，以昭炯戒！钦此。'"

克强看罢叹道："又牺牲一个热血男儿了！"石屏问道："温生才是几时派去

的？”伯先道：“他不是我们派去的。他在南洋动身回国时，曾写过一封信给一个同志，说：‘……此身已付太空，惟必需觅得代价，用认定广州之总督、将军及万恶之李准为我之目的物。……’这位同志便将这信报告我们，所以我们知道这么一回事。不幸他竟牺牲了！但是总算死得不庸碌！”石屏道：“可惜他杀的不是李准——冯云是如彼的，他却是如此的；人之贤不肖，真是不可以道里计了。”

三人便发起为温生才设奠，激发同志。方在忙碌间，接到广州报告说：“广州《可报》（革命机关报）被巡警道查封，原因为评论温案太激。”克强听得，便召集大会，商议扩大广州机关的组织。各课负责及办事人员并活动分子都来统筹部赴会。

克强报告开会宗旨，道：“本党革命，原以主义为号召，而主义之深入民众，便非倚宣传的力量不可。这一点，是本党同志随时随地所当注意的。尤其是这回举义，更加是要注重宣传，才能收天心归心之效。本党这回既决定取广州为革命根据地，所以对于广州的宣传，尤为注意中之特别注意。前回统筹部派人到广州办一种报，因为掩清吏耳目，便取义于广东咨议局反对开赌者投可票的恶义，托名反对赌捐，发行一种《可报》，特别减少报费，尤其对于军人简直送阅，不取分文。因此宣传的力量很大，收效也很广。今日得着报告，说是满清的广东巡警道借着《可报》评论温案太激烈的因由，将《可报》封闭了。因此我想各省机关都已先后成立，广东一省还没有伟大的组织，恐怕临事时指挥不灵。况且宣传既已收效，我们就要向实行的路上走。所以和诸位同志讨论扩大广州机关组织和准备问题，望诸同志深切的研究，务求一举而成才好！”

报告毕，陈炯明发言道：“办事的机关，有住人、藏军械、制炸弹种种不同，而且都要有相当的房屋，既不相连，又不截然分开才行。现在广州清吏戒严，凡租房子的，必须有眷属，还要有商店担保，报告巡警局，方能居住。这些困难，我们都要顾虑到才好。”

伯先道：“这都容易，依我的意见：只消先派人到广州开几个商店，专为租屋担保之用。同志们到广州去的，有母妻姊妹的更好，没有的，就请女同志同住，充作眷属，以及奴人佣妇都由同志装扮。如果因机关多女同志少，不妨请女同志往来各处。所有机关都标出公馆堂名条子，借着婚礼寿庆等名目，搧运礼物来转运军械，岂不是万无一失么？诸位同志以为何如？”汉民接着说道：“我对于伯先同志的计划还有点补充，就是到广州开店最好是开米店。因为一可以将米包包着军械起卸上岸；二可以借送米至公馆为由，暗将军械藏在米内，送至各机关。”众人听得二人之言，齐拍手赞成。

当下议决，便派同志文雄等八人往广州开设两处米店：一处在海旁西街，牌名“宝丰”；一处在育贤坊，牌名“大吉”。预备已妥，便纷纷来广州城厢内外组织机关。除寄居旅馆及亲戚朋友家中者外，有下列各处：

小东营五号　克强办事处　住黄兴及福建同志林时爽等
大石街　花县同志聚集所　住徐维扬、庄汉翘等
莲塘街十二号　住何克夫、刘梅卿等
二牌楼七号　伯先办事处　住宋玉琳等
长堤嘉属会馆　调度课机关　住姚雨平等
谢恩里　军队接洽处　住吴雨苍等
司后陈公馆　编制课机关　住陈炯明等
牛巷　住陈铁崖等
大北直街　军医学生
仙湖街始平书院　藏械处　住钟秀南等
莲塘街头发店　由港运来之械储藏处
小北仁安里粤成公司头发店　派械机关　住陈镜波等
粤秀里　藏械处　住胡宁媛等
西湖街甘家巷八号　住李应生及其弟妹
万福里一百七十八号　藏炸弹及分派处　住罗镑及其家属
河南溪峡　外国颜料罐头夹带之军械储藏处　住徐宗汉等
第七甫可报馆　宣传并藏械机关　住邹鲁等
厂后街十一号　制硫黄硝黄烟弹等机关　住李应生等
大马站六十五号　此处因收租者为厂府差役，时来查问，故未住人
大东门廿二号肉行会馆同福堂　特设招待男女同志
小东门海旁西街宝丰米店　以为租机关担保之用，并借米包运军械　住黄中理、文雄等
育贤坊米店　以为租机关担保之用，并借米包运军械　住梁起等
高等街瓷业公司　军队接洽机关　住郭典三、郭冠雄等
咨议局　藏炸弹等用
天香街　住周增辉等
三眼井
容福里五号　广西同志机关　住刘古香等
长兴里江家祠　接藏九江转运到之械
西关十六甫丽真影相店　藏械处　住杨光汉等
九眼井　姚雨平机关　住王兴中、叶挺芬等
小南门二十四号　姚雨平机关
仙羊街祥龙里　旗界放火机关　住陈达生、郭莲花等
河南但公馆　福建同志机关　住吴适、刘元栋等
泰泉旧里　住林树巍等

大塘街　军队接洽处　住姚右军等

炸粉街　军队接洽处　住罗俊等

司后街　军队接洽处　住邱锦芳等

观音山脚六十四号

以上为查得者。其余遗忘甚多，如旗界放火机关共九处。现只知其一处，是也。

那时除极力运械外，并着手于各方面之运动：新军方面由邹鲁、姚雨平联络，各官长每借星期行军，至幽僻处所讲演革命。防营方面由朱执信等联络，李准部下吴宗雨所部三营全体加入革命。民军方面由胡毅、朱执信等联络，民军首领李福林、李雍、李湛、林驹、李田、李伍平，及南海县之陆锦、黎炳球，三水之陆兰清……等一律集中，候省城动作时，各县齐举。警察方面，因巡警非常散漫，不易联络，且械弹无多，也不足畏，故只有同志夏寿华所统之教练所学生二百人——枪械俱齐——愿加入革命。各省同志来告奋勇的使组成选锋队，初时额定五百人，后来愈来愈多，便扩充到八百人。并分定闽、蜀、南洋的同志归黄兴统率；苏、皖、浙、赣的同志归赵声统率；北江同志归徐维扬；东江同志归陈炯明统率；东莞同志归黄毅统率。

各处都准备妥贴，只有海军尚未着手。李海云便向克强、伯先请令运动海军。克强拨四千元给海云为行动费。海云便到广州，托朋友在督练公所内将海军兵舰及各炮台人员表抄出一份，再由香港造船厂将各舰管带、炮手的住址调查清楚，以为运动之着手。又挽同志陆觉生、李箕帮助，因而识得海军界的闲散军官袁玉云及海军见习生文成等辅助进行。海云不胜欣喜，只准备到期起手。

在李海云运动海军之际，同时克强、伯先因惠州有重兵驻扎，距省城甚近，必须派人至惠起义牵制，使他不能救援广州。便委罗炽扬往惠州组织起事。炽扬曾任广东新军炮队排长，庚戌元旦广州革命之役，脱逃在外。因与惠州驻军和会党有历史的关系，所以统筹部对于旁的同志，虽告奋勇，也没肯派委，而使炽扬担任最险要的惠州一方面，并发给活动经费五千元，为运动军队、会党及补充枪械之用。

炽扬奉委后，便派同志陈甫仁入惠州，联络会党领袖严德明；自己却带了款项往汕头购械。去不多时，便发电至统筹部，要求速汇五百元，说是“购械已成交，但需款起运”。统筹部便照数汇给。不到几天，炽扬由汕头回来。统筹部查问结果，他仅带了六枝六响手枪回来。克强、伯先大不愿意。恰有同志罗仲霍、曾其光由南洋回国，到统筹部报告参加革命。伯先便加派罗、曾二人到惠州任事。因为罗、曾二人都是惠州人，情形极熟，当然比旁人便利。炽扬听得，心中不快，说：“革命是天下人革天下的命，决不是一地方了一地方的事。罗仲霍、曾其光以惠州人的资格，来包办惠州事，这难道是‘天下为公’的道理么？”仲霍、其光二人置之不理，只专心调查炽扬的行动。不多几日，查得炽扬嫖赌吃着，浪费金钱，对于任务，并不进行。二人便据实报告统筹部。炽扬风闻有了报告，心中大急，忙到统筹部向克强说道："惠州的运动已经成熟。我现在便和陈甫仁、严德明到惠州去候令。只请补加枪枝款项，以便到时起手。"克强便发给驳壳枪十八枝，无烟枪十七枝，九响枪九枝，子弹配足；又支款一千五百元。炽扬领了械、款，慌慌张张便启程往惠州来。

行到澳头，满清关吏见他们行迹可疑，便上前盘问道："你们上哪里去？"炽扬忙答道："上惠州去。"关吏又问道："带的是什么东西？"炽扬道："是棉花。"那关吏想道："现在正是春尽夏临之际，而且惠州是农区，并不缺棉；他带的这东西也不像棉花包：其中必有蹊跷。"便叫签子手搜检。炽扬知事不妙，顺着大路拔步便逃。这里关吏已将仁甫、德明二人拘住。关吏先前以为他三人带的是漏税货物，所以炽扬逃走，并不穷追，想藉此得些油水。不料打开包裹看时，尽是械弹，便将仁甫、德明二人捆住，蜂拥至分卡。卡上小委员问起情由，德明挺身说道："我便是惠州严德明！东西是我运的！你把我怎么样？"小卡上一众——委员巡丁等听得"严德明"三字，大吃一惊。他们素来知道德明是惠州一带著名的绿林首领，平日如果惹了他手下，尚且闹的关都设不成；倘若得罪了他本人，那还了得！素常关上对于绿林原有个秘密交代，按时送给所谓"行粮"。如今真将严德明捕获了，倘然朝上解送，定是枭首示众；在广东、潮、惠群盗如毛的地方，获住个把强盗，在大吏眼里并不算甚希奇，也得不了多少升赏，反而结下大仇，税关固然要给他们吵个不亦乐乎，这拿解请功的一班人的性命也就必定难保。因此这卡上一众人等大费踌躇：不解吧，怕上司知道，不当稳便；解吧，怕绿林寻仇，身首不保。大家计议多时，终依了一个签子手的主意。把德明放了，只说是脱逃，单把仁甫连枪械解案，成了个两全其美的办法。

德明脱身来到香港，便至统筹部报告。哪知炽扬先来报告，说："被抄时失去现洋二千三百余元。大约是同行的人见财起意，勾通税关，或向税关报告的，所以他们临事不逃。"德明到时，便听得这话，大怒道："罗炽扬这狗娘养的！除却仁甫到惠州用去二百元外，谁曾见他的钱来？他还冤旁人么？我非找他算账不可！"转身便来寻找炽扬。炽扬因虚用去四千多元，想推在他人身上，自己脱开，向统筹部说惠州用去若干，被搜失去若干，说的天花乱坠。统筹部原有些不相信，但事无左证，也不能严办，只不再给他款、械便了。德明到港，炽扬早已知风，便溜之大吉。事情至此，完全水落石出。统筹部便派钟财恒会同德明继续办理联络惠州会党事宜，并发给用费二千五百元。德明拍颈负责道："枪械我从前已定了一批，款到就拿来。如果时间不及，枪械未到，我也必要纵火凭城，夺械起义。"财恒请加给数百元为不虞之备，统筹部据请照发。二人便启程往惠州去，和曾其光等共图惠州。

各方计划皆妥，便决计以选锋队为主干。（因为广州新军自庚戌元旦革命失败后，当局防范极严，所给子弹，仅敷打靶之用。所以新军虽则枪械犀利，而战斗力薄；不得不恃选锋队之八百敢死士为战斗力之中心。）三月初十日，在统筹部开发难会议，列席者数十人，黄兴为主席。议决分十路进攻：

第一队 黄兴率四川、福建同志一百人，攻两广总督署。

第二队 赵声率苏、皖同志一百人，攻水师提督行台。

第三队 徐维扬、莫纪彭率北江同志一百人，攻督练公所。

第四队 陈炯明、胡毅率东江同志一百人及民军，防截旗界及占领归德、大北两城楼。

第五队 黄毅、梁起率东莞同志一百人，攻巡警道署、广中协署，兼守大南门。

第六队 姚雨平率所部一百人，占领飞来庙，攻小北门，延新军入城。

第七队 李文甫率同志五十人，攻旗界、石马槽军械局。

第八队 张六村率同志五十人，攻龙王庙。

第九队 洪承点率同志五十人，破西槐二巷炮队营。

第十队 罗仲霍率同志五十人，破坏电报局或占领之。

此外加设放火委员，入旗界租屋九处，以备临时放火，扰乱敌人军心。

公推赵声为总司令，黄兴为副司令。谭石屏言道："此十路选锋队应有一路居中策应，并有一人居中专司指挥调度之责，不应同告奋勇，不相联络。况且八百队员同志都来自外省外县，言语不通，街道不熟，将从何处冲锋？并且合则势大，分则力薄。将军已死，将军署及督练公所、巡警道都无关重要，不必置有用之军于无用之地。前数回失败，由于李准握有重兵。不如炸死李准，去一劲敌；集中实力，合攻督署；伯先再由城外领新军响应合攻，这般似乎妥当些。"克强听罢，忙挽石屏到右侧房内，悄言道："今日的计划是久已定好的，同志们均视我们之勇怯为勇怯。若再持异议，恐另生问题。这是要请你原谅而且要注意的。"石屏默然无语。

第六十一回

老当益壮石屏请缨　误璧为砆声洞殒命

三月二十五日，克强趁晚班轮船赴省，主持一切，以免省中各机关群龙无首。伯先因省城认识的人太多，便缓行一步。省中何克夫使区阿东到香港，陆续率南洋来的同志秘密络绎赴省。原来革命军拟定以精神为作战品，利用敌械，原定购枪六百枝。后来逸仙电嘱西贡、东京各部共购枪七百八十九枝，又在香港购三十余枝，共用去五万一千余元；又主任人员自购枪枝费七千余元；新军子弹补充费一千元；购炸药费二千五百元；连运送费、秘密保存费、打刀费。总费去六万五千九百余元。

读者记得香港统筹部成立时，曾在摆花街设一实行部么？这实行部由李应生、李沛泉、庄六及女同志李晚援、卓国兴、黄悲汉、庄汉翘、徐宗汉等，专以制造炸弹应暗杀起事等用为职务。待我把运械制弹的情形诵述一遍。

实行部于发难期前移至广州省城甘家巷，派李应生制造炸弹，罗镑铸造弹壳。恰值俞云纪和方声洞到来，便到实行部帮助办事。方声洞本是留日学医的，便在省城假作行医，并开设药房，以便掩人耳目采购药料。声洞又向他的亲戚魏瀚去借小汽船运药品，魏瀚不允，乃依同志黄鹤鸣、杜凤书的计划把枪械拆卸，和子弹炸药等部装成颜料罐头，夹杂些真的颜料报关装运，居然没被察觉。便陆续由港运至溪峡，再转运至省，造成炸弹。三月初十日，同志吴镜偕伴五人，带炸弹由香港乘河南轮船到广州，在码头上被关查出捕去。（光复时方释出）后便全恃在广州制造。初定制造烟弹及爆发弹五百颗，后来因为发难期近，只制成三百颗，便令刘济川等押运往小东营等地储藏备用。同时克强令东莞同志在乡下打钢刀三百把，派黄毅运到省城。

至于枪械一项，黎仲实由日本购运，黄焕、何绍侠由安南购运，胡毅由暹罗购运，李纪堂、陈子岳由香港购运，都是勃朗宁、自来得等手枪及五响快枪。除在香港购置的以外，其余各处运输都非常困难。由安南来的，便雇请法国人护送出口和入港；由暹罗来的，放在轮船买办房里，都未误事。由日本运的，第一次有七响无烟枪七十五枝，金山大六响四十枝，子弹四千颗，这是最多而且最早的一批。因为香港是无税口岸，便装成行李模样，由轮船装运，并派学界同志周来苏押送。一日，洪承点忽然见上海金山船到，旅客行李被检查，连忙报告克强。克强听得，急电日本，嘱来人注意。日本方面吴玉章正在发付这批军械，便告诉周来苏，要他改乘头等舱，免受检查。来苏以为是要他保护自己，船过门司时，便将所带械弹尽数抛向海中。及至到得香港，全船并未检查，而枪械则已尽弃。这事于革命的进行影响很大。克强等虽然懊恼，也无可奈何，只好再行购运。发难期近，便设法得香港存械转运往广州。先由胡毅在香港鹅颈桥设一个头发公司，广州设两个公司，再派马棋、刘岐山、刘济川、陈镜波等将械弹装成头发货包模样，由香港押运至广州。西贡方面运来的枪枝，便由女同志夹带在妆台、铁床等物件之中，运到南海县属之九江地方假设的医院之内，再由医院运至广州。还有同志杨光汉个人自任运械，初次装成大商客，带勃朗宁六枝，乘广大轮船头等舱，到广州藏在西关十六铺丽真影相店，安然无事。第二次，光汉便用由新加坡带来的领事护照，乘金山轮船，运大批枪弹进广州。方抵埠，海关检查员便查验护照。哪知那护照已经日久，摺痕已断，检查才将它展开，已经分为两半，便对光汉说道："这护照已经日久过期，不能作效，须得检查。"光汉大窘。人急计生，光汉借着由头便嚷道："你怎么毁我的护照！我决不与你甘休！"提拳便打。西人关员见了，忙走来询问，光汉就说是："检查员无故毁了我的护照。"西员便由检查员手中取了那破裂的护照，交还光汉道："去，去！"光汉便押着行李——中藏械弹——欣然而去。上岸后，先将行李寄在中西旅店，夜里才运到西关丽真影相店里。随即在粤秀街军械局附近租了一栋大屋，铺排着结婚形式，将他嫂嫂吕氏接来作为主持家务者。女同志陈淑子、郭汉图、周之贞、胡宁媛等都作为是亲戚，来帮喜事忙的，陆续将丽真存械夹在嫁妆中运来。接着黄鹤鸣、杜凤举等将颜料罐装械运到，已是二十八日晚上了。鹤鸣及女同志徐宗汉、卓觉华等彻夜开罐。又因开罐声响恐怕有人听见，走漏风声，便派同志数人大吹大唱，掩住响闻。到了二十九日，便或装送礼，或装会亲拜客，或装购物，将枪械炸弹分送至各机关。

那时因为在南洋筹款，传播消息，满清侦探早有报告回国。粤督张鸣岐、水师提督李准、防营统领龙济光等昼夜防范，军警川流不息地巡查，沿街增岗守望，形势极为严重。自温生才刺杀孚琦，不几日又拿获吴镜偷运炸弹，局面更形紧张。二十三日，巡警道下令挨户搜查，广州已成风声鹤唳、草木皆兵之恐慌时代。二十四日，督署下令新军第二标准于四月初一日退伍。因此一日数谣：有说新军尽是党人，必反抗退伍的；有说总督知道新军都是党人，所以要他退伍，恐怕防营与新军为因缴枪开仗的；有说党人已到了几千人，今夜起事的，甚至有说党人已经在佛山集合的；种种不一，愈谣愈紧。众党人在这险恶环境中，依然运械造弹奔走传呼，与军警之遑遑汲汲两相对照。

克强到省后，见风声太紧，便发电到香港道："省城疫发，儿女勿回家。"（这是阻止同志勿到广州来的暗语）何克夫也派人到河南（广州的河南），嘱李雁南（即李群）暂行解散各人，以避耳目；只嘱区阿东等几个人听候调遣。在省的同志也有因异言异服（无辫子），立脚不牢，再回香港的。

汉民在港接着克强的电报，忙集在港同志商议。众同志相顾失色。伯先道："依我之见，有进无退。省城防范纵然严厉，我们的潜势力已经不少。即或触发，只要人人拚命，各人尽职，不误事机，没有个失败的道理。若一定要等敌人松防时才发难，那么，两军相对时就投打仗的机会，何以兵家注意对垒时暗袭取胜咧？况且我们党务扩张，往后虏廷官吏——奴才们——只有更加严紧，防备的时候，我们等到那一天去咧？维持费已经将尽，初次约期已过，对于各地同志都已失信；再一延宕，等于解散，不独信用扫地，再无法筹款，恐怕革命事业也就此中止了！"汉民等听了，无言可说，只等省城再有电来，再行决定。二十八日夜间，忽接克强来电："母病稍愈，速购通草来。"（这是要党人悉数动身前往的暗语）伯先便主张将在港的同志三百余人和二百多枝枪一律带往广州，倘上岸时被检查，便在码头上打起来。汉民道："这事却有困难。我们与省部没有接头，倘或打起来，不是不相联络没个救应吗？"便决定推石屏到广州请展缓一日。一面派多数同志乘夜班轮船动身，其余的候二十九日早班船前往。（因为同志皆无辫，故一批走，恐动人疑。）伯先、汉民因认识的人多，便决于二十九日夜里再动身。

省城方面，张鸣岐令调二营巡防营进城，派三哨人守住龙王庙高地。胡毅向克强道："我们党里必有奸细混在里面，我所晓得的陈镜波就是一个。现在敌人既已严防，无从下手，还是改期的好。"陈炯明的代表宋玉琳首先赞成。姚雨平反对道："事败垂成，断乎不可！难道我们革命是怕敌人防御的吗？只要给我五百枝枪，发给选锋队并补助新军，我情愿独取广州城！"克强道："此时所有之枪共只七十多枝，颜料罐里的全到，也不过七百枝，哪能有五百枝枪拨给你呢？"正说间，李海云派文成来报，说："新军第二标的枪械被缴。"众人听得失去这个中坚战团，直如浇了一盆冷水。克强愤然道："所谓改期，无异解散，何以对海外同志？我誓拚此身杀死李准，以谢侨外同志！各部可赶快退，免被搜捕。"于是各部退散去省的三百多人。

哪知方才退散，俞云纪、林时爽来向克强说道："有个河南巡官是四川人，因为和云纪是同乡，向云纪说：'四五日以前，便有搜查户口的札饬，即日便要实行。'照此看来，一到搜查，广州的机关、实力、准备等等一切都要牺牲。不但不能改期，还要提前实行才好。"克强因二人已具决心，便想再集三四十人攻总督署，杀张鸣岐。

陈炯明、姚雨平同报告克强道："新由顺德调来的三营人里面，我们的同志极多。十个哨官，便有八个是同志。其余二个：一个是反对的，一个是无可无不可的。现在正泊天字码头，就要乘机起事。我俩已经去商量过了，他们都已决心。

哨官温带雄同志尤为激烈。”于是重又决定二十九日起事。

谭石屏率领宋教仁、何天民、熊克武、但懋辛及克强的长子一欧等多人到广州．克强等已整装待发。当时因发难时期屡改，同志退出广州者甚多，乃将原定计划十队改为四路：

第一路 黄兴：攻两广总督署。

第二路 姚雨平：攻小北门，占飞来庙，并延新军及巡防营入城。

第三路 陈炯明：攻巡警道署。

第四路 胡毅：以二十人守大南门。

赵声所部虽有数十人，因未到其代表宋健侯处报到，故未能独当一面。

分派既定，便通告各机关：无论如何准于二十九日午后五时三十分一齐起手进攻。克强抱定决死之心，便修书致邓泽如云：

泽如先生大鉴：

事冗，未获时通音问，罪甚！罪甚！

本日赴阵地，誓身先士卒，努力杀贼，不敢有负诸贤之期望。所有此次出入款项清册，虽细数亦有登记，当先寄呈公埠宣布，次荷属，次南北美洲各埠：无论成败，俾共晓然此次之款，涓滴归公。弟等不才，预备或有未周，用途即因之不当，负咎殊深！所冀汉族有幸，一举获捷；否则虽寸磔吾躯，亦不足以蔽罪。惟此心公明，足以对诸公耳。绝笔！弟黄兴顿！

又致诸同志绝命书云：

事冗无暇通候，罪过！罪过！

本日驰赴阵地，誓身先士卒，努力杀贼！书此以当绝笔！即颂筹安！

弟黄兴顿（——函末钤有二小章：一曰“铲除世界一切障碍物之使者”；一曰“灭此朝食”。前者阳刊，后者阴刊，均篆文。）

又分派夜光表及标识与选锋队员，并各着树胶鞋，臂缠白布，以吹角为号，一致进退。

二十九日早晨，谢恩里二牌楼机关被巡警破获，被捕党员九人。克强知事机已迫，便传令本队出发。临时分为二支：一支由何克夫率领，攻督署正门；一支由林时爽率领攻督署卫队；克强亲自督队。那时福建及华侨党员赶到数十人，徐维扬所部花县党员也埋伏在城隍庙。四点钟左右，克强聚集众党员慷慨陈辞，并声明“救国保民”的军纪，众党员勇气百倍。当场发给每人大饼一个，毛巾一方，洋一元，及枪械炸弹等，立时装束。罗仲霍、李文甫因部下前日得令退去，便只身参加。朱执信本另有任务，视众人出发，便拔出刀来割去一段长衫，踊跃加入。克强劝阻，执信便要拔刀自刺。克强无奈，便将物品发给。

谭石屏向克强道："伯先未来，香港同志都要稍等，使他们都来作战……"克强抢着说道："老先生！再莫乱我军心了！"石屏便将长衫一卸，道："我也去！"克强道："老先生！你年纪已高，军事战斗非你所长，况且善后事宜也要人办。这是决死队，老先生何必去！"石屏大叫道："你们不怕死，难道我偏怕死！年少的能革命，年老的便不许革命么？"克强无奈何，发两枝枪给他。石屏接过，因为不知枪的构造，便先行拨弄；不料砰然一声，一弹飞出。克强劈手将枪夺去道："先生不行！不必扰乱吧！"石屏不服，还要摔炸弹，众人力劝，方始不语，独自捋着苍白胡须，浩然长叹。

到得下午五时三十分，克强率领本队举义于广州，由小东营进攻满清两广总督衙门。林时爽、何克夫、刘梅卿、庞雄四人将螺角呜呜吹起，众党员潮兴云起，呐喊直扑出来。途遇巡警，便开枪射死。克强领着迳奔督署，向卫队喊道："我们都是中国人，我们是为中国人吐气！你们也是中国人，都是同胞！赞成的请举手！"卫队不理，并调开队伍，克强便发"冲锋"口令，革命军号角大鸣，枪弹齐发，呐喊杀进。卫队管带金振邦中弹而死，党人奋勇攻入二门。二门前八个卫兵见了，即便逃去。两廊及大堂上的卫队凭栏倚柱，发排枪轰击，党员杜凤书、黄鹤鸣中弹阵亡。克强见卫队鏖战，恐怕持久馁气，瞄准射去，一连打倒两个。林时爽、朱执信向右边奋勇冲进，将卫队退路截断。卫队既不得出，又不能退，便弃械请降，愿为引导。克强等进内四处搜查，除衣架上和地下有几件满清官衣帽子，桌上有几个茶碗和一支还没凉透的水烟袋外，空无一物，人影儿也不见一个。

原来张鸣岐早得报告，知道革命军起事即在日内。衙门内重要文卷以及私积、印信、贵重物品均已运出，家眷也不住在衙里，幕僚、官亲更是早就预备脚底搽油，所以只剩得一所空衙。二十九日早晨，巡警道解来九个党人，鸣岐亲自讯问一遍，没得口供，便召集司道会议。陡然听得党人起事，也就顾不得什么上司下属，抱头乱窜。幸而有个当差的名叫高升，一把拉了鸣岐，脱下冠服，打从后面园里，推开狗窦，钻将出去。众司道也由跟着由狗窦中鱼贯钻出，一齐奔往水师行台——李准衙门里躲避。故而革命军只攻了一个空衙。

克强在督署上房里寻着一匣火柴，取些引火之物携在床上，放起火来。见火势已大，方才出来查点，同志已死了六人，便率领全部要去攻水师行台。方至东辕门，便遇着李准带着亲兵卫队来救，迎头冲来。林时爽记得赵伯先曾言"水师中同志很多"，见来的都是水师服装，便高叫道："我们都是汉人，应当同心戮力，共灭鞑虏，恢复汉族山河！不用打！不用……"言未毕，李准一枪射来，正中时爽前脑，倒地阵亡。水师卫队随即施放排枪，克强当先领众迎敌。不一刻，刘元栋、林尹民相继阵亡，同志纷纷倒地。克强右手中弹，小指、无名指均断。知势力不敌，便率方声洞、朱执信、罗仲霍、何克夫、李子奎等转向大南门，去迎会防营，让李准去占督署。声洞与克强持枪当先，方至双门底顶头，看见防营数百人整队到来。声洞见无臂号，恐又同时爽一般吃亏，便瞄定当头一个军官，啪的一弹将他打死。

那军官正是防营哨官温带雄，是同志中之最热心者，部下多数是党人。那日本约定城内起事，借拱卫之名，开往水师行台，去擒李准。因为怕进城及提署阻难，故约定先不带符号，俟捉着李准，占得行台后，再换章制。恰值李准派人持令来调，带雄大笑道：“天授机缘！时不可失！”便将来人扣住，开进城来。不料被方声洞误会打死。

副哨陈辅臣也是党员，见带雄被打死，心想党人一定有变，便传令还击。一阵排枪，声洞便于其中丧命。克强领众猛击，防营不支，辅臣逃入方言学堂，兵士纷散。党员亦被打得七零八落。克强且战且走，直到四顾无人，方才撞破一间洋货店门板入内，持枪暗俟经过的防营兵士，先后被他又打死七八个。这是党人误会自相残杀的一幕惨剧，也是这回——三月二十九日——革命的最大的损失、失败原因之一！其原因就是这次“各部不相问”所酿成的。

第六十二回

血染襟裳欢成连理　魂归碧落恨赍黄泉

何克夫、李子奎和郑坤三人，原随克强出大南门，到卫边街便已冲散，三人便由观莲街出流水井。正走处，顶头遇广中协何品璋，子奎瞄准一枪，将何品璋打下马来。三人来到寺前街，忽遇防营兵士一哨。来兵看见三人，便发排枪轰击。三人伏地放枪抵敌。不一会子奎中弹，克夫和郑坤便护着子奎，从斜刺里冲出大南门。子奎仍奋勇忘痛，且战且走，直到高第街，因弹已贯肠，血流遍地，倒地而死。

俞云纪（即喻培仑——亦作“培伦”)、熊克武、但懋辛、余济堂、陈更新、罗允等一队的任务是攻督练公所，堵截观音山龙王庙之防营，以助攻督署的第一队的。五点三十分，莲塘街吴公馆（机关）整队出发，沿途将站岗军警枪杀。冲出莲塘街口，即与防营相遇。这一队陆军学生最多，作战也特别勇敢有方。正斗里，第一队刘梅卿等一支党员加入工作，各党员更勇气百倍，直将防营冲得七零八落，死亡无数。全队冲到大石街，遇水师营队伍。仇人相见，分外眼明，大众拚命快放，打死不少的水师弁卒。终以水师兵愈来愈多，党人援绝，鏖战到夜九时，支持不住，才且战且走。转到小石街，马侣中弹丧命；饶国梁因不识街道，误走歧路，被清兵捉住。全队党人奋勇冲出小北门，遇着旗兵和警察又混战一场。时已深夜，便奔虹桥，与驻守的旗兵大战两点钟，直到子弹罄尽，枪枝亦有因强热炸杆的，方才分途各散。

克强派往小北门接应新军的徐维扬所率花县党员一队，也依时出发。方整队走出，即遇敌人分头攻来。维扬便将全队分为两支：徐满凌一支由洛城街迎拒观音山来的敌人；维扬自率一支，由司后街迎敌水师队伍。满凌一支行到德宣街口便遇着敌人，开始巷战时，党员江继复大呼：“杀贼！杀贼！不拚命，不配做革命党！”奋不顾身，直冲过去，拔出短刀，右手发枪，左手挥刀，杀死三四个清兵，射死一个哨官。怎奈弹如雨下，遂令勇士成仁！清兵见党人勇猛异常，便占住观音山，居高临下，转攻为守。满凌等仰攻多时，不能取胜，便变计由莲塘街转大石街机关部，会同黄纪彭等，攀登屋上，向山上射击。怎奈只能互击，不能突攻，便又下屋拟觅路包抄到山后袭攻。满凌等都是初次到省，路途生疏，便要比较稍为熟悉的黄纪彭领导。那时已是夜间，党员手无灯火，行动更困。纪彭当先，捉住一个更夫便要他引路。哪知更夫不往北面，反走南面。引到仓边街，突然遇着逡巡的防营兵士，约有两哨人光景，众党人且战且走。恰值第一队李德山等二十余人由督署退出，混合一处迎战。防营不舍，跟踪追击到小北门高阳里口。顶头又来一队防营。众党人前后受敌，便冲入源盛米店，一面拒战，一面移米包作防御垒，与清兵死战，一日夜尚未解决。张鸣岐便下令烧街，防营趁势纵火抢劫。众党人三面被围，况且火势猛烈，子弹将尽，方由米店后面散去。计阵亡的，徐熠成、徐培添、徐日培等；受伤的，徐容九（移回家伤重身故）；被擒的，李德山、徐满凌。逃出的已不能成军。徐茂均、徐茂振、徐茂燎、徐金炉四人行至三牌楼，又被清兵围捕。四人发枪拒捕一昼夜，以米潲水充腹。茂燎中弹死，三人弹绝，方缒檐走脱。

维扬领一支党员到司后街应敌，水师兵正由新丰街、正南街纷纷前来。党员徐允潜、徐佩旒当先，陈镇庐、徐满枢在后，一齐冲去，手枪、炸弹齐放。允潜、镇庐自己被炸弹受伤，也顾不得痛苦，直扑过去，陷入敌阵，众党员见状，呐喊一声，一齐冲入敌阵，掣出炸弹乱掷。水师兵抵敌不住，退守水师行台。维扬指挥众党员转小东营，由都府街、锦荣街、二牌楼围攻。水师兵弁伤亡遍地，党员更精神百倍，弹如飞蝗。看看将近成功，陡然开到一标人马，打着巡防营旗号，从党人后面围攻党人，于是维扬等反被包围。水师兵见援军来到，抖擞精神，突出再战，陈镇庐、陈洪基、徐振益、徐纪垣、徐满枢五人被擒（后由家庭以金钱运动释出）。恰遇李文甫等十余人退到都府街，见同志被围，便冲锋相救。维扬率众夹击，突去防营包围，与文甫等会合，便齐奔飞来庙，想夺取军械库。来到库前，守卫的清兵早有准备。双方激战两点多钟，阵伤党人徐佩旒、徐葆生、徐松根、徐廉辉、徐怀波、徐昭良、徐应安七人。李文甫率数人由北校场向东去，被巡兵捉获。维扬领十余人由三元里逃去，嘱咐徐怀德等七人送受伤的同志回里，自己率六人由城西往高唐车站。遇着清兵，此时弹尽人疲，是不能再战，便将枪丢向水中。不料被清兵望见，遂被捕。

朱执信、欧阳振、王俊国、严骥等都受伤逃脱。陈潮在仙湖街始平书院被军警围捕，从内掷出炸弹打死六七人，自己也殉身其中。

轰轰烈烈的革命党员大流血革命就此失败！仅成功了“三月廿九”一个历史纪念名辞和黄花冈“尘埋碧血草尽红心”的一杯黄土！但是这一次的大牺牲，与革命成功及民众革命的认识和参加，以及世界被压迫民族民众的醒悟，都有绝大的影响！

至于失败的原因固然极其复杂，而胡毅、陈炯明之临机误事也无可辞责。朱执信事后致友人书曾畅言其故，录之如下，以见陈炯明之为党中罪人，固不自广州谋叛始然。朱书云：

> “廿九晨，克兄将原定十路改为四路，同时并约定新军、防营、民军暨巡警学生并起，且由旗界纵火，以乱敌心，兼止旗卒。岂期克兄领弟等按时出动，而弟先日择定之竞兄（陈炯明）所部廿人守大南门者，临时竞兄竟改派人指挥。且竞兄任务为领众至巡警教练所会合学生，亦始终未往，且并大南门亦不守。此役之失，未死者固应负责，且负杀死同志之责，而竞兄之失，或较其他同志为甚也！……”

且说克强在小洋货店里以身塞门击敌，敌人散后，便去寻店里伙计，想觅碗茶喝。前后找遍，不见一人，便来到厨下，取只碗舀了一碗凉水喝下。又舀着凉水冲去指上的积血，血水流至二三丈。洗毕，撕块裹衣将手指裹好，擎着枪喘气休息。不一会，一个十三四岁的孩子冲开店门进来，见着克强一愣。克强忙将身挡住店门道：“我被人打伤了，急于要回长堤，你能领我去么？”那孩子本是店里学徒，方从长堤来，知道城门未闭，便道：“可以。我救你去。”克强便随手在衣札上取件黑长衫和一顶小帽，换去血衣，戴上草帽，便同那孩子出门。

来到五仙门直街，唤艇子渡海，言明渡到海幢寺。艇子不肯，克强许他五元，才答应。克强便谢了那孩子，跨上艇子渡过海来。上岸后，问路时言语不通，便询问警察，方知受了艇子的欺弄，才到得河南东头便上了岸。无奈何步行到濑珠桥，观看对岸火势正猛。看够多时，又问警察溪峡的路程。但是克强不知溪峡机关的门牌，只好寻问办喜事的胡宅。黑夜里，撞来撞去，撞着一家门口贴着大红喜联，打着胡公馆堂名的，便上前叩门。门开处，党员都不在家，只一个仆妇出来。克强和她说话时，她一点也不懂。闹了许久，方勉强听得一半，让克强进去。

克强登楼看时，一个人也没有。那时人已疲极痛极，便随身倒在一椅上昏昏如醉，指血仍滴滴流下。不一时，女同志徐宗汉回来，见克强面如黄蜡，气息仅存，大惊，忙问情形，克强只举手相示，摇头不语。宗汉忙将创裹解开，取水洗净，轻轻扎好。候到天明，便要庄六去买止血药。

庄六买了药急忙回来，忽见赵伯先在路上东张西望，连忙唤住。伯先喜道：“好了！寻着了！你们到底住在哪里哩？”庄六道：“就在前面。你为什也来这里？”伯先摇着头道，“到家再说吧。”说着跟着庄六来到机关里。

伯先上楼，一眼看见克强，直扑过去，二人相抱痛哭。宗汉等连忙解劝，克强早已晕去，伯先也喷出几口鲜血来。宗汉大急，一面取葡萄酒灌救克强，一面取凉水给伯先止血。良久，克强醒来，举眼一看，向宗汉道：“你取几只炸弹来！”说着便自己挣裹里创，要渡过广州去刺李准，伯先、宗汉苦劝半月方止。伯先又令宗汉传知机关内的同志：对于无论是否同志来问克强的，只说已经阵亡。这是因为一来避清吏耳目，二来使克强创好活动时方便些，免招人注意。

四月初一，宗汉买了件灰布长衫代克强换过装，克强人始清爽，便问起伯先："何以来此？"伯先道："二十九夜里，我和汉民带着李恢、郑烈等二百余人来省。三十早到，便分头上岸，百姓纷纷传说革命党事败。汉民和各同志因城门紧闭，不得入城，分别折回。我迷路渡到河南，便寻问这里。寻来寻去，总寻不着，直到遇着庄六才领到这里。"克强也将省中先后情形大略说了一遍。

吃过饭，宗汉、伯先便送克强到香港就医，乘德安轮船。上船时，船上客满，无地可容，宗汉便扶克强坐在厅上沙发椅上，自己侧身拦着。到得香港，宗汉便送克强到雅丽氏医院医治。医院定章，凡属割治，须亲族签字才行；不然就不诊。宗汉毫不迟疑，在愿书上签上个"妻宗汉"，医院方才接受，施手术为克强治疗。后来克强感激宗汉，加以平素志同道合，感情融洽，便正式结婚。伯先回到香港，患盲肠炎，兼以焦急咯血，医治无效，一病身亡。

克强、汉民事后报告总部及海外同志书云：

同志诸君公鉴：自起事至今，始能报笔，综述报告。善后事繁，头脑昏痛，未暇作详细之书也。请将始末情状一一叙之：

自去冬克、伯、展三人到庇能，与中山先生会，即提议筹款大举。于是伯先先归港，顾存前此支部之机关，一面为扩张进行计。十二月，克由仰光出，诣芙蓉坝罗，与诸同志熟商，知英属筹款有着，即归港，就港部办事诸人草定章程，分科担任。

一、军事部分科担任之情形

设统筹部，总揽一切计划，选举克为部长，伯为副长。次则有调度处，以运动新旧军界，举姚雨平为长；有储备课，以购器械及运送事，举胡毅生为长；有交通课，以交通江、浙、赣、皖、鄂、湘、桂、闽、滇各处，举伯先为长；有秘书课，掌一切文件，举展为长；有编辑课，草定规制，举陈炯明为长；有出纳课，司全部财政之出入，举李海云为长；有调查课，以查敌之情实，先以克兼长，后举罗炽扬为长；有总务课，司其他一切之杂务，举洪承点为长。其余同志，各以其能力分属于各课，共同致力。此分科办事之情形也。

二、破坏粤城之计划

发动计策，原以军界为主要。从前运动，只在新军，此次调度处之设，则兼及其他巡防警察。惟警察无战斗力，防营自举办清乡以来，驻省不常，故仍视新军为重。新军有枪无弹，所有仅备操时数发之用，则必先有死士数百人发难于城内，破坏其重要行政机关，占有军械，开城门以延新军入，然后收占领省会之全功。此其在庇能时与中山先生议定者：初拟集死士五百人，（名曰“选锋”）后以方面多，而力量恐不足，则加为八百余人。一、攻杀张鸣岐，克任之。二、攻杀李准，伯任之。三、占领督练公所，莫纪彭、徐维扬任之。四、防截旗满界，占领归德、大北两城楼，毅生、炯明分任之。五、攻破警署广中协署，兼守大南门，黄侠毅、梁起任之。六、占领飞来庙，破小北门，延新军入，姚雨平任之。以上各率百人。李文甫任五十人，攻石马槽。罗则军任五十人，破坏电信局。（以上选锋）选锋之外，加设放火委员，入旗界租屋九处，皆在其要地，预备临时放火，以扰其军心。此发难计策之大略也。

三、预算并支出之大略

以有八百人之选锋，则必有六百余之枪械。故储备预算四万余元，调度处预算二万余元，统筹部预算二万余元，交通课五千；选锋八百余人，召集布置种种，约人需三十余元，故亦预算二万余元；惠州预算五千；合以总务杂费，放火委员等费，总共预算必要，需十二万余元。另预筹预备费数万。当克到坝罗时，承热心数同志担任英属南洋筹足五万，因计中山到美，至少可得五万元。而谢良牧于冬间入泗水，电称已筹得款五万，既而闻有雨平之友往泗水运动，言此款必交雨平。雨平已共同办事，本可无分畛域。旋据雨平由泗水来信，则云已担任六万。刘芷芬往巴城，自任当另筹款万元；文岛筹款员亦报告可筹二万元以上；伯先回港时，即与曾伯谔商款事，又由雨平与之交涉，据其答应，兄弟各出万元；故大约定为有六七万元之收入。后泗水正月来五千，至三月始又来五千，三月二十日又来万五千，共来二万五千。刘芷芬筹得款五千。（除支伊经手公费千四百元，出纳课实收三千六百元。）又交来梁纽若兄款五百，克亮初交来银二千，谢鲁倩交来黄甲元君之款一千四百五十。统计荷属之款，出纳课所收到者，仅三万二千五百五十元。（良牧转港无所交，曾伯谔兄弟未出一文。）二月间，英属南洋连安南、暹罗之款，已达五万。美洲则域多利致公堂变产电到三万四千，温哥华致公堂电到一万九千，满得科电到万一千，金山一万，檀香山二千，纽约二千余，（美洲及檀香山共七万八千余元）弟等信海外同志，其热度不分高下；惟荷属筹款者实不统一，纷言运动，经手又不一人，此所以情形稍异。（按：出纳课组织完密，凡捐款，以交到出纳课取回收据为凭，其未交到者，即由其经手是问。凡支款，必由统筹部长认可签字，交出纳课长亲手支付。事后当使出纳课长将总数收支册寄南洋，以次转各埠察核，俾坚信用。此系未发难前弟等公议如此办法者。）

四、事前杀李准之无成

初拟于去年十二月先杀李准，以去一大阻力，适冯忆汉自庇能回，力任其事。已教以装配掷发炸弹之法，且为之布置一切，而冯屡次推宕。至正月，弟等以暗杀事不宜太近发难时期，乃与约；不得过二月十五。冯匿迹十余日始出。自云："堕水染病返乡。"究之反覆游移，色厉内荏。（前后支公款数百元，炸药等事又系另为布置者。）冯已大言误事，而温生才之勇侠，又未谋之党人，一击而杀孚琦，行事诚为卓绝！然孚琦废人，我等之大障碍物仍在，反使彼虏惊骇严防，真吾党之大不幸也！

五、惠州事件之失败

军事以省城为主，同时着手惠州。因惠为省屏藩，形势所在。去冬，曾秀自南洋归，即与切商。惟察其人，无军事上知识，决不足以当一面。因与伯先共任罗炽扬主其事，姚雨平亦力保之。炽扬曾为新军炮营排长，去年正月犯难而出者。预算经费需五千，以运动会党，补充枪弹。炽扬使陈时仁入惠交通严德明，而自带款数百往汕头购械。至则又电港请汇五百元，言："已定购，需此数立付价。"乃自汕归，仅携回六响数枝。是时罗则军、曾其光自南洋归，展邀与炽扬共事。炽扬不欲，谓二人有揽归惠州人自办之意。而二人则调查得炽扬有挟妓浪费及种种不名誉事，克等犹未敢信。及二月下旬，炽扬见陈甫仁、严德明出，则谓："运动已成，须身入惠，求补加枪枝。"遂给以驳壳枪一，八响无烟一，七响无烟九，码子配足。切嘱其设法携带，（是晚又支千五百元，连前共支四千余元。）讵行至澳头，即被从行李搜出枪械。同行四人，捕去陈甫仁、严德明，伊与谢姓幸走免。归港报告，则言："同时失去现银二千三百。"阅二日，严德明自虏手逃归，则言："当搜检时，一一点交物件，其中并无银两被搜。"以质炽扬，炽扬惟矢天日而已。德明闻炽扬支过公款四千，则大惊奇，谓："甫仁入惠，只用过银两百余，余款安在？"炽扬嗣是亦匿迹不出。克等爽然，叹知人之不易。惟炽扬固偾事，而惠州又不能置之不理。乃以责之严德明与钟君，另备款二千五百元为经费。严、钟二人皆若操必得之券。二十七，钟出港，求加款数百，谓可多得数百人。（时克已入省，展为之代理。）叩其枪弹，则云已定购，未到手。若必二十九发，则惟有纵火凭城之一法。及二十八晚，省再定二十九，展因发密电，使于三十举事，然至今尚无消息。惠之无效，不得其人以任事也。

六、展缓时期之原因

原议三月十五为发难期，继而不能不缓者：一则美属款未到齐；（荷属款万五千元，亦到于二十以后。）二则温生才事件发生，省会戒严，欲待防稍弛；三则日本之械，其大数尚未到。（按：此中尚有一误事之人，则由日运送，系托学界同志用行李带归。香港无入口税，向无搜查。一日洪承点见上海金山船到，有检查者，归报克。因电日本，令来者注意。是时吴君在东主任发付，遂告之带枪械来之湖南学生周来苏，并为改搭头等客位。周来苏以为专使伊注意自己防卫也，舟过门司，尽弃之海。凡七响无烟七十五，金山大六响四十，码子四千。船到港，则一切无事，许多利器徒付东流。此帮到最先，若无此谬举，则已接收得用矣。）然早知四月初有二标退伍之确耗，则时期只能尽三月底。乃粤吏自温生才事后，防日严密，侦探四出，旗界戒严，按户查诘，所租旗界备放火之屋，受迫迁出四处。且风声日露，南洋则有报告者，京则有电报，然同事者决不肯知难而退。

七、选锋之召集

是时，外省之选锋到者十九。伯先所部悉江南安徽之人；克则有川省同志数人，闽省同志数人。闽省同志并招其乡死士三十余人来。南洋、安南归来之同志，悉愿从克，已皆集居于港。众议恐临时不及照应，故共定先期须集合省城。至二十四五，伯先之人已半上，克所偕为将领之同志亦先上，其余各部亦陆续上。

八、器械之运送接收

至于器械，则弹小包由头发运送上省，枪则仅到七十余枝。（系西贡所购，由周之贞、郭汉图偕广妹从他路运入。）毅生以中旬上省，储备课事由克、展二人代理。头发及他路运入之策，皆毅生所先定。其担任头发转运，常为陈镜波，于港设头发公司一，省设公司二。其始运子弹凡三次，由少续多，皆无失，乃颇恃此路。毅亦以此而愈信镜波。至二十四，日本之械已陆续到，黄鹤鸣与杜君（俱星洲同志，业机器者。）发明一法，用罐头装载，于二十六日始付寄。二十七，西贡第二次械到，日本之械亦全到，则俱由头发装运。是时港部恐省中无主，共请克于二十五晚入。克未入时，省中已预定二十九举事。

九、克入省定期及二十八改期之事

及克入，爰定二十九，发电告港部。盖预计西贡及日之械，到此日方能接收分配也。讵二十七，张鸣岐、李准调巡防二营回省，以三哨助守龙王庙高地。毅生即提议改缓时期，陈炯明和之，宋健侯亦以为然。姚雨平则反对，惟姚亦要枪数在五百以上。此时接收之枪不过七十余枝，罐头一帮，尚未取出，不敢作必得之数。原公议到发动时，若枪枝有意外，则不能照原数分配。今姚为此要求，知必难办到。及姚闻新军二标收枪，姚亦不敢固持其说。克见各部如此，所谓改期，无异解散，克之痛心为何如？故即决心以一人死拚李准，以谢海外之同胞，而今各部速即退散，免搜捕之祸。当与宋、洪二君商：先令伯先所部返港，余亦陆续退。一面保全所有之枪枝，留为后起者之用。后林时爽、俞云纪到克处，言："不特不能改期，且须速发，方可自救。以巡警早四五日已有搜索户口之札，旦夕必发也。"（河南巡官系四川同志报告俞君者）克以二兄之决心，则欲集三四十人攻督署以杀张鸣岐，议亦决。

十、仍定期二十九之原因

二十八日，陈炯明、姚雨平偕到报告云：“调来顺德三营内多同志，其哨官个人中八为同志。一为中立，一反对耳。现泊天字码头，即欲乘机起事。”姚、陈遂往与其人商定。未几，即还报：言其人已决心。当即密电港，仍定期二十九。克意此三营若能反正，不患余营不降，况有新军之大力为后盾；又巡警教练所有学生二百余人决心相助，其枪弹足用；有此数者，事尽可为，即定计划。

十一、临时改定任务

克仍攻督署；姚雨平任攻小北门，占飞来庙，并迎巡防营及新军；炯明攻巡警教练所；毅生以二十余人守大南门。约定二十九午后五点半钟同发。是早早船，克部闽省之人及安南同志俱上，俱到克处。（伯先所部亦有数十人上省，惟俱未到伯先代表宋君处，致宋部无人，不能独当一面。）

十二、克独攻督署之情形

临时克与所部由小东营出，枪杀巡警于道。疾行而前，猛击卫队，杀其管带。破入督署，守者皆逃。当有卫队数人，被截击入署，不能出，弃枪降，求为引导。于是直入内进，克与林时爽、朱执信、李文甫、严骥君等亲行遍搜，无一要人。克欲觅放火材料，如书籍、文件之类，亦不可得。观其情形，当系二三日前走避者。克乃以火种置床架上而后出。（及克至大南门外往河南，火始发。）张鸣岐知发动之期，知督署之必攻，此中当又有最密切之侦探报告，否则不能如是之灵活。（二十六七，毅生已疑陈镜波为侦探，后益知其确。然再定二十九及克亲攻督署，此等事陈尚不足以知之。雨平逢人运动，又力信巡防营为可恃，安知不为人卖？致满虏知吾军内容。）

十三、以后巷战之情形及党人死事之勇烈

初入督署时仅死三人，已出，则林时爽于东辕门招抚李准之先锋队，（以伯先常言李准部下已运动多人。）突致脑中枪死。克中伤右手，断两指。他同志亦有数人死于卫队门首者。时就所有部分为三路：克与十人出大南门，欲与巡防营接应。徐维扬以花县四十人欲出小北门，与新军接应。余则川、闽同志及安南、南洋同志，往攻督练公所。福建人方声洞与克出，行最先，遇巡防营于双门底，见其并无相应之号，且举枪相向，方乃发手枪，杀其哨弁一人。敌枪环攻，方死之。克且战且前，然回顾部下，不见一人。以肩撞破一小店门入之，从内发枪，中七八人。敌却退，闻彼营中传语往保护提署，遂相率去。克乃易衣而出，入河南女同志家。初二始返港。（后乃知同时朱执信、郑坤、何克夫三人得生还，余则死矣。）俞云纪兄与众攻督练公所，途遇防勇，绕路攻龙王庙，一人当先，抛掷炸弹，防勇为之披靡，后失手遇害。李文甫攻督署时非常猛烈，已出，伤其右足，后为虏获，从容谈笑而死。其余殉国而死者，粤同志则有罗则军、李子奎、李群、周华、黄鹤鸣、杜君、马昌、罗坤、韦云卿；四川同志则有饶国梁、秦柄；闽同志则有林觉民、陈可钦、陈与新、刘六湖、刘元栋、陈更新、吴任之、冯郁庄、林尹民、郭炎利、郭钿官、郭天财、翁长祥、陈孝文、陈大发、林茂增、王文达、曾显、刘藩、虞全鼎、周团生、吴顺利、吴炎妹、吴七妹；尚有不知姓名一人。徐维扬（花县人）部下之众，死者二十四人，被捉在监者六人，负伤生还者十六人。朱执信攻督署时奋勇争先，迥非平日文弱之态。在二门，为后列误伤肩际，仍与克偕行至双门底，遇敌相失。后入其门生家，易服出险。何克夫与防营亦力战负伤，出大南门，遇至戚家，匿三日而后出。郑坤负伤出大南门，入一店，为所逐，且呼贼，坤愤杀之，夺衣而出，事由自卫，情尚可原。四川熊克武、福建王以通、严骥皆负重伤而出。克同攻督署者百三十人，内徐维扬四十人，刘古香十四人，此二部稍弱。余则虽以朱执信、李文甫、陈与新之温文，均敢先当敌，无丝毫怯懦之态，盖义理之勇为之也。林时爽本同林觉民、陈与新在东筹有的款，将归闽举事，已来港，则同死于广东。闽同志死者多毕业高等专门学生，年少才美，伤心俱烬。（此次死者多英才，其价值愈高，亦愈足动国民之观感。）俞云纪药学毕业，能制炸弹炸药。精卫北京事件，俞同谋，炸弹发见，再归日本合药，故未与精卫同捕。此次举事，最先决心，盖已置死生于度外。罗则军本有十人，任毁电信局。至二十七，令其退返。李文甫任五十人攻石马槽，亦于是日令其退返。而二人再知定期二十九，则只身赴难，殉战而死，俱为难能。黄鹤鸣、杜某某、李文奎事事勤慎，不辞劳瘁，仓猝战死，可惜！可哀！战之翌日，海防同志李德山等数人走入米店，据米为垒，抛掷炸弹，营勇不敢近，张鸣岐下令焚烧，惟罗稔一人走免。伯先之代表宋健侯亦轻裘缓带之士，既已遣散其部下，独与数人合克部攻督署，后不知如何被捉。各报登有宋玉琳供词慷慨，可以见其平生矣。庞越为高州吴川人，素运动广州湾方面，此次亦遇害。石经武留宋健侯机关遇害。其余江、皖、湘、粤之士虽未与战，而陷在城内，因无辫被害者不少。

十四、失败之原因与担任务者之不力

事之败也，以经营过久，人先械到，日露风声；（此着乃事势使然，因先料可购械之地，后俱不如愿也。而湖南周来苏弃枪于海，致需重购重运，亦贻害不细。）且知人不明，内藏侦探，使敌为之备；加以温生才之暗杀，新军之退伍，皆促虏之提防而为我之障碍。然使各任事之人，俱能尽其义务，则虏虽日防，而我战斗力大增，如当时只百余人，而横直冲突，虏几无如何！即晚，克出大南门，徐维扬到小北门，见旗兵皆弃城不守；当时若新军北入，巡防营从南入，孰而抵抗？张、李二贼为空衙空城之计，若军界有变，即不啻自贻伊戚，而孰知平日专任调度处之人匿不敢出，伪云其众有枪无弹。（是时姚雨平所部在省，并未遣退。初，雨平言毅生不肯发弹，克亦始信其言。后克查知雨平已由女同志某氏收枪弹三千余。且二十九，雨平到某某书院取枪弹，二三其说，后卒不取而去。惟已有弹三千，尽足以起。又伊前已另支款三千五百元，为自购枪械之用，此项又安在？以平日惯为运动，至确信其可即时反正之军队，一与触接，又复何难？倪映典只身入军，而三千人皆反，人之贤不肖，相去远矣！）二十八日，再三言巡防三营必反必应，克等因此再定二十九之期。讵临时并不一往，（证以事实，则巡防营与我党相遇，到处敌视。）若非作假欺人，即忍心作壁上观也，此姚雨平误事之罪也。毅生所部，连东莞人为百五十人，二十七因有改期之说，因遣退之。二十八晚，由朱执信驰往某乡测度其情，不及复来。克乃听其择陈炯明二十人守大南门。讵二十九三点，陈炯明驰至某某书院告毅生，谓又改期三十。（此议系港部二十八晚发电求缓者。因得电时已十点，而在港尚三百人，恐早船不及全上，故发电求缓一日。）然克等在省议既决定，炯明初以为言，克即拒之。再使其友马氏来，则克众既装身备战。不知炯明何据，硬谓克既允改期，偕同毅生，仍将始平书院枪弹收藏。毅生既信其言，因谓与炯明部下言语不通，请炯明另派一人指挥，而身自去大南门会顺德派来之人，后遂不及入城。毅生既承任务，初岂不知炯明所部为海陆丰人？后至临时，方始悟及，其误一；惟其任守大南门，故多分驳壳枪数枝，否则入克部，战斗力增，伤亡或少，其误二。炯明本不知兵，然任指挥不辞，乃硬造为克已允改三十之说，自误以误人，尤不可解者。始任攻巡警教练所，及闻毅让还其部下二十人，则云："如此，我并以全众守大南门。"斯已非矣，后则并大南门而不守，此皆炯明误事之处也。二十六日，克与公众定期二十九，倘始终不变议，不撤退各部，而仍陆续前进，则在省多三百人，虏不足惧；即败，或能大队冲出。而毅生、炯明等则以风声之过露，以为事必不成。（以事势论，巡防营、新军不能反，而有党人数百，亦难望占领广东，而如毅生所料。然究竟有进无退，方为我辈之决心。）殊不知张、李二贼设网张罗，任我辈之投入。倘能尽数拚命，未必果全烬也。二十八晚，港部得省电，以港尚有三百人，当时谣言既重，恐一船数百无辫之人不便登岸，故分小半上省，而大半入夜搭船。同时发电，请省缓一夜。展与伯先俱以嫌疑重而识面者多，故俱搭夜船上。至二十九事已失败，城门重闭不得入，乃相率归港。

十五、善后事宜

共议将外省外乡之人分别遣散，一面派人上省，招呼其负伤归者，延医给费治之。战死之士，则恤其家。其在内之军器未发现者，则设法保之。迁易旧时所用之机关，以遮港探之耳目。计巡防营不足信，而新军与教练之众，则不能责以不来，幸事后无大牵涉，可留为后图。

十六、预算不足之原因

至于此次办事，由开始办至发难之日，共用款十七万余，溢出原来预算四万余。统筹部溢出一万余，储备课溢出二万余，选锋课溢出一万余。统筹部之溢出，因经营既久，费自稍多，且内含有电报费三千余；又去年各课未成立之时，一切费用俱属于统筹部故也。储备课之溢出，则原拟购枪六百，约价三万八千；余加入运送费四千，炸弹费一千，及他种军用品费，定预算为四万五千余。后因选锋加多人数三百，于是另发款，由该主任人自购枪械，即如下开姚、张、黄、莫、郑所支购枪费，又为新军补充子弹增购炸药。在日本购枪六百二十八枝，连子弹及运送费，用银三万五千余。由西贡购枪一百六十余枝，用银一万二千九百余。在港购得三十余枝，用银三千七百元。三共银五万一千余；加入各主任人购枪费七千三百余，打刀费七百二十，省港运送费、秘密保存费共三千余元。总共用银六万五千九百余。现尚欠日本枪价债银一千元，附表如别纸另列。

又惠州一方面，已被罗炽扬先后用去预算之款，而其后再给费严德明谋之，此处去款二千五百。交通课原定五千元，以三千运动江、浙、安徽，二千运动湘、鄂。伯先所任为交通委员郑赞臣者，运动交通江、浙，既用去指定之款，又攫伯选锋千数百元用之，犹以为未足。三月，储备课使林直勉往沪购械，余款二千，郑竟假造电报，将该款骗去。其余尚有琐碎之费，为初算未及者。此番以党之全力举事，中外周知，而事机坐误，不能有成，粤省一失，各处都不能发。虽虏以党人敢死勇战，至今犹草木皆兵，然费如许力量，得此结果，岂初念所及耶？又况死我仁勇俱备之同志之多耶？谋之不臧，负党负友，弟等之罪，实无可辞！惟此心益伤益愤，一息尚存，此仇必报！断不容张、李二贼之安枕也！

旬日之内，悼战死之良友，哀方未艾，而忽又有伤心之事。则伯先于初旬患肠病，加以抑郁，不复调理，至剧病时，延西医诊视，乃知为盲肠发炎，即催其入医院割治。已又数日，则肠已灌脓，割处竟不知痛，饮食不进。延至中历十九，竟长逝矣！以伯兄平日之气概，不获杀国仇而死，乃死于无常之剧病；彼苍不仁，已歼我良士，又夺我大将，我同胞闻之，亦将悲慨不置，况于目击伤心者乎！书至此，不能复纪，惟公等鉴之！即颂

公安

黄兴
弟　　顿首
胡展堂

储备课用款略表

〇〇购枪六百二十八支，连码运送费四千余元；又补银水共用

三万五千二百二十六元四角。

〇〇购枪一百六十余支，连码费一万三千九百零九元五角九分。

在〇〇购枪三十余支，连码三千七百元；补充〇〇子弹一千元，炸药费二千五百元，打刀费七百二十元。

省港连送费，保存费，军用各品费，共三千元。

姚雨平支自购枪费，三千五百元。

莫纪彭支购枪费，一千零八元。

黄侠毅支购枪费，八百元。

张六村支购枪费，五百元。

郑平坡支购枪费，一千零五元。

共用六万五千九百八十一元二毫三分。

另欠日本枪价债银一千元。

此为大略计算表，其详细则俟一一清算后，奉呈察核！

选锋课用款略表

赵伯先选一百五十人，八千四百元。

黄徐选一百二十人，三千一百八十元。

陈炯明选一百人。三千元。

莫梁选一百人，三千三百元。

胡毅生选百五十人，四千六百零五元。

张六村选五十人，一千七百五十元。

克选二百人，四千二百四十元。

郑平坡选五十人，一千七百五十元。

姚雨平选一百二十人，四千二百元。

刘古香选二十人，八百一十元。

共用银三万五千二百三十五元。

说明

人数加多，为此课超出预算之总用。赵选费重者，因于正月时在省已有所组织，未几破裂，即邓德明事件——重复招士于江南也。克人最多而费省者，闽同志四十人，自备资斧来港，何晓柳数十人，李群数十人，皆临时就近招集也。郑平坡自称已运动督署卫队多人，硬欲独当督署，故使自招五十人，此亦在于预算之外。乃临事则不见其人，而卫队亦非有联络。

姚、张、郑、罗四人共支公款四万二千七百一十元。

姚雨平选锋支四千二元。

调度处支二万四千九百六十元。

自买枪械支三千五元。

共三万二千六百六十元。

张六村选锋一千七百五元。

自买器械五百元。

共二千二百五元。

郑平坡选锋支一千七百五十元。

自购器械支一千零五十元。

共二千八百元。

罗炽扬惠州运动经营费四千元。

失败后营救费三百元。

自借一百元。

失去枪费六百元。

共五千元。

姚雨平专任运动军界兼选锋，而临时并不与军界接洽，其选锋则有枪有弹，在省坐视。张六村廿九下午到克强处，见克强发怒，即急走避。至于罗炽扬之偾事，郑平坡之荒谬，更不足论！然此数人则共支去公款四万余元。尚有统筹部运动调度各费数万元。容日详细一一清算，奉呈察核！

此报告书中死事之名多误，后经黄花冈七十二烈士审查委员会审定七十二人之姓名及死事状况，见下回。

第六十三回

碧血黄花流芳千古　雷轰电掣惜此一椎

满清水师提督李准见党人已经失败，督署也已占回，并将火扑灭，便下令搜捕党人，凡城中年轻无辫的都被杀戮。次日早晨，派兵一营送张鸣岐回署，并将捉着的党人解往督署，送县监禁。

方在出示安民、办理善后之际，忽接探报：顺德县乐从墟民军数百人齐集起事，团练巡警均被缴械。李准忙调江巩、江固两兵舰及水师营兵二营往剿。三十夜，民军由澜石湾渡江，攻佛山。方半渡，被江固、江巩两舰发炮射死百余人。民军仍猛进不已，攻入佛山。兵舰因水浅不能前进，民军乘势还击，打死海军弁兵五名，击折无线电柱一座，方入佛山镇。攻破都司衙门，纵火焚署，又炸毁警局、税卡。民军到了镇上，军纪极严，时正大雨，兵士向商民借雨具，均给原价。商民有不敢受，或不愿的，民军便宁不要雨具，冒雨而去。在镇上半日，防营来到，水陆夹攻，寡不敌众，且知广州已失败，乃散往各处。

张鸣岐回署后，仍然拿出总督架子，布告安民，召集绅商筹议善后。一面饰词发电报告满清政府云：

北京，军机处均鉴：

粤省自孚琦被刺后，即闻香港乱党有潜图来省起事之说。当与水提李准及各丈武会商，广派侦探，酌调防营来省，密为防范。近旬日来，迭据水陆兵船营汛，搜获私运军火数起，并由巡警道拿获匪党九名，正在讯研。讵本日五点钟，突有乱匪多人，怀挟手枪，拥至督署，抛掷炸弹轰击。岐督饬卫队极力抵御，一面飞调防营援救。无如卫队人数寥寥，管带金振邦中弹阵亡，各兵亦有死伤，且炸弹著处，火即延烧，因移驻毗邻之水师提督行署，会同李准，督饬防营，分途防守围捕。旋据各营禀报：生擒及枪毙匪党数十名，夺获手枪、炸弹多件。

讯据匪党供称：该股共二百余人，本日在香港及省外，分搭轮船火车，陆续来省取齐，直往督署轰击等语。诘以此外有无党羽？坚不供认。当轰击督署时，另有一股往劫军械库。岐日前已派重兵驻守，匪往扑时，当即击退。

此外各衙署局所，大清交通银行，造币分厂，均经分派兵营守护，未被扰害。目下余匪四处窜匿，已闭城严搜，俟天明后，当不能漏网。新军全驻城外，日前闻匪徒有煽惑勾串之谣，经饬该协官长等密为防范。城中事起后询，据该协统电覆，尚无骚动。其余城内外各处，亦未见有另股起事。

至匪徒前往督署轰击，均系改服洋装，乘坐肩舆，舆夫亦皆系匪徒——是以沿街巡警均未觉察。

此次衙署被匪轰毁，实系事出仓卒，调兵不及，并非各文武不力为救护，情尚可原。惟鸣岐事前布置多疏，咎无可诿！应请旨严加议处。此外各文武，现正踊跃用命，搜捕匪徒，拟恳大恩，概免置议，以策后效。除详细情形续奏外，谨充电陈。

再沙面领事洋商，早经派有专营及兵轮保护，幸未被扰。城内外商民，亦尚无被匪抢掠之事。合并陈明。乞代奏。

次日，鸣岐照会各国领事，检搜轮船，见着短衣的便不准登岸。广九、广三两铁路也同时停车。城内由水师、防营会同警察严密搜查，凡穿西装者一律拿解。其中被冤之人民不计其数。

鸣岐会同李准将拿获的党人亲自提讯，头一个便是林觉民。鸣岐问道：“你们为什么要作乱？”觉民侃侃而谈，将世界大势、各国政治及中国的现状和应改革之点，洋洋洒洒，痛说一番。鸣岐、李准不觉凛然起敬，命去镣铐，给坐；又给一份纸笔，要他亲供。觉民接过来，笔走龙蛇，一挥而就。鸣岐、李准见觉民写一张，便看一张；看到后来，只相对不语。觉民写毕，向鸣岐、李准说道：“只要你们能洗心革面，铲除暴政，建立共和，使国家安强，汉族巩结，我死也瞑目！”鸣岐不答，只命收监。

又提陈可钧讯问。李准问道：“广东本非中原重要之地，你们为什么要在广东谋乱？”可钧微笑，答道：“狗！你懂得什么？”李准又问道：“我看你只是一个白面书生，能做什么大事？”可钧大怒，喝骂道：“贼强盗！你以这话辱我！事之成败何足奇？我虽是白面书生，不似你这人面兽心的凉血动物！”李准大怒，喝道：“逆匪！你还敢强么？”可钧笑道：“媚异种，杀同胞，忘却祖宗血海深仇，奴颜事敌的，才是逆匪哩！”李准无可奈何，只得叫：“押下去！”

又提俞培伦（即俞云纪）、陈更新审问。培伦伪称名“王光明”（蜀谚语“王光明”，子虚乌有也），不待讯问便说道：“在北京谋炸载澧的便是我。可笑虏廷拿着个我请的照相师——汪精卫和帐房姓黄的当主犯！”接着便演说炸弹制造法，详细说了一遍。又道：“人可以杀，学术是杀不了的，革命更加杀不断。我志终有完成之日及完成之人。我乐得拚一腔热血，唤醒国魂，去高卧地下，看贼奴铲尽，民族光扬！”鸣岐问陈更新道：“你年轻轻的，怎么不安分守己，读书求上进，定要去学叛逆之徒咧？”更新厉声喝道：“住嘴！同胞们方在醉生梦死，我们所以要起义，警醒他们。‘杀身成仁’豪杰之事：‘誓死复仇’英雄本色！什么叫做‘叛逆？’”

鸣岐将庞洪、李德山、李群（即李雁南）、饶国梁、宋玉琳、罗仲霍、饶辅庭、程良、石经武、李文甫、陈与燊、周增、罗坤等提出研讯，众党人或缄口不言，或破口大骂，或慷慨演说，无一屈服者。鸣岐、李准要追问余党机关及捐款人名，众党人一字不吐。李准大怒，严刑拷讯。一时肉竹声起，血雨横飞，却绝无一人叫唤。鸣岐、李准见拷讯不得，便将众党人一律斩决。可怜谋国之英，尽膏斧钺！其中除党人外，尚有不及讯问即被杀戮之非党人在内。张鸣岐、李准两贼奴之媚虏好杀，诚罪该万死！而彼二贼，后又觍颜为民国官吏，虽曰执政者鄙，而二贼之颜厚，亦匪言可喻。

兹将邹鲁所撰《黄花冈七十二烈士碑记》录下。但潘达微收葬黄花冈的烈士遗骸虽是七十二具，而碑列之七十二姓名，则系调查死事所得，故坟中人与碑上名不尽相符。且犹有死难烈士至今尚未查悉者，亦有彼此言殊者。（如黄克强、胡展堂报告中有女烈士，而审查会则曰无之。）此则当时混乱状态有以致之耳。

黄花冈七十二烈士碑记

广州辛亥三月二十九日之役，党人死事者，其数不可稽。事后，潘君达微收党人尸，得七十二，合葬之于黄花冈，由是有“黄花冈七十二烈士”之称。潘君亦党人，自以未名捕，乃于危疑震撼之际，毅然出收死友之骨，可谓难矣！

其明年为中华民国元年，胡君汉民、陈君炯明相继任广东都督。议就当日合葬处，修葺而整饰之。省议会通过经费十万圆。二年，乱作，遂不果。七年秋，滇军师长方君声涛始募修故墓，规模粗具。参议院议长林君森复募建碑亭及纪功坊，俾不致湮没于后世。

然欲举当日死事者姓名、籍贯一一泐之于碑，事乃至难。盖举事之际务慎密，凡姓名、籍贯，同事者非素识不能知，且亦不愿知之。故今日同事之未死者，其所能举，亦惟素识者而已。夫死事者既不止七十二人，即此七十二人，亦不能尽举其姓名、籍贯，可不痛欤！鲁与朱君大符，皆同事之未死者也。相与征集事实，胪所得死事者之姓名、籍贯。林君森更约当日未死同事之在粤者：胡君毅、何君克夫、吴君永珊、徐君维扬等，以确为之证，计得五十有六人。其中有姓名而无籍贯者，尚有三人。先行泐之于碑，而留空白，以俟续有所知，得以补泐焉。颜曰：“黄花冈七十二烈士之碑。”盖埋骨者固七十二人，今日虽有所阙，固望他日能补而足之也。夫马革裹尸，党人之志；埋骨已非所期，遑论留名？今之为此，徒以为后人流连凭吊之资，于死事者固无与也。

呜呼！此役所丧失者，不特吾党之精锐而已，盖合国中之俊良以为一炬，其物质之牺牲不可为不大！然精神所激发，使天下皆了然于党人之志节操行，与革命之不可以已，故不逾年，而中华民国遂以告成，则其关系宁不重欤！

然念国难之无穷、贤才之易尽，执笔作记，又不胜后死之感也！

附烈士就义表

——黄花冈七十二烈士审查会审定——

姓名	别号	籍贯	年岁	职业	如何就义	地点	时日
俞培伦	云纪	四川内江	二十六	日本千业医学学生	与敌抗战，被执就义		
林　文	时爽广尘	福建侯官	二十五	日本大学学生	攻督署出时，招抚防营，被弹中脑	督署东辕门	二十九
宋玉琳	建侯豫琳	安徽怀远	三十二	军官	攻督署后，至华宁里，与敌战，力尽被执就义		
方声洞	子明	福建侯官	二十六	日本千业医学学生	双门底遇防营，击之，被反击而亡	双门底	二十九
饶国梁	少峰	四川大足	二十三	四川陆军速成毕业学生	攻督署后，转战至大北门，被执就义		
林觉民	意洞抖飞	福建闽县	二十五	日本庆应大学学生	攻督署受伤，被执就义		
石德宽	景吾经武	安徽寿县	二十六	日本警监学校学生	守机关，与敌搏战而死		二十九
李文甫	炽	广东东莞	二十余	香港《中国日报》总理	攻督署伤足，战至北较场后，被执就义		
林尹民	靖庵无我	福建闽县	二十五	日本陆军士官毕业生	攻督署，弹中胸死	督署	二十九
陈文褒	广东大埔	三十余	南洋商人	与清军搏战死			二十九
李德山	泽三	广西罗城	龙岸民团管带	攻督署，转战至次日，高阳里米店受伤后，被执就义			
陈与燊	痛心	福建闽县	二十四	日本早稻学生	攻督署后，弹中目，身受伤，被执就义		
罗仲霍	则军	广东惠州	三十	南洋教员	攻督署后，被执就义		

庞　雄	苏汉	广东吴川	二十一	攻督署后，至四月初一，被执就义			
陈可钧	希吾少若	福建侯官	二十四	日本正则学校学生	攻督署后受伤，被执就义		四月初一
饶辅廷	可权竞夫	广东嘉应	三十一	学校教员	二十九日，机关破，被执就义		四月初八
陈更新	铸三耿星	福建侯官	二十二	长门炮术学校毕业	攻督署后，与敌抗三日夕，被执就义		
程　良		安徽怀远	二十八	陆军小学毕业任军官	攻督署后，转战至华宁里，与敌战，力尽被执就义		
冯超骧	郁庄敬	福建侯官	三十二	南洋水师学校学生	攻督署，出东辕门，与敌战死	督署东辕门	二十九
李雁南	群	广东开平		南洋华侨	攻督署，在二门中弹，三十日，在观音山脚六十四号机关被执就义		
刘元栋	钟群	福建闽县	二十七	南台消防会会长	攻督署出，大阳穴中弹死	督署东辕门	二十九
林修明	德昭	广东焦岭		学校校员	攻督署战死		
刘六符	锋肩宇	福建连江	二十五	福建讲武堂学生	攻督署后受创，被执就义		
李炳辉	祖奎	广东肇庆	二十余	南洋教士	攻督署战死	督署	二十九
李文楷	芬	广东清远	二十五	星州《晨报》印刷工人	与清军巷战死		二十九
李　晚	晚发晚君	广东云浮	三十八	南洋华侨	与清军战死		二十九
周　增	能益	广东嘉应	二十		二十九日，三眼井机关部被破，抗敌被执，就义		
郭继枚	继妹	广东增城	十九	南洋华侨	攻督署后，退至大南门，与敌战死	大南门	二十九
余东雄		广东南海	十八	南洋华侨	攻督署，出辕门阵亡	督署辕门	
罗　坤		广东南海	二十八	攻督署，被执就义			
陈　潮		广东海丰	二十余	业农	清兵围搜始平书院，掷弹击敌，已亦死之	始平书院	

黄鹤鸣		广东南海		南洋机器工人	攻督署战死	督署大堂	二十九
杜凤书				南洋机器工人	攻督署战死	督署大堂	二十九
徐培添		广东花县			攻督署后，转战至高阳里米店，战死同	高阳里米店	
徐进炲	德熙	广东花县	三十四	业农	攻督署战死	督署二堂	二十九
徐广滔		广东花县			攻督署战死	督署二堂	二十九
徐临端		广东花县			攻督署战死	督署甬道	二十九
徐礼明		广东花县			攻督署战死	督署阶前	二十九
曾日全		广东花县			攻督署战死	督署照壁外	二十九
江继复		广东花县			攻督署后，转战至莲塘街阵亡	莲塘街	二十九
徐熠成		广东花县			攻督署后，转战至高阳里源盛米店，拒敌阵亡	高阳里源盛米店	三十日
徐日培		广东花县			攻督署后，转战至高阳里源盛米店，拒敌阵亡	高阳里源盛米店	三十日
徐容九		广东花县			攻督署，转战高阳里等处，受重伤，及家而殁	花县家中	
徐满凌		广东花县			攻督署，转战高阳里，中弹被执就义		
徐茂燎		广东花县			攻督署，转战至莘庆里，中弹阵亡	二牌楼莘庆里	二十九
徐佩职		广东花县			攻督署后，转战二牌楼等处，负伤至高塘车站，被执就义		
徐廉辉		广东花县			在高塘车站被执就义		
徐松根		广东花县			在高塘车站被执就义		

徐保生		广东花县			在高塘车站被执就义		
徐昭良		广东花县			在高塘车站被执就义		
徐应安		广东花县			在高塘车站被执就义		
黄忠炳	赤中	福建连江	四十五	业农技击家	攻督署后，翌晨被执就义		
王灿登		福建连江		技击家	攻督署后，翌晨被执就义		
卓秋元		福建连江	三十		攻督署后，复攻军械局，脑中弹阵亡	军械局	二十九
胡应升		福建连江	四十		攻督署后，翌晨被执就义		
魏金龙		福建连江			攻督署战死	督署	二十九
陈清畴		福建连江		技击家	攻督署后，巷战死		二十九
陈发炎		福建连江	三十一	业农	攻督署后，巷战死		二十九
罗乃琳	万霖	福建连江	三十二		攻督署后，巷战死		二十九
林西惠		福建连江	二十七		攻督署后，巷战死		二十九
韦统铃 香　泉		广西平南			攻督署战死		二十九
韦统淮	义廷	广西平南			攻督署战死		二十九
韦树模	焕初	广西平南			攻督署战死		二十九
韦荣初		广西平南			攻督署战死		二十九
林盛初		广西平南			攻督署后，转战小北门，复与马巡战，弹尽被执死		
秦　炳		四川广安					
周　华		广东南海					
陈　春		广东南海			攻督署，肩中弹，四月初五、六，在观音山脚工人馆被执就义		
马　侣		广东番禺			攻督署后，转战至小石街阵亡		
劳　培		广东开平					
游　寿		广东南海					
张学龄		广东兴宁					

——以上已审查列碑者——

徐国泰	晒西	江苏邳县	二十二	军官	攻督署后，转战至双门底，受伤被执就义	
华金元					转战至双门底阵亡	二十九
阮德三					转战至双门底阵亡	二十九
陈甫仁		广东			运械至澳头，被执就义，闻党人起义，在狱中大呼同胞，被杀	二十九
严确廷		广东惠州			因澳头运械事，被执就义	

——以上未审查列碑者——

党人经了这次的重大刺激，报仇之念急于湍瀑。推源其始，唯一的敌人便是李准。因此未死的党人，无一个不想和李准拚命。

一日，邹鲁因寻陈炯明商量要调查死事的烈士姓名，炯明道："现在也有散了的，也有被捉的，不知生死；还有同志被害时报了假名字的；更加雨平等九个人都走了，他们所属的同志，我们怎能知道？就是他们自己，此刻也弄不清楚。这事只好慢慢的调查，一时是无从查考的。"邹鲁道："虽然如此，这调查的工作我们也要开始才好。不然，年深日久，更难查考。倘使勇烈的同志姓名不彰，岂不是你我后死者的罪过？"炯明道："这固然是一桩要紧的事，我以为替他们报仇的事比这更加紧要。我想了多日了，现在经费已空，办这事总须有些经费才行，所以也没想出一个办法来。"邹鲁道："大概要多少钱才够用咧？"炯明道："这却不能一定。但是一文也没有，总没个着手处。"邹鲁道："我先筹几百元应用好么？"炯明道："能有几百元，还可以有些办法。"邹鲁道："前回施正父同志对我说：'李准知道与我们的仇愈结愈深，我们必要报复的，所以他出入戒备的非常严厉，并且不大出来。现在却有一个机会：李准有个最要好的朋友叫作吴锡永，在督练公所当参议。督练公所的卫兵拾着了三月二十九日我们遗下的炸弹，送给吴锡永看。吴锡永拿脚去拨动，想翻它转来看看，不料轰然一声，将吴锡永的右脚炸去了。当时公所里便送将吴锡永到韬美医院去诊治，李准时常去看他。这是一个绝好的时机。我想去干他一下，替活的出气，死的报仇。'我很赞成正父的话，不过那时因伯先病重，克强未愈，也就耽搁了。又有个嘉应州的同志姓李的也要去刺李准，后来不知怎么，姓李的又到旁的地方去了。如今你既要干，我马上就去筹款去。"炯明道："那么，你什么时候有准定的回信咧？"邹鲁道："我生平不欺朋友，明日就回信。"炯明道："谁说你欺朋友来？不过想你有个准定回信，知道个多少数目，好预先计划支配罢了。”邹鲁道：“那么，我现在就去。”说就便走起身告辞，烔明送出大门。

邹鲁一迳走到中环一个同乡店家里，商量借钱应用。那店主允许了五百元。邹鲁拿着便来会烔明。烔明见了道：“你怎么才去又回来咧？”邹鲁道：“已经弄好了。你只说事怎么办吧？”说着便将五百元港币取出，交给烔明。烔明接过道：“前天陈敬岳由南洋霹雳埠回来，要去杀李准。我们且把他和施正父都约了来谈话，大家计议一个万全之策，免得这贼漏网。”邹鲁道：“你就即刻去约他来吧！”烔明道：“不如到酒馆里去请他们俩。”邹鲁笑道：“你有钱就要吃了，是么？”烔明也笑道：“因要显得事情郑重，所以效易水饯行，谁为好吃来？”两人说笑着，一齐起身出门，搭上电车，来到兴华楼前，下车进去。

二人上了兴华楼，拣个僻静坐头。堂倌忙来招待，揩了桌子，倒过茶，方问道：“两位是便饭，还是请客？”烔明答道：“请客。你拿笔砚来。”堂倌忙将文具盘子取来。烔明写了一张，又向邹鲁问了施正父的住址，也写了一张，一齐交给堂倌拿去。邹鲁叫堂倌取菜牌来，烔明拦止道：“不消。”便随手取现成的纸笔，提笔便写了个“龙虎汤”。邹鲁看了，笑道：“这东西我吃不惯，你不要尽来这个。”烔明笑着应道：“多少总有一二样你吃的。你既不好吃，又何必过问？”说着已开好一大单，交给堂倌拿去，吩咐候客到了再上菜。

不一时，正父、敬岳先后到来。相见毕，入席就座。堂倌陆续将菜送上，四人畅饮。酒至半酣，烔明问敬岳道：“前日你我所谈的那件事，我和邹同志商议，也认定非做不可。这位施同志所抱目的相同，因此特请大家聚集，商量个万全之策。”敬岳道：“我瞧这事没什么难处，一二人足以了之，只是广州的情形我太不熟悉，须得一位领导的才好。”邹鲁道：“原为一人太单，所以请同志与正父同志合作。”正父道：“干这事只要抱定决心，却投什么为难。倒是敬岳同志方才说的广州情形不熟是个问题。因为我也才从霹雳埠回来，广州还没到过哩。”烔明道：“这却容易。我有个同母异父的弟兄，名叫马育航——广州极熟。我便要他同你们两位去，万无一失。我这里还有邹同志筹得的经费五百元，可以作用费。只是两位同志如何着手哩？”敬岳道：“现在只计划运炸弹进去。至于怎样动手，那却只好见机行事了。”邹鲁道：“着手的机会，正父同志早已调查了。只候他到医院去时，便可在路上动手。炸弹就要张伦运去罢，他是熟手。”烔明点头道：“那是再好也没有！”四人又痛饮一场，并约定次日启程，方才各散。

次日，正父清晨到邹鲁寓所里，邀着邹鲁、张伦来访烔明。到得烔明寓里，陈敬岳、马育航都早在等候。烔明将五百元交出，正父、敬岳接收了，又和张伦交代过，便偕同育航，辞别邹鲁、烔明，乘早轮赴广州。

正父、敬岳等来到省城，育航领着住在泰来栈。（在港约好的）夜饭后，敬岳和正父、育航商议道：“我想李准时常到韬美医院去看吴锡永的病。不如我装病住到医院里去，候着他，出其不意的给他一下，使他无从防备。”正父道：“此计不错。但是你怎样装病咧？不怕医生看出来么？”敬岳笑道：“旁的事为难，一个人要病还为难吗？”育航道：“那么，候张伦到了，你就去。”正父笑道：“现在还没病哩，怎么去咧？”敬岳便取出两个铜元交给育航道：“不要茶房去，还是你走一趟吧。请你到药店里去买十文芒硝，十文大黄来。”育航接过钱便去买。

正父和敬岳方在说笑，忽见茶房进来，说道，“外面有一个客人要会马先生。”敬岳一愕道：“这是谁呀？”正父道：“或是老张吧，我去看看。”说着便同茶房来到大厅，只见一个中等身材、腰圆背阔的人正在候着。正父吃了一惊，暗道：“不认识呀！……这是哪里来的？……”方在犹疑，那人早已上前拱手，问道：“尊姓是马么？”正父道：“不是，姓马的是我同伴的。他出去了。你从哪里来？问他干什么？”那人道：“我由香港来，他兄弟托我带个信给他。”正说着，育航回来，正父忙使眼色，育航便立在门口，装做闲逛。正父便请那人坐下，道：“如果有什么信，请你交给我是一样的，他这时恐怕还不能回来，不便劳你久候。”那人道：“那么，阁下是不是姓陈么？”正父道：“我姓施。”那人低声道：“你就是施正父同志么？”正父不由的应道：“是。”那人方才取出一封信来递给正父。正父接过看时，信面上写着他三个名字，下款签着“竞存”两字花押，便没拆开，即邀那人，并关照育航，一齐来到房里。那人和敬岳相见，育航和正父拆信观看。敬岳便问那人姓名。那人道：“我姓高，号剑父，与林冠慈、李熙斌、梁绮绅、朱述堂四位今午由香港来。动身时会着竞存（即陈炯明），他说起你们已经到省，起身时曾说定住在泰来栈，要我们过来商量一切，便写了一封信交我们带来。”说话时，正父等已将信看完，递给敬岳，便向剑父道：“一切都晓得了。我们方在预备中。各位与我们志同道合，真是好极了！我们便共同进行吧。”剑父便起身告辞。敬岳看过了信，便约林冠慈等明日一会。剑父答应了，告辞而去。

次日，敬岳等会过林冠慈等五人，大家都是一个任务，自然水乳交融，不必细说。接着，张伦已将炸弹夹在雪茄烟箱里运到。敬岳便将芒硝、大黄煎汤喝下，夜里大泻不止。正父即要育航送他到韬美医院，捏了个假名字，住院诊病。不料候了三四天，病已好了，李准一趟也不曾来过。敬岳方要再喝泻药，耐心等候，忽见育航来报道：“附近各县民军蜂起，李准带队剿办去了。”敬岳便连忙出院，和正父两个化装做讨乞的，跟踪追去。

哪知二人赶到东，李准已到西；追到西，李准又到南，如此十多日，也没追着。一日，二人方在一个小村庄上向农家乞讨，陡遇水师营兵经过。兵士看见两个叫化子，便一把抓住当夫子。二人连忙收拾好讨饭罐，（罐里藏炸弹）和那许多被虏的民夫给他们挑了掠来的东西随着走。随军三四日，总想遇着李准。哪知一打听时，李准却不在这一队中。这一队是游击队，担任四处巡逻的。二人大失所望，便觑空逃回广州，想候着李准回省时，在码头上炸死他。不料李准一直清乡清到顺德，回省时夹在第一队里，悄悄回衙。本队到时，他久已深藏衙内。不但敬岳等二人候了个空，冠慈等五人也空欢喜一场。

冠慈见终不能得手，忧愤异常，便和敬岳商议，预备投到水师营当兵去，候他训话时刺杀他。敬岳也深为赞成。方在商量进营的路数，忽见育航从外面回来，喘着气说道：“好了！好了！机会再好也没有了！”众人忙问：“什么机会？”育航道：“我打听得确讯：李准见日久没甚动静，防范已松；加之水师公所有事，他便定每天下午一点到两点时由水师公所进城。这难道不是一个绝好的机会么？”众人听了，尽皆大喜。冠慈便和敬岳商量停当：定于六月十九日行事，冠慈担任城内，敬岳担任城外。

到得十九日，敬岳有些暑病，头痛身疲，勉强起身和正父两个结束停当，将炸弹装在雪茄烟匣内，出门唤两部街车，向天字码头来。正父望见前面卫队簇拥着一顶大轿，轿里坐着个身穿黄马褂、（因平革党有功，虏廷赏的）头戴红顶纬帽的官僚，知是李准，便忙唤住敬岳。敬岳跳下车便赶，正父也随后追来。那李准的轿子飞快地已进了南门。敬岳仍不舍，拔步跟踪追去。

那时林冠慈也带着炸弹，立在双门底怡兴制衣店柜前假装买衣，见李准轿子来到，便翻身出店，猛然一弹，惊天动地的一声响亮，烟尘四起，昏不见人。顿时卫队四处乱窜，街上行人拥挤践踏乱作一堆。李准倒在轿中，冠慈已成齑粉。

第六十四回

设商肆奇谋死凤山　杀党人激变失鄂渚

那李准在轿内原坐向后些，兼之有软的轿帘障隔，所以只有一点弹片伤了他的腰际，破了二寸大小一块，没甚大碍，并不曾死。林冠慈却是一命呜呼了。

这时敬岳因为身体有病，走得慢点，将近赶到时，已被冠慈先掷了。敬岳翻身便朝育贤坊走去。那时卫队正在纷扰，也无暇顾及拿人，只簇拥着李准如飞而去。不料那育贤坊口有个值岗巡警蔡同和，看见敬岳西装无辫，捧着个雪茄烟匣，心里大疑，赶上前去一把抓住，想问个仔细。敬岳见被巡警抓住，便要将烟匣掷下。蔡同和眼明手快，一把掣住烟匣，同时揪住敬岳衣领。一来敬岳方在病中，不能抗敌；二来四面巡警闻得警笛，包围过来；敬岳遂被捕获，在烟匣内搜出一个炸弹。众巡警遂将敬岳绑了，送到局里，转解水师行台邀功。

李准回到衙门，并无大伤，只聘爱众医院西医达保罗洗裹了，休息了一夜，便提陈敬岳亲自讯问。敬岳付纸笔自书供词道：

> "陈敬岳，年四十二岁，嘉应州人。自此次粤事失败，即有暗杀李准之心。得友人冯子明（假名）百金之助，即回粤实行暗杀。嗣以吴锡永伤足，就诊韬美医院，意李准必临问，即诡名入韬美医院，饰言养病。不图李准卒未一至，又恐贻累医院，酿成国际交涉，遂出院。后闻李准赴顺德办清乡，以为有隙可乘，伪为流丐，沿途乞食，追踪旬日。又拟俟李准登岸炸之，已而不果，志仍不得逞。厥后侦知李准每日必自水师公所至行署，潜为窥伺，至是始得炸之。然一击不中，殊愧对温生才先烈！"

写毕，颜色自若。李准再追问："死的是谁？还有同谋在哪里？"敬岳缄口不言。李准鉴于前事，知用刑无益，便将敬岳收监。至九月十七日被害，（距广州光复仅二日）葬广州城外红花冈。

当冠慈、敬岳舍身之际，香港统筹部也筹备提款暗杀李准。后来克强特在善后费内拨出三千元来，专为杀李准之用。又打电到新加坡，要周之贞回国帮助。

之贞接着电讯，不敢怠慢，连忙乘轮回到香港。

克强见之贞回来，便道："现在谋得一个地方，可以炸李准，我已派了李应生执行。你明日就到省里会应生去商量吧。"之贞忙问道："应生脱险了么？"克强道："他们二十九夜里失败后，逃到巡警教练所。教练所里的夏同志取许多巡警制服掷给他们，道：'你们还不出去巡哨吗？'他们会意，便穿了制服混了出来。我的儿子一欧也是这一批脱险的。"之贞道："那么，现在被害的同志该有个实在数目了？"克强道："还是不得确实。因为有的被擒时换了姓名；有的竟没说姓名；还有的因首领走了，而他的部下同志阵亡若干，竟无从调查；加之张鸣岐、李准两贼又杀了许多百姓在内，一发无从调查。"只据英士说："广州有个潘达微同志，费了九牛二虎之力，向善堂哭求得城外一个土阜，名叫'红花冈'，又多方运动，才收了七十二具尸，葬在这冈上。收尸时，只有一具有辫子的，有人认领，说是个跟官当差的。其余七十二具虽已腐化，却都有我们的符号。潘同志便独力任葬，并将冈名改作'黄花冈'"。之贞问道："英士果然来了么？"克强道："他再不失信的。你还不知他干了一件惊人的事哩！他到香港已经是我们起事的时候，你们在省，所以不知道。后来失败了，他便用上海新闻记者的名义，到广州去面见张鸣岐、李准，说他们：'不要太杀多了，骇中外之听闻。'张、李二贼因此稍为收敛。英士便在城里暗中指导被困的同志脱险：也有装作工人的，也有剃光头，点上几点粉泥，穿上件道袍，装做新受戒的和尚的，也有装作洋行雇员的；走出来的不在少数。后来张、李二贼识穿了，连英士也要捉拿。他便化装一个警探，还要一个同志装作警事犯，一路扭着，走了出来，回上海去了。"之贞笑道："他的主意真多！凭着广州这几个莽贼，再休想动他毫发。"克强道："我也这般说。只可惜他来迟一步！不然，这回的计划一定要周密许多。李应生住在司后街梁宅，你到广州可一迳去寻他。你和他是相识的，不必再用书信证明了，免得到省被检查时担心。"之贞答应了，便辞了克强，去探望同志。

次日，之贞乘轮来到省城，一直到司后街梁宅会见李应生。应生大喜，问过来意，便说道："自我们失败了以后，李准防范极为严密。梁绮绅同志想尽方法，在南关仓前街赁了一间店铺。街头便是水师公所，街尾便是巡警察局，横街上是旧接官亭——李世桂的兵扎在那里，是李准必经之路。有了这个地点，我们的目的一定可以达到。但是广州商家习惯：凡赁屋开店，必须先付多少钱给上手佃家，名为'铺底'。现在定银已经交过了，只是上手佃家的铺底还没清楚。正要和他商量，认他是个股东，就请他布置。你道如何？"之贞点头道："这有什么不可以？我们又不要赚钱。"应生道："那么，便请你去和他商量一下何如？"之贞允可，应生便将上手佃家新迁的住址告诉之贞。

之贞正接址往寻，陡然街上人声潮涌，秩序大乱。巡警乱鸣呼笛，满街狂奔。之贞忙向旁人打听，才知是李准被刺死了。心想："赁店就是为刺李准，李准既已被刺，赁间店做什么？”便回来和应生商量。应生也说：“向克强请示，看要不要炸张鸣岐？”之贞便即夜回港来见克强。

克强早已得了施正父的报告，知道李准未死，见之贞来到，便道：“李准未死，你们仍须积极进行。”之贞道：“但是李准虽未死，经过这一次，已成惊弓之鸟。倘或他竟深居不出，又如何办法咧？张鸣岐、龙济光，随便炸他一个好么？”克强道：“只要是满廷重要官吏就可以。不过李准、张鸣岐比较更重要些。”之贞领命，辞了克强仍回广州来。

之贞来到省城，和应生说过克强的言语。那时应生也已知道李准未死，和上手佃家商量妥贴，将店装修起来。之贞改名“陈八”，帮着料理。但是开店不是一二个人敷衍得过去的，总须有个行店规模，才遮盖得旁人耳目。之贞便写信到南洋，邀李梦生、刘锃两同志来帮忙。李、刘二人都是最热心的同志。刘锃曾参加三月二十九日的革命，年纪已经四十多岁，未剪辫子，满脸老气横秋，谁也不知道他是个革命党。未半月都已到齐。

一日，香港来电，要之贞回港。之贞忙乘轮来见克强。克强道：“虏政府新任凤山为广州将军。这人是旗人中有名的健将，不若先去了他，免得将来为我们的障碍。你们可乘他来粤接任拜会李准时下手他。你回去赶快将店修好，即日开张，千万不要误事！”之贞领命回省。

梁绮绅造好了三个炸弹：一个装药十五磅，其他两个每个装药七磅半，藏在同志的菜园中。至此时，之贞、应生两人将炸弹运至店中，和香港来的李沛基配制炸药。哪知配药时药性发，应生触中，猝然晕倒。沛基忙取药解救，虽一会儿醒过来，但是不能做事。大家忙商议，即以沛基代理。应生道：“三个弹总计重是三十磅。如此之重，非设一个机关打出去不可。”众人都以为然，便做一个木机悬在檐下。即日预备妥贴，将店开张，牌名“成记。”

九月四日，接克强来电，密报凤山已经晋省。一会儿，香港派来的同志朱述堂到店里，装作买东西，悄悄地说道：“已经在天字码头上岸了，早些准备吧。”店里诸人听得，凡不是派定执行的，便渐渐离去，仅留下沛基一人。不到一顿饭功夫，凤山坐着八人大轿，前呼后拥的直奔过来。沛基候他到得店前，便将机关一扳，三十磅重的三个炸弹同时甩下，震天一声响亮，凤山连人带轿炸成齑粉。成记号也被震塌，邻家四处起火。沛基由店后走出，从容脱险，同志无一个受伤的。

这时正是武昌起义之时，且等我回笔来慢慢写出：

且说革命党人自三月二十九日广州革命失败，总部便变更计划，决计从长江入手。清廷屡得报告说：“湖北、安徽、湖南、江西等省有不少的党人潜伏，并有大宗军火由牛庄运入长江。”便密令湖广总督瑞澄（旗人）加意防范。自从四月初旬以来，湖北的戒严形势极为周密。陆军第八镇统制张彪分布军队，按段逡巡。巡警道黄祖徽也饬武汉各局警官巡警加意防范，凡是空屋庙宇、茶楼酒馆之中，无不每日查察一遍。甚至神龙宫里庚子年遗下的几枝废枪也被搜出，那种惊惶严紧的情形也可想见了。当时的百姓未曾尝过战争的滋味，陡然戒严，便闹得谣言蜂起。时而说革命党到了若干，时而说新军内都是革党，说得俨然如见。于是瑞澄对于陆军更加一层的防备，下令：除宪兵侦探外，一律不许外出，也不许亲友或他营兵士来访。并每营设一个告密箱，准许无论官兵，自由告密。这一来，倒弄得新军个个担惊。

八月初九日，瑞澄接着北京外务部密电，说："革党黄兴联络党人，约期十五、十六两日聚鄂起事，并有步队第三十标同时策应之说。"瑞澄连忙分令武汉三镇军警衙署一体严查。顿时满街军警植立如林，商店居民大起恐慌，弄得一个中秋佳节都没得好过。及至到了十五、十六两日，却是平平稳稳的过去，毫无一点动静，只累了军警白忙了一个星期。

十八日，荆襄巡防队统领陈得龙在汉口英租界拿获党人邱和商、刘汝夔二人。洋务公所吴元恺在俄租界宝善里拿获党人秦礼明、龚霞初二人，并起获炸弹、手枪和白期印信、钞票、汇票很多。张彪在小朝街九十二号拿获八人，八十二号、八十五号两屋内共拿获了二十七人，内有女党员龙韵兰及陆军宪兵正目彭楚藩。同时又在雄楚楼北桥拿获印刷告示缮写册籍的党人五个。一时满城风雨，鸡犬不宁。各处方在查拿，黄士陂千家街党人机关里有个党员名杨宏胜，因为听得风声不好，搬藏炸弹。不料一个不小心，轰然一声，屋瓦横飞。宏胜受伤，被巡警赶来查获。军警机关在一日之间破获这许多党案，便纷纷到总督衙门报告。

哪知总督衙门里，忽然在二堂内发现一箱炸弹，瑞澄直吓得魂不附体，面无人色，忙差戈什哈搜查衙内。查来查去，只有教练队里有两个军士可疑，便将他俩解去见瑞澄。他两个直认是在机关里领来轰督署的。问他机关在哪里，打死也只说个"搬过了，不知道。"瑞澄便传令将这两个军士在辕门前正法。当晚又将捉来的党人随便提几个杀了示威。瑞澄便欣欣得意，以为机关已破，党人已杀，定大乱于俄顷，真是不世之功。便在署内置酒，和几个姨太太痛饮庆贺。

饮酒中间，瑞澄忽然记起一桩事来，忙叫武巡捕去请张军门来。不一时跟班报：张彪来到。瑞澄忙换衣帽，到客厅里来。张彪打千行礼毕，瑞澄问道："你部下军队里有多少革命党？"张彪摸不着头脑，不敢回说没有，只得吞吞吐吐地回道："大约只有十分之三。"瑞澄道："那么，你把这十分之七去拿那十分之三，不是马上就好了吗？"张彪忙应了两个"是"，退出衙来。

武昌的第八镇新军只有一万六千人，合组为步、马、炮、工、辎五种兵，尽归张彪统率。这张彪本是个裱糊店的学徒，因为到衙门里糊房子，张之洞见他脸子长得不错，便将他留下做个亲近侍僮。后来张之洞又给了个丫头与他为妻，夫妇双进御，便扶摇直上，做到统制。实在什么都不懂，兼之克苦异常，部下积怨已深；何况革命党人运动力非常伟大，张彪久如燕巢幕上，危险万分。此时新军全体听得瑞澄要搜捕新军中的党人，官弁目兵人人自危。

十九日上午九点钟——即阳历十月十日（“双十节”之由来）——工程第八营里猛然发现一声炸弹，同时一声呐喊，喊着“同心协力”的口号，各各掣下肩章，左右各系着白布，全身武装，冲出站队。督队官阮荣发出来拦阻，人丛里枪声一响，早飞出一弹，将荣发打死在地。步队二十九标、三十标闻声，杀了两个反动的管带，一齐起手。炮营里熊秉坤和蔡济民等均带队冲出，杀死楚望台守望的旗兵，揭起大“汉”字白旗起义。九点半钟，十五协兵士已同时齐集大操场，会同工程营夺得火药库，将子弹运至蛇山下关马厂咨议局旁。即直攻总督署，与督署马队大战约五十分钟，马队寡不敌众，投降。遂分三处：一处驻凤凰山，一处驻蛇山，一处驻楚望台，各架炮进攻督署。山前民房多被震毁。总督瑞澄剃去胡须逃走，藩司连甲、统制张彪先后弃城遁去。革命军遂完全占领武昌。

众党人军官大家商议，公举十五协协统黎元洪为中华民国军政府湖北大都督。出示安民，传檄天下。檄文曰：

维中华开国四千六百零九年……月……日，中华民国军政府檄曰：

夫春秋大九世之雠，小雅重宗邦之义，况以神明华胄，匍匐犬羊之下，盗憎主人，横逆交逼，此诚不可一朝居也。维我皇汉遗裔，奕叶久昌，祖德宗功，光被四表。降及有明，遭家不造，蕞尔东胡，曾不介意，遂因缘祸乱，盗我神器、奴我种人者，二百六十有余年。凶德相仍，累世暴殄；庙堂皆豕鹿之奔，四野有豺狼之叹。群兽嘻嘻，羌无远虑，慢藏诲盗，遂开门揖让，裂弃土疆，以苟延旦夕之命。久假不归，重以破弃，是非特逆胡之死罪，亦汉族之奇羞也。

军政府奉兹大义，顾瞻山河，秣马厉兵，日思放逐。徒以大势未集，忍辱至今，亦复屡遣偏师，兼选义士，飚驰搏击，呼我汉风，此诚我侠士雄夫所为郁郁久居者也。天夺其魄，牝鸡失晨，块然胡雏，冒昧居摄；遂使群小俱进，黩乱朝野，斗聚金璧，以官为市。强敌见而生心，小民望而蹙额。犬羊之性，食言而肥，则复有伪收铁道之举。丧权误国，劫夺在民，愤毒之气，郁为云雷。由鄂而湘，而粤，而川，扶摇大风，卷地俱起，土崩之势已成，横流之决可翘足而俟。此真逆胡授命之秋，汉族复兴之会也。

军政府总摄几宜，恭行天罚。惧义师所指，或未达悉，致疑畏之徒，过事惶惑，僻远诸彦，莫知奋起，辄先以独立之义，布告我国人曰：

在昔虏运方盛，则实以野人生活，弯弓而斗，睒目瞻舌，习为豺狼，是以索伦凶声，播越远近。入关之初，即肆其强梁，遍据要津，而令吾民输粟转金，豢其丑类，以制我诸夏。传世九叶，则放诞淫侈逾二百载，夤缘苟偷，以袭取高位，枯骨盈廷，人为行尸。故太平之战，功在汉贼。甲午之役，九庙俱震，近益岌岌。祖宗之地，北削于俄，南夺于日，庙堂阒寂，卿相嘻嘻。近贵以善贾为能，大臣以卖国相长，本根已斩，枝叶瞀乱，虎皮蒙马，聊有外形。举而蹴之，若拉枯朽，是虏之必败者一。

昔三桂启关，汉家始覆。福酋定鼎，益因缘汉贼为之佐命，稍浴汉风，遂事羁縻。维时中邦大势已去，义士窜伏。迂儒小生，勿能自固，遂被逼胁，反颜事雠，渐化腥膻，遂忘大义，合薰于莸，以逆为正。子子贪夫，时效小忠，虏遂宴然高踞，骄吸民脂，浸淫二百年。汉族义师，屡蹶不起。爰及洪王，几复汉土。亦以曾、胡、左、李以本族之彦，倒行逆施，遂使虏危而复安，久留不去。此实孝孙之已醉，非逆胡之可长也。方今大义日明，人心思汉，駪駪硕士，烈烈雄夫，莫不敬天爱祖，高其节义。虽有缙绅，已污伪命，以彼官邪，皆舆金辇璧，因货就利，鄙薄骄虚，毋任艰钜。虏实不竞，汉臣复匮，盲人瞎马，相与徘徊。是虏之必败者二。

邦国迁移，动在英豪，成于众志。故杰士奋臂，风云异气，人心解体，变扎则起。十稔以还，吾族巨子断脰决腹者，已踵相接。徒以民习其常，毋能大起，虏遂劫持其间，因以苟容迁延至今。乃以立宪改官，诈伪无信，借债收路，重陷吾民，星星之火，乘风燎原。川、湘、鄂、粤之间，编户齐民，奔走呼号，山谷响震。一夫奋臂，万姓景从，颓波横流，败舟航之。是虏之必败者三。

昔我皇祖——黄帝——肇造中夏，奄有九有。唐、虞继世，三王奋迹，则文化彬彬，独步宇内，煌煌史册，逾四千年。博大宽仁，民德久著。衡之西欧，则逊其条理已耳。先觉之民，神圣之胄，智慧优渥，宜高踞土疆，折冲宇宙；乃锐降其种，低首下心，以为人役。背先不孝，丧国无勇，失身不义。潜德幽先，望古遥集。瞻我生身，吊景惭魂，返性则明，知耻则勇，“孝思不匮，永锡尔类”，则汉族之当兴者一。

“大道之行，天下为公”，国有至尊，是曰人权。平等自由，乐天归命，以生为体，以法为界，以和为德，以众为量。一人横行，谥曰“独夫”，凉彼武王，遂有典刑。满虏僭窃，更益骄恣，分道驻防，坐食齐民，厚禄高官，皆分子姓，胁肩谄笑，武断朝堂，国土国权，断送唯意；束我言论，遏我大群，扰我闾阎，诬我善良，锄我秀士，夺我民业，囚我代表，杀我议员，天地晦盲，民声销沉。牧野洋洋，檀车煌煌，复我自由，还我家邦，则汉族之当兴者二。

海水飞腾，雄强参会，弱国孱种，夷为犬豕。民有群德，朝有英彦，威能达旁，乃竞争而存耳。虽我中华，厄于逆虏，根本参差，国力遂靡。虏更无状，鱼馁肉败，腥闻四布，遂引群敌，乘间抵隙，边境要区，割削尽去，附背扼吭，及其祖庙，卧榻之侧，鼾声四起，耳目蔀覆，手足縶维。遂使我汉土堂奥尽失，民气痿痹，将破碎颠连，转餍封豕。不去庆父，鲁难未已。廓而清之，骏雄良材，握手俱见，万几肃穆，群敌销声，则汉族之当兴者三。

维我四方猛烈，天下豪雄，既审斯义，宜各率子弟，乘时跃起，云集响应，无小无大，尽去其害，执讯获丑，以奏肤功。维我伯叔兄弟，诸姑姊妹，既审斯义，宜矢其决心，合其大群，坚忍其德，绵绵其力，进战退守，与猛士俱。维尔失节士夫，被逼军人，尔有生身，尔亦汉族，既审斯义，宜有反悔，宜速迁善，宜常怀本根，思其远祖，宜倒尔戈矛，毋逆义师，毋作奸细。维尔胡人，尔在汉土，尔为囚徒，既审斯义，宜知天命，宜返尔部落，或变尔形性，愿化齐民，尔则无罪，尔乃获赦宥。军政府则与四方俊杰，为兹要约曰：自州县以下，其各击杀虏吏，易以选民，保境为治。又每州县兴师一旅，会其同仇，以专征伐，击杀虏吏，肃清省会，共和为政。军政府则大选将士，亲率六师，犁庭扫穴，以复我中夏，建立民国。军政府则又为军中之约曰：凡在汉、胡，苟被逼胁，但已事降服，皆大赦，勿有所问。其在俘囚，若变形革面，愿归农牧，亦大赦，勿有所问。其有挟众称戈，稍抗颜行，杀无赦！为间谍，杀无赦！故违军法，杀无赦！以此布告天下如律令！

第六十五回

大振声威光复两汉　兵不血刃底定三湘

且说黎元洪，号宋卿，湖北黄陂县人，留学海军出身。八月十九日武昌光复，因事先孙武在汉口制造炸药，受了误伤，还没痊愈，不能出外理事。克强虽已潜回上海，一时也赶不到。蔡济民、张振武等大家商议：一则以宋卿素为新军所敬仰，二则表示党人不争权利，便到宋卿家里迎他出来任鄂军都督。宋卿初时不允。后来张振武说："你不担任，便枪毙你，以免动摇军心。"宋卿无法，才随众到咨议局，就任都督。改咨议局为军政府，任咨议局议长汤化龙为民政总长。全城尽悬白旗。一面下令禁止杀戮满人；一面派兵守护藩库、官钱局、储蓄银行、财政处、度支公所等财政机关。

同时派蒋秋成带兵渡江到汉阳，收复兵工厂。那厂中卫兵见开来一营新军，便询问原由。管带蒋秋成答道："张统制派我们来保护兵工厂的。"厂中深信不疑。及至新军进厂，便将卫兵缴械，分守各处，传都督命令：照常工作，以供军用。兵工厂总办王寿昌见势头不对，改装工人，逃往上海。革命军便分兵占领兵工厂隔壁的汉冶萍炼钢厂及汉阳县署。清吏全逃，革命军乃兵不血刃而完全克复汉阳。

瑞澄自武昌剃发逃出后，便渡江到汉口。原来瑞澄在先曾与驻汉某国领事有约，如果革党起事，就请开炮相助。这时他便请某国领事如约实行。某国领事因为《庚子条约》"一国不能单独行动"，便开领团会议取决。各国领事对于应否援助清军及是否暂时认为交战团体都无成见，只有驻汉法国领事罗氏和孙逸仙是旧交，深知国民革命的正大而且必成，便竭力主张中立，发言道："孙逸仙一派的革命党是应时局的需要和民众的要求而革命的，是政治革命。我们断不能以对义和团——政府乱民的态度应付。现在清政府虚挂立宪的招牌，组织贵族内阁，将商办川粤汉铁路平白收归国有，又将各省请愿代表递辞回籍，致激起人民的解放运动。我们应当有远大的眼光，留将来与新中国的交谊。何况因清政府借外债的问题，华人已经对各国有不良的印象。倘我们再助清军，就无异与中国民众绝交，外交上将受非常的损失。应请注意。"领袖领事——俄领事也和罗氏持同样态度，各国领事也不愿无端惹纠纷，某领事遂不能独持异议，便宣布中立。瑞澄见外国人靠不住，又怕清廷问罪，又怕革党追捕，只好挈妻扶妾，逃往上海。

二十一日，有大冶、阳新一带的匪徒在汉口华界放火图劫。军政府立即调兵一营，渡江赴汉口，一面救火，一面擒匪，并尽力保护外人生命财产。满清夏口厅同知王国铎只身遁走。在汉党人便推前大江报主笔詹大悲组织汉口军政分府，完全占领汉口。军政府便于二十二日正式照会各国领事：要求严守中立。并声明：从前满清政府所借外债及赔款，均仍照约履行；一切条约，继续有效；惟以后借款、概不承认。领事团接到照会，会商结果，各电本国政府请示。各国政府均训令中立。至是革命军在外交上乃成为独立的交战团体。

武汉溯江而上便是湖南，与湖北之关系极为密切。那时湖北境内黄州、鄂城、沔阳、宜昌、沙市、襄阳等处均传檄而定，革军声势大振。湖南党人焦达峰、陈作新、刘承烈等便在新河总机关集议起事。作新道："新军四十九标、五十标和炮队营等都无问题，只要巡防营弄好，长沙便可唾手而得。"达峰道："据徐鸿宾同志报告，巡防营下面已经组织好了。现在武汉已经光复，如果我们不赶快起手，必使湖北因孤立无援而失败。我们为顾全大局计，无论如何非响应不可！我料武昌一声霹雳，清廷早吓得手忙脚乱。四川因铁路案，咨议局议长蒲殿俊和绅士罗纶被清廷上谕押办，民变在即。我们既有汉阳兵工厂这大的武库和四川、湖南这两省产米之区，饷械完足，足可统一长江。何况西南、东南尽有我们的潜势力。倘若我们因循，使满廷得以从容布置，以北洋军全力扑武昌，湖南虏官再派兵夹击，那么革命失败之罪即由我等负之。若我们光复湖南，西南震动，各省云从，扫穴犁庭，指日可待。所以湖南的起义于革命关系极大。依我之见：巡防营能够运动成熟更好，不然时，我们便以全力对付他。温生才同志能够舍身拚孚琦，我焦达峰难道不能舍身拚黄忠浩！……"作新抢着说道："我久想杀这恶贼。明日我便到巡防营投军去，舍着一身去干了他！"刘承烈道："只要四十九标、五十标肯为我用，便不怕他黄忠浩三头六臂。现在第一个问题，就是要和新军商量，定期举事。"达峰便要作新到小吴门外新军营里去磋商。

作新方去，忽见到常德去的同志文雄转来。见过了在座诸人，便取出一封书信递给达峰，达峰拆开看道：

> 余诚格已深悉原由，撤镇箪兵来。常弟与植羹兄商决：即日拔队回省首义。望诸兄速为准备，一致兴起。……

达峰看毕，报告众人道："五十标标统梅馨——植羹同志已经带队由常德回省发难。杨任同志已有信来报告。现在是万不可缓，望诸同志努力！"周震麟道："咨议局议长谭延闿思想极新，连日因避余诚格猜疑，奉母命闭门谢客。我想密去和他商量，与省绅龙研仙（名璋，攸县人）组织民众。"达峰知道震麟在明德学校教学多年，为知识阶级一班同志的领袖，听得他愿意组织民众，不胜欢喜，便道："周同志如此努力，我们事成必矣。"

方在讨论，作新跑得满头汗淋回来，说道："四十九标里面全体同志均愿即日起事。因为巡抚余诚格听了黄忠浩的话，借着防备萍乡为名，要把四十九标调往醴陵缴械。所以全体官兵都迫不及待，即使我们不起手，他们也要干起来。"达峰听了，便和大家商量，算着五十标初一可到，便决定九月初一日起义。

作新于二十八日改姓更名，参入巡防营里。起义的前一日，和徐鸿宾等几个同志暗将小吴门城上的大炮炮闩卸出，下了撞子针，藏过一边，再把炮闩上好。

且说湘抚余诚格（号寿平，安徽人）为人温和，不好杀戮。接着武昌失陷的消息，便请巡防营统领黄忠浩（号泽生，湖南黔阳人，举人出身，候补道）到署商议。忠浩到抚院参见过，诚格说道："方才接到电报，说：武昌被革党和变兵窃据，瑞莘帅（瑞澄号莘儒）已到汉口。湖南为邻省，责任很重，应如何办法？特请你来，大家商量。"忠浩怒目横眉，道："这班叛逆！学了那洋鬼子无父无君之谈，来到处跳梁，实在可恨已极！职道从前在广西剿匪时，便知道这班逆匪勾结盗贼，流毒乡间。所以职道只要拿着便杀，斩了三千多人，广西才能平静。现在一班学生中洋毒已深，虽有圣经贤传，也不可救药。职道的愚见：只有请大帅下令，把岳麓师范、城南师范、明德学堂、长郡中学等几个著名的反叛学堂，无论师生，一律斩首，以绝内患；一面借事将四十九标调到醴陵，派兵剿灭他；再调镇筸兵到常德剿灭五十标。那么，内患便永绝了。至于武昌陷入贼手，职道身受天恩，并蒙大帅栽培，赴汤蹈火，万死不辞！"诚格道："此计甚是。只是我皇上深仁厚泽，胞与为怀，杀戮太多，恐伤圣意。学堂方面，我令巡警道戚观察严防；常备军便照你的计划收枪退伍好了，也不必杀人。"忠浩诤道："食毛践土垂三百年之臣民，不思报主，牛马不如！在律已应族诛，大帅何必爱惜？"诚格见他顽梗好杀，无理可喻，便道："我想调巡防营救湖北，恐怕省城大兴党案，反牵住巡防营不能开出，坐视贼猖邻省，也非所宜。湖南固应清厘，湖北尤宜速救；学生们虽可恶，但手无寸铁，究不若武昌之猖獗危急。"忠浩见诚格意思已定，只得诺诺连声，告辞出衙。

忠浩回到家中，见自己的大儿子——三十多岁——方在读大学，还断错句、瞎哼，心中更加愤怒。便转身仍乘轿到小吴门来，召集弁兵训话。回来，又到最热闹的南门口，向鱼行里借张桌子，拦街摆着，跳上去大讲圣谕广训。四面派兵拦着行人，只许立听，不许走开。许多有急事的人被他拘着听讲，直急得涕泗横流，心中恨骂。

九月初一日清晨，黄忠浩接着报告，说："常备新军第四十九标标统王隆中带着部下，在教场坪站队讲革命。"忠浩便连忙赶到小吴门，吩咐关城。那新军已到城外，炮队当先，树着"汉"字白旗，迎风招展。打头一员乘马的将官大喝开城。忠浩跑上城楼，喝令部下开炮，部下不理。又喝令开枪，更加动也不动。忠浩气急，只得亲自扳动炮机，哪知一响也不响。部下管带徐鸿宾大喝道："黄忠浩！你还执迷不悟么？"陈作新早从队中拔出军刀，窜上前，喀喇一刀将忠浩砍倒，夺了他身边武器。鸿宾便下令开城，迎革军入城。巡防营兵弁登时手臂白布，换了白旗。又绑了忠浩，押着进攻抚院。

革军押着忠浩往抚院，方至贡院东街，便遇着一队人，臂缠白布，手提大刀，腰里插着手枪，揣着炸弹，由羊风拐角冲出来。当头一人，便是焦达峰。大家高呼："同心协力！"达峰便令作新等押忠浩去招降巡防营，自己领新军攻抚署。作新、鸿宾便押着忠浩仍回小吴门。忠浩面如死灰，低头不语。鸿宾问他道："你还不降么？"忠浩翻着白眼不答。鸿宾骂道："你从前不问官弁弟兄，犯了一点芝麻大的事情，你就割脚筋；我也是被你割过的一个。若不是我有钱医好，岂不被你送我一个残废终身？你也有今天么？"说着拔出刀来，照着忠浩肩上刺了一刀。作新想起在曾家听得他惨杀丫头的事实，心中大恨，也刺了一刀。忠浩大叫。众兄弟平常怀恨已深，便你一刀，我一刀，及至到了小吴门，虽只几百步路，早已搠了十几个窟窿。到得城上，鸿宾要忠浩招降城外的巡防营。忠浩大叫道："曾文正、左文襄不是人做的么？"作新大怒，道："我湖南出了一个卖国媚虏的逆贼曾国藩，已经贻湖南人万世之羞！你这贼！……"言来毕，早已手起刀落，将忠浩连肩带臂劈下，尸身由城上直倒到城外灰堆里。后来家属不敢收尸，被狗食去一臂，才由他兄弟收埋。

达峰领着新军直入抚院，并无阻挡，原来余诚格早已走了。达峰便分派同志接收各机关和藩库官钱局，一面将中华民国湖南军政府的布告贴出。不费一弹，便光复了西南重镇的长沙城。

满清的长沙县知县沈瀛（号士登，浙江人）因为办党案有功，身兼营务处提调、官钱局总办等几个差使。听得革军起事，便想逃走，无奈收拾不及，遂先悬白旗迎降，然后逃走。不料方至北门纱帽塘即遇着革命军，认识是沈瀛，便一把拖住，一刀砍去，只削去了一个天灵盖，沈瀛扑地便倒，在地下挣了一日的命才死。劝业道王曾绶因抵抗不降被杀。关道汪瑞闿、巡道戚朝卿、提法司（即臬司）刘钟琳、提学使兼度支司（即藩司）黄以霖等一众官吏，均弃城而去。

当下党人会议，公推焦达峰为湖南大都督，陈作新为湖南副都督，谭延闿为湖南民政总长，分十五部办事，秩序井然。达峰就职后，便发布檄文，免除苛政。设招贤馆、储才馆，放榜求民众发言，以凭改良政治。一面令委杨任为西路招讨使，收复湘西。又传檄各县，均来归附。一面委任：余钦翼为第一镇统制，赵春霆为第二镇统制；曾继梧为第三镇统制，王隆中为第四镇统制，梅馨为第五镇统制，程潜为第六镇统制；陈嘉祐为独立第五协统领，甘兴点为独立第七协统领；命前湖南常备新军第二十五协统领刘玉堂为援鄂湘军总司令，率领第一、第四两镇及第七协并徐鸿宾组织之敢死队出发援鄂。

那五十标标统梅馨率队开到省城。他部下军官因为没得到升官发财的大好处，焦都督又将五十标编成援鄂预备队，眼见就要去打仗，便心怀怨恨；加之不良分子从中挑拨，便酿成九月初十日的惨剧。

那时湖南省城各行商店都发行市票，自一百文至一千文不等，在市面流通，也有相当信用。就中以朱乾益和和丰火柴公司最为人所深信，这两家的票子也就发行得特别的多。自从长沙光复，市面上无知小民就造谣言说："和丰公司有官股，都督要查抄它。"一传十，十传百，传了开去，和丰票子信用就大减。副都督陈作新想着："和丰倒闭虽不要紧，却是市面金融一定动摇。"便和焦都督商议要亲自到北门外和丰公司去弹压挤兑，并说明政府决不会查抄和丰。达峰十分赞成。作新便领了几个随身护兵到新河去，亲向挤兑的百姓说明情形，方才渐渐散去。作新方转身进城，来到北门吊桥口，陡然有一个兵士抢到马前，照定作新腰眼要了一刀。作新未及防备，早被砍下马来。当时知事不妙，便向街边一家成衣店里走去。不料一窝蜂拥上十余个兵士，将作新按在成衣店门口，乱刀砍死，割下头来。作新的护兵都各自逃生。众兵士提着作新的首级，大叫道："众百姓不要惊惶，陈都督办事不公，我们已将他杀了，与你们无干。"

那时焦达峰正在都省府大堂召集五十标官兵点名发饷，并说明扩充为第五镇。不料方开始点名，便有一个排长大踏步走上大堂，扯住达峰，照头一刀将首级劈下，众兵士将卫队缴械。一面将达峰的首级提着，巡街安民。当时徐鸿宾等众党人一来因为势力不敌，二来因为顾全大局，只好含怒不言。

焦、陈二都督既已遭害，新军官长会议推谭延闿为湖南大都督，便推代表到荷花池谭宅迎延闿任事。延闿闻得焦、陈被害，决计不肯就任。众人往返磋商数次，皆无结果。

梅馨无法，只好请周震鳞等一班老民党前往劝驾。延闿初犹不允，震鳞等以大局相责，延闿方才提出三条件：一、厚恤焦、陈二都督遗族，并建铜像立专祠。二、军队须一致听令援鄂。三、军队不得跋扈，干涉行政及财政。震鳞等回来和新军商量过，完全承认，才迎谭延闿至都督府就职。同时通电各省县，布告安民；一面下令令援鄂军出动。

后来谭延闿及湖南同志葬焦达峰、陈作新于岳麓山，并在烈士祠前建立铜像，永垂不朽。遗族也由政府厚恤不提。

第六十六回

树义旗陕赣同反正　谋捣穴绥卿被狙击

陕西的常备新军原来本是陕、甘占多数。自从恩寿（旗人）做陕西巡抚时，奏调王毓江为常备新军协统，毓江是安徽人，到任时携带许多的安徽军官，遂渐更换原有的军官，培植势力。这些军官又各将同乡人插入行伍，因此陕西新军里便有了许多的安徽人。这些安徽籍的官兵多数是随熊成基起义不成，逃去安徽的，平时已受了不少革命学说的灌输。这班军官到得营里，又辗转向旧有的兵士鼓吹宣传，于是全军跃跃欲试。到得八月二十日武昌起义的消息传播全城，巡抚钱能训便一面出示说是谣言；一面想方设法消灭新军，免为后患。

至八月二十九日，新军代表在炮标会议，全体主张革命，并决定初一日起手。到初一早上，新军炮兵三营、工程队一营、马步队二营同时鸣钲起义。先将省府占据，便派兵接收各衙署。不料电信局正在发告急电报，众兵士便将电信局焚毁。省城满清官吏逃走一空，陕省党人乘机光复各地，并与新军公推张凤翙为陕军大都督。初三日占领渭南、临潼的重要城镇。初十日占领潼关，全陕底定。

江西九江府城毗连鄂境，自辟商埠后，与武汉息息相关。为长江一大重镇。自武汉起事，风声日迫。至初二夜里，炮台守将徐世法到新军第五十五标本部，和标统、管带等商议道："武汉已经光复，湖北常备军已成不朽之业。我们九江与湖北咫尺之隔，若我们仍然守株待兔，武昌兵到，徒然为鞑子作无谓牺牲。何况我们势力不敌？即使我们战平武汉，不过落得'媚异种，杀同胞'的万世骂名，有何好处？并且听得省城已说新军不可靠，要收枪退伍，若不早作准备，还恐怕为人所算！"教练官黄子卿道："这话不错！我们早有成议在先，现在如约行事好了。"正说间，执事官胡筱山拿着一封电报笑嘻嘻地走来，道："湖南昨日光复了，也是新军干的。这便是萍乡县知县报省，省城转来的电报，叫我们严守江防哩。"说罢，将电报递与大家观看。众军官一齐起立，要求标统马毓宝宣布独立。毓宝道："我无不赞成。只是知府璞良、道台保恒都是旗人，还有防营巡警，我们须得计划一番，方免误事。"子卿道："就由城内新军举火为号，将府道拿住。防营是没用的，怕他则甚？"毓宝细想，也只好如此。

正在谈论间，忽然转达处传进十多张名片，都是日本式的白片子（那时还用大红单片），毓宝一看姓名，竟一个不识，便问道："由哪里来的？什么事？"传达答道："说是陆军学生，有要事面谈。"毓宝道："不见罢，就说我有公事，明天再会。"世法拦道："陆军学生中同志尽多，倒不可不一见。"毓宝便叫请，请到会客室里，跟着便来到会客室。只见十多个军装革履的少年——年纪都在十七八岁上下。看见毓宝，便都立在当地，行了个举手礼，也没进客厅来。毓宝便问道："诸位有何见教？"内中一个学生高声答道："我们是将弁学生，同盟会令派来九江的。现在请标统马上宣布独立，光复汉土。如果标统要请功，我们也不走，只是我们的同志恐怕不是杀得完的！"毓宝听了，哈哈大笑道："原来为此！我早已预备好了，就请各位合作罢。"说罢，便让众学生到里面谈话。众学生也毫不疑惧，随着毓宝昂然直入。到得里面，与众官佐相见过，便大家继续讨论。最后决定：即夜起手，学生担任放火，新军扑攻各处，炮台监视水师。

到得夜里十点钟，金鸡坡炮台营里一声号炮，全城惊起。隔不了五分钟，便见城内一缕黑烟冲起，顿时火光闪亮。新军官兵见信号齐发，树起白旗，个个臂缠白布，城内城外一齐动手。城内的新军首先鸣号出营。向道署蜂拥进攻。到得道署，已见有二十余个陆军学生在开枪轰击，便呐声喊，一齐攻入。哪知九江道保恒早已潜逃。新军便分队将府县厅局一齐接收，各处毫无抵抗。一面开城，接应城外。那时城外新军已将防营缴械，便会同分段保护商民，举马毓宝为九江都督，李云峰为副都督，徐世法为驻浔炮台统领，以九江军政府名义出示安民。

九江府属的湖口县为九江门户，是江西内河的关键。满清湖口总镇杨福田听得九江独立，便调集炮艇来攻。马毓宝接着探报，便派李云峰率兵两营往湖口迎战。两军在马当相遇，革命军一声冲锋，奋勇直进，清兵不及抵敌，纷纷逃走。云峰便乘势前进，连克湖口及彭泽县的马当炮台。

江西省城得到九江光复的消息，绅商学各界便在咨议局招集大会，议决宣布独立，兴办保安团。测量司、测绘学堂、陆军学堂管教各员一致赞成，便由各处学生合组保安团，武装出防。议定后，便推代表向满清江西巡抚冯汝骙请求独立。汝骙道："我无可无不可。"代表熊式耀道："现在湖南、湖北都已独立。九江响应，萍乡也由绅商文经武等独立；南昌已在包围之中。此时观望，必致自误，且为人民之祸。"汝骙答道："随便你们吧，我总不作主张。"众代表不得要领，便出署来回报各界。大会见汝骙如此，遂决定联络军警界，相约起事。

初十夜里，众学生分成两部：一部保护洗马池、翠华街等繁盛之处；一部便到万寿宫放火为号。军队看见号火，便围住巡抚衙门，彭程万率兵冲战。江西抚署原为明朝宁王府，占地极大，建筑极为华丽。程万因为要迅速解决，便传令纵火。众兵丁搜索半夜，才将冯汝骙由花园石山下搜出。程万便逼令将印信交出。汝骙说："早已送往北京，无印可交。"众人要将汝骙杀却，程万道："这等懦夫，杀他则甚？”便将汝骙赶出。那时八旗会馆也被人纵火焚烧，革命军分头扑灭各处火头，将各行政机关完全占领。由各界公举，吴介璋为江西大都督，刘凤起为民事部长，方先亮为司令部长。设军政府于高等学堂。清查仓库，安戢商民，并传檄各属一律反正。

不到几天，赣军因编制内讧，吴介璋恐酿巨变，提出辞职。马毓宝便带新军回省，接任都督。不料政潮起伏不定，毓宝本为军人，无从应付，便将都督移交彭程万。程万勉强维持，自知江西军队复杂，民气由闭塞而开放，致决裂横流，不易治理，乃迎同盟会钜子李烈钧（即协和，一号侠璜，江西武宁人，留日士官学生）由皖回赣就任都督。烈钧分条治理，严极编练，才把江西全省奠定，统一各属，并裁撤各属军政分府及都督，政令后归于统一。

山西与陕西接壤。陕西光复后，满清山西巡抚陆钟琦拟派新军往陕边防堵，并相机进攻。那时新军子弹被收，不能出发。初七，陆钟琦令军装局发给新军子弹，并给饷一月，令次日拔队起行。

新军中久有同盟会分子在内，官兵都濡染了革命学说，子弹到手便决定起手。初八日早晨，新军全副武装出营，官民都以为新军出发，不以为意。不料新军方出营门，便分成数队，枪声四起，蜂拥入城，直攻抚署。陆钟琦闻变，便请满营抵敌。哪知满营平日既无训练，而且事起仓卒，又无子弹，只能束手待毙。钟琦夫人知事不可为，便劝钟琦逃走。钟琦大怒道：“食君之禄，死君之事。此正臣子尽忠之时，休要胡言乱语。”说罢便朝衣朝冠，出到大堂，当中坐定。此时革命军已经进署，见了钟琦便劝他降顺。钟琦破口大骂。革命军枪起弹落，将钟琦击毙。

此时满城居民纷纷乱窜。革命军登城开枪，令满营缴械，满营只得拱手将军械献出。革命军方停止攻击，分段设防。各界绅耆开会，公推：藩司王庆平为山西都督。庆平就职后，即派人接收仓库机关；护送陆钟琦灵柩、家眷出境，并赠银五百两。一面派兵一支，乘正太铁路火车，由寿阳直奔井陉口。满清正定镇总兵派马步队严堵，并电京乞援。革命军知不能急进，便只在娘子关设防。

庆平接任数日，因为头脑较旧，措施多左，且与新军民党毫无关系，应付维艰，便向各界辞职。各界领袖便召集大会讨论，改推阎锡山接任山西大都督。庆平束装而去。锡山接任后，便分调各军防守要隘，并派员间道至武昌报过，与南中联络。一面派人与吴禄贞协商，联军北上，直捣京师。又将晋省军队抽编劲旅，预为之备。

那时清内阁已任袁世凯。（详见下回）世凯以山、陕独立为北京肘腋之患，便派第六镇统制吴禄贞带本部兵马，进攻山西。禄贞（字绶卿）本是一个革命分子，自日本学成归国，莅任斯职，与同志阎锡山素通声气。锡山既任山西都督，便派亲信赵荣来与禄贞会商会兵进攻北京，以为擒渠扫穴之计。禄贞大喜，决定到石家庄，候晋军来会师。一面修书回复锡山。

世凯方派禄贞出师，便有第六镇所属的掌旗官马龙标来秘密报告，说："吴统制是革命党，与山西暗通声气。"世凯大惊，便遣密探多人，往石家庄一带侦探。果然回报说："吴统制到得石家庄，便屯兵不进。且时有山西来人进谒，又不时差人进娘子关去。"世凯听了，异常焦急，左思右想，不得法子，在室中踱来踱去。忽报张佑庭求见，这张佑庭是良弼的幕客，世凯一听便知是来催促进兵的，这时正要收拾人心，不能拒而不见，便叫"请进"。佑庭见过世凯便说道："听说革命党买通了许多人来京城里谋乱，这事要请宫保加意。"世凯答道："我也有听闻，已经要步军统领严防了。"佑庭又道："依晚生之见，不如将汪精卫提出，杀了镇风。"世凯听了"汪精卫"三字，陡然如有所感触，一面答道："这事还要和各大臣细商。"一面便端茶送客。

佑庭辞出后，世凯便细想道："革命党里有汪精卫等一班人替他首领拚命；我数十年养士，难道竟想不起一个为我效死的人么？……然而吴禄贞既然与革党通气，一旦回师进京，这清室固不消说，北方的势力和最高的地位，岂不尽为他所有？我岂不是要脱空……而且绝危险。除了杀却他以外，还有什么办法咧？……只是要谁去咧？啊！就是如此吧！"便叫家人，问道："那马龙标还没走么？"家人答道："听说晚上才走。"世凯道："你叫他来。"那家人便去唤马龙标。

一时，马龙标进来，世凯突然问道："我待你怎样？"龙标摸不着头脑，仓卒地答道："宫保待小弁恩重如山。"世凯又问道："你想当标统么？"龙标更莫名其妙，含糊答道："宫保的栽培，只是小弁没这福气。"世凯笑着叫他坐下，温言道："我知道你素来忠心耿耿，久要重用你。这回吴统制心怀不轨，你能据实报告，足见你忠义愤发，不枉我平日看顾一场。但是你也想着有什么法子可以提防他么？"龙标道："昨日小弁奉了宫保钧谕，就打点着今日到石家庄去再探听些实情回来上复宫保。至于提防的法子，小弁想着最好宫保用命令调开他，或是宫保简直地惩办他也好。"世凯道："那岂不是还留后患？并且日子久了，他见你不回去销假，起了疑心；再查得你在这里，岂不要将你害死灭口？何况他身在前方，要撤他时，他带了兵朝山西一走，又是一个大患，而且要损失我的威信。这时调他单人进京，他决不来；调防他处，他也决不会去。这样看来倒是个国家之患，而且是你我一个大忧哩！"龙标听了，前后一想，不觉毛骨悚然，扑地一声朝着世凯跪下，涕泪横流，哀呼道："小弁原为感宫保厚恩，特请假来告密。望宫保救小弁一命！小弁死也感激！"世凯亲手拉他起来道："你起来，从长计议。"龙标又磕了个头，方爬起来立着发怔。世凯道："我想为皇上除奸为自己免祸计，只有把他杀了！"龙标陡然一惊道："办得到么？他怎肯俯首受刑咧？"世凯笑道："你真傻！难道此时还能将他明正典刑么？当然是把他刺死罢了。如果你肯于这事，事成之后，我便放你一个标统，并且先给你一万银子，奖励你的忠心；倘是你不愿干，你便回第六镇去，侦探也不要你当了。只是将来他晓得你有这一回事，对你有个怎样，我也不能救你，而且管不着。倘然你要想脱身逃走，我既不能管着你这芝麻官儿的辞职不辞职，他那里是军在前方倒不许辞，只要一通电报，你逃到哪里去？‘临战脱逃’四字就够要你的性命的。那时你一点忠心反到付之流水，落了逃官该死的声名，依然免不了一死。”龙标听罢，道：“事已至此，不是他死便是我死。也不敢领宫保的赏，只要干过后，宫保不追究小弁，便感恩不尽了。”世凯暗喜，道：“你肯如此，真是国家一大功臣，岂有追究之理？我还要重重地提拔你做个统制统领哩。”说着便取一万银子的票子给龙标。龙标辞了两次才收下，禀明即夜启程前往石家庄。

龙标谢了世凯出来，便将一万银子寄回家里，动程到石家庄来。到得营里，且不销假，只在营外窥刺。因为禄贞军纪严厉，官兵都无出外闲游的，故龙标也没遇着熟人。直到晚间，禄贞到营外驰马。龙标见时不可失，突上前拔出勃朗宁手枪，对准禄贞便是一枪，啪的一声正中禄贞腰际。禄贞忙滚鞍落马，挣扎起来，拔出腰间刀便追。龙标伏地逃脱。禄贞勉强撑着回营，众人方才知道，忙扶入营里。龙标夹在众中进营，众人因他是本镇旗官，万不料是他做的。及至禄贞进了卧室，久已不能言语。龙标混到里面，见众人皆已离开去忙着传医搜查等事去了，只有一个副官伴着。便又拔出手枪，先将副官打死，随即一连几枪，将禄贞击毙，翻身逃出，直往北京。世凯果然委了他一个标统，并将协统李纯升任第六镇统制。这里忙着收尸呈报，一面维持军队，自不必说。只可惜一番大计付之流水，徒令世凯奸谋得逞，贻后来无穷之患。

且说云南省城素多党人。新军标统蔡锷本是激烈革命分子，在日本毕业后来到云南，便啣有同盟会的重要使命，秘密组织、训练部属，进行不遗余力。满清云贵总督李经羲闻得各省革命风潮日甚一日，便令属吏严拿党人。后来接到武汉革命的电讯，一发着着严防。接着清廷电谕李经羲加意防范，勿使革党自边境窜入。经羲便与幕僚等计议。内中有个绍兴人姓胡的，人都叫他“绍兴壶”的说道：“这事倒有点尴尬。若把兵调到边境，省城里又空虚了；若顾住省城，边境上实是兵力单薄。须得计划一个两全之策才好。”经羲道：“原是如此，所以请大家各抒所见，筹一良策。”又有个合肥人姓郑的说道：“云南的心腹之患不在于外而在于内。常备新军便是革命党的总汇。若不把他消灭，不须在外国的革命党打进来，就只这一股，也就尽够作乱为患的了。”经羲道：“我也虑到这里，只是没个方法。”姓郑的道：“现在秋高马肥，新军每日早操。只要乘他不知，暗中调防营、绿营将他团团围住，传令收枪退伍。那时他一无准备，怕不俯首听命么？”说罢，众人齐称妙计，怂恿经羲照此实行，并要经羲收得新军的枪械，再把来召募新兵，委亲信人统带，捍卫自己。经羲深以为然。

九月初十日，蔡锷带了全标官兵照例到校场下操。正在调动队伍，分别训练，忽见一个武巡捕飞马前来，传令道："奉大帅令：'所有常备新军军装、枪械，着一律缴存督署，听候退伍。'"全军听得大震。蔡锷道："本标还没到退伍的年限，为什么大帅忽传此令？这岂不是显违《钦定陆军章程》么？况且现在谣言四起，正靠军队保护。我们退伍，省防岂不空虚？烦你将此意上复大帅，我们回营候令。"巡捕叱道："你敢违抗大帅的钧令么？我劝你好好将枪械放下吧！"蔡锷也怒道："我们无罪，为甚要解散？"巡捕大喝道："大帅要你们滚蛋，你们敢不滚吗？何况大帅已知道你们是革命党！现在你们已在包围之中，还强些什么！"众官兵听得义愤填膺，大家早将刀拔出，便要冲突。蔡锷原本约了外援，想候安南党人到了同时起事，到了这时，也顾不得许多，大喝一声，一枪将巡捕击死。向众人说道："我等今日有死无生。大家为自己为同胞非努力冲开条血路求生不可！"全体官兵听了，呐一声喊，装上刺刀（因无子弹），随着蔡锷冲出重围。那奉令包围的清兵本属无用之物，怎当得这一千多生龙活虎拚命冲来？只得让条路看着他们冲出。

蔡锷领着部下出了重围，迳往枪炮厂，即时占领，分派子弹。众官兵满携弹药，全体欢呼。蔡锷令换章号，便各人取出预备好的白布缠在臂上，分队来攻总督署。

经羲早已得报。一面将妻妾子女护送出城，一面檄调各营，会同卫队抵敌。革命军来到，劝谕投降，不投，便双方开战。直战至次日早晨，清兵伤亡无数，蔡锷奋勇当先，直陷敌阵，众官兵随后一齐冲锋，方才攻进。李经羲早已由后墙穿洞向南门逃走。蔡锷一面照会英、法各领事，力任保护外侨；一面派兵乘胜克复蒙自。又派人抚慰田苗各部。云南各公团遂公举蔡锷为云南大都督。

第六十七回

战清兵黄克强莅鄂　用奸谋袁世凯出山

且说清廷于八月二十日午后一时接着武昌警报，内阁各大臣齐集庆亲王奕劻府会议。方在议论纷纭，又接瑞澄由汉口来电，有"速派北兵来鄂，愿粉身恢复"等语，众人齐道："现在难得详情，无从应付，还是责成瑞辛帅恢复罢。"又议了一夜，也只好如此。次日内阁宣布上谕："瑞澄着即革职，仍暂署湖广总督，责成迅将省城克复。"中午时，内阁又开特别会议，接连又得着汉阳失守及革军将要渡江等电讯及革军起事和组织情形，知道党人这番起事非寻常可比。良弼便主张速派大兵进剿，奕劻也想着不能不战。于是大家便商议统兵之人，结果满人中只有荫昌、良弼是有军事学的。便议决由内阁请旨，派陆军大臣荫昌统带近畿兵两镇，速即赴鄂剿办；又令海军提督萨镇冰统率海军各舰，长江水师提督程允和率长江水师全军，会同赴援。二十二日，荫昌陛辞请训后；将第六镇全镇及第一、第四两镇各抽编一混成协，分五日乘车出发。本日于第一批出发时，乘专车随同赴鄂。

二十三日，清军前哨抵距汉口二十里之刘家庙驻扎，河南巡抚宝棻也派兵两营来汉会师。方要前进作战，忽然又有上谕：湖广总督已补用袁世凯，并督办剿抚事宜，出发海陆各军尽归调遣。

二十四日，第六镇十一协二十二标标统马继增奉令率部为前卫，直抵汉口江岸，海军各舰也至江心下碇。湖北军务司张振武请黎元洪下令拆毁京汉铁路，阻北军来路，以免惊动武汉。元洪道："北军已有联络，来时必降。"不肯拆路。振武又请调兵迎截，元洪也不应允。直等清军到了江岸，海军直入江心，正式备战，方才手忙脚乱，派兵迎敌。

那天下午，清将张彪率部下残兵两营，由刘家庙出发攻汉口。革命军出兵一营迎战。清兵胆怯，退还原处；革军也因援军未至，未曾穷追。

二十七日，豫军到鄂，会同陈得龙及张彪所部，共一万余人，分左右两翼向汉口进攻。革军闻报，调兵一镇，渡江迎敌。白天明战至傍午，革军拚命冲锋，四面百姓送饭送茶给革军，革军因而勇气百倍，突跃前进。清军用密集射击，弹如雨下。革军奋不顾身，以白刃战，突破阵线。清军避入火车，急忙开车逃走。

革军徒步追击，清兵自车中以机关枪扫射，革军受伤者甚多。那时有兵工厂的工人数百名在铁路边山上观战，见这情景，都大喊道："拆铁路去！拆铁路去！"一齐奔下山来到铁路边，七手八脚，将铁轨拆去一大段。清军火车已经去远，忽然回转反攻，不料行至拆路处，惊天塌地一声响亮，全军翻倒。两旁革军伏兵齐起，趁势猛击，清兵死四千余人，革军大胜。午后四时，清军用炮队进攻，步队掩护前进，江面海军军舰也开炮助战。革军炮标二营队官龚幼心想："海军火力猛烈，若不先将他打退，必致腹背受敌。"便瞄准清海军提督萨镇冰的坐舰——即旗舰轰隆一炮，将桅杆击折，舱面洞穿。萨镇冰大惊，全军下驶。这里岸上两军鏖战两点多钟，清军又败，退三十余里。

这时黄克强应革命军及诸同志之请，允许来鄂。各同志一番欢喜，自不必说。元洪致电克强，请克强担任大元帅。克强回电，再三谦让。众将领均以前方无主，一致发电推戴，克强始允任总司令。但因与各省联络及措运军实等事，一时不能至前敌，所以不能就职。直至九月十三日，始来鄂就职督师。

且说二十八日，黎元洪亲率敢死队一千五百人于拂晓渡江，迳至刘家庙，与各军商决进攻方略。十一时，会合各军出发，枪炮齐鸣。清军且战且退，至京汉路铁桥，不及渡桥，便被元洪亲率敢死队赶上包围。数千清军有逃走的，有落水的，有投降的，有俘虏的，全协覆灭。枪炮弹药均被革军夺获。

二十九日，清舰队复上驶。清军与革军在七里河大战。兵舰向前相助；武汉、龟、蛇两山炮台发炮夹击，方将兵舰打退。岸上海军势孤，也被革军击败。

三十日，两军又在三道桥一带交战。革军敢死队伏在一个长堤之下，弹击清兵，每发皆中。清军在山头上用炮战，子弹多落堤外水中，攻不进革军的天然荫蔽。两军战了一日，暮色苍茫，革军突然冲出，清军猝不及防，大败而逃，直退至滠口以北，方整顿败兵，准备再战。

九月初二、初三、初四、初五四日均有小冲突，无大战事，双方互有损伤。元洪因省政重要，已回武昌坐镇。

初六日早晨，滠口清军拚全力出发，抵二道桥，遇革军。革军兵力单薄，被清军击败，追至一道桥，革军回兵抵敌。清军用猛烈炮火进攻，革军又退，清军遂占江岸及戴家山一带，架炮轰车站。海军舰队同时发炮助攻。革军大败，沿铁路退到大智门。薄暮时分，清军用野战炮向大智门猛攻，并沿铁路架机关枪扫射。革军分两路：一路出跑马场，一路出日租界后，抄攻清军。两军剧战，革军不支，大智门车站失守。两军死亡共二千余人，为辛亥革命第一次最大之损失。

且说袁世凯自满清德宗载湉（即光绪）死时，遗诏要杀他，摄政王载沣惧他势大，听张之洞之言，将他贬归田里，倒也逍遥快乐。但是，世凯岂是安分守己之人？回到原籍——河南项城县后，外面假装灰心名利，日日只披蓑垂钓，并拍许多渔翁装束蹲在渔船上的照片，分赠亲友旧好，以掩他人耳目。内里却遣派亲信，赴各省调查政情，勾结大吏。凡是北洋军中，无论官兵，因事去职或辞差请假到项城依他的，便照原有阶级发薪，收留在家。如是文官，便厚给束修，聘作私家文案，这些用度却由吞没的长芦盐款三百万项下开支。

革命军在湖北起义，世凯于八月二十日晨起便得了亲信报告，一面唤侍妾梳辫，一面对镜大笑道："我出京时说：'不杀我必有求我之一日。'果然不出老夫所料！"便唤长子克定传谕内外，只说患脚病，不见客。

那时清廷见湖北失陷，手足无措。奕劻想着："只有袁慰亭是北洋军的创始人，非他统兵不可。"便和载沣细商，起用世凯。头一道上谕便是："湖广总督着袁世凯补授。"世凯托言足疾辞谕。奕劻、载沣无法，便派贝子载振（奕劻之子）赍旨亲往项城县劝世凯奉诏。

载振不敢怠慢，星夜来到项城。世凯听得，心中暗喜，便假装蹒跚，趄到头门外迎接。见了载振，一把拉住，故意向载振面上细看，道："奇怪！奇怪！"载振莫名其妙，忙问所以。世凯笑道："咱们只三年不见，万不想你的相貌变到这样！"载振惊道："变到怎样？"世凯只微笑不语，殷勤让到中庭，载振也不便细问。

载振宣读旨意毕，便要世凯驰驿赴任。世凯顿首道："微臣上辜天恩，犬马有疾，不能报主，罪该万死！"回身向载振道："贱恙未愈，不堪任重。我当具摺上闻，并复王爷钧谕。但是爵爷远来，本应屈留数日，稍纾臣子之情；无奈狂寇跳梁，不敢误国家大事，只好明日便烦爵爷回京，代达下忱。感激无涯！"载振还要说时，世凯分付设宴，席间又绝口不及国事。次日，世凯将出一封奏摺和许多宝玩交给载振，载振便告别登车。世凯不说皇恩，只殷勤道庆亲王德意，托载振转致感激之忱。

载振兼程回京复命。载沣大惊失色，一无主张，只哀求奕劻亲往河南去劝世凯。载振也怂恿说世凯如何感激，"……大概父王亲往，动之以情，必能有效。"奕劻听了道："蜀帝尚肯三顾；我为宗庙，有何不可？"便慨然应允。即日回府，收拾行装，往项城来。

奕劻到了彰德府项城县，也不受地方官迎接，便直到世凯家中。见了世凯，不及多谈，便挥泪抹涕地说道："宫保！你救救咱们罢！咱们一家子，不说旁人，就是老佛爷待您就不错，您能看着老佛爷的子孙受人欺负吗？"世凯让他嚷完了，才说道："只是这事太大，不容易着手。"奕劻又嚷道："我知道您富于应变之才，只要您出马，还怕那班东西的脑袋拿不下来吗？您这话是怎么说的咧？"世凯故作沉吟。奕劻急道："只要您出去，咱们全交给您去办，全依您，还有什么为难的？"世凯方低声说道："不为旁的，只因皇上太幼，摄政王又不能容我。"奕劻两手撑着茶案，身体向前一伸，急问道："依您怎样咧？"世凯慢腾腾地说道："现在非年壮有为之君，不足以当大事。臣万死！……"奕劻叹了口气，身体向后一仰，道："这事且不说办的到办不到，您看咱们家——宗室里的孩子，谁能当这大事？"世凯瞿然道："这倒有。"奕劻忙跟问说道："谁呀？"世凯道："宗室里聪明练达能承大统的只有王爷的世子——振贝子！"奕劻大惊，伏地道："您真吓死我了！怎么说出这话哩？要是有人听得，不是要我父子一家子的脑袋使唤吗？"世凯忙跪下扶起奕劻，正色道："王爷以为我是瞎说吗？老实说：我自从蒙恩归里，三年来专研《麻衣相法》、《柳庄相法》，颇有心得。前回贝子辱临，仰见那龙凤之姿，天日之表，堂堂一帝王。清祚不属斯人将谁属？贝子正帝位，臣情愿誓死，粉身报主。"奕劻听了，心痒难搔，外面却故意说道："您别要害我们父子吧。"世凯满面庄严，答道："我推诚以告王爷，王爷竟不信我，那么，王爷是不要我出山了。"奕劻喜道："即如宫保之言，此时也还说不到就办。倘他日天命攸归，还望宫保辅助。"世凯坦然道："这有何难！王爷迫幼主退位，我拥世子登基，不过举手之劳耳！"奕劻大喜称谢，心中密想着太上皇的甜味，也忘了催世凯出山。倒是世凯一面设宴，一面吩咐家人准备行装，明日起身赴京谢恩。奕劻方才想起，说了两句感谢话。世凯心中暗自好笑。

世凯在起身之先，已派蔡廷干、刘承恩到湖北与黎元洪进行和议，所开条件主张君主立宪，元洪不理。蔡、刘二人适于这时复命。世凯便全盘计划，预备到了北京，按部就班地依次实行。

奕劻偕世凯到了北京陛见后，便有上谕：授世凯为钦差大臣；出征各军概归袁世凯调遣，各省督抚均听袁世凯节制。并凋荫昌回京。从此世凯手握全权，威临文武，与奕劻勾结，为所欲为。

世凯入京之第一步目的既达，便电令前敌各军并通咨天下。其文曰：

各部院、各省各卫门、海陆各军、汉口荫中堂、萨军门、程军门勋鉴：

"钦奉上谕：'着派袁世凯为钦差大臣；所有已经出发之海陆军、长江水师及此后调遣之军队，统归该大臣节制，各督抚随时会同计划。凡攻剿一切事宜，悉听袁世凯相机办理。此次湖北军务，军谘府、陆军部不为遥制，以一事权。陆军大臣荫昌身膺部务，未便久劳于外；着将第一军交冯国璋接统，俟袁世凯抵鄂后即行回京。钦此。'"钦遵。

本大臣世受国恩，敢忘食践？誓率六师，歼此小丑。用告天下，咸使闻之。

电报发出后，世凯便在军谘府召集亲贵大臣会议。众人到齐，世凯发言道："革命党声势浩大，铁路案又引起风潮；我意思皇上应下他一个罪己诏，缓和民气。不知大家以为然么？”良弼道：“家奴叛主，把来全杀了就完结。皇上圣明，有什罪己诏可下？”世凯笑道：“这话固然不错，但是您也研究过革命党的内容么？”说着，便在靴掖里取出一张抄的武昌军政府的誓师词及赏罚信条，给良弼观看。良弼见上面写道：

惟黄帝纪元四千六百零九年，鄂军都督黎谨以牺牛醇酒，昭告皇天后土而誓于师曰：

“我祖皇帝，建邦于中土。世世先哲明王，缵衍厥绪。爰迄有明，不康于政，遂丧厥宗主地，被满奴辱我二百余年。先明先宗，礼乐文教均污以腥膻。”

“钦尔有众，克振义军，丕扬我大汉之烈，光复土宇。予小子实有惭德！辱在推戴，敢用玄牡，昭告于皇天后土：与尔军士庶民，同心协力，殄此寇仇，建立共和政体。尔惟克奋英烈，实乃无疆之庥！予亦报尔功！其或不率，而有后至，予亦尔罚！嗟尔有众，尚钦念哉！”

“本都督驱逐满清，恢复汉室；凡我同胞，皆宜慎守秩序，毋违军法！所有刑赏各条，开列于后：

藏匿敌人者，斩！
藏匿侦探者，斩！
买卖不公者，斩！
伤害外人者，斩！
扰乱商务者，斩！
奸虏烧杀者，斩！
要挟罢市者，斩！
违抗义师者，斩！
乐输粮饷者，赏！
接济军火者，赏！
保护租界者，赏！
守卫教堂者，赏！
率众投降者，赏！
劝导乡民者，赏！
报告敌情者，赏！
维持营务者，赏！

良弼看完，默然不语。世凯道：“瞧这样子，革党中大有人在。他这全是收拾人心的，咱们若不从收民心着手，还有办法吗？”奕劻接着说道：“天灾人祸，圣君罪己，古昔明王，莫不如此。这一着倒是不可少的。”众人都以为是，内阁协理大臣徐世昌（字菊人，东海人）赞成尤力，便定议颁诏罪己。世凯又暗嘱拟旨中书务要说得结实，而且要多加摄政王的罪名。

世凯见京内布置已妥，便于九月十一日乘京汉路花车往汉口。冯国璋率弁兵列队欢迎。

且说南下清军已知袁世凯奉旨督师，士气大振。初七日，便由大智门进攻。革军以毅生路附近为根据地，交战数次，双方都无进展。初八日，湘军司令刘玉堂率第四十九标到鄂，即加入战线。湘军素有勇名，加之是生力军，稍一接触，便白刃冲锋。清军大败，辎重损失无算。冯国璋闻讯，急忙亲统大军来援，抵挡一阵，方才暂时休战。

到得晚上，冯国璋下令：炮攻汉口市场，不论军民，玉石俱焚。参谋文泰听得，进谒泣谏。国璋大怒道：“为皇上、为宫保、为自己立功，哪能顾得汉口的小百姓！”文泰道：“兵是救民的，不是……”国璋不待他说完，喝道：“你敢乱我军心么？”便拔出手枪，将文泰打死，命马弁将首级枭下，传令全军道：“违令者同罪！”

汉口电灯才明，国璋亲督马炮两标，发野炮向汉口商市灯光多处射击。一时，市内儿号妇哭，惨声匝地。国璋又传令，换子母弹射击。只听得一片声屋倒墙摧，霎时间闹市化为鬼门。革军拚命抵敌，清军将炮队列在大智门、玉带门一带猛烈进攻。黎元洪闻报，恐糜烂汉口商场，多伤无辜百姓，传令前敌各军退守汉阳。清军见革军已退，便放火焚烧，同时散队劫掠，遇着无辫子的人就杀，（是时已光复之地人民皆剪发）南部第一商场就此付之一炬。不到一日，全市灰烬，只剩下火光血迹，没了半个人影。清军官兵无不劫得万金以上之财物，国璋所受各官兵献予之金宝物件值二千余万元。直至世凯到汉，颁令回营，才稍稍收风。

世凯面授密计与国璋，便回北京。北京资政院已得国璋焚劫汉口讯息，便开会议决，奏请惩办前敌将帅，以平民愤。清廷上谕，交袁世凯查办，世凯不复。那时吴禄贞在石家庄，电请诛纵兵殃民之将帅，以谢天下，并有“……禄贞仰体朝廷德意，凡运往战地军火子弹，暂行扣留，以弭战祸，而保和平……”等语，世凯不理。九月十七日，禄贞被刺，并副官周维贞遇难，世凯又将其参谋张世膺杀死之后，便没人敢提及汉口烧杀之事。

世凯虽是强横，却也因威权太重，并且汉口事体太大，恐遭物议，便密召死党徐世昌、王士珍、严修诸人秘密商议。世昌道：“最好是叫那孩子到太庙昭告誓师，将一切权衡付托宫保。宫保率全军到芦沟桥，效陈桥故事，然后如讨南唐一般削平革党。大事已定，天下又安，臣民亦可永蒙其福。”士珍道：“这事不嫌太急么？”世凯怒目视士珍。士珍忙道：“华甫（冯国璋字）才闯了这祸，真是讨厌已极！要不然，就照徐中堂所议也无妨——但是还望大家详细计较。如果没有什么大妨碍，就是这般办吧。”世昌道：“革命党所恃以蛊民心的，便是不许满人窃据中原、光复汉族河山等语。宫保大业告成，河山依然归汉族，百姓希望已达，还有何说？北洋全军都是宫保子弟兵，平日受恩已深，当然拥戴。汉口之事，只消推在一个宫阶稍高或不是我们的人身上，拿来杀了，塞百姓的口，也就无事了。”世凯默然无语。严修站起摇手道：“不可！不可！‘事宽则成，急则败。’况且现在不比古时，外交方面须加顾虑。如今外国都赞革党军纪严明，宗旨正大。一时易帝，恐怕先未运动外国，不易成功。我们且待革党军需不给，重税招怨之时，设法挑起他们各首领间的冲突，使他失望于内外。那时我们厚结外援，方可于中取事。”世昌道：“洋鬼子只想地方。我们把那不关痛痒的东三省、西藏、蒙古、云南等地方送给他们，他们必出死力帮我们。”世觊摇头不语，严修道：“这更不可！清朝不失地丧师，革命必不能起的如此之快。我们第一要顾及民心才行。百姓心理最恨割地，这如何行得？革党都是浮躁少年，毫无政治经验，只要与他相持日久，他们必要因筹款或他事而失民心，便是我们最好的机会。”世昌道：“我们与他旷日持久，难道就不要钱用，不须筹款么？”严修笑道：“那个罪名就要请爱新觉罗氏代我们负去。”世凯大笑，起身抚着世昌肩头道：“老朋友，不要急，少不了你一个宰相！”士珍请问汉口事件，世凯道：“还是让人骂荫昌去吧。”

第六十八回

皖苏浙三省树白旗　桂粤闽一致起革命

且说安庆省城为满清的安徽巡抚驻扎地。那时任巡抚的是朱家宝，不但头脑腐旧，而且秉性糊涂。听得革命军在湖北起事，便饬军装局将枪炮弹尽量发给新旧各军。不数日，又闻候补道王佐才报告，说："新军不稳，已经受了革命党的运动，不日就要谋乱响应湖北。"于是又手忙脚乱，令各军将子弹缴还。经他这一发一收，便把安庆城的人心摇动得如风中杨柳。初九日，新军因子弹被收，知道当局已不信任，便想借故起事。从早上，各兵士每人携棉被一卷，到城中当典里，每件索当三元。安庆省城素来不富，典当的资本可想而知，如何擎得住这种风浪？便要闭门。家宝得报大惊，知道这是新军找由头的，便发库币接济各典当，一场风波才勉强平息。

这时，家宝电调来的江南江防营已由南京开到，解散新军之风传瞬息满城。初十夜里，新军步队六十二标及马队营、炮队营同时扑城。家宝急令江防营登陴守御。新军一因无子弹，二因无内应，只得退散。家宝便令江防营围住新军，每人发银六元，缴械遣散。

皖北的寿州、颍上一带本是革命党人出产地，这时各同志均纷纷回里，准备起事。其中以柏文蔚（号烈武，寿县人）一班为最有力量。安庆新军图光复不成被解散，便纷投皖北。寿州同志属于柏文蔚一系的同志如袁家声（子金）、王庆云（龙亭）、张尚杰等以为机会可乘，便纠合散卒，收集地方枪枝，胁迫防营，于九月十五日据皖北独立，称"淮上光复军"，公推王庆云为都督，传檄各处。各府州县纷起响应，安庆大震。

安庆绅商闻得淮上革军要攻省城，人心皇皇，不可终日。大家聚议独立，以保商市，便推代表谒家宝，请担任临时都督。家宝见内外交逼，知不允许，便不能保全生命、禄位，便表示愿宣布独立，担任都督。十八日，家宝便用安徽都督名义发出布告，与满政府脱离关系。惟同盟会分子因家宝是个旧官僚，毫无建设之才，便推同志测绘监督王天培任副都督。家宝表面辞职，推天培任大都督，暗中却使亲信散布谣言，嗾使商店罢市反对天培。天培不愿作无谓之争，便仍让给家宝。后来家宝一因才具不能应付时局，二因商界邀功不安于位，辞职去皖。孙毓筠（字少侯，寿州人）接任未久，也不能应付，便举柏文蔚继任。

此时陈其美（英士）早已回到上海，前一年便和谭石屏、宋教仁、杨谱笙、周淡游、范鸿仙、陈子范诸人组织中部同盟，为长江党务统筹机关。武昌发难，长江各省响应，都和这机关有关系的。这机关最大的工作就是先后创办《中国日报》、《民声丛报》和《竞业》、《民立》等报，鼓吹革命，唤醒民众，全国国民对于革命才有深切的认识，增加了重大的注意。

英士自从三月二十九日广州的失败，回到上海以后，以为广东经了这一次重大的牺牲，发动更难；南部既然一时不易进行，因此决定经营长江。长江的军事形势，以武汉为中心，以上海为咽喉。如能在两处发难，一定可以震动南北，囊括中原。所以一方面更加努力地计划上海革命军事运动，一方面与两湖同志切实联络。武昌事起，满清政府派重兵南下，武昌军政府根基未固，极为摇动，催促各处同志赶紧响应。英士得到消息后，便催黄克强赴武昌主持，以壮声势。自己便先到南京和当地各同志商量，打算在南京发动，响应鄂省。南京同志以为有铁良、张勋拥有重兵，仓卒不容易发动，主张稍缓。英士便到杭州，与在浙同志商量在杭州起事。大家又以沪、杭交通太便，如上海尚未入革命之手，浙江先动，极为危险，因主张上海先动，浙江后应。英士立即回上海，拍电到日本调蒋中正，张群等回国。

蒋中正和张群那时正在日本高田陆军第十三师团炮兵第十九联队见习。英士电到之时，正当联队实行野外机动练习。日本军律：凡学生请假，不得逾四十八小时。中正接着电讯，便和陈星枢、张群商议，托辞向联队长官请假两日。联队长允许，三人便赴东京，将军装用品，短剑等项由邮政局寄回联队，换便服走长崎。联队和日本宪兵见三人假满不归，便通令缉捕。中正等数次遇着盘诘，均托言华商学徒，得以脱险回国。

中正等见过英士。英士便派中正于九月初七日赴浙指挥起义，星枢、张群均留上海。上海军队事先本有一部分联络，又加英士一番布置，遂于九月十三日组织一部分同志，再委托高于白、杨谱笙共同督率，进攻高昌庙制造局。局中驻守的军队一部分已表示赞成革命，一部分还表示反对。因此革命同志进攻时，一部分的反对军队仍旧顽强抵抗，一时不能攻下。英士看了这种情形，便下令停止攻击，自己担任徒手进制造局，向反抗派军队开导，劝其加入革命。众同志都以为这是很危险的，劝阻英士不要去。英士道："怕死便不能革命！进局劝降不成，死的只我一个；若陡然猛攻，当牺牲多少同志！"说毕，便昂然进制造局去。果然他到了制造局以后，被反抗派军队不由分说，用一条铁索将他锁在一把交椅上，锁了一夜。外面同志以为英士遇难，愈加奋勇。到次日将制造局攻破，才把英士救了出来。

制造局占领以后，吴淞也就不久光复。当时上海各同志在小东门内海防厅开大会，讨论独立以后的办法。大家以为，上海地方冲要，必须推一统率军政的人担任沪军都督，才能应付。人选问题，大家都推陈英士。英士既不能推辞，遂应允担任，即日就职。当时驻泊吴淞的海军舰队还未曾表明态度，英士事先本已与海军有相当的联络，因此又促海军即行宣布独立，以增加革命军的声势；同时又收复邮政总局及上海电报局。上海局面就从此大定，各省响应革命军的就更加踊跃了。

中正来到浙江，和各同志商量起义。同志们要等候上海的信息，中正便调度浙江全省同时起义的事项。

九月十三夜里，浙江咨议局副议长沈某闻得风声，夤夜入见巡抚增韫（旗人），请拆卸满城，将旗民编入汉籍，以免惨见杀戮。增韫不但不听，反责沈某心怀不轨。十四日，杭城已传到上海党人攻制造局的消息，风声鹤唳，全城惊慌。下午，增韫便召集官绅会议，直到晚间八时，毫无结果，便宣布散会，明日再议。

哪知夜里两点钟方打过，蒋中正率敢死队百余人，手握炸弹，腰藏利刃，会同新军第八十一标、八十二标步队三千余人直攻抚署。中正首先发一炸弹，轰然一声，冲进辕门。接着百弹齐鸣，抚署火起。卫队、巡警以及消防见事已起，均袖缀白布，表示降顺。敢死队遂收用卫队枪枝，顺道占领军械局。防营见来势猛勇，也全体投降。中正冒火冲进抚署。增韫正想逃走，被中正赶上，劈头揪住活捉了。驻杭织造大臣联荣（旗人）也被新军擒获，便和增韫同禁于福建会馆。

十五日，党人公推童训为浙军大都督，出示安民，并派兵分别接收大清银行、藩运各库及一切财政行政机关，改咨议局为都督府。那时谮杀秋瑾烈士的汤寿潜经绅商拥戴为浙江都督，童训便让印退职。

革军令增韫修书劝导旗营归降，并派兵将满城团团围住。满洲镇浙将军德济不但不降，反将下书人枪杀。革军见旗营横蛮无理，遂开炮攻击。午后，杭绅杭辛斋邀双方代表到咨议局商议议和，订简约两条：

一、旗兵编入民籍，限本日七时缴出枪械子弹。

二、旗兵虽改编民籍，仍照旧发给兵饷，俟时局稍定，为徐图生活之计。

旗兵代表贵翰香回营宣布，旗兵都无异议，至七点钟，全体缴枪，革军也停止围攻，浙局乃定。外属各府亦次第光复，改悬白旗。中正因要帮助英士攻南京，浙督任为警备司令，不受；回上海，受英士命，招练精兵一团，中正任团长，张群、陈星枢任营长。（即后来之陆军第二十三师步兵第四十五旅第八十九团。）

上海光复后，即有革命军五十余人由沪赴苏，先到新军标营宣告一切。苏州绅商早经举定代表谒巡抚程德全（号雪楼，四川人）请宣布独立。十五日拂晓，革命军会同新军进城，一面驻守关要，一面请见巡抚，德全便用江苏都督名义宣布光复。藩司左孝侗（左宗棠之孙）、巡警道吴肇邦、织造文荫均弃职逃走。

于是松江、镇江均于十六日独立，林述庆为镇江都督。京口旗营降顺。十九日，扬州被革命军占领，清江亦于二十三日光复。

广西省僻在西南，素来风气蔽塞。但自镇南关革命一役之后，革命风潮就逐渐膨胀。纪元前一年，广西巡抚沈秉堃（湖南人）、藩司王芝祥（号铁珊，北京人）、臬司欧阳中鹄（湖南浏阳人）、巡道刘人熙（号艮生，湖南浏阳人，与中鹄为儿女亲家）、提督陆荣廷（号干卿，即陆亚发，镇南关革命时之清统领）等多倾心革命。就中尤以中鹄人熙承其乡人谭嗣同、唐才常之后，思想极新。荣廷则因出身会党，受抚成年，历史上有反清思想。所以广西的光复，理势上比任何一省容易。

湖北首义之后，湖南继起。广西毗连湘省，影响甚大。九月十六日，咨议局特开大会，讨论应付时局。除了几个昏朽陈腐的议员以外，大多数表决全桂独立。公推议长代表，进谒秉堃，请即日宣布。这时广西新旧各军都归藩司节制，秉堃便召集员司会议，大家都表赞同。不料那学理湛深的欧阳中鹄竟于此时一病身亡，芝祥只好独任其难。立时购白布多疋，写就许多独立旗，叫兵士于夜深人静时遍掷城乡内外商民家中，吩咐明早悬挂门首。十七日，桂林（广西省会）满城高悬白旗，旗上皆大书：

“大汉广西全省国民军恭请沈都督宣布广西独立！广西国民万岁！”

秉堃便据此宣布光复。由咨议局公举秉堃为大都督，芝祥、荣廷为副都督，传檄全省，不费一枪一弹，广西完全底定。后来秉堃辞职，芝祥继任，不久又由荣廷接充，这是后话，不提。

广东省城各团体和九善堂于九月初四日在文澜书院会议。省绅梁鼎泰发言道：“自从光绪初年，文廷式在北京组织强学会，倡论改革政治，天下学者如汪康年、陈三立、张謇、岑春煊、张之洞等群起倡和，康、梁乘时加入，实开中国之风气，唤醒全民注意政治。嗣后文廷式因党盛遭忌去职，康、梁失败远遁，孙文叠起革命，我唐人（粤人自称：“唐人”，如各省之自称汉人）自此深知政治必需改良，满族必须驱逐。如今湖北、湖南已经光复。我粤得风气之先，岂甘落后？所以大家应商量一个办法，使广东不遗笑于人，且免流血。”清乡总办江孔殷的代表康麟应声说道：“今天江总办特邀集各位，就是要计议一个保全广东、拯救中国的方法。望诸君以切身利害彻底讨论。”商人娄吉生道：“要免党人进攻，除非独立。这事先要派人和党人接洽，且要探探制台的意思。”说毕，大家都赞成吉生的主张，一面派人去香港接洽，想和张鸣岐和党人的恶感；一面推梁鼎泰去见张鸣岐，请表示态度。

这时鸣岐方接着孙逸仙由美国拍来的电报，劝他反省自觉，休害人民。兼之三月二十九之事，使他想起便胆寒，深知党人的手段，且料党人决不轻轻放过广东。故鼎泰入衙一说，鸣岐立即答应独立，但以香港党人不再寻仇为条件。鼎泰出衙，便于初八日在爱育善堂再召集大会计划。

不料在港党人因初四之会是江孔殷所召集的，不信任孔殷，且派党人回省，手持白旗，大书“广东民团独立”，满城游行。商民见了，纷纷悬白旗，张灯燃炮相庆贺。鸣岐闻之。急派人扯去旗灯，出示禁止。人民因此大愤，议决要自动罢市要求。接着广西独立消息传到，咨议局便议决光复全粤，并举张鸣岐为都督，龙济光为副都督。鸣岐和李准得讯，夤夜逃走。十九日，各团体复在咨议局开会，举定胡汉民为广东都督，蒋尊簋为军政部长，陈景华为民政部长；汉民未到以前，由尊簋暂任临时都督。（当时有举逸仙之兄孙眉任都督的，全体亦赞成。只因为逸仙在先曾说：“家兄习于商务，从政非所长。”乃改推汉民。）通电宣布光复百粤。又电约广西合组援鄂军队，克期出师北伐。

福建党人方声涛（声洞烈士之弟）等在香港得着鄂省光复确讯，便草长文一篇，劝驻防福州的满兵缴械，全为共和国民，并致函咨议局各议员，动以大义。咨议局副议长刘崇佑因充代表赴上海组织国会请愿同志会，被清廷严斥，遵照各省代表会议决回原省鼓吹，回到福州。接着党人信函，便晋见闽浙总督松寿（旗人），与商和平办法。松寿接见后，便问道：“有什么事来商量哩？”崇佑道：“现在各省纷纷独立，福建的邻省都已在革命军之手。所有兵力不要去平邻省，倘若党人来攻，非束手待毙不可！所以百姓全体要独立，免遭兵燹。旗营方面已拟有三项办法：一、交出枪械弹药；二、仍照旧发给口粮；三、旗兵及家属均编入民籍，与汉人同等待遇。请大帅俯从民意，宣布独立，免致地方糜烂，满、汉皆安。”松寿不听犹可，听了大怒道：“‘普天之下，莫非王土’，什么叫做独立？你也是大清臣民，不思报主，反口出逆言，不知你读圣贤书所学何事？快休再提！不然我可不能姑息养奸，致负圣恩！可要对不起你了！”崇佑料他不敢拘捕议长，酿成四川之祸，（见后）冷笑道：“再商量吧！”便起身出衙。松寿只气得横眉竖眼，冲进去了。

十九日（谷钟秀著《开国史》作十八日，恐误），青年会义勇队会合常备军起义，首先扑攻满洲街及将军衙门，同时占领火药库。那些旗兵平日养尊处优，哪能抗挡？革命军一声喊，四面放火，枪如鞭炮，一霎时便将满洲街及将军衙门烧成平地。旗丁及家属被火烧死或中弹身亡的不计其数，其余的或缴械投降，编入民籍，或弃械携眷逃生，福州驻防就此消灭。松寿吞鸦牙烟自尽，崇佑为之收尸成殓，后来并护送灵柩遗骸出境。当时公举常备新军统制孙道仁（湖南人）为福建都督，高登鲤为民政部长，刘崇佑为副部长。出示安民，派员接收机关，并派人分途收复各府州县，欢迎党人回省，组织北伐军。满洲驻闽将军扑寿、都统胜恩先被擒获，事定后均释放离境。

第六十九回

首鼠两端宝琦独立　万流汇海金陵会师

满清山东巡抚孙宝琦闻得各省纷起革命，便分派军兵布防，出示严禁人民议论时政。这时革党已由谭石屏等计划规复山东。石屏亲率所领之同志四十余人潜入济南，密组机关，进行革命。九月初旬，石屏便召集济南党人在潍绅徐惟辰家开会筹商。石屏首先发言道："山东一省，绾握豫、直。现北军已南下攻鄂，若不即日光复，断他运输之道，武汉定受重大损失。况且山西已经起义，齐鲁不相继而起，虏廷必以重兵临山西。山西一失，北方革命的根据便完全动摇。所以山东是否光复，于革命上实有莫大之影响。如今我们到济南来了这许多日子，原在粤省的同志已运动了多年，事到临头，到底应如何着手？军队和会党两方面的联络实在有无成绩？应请担负责任的同志切实说明，大家好作个计较。千万不要以虚作实，贻误事机才好！"话未完，座中一个青年同志——姓汪，名华，起身说道："山东的会党在民间早已成为普遍性。但是因为加入的都是乡下愚民，所以举动无一不是迷信，甚至演成义和团的怪剧。宗旨虽有可取，但已入歧途，不像长江会党多少还有点革命性。我和在鲁的同志王云岳、田平、何馥生诸君钻身入会，费尽九牛二虎之力，结果所得甚微。不过有一部分为利禄所动，尚肯为我用。若是举事时，可以利用他们；若要视为主力，却是不行。即使成功，他们恃功胡闹，也要把社会闹糟的。"王云岳接着说道："我因山东会党不中用，便注重北洋新军第五镇。只可恨我们山东人虽好勇有信，却卤莽无知。任你如何开导，他只知升官发财，而且认定没有皇帝，说要天翻地覆。我运动的结果，虽有一部分人肯附从革命，但仔细观察，也不是认清了革命而决意牺牲的。若有人起首，必肯附和。倘要他们作原动中坚，却不易办到。"石屏道："那么，山东方面这些年来革命的培植岂不是毫无成效么？"云岳答道："却又不然。山东的民众虽被八股道德缚住了，一般知识阶级头脑清醒的却不少。"石屏道："那么，最好是从民众方面着手，一有暴动，再引起会党、军队一齐并举，方可成事。"党人中有一个咨议局的议员，姓孔，名宪德，说道："现在清廷向德国借款三百万，以山东全省土地作担保品。民众方面因青岛的前车，已发生反抗运动，日来到咨议局请愿的已有数十起。我们不如借此为由，逼令孙宝琦独立，或能收事半功倍之效。"大家听了，都以为是，便议决运动各界绅士开会表决。

九月十五日，各界领袖及绅士应咨议局之召到局开会，讨论时局问题，一致表决要求满政府停止借债、满汉平等待遇等项，请孙宝琦代奏。如七十二小时不答复，即宣告独立。宝琦接着谘议移文一看，所要求的实和独立无异，如国民决政、地方自治、选举官吏等等应有尽有。却又不敢不奏。宝琦本是浙江人，幕中的绍兴师爷实在不少，便聚集幕僚，大家商议。密计多时，决定一面独立，敷衍绅民；一面向政府陈说不得不假名独立的苦衷。革命成功便为都督，不成时留了后手，仍然不失富贵。

十九日，咨议局要求的限期已届，便组织保安会，推夏纪元为正会长，于普源为副。二十一日，绅民集议施政方针。决议实行联邦政策，举孙宝琦为临时都督，改咨议局为联合会，宣布独立。

宝琦本是个利禄之徒，只图保守禄位，却又毫无眼光。虽接任临时都督，安民告示仍用"宣统三年九月二十一日"。暗中电满清政府："……臣被暴民胁迫……守土有责，不敢擅离，不得已暂与周旋，一俟天讨神诛，小丑殄灭，中兴政府完全无缺时，即行取消，臣当匍匐入都，敬恳天罚。……臣受恩深重，辜负圣仁，臣罪当诛，臣心蕴痛……罪当万死……伏俟天诛……"等语。

第五镇新军本模棱两可，其中将校又多是袁世凯旧部，闻得袁世凯入京，便正式反对独立。世凯又令山东旅京京官及同乡公电诘责宝琦。宝琦大惧，一面取消独立，一面奏请议处；又派亲信置办贵重礼品并现银五万进京，运动袁世凯和奕劻。于是革命军经营北方之势力受一绝大打击，清兵得以无所顾忌，致其兵力于晋、豫之间。

陈英士克复上海时，上海高昌庙及杨树浦江面停泊的海军军舰楚有、飞鲸、策电、建安及登瀛洲运舰，湖鹏、辰字、宿字、列字四鱼雷艇，均接受民党劝告，悬挂白旗，投顺革军。不到数日，驻碇长江上游的楚观、建弢、楚清、联鲸、楚谦、镜清、楚泰、通济、江元、飞鹰、江亨、保民十二军舰，张字鱼雷艇，因煤米缺乏，各舰长参谋联席议决，启碇赴下游。驶至镇江，象山、焦山两炮台便勒令停轮，报告镇军都督林述庆。述庆令参谋吴璥登舰劝各舰归附。舰队会议，表决服从。即时各将舰上龙旗扯下撕碎，抛入江中，高树汉字白旗，降顺革军。镇军都督府派员察验点名，按名发给双饷，并供给煤米。各舰便暂驻长江，听候调遣。

同时，复有海圻、海琛、海容、海筹四巡洋舰及湖鹰鱼雷艇在九江归附。因海军将士素来表同情于革命，武汉战争中，萨镇冰虽逼令各舰发炮攻击，各舰仍不愿命中。二十一日，各舰奉令由汉口下驶，行至半途，乃共同商议决计归附。二十三日抵九江，即悬白旗，表示降顺，并在租界江面抛锚，以免群疑。九江军政府得报，派员至舰，接洽一切，并商请移泊华界江面，以壮军威。

此外，南琛、钧和两舰由长江驶往上海，投顺民军。沪军都督府因两舰武装完备，速率甚高，仍令开往长江，与各舰会合，准备攻宁。其余江平、江贞、江利、湖隼、湖鹗、建威、建武、虎威、舞凤、甘泉、楚豫各舰也先后加入革命。武昌军政府便委任吴应科为海军总司令官，黄钟瑛为海军司令部部长，专责指挥各舰。至此海军归附，革命军声势大振。

南京为六朝建都之地，龙蟠虎踞，形势天然，素为兵家注重之所。革命军原定计议，即以取南京作政府根据地为目的。清军知党人必取南京，故亦严为戒备。平常无事之日，常驻重兵于其间，以防不虞，且有驻防旗兵，协同镇守。自战事发生，清军南下，两江总督张人骏即陆续调集江防营分扎要隘；又以各省新军多附革命，便对于驻宁陆军第九镇怀疑。九镇统制徐绍桢（号固卿，广东人）请领子弹，人骏竟不发给，且令第九镇移驻秣陵关。同时发令，令江防统领张勋（号绍轩，江西奉新人，厮养出身）全权任南京警备。

第九镇新军多属赵伯先旧部，既遭嫌疑，兵心愈愤。移驻秣陵关后，全镇官兵推代表秘密开会，各人皆慷慨激昂，决定即日反正，攻取南京。遂于十八日拂晓，将存储枪炮弹药支配停匀，即向雨花台进攻。张勋忙调全军迎敌。连战两日夜，双方伤亡极众。第九镇卒因子弹不继，向镇江退却。

那时浙江都督汤寿潜、江苏都督程德全、沪军都督陈其美都派兵援宁，先后到镇。林述庆便召集军事会议，公决推徐绍桢为联军总司令，二十六日由镇江出发，进攻南京。方才出发安徽、广东、广西、江西的援军和湖南的义勇军都到来会师。初四日，联军与清军在孝陵卫接触。清兵初取攻势，沪军指挥蒋中正担任正攻击，两军激战将及四小时。赣军由右翼抄攻清军后方，清军不支，联军便占领乌龙山炮台。初五日，清军在幕府山炮台驾炮进攻，义勇军出队应战。清军便下山冲锋，义勇军大败。浙军、皖军闻讯出援，左右夹击，清军兵力不敌，便向幕府山退却。皖军乘势攻山，浙军继进，清军连发巨炮抗战。浙、皖两军奋不顾身，冒弹直上，清军死亡无数，纷纷溃逃，革军便占领幕府山炮台。初七拂晓，松江都督钮永建、清江都督蒋雁行派来援军，会同粤军加入火线，复与清军大战。张勋亲自督师向联军猛攻。镇军都督林述庆率部出战，粤、桂军都异常精悍，出没不定，清军手足失措，队伍大乱。联军扑攻，清军大溃，缴枪数千枝，俘虏官兵数千人；直逼神策门，攻击狮子山。初七日，各军一齐出战，克复孝陵卫狮子山。攻山时，镇军都督林述庆中炮阵亡。初十日，各军围攻天保城，清军不及守御，被粤军攻入。

张勋见着着失败，大怒，在城内大杀汉人，日夜不停刀，直杀得尸如山积。满将军铁良看不过，派幕僚李廷玉去劝张勋。张勋回复道："这班忘恩负义的百姓，若不斩草除根，必然误国。"即时下令准兵士大抢三日，只不许惊动满人。又下令缴一个首级，赏银五钱。后来人头多了，无法安置，便下令缴耳朵两只，验明确系死后割下的，便赏银五钱，毋须将首级呈验。这一来，兵士大杀大抢，直闹得哭声动地，怨气冲天，全城无一家幸免的。张勋大悦。

革军十一日攻击雨花台，得着武汉失利的讯息，知道倘不取得南京，必致失败。便通传各军，限三日攻破南京。十二日，各军轮攻雨花台，前仆后继。清军用山炮扫射。革军众兵士越死尸前进，奋勇呐喊，直冲上山，虽死亡无数，毫不惧怯。清军不能抵敌，只得败走。革军乘胜攻破南门太平门，南京全城遂入革命军之手。张勋、铁良等均弃城逃走。各军公举徐绍桢任临时都督，一面抚恤难民，一面处理政务。各军入城后，恣意屠杀满人，寻仇报复，并将满洲驻防城纵火焚烧，满人死者万余人。直至十五日各军会议下令禁止，方才恢复秩序。

汉口自被冯国璋纵兵焚烧后，商民损失之钜非可以数计。被灾公民组织团体，推代表渡江陈情乞救，并请查抄清吏财产，抚恤难民。黎元洪接着禀帖，便请元帅黄兴商议进攻。克强看那难民禀帖道：

都督大人麾下：

窃商等之在汉口，聚集遍十有八省，经营垂数十余载。虽资本各有大小，其为正经商民一也。

前月十九夕，大人首倡义师，举事武昌，众商民俱额于相庆。二十一日，贵师渡江，纪律严明，力任保商，益不胜有时雨之感。

可恨北兵到汉，谓我商民同谋，纵火焚烧，肆行抢劫。保安会有救火者当被枪毙三人。连烧三昼夜，桥口至蔡家巷焚去民房数万家，老幼妇女被枪毙焚烧者不可以数计。他处土匪因北兵如此野蛮，亦各出其焚劫手段，以残害商民。现经诸商民具函驳诘，业已允为保护。可笑之至，亦可痛之至！真人人欲咬冯国璋之肉而甘心也。

兹谨有请于大人者：汉口民房十去八九，虽有所剩，已属寥寥。贵军施放大炮时，当望划开界线，俾穷民暂留蔽雨之所。又有请者：众商财产房屋焚毁殆尽，皆流连失所，家无可归。贵军大捷之后，敬乞将平素之吸尽民脂民膏者尽籍其产，以充抚恤我汉口灾民之用。当自武昌起义，各省响应，然各省均无损失，惟我汉口商民，遭此浩劫。如不特别抚恤，将汉口之市无以兴，民无以生，虽有租界，商亦何以通？想大人以保商恤民为怀，谅无不赈如所请也。盥沫上呈，敬祈赐允。只颂捷安。汉口被灾众商民公叩。

克强看毕，便道："连日来湘军在龟山接战不利，司令刘玉堂阵亡，致使汉口受重大损伤，真无以对百姓。明天我亲自督兵去，不打胜仗，誓不回兵！"说罢便向元洪告辞。

九月二十一日，清兵在招商局趸船上枪击行人。正值克强领兵出战，见清兵这样兽行，不觉大怒，便传令开炮，向趸船轰击。清兵猝不及备，死者不计其数。到得夜间，湘军敢死队长徐鸿宾率全部敢死队由汉阳进攻，被清军开炮轰退。二十二日晚间，清军开炮袭攻武昌。革军防范得法，未中暗算。二十三日，清军又向汉阳袭攻，炮火极为猛烈，革军看看不支。炮兵队长文雄亲自瞄准，向清军发炮地发出子母弹，轰然一声，将清军中央一座重炮击为齑粉。清军心胆皆寒，便退守龙王庙，与武昌凤凰山炮台互击，两军均无大损伤。二十四日，清兵因争夺财物内讧。革军用重炮掩护，乘势飞棹渡江猛攻。清军大败，退扎歆生路。二十八日，克强亲自督率湘军第四十九标出战。湘军用密集队跃进，突破清军阵线。清军纷溃，革军遂克复桥口。二十七日，克强下令分两路进攻汉口：一路由黑山潜渡汉水，一路由孝感包围。清军左右受敌，无法支撑，退驻大智门。冯国璋急调刘家庙大本营的大队兵士前来援救。革军三次突阵，均被机关枪射退，只得仍回汉阳。这一阵清兵死伤甚多。二十八日，革军分三路进攻，互相攻战，无大损伤。二十九日午后，革军渡江暗袭。海军军舰开炮助战，击清军驻房。清军大窘，被革军夺去大炮数门。三十日，两军无大战事。十月初一日，清军炮攻汉阳兵工厂，被民军还炮击退。初二日，革军假装百姓。袭攻占领梅子山。初三日，清军手持白旗，扮作民军装束，雨淋美娘山的革军不察，遂致失守。克强调大队往救，两军各死千余人。初四，清兵一镇尽赴雨淋山，预备以主力争汉阳。克强统兵三协，亲自当先，以白刃战进攻。清军大败，革军复夺雨淋山。初五日，两军混战一日。这时湘、鄂两军发生意见，互相嫉妒。冯国璋派人秘密运动革军炮台官张声汉，使为内应。初六日，清军全军出发，分成四路：向龟山、四平山、黑山、梅子山同时进攻。张声汉一炮不发，至午后，龟山炮台反向湘军射击，革军遂大败。沿途地雷火线皆被张声汉割断，鄂军又单独应战，不肯援救湘军。清军见革军狼狈奔逃，勇气百倍，彻夜追赶。初八日拂晓，汉阳失守，革军死亡无算，湘军第四十九标几不成军。自起义以来，以此次损失为最大。

冯国璋入汉阳城后，便传商会筹款，限三日内缴一百万。商会会董无法，四出筹措。但汉阳商业因战争影响，凋敝不堪，哪能立集钜款？禁不住国璋恐吓催逼，勉强凑集六十万缴纳。国璋犹以为未足，纵兵抢劫，骚扰不堪。并下令搜查，凡家中藏有白旗的，均被捕杀。百姓怨声载道，求死无门。

自此以后，汉阳、武昌屡有小战，直至十三日停战约成，方才各就原地休战。

第七十回

十省集议组织政府　万里归来奠定中央

且说四川民众因反对川省铁路收归国有，组织保路同志会，极力抵争，以保商股权利。满清四川总督赵尔丰（汉军旗人）竟诬保路同志会为图谋不轨，派兵围住铁路公司，将保路同志会会长罗纶、川路股东会会长颜楷、咨议局正议长蒲殿俊、路董彭兰芬等九人逮捕到署。尔丰将诸人大骂一顿，便要请皇命将诸人斩首。满洲驻防成都将军玉崑闻讯，恐擅杀巨绅，激起民变，同担不是，忙乘轿到总督衙门，向尔丰竭力陈说利害。尔丰惧怕玉崑势大，只得将捕来的九人交玉崑带回将军署。

众百姓闻得九绅被捕，激动众怒。一时间，你倡我和，成群结队，一个个头顶德宗景皇帝（即光绪）神牌，蜂拥至总督衙门，团团围住，跪下齐声痛哭，震动天地，要求释放罗纶、蒲殿俊等。衙吏报告尔丰，尔丰大怒，亲自督令卫兵开枪，击死数十人。众百姓始仍号哭不退。尔丰益怒，令马队冲出，枪炮齐放，打死踏毙者不计其数，东西辕门口满街血肉狼藉，伏尸塞途。尔丰又令马步卫队将请愿百姓一齐驱逐出城，不许逗留。众百姓惨啼哀号，狼狈奔逃。被逐出城时，适值大雨，天上愁云惨雾，直如代民众悲哀。众百姓在大雨中连颠跌倒，被兵士枪击棒敲，受伤者以千计。一此一次谓云“七月十五日成都大屠杀”，赵尔丰因此有“赵屠户”之名。

众百姓出城后，逃命得生者都成了雨淋鸡，无处安生，也无处得食，只好向四乡各县乞食逃生。各处民团闻讯，均义愤填膺，奋不欲生，一齐拔队赴省营救难民。尔丰得报，心想“一不做，二不休”，一面令幕友修奏摺进京，说是团匪谋逆围城；一面点派人马，大肆屠杀。众民团也尽力围攻，不顾生死。连战七日七夜，官兵虽有损伤，民团死者以千计。清廷不但不派员彻查，平反冤抑，反说尔丰处理得当，谕饬各军分路剿办，迅速击散。尔丰更加得意，恣意杀戮，被难者经事后调查，竟达八万余人。

满清政府又派端方入川平乱。端方由鄂调兵前往。那时湖北尚未光复，瑞澄便将最富革命性的新军一标交端方带去。在瑞澄是送鬼去门，端方哪里知道？方来到重庆，武昌便起义师。入川鄂军得讯，便将端方杀死。

十月初一日，重庆城内便有中华民国军政府蜀军总司令处告示，略谓："本军起义，以兴汉排满、保教安民为宗旨，定期明日入城。人民当照常安业。"送派代表入城，与各团体绅商接洽，约定初二日四时入城。绅商恐怕冲突，便向重庆府及巴县说以利害，府县皆表示赞同革命。初二日拂晓，全城悬挂白旗。到得午后四时，民军首领十余人进城。道府县将印信交出。绅商公举张培爵为都督，夏之时为副都督。次日，商店照常开市营业。

泸州府于初四日便有鄂军都督府干事队二人，会同后路巡防统领，入城见川南道，要求独立。川南道刘朝望便召集各界绅董入署密商，澈夜开会，不能表决。次日，复在劝学所会议，方决定独立，公推刘朝望为都督。

这时成都省城绅商也提议独立，推代表往见赵尔丰，要求独立，并以行政事宜归川人自办、军队由赵酌并、务求统一、赵仍办理边防等为条件。尔丰见大势已去，便也要求不排满、不仇官、不排外、边防各费由川担任、藏款照旧协济等事为独立条件。彼此公同认可，遂于初七日宣布独立。释放被捕九绅，举蒲殿俊为四川大都督，朱庆澜为副都督。后来川民积怨难伸，将赵尔丰乱枪击死，全家尽灭。（按：赵尔丰为赵尔异之胞弟）尔丰死时，惨啼竟日，大呼"深悔当初"，受报甚惨。

袁世凯自从动身进京之时，派蔡廷干、刘承恩至鄂议和，被黎元洪拒绝后，心中久欲借议和逼倒清廷，攫取高位。恰好驻汉英国领事出面介绍和议，俄、日、德、法、美等国领事也极力赞成，遂邀集两军代表，会议于汉口英国领事署。议定双方停战，讨论和局。满清政府随派唐绍仪为内阁总理代表，杨士琦等二十余人为参赞；革军公举伍廷芳为民国代表，汪精卫（是时清廷因缓和民气，已将汪、黄释出）、王宠惠、钮永建等为参赞，十月二十八日方开会于上海。

在和议之先，各省知对内对外之不可不亟谋统一，乃往返电商，筹议组织中央机关。先由鄂军都督黎元洪通电各省，请派员到鄂会议。浙军都督汤寿潜、苏军都督程德全亦致电沪军都督陈英士云：

美国革命，苦战八年，卒收最后之成功者，赖十州会议总机关有统一进行、维持秩序之力。其第一、第二次会议，均仅以襄助各州议会为宗旨；至第三次会议，始能确定国会，长治久安。吾国急宜仿照美国第一次方法，于上海设立临时会议机关，磋商对内对外善要方法，以期迅奏肤功。倘蒙赞同，即当电商各省同意，派遣代表，共策进行。兹附陈"提议大纲"三条，并祈鉴察。

一、公认外交代表。

二、对于军事进行之联络方法。

三、对于清皇室之处置。

英士接着电报，极为赞成，因电致各省，公举代表，赴上海开会，议建临时政府。于是各地都督皆先后选派代表，克日首途；其尚未光复各省，便由咨议局公推代表赴会。十月初间，已有十省代表抵沪。惟赣、桂、粤三省因湖北先有请派代表之议，迳派代表赴鄂。这十三省均赞成组织临时政府统驭全国。即由到沪十省代表在沪议决，先推武昌军政府为中央军政府，并请中央以中央军政府名义，委任各代表所推定之伍廷芳、温宗尧为民国外交总长、副总长。十月初三日，湖北都督代表居正、陶凤集到会，报告九月十九日湖北都督通电各省，请各省派全权委员赴鄂组织临时政府情形。遂议决：各省代表均赴武昌。十月初四日，代表议决：各省均留一人在沪联络声气，为通信机关，其余均赴武昌。

于是江苏都督府代表雷奋，浙江都督府代表汤尔和、陈时夏、黄群、陈毅，福建都督府代表潘祖彝，山东都督府代表谢鸿焘、雷光宇，安徽都督府代表赵斌、王竹怀、许冠尧，湖南都督府代表谭人凤、邹代藩，广西都督府代表张其锽，沪军都督府代表陈陶遗、马君武，四川都督府代表周代本，直隶咨议局代表谷钟秀，河南咨议局代表黄可权，均至武昌。会同湖北都督府代表王正廷、胡瑛、时象晋、孙发绪，在汉口英租界顺昌洋行开会。十月初十日，开第一次会，公推谭人凤为议长。十二日议决先规定临时政府组织大纲，选举马君武、王正廷、雷奋为"临时政府组织大纲起草员"。又议决如袁世凯反正，即公举为临时大总统。十三日议决临时政府组织大纲二十一条，即日公布。全文如下：

中华民国临时政府组织大纲

第一章 临时大总统

第一条 临时大总统由各省都督府代表选举之。以得票满 投票总数三分之二以上者为当选。

代表投票权，每省以一票为限。

第二条 临时大总统有统治全国之权。

第三条 临时大总统有统率陆海军之权。

第四条 临时大总统得参议院之同意，有宣战、媾和及缔结条约之权。

第五条 临时大总统得参议院之同意，有任用各部长及派遣外交专使之权。

第六条 临时大总统得参议院之同意，有设立临时中央审判所之权。

第二章 参议院

第七条 参议院以各省都督府所派之参议员组织之。

第八条 参议员每省以三人为限，其派遣方法，由各省都督府自定之。

第九条 参议院会议时，每参议员有一表决权。

第十条 参议院之职权如左：

一、议决第四条及第六条事件；

二、承诺第五条事件；

三、议决临时政府之预算；

四、检查临时政府之出纳；

五、议决全国统一之税法、币制及发行公债事件；

六、议决暂行法律；

七、议决临时大总统交议事件；

八、答复临时大总统谘询事件。

第十一条 参议院会议时，以到会参议员过半数之所决为准；恒关于第四条事件，非有到会参议员三分之二之同意，不得决议。

第十二条 参议院议决事件，由议长具报，经临时大总统盖印，发交行政各部执行之。

第十三条 临时大总统对于参议院议决事件，如不以为然，得于具报后十日内声明理由，交令复议。

参议院对于复议事件，如有到会参议员三分之二以上之同意仍执前议时，应仍照前条办理。

第十四条 参议院议长由参议员用记名投票法互选之。以得票满投票总数之半者为当选。

第十五条 参议院办事规则，由参议院议订之。

第十六条 参议院未成立以前，暂由各省都督府代表会代行其职权——但表决权每省以一票为限。

第三章 行政各部

第十七条 行政各部如左：

一、外交部；

二、内务部；

三、财政部；

四、军务部；

五、交通部。

第十八条 各部设部长一人，总理本部事务。

第十九条 各部所属职员之编制及其权限，由部长规定，经临时大总统批准施行。

第四章 附则

第二十条 临时政府成立后六个月以内，由临时大总统召集国民议会；其召集方法，由参议院议决之。

第二十一条　临时政府组织大纲施行期限，以中华民国宪法成立之日为止。

各省代表签名：

湖北代表孙发绪、时象晋、胡瑛、王正廷；

山东代表谢鸿焘、雷光宇；

福建代表潘祖彝；

湖南代表谭人凤、邹代藩；

安徽代表赵斌、王竹怀、许冠尧；

广西代表张其锽；

浙江代表陈毅、陈时夏、汤尔和、黄群；

江苏代表马君武、雷奋、陈陶遗；

直隶代表谷钟秀；

河南代表黄可权。

十四日，得到克复南京的消息，便议定以南京为临时政府建都之所。各代表齐赴南京。这时陈英士和汤寿潜、程德全与留沪各代表商议，假定举黄兴为大元帅，黎元洪为副元帅，统率援鄂及北伐各军。致电武昌，通告黄、黎二人。克强一再谦让，英士等也知湘、鄂意见甚深，克强势不能就任，便改推黎元洪暂任大元帅。各省代表到南京后，本定二十六日选举临时大总统。后来因为代表意见纷出，逐日开会协商，直至十一月初十日，方开正式选举大会。到会代表十七省，共四十五人，共投十七票。（每省一票）开票结果：孙文得十六票，当选为中华民国第一任大总统。于是代表会及各地都督、地方团体以至军队、学校，均纷纷电请逸仙回国主政，每日发电以千计。民众对逸仙欢迎之烈，实为中国亘古所未有。

且说逸仙在美国一个餐馆里阅报，得着武昌首义的消息，便启程赴美东。逸仙深知此时尽力革命之事业，以外交为第一重要，故决意从外交方面致力。俟外交问题解决，而后回国。当时各国情形：美国政府对于中国取门户开放，机会均等，领土保全，而对于革命毫无成见；至于美国舆论，却大表同情于革命。法国政府及民间对于革命皆表好意。英国的民众及舆论对中国革命多表同情，而英政府的对华政策，却惟日本之马首是瞻。德、俄两国当时以利害关系，其趋势多倾向满清政府，革命党人与俄、德之民众又素少交际，对于俄、德的政策实无法转移。其中只有日本与中国关系极为密切，民间的志士不独对革命表热烈的同情，且曾有人历次参加中国的革命，甚至有舍身牺牲者，但日本政府的方针，实在不可捉摸。逸仙认清列强间政府及民间两方面对中国革命的态度，深知外交关键在英国。当时英国实有举足重轻之势，倘英国对于革命表示赞成，日本就不能单独作怪了。因此逸仙便由纽约觅船往英国，寻着同志咸马里（美国人），代约四国银行团主任会谈，磋商停付清廷借款。满清政府曾与四国银行团结约，订有川汉铁路借款一万万元；又币制借款一万万元。一种已发行债票收款存备待付；一种已签约而未发行债票。银行团主任答称："对于中国借款的进止都由外务大臣主持，主任只能听外务大臣的命令，不能自由作主。"逸仙便托维加炮厂总理做代表，与英国外务大臣磋商，向英国政府要求三事：

一、止付满清政府一切借款；

二、制止日本援助满清政府；

三、取消各处英属政府对于革命党人之放逐令。

英国外务大臣知民党马上就要做中国的主人，对于民党领袖的意见当然尊重，便向政府建议，完全承认三项要求。

逸仙既得英国政府完满的答复，便与银行主任商议革命政府借款。主任道："我国政府既已允先生的要求而令我们停止借款给满清政府，此后银行团借款给中国，当然只能与新政府交涉。但是必须先生回国后，正式成立新政府才能开议。如今银行团派一个代表和先生同行回国，如政府正式成立，先生可以就近与代表磋商。"至此，逸仙对英外交完全达到目的，便取道法国东归。

逸仙经过法国巴黎时，法国各界人士表示异常欢迎，报纸上竟称逸仙为"东方华盛顿"。逸仙也发表了许多关于中法睦谊的言论，方乘船回国，行程三十日方抵上海。

逸仙回国之前，南北和议已经在上海英租界大马路市政厅内开始会议。因革命军方面坚持国体共和，清帝退位；如不承认，便不开议。清代表不敢遽允，电请皇室决定。清太后召集亲贵及内阁大臣商议，决定召集临时国会议决政体。双方代表方会商议定由各省区代表组织临时国会，袁世凯忽然声明：不得同意，签定无效。但代表电驳袁世凯，谓："唐代表来沪，携有全权代表文凭，五次会议所订各条，一经签字，即生遵守之效力。来电所云，不能承认。"又因应商各事非电报所能详尽，电约袁世凯来沪面商。世凯故意迁延，对于临时国会的地点、日期等反覆辩难，以便私图，因此停战期展限十四日。

这时，南京代表会已选出大总统，逸仙也于十一月初六日于无数军民欢呼声中回到祖国，在上海登陆。各省代表会便公推正副会长往沪，迎逸仙来宁就大总统职。

第七十一回

彭家珍舍命杀虏酋　袁世凯乘机窃大位

且说逸仙来到南京，专车直开至大总统府。入府之后，即夜十一时，举行大总统就职典礼。各省代表及文武官吏济济一堂，极一时之盛。就任典礼之秩序如下：

一、奏国乐；二、各省代表报告选举；三、大总统宣誓；四、代表致欢迎辞，并致印绶；五、大总统宣言；六、陆海军代表致颂辞；七、大总统答辞；八、奏国乐。

就职时，大总统莅大礼堂，各省代表及陆海军代表咸欢呼“万岁”，声震天地。奏军乐后，代表团公推景耀月报告选举情形道：“今日之事，为五千年历史所未有。我国所希望的是建设共和政府，消灭满清专制恶毒，使全国人民得享真正的自由、平等、幸福。孙先生是近代中国革命的创始者，四万万同胞幸福的向导！经全国公民选定为我国中华民国大总统，今日就职。愿孙先生始终爱护我国民的自由，毋负天下同胞的期望！”

报告既毕，遂请大总统举行宣誓。逸仙正位中央，当场大声宣誓道：

“颠覆满清政府，巩固中华民国，图谋民生幸福，此国民之公意，文实遵之，以忠于国，为众服务。至专制政府既倒，国内无变乱，民国卓立于世界，为列邦所公认，斯时，文当解临时大总统之职。谨以此誓于国民！”

宣誓礼既毕，代表团接着便读欢迎辞。随即致送大总统印绶，文曰：

“中华民国临时大总统印。”

逸仙接印后，即用印于宣言书，由胡汉民代读。陆海军人代表徐绍桢代表致颂辞，逸仙致答辞道：“誓竭心力，勉副国民公意！”徐绍桢及陆海军人齐声三呼“中华民国共和万岁！”礼成，奏军乐而散。

同盟会有个同志姓彭，名家珍，字席儒，四川金堂人，丙午年曾在四川谋起义失败。武汉光复，北方党人都谋响应。家珍在奉天屡谋东省反正不成，便运动东三省总督赵尔巽，委充天津兵站司令部执事官，意欲到天津联络同志，实达目的。适值汪精卫释放出狱，便合组机关于天津俄租界，分任进行。家珍与赵铁桥、黄复生、罗伟章往上海，置备炸弹、手枪等件。家珍并研究炸弹制造法。江苏都督程德全委家珍为东方招讨使。家珍便将炸弹原料等运来天津，教诸同志制造。诸同志以家珍久在军队，熟习军事，公举为军事部长。家珍将部务组织完善后，交吕汉群、刘应福办理，毅然以暗杀满酋自任，往来于京、津间。

十一月二十八日，黄子宾在北京丁字街炸袁世凯不中，清廷大索民党，前后被捕者数百人。家珍寄寓之董宅也被警局检查，家珍闻风先匿，迁居中西旅馆四十三号，日夜探听满政府要人袁世凯、良弼、铁良诸人行踪。

一日，家珍向同志李石曾说道："我想把这班满奴一网打尽，方才痛快。近来知道他们均在资政院会议，我如果得着一张旁听券，便可以混进去，一举而歼之。"石曾道："这有何难！"起身出去不多时，便转来将一张亲贵旁听券交给家珍。家珍大喜。方要实行动手，不料警局侦探又来搜查，只得仓皇往天津暂避。次日，资政院闭会，清室王公大臣俱到，石曾用电话催家珍急来。家珍连忙赶到北京，已是正午时分。又到秘密机关去取炸弹，转来时，已经闭会，事遂不成。家珍只恨得咬牙切齿，暗想道："满人中以良弼、荫昌为最有才干，且富于军事知识。良弼更任事毅勇，主战最力，为革命的大障碍物。不杀此人，共和绝望！"便决计独杀良弼。

次日便命学生刘升之到奉天，假作良弼密友奉天讲堂监督崇恭名义，拍一电报与良弼道：

东省旗人愤宗社将亡，谋保卫朝廷，推恭为首领，来京面谒，商议保国事项，并组敢死队以赴国难。恭即日前来，先此电闻。

家珍于十二月初六日访得良弼新迁居红罗厂，初八日夜间闭门草绝命书云：

诸同志兄弟姊妹鉴！不佞自入同盟会以来，不敢不稍尽责任。惜才力薄弱，未见大效，抱愧奚如！前在东三省，即欲尽个人主义于赵尔巽，然不过对一省起见，义稍狭隘，竟未实行。此次各省起义，北方尚未响应，实满奴汉奸势力之下不易著手之故。不佞欲去之久矣。适诸兄弟姊妹正在经营一切，不忍即弃。然奔走北方，迄今两月，大局尚不能定。不佞才薄，愿为其易，决计仍行个人主义。初本欲炸资政院各王公，为一网打尽之计。方觅得入场券，而该院适散会，因是不果。袁世凯被炸，同时有主张共和之耗；惟以亲贵反对最力，而其中之重要人物，有军事知识且极阴狠者为良弼。此人不除，共和必难成立，则此后生民涂炭，尚何堪设想乎？呜呼！吾党抱拯救同胞之心肠，计自川鄂起义以来，同胞死者，何可胜数？因一二人之执拗，又复兴战，兵连祸结，何时可已？不佞除良弼之心已决，计划已备，只待时机发动。呜呼！或者与诸兄弟姊妹从此永别矣！诸君！诸君！勿悲！勿悲！

二十年后，又当成一健儿也。共和成，虽死亦荣；共和不成，虽生亦辱。与其生受辱，不如死得荣！不佞去矣！前途艰难，望诸兄弟姊妹和衷共济，努力为之，期达目的而后已！幸勿各起意见，致碍一切。吾人作事，不求有功，只求无过。若诸君欲从获过一方面着手，则非不佞所愿见也。前与诸君商议，不免有过激之论，望谅之！此皮包内尚余龙洋二百元，帐簿一册，乞交李君为荷！临书仓卒不尽，即叩劳安。

弟彭家珍顿首。初七晨刻。

写毕，便在箱中取去预先制备的上级军官制服换过，挂了佩刀，揽镜自照，大笑一声。唤仆人伍焕章吩咐道："我有点要紧的事体，要到旁的地方走一趟，你不必跟去。明日早车，你可将行李物件送到天津民意报馆去。今夜如果朱、陈、李诸位先生来，不要在我房里睡。千万不要忘记。"说毕，又取一百元银票给伍焕章，方出门唤胶皮车往东，复回转到西，至金台旅馆。

家珍进门便叫备马车。旅馆主人见家珍身穿上级军官制服，知是有公事来京的，不敢怠慢，一面便叫备车，一面引家珍到中层十三号大官房里。家珍取出一张"崇恭"的名片，叫旅馆登循环簿，说道："行李在后面，将近来了。你们先给我套车。行李来时，就帮着我听差的铺上罢。"旅馆主人唯唯称是，一会儿回报说："车套好了。"

家珍出门上车，由前门直到军咨府访良弼。门上说："已经回公馆去了。"家珍又乘车到红罗厂良弼新宅里来。进得门来，掏出一张崇恭的名片交给门房，说："由奉天来，有紧要公事要会良大人商议。"门房见家珍身着军官制服，又见名片上"崇恭"两字，知是主人的好友，不敢怠慢，忙站起答道："家主人还没回来，请你老客厅里待一会儿吧。"说着便持帖，领着家珍来到客厅里坐下。

家珍坐了半日，不见良弼回来，心中异常焦急，便走出客厅散步。方走不数步，忽闻良弼回府，忙奔到门前下马石边候着。良弼方要下车，家珍便命门房投帖。帖还未递上，良弼右脚才踏出车门，早望见家珍，心里一惊，方要问时，家珍早在腰间掏出一个二号大炸弹，就地一掷，震天价一声响，只见烟尘蔽天，血肉横飞，家珍脑门迸裂，死在当地。良弼宅里家丁人众吓得魂飞魄散，各自藏躲逃命。直待过了一点多钟，见没甚动静，方敢悄悄溜出，开门探望。那时值岗巡警已到，见两个官服的血人卧在地下，不知何事，不敢叫门。待到良家家人出来，方才知道一个是刺客，一个是良弼。

众家人忙将良弼抬将进去，手忙脚乱一阵抢救。直过了一个时辰，良弼方苏醒。这时良弼的母、妻及三个女儿都已哭成泪人儿一般。良弼翻了一眼摇手说道："我伤了哪里？"他母亲哽咽道："儿……你……左……左腿被那王八羔子……崇恭弄断了！"良弼摆手道："妈！他不是崇恭。他真算得是个英雄，有眼力，真是我一个知已！太太，你叫人去请康师爷来。”良弼妻子忙叫人将教读先生康谟瞿请来。良弼抬身伸手，一把将谟瞿左臂握住，洒泪说道：“我们军人，生死久已置之度外。我死，死不足惜，只是大清社稷从此灭亡，我死也不瞑目！上午我奏请放释党人，开党禁，速开国会，均未蒙采纳。今年八月南边事起，我自请统禁军赴前敌，限期一月收复武汉朝议不许，反叫午楼（荫昌字）去。慰亭再次入阁，举动奇怪，内边纷争，外患四起。我见政府不可为，方组织宗社党，预算：能保中原，尽复失地更妙；不然，退保关东，抚绥蒙、藏，仍不失祖宗之业，尚可为恢复之谋。不料我遭此惨事，可怜大清二百余年一统河山从此断送！这刺客没死么？”谟瞿答道：“早已死了。”良弼叹道：“可惜！这人总算有眼光，有见识！不刺慰亭而刺我，真是看得到。”说毕，环顾母、妻及三女，下泪道：“国且不保，家事也无可说了。”大叫一声，瞑目而逝。满廷孤忠，竟遗恨九泉了。

袁世凯因摄政王载沣于溥仪即位时褫他官职，嫌隙最深。一旦大权在握，时时想图报复。先令私党徐世昌等建议请朝廷颁罪已诏，诏中言语不啻摄政王的供状，然后嗾令资政院提议亲贵不许干政，并不与入内阁，以示立宪精神。于是将皇族大臣、觉罗子弟尽摒于政治圈外，就是他的恩人而兼私党的庆亲王奕劻也摒之使去。奕劻至此方知上当，后悔不及。从此上自内阁，下至禁卫军之士卒，无一不是袁氏死党蟠踞；世凯见布置停当，便矫传隆裕皇太后旨，数摄政王之罪，给以五万两干俸，罢归私邸。

这时世凯已遣唐绍仪南下议和，秘密条件是：袁为总统，便民主共和；袁不为总统，便君主立宪。及孙逸仙南都被选，世凯大怒，遽翻前议，声言：“南北妥协，以君主立宪为前提。唐全权逾越职权，擅主国民会议，决定国体。南人又于此时组织政府，选举大总统，有悖协约本旨。”遂罢免唐绍仪全权代表，自任交涉。函电往还，故意迁延。

逸仙于元年元旦元时就任后，知袁世凯醉心高位，并非为清室尽忠，便坦白表示：南北统一，即退位让贤。世凯闻知，方继续和议。

一月三日，十七省代表复修改“临时政府组织大纲”，增加临时副总统员额，开临时副总统选举会，黎元洪以十七票——全体一致——当选为中华民国临时副总统。逸仙便征求代表会同意，着手组织内阁，三日颁策令：

特任：黄兴为陆军总长，黄钟瑛为海军总长，伍廷芳为司法总长，陈锦涛为财政总长，王宠惠为外交总长，程德全为内务总长，蔡元培为教育总长，张謇为实业总长，汤寿潜为交通总长。

任命：蒋作宾为陆军次长，汤芗铭为海军次长，吕志伊为司法次长，王鸿猷为财政次长，魏宸组为外交次长，居正为内务次长，景耀月为教育次长，马君武为实业次长，于右任为交通次长。

同时又特派伍廷芳、温宗尧为议和全权正、副代表。

政府成立，应设参议院以为立法机关。照代表会所议定之“临时政府组织大纲”，参议院应由各省都督府承派参议员组织。业已通电各省选派，但是各省远近不一，一时不能齐集，而会议事件又不能延搁，乃由各省代表暂行代理。直至一月二十八日，各省参议员到齐，方正式开会。

这时还有一桩事应该叙说一番的，就是国旗的制用：武昌起义时揭“铁血旗”，旗地用赤色，中央用黑色九角形，角端及两角之间均缀一个黄色圆星（共十八个），其意谓赤是血，黑是铁，十八星代表十八行省，“誓以赤血黑铁光复十八行省”。云南、贵州、广东、广西光复后，都用同盟会的“青天白日旗”，以表示革命成功；其余各处多用白旗．惟有宋教仁、程德全于民军占领南京后，创用红黄蓝白黑“五色旗”，以五色代表汉、满、蒙、回、藏，取五族共和之义。当时虽因折衷各派定五色旗为国旗，铁血旗为陆军旗，青天白日满地红旗为海军旗，但是五色旗的取义，五色实在不能代表五族，这是尽人所知的。

逸仙以政府成立，所有一切法律命令亟须编订，而公布法律命令亦宜设立机关，因向参议院提议创设法制院，并发行临时政府公报。参议院通过原案，于是对内对外立法执行各机关渐臻完备。

至于政治上之设施：军政便颁布临时军律，限制各省增兵；内务便整顿全国警察，保护人民财产；财政便取缔各省借款，发行国内公债；又颁行教育法规，办理国际交涉，诸大端均渐收整齐划一之效。

和议以袁世凯无诚意，已有破裂之势，便规定作战方略：以鄂湘为第一军，由京汉铁路前进；宁皖为第二军，向河南前进；淮扬为第三军，烟台为第四军，向山东前进；秦皇岛合关外之军为第五军，秦晋为第六军，向北京前进；川、赣、浙、沪、粤、桂、闽、滇、黔为预备队第二批，出发应援各军。整饬戎行，联同北伐。惟逸仙尊崇人道，苟有一线和平解决之望，仍不愿诉诸武力，涂炭生灵，致电袁世凯，严促反省。

世凯得探报，知道南军已有严密组织，势不可当，且出使大臣陆征祥等及卸任总督岑春煊、袁树勋等先后电劝，世凯便利用时会，嗾所部北洋军官第一军统领段祺瑞等数十人联名发电赞成共和，并称即日带兵入京。世凯便据以凌逼清室寡妇孤儿。

先是两方代表伍廷芳曾以南北统一后优待清室及满、蒙、回、藏人条件正式通告世凯。当时世凯因亲贵未去，良弼未死，不能达其原定计划，貌为忠于清室，扞格不许。至此时，世凯嗾定其爪牙徐世昌等直接间接恐吓清室，隆裕太后无所措手，便委任世凯直接磋商优待条件。世凯即与伍廷芳往返电商，二月十二日，清内阁复电一一承认。世凯又逼令隆裕太后在退位诏内要声明“交袁世凯组织共和”，方才宣布清帝退位。

清帝于二月十二日所下诏书凡三道：

其一宣布将统治权公诸全国者谓：

前因民军起事，各省响应，九夏沸腾，生灵涂炭，特命袁世凯遣员与民军代表讨论大局，议开国会，公决政体。两月以来，尚无确当办法，南北睽隔，彼此相持，商辍于途，士露于野，徒以国体一日不决，故民生一日不安。今全国人民心理多倾向共和，南中各省既倡议于前，北方诸将亦主张于后，人心所向，天命可知，予亦何忍因一姓之尊荣，拂兆民之好恶！是用外观大势，内审舆情，特率皇帝将统治权公诸全国，定为共和立宪国体，近慰海内厌乱望治之心，远协古圣天下为公之义。袁世凯前经资政院选举为总理大臣，当兹新旧代谢之际，宜有南北统一之方。即由袁世凯以全权组织临时共和政府，与民军协商统一办法，总期人民安堵，海宇又安，仍合满、汉、蒙、回、藏五族完全领土，为一中华民国。予与皇帝得以退处少闲，优游岁月，长受国民之优礼，亲见郅治之告成，岂不懿欤！

其二为宣布优待皇室条件、优待皇族条件、待遇满、蒙、回、藏条件者谓：

前以大局阽危，兆民困苦，特饬内阁与民军商酌优待皇室各条件，以期和平解决。兹据覆奏：民军所开优礼条件，于宗庙陵寝永远奉祀，先皇陵制如旧妥修各节，均已一律担承；皇帝但卸政权，不废尊号，并议定优待皇室八条、待遇皇族四条、待遇满蒙回藏七条。览奏尚属周致，特行宣示皇族暨满、蒙、回、藏人等，此后务当化除畛域，共保治安，重睹世界之升平，胥享共和之幸福，予实有厚望焉！

（甲）关于大清皇帝辞位之后优待之条件

今因大清皇帝宣布赞成共和国体，中华民国于大清皇帝辞退之后，优待条件如左：

第一款 大清皇帝辞位之后，尊号仍存不废，中华民国以待各外国君主之礼相待。

第二款 大清皇帝辞位之后，岁用四百万两；俟改铸新币后，改为四百万元。此款由中华民国给付。

第三款 大清皇帝辞位之后，暂居宫禁，日后移居颐和园，侍卫人等照常留用。

第四款 大清皇帝辞位之后，其宗庙陵寝永远奉祀，由中华民国酌设卫兵，妥慎保护。

第五款 德宗崇陵未完工程，如制妥修；其奉安典礼，仍如旧制。所有实用经费，均由中华民国支出。

第六款　以前宫内所用各项执事人员，可照常留用，惟以后不得再招阉人。

第七款　大清皇帝辞位之后，其原有之私产，由中华民国特别保护。

第八款　原有之禁卫军归中华民国陆军部编制，额数俸饷仍如其旧。

（乙）关于清皇族待遇之条件

一、清王公世爵概仍其旧。

二、清皇族对于中华民国国家之公权及私权与国民同等。

三、清皇族私产一体保护。

四、清皇族免当兵之义务。

（丙）关于满、蒙、回、藏各属待遇之条件

今因满、蒙、回、藏各民属赞同共和，中华民国所有待遇者如左：

一、与汉人平等。

二、保护其原有之私产。

三、王公世爵概仍其旧。

四、王公中有生计过艰者，设法代筹生计。

五、先筹八旗生计，于未筹定之前，八旗兵弁俸饷仍旧支放。

六、从前营业、居住等限制一律蠲除，各州县听其自由入籍。

七、满、蒙、回、藏原有之宗教，听其自由信仰。

以上条件，列于正式公文，由两方代表，照会各国驻北京公使转达各该政府。

其三为退位后维持京内外秩序及告诫各省疆吏者，谓：

古之君天下者，重在保全民命，不忍以养人者害人。现将新定国体，无非欲先弭大乱，期保 × 安。若拂逆多数之民心，重启无穷之战祸，则大局决裂，残杀相寻，势必演成种族之惨痛，将九庙震惊，兆民荼毒，后祸何忍复言。两害相形，惟取其轻者。正朝廷审时观变，恫瘝吾民之苦衷，凡尔京外臣民，务当善体此意，为全局熟权利害，勿得挟虚骄之意气，逞偏激之空言，致国与民两受其祸。著民政部步军统领姜桂题、冯国璋等严密防范，剀切开导，俾皆晓然于朝廷应天顺人大公无私之意。至国家设官分职，以为民极，内列阁府部院，外建督抚司道，所以康保群黎，非为一人一家而设。尔京外大小各官，均宜慨念时艰，慎供职守。应即责成各长官敦切劝诫，毋旷厥官，用副朝廷夙昔爱抚庶民之至意！

袁世凯怎么敢定大总统一定归他，南方不加反对咧？原来孙逸仙为求人民少受痛苦起见，曾于一月二十二日提出最后协议五条，由伍代表电告袁世凯云：

一、清帝退位，由袁同时知照驻北京各国公使，请转知民国政府“现在清帝已经退位”，或转饬驻上海各国领事转达亦可。

二、同时袁须宣布政见，绝对赞同共和主义。

三、文接到外交团或领事团通知清帝退位布告后，即行辞职。

四、由参议院举袁为临时大总统。

五、袁被举为临时大总统后，誓守参议院所定之宪法，乃能授受事权。

世凯所以放心，而毅然逼清帝退位。隆裕太后之退位诏既已颁下，诏中又有“着袁世凯以全权组织共和”一语，世凯已得如愿，便老实不客气自居为首长地位，布告中外，并通告南京，略谓：“清帝已经退位，南北统一之组织既重且繁，世凯亟愿南行，畅聆大教。只以北方局势尚待维持，军旅众多，须加部署。诸公洞鉴，必能谅此苦衷。……”又宣布政见：“共和为最良国体，世界所公认。今由帝政一跃而跻及之，实诸公累年之心血，亦民国无穷之幸福。大清皇帝既明诏辞位，业经世凯署名，则宣布之日，为帝政之终局，即民国之始基。从此努力进行，务令达圆满地位，永不使君主政体再行于中国！”

那时逸仙本主张以主义治国，不料克强等多数同志都不甚赞同。逸仙便要世凯宣誓并南来就职，以期共和得一层保障。二月十三日，得着满清灭亡的消息，便向临时参议院提出辞职书，云：“……清帝退位，专制已除；南北一心，更无变乱；民国为各国公认，旦夕可期：本大总统当践誓言，辞职引退。……”同时又提出袁世凯为继任者，向临时参议院推荐，略谓：“本大总统提出辞表，要求改请贤能之事，原国民公权，本大总统实无容喙之地。惟前使伍代表电北京，有约以清帝实行退位，袁世凯宣布政见，赞同共和，本大总统即当推让；提议于贵院，亦表同情。此次清帝退位，南北统一，袁君之力实多。其发表政见，更为绝对赞同。举为公仆，必能尽忠民国。”次日，逸仙又亲莅临时参议院，陈述详细情形。院议可决，并定二月十五日开临时大总统选举会。

及期，到会者十七省，共计十七票，投票结果，袁世凯以十七票—全体一致—当选为中华民国第二任临时大总统。

临时副总统黎元洪同时电参议院辞职。二月二十日，参议院开副总统选举会，仍全场一致选黎元洪为临时副总统。

世凯接着当选的电报，满心大喜。但是因为逸仙辞职附有三个办法：一、临时政府地点设于南京，各省代表议定，不能更改；二、辞职后，俟参议院举定新总统亲到南京受任之时，大总统及国务各员乃行辞职；三、临时政府约法，为参议院所制定，新总统必须遵守，颁布之一切法律章程，非经参议院改订，仍继续有效。一未免于自己有许多不便，便藉口北方人心不定，不肯南下，要在北京就职。南京临时政府便派遣专使蔡元培、汪兆铭等赴北京，欢迎世凯来南京就职。元培等到京，便谒世凯陈明此意。世凯因约言犹在，一面含糊答应，一面另打主意。

到得晚间，便召集一班私党徐世昌、梁如浩等商议办法。世昌献计道："只须如此如此……他们自不能催总统南下，可以安然在北京就职了。"世凯大喜，马上传第三镇统制曹锟到府授计。曹锟受了密令出府，便令管带吴佩孚（字子玉，山东蓬莱人）等纵兵出营大掠。

此时正是二月二十九日晚上，北京商家睡里梦里也想不到大劫临头。一霎时，东安门外、前门外纷纷起火，红光烛天。众兵士列队挨家抢掠，地痞流氓乘风劫夺，彻夜不息。全城殷实无一幸免，损失不计其数。次日，天津、保定一带的兵士也效尤哗变，但是抢劫后，仍然整队归营，下级官、中级官固然一致行动，上级官也不过问。于是世凯便说："非坐镇北方不可。"蔡孑民、汪精卫存心忠厚，也为所欺，连电临时政府及参议院，请允袁氏在北京就职。当时逸仙主张非令世凯南下不可，因为要使袁氏脱离他的势力圈——龌龊的北京，以防他变。但是各同志见世凯发表的政见，多深信不疑，又因北京兵变（不知是世凯奸谋），不欲再争。逸仙无法，最后要求世凯必须宣誓就职。于是参议院议决办法六条，允世凯在北京就职：

一、参议院电知袁大总统，允其在北京就职。

二、袁大总统接电后，即电参议院宣誓。

三、参议院接到宣誓之后，即复电认为受职，并通告全国。

四、袁大总统受职后，即将拟派国务总理及各国务员姓名电知参议院，求其同意。

五、国务总理及各国务员任定后，即在南京接收临时政府交代事宜。

六、孙大总统于交代之日始行解职。

世凯得电后，便照参议院议决的办法，于三月十日在北京行正式就任礼。政府专使蔡孑民、汪精卫也参与观礼。世凯电传誓辞于南京参议院，其辞曰：

民国建设，造端伊始，百事待理。世凯深愿竭其能力，发扬共和之精神，荡涤专制之瑕秽；谨守宪法，依国民愿望，使国家达于安全巩固之域，俾五大民族同臻乐利。凡兹志愿，率履勿渝！俟召集国会，选定第一期大总统之日，世凯即解现职。谨掬诚悃，誓告同胞！

大中华民国元年三月……日，袁世凯。

第七十二回

践誓言虚心逊大位　谋建设辙迹遍天涯

参议院接到袁世凯的誓辞，便郑重致词于袁世凯曰：

共和肇端，群治待理；仰公才望，畀以太阿。筚路蓝缕，孙公既开其先；发扬光大，我公宜善其后。四百兆同胞公意之所托，二亿里山河大命之所寄，苟有陨越，渝胥随之。况军兴以来，四民辍业，满目疮痍，六师暴露，九府匮竭；转危为安，劳公敷施。本院代表国民，尤不得不拳拳敦勉者："临时约法"'七章五十六条，伦比宪法，其守之惟谨，勿逆舆情，勿邻专断，勿狎非德，勿登非才！凡我共和国五大民族有不至诚爱戴，皇天后土，实式凭之！谨致大总统玺绶，俾公令出惟行，崇为符信，钦念哉！

于是临时政府便又在北京成立，而演出中国五千年历史上最污秽的一幕怪剧来。

临时政府成立时，修改临时政府组织大纲问题曾发生一度争执。后以《临时政府组织大纲》规定召集国会，限期六个月，恐事势赶不及，而民国根本法上的人权不得不迅速规定，又不能纳入"临时政府组织"之范围内，因此修改《临时政府组织大纲》的名称为"临时约法"，增补缺漏，修正窒碍，乃具中华民国宪法之雏形。"临时约法"经两次之起草，三十二日之详审会议自二月七日至三月八日方才全案制成，中华民国元年三月十一日，临时大总统依法公布，都凡七章五十六条如下：

中华民国临时约法

第一章 总纲

第一条 中华民国由中华人民组织之。

第二条 中华民国之主权属于国民全体。

第三条 中华民国领土为二十二行省，内、外蒙古，西藏，青海。

第四条 中华民国以参议院、临时大总统、国务员、法院行使其统治权。

第二章 人民

第五条 中华民国人民一律平等，无种族、阶级、宗教之区别。

第六条 人民得享有左列各项之自由权：

一、人民之身体，非依法律不得逮捕、拘禁、审问、处罚。

二、人民之家宅，非依法律不得侵入或搜索。

三、人民有保有财产及营业之自由。

四、人民有言论、著作、刊行及集会结社之自由。

五、人民有书信秘密之自由。

六、人民有居住迁徙之自由。

七、人民有信教之自由。

第七条 人民有请愿于议会之权。

第八条 人民有陈诉于行政官署之权。

第九条 人民有诉讼于法院，受其审判之权。

第十条 人民对于官吏违法损害权利之行为，有陈诉于平政院之权。

第十一条 人民有应任官考试之权。

第十二条 人民有选举及被选举之权。

第十三条 人民依法律有纳税之义务。

第十四条 人民依法律有服兵之义务。

第十五条 本章所载人民之权利，有认为增进公益、维持治安或非常紧急必要时，得依法律限制之。

第三章 参议院

第十六条 中华民国之立法权，以参议院行之。

第十七条 参议院以第十八条所定各地方选派之参议员组织之。

第十八条 参议员每行省、内蒙古、外蒙古、西藏各选派五人，青海选派一人；其选派方法，由各地方自定之。

参议院会议时，每参议员有一表决权。

第十九条 参议院之职权如左：

一、议决一切法律案。’

二、议决临时政府之预算决算。

三、议决全国之税法币制及度量衡之准则。

四、议决公债之募集及国库有负担之契约。

五、承诺第三十四条、三十五条、四十条事件。

六、答复临时政府咨询事件。

七、受理人民之请愿。

八、得以关于法律及其他事件之意见建议于政府。

九、得提出质问书于国务员，并要求其出席答复。

十、得咨请临时政府查办官吏纳贿违法事件。

十一、参议院对于临时大总统认为有谋叛行为时，得以总员五分之四以上之出席，出席员四分之三以上之可决弹劾之。

十二、参议院对于国务员认为失职或违法时，得以总员四分之三以上之出席，出席员三分之二以上之可决弹劾之。

第二十条 参议院得自行集会、开会、闭会。

第二十一条 参议院之会议须公开之，但有国务员之要求，或出席参议院过半数之可决者，得秘密之。

第二十二条 参议院议决事件，由临时大总统公布施行。

第二十三条 临时大总统对于参议院议决事件如否认时，得于咨达十日内，声明理由，咨院复议，但参议院对于复议事件，如有到会参议员三分之二以上仍执前议时，仍照第二十二条办理。

第二十四条 参议院议长由参议员用记名投票法互选之，以得票满投票总数之半者为当选。

第二十五条 参议院参议员于院内之言论及表决，对于院外不负责任。

第二十六条 参议院参议员除现行犯及关于内乱外患之犯罪外，会期中非得本院许可，不得逮捕。

第二十七条“参议院法”由参议员自定之。

第二十八条 参议院以国会成立之日解散，其职权由国会行之。

第四章 临时大总统、副总统

第二十九条 临时大总统、副总统由参议院选举之，以总员四分之三以上之出席，得票满投票总数三分之二以上者为当选。

第三十条 临时大总统代表临时政府总揽政务，公布法律。

第三十一条 临时大总统为执行法律或基于法律之委任，得发布命令，并得使发布之。

第三十二条 临时大总统统帅全国陆海军队。

第三十三条 临时大总统得制定官制、官规，但须提交参议院议决。

第三十四条 临时大总统任命文武职员，但任命国务员及外交大使、公使，须得参议院之同意。

第三十五条 临时大总统经参议院之同意，得宣战媾和及缔结条约。

第三十六条 临时大总统得依法律宣告戒严。

第三十七条 临时大总统代表全国，接受外国之大使、公使。

第三十八条 临时大总统得提出法律案于参议院。

第三十九条 临时大总统得颁给勋章并其他荣典。

第四十条 临时大总统得宣告大赦、特赦、减刑、复权，但大赦须经参议院之同意。

第四十一条 临时大总统受参议院弹劾后，由最高法院全院审判官互选九人，组织特别法庭审判之。

第四十二条 临时副总统于临时大总统因故去职或不能视事时，得代行其职权。

第五章 国务员

第四十三条 国务总理及各部总长均称为国务员。

第四十四条 国务员辅佐临时大总统负其责任。

第四十五条 国务员于临时大总统提出法律案、公布法律及发布命令时，须副署之。

第四十六条 国务员及其委员得于参议院出席及发言。

第四十七条 国务员受参议院弹劾后，临时大总统应免其职，但得交参议院复议一次。

第六章 法院

第四十八条 法院以临时大总统及司法总长分别任命之法官组织之。法院之编制及法官之资格，以法律定之。

第四十九条 法院依法律审判民事诉讼及刑事诉讼。

但关于行政诉讼及其他特别诉讼，别以法律定之。

第五十条 法院之审判须公开之，但有认为妨害安宁秩序者，得秘密之。

第五十一条 法官独立审判，不受上级官厅之干涉。

第五十二条 法官在任中，不得减俸或转职；非依法律受刑罚宣告，或应免职之惩戒处分，不得解职。惩戒条规，以法律定之。

第七章 附则

第五十三条 本约法施行后，限十个月内，由临时大总统召集国会；其国会之组织及选举法，由参议院定之。

第五十四条 中华民国之宪法由国会制定。宪法未施行以前，本约法之效力与宪法等。

第五十五条 本约法由参议院参议员三分之二以上，或临时大总统之提议，经参议员五分之四以上之出席，出席员四分三之可决，得增修之。

第五十六条 本约法自公布之日施行。临时政府组织大纲于本约法施行之日废止。

这约法颁布，袁世凯心中大为不快，觉得照此行去，缚手缚脚，大总统不能独裁，皇帝梦更难达到，但是时势未到，只好深稳奸谋，且待机会，假作郑重遵守。即依据约法提出国务院组织及国务员姓名，征求参议院同意。参议院投票表决，国务院分设十部：为陆军、海军、司法、内务、财政、教育、农林、工商、交通、外交等部。人选除原提交通总长梁如浩被否决外，其余均通过。三月三十日，中华民国第一任内阁成立，员名如下：

国务总理唐绍仪

陆军总长段祺瑞

海军总长刘冠雄

司法总长王宠惠

内务总长赵秉钧

财政总长熊希龄

教育总长蔡元培

农林总长宋教仁

工商总长陈其美

交通总长唐绍仪（兼）

外交总长陆征祥

同时任黄兴为南京留守，总辖南洋各军。

逸仙遂于四月一日颁解职令，并至参议院行正式解任礼，演说道："本大总统于中华民国元年一月初一日来南京就职。今日四月初一日至贵院宣布解职。自一月初一日至四月初一日，为期适三个月。在此三个月中，均为中华民国草创之时代。在中华民国成立以前，纯然为革命时代。中国为何发起革命？实以联合四万万人推倒恶劣政府为宗旨。自革命初起，南北界限尚未化除，不得已而有用兵之举。三月以来，南北统一，战事告终，造成完全无缺之中华民国。此皆全国国民及全国军人之力所致。在本大总统受职之初，不料有如此之好结果，亦不料以极短之时期，而能建立如此之大事业。本大总统于一个月前，已提出辞职书于贵院。当时因统一政府未成，故虽已辞职，仍执行大总统事务。今国务总理唐绍仪组织内阁已成立，本总统自当解职。今日特莅贵院宣布。但趁此时间，本大总统尚有数语，以陈述于贵院之前。中华民国成立之后，凡为中华民国国民，均有国民之天职。何谓天职？即促进世界的和平是也。此促进世界的和平，即为中华民国前途之目的。依此目的而行，即可以巩固中华民国之基础。盖中国人民居世界人民四分之一。中国人民若能为长足之进步，则多数共跻于文明，自不难结世界和平之局。况中国人种以好和平著闻于世，于数千年前，已知和平为世界之真理。中华民国有此民习，登世界舞台之上，与各国交际，促进和平，即是中华民国国民之天职。本大总统与全国国民同此心理，务将人民之智识习俗及一切事业，切实进行，力谋善果。本大总统解职之后，即为中华民国之一国民。政府不过一极小之机关，其力量不过国民极小之一部分。大部分之力量，仍全在吾国民。本大总统今日解职，并非功成身退，实欲以‘中华民国国民’之地位，与四万万国民协力进成中华民国之巩固基础，以冀世界之和平。望贵院与将来政府勉励人民，同尽天职。从今而后，使中华民国得为文明之进步，使世界舞台得享和平之幸福，固不第一人之宏愿已也。”说毕，异临时大总统印交还参议院。参议院答辞道：“中华建国，四千余年，专制虐焰，炽于秦政；历朝接踵，燎原之势，极及末流，百度堕坏。虽拥有二亿里大陆，率有四百兆众庶，外患乘之，殆如摧枯拉朽。而不绝如缕者，仅气息之奄奄。中山先生发宏愿救国，首建共和之纛，奔走呼号于专制淫威之下，濒于殆者屡矣，而毅然不稍辍，二十年如一日。武汉起义未一月，而响应者，三分天下有其二。固亡清无道所致，抑亦先生宣导鼓吹之力实多也！当时民国尚未统一，国人急谋建设临时政府于南京，适先生归国，遂由各省代表公举为临时大总统。受职才四十日，即以和平措置，使清帝退位，统一底定，迄未忍生灵涂炭，遽诉之于兵戎。虽柄国不满百日，而吾五大民族所受赐者，已靡有涯矣！固不独成功不居，其高尚纯洁之风为斯世矜式已也。今当先生解临时大总统职任之日，本院代表全国，有不能已于言者：民国之成立也，先生实抚育之。民国之发扬光大也，尤赖先生牖启而振迅之。苟有利于民国者，无间在朝在野，其责任一也。罗斯福解总统职后，周游演述，未尝一日不拳拳于美利坚合众国。愿先生为罗斯福，国人馨香祝之矣！”

四月五日，参议院议决临时政府迁往北京，参议院也随同迁往开议，其人也照约法重组。黎元洪也于初六日解大元帅之职，并归袁世凯兼任。唐绍仪及国务员均相偕北上。北京之行政、立法等机关甚形完备。

逸仙的主义政见被同志认为不合时宜，不肯实行，逸仙便变计到民间去，实际做建设工作。将临时大总统交卸于袁世凯之后，便一心要发展他的实业计划，改进中国的经济。卸任之后，便起身往武昌、河南、广东和各处中心地点，沿途实地考察地形，实测山阜河流。何处应筑干路，何处应修支路，何处河流宜加浚治，何处应行开凿新河，计划工程需费若干，需时若干，无不一一详计。直是早起夜眠，餐风宿露，受尽艰辛。将全国各重要地域勘定后，对于铁路的路线计划早已成竹在胸。便顺道前往和袁世凯会晤，打算商量一过，便从事实行。

世凯得着逸仙来京的消息，虽然心里很怕和逸仙见面，但是逸仙是手创民国之人，国民党的领袖，不敢不竭诚迎待。便连忙分令各机关准备欢迎，收拾行辕。等到逸仙到京，已经特地造成一所巍然的西式房屋来，又派了代表往车站欢迎。

逸仙乘专车来到北京，欢迎的人真是不计其数。所有大小机关人员以及各团体，无不到车站来欢迎，全城的民众更是万人空巷，争欲一睹这建国伟人的丰采。

专车到站，欢声如雷动，众人都对着专车脱帽致敬。袁世凯派的代表赵秉钧首先登车谒见。逸仙便起身下车，步出月台，向欢迎代表及民众脱帽点头为礼。随即上了总统府预备欢迎的汽车，赵秉钧乘车引导，从洋洋军乐声中出了车站。一路军警防卫，车过处军警举枪致礼，民众拍掌欢呼，一直来到特地建造的行辕内暂时休息。所有前来谒见的均暂时停止，候订期相见，只请农林总长宋教仁、教育总长蔡元培谈话。赵秉钧极力周旋一番，方才告退。

赵秉钧走后，逸仙便问内阁行政状况。元培摇头叹道："慰亭头脑太旧，思想闭锢；左右一班人如赵秉钧、朱启钤以及幕客染如浩等都只知逢迎献媚，图私取巧，都非应变建国之才。对于共和更是莫名其妙，不过挂个假招牌攫取禄位，满脑子升官发财，国计民生非所过问。目今颇畏民党势大，不敢不召集国会，敷衍一下，其实哪里愿意产生一个监督机关来妨害他们的独裁？"教仁也叹道："岂但如此？他们早已拨巨款，遣党徒，准备运动当选，打算把持，使将来国会成他们的御用机关。一面又与外国借款，以供秘密用费，不惜断送国权，只图一己攫政。照这情形，比满洲政府来得还要加几倍的坏，恐怕还劳我们来个二次革命啦！"逸仙听了，联想到在南京时一班同志只图敷衍，以为推倒满清便算革命功成，不顾革命的目的，以致酿成今日的事实，不觉长叹一声道："这都是我们的差误，使同胞多受痛苦！当初只图和平解决，不愿彻底改革，所以才有今日。国体号称共和，仍然'换汤不换药'，还是一班满清遗孽、腐败官僚把持政权，终免不了再革一次命。这种牺牲可以说是我们自讨的，此时懊悔也来不及了。我明天和他见过，看他究竟如何，再作道理。"教仁、元培都点头称是。接着便有袁世凯派人来侍问，二人便告辞而去。

次日清晨，逸仙起身洗盥毕，吃过点心，便命备车向总统府来。到得府前，早有公府卫队以及侍从卫队等武官列队排班，鹄立伺候。汽车一直开进公府，袁世凯亲至居仁堂迎迓，见逸仙来到，连忙降阶脱帽为礼。逸仙早已下车，近前与世凯握手，并行升堂。世凯让逸仙在上面坐下，说了许多景仰倾慕的话，逸仙也随口谦让两句。

应酬已毕，世凯便展施他平生逢迎权贵的手腕，极力赞扬逸仙的政见。逸仙见他目光不定，言不由衷，早已识透他的奸诈，只是顺口敷衍两句。时将近午，世凯便命排宴。一霎时水陆纷陈，珍馐罗列，排起一席极丰盛的酒席来。世凯便让逸仙入席饮酒，逸仙也不推让，当中坐下。陪宴的各部总长依次坐下。世凯亲自持壶，给逸仙斟酒，极其恭敬。逸仙暗想道："袁慰亭的为人，真是权诈已极！这半日无一不是施展他的权术，何尝有半点诚意待人？以此看来，他必定另有一番特别打算，倒不能不赶急提防。"一面心里打算，表面仍虚与委蛇。已经酒过数巡，逸仙便告辞起身。

世凯道："今天不恭的很，实在怠慢先生！我已敬备简帖，到行辕奉请，明日薄具鲁酒，以续今日之欢，先生务必赏光辱临才好。”逸仙道：“今天已经叩承，明天可以不必费事了。你我都是为国效忠，何在乎这些客套？”世凯忙道：“先生为我平生最心折最崇拜的人，平时因远隔山河，不得叩教。好容易先生驾临，我又正在谬居高位无所措手之时，求教之处极多。还望先生不弃，时常赐教，庶乎使我行动有节，福利民国。所以请先生明日务必不吝玉趾才好。”逸仙见他如此说法，便也不再推辞，点头应允，辞别而去。世凯恭送出府。

第七十三回

烹功狗毒计死张方　遣贼奴阴谋杀渔父

逸仙回到行辕，一宿无话。次日清晨起身，随员报告说："公府今日请先生赴宴。"逸仙点头答应。一会儿又报说："公府派指挥使徐邦杰前来相请。"逸仙道："知道了，就来的。"便随便吃了些点心，出门直往太和殿赴宴。

世凯正和许多军政人员一请来陪宴的一高谈阔论，听见逸仙来到，连忙率领众人降阶相迎。逸仙依旧与世凯握手为礼，并向众人招呼过，方才升阶入殿。世凯让逸仙正面坐下，自己与众人列坐两旁相陪。

逸仙便将敷设全国铁道的计划，开浚运河、发展工商业、移民开垦等伟大计划，以及自己经历各地查勘实测、预算经费等，源源本本，滔滔汩汩，当众演说一番，直说得头头是道，悬之国门不能更改一字。众人听了，无不五体投地的拜服逸仙的卓见伟识，筹谋净尽。世凯听去却不大合胃口，只表面上做出兴致勃然的样子，称赞不绝。

一霎时，酒宴已经摆好，世凯起身让逸仙和众入席。酒过数巡，逸仙又说起现在就要从建筑铁路做起的话。世凯本是个只知利禄自私，抱封建思想极深的人，日夜只想如何造成子孙万世富贵之业；这些国计民生的事业，哪里在他心上？所以逸仙三番两次的细说，他并没注听，不过因为不敢不恭维逸仙，满口表示赞成，心里却另有打算："……现在就要建筑全国铁路，这一项经费怕不要几多万万！哪里就办得到？……外国人也不见得就随随便便借这些给你呀！……即使肯借，有这些款子，有多少事好做，何必去修这暂不紧要的铁路咧？……他不知政府的艰难，财政竭蹶到什么样子，一切军政费还没处筹措；还要办什么铁路实业，改进中国经济？我怕铁路和实业没办成功，中国早已经济破产，负外债被瓜分了。但是他既拿这样的大题目对我来说，我怎么办咧？……不答应，他的题目大而且党徒多，鼓噪起来，倒有些不便。答应吧，给了他款子，或许他借外债，那时他有钱有势，又是我一个心腹大患！这便怎好？……有了，待我给他个虚名，再与些些小款供他挥霍，再暗中设法掣他的肘；到那时事不成，人只说他吹牛，与我无干，而且不能为我之患。就是如此！"一面想着，又怕被逸仙看出，连忙借着让酒让菜，遮掩过去。便向逸仙说道："先生说的建筑全国铁路的计划，关系国家的交通、实业、国防种种，真是目前惟一的要政。我听了先生精密的计划，真是欢喜不尽，钦佩之至！我谬承同胞付托，身为民国元首，对于这富国利民、万世基础的事业，哪有不竭力助成之理？只是要着手办理这件事，必须先将全国地形通通勘测一过，然后方能计算工程。要做时，便全国并举，各线一齐兴修，免得零落片断，不相联络，一路成他路不成，也难观成效。并且办了这里，再办那里，时间耽误不少，弄到最后，'俟河之清，人寿几何？'民间得不着近利，而外债也愈积愈多，国家反受其害。所以我想就烦先生将全国边远各地完全查勘一遍，再通盘计算，同时并举，以图急利、救国难。不知先生以为如何？"逸仙听罢，早知其意，笑道："总统的意思，要将全国铁路同时兴办，很是伟大。但是经费过于巨大，一时只怕无从筹措，反倒有碍进行。我想先从工商业已经发达的地方着手，先行建筑，等到这一处工程完毕，完全通车，再将这一处的收入去建筑那一处。虽有不敷，也易筹措。进行上或者觉得迟缓，经费一方面却是容易多了。"世凯只得唯唯称是。

说话时，酒席已完，大家散坐。逸仙见时已不早，便告辞回去。

逸仙在北京住了数日，便要回广东。世凯便任逸仙督办全国铁路事宜，却又不实际助成。逸仙便起身南下，想以在野资格来发展中国富源。世凯欢送如仪。

世凯送逸仙出京之后，便施展手段，拉拢黎元洪，暗中制伏国民党诸都督。那时同盟会虽改组为国民党，但是完全已不是逸仙的主张，仅成一个比较外表强大的政党，其实内幕十分复杂，各首领早已分道扬镳，哪里再经得起袁世凯东挑西拨？

读者还记得武汉光复时，黎元洪是被逼出来的么？那要黎元洪出来的便是民党张振武。当时黎元洪只怕张振武杀他，磕头礼拜，说了不少的好话。振武一力担保，要他出来任鄂军大都督，收拾军心。后来元洪任振武为军务司副司长。振武与同志方维（将校团团长）整军经武，颇著声名。六月中，袁世凯将唐绍仪排挤去位，任陆徵祥为国务总理；交通总长施肇基（唐内阁时补充）、工商总长陈其美、农林总长宋教仁、教育总长蔡元培、司法总长王宠惠、代工商总长次长王正廷等一班民党阁员，及财政总长熊希龄均于七月辞职而去。世凯便派袁乃宽到武昌，勾结黎元洪。又由元洪的亲信秘书饶汉祥进言，便把个老实无用的黎元洪作为袁家傀儡。元洪当时深信世凯必能尽忠民国，一切事都依世凯主张，各省有反对的，便分别强弱，或调和，或申斥。世凯见元洪已入罗网，便想将财权兵权集于一身，以便为所欲为，因此急于要暗削各省都督的实力。又命袁乃宽暗以此意讽示元洪。元洪满口应允，即日通电主张军民分治，并以湖北为天下倡，定七月一日实行，请大总统任樊增祥为湖北民政长。但是张振武、方维等一班民党早已看透世凯阴谋，倡言反对。元洪便密地请计于世凯。世凯急复一电，授计与元洪。元洪即照计行事，即日请振武谈话，说："目今蒙疆告警，各省均请讨伐，义声震地。湖北是首义省份，领袖全国，当然应准备出师。但是蒙古情形不熟，一旦行军，深恐不易取胜。我想电请大总统派你为蒙古调查员，辛苦一趟。这等重任，非你这样学术湛深、毅勇沉着的人不能担负。望你以国家为重，不辞劳瘁，将来就请你领鄂军征蒙，岂不可操胜算？”振武不知是计，慨然应允。不到两日，大总统的命令已传到武昌，任张振武为蒙古调查员。振武心急国事，马上收拾启程。元洪又派方维同往。

八月十日，振武和方维来到北京，世凯派人招待，极为殷勤。十五日午后，突然有步军统领衙门及军政执法处派兵到西河沿旅馆—张、方的寓所—里，不由分说，将方维及随员十三人一齐绑去。方到前门，路上遇着振武，也一把拿下。也没解到何处审问，便将二人枪毙。世凯宣布二人罪状云：

八月十三日，准黎副总统电开：“张振武以小学教员赞成革命，起义以后，充当军务司副司长。虽为有功，乃怙权结党，桀骜自恣。赴沪购枪，吞蚀巨款。当武昌二次蠢动之时，人心惶惶，振武暗中煽惑将校团，乘机思逞。幸该团深明大义，不为所惑。元洪念其前劳，屡与优容，终不悛改。因劝以调查边务，规画远谟。于是大总统有‘蒙古调查员’之命。振武抵京后，复要求发巨款，设专局，一言未遂，潜行返鄂；飞扬跋扈，可见一斑。近更蛊惑军士，勾结土匪，破坏共和，昌谋不轨；狼子野心，愈接愈厉。假政党之名义，以遂其影射之谋；藉报馆之揄扬，以掩其凶顽之迹。排解之使，困于道途；防禦之士，疲于昼夜。风声鹤唳，一夕数惊。赖将士忠诚，侦探敏捷，机关悉破，弭祸无形，吾鄂人民，胥拜天赐。然余孽虽歼，元憝未殄。当国是未定之秋，固不堪种瓜再摘；以枭獍习成之性，又岂能迁地为良？元洪爱既不能，忍又不可，回肠荡气，仁智俱穷。伏乞将张振武立予正法！其随行方维，系属同恶相济，并乞一律处决，以昭炯戒！此外随行诸人，有勇知方，素为元洪所深信，如愿归籍者，请就近酌拨川资，俾归乡里，用示劝善罚恶之意。惟振武虽伏国典，前功固不可没，所部概属无辜。元洪当经纪其丧，抚恤其家，安置其徒众，决不敢株累一人。皇天后土，实闻此言！元洪藐然一身，托于诸将士之手，阘茸尸位，抚驭无方，致令起义健儿，夷为罪首，言之赧颜，思之雪涕！独行踽踽，此恨绵绵！更乞予以处分，以谢张振武九泉之灵，尤为感祷！临颖悲痛，不尽欲言。”等因：

查张振武既经立功于前，自应始终策励，以成全人；乃披阅黎副总统电陈各节，竟渝初心，反对建设，破坏共和，以及方维同恶相济。本大总统一再思维，诚如副总统所谓：“爱既不能，忍又不可。”若事姑容，何以对烈士之英魂？不得已，即著步军统领、军政执法处总长遵照办理。此令！

世凯既杀了张振武和方维，各地民党纷纷反对。世凯便散金钱收买一班政客官僚，一方面令私党组织“进步党”与国民党对抗；又将南方各省添设民政长，以分都督之势力。但是用费既多，难以为继，遂不得不恃借外债为救急之方。那时国会选举告成，议席中国民党占大多数。这种用途不明的借款，当然不能通过。世凯便不顾一切，而与五国银行团进行二千五百万镑大借款。民党以银行团条件太苛，表示绝端反对。宋教仁更为激烈。世凯既惧国民党之势．又忌宋教仁之能，乃决计拔出此眼中钉、心上刺。

这时国务总理兼内务总长赵秉钧是袁世凯的死党。世凯既要杀宋教仁，便和秉钧商议。秉钧一力担承。

那赵秉钧的秘书长洪述祖（洪深之父）生平见利忘义，是个卑鄙龌龊、无所不为的小人。秉钧既领了世凯之命，便和述祖计划着手方法。述祖道：“‘财可通神。’只要有钱，什么事办不到？上海有的是亡命之徒，只须花费些金钱，自然肯为我效死。但是须得一个熟于此道的走一趟才行。”秉钧道：“就烦你辛苦一转何如？”述祖道：“述祖受总理厚恩，万死何辞！不过那人势力不小，干过之后，国内必不能立足，还求总理给我些逃命养生之资。倘或不幸，述祖被他们党徒暗算，那么，述祖有个儿子—洪深—现在外国专门学习唱戏，务求总理给他个一官半职，使他成家立业，述祖虽死无恨。”秉钧拍胸道：“这些事都是我们朋友分内事。不要说你耿耿忠心，必蒙天佑；即有万一，大总统岂有不念勋劳的？事成之日，万户之封自不必说了。只是目前需多少用费咧？”述祖道：“这却难说。如钱愈多愈好办事，最少也要个十万八万才够用账。”秉钧道：“既是如此，你明日就走。我这里先拨十万元作用费。事办好了，另有重酬。”述祖惊喜，不觉顺嘴说道：“事办好了，如果他们知道是我，便求总理再给几十万，让我好避地终身。如若不然，只望得一任江苏民政长荣耀荣耀，也不敢再求重赏。”秉钧道：“这个容易。你不放心，我便给个凭据给你。”说着便写了一张字据，又取出一张财政部十万元的支票给述祖。述祖接过，心里不住的啵啵乱跳，忙极力镇住心神。又指天誓日，说了许多赤胆忠心的话，方才告辞回家。收拾一番，给大小老婆添置了许多衣饰，堂子里的欠账也结清了，大摇大摆地吃了几抬花酒，又汇了几千银子给儿子，方才起身往上海去。

上海有个青、红两帮首领，名叫应桂馨，是个白相朋友流氓出身。软敲硬诈，积得些造孽钱，便捐了个指分江苏的候补县。不料品行不端，被参革职。光复后，托人运动，得充沪军都督府侦缉科长。原不过因为他人头熟，地面上的流棍积痞都有往来，利用他去破获案子。他便借此招集无赖，开山堂，收徒弟，无所不为。洪述祖在上海瘪脚时，曾在桂馨门下做食客。及至述祖入京，便保桂馨为内务部驻沪巡查长，专一刺探民党的行动。桂馨在沪军都督府当差，自然认识不少的党人，能得着许多消息；北京政府便恃为耳目，把桂馨看成一日不可离的一条好走狗。

述祖既到了上海，在孟渊旅馆开了房间，将行李安顿好，吃些点心，洗过澡，便叫车到方浜桥桂馨家里来。方叩门进去，只见一个乌黑汉子立在门旁，问道："你找谁？"述祖一看，不认识，便答道："我来看应大人的。"汉子道："门房里去。"说着，掉转身进去了。述祖方要到门房投刺，只见桂馨送客下楼，一眼看见述祖，便嚷道："老弟！你几时来的？怎不先来个电报？快上楼去歇歇！今日真是幸会了！"述祖笑道："我刚到，大哥且送客。"桂馨忙送过客，便和述祖携手上楼。

茶烟已毕，桂馨问道："你不是很忙的吗？怎么有闲工夫到上海来咧？"述祖道："在京许久，也闷的很，所以请假南来。一来看看大哥，二来还有些事体要勾当。"桂馨笑道："你不要骗我。你要是没有十分紧要的事体，这时候决不能抽身南来，更不会鬼鬼祟祟的不先给我个信。到底是为着什么事来的？我们好弟兄，不必瞒我，也不必客气。我能帮忙，无有不尽力的。"述祖见他已猜着几分，又见房内无人，便将秉钧受世凯之命，要刺宋渔父（教仁）的话详细说了一遍。桂馨听了，皱皱眉头道："这虽不是什么难事，但是他不是个等闲人，一有泄露，后患不堪设想。这事须做得万分机密才好。"述祖道："原为不是件容易事，所以总理才要我亲自来请教你，知道这事除了你，再没第二人能够办到。"桂馨凝神想了一想，便叫点烟灯，和述祖两个躺下，一递一口抽着鸦片烟。又问述祖带了多少用款来。述祖道："五万。"桂馨道："这够什么？"述祖忙道："不够可以打电报去要。总理说过不惜钱的。"桂馨又想了一想，便道："那么，还有些办法。"说着便向述祖耳边咕噜了一会，道："如何？"述祖道："好极了！这还有什么说的。我这马上就打电报去，叫老头子把钱汇来。"说着便告辞起身。桂馨道："何必忙到如此，我们许久不见，正好谈谈。"述祖道："我回去发了电再来罢。"便告辞回旅馆，取出密码电本，发了一个电报给赵秉钧，要他再汇十万元来。次日电汇到沪，述祖便送了十万给桂馨。

宋教仁自辞卸农林总长后，仍奔走南北，进行工作。方拟动身由上海到北京去，忽接着友人的警告信，说："袁世凯遣刺客南下，将暗杀先生。"教仁阅毕，哈哈一笑道："怕死就不干，要干决不怕死。"

民国二年三月二十日夜间，教仁到沪宁铁路上海车站（即北站），将要乘车启程北上。黄克强、廖仲恺、于右任都到车站送行。教仁到站，便在议员接待室小憩。一霎时车已到站，引导员吴仲华便引教仁出接待室。方至车站口，还未到剪票处，只见一个乌黑汉子一探头，随即轰然一声，接着又是两响。众人方在惊问，教仁大叫道："我中枪了！"这时于右任方在接待室，急忙赶出，劈面撞着个乌黑汉子冲将过去。再一看，教仁已倒在当地，血流如注。右任急叫："拿刺客！"车站巡警四处乱窜，凶手早已脱逃。

第七十四回

托遗志宋钝初逝世　急国难讨袁军兴师

那时众人只忙着救护教仁，右任虽极力喊“拿凶手，”百忙里也没人顾及，竟让凶手逃脱。

克强、仲恺扶起教仁看时，一弹中在腰上要害之处。吴仲华道：“我亲见凶手，是个乌黑汉子，一见宋先生便倒身伏在地上，头一枪射中宋先生，其余二枪左右发放，恐吓旁人的。现在想未去远，快快搜查！”右任道：“不必搜查了，凶手我曾劈面撞着，当时我不知何事，比及得知时，他已逃得影迹无踪了。现在钝初（教仁别字）伤势很重，赶急送往医院要紧！”仲华连忙去借了一部汽车，众人扶教仁上车，一齐伴送到沪宁铁路医院来。

院中主任早已接着车站站长的电话，忙率全班看护迎候，待汽车到院，便扶教仁入病房中躺下。约过了一小时，教仁方才苏醒呼痛。睁眼见右任在侧，便道：“我受伤很重，性命必不能保。现在托你三桩事，务必请办到：第一，所有我寄存在南京、北京及日本东京的书籍，扫数捐入南京图书馆，这事托你务必办好，休使散失；第二，我家素来寒薄，老母在堂，我死后，请你和克强及诸同志为我劝慰并照料；第三，诸同志务必努力进行，勿以我为忧，更不可放弃责任心。我为调和南北之事，费尽心力。嫉忌我的人，不知我的苦衷，反为误会，究竟这也是常事，古今中外莫不如此。我虽死无悔！”右任伤心已极，只听一句应一句，听到后来，只剩了哽咽的分儿，说不出个什么来。教仁道：“右任！你是达者，何必如此？我虽死，也不为无价值。只望你珍重努力。吾党责任重大，不容易完全成功，这却不能不偏劳我老友了！”说毕，便要医生施手术。

医生忙取酒精擦过手，检视伤处。在右腰骨稍偏之处射入，子弹已破肉入内，将近心脏。检视毕，便注射麻醉剂，施用局部麻醉，然后用器械缓缓将子弹取出。那时已是十二点三十三分钟了。子弹形状尖小，是个六寸六响勃朗宁手枪弹。受伤处虽流血不多，而痛苦特甚。医生见教仁痛极，便注射止痛药水使他安眠。注射后，教仁仍宛转呼号，痛得不能安睡，向医生道：“我不怕死，只痛的难受。出生入死，我生平已视为习惯，不足介意。如果你能设法止痛，死不死倒不必计及。”旁立诸友都含泪劝慰。一霎时，痛的更加厉害，捶床恨道：“我万不料调和南北竟如此之难。时事至此，其奈之何！可惜凶手逃脱了，不知道他是怎样一个人？”说罢泪如雨下。众人皆不忍视，群向医生询问，有何方法使他不痛？医生道：“只有开割，或者可救。”于是大众商量一番，决定请医生开割。教仁自己听得，也催医生赶快再施手术。

医生请克强等签字负责，然后将器具消过毒，将创口划开约四寸多深。检视时，大肠已破，饮食之物都流露在外，所以痛楚难当。体内污血也随着破裂之处阑入肠内，因此大小便均流血。医生轻轻的取去血块，又将洞口缝好。但是痛苦仍不稍减。

这样辗转惨呼，直到二十一日夜四时，教仁热度渐低，手足渐冷，不能言语，只将泛白的睛球四周环顾。一会儿两手作合十状，不及两分钟，又紧抱自己胸部，双眉紧锁，呼吸渐微。右任心痛已极，忍泪俯身，附在教仁耳旁唤道：“钝初！你放心去罢！”教仁微微点头，悠然而逝。死后双目不瞑，克强等以手抚之，方闭又睁，直到殓时仍是如此。

教仁死后，民党同志无不大愤。江苏都督程德全、民政长应德闳严令侦缉凶犯，雷厉风行。次日，忽由上海电报局检查得共进会会长应桂馨致北京国务院洪述祖密电一通。取国务院密码译出，却是报告遣武士英（山西龙门人）刺死宋教仁的事，并有“请转呈极峰”一语。于是检查电底，又得往返电商的电报数十通。德全、德闳阅后，亲笔署名钤印，照像制版，送上海各报宣布。至此，大总统袁世凯暗杀宋教仁之事大白于天下，全国舆论大哗。

克强等便依法要求租界当局缉凶。二十三日夜间，法捕房在宾昌路捕获武士英（化名“吴福铭”）。次日，英捕房在旅馆中拿着应桂馨，即送会审公堂预审。桂馨见证据确凿，俯首无辞。会审公堂便解交中国官庭法办。法院便派人在桂馨家中搜获与洪述祖往返之密电百余通，正式确定洪述祖等为暗杀犯。

世凯见事已闹穿，南方各省都督纷电质问，全国汹汹，将酿巨变，便忙遣洪述祖避往青岛，表面通电缉拿，掩人耳目。上海地方检察厅即依法律手续传赵秉钧到案质讯，秉钧抗不到案。

后来赵秉钧在直隶都督任内，被袁世凯毒杀灭口。武士英瘐毙上海狱中。应桂馨乘二次革命时，在上海贿买脱逃，遁往青岛，袁世凯诱他进京，使人在路上将他杀死。洪述祖知道世凯要杀尽宋案人犯灭踪，变姓名遁往外国，直到世凯死后，方回国潜至上海，被民党捕获，解到北京，京师检察厅判处死刑，执行绞刑时绞机忽断，将述祖之头拉下而死。共进会被解散。

宋案过后，便是二次革命发生。但是叙说二次革命之先，须得先将当时政党的关系补说一番，方能眉清目醒。

光复以后，政党林立。一究其实，所发布的政纲无一不与其行为相反，所谓政党，不过是一个临时争权夺利的集团罢了。其中比较有些精神的，就要算同盟会改组的国民党。当时国民党发布的政纲是：

一、完成行政统一，促进地方自治；

二、实行种族同化；

三、采用国家社会政策；

四、普及义务教育；

五、主张男女平权；

六、励行征兵制度；

七、整理财政，厘定税制；

八、力谋国际平等；

九、注重移民开垦事业。

以“巩固中华民国，实行民生主义”为宗旨，举孙逸仙为总理，黄克强为协理，宋钝初、汪精卫等为干事，继续着同盟会十余年的历史和过去的成绩，党势日张。但是党员虽多，趋而渐异。逸仙的三民主义，党员均不极力奉行，只与一般政党在政治舞台上相角逐。

章炳麟（太炎）、张謇（季直）等为争握政权起见，也组织统一党，与宪友会化身之国民协进会、湖北人主动之民社，同为国民党之政敌。临时政府迁至北京以后，统一党与国民协进会、民社暨其他官僚政客之小党合并而组成共和党。其内幕之原动力为袁世凯，拨银组成以抗国民党之强大势力。党中腐败官僚占大多数。其倾向无一不背潮流，而与新的建设相反，可称为旧势力之代表，政蠹之大结合。发布的党义是：

一、保持全国统一，取国家主义；

二、以国家权力，扶持国民进步；

三、应世界大势，以平和实利立国。

成立以后，因富有金钱，且与袁世凯接近，一般利禄之徒趋之若鹜，故其势力也非常膨胀。该党遂揭橥国家主义，以拥护政府为己任，无论政府的措施是否合乎国情或法律，无不竭死力辩护及拥护，所以当时国内外都称之为“御用党”。又因国民党号称“民权党”，该党便自命为“国权党”。

及至参议院成立，两党皆未占得半数议席。其中还有个统一共和党，与国民党、共和党鼎足而立。这统一共和党以蔡锷（松坡）、王芝祥（铁珊）为总干事，彭允彝、殷汝骊、欧阳振声等为常务干事，在南京政府时代即已成立。其政纲是：

一、划定行政区域，以谋中央统一；

二、厘定税制，以期负担公平；

三、注重民生，采用社会政策；

四、发达国民经济，采用保护贸易政策；

五、划一币制，采用金本位制；

六、整顿金融机关，采用国家银行制度；

七、振兴交通，敷设铁路干线；

八、实行军国民教育，促进专门学术；

九、振刷陆海军备，采用征兵制度；

十、保护海外移民，实行实边开垦；

十一、普及文化，融合国内民族；

十二、注重外交，保持国家对等权利。

支部已设七省，参议员席却占得二十五人。（是时参议员，除西藏议员迄未选派外，共一百二十一席，国民党及共和党均各只得四十余席。）与国民党宗旨比较接近，后来便并入国民党。

因此议院中党争剧烈，国务停顿。袁世凯又操纵其间，遂至不可收拾。共和党更助纣为虐，机谋百出，处处要压迫国民党，想尽忠于袁家，造成千秋万世之业，博一个子贵孙荣，而且目前即可捞得一把。国民党锐意改革，凡所建议设施，多遭打击，乃激成全党的忿慨，而伏下二次革命的祸根。

其次酿成二次革命的原因，内阁问题也是主要原因之一。当袁世凯接任总统、唐绍仪组阁时，因南北合并之故，结成一个袁系人物与同盟会瓜分的内阁。十一个阁员中，除交通总长施肇基是唐绍仪的姻亲，拉来入阁外（交通梁如浩被参院否决），陆徵祥为无所属，熊希龄为统一党，陆、海、内等重要各部皆为袁系，教、法、农、工四部则归之同盟会，唐则纯粹为袁系人物。

唐绍仪虽然属于袁系，在南北议和之际，却与民党颇为融洽。及至抵京后，组织内阁，又新加入同盟会为党员，颇欲建设一理想的共和国家，与同盟之宗旨相同，当时有“同盟会内阁”之称。唐阁成立，即依欧美各国先例，一切国家大政，尽纳之阁议（即国务会议）。但是自开阁议以来，赵秉钧迄不一到。熊希龄自统一党并为共和党后，以共和党员资格与同盟会反对，积不相能，又于借款问题，时出机谋以厄唐绍仪；唐内阁因之顿现杌陧不宁之象。总统府中一班袁家忠臣，因为凡是总统府发一议颁一令，必须经过国务院的国务会议，且有时国务竟不予通过而驳还，乃深恨唐内阁，并极感责任内阁制之不便于总统独裁，对于内阁渐生嫌隙。唐绍仪自恃与世凯有旧僚关系，又以总理之责任所在，有时对于世凯所发表之刚愎的主张，不客气地当面抗争，申辩理由，虽世凯怒斥，也不为稍屈。总统府侍从武官见绍仪入府，每侧目而视，互相议论道：“唐绍仪今日又来欺侮总统了。”

世凯气绍仪不过，忿然对绍仪道：“我老了，少川，你做总统罢！”绍仪知道事不可为，长叹一声，乘车出府。方到府前，忽见对面数十个卫士夹着一辆双马车风驰电掣而来。卫士大喝让道。绍仪的车夫避车稍缓，那卫士早鞭笞交下，辱骂不堪。绍仪见来者这般威武，忙凝神注望车中坐的是谁。哪知不看犹可，一看时直气死人。原来车中昂然高坐的，便是护卫大总统的拱卫军总司令段芝贵。不觉倒抽一口冷气，叹道："我以为是满清摄政王！一个司令便如此威武，总理尚且不能不避道，责任内阁怎能实行？以一个无拳无勇的国务总理，想与统率陆海军的大总统较长论短，岂不大痴？"从此便有去志。

先是参议院在南京时议决接收北方各省区统治权案，曾有"各省督抚一律改称都督，并由咨议局改为省议会，公举各该省都督"之规定。直隶省士绅群属意于王芝祥，直隶咨议局也正式投票公举王芝祥为直隶都督。那时唐绍仪方在南京组织政府，也主张为王芝祥督直，电告袁世凯，世凯不覆。直隶士绅持之更急。绍仪入北京后，申明从前之主张，世凯当面也答应了。于是绍仪电约芝祥来京。直隶士绅及团体领袖晋见绍仪，绍仪以为这事万无中变之理，便正式宣布："总统已经同意任王芝祥为直督，候王到京，即可发表。诸位尽可放心。"隔不了几日，芝祥已到，忽然直隶五路军界通电反对芝祥为直隶都督，接着北洋军官反对之电络绎不绝。直隶士绅大怒，各团体纷纷通电依法拥护。旗鼓相当，两不相下。世凯便借着军界反对为由，另行委任芝祥往南京遣散军队。绍仪见世凯如此捣鬼，不觉大怒，拒绝派芝祥南下命令的副署，对世凯道："政府不当失信于直隶人民，非令王芝祥督直，誓不副署。"世凯怒道："除却令王芝祥督直外，都可照办。"绍仪拂袖而出。世凯便将未经阁议通过、内阁副署，非驴非马之命令直接交给芝祥，令芝祥往南京。不料芝祥偏不争气，竟拜命出京。绍仪见世凯不顾民意，违反法律，便于次日一元年六月十五日一留下辞呈，嘱属员代递，也不告别，飘然而去。待世凯知道，忙遣梁士诒跟踪追往上海挽留，绍仪闭门不理。世凯便下令以外交总长陆徵祥代理国务总理。同盟会籍之四阁员一教育总长蔡元培、农林总长宋教仁、司法总长王宠惠、署工商总长王正廷一同时辞职而去。财政总长熊希龄为舆论所斥，交通总长施肇基因绍仪关系，均不自安，解职出阁。唐内阁遂瓦解。

唐内阁既倒，一般人盛倡政党内阁之说。以为由一党组阁，不致如混合内阁之糅杂不一致，陷至无办法之境界。但是当时共和党自知尚无组织内阁之机会，若实施政党内阁，政权必然为国民党所得，因此大倡超然内阁主义，以相抵制。所谓"只论才不才，不论党不党"之论调颇投一时之好。袁世凯利用此说，便提出陆徵祥组阁，征求参议院同意。国民党之议员极端反对，共和党议员便绝对赞成。但是统一共和党虽表同情于政党内阁，却以各党现势都无相当组阁之人，以陆徵祥为超然派，采其虚声，以为不错，乃与共和党一致投同意票。陆内阁于六月二十九日遂见诸任命。徵祥受命后，便仰承袁世凯之意旨，提出周自齐为财政总长、孙毓筠为教育总长、章宗祥为司法总长、沈秉堃为工商总长、王人文为农林总长、胡惟德为交通总长之同意案于参议院，（徵祥自兼外交，陆军、海军、内务三部仍旧。）并亲自到院说明。各议员均以陆总理必有对于民国建设之大政见发表，一齐到院肃候。不料徵祥到院后，只说些做生日、开菜单……种种不可思议的鄙意俚辞，绝无一字道及政治。全院大哗，以为民国方在草创时代，总理如此，国何以堪？国民党尤为攻击，共和党虽竭力维护，到此时也觉无话可说。次日，对于徵祥提出的六总长投票时，竟一致否决，并提起国务总理失职弹劾案。徵祥大恐，便向世凯辞职。世凯想着目前无可利用之人，便不准辞呈。至七月二十三日，又提出周自齐为财政总长，许世英为司法总长，范源廉为教育总长，陈振先为农林总长，蒋作宾为工商总长，朱启钤为交通总长，征求参议院同意。内中只蒋作宾被共和党推翻，遭否决，其余均通过。徵祥补提刘揆一（刘道一之弟）为工商总长，以国民党之极力拥护，得以通过。陆内阁名义上遂完全成立。（世凯于否决六阁员后，设宴邀集参议员，疏通意见，一面暗嗾军警界散布攻击议院干涉立法机关之印刷物。此为军警干政之始。二次提出之阁员得以通过，实由于议员胆薄思葸之故。）但是内阁与参议院遇事隔阂，双方办事均感困难，徵祥尤为难受，便托病入医院，不理政务，接连续假数次。乃以内务总长赵秉钧代理国务总理。

那时黄克强自请撤销南京留守下野，并入京与世凯会见。世凯故意向克强表示，要沈秉堃为国务总理。实则秉堃虽是国民党参议，与党的关系并不深。且阁员既不更动，单占一个总理，也说不上政党内阁。克强为人忠厚，不知世凯奸险，便直截了当地说："不如以赵秉钧为总理。"因秉钧为袁系，克强以为至少可以免除府院之争。因此赵秉钧为国务总理之同意案，竟得安然通过于参议院，国民党议员也因克强之故，毫无异议。克强乘势劝各阁员加入国民党，并浼袁世凯为国民党领袖。世凯先使他豢养的文痞杨度（号皙子，湖南湘潭人）先入国民党觇虚实。杨度便要国民党变更政党内阁的主张方肯加入，国民党不允，乃作罢。世凯也就对克强敷衍搪塞，不肯加入。阁员除陆、海两部外，多挂名党籍，而其实与党毫无关系。至于逸仙之三民主义，与若辈更如风马牛不相及。

自唐阁倒后，一般舆论以为总统不经内阁副署而发布命令，又嗾使军警干政，足见世凯醉心专制，必至帝制自为。民众方面因想望共和之狂热，疑及国体将被动摇，一时议论纷起。世凯知时机未至，恐坏彼大事，便貌为效忠民国，发一通电，郑重声明道：

世凯束发受书，即慕唐虞官天下之风，以为历史治道隆污，罔不系公私两念。洎乎中岁，略识外情，目睹法、美共和之良规，以为深合"天下为公"之名训。客岁武汉起义，各省景从，遂使二千余年专制旧邦，一跃而为共和政体。世凯以衰朽之年，躬兹盛会，私冀从此退休田里，共享升平。乃重荷国民委托之殷，膺兹重任。当共和宣布之日，即经宣告天下，谓："永远不使君主政体再见于中国。”就职之初，又复沥忱宣誓。皇天后土，实闻此言。乃近日以来，各省无识之徒捏造谣言，摇惑观听，或以法兰西拿破仑第一之故事妄相揣测。其居心如何，姑置不问；大抵出于误解者半，出于故意者亦半。民国成立，迄今半年。外之，列强承认，尚无端倪；内之，各省秩序，尚未回复。危机一发，稍纵即逝。世凯膺任艰钜，不得不力为支柱，冀挽狂澜。乃当事者虽极委曲以求全，而局外者每难开怀以相谅。殊不思世凯既当大难之冲，则天下兴亡，安能漠视？倘明知不可，而复虚与委蛇，致陷民国前途于不可收拾，纵人不我责，宁独无疚于中？区区此心，可质天日！惟当此艰难缔造之秋，岂容有彼此猜疑之隐？用是重为宣布：凡我国民，苟以救国为前提，则当能见其大，万不宜轻听悠悠之口，致为煽乱之媒；若乃不逞之徒，存意破坏，藉端蛊惑，不顾大局，则世凯亦惟有从国民之公意，与天下共弃之！事关大局，不敢不披陈素志，解释猜嫌。知我罪我，付诸公论。特此宣言，惟祈亮察！

又正式宣布：“我决不做皇帝！除此以外，凡力之所能，无不可以办到。”实在在借此缓和民气，以便渐展奸谋罢了。

赵秉钧本是袁家一个小走狗，当然无事不奉命惟谨。既承世凯之命刺毙宋教仁于上海，以为从此可以遂心如意。但是全国舆论纷纷，莫不以为应严究主犯。秉钧便密使应桂馨伪造作一种“监督政府政党裁判机关”的宣告文，杂列宋教仁、袁世凯、梁启超、赵秉钧、汪荣宾等之名，说“俱宜加以惩创，特先判决宋教仁之死刑，即时执行”，以冀混淆听闻。而全国的正论绝不因之稍衰。世凯只得令江苏都督程德全、民政长应德闳严究宋案主名，务得确情，按法严办：以为外间万不知道。不料四月二十六日，程德全、应德闳电呈世凯，并通电全国道：

前农林总长宋教仁被刺身故一案，经上海公共租界会审公堂暨法租界会审公堂分别预审，暗杀明确。于本月十六、十七两日，先后将凶犯武士英（即吴福铭）、应桂馨（即应夔丞）解交前来。又于十八日，由公共租界会审公堂呈送在应犯家内，由英法总巡等搜获之凶器，五响手枪一枝，内有枪弹两个，外枪弹壳两个。密电码三本，封固函电证据两包，皮箱一个；另由公共租界捕房总巡当堂移交在应犯家内搜获函电之证据五包，并据上海地方检察厅长陈英。将法捕房在应犯家内搜获之函电簿籍证据一大木箱，手皮包一个，送交汇检。当经分别接收，将凶犯严密看管后，又将前于三月二十九日，在电报沪局查阅洪、应两犯最近往来电底调取校译。连日由德全、德闳，会同地方检察厅长陈英等；在驻沪交涉员署内执行检查手续。德全、德闳均为地方长官，按照公堂法律，本有执行检查事务之职权。加以三月二十二日奉大总统令，自应将此案证据逐细检查，以期穷究主名。务得确情。所有关系本案紧要各证据，公同盖印，并拍印照片。除将一切证据妥慎保存外，兹特撮要报告：

查应犯往来电报，多用“应”“川”两密本。本年一月十四日，赵总理致应犯函：“密码送请检收。以后有电，直寄国务院可也”等语。外附密码一本，上注“国务院，应密，民国二年一月十四日”字样。应犯于一月二十六日寄赵总理应密径电，有“国会盲争，真象已得，洪回面详”等语。二月一日，应犯寄赵总理应密东电，有“宪法起草，以文字鼓吹，金钱联合，主张两纲：一、除总理外不投票；一、解散国会。此外，何海鸣、戴天仇等已另筹对待”等语。二月二日，应犯寄程经世转赵总理应密冬四电，有“孙、黄、黎、宋运动极烈。民党忽主宋任总理，已由日本购孙、黄、宋劣史，警厅供钞，宋犯骗案，刑事提票，用照辑印十万册，拟从横滨发行”等语。

又查洪述祖来沪，有张绍曾介绍一函。洪、应往来函件甚多，紧要各件撮如下：

二月一日，洪述祖致应犯函，有“大题目总以做一篇激烈文章，乃有价值”等语。二月二日，洪致应犯函，有“紧要文章已略露一句，说：‘必有激烈举动。’弟须于题前迳密电老赵，索一数目”等语。二月四日，洪致应犯函，有“冬电到赵处，即交兄手，面呈总统”。阅后，色颇喜，说弟“颇有本事。既有把握，即望进行”云云。兄又略提款事，渠说将宋骗案及照出之提票式寄来，以为征信。弟以后用川密与兄等语。二月八日，洪致应犯函，有“宋辈有无觅处？中央对此，似颇注意”等语。（“辈”字又似“案”字）二十一日，洪致应犯函，有“宋件到手，即来索款”等语。二月廿二日，洪致应犯函，有“来函已面呈总统、总理阅过。以后勿通电国务院，因智已将‘应密’电本交来。恐程君不机密，纯令归兄一手经理。请款总要在物件到后，为数不可过三十万”等语。应犯致洪述祖川密蒸电，有“八厘公债在上海指定银行，交足六六二折，买三百五十万，请转呈。当日复”等语。三月十三日，应犯致洪函，有“民立记遁初（教仁字钝初，一作遁初）在宁之说词，读之即知其近来之势力及趋向所在矣。事关大计，欲为‘釜底抽薪’法。若不去宋，非特生出无穷是非，恐大局必为扰乱”等语。三月十三日，洪述祖致应犯川密蒸电：“已交财政总长核办，债止六厘，恐折扣大，通不过。毁宋酬勋位，相度机宜，妥筹办理”等语。三月十四日，应犯致洪述祖应密寒电，有“梁山匪魁四处扰乱，危险实甚。已发紧急命令，设法剿捕之，转呈候示”等语。三月十七日，洪述祖致应犯应密铣电，有“寒电到，债票特别准何日缴现领票？另电润我若干？今日复”等语。三月十八日，又致应犯川密寒电：“应即照办”等语。三月十九日，又致应犯电，有“事速照行”一语。三月二十日半夜两点钟，即宋前总长被害之日，应犯致洪述祖川密号电，有“二十四分钟所发急令已达到，请先呈报”等语。三月二十一日，又致洪川密个电，有“号电谅悉。匪魁已灭，我军无一伤亡，堪慰！望转呈”等语。三月二十三日，洪述祖致应犯函，有“号、个两电均悉，不再另复。鄙人于四月七号到沪”等语。此函系快信，于应犯被捕后，始由邮局递到。津局曾电沪局退回，当时沪局已将此送交涉员署转送到德全处（各函洪称应为弟，自称兄）。

又查应犯家内证据中，有赵总理致洪述祖数函，当系洪述祖将原函寄交应犯者。内赵总理致洪函，有“应君领纸，不甚接头，仍请一手经理，与总统说定方行”等语。

又查应犯自造“监督议院政府神圣裁判机关”简明宣告文誊写本，共四十二通，均候分寄各处报馆，已贴邮票，尚未发表，即国务院宥日据以通电各省之件。其余各件，容另文呈报。

前奉电令：穷究主名，必须澈底讯究，以期水落石出。似此案情重大，自应先行撮要，据实电陈。除武士英一犯业经在狱身故，由德全等派西医，会同检察厅所派西医四人剖验，另行电陈；应桂馨一犯，迭经电请组织特别法庭，一俟奉准，即行开审外，谨电闻。

世凯大惊，却也无法弥缝，便决计与国民党翻脸硬做，也顾不得什么法律不法律了。但是在翻脸以前，却做了一桩无意识的事：就是上海检察厅票传赵秉钧到案之时，便将北京一件暗杀未成的案子，令京师检察厅嗾令罪犯架在黄兴身上，也发厅票传黄兴到案，以为抵制。克强置之不理。因此司法问题之影响，竟酿成政治上不可思议之险象。

世凯既因要专制独裁而摧残内阁及参议院，压迫国民党，暗杀宋教仁，致受全国舆论攻击，便一不做，二不休，一意孤行，进行善后大借款，想得一宗巨款，以为征服国民党之用。善后借款发生最早，款额最巨。元年九月十六日，财政总长周学熙开列借款条件和办法报告参议院。当时参议院因为是政府报告之件，并非提案，无会议之必要。后来因与六国银行团协议未成，遂告中止。直至二年四月二十六日，与五国银行团缔结善后借款合同，内容：

债额　二千五百万镑（合国币二万五千万圆）

实收额　百分之八十四

利息　五厘

担保品　监课及直、鲁、苏、豫四省入款

特殊条件　银行团派人为监务稽核所会办及各稽核分所协理

世凯知这种条件等于卖国，国会必不能通过，便不交国会议决，并硬指参议院曾经表决，仅咨国会查照备案。于是发生违法借款问题。参议院于四月二十九日咨达政府，谓：“违法签字，当然无效。”众议院于五月五日开会质问代理国务总理段祺瑞，祺瑞也自认手续不完备。结果以一百五十三人多数表决：并不反对借款，但违法签约，不能承认。世凯便令其御用的进步党（由世凯出资，由“共和”“统一”“民主”三党合并组成）议员设种种方法，缺席、捣乱使国会反对之举动不能表现于事实。国民党员坚持不让，国会因此辍议累日。各省都督也分反对、拥护两派，函电纷驰，国内外各团体也循环相攻，诟厉日甚。反对政府的，便痛斥政府违法和借款合同之苛酷；拥护政府的却极力辩护，说政府无交议之必要，并且饰词说政府手续并无不完之处。最后国民、进步两党协议此案处置方法，进步党主张：借款已经签字，即交议也难更动，不如迳予承认；政府违法之处再另提弹劾案。国民党主张：如果政府交议，哪怕不更动一个字，是国会的职权，必须经过这种手续；同时弹劾政府违法。

七月间，又发现政府于四月二十日秘密擅借奥款案，不但未交议，并且不使国会知道。议员检齐证据，再三质问，政府方才承认有此事。于是进步党一部分比较有人格的议员也不能再忍，便于七月四日对于政府同时提出五个弹劾案。

这时政府既倒行逆施，弁髦约法，反叛民国，所以全国反对之声如潮而起。逸仙见袁世凯背信弃誓，举动俨如皇帝，使他赤手艰难创造的中华民国将要动摇，愤不可遏，便警告五国银行团停止付款。银行也知民气激昂，答应在二星期内止付，以暂时敷衍和缓。

逸仙既知袁世凯的反叛行为将一齐暴露，誓必去之，以保民国。便和同志集议，发表两大主张：一、“速战”。因为袁世凯手握大权，发号施令，调兵遣将，行动极为自由；只有出其不意，攻其无备，以迅雷不及掩耳的手段，始能先发制人。并且宋案的铁证已经宣布，全国人心激昂，达于沸点，正可因时而用，并尽国民党之天职，慰同胞之愿望。二、“联日”。因为日本是近邻，日本助民党便民党胜，日本助世凯便世凯胜。只有联日以孤袁之势为上策。逸仙并要亲赴日本一行。不料克强等一班同志都不赞成，要待法律解决，并力阻逸仙赴日。逸仙大急，便道：“国会口舌之争，法律又无抵抗力，各省都督多数是袁世凯的私党，何能消灭制止这拥兵自雄的野心家？要求一个解决之方，惟有诉诸武力。一面快起问罪之师，一面表示全国民众不承认卖国借款之公意于五国银行团。”众人都以袁世凯决不能不畏清议，可以不必如此激烈，重酿战祸。

逸仙不得已，电令广东独立，起兵讨袁。克强等密电广东反对，广东因此寂然不动。逸仙便要亲自回粤指挥。一班所谓稳健派的同志又力劝逸仙不要离沪，且在上海主持。逸仙便令陈其美先行在上海独立。不料英士当时听了克强的言语，以为上海数里之地，何能抵抗？以之独立，无异以卵投石，必无幸免。

这时海军自告奋勇，推代表与国民党接洽，自愿宣布独立，由海道进攻津沽。

逸仙大喜，极为赞成。一班民党又坚持要陆海同时并起，力持不可，事又中止。

世凯得侦探报告，知道这些消息，便乘国民党还没发动之先，派兵南下，令第六镇统制李纯率兵使江西，郑汝成率兵赴上海。一面遣孙宝琦、李盛铎一班满清余孽投充袁家走狗之人东渡联日。又利用善后大借款，购置军械，补充兵饷，贿买无耻议员，笼络海军。并陆续运兵驻扎各要隘。

陈英士闻得袁世凯派兵到上海，便向逸仙说：要使海军邀击袁军于海中。逸仙深以为是。岂知克强仍不以为然，事又不成。不到几日，海军已被世凯运动成熟，开往烟台。逸仙听得便要阻止，以为海军助民党则袁世凯必失败，若海军归袁，海道势力却归了袁氏，民党必难取胜。克强却道："海军先告奋勇，决不会变的！无论开到哪里去，都没有关系。"及至海军各舰启碇出口，方恍然大悟，忙使吴淞炮台开炮阻止。海军因此生疑，鼓轮冲过炮台，一一归袁去了。

世凯一切手续预备完毕，便不客气，将国民党籍的江西都督李烈钧首先撤任。烈钧到上海与逸仙等计议，这时国民党才慌张起来，主张讨袁。烈钧便回到江西，与袁世凯任命的江西护军使、原任江西第一师师长欧阳武商议，于七月十二日在湖口起兵，实行二次革命。

第七十五回

李烈钧大兴讨袁军　孙中山重组革命党

袁世凯既毅然决然地要和国民党作对，以便实行其独裁的专制政治，达其子孙万世帝王之迷梦，便于六月九日下令，首先免江西都督李烈钧职，以江西陆军第一师师长欧阳武为江西护军使。一面令段芝贵为第一军军长，冯国璋为第二军军长，率师南下。那段芝贵统了陆军第二、第六两师迤逦南来，便令第六师长李纯向江西进发。李纯便下令备战，警戒前进，直至沙河镇下寨。

那时袁世凯又将广东都督胡汉民、安徽都督柏文蔚免职。因为烈钧、汉民、文蔚都是国民党中坚分子，反对借款最为剧烈，所以世凯一不做，二不休，一齐撤任。这时民党同志——无论稳健派、和平派都觉得世凯是要真干一下子了，非起兵讨伐不可。适值李烈钧来到上海，便一致公推烈钧回赣起兵。

烈钧轻装回至南昌，便接着李纯于七月七日到沙河镇的消息。忙连夜在都督府召集会议，宣布要依上海的决议兴师讨逆，并定名为“讨袁军”。混成团（本黄克强留守府卫队改编驻浔者）团长林虎（字隐青，广西人）首先告奋勇，往九江任前敌。第一师师长欧阳武、第二师师长刘世均、赣南第四旅旅长蔡森均电告整军备战。中华民国二年七月十二日，江西讨袁军总司令李烈钧发布讨逆檄文，略谓：

> ……民国肇造以来，凡吾国民，莫不欲达真正共和目的。袁世凯乘时窃柄，帝制自为；绝灭人道而暗杀元勋，弁髦约法而擅借钜款。金钱有灵，即舆论公道可收买；禄位无限，任腹心爪牙之把持。近复盛暑兴师，蹂躏赣督；以兵威劫天下，视吾民若寇仇。实有负国民之委托。我国民宜亟起自卫，与天下共击之！……

林虎这时已将军队调遣完毕。十一夜间，有排长文礼报告道：“敌军步兵第二十四团团长张敬尧已率全团向我军进攻。”林虎便下令警戒。十二日拂晓，果然有北兵一团直向赣军突击。混成团十二连连长瞥见，连忙遣通气兵报告本队，自己率全连百余人散开抵敌。北兵见赣军已经戒备，团长张敬尧便令号长发冲锋号。无奈兵士志在抢掠，哪有心肠打仗？虽听见冲锋号，只口里呐喊着，不肯舍命扑攻。讨袁军连长文景泽见此情形，心中暗笑，向三个排长道："我们干他一下子罢，免得吵的厌人。"二排排长也笑道："我们不撵他，他也不好意思收场。"说着便领着一百多兵一声呐喊，刺刀如林，扑奔过去。北兵阵脚早乱，翻身便逃。讨袁军更加勇猛，立定脚一阵快放，将北兵打死三百余人，方拔步再追。北兵只恨他爷娘少生两只脚，没命的窜逃，自相践踏，死者不计其数。讨袁军兵士一齐笑喝道："把枪丢下，不打你！"北兵果然纷纷丢枪。文景泽下令："不许拾枪，火速追敌！"众兵士如飞赶去，看看赶上。那跑不动的北兵均跪下求饶。文景泽令兵士不许残杀，只将他武装卸下，一起绑起，共俘虏一百余人。这时北兵十二旅旅长马继增已经带兵来援。文景泽见来兵太多，自己兵力太薄，便高唱凯旋歌，回军转来。总计夺获枪枝四百余杆，击毙北兵连长一名，排长七名，士兵三百余人，俘虏营副一名，士兵一百余名；讨袁军仅伤兵士一名。

江西宣布独立后，安徽都督柏文蔚、湖南都督谭延闿、广东都督胡汉民、福建都督孙道仁均先后响应，宣布与北京脱离关系，各组织讨袁军。袁世凯便下令作战，文曰：

共和民国，以人民为主体，而人民代表，以国会为机关。政治不善，国会有监督之责；政府不良，国会有弹劾之例。大总统由国会选举，与君主时代子孙帝王万世之业迥不相同。今国会早开，人民代表咸集都下；宪法未定，约法尚存。非经国会，无自发生监督之权，更无擅自立法之理。岂少数人所能自由起灭？亦岂能因少数人权利之争，掩盖天下人民代表之耳目？此次派兵赴浔，迭经本大总统及副总统一再宣布，本末了然；何得信口雌黄，借为煽乱营私之具？今阅欧阳武通电，竟指国军为"袁军"，全无国家观念，纯乎部落思想！又称"蹂躏淫戮，庐墓为墟"等情；九江为中外杂居之地，万目睽睽，视察之使，络绎于途，何至无所闻见？陈廷训之告急，黎兼督之派兵，各行其职，堂堂正正，何谓阴谋？孤军救援，何谓三道进兵？即欧阳武蒸日通电，亦云："李烈钧到湖口，武开两团往攻"等语，安有叛徒进踞要塞，而中央政府该管都督撤兵藉寇之理？欧阳武以护军使不足，而自为都督，并称经省会公举。约法具在，无此明条。似此谬妄，欺三尺童子不足，而欲欺天下人民，谁其信之？且与本大总统防乱安民之宗旨与迭次之命令，全不相符。捏词诬蔑，称兵犯顺，视政府如仇敌，视国会若土苴，推翻共和，破坏民国，全国公敌，万世罪人。独我无辜之良民，则奔走流离，不知所届。本大总统心实痛之！本大总统年逾五十，衰病侵寻，以四百兆人民之付托，茹苦年余，无非欲我黎民子孙免为牛马奴隶。此种破坏举动，本大总统在任一日，即当牺牲一切救国救民。各省都督等同心匡助，毋视中华民国为一人一家之事，毋视人民代表为可有可无之人。我五大族之生灵，或不至断送于乱徒之手。

世凯又命郑汝成率兵赴上海，占据吴淞及兵工厂；令海军次长汤芗铭及郭人漳赴湘查办；令龙济光图粤；又勾通安徽师长，使攻柏文蔚；更调集北洋各师准备大战。

黄克强这时也觉非取革命手段不可，便致函江苏都督程德全，要他宣布独立。德全以为太激烈，表示不赞成。克强便率领一班同志，由上海赶赴南京，召集第一、第八两师军官会议。克强即席宣布袁世凯罪状，要兴师讨袁。众军官一致赞成，决定次日宣布独立。

一夜无话，天将明时，第八师即奉克强命令，派队将要塞司令吴绍磷、要塞护掩第二团教练官程凤章、讲武堂副堂长薄鉴等反动派一律捕拿枪毙。克强便勒令德全通电宣布独立，即以克强为江苏讨袁军总司令。即日令第一、第八两师渡江，沿津浦铁路北进，会同驻徐州第三师师长冷遹所部，防御北兵，不令南下。

陈英士在上海正计划讨袁，恰值蒋中正、张群由日本回来，英士大喜，便与中正等商议进行。张群主张先攻海军，中正道："兵工厂是军队命脉，我们若不把兵工厂拿到手中，子弹便无来源。"英士深为赞成。但是当时有个团长姓陈的反对独立。无奈这一团兵士是蒋中正在光复时一手练成，后来中正要往德国留学，便交给张群，张群也因要往英国考察工业去，便移交姓陈的当团长。这时兵士们闻得旧主归来，无限欢喜，便一致表示愿受蒋中正指挥，并驱逐陈团长。于是中正等率领驻沪陆军，拥戴陈英士为讨袁军总司令。

这时袁世凯派遣南下的海军中将郑汝成带领警卫军一千三百名，驻守了高昌庙兵工厂；海军总司令李鼎新督率黄浦江中军舰协同保护。英士既已独立，便屡次要郑汝成率北兵退出兵工厂。汝成不肯答应。英士便下令：命蒋中正率所部一团，钮永建率卫队一团，分道进攻。讨袁军来到高昌庙，一声呐喊，弹如蜂簇。北兵拚死拒敌。支持一日，讨袁军接济不及，只得败退。英士命中正回兵攻吴淞，也因众寡悬殊，不能取胜。

安徽都督柏文蔚也组织讨袁军响应各省。不料师长胡万泰受了袁世凯金钱运动，夤夜调兵团攻都督府。文蔚为卫士救出，走往芜湖。万泰联合袁家陆海军大举进攻，文蔚不及防御，遂惨遭失败。万泰后来恃功求赏，与袁家将倪嗣冲不睦，被解散褫职。

广东独立后，都督为陈炯明，即拟出兵援赣。但是广西都督陆荣廷及巡防统领龙济光均极端拥护袁世凯。世凯密令济光率兵图粤，事成，以粤督为报酬。恰值粤军不服炯明，世凯乘机派人运动军队哗变，济光乃就势长驱直入。炯明逃往香港。济光遂举广东以奉袁世凯。

四川第三师师长熊克武在重庆组织讨袁军，被世凯派兵由鄂往攻。克武势力薄弱，致被击败。

这时李烈钧方在湖口，统率讨袁军与北兵段芝贵、李纯等冒暑死战。坚持十余日，北兵虽以重兵压境，仍丝毫得不着便宜。不料湖口要塞司令陈廷训受了袁世凯运动，于七月二十四夜里倒戈，令炮台向讨袁军营垒发炮。烈钧及一众官兵从梦中惊起，前后受敌，不得已退出湖口。二十五日，北兵遂入据湖口县。烈钧引兵节节布防，但是要塞已失，门户洞开，无险可守。仍撑至八月十八日，兵尽援绝，方才洒泪弃南昌而去。袁世凯遂以李纯为江西护军使，李廷玉（字石臣，天津人）襄办江西军务。北兵入南昌，沿途奸淫掳杀，无所不为，南昌富室辄被指为民党。张敬尧所部更劫金于闹市，奸女于商店。不及一月，赣民之被屠杀者以千计。

程德全以南京独立后，逃至上海，直至七月二十五日—北兵得湖口之日—发一通电，声明南京独立是黄兴及第八师师长陈之骥之主动，现已另刊关防，召集水陆军警，议图恢复云云。这时上海的讨袁军因为外国军队干涉，压迫解散司令部，已经失败。南京的声援已绝，冯国璋、张勋各统大兵沿津浦南下进攻。克强在袁军未到之先，即携盘川离南京。陈之骥便宣布取消独立，以师长名义，维持南京秩序。八月十一日，何海鸣至南京重组讨袁军。与张、冯两军血战十余日。至九月一日，兵士疲乏，已不能再守，南京遂被北兵攻破。张勋的兵首先入城。攻城之先，张勋曾下令：城下之日，许大掠三日，以为奖赏。入城后，众兵士便照令实行，城内居民无论贫富，无一幸免者。六朝金粉地，江南富庶乡，至此尽被焚劫而成一片荒凉瓦砾场。

这一来，各省被袁世凯陆续克复，第二次革命完全失败。袁政府借此为由，宣布国民党人内乱罪违法，下令取消国民党籍的国会议员，解散国民党，通缉党人；意欲乘此将党人一网打尽，好独断独行。

逸仙在上海，自各省讨袁军起义的时候，上海各国驻沪领事便警告逸仙，要他离开上海。逸仙一笑置之。但是当时赣、粤正在独立，福建毗连两省，最关紧要。福建第一师师长许崇智（汝为）本为民党钜子，独立后即拍电迎逸仙往西南主持大计，逸仙便拟往广东指挥一切。不料行至福州，陈炯明即被部下驱逐，广东已取消独立。逸仙进退两难；既不能退回上海，便想到香港暂住。那时香港政府又下令拒绝党人，难以前往，因此处境十分困难。

不多几日，各省讨袁军尽皆失败，湘、闽独立也完全取消。袁政府又下令通缉，逸仙便渡台湾，换船经过门司，赴东京。

逸仙到得东京，已有许多革命同志被袁世凯之压迫，来日存身。听得逸仙到了，都纷纷前来探望。相见之下，谈起往事，只有相对唏嘘。深服逸仙之卓见，悔不从逸仙之计，使袁贼坐大，遂失中原。逸仙见众同志追悔情形，心想其所以不能于事先服从命令之故及失败之主因，实由于组织不密，纪律不严，分子太杂，力量不集中之故，便提议组织“中华革命党”，一洗旧染之污，而为新的建设。当下对众同志道：“我们从前的同盟会，本来团体坚固，行动齐一；会中众同志也都思想纯洁，志趋高尚，勇往直前，努力奋斗，毫无畏葸之态、苟安之心以及权利、地盘等观念，所以能够颠覆满清，推翻专制，创立民国，建设共和。不料民国方才得个虚名，同盟会改组为国民党，范围虽然扩大，精神却全然消失。分子复杂，纪律毫无，满清余孽，官僚败类，以至洋奴恶少，无不混羼党内，所以内部意见分歧，遇事不能一致；从前的革命主义，建设目的，完全抛置脑后，一味的图个人私利；哪里还能成大功，救民众呢？现在要想恢复从前的势力，救全中国的同胞，首先就要恢复从前的组织、纪律，并要大家恢复以前的精神。换句话说：就是要把散失了的一切，从新团聚起来。况且我们现在的敌人—袁世凯—比从前的敌人—满清—厉害的多，党内若不力为整顿，必不容易打倒他。因此我主张组织一个名实相副的‘中华革命党’，注重组织与纪律及严格的训练，凡是加入的同志，必须宣誓，服从首领命令，虽赴汤蹈火，刀锯当前，也不能抛弃主义宗旨和首领的付托。人数倒不在乎多，却要人人皆有此种精神，不避艰险，为党努力服务。再者：我看袁世凯自从摧残国民党以后，自以为威权无上，惟我独尊，国内已无有能够反对他的人了，不久必定要推翻共和，帝制自为。这也是他看透本党散漫堕落的自然结果。我急于组织中华革命党，先将党员分布国内各省，预先宣传共和真谛及三民主义救中国的至理，提倡反对帝制，务使全国民众都能了解帝制之不应再有。待他恶迹昭著，帝制自为时，只要振臂一呼，自然全国响应。袁氏必就灭亡，那时我们便可以主义救中国救同胞了。”

逸仙说罢，众同志默想前后情形，无不觉得逸仙这个主张是对的。就中只有黄克强一派的党员不以为然，以为党员应该有意志自由、行动自由，才能各尽所能。因此对于逸仙改组中华革命党的办法完全反对。但是当时一班同志，如陈英士等都已彻底了悟从前的错误，绝对的赞成逸仙的意见。逸仙见大家都赞成改组，便兴高采烈与众同志计划组织，昼夜不息。克强一派因为意见枘凿，便不与闻。

一日，逸仙方与精卫在起草各项章程，门响处，逸仙忙回头看时，却是朱执信领着两个人走进来：一个二十来岁年纪，生得剑眉星眼，大耳方口，身材高大，英气逼人，已经进门，立在当地；一个四十上下年纪，生得短小精悍，神采奕奕，尚在门外立着。执信早向前对逸仙道：“这两位同志都是由湖南来的。今日特来拜访先生。”逸仙连忙让坐。那年纪大的便也走进房来。二人坐下，逸仙叩问二人姓名，那年长的答道：“姓邵，名中柱，长沙人。这位姓文，名砥，字公直，江西萍乡人，是文芸阁学士的少君。”逸仙听了，便向文砥道：“令尊去世后，你们兄弟在哪里？我许久没得你们兄弟的消息了。”文砥答道：“先父去世时遗嘱，要我弟兄务必致力革命，并且要服从先生。元年五月遵母命到南京进见，恰值先生卸职回粤。这回因江西革命失败，转道湖南，和中柱同志同行。袁贼与先父旧仇未消，又知我等弟兄身在民党，缉拿的非常紧急，所以避地来日。闻先生改组党务，特先见执信先生，请求介绍。”逸仙点头道：“急党国之难，报戴天之仇，芸阁有子，已可无恨！你既从江西来，一切情形自然清楚，请你简单说说好么？”文砥道：“江西失败的原因，先生想必早已明了，也不必再说了。目前最可惜的是赣中同志散漫异常！从前自命为革命分子的，现在居然靦颜事敌，献媚猎官。赣南的蔡森且屠杀同志，以保禄位。江西的同志本来不多，经过这次打击，革命势力异样消沉。若图再举，江西是无可希望的。至于湖南的同志，克强一派都已离湘，他们都志抱消极，无复当年气概。‘龙’（龙璋）、‘凤’（谭人凤）、‘麟’（周震麟）、‘蟒’（唐蟒）都已隐迹，且意志散漫，难以团结。一班势力未充的同志，如焦汉臣等，贸然进取，致被汤芗铭屠杀无数，徒然牺牲，于事业无丝毫裨益。经过上海时，只听说谭组庵被袁贼压迫，离了湖南都督任后，在上海联络一班同志，团结的很坚固；其他无所闻。这是我个人的观察，不知先生现在如何设法救济？”逸仙听了，点头称许，方要发言，中柱早开口说道，“文同志所说的一点不差。我这回在湖南，本想做个‘居者’，在里面联络，以待外面发动。不料一班同志自己哄自己，说先生的命令要发难咧，又是各省同日动手咧。我们也不明真假，只好参加。结果，落得个牺牲无数，活着的也立脚不牢。所以至少应该有个统一发令的机关，内地同志才不致被人利用，瞎闹盲从。”逸仙道：“两位同志所说的都很有见地！现在我们为求贯彻主旨，决计将本党改组。”说着便将拟定的宣言、章程等项草案给二人看。执信向逸仙道：“邵同志是湖南巨室，毁家纾难，功成不居的，平素与黄克强不大融洽；文同志虽位列偏裨，却是军校高材生，兼之家学渊源，年未二十，文章已遍海内，意志更为坚定，因其尊人与先生为故交，且图革命成功，故两位同志均直接来见先生，我也乐为介绍。”逸仙随手抽出记事册来记了。这时二人已经将文件看过，满怀欣喜，齐问：“大会定期么？”逸仙道：“还没决定。到那时一定通知的。”二人大喜，说：“誓愿竭诚加入。”并担任各劝相知友好加入。方告辞而去。

过了几天，中华革命党开成立大会。到会的人山人海，一致通过宣言、章程，并公举逸仙为总理。各个党员均宣誓，填具志愿书入党。从此伟大的革命团体，方才虎虎有生气。但是有一部分犹持反对态度，甚至与逸仙分道扬镳。其部下党员甚至为破坏行动，且有向袁世凯具书悔过投诚的，如胡瑛等。陈英士见此情形，痛心疾首，曾致书与克强云：

克强我兄足下：

美猥以菲材，从诸公后，奔走国事，于兹有年。每怀德音，谊逾骨肉。

去夏征驭东发，美正养疴在院，满拟力疾走别，握手倾愫，乃莫获我心！足下行期定矣，复以事先日就道，卒无从一面，商榷区区之意于足下，缘何悭也？日者，晤日友宫崎君，述及近状，益眷眷国事，弥令美动“榛苓彼美，风雨君子”之思矣。

溯自辛亥以前，二三同志，如谭、宋、辈，过沪上时，谈及吾党健者，必交推足下，以为孙氏理想，黄氏实行。夫谓足下为“革命实行家”，则海内无贤无愚，莫不异口同声，于足下无所增损。惟谓“中山先生倾于理想”，此语一入吾人脑际，遂使中山先生一切政见不易见诸施行。迨至今日，犹有持此言以反对中山先生者也。然而征诸过去之事实，则吾党重大之失败，果由中山先生之理想误之耶？抑认中山先生之理想为误而反对之，致于失败耶？惟其前日认中山先生之理想为误，皆致失败；则于今日中山先生之所主张，不宜轻以为理想而不从，再贻他日之悔。此美所以追怀往事，而欲痛涤吾非者也。爰胪昔日反对中山先生，其历致失败之点之有负中山先生者数事以告，足下其亦乐闻之否耶？

当中山先生之就职总统也，海内风云，扰攘未已。中山先生政见一未实行，而经济支绌，更足以掣其肘。俄国借款，经临时参议院之极端反对，海内士大夫更藉口丧失利权，引为诟病。究其实，实交九七，年息五厘，即有担保，利权不碍；视后日袁氏五国财团借款之实交八二，盐税作抵，不足，复益以四省地丁，且予以监督财政全权者，孰利孰害？孰得孰失？岂可同年语耶？乃群焉不察，终受经济影响，致妨政府行动。中山先生既束手无策，国家更濒于阽危。固执偏见，贻误大局，有负于中山先生者此其一。

及南北议和以后，袁氏当选临时总统，中山先生当时最要之主张约有三事：一则袁氏须就职南京也。中山先生意谓：南北声气未见调和，双方举动时生误会，于共和民国统一前途，深恐多生障故；除此障故，非袁氏就职南京不为功。盖所以联络南北感情，以坚袁氏对于民党之信用，而祛民党对于袁氏之嫌疑也。二则民国须迁都南京也。北京为两代所都，帝王痴梦，自由之钟所不能醒；官僚遗毒，江河之水所不能湔。必使失所凭藉，方足铲锄专制遗孽；迁地为良，庶可荡涤一般瑕秽耳。三则不能以清帝退位之诏，全权授袁氏组织共和政府也。夫中华民国乃根据《临时约法》，取决人民代表之公意而后构成，非清帝、袁氏所得私相授受也。袁氏之临时总统，乃得国民所公选之参议院议员推举之，非清帝所得任意取以予之也。故中山先生于此尤再三加之意焉！此三事者，皆中山先生当日最为适法之主张，而不惜以死力争之者也。乃竟听袁氏食其“就职南京，取决人民公意”之前言，以演成弁髦约法，推翻共和之后患者，则非中山先生当日主张政见格而不行有以致之耶？试问中山先生主张政见之所以格而不行，情形虽复杂，而其重要原因，非由党人当日识未及此，不表同意有以致之耶？有负于中山先生者此其二。

其后中山先生退职矣，欲率同志为纯粹在野党，专从事扩张教育，振兴实业，以立民国国家百年根本之大计，而尽让政权于袁氏。吾人又以为空涉理想而反对之，且时有干涉政府用人行政之态度。卒至朝野冰炭，政党水火；既惹袁氏之忌，更起天下之疑。而中山先生谋国之苦衷，经世之硕画，转不能表白于天下，而一收其效。有负于中山先生者此其三。

然以上之事，犹可曰一般党人之无识，非美与足下之过也。独在宋案发生，中山先生其时适归沪上。知袁氏将拨专制之死灰，而负民国之付托也，于是誓必去之。所定计划，厥有两端：一曰，联日。联日之举，盖所以孤袁氏之援，而厚吾党之势也。日国亚东，于我为邻。亲与善邻，乃我之福。日助我，则我胜；日助袁，则袁胜：此中山先生之言也。在中山先生认联日为重要问题，决意亲往接洽，而我等竟漠然视之，力尼其行，若深怪其轻身者。卒使袁氏伸其腕臂，孙宝琦、李盛铎东使，胥不出中山先生所料；我则失所与矣。二曰，速战。中山先生以为，袁氏手握大权，发号施令，遣兵调将，行动极称自由。在我惟有出其不意，攻其无备，迅雷不及掩耳，先发始足制人。且谓“宋案证据既已确凿，人心激昂，民气愤张，正可及时利用；否则时机一纵即逝，后悔终嗟无及。”此亦中山先生之言也。乃吾人迟钝，又不信之，必欲静待法律之解决，不为宣战之豫备。岂知当断不断，反受其乱！法律以迁延而失效，人心以积久而灰冷。时机坐失，计划不成；事欲求全，适得其反。设吾人初料及此，何致自贻伊戚耶？有负于中山先生者此其四。

无何，刺宋之案，卒于袁、赵之蔑视国法，迟迟未结。五国借款又不经国会承认，违法成立。斯时反对之声，举国若狂。乃吾人又以为有国会在，有法律在，有各省都督之力争在，袁氏终当屈服于此数者而取销之。在中山先生则以为国会乃口舌之争，法律无抵抗之力，各省都督又多仰袁鼻息，莫敢坚持，均不足以戢予智自雄、拥兵自卫之野心家。欲求解决之方，惟有诉诸武力而已矣。其主张办法：一方面速兴问罪之师，一方面表示全国人民不承认借款之公意于五国财团。五国财团经中山先生之忠告，已允于二星期内停止付款矣。中山先生乃电令广东独立，而广东不听。欲躬亲赴粤主持其事，吾人又力尼之，亦不之能。不得已，令美先以上海独立，吾人又以上海弹丸地，难与之抗，更不能之。当此之时，海军尚来接洽，自愿宣告独立。中山先生力赞其成，吾人以坚持陆海军同时并起之说，不欲为海军先发之计。寻而北军来沪，美拟邀击海上，不使登陆。中山先生以为然矣，足下又以为非计。其后海军奉袁之命，开赴烟台。中山先生闻而欲止之，曰：“海军助我，则我胜；海军助袁，则袁胜。欲为我助，则宜留之。开赴烟台，恐将生变。”美与足下则以海军既表同意于先，断不中变于后，均不听之。海军北上，入袁氏牢笼矣。嗣又有吴淞炮台炮击兵舰之举，以生其疑，而激之变。于是海军全部遂不为我用矣。且中山先生当时屡促南京独立，某等犹以下级军官未能一致。未几运动成熟，中山先生决拟亲赴南京，宣告独立，二三同志咸以军旅之事乃足下所长，于是足下遂有南京之役。夫中山先生此次主张政见，皆为破坏借款、推倒袁氏计也。乃迁延时日，逡巡不进，坐误时机，卒鲜寸效。公理见屈于武力，胜算卒败于金钱，信用不孚于外人，国法不加于袁氏。袁氏乃借欺人之语，举二千五百万镑之外债，不用之为善后政费，而用之为购军械，充兵饷，买议员，赏奸细，以蹂躏南方，屠戮民党，攫取总统之资矣。设当日能信中山先生之言，即时独立，胜负之数，尚未可知也。盖其时联军十万，拥地数省。李纯未至江西，芝贵不闻南下。率我锐师，鼓其朝气，以之声讨国贼，争衡天下无难矣。惜乎！粤、湘诸省，不独立于借款成立之初；李、柏诸公，不发难于都督取销之际。逮借款成立，外人助袁，都督变更，北兵四布，始起而讨之，盖亦晚矣。有负于中山先生者此其五。

夫以中山先生之智识，遇事烛照无遗，先几洞若观火。而美于其时贸贸然反对之，而于足下主张政见，则赞成之惟恐不及。非美之感情故分厚薄于其间，亦以识不过人，智闇虑物，泥于“孙氏理想”一语之成见而已。盖以中山先生所提议者，胥不免远于事实，故怀挟成见，自与足下为近。岂知拘守尺寸，动失寻丈，贻误国事，罔不由此乎？虽然，前事不忘，后事之师；前车已覆，来轸方遒；亡羊补牢，时犹未晚；见兔顾犬，机尚不失：美之所见如此，未悉足下以为何如？自今而后，窃愿与足下共勉之耳！

夫人之才识，与时并进。知昨非而今未必是，能取善斯不厌从人。鄙见以为理想者，事实之母也。中山先生之提倡革命，播因于二十年前，当时反对之者，举国士夫殆将一致。乃经二十年后，卒能见诸实行者，理想之结果也。使吾人于二十年前即赞成其说，安见所悬理想，必迟至二十年之久始得收效？抑使吾人于二十年后犹反对之，则中山先生之理想，不知何时始克形诸事实，或且终不成效果，至于靡有穷期者，亦难逆料也！故中山先生之理想能否证实，全在吾人之视察能否了解，能否赞同，以奉行不悖是已。夫观于既往，可验将来：此就中山先生言之也。东隅之失，桑榆之收：此就美谓言之也。足下明敏，胜美万万，当鉴及此，何待美之喋喋？然美更有不容已于言者：中山先生之意，谓“革命事业，旦暮可期，必不远待五年以后”者，诚以民困之不苏，匪乱之不靖，军队之骄横，执政之荒淫：有一于此，足以乱国；兼而有之，其何能淑？剥极必复，否极必泰，循环之理，不问毫发，乘机而起，积极进行，拨乱反正，殆如运掌。美虽愚暗，愿竭棉薄，庶乎中山先生之理想即见实行，不至如推倒满清之必待二十年以后。故“中华革命党”之组织，亦时势有以迫之也。

愿自斯党成立以来，旧日同志颇滋訾议，以为多事变更，予人瑕隙，计之左者。不知同盟结会于秘密时代，辛亥以后，一变而为国民党。自形式上言之，范围日见扩张，势力固征膨胀，而自精神上言之，面目全非，分子复杂，薰莸同器，良莠不齐。腐败官僚，既朝秦而暮楚；龌龊败类，更覆雨而翻云。发言盈庭，谁执其咎？操戈同室，人则何尤？是故欲免败群，须去害马；欲事更张，必贵改弦。二三同志，亦有以谅中山先生惨澹经营机关改组之苦衷否耶？

至于所定誓约，有"附从先生，服从命令"等语，此中山先生深有鉴于前此致败之故，多由于少数无识党人误会平等自由之真意。盖自辛亥光复以后，国民未享受平等自由之幸福；临于其上者，个人先有缅规越矩之行为。权利则狺狺以争，义务则望望以去。彼此不相统摄，何能收臂指相使之功？上下自为从违，更难达精神一贯之旨。所谓"既不能令，又不受命"者，是耶？非耶？故中山先生于此欲相率同志纳于轨物，庶以统一事权；非强制同志尸厥官肢，尽失自由行动。美以为此后欲达革命目的，当重视中山先生主张。必如众星之拱北辰，而后星躔不乱其度数；必如江汉之宗东海，而后流派不至于纷歧。悬目的以为之赴，而视力乃不分；有指车以示之方，而航程得其向。不然，苟有党员如吾人昔日之反对中山先生者以反对于将来，则中山先生之政见，又将误于毫厘千里之差，一国三公之手。故遵守誓约，服从命令，美认为当然天职而绝无疑义者，足下其许为同志而降心相从否耶？窃维美与足下共负大局安危之责，实为多年患难之交。意见稍或差池，宗旨务求一贯。惟以情睽地隔，传闻不无异词；缓进急行，举动辄多误会。相析疑义，道故班荆，望足下之重来，有如望岁！迢迢水阔，怀人思长；嘤嘤鸟鸣，求友声切。务祈足下克日命驾言旋，共肩艰巨岁寒松柏，至老弥坚；天半云霞，萦情独苦。阴霾四塞，相期携手同仇；沧海横流，端赖和衷共济。于乎！长蛇封豕，列强方逞荐食之谋；社鼠城狐，内贼愈肆穿墉之技。飘摇予室，绸缪不忘未雨之思；邪许同舟，慷慨应击中流之楫。望风怀想，不尽依依！敬掬微忱，耑求指示。寒气尚重，诸维为国珍摄！言不罄意。陈其美顿首。

第七十六回

警贪顽大侠探官署　筹巨款权奸失库金

且说中华革命党开会组织成立以后，逸仙便分派同志前往内地，宣传主义，组织民众，进行革命，一面命郑泽如在南洋积极筹款。

就中单说邵中柱、文砥奉了逸仙之命，往江西、湖南两省做秘密工作。二人自日本启程回国，经过上海，换乘长沙轮船，将到九江。文砥又要到南昌去会以前在赣秘密组织的一班同志。中柱道："江西无可发展，我们且向湖南走一遭。"文砥道："那么我们便由南昌取道赣西往长沙去。一路可以观察情形，相机工作。"中柱想了一想，便道："这条路不太好走呀！"文砥道："咱们干的什么事？负的什么责任？难道还怕辛苦吗？"中柱只得依他，便在九江登岸，搭乘南浔铁路火车直到南昌车站，渡江进城，觅个栈房住下。

次日二人起身，便到上三路状元府去寻一个姓郭名钧的同志。不料郭钧不在家里，二人便沿东湖边到百花洲亭上喝茶。但见那碧波漾翠，岸柳舒眉，湖上游船，湖边游女，风景真不亚于六桥三竺。二人奔波已久，陡然置身画图间，得一刻消闲，不觉心旷神怡，悠然自得。

二人正在览景品茗，忽见一个女郎由湖中堤上姗姗而来。背后随着一个女仆，提着个烟袋袋子。将近堤尽处，突由堤柳荫下跳出一个兵士，将那女子一拦，不知嚷了两句什么。那女子只惊得呆若木鸡，女仆更吓的直抖，湖边堤上如蚁的游人，见此情形，知是北兵又要演"打杠子"拿手好戏了，大家都走开避去，不敢过问。那兵士便将女郎的首饰拔去，又拔出刺刀来，要那女郎将手上戒指卸下，不然就要砍她手指。那女郎连忙褪下戒指，兵士劈手夺去，向前便抱住那女郎要亲嘴。文砥见了，一把无名火直透云霄，大叫一声："如此光天化日之下，竟敢……"声犹未了，只听得扑通一响，文砥忙看时，那兵士已掉在湖里去了。左右一望，也不见有人动手。方在诧异，又有四五个兵士从茶馆内跑来，便要向那女郎动手。只听得啪哒几响，来的兵士又倒了两三个，其余的便飞奔出去。这时文砥、中柱均已赶到堤头。中柱便牵了那女郎，唤那女郎随着，和文砥两个前后护着出来。方来到照相馆前，早见那逃出的北兵领着两个警察跑来。一见那女郎便嚷道："就是她领人打伤了我们弟兄！快拿！快拿！"警察果然赶上前拦住。文砥便将方才所见的事体向警察说了一遍。警察说道："这事太大，请你们两位稍候一候，待我们去看看受伤的兵士怎样了再说。"中柱等二人只得仍保着那女郎主仆二人回到堤头。那时湖里的兵士和堤上躺着的兵士均已被人救起，坐在茶亭里。警察上前问时，原来那班兵士每人左眼里都插着一管小针，却不知是何人放的。警察忙打电话给署里，又叫车送受伤众兵士到医院。回身看时，那女郎主仆二人已不知去向。警察大惊，便要文砥、中柱二人到警察署去。文砥笑道："与我何干？你将人交给我的么？"中柱也道："你不要闹错了，我们和两方面都是毫无关系的。"旁边看的人也都说："这两位实不相干。"中柱向文砥道："我们走吧！和这班东西烦些什么？"说着二人拔步便走。警察见二人满口京话，气宇不凡，也不知是什么来头，不敢拦阻，二人便扬长而去。不一时，早有警察署派来巡官，带着十多个武装警察前来，查问一过，见无主名，也就和先来的两个警察一同回去。

中柱等二人回到客栈，文砥满心疑虑，向中柱道："不知是什么人，有这般本事救那女郎。"中柱道："我也留心四面察看，竟看不出是谁。难道那女郎竟有这般本领不成吗？"文砥道："我只见一个瘦长的人站在远远的微笑，不知是他不是他。"中柱道："明日我们再去看看。大约这人既有这等本领，他明日必然要到百花洲去探探这事的下落的。或者能寻着些根线也未可知。"文砥道："明日先去寻着郭钧，再和他同到百花洲去。他在此地住的久了，大概总能知道些。"中柱道："这样的人多不肯露面，就是郭钧也未必能知道。"文砥道："和郭钧同到百花洲去，到底多一个人，容易观察得些踪迹。"中柱道："既如此，我们早上便去寻郭钧去。"

一宿无话。次日清晨，二人来到郭钧家里。郭钧一早起来，知道二人昨日已经来过，未曾遇着，今日必然来得早。果然东方日出，二人便已到来。连忙迎到卧室里坐下，问了些东京情形，知道党已改组，不胜之喜。中柱又将内地的计划细细向郭钧说了，并将东京总部的函件、章程等项取出交给郭钧。郭钧看过，秘密藏好。已是傍午时分，便留二人随便午餐。席上文砥说起昨日百花洲的事，要邀郭钧同去探察。郭钧道："这事我已晓得。那女郎姓陈，住在沐英城，离这里很近。内人和她很要好。她昨日乘闹里混出百花洲，便到我家里来的。所以这事的始末我都已清楚。至于那个救陈小姐的人，却不知是谁。前日此间内务司长戚扬家里门户不开；失去八千元钞票，第二夜又失去一个磁瓶。守门的卫兵看见一条黑影，方要叫唤，即被一管针扎在嘴上。现在警察厅长阎筱亭为这事急的了不得。大约救陈小姐的就是这人也未可知。"中柱道："我们湖南醴陵县有个蓝仙果，曾遇异人，能够飞行绝迹，但是从不曾听见说他做行侠仗义的事。至于夜取赃金，更加是不会做的了。除了他以外，也没见有甚奇才异能的人。不料南昌倒有这等的无名英雄！"

三人正在谈论，只见郭钧的小女儿阿翠跳进房来，嘻着嘴说道："爹爹！龙伯伯有话要和你说啦！"郭钧猛然道："这事他许知道些底细。"便向阿翠道："你去请龙伯伯到这里来吧。"阿翠应了一声，回头跳着出房去了。郭钧向二人道："二位知道湘南龙天衢么？"中柱道："就是光复会里的龙天衢么？"郭钧道："便是他。他自从伯荪死后，便浪迹江湖。去年冬里到南昌来，就在我这里打住。……"

话未了，天衢已掀帘进来。一眼看见邵中柱，便道："你不是长沙邵大哥么？"中柱道："我便是邵中柱。我们许多年不见了，再想不到今天在这里会着你，真是幸会！幸会！"郭钧道："你俩且慢叙旧，待我给天衢兄介绍一位朋友。"说着便指着文砥向天衢道："这位姓文，名砥，是我辈中少年杰士，方从东京回来。"天衢忙和文砥攀谈，也通了姓名，然后各自坐下。文砥心下暗想："这龙天衢好像那昨日百花洲站在堤上微笑的人……但是中柱既认识他，怎么不招呼？……大概不是他，也许是相貌有些相像。……"方在闷想，天衢早已察见，问文砥道："文兄贵处是哪里？"文砥道："萍乡。"天衢道："芸阁先生是文兄何人？"文砥道："先父。"天衢诧道："我听芸阁先生的少君公达对人常说无兄弟，那么文兄是继出的？"文砥惨然道："家庭多故，有所不忍言者！"郭钧向天衢道："文兄兄弟三人为龚夫人所出，与公达异母，且与公达异趣，官僚与党人，当然如冰炭。"天衢恍然道："顽固党一日不死完，革命一日不彻底！文兄能打破家庭，投身革命，真是一位好同志！"中柱道："你有所不知。芸阁先生易箦时，只文兄随侍。方在孩提，便受遗命革命，所以他令堂于他学业成就之时，便命他离家谋国。文兄也立誓不仗先人余荫图富贵，人家不提起，他从不说他是某人之子。到东京谒中山先生时，我要他以故人之子入见，他令尊曾有书以幼子托中山先生——他执意不肯，定要以党员资格进见。拗他不过，只得依他。即此也可见他的气节了。"天衢听了点头微叹，道："十二年前，我见文兄令尊于上海，思想之新，学问之富，真令人五体投地。不料那般魁梧奇伟的人竟会短命，真是老天不想中国太平了。"说到这里，文砥早神伤心碎，低头不语。郭钧忙岔开道："你们总欢喜说这些颓丧话。文兄现在正在努力党国，他的尊人必然含笑九泉，我们正应该替他欢喜，有什么可叹息的？刚才天衢兄说有话要和我说，什么话啦？"天衢道："没什么话，就是昨日来的那老头子的事，夜里我已代你设法送去了，东西已取回来交给嫂嫂了。和你说一句，免得你再烦心。"郭钧道："唉！天衢！这是怎么说啦？你再要这样，真是不拿我当朋友了。"中柱忙问道："什么事？可不可以说出来大家听听？"天衢笑道："没甚要紧的事，他要这般大惊小怪。"郭钧道："邵兄！你不知道天衢做事，他不管人家心里过的去过不去。自从他到我家来，每一听见我闹饥荒，他就拿出钱来，我总是不要他的。后来他便打听我的债主，专一的替我还债。今年正月里，蔡锐霆同志在日本写信来向我借钱，我便拿田契押了二千元汇去。昨日这押主喻老头子来催我赎契，不然他就要去收租。我和内人商量，要将田卖掉一部分还他，免得今年租谷被他收去，亏空日用。不想又被天衢听得了，昨夜他又去代我赎契去。你瞧，这教我怎么过的去？”中柱、文砥齐道：“朋友有通财之义，何况大家同志在一起，有个缓急，帮帮忙，也是当有的事。你活动时再还他就是，这又何必难过咧？”郭钧长叹一声，天衢也微笑不语。

半晌，中柱想起百花洲的事，便向郭钧道：“你说那事龙兄或者晓得些踪影，到底是怎样的啦？”郭钧方才想起，便将中柱等二人昨日所遇向天衢说了一遍，并说：“他们吃了饭，便要到百花洲察踪看迹去。我说你或者晓得点踪迹，所以邵兄要我问你。”天衢听了，笑道：“昨天我也在百花洲亲眼见的。这事倒不知是谁做的。据我看来，这人本事也不十分高；如果本事好的，早已挺身而出，何必这般隐隐蔽蔽哩？”中柱道：“你昨日不是在堤上微笑背着手站着么？我万想不到就是你！”天衢点头。

中柱又和天衢叙了一阵旧情，又谈了一阵秋女侠迁葬湖南的事，方才和文砥一同告别。郭钧说：“不日召集秘密会，再当通知。”方送二人出门而去。

中柱、文砥二人离了郭钧家里，便到百花洲茶室喝茶。只见茶客寥寥，湖波黯淡。而茶室柜上打听来，原来昨日受伤的兵士都成了半个瞎子，北兵纷散谣言，说要纠伙到百花洲寻仇报复，故此游人敛足。二人泡了一壶茶，坐了半日，但见北兵成群结队，穿出拥进，一个个横眉勒眼地向二人瞅过。中柱见得不着什么朕兆，恐怕文砥性急惹祸，便起身拉文砥回客栈去。

那时的南昌城中如百花洲这种事件，差不多是无日蔑有，所以居民百姓听着也不以为奇。但是在邵中柱等二人心目中，便觉着是野蛮之至，忿不可遏。加以不知是谁人救这女子，必要探个水落石出。一日，夜间十二点钟时候，中柱等二人方在郭钧家商量组党，天衢不在家里，三人谈了一会，因为已是戒严时间，郭钧便留二人住在天衢卧室隔壁的一间房里。郭钧送他两个到房里，又说了一回话，已是四更光景，方才别过二人，进里面去安寝。

文砥有个择床的毛病，但凡换个地方睡觉，必是一夜不能安眠。那夜在郭家哪能睡得着？便和中柱两个低声谈话，免惊动主人。中柱知他犯了毛病，和他一递一答地说着陪他。说了一会，文砥起床倒茶喝，忽见月光影里坠下一团黑物，大吃一惊。到底军人胆壮，也没喊叫，只定了一定神，将中柱一拉，悄悄告诉他，同伏到窗口探望。只见由天衢房里走出一个人来，二人心想：“必是强盗。”一齐翻身跳出窗外，扑上去捉拿。那人见有人来，耸身一跳，早一手抓住檐枧悬在空中。二人定睛一看，原来那人正是龙天衢，心中大震。方要叫出口，天衢早低声说道：“不要叫唤。”说罢跳下，两手拉住二人道：“屋里坐。”二人便随他到房里。天衢笑道：“我万想不到你两个今夜会睡在这空房里，识破我的行藏。”文砥问道：“你怎么这样夜深回来又出去？”天衢笑道：“不要着急，待我慢慢说给你听：我自从徐伯荪死后，便浪迹江湖。这回因为要替吴绶卿报仇，来到江西。我在北方时，绶卿待我不错，我能让杀他的人安居高位么？”文砥抢着问道：“绶卿的仇人是谁？”天衢道：“这且不必问。我到江西来了许久，不料这贼保护周密，无处下手。夜里也曾去探过四五次，俱因护卫森严，没做理会处。前天在百花洲，不该路见不平，放了几针，救了那女郎。为人为彻，必须将那女郎救出危险地才是道理。直到昨日，我才探得那女郎的家里住址，因此夜里前去，想叫她快走。不料她家以我为匪。”中柱道：“你何不寄封邮信去？”天衢道：“现在不是检查邮信么？我在她家出来，便到警察厅走了一遭，留下一封书，警戒那狗官阎筱亭，不要太巴结兵来害百姓。回来要取些东西去送个人，不料便被你俩撞着了。只是我的行动，还望你俩严守秘密；不然惊世骇俗还是小事，使我不便做事，才是大妨碍咧！”二人点头答应。

过了几日，郭钧召集南昌同志开会，计划进行。大家都以无款为虑。会散后，天衢来到旅馆，向中柱道：“湘、赣两省，大约须多少钱才能维持？”中柱道：“至少也得六七万才能做事。若只是维持同志，那便三两万也能敷衍些时了。”天衢道：“现在的情形，湘、赣两省四面包围在贼党之中，各处运动未熟，怎能说做事？最好是筹些费用维持同志，一面作秘密工作，为将来之预备。”文砥道：“总部方才组织，也还无力接济，我想只好我们私人来筹措了。我家素无田产，只有个铁矿，我明天便回去商量将它向汉口行家抵押些钱来，济目前之用。我母亲和两个家兄都热心革命，决不会反对。只是恐怕所得无多！”天衢道：“且不要急。明天我去找个朋友设法，大约总可有点把握。”中柱也道：“这不是一个人力量够得来的。我们大家分头筹备，总不致毫无成绩。明日再和郭钧从长计议吧。”说罢，天衢告辞回去。

次日，天衢换了衣服，装作商家模样，向郭钧道：“我到九江会个朋友去。文、邵两位来时，请告诉他，我三天一定回来。”郭钧道：“你这时到九江去干什么？”天衢便将昨日所说的话及到九江是寻朋友去筹措的话说了一遍。郭钧知道他交游遍天下，听了大喜，叮咛他早些回来。天衢应了，辞别出门，渡江乘南浔火车直往九江。

抵埠后，寻个小客栈住下。候到夜深人静，装扎停当，将房门扣好，从窗口呼的一声飞出，直奔西岸榷运局长李局长家中而来。恰巧李局长刚回到家中。天衢伏在屋上窥探，见无动静，便到李局长卧室的天井里跳将下去，撬开窗户，轻身进房，取了存折。将身边写好的信，用把小刀插在桌上。翻身出来，站在天井里，才探出针包，取管针，照定李局长腕上掷去，同时耸身一跳，上屋如飞而去。这里李局长梦中觉得腕上大痛，惊醒来一望，太太出去打牌还没回来，当然不是太太捏的。忙将手去抚摩时，腕上有一管大针，刺进去五分多深，血流满臂。心想："这是谁将针掼到床上来刺着我？……"便下床来想取些布来包裹。抬头一望，见桌上插着一把明晃晃的尖刀，映着电灯，光亮夺目。这一惊非同小可，连忙唤起家人，拔起刀看时，底下有张字条写道：

款借为国用，如敢止兑，取尔首！潇湘夜渡村人

李局长目瞪口呆，半晌说不出话来。众人忙查时，只失存折一扣，计洋六万元。李局长忙叫众人不要声张，自认晦气。太太回来，还骂他是死人，大吵一场。只好哑口无言，唉声叹气，回榷运局去。

第七十七回

得巨款郭钧再组党　避罗网将军悄出关

中柱、文砥与天衢谈话后，次日夜间便到郭钧家里去找龙、郭二人商议。及至会了郭钧问时，天衢已经往九江去了。二人和郭钧磋商了半日，除了各人回去变产以外，也无良法。便议定中柱和文砥即日启程回家，郭钧便将庄田出卖一半，两处合算，可得二万余元。并预料天衢总可以筹得些，目前用度便可敷衍。议定后，郭钧便定于次日设酒与二人饯别。二人也不推辞，告别回栈。

一夜无话。次日天才明，中柱等尚未起身，栈里茶房便来叩门，说："状元府郭家着人来请。"二人连忙起床，对来人说："即刻就来。"来人去后，二人便赶着洗盥毕，叫了两乘小轿向郭家来。

郭钧迎接二人到书房坐下，道："我想着你俩今天要走了，特意早些个一趁凉爽一接你俩来，痛痛快快聚一天。今天只讲私交，不谈公事，且学一日'无愁天子'。"中柱道："我们去了就要来的，又不是什么久别，你怎么这么感慨咧？"郭钧道："并不是什么感慨，你俩再来时，多少事要做，还能安闲么？所以我们要抽空乐这么一日。"文砥听了，极为高兴，叫道："既要乐就甭酸，有什么吃的乐的全拿来吧！"中柱笑道："就是你忙。现在还是早晨啦，急什么？"郭钧笑着叫丫鬟道："文先生喉急了，你去要太太把预备的点心拿些来吃。"丫鬟去不多时，端出一盘西米冻来。郭钧道："这是内人学着做的，你俩尝尝看。"中柱吃了一点，嫌太凉，便搁下推说："肚腹不好，不敢多吃。"文砥的一盘早已吃光，端起中柱的一盘又吃。中柱笑向郭钧道："你看公直这下劲儿，简直就是个庄稼人。要对不认识的人说，这样子的能做顶好的文章，谁能相信？"文砥一面吃着，也笑道："吃不下就能做的出吗？这叫'补充原料'，你知道什么？"郭钧道："你只说不离军人本色，不肯酸溜溜的罢了；这种原料补充下去，只好放屁，哪能做得文章出？你还要吃么？里面还有，我叫人拿来，让你饱餐一顿好么？"文砥道："你便拿来吧！"郭钧方要起来，只见一个仆人走来道："九江来了个一等急电。"说着便递给郭钧。郭钧接来，忙到书房取电码翻译，文砥也忙着帮译，一会儿全文译好。中柱问道："什么事？谁打来的？"文砥道："天衢来的。"中柱听了，忙抢过来看道：

兹由台湾银行电汇五万元，望收用。弟已赴沪，桂省有友约往。如能去，当电约中柱、公直兄同行。余到沪函详。衢，删，寅。

三人看罢，郭钧道："天衢真有本领！"文砥道："他的本领大着啦！"中柱瞪了他一眼，向郭钧道："这好了，我们可以开始工作了，暂时也可不分别了。且不必乐了，商量正事吧。"郭钧笑道："你也忙起来了，钱还没到啦！"说罢大家一笑。

一会儿，台湾银行着人将汇单送到。三人吃过饭，便去将银取出。决定支配江西二万，交郭钧；湖南二万，交中柱；其余一万作活动费，暂存八千在南昌，文、邵二人各携一千为旅费。

不到几日，江西的组织已经完成，文砥和中柱便告辞起身。郭钧及诸同志都殷勤送别，不必细说。

二人乘轮一直来到上海。登岸后，在二马路石路西源源旅馆开个房间住下。次日便出去访留沪同志，也有在家的，也有不在家的。午时过后，来到符定一（江西南丰人。与上劝进书，请袁世凯做皇帝的湖南符定一同名。）家中，问起龙天衢的消息。定一说："他已走了许多日子了。动身时说：'到广西就有信来。'"

二人方回旅馆，便有河南田夫雄得讯来会。中柱和他是老朋友，异地相逢，十分欢喜。谈了许久契阔，夫雄便邀中柱到河南去，说："白朗斋兴师讨袁，声势已振。河南为中国中心，绾握京汉铁路。只要占领全豫，便进攻北京。现在有这根基，革命同志都应去帮忙，何况你是同志中最热心的咧！"中柱便征求文砥的同意。文砥心中暗想一番，便道："我要到广西走一趟，顺道到长沙省亲。大家分工合作吧，聚在一堆原不如分投各地的效力大。"夫雄又竭力怂恿中柱赴豫。大家讨论一番，便决定分途工作。

恰巧天衢有信来邀文砥、中柱。文砥便辞别中柱，要先行赴桂，说："我从湖南入桂，到长沙还须耽搁些时。你到河南，如果不大对劲，再到广西来也不迟。"中柱答应了，便在一品香设宴与文砥饯行。晚间，文砥带着一肩行李，乘长江轮船，破浪而去。

中柱在上海过了几天，便和田夫雄一同到河南。那时白朗斋（即白狼）已经占着许多州县。袁世凯令赵倜、张敬尧等带兵数万，兜围进攻。无奈朗斋善于用兵，并且是地方土著，所以神出鬼没，袁军竟无法可设。中柱、夫雄到郑州，便改装农民模样，混到卫辉，便进见朗斋。朗斋非常欢迎。次日便邀中柱检阅各营。居然编制完整，纪律森严，官兵都精神饱满。中柱心中大喜，从此便在朗斋军中参赞戎机。

且说文砥到了长沙，哪知他母亲文太夫人身染大病，耽搁不能启程。直到秋末冬初，母病方渐告痊可。在这几个月中，也常寄信给天衢，说明原委。待到母病已愈，已是残冬。天衢来信说："桂省诸事已有眉目。即日启程赴京。如令堂早占勿药，即乞北来相见。……"云云。过了新年，文砥—原无家小—便辞别母亲，要启程北上。临行时，他母亲又叮咛："努力为国，不必念家。如果用费不够，毁家荡业，在所不辞。"文砥也将湖南革命的事务交给三哥文勃，家务仍嘱托二哥文雄和一班老仆人维持，方挺身往北京去。

那时河南正在激战，文砥取道上海，转乘海轮赴天津，转车到北京。那时袁世凯方把新约法造成，又复订定《治安警察法》箝制人民之种种天赋自由权。文砥下车时，受尽检查的麻烦，并且失去不少的东西，方才得离站寻个旅馆住下。

次日清晨，买了张《京报》，看见河南白狼失败，事件将平。心中便想到中柱不知如何了？心中异常烦闷，便到门外散步。忽见天井里有个人高声唤道："这位不是文四公子么？"文砥抬头一望，原来是幼时朋友伍泽（广西人），已相隔十年不见面了。当下彼此招呼，伍泽便邀文砥到他房里坐下，问起别后的事情。文砥道："读书不成，谋事不就，现在奉母命进京来谋干个一官半职，聊慰慈帏。"伍泽道："你太客气了。你们府上世交遍天下，要出来做官有什么难处？只怕你不愿做罢了。"文砥道："委实不是客气，实在是初飞乳燕，不知门户何从？"伍泽道："果真如此，我倒有条极好的门路，准可成功。"文砥心中暗想，"不料这十年前头脑崭新的少年，竟会变成这样钻门路走权门了！……我何妨借此来探探这肮脏龌龊的'官社会'的秘密咧！……"想罢，装出满面喜容，问道："什么门路？可不可以提挈提挈我做兄弟的咧？"伍泽道："我们弟兄总角之交，自然有福同享，何况这事不是一个人做得来的。并且现在正是用人之际，像你这种人寻也寻不着……"文砥抢着问道："到底是什么门路？做什么事？你甭让我着急吧！"伍泽笑道："你怎么还是这样性急？我告诉你：我进京来，是由王湘老（即王壬秋）介绍给皙子先生的。我先父和皙子先生也是至好，因此皙子先生不把我当外人看待，所有机密，无不参与。现在有个天大的事儿要做，公馆里不便当，特意要我住在旅馆里接洽一切。今日会着你，真是天缘，也是你的运气。"文砥道："什么事咧？"伍泽道："我先问你：中国的情形和国民的程度，以及现在各省当道的光景，是不是可以永久共和？"文砥略一思索，答道："这倒难说。不过我们只求有个太平官儿做做，何必去管这大问题咧？"伍泽道："原是为要弄个太平官儿做做，所以不能不管这大问题。近来黎元洪已入京，成了个无权无勇的人，威镇川藏的尹昌衡已经监禁，蔡锷也低首降服，调皮的军官可以说是没有了。各省都是大总统的心腹。皙子先生受密谕组织'筹安会'，预备变更国体。袁大公子暗中主持，上海的会党也经袁二公子（寒云）交结了，国民党如孙少侯（毓筠）、李燮和等大头脑，都具悔结投诚了。外交上有陆宗舆、章宗祥，财政有梁士诒、曹汝霖、叶恭绰。布置已周，事在必行。只是还要派人到各省去鼓吹些民意。像你这般家世，这等人才，正好负此责任。将来事成，怕不官高爵显，迈祖越宗么？”文砥听了，大吃一惊，忙定住心神道：“现在怎样着手咧？”伍泽道：“不日就要开筹安会，你候着吧！总少不了你，我决不骗你。”文砥假喜道：“真是故人情重，教我何以为报？但是黄兴等一班人不操蛋吗？”伍泽道：“早已使人到外国和上海去杀孙文、黄兴、陈其美、汪精卫一班人去了。”文砥道：“此辈不除，终为大患。足见皙子见识高远，令人佩服。”伍泽道：“我今天还要到皙子先生公馆里去走一趟，顺便将你向他提一提，再没个不重用的。你千万不要走开，我回来还要和你细谈啦！”文砥答应了，又深深致谢，方别过伍泽回房。伍泽自向杨度公馆去了。

次日，伍泽向文砥说：“外国还没弄好，各省将军也还没接洽好，还得待些时。然而事是必定要干的。”文砥也故作忧容，敷衍一番。晚间便用密码拍一电到上海，请他的至好的同志许运葵（名健，长沙人）转由大北电报报告东京，说知袁氏诡谋，及派人暗杀逸仙、英士、精卫，务请加意防备。

数日后，伍泽请文砥出京到南边去预先鼓吹。文砥因天衢已赴上海，便借此南下，将探得秘密报各省同志，且去会天衢，合作西南各省的革命工作。濒行时，要求面见杨度，请示机宜。伍泽说：“现时皙子先生概不直接，以免害事。”只得罢了。伍泽又送他程仪六百元，文砥不受道：“受钱便不见功劳，事成再领巨赏。”辞了伍泽，乘津浦铁路火车南下。

到了上海，听说邵中柱住在宝昌路宝康里，忙去访问。到了衖口，便见中柱抱着个小孩在小贩担上买糖果。文砥叫道：“瑶珊兄，久违了！”中柱听见有人唤他，抬头一望，大喜道：“公直，你几时来的？”一把拉住，转身进衖，直到家里。文砥看时，收拾的极为富丽。中柱邀文砥到楼上坐下，递过茶烟，便问别后的事。文砥道：“说来话长。你且说白朗斋怎样了。”中柱道：“朗斋自前年失败后，韬光养晦，一心要为吴绶卿报仇。这回也上田夫雄的当，又召兵起义。夫雄原答应到东京去接洽，后来他竟没去。起义后，苦心孤诣撑持两三个月，河南将军听说白狼没死，直吓得屁滚尿流。我去时势力还好，不料接连几天阴霾，朗斋受了潮湿，一病身死，全军无主，以致失败。现在只有樊钟秀一部人还在光州山里，其余都没有了。只可笑袁家官吏还说是‘白狼余党假名滋扰’，掩饰他们以前‘擒斩白狼’的谎报。”指着方才手里抱着的孩子道：“这便是朗斋幼子，名叫信儿。朗斋的太夫人就住在这里。我是寄居她家，帮着照料。因为她家不好露面，便说是我的家罢了。”文砥便也将南北奔走的话说了一遍。

中柱道：“你由北京来，中日交涉到底怎样了？各省民气激昂已极，袁政府却严守秘密。报上宣布日本通告各国的二十一条，据说与原提案截然不同。我调查了几日，也莫名真相。”文砥道：“我在北京听得伍泽说过：袁世凯为要做皇帝，遣日顾问有贺长雄回日，与日本政府密商，以日本所提条件为承认老袁做皇帝的交换条件。日本政府利用机会，便提出二十一条来。外交部和日本公使日置益会议几次，日本捏着老袁的毛病，当然和老袁说话。老袁便听从袁克定、梁士诒等主张，暗嗾日本出兵，再令统率办事处和外交部通电报告交涉破裂，日本出兵，恫吓各省人民。老袁便于五月九日秘密签字，完全承认。”中柱道：“我想这回抵制日货，矮子也要受个大打击。中国人不死完，二十一条也难实现。并且就救国储金一项看起来，这回交涉倒唤醒了不少的醉生梦死的人，‘塞翁失马，安知非福？’”文砥道：“不赶快革命，中国终是要被老袁卖完的。倒是筹安会的怪现状，因为中日交涉耽搁了些时候，使我们得以从容预备。”

二人谈了一会，中柱便留文砥晚餐。饭后便叫人到旅馆去将文砥的行李取来，在楼下收拾个房子住下。不料文砥因风尘辛苦，酿一场大病来。中柱为他请医诊治，昼夜看护，自不待说。

看看夏尽秋来，已是八月。一日清晨，中柱手持一张报纸走进文砥房里，笑道：“那话儿实现了！”文砥问道：“什么？”中柱将手中报递给文砥，指着一段道：“你看！”文砥接过看时，却是袁世凯的顾问美利坚共和国的博士古德诺著的一篇《共和与君主论》，说中国非行君主立宪制不可。文砥看几行，丢过一边说道：“这事我在北京时就知道，说是要请个有名的外国人做文章来提倡。我以为总是个日本人，万不料竟出自共和国的博士之手。美国真出人才，真能给共和先进国露脸。好个不要脸的王八蛋肏的！”中柱道：“你怎么又发急咧？我还要和你商量事啦！陈英士被中山先生四个电报唤到东京去了，韩恢、钮永建在江浙也有预备，刘昆涛（建藩）、林浴凡都秘密往湖南，俞应麓听说也要到江西去。我们怎样？”文砥道：“俞应麓到江西去，我便到湖北去。”中柱道：“我也到湖南去。”于是便商量启程，仍托许运葵在上海照料，兼着通讯。运葵便在博物院路安仁里七号组织了一个机关，外面挂个矿务公司牌子。二人收拾了几日，起身南归。

八月十五日，杨度、孙毓筠、胡瑛、李燮和、刘师培、严复正式发起筹安会，说是研究国家长治久安之计，究竟应行共和或恢复帝制。开会后，便制造舆论，开始运动帝制。推杨度为理事长，孙毓筠为副理事长，其余四人为理事。通电各省官署公团，请派遣代表来京参加讨论。这般霹雳一声，百姓都莫名其妙。当有公民李诲等控诉杨度于法院，请照律严办。法院不敢受理。又有周震雄发起治安会拥护民国，袁世凯密令警察总监吴炳湘封禁，又派军警保护杨度等六人住宅。于是民众才知道筹安会是有来头的。

各省同时组织分会，江西的文和、梅光远，湖南的黄忠绩（忠浩之堂弟）、符定一等最为卖力。北京城陡然发现许多自称的各省区公民代表，纷纷向袁世凯御制的参政院呈递请愿书，请变更国体。梁士诒出头组织“请愿联合会”，推沈云霈为正会长，那彦图为副会长，将各省区请愿书八十二件呈递。那时，世凯早已下令参政院代行立法院。这定做的立法院便依原定的步骤，咨送政府，请以国民会议为解决国体机关。又议决《国民会议组织法》公布，定于十一月二十日举行复选。那袁家臣子以为太慢，未免缓不济急。令请愿联合会向参政院建议，即由国民会议初选人为基础，选出国民代表，组成国民代表大会，解决国体。参政院履行了通过手续，便咨达政府。世凯即夜盖印公布。

这袁家法案公布后，各省的将军、巡按使即遵照世凯拍发关于此项制造民意秘术的密电，指挥投票。被选人须由官署指定，写票须由官吏监督，一概不许参差乱投。于是各省国民代表得如官吏之意而产出。

且说逸仙在东京得着袁世凯叛国称帝和派人暗杀革命领袖的消息，便通知各同志加意防范。自己却毫不介意，只与汪精卫计划讨贼，召集各同志，会议进行方法。

各首领到了逸仙寓所，都以袁逆背誓叛国，一个个忿填胸臆，齐请逸仙命令国内外同志起义师，救护共和。逸仙道：“袁氏称帝之心不始于今日，是各同志所共晓的。其所以养成贼势，还是我们大家的罪过。这几年来，使国内同胞受尽痛苦，我们—革命党—真对不起国民！现在我们若再不努力，不但国亡种灭，子孙为奴，怎么对得起先烈？想各位同志破釜沉舟，以推翻满清的精神来剿灭这国贼！尽我们的义务——责任！”精卫道：“目今事机已迫，负责的同志多因不能在国内驻足，远走外国，致内地各省无主持之人。为今之计，只有迅速派遣与各省有历史关系—或情形熟悉—的人赶速秘密回国，组织起义。”众人都以为是。逸仙道：“行动必须用费。郑泽如由南洋汇来的款项无多，各同志暂时只好支配些旅费。回国后的用度，好在各同志都对于地方上负有相当的声望，自可设法。总部方面仍然极力筹措，准备接济，但是千万不可因为接济不能充分，而尽候着误事。还有一句话，要请各同志注意：起义以后，占领了地方，务必注意人民！抢劫掳杀，固然不是革命军所能做的事，我们也没做过。民生的疾苦，务须处处关顾！能使百姓少负担一分，便是救百姓一分；能保护工商一分，即是救国一分。‘权’和‘能’两字，尤须分得清楚！‘权’是属于人民的；做事的‘能’为，却是我人的。譬如驾汽车，车夫只有驾驶的技术，能够把车开到所欲到的目的地，这便是‘能’。但是要车行到何处，要速，要慢，却是主人—乘车者—的‘权’。我们中国便是一辆汽车，我们只是个车夫，万不能不顾到那乘车者—百姓—的主‘权’！这一点务请同志们注意！”众人听了，都记在心里。

逸仙又征求众人同意，派李烈钧赴云南，因为他在云南当过陆军小学的总办，全省军官多是旧日同事或学生；居正赴湖北，因为他是湖北人；程潜赴湖南——因他曾在湖南任军事厅长、师长；于右任赴陕西——因他是陕西人，负有声望；朱执信、粤人，陈炯明（前广东都督）赴广东；其余各省都派有得力的人；还有自告奋勇自愿回国组织的：湖南有林修梅（浴凡）、刘建藩（昆涛），江西有赵复祥、文勃（文砥之兄）、伍毓瑞，广东有许崇智、郑铿等百数十人。当时分别致给旅费，也有不领的，都先后起身回国。

逸仙几次电陈英士到日本，商量江浙的事。英士因为北走关东，东临长江，都没得成功，电告逸仙："如果不能成功，决不再到日本做亡命。"逸仙恐怕他性急作无谓的牺牲，更加一番着急，连连发电，催他东渡。英士不得已，才动身到东京。见了逸仙，互相安慰一番，便计划革命讨袁的方法。英士道："听说梁启超一班人已经有很严密的组织，蔡松坡是其中坚人物。先生谅必知道？"逸仙道："已知道。松坡人中之杰，勇敢有为，又能忍辱茹苦，必能做一番救国大事业！但是一班维新党的分子夹杂些进步党分子，思想既锢蔽，且多为个人谋，就是推翻袁氏，国民也享不到什么幸福！如今急则治标，我们当然并力进行，决不可与他们因意气而争，以致互为障阻，使袁氏坐收渔人之利。"英士道："先生所见不差。我们这一次革命的进行，似应该从铲除障碍入手。减出敌人一分势力，即是增加自己一分势力。袁军在东南方面势力极为雄厚，西南比较空虚。我们一面从西南发动，并以广东为目的地，一面设法铲除他东南的势力，断无个不成功的。"逸仙听了，深以为是，便要英士回国主持。

英士和逸仙将一切进行的方法和步骤都计划妥帖，便起身回国。先到上海，然后再往广东。及至到了上海，一班留沪同志—韩恢等以为上海方面海陆两军已经联络的很多，颇有希望，且因中日交涉，民气激昂，有机可乘，便留英士仍在上海主持。英士审察情形，确有可为，电告逸仙，请定行止。逸仙复电，要英士即在上海主持上海及长江的进行，同时辅助西南的进行。

英士既得复电，便召集上海的同志张群、吴忠信、蒋中正、夏次岩、薄子明、阚钧、朱霞、陆学文、邵元冲、周淡游、沈侠民、谭斌、王明山、姜汇清、王晓峰、杨沧白、杨靖波、曹叔实、余建光等数十人，会商进行。英士发言道："长江形势，最重要的是上海，在所必争。上海一得，便可控制长江，震动全国。所以我们应以全部力量夺取上海。"蒋中正道："淞沪军警以及海军都和我们有了相当的联络。但是镇守使郑汝成甘心作袁世凯的爪牙，如果要取上海，非先将郑汝成去掉不可。"英士道："此策极是。我在东京和孙先生预定的计划，也是先去障碍。事贵实行，哪位同志担任这桩事咧？"当有关东同志王晓峰、王明山二人挺身说道："我去！"英士道："两位同志预算怎么下手咧？"明山道："只要探得他哪天出署，经哪里，我们在路上候着他，把他干了就是。"英士道："既如此，便请邵元冲同志探听郑汝成哪天出署，便通知两位王同志。一切用品器械都由我准备，到了日期来拿便了。”张群道：“我们何不就趁这一下举义？”阚钧也道：“我也以为同时并举，可以事半功倍。”英士答道：“上海地面辽阔，一时不见得布置得周妥。这须得调查得郑汝成出署日期以后，方能决定来得及来不及。”于是众同志各自散去，秘密分头进行联络。

过了一日，邵元冲探得郑汝成定于十一月某日到日本领事署，便来报告英士。这时蒋中正也探得上海商阀秋纯芬为郑汝成的爪牙，一切筹款、交涉、阻挠革命、榨取商民膏血、陷害民党等事，无一不是他卖力帮忙，也来报告英士，要一并剪除，以儆惕其余醉心逢迎的商贼。英士便一面通知王明山、王晓峰，一面另外派人去诛秋纯芬。

明山、晓峰得讯，便到英士那里领了几个炸弹和四支自来得，并向英士道：“这贼不大出来，很难得机会。我俩这一去，一定要干着他，生命在所不惜！只是他死后，须得赶急起手，那么，我俩死也值得了。”英士和他俩握手道：“这个自然！你俩在什么地方下手咧？”晓峰道：“外白渡桥是必由之路，汽车过桥须开慢车，那里最好。”英士道：“我当多派同志到那里去。候你俩得手后，保护你俩脱身。”二人答应了，辞别出门。

到了日期，晓峰、明山两个饱餐一顿，藏好器械，便到外白渡桥来。方到桥头，便见蒋中正、张群二人携手走过，四人相视无言，摩肩而过。走到百老汇路兴隆西馆店门首，朝里一望，只见许多同志坐在里面吃喝谈笑，大家会意。这时已是正午时分，二人想：“大概要来了。”回身仍向桥上走来。行不到几步，便见一部汽车驶过，明山等认得车上坐的是两个同志，见了他俩向后一指（约定的暗号）。二人忙抢向前，早见一部汽车风驰电掣地驶来，车上坐的正是郑汝成。明山急抛出一个炸弹，尽力向汽车掼去，哗啦一声，将汽车顶炸得粉碎。车夫惊的手足无措，汽车也被震坏，不能行动。郑汝成知事不妙，便要跳下车来。晓峰一个箭步跳上车边踏板，顶住车门，抽出自来得，两手各持一根，向郑汝成连续射击，直把郑汝成的头射成蜂窠一般，登时身死，晓峰方跳下车逃跑。这时中西巡捕警笛乱鸣。众党员也四处放枪，乱他们的耳目。不料明山等耽搁太久，面貌被巡捕认清，致被拿住，解到上海镇守使署被害。

不到几日，秋纯芬也被党人刺杀。上海大震。袁世凯更恐慌异常，一面用大总统命令追封郑汝成为彰威侯，令其子郑大为承袭，激劝他的忠臣（此为袁氏怪现状之一）；一面令杨善德为淞沪护军使，严办党人。善德昏庸老朽，毫无办法。

英士乘人心浮动、袁军布置未定的时候，准备发动。长江及江、浙两省的同志也纷纷催促上海发难，谓上海成功，各省必能陆续响应。逸仙也由东京拍电来奖励除害，并催促进行。这时袁家海军总司令部在十二月三日下令，命肇和练习舰于六日开往广东。这肇和舰是上海党人联络海军各舰中最有成绩的军舰，如果离开上海，必使革命进行又蹈二次革命无海军而失败的覆辙。因此各党员都认定非在六日以前发动不可。英士见事势迫切，必须发动；肇和舰长黄鸣球也遣练习生陈可钧来催促；便决定于十二月五日午后四时—海军公宴萨镇冰时—发动。计划及分配职务如下：

一、淞沪司令长官陈其美。

二、参谋长吴忠信。

三、参谋兼指挥蒋中正。

四、海军总司令黄鸣球。

五、海军陆战队正司令杨虎，副司令孙祥夫。

六、以肇和军舰为海军总司令部。杨虎率一部分部队占领肇和，占领后，即开炮猛击兵工厂；孙祥夫率一部分部队分别占领应瑞、通济两军舰，作肇和辅助。

七、兵工厂同意之军队及城内、闸北所联络之军警，闻海军炮声，即同时响应。

八、夏次岩等在城内各区举火响应。

九、薄子明等率领山东同志攻击警察厅。

十、阚钧、朱霞、谭斌、沈侠民等担任攻击电话局、电灯厂及华界电报局。

十一、陆学文等攻击警察第一区、工程总局。

十二、姜汇清、余建光、杨靖波、曹叔实等联络闸北方面军警响应。

十三、邵元冲、杨沧白、周淡游、张群等留守总机关部，并办理后方勤务。

当时计划已定，五日午后，各党员照派定的任务着手进行。杨虎率党员三十余人，—海军陆战队—携带手枪、炸弹，乘预备的小汽船，直驶到肇和舰边。舰上陈可钧等立即响应，遂占领肇和。

孙祥夫（即孙纵横）等一班党员所预备的小汽船，因事先没领照会，到时巡捕干涉，不许开行，并禁止上船，因此不能去占领应瑞、通济，肇和遂成孤立。

杨虎在肇和舰上，因寻不到炮弹库的锁匙，一管匙的已不知何往，黄鸣球也不知道，不得已，到六点钟的时候打破库门，取出炮弹装置后，向兵工厂方面射击。岸上各党员听到炮声，就分别占领电报局、电话局、警察局、工程总局等重要机关，英士也率领干部同志向华界出发。不料这时候袁军大队前来，武器较优，党人以武器不及，支持多时，伤亡太多，不得已退却；陆军也不能响应，陆上各方面遂完全失败。袁军及警察密布各要区，英士和干部同志遂不能通过，不得已退回法租界渔阳里五号总机关部。

这时，适值法捕房因渔阳里五号连日出入的人太多，疑心藏有军火，派巡捕前来搜查，捕去党员数人，并派巡捕看守房屋。英士率干部同志避至别处，总机关部遂被破坏。各党员的联络线中断，无从接洽继续进攻的计划。

在肇和舰上的杨虎、众党员已经对兵工厂发了几十炮以后，见兵工厂方面并不还炮，以为兵工厂方面已经为我军占领，所以不再发炮，以灯号招呼其归降。应瑞、通济两舰又发信号表示赞同，请勿攻击，因此不加准备。不料陆上袁军方面杨善德、萨镇冰、杨晟等商议结果，决定用重金收买应瑞、通济，在六日黎明，开炮向肇和射击。应瑞、通济两舰便背信攻击肇和。肇和方面因事出意外，匆卒还炮，多不能命中。舰上汽炉又中炮炸裂，同志死的极多。杨虎等知道已经不能支持，不得已改装浮水逃走。其余受伤的党员都被袁军捕去杀害，肇和遂复归袁军之手。这次轰轰烈烈反抗帝制第一声的革命军，遂不能不暂告停顿。江浙和长江的革命进行，也受一大打击。

且说蔡松坡（锷）任云南都督时深得民心，袁世凯深知他坚忍卓绝，具绝大毅力，忌之最甚。剪除民党各都督后，便电召松坡进京。松坡知道那时与世凯对抗必不能敌，徒然牺牲，不如且保一片土为将来计，便请调贵州都督唐继尧继任。世凯以为继尧年轻，较松坡易于对付，立予准行。松坡将都督印交给继尧，叮嘱千万不可露锋芒，致取败亡，务须韬光坚忍以待时；继尧一一领诺。松坡便进京来。世凯任松坡为经界局督办，厚给俸禄，以羁縻之。松坡明知世凯忌他，到京任职后，除每日早晨八时到局一趟外，镇日的交游豪贵，狎昵娼优，北京城无人不知“风流蔡督办”。唐继尧也能遵从松坡嘱咐，对世凯一味恭顺，世凯渐渐放心。后来世凯组织御用的参政院，任命松坡为参政。松坡更体察世凯意思，对于议案都以世凯所希望为发言标准，以祈自免，且为待时讨贼之计。帝制运动起时，松坡首先签名赞成，在参政院尤为极力主张；暗中却遣王伯群回云南，和唐继尧商议搜集军实。伯群回京报告云南实况，松坡知可以首义，便想设法脱身。世凯这时得报，说松坡与民党要人书电往返，便令吴炳湘搜查松坡住宅。不料一无所得，忙杀却一个侦探—说他误搜—以慰松坡。松坡表面毫不介意，仍沉湎酒色，和妓女小凤仙打得火一般热，一切政事都不过问。世凯仍不大落意，暗遣侦探跟随打探。松坡觉着，便一发狂嫖。带着小凤仙时而天津，时而西山，镇日游玩。又联合许多军人联名上书劝进，满口“为新天作元勋”的话头。世凯便渐不介意，以为松坡也不过徒负虚名，和别人一样，可以利禄移之。松坡便趁此机会，图脱身回云南。

一日早晨，松坡到经界局走了一趟，便到小凤仙家里，带了小凤仙往天津。袁家侦探便跟着到天津。松坡于夜间改装悄出，上轮直往日本。一面仍遣王伯群回云南，将所在地及计划告诉继尧和各军官。

第七十八回

演怪剧总统作皇帝　护共和将军起义师

且说袁世凯的皇帝梦愈做愈浓，一班攀龙附凤想做开国元勋的也愈加兴高采烈。京内部院衙署，京外军民机关，都丢却呈文，改用奏折，《政府公报》居然刊布。京城里的所谓劝进代表一天多过一天，雪片般的表章，无一不是歌功颂德，请早登大宝，以顺人心。甚至一班满清遗孽，自称要饿死首阳以全名节的，也具折称“臣”，希冀新朝雨露。

十二月十一日，民意的制造已经完备。参政院接着各省区国民代表大会报告：全国国民代表人数，计一千九百九十三人，应投解决国体票一千九百九十三票。开票结果，主张帝制者一千九百九十三票，全体一致，一并推袁大总统为中华帝国大皇帝；委托参政院为“国民代表大会总代表”。参政院便于上午九时召集各参政开会。当由杨度、孙毓筠两位参政提议：“全国既然一致推戴袁大总统为皇帝，又委托本院为总代表，本院即应以总代表名义，恭上推戴书，据情咨请政府，恭恳早登大宝，以慰天下臣民之望。”全场一致举手通过。马上请秘书厅起草。不到十分钟，居然将一篇数千字的文章草就，由秘书朗读，全体通过，三呼“皇帝万岁”而散。

世凯接着推戴书，心中大喜。表面却仍然佯辞不受。将书咨还参政院。参政院立刻召集大会。下午五时，全体参政无一缺席。秘书厅报告袁世凯咨文辞谢。参政孙毓筠道：“推戴是全国四万万人一致，元首也未便过拂舆情。理应由本院再用总代表名义，呈递第二次推戴书，方不负各省区的委托。”杨度也主张由秘书厅速草第二次推戴书。当时有九位参政—如孙毓筠等—要退席吸鸦片烟，便请暂时退席，候起草完成再出席核议，全体通过。五点十五分时，秘书厅报告：起草已毕。（以十五分钟的时间，连开会带草成二千六百余字的长文，真可谓“旷古神速”了。）众参政依案通过，大喊其“我皇帝万岁万万岁”！各自回家去实行“餐”政。

世凯便不再客气，次日，即十二日，下令道：

“据全国国民代表大会总代表，代行立法院奏称：窃总代表前以众论佥同，合词劝进，吁请早登大宝；奉谕：‘推戴一举，无任惶骇’等因：仰见盛德渊衷，巍巍无与之至意，钦仰莫名。惟当此国情万急之秋，人民归向之诚既已坌涌沸腾，不可抑遏，我皇帝傥仍固执谦退，辞而不居，全国生民，实有若坠深渊之惧。盖大位久悬，则万几丛脞；岂宜拘牵小节，致国本于阽危？且明谕以为：'天生民而立之君，惟有功德者足以居之。'而自谓功业、道德、信义诸端，皆有问心未安之处。此则我皇帝之虚怀若谷，而不自知其㧑冲逾量者也。总代表具有耳目，敢昧识知！

"请先就功烈言之：当有清之末造，武备废弛，师徒屡熸，国威之不振久矣。我皇帝创练陆军，一授以文明国最精之兵法，铲除宿弊，壁垒一新，手订教条，洪纤毕备，募材选俊，纪律严明，魁奇杰特之才多出于部下，不数年遂布满寰区，成效大彰，声威丕著。当时外人之莅观者，莫不啧啧称叹。而全国陆军之制，由此权舆。厥后戡定四方，屡平大难，实利赖之。此'功在经武'者一也。及巡抚山东，值拳匪煽乱，联军内侵，乘舆播迁，大局糜烂。惟我皇帝坐镇中原，屹若长城之独峙，匪乱为之慑伏，客兵相戒不犯，东南半壁，赖以保障。以一省之治安，砥柱中流。故虽首都沦陷，海宇骚然，卒得转危为安，金瓯无缺。当斯时，构难虽由乱民，而纵恶实由亲贵，不惩祸始，无从媾和。强邻有压境之师，客军无返旆之日；瓜分豆剖，祸迫眉睫，而元恶当国，莫敢发言。我皇帝密上弹章，请诛首罪，顽凶伏法，中外翕然，和局始克告成，河山得免分裂。此'功在匡国'者二也。寻授任北洋大臣，其时风鹤犹惊，人心未靖。乃扫荡会匪，萑苻绝迹；廓清积案，民教相安。收京津于浩劫之余，返銮舆于故宫之内。遂复高掌远蹠，厉行文明诸新政，无不体大思精，兼营并举，规模式廓，气象万千。论者谓我皇帝为中国进化之先河，文明之渊海。洵符事实，非等虚词。此'功在开化'者三也。革命事起，风潮剧烈，不数月间，四方瓦解，皇室动摇。天意厌清，人心思乱。清孝定景皇后知大势之已去，满族之孤危，痛哭临朝，几不知税驾之何所。斯时我皇帝改步为应天顺人之举，躬自践祚，以安四海，夫谁得而议之者？乃犹恪恭臣节，艰难支拄，委曲维持。以一身当大难之冲，几遭炸弹而不恤。孝定景皇后乃举组织共和政府之全权，与夫保全皇室之微意，悉挈而付托我皇帝，始有南北议和，优待皇室之条件。人知清廷逊位之易，结局之良，而不知我皇帝之苦心调剂，固竭其旋乾转坤之力也。于是南北复归于统一，清室获保其安全。四万万之生灵，弗陷于涂炭；二万里之疆圉，得完其版图。于风雨漂摇之中，而镇慑奠安，卒成此共和四年之政局。国家得与人民休养生息，不至沦胥以尽。此'功在靖难'者四也。民国初建，暴民殃徒，攘臂四出。叫嚣乎政党议会，隳突乎官署戎行；挑拨感情，牵掣行政。我皇帝海涵天覆，一以大度容之。彼辈野心弗戢，卒有赣、宁之暴动。东南各省，再见沉沦。幸赖神算早操，三军致果。未及旬月，而逆氛尽扫，如拉朽枯。遂得正式礼成，大业克跻，列邦交庆。彼辈毒无可逞，犹复勾结狼匪，肆其跳梁。大兵一临，渠魁授首，神州重奠，戈甲载櫜，卒使闾阎安堵，区宇敉宁，以臻此雍洽和熙之治。盖自庚子拳匪之乱，辛亥革命之变，癸丑六省之扰，皆足以倾覆我中国。非我皇帝，孰能保持镇抚，使四千年神明之裔，食息兹土，不致沦亡？此则我皇帝之有造于我中国，而我蒸黎子姓所共感而永矢弗谖也！此‘功在定乱’者五也。不但此也。溯自通海以来，外交之失策，不可胜计；国际之声誉，几无可言。以积弱衰疲之国，孤立于群雄角逐之间，托势之危，莫此为甚！而意外变局，又往往无先例之可援，措置偶一失宜，后患辄不堪设想。惟我皇帝睿智渊深，英谋霆奋，遇有困难之交涉，一运以精密之谟猷，靡不立解纠纷，排除障碍，卒得有从容转圜之余地。而远人之服膺威望，钦迟风采者，亦莫不输诚结纳，帖然交欢。弭祸衅于樽俎之间，缔盟好于敦槃之际。此‘功在交邻’者六也。凡此六者，皆国家命脉之所存，万姓安危之所系。若乃其余政教之殷繁，悉由宵旰勤劳之指导，则虽更仆数之，有不能尽。我皇帝之功烈所以迈越百王也！

“请再就德行言之：我皇帝神功所推暨，何莫非盛德所滂流！荡荡巍巍，原无二致。至于一身行谊，则矩动天随，亦有非浅识所能测者。如今兹创业，踵迹先朝，不无更姓改物之嫌，似有新旧乘除之感；明谕引此以为惭德，尤见我皇帝慈祥忠厚之深衷，而不自觉其虑之过也。夫廿载以来，往事历历可征。我皇帝之尽瘁先朝，其于臣节，可谓至矣。无如清政不纲，晚季尤多瞀乱。庚子之难，一二童騃，召侮启戎，成千古未有之笑柄；覆宗灭祀，指顾可期。非赖我皇帝障蔽狂流，逆挽滔天之祸，则清社之屋，早在斯时。迨我皇帝位望益隆，所以为清室策治安者，益忠且挚：患满族之孱弱也，则首练旗兵；患贵胄之暗昧也，则请遣游历；患秕政之棼扰也，则厘定官制；患旧俗之锢蔽也，则订立宪章。凡兹空前之伟划，壹皆谋国之良图。乃元辅见疏，忠谠不用，宗支干政，横揽大权，黩货玩戎，斲丧元气；自我皇帝退休三载，而朝局益不可为矣。及武昌难作，被命于仓皇之际，受任于危乱之秋，犹殷殷以扶持衰祚为念。讵意财力殚耗，叛乱纷乘；兵械两竭于供，海陆尽失其险；都城以外，烽燧时惊；蒙藏边藩，相继告警。而十九条宣誓之文，已自将君上之大权尽行摧剥而不顾，谁实为之？固非我皇帝所及料也。后虽入居内阁，而祸深患迫，已有岌岌莫保之虞。老成忧国之衷，至于废寝忘餐，拊膺涕泣。然而战守俱困，险象环伏，卒苦于挽救之无术。向使冲人嗣统之初，不为谗言所入，举国政朝纲之大，一委诸元老之经营，将见纲举目张，百废俱举，治平有象，乱萌不生，又何至有辛亥之事哉？至万不得已，仅以特别条件，保其宗支陵寝于祚命已坠之余，此中盖有天命，非人力所能施。而我皇帝之所为极意绸缪者，其始终对于清廷，洵属仁至而义尽矣！夫历数迁移，非关人事。曩则清室鉴于大势，推其政权于民国；今则国民出于公意，戴我神圣之新君。时代两更，星霜四易。爱新觉罗之政权早失，自无‘故宫禾黍’之悲；‘中华帝国’之首出有人，庆睹汉宫威仪之盛。废兴各有其运，绝续并不相蒙。况有虞宾恩礼之隆，弥见兴朝覆育之量。千古鼎革之际，未有如是之光明正大者。而我皇帝尚兢兢以惭德为言。其实文王之三分事殷，亦无以加此，而成汤之恐贻口实，固远不逮兹。此我皇帝之德行所为夐绝古初也。然则明谕所谓‘无功薄德’云云，诚为谦抑之过言，而究未可以遏抑人民之殷望也！至于前此之宣誓，有‘发扬共和’之愿言。此特民国元首循例之词，仅属当时就职仪文之一。盖当日之誓，根于元首之地位，而元首之地位，根于民国之国体；国体实定于国民之意向，元首当视乎民意为从违。民意共和，则誓词随国体为有效；民意君宪，则誓词亦随国体为变迁。今日者，国民厌弃共和，趋向君宪；则是民意已改，国体已变，民国元首之地位已不复保存，民国元首之誓词当然消灭。凡此皆国民之所自为，固于我皇帝渺不相涉者也。我皇帝惟知以国家为前提，以民意为准的，初无趋避之成见，有何嫌疑之可言？而奚必硁硁守仪文之信誓也哉？

“要之我皇帝功崇德茂，威信素孚；中国一人，责无旁贷！昊苍眷佑，亿兆归心；天命不可以久稽，人民不可以无主。伏冀抟衷勉抑，鉴渊早回；毋循礼让之虚仪，久旷上天之宝命。亟颁命诏，宣示天下，正位登极，以慰薄海臣民喁喁之渴望，以巩坚我‘中华帝国’万年有道丕丕之鸿基。总代表不胜欢欣鼓舞恳款迫切之至！除将明令发还本国民代表大会总代表推戴书，及各省区国民代表推戴书等件仍行赍呈外，谨具折上陈，伏乞睿鉴施行”等情，据此：

“天下兴亡，匹夫有责。予之爱国，讵在人后！但亿兆推戴，责任重大；应如何厚利民生，应如何振兴国势，应如何刷新政治，跻进文明，种种措置，岂予薄德鲜能所克负荷？前次掬诚陈述，本非故为谦让，实因惴惕交萦，有不能自已者也。乃国民责备愈严，期望愈切，竟使予无以自解，并无可诿避。第创造弘基，事体繁重，洵不可急遽举行，致涉疏率。应饬各部院就本管事务会同详细筹备。一俟筹备完竣，再行呈请施行。凡我国民，各宜安心营业，共谋利福，切勿再存疑虑，妨阻职务。各文武官吏，尤当靖共尔位，力保治安，以副本大总统轸念生民之至意。除将国民代表大会总代表推戴书及各省区国民代表推戴书发交政事堂，并咨覆全国国民代表大会总代表代行立法院外，合行宣示，俾众周知！此令。”

世凯既然实行做皇帝，便大摆其皇帝架子，接二连三的颁许多命令：封黎元洪为武义亲王（元洪闭门不受）；封各省将军、巡按使，文官厅长、道尹以上，武官团长、旅长以上为公、侯、伯、子、男，轻车都尉、骑都尉、云骑尉、恩骑尉等世职；申令清室优待条件永不变更；申令速办立法院选举；又定期举行文官考试。轰轰烈烈，俨然天子。他的儿子也人人自命为太子亲王，狂到不可收拾。袁克定便自命为李世民，袁克文又以曹植自比，说克定是曹丕，成日成夜躲在屋子里娇妻傲妾，平常和他们要好的一班戏子门客、无聊文丐，都恭维得“千岁神圣”，从屁股眼里一直快活到头顶上。同时青红帮的会匪和上海的流氓、白相人，以及京城里戏子花旦、混混蔑片，因为克文入过帮，便口口声声要拥克文为太子。

一班被克定收养的高等痞棍、马贼强盗以及失势军人，便拥护克定，说立储应长。世凯的皇帝还没做成，家庭间险些演出“玄武推刀”的活剧。世凯也无暇顾及，除与姬妾淫乐外，只令梁士诒、朱启钤、周自齐等速设大典筹备处，预备登极，昼夜赶制龙袍、宝座，收拾宫殿。(当时一双袜子值洋八千，其余靡费已可想见。)

不料各国驻华公使奉本国政府命令提出警告。世凯大吃一惊，令外交部交涉，并秘密许各国登位后，让给许多权利。各公使仍不理会。世凯无法，只得咬紧牙关，展缓些时，只下令将明年改为洪宪元年。那时上海报界还有骨气，还能代表民意，除了世凯的御用报—没人看的—《亚细亚日报》以外，都不用洪宪年号，各商家也只用“丙辰”年号。袁政府的外交公文，署着“帝国”年号的，各国使署都退回，派到各国的专使也被拒绝。世凯无法，依了克定和一班臣子的意见，对内做“中华帝国大皇帝”，对外称“中华民国大总统”，竟成了个“皇帝总统”。

海外的党人反对帝制极为激烈。美国华侨唐夐昌等代表全体留美华人，上书美国大总统威尔逊请主持公道，助保民国，切勿承认袁氏称帝。留日学、商界也要求日政府勿助中国的反叛，并通电国内各省请起兵讨逆。欧洲华人也通电宣布袁氏罪状，请求这世界援助中国民众。国内的人民也纷纷组织，反对帝制。

世凯知道，便用种种手段防止反对。对于不赞成或不签名劝进的文武官吏，便毒杀或刺杀之，而云南师长沈汪度等可以爵禄收买的，便高官厚禄收买之。无奈人心不顺，反抗的愈益激烈。

筹安会里一班走狗为体世凯的意思，免自身的危险起见，决计暗杀革命党首领，尤以对逸仙、英士为特别注重。大家将进事向世凯建议，世凯也深以为然，便命梁士诒办理这事。士诒因为胡瑛是投降的民党，和党人比较接近，特地和他商议。胡瑛说:“这事非利用落魄的党人不能与他们接近。陈其美听说已回上海，只要收买几个上海在帮的流氓，就可办到。黄兴昨日有个通电反对老头儿，是从美国发的，要干他须得派人到美国去。孙文在日本，听说日本人极力保护他，倒是不易下手！若能找得着几个倒霉的人—要曾经在壬子、癸丑年跟他们干过事的—去投奔他们，包可成功。”士诒道:“原为这个，所以来和你商量。你的旧部有能干这事的么？”胡瑛道:“我的旧部对付黄兴还可接近，其余就不行了。”士诒道:“朋友中有人么？老头儿必不致于吝惜爵赏，你是知道的。”胡瑛道:“皙子家里有位朋友—伍泽—交游极广，上海情形更熟。你可以去找皙子，要这姓伍的到上海去，先除切肤之患的陈其美，顺便物色往东西洋去的人。我们也一面留心，再没个寻求不着的。”士诒点头称是，便辞别胡瑛去会杨度，如法炮制去了。

且说松坡到了日本，托名养病，致电世凯请假；暗中却与逸仙等一班革命同志接洽过。逸仙推荐李烈钧同他回云南工作，松坡大喜，即日启程由安南回滇。

动身时，仍托留日朋友用自己名字不时拍电向世凯报告病状，以掩饰痕迹，以便到云南有从容预备的时间。

继尧在昆明得着王伯群回滇带来的松坡手书，便照松坡信中指示的步骤和方法，先在混成团团本部召集各军官会议，准备讨贼。各军官都是松坡旧属，训练有素，头脑清醒，见世凯猖獗，早已磨拳擦掌。一闻松坡有信来，特开军事会议，无一个不义形于色，老早到场。继尧依时到会，就主席位后，向众军官发言道："袁贼久蓄谋反之志，三四年所作所为，无一不是盗国窃位的设施。我们忍辱含垢，久思讨贼救国，无奈时机未到，不能单独进行。现在一班逆贼—杨度、严复、孙毓筠等—公然设筹安会，大倡君宪救国，要把我们无数先烈黑铁赤血换得来的大好河山中华民国，作为那满清遗孽、卖国贼奴袁世凯个人的私产！我们若不继续先烈的精神剿灭国贼，恢复共和，不但子子孙孙永为一姓之家奴，死后有何面目见先烈于地下？更何以对豢养我们的国民，履行军人的天职？如今蔡前都督已经有信来说：海外同志已经都接洽好了；贵州、广西、浙江等省都有代表在日本，联络妥帖；其余各省也都有人负责；军队多数愿服从我们，要我们倡议讨贼。诸君同为民国官吏，受国民之付托，望尽量发表意见，以求对得起中华民国的主人翁——老百姓！"黄毓成（因反对帝制，被世凯褫职而未离滇之军官）起立说道："将军为天下苍生，置生命富贵于度外，护国讨逆，我们敢不前驱杀贼？"言未毕，众军官一齐鼓掌，大呼"杀贼！"继尧又道："我早知同胞诸君爱国之心决不后我！但是这事须得同心协力，共矢死志，才能将元恶渠凶剿灭。如今我们大家以三事相约：一、积极提倡部下爱国精神；二、整理军实，准备作战；三、严守秘密。尤以第三项为最重要，一有泄露，悲惨的结果、国民的痛苦即在目前。望大家同负责任！"全场一致表示誓愿遵守。于是积极准备，专候松坡回滇举义。

十二月十七日，李烈钧奉了逸仙之命，偕方声涛、龚振鹏首先秘密到昆明。次日，继尧邀云南军官，师长张子贞、刘祖武，及顾品珍、罗佩金、赵复祥（烈钧旧部旅长，癸丑后留滇者）、黄毓成，杨蓁、董鸿勋、邓泰中等，与烈钧等三人在忠烈祠讨论进行。议决：

一，增加兵力。原有兵力，万不足应付，非尽力扩充不可。前曾添练警卫军两团，并令测绘学生改入讲武肄业，为招兵时干部及下级军官之用。现在计算，仍不敷用。应即日召集退伍兵士，并征募新兵；出示招考投效及赋闲军官；派人招致各级陆军学生。俟招得若干，再定编制。

二、筹划军费。云南军费，月须三十万元。袁世凯因羁縻滇军，每月照数拨汇。起义后，此项当然断绝，且增编及作战至少须增加三倍以上。应由财政厅尽力担任，并由本省铁路、水利、垦殖、电报、造币、制革、织绒、冶铜各局厂存款项下，及应解中央各款项下尽数提充。再不足，即以海外劝募所得补充。首义后，即多派人员赴国外积极劝募。筹饷事项，在省城设筹饷总局办理之。

三、补充军械。前曾借秋操及防边为名，派军需正缪嘉寿携八十万元赴日本购械。仍恐不敷，应加派赵伸再携款赴日，并电请日本同志就近设法多购。各县原存保卫地方之枪械弹药，应借清厘修配为名，扫数解省。省中军械局存械即日整顿。兵工厂应即加工赶造。

四、军队调遣。邓泰中所部一旅及混成旅借剿匪为由，先向川边出发。一切准备至此方妥。大家各散，专候松坡来滇，即行首义。

会议方散，继尧便接着北京袁家陆海军统率办事处来电云："急！昆明开武将军唐。'华密'。奉大元帅训令：'迭据探报有乱党重要人入滇煽乱，情形颇显"等语；唐将军公忠体国，智勇兼优，必可镇慑消灭。倘有乱党赴滇，或猝生扰乱，准唐继尧以全权便宜处置。无论何人，但有谋乱行为，立置诸法，事后报明，毋庸先行请示！所有侦剿出力将弁，均准破格请奖。要在保全地方治安，勿使生灵涂炭，予有厚望焉！'等因：特达。处，巧，印。"阅毕，知道北京已有所闻，恐松坡沿途有险，急令刘祖武保护。果然袁世凯密使阿迷县知事张一鲲（江苏人，一鹏之弟）相机暗杀过境的民党要人。继尧得报知悉，又令刘祖武候松坡到境，亲送到省城。一鲲畏罪想逃，被祖武拿获枪毙。

二十日，松坡带同戴戡（前贵州巡按使）、刘云峰、殷承瓛、杨益谦，由刘祖武护送到昆明。次日，大开会议。松坡报告："外交紧急，民情愤激；国脉已经中断，首义万不可缓。"众人无不慷慨激昂，请即日宣布。松坡当令杨蓁率所部一旅续向川边出发，并以唐继尧、任可澄（云南巡按使）名义致电北京，限袁世凯答复。文曰：

> 北京袁慰亭先生鉴：
>
> 自国体问题发生，群情惶骇；重以列强干涉，民气益复骚然。佥谓大总统两次即位宣誓，皆言："恪遵约法；拥护共和。"皇天后土，实闻斯言！亿兆铭心，万邦倾耳。记曰："与国人交止于信。"又曰："民无信不立。"今食言背誓，何以御民？
>
> 比者，代表议决，吏民劝进，推戴之诚，虽若一致；然利诱威胁，非出本心。而变更国体之原动力，实发自京师；其首难之人，皆大总统之股肱心膂。盖杨度、严复、李燮和、刘师培、胡瑛、孙毓筠六人所倡之筹安会煽动于最初，朱启钤、周自齐、段芝贵、梁士诒、张镇芳、雷震春、袁乃宽七人所发各省之通电（指挥选举之密电）促成于继起。大总统知而不罪，民惑实滋。
>
> 查三年十一月二十四日申令，有云："……民主共和，载在'约法'；邪词惑众，厥有常刑。嗣后，如有造作谰言、紊乱国宪者，即照内乱罪从严惩办"等语。今杨度等之公然集会，朱启钤等之秘密电商，皆为内乱重要罪犯，证据凿然，应请大总统查照前项申令，立将杨度、严复、李燮和、刘师培、

胡瑛、孙毓筠六人，及朱启钤、周自齐、段芝贵、梁士诒、张镇芳、雷震春、袁乃宽七人即日明正典刑，以谢天下！更为“拥护共和”之约言，焕发“帝制永除”之明誓；庶几民碞顿息，国本不摇。否则此间军民痛愤久积，非得有中央拥护共和之实据，万难镇劝。

以上所请，乞以二十四小时答复！谨率三军，翘企待命！唐继尧、任可澄。

此外并录电通告各省，请一致讨逆。

世凯接了这哀的美敦式的电报，好似青天霹雳，直急得手足皆僵，不敢正式答复，令政事堂电问唐继尧：“何以与前三日致统率办事处、参谋部及本堂之电迥然不同？本堂决不信云南有此事。但是否由他人捏造假名，应别具邮书，亲笔署名……”继尧不理。只与松坡邀集先后到云南的党人及本省军官——上校以上，文官——简任以上，在将军署宣誓，时中华民国四年十二月二十一号夜九时。词曰：

拥护共和，我辈之责！兴师起义，誓灭国贼！成败利钝，与同休戚；万苦千难，舍名不渝。凡我同人，坚持定力；有逾此盟，明神必殛！

唐继尧 蔡 锷 李烈钧 任可澄 罗佩金 张子贞 刘祖武 陈廷策 刘法坤 成 桄 顾品珍 孙永安 黄毓成 赵又新 戴 戡 殷承瓛 杨 杰 杨益谦 叶成林 欧阳沂马为麟 吴和宣 盛荣超 邓 埙 唐继禹 李 沛 李友勋 徐 进 马 骢 秦光第 李修家 李朝阳 董鸿勋 赵世铭 庚恩旸 王伯群 李 琪 胡道文 李雁宾

到了二十四日，四川师长刘存厚、旅长伍祥桢、雷飚，贵州护军使刘显世，广西将军陆荣廷都来赞成起义，使决定于二十五日出师。定名曰“护国军”。以唐继尧为云南都督，留守昆明；蔡锷为第一军总司令，李烈钧为第二军总司令，唐继尧兼第三军总司令，宣布讨袁。

第七十九回

设奇谋大侠诛凶贼　布诈局侦探刺元勋

护国军起义之日，袁世凯还在用笼络手段。颁封唐继尧为侯爵，任可澄为子爵，张子贞、刘祖武为男爵的电令到昆明，英、法两国驻滇领事照例到将军署向唐继尧道贺。继尧亲出接待，问道："贵领事为何来道贺？"英领事道："特来贺将军受封侯爵。"继尧笑道："我以为贵领事来贺我首义讨袁，封爵直是骂人，有什么可贺？"英领事大惊。法领事也诧异，说道："袁世凯先生假托民意，制造皇帝，已经几个月了。各国虽提警告，但没听见贵国人有反抗的。我们暗想，若不是亡国贱种，决不会如此麻木不仁！如今贵将军和贵省国民能够毅然起兵，拥护国民福利，民国根本，真不愧为东方大民族，世界从此知中国有人了。"继尧略谦几句，便托两领事将云南起兵讨袁的理由分别转达本国政府。

两领事别后，继尧便照会各国领事，声明出兵理由，并担任保护外人生命财产，维持帝制运动以前之条约效力，并请各国赞助义师。当即取销巡按使名，以戴戡、任可澄为左右参赞。第一军总司令蔡锷，率第一梯团长刘云峰、第二梯团长赵又新、第三梯团长顾品珍，支队长邓泰中、杨蓁、董鸿勋、何海清、禄国藩、朱德及军参谋长罗佩金，向四川出发，分取泸州、重庆。第二军总司令李烈钧，率第一梯团长张开儒、第二梯团长方声涛、军参谋长兼义勇军司令何国钧，支队长盛荣超、钱开甲、朱培德、杨益谦，及军参谋副长成桄，直趋南宁，会同桂军分取湖南、广东。第三军总司令唐继尧，坐镇云南，令先遣纵队长徐进、第一梯团长赵钟奇、挺进军司令黄毓成，支队长华封歌、李植生，及军参谋长韩凤楼，随参赞戴戡、王伯群出贵州，取湘西。又任由云龙为秘书厅长，庾恩旸为军政厅长，张子贞为参谋厅长，陈廷策为民政厅长，籍忠寅为财政厅长，丁兆冠为司法厅长，唐继禹为警务处长。设礼贤馆，招待各省志士；设团保局，防护城乡；设筹饷局，募集军需；设征兵所，征集士兵。其余兵站、医院、交通、轮泊均布置妥帖，已是岁暮。遂于中华民国五年元旦发布檄文云：

维中华民国五年元旦，云南中华民国护国军军政府都督唐继尧、第一军司令官蔡锷、第二军司令官李烈钧檄曰：

盖闻辅世之德，笃于忠贞；长民之风，高于仁让。使枭声雄夫，野心狼子，逞城狐之凶姿，弄僭窃于高位。则我皇王孝孙，并世仁让，谊承先烈，责护斯民；哀恫郁纡，成兹愤疾，大义敦敕，谁能任之？

国贼袁世凯粗质曲材，赋性奸黠。少年放僻，失养正于童蒙；早岁狂游，习鸡鸣于燕市。积其鸣吠之长，遂入高门之窦。合肥奸李，惊其谲智，谓可任使，稍加提擢，遂蒙荜泽，身起为雄。不意其浮夫近能，浅人侈志，昧道懵学，骋驰失轸。遂使颠踬东国，覆公悚以招虎狼；狡诈兴戎，缺金瓯以羞诸夏。适清廷昏昧，致逃刑戮。犹复包藏秽毒，不知愧耻，殚其暮夜之劳，妄窃虎符之重。黄金横带，卖孱主于权门；黑水滔天，引强敌以自重。虽奸逆著明，清廷知戒，犹潜伏羽势，隐持朝野。降及辛亥，皇汉之义，如日中天，浩气飚飞，喷薄宇宙。风云滂沛，集兴武汉之师；士马精妍，远响东南之鼓。造黄龙而会饮，纳五族于共和；大势坌集，指日可期。天不佑华，诞兴贼子。蠢彼满室，引狼自庇。袁乃凭藉旧资，攀援时会，伪作忠良，牢笼将卒，胁逼孤寡，夺据朝权。复伪和民声，迷夺时贤，虚结鬼神，信誓旦旦。懦夫惧戒，过情奖许。维时南军渠帅，实亦豁达寡防，堕彼奸计，倒持太阿，豢此凶逆。迨大邦既集，势威益专；遂承资跋扈，肆行凶忒：贿奔虺蜮，棋布阴谋，毒害勋良，谣惑众志；造作威福，淆撼国基，背法畔民，破败纲纪。癸丑之役，遂有讨伐之师。天未悔祸，义声失震。曾不警省，益复放横，骄弄权威，胁肩廊庙。是以小人道长，凶德汇征：私托外援，滥卖国权，弑害民会，私更法制；纵兵市朝，威持众论，布散金璧，诱导官邪。冀以其积威积恶之余，乘世风颓靡廉耻灭没之后，得遂其倒行逆施僭登九五之欲。故四载以还，天无常经，国无常法，民无定心，官无定制；丹素不终朝，功罪不盈月；游探骄兵，睚眦路途，贪官污吏，渎乱朝野；以致庶政败弛，商工凋敝。犹复加抽房亩，朝夕敛征；假辞公债，比户勒索。淫刑惨苛，民怨沸腾；凶焰所至，道路以目。此真世道凌夷之秋，天人闭隐之会，四凶所不敢为，汤武所不能宥者矣！

维皇汉九有，奠安东陆，时流漂荡，赵在邅迍。缅维祖德，孰敢怠荒？复我邦家，义取自拯。故辛亥之役，化私为公，志在匡时，道维共济。袁乃睥睨神器，妄欲盗窃；内比奸邪，既多离德，外遂孱陨，甘为犬豚。是以四郊多垒，弗知惭悚；海陆空虚，弗思整训；财用匮竭，弗事劝徕；健雄失养，弗兴学艺。室如悬罄，野无青草。犹复养寇外蒙，削国万里；失驭东鲁，屡堕岩疆。遂使满蒙多离散之民，青徐有包羞之妇；扼我封疆，揕我心腹。皇皇大邦，苟为侮戮，日蹙百里，媚兹一人。此尤我侠士雄夫，所腐目切齿，惊惧忧危而不可一朝居者也！

夫天道健乾，义惟精一。在德则刚，制行为纯。故士不贰节，女不贰行。廉耻之失，谥曰“贱淫”。四维不张，国乃灭亡。自民族国家，威灼五陆，雄风所扇，政骛其公，国竞以群。是以乾德精刚，宜充斥里闾，洋溢众庶，旁魄沆瀣，蔚为骏雄。故辛亥之役，黜君崇民，扬公尊国，所以高隆人格，发扬众志，义至精而理至顺。故虽旧德老成，去君不失忠，改官不降节。袁氏身奉先朝，职为臣仆；华山归放，仅及四纪；载瞻陵阙，犹宜肃恭；故主犹存，天良安在？顾藐然以槽枥余生，不自揣量，妄欲以其君之不可者而自为其可。是何异饰马牛之骨，扬溲勃之灰，以加臭乎吾民，以淫污乎当世，而令我名公先德，皆为其贱淫，白璧黄金，尽渲其瑕秽。此尤我元戎巨帅良将劲卒硕士伟人所同羞共愤，深恶痛绝，而不能曲为之宥者也！

汇此种种，袁氏之恶，实上通于天，万死不赦！军府奉崇大义，慨念民生，谨托我黄祖威灵，恭行天罚！辄宣兹义辞，告我众士，招我同德；今将历数其罪，我国民其悉心以听：

夫国为重器，神严尊惮，覆载所同。建国之始，义当就职南京，明其所受。袁乃顾影自惭，妄怀畏惧，阴纵部兵，称变京邑，用以要吓国人，迁就受职。使国权出于遥受，玩视国家之尊严：其罪一也。

活佛称异，势等毛羽。新国既成，鼓我朝锐，相机挞伐，举足可定。袁乃瞻顾私权，妄怀疑忌，全国请讨，置不听从，迁延养敌，废时失几。授他邦以蹈隙纵刃之间，失主权于外力纠纷之后；遂使巨蜿蜒嶂，弃此南金，万里边城，跃马可入。贻宗邦后顾之殷忧，损五族雄飞之资望：其罪二也。

政体更新，荡涤瑕秽，私门政习，首宜改选。故内阁部首，须获议院同意；所以树公政之础，明众共之义。袁乃病其严责，阴图放佚。于第一次内阁联翩去职之后，尽登嬖宠。嗾使军警围逼议员，索责同意，用以示威国人，开武力政治之渐。使民意机关失其自由宣泄之用：其罪三也。

国有大维，是曰“法纪”。信守不立，谥为“国难”。乱政亟行，于焉作备。故侵官败法，为世大诟。袁为元首，尤宜凛遵。乃受事未几，即不依法定程序，滥用政府威权，诬杀建国勋人张振武。使法律信用失其效能，国宪随以动摇，政本因而销铄：其罪四也。

国宪之立，系以三权。共和之邦，主体在民。立法之府，谊尤尊显。地方三级，制实虚冗。建国除秽，亦既罢黜。袁乃急欲市恩，妄复旧制，不俟公决，辄以令行。使议院立法，失其尊严，国权行使，因以紊乱：其罪五也。

财政担负，直累民福；外债侵逼，尤伤国权。议案成立，特事严谨；众院赞可，宪尤著明。袁乃私立外约，断送盐税，换借外赀二千五百万镑。厉民害国，不经众院；暧昧挥霍，不事报闻。蔑视通宪，为逆已甚：其罪六也。

国有元首，政俗式凭；行系国华，止为民范。袁乃知除异己，不自爱重。阴遣死士，狙杀国党领袖宋教仁。以元首资格，为谋杀凶犯，既辱国体，且贻外讥。国家威严，因以扫地：其罪七也。

共和之国，建础为公。民意所在，亦曰“神圣”。百尔职司，义宜退听。国会初立，人民望治。袁恐政制严明，不获罔逞；乃私拨国币，肥养爪牙，收买议员，笼络政客，用以陷辱国会，迷夺众情。使议政要区，化为捣乱之场；法案迁延，藉作独裁之柄：其罪八也。

元首登选，国有常经。揖让讴歌，盛德固尔。抑共和定疑，国宪崇废，悉于是觇，世法凛凛，斯为第一！袁于临时任满，正式更选之际，鄙夫患失，至兵围国会，囚逼议员，使强选总统，以就己名。致元首尊官，成于劫夺；共和大宪，根本动摇。国是益以危疑，后进难乎为继：其罪九也。

国民代表，职司立法。非还诉民意，毋得断阏。袁于总统既获，复虚旁掣，辜恩反噬，遽为枭獍。乃假托危词，罗织党狱，滥用行政权，私削议员资格，用以鸩杀国会，并吞立法部。使建国约法，由是推翻，元首生身，等于孽子：其罪十也。

国家组织，法系严明；苟非选民，焉能造法？袁于戕杀国会之后，妄以私意召集官僚，开“政治会议”、“约法会议”，冒称民意，更改“约法”，摹拟君主，独揽大权。使民国政制，荡然无存；浩瀚新邦，悬为虚器：其罪十一也。

民国肇造，本以图存。时风所迁，民强则兴。发挥群能，腾达众志，公私权利，宜获敬尊。袁乃倒行逆施，黜民崇吏。既吞立法，复尽灭各级地方议会。密布游探，诬扳党狱，良士、俊民，任意捕杀。人民权利，全失保障。致群生股栗，海内寒心，毒吏得以横行，民业日以凋敝。民力壮盛，有如捕风；国势颓陨，益以卑下：其罪十二也。

国局始奠，海内虚耗，财用竭蹶，义宜根本整理。袁乃专事虚缘，日以借债政策利诱他邦，为私托外援之计。断送利权，绝不顾惜，逐鹿争臭，坌集庙朝。遂妄以北、中二部横断铁道分许外人，惹起国交之猜疑，增益宗邦之危难：其罪十三也。

欧陆战争，义宜严守中立，及时奋进。袁乃内骄外谀，折冲无状。既反覆狼狈，贻羞东鲁；复徘徊雌伏，巽立要盟。失满蒙矿权，至于九处；承他邦意旨，发布誓言。辱国辱民，倾海不涤：其罪十四也。

民族虎争，领土强食。外债毒国，既若饮鸩；竭泽厉民，何异自杀？袁于欧战既发，外赀猝断，乃专事掊克。内为恶税，房、田、烟、赌一再搜刮。复先后发行内国公债，额逾万万，按省配摊，指额求盈。小吏承旨，比户勒索，等于罚锾。致富户惊逃，闾里嗟怨；国民信爱，斵丧无余；神州陆沉，殷忧可畏：其罪十五也。

生利致用，民贵有恒。纵博浪游，谥曰“败子”。盗贼充斥，此为厉阶。

修政明刑，首宜致谨。袁乃纵容粤吏，复弛睹禁。使南疆富庶之区，负群盗如毛之痛。苛政猛虎，同恶相济。清乡剿杀，无时或已。政以福民，今为陷阱：其罪十六也。

烟害流离，久痼华族。张皇人道，仅获禁约。夺厉阏绝，犹惧不亟。袁乃恬其厚获，倚以箕敛。宠登劣吏，设局专卖。重播官烟，飞扬淫毒，失信害民，辱国贻讥：其罪十七也。

民权政治，积流成海。国家公有，炳若日星。世室旧家，且凛兹盛谊，汲汲改进。华族后起，方发皇古训，追踪世法；断脰流血，久而后得。大义既伸，迕则不忠；乔木既登，返则不智。袁乃身为豪奴，叛国称帝。监谤饰非，怤怵求是。狐假虎威，因以反噬。使凶德播流，戾气横溢。妖孽丧邦，甘为祸首：其罪十八也。

《易》象系天，筮曰“无妄’；圣学传经，谊唯存诚。故忠信笃敬，保为民彝，衍为世德。袁乃机械变诈，崇事怪诡，貌为恭谨，潜藏祸谋。秘电飞词，转兴众口；涂刍引鹿，指称民意。欺世盗名，载鬼盈车。背食誓言，日月舛仵。使道德信义，全为废词，民质国华，尽量消失：其罪十九也。

维我当世耆德，草野名贤，或手握兵符，风云在抱，或权领方牧，虎步龙骧，或道系乡闾，鹤鸣凤翙：细瞩理伦，横流若此；起瞻国家，悲悯何如？凡属衣冠之伦，幸及斯文未丧；等是邦家之主，胡堪义愤填膺？谯彼昏逆，洵应发指；修我矛戟，盍赋同仇！书到，都府勋耆，便合聚众兴师；郡邑子弟，各整戎马；选尔车徒，同我六师；随集义麾，共扶社稷。昆仑山下，谁非黄帝子孙？逐鹿中原，会洗蚩尤兵甲！

军府则总摄机宜，折冲外内，张皇国是，为兹要约，曰：凡属中华民国之国民，其恪遵成宪，翊卫共和，誓除国贼。义一。

改造中央政府，由军府召集正式国会，更选元首，以代表中华民国。义二。

罢除一切阴谋政治所发生，不经国会、违反民意之法律，与国人更始。义三。

发挥民权政治之精神，实行代议制度，尊重各级地方议会之权能，期策进民力，求上下一心全力外应之效。义四。

采用联邦制度，省长民选，组织活泼有为之地方政府，以观摩新治，维护国基。义五。

建此五义，奉以纲维，普天率土，罔或贰忒。

军府则又为军中之约，曰：凡外官吏，粤若军民；受事公朝，皆为同德。义师所指，戮在一人！元恶既除，勿有所问。其有党恶朋奸，甘为逆羽，杀无赦！为间谍，杀无赦！抗义行，杀无赦！故违军法，杀无赦！如律令！

布告天下，迄于满、蒙、回、藏、青海、伊犁之域！

同日举行誓师，词曰：

“维中华民国五年元旦，继尧谨以牺牲醴酒，昭告皇天后土，而誓于师曰：

呜呼！民贵君轻，万邦是式；贼仁贼义，一夫可诛！矧国是之久成，何逆谋之可宥？鲁连蹈海，尚耻帝秦；管宁适辽，不甘臣魏。岂有国步方艰，群情望治；遂乃妄侈边幅，效井底之鸣蛙，夷我华宗，戴冢中之枯骨者哉？

粤自武昌首义，各省云从，五族一家，亿姓同德，扫除专制，创建共和；应世界之文明，为友邦所承认。

乃者袁逆—世凯—谋叛民国，复兴帝制。黄屋大纛，遽兴非分之思；砺山带河，无复未寒之约。侈钟虡于反掌，家天下局势已成；输金币以寻盟，小朝廷面目安在？亟子孙万世之私计，误国家百年之远图。本都督服役民国，作镇滇疆。痛国家之将沉，恨独夫之不剪！爰整义旅，恭行天讨！击祖逖渡江之楫，誓清中原；问新莽指斗之杓，能持几日？嗟尔有众，尚其弼予！

呜呼？尔惟克奋厥武，实乃无疆之庥！予亦允报汝功，永有不次之赉！嗟尔有众，尚钦念哉！

誓师既毕，便浩浩荡荡，分头出兵。

世凯自得云南不稳的讯息，便在丰泽园—军事会议厅—连开御前会议，筹议对付云南的方法。世凯当时因早一日还接着松坡由日本发来续请病假的电报，以为是唐继尧借名。及至驻日侦探报告，方知是实。从龙诸臣都主张开兵去打。世凯便令曹锟率驻岳州的第三师，马继增率驻南昌第六师之一半由湘进攻。并令湘南将军汤芗铭、四川将军陈宧严行防堵。并令邮电各局扣留云南发出之函电。又颁命令驳云南通电，以镇人心。文云：

政见不同，尽可讨论。为虎作伥，智者不为。且列强劝言，并非干涉。总统誓言，视民意为转移。前参政院已一再剖解，何谓失信？今变更国体，既属全国一致，云南亦复同时赞同；如云南又欲以少数人取销多数者所公决之法案，则事同儿戏，万难俯就。

参政院便仰承世凯意旨，请褫革唐、蔡官勋；世凯便以为开战的根据。一面加封张子贞将军衔，代督云南军务，刘祖武少卿衔，代理云南巡按使。世凯的意思是想利用子贞、祖武去攻击继尧，一自相残杀—坐收渔人之利。哪知子贞和祖武都不上他的当，置之不理。世凯知云南独立非空言可止，便于一月四日在统率办事处召集军事会议，决定积极用兵。一班袁氏家奴都将云南比作清初的三藩，请令全国讨伐。其预定计划为：

一、戒严区域 戒严区域，规定为三等：由百色、泗城，经兴义、威宁及泸州、宁远，为紧急区；由桂林，经贵阳及重庆，为临时区；由雷琼，经辰、沅、荆、襄及汉中，为预备区。

二、攻击方略 分进合击。用清康熙帝平三藩遗策：川一路，湘一路，桂边一路，三面进兵。川、湘两路军队，暂由第三师全部、第六师第七师各一部编成之，以曹锟为总司令，马继增为第一路司令，根据地在常德，分驻于辰、沅、宝庆间。附以飞机两架，秦国镛统之，乘机由湖南经贵州向云南进攻。张敬尧为第二路司令，附以飞机四架，王鹗统之，根据地在重庆，乘机由四川向云南前进。但川路又分为三：一支须在重庆、叙州间，守卫自流井及成渝大路，或抵御叙州附近之敌军；一支须于泸州境内之合江、纳溪间抗拒敌人；一支须在綦江方面，抵御由黔而来之敌。桂边一路之军队，由粤、桂两军合组之，以龙觐光为总司令，根据地在南宁，自广西百色向云南广南之剥隘施行攻击。

计划既定，世凯便颁讨伐令，略云："蔡锷之流，权利薰心，造谣煽乱，颠覆祖国！予以薄德，忝受推戴，惟有速戡反侧，以谢国人。尔军民人等，其慎别顺逆，各安生业，勿受诱惑，致祸身家。……"同时电令近滇各省一体严防。暗中又催促担任暗杀民党首领的人—梁士诒等—积极进行。士诒便拍电催那派往上海的伍泽、甄友仁等火速实行。

且说伍泽和甄友仁奉了梁士诒、胡瑛、杨度的命令，到上海收买堕落的党人、落魄军官，实行暗杀。到了上海之后，便由青帮的"大"字辈姓蓝名玉华的，介绍许多的流氓白相人，镇日的花天酒地和他们交结。伍泽本是一个南北的"文氓"兼蔑片，常在那些肉麻的杂志和报屁股上投稿，因此接近了一班"报蠹""文阀"，互相标榜，欺骗社会，自命为"著作家"。因他投稿署名"树石道人"，大家都称他作"伍树石"。他最欢喜和戏子结交，，收了不少的男女戏子作学生干女。袁克定与他是因唱戏而认识，由他介绍入帮的。这时，他由北京回上海，自然大吹牛皮。青帮小兄弟乐得逢迎这个"老头子"（伍泽也是"大"字辈），得点进账。甄友仁是个失时军人，准备赴日刺逸仙的。因为要同时并举，此时落得在上海鬼混。蓝玉华是个侦探，只要有钱，无所不为。但是腰包不饱，是不肯着力干的。三人混了许多时候，也没什成绩。

一日，伍泽方在小花园晓霞家里打茶围，忽然接着友仁的电话，说："我有个至好的朋友到了，想介绍给你，在哪里会咧？"伍泽道："我在这里等好么？"友仁道："好！我就来。"不到一盏茶时，友仁领着一个中年人来到。伍泽忙起身招呼，叩问姓名。那人答道："姓龙，名天衢。"伍泽暗中一惊，想道："这人姓名好熟呀！……啊！从前嵊匪头脑有个龙天衢，难道就是他吗？……"一面暗想，一面通名道姓，应酬几句。友仁附着伍泽耳朵说道："这人和我认识许久了。要干那个事，非他不可！大概你也知道他的名字的。”伍泽点头，也低声附耳道：“你和他提过那事没有？”友仁道：“说过了。只没说是我们经办。托言是朋友要干。他新从湖北来，穷的了不得。有钱给他，必肯效死。我和他约略说了几句，他便欢喜的了不得。我知道他是个不轻然诺，言行必践的人。这倒真是天然巧遇！”伍泽道：“你去找他的，还是他来寻你的？”友仁道：“我到麦家圈惠中旅馆去开个房间，他住在惠中，无意中遇着的。”伍泽点头，站起来坐过对面，和天衢相并坐下。这时，天衢正昂首看那墙上挂的月份牌，见伍泽走过来，忙欠身招呼道：“尊寓在哪里？没到贵寓请安，便和友翁到这里来进谒，冒昧的很！”伍泽谦道：“哪里，哪里！先生到上海几时了？”天衢道：“来了将近三个月了。”伍泽道：“先生从南边来，南中消息如何？”天衢道：“我动身时，也没听见什么。后来听得由湖南来的人说：‘贵州刘显世也造反了。’又听见说：‘长沙有许多乱党瞎闹，汤将军杀了许多，也就没事。’”伍泽道：“据先生看来，这局势到底如何？”天衢慨然道：“革命党能成事，也不等到今天了！这样吵，不过使百姓多吃些亏苦罢了。只是我不懂：为什么项城不早登大位，镇慑天下？”伍泽道：“只因外国人想敲竹杠。外交部说了句‘担保国内不生变乱’的话；陈其美在上海闹了下子，外国人就借辞说外交部的声明不可靠，大施其竹杠手段。大概外交办好了，皇帝便好登基了。”天衢叹道：“像陈其美这样的人留在世上，总是吵得天下不安，百姓受苦。”友仁听了目视伍泽。伍泽将话岔开，便邀天衢去游半淞园。天衢应允。

三人到得园中，寻个僻静之处，友仁将暗杀的事和盘托出，并说：“树石担任对付陈其美；我认识孙文，便到日本去；只望人到美国去杀黄兴。”天衢拍胸道：“我去！我去！”伍泽道：“美国的话且再说。昨日京里又有电来，催火速进行，并且要我们将谭延闿干了。龙大哥肯担任么？功劳也不小！”天衢故作思索一会道：“也可以。哪天实行咧？”伍泽道：“事不宜迟，明日请到敝寓来商量，即日分途进行。”二人齐声道：“好！”又游了一会，方才各散。

次日，友仁方才午餐，只见天衢走进房来，道：“吃饭了！”友仁忙起身笑道：“你吃过了么？一道吃一点吧！”天衢道：“我吃过了，你请便。吃过饭，我邀你出去逛逛。”友仁道：“好！那么，你请坐，我吃过饭就同你去。”说罢仍旧坐下吃饭。天衢坐在沙发上，顺手拿张报纸看着。见载着护国军已出叙州；川军旅长伍祥祯表同情于蔡锷；戴戡已就第一军左翼总司令职，出兵湘西；广西陆荣廷宣布独立等事，心中甚喜。

一时，友仁餐毕，洗盥了，天衢便起身邀他外出。友仁便开箱取了夹长衫马褂着好，与天衢出来。到得门口，见停着一部轿式汽车，便问天衢道：“你坐车来的吗？”天衢道：“向朋友借的。我特借来请你到龙华去玩的。”说罢便上前开了车门，让友仁上车。友仁一面上车，一面问道：“车夫咧？”天衢道：“我自己开来的。”一躬身进车坐下，拗动机关，如飞开向龙华来。

到了龙华，二人入龙华寺游玩了一会，又登塔展眺一番，谈笑欢然。下塔后，又在小茶馆里泡了壶茶，休息些时已是黄昏时候。友仁道，“回去吧，时候不早了”。天衢笑道：“真的，我忘了，这时候你也好回去了。”便和友仁上车开行。

友仁见走的路崎岖不平，问道：“怎么不是来的路？”天衢道：“这是回去的近路呀！”又行了些时，汽车忽停，天衢道：“不好！车坏了！”跳下车去，看了一会叫道：“你下来划根火柴照着好么？”甄友仁忙下车，见四顾苍茫，悄无人影，便在衣袋里取出火柴，两手窝着风，将火柴方划燃，只听得咔嚓一声，两手早被天衢用一副西洋手铐铐住，直惊的神飞魄散，叫道：“……这……这……是……怎……”天衢道：“我奉令拿暗杀犯！走！”推着友仁便走。友仁不知就里，心不作主，只好由他走。天衢自言自语道：“想不到这副铐子跟了我三年了，今日用得着他。”行到麦田中田塍上，天衢喝道：“站着！”友仁面如白纸，抖着说道：“你……要我……到哪……里去？”天衢道：“奉天令枪毙你这小走狗！”掏出手枪，照定友仁后心轰的一枪，友仁早倒向田中去了。天衢上了汽车，风驰电掣而去。

伍泽在旅馆里候了一日一夜，也不见友仁、天衢到来。次日清晨，着人到友仁住的旅馆里去问，说是“昨日中时出去的，一夜未回”。又候等下午四点钟光景，茶房递进一封邮信，拆开看时，上面写道：

甄友仁业经枪毙，后有敢东渡图暗杀，以此为例！主谋唆使者同科！

潇湘夜渡人

看罢，直惊得目瞪口呆，半晌说不出话来。定了定神，脑筋稍为清醒，暗想道：“这是谁干的？……难道就是昨日那个什么龙天衢么？……”忽见门帘一动，心里又是一惊。定睛一望，却是自己的仆人，便问道：“干什么？”仆人道：“蓝老爷来了。”说着蓝玉华早走进房来。伍泽方把心放下，道：“大哥来了！”玉华满头是汗，一面将条大手巾揩那黑面上积住的汗，一面坐下，道：“累死我了！气死我了！”伍泽道：“什么事直累到这样？我看大哥也太辛苦了，差不多的事，叫孩子们干去吧，何必事事亲临，惹些闲气咧？”玉华道：“你哪知道？这几天专出岔事儿。前几天报馆里出了件炸弹案，说凶手住在法租界。公事下来，我忙了两天也没办着，后来知道是个江西人姓什么……的革命党弄的。赶到宝康里去，扑了个空，倒在桌上拾着一封骂我们包打听的信，直骂的人七窍的冒烟。今天南头又来一封公事，说七宝乡麦田里有个被人谋杀的死尸，还有个字条子写着‘龙天衢判决谋杀国民党元首犯甄友仁死刑’十几个字，旁里注着‘光裕里二十八号恭候来者’一行小字。这光裕里又是我们的地界，自然又是我去。不料带了一班兄弟走去，和宝康里一样，得着一封骂的狗血淋头的信，还说：‘若要了案，可到外滩铜人旁。’我们一伙人又赴到黄浦滩。哪知铜人石垫上有几个粉笔大字，道：‘蓝玉华，跳黄浦吧！’跑了大半天，受一场没对证的气，你看这从哪里说起？”伍泽道：“原来如此！大哥！你知道甄友仁是谁？”玉华道：“我也没去看，不知道是谁。”伍泽道：“就是常在这里来玩的甄老六呀？你没知道么？”玉华双手一拍道：“怪道我们见公事，就说甄友仁这名字好熟，万不料是他！我只记的他叫甄士惠，一时竟想不起来。这样看来，你们的事必是被革命党晓得了，才出这样的岔事！”伍泽道：“何尝不是？……”便把龙天衢来会的始末原由告诉玉华。玉华叹道：“自己太不小心了！上海的自己人，谁不晓得龙天衢不是个好惹的？甄老六怎么想用起他来？”伍泽道：“现在须得把这龙天衢办到才好，不然我们的机关完全泄露了，事怎么办咧？我怎样可回京复命咧？总得求大哥帮忙才行。”玉华道：“龙天衢是个来去无踪的飞贼，真赛过是小说上说的侠客。办到他，真是谈何容易？你要怕危险时，搬到我家里住去吧。倒是你要回京复命，倒还有个法子。”伍泽忙问道：“大哥有何高见？”玉华道：“我今日就是为这事来的：我寻着一个人，这人名叫张宗昌，是个山东人。早几年头里也在军界里混过，现在在上海瘪脚，住在我一个学生家里。出武差事是一等一的好手，也曾替人家做过两个人。又有一个李海秋，本是个民党，常在陈其美那里走动。有了这两个人，将那陈其美做了，你不是好回京去升官了吗？”伍泽道：“这是再好也没有！只是怎样下手咧？”玉华笑道：“你真是只会做酸文章捧戏子婊子，这也想不到吗？现在那个人穷极了，各处筹款……”说着附着伍泽的耳道：“只要……（如此如此）……怕不手到拿来么？”伍泽大喜，站起来躬身一揖，道：“全仗大哥！”玉华一笑道：“甭酸了，搬到我家里住去吧。放心吗？不怕龙天衢么？”伍泽也笑道：“到大哥家里去时，就是‘虎地衢’也不怕他。”玉华便催着伍泽结清旅馆的账，叫仆人收拾了行李，同乘汽车往玉华家里去了。

且说陈英士自肇和事件失败后，心中闷闷不乐，却仍撑起精神鼓励同志，在上海进行，并帮助湖南、广东的同志朱执信、蔡济民等向广州、武昌发动。但是经济极困难，一班党员纷纷请款。英士无法，向众党员道：“肇和的事，所费不过两万多块钱。我们革命全在精神。如果金钱作运动之具，自己不实际参加革命战线，那么，革命是金钱成功的，成功也不彻底。何况肇和失败后，没一天存着一百块钱。我并不是不肯，也不是不向总部要，更不是不竭力筹，实在都没有。各位同志和各位所领导的同志总要原谅才好！”众党员只得退去。英士焦劳过度，害起病来，谈话过长，竟会晕了过去。

四月间，英士见西南护国军进行顺利，便勉励各同志积极进行。众党员也愤发精神，预备作孤注一掷。大家议定四月十二日晚间十二时发动，上海、江阴两处同时起手。上海方面，约定在夜半十二点钟以放炮为号，海陆军同时发动。不料到期时，天上倾盆大雨，号炮不能燃放，直到三点钟，才放一响，因此海陆军不能响应。次夜，海军担任发炮，陆军随后响应。到时，海军竟违约寂然不动，又成泡影。十四夜，担任运动海军的同志宋振率领一部分同志亲到舰上指挥。上舰时，舰长不在，兵士竟开枪拒敌。宋振气懑胸膛，投江而死。一连三夜，海军方面始终不能发动，故陆上也不能响应。但是陆上受运动的军警因连日准备，形迹渐张。一班驻沪的袁家将领防范更严，捕捉许多有嫌疑的人枪毙，因此上海更不容易发动。这时江阴方面，英士派杨虎去发难。江阴炮台早就运动好了的，因此杨虎一到，便行独立。撑持了几天，孤立无援，终归失败。

英士以屡次举动统归失败，经费又困难异常，处处设法张罗，总不能得着举事的大款，心中异常愤急。接着又得着浙江的信息：派到浙江发难的夏次岩被袁家忠臣屈映光（浙江巡按使）逮捕杀害，浙事停顿。心中更加烦忧。一日，正在闷坐着，忽有党员李海秋来见。英士问道："可有事？"海秋道："我因为先生为筹款烦心，所以近来只奔走筹款。……"英士道："这话你也说好几次了，到底有些眉目没有？"海秋道："前天我会着一个至好的朋友，他办了个鸿丰煤矿公司。公司有一个矿区，日本人想了许久没到手。现在公司没有大资本办机器，股东又不体谅，没法，想把这矿区押了。但是没人能和日商去交涉。我和他谈起，他本素来赞成革命的，说：'如果能向日本人介绍办好，情愿将押款总额十分之四帮助革命事业。只要革命成功后，给个名誉职好了。'这事，先生在日本多年，想必是能办的。"英士听了，道："这事我包办好。你这朋友姓甚名谁？矿区在哪里？"海秋道："这公司是我两个同乡至友合力创办的，一个叫许国霖，一个叫程子安。矿区在山东。"英士道："你要他们将介绍人的条件——四成借款——和我签过字，我便找日本朋友商量去。这没有办不到的。"海秋道，"那么，今日……明日，后日十八号下午，我领他两个带合同稿来，当面商量好了便签字。"英士答应了。

十八日上午，蒋中正得知此事，便来见英士，劝英士不要轻身接见。英士道："为革命，怕不了许多！孙先生不是随便什么人都接见吗？我怕什么！"众人见中正说的没听信，便不敢再说。

下午，李海秋果然带了程子安、许国霖来到法租界萨坡赛路十四号英士住宅里。英士坦然出见。方才坐下，海秋忽然道："合同底稿丢在车上，忘了带来，我去取去。"说着便出门，钻进汽车。说时迟，那时快，那汽车一面开动，一面由车内跳出两个长大汉子来，夺门而入，拔出手枪，向英士头部连续射击。英士招架不及，脑部中了数颗子弹，登时倒地。这里程子安等早各出手枪，趁闹里抢出大门，跳上汽车飞驰而去。英士登时气绝。那两个刺客，英士的从人确定认得走头的一个，是在英士部将李澄五的部下当过军官的张宗昌，外号叫"长脚效坤"，又叫"骚狗张"。后来确实调查，真是现在这位大军阀张宗昌做的事。

第八十回

复旧仇马继增伏诛　完大梦袁世凯逝世

且说袁世凯本定一月一日即皇帝位，后来因护国军起，各国警告频来，不能不展缓。但是一班帝制元勋，急于佐命新朝，承受皇恩雨露，说："内乱发动，其咎不在登极；要享升平，非皇帝速正大位明示天讨不可。"授意参政院，奏请速正大位。世凯亲批："交大典筹备处从速议奏。"于是大典筹备处议定二月六日、九日、二十日为登极吉期。一班从龙大臣极力主张二月六日，一则因为可以早些儿过"臣瘾"，沐帝泽；一则因为那天是阴历的正月初四，正在立春之次日，大地回春，万物更始，深合新期建极。怎奈各国以内乱是否能平定为承认帝制之标准。革命党领袖孙逸仙又在国外竭力宣传，外交上对帝制之打击更加厉害。及至龙觐光（济光之兄）率兵攻滇失败，广西独立，加入讨袁；加封龙济光为郡王，也撑不住护国军；公使团便正式质问袁政府："中国内乱是否可以克期平定？"袁政府答道："政府预计不出六个月必可平定。"哪知林修梅、程潜攻克湘南，蔡松坡连得四川要塞，将袁军入川的曹锟、张敬尧、李长泰和入湘的马继增、范国璋、倪毓棻等十几师旅打得落花流水。法、英、日、俄各公使在日使署会议，决定对双方持同一公平态度，并向袁警告维持各国商业及债权担保品。世凯度德量力，平乱无期，对于外国的质问警告，惭愧无语，便下令道：

滇、黔倡乱，惊扰闾阎；痛念吾民，难安寝馈。加以奸人造谣，无奇不有；以予救国救民之初心，转资争利争权之藉口。遽正大位，何以自安？予意已决，必当缓行！此后吁请早正大位各文电均不许呈递。此令！

于是帝制成了个无期的延期。然而世凯野心不死，终舍不得毅然宣布不作皇帝，仍观望形势，想战胜护国军，立子孙万世之业。

护国军深入川、湘后，从叙州起，经泸州、重庆、万县、夔州，以至湖北的宜昌，南转至湖南的常德、沅陵、宝庆，战线总长二千余里。袁军取守势，不得不于重要地点设重兵防备。在战线中的军队共计五万余人，分配四川二万，湖南三万。护国军方面却只有四万多人。按之事势，众寡不敌，应该是袁军占优势。但是近代战事不在蛮力角斗。民意的从违，学术的应用，实为战争胜败的主因。

四川方面，松坡因知袁军必以全部死力争叙、泸，若适当其锋，必致多损战斗力，而仍然无济于事，便施用战略，改攻为守。一路退至永宁，一路退至黔边。于是曹锟、张敬尧连电告捷，说克复叙、泸。世凯大喜，颁令大封功臣。

这时黔军也作同一行动，攻黔袁军马继增以为是护国军真是不敌而退却，想乘机恢复以前的失地。军至辰州，忽有地方绅民代表王澜呈送犒军礼物，另有火腿、牛脯等物专送马继增。继增便接见王澜，问了些湘西情况。到得夜里，继增方要就寝，忽听得窗户吱的一声开了，接着便飘然飞进一道青光。继增大惊，方要叫唤，那青光定处，现出一个人来，那人抢步上前，一把擒住继增，低喝道："不许嚷！"继增直吓的目瞪口呆，定睛直望，心里认得这人便是日间进见的王澜。要想抵抗，两手已被擒住，用尽气力，不能展布。那人笑道："你甭动，也甭喊；任你强，今夜你也逃不了了。你喊破喉咙，不见得有人来救你。我实告诉你：我便是龙天衢！你在第六师得意呀！吴绶卿将军要我来请你去吃饭！"说着便拔出一把长柄小刀，先将继增两手一勒，两腮一捏，已是不能动弹，不能言语，然后才得那长柄小刀撬开继增牙门，一直刺下。继增望后便倒，一命呜呼。天衢方将小刀的长柄——有螺旋的旋下，越窗而去。

原来继增的几个随身马弁早已着了闷香，直到次日早晨方醒。忙到师长卧室看时，只见师长倒在地上，大家吓得嚷做一团。内中有一个比较明白的叫道："不要嚷，不要嚷！快请参谋长去。"大家才去把参谋长拖来，一面把继增尸身抬到床上。内部各长官也都赶到，大家商议说："这事不好声张，大家都脱不了干系，不如只说暴病。横竖天高皇帝远，也没人来查问。"便将继增入殓，呈报说是暴亡。但是主将新死，全军惊疑，不能作战，湘西的战事因此停顿。

这时，广西方面的战事：陆荣廷令马济反攻龙觐光，滇军张开儒、黄毓成两面夹攻，将龙觐光全部缴械，计获步枪五千枝，炮十四门，机关枪四十挺，现金二十万元。世凯闻知，便令人毒杀陆荣廷的长子裕勋于汉口（裕勋本充袁之卫侍武官，请假归省）以泄愤。陆荣廷大怒。世凯便调荣廷征滇，以第一师师长陈炳琨护理桂督。荣廷便召集军事会议，以决从违。陈炳琨在会议席上发言道："事已至此，不用犹疑。况将军须知：事新君为不忠，背旧主为不义（因陆之旧主岑春煊有电令陆独立），不念裕勋为不慈。我等愿誓死从将军讨贼！"荣廷见众无异议，便誓道："皇天后土，鉴临廷等，一德一心，灭此国贼，保卫民生！如有违异，饮弹而死！"誓毕，便率兵十二营移驻柳州，取道桂林，进窥湖南的永州。梁启超得知，兼程到桂，便与荣廷、炳琨联名电请世凯解职，以谢天下。并正式宣布独立，举陆荣廷为都督。通告各国领事与滇、黔一致护国，并将降将龙觐光护送出境。会同滇军，分攻粤、湘。

荣廷未独立之先，曾向袁世凯托辞愿独任攻黔，但要求军费一百万，枪械五千枝。世凯所派监督荣廷的广西巡按使王祖同便密电报告世凯，说："陆离南宁，桂将生变。”世凯便照荣廷所要求的数目给予一半。龙济光也电袁说：“桂有要求，万勿许可。”世凯因此对广西十分怀疑。及至荣廷宣布独立的电报到了北京，世凯便邀集亲信功臣筹议对付之策。哪知众人七张八嘴，也有主战的，也有主和的，乱嘈嘈说了一日，也没个结果。世凯无所适从，只得传令，令龙济光、王祖同就近宣布中央威信，劝陆善自为计。会议方散，恰接着援湘北军电告攻克麻阳，袁世凯便电广西道：“四川、湖南均已击破逆军。一部不逞之徒，维持共和，究难济事。”荣廷接电，置之不理。世凯便又召集一班嬖幸佞臣重开会议。政事堂左丞杨士琦极力主张和解。世凯深思细想，也只好言和。不料接着龙济光复电说：“干卿熟计而动，无可挽回，祈中央善自为之。臣惟有一死，以报陛下。”王祖同也由粤电告“桂已出兵，臣被逼，不得已，至粤候旨”等语。世凯无可如何，只好传令，令龙济光严守粤疆，并须集中兵力于西江；由肇罗汤镇守使李耀汉率兵十五营，节节设防；令江西将军李纯扼要拒守桂、赣交界；令湖南将军汤芗铭移屯精兵于永州，即日宣布戒严；令江苏将军冯国璋、安徽将军倪嗣冲及李纯分军往湘南，以厚兵力。

护国军休养兵力既足，便实行反攻。一鼓作气，连克江安、南川、纳溪，占领彭水，抄攻綦江，乘胜直取泸州。张敬尧所部死亡达十分之七。世凯大忧，电令驻扎川、鄂边境的旅长王汝勤救泸州。汝勤推说炮兵补充未备，不肯前往。陆荣廷乘着川战胜利，统兵一万五千，由柳江，入浔江，驰抵梧州。令广西护国军第一师第二旅旅长莫荣新为先锋，进攻广东肇庆；第二师师长谭浩明进攻钦、廉。云南护国军第二军总司令李烈钧率第一梯团长张开儒、第二梯团长方声涛、第三梯团长何国钧、第四梯团长马文仲等所部与桂军会师北伐。护国军声势大振，大有沿珠江流域进取长江之势。

荣廷遣代表至广州，劝济光独立。济光不听，反将此事报告世凯，请派海军来粤协同作战；一面派重兵封锁钦、廉，抵御桂军。荣廷大怒，催军东下，并向济光提出哀的美敦书道：

“前大总统袁世凯谋逆叛国，神人共愤！滇、黔首义，湘、蜀奏功；舆情所趋，昭然可见。本都督曾会同本军总参谋（梁启超）联名电劝袁氏退位，以谢天下。乃袁氏怙恶不悛，顽弗见答。今已徇军民之请，出师讨贼。粤、桂比邻，谊同唇齿；伏望两公董率所属，载歌同袍，不胜欣幸！军机迫切，乞以十二小时内赐覆！”

济光无法，只好暂时乞和。

这时广东的革命党人极为活动，进行激烈。徐勤、陈炯明等都收编民军，称护国军，进行讨龙。逸仙派往粤境的邓铿、朱执信等都纷纷起义。桂军压境，时陆军团长莫擎宇受革命党运动，在潮汕独立。钦廉道尹冯相荣协同镇守使储世隆也宣告独立。同时增城、新会、鹤山、恩平、惠阳、博罗、曲江、电白……等数十州县，无一不有革命党人起事。济光权力所及，只剩广州一城，所以不能不俯首求和。但是暗中仍电告世凯，表明不得已暂时独立，以缓和南军，免致损失地盘，使南军得入长江云云。世凯据特派驻粤的蔡乃煌等电请增兵，立即令驻沪第十师入粤，调驻南苑第十二师赴上海接防。旅沪粤人闻讯大怒，致电济光，速止北军侵粤，并请杀蔡乃煌以谢粤人。粤中军民得旅外人士之援助，深恨济光媚忠袁氏，召外兵荼毒广东，纷起反抗。驻省河宝璧、江大两军舰突然启碇附义。次日，魏邦平统率舰队驶抵海珠，预备架炮攻城。省城军队也鼓噪独立，高悬旗帜，大书——

听候龙济光、张鸣岐宣布独立。

济光知民怒已极，便向世凯请示。世凯复电只“独立拥护中央”六个字。济光和巡按使张鸣岐遂召集官绅商民于观音山会议，宣布独立，以济光为都督，枪毙蔡乃煌。

这时世凯一因外交上的困难——各国质问频来；二因财政方面罗掘俱穷，无法筹借；三因山西将军阎锡山、浙江将军朱瑞、江西将军李纯、山东将军靳云鹏及长江巡阅使张勋电请取销帝制，以安人心；四因护国军名正言顺，天下归心，便想忍痛割肉，暂舍那皇帝宝位，以待后来的机会。便集亲信商议。梁士诒、朱启钤力持不可，说：“如果取销帝制，威信全失，示人以弱，必致地位难保；不如拚命一战。”张一麟厉声道：“发起帝制的都是一时之杰，我们这种卑卑不足道的人也不敢妄参末议，致干未便。现在西南大势，十去八九，元首悔祸，惟有下诏罪己，严惩首要，或者可以收拾人心，挽回万一。倘取销帝制，党人仍不罢兵，那时咎归于彼，况且彼方也就无可藉口。元首曾说：‘甘愿牺牲子孙以救国救民。’何必恋此为子孙作马牛的皇帝位？”说罢，众人大惊失色。袁克定、克文更怒目而视。一麟只作不见。世凯深以为是，即令起草撤销帝制命令。众人散后，世凯召徐世昌、段祺瑞、杨士琦、曹汝霖等进宫，说明帝国方才肇造，即不得不夭亡的理由。说话时，泪下声颤，悲不可抑。说罢，便将一麟呈送的撤销帝制命令交众传观。世凯因文中多责备帝制元勋的言语，又无“大总统”三字，令徐世昌修正。又请世昌任国务卿，共挽时局。即时颁布任徐世昌为国务卿的命令。并发布撤销帝制命令云：

三月二十二日，政事堂奉申令，曰：

民国肇建，变故纷乘；薄德如予，躬膺巨艰。忧国之士，怵于祸至之无日，多主恢复帝制，以绝争端而策久安。癸丑以来，言不绝耳，予屡加呵斥，至为严峻。自上年时异势殊，几不可遏，佥谓中国国体，非实行君主立宪，决不足以图存；倘有葡、墨之争，必为越、缅之续；遂有多数人主张恢复帝制，言之成理。将吏士庶，同此悃忱。文电纷陈，迫切呼吁。予以原有之地位，应有维持之责，一再宣言，人不之谅。嗣经代行立法院议定：由国民代表大会解决国体。各省区国民代表一致赞成君主立宪，并合词推戴。中国主权，本于国民大体。既经国民代表大会全体表决，予更无讨论之余地。然终以骤跻大位，背弃誓词，道德信义，无以自解，掬诚辞让，以表素怀。乃该院坚谓：元首誓词，根于地位，当随民意为从违。责备弥周，已至无可诿避，始以筹备为词；藉塞众望，并未实行。及滇、黔变故，明令决计从缓，凡劝进之文，均不许呈递。旋即提前召集立法院，以期早日开会，（二月二十八日，袁令以国民会议复选当选人为立法院复选当选人，以五月一日为召集期。）征求意见，以俟转圜。

予本忧患余生，无心问世，遁迹洹上，理乱不知。辛亥事起，谬为众论所推，勉出维持，力持危局，但知救国，不知其他。中国数千年来史册所载，帝王子孙之祸，历历可征；予独何心，贪恋高位？乃国民代表，既不谅其辞让之诚，而一部分之人心，又疑为权利思想。性情阂隔，酿为厉阶。诚不足以感人，明不足以烛物；实予不德，于人何尤？苦我生灵，劳我将士，以致众情惶惑，商业凋零，抚衷内省，良用瞿然！屈己从人，予何惜焉？

代行立法院转陈推戴事件，予仍认为不合事宜，着将上年十二月十一日承认帝位之案即行撤销！由政事堂将各省区推戴书一律发还参政院代行立法院，转发销毁。所有筹备事宜，立即停止。庶希古人罪己之诚，以洽上天好生之德。洗心涤虑，息事宁人。

盖在主张帝制者，本图巩固国基。然爱国非其道，转足以害国。其反对帝制者，亦为发抒政见，然断不至矫枉过正，危及国家。务各激发天良，捐除意见，同心协力，共济时艰。使我神州华裔，免同室操戈之祸，化乖戾为祥和。

总之，万方有罪，在予一人。今承认之案业已撤销，如有扰乱地方，自贻口实，则祸福皆由自召。本大总统本有统治全国之责，亦不能坐视沦胥能不顾也。

方今闾阎困苦，纲纪凌夷，吏治不修，真才未进。言念及此，中夜以兴！长此因循，将何以国？嗣后文武百官，务当痛除积习，黾勉图功。凡应兴应革诸大端，各尽职守，实力进行，毋托空言，毋存私见。予惟以综核名实，信赏必罚，为制治之大纲。我将吏军民，尚其共体兹意！

命令颁布后，袁政府又开联席会议，议定临时善后办法三条：一、电知驻外各公使，转告各国政府，并由曹汝霖面达驻京各国公使；二、令警察厅晓谕国民；三、通令各省区军民大吏销毁推戴书、劝进书及代表名册，并征求其意见，限二十四小时答复。次日，各省复电词气都很平和，惟有奉天段芝贵、湖北王占元电中有“我皇帝一生威信，付之东流”等语。至于各国公使，接到曹汝霖的通告都表示满意。从此并恢复“民国五年”的年号，“洪宪”就此收场。先前因帝制用费而发行的洪宪公债也改为五年公债，为办理善后之用了。总计袁大皇帝只享了八十三日寿命，竟是“南柯一梦”。

世凯原是为想恋栈尸位而撤销帝制，颁令之后，便遣豢养的说士内史阮忠枢往说黎元洪，请他出来调停。元洪道：“此后不愿置身政界，除副总统外，无论何职，概不承认。一切事也不愿过问。”忠枢便请元洪顾念百姓横遭战祸，劝南方息兵。元洪笑道：“二次革命时，我对长江和西南各都督担保帝制决不再现，项城必不作皇帝；到得现在，我的信用也丧失完了，说话也不生效力了。”忠枢无奈，默然而回。世凯又令他去说徐世昌、段祺瑞出来调停。他二人因与世凯有特别关系，联名致电西南护国军将领，大意说：“帝制取销，公等目的已达，务望先止干戈，共图善后。”西南竟无复电。世昌便挽康有为、汤化龙、唐绍仪等调停战事，并求有为劝梁启超顾全大局，倡导和议（送有为酬劳金十万元），附以议和条件六条：

一、滇、黔、桂三省取销独立；

二、责令三省长官维持地方治安；

三、三省添募之新兵一律解散，恢复战前原状；

四、三省战地之兵退至原驻地方；

五、即日起，三省之兵不准与官军交战；

六、三省各派代表一人至京筹商善后。

要启超转向滇、黔提出。又令济光与荣廷协商。济光连忙向荣廷开议。荣廷征问松坡、继尧和刘显世的意见，复电严词拒绝和议。济光因与荣廷协商。荣廷便提出六项要求：

一、袁世凯于一定期限内退位，可贷其一死，但须驱至国外；

二、依云南起义时之要求，诛戮杨度、朱启钤……等十三人，以谢天下；

三、关于帝制之筹备费，及此项军费—约六千万—应抄没袁世凯及附逆十三人之家产赔偿；

四、袁世凯之子孙三世剥夺公权；

五、袁世凯退位后，即遵照“约法”，以黎副总统继任大总统；

六、文武官吏—除国务员外—一律仍旧供职，但军队驻扎地点，须听护国军都督之指命；

并附带声明："袁世凯一日不退位，一日难以就范。"世凯接到六条要求，连夜在怀仁堂召集会议，冀图转圜。拟向参政院提出一封掩人耳目的辞职书，再由参政院强奸民意，代为挽留。次日传见参政院长爱新觉罗溥伦等，述明意思，要溥伦向参政疏通，以免发生意外。不料各参政中也有天良尚未丧完的，说："冒昧劝进，已为国人所鄙弃；若又依样挽留，再演一幕滑稽剧，那么，大众都不成人类了。"世凯因此不敢提出辞职书，恐怕参政院不客气的通过允许，倒弄成僵局：辞职书做不成续命方，反成了催命符。世凯便变计散布谣言，说："护国军将举岑春煊为总统。春煊就职，各省军民长官必尽行撤换。"以恐骇各省。一面令秘书拟就拥护自己后任总统的电文，交各省将军巡按使候令拍发，以抵制西南。又派阮忠枢到南京，要冯国璋联合各省区挽留任大总统。国璋不肯。忠枢转乞张勋，张勋答应了。征询各省意见，只有倪嗣冲、朱家宝两人复电赞同，其余皆寂寂无闻。世凯的拥护运动又归失败。京中的一班顽固帝制党便极力主张武力解决。段芝贵、倪嗣冲等并自告奋勇，请令出征。世凯命其候令进止，并谕曹锟等诘责西南，虚张声势。

民党知道世凯有心恋栈，便积极进行讨袁。那时民党势力最大的地方要算广东。各处民军纷起后，济光初犹分兵镇压，后来全省一除广州市场尚未公开外一无地不有。济光虽表面宣布，实在还是效忠袁氏，对于民军仍不免嫉视，两方因此时常发生冲突。各首领为求地方安宁起见，各电广西，请陆荣廷、梁启超来粤调和意见。启超、荣廷都复电赞同。但是冲突日甚，事变日急，迫不及待，乃由谭学夔代表济光邀民军总司令徐勤到省协商，并邀集警察厅长王广龄及广西代表汤觉顿会议。

四月十二日，开会议于海珠岛水上警察署。济光派统领颜启汉等出席。不料方才开会，启汉带来的卫兵即开枪轰击。汤觉顿登时丧命，学夔也中弹身亡，王广龄受伤（后因伤毙命），惟独徐勤走脱。

自此民军与济光势不两立。启超、荣廷本已登程来粤调和，听得海珠之变，便暂驻肇庆。由张鸣岐、谭学衡往返磋商数次，结果协定办法：一、龙济光出兵北伐，未出发之先，仍任广东都督；二、另商治理两广之机关，推岑春煊为首领；三、将袁世凯派驻广东之党羽枪毙。济光处四面包围之中，不能不答应。当即在肇庆设立两广护国军都司令部，推岑春煊为都司令。并将袁党一律免职。各县民军均由都司令点编指挥。

春煊就职后，启超倡议组织西南政务总机关，与袁政府对抗。春煊也赞成这个主张，便致电滇、黔各省征求意见，结果一致赞成。遂在肇庆组立军务院，推唐继尧为抚军长，岑春煊为副抚军长，梁启超为政务委员长，章士钊为秘书长

（后改李根源），唐绍仪为外交专使，蔡锷、李烈钧、刘显世、陆荣廷为抚军。护国军对内对外一切事项，均以军务院名义行之。至此才有临时代表民国的机关。

浙江军队第一、第二两师原为光复时浙江省军，因为将军朱瑞虽出身民党，对世凯极其恭顺，这两师兵与朱瑞有历史关系，所以得以幸免。但是这两师的官长很多革命分子，英士未死时派人运动，已有很好的成绩。广西独立后，浙军便想响应，只因朱瑞态度不明，且淞沪北兵近在咫尺，不能不谨慎从事，以免吃亏。四月初，世凯到底不放心这两师浙江兵，电调驻沪北兵入浙，想要乘机解散浙军，并撤换朱瑞。浙军第一师师长童葆暄、镇守使吕公望、司令王文庆等秘密会议，决定起事。十一晚，吕公望率全军入城，围攻兴武将军行署。朱瑞梦中惊起，仓皇遁走。天明时便正式宣告独立，推巡按使屈映光为浙江都督。映光畏惧袁世凯，不敢就职，仅以巡按使兼浙军总司令名义维持杭州治安。一面暗中电呈世凯说，朱瑞被变兵逼走，不得已暂以总司令名义维持秩序，敬待中央明令。世凯见不是密电，便传令嘉奖，激励各省。知映光是抄济光的旧文章，被世凯这么一奖，浙军军官知道映光首鼠两端，甘为袁家顺奴，愤激异常。童葆暄便通函各上级军官，预备杀却映光。映光晓得风声不妙，—他原是个最会看风转舵的—于五月五日一溜烟逃往上海，临走时托亲信发表辞职书。浙军将领协议结果，公举吕公望为浙江都督，军队改称护国军，传檄全省，声讨袁逆，剀切声明全浙独立，并电军务院及西南各省，取一致行动，贯彻讨袁。军务院任公望为抚军。

陕西民俗强悍，会党极多。闻得云南起义，兼之受了革命党的运动，便要发动。世凯所任的陕西将军陆建章——绰号“陆屠户”—前任北京军法处长时，杀人如草，常说：“三天不杀人便不舒服。”到了陕西，更是作威作福，几乎无日不有宣布罪状的告示。会党恨之刺骨。建章知道第三混成旅旅长兼陕南镇守使陈树藩与民党、会匪通声气，所部又为秦军中最精锐之兵，素称勇悍，因此疑其有变，想道：“汉中为膏腴之地，形势险峻，树藩驻在那里，很难对待。倘若惊动他，他便据汉中独立，由剑阁勾通川、滇，那还了得！不如将他调往陕北，再想方法来除却他！”设谋既定，便调树藩为陕北镇守使，令即日率部开往榆林。

树藩接到命令，知道建章要下手，他便想据汉中独立。部将胡景翼道：“此事万不可行！汉中虽然形势险要，但极难向外发展。虽然可以和四川通气，然而川北未定，陈宧犹在，蔡松坡必无余力来攻取西北，我们仍是孤立无援。且建章能以全力对我，我军势单，难成事。不如竟往榆林。建章见我们遵令移防，疑心必解。榆林为民军之渊薮，我们到了榆林，宣布独立，民军必来归顺，乐为我用。到那时，一声霹雳，建章既要防川，又要对付民军，兵不敷用，必致手忙脚乱。我们再顺着康庄大道，直取长安，必可一鼓而下。”树藩听了，极其佩服，便照计而行。建章以为树藩中计，心中暗喜。

树藩到了榆林，依胡景翼之计，与民军切实联络，并与地方团体极力团结。乘着五月九日，国耻纪念日在三原树起“陕西护国军”的旗帜，通电讨叛贼袁世凯及逆党陆屠户。会同民军，分兵三路，再取西安。建章果然手足无措，各地防军既要防备民军，陕南驻兵更因川战紧急，不能抽调，只得带着妻儿子女，改装逃走。树藩不血刃而得西安。当即改编两步兵旅四混成旅为护国军一至六梯团，自为陕西都督，军务院照例任之为抚军，与西南一致讨逆。

四川将军陈宧本是世凯心腹。因为蜀中号称难治，民国三年时，都督尹昌衡经略西藏，辟川边（即现在之西康特别区，地极膏庶，实可改建行省。）数千里土地。世凯忌其才，召至北京，以“莫须有”之事（以有姓名而无人之呈控侵饷，不审不查，而处徒刑。）监禁狱中。即令陈宧率兵一师又一旅赴川，使为镇守西南财富之区。

松坡起兵护国，亲统第一军征川。陈宧因四川辖地太广，兵力散处，布置难周，请世凯增兵。不料川军第一师师长刘存厚附和滇军，遂节节失败。自松坡休养兵力，再行反攻，势如破竹，成都岌岌可危，张敬尧、曹锟既不受陈宧指挥，又到处掳劫，致民怨沸腾，自动组织团体截击北兵，并要求陈宧独立。川边镇守使也电请迅定方针，共讨国贼。陈宧为环境所迫，不得已宣布独立，电请世凯退伍。同时改称四川都督，加入护国军，为军务院抚军之一员。（后因民党熊克武等对陈不信任，且滇军势大，陈遂辞职，松坡继任。）

湖南本是民党出产地，只是派别纷歧，所以反致互相牵制，不易成功。护国军起，林修梅、邵中柱等纠集同志四十余人，谋炸死将军汤芗铭。（汤绰号也叫“屠户”，入湘三年，杀人八千余，致人民在街市间不敢对语。其所委之调查—即侦探—莫不腰缠数万，汤则亏公币数千万。）三月二十一日，中柱率同众党员一身自当先一手持手枪、炸弹，杀奔靖武将军行署。不料走漏风声，卫队早有准备，开枪抵御，弹如雨下。中柱大呼“杀贼”！轰然一弹，将辕门炸毁。党员王明、文勃、文公直、张国权等十余人俯身冒弹，拥着中柱攻入辕门，至督署前坪。卫队退守仪门，众党员虽死伤甚多，见卫队退后，勇气百倍。正要夺门而进，忽然一排枪自后背打来，文勃等忙回顾时，见东西两辕门外都卧着许多兵士向党人射击。一是汤芗铭在署内用电话调来的队伍。一霎时，中柱连中两弹，同志死亡枕藉。知事已不可为，文勃、文公直兄弟二人护住中柱，与八九个同志扑奔西辕门。张国权当先掷弹，冲开一条血路，由辕门上，西长街，出大西门，乘预备的小船，渡江往水陆洲逃去。王明和十四五个同志冲出东辕门，至又一村分散逃奔，又被军警捕杀八九人。事后株连冤杀，不计其数，督署前老照壁一条街，竟被杀死弹亡的尸身塞满，直杀至二十三日早晨方才停刀。这一回不啻重演一幕黄花冈惨剧，事后死的人比广州革命还多。因此牺牲而唤醒了那有革命精神而无组织的湖南民众，一致暂捐私见，团结对汤。

这时滇黔军已深入湘西，桂军也进占永州。程潜、林修梅、周则范、陈嘉祐、鲁涤平、罗剑仇等纷纷组织义军。芗铭分调世凯派来的安武军（倪嗣冲所部）倪毓棻部应战，大败。湘西镇守使田应诏、常沣镇守使王正雅先后独立，称护国军。同时民军占领郴县、耒阳及湘南重镇（即衡州）之卫队。芗铭方在着急，四川独立的电传到。省城绅士龙璋等预备作大规模的民众运动，芗铭的胞兄汤化龙也由外国电责芗铭，不应倒行逆施。芗铭无法，五月二十九日也宣布独立，并调湘军赴岳阳（即岳州）拒由鄂开来的北兵。军务院也给他一个抚军头衔。

各地党人所组织的军队便纷纷向长沙开拔。以湘南护国军总司令程潜为首领，与驻长沙巡防军统领李右文联络，将要入驻省城。芗铭自知民党必不饶他，悄然而遁。各军便拥与岑春煊、陆荣廷有关系之刘人熙（号艮生，浏阳人，满清时任广西右江道）为湖南都督。（后因刘之子，受贿卖官，屈抑有功党人，被挤去职，谭延闿继任。）

世凯尚在求和，忽连接四川、湖南独立的电报，最亲信、最忠顺的汤，陈也靠不住，不觉大怒，神经震荡。一时怒不可遏，拔出佩刀，直奔后宫。见那封过贵妃的美妾抱着才生下不久的幼子正在玩耍，不知怎样怒从心上起，恶向胆边生，劈头一刀将幼子砍为两半。那贵妃大惊。世凯早将她抓过来，咔嚓一刀宰了。怒气方息，不觉悔痛交集，口中喷血，从此得病。睡梦中时见康广仁、谭嗣同、宋教仁、陈英士等索命。克定大急，忙传医生，中西杂治，渐至不起。

病了数日，忽然稍觉清醒，闷坐无聊，随手翻阅报纸。忽见载着东北军总司令居正奉孙逸仙命令，起义胶东，连克山东十余县，将近省城一段新闻；又载着山东将军靳云鹏请实行退位，以平民愤的一通电报，眼睛一黑，口中鲜血直冒。克文等连忙请留侍医生施救。半日方醒转来，叹口气，喘着哼道："孙……文！"又闭目摇头，流泪不语。克文忙追问："看见什么？"

原来克文从前见世凯要立克定做太子，因妒生恨，便故表清高，不谈储位。暗中却令门下文痞做些反对文字，送登外国报，又故意使世凯看见，以快私意。世凯撤销帝制，克文便倡言："我本来就反对。"以见清高，却日日在世凯前说克定的不是，将各处反对的文电送给世凯看，还要说："这都是大哥给你惹来的！"世凯便骂得克定不敢见面。克文乘势把持，学哥哥的样子于中取利，非贿无政。就是川、湘独立的电报，也是克文特地送给世凯看的（因为汤、陈均亲克定疏克文）。世凯得病，克文知道闯了祸，怕世凯死了，弟兄们借此问罪与损失自己遗产的得数，便禁止一切不好看的文字到世凯面前。知今见世凯念着"孙文"，疑心又有孙逸仙的电报给世凯看见了。

世凯的病日重一日，护国军一日比一日进展，因此催世凯退位的也日多一日。六月六日，世凯羞愤交集，在身边摸出一个蔻仁盒子，取出一粒东西，朝嘴里一塞，精神陡长。便叫齐儿子妻妾，吩咐："兄弟多，不可争产，不可自相残杀被人笑。我死后，你们可嫁的都不妨嫁个人，图个下半世！"说罢眼睛一闭，半晌，低声细念道："孙文该不恨我了吧？……"众人屏息无声，医生还在诊视。世凯又张目四围一望，摇摇手，向医生一笑。他妻子于氏方叫取人参汤来，世凯陡然大叫一声，厉声道："陈！……"只说得一个字，两眼一翻，口角流血，双足一蹬，两手紧握，从此人间不复有此逆寇！只可怜他用尽机谋，到头来只落得一声恨恨，方醒"黄粱"。

第八十一回

督军团北京谋复辟　国民党南都起护法

世凯死后，他的国务员便通电各省报告。护国军军务院既得电讯，即与各省都督往返电商收拾时局办法。各省一致主张遵依《临时约法》，由副总统黎元洪继任大总统。六月十九日，军务院致电黎元洪，要求四项：

一、恢复元年《临时约法》；

二、召集被袁世凯非法解散之国会；

三、组织正式责任内阁；

四、严惩帝制罪犯。

元洪是个好好先生，并且军务院的要求也极其正大，所以元洪无不赞同。但是北洋系一班将领和政客多有“帝制罪犯”的头衔，深不愿听军务院的这种要求。但是环顾情形，除却拥黎元洪为总统，决不能得中外的谅解。因与军务院磋商，将要求条件减轻。无奈军务院坚持到底，直至七月十四日，始勉强完全承认。护国军军务院即日宣告撤销。各省宣告取销独立，一致拥护中央。八月一日，国会重开，元洪莅会，正式行就职礼，宣誓道：

“余以至诚，遵守“约法”，执行大总统之职务！”

就职后即下令：各省统兵长官改称“督军”，行政长官改称“省长”；经国会同意，任命段祺瑞为国务总理，组织内阁。国会又组织副总统选举会，补选冯国璋为副总统。这时气象一新，民众颇有生气。无奈执政的一班人都是军阀或官僚，富于封建思想，绝不思谋新的建设；加之政学系（岑春煊等的党徒）恃功揽权，专谋扩充其私党的势力，民生国计抛诸脑后，致民众大失所望。

逸仙从海外回国到上海，默察国内情形，知这班肉食者流决不足以建设“新的中国”，打倒帝国主义而卓立于世界，便在莫利爱路二十九号著书阐扬三民主义，以为将来救国之道。

且说黎、段当国时，正值欧战激烈，段祺瑞应协约国的要求，主张对德、奥两国宣战，元洪却不以为然。五月七日，段祺瑞向参众两院提出对德、奥宣战案。

两院议员体察中国国情，实无加入战国的能力，表示反对。虽经国务院一再疏通，终未表决。祺瑞大怒，以为国会的牵制是元洪所指示，便秘密通电北洋系各督军及长江巡阅使张勋，团结军阀势力，反对国会。内务总长孙洪伊和国务院秘书长徐树铮从中专权，挑拨府院是非，祺瑞与元洪的恶感更深。北洋各督即预备逞兵作乱。

事先，安徽督军张勋电约各省代表到徐州磋商时局。即有名之徐州会议。复辟党首领康有为本与张勋勾结甚密，日日图谋倾覆民国，恢复满清。到这时，有为认为有机可乘，便暗中主持，要张勋与各省协商，拥爱新觉罗溥仪复辟。因为段祺瑞虽专横恣肆，却是个不赞成有皇帝出现的人。所以徐州会议，表面倡议修改《临时约法》、解散旧国会、改组内阁之一部、改组总统府等项（即进行复辟之第一步，逼黎元洪退位），内容却是恢复满清。除南方各督未参加、段祺瑞的代表不与议外，奉天督军兼省长张作霖、吉林督军孟恩远、陕西督军陈树藩、河南督军赵倜、浙江督军杨善德、山东督军兼省长张怀芝、直隶督军曹锟（代表为吴佩孚）、福建督军李厚基、江西督军李纯、安徽省长倪嗣冲等代表均经签名于盟书，一致拥戴清帝复辟。（或云有山西某督军而无李纯，且冯国璋代表亦与闻）

各督既取一致行动，便先通电赞成参战，并联名呈请黎元洪解散参众两院。元洪接到督军团的呈文，不胜愤怒，一知是段祺瑞所指挥一便毅然下令：国务总理段祺瑞着免去本职（民国以来国务总理皆辞职，被免职者祺瑞为第一人）；特任外交总长伍廷芳兼代国务总理。督军团闻令大哗。倪嗣冲、赵倜、张怀芝、张作霖、杨善德、陈树藩均宣布独立，脱离中央，称兵北上。并借此举，张勋率师直逼京师谋复辟。元洪不知就里，大惧，便召张勋进京，想请他调解。张勋要求元洪先解散国会，方可谈判。元洪无法，只得答应。国务总理、外交总长伍廷芳守正不屈，不肯违法解散国会，宁死不肯副署这种违悖《约法》的命令。元洪被逼，向廷芳哀求。廷芳道："枪毙可以，副署不行！"张勋又催元洪速决，否则要自己动手。元洪无法，只得不经国会同意，不经总理副署，而任命袁氏余孽步军统领江朝宗代理国务总理，副署命令，解散国会。又从督军团的要求，挽李经羲进京。

六月十四日，张勋与李经羲率定武军（张所部），与复辟党康有为、劳乃宣、万绳栻、文和等进京。倪嗣冲……等便取销独立。七月一日，张勋等一面遣兵包围总统府，一面与康有为进宫，将溥仪从老婆床上拖起来，拥到殿上。有为将拟好的诏书——上谕——朗读一遍，便发表了。张勋、有为等遂自为弼政大臣，降旨以各省区督军、都统为总督、巡抚。溥仪童騃无知，一任所为。有为便令警察强迫京师商民改悬黄龙旗，接收各都院，改称"宣统九年"。元洪闻变，与秘书饶汉祥、奋威将军丁槐护大总统印，避往日本国驻京公使馆。国务总理、外交总长伍廷芳、海军总长程璧光率舰队南下，宣言护法。

逸仙在上海得知张勋图谋叛逆，立即电令各省革命党人出兵讨贼。湖南陆军第六旅旅长林修梅首先响应。云南督军唐继尧、湖南督军谭延闿等均传檄讨贼。元洪离职时，曾遗命令一道，布告各省救国，并请副总统冯国璋代行大总统职权，段祺瑞为国务总理，维持民国。于是东南各督也秣马厉兵，讨伐张勋、康有为。

段祺瑞先因听了徐树铮的策略，要参加欧战，主张坚决，以致与黎元洪有府院之争。祺瑞为求自己胜利起见，所以有借督军团威临中央的事发生。不料张勋借此为复辟的团结，这不但是祺瑞所不赞成，简直非他始料所及。及至复辟巨变已成，直隶省长朱家宝和孟恩远等竟翎顶辉煌，望阙谢恩。祺瑞勃然大怒，深悔从前的举动酿成千秋罪案。便率带亲信，露夜到马厂，与第八师师长李长泰商议要举兵救国。长泰也义愤激发，全师均愿效死。祺瑞便于次日—七月四日—组织讨逆军，誓师出发，自任总司令。并致电令段芝贵为东路司令，曹锟为西路司令，会同进攻北京。

张勋、康有为等拥着个小孩—溥仪—呆等各省赞成谢恩。哪知各省督军见张勋一人专横，并且风头不对，都不顾徐州信约，都站在讨贼一方面，图巩固自己的地位，除了倪嗣冲以外，竟无一人响应。张勋因为相信各省一致赞成，所以只带五千兵进京，以为以此兵力逼走黎元洪足够有余。及至段祺瑞出兵讨逆，方才手忙脚乱，调兵应敌。

祺瑞和长泰领兵由京奉铁路突进。张勋部下的辫子军平日既无训练，地理又不熟，一战就败。不到一星期，竟被祺瑞打到北京城外。这时冯国璋已在南京布告依法就大总统职，民国的法统既正，各省更加奋勇，响应的也愈多。北京航空处见讨逆军已到郊外，便派飞机助攻辫子军。又令飞机飞至皇宫空际，抛掷炸弹。溥仪正和张勋等开他们的御前会议，轰然一声，将阶前炸去一角，直吓得魂飞魄散。溥仪拔步便逃，张勋、有为等也不觉大惊失色。方在惊惶间，忽然内监报道讨逆军将要攻入前门了，张勋吓得手忙脚乱，也顾不得他的圣主，带了万绳栻等一班亲信，和有为逃入东交民巷荷兰公使馆去了。

祺瑞率兵攻入北京，辫军方在抢劫。第八师的官兵分途剿杀，不一时早已缴械完毕。祺瑞一面出示安民，一面接收各机关，并声明保护溥仪，又派兵搜捕逆党。

冯国璋在南京就职后，便接到西南及长江各省拥戴并请领袖各军讨逆的电文。七月十二日，祺瑞克复京师，又来电请进京正位。国璋便于八月一日由津浦铁路入京视事。十四日，布告对德、奥宣战。

这时各省人士纷纷电请恢复旧国会，惩办复辟罪魁。祺瑞因旧国会反对参战，复辟罪案查办起来，牵连太大，所以任凭各省人民如何呼诉，总是置之不理。复辟虽幸而不成，立法机关依然中断，民情惶惑，国本飘飖，以致于有护法之师。

且说陆荣廷为扩充势力与地盘，将龙济光逐到琼岛，以陈炳焜为广东督军，后来又以莫荣新继任。复辟变起，伍廷芳和程璧光以老民党关系，奉孙逸仙命令，率海军舰队南下护法。滇、黔、粤、桂、湘南都先后宣告自主，出师护法。这护法之战，完全是冯、段当国，不顾法律，弁髦立法机关，并想武力征灭西南，造成清一色“北洋系统治中国”酿成的。

但是对南的政策，冯、段所主张的又不一致。冯主张联和，相机吞并；段主张用兵，完全武力统一。祺瑞的对粤战略。是以闽浙军入东江，张怀芝率北兵入北江，龙济光由琼州入西江，使粤省难于应付。

二十一日，逸仙与护法国会议员都到广州。二十五日，国会开非常会议，一因不足法定人数一制定《军政府组织大纲》。议决组织军政府。选举逸仙为陆海军大元帅。即在士敏土厂组织大元帅府。九月十日，逸仙就职（唐继尧、陆荣廷被举为副元帅，二人均不就职），发表宣言，以大元帅名义执行一切事务。

段祺瑞因为要灭却西南，并吞两广，于是不能不顾到两广的门户——湖南。那时湖南督军已由祺瑞委任他的死党傅良佐。良佐号清节，是湖南人。祺瑞派良佐到湖南，一半也是塞湖南人“湘人治湘”的口号。

湖南的军队都是讨袁护国时编成的。其中第一师师长赵恒惕是广西军官出身，与桂系、政学系极为接近，为人素来圆滑，善于规避。部下两个旅长：第一旅旅长李右文为人和恒惕差不多，且带北洋色彩；第二旅旅长林修梅（浴凡）却是个三民主义的信徒，有力的革命分子。第二师师长陈复初和良佐曾经同事，极力欢迎良佐入湘。部下两个旅长：第三旅旅长陈嘉祐（护黄）和部下团长鲁涤平（咏安）生平服膺逸仙，思想新颖，对于革命异常努力；第四旅旅长朱泽黄却是个惟利是图、毫无宗旨的人。意见极不一致，所以原任督军谭延闿不能不让良佐带北兵入湘。但是延闿顾虑到湖南归北洋系统治，西南门户洞开，势将不保；全国将尽为北洋系所蹂躏，国民永远享不着共和幸福。因此交卸时，发表一道命令，委任刘建藩为零陵镇守使，并予一道密令，会同林修梅在湘南独立，听候逸仙指挥，作西南的屏障，革命的先锋。预备已完，延闿便飘然赴上海。

建藩到了湖南，和修梅商议，便将第二旅及江道区守备队军官集合，宣布北洋军阀蚕食西南、荼毒中国、毁法殃民的历史和现在的事实，誓师护法。众军均誓死抵抗入湘的北兵。修梅见士气可用，一面与在野的同志相商请邵中柱等入省运动，又秘密遣代表与陈嘉祐联络。一切预备妥帖，便通电宣布独立。

良佐便调随带入湘的第八师（王汝贤）、第二十师（范国璋）两部进攻湘南；一面调陈嘉祐离常德来省，严密监视。陈复初也令朱泽黄会同攻击护法军。建藩与修梅遂严密布防，并欢迎程潜回湘任总司令。赵恒惕这时正奔丧回衡州，修梅便亲自拥他先行出来主持。湘军第一旅所属的两个团长宋鹤庚、廖家栋逐去旅长李右文，归附湘南。于是护法军声势大震。

湘军本来有骁勇之名，何况北兵蹂躏他的桑梓？一声宣战，万卒齐冲，直把北兵打得落花流水。良佐大急，求计于陈复初，并将复初所部的湖南陆军第二师改编为国军第十七师，以收其心。复初受了这种宠异，怎不卖力？督着第四旅出发。到得耒阳，第四旅的兵士便自由携械，投入护法军，旅长朱泽黄也无法制止。一战而失耒阳，再战而失醴陵，丧师不少。良佐拍电到北京告急，祺瑞便令第七师师长张敬尧率本部援湘。国璋见祺瑞派他皖系的人扩张自己的势力，遂也派第三师吴佩孚会同出发。

此时国璋与祺瑞主战主和已分道扬镳，各走极端（此为北洋系分裂为直、皖两系的表现时代）。祺瑞便令良佐等图急功，国璋却暗嘱王汝贤、范国璋缓进。因此湘中将帅不和，战事不利，日日败退。陆荣廷为实行他的“大广西主义”起见，乘机会阳揭护法之名，令谭浩明为湘粤桂联军总司令，率桂军—马济等——援湘，夺取湖南为“殖兵地”。但是桂军多是绿林出身，善于山战，北兵断非他的对手。一经接触，便纷纷溃退。不到几日，便连克株洲、湘潭，直驱长沙。恰值良佐的党徒、水警厅陈璩章被党人暗杀，人心惶惶，湘军第三旅旅长陈嘉祐即率所部团长鲁涤平等在长沙宣布加入护法军。良佐及代理省长周肇祥乘日本兵舰，潜逃赴鄂。

湘南总司令程潜亲督第一、二两旅及守备队到省，未退尽的北兵全被缴械。长沙总商会等各团体开会，公举程潜为湖南省长。程潜辞卸道：“大法未复，军事正待进行，政治非我所长，仍当继续统军北伐。不过长沙的秩序，我总负责维持，诸君可以转告于各界同胞放心。”各团体方预备续行推戴，哪知赵恒惕因程潜是逸仙部下得力的人，自己却与桂系有历史的关系，程潜若果掌握湘政，于桂于己必无利益。便暗中致电给谭浩明，请火速来省；又示意各界拍电迎谭。修梅知道，不胜其愤，但是强敌当前，不便发作，致召灭亡，只好忍气吞声，听凭恒惕前门拒虎，后门迎狼。浩明到长沙，便喧宾夺主，大权独揽。程潜也不与计较，率师出发，攻取岳州。

段祺瑞黩武的迷梦未醒，在阁议席提出征伐案，想大举南征。不料北军师长王汝贤忽然通电主和，江苏督军李纯（由赣督调任，继冯督苏）、湖北督军王占元也联衔电请停战。祺瑞明知此种举动是冯国璋的主使，裁制主战政策的，便引咎辞职。国璋便任祺瑞为参战督办，以王士珍继任国务总理。士珍也主张和平，无奈北方政局大权暗中仍操在祺瑞手中。段系的督军安徽倪嗣冲、山东张怀芝、直隶曹锟在天津召集奉、吉、黑、秦、闽、浙诸省代表开会，一致主战。祺瑞部将徐树铮又联合奉天张作霖，预备抵抗国璋和国璋部下的直系军人。国璋知道势力不敌，恐怕决裂时自己吃亏，便于三月二十三日下令，复任祺瑞为国务总理。祺瑞再入内阁，第一事即是攻西南。三月二十七日发表命令，特任张敬尧为湖南督军，令曹锟、吴佩孚会同进攻。

这时湘军已取得岳州，湖北黎天才所部鄂军据荆州、襄阳一带独立，响应护法。怎奈桂系只顾一己，毫无远虑。在前线的粤桂军既不锐意作战，谭浩明又不予湘军以充分接济，卒致放弃岳州，长沙也连带失守。四月一日，敬尧入长沙，佩孚领兵追击，遂占衡州。祺瑞大喜，令佩孚速进。并派曹锟为四川、广东、湖南、江西四省经略使，张怀芝为援粤总司令，吴佩孚为援粤副司令。声势浩大，大有气吞百粤之概。哪知佩孚因张敬尧坐收渔利，心中不快，并且想博国人欢心，投机作个军阀，便与西南将领赵恒惕等互商停战，甚至与湘军长官联名通电主和，请速罢内争，博得不少的舆论同情，“吴佩孚”三字渐渐为人所注目。

第八十二回

莫荣新暗杀程璧光　孙中山辞卸大元帅

且说陆荣廷要达到大广西的目的，所以入粤的桂军视别军如眼中钉。及至军政府成立，逸仙就职，桂系更多方掣肘，只想排去逸仙。逸仙以大局为重，绝对不和他们计较。莫荣新任广东督军，更肆无忌惮，遇事都故意使逸仙难堪。湖南护法军败退时，桂系便令赵恒惕乘机排挤程潜去职，以孤革命党之势力。恒惕本与桂系关系深，当然奉命惟谨。不料程潜和林修梅都因被逼离湘后，许多湘军竟成了群龙无首，无法统制。况且湖南一角，穷戚异常，数万大军麇集彼处，实在苦不堪言。若无素为军心所归之人总持一切，不消敌人来打，自己也会消灭。恒惕无法，便请谭延闿来湘南主持。延闿为保存革命实力起见，自然不能不勉强担任。荣廷见此情形，迁怒逸仙，以为革命党故意和他作对，都是广州军政府主持的，便电令莫荣新摧残军政府。

元旦日，大元帅卫队的连排长及新募的卫士方在庆贺，突被莫荣新捕去数十人，说是土匪。大元帅闻得，叫副官去保，荣新不理。逸仙自己去保，荣新竟出言不逊，且将这数十人执行枪毙，与逸仙以难堪。这时逸仙便是铁佛，也不能再忍了。三日晚间，令程璧光调同安、豫章两军舰驶近中流砥柱炮台开炮，向莫荣新的督军署轰击，以示惩戒。荣新不敢还炮，一恐怕滇、粤两军助逸仙来攻一只令卫队严守。海军攻了一整夜，方才休息。从此双方结怨更深，荣新排挤军政府也愈急。

桂系与政学系本有连带关系，都主张联直，与逸仙彻底护法的宗旨绝然不同。两系的首领岑春煊、陆荣廷、李根源、章士钊等运动各省自主，在广州组织联合会议，设军事、外交、财政、议和等代表，轮值主席。这联合会议，只不过是对北方的一个议和机关，但是将军政府威权劫夺殆尽。成立未久，便倡议合并军政府，实在就是要打倒逸仙。

陆荣廷所顾忌的就是程璧光。因为璧光手握全部海军，绝对服从逸仙，独力拥护，屹然不动。荣廷便令荣新设法对付璧光。荣新当即密遣心腹人组织暗杀机关，要刺杀璧光。

璧光见桂系跋扈骄横，目无军府，心中大怒，提起精神，想要一柱擎天，拥护军府，剿灭叛徒，实行北伐。因此，常到海珠对岸训导海军将士，矢忠救国。二月二十六日，又渡过海珠对岸，与将士商议军事回来，方到渡头，突然闪出几个暴徒，开枪乱击。璧光猝不及备，竟被击伤身死。

逸仙闻讯，哀悼异常，与伍廷芳商议追悼善后，并缉捕凶手。荣新去了这个劲敌，心中大快。便和荣廷等勾结政学系的国会议员，开会赞成改组军府。逸仙愤议员无识及桂系军阀阴谋，致救国大计不能实现，与同志商议，决计到民间去工作，以收将来之效。遂于五月四日向非常国会辞职，离粤往上海。殚精竭力，著成《孙文学说》，说明“行易知难”，洋洋大观，为世圭臬。

荣廷等逼走逸仙，目的已达，便使国会议员修改《军政府组织大纲》，改独裁制为合议制。置政务总裁七人，组织政务院，俨同内阁。五月二十日国会非常会议，选举岑春煊、陆荣廷、唐继尧、唐绍仪、孙文、林葆怿、伍廷芳七人为政务总裁，岑春煊为主席，于七月五日宣告成立。逸仙以这种军政府不过是一个与直系讲价求和的机关，绝无发表政见的机会与建设的可能，始终未到粤就职。唐绍仪也只遣代表参加。

逸仙在上海，向广州国会提出辞职书，暂时摆脱了政治，努力于革命主义的完成及《建国方略》之著作，专门致力于民众运动。在此期间，著成《国际共同发展中国实业计划》，寄与各国政府及名流，多得其同情。

这时的军政府简直与直系勾通一气。直系师长吴佩孚利用时会，通电主和，军政府竟首先赞同。段祺瑞素来刚愎自用，见直系勾通西南，满心大怒，密令湖南督军张敬尧严密监视吴佩孚，相机消灭他。佩孚便实行与赵恒惕结合，抵制敬尧，敬尧竟无可奈何。

祺瑞仗着讨平复辟之功，再作国务总理，便要贯彻他的对德、奥宣战的主张，于六年八月六日，在国务院组织“战时国际委员会”，研究宣战后应办事项，如遣送德、奥侨民，收回德、奥租界等。又以参战非巨款不能出兵，并且想另外制造一个新国会，参众两院——也非巨大金钱不能着手。于是依章宗祥、陆宗舆等的谋划，第一次向日本银行团借定日金一千万元，作为善后借款之垫款。八月二十八日，由财政部与日本银行团代表小田切、万寿之助订定借款条约二十条，正式签字。巨款到手，便筹备出兵，创设督办参战事务署，祺瑞任督办。接连着与日本进行满蒙四铁路，山东两铁路条约，借款共千万元。又军械借款、参战借款等等，均为数甚巨。祺瑞左右都是亲日派，以参战为名，与日本屡定卖国条约。甚至签定《中日陆军共同防敌军事协定》，允许日本军队进驻吉林、黑龙江及外蒙古。自此协定签字，全国舆论大哗，以其无异引狼入室，表示激烈反对。西南军政府伍廷芳、林葆怿、陆荣廷等反对更烈。但是已经签字，也就无可挽回。

祺瑞因参众两院已被解散，民国无立法机关，不大像个样子，便与冯国璋商量要组织新国会。国璋明知是祺瑞另有所谋，但是他势力扩大，兼之新编参战军数师，都在京畿附近，自己在包围中，不敢不依从他。遂于六年九月二十九日下令，令各省选派参议员，到北京组织临时参议院代理立法机关。祺瑞部下——徐树铮、王揖唐等——想要操纵将来继任总统选举的，特组织安福俱乐部——即安福系，为皖系之大组织——运动国会选举。十一月十日，临时参议院在北京开会，安福系议员果然占大多数。

开会第一件工作，便是修改《国会组织法》及《选举法》。两院议员人数都被减少（参议员竟被减至一百六十八人），各省由地方选举会选举，地方选举会的资格也严加限制。不惜破坏《临时约法》，引起西南护法之师。安福系的意思，无非想除去反对党较多的各省议员，以便操纵大总统的选举。

但是这时段祺瑞尚不能露面上台，以召反对派的激烈攻击，当然要寻一个傀儡来供利用。恰好徐世昌正在阴谋窃国，安福系便去勾结他，要他拿些资本出来，拥他做大总统。世昌一想，花点小资本，上台后总可捞回来，又得了个大总统头衔，名利双收，这买卖实在做得，便满口应允。安福系既已寻着这个傀儡，即由国务会议通过，召集新国会。国璋虽然知道是排挤他的第一步，却是安福系对他的名正言顺，也无法可想，只好下令召集这非法国会。七年八月十二日，新国会在北京开会。安福系"独家承包""如法炮制"的大功告成。国璋即悻然辞职（八年十二月二十九日在北京病故）。

国璋既已去职，安福系正中下怀。九月一日，便由新国会形式上的投票，选举徐世昌为大总统。世昌利用直、皖相持，收得渔人之利。却因由安福系捧上台的，且在他包围之中，不能不服从安福系的命令。就职后，祺瑞便将国务总理交给钱能训（徐党），自己专任参战督办，仍掌握全部政权。北方的政治，均直接由祺瑞管理，间接由安福系各领袖支配。世昌平素自己标榜"文治派"，上台后宣言："世昌以救国救民为前提，窃愿以诚心谋统一之进行，以毅力达和平之旨。"图博得国内一部分希望敷衍太平的人们的赞助。

这时欧战告终，段派军阀及西南军政府都不敢在这世界和平的空气中，明目张胆的主战，于是双方都辗转发起议和。世昌下令："所有前方任事各军队，务当即日罢战，一律退兵。"广州军政府因内部意见分歧，粤、桂实力派不相容，毫无向北发展的能力，便也宣告停战。

于是南北两方各派代表进行和议。北方总代表朱启钤，南方总代表唐绍仪，各率附属人员，于八年二月二十日，在上海德国商会开会。和议方开，便有北方军队进攻陕西护法军队的事发生，南方代表提出抗议，和议发生裂痕。且待将陕西的事实补叙明白，好让读者明了军阀政客之不顾信义。

陕西自陈树藩逐去陆建章后，便作陕西督军。他为保全地盘起见，勾结段系，投降在安福门下，作个顺臣。恃这奥援，在陕西无恶不作，种鸦片，增税捐，弄得怨声载道，民怨沸腾。陕西民性素来强悍，经树藩这样蹂躏压迫，便民军四起。树藩派兵严剿，杀人无算。陕军中头脑清醒的军官胡景翼（笠生）、曹世英等早看不过，意想乘机打倒他。

于右任得了这个消息便报告逸仙。要运动陕军革命。逸仙极力赞成，并拨款给右任应用。恰好胡景翼派代表来寻右任赴陕主持一切，右任便辞别逸仙，绕道赴陕。

胡景翼驻军三原，这地方形势险要，民富物丰。右任到了三原，便秘密到景翼营里相见。景翼异常欣喜，便与右任计划起义。右任问起情形，景翼道："曹世英所部及各处民军均已接洽妥帖，只候先生一到，就可行动。"右任道："伯生（陈树藩字）不知道吗？"景翼道："我还敷衍着他啦。"右任道："咱们明天大家聚一聚，商量一个确切的办法。"景翼答应了，即便派人邀请曹世英及民军代表于次日会议，并欢迎右任。

次日众人到齐。右任首先表示致谢众同志欢迎之意，继即报告革命的意义。众人一致赞成，议决先用景翼的名义在三原宣布独立。

树藩闻报，便饬令第一混成旅即日出发。又得参谋处报告说："曹世英与胡景翼勾通一气。"树藩更加迸急，便亲自由军用电话中和景翼答话，问道："笠生！你怎么截留剿匪的子弹？"景翼答道："我这里也正在剿匪，要子弹用呀。"树藩道："我办来的枪，你怎么也全留下咧？"景翼道："我不知道呀！"树藩道："笠生！咱们相处很不错的，你不要误会！"景翼道："谁误会来？我始终是服从督军的。旁人的话，督军不要听才好。"树藩道："你到省来，我们大家谈谈好么？"景翼道："我准明天就来谒见督军。"树藩再要说时，已无人答话了。

树藩见景翼答应来省，便疑所得的探报不确。方在狐疑，陡然接着曹世英的密报说："胡旅长景翼图谋不逞，邀职与谋。职当予敷衍，特密呈请示机宜。……愿效力除奸……"等语；另有报告一纸，列举胡景翼谋叛的证据事实及同谋的人名，说得千真万确，赤胆忠心。但是人名却有几个是树藩的军官，因此将树藩弄得心上心下。隔了两日，世英又报告景翼调兵情形，请拨子弹枪械，以便防堵，并说本管旅长也有嫌疑。树藩一想，果然没见旅长报告，团长倒两次告密。再派人调查景翼最近调兵移防情形，竟与世英的报告丝毫不差，不得不信。当即解运子弹饷糈与世英，并密令嘉奖，许以重赏，要他对付景翼，监视旅长。

不料景翼竟于七年一月二十五日通电独立。树藩便令世英进剿。发令三日，还没见世英一字报告，便打新装的军用电话亲问世英："怎么不出发？"世英道："还没预备好。"树藩便问："怎么还没预备好？胡笠生要打来了！"世英道："笠生么？就是他要我头里走，我为的没预备好，所以还没出发。"树藩急道："你这话怎么讲的？我听不明白。你要的东西不是都照给了吗？为甚到现在还要预备咧？"世英笑道："这有什么不明白？你给我东西，不是要我到西安来吗？笠生也要我快出发到西安啦。我只候着一个人到，我便来了。您甭着急，不久就要出发的。咱们西安见吧！”树藩听了，只气得个“发昏章第十三”，好半晌不省人事。

隔了两日，果然宣布是于右任受军政府命令，任陕西督军，胡景翼、张钫任军长，曹世英任前敌司令；浩浩荡荡，声势伟大。树藩无奈，只得集合真正嫡系的军队拚一死战。从此互相混战。右任取得二三十县，作一个北方革命党的“中流砥柱”。

直到南北议和时，树藩仍在进攻右任所统之陕西靖国军。同时段祺瑞又令徐树铮积极召练参战军。为清一色的安福军队。南方军政府总代表唐绍仪因两项是违背议和原则的举动，提出抗议，同时要求北京政府取销参战借款及《中日军事协定》。段派不答应。和议遂无形停顿。

直系的江苏督军李纯、江西督军陈光远、驻衡南三师师长吴佩孚及湖北督军王占元，因为直系素来主和，和议破裂，便是直系的失败，遂出面调停。恰值陕西的军事，双方都因金融不活而停战。双方代表便于四月九日重开会议。南方代表团提出恢复旧国会的要求，原为南方军政府的根据是护法，由旧国会产生而成立的。旁的事都好说，若是牺牲旧国会，便失却根据，无异自认无理。所以无论如何，不能不坚持这个要求。但是北方的大总统——徐世昌是由新国会产生的，若承认旧国会而弃却新国会，便是丢却根本，不啻“直供不讳”的承认非法，大总统根本变成罪人。因此两方利害切己，各走极端，永无接近之希望。虽经那“官僚的传声筒式”的商会、农会、教育会，和“应运而生”的什么和平促进会、和平期成会……特别的起劲，大发其“印刷电报”——快邮代电——也不能发生一点作用。相持数日，毫无结果，和议正式破裂。两方代表均呈请辞职。

第八十三回

伸民声学生惩国贼　始投机军阀倒政府

且说世界大战告终，美国大总统威尔逊发起和平会议，地点定在法国巴黎。各国都派全权代表到会。中国也以战胜国的资格，派陆徵祥、王正廷、顾维钧、施肇基、魏宸组五人赴巴黎和会列席。五代表便提出“收回租借地”、“撤销领事裁判权”、“改订关税”等议案，要求中国最低限度的解放。

留欧学生要求五代表将民国四年袁世凯未经国会通过与日本私订之二十一条，一并提交和平会议请求公判。五代表便搜集一切证据理由，将案提出会议，要求各国予以公平的裁判。但是世界列强——帝国主义者——都是互相勾结，压迫弱者的，哪里有什么公理？所以这种理由充足的议案，各国也碍着日本，以非和会权限所能裁判为辞，搁置不议。

这时，战胜方面——协约国——方与德国缔结条约，规定日本承继德国在中国山东的权利。中国代表据理力争，并提出中国为战胜国，理应收回德、奥前此压迫中国而取得之特殊利益，列举胶州应归还中国的理由，正式抗议。日本代表便宣言根据民国四年袁世凯签字的条约，及民国六年驻日中国公使章宗祥同意的照会说：“中国确已允许日本承受德国在山东的权利，中国代表不能违背这已定法案而反汗不认。”英、俄、法、意等国都因为与日本订有密约，允许助日本取山东，不能不昧却良心，蔑视公理，帮助日本。于是山东问题、胶州归还问题，降而为中日两国直接交涉。

这警耗传到北京，醉生梦死的政府、卖国自私的总统（徐世昌）当然不将这事放在心上。但是一班富有革命性朝气蓬勃的青年——各大学学生却满腔愤慨，誓争国权。五月四日，各校学生开大会列队游行，为示威运动，惩办卖国贼陆宗舆、章宗祥、曹汝霖（中国国权，山东、胶州都是这三人卖国媚日一手送却的）。这便是震铄世界，唤醒国魂的“五四运动”。

学生既一致议决惩罚卖国贼，知道北京政府和卖国贼是通同一气的，决不能执法惩办，以谢国人，便实行民众处罚。分途将逆贼章宗祥、陆宗舆、曹汝霖的贼巢捣毁。曹、陆两贼闻风先逃往使馆，投托他恩主——帝国主义者——保护。章贼方要逃避，被学生捕着，打了个半死（只可惜没处死他）。北京政府反派军警保护诸贼，压迫学生，拘捕多人。

山东各团体因为山东问题、胶州问题都是切肤利害，公举代表八十五人到北京请愿，呈递请愿书，要求北京政府准行三事：

一、巴黎相会关于山东问题三条，必须拒绝签字；

二、《高徐顺济草约》必须废止；

三、卖国奸贼曹汝霖、章宗祥、陆宗舆必须严惩。

徐世昌只装聋作哑，不予答复。其实二十一条签定时，世昌正任袁世凯的国务卿，也是主犯之一，所以不能不保护国贼，蔑视国民公意。接着便有直隶、山西、河南、江苏、湖北等省代表相继到北京请愿，北京政府仍然置之不理，一味秘密，想欺蒙民众，私向帝国主义者承认了结。于是激动全国公愤，各地人民一致起来援助北京学生及请愿代表。上海学生于五月二十四日首先宣布罢课。六月四日，上海商界经学生痛述利害，全埠罢市。各省区市埠纷纷继起，罢市罢课，组织各种救国团体，一致力争。十一日，北京政府知民气膨胀，不可轻侮，不得已释放被捕的爱国运动者，下令免曹、陆、章三逆贼之职，各地方才开市开课。

五四运动发生时，巴黎和会正将对德全案交德国代表签字。和约中第一百五十六、一百五十七、一百五十八三条，规定日本承受德国在中国山东的权利。这和约由中国代表传到国内，全国民众更加愤恨，纷纷拍电至巴黎，声请五代表严厉拒绝签字，前后数千通。五代表中虽有人受北京政府的暗示，但是也不敢公然蹈卖国贼的覆辙；顺从民意，于六月二十八日在巴黎和会正式拒绝签字。声明除第一百五十六至一百五十八三条外，其余各款均表示赞成。并对德、奥两国与协约国同时恢复邦交。

参战既已终了，参战督办当然不能存在。世昌便依安福系的要求，将参战军改编为边防军，授段祺瑞勋一位，以酬参战之功，并任为边防督办，节制边防军。于是酿成“直皖战争”。

直、皖两系虽是同由北洋派—即小站派—袁世凯余孽分裂而成，却各拥一部分势力，暗斗极烈。各谋扩张势力，占据地盘。直系自冯国璋死后，虽有吴佩孚继曹锟代之而起，其时羽毛未丰，未免力量不充，其势稍衰。便结合奉天张作霖张大声势，以为己助，皖系却因段祺瑞手握大权，奄有南北数省，庞然自大。大凡天下事，受压迫的最易团结，而且反抗力也最强。直系既被皖系逼迫，日思雪恨，且图取而代之，于是便想到卖好民众。以期攫得政权。这时安福系包庇卖国贼陆宗舆等，全国均痛恨皖系祸国。吴佩孚便利用时机，倡言表同情于民众，发通电请北京政府力争国权，处罚国贼，博得国人不少的同情。佩孚知投机的时会已到，便按步骤实行倒皖系。

南方军政府既与直系相勾结，便与吴佩孚现金五十万为军费，使他去打倒皖系。佩孚遂通电指摘北京当局，称徐世昌为“菊人先生”，而不称大总统。世昌也无可奈何。五四运动既起，佩孚因投机而表同情于民众博得名誉后，便于九年三月十八日通电攻击安福系卖国行为，自衡州撤防北归。同时与湘南护法军会议，商定由湘军打倒张敬尧。又与湘军将领联名发表对时局宣言。

这时程潜、林修梅、陈嘉祐均已被赵恒惕排挤离湘赴粤，刘建藩在株洲阵亡。湘军将领迎谭延闿回湘南主持。延闿便令各军进攻。西南军政府派滇军杨益谦、赣军李明扬（均因反对政学系，不容于粤）入湘助战。第二旅旅长廖家栋、第三旅旅长鲁涤平与湘南游击司令李仲麟最为奋勇，围攻衡州北军吴新田部。敬尧派胞弟一混成旅长张敬汤带兵往援。哪知方一接触，便被湘滇军打得落花流水。

湘军痛心桑梓，拚命进攻；北军志在抢劫，无心应战。不到一月，失却十多县，看看打到湘潭。敬尧知道不能支持一向段祺瑞请援，也无兵来；湖南民众又暗助湘军—便于六月十一日席卷所有，露夜逃走。临行时放火焚烧督署，纵兵枪劫街市银行（长沙自桂系退兵焚掠后，此为第二次大劫）。湘军李韫珩率部首先赶到，入城维持秩序。赵恒惕、谭延闿均陆续到省，将陈复初残部解散。同时派滇赣军直取岳阳。全湘既定，论功以鲁涤乎、廖家栋、李仲麟及滇军为最大。延闿即拟照功绩颁赏，升编师旅。赵恒惕却暗中阻止，便与延闿结怨。张敬尧的残部到鄂，被王占元解散，并枪毙张敬汤。敬尧下野。

且说佩孚率第三师和四个混成旅由湘北归，由京汉路节节布防。湖南护法军克复全湘后，遥为佩孚声援，直系更觉气壮。曹锟、李纯、张作霖通电宣布西北筹边使兼西北边防军总司令徐树铮祸国殃民，卖国媚外，把持政柄，破坏统一等大罪，声称：“谨厉戎行，为国除奸。望全国士民，一致声讨。”世昌见风头不好，便开去树铮本兼各职，任为远威将军。

祺瑞见直、奉两系对皖系下总攻击，世昌竟将树铮免职，实权将失，怒不可遏，便于九年七月八日改组所部边防军为“定国军”，声讨曹锟、吴佩孚、曹瑛等。佩孚便宣布祺瑞及安福系罪状，由保定调兵北上。并致书日本公使，请求严守中立。

张作霖起初便出面调停，以严厉的条件向皖系要求。后借着皖系不受调处，派兵入关，援助直系。同时军政府也通电讨段。南北海军将领林葆怿、杜锡珪也声讨安福系罪恶。国内舆论对于直系都表示相当的同意。皖系遂成为众矢之的。

七月十四日，两方军队在近几地方开始正式作战，战斗得极为剧烈。次日，东路徐树铮所率西北军由张庄、蔡村、皇后店进攻杨村方面曹瑛所部直军，当即占领杨村。直军大队反攻，将杨村夺回。西路佩孚与边防第一师在涿州北面大战。奉军由边防军后面夹攻。边防军大败，弃涿州，全师退却。第二十九旅旅长张国溶、三十旅旅长齐宝善、边防第一师长曲同丰均向直军投降。边防第三师也弃械溃散。奉、直两军遂进南苑、北苑。这时察哈尔都统王廷桢率师进驻康庄，与边防军、西北军在居庸关附近发生战事。察军战胜，将边防军、西北军解除武装。于是皖系的军队便完全消灭。直军长驱入京。直皖战争的一幕遂告终结。

祺瑞见边防军败溃，七月十九日便通电引咎辞职。并撤销定国军名义。世昌虽然是安福系拥他上台，但是祺瑞及一班安福分子不啻“太上总统”，世昌实在难堪。直皖战前，世昌便放出他的历史上投机阴谋的手段，与佩孚等暗中勾结。及至边防军完全失败，赶忙下令将督办边防事务处及西北军名义撤销；明令将徐树铮、曾毓隽、段芝贵、丁士源、朱深、王郅隆、梁鸿志、姚震、李思浩、姚国桢等一安福大小祸首一免职查办；通缉王揖唐；褫夺陈文运（边防军第三师师长）、魏宗瀚（陆军第九师师长）、刘询（陆军第十五师师长）、曲同丰（边防军第一师师长）、张树元（谦威将军）官勋，交陆军部依法惩办：以取媚直系。同时嘉奖曹锟、吴佩孚。北方政权又归直系掌握。皖去直来，徐世昌只算换了一个父亲，国民却增一番损失，深一层痛苦。

佩孚出兵时至战胜后，迎合国人心理，主张开国民大会，解决时局。更主张将南北新旧国会同时一律取销，南北议和代表一律裁撤；所有历年纠纷，概由国民公决。因此中外人士，无不赞成，说：“吴佩孚是个救国英雄。”哪知他不过说说骗骗人罢了，哪肯实行？得权以后，任凭民众一日数十电的催促，仍是置之不理。渐渐的扩张直系势力，扩张自己的地位。声言“誓不做督军”，却将部下的旅长都放到各省去做督军，自己为直鲁豫巡阅副使，成为一个“太上督军”，俨然是国内唯一大军阀。于是吴佩孚的欺世盗名，渐为民众所认识了。（佩孚谓：“生平不要钱。”世人多信之。革命军克复武汉后，在佩孚之租界住宅中，抄得貂褂数百件，金器以千计，珠玉古玩更不胜数，价值之巨，至不能估计一见十六年七月各报所载谭延闿家书一按：佩孚每以诞辰设宴，各省贡献之物，价值恒以万计。佩孚之贪鄙盗名，如此可见一斑）。

且说赵恒惕在湘南时便想把持一切，作个割据军阀。奈当时羽毛未丰，对谭延闿不能不貌为恭敬。既复全湘，便向一班军人市恩，凡遇难题，就使延闿结怨，他却反而做好人。自觉机会已至，便实行排谭，利用着拥程（潜）军人作他的工具。

程系的健将第六区司令官李仲麟驻兵醴陵，实力雄厚。恒惕特别的注意他，恐怕排谭以后，弄假成真，程潜回湘，自己便有许多不利。那时零陵镇守使萧昌炽是延闿的得力人，驻兵平江，突被部下刺杀，军队由李仲麟收编，于是激起政潮。恒惕暗中煽动一班军官逼迫延闿。延闿是个忠厚老实的革命党人，原无心禄位，便乘此摆脱，将政权交与恒惕，飘然赴沪。

李仲麟等以为时机已到，一面团结同系，一面联络在野党人开始运动。仲麟要亲自到省。恰值文公直交卸护国军团长，要到云南报告经过，路过湖南，与同志何必（湘阴人，字钟瑞）便道到醴陵探视仲麟。二人均切劝仲麟万不可轻身到长沙，陷入赵党包围中，致酿不测之祸。仲麟唯唯。二人便告辞别赴滇，并返沪谒逸仙。仲麟送过二人，便令株萍铁路备车。厘金局长王森道："文团长、何参军不是劝司令暂时不要上省去吗？"仲麟笑道："他俩虽是我亡命时的老朋友，到底是个读书人，做事犹疑。你须知道，单是文武学问都来得，无冒险性也是做不来事体的。我能怕赵恒惕那几个毛兵吗？"王森便不敢言语。副官长张柏林问道："司令上省，带多少卫队去？"仲麟摇头道："不须。省里留守处不是有人扎着吗？"柏林道："恐怕要人用，所以想多调两营人去。"仲麟道："那更用不着，有华渊春（启森字）担任啦！"柏林不敢多言，便去打电话要株萍路局备车。

仲麟到省后，即夜在浏阳门正街留守处召集秘密会议。驻省军官第二旅旅长廖家栋、二团团长华渊春、三团团长唐生智、四团团长瞿维臧和各区司令李韫珩、陈嘉祐、唐萦阳等的代表。以及民党要人等均到会。华渊春首先告奋勇道："我担任缴到赵恒惕的首级，并保护商民。如今无庸多议，事在必行。省城以内有反对的，我便和他拚命！"仲麟道："阜南（第一旅旅长宋鹤庚字）、咏安（第三旅旅长鲁涤平字）都守中立，只有灵炳（留湘鄂军司令夏斗寅字）和我们不一致，须要设法对付才好。"启森急应道："我派兵去缴他的械！"瞿维臧笑道："渊春太热心了！你一团人怎么来得及？这事我来干吧。炮兵团赵钺是他侄子，难道留着吗？"廖家栋道："赵钺实力不充，没大要紧，我调补充团去解决他。"仲麟当即将各人认定的职务，命省外到会的各区司令担任解决反动派的地段、方法，列成实行计划书。又将盟书取出，大家签名（华启森首先盖章签字），宣誓同心协力，决不相忘！各执一份。并约定候后日平江兵到，便由党人在天心阁纵火为号，一齐起手。方才散会。

启森出了第六区留守处，便一直奔到总司令部。见了赵恒惕，将方才的消息和盟书和盘托出，并将自己仇人拉上两个，借此报怨。恒惕听毕，一把拉住启森的手道："渊春！你真是个有思想、脑筋清醒的英雄！你这不是救我，是救湖南的百姓。我赵某不死，一定报你的大恩！富贵与共，生死与同！"启森道："总司令不要如此，赶急计划，剿灭叛徒要紧！"恒惕道："我便一切托付你，随你的意，便宜行事。你决不会负我，我知道的。"说罢便写了一张奉令道：

委任华启森为省会戒严司令官，处置叛兵；着即便宜行事，迅速施行。此令！

总司令赵

启森接了命令，便回到团部，即夜派人分别往杀李仲麟等。

仲麟正在梦中，突然听见枪声，正要查问，忽见一个军官领着许多兵士，将自己的马弁等人都已捆上，夺门进来，高声道："总司令请司令官去说话！"仲麟问道："你们是哪里来的？"来人答道："戒严司令部！"仲麟心想："戒严司令是廖家栋……他派人来干什么？……怎么这样办？还说这话咧？……其中定有蹊跷！"正在思想，来人早连声喝道："走！走！"不由分说，拥着仲麟便走。转弯来到理问街口，便刀枪齐施，将仲麟处死，剁下头来，在腮边穿了个洞，把来钉在街边电杆上示众。

一会儿，瞿维臧和印花税处长张楚雄等五六人都被杀却。廖家栋被马弁闻风救出。省城军队除一、二两旅外，缴械的缴械，改编的改编；只有廖家栋的卫队在天心阁火药库抵抗一阵，携械冲出城去。华启森便到鄂军司令部请出赵恒惕来。二人相对，喜极忘言。

原来是赵恒惕做作排谭拥程，哄李仲麟上这圈套。如今目的已达，即收拾政局，出示安民。正式委任华启森为湖南独立混成旅旅长兼长沙戒严司令，赵钺为第二混成旅长。一、三两旅改编为第一、第二两师，以宋鹤庚、鲁涤平为师长，以示羁縻。所有军官中渐渐的排去异己，一如李韫珩等一实行割据湖南。从此湖南便在赵恒惕私人统治之下，连假牌的革命都不存在了。在野的民党，动被捕杀，整个的湖南重入汤芗铭督湘时一般的恐慌时代。

第八十四回

岑春煊贿卖军政府　陈炯明谋弑大总统

且说桂系专政，将粤军—陈炯明部—压迫特甚。粤军便从死里求生，攻破福建漳州，暂为托足。逸仙因为这一支军队是革命军队中硕果仅存的一点实力，所以竭尽力量，为之筹款筹械，源源接济。这前后都是敌人的孤军，赖此尚能屹然挺立，如鲁殿灵光。

九年八月间，桂系与直系的勾结已深，想要朋分割据中国为私产。第一步便要拔去这眼中钉的粤军。炯明见事机危迫，急电请逸仙指导。逸仙虽在上海闲居，却无一时不致力于革命。这时正在率朱执信等发刊《建设杂志》，草《建国方略》，完成“行易知难”的学说。一面仍分别派人至各省运动，派到广东的人更多。因此早数月就接有桂系要吞灭粤军的报告，即已分令赴粤同志暗中准备，候令发动。及至炯明来电告急，逸仙便加派许崇智、朱执信克日前往广东，帮同布置。又电告南洋筹款委员邓泽如，赶紧筹款接济。

桂系深知粤军决不能随同他们向直系去谋妥协，来割据南北，便必要拔去这眼中钉，才好和直系共同卖国。九年八月一日，桂系的粤督莫荣新借名攻闽，调动军队，要扑灭粤军。表面却委陈炯明为援闽第一军总司令，想使其深信不疑，然后出其不意吞灭它。这时炯明已得到逸仙电示机宜，便一面催莫荣新发给饷弹，一面密为预备。十二日，炯明乘桂系不备，在漳州公园誓师，班师回粤讨桂，分三路向广州进攻。粤军官兵久驻闽南，屡受桂系压抑。一闻回师攻打桂系，莫不兴高采烈，抱着破釜沉舟的决心。一声出动，迅如脱兔。不到十日，便攻入粤境，占领潮、梅一带。莫荣新得报大惊，手忙脚乱，急调林虎、沈鸿英等军往东江截击。粤军迎着，向桂军四面包抄。人民久受桂军蹂躏，也组织军队助战。粤军遂占领河源，进逼惠州。西江、北江两路自林虎、沈鸿英调往前敌，防务空虚，党人纷纷组织民军起义。只吓得莫荣新魂飞魄散，一日发电十多通，向陆荣廷求救。

朱执信奉了逸仙之命，潜到广东，与吴礼和二人运动虎门炮台台兵，定于九月六日宣布独立，攻击桂军。哪知炮台官兵意见素来参差，到了约定日期，内部忽然发生冲突，自相残杀。可怜执信就此身殉职务！

二十六日，粤军已节节胜利，桂军死者、降者不计其数。广州警察厅长魏邦平、广惠镇守使李福林—均是民党，与粤军早有接洽—闻得粤军胜利，便在河南（广东的河南，不是豫省）宣布独立。内河军舰，尽被邦平收集；广三铁路沿线，尽被福林取得。江门警卫军司令陈德春也与福林等一致行动。三人便联络一气，在绥远炮台组织联军办事处，限莫荣新交出督印，退出广东。汤廷光所部海军舰队至此也宣布独立。莫荣新无法支持，只得向军政府首席总裁岑春煊商议救急办法。

这时军政府原已七零八落：各总裁有始终未到的，有宣告脱离的。桂系私行补选凑数的总裁熊克武、温宗尧、刘显世也未到任，且无权问事；完全由岑春煊、陆荣廷二人把持包办。春煊早与直系商定条件：取销自主，牺牲旧国会，由直系给善后费数百万圆，委军政府总裁为弼政院弼政；即此了结护法一案。春煊和唐继尧秘密电商时，继尧愤春煊无耻贪贿，即将此事公布全国，并表示绝未与闻，极端反对。因此所谓军政府，风雨飘飖，旦夕不保，哪里再禁得起粤军一打？

此时春煊见荣新无办法，知道再不能厚脸窃号。如此情形，直系也断不肯给钱，出卖的目的万难达到；不如向直系卖个交情，图图后路。便于二十四日发布宣言，取销自主，将军政府文件等项捆载而去，到上海作个“安乐公”。好在他自满清至民国，搜刮数十年，积的造孽钱不少，尽可安然做他的“造粪工作”。

二十六日，粤军逼近省城，同时民军占据石龙。桂系进退失据，势穷力蹙。荣新只得带领残兵，退出广州。次日，魏邦平等派兵渡河进城，维持秩序。东江桂军林虎等也绕道北江，败回广西。

十一月一日，陈炯明率粤军到省。各界公推炯明为广东省长，并以粤军总司令名义总制军队。各属民军分别改编。秩序既定，各将领及粤省要人伍廷芳等海军将士均欢迎逸仙回粤，继续未竟的革命工作。炯明心虽不喜，但是各军多是党人，与逸仙的关系极深，自己羽毛未丰，不敢显然反对，只得貌为恭顺，欢迎逸仙重返广州。二十九日，逸仙偕夫人宋庆龄率领一班革命同志及秘书、参军人等到广州，于万众欢迎声中缓步登陆，宣言继续护法救国，不承认岑春煊等之个人违法叛逆行动。十二月一日，逸仙和伍廷芳、唐绍仪、唐继尧（代表列席）等重开政务会议，处理一切事务。国民党声势复振。

次年—十年—四月七日，国会在广州依法开大总统选举会，选举逸仙为中华民国大总统。五月五日，逸仙正式就职（后定是日为“双五节”），继续已断的法统。

广东虽经克复，桂系犹盘踞广西，为北伐之梗。逸仙为贯彻主张，实行北伐，救全中国起见，决定先剿灭广西“绿林系”的军阀，以免后顾之忧。即令粤军叶举等出发讨桂，进攻陆荣廷等。十月，逸仙统各军由广东出发，亲征桂系。预定克桂后即出湖南，取长江，再分兵北进。

桂系闻逸仙亲自统兵来讨，急急布防。奈北伐军先声夺人，逸仙又与士卒同甘苦，身临前线，将士无不乐为效死，因此势如破竹，连克柳州、南宁。陆荣廷等均逃走往沪。逸仙特任马君武为广西省长，力除苛政，谋建设。广西各界纷纷开会欢迎，逸仙无不亲临演说，竭诚开导，宣传主义，指示建设。至此徐世昌利用广西攻广东的阴谋固不得逞，政学系荼毒西南的巢穴也从此铲除。

北方政局自被吴佩孚支配，即使与徐树铮有仇隙的靳云鹏为国务总理，组织内阁。云鹏便尽力为直系扩充势力，以为报答。奉天张作霖也野心勃勃，虽作东三省巡阅使，拥有关东满洲三省地盘，还要求兼辖热河、绥远、察哈尔三特别区，并想扩充势力至长江各省。一面和段系的浙江督军卢永祥等联络，一面等候时机，以便使本系武人进占长江。

九年十月十二日，苏皖赣巡阅使兼江苏督军李纯被所部第六师师长齐燮元刺死，伪称是自戕，并假造遗书，言：国事多艰，不能挽救，只得自杀，以谢国人。奉、直两方听得，都想乘机使与本系有关系的人作江苏督军，占领长江：奉系推张勋继任；直系便利用舆论，攻击张勋是复辟罪犯。齐燮元便乘势加入直系，且声明如果不得江苏督军，便宣告自主。直系既无相当人物足以镇据东南，即顺水推舟，使齐燮元继李纯之任，为本系添一羽翼。作霖对之忿忿不平，从此奉直交恶。

作霖见直系得了江苏，平添势力，便结交湖北督军王占元，以抵抗直系。不料占元平日侵吞军饷太多，士兵不服。六月八日，省城驻军因闹饷哗变，纵火抢劫，公私产业损失无数。各地驻兵都纷起效尤。占元无法维持，被湖北各界攻击。湖北的党人政客孔庚、蒋作宾、吴醒汉、李书城等以为有机可乘，恰好赵恒惕也想乘机取湖北，便都赴湖南开会，以自治为号召。公举蒋作宾为湖北临时省总监，组织“湖北自治军”，以留湘鄂军夏斗寅团为先锋，联合湘军，由赵恒惕任援鄂总司令，进兵大举攻鄂。蒲圻、通城、崇阳、通山等县连被湘军占领，武昌震动。占元兵不用命，不能抵敌，只得于八月九日辞职。吴佩孚见湖北将入恒惕之手，恐恒惕得势；兼之想取武汉富庶之区为外府，便叫徐世昌下令援鄂。世昌遵佩孚的意见，任佩孚为两湖巡阅使，佩孚的部将萧耀南（鄂人）为湖北督军，率兵赴鄂作战。佩孚即首先驱逐占元，占取武汉，然后派兵应敌。怎奈湘军勇猛，急切不能取胜。佩孚恐事久生变，倘前方不利，奉军乘虚而入，牵动根本。左思右想，想出一条毒计来：便下令使第二十五师工兵第二十五营，连夜将湘、鄂交界防堵洞庭湖泛滥的新堤决开。一时洪水滔天，奔腾数百里，七八县人民、田庐尽成一片汪洋，死者数百万人（湘鄂人民至今提及，无不咬牙痛恨）。湘军运道断绝，不得已停战议和。恒惕亲到兵舰上向佩孚请罪，愿割岳州为直军驻军地点。佩孚囊括湘、鄂，志得意满，方才收兵。从此佩孚扼着湖南的咽喉—岳州—恒惕永不敢反。

佩孚同时派兵击退四川总司令刘湘所派的援鄂川军—胡济舟等—占据全鄂，湖北自治军无形消灭。两湖地方从此皆为直系外府，奉系对长江的计划遂根本失败。作霖不得不另想别法，抵制直系。便派代表与反直各派深相结纳，谋合群力，歼灭直系。

逸仙本主张先讨平直系，再及其他。作霖既四出联络，便遣代表到广州谒逸仙，请求合作讨直。于是伍朝枢、张继等先后往津、奉观察。段系也极力求与国民党携手倒吴。遂成立“孙、张、段三角同盟”，专以“讨吴剿直”为目的。

先是苏俄遣代表马林来中国谒见逸仙，谋联合世界革命战线。马林到广州时，逸仙已经北伐，驻节桂林。马林赶到大本营进见。逸仙公开招待。马林先致谢逸仙于全世界反对俄国革命之时，电祝列宁成功的盛意；又说前代表越飞在上海承接待指导。逸仙询问苏俄革命详细情形，马林一一细答。最后谈到联合世界革命战线问题。逸仙道：“我深佩服贵国民众伟大的革命精神和救全世界被压迫民族的大愿望。但是还未脱手工业时代的中国，实在还谈不到共产主义。共产主义也不适应目前中国民众的需要。中国现在外受帝国主义者的铁腕侵略，内受军阀的铁蹄蹂躏。在这双重压迫之下，唯一的方法就是打倒军阀和军阀背后的帝国主义者。这中国的救急工作，达到上项目的的工作，只有实行我所创造的三民主义。因为三民主义是适合中国需要，而且与世界革命有极大贡献的主义。贵国的主张我很赞成，如果以救世的诚心，为平等互助的联络，我无不竭诚欢迎。”马林答道：“我默察中国国情，认定先生的三民主义是救济良方。只要中国三民主义革命成功，便是世界革命的一部分成功。敝国极愿以平等的精神，无条件的助先生实行三民主义革命救中国。”（此段谈话译自日人佐佐木五郎著《中国国民党与苏维埃》）逸仙表示满意。

马林起身告辞去后，逸仙便和一班同志商量，大多数都赞成与苏俄作平等的联络。逸仙便遣蒋中正往莫斯科劳农政府报聘，并考察苏俄的政治、经济、党务、军事……等等，以为借鉴。

逸仙派蒋中正启程后，旧交通系便遣代表来说：“奉、皖均已预备妥帖，河南赵倜也加入团体。现在的计划：推梁士诒组阁，由梁内阁令吴佩孚由河南回湖北，就两湖巡阅使汛地。如佩孚抗令，即由各方同时攻击。奉军南下攻直隶；浙江、安徽、河南、山东一齐出兵；请西南也于此时北伐：共同打倒直系，再谋国是。”逸仙应允了。决定就此肃清长江上游，再图拯救全国民众。

代表回报。张作霖即向徐世昌要求任命梁士诒为国务总理。世昌因不堪直系的凌虐，且惧奉系的威势，便服从作霖的主张，于十年十二月二十四日下令，任梁士诒继靳云鹏为国务总理。佩孚见令大怒，通电痛骂梁士诒帝制余孽，卖国罪魁。又说士诒阻止华盛顿会议中国代表王宠惠、施肇基、顾维钧向日本收回权利，面允日使借日款赎回胶济铁路种种罪案。士诒的历史本来比什么还丑，直系反对自然振振有辞。于是萧耀南、刘镇华、冯玉祥、张凤台、齐燮元、陈光远、王瑚等一班直系督军省长都应声而起，通电反对。即秘密联奉的河南赵倜因逼处佩孚肘下，也不敢不发电攻击梁内阁。佩孚便联络江苏、湖北、江西、山东、河南、陕西六省督军省长，由佩孚领衔，致电世昌，请罢斥梁士诒；如不答应，便与内阁断绝关系。世昌密电作霖，筹议对付。作霖即正式电请政府将梁士诒于胶济路案有无卖国行为，公开宣布昭示国人，以抵制直系。两方相持不下，最后便趋入武力解决的途径。

十一年三月三十一日，作霖派遣第二十七师入关，拥护京畿。佩孚便将京汉铁路顺德以南的货车一律扣留，备运军队。将驻岳州第二十四师张福来全部调到涿州。作霖便通电声明军队入关，以武力统一为后盾。同时，陕西督军冯玉祥发电反对奉军入关。曹锟、吴佩孚、齐燮元、陈光远、萧耀南、张福来、田中玉、刘镇华、蔡成勋等纷纷反对奉军驻京。吉林、黑龙江各督军省长也电诋直系专横祸国。浙江卢永祥、安徽倪嗣冲也电数直系罪恶：时人谓之“电战”。二十日，奉军重要军官孙烈臣、张作相和作霖的长子张学良先后入关，至天津西北落岱镇会议军事进行。作霖也于二十八日到军粮城督兵。佩孚便在郑州召集会议，以后方事务完全交给冯玉祥，二十六日起程往保定，准备下总攻击令。

双方预备已齐，二十八日夜半，西路长辛店方面，中路固安方面，东路马厂方面，三路的奉、直两军同时开始大激战。

西路长辛店、琉璃河之间，两军的战争最为激烈。双方精锐都集中此点：奉军由邹芬、张景惠、梁朝栋督队作战；直军董国政在前敌指挥，王承斌兼顾中西两路，佩孚亲自督队。奉军潮水般向前涌进，排山倒海价猛攻直军。恰值冯玉祥带兵赶到，佩孚便令加入西路，代董国政应战。两军交绥，鏖战一昼夜。玉祥所部勇猛异常，抵死不退。奉军几次冲锋，均被密射射回，锐气大挫。玉祥乘势下令冲锋。一声呐喊，俨如黄河决口，白刃丛簇，人马奔腾；奉军不能抵敌，退出长辛店，抛弃芦沟桥，要隘相继被直军占领。奉军这一场大战败退的原因：第一是太滥用炮火，失其作用；第二是指挥官缺乏军事知识。所以遇着冯玉祥所部久练之兵，一战即败，连失要隘。

中路固安方面：奉军由许兰洲、阚朝玺、鲍德山诸人主持战事；直军由王承斌、张福来负责指挥。开战时，便两方相对冲锋。直军兵薄，奉军颇占优势，打死直军甚多。后来因西路挫败，牵动阵线，军心大乱，放弃阵地，向天津方面溃退。

东路马厂方面：奉军的指挥是张作相、张学良、李景林等；直军的指挥是张国镕、张福来、李倬章等。初接触时，奉军李景林部进攻极其凶猛，锐不可当。直军李倬章部不敌，向后败走。张学良率部由后方包围，前后夹攻。直军被困在当中，拚死冲出。霸县、青县均被奉军占领。及至西路奉军败讯传到，又闻探报直军下令，三路会攻马厂，李景林便率全军二万余人，退扎天津西南的独流镇、良王庄。这时，直军已攻占落岱镇，奉军根本动摇，李景林等只得率部败退。

奉军自西路败退后，张景惠部第一师回驻南苑，第二十八师也向南苑方面退却。驻北京第一、第九两师一原是宣告中立的一见奉军兵败，也“打死老虎”，将奉军第一、第二十八两师包围，缴械遣散。奉军邹芬部第十六师和另外两个混成旅败退西苑，也被第十三师缴械。大部分奉军便向军粮城方面败退。张作霖仍驻滦州，收拾残军，想再决一死战。终以败绩之余，不能复振，乃退出山海关。东北海军被萨镇冰所统的舰队扼断归路，多投降直军。于是奉天陆海两军均归失败。

河南督军赵倜本在直系肘腋之下，不敢妄动。但使兄弟赵杰向奉天通款，想乘机在豫发难，据中牟，进攻洛阳，动摇佩孚的根本。不料事机不密，被佩孚探悉，派大军压迫，赵倜动也不敢动。及至战事完毕之后，佩孚便要将赵倜免职。赵倜知道难免，不如和佩孚硬干一场，拚个你死我活，比较的值得些。因此，赵倜便于五月五日发通电，历数吴佩孚、冯玉祥在河南种种罪案，宣告河南中立，迫驻豫的直军卸除武装。驻郑州冯玉祥部军队得讯，即刻下动员令，对豫军严密监视。山东督军田中玉出面调和双方，要两方军队各自退让。赵倜明知直系全力对他，便也不顾一切，死里求生，于五月九日，令前锋进攻郑州。驻郑直军旅长靳云鹗即发电报告北京。徐世昌讨好直系，忙下令褫革赵倜官职勋位，听候查办；即任冯玉祥为河南督军（旋被佩孚夺予张福来，冯、吴遂生隙）。同时革张作霖的官职，将梁士诒、张弧、叶恭绰等交通系巨蠹一律褫职，交法庭讯办。但是无权无勇的徐政蠹，怎能使拥兵据地的张军阀服从？结果，张作霖竟脱离北京政府，做他的“关东王”。

逸仙于奉直战争时，即秣马厉兵，准备实行北伐。并派遣党人分赴湘、鄂、赣各省运动军队，组织民众。不料变生肘腋，致使北伐计划征桂辛劳都成画饼！且待我将这天地间稀有的变局慢慢叙来：

逸仙决定北伐时，即与陈炯明商议道：“粤军返粤的目的，原不只为光复一省土地，实负有澄清中原的大责任。现在正式政府成立，如不出师讨贼，便不能正名义，诛奸宄，培国家基础，奠共和大业；深负革命的使命！况且天演公例，不进即退。事实上，理论上，都非马上出师不可。我和你断不能株守在此。或者你出发讨贼，我负担后方接济，或者我出师讨贼，你担任后方接济。但是我准情度势，你统兵出发最为相宜。如果万不得已，我便负担这个统兵出发的责任，那么，你必须负后方完全责任。”炯明不答。逸仙停了一停，又正色道：“竞存（炯明字）！你之有今天，我实在帮忙不少。如今不论国家，也不谈职分，只说私人交谊感情，你也应该帮我的忙才是呀！”炯明方勉强答道：“总统万不可轻动。出征、后方两方面都可由我负责；总统只维持政府好了。”逸仙听罢，知道炯明要大权独揽，只想利用自己做他个招牌，因此心中大不高兴，不欢而散。

后来炯明便停止北伐的供给，并且电呈逸仙说：“南军不耐严寒，北伐以春季为宜。”逸仙知道炯明强辞夺理，—盖出师数月之内，不过在湘、鄂、赣作战，最多不过达到长江下游，断不能便到蓟、辽。这几省和两广气候相差无几，决不会发生天时问题。一置之不理。炯明便逞阴毒，通电西南各省，请于一月十五日以前，派代表到桂林会议会师计划。逸仙听得，以为炯明有悔意，心中稍慰。不料到了会期，各省代表都到，只有炯明既不亲自前来列席，又不派遣代表与会，致令各省代表大为失望，说：“广东是革命政府所在地，又是这回会议的发起者，竟然脱身事外，我们还议些什么？”愤愤而散。逸仙大急，即发一通情辞恳挚的电报给炯明，问他到底其意何在？炯明回电只说北伐时机未到，非候秋凉不可，并请总统不要固执己见；语多不逊。逸仙见炯明冬季推春季，春季推秋季，有意阻挠，勃然大怒，便要痛惩炯明。经众同志力劝才罢。

炯明密遣代表劝赵恒惕和直系妥协，并说：“有我在，粤军断不扰及贵省。”一面令粤军中湘籍军官洪兆麟、谢文炳等密电湖南各高级军官和政客团体，要他们发电反对北伐军经过湖南。这种伎俩早为逸仙所识破，在湘党员也有报告，逸仙并不放在心上。炯明见效力微弱，便径自发电给赵恒惕，要他表示中立，反对假道湖南北伐。承迎炯明的意思，恒惕竟发电阻止北伐军道经湖南。在先湖南本已接洽完满，毫无问题，北伐军前锋早入湘边。这时突遭反对，势不能不因避免误会而暂时退出湘境。但是湘军的将校陈嘉祐、鲁涤平等多数倾向革命，且都想讨直，一雪援鄂败绩之耻，纷纷遣代表向逸仙请缨前驱。恒惕素有“琉璃蛋”之名，圆滑精明，达于极点。为迎合部下计，便向逸仙要求子弹六百万发，军费二百万圆，愿任前锋，攻鄂复仇，以求保位。逸仙急电令炯明照数拨给。炯明复电，竟谓：“如湘受明助，必须由明节制，且须由明派员查察其军实乃可。”湘省党人、军人听了大怒，都说：“陈炯明太藐视湖南人了！”便不再来接洽。

炯明只供给镍币七万圆，为大本营五万人六个月的用费。桂省地方素来瘠苦，况正当军阀黩武搜刮之后，哪有款筹？若非逸仙事前防备，带有款项作给养，几万官兵真是饿也饿死了。

炯明见叠次阴谋都不行，便实行降直，设谋要弑逸仙。暗与吴佩孚信使往返，同时大倡“联省自治”，以博联治派的同情，来抵制国民革命。逸仙见炯明狂妄如此，知是炯明身边宵小政客太多，环境恶劣，便决计变更计划，改道北伐，由粤入赣。炯明便作出炮击公府的大变局来。

第八十五回

忘恩负义变起心脐　奋勇矢忠拥护元首

逸仙决计改道北伐的原因，虽是在军事上确有大部分的价值，但是为事实所逼，也是无可讳言的。北伐虽然改道，倘若不设法去却北伐的障碍，后方接济空虚，任凭作战计划如何周密，也难于进取得利。所以逸仙决定同时免陈炯明本兼各职（只留任陆军总长），以求出师的顺利。

逸仙到了梧州，炯明派人来窥探情形，表面却说是派来欢迎逸仙的。逸仙便要来人转电炯明，邀他来梧州面商一切。来人答应照办。逸仙便在梧州等候三天，不但炯明人不肯来，连个回信也没有。逸仙遂启程到肇庆。再电约炯明到肇庆面谈，炯明也不回电。逸仙总想委曲求全，命令随行各军概由三水赴北江往韶，不许经过省城：一则免商民疑惧；一则示炯明并无加害之心。逸仙亲到三水，复约炯明到三水来会晤。炯明实无辞可说，便召集部下各军官密商，决定谋叛。但是炯明无论以公理私谊，都不能出面，便问："谁人担任发难？"各军官均默然不答。炯明急道："谁人先发难，便是首功。"叶举接着嚷道："首功就是大老；谁人先打孙文，就是我们的大老。"（粤语谓长兄为"大老"）杨坤如起立道："我去！"翁式亮、洪兆麟一齐反对，道："你的出身不正，不能作我们阿哥（杨系由龟奴而为小偷，浸成巨匪受编者）。请叶指挥（举）在省主持，我们才愿听指挥。"杨坤如大怒，骂道："你们什么出身？'自屎不臭'，敢说我吗？"（洪系饼师，改业为轿夫、跟班，且曾充小当差；翁系贩卖人口，拐带妇女者。）双方相争，几至用武。炯明两面力劝才罢。叶举道："还有一桩事要商量才好：弟兄们不肯打孙文，便怎样？我看不许他们的重赏，他们断不肯干这不大愿干的事。"炯明道："现在哪有现金放赏？只好事成后，大放假三天吧。"（大放假即土匪奸淫焚掠之术语）众人听了，才欣然满意而去。

炯明既已决意谋乱，便一面电呈大总统辞职，一面令叶举镇守省城。自己托省亲为名，到他的老巢—惠州—去了。

逸仙得了炯明辞职电报，以为炯明天良发现，真有悔意；心中想着炯明相从许久，屡与提携，只因为左右所惑，一旦执迷不悟，以至如此，不免叹息一番。又想着炯明既回惠州，省城重地无人镇摄，便带一部军队改道到省。心想将后方布置妥帖，再赴前敌，以免后顾之忧，且图进行顺畅。

逸仙到了广州，便派政务厅长古应芬、司令罗翼群和李文范前往惠州，邀炯明来省，将委以陆军总长兼讨贼军第一军总司令之职，（炯明原任广东省长、粤军总司令、内务总长、陆军总长四要职。逸仙改道时，即将各省总司令裁撤，并以伍廷芳为广东省长。）命他率师北伐。但是炯明与直系久已沆瀣一气，心目中哪里还有逸仙？怎肯听令？更不敢到广州来见逸仙。

逸仙派人清查广州各机关，发现炯明与江西、保定各处往来的密电多通。又有马育航、邓伯伟当代表，参加保定会议时，报告“直军入粤，粤军内应，驱孙统一”的秘密议案。又有刺死参谋长兼第一师师长邓铿（仲元）案的密谋电报。同时兵工厂厂长朱卓文报告：“……于十一年四月二十五日接任兵工厂事。即检查旧存厂中各种枪炮子弹，多已散失。计查得失去：七九步枪四百四十四杆；七九子弹四十四万颗，另杂项子弹一百二十余万颗；第一军有七生半退管炮二尊交厂修理者，亦已失去。其余存械均不翼而飞。……”至此，炯明的不轨之心完全暴露。

但是逸仙仍忠厚待人，希望炯明悔悟。再派居正、程潜往惠州劝炯明返省；炯明不应，而且发电与逸仙，多怨谤之辞。逸仙仍毫不介意。只令派陈策为要塞司令，接统江防舰队；温树德为海军总司令，收复海军各舰；第三师师长魏邦平为卫戍总司令，拱卫广州，并将许崇智部第二军、李福林部福军、黄大伟部第一路、梁鸿楷部第一师、李烈钧部滇赣各军、谷正伦部黔军、朱卓文部空军务飞机，编成北伐讨贼军，赴韶关攻江西，为实行北伐之准备。

北伐出师方十日，便告大捷，连克崇义、上犹、大庾、南康、宁都、龙南、虔南、定南等十余县，直破赣州城，肃清赣南一带。炯明还是不声不响，匿在惠州。恰值汪精卫由上海到广州，以为奉、直开战，正北伐进展的良机，断不可内起纠纷，亲到惠州劝告炯明。炯明一面敷衍精卫，一面调军东下省垣。大总统府的幕僚都知粤军必有诡谋，逸仙仍镇静优容，希望以诚感化，亲笔函劝粤将道：

广州叶督办、魏卫戍总司令、熊、翁、何、钟、陈、邱、陈、杨、罗、李、姜、邓、贺、余、袁、纪、王、陈各旅长、各司令鉴：

新克密。得电惠辞恳切。国家多事，非贤者高蹈之时。况竞存遄征，实关系大局安危。故自上月漾日以来，亟欲挽之复出，电报秘叠，信使不绝于途。顾竞存虽允继任陆军，犹未取消退志。最近桂寇狓猖，粤防告警。竞存初念时艰，亦再借箸为筹，或当幡然而起，不卸仔肩。巧日已托精卫商以联军总司令之重任。此皆入春以来，与竞存之预约，可使内外兼维。同日，文更有电往商。盖丈于竞存始终动以至诚，而不肯稍参客气。以竞存生平大义，炳著中外。君子爱人以德，若操之过蹙，不任有回旋余地，殊非待士之道。

烈山寻介，重穴求全，长此相迫，丈所不忍！亦君等所当知者。知君等袍泽谊深，爱乡爱国，故言之切切。耑此布复。孙文

省长伍廷芳见粤军慓悍万状，无所不为，又见炯明的举动乖张，知道粤军必有作用，便单身前往见叶举。叶举极力恭维，又赔了许多不是，并说："省城治安，我与魏卫戍总司令负完全责任。新开来的军队，我自当极力约束，不许骚扰民间。省长尽可放心。"廷芳便乘势询问粤军来省的理由。叶举答道："一为候清欠饷；二为补充兵士的缺额和械弹。"廷芳当即承认负责设法清理欠饷，无论省库如何困难，旧历端阳以前，总筹发二分之一。并承认驻省期内，每日由财政厅开支三千圆给养。叶举表示满意，廷芳才告辞回署。

省中各方面闻得伍省长和叶督办谈话完满的消息，都以为为陈、叶诸人果能仰体时艰，共维桑梓。各团体、各要人都纷纷电劝炯明出来，重任北伐军事。炯明既另有阴谋，故装作不闻不问。暗中只和直系商量条件，并密令叶举捣乱省政。叶举先便藉口欠饷不清，催得急如星火。及至欠饷有了办法，完全发清，又密令兵士分头往市面上兑换现金。广州市上陡然要兑出这许多现金，从哪里来咧？商民因此恐惶万状。况且省库、省行、财厅存款多被炯明临走时提去，更无法应付。不到两天，偌大的广州商场，竟弄成纷乱扰攘，万户不安。炯明、叶举犹以为不足，嗾令钟景棠等首先通电说："纸币低折，各士兵伙食不敷；要求月饷八圆之外，加给二圆，并发纸、现各半。"粤军各将领应声而起，积牍盈尺。逸仙和廷芳一力撑持，腾挪照发。叶举等计又不行，乃改变方针，专令士兵骚扰商民。广州各界遂认定粤军一日不退回原防，人民一日不能安枕，奔走呼号，声泪俱下，叶举等仍然一意孤行。且借纸币低落为由，大开睹禁。逸仙以为赌是盗之源，为祸甚于洪水猛兽，叠颁明令严禁。粤军各将领置之不理，自由弛禁，视大总统法令如草芥。

逸仙忍无可忍，便思防患未然，邀集广州新闻界于六月十二日在财政厅茶会研究地方问题。逸仙说道："报界诸君，我因北伐到桂林八个月，还不能出中原一步。这八个月内的广东事故，诸君都是深切明了的，请诸君详细的告诉我。至今日以后的事，我很想告诉诸君。"众人默然不语。逸仙继续说道："八个月中什么事咧？就是出发桂林北伐。何以要北伐？就是要为打破武人专制，拥护《约法》。武人专制的痛苦，真是言之不尽！譬如：报界记者也曾被桂逆枪毙，一而广东人也有枪毙记者的—这不是武人专制防民之口所给予的痛苦么？所以打破武人专制，就是北伐的要旨。北伐自桂林出发，师抵全州，八个月还没出中原一步，是什么原因咧？这里面有个绝大的阻力，就是武人反对北伐，武人拥护武人。湖南表面和我们很好，军队一直要到岳阳才有敌人。这行军程期——一个多月的旱道一中，倒给敌人一个从容预备的机会，我们很吃亏的。环顾四境，和我们为敌

的只有江西的北兵，所以不能不改道江西。改道江西的命令，我先已经通告陈总长。—他收到没收到，我可没管，—我的手续总算完备了。改道之前，没接陈总长的答复。我电驻全州的军队回师，不料第七旅旅长谢文炳误用聪明，由永州发电给陈炯明—因为全州是我军范围，他不能发这造谣电—说：北伐军要反攻广州。陈炯明为自卫计，便电驻桂军队阻止我军回粤；这是无怪其然的。及至我军到了濛江，便为陈军所阻，不许通过，几乎冲突。后来我明白解释，才消了这场大祸。我再到肇庆，电催陈炯明来当面解释。他不单是数约不来，并且请辞去本兼各职。我以为他既不愿留，便准了他辞职。我到省城，他就已离省他去。北伐军未在省城留驻一日，足可证明北伐军志在杀敌。如果败了，我固然不能留恋广州；就是得胜，我已向长江进发，更何必要这广州？这时陈炯明已经明白，狐疑尽释。但是他的部下在广西歃血为盟，一齐回广东，置广西于不顾；这是陈炯明手令要他们回来集中的。他们到了省城，我北伐军已经到了江西，占领崇义、大庾等县，确不是占据广州之心已经大白于天下。只是他们四十多营军队，不单是不谅我，而且要截我的后路，进驻北江一带以防我。这些'陈家军'有四十多营，耀武扬威，想再演成武人专制。在省城内的每天要到财政厅闹饷，得了饷，便要兑换银毫。以致弄得市面上的纸币，由九成而八成，一直的七成、六成，甚至低到两三成，都通通是他们胡闹之过。似乎非达到兵变的目的不止。我想他们这样胡闹，不过他们以为我革去他们的总司令不服气，但我是堂堂元首，当然有任免文武官吏之权。我想把这理由说给他们听，想请他们来，他们不来；我想去会他们，他们的警卫森严，我又不能去。这四十多营军队天天这样胡闹，纸币日日低落，军队不难哗变。省城无时无刻不在危险之中。所以很多人劝我叫陈总长回来维持。我早电布衷曲，后来多次去电，又几次派人前往邀请他回来；各界也都劝留；于情于理，已达极点。前星期他好像有回来的表示，但是最近两三日，他来电又表示决不回来。我问他：'何以不回？'他说：'须军队先尽数离开省城。'但是他的军队不听他回防的命令，硬要驻在省城。可知四十多营军队，陈炯明已经没有统驭的能力了。这样横蛮的军队，违背上官命令的军队，反对政府的军队，贻害地方的军队，无时无刻不可以作乱。以大总统去一职官而论，本来是极平常的事，其部下反因此而要挟，难道能说是合理么？本大总统受国会付托之重，行使大总统职权。'素富贵，行夫富贵；素贫贱，行夫贫贱'；'素革命，行夫革命'！这回自韶个人返省，与'陈家将'当面解释一切。而他们不见我的面，不与我会面，只终日索饷，要陷省城于危险，难道我就没法子治他们么？不过恐地方遭糜烂，有所不忍罢了。现在看起来，时时可以内乱，刻刻可以开战。陈炯明今且不能返省，他也失去驾驭的能力了。我现时已决定处置方法：下命令要他们全数退出省城三十里之外。他们若不服从，我不难以武力制服。但是扫除四十多营军队，惊动全城居民，不免过于暴烈。但我不如此做去，他们终不肯罢休。我只望报界诸君主持正义，十日之内，做足工夫，对陈家军加以纠正。陈家军若改变态度，那么，便是如天之福；万一无效，我就不能不执行我陆海军大元帅的职权，裁制他们了。我现在想要与诸君讨论的有两桩事：

“(一)我自实行主张北伐离省八个月之久，人民对于北伐究竟有什么批评？究竟感着什么痛苦？又，省城有什么变故？希望诸君详细说给我听！

“(二)报告我今后对于广州之行动。

“以上两项便是我对于诸君最热烈的愿望！至于今天所说的，更希望诸君彻底的明了！”

说毕，《大同报》记者和《晨报》记者提议：“由报界发起于本月十五日邀请省议会、教育会、总商会、总工会、九善堂等各公团假座报界公会开各界大会，设法请粤军退出省城三十里，或分调原防，免生危险。”全场一致通过。逸仙表示谢意。各记者遂告辞出厅，照议筹备。

——此段谈话录自《陈逆叛国记》。

逸仙邀请报界谈话时，粤军各将领也召集紧急会议。会议的重要原因，是叶举接着洪兆麟密电，说：“现在旧国会恢复，黎元洪复职，人心切望统一。我粤军为护法之中坚，此时当明白表示态度。应请陈总司令返省主持一切。时机急迫，不容稍缓。倘陈总司令因障碍而不出，我等当一致行动，为国家统一计，铲除障碍，以促全国统一之进行。兹派敝部旅长尹骥来省，会商一切，希赐接洽！”因此陈家将认为时期紧张，特和尹骥筹议，实行推翻革命政府，谋弑孙总统。会议既开，杨坤如首先发言，道：“我不知道什么孙总统，只知道养我们的陈总司令！况且老总(指陈炯明)已经有命令要我们一致行动；如果还不动手，必致后悔无及！”叶举道：“这话确是不错，但是我们也得拿句话说说才好呀！”马育航(陈炯明之异父同母兄，曾任广东财政厅长)道：“这倒不难。现在有个最好的题目，只说：护法功成，国会恢复，法统重光，孙总统应与徐总统同时下野。岂不大妙？”翁式亮道：“还不如硬说是孙大炮(叛党呼孙大总统为“大炮”，粤语吹牛也)曾有宣言，愿与徐世昌同时下野，更来得理直气壮，他也无从辩驳。”杨坤如急道：“何必这般咬文嚼字？乘他的兵都到江西去了，我们有这些人，还怕打不死他么？等到他的兵到了南昌，他也去了，地盘有了，势力大了，那时你们才后悔咧！”叶举笑道：“你不要急。”便附着杨坤如耳低声说道：“老总有个计划：要使老洪(兆麟)的湖南兵去打。事败，我们实力未损；事成，便把这恶名儿加在老洪身上，再干掉他，乘灭去了他这冒牌的粤军。一、免得湖南人分我们的饭吃；二、使天下人不能说老总忘恩负义；三、还落得个为主复仇好名声。你只管大放假就是了。反正名利双收，少不了富贵。”杨坤如恍然大喜。随即议定起事日期、职务，并推洪兆麟用炮轰毁总统府，必达到弑死逸仙的目的，方才各散。

逸仙见粤军勾结直系，其举动、步调与直系完全一致，欺蒙全国民众，假名图私，诚恐人民一时被惑，不明护法戡乱的真理。便揭开直系黑幕，剀切宣言，以告国人道：

溯自民国六年，武人称兵，国会被非法解散，构成大乱。本大总统受国民付托之重，统率陆海军将士，以护法戡乱。致力所在，务扫除不法之武力，俾国会得以自由行使职权。本斯主旨，遂有七、八年正式国会及宪法会议之集会，十年正式政府之成立。乃跋扈之武人怙恶不悛，纠众顽抗，以致干戈相寻，生民涂炭，而倒行逆施者遂至盗窃名器，不恤卖国以求一逞。坐是分崩离析，以迄于今。国力之凋残，民生之颓敝，岌然不可终日。言念及此，可为疾首！

比年以来，北方握兵秉政之人，有痛悖国难、赞同护法戡乱之主张者，本大总统无不乐与开诚相见，以图共济。惟徐世昌及其党羽则弄兵如故，残民有加。本大总统毅然兴师讨贼，以期贯彻护法戡乱之职志。顷闻徐世昌业已潜逃，直军诸将亦有表示服从国会之事。此诚所谓无悖于护法戡乱之主张，可为嘉慰者也！

六年以来，战事延长，是非莫定。直至今日，法之不可毁始大白于天下。用兵数载，得此效果，国内问题似可和平解决。惟现在北方拥有重兵而能操纵北京政权者，厥惟直军。若直军诚意护法，则从此兵不血刃，而国是可定。否则徐世昌虽已潜逃，而直军犹无悔祸诚意，则祸变之来，不知伊于胡底？惩前毖后，洵不可忽！用布悃愊，以告国人：

夫欲《约法》之效力不坠，在使国会得自由行使其职权，在扫除一切不法之武力。否则国会之行使职权不但徒托空言，抑且供人利用；苟求已乱，适以长乱。故欲使今日以后国会自由行使其职权，不再受非法之蹂躏：第一，当惩办祸国渠魁；第二，当保障国会安全。盖数年以来，丁壮涂肝脑，老弱死沟壑，均此辈所构成。此而不惩，则人何惮而不为恶？此首当申儆于国人者也！

祸首既惩，则乱法之武力无自发生，故军队之安置宜为要图。军兴以来，兵额较前增至倍蓰。此等兵士来自民间，为不法武力所驱使，非其本意；一旦裁汰，使之骤失所业，亦所未安。宜悉改为“工兵”，统率编制，一切如旧。收其武器，与以工具。每日作工约六小时至八小时；先修治道路，次及其他工事。工兵月饷较现时倍加；将弁月饷，百圆以上加五，其百圆以下者加倍。此外则其工作所生产之纯利：以一半归国家，以一半归工兵，论人数均分，无有差等。如此则一转移间，易战事为工事。兵不失业，无铤而走险之虑；工事日繁，有生产发达之象。然后善用外资，投之实业，以起积年之疲敝，谋社会之繁荣；转危为安，悉系于此。现有兵数，既以次悉改为工兵；复征集爱国之士，编制国军。定为义务，两年一易。其兵额以二十万人至三十万人为止。此法既行，即有不逞之徒，亦无武力以为凭藉，毁法之祸，可不再作。国家机关依照法令行使职权，无能妨碍之者。然后政治乃可入新轨道，而国家乃有长治久安之望也。

今者直军诸将既能知毁法之为非而忏悔之，尤当知护法之为是而服从之。数年以来，国内战争乃护法与毁法战争，绝非南北战争。苟北方武人赞同护法，即此共同携手，以济时艰。故直军诸将为表示诚意、服从护法起见，应将所部半数，由政府改为工兵，以为停战条件；其余半数，留待与全国军队同时以次改编。直军诸将如能履行此项条件，本大总统当立饬全国罢兵，恢复和平，共谋建设。若进退失据，惟藉假托名义，以涂饰耳目，则岂惟无悔祸之诚，且益长诪张为幻之习。本大总统念民国以前祸乱之由于姑息养奸，决为国民一扫凶残，务使护法戡乱之主张完全贯彻，责任始尽！惟我公忠体国之人民，深喻此旨！为此布告，咸使闻知！

陈家将见逸仙发出这样正大坚决的宣言，要制他们—军阀—的死命，便甘受直系嗾使，急行他们的秘议，炮击公府，弑大总统，以图得延喘肆毒。先发通电请逸仙下野以示威。电云：

广州总统府，各部总次长，非常国会，海军温总司令，伍省长，魏卫戍总司令，省议会，总商会，全省商会联合会，教育会，报界公会，学生联合会；惠州陈总司令；南雄转送李部长，许军长，梁师长，朱总司令，彭总司令，李梯团长，赖梯团长，黄司令，暨前敌各旅长、司令、团长；各区善后处，各县县长，各县议会；北京总统府，参议院，众议院，国务院；各省巡阅使，各督军、省长、省议会；各特别区都统；蒙藏办事长官；各省区护军使、镇守使、道尹；各军师长、旅长；海军杜总司令；云南唐总司令；四川刘总司令；湖南赵总司令；贵州袁总指挥；梧州马省长；廉州探送刘督办；钦州黄司令；北京蔡孑民先生；上海章太炎先生；香山唐少川先生，各省区，各法团，各报馆均鉴：

民国十捻，祸礼侵寻：袁氏称帝，而有护国之役；张勋复辟，逼散国会，而有护法之役。孙中山先生率海舰南来，以护法相号召；西南六省，相继宣布自主，亦以护法相感应。六年以来，兵士亡于锋镝，人民转于沟壑，屡踬屡起，百死不悔，为护法故也。八年海上和会，以北庭不克恢复法统之故，和议遂成而不成。当时唐代表即有“和议唯一条件为恢复国会”之宣言。九年，芩氏取消自主。护法几濒于危殆。粤军回粤，重组护法政府，宣布对徐。

孙中山先生又有“徐氏退位，当同时下野”之宣言（此语为诬陷，见前文及蒋中正著之《孙大总统广州蒙难记》）。今幸天心厌乱，旧国会已自行召集，徐氏复引咎退位。南北用兵累年，所志无非护法。今目的已达，自无用兵之必要。况粤自陆、莫入据，民生已慨凋残。自主以还，以一省负担太重，财力更形竭蹶。黄台之瓜，何堪再摘？举等同属国民，同隶粤军，为国为粤，不忍因一人以祸天下。为此合吁孙中山先生实践“与徐同退”之宣言，敝屣尊荣，翩然下野。我海内明达，救国同具热忱，望治当无二致，应恳一致敦劝，同抒国艰。我陆海军前敌同胞爱护国家，尊重法治，亦恳即日罢战，共表同情。销兵气为日月之光，奠国本于苞桑之固。民国前途，宝嘉赖之！

粤军总指挥叶举，第二师师长洪兆麟，第四师师长关国雄；第一独立旅旅长李炳荣，第二独立旅旅长熊略，第三独立旅旅长邓本殷，第五独立旅旅长陈德春，第六独立旅旅长翁式亮；第三旅旅长尹骥，第四旅旅长李云复（李部七团团长姜汉翘未预谋，见文公毅著《讨陈纪实》），第七旅旅长谢文炳；第三支队司令罗绍雄；第二路司令陈炯光，第五路司令钟景棠，第六路司令胡汉卿，第七路司令黄强；指挥官何国梁、李荫轩；司令杨坤如、陈小岳、邱耀西、陆兰清、黄志桓、黄凤纶、冯铭楷、苏世安；副司令黄任寰、黄业兴；总司令部参谋长张醁村，副官长练演雄；炮兵团长王惺庵，团长贺瑞廷、纪泽波、王昌期、邓桂生、杨锦龙、吕春荣、饶寿平、许廷杰、陈已、林烈、苏廷赞、陈凤起、林捷三、陈定威、王定华、黎生、张化如、陈绍鹏；统领李汉隆、李子云、严胜、谭启秀、李子青、莫庆恩、袁带、余立言、罗平、余宏锦、邓乃忠、钟子廷、杨廷业、陈汉洲、丘可荣、钟作新、陈国华；独立营长翟铭祺等全体官兵同叩。

第八十六回

吴佩孚威逼徐世昌　孙中山蒙难广州市

且说吴佩孚战胜了皖系，迎合国民心理，假称召集国民会议。全国人民以为佩孚真有这救国宏愿，对于和平的希望愈加热烈。全国商会联合会、全国教育联合会便会同发起召集国是会议。但是到会的只有各省法团代表二十九人，代表十四个省区（连华侨在内）。开了三回会，也没什么成绩。佩孚竟置之不理，并且暗中破坏。

佩孚又想统一全国，便和陈炯明勾结。决定恢复六年六月十二日黎元洪解散的旧国会，迎黎元洪复职，敷衍南方护法的面子，让炯明好投降。但是要行这事，第一个障碍便是徐世昌，因此佩孚决计先驱逐世昌。世昌得知大急，忙派钱能训等一班走狗四出离间直系各督的感情。可怜耀武扬威的督军，怎肯理你这摇尾乞怜的总统？何况佩孚早已联络坚固，任你徐世昌放出历史上一万二千分阴谋挑拨的手段，他们只给你个不理。

驻扎鄂西的长江上游总司令孙传芳于五月十五日通电，请世昌退位，主张迎黎元洪复职，恢复法统，统一南北。齐燮元等应声而起。参议院议长王家襄、众议院议长吴景濂乘势宣布世昌罪状，主张由合法大总统组织合法政府。河南冯玉祥、陕西刘镇华且调动军队，武装威逼。世昌知道大势已去，无可挽回，只得忍痛忍气，牺牲这花了大本钱买来的大总统，下一道退位令道："本大总统现因衰病，宣告辞职，依法由国务院摄行职务。此令！"一面又发了一通饰非文过的通电，还老着脸声明继任和退职都合法。方才挥泪交出总统印，由佩孚令王怀庆派兵—表面护送，实是押辞—逐往天津。

北京的国务总理周自齐便依据世昌的伪令摄行大总统职权。佩孚早发电到北京，请黎元洪复职。自齐屁滚尿流的连忙发电到天津元洪私宅欢迎，又派高洪恩前往恭迓。元洪尚在犹豫，曹锟、吴佩孚等十来个督军都统和海军萨镇冰等，联合各省御用法团—商、教、农、议各会—于六月三日电请元洪复职。

元洪便发通电主张废督裁兵为复职的先决问题。佩孚等连忙复电遵命，并声明即日废督，为各省倡。—除浙江卢永祥、上海何丰林外，四川、贵州都有赞成电报。—元洪非常高兴，便于六月十一日到北京再做大总统。同时恢复旧国会，消灭新国会。任颜惠庆为国务总理。派人欢迎逸仙来北京，共商国是。逸仙对于这种滑稽戏剧只一笑置之。佩孚却以为统一梦可以达到，电催炯明照议定条件实行谋逆。

炯明得着佩孚的催电，便由惠州拍电与省垣的粤军将领，命他们克期动手。众将领接了炯明的来电，便在白云山总指挥部开秘密会议。当由叶举将炯明来电宣布一过，便要洪兆麟领兵围攻公府，各将领分途占领行政各机关，派兵捣韶关北伐后路。各将领即遵依命令，准备给养械弹，等到约定的时刻，便要突然攻击公府。

到了夜间十时，方有公府幕僚陈友仁得知消息，忙用电话报告逸仙道："闻得今夜粤军定有不轨行动，务请总统暂时离府他往。时机急迫，切勿迟缓，有误大事！"逸仙听了，疑为谣言，绝不惊惶。及至夜半十一时，秘书林直勉、参军林树巍两人先后来到公府，报告道："今天夜里的消息着实险恶！务请总统大驾火速暂离公府，暂避凶锋，免遭危险！"逸仙答道："陈竞存的为人虽然恶劣，当不至昧良至此。即使竞存本人果然有这样不轨之心，他的部下兵将都是和我素来共处患难，极有感情的。况且将领里面，很有明理的人，哪里肯助纣为虐，受他的愚弄，反来谋害我呢？你们不必这般猜疑自乱，以致惊扰不安。"林直勉道："总统以诚心待人，自然这样说法，不肯猜疑他人。但是粤军蛮横得很，不可以常理测度。如其果有不利于总统的举动，将奈何呢？"逸仙道："我在广州的禁卫军既已全部开往韶关，这就是表示我坦白的衷怀，以诚心对待众将，丝毫不存对敌的意思。他们果是要不利于我，我也不必出此用兵的计划了。如敢明目张胆，加兵于我，其罪便和逆伦反常一般。凡是逆臣贼子，人人得而诛之；况我身当其冲，岂可不重职守，临时退缩，屈服于暴力之下，贻笑中外，污辱民国，轻弃人民付托的重任呢？他们如果前来，我正该为国除暴，讨平叛乱，将那些乱臣贼子明正典刑，以彰国法！生死成败，决非所计！"林直勉与林树巍见逸仙已具决心，不敢强劝，只得辞出。

逸仙方到内室，不到一刻工夫，各处接连的打电话来报告，都说的是："今夜粤军必定谋乱，务请总统远离公府，切切勿延！"逸仙接连得了好几处电话，只是不肯相信，仍旧毫无畏惧，以为"竞存虽然谋叛，粤军各将领断不肯加害于我的"。

到了两点钟左右，粤军营副王英从粤军营里暗中偷逃出来，跑至公府报告道："粤军炊食已毕，约定二时出发。并且声言备足现款二十万圆，作为谋害总统的奖赏。而且有命令：事成以后，准各营兵士大放假三天。"

逸仙对于王英的言语还有不肯相信的意思。哪知正在谈讲之际，已听得外面紧急号音乱吹，且夹着冲锋号自远而近。逸仙知粤军果然谋逆，已经发动，即命卫队准备防御。一当时已近三点钟左右。一林直勉又赶来力劝逸仙出府。逸仙道："陈竞存果敢作乱，戡定祸患正是我的责任！岂可轻离公府，放弃职守？万一力不如志，惟有一死殉国，以谢国民！"这时总统府各幕僚齐入内苦劝，逸仙还是坚执不肯出府。众人知非言语可劝，遂有数人不由分说，硬拉着逸仙的臂膊，将他挽出公府。出府时，只见叛军的散兵步哨沿街布满，各处街道都已堵住，要想通行过去很不容易。

逸仙与直勉等经过几处步哨，受了许多盘问，都是直勉支吾过去。逸仙因既已出府，多人同行反互相妨碍，便单身独行。行到财政厅前，已有大队叛军由东而来。—这时直勉和众人已不知冲到哪里去了。—逸仙一人杂在叛军队伍中，以大无畏的精神，从容不迫，安详缓步，绝不惊惧。叛军见他毫无惊惶形色，疑是自己军队中的官长，反而不来查问。一路走去，直至永汉马路的出口，方得脱险。仍徒步缓行，来到长堤，方才宽心前进。一面安抵海珠的海军司令部内。海军司令温树德及众将佐连忙迎着，前后拥护，驾艇上了楚豫军舰。当即召集各舰长商议应变戡乱的计划。

那叛兵在上午三时，步哨便已经密布要路，断绝交通，先占领了各行政机关。粤军第二师洪兆麟部下的湘籍军兵于拂晓时将总统府团团围住，开炮向内攻打。府中卫士统共只有五十余人，在观音山粤秀楼附近抵死防御，与叛兵对抗，不肯退让。叛兵接连冲锋十几次，都被卫士用机关枪射击退回，死伤总数多至三百余名。守卫公府的警卫团也和叛兵对敌，坚守府门，不肯放松一步，叛兵始终攻打不进去。两下相持，直到正午。叛兵旅长李云复见府中守御甚是严密，不得已，又命步兵冲锋，终是不能冲入。遂传令用速射炮并力轰击公府。

叛兵所以再三攻打，甚至用炮射击，不肯退去的原因，实是不知逸仙已经脱险出府，还当他仍在粤秀楼内，未曾出去。因此到得后来，见炮击也不能收效，便用煤油烧毁粤秀楼并公府

的栈桥，其用意是想杜绝逸仙的出路，使他葬身在粤秀楼火窟之内。只可惜逸仙毕生著作—《三民主义》等—和无数藏书都被焚去，致成千古憾事，叛军之罪真万死不足蔽其辜！

两下相持，直到下午。公府卫士弹药已告尽，又无外援，没法，只得被叛兵缴械。当缴械的时候，却和叛兵订明缴械之后，便不得再用炮火射击。叛兵亦已应允。哪里知道叛兵的凶横残忍真是毫无人理。当卫士与鲍副官卫护宋夫人出府时，叛兵守在府前，还用机关枪扫射不止，遂致死亡枕藉，惨不忍睹。埋伏在四面民房内的叛兵，自从昨夜十时起，专门等候逸仙乘汽车出府的时候并力狙击，到这时还不见逸仙出外，便大呼“杀孙文！”蜂拥进府搜查。见逸仙的踪迹杳然，方知已于昨夜得信，脱身而去了。这一次的变乱，真出于意料之外，危险也达于极点。倘逸仙略迟一步出府，便难以脱身。如果不是步行出外，或是乘车而行，就是不死于枪炮之下，也必死在狙击之下了。及至逸仙上了楚豫军舰，叛兵任是凶暴，也就无法可想了。

逸仙既上楚豫军舰，广东省长伍廷芳、卫戍司令魏邦平二人同来舰上，晋谒

逸仙，商议招讨事宜。逸仙即命魏邦平率领所部集中大沙头，策应海军，进攻陆上的叛兵，并责成速恢复广州防地。又对伍省长说道："今天我必定率领舰队攻破叛逆，讨平乱事。不然，中外人士就要疑我没有戡乱的能力了。而且不知道我在什么地方，人心必定疑贰。我若畏惧暴力，潜伏黄埔，不尽职守，只为个人避难偷生的计划，怎么样可以昭示中外呢？"伍省长深以为然，道："总统既决在今日讨平叛兵，应该通告领事团知道，以昭事实的正大才是。"逸仙点头道："你可用外交总长名义速去备文通告。"伍省长奉命，即时离舰登陆，通告各国驻粤领事，请其严守中立。

伍省长离了军舰，逸仙下令永丰、永翔、楚豫、豫章、同安、广玉、宝璧各舰一律出动。由黄埔经过车歪炮台，驶至白鹅潭。将各舰一字儿排开，紧对大沙头、白云山、沙河、观音山、五层楼等地方，发炮射击。叛兵开枪抵御一阵，后来渐不能支，向后退却。各舰遂沿长堤向东前进，追击叛兵。当时因陆上部队未能如期发动，所以叛兵虽是败退，未克登陆穷追。

逸仙率各舰驶回黄埔后，便召集各舰长商议第二次攻讨的计划。各舰长计议之下，都以为"要平叛乱，必须海陆夹攻，方易集事。现在陆军只有魏邦平所部，势力未免太孤单，恐难取胜。"逸仙深然其议，便亲笔书函给前敌的李烈钧、许崇智、朱培德等，令各军迅速回粤，讨平内乱。并谓："……坚守待援，以图海陆夹攻，歼此叛逆，以彰法典！"

陈炯明见逸仙坚守黄埔，以待救援，便派人运动海军，且以金钱收买。哪知陈炯明的计谋虽狡，那时的海军上下却是一心一德服从逸仙，始终如一，不为敌人利诱。来人提及款项甚巨的话，海军将士即厉声阻止道："我们海军不比湘军供人愚弄。以二十万金的赏格，便卖了总统，博得一个'叛逆'的名号。"来人见海军不受运动，无法可施，只得回去报告。

陈炯明见运动海军之谋不成，又授计前敌叛军将领，向温树德请求停战。温树德便以叛军的请求转告逸仙。逸仙以援军尚未到来，正可利用时机，暂停战事，守候前敌各军回粤，再行夹攻也不为迟。便令温树德允许叛军请求，自己亲率永翔、同安两舰驶入省河，与叛相敌。

逸仙方才来到省河，忽然得到外交总长兼广东省长伍廷芳逝世的噩耗，心内十分悲切，痛哭不止。海军将士的怨愤也更加热烈。逸仙见海军军人如此义气，心中甚喜，温语抚慰道："今日伍总长之殁，无异于代我先死，也就是代你们先死。替伍总长个人设想，真可算死得其所了。但是元老凋谢，从此以后，共谋国事，同德一心，恐怕没有再像伍总长这样的人了！我们此时只有奋勇杀贼，继承那伍总长未竟的志愿，使他能够瞑目于九泉之下，便是竭尽我们后死者的责任了！"逸仙说罢，海军将士尽都拍手赞成，誓必帮同总统，扫清叛乱，以慰伍总长地下的盼望。逸仙因悲痛伍廷芳过甚，虽然已至省河，并无举动。

第八十七回

孙逸仙镇静破奸谋　陈炯明逞凶掠商市

且说陈炯明第一次派人携巨款运动海军未成，心还不死，又遣人运动民军，联络河南叛军，想暗袭黄埔海军，致逸仙的死命。因此授密计于省城叛将叶举等，要他们向海军总司令温树德要求停战，以便借商量停战条件的时候，乘海军不备，袭攻黄埔各舰。哪知天不佑奸，贼谋难逞。早有那困在叶举部下不得脱身的民党老同志何钟瑞（必）设尽方法，将这消息辗转报告逸仙。逸仙得了报告，便令温树德通告各舰，宣告水面特别戒严。

这时海军全体将士已经受了逸仙的感化，全体填写《志愿书》，加入国民党，上下一致，誓死拥护总理，决无二心。温树德奉令和叛军商议停战条件时，部下有疑心他的，私下来见逸仙道："我们司令官和逆军议停战条件，是不是得了总统的命令才开议的？"逸仙答道："这事是我的意思，要他这样办的。"众将士还不放心，惟恐温树德借着总统命令，暗中乘机和叛军另议秘密条件，不利于总统，便结合团体，一致拒绝温树德回舰，免生危险。逸仙得知此事，连忙亲自到各舰上慰劝各将士，剀切说道："温司令也和你们诸位一般，致力革命，尽忠民国，决没有不利于我的举动。诸位尽可放心，不要疑虑，反而误事。我敢担保温司令断无二心！"众将士经了逸仙这番劝谕，方才疑心冰释，许温树德回舰，照旧服从指挥，警戒水面。海军将士对于逸仙如此热烈的拥护，可见逸仙至诚感人之深。不知陈炯明辈是何心肝？真所谓"别有肺腑，非复人类"，为天地间所不常有的恶劣动物。

但是海军将士这样尽力拥护逸仙，那叛军的忌恨毒谋也愈甚。设尽方法，必要离间海军与逸仙的感情，以期逆谋得遂。逸仙劝谕海军将士解释了怀疑温树德的心思之后，陡然发生一种谣言，说："海军高级军官已经和粤军议和，即将成为事实。陈炯明曾经派吴礼和到肇和舰上和舰长接洽停妥，不日便要将总统献给陈炯明，作为投降进见之礼。"这种谣言风起云涌，传播得各舰将士无人不知。逸仙的随员听了这话，都惊慌异常，恐怕谣言实现，危及逸仙的生命，便一齐来见逸仙，问道："海军高级将官降叛军的谣言总统听见么？"逸仙笑着转问众人道："你们听了这种谣言，觉得怎样呢？对于海军将官怀疑不怀疑呢？"众人答道："谣言未经证实，当然不能认为确切。但是世事之情，变幻无常，不可测度。既有这种谣言，空穴来风，蛛丝马迹，不无可疑，总要防备一点才好。要不然一旦生变，无从措手。还请总统加意防卫，免得再有前日事实发生，便是如天之福！”逸仙不待他们说完，正色说道：“你们都没有深悉海军将士的心肠和敌人的狡谋；我却深知海军忠诚可靠，绝对不会受敌人的运动，将我卖给敌人的心思及行动。防卫些什么？倘然我真要依你们的话，加意防备海军卖我，那便正中敌人的离间计了。”众人还不明白。参军林树巍道：“外面谣言这般厉害，就是略加防备，也无不可。总统说：‘若加防备，便是正中叛军的奸计。’我们思想滞钝，实在不明白这道理，还请总统指示明白，免得我们这班愚人悬心吊胆。”逸仙笑道：“这般粗浅的道理有什么难懂呢？你们只想：这谣言从何而起？为什么要散这谣言？如果海军将士要卖我，那么，严守秘密还来不及，肯随人这般昌言么？”蒋中正（由上海赶来舰上护卫逸仙的）道：“那么，为什么海军长官不禁这谣言呢？”逸仙道：“这更易懂：海军倘然于心有愧，自然怕人家说。况且若一严禁，必然更加厉害。天下只有息谣，没有禁谣的。”林直勉道：“总统说：‘防备海军便是中了敌人的离间计。’莫非这谣言竟是叛军造出来的么？”逸仙点头微笑道：“这话一些儿也不错。除了我们现在的敌人—叛军—还有谁来散这谣言？”林直勉道：“我们虽然能说出这谣言是敌人造的，却思想不出一个证实这谣言确是敌人造出的理由来。总统能够告诉我们这确切证明的理由么？”逸仙道：“这也容易：敌人现在已将陆上通通占好，防守好，四面布置完备，毫无出路。我在军舰上，只有海军将士还拥护我，不生异心。只要有一个方法使海军与我互相猜忌，我便不能在军舰上存身，只有登陆之一法，那么，他们便可以毫不费事的捉着我。所以他们放出这种谣言来，使我们听着，心里惊慌，怕海军也和粤军一样叛变，加意防备。于是海军也因我们防备而对于我们发生怨望—‘我们这般拥护，还要疑忌我们，防备我们’—那末，我与海军便生了裂痕，海军便不拥护我，我必要登陆。或者是我要胆小，一听见海军要变，就马上上岸逃走，都可以投入他们的网罗，束手就擒了。你们只要想清这点，便能彻底明了。海军如果要卖我，—作为投降条件—在约好之时便突然而起，将我捉住送去，岂不省力？而且目的可达。何以要把这暗中降敌的事情故意传播，好像惟恐我不知道，务必使我听得呢？我们想清了这个道理，这种事情便不值一笑了。”众人听罢这番明晰的解说，顿时恍然彻悟，深佩总统的思想精密，一齐说道：“总统真是料事如神，我们的确万不及一！”逸仙笑道：“这值得什么？只是大家一时为我心切，没仔细寻思，所以耽这心思罢了。我们现在只以镇静处之，自然无事。”众人无不敬佩总统的镇静无畏的精神，都心悦诚服而退。

陈炯明见这计又不行，恼羞成怒。即电令叶举转饬鱼珠炮台的叛军司令恐吓海军总司令，下哀的美敦书：限海军于即夜十二时以前退出黄埔，不然就要开炮。

海军将士听得，忿怒异常。各舰均公推代表来见逸仙，请求下令进攻鱼珠炮台，先发制人。逸仙知道士气奋发，可以一用，即下令着各舰即时并力攻击牛山、鱼珠各炮台。又令海军陆战队司令孙祥夫及陆军各部军队，由海军掩护渡江，同时向牛山、鱼珠两炮台进攻。叛军见海陆军分两路前来夹攻，来势凶猛，深恐抵敌不住，连忙声请求和。同时温树德来电劝阻说："在停战日期未满以前，请饬海陆军暂勿进攻。"逸仙无法，只好暂止。

读者诸君，我现在要抽笔回来，将叛军方面的事情及广州的大劫写出来，告诉诸君了：

且说陈炯明甘心忘恩负义，想谋杀逸仙，蹂躏两广，驱散国会，阻挠北伐，危害国家，冒天下之不韪，留万世之骂名，必有所为，方肯如此。他为的什么呢？确实原因，就是他因封建军阀思想的驱迫而通北降直，故不得不备一份比较切实的贽见礼，便不惜牺牲一切，以求达到"南粤王"的迷梦。但他原想使洪兆麟所部弑了总统，然后痛哭流涕，为总统发丧，将洪兆麟杀却，以欺天下后世，落一个名利双收。哪知天不佑奸，逸仙得以安然脱险，到这时势成骑虎，便一不做二不休，率性抹下脸来，不顾恶名，硬干一番。及至北伐军破赣州时，在赣南镇守使署内搜得不少的文件，均足以证明炯明谋叛的处心已久。并且搜得吴佩孚与炯明订定的条件四款——（一）接济炯明现款五百万（先交三百万，事成之后交二百万）；（二）任命炯明为粤桂巡阅使；（三）由炯明将孙文及其党羽拘捕枪毙；（四）粤军遵从中央命令，以武力剿平抗逆各省（如浙江等省及湖南之一部）——的通令，俱足见炯明利禄熏心，悍然谋逆。

及至逸仙脱险，炯明便令叶举增加悬赏至二十万圆，购逸仙的首级，令各军猛攻。叶举便实行大放假的赏格，使部下之心为己用。于是繁华的广州，乃不免一场大劫，商店、机关、公园、学校，无不被抢一空。陈炯明便到石龙，指挥各叛军，并令叶举等发出布告云：

> 旧会恢复，护法告终。粤东将士，一律赞同。请孙下野，表示大公。诸色人等，安业毋恐！

工商各团体见之大愤，纷纷集议对付。炯明便下令：凡反对者枪毙！民间有报被抢被奸的，叛军将领便先将报告人拘留讯问，必使供为土匪淫抢，不是兵士，并缴纳保证金若干，方才释放，使人不敢再来报。数日间，一个歌舞熙雍的广州市，弄成个鬼哭神号的酆都城。

叛军既百般设计想要制死逸仙，都不能达到目的，着急异常。大家集议苦思，才想出一条计策来。什么计策呢？就是伪向逸仙求和，骗他登陆，再施毒手。

计划既定，便派叛党钟煌可到逸仙现在所居的永丰舰上，向逸仙求和。逸仙斥煌可道："陈炯明对我只可以说是悔地自首，哪里说得到求和？他还是这般连个上下之分都没有明白，如何能够宽宥其罪？"煌可闻言，不敢再说，憬然而去。

叛军求和不成，又托魏邦平派人到舰上商议调停，提出办法三条：

一、粤军退出广州省城；

二、恢复政府；

三、北伐军停止南下。

逸仙也照前申明，绝不气馁望和。

叛军还不心死，令与逸仙平日感情还好的粤军军官遣代表到舰上晋见逸仙。逸仙令张秘书招待。那代表道："陈总司令愿亲来请罪，乞总统海涵宽容。如果这回的事蒙恩准赦免，以后决不敢再有叛逆行为。我们敝旅长等愿以身家性命作担保。"张秘书代答道："贵旅长等自愿附义讨逆，总统自必优容嘉奖，毫无芥蒂。只是陈炯明饥附饱飏，外强中干，贻患嫁祸，推罪诿过，实在是这回事变的祸首，也就是民国第一个罪魁！如果陈炯明可以赦免，那么，反复无常的叛徒都要崛起效尤，把国家典刑置于何地？总统的意思是如此的，特令我代答。"那代表听了这番言语，知道此事万难成就，便告辞而去。

炯明见这计又不行，便以巨金收买得海军将佐中的败类何达等，挟制总司令温树德，逼着将海圻、肇和、海琛三艘最大的巡洋舰驶离黄埔，以孤海军之势，减少逸仙的威力。叛军又决定于三大舰离开后，便由鱼珠炮台炮击逸仙坐舰。因为逸仙坐舰停泊黄埔，全凭海圻……等三舰掩护；三舰既已离开，泊在黄埔的其余各舰就都直对鱼珠炮台，在炮台监视之下，没有一点掩护了。况且黄埔后面的海心冈，水深只有六尺上下，军舰万难通过。三大舰离开之后，鱼珠炮台对各舰开炮轰击时，永丰等舰前面既无掩护，当然不能抵敌，只有往后退走之一法。但是后面海心冈的水浅到如此，又万不能够通过。那么，永丰等舰不被鱼珠炮台击为齑粉，也要被叛军围锁在海心冈坐以待毙。这般计策，也就狠毒极了！

哪知逸仙得着三大舰将被威胁离开黄埔的消息，早已料到叛军必行此着，早命人往海心冈测度江水深浅。回报说有十五尺以上的深度。—这真是天心默佑，连日水涨，使逸仙不被叛军所困。—逸仙听得海心冈水深，心中大喜，立即传令各舰：如果今夜海圻、肇和、海琛三大舰离开黄埔之时，各军舰即从速由黄埔上游的海心冈驶往长洲要塞后方的新造村江面停泊。一则避免鱼珠炮台的袭击，一则借长洲要塞为掩护。

逸仙既已预备完整，便好整以暇，从容不迫的等候届时行事。夜间十一时左右，肇和、海琛、海圻三舰一齐升火起锚。逸仙便令各舰也一齐长升启碇。一霎时，三大舰如飞驶离黄埔。逸仙便令永丰等各舰一齐开足速率，由海心冈安然驶往长洲后方的新造村江面，落锚停泊。

各舰停泊之后，将士兵卒都不胜大喜，一齐拍掌欢呼，都道："总统洪福齐天，海心冈竟然会有十五尺深的水，使各舰平安而过，不中奸谋！"逸仙见各将士如此欢欣鼓舞，互相庆慰，心中也甚为喜悦。便和一众随员站在舰首瞻眺一回，相度形势，令各舰一字儿排开，停泊江心，专待李烈钧、许崇智所统的北伐军回师相救，再行水陆夹攻，进讨叛逆。

叛军将三大舰骗离黄埔之后，原要将鱼珠的要塞重炮轰击水丰等舰，万不料三大舰启碇之后，正要开炮之时，永丰等舰忽然踪影不见。忙使人探听，回报道："永丰等舰也升火启碇、驶出海心冈，齐往长洲要塞后面新造村去了。"炯明闻报，目瞪口呆，想着："海心冈的水平时只有六尺深，各舰如何能平安渡过呢？……"再令人去打听，又回报说："海心冈的水竟陡涨至十五尺深，所以各舰毫无阻碍，安然过去。"炯明闻报，便召集叛军各将领会议。叶举发言道："手到拿来的事，又被海心冈无端涨水，成为画饼，反去了一宗运动三舰的款子，还要犒赏他们，这真是大不合算的事。只是现在孙文把各舰停泊在长洲新造村江面，明是要借长洲要塞为掩护，等候救兵。那长洲要塞司令马伯麟是孙文的死党，自然拚命和我们作对。我们若候他布置完全，凭借险要，扼守住了再去攻取时，便大费周章了。只有此时乘他布置未妥，前去袭攻，将长洲要塞夺将过来。各舰没有掩护，自然束手待擒。未知哪位弟兄肯干这一功么？"早有叛军旅长钟景棠应声而起，道："我去！"炯明深为赞成，满心欢喜，当即厚许奖赏，命钟景棠率本部人马渡江攻取长洲。又叮咛各将领分别防御北伐军，方才各散。

第八十八回

入省河奋勇击车歪　攻韶关回师护总统

长洲要塞司令官马伯麟，原奉逸仙命令死守要塞；及至永丰等舰驶至新造村，伯麟忙接济煤米，登舰慰问。一面令饬部下严重警戒，防叛军来袭。幸得手腕迅速，布置刚竣，便得探报，“逆军钟景棠率全旅来攻。”伯麟不敢怠慢，忙传紧急号令，齐集部下官兵，振起精神，列阵出战。

队伍方出，便遇着钟景棠的兵排山倒海般直涌过来。伯麟登高审度地形，令队伍散开迎敌。叛军便也煞住阵线，枪炮齐鸣，向要塞兵攻击。怎奈伯麟身先士卒，冒死前进，后面要塞炮轰然齐发，直打得叛军心胆皆寒，撤队后退。

伯麟正要追击，忽然后面弹如雨下，官兵纷纷倒地。伯麟大惊，忙回顾时，原来是海军陆战队长孙祥夫（山东人）私通敌人，在战争最急时响应叛军，竖起白旗，倒戈扰乱后方，从要塞兵的后方掩杀过来。要塞兵前后受敌，不能支持，军心大乱，败退下来。钟景棠乘胜直进，夺取长洲要塞。

长洲要塞既失，江面上的军舰失了掩护，且增了敌人，当然不能停泊。逸仙便令各舰移泊新造村的西面，收容败下来的要塞官兵，并决定进攻车歪炮台，作海军根据地。各长官得了这个命令，都以为车歪炮台地形险隘，炮垒坚强，极不容易攻打；要想通过，更属艰难。便一齐来见逸仙，请将舰队移到西江，以便活动。逸仙向众将士道：“我们舰队如果开往西江，须得打从牛山、鱼珠等炮台底下经过，并且有海琛、肇和、海圻三艘巡洋舰驻守沙路港口，监视我们各舰的行动。即使我们能够奋勇通过牛山、鱼珠两座炮台，怎能过得去沙路港口呢？倘是贸然前往，到了那时，前面有三大舰截击，后面有两炮台堵住，前进不能，后退不可，那才是自投罗网啦！我们此刻除了攻取车歪炮台，驶入省河以外，实无别的生路可以求全。”各将士听了这番开导，方才释然无虑，愿意遵从逸仙的命令，努力前进，死里求生。

逸仙当即传令永丰、宝璧、豫章、楚豫、广玉各舰衔接而进。到得三山江口，逸仙即传令各舰向车歪炮台叛军阵地瞄准射击，奋力攻打。车歪炮台的要塞炮兵布置极为周密，一见各舰进攻，即还炮相击，子弹如雨点般向江面落下，只打得水花四溅，白浪滔天。各舰将士见此情形都不免惊惶。逸仙立在永丰指挥台上，从容不迫，指挥着永丰当前先进，舍死忘身的突将前去。

豫章军舰舰长欧阳格站在舰首大声喊道："大总统尚且舍死忘身，当先冲锋；我们如果贪生畏死，还能算人吗？我们现在已处绝地，若不拚死打条出路，必然同归于尽！大家听着：不朝前进，后退便是死路！只有向前冲去，万死里求一生！冲锋！前进！"喊罢，便指挥本舰，开足速力，冒着雨点般的炮弹直冲过去。各舰舰长将士听了欧阳格的言语，都一齐抖擞精神，拚命向前冲锋，用全力向车歪炮台猛烈射击。

常言道的好："一人拚命，万夫莫当。"何况这些武装炮舰许多将士同心合力，拚着性命的杀将过去呢？"奋勇所得的代价便是胜利。"果然各舰竟突过了车歪炮台。但是车歪炮台附近，叛军还埋伏着野战炮兵两营，两岸密密层层的布置着非常坚固的阵地。舰队方面，因为都是炮舰，力量到底不大，只能攻破东岸的敌人。通过车歪时，因为航线接近东岸，不及顾及西岸，所以各舰都受了微伤。逸仙的坐舰，因为当先冲锋，竟连中六弹，各舰将士俱死伤不少。幸而齐心合力，才能冲过车歪炮台，不然便不堪设想了。

各舰脱险后，便驶入省河白鹅潭停泊，整顿一切，收拾死伤，并严密警戒。这时永翔、同安两军舰闻得永丰等舰的义勇声名远播，羡慕高风，自动的启碇来归。舰队中加了这两支生力军，水面防务更加巩固。

广州粤海关税务司夏氏（英国人）闻得逸仙率舰队冲进省河，首先来舰晋谒，探问情况。逸仙亲自接待。夏氏问道："总统率舰来到省河，想必是到这里来避难的？"逸仙庄容答道："此地是我的领土，我当然可以自由来往，怎么能说是'到这里来避难'？你说这话是何意思？令人不解。"夏氏听罢，心里暗吃一惊，停了一停方说道："白鹅潭是通商口岸，接近沙面外人居留地，倘若发生战事，深恐牵涉外国侨民的安全问题，引起交涉。不如请总统离粤，庶乎保持中外通商的自由。"逸仙正色道："这话不是你所应该说出来的！我生平不服暴力，不怕强权，只知道正义与公道，断不受无理的干涉！"夏氏见逸仙理直气壮，毫不畏惧，无法可想，只得默然起立行礼，告辞而去。当时，另有西人在座听着逸仙和夏氏问答的言语，出来对人说道："我今天才见着孙逸仙博士的真面目，确是个真能爱国的人！谁说中国没有人啦？"逸仙的大无畏精神，如此可见一斑。

逸仙因各舰到白鹅潭时，通过车歪炮台，各将士忠勇奋发，开中国海军勇誉的新纪元，特亲自慰劳劝勉。正在慰勉之际，忽有海军总长汤廷光等来函，愿担任调停，并且附具调停的条件。开列的方式，竟把双方视同敌体，还声明以明日十二点钟以前为限。逸仙以其出言无礼，令秘书草文答复，拒绝这无礼的调停。

这日接到许崇智等率北伐军集中南雄，回师讨逆的报告。又得到湘军旅长陈嘉祐率所部谭蒙、蒋隆棻两团及湘军第十六独立团王钺所部四营，就逸仙所委之讨贼湘军第一路司令职，会同大本营第十四路统领张岂庸、混成团团长文公直、支队长曾雄、警备司令邵中柱等，由湘边率兵入粤靖难，声讨叛贼，拥护总统的电讯。各舰将士闻之，心中大喜，只朝夕盼望北伐军及讨贼湘军早日到达，合力夹攻叛军，收复广州。逸仙更喜吾道不亡，既有由上海赶来扈从的蒋中正，还有不顾已得之江西地盘而回师靖难的许崇智、李烈钧、黄大伟、朱培德、彭程万等，更有宁肯抛弃现有地位仗义冒险的陈嘉祐、谭蒙等，和不忘正义，不计实力大小，只知护党讨叛的张岂庸、文公直等，国民党员中尚大有人在，心中甚为欣慰。

不料自接这信后，北伐军回粤与叛军剧战的消息时胜时败，绝无确实音耗。只听得财政总长廖仲恺被陈炯明绑票勒赎，夏重民被叛军在广三铁路杀死；又闻得温树德由何子奇、刘大同二人撮合，受陈炯明贿赂二十六万圆，秘密降敌（以守中立为条件）等消息。逸仙乃下令加紧戒严。幸而胡毅生由湖南衡阳转来（逸仙在桂林时派毅生赴湘，筹设大本营），说陈嘉祐等将与许崇智北伐军会师，进行甚利。又接着上海徐树铮转来许崇智电报，虽只有“闻变星夜回师平乱救帅”十个字，却能知道北伐军已经回粤进攻，尚未失败。逸仙和海军将士精神为之一振。

七月十一日夜七时，广东水上警察厅所辖的广贞、广亨两舰自动归附。不料行至车歪炮台，与逆军对抗数小时，以舰力薄弱，不能通过，各将士便与东廊附近陆上各部队会合，向江门退却。

次日，叛将洪兆麟派部下同乡人陈家鼎为代表来见逸仙，说：“陈炯明存心叵测，对于湘籍粤军待遇不公；愿拥护总统。”并将兆麟致其代表的电报呈览作证，说：“请总统下野的电报是盗名的，洪师长并不知道。”逸仙派林直勉接待，将炯明想嫁祸湘籍粤军，事成则兆麟必为被烹之功狗，而炯明反扑灭洪部而博义声的毒计向家鼎说明。家鼎大为动容。

这时温树德已经率海圻、肇和、海琛三大巡洋舰投降叛军，驻在省城；逸仙派去向他说话的代表也被拒绝。各舰将士见树德如此，大为忿怒。各舰会议，决定表明心迹，发布宣言，誓死拥护大总统，并声明两事：

一、限省城叛军于四十八小时内撤退至一百里以外，以免人民遭不断的奸淫抢劫焚烧掳杀之苦；

二、广州为政府所在地，当归还政府，自由处置，不得有任何方面之干涉。

晚间，许崇智派人间道来舰报告，说：“已会同朱培德所部滇军集中南雄。大本营文官长胡汉民已安然无恙到了军中。北伐军已经占领韶关的帽子峰和火山等处要隘。”逸仙之心至此乃慰。

且说讨贼湘军司令陈嘉祐令第一梯团长蒋隆棻当先开道，直取韶关；第二梯团长谭蒙和第三梯团长王钺等随着嘉祐，率部继进，与许崇智部会师，攻击韶关正线。邵中柱、张岂庸等由赣边经南雄向始兴进展，谋包围逆军。这支兵多是新成的，其中只有文砥（公直）所部（时已改编为旅）是原来的护国军，训练有素；便由文砥为先锋，向叛军进攻。叛军第七旅谢文炳派队迎敌，被文砥率所部第二团长许健（运葵）全团，将叛军打得落花流水。北伐军也派队会攻，便克始兴。朱培德也攻占韶关要隘。许崇智令空军驾飞机在空中抛掷炸弹轰叛军，便克复韶关附近各地。空军在马坝、河头等处炸死叛军官兵无算。讨贼湘军和赣军占领芙蓉山，陈嘉祐、赖世璜等均督部猛进。后方各部也攻克英德、翁源，大获胜利。叛军便散布谣言，说："孙总统已经身故。"图乱义军听闻。

逸仙听得各军大胜，更加欣慰。十四日午后，永翔炮舰受了温树德的运动，启碇驶离省河。海军将士要派舰追击，逸仙道："随他去吧，中途变节的，强留无益。"海军将士遂函致广州各公团转告市民，谓："总统以民命为重，故我海军不欲轻启战端。望转告逆军，从速撤退广州以外，以免生灵涂炭。"

一连数日，得不着北伐军的消息，舰中随从文武官吏都觉闷损。十九日午前十一时，逸仙方在舱中午餐，忽然听得舰旁轰然一声，舰身便摇动不定。逸仙神色不乱，派人出舱询问，却是叛军用水雷攻击逸仙的坐舰，想下这般毒手炸死逸仙。不料那水雷爆发力弱，永丰舰毫未受伤。但是这水雷发炸点却离美国兵舰甚近，因此泊在广州省河的英、美、日等国的海军各咨领事，以陈军侵害外舰，且无人道，向陈炯明提出严重抗议。叛军乃不敢再放水雷，却派飞机在各舰空间往来盘旋，以为恫吓。海军将士疑惧异常，逸仙仍视若无事，镇定如故，屹然不动。军心因之渐渐平静。

第八十九回

许崇智南雄失戎机　孙中山海上敷政见

七月二十二日，逸仙派人持函往慰问前方许崇智诸将，切嘱他们火速进攻；兼说海军将士忠勇振奋，专候北伐军达到时夹击叛军。差人离舰启程后，忽然接探报说："叛军贿买肇和、永翔两舰来白鹅潭进攻。"逸仙笑道："省河水浅，肇和吃水深，如何能来？永翔虽来，也没甚要紧！谅它不敢独舰来攻。"林树巍等便大家商议，加紧戒备。入夜即分班驻守，以二人为一班，每班二小时（每人每夜须轮值两班）。更派冯启民、杨虎常驻安顺火轮，协同胡文灿所管带之安北火轮昼夜逡巡。只留蒋中正、林直勉随侍逸仙。果然安北轮于傍晚时，在芳村岸边捕获一个放水雷的凶犯一名叫徐直一带到舰上讯问，供出"是受江防司令周天禄所主使，来侦察地形，设放鱼雷。前日司令部已经买到鱼雷五个，和英国人商量停当，由英国海军军官包办设放。粤军已经计划定了，要袭击海军。水上用小轮船数十艘袭攻各舰，陆上在河南、芳村两岸用重炮射击，要把海军击成齑粉。"逸仙和众人听罢，更加戒备。

二十九日，逸仙得着许崇智报告，说战事颇为顺利；又得湘军电告，后队已过乐昌。午后驻省侦探李文滨报告说："叛军陈永善在江门已备钢板船三四十艘，募敢死队数百人，专来击攻坐舰。"林树巍道："我们不妨扎些木排，把来围住坐舰的周围。那么，叛军的水雷便不能到舰边来，小轮载兵也不易上舰。"逸仙道："这都是叛军恫吓之计，我们只以镇静处之，自然无事。"从此一连数日，北伐军消息不利，由香港转来的报告日恶一日。驻省侦探由叛军兵站里得来报告，也说北江方面北伐大败。并且谢文炳打败湘军，陈嘉祐的兵后退。始兴一带，张岂庸全军覆灭。文砥因冲锋陷阵，左足受重伤，所部第一团长刘明焰、第二团长许健均阵亡。逸仙闻得这种报告，因为胜败都太速，疑信参半。便急遣林树巍往梧州，催关国雄、刘震寰速出奇兵，由肇庆直下广州。关国雄本约八月二日在梧州发动。及至树巍由香港筹得款项到梧州，国雄又阳奉阴违，牵制刘震寰一部不敢单独发动，驻柳州的滇军张开儒一部，也同时被他阻碍。

西江消息正在停顿中，北伐军失势的消息却渐渐证实。各随员即向逸仙道："前方既已失败，总统似乎无留粤之必要。况且现在逆军后方兵力已难牵制，此时又不能集合各方义军攻取省城。前方基本部队的战况，一时断不能挽回。总统留粤，在军舰上冒这无谓之险，实无裨益。不如暂离广州，设法指挥北伐军图恢复，或是别谋进取。谅这点叛军，以总统的革命精神，一呼可灭。若只株守舰上，倘被叛军所算，革命前途还忍言么？况且现在粤军又打算用嫁祸之计，轰击沙面租界，移害总统。倘然实现，牵动外交，固难措手，结果国民还要受辱蒙耻，国家受损失，我党也无从救济。所以我们想总统还是暂时离粤，讨逆、恢复方有可望。不然危险固不堪设想，处这孤悬水面的军舰上，也实难号召。”逸仙答道：“我必须得着前方确实消息方能心安。不然时，轻离舰队，放弃职守，怎对得起前敌和舰上的将士呢？”众人不敢多言，只好坐候消息。

八月八日，程潜、居正二人因闻得前方失利的消息，来到永丰舰上，谒见逸仙，商议行止，并主张总统速离广州，别图再举。逸仙道：“我已经决定主张，未得前方确报，决不轻离职守。须知这些败讯都由敌人方面传出，何能便信以为真？如果前方军队并未败退，因我轻率离粤，牵动军心，因此失败，我何以对这为我而牺牲的两万多将士？所以我意已决，非等着前方确实消息，断断不离广州！你们不必劝我，只要去打听如果北伐军确是失却南雄，再来报告我；那时，不待你们劝，我自然离开这里，另图再起，贯彻我的革命主张。”程潜等既明白了逸仙这番意思，知道劝也无益，不如暂退，打听得确实消息，再来报告，便起身说道：“既是如此，我们立刻去探听前方的实在情形，再来报告总统。”逸仙点头答应，二人方告辞而去。

二人去后，李文滨又有报告到来说：“陈逆袭攻坐舰的计划是专击永丰一艘。一方面贿买坐舰士兵中立，不加抵抗；一方面贿买某舰舰长假作抵抗，发炮轰击沙面外人居留地。炮弹既由舰队发出，必引起外人交涉，便可以将拳匪一般的丑名加于总统身上。请总统加意防范才好。”逸仙听了大怒，道：“陈炯明果有此谋，我当派人通告各国领事，嘱他们自卫。倘若发生这种惨无人道嫁祸贻害的不轨举动，当由陈炯明负这责任。”说罢，便派人探听这消息是否的确，以便通告外国领事，早为防备。

忽有公府外国顾问某来舰报告逸仙道：“敝国领事已得着确实报告：南雄于前月月底失守—所以前方报告不能达到—北伐军已经退守龙南。这个消息千真万确，总统不必疑心。”逸仙知这人素不轻言，且不大肯谈军事，他所报告的军情必无讹误，因此深信不疑，便召集各舰长会议。

各舰长闻得南雄确已失守，齐说：“赣南失陷，南雄不保，前方腹背受敌，战局必危。总统株守省河，有捐无益，不如暂离广州，图号召同志，大举讨逆。”于是议决逸仙率僚属离粤往沪，并托某顾问通知各国驻粤领事。

商酌既定，逸仙本要搭乘商轮公然离粤。后来英国领事派人来声言：“孙大总统如果离广州，我们领事甚愿派炮舰摩汉号护送往香港，不必另搭商轮。明日便有俄罗斯皇后号邮船往上海，我们领事可以拍电到香港，预备舱位。”逸仙以其盛意难却，便应允了。

九日下午三时，逸仙率幕僚及蒋中正等离粤，舰队善后事宜委秘书林直勉、参军李达章二人代为办妥，并发恩饷一个月奖励舰队官兵。四时，摩汉号炮舰由广州启碇，直放香港。逸仙自叛军围攻公府，困守军舰以来，已经一月有余，方才脱离险地。远望水天空阔，云影悠然，不觉叹说道：“想不到我和你们今日竟得脱险！但是一息尚存，此志不能稍懈！民国未完的建设责任，仍在我们身上，切不可轻弃，以致辜负初心！”说罢长叹一声。众幕僚也有望空长叹的，也有暗弹痛泪的，也有咬牙切齿的。

摩汉号炮舰驶行迅速，次日—十日—上午便到了香港。逸仙即率众人改乘俄罗斯皇后号邮船。香港政府派人员前来照料，逸仙表示相当的谢意。正午十二时，皇后号启碇，一直安然达到上海。这时北伐军已经放弃江西，退驻闽边，湘、滇各军退驻湘边。

逸仙率同幕僚在吴淞登岸。上海各团体代表及民党同志数千人已经数日来在飓风骤雨中鹄候不倦，一见逸仙来到，都欢呼簇拥着同往上海。

逸仙到了上海莫利爱路二十九号住宅里，不暇休息，即刻便召集同志讨论应付时局问题。即发表《护法总统宣言》云：

六年以来，国内战事为“护法”与“非法”之争。文不忍艰难创造之民国隳于非法者之手，倡率同志，奋斗不息。中间变故迭起，护法事业蹉跎数载，未有成就，而民国政府遂以虚悬。国会知非行权无以济变，故开非常会议，以建立政府之大任属之于文。文为贯彻护法计，受而不辞。就职以来，激励将士，出师北向，以与非法者战。最近数月，赣中告捷，军势远振。而北军将士，复于此时为尊重护法之表示，文以为北军将士有此表示，则可使分崩离析之局归于统一，故有六月六日之宣言，愿与北军将士提携，以谋统一之进行。不图六月十六日，护法首都突遭兵变，政府毁于炮火，国会遂以流离。出征诸军远在赣中，文仅率军舰，仓卒应变，而陆地尽为变兵所据，四面环攻，益以炮垒水雷进袭不已。文受国会付托之重，护法责任，系于一身，决不屈于暴力，以失所守；故冒险犯难，孤力坚持，至于两月之久，变兵卒不得逞。而军舰力竭，株守省河，于事无济；故以靖乱之任，付之各处援师，而自来上海，与国人共谋统一之进行。回念两月以来，文武将佐，相从患难，伤亡枕藉。故外交总长伍廷芳，为国元老，忧劳之余，竟以身殉，尤深怆恻！文之不德，统驭无方，以至变生肘腋，咎无可辞！自兵变以后，已不能行使职权，当向国会辞职，而国会流离颠沛之余，未能集会，无从提出。至于此次兵变，文实不知其所由起。据兵变主谋陈炯明及诸从乱者所称说，其辞皆支离不可究诘，谓护法告成，文当下野耶？六月六日，文对于统一计划已有宣言，为天下所共见。文受国会付托之重，虽北军将士，有尊重护法之表示，犹必当审察其是非与诚伪，为国家谋长治久安之道；岂有率尔弃职而去之理？陈炯明于政府中为内务总长、陆军总长，至兵变时，犹为陆军总长，果有请文下野之意，何妨建议？建议无效，与文脱离，犹将谅之。乃兵变以前，默无所言，事后始为此说，其为饰辞，肺肝如见。按当日事实：陈炯明于六月十五日已出次石龙，嗾使第二师于昏夜发难，枪击不已，继以发炮，继以纵火，务使政府成为煨烬，而置文于死地。盖第二师士兵皆为湘籍，其所深疾；果使谋杀事成，即将归罪，以自掩其谋，而兼去其患。乃文能出险，不如所期，始造为请文下野之言。观其干文在军舰时，所上手书，称大总统如故，可证其欲盖弥彰矣。陈炯明以免职而修怨，叶举等以饬回防地而谋生变耶？无论以怨望而谋不轨，为法所不容；即以事实言之：文于昨年十月，率师次子桂林，属陈炯明以后方接济之任。陈炯明不惟断绝接济，且从而阻挠。文待至四月之杪，始不得已改道出师。于陈炯明呈请辞职之时，犹念其前劳，不忍暴其罪状，仍留陆军总长之任，慰勉有加，待之岂云过苛？叶举等所部，已指定肇阳、罗、高、雷、钦、廉、梧州、郁林一带为其防地，乃辄率所部，进驻省垣，骚扰万状，前敌军心因以摇动。饬之回防，讵云激变？可知凡此种种，亦非本怀，徒以平日处心积虑，惟知割据，以便私图，于国事非其所恤；故始而阻挠出师，终而阴谋盘踞，不惜倒行逆施，以求一逞。诚所谓苟患失之，无所不至者！且即使陈炯明之对于文，积不能平，至于倒戈，则所欲得而甘心者，文一人之生命而已，于人民何与？乃自六月十六日以后，纵兵淫掠，使广州省会人民之生命财产悉受蹂躏，至今不戢，且纵其凶锋，及于北江各处，近省各县，所至洗劫一空。人民何辜？遭此荼毒。言之痛心！向来不法军队，于攻城得地之后，为暴于一时，已犯天下之大不韪；今则肆虐亘于两月。护法以来，各省虽有因不幸而遭兵燹，未有如广东今日所处之酷者。北军之加兵干西南，军纪虽弛，有时犹识忌惮。龙济光、陆荣廷驻军广东，虽尝以骚扰失民心，犹未敢公然纵掠，而此次变兵则悍然为之。闻其致此之由，以主谋者诱兵为变时，兵怵于乱贼之名，惮不敢应；主谋者窘迫无术，乃以事成纵掠为条件，兵始从之为乱。似此煽扬凶德，汩没人道，文偶闻野蛮部落为此等事，犹深恶而痛绝之；不图为此者，即出于同国之人，且出于所统率之军队，可胜愤慨！文夙以陈炯明久附同志，愿为国事驰驱，故以军事全权付托；今者甘心作乱，纵兵殃民，一至于此！文之任用非人，诚不能辞国人责备者也！此次兵变，主谋及诸从乱者所为，不惟自绝于同国，且自绝于人类。为国法计，固当诛此罪人；为人道计，亦当去此蟊贼。

凡有血气，当群起以攻，绝其根本，勿使滋蔓。否则流毒所播，效尤踵起，国事愈不可为矣。以上所述，为广州兵变始末。至于国事，则护法问题，当以合法国会自由集会行使职权为达到目的。如此，则非常之局自当收束。继此以往，当为民国谋长治久安之道。文于六月六日宣言中所陈工兵计划。自信为救时良药。其他如国民经济问题，则当发展实业，以厚民生，务使家给人足，俾得休养生息于竞争之世。如政治问题，则当尊重自治，以发舒民力。惟自治者，全国人民共有共治共享之谓，非军阀托自治之名阴行割据所得而藉口。凡此荦荦诸端，皆建国之最大方略，文当悉其能力，以求贯彻。自维奔走革命三十余年，创立民国，实所躬亲；今当本此资格，以为民国尽力。凡忠于民国者，则引为友；不忠于民国者，则引为敌。义之所在，并力以赴，危难非所顾，威力非所畏；务完成中华民国之建设，俾国民皆蒙福利，责任始尽！耿耿此诚，惟国人共鉴之！孙文。民国十一年八月十五日。

逸仙发表宣言后，有许多人前来慰问。各国志士都纷函致意；苏俄政府也有极恳切的函电，且派代表来华慰勉；民党同志中不远千里而来致候者更多。逸仙为安慰中外同志，并报告陈炯明谋逆经过起见，特发表《告同志书》一通云：

同志公鉴：

文于八月十三日抵沪，曾致海外同志一电，并于十五日发表宣言，想已鉴及。兹再以事变始末及将来计划，为同志述之：

此次陈炯明叛变，非惟文与诸同志所不及料，亦天下之人所不及料。盖以陈炯明之性质而论，其坚忍耐劳，自有过人之处。然对于国事，常存私心，且城府深严，不以诚待人，则早为文与诸同志所烛及。顾以为人各有短长，但当绳之以大公，感之以至诚，未尝不可为用。即使偶有差池，亦何至于决裂？更不虞其阴毒凶狠至此也！以陈炯明与文之关系而论：相从革命以来，十有余年。虽元、二之际，阴谋左计，稍露端倪，及六年乱作，陈炯明来沪相见，自陈悃愊，再效驰驱；文遂尽忘前嫌，复与共事。嗣是广州处困，闽疆转战，久同艰苦。回粤之役，相倚尤深。方期戮力中原，以酬夙志。乃出师甫捷，而祸患生于肘腋，干戈起于肺腑。不但国事为所败坏，党义为所摧残，文与诸同志为所牺牲；即其本身人格、信用，亦因以丧失无余。果何所乐而为此？此诚所谓“别有肺肠，不可以常理推测”者也。

溯民国九年之秋，我海内外同志所以不惜出其死力，以达到“粤军回粤”之目的者，良以频年祸乱，不但民国建设尚未完成，即护法责任亦未终了，故欲得粤为根据地，群策群力，以成戡乱之功，完护法之愿。乃陈炯明自回粤后，对于国事则有馁气，对于粤事则怀私心。其所主张，以为今之所务，惟在保境息民，并窥测四邻军阀意旨，联防互保，以免受兵。如此退可据粤，进可合诸利害相同之军阀把持国事，可不烦用兵，而国内自定。文再三切戒，譬之人身，未有心腹溃烂，而四肢能得完好者。国既不保，吾粤一隅何能独保？且既欲保境，则须养兵。所谓养兵之保境，无异谓扫境内以养兵。民疲负担，如何能息？民疲其筋力以负担兵费，犹尚不给，则一切建设无从开始。所谓“模范省”者，徒托空言。一省如此，已为一省之害；各省如此，更为各省之害。所谓“联省自治”，又徒托空言。谋国不以诚意，未有不误国者。况各省军阀，利害安能相同？而伪中央政府，又操纵排拨于其间，祸在俄顷，何可不顾？保境息民，亦为幻想。凡此所言，陈炯明虽无以难，而终未肯信。直至桂军发难，边隅震惊，始知燕安鸩毒之不诬。文以为自此以后，庶几可期恢复勇气，以戮力进行矣。故仍命诸同志于政治上、军事上悉力助之，俾桂事早平，国难亦得以早定。不图陈炯明于破敌之后，故态复萌。昔惟欲据粤以自固，今更欲兼桂以自益。北伐大计，漠然不顾。文乃自统诸军以当此任，以完成戡乱护法之夙志。此文率师北伐以前，与陈炯明相处之大略也。

当文率北伐诸军次于桂林，以为陈炯明虽不肯自赴前敌，后方接济当不容辞。初不意其阴蓄异谋，务欲陷我于绝地。自去年十月，以至于今年四月，半载有余，种种异谋，始渐发觉：其一，文自桂林出师，必经湖南，而陈炯明诱惑湖南当局，多方阻遏，使不得前。其函电多为文所得。其二，诸军出发以来，以十三旅之众，而行军费及军械子弹从未接济，滇、黔诸军受中央直辖者，并火食亦火靳而不与，屡次电促，曾不一诺。综此二者：一为阻我前进，一为绝我归路。文所以能在桂林拮据支持半载有余者，全恃临行借提广东省银行纸币二百万圆，为陈炯明所未及知，得以暂维军用。及粮饷告绝，接济不至，北伐诸军不为流寇，则为饿殍。计无所出，始有改道出师之举。

四月之杪，文率北伐诸军回次梧州，其本意在解决后方接济问题而已。及陈炯明辞职而去，文初以为感。盖犹以君子之心度之，以为陈炯明将让我独行其志，故恝然舍去也。文虽不得陈炯明为助，但使不为梗，亦已无憾。然又念其前功，不忍其恝然舍去，于是电报、信使不绝于道。所反复说明者，但使对于大计不生异同，必当倚畀如故。陈炯明于此亦愿留陆军总长之职，并称稍事休息，再效力行间。当时有人建议：陈炯明狼子野心，不可复信。北伐诸军宜留粤缓发，先清内患，再图中原。卒以此次目的在于改道出师，且奉、直战事方炽，北方人民水深火热，若按兵不发，坐视成败，则与拥兵自卫者果何以异？遂决出师江西，悉命诸军集中韶州。—以大本营设于韶州。—文于五月六日亲临誓师，季烈钧、许崇智、朱培德、李福林、黄大伟、梁鸿楷诸将遂各率所部，向江西前进。

叶举等所率援桂之粤军，在北伐诸军改道以前，已有撤回之议，及陈炯明在惠州与文电报相商，委任叶举为粤桂边防督办，令率所部，分驻肇阳、博、罗、高、雷、钦、廉、梧州、郁林一带。及北伐诸军已入江西，大庾岭已发生战事，叶举等遂率所部五十余营突至省垣。广州卫戍总司令魏邦平力不能制。在叶举等各有防地，乃不俟命令，自由移动，罪已无可逭。然前敌战事方亟，后方空虚，若有骚扰，前方军心必因以动摇。文为镇静人心计，乃晓叶举等以大义，令加入北伐，共竟全功。叶举等则以要求陈炯明复出，规复粤军总司令为请。文以粤军总司令部已并入陆军部，陈炯明现为陆军总长，有管理之责。初拟令率所部，自当一面，故以中路联军总司令相属。旋以陈炯明不欲出战，而欲以地方善后自任，乃命以陆军总长办理两广军务。所有两广地方军队，悉归节制调遣。陈炯明来电："愿竭能力，以副委任。"并称："已催叶举等部迅回防地。"且言："叶举等部必无不轨行动，愿以生命人格为保证。"然叶举等部则逗留省垣如故。财政部供给饷糈从无歧视，犹以索饷为名，操纵金融，致纸币低跌，人心恐慌。且不戢所部，横行无忌，举动诡异，叛状渐露。文以省垣镇慑无人，乃于六月一日留胡汉民守韶州大本营，自率卫士，径至省垣，仍驻总统府，示前敌诸军以省垣无恙，安心前进。而前敌诸军捷报迭至，赣南诸县以次攻克，陈光远兵破溃殆尽。屈指师期，克赣州后，进取吉安、拔南昌、至九江，不逾一月，文将亲率海军舰队至上海入长江，与陆军会于九江，以北定中原。乃命汪精卫至上海料理此事。其时北方将士已有尊重护法之表示，不妨碍国会之开会于北京，文对之因有六月六日之宣言。北方将士若能依此宣言，则以商订停职条件为第一步，以实行统一为第二步，戡乱护法之主张可以完全达到，六年之祸乱可以归于平复。江西战事如此，北方将士表示又如此，苟无六月十六日之变，则政府无恙，无论为和为战，定能贯彻所期也。

六月十六日之变，文于事前二小时，得林直勉、林拯民奔告，于叛军逻戈之中，由间道出总统府，至海珠。甫登军舰，而叛军已围攻总统府，步枪与机关枪交作，继以煤油焚天桥，以大炮毁粤秀楼，卫士死伤枕藉。总统府遂成灰烬。首事者，洪兆麟所统之第二师，指挥者叶举，主谋者陈炯明也。总统府既毁，所属各机关咸被抢劫。财政部次长廖仲恺事前一日，被诱往拘禁于石龙。财政部所存币项及案卷部据，掳掠都尽。国会议员悉数被逐，并掠其行李。总统府所属各职员，或劫或杀。南洋华侨及联义社员亦被惨杀。复纵兵淫掠，商廛民居，横罹蹂躏。军士掠得物品，于街市公然发卖。繁盛之广州市一旦萧条。广州自明末以来，二百七十余年，无此劫也。五年逐龙（济光）之役，九年逐莫（荣新）之役，皆未闻有此，而陈炯明悍然为之。倒行逆施，乃至于此！

文既登兵舰，集合舰队将士，勉以讨贼。目击省垣惨罹兵燹，且闻叛军已由粤汉铁路往袭韶关，乃命舰队先发炮，攻击在省叛军，以示正义之不屈，政府威信之犹存。发炮后，始还驻黄埔，以俟北伐诸军之师旅来援，水陆并进，以歼叛军。此为当日决定之计划，而文久驻兵舰之所由也。

其时虎门要塞已落叛军之手，惟长洲要塞司令马伯麟能坚守，与舰队相犄角。合以海军陆战队及新招诸民军，为数虽少，尚能牵制叛军兵力，使不能尽聚于北江，以御北伐诸军之归来。故叛军必欲得此而甘心，一欲终置文于死地，一欲以死力攻下长洲，使舰队失陆地以为依据也。相持二旬有余，叛军终不得逞。而舰队中竟有一部分将士受其运动，使海圻、海琛、肇和三大舰驶出战线。长洲要塞孤悬受敌，遂以不守。文乃率余舰驶进省河。沿途受炮垒轰击，僚属将士皆有死伤。所驻永丰舰，亦被弹洞穴。然以奋斗不馁之结果，竟于七月十日进至白鹅潭。此役也，以兵舰数艘，处叛军四集环攻之中，不惟不退，且能进至省河，以慑叛军之胆，而壮义士之气，中外观听，亦为之耸。海防司令陈策等，更分率兵舰及民军往袭江门等处，以牵制叛军兵力。事虽未就，而诸将士之忠勇劳苦，诚可念也！

北伐诸军未闻变以前，已攻克赣州，进至吉安。陈光远既逃，蔡成勋亦不敢进，南昌省城指顾可得。然北伐诸军入赣州后，搜得陈光远致其部将电报，已尽悉陈炯明谋叛事实。盖陈炯明坚嘱陈光远：固守赣州，以扼北伐诸军之前进，而已则将率兵以袭北伐诸军之后。故陈光远据此以严饬所部，死守以待也。北伐诸军将领见此等电报，已知陈炯明蓄谋凶险，祸在必发。及胡汉民自韶州驰至，告以六月十六日变乱消息，军心激昂。许崇智、李福林、朱培德即日决议，旋师讨贼，黄大伟继归。李烈钧留守赣南，以为后方屏蔽。惟梁鸿楷所部第一师，于决议之后，潜归惠州，与陈炯明合。第一师为邓仲元（铿）所手创，入赣之役，与许崇智等部共同作战。乃闻变之后，始而踌躇不决，终乃甘心从逆，仲元之目，为不瞑矣！许、李、朱、黄诸部，自南雄、始兴进至韶州。七月九日，开始与贼剧战，复分兵出翁源。湘军陈嘉祐所部，亦来助战。前后二旬有余。其始军锋甚锐，屡挫贼势，贼恇扰欲退者屡矣。然贼据粤汉铁路，运输利便，且凭藉坚城，以为顽抗。而西江等处响应之师不以时应，使贼得倾注全省兵力，以萃于韶州、翁源一带，与北伐诸军相搏。北伐诸军饷弹不继，兵额死伤者无可补充，犹力战不屈。直至蔡成勋、沈鸿英之兵自后掩至，李烈钧所部赣军与敌众寡悬殊，至于挠败。于是许、李、黄、陈等部首尾受敌，无可再战。许、李、黄等部退至赣东，朱、陈等部退至湘边。是次北伐诸军自五月初旬至八月初旬，凡三阅月中，始而由粤入赣，与陈光远之敌兵战；继而由赣回粤，与陈炯明之叛军战，曾无一月之休息。不但久战而疲，即远道之劳，殆已非人所堪。其坚苦卓绝，洵足为革命军人之模楷！而陈炯明辈，以欲遂其把持盘踞之欲，至不惜勾通敌人，以夹击其十余年同患难共死生之袍泽，廉耻道义，扫地以尽矣！

文率诸舰，自黄埔进至白鹅潭后，贼以水雷狙击永丰舰，不得逞。又欲以炮击沙面，酿成国际交涉，不得遂。诸舰虽孤悬河上，—无陆地以相依倚，—无可进展；然以为北伐诸军果得进至省城附近，则水陆夹击，仍非无望，故坚忍以待之。自六月十六日至八月九日，历五十余日之久，舰中能吏虽极疲劳，意气弥厉。及闻北伐诸军已由始兴、南雄分道退却，知陆路援绝，株守无济。文始率将吏离舰，乘英国兵舰至港，转乘商轮赴沪。

文于八月十三日抵沪。十五日发表宣言，进行方针，大略已具。撷其要旨，不外数端：其一，文任用非人，变生肘腋，致北伐大计，功败垂成，当引咎辞职；其二，对陈炯明所率叛军，当扫灭之，毋使以祸粤者祸国；其三，护法事业，当以合法国会完全自由行使职权为究竟；其四，关于民国统一与建设，当实行兵工计划，发展实业，尊重自治。至文个人，以创立民国者之资格，终其身为民国尽力，无间于在位、在野：凡此荦荦诸端，凡我同志，所宜深喻者也。

近据报告：许崇智、李福林、黄大伟等部现在赣东者，有众万余人，朱培德、陈嘉祐等部现在湖南者，亦有众万余人；服装饷糈固待补充，而军力未失，士气至厉，疲劳恢复，不难再举。黄明堂在高、雷、钦、廉举兵讨贼，以为响应；迟不及事，退至桂境。而两赣同志军队蓄志杀贼、待时而动者，为数尤多。陈炯明叛党祸国，纵兵殃民，罪恶贯盈，难稽显戮。凡我同志，但当踔厉奋发，努力不懈，粤难平定，为期必不远也。

至于国事，北方将士既有尊重护法之表示，援洁己以进之义，开与人为善之诚，理所当尔。各方面使者来见，一切言论，悉取公开。但以主义相切劘，则举凡营私垄断之言，悉无自而入。若能以同力合作之结果，俾护法事业完全无憾，则数年血战，卒能导民国入于法治之途，庶几牺牲不为徒劳，而吾党报国之忱，亦得以少慰。至于以息事宁人为藉口，而枉道以求合，吾党之士所不屑为，无俟言也。

于此犹有言者：文率同志为民国而奋斗，垂三十年。中间出死入生，失败之数，不可搂指。顾失败之惨酷，未有甚于此役者。盖历次失败，虽原因不一，而其究竟则为失败于敌人。此役则敌人已为我屈，所代敌人而兴者，乃为十余年卵翼之陈炯明！且其阴毒凶狠，凡敌人不忍为者，皆为之无恤！此不但国之不幸，抑亦人心世道之忧也。迹其致此之由，始则虑文北伐若有蹉跎，累及于己，故务立异以求自全。充此一念，遂冒天下之大不韪而不恤，其心虽鸷，其胆则怯。顾革命党人，常以国民之前锋自任。当其一往直前之际，前敌未可料，后援亦未可必，其所自任者，本至险而至难。苟无坚确之操，则中道溃去，或半途离畔，亦事所恒有。数年以来，护法事业蹉跎未就。

与于此役者，苟稍存畏难苟安之意，鲜有不失其所守者。特陈炯明之厚颜反噬，以求自全，为仅见耳！然疾风然后知劲草，盘根错节然后辨利器。凡我同志，此时尤当艰贞蒙难。最后之胜利，终归于最后之努力者！此则文所期望者也！余不一一，此候公安！孙文谨启。

第九十回

鼠窃贼诡计破机关　莽英雄粗心投罗网

这时在粤失败的军官和由叛军中脱险来沪的党人—如被温树德排挤去职的舰长欧阳格、被陈炯明扣留在石龙的财政部次长廖仲恺等—都到上海。由大本营派出到各省去运动革命的人员都因广州根本已失，到沪见逸仙复命。

就中单说邵中柱，先前奉了逸仙之命，到湖南召集民军，以为响应。在湘东攸县一带集合得民军千多人，编成一个支队。逸仙在广州蒙难时，他无暇计及自己的力量能不能和叛军一拚，便大张挞伐的向叛军等七旅谢文炳进攻，想要冲过乐昌，与讨逆各军会合。

那时赵恒惕正挂着“自治”的假招牌，大唱“联省”，和陈炯明引为同调。对于到湖南的大本营代表胡毅生、葛光庭等，一概敷衍。对于在湖南组织军队的或作民众运动的党人，便视同眼中钉，肉中刺，非拔去不可。大本营第十四路统领张岂庸部下的军官—刘德彪等—被杀却的不少。

中柱成军时，恒惕便令宋鹤庚（湖南第一师师长）派队剿击。无奈中柱只在湘、赣交界点进退两省，且团结极固，击之不散，无法可想。及至中柱拚死冲开一条血路，直往广东，湘军便跟踪进击。谢文炳和恒惕本是同乡，素来勾结。两军夹攻，中柱这一点人马怎吃得住，因此一败涂地。

中柱剩得只身来到上海，谒见逸仙报告经过，并致候逸仙蒙难受惊。逸仙对中柱因其急义而失败慰勉有加，并将目前的计划—仍贯彻革命主张，派同志到各省工作—告诉中柱，中柱自告奋勇，仍愿往湖南，纠集同志收拾残部，等待湘边朱（培德）、陈（嘉祐），闽省许（崇智）、黄（大伟），两李（烈钧、福林）整顿完毕攻讨陈逆时，一致进攻。逸仙更为嘉慰，便派中柱为讨贼湘军第三路司令，命他努力奋斗。但是当时逸仙经济奇窘，把住宅抵押了万多块钱，早已到手即空，南洋邓泽如所筹的款项也没汇到，无法供给中柱的用费，只得写了封信向一个广东朋友姓林的借两千元给中柱。

中柱便持函（原函现尚存邵子小珊处）往取。哪知这姓林的竟一毛不拔，闭门不纳。中柱想着：“倘然向总理去说林某不肯，总理必然着急，还不如自己设法吧。”想罢便到蓝维蔼路去寻龙天衢。

天衢恰好在家，见了中柱不胜欢喜。叙过寒暄，天衢便问道："闻得你在湖南干得很好的，到广东后没受损失么？"中柱笑道："没受损失也不到上海来了！—你近来怎样？"天衢道："我到北方走了一趟，在胡立生那里玩了几个月便回来了。"中柱道："胡立生这人到底怎样？"天衢道："人还不错，很能坚忍；就只好大喜功，有些美中不足。你在湖南许久，也会着些草泽英雄、当世豪杰么？"中柱道："我们湖南的民党同志虽多，但是多数是为个人升官发财而革命的。这也不仅是湖南，别省何尝不是一样？真努力的分子却也不少，只是或者是无经验而固执己见，或者是目空一切不顾团体，甚至还有抱着封建思想，崇拜偶像—服从个人的；实在真有学识，有涵养，能为人民，为主义，不计名利，牺牲一切的，尚且不多；那英雄豪杰，更不知有几头几臂，踪影也无。"天衢笑道："你也太会骂了。陈护黄（嘉祐）这回难道不是'为人民，为主义，不计名利，牺牲一切'么？他的学识、涵养也还不错呀！"中柱叹道："只可惜耳朵太软了一点！"

二人正在说得高兴，门响处，一个小大姐（处女为佣者，沪人谓之"大姐"）送进一份报来，递给天衢。天衢便打开来，将《本埠新闻》一张望了一望标题，便搁下了。那小大姐待天衢放下报纸，才说道："王先生来了，在亭子间里坐了好一歇了。"天衢道："请到这里来坐吧。"

小大姐去了不一会，早见一个姜黄面孔长瘦身材的人走进房来。中柱便起身招呼。天衢向中柱介绍道："这位是贵同乡王雄健先生，也是我们同志。"中柱自己道过姓名，大家坐下。聆光向天衢道："今天报纸你看过么？"天衢道："望了一望《本埠新闻》，没甚事体。"聆光便不言语。

中柱顺口问天衢道："这两天报纸上没甚紧要新闻么？我才下船，什么也不知道。"天衢道："我素来看报不看那倒霉的电讯的。因为都是什么路透咧、东方咧传出来的，多半是有作用的，我们何必去受它欺哄啦？况且我们的消息，自然比它们来得快一点，又何必去看它？"雄健点头赞道："天衢先生说话真痛快！这两天听说张作霖和曹锟又要再闹一场了，这倒是一个好机会咧。"天衢道："这事的爆烈还早，双方方才战后补充都没完整，大约还得三五个月才能发动。倒是广东方面还有可为。听说陈竞存已经到了广州，仍然做他的总司令，却叫省议会选出一个陈席儒来做广东省长，其实不过是个傀儡，给陈竞存当奴隶罢了。却是和湖南赵炎午（恒惕字）后先辉耀，无独有偶。竞存因为这回谋叛，兵士把广州抢了一个干净，依然另向长官要犒赏。并且先前叶举唆使他部下闹饷闹惯了，现在中山虽被逼走，兵士却仍是闹饷索现，吵个不休。叶举报销谋变的用费一千余万，要竞存拿出来。竞存倒成了个'债磴子'，便想把黄埔押给英国作筹款用。广东各界反对的很

厉害，恐怕不易成功。照这样看来，广东马上就要发生变故，岂不是个机会么？"中柱道："这话我在中山那里已经听得了。中山因为黄埔抵押关系国权，业

已正式通知英国政府，大概陈炯明想干这事是不能成功的了。不过广东情形我们不大熟，可惜不知文公直现在在什么地方，要不然他都赛过广东的土著，无地不熟，无事不懂，倒可以到广东去干一家伙。”天衢道：“我听说文公直把受伤的脚医好了便往北方去了，满口唱着什么‘直捣黄龙’咧，‘首都革命事半功倍’咧，颠子般猛干去了。瑶珊！你是湖南人，王同志也是湖南人，你们何不携手回湘，候着广东有发动信息时，便在湘发难响应，岂不比大家伙儿一齐都塞在广东的强许多？”中柱笑道：“我们都是湖南人，难道你偏是‘海南’人？要去大家都去，你不帮忙，便枉做了老同志，便是没有朋友交情！”天衢笑道：“好！好！说来说去，反说到我身上来了！我不去便怎样？老同志啦！朋友啦！你没见老同志、老朋友向袁世凯具《悔过书》么？”中柱笑道：“你可甘心做那种不要脸的人？老实说，中山已经令我到湖南去。只因为没款项，中山便写了封信，和一个姓林的借。不料这姓林的这是真不在家，还是推却，竟回说出门去了。我想着革命是大家都应负责的，何能使中山一人受急？所以来和你商量。无论你到湖南去不去，这个忙却非帮不可。”天衢笑指中柱嚷道：“我说你‘无事不登三宝殿’的，怎么会来看候我？原来是和我要钱来了！那更好，我这几天穷的褂子都当了，正要找人想法。你这般会找人，还请费心替我找一个放债的主儿，我磕三个头谢你。”中柱道：“不要开玩笑，真的你得帮帮我才行。”天衢道：“这也只好慢慢想法，哪里一声喊便有许多钱？”中柱会意，知道天衢因有人在座，不便细说，便也斟过话头道：“你真惫懒！我问你：方才王同志说奉、直又起风潮，难道张作霖还有力量再打过一场么？前回奉、直打得最热闹时，我偏在那山州草县，奉军怎么失败的这样快咧？”天衢道：“这事王同志最明白，他身历其事，方从北边来的，你问他好了。”

中柱便转过来问雄健。雄健道：“说来话长：自从北京政府派李纯为和议代表，齐燮元因为私情穿漏，将李纯谋死，奉天就要抬张勋做江苏督军。后来吴佩孚利用舆论反对复辟，硬生生把个齐燮元捧作苏督，收为己系。奉、直因这争夺江南地盘关系，便已发生裂痕，合作讨段的感情便完全消失了。后来张作霖联王占元制吴佩孚的计划又失败，便派代表和中山及老段携手结三角同盟讨直，这事大概大家都是知道的。”中柱道：“这些都已知道了，伍梯云（朝枢）、汪精卫、张溥泉（继）和奉天来往的内容—暂时合作对直—和中山先讨吴再及其他，不得不容忍而暂和张、段同盟，利用之以倒直系的苦衷，我们都彻底明了的。”雄健接说道：“那么，张作霖便拟定步骤，对直曹、洛吴挑战。第一步便是推梁士诒组阁，梁阁得成立，便发令命吴佩孚离河南，赴湖北就两湖巡阅使汛地。如果吴不奉令，便行讨伐，便是振振有辞了。那时奉天兵固然东下，浙江的卢永祥（字子嘉，属皖系）、安徽的倪嗣冲都可以出兵，分攻江苏、山东等处。中山先生也可以收复两湖、闽、赣等省。直系岂不一鼓可灭，老吴比老段倒得还快吗？那老而不死的‘三朝元老’徐世昌先受不了安福系的压迫，忘恩负义的去勾结老吴打倒老段；及至受不过直系的压迫了，又想勾结张胡子来打倒曹卖布、吴秀才，去年十二月底便依张胡子的命令，任梁士诒组阁。吴秀才大发雷霆，通电大骂梁财神帝制余孽，媚外卖国。其实秀才又何尝不是劝进一分子。一班直系的督军、省长也都应声而起，破口大骂。张胡子也不是个好惹的，第二幕“派兵进关”便在三月间开演了。接着便你一电来，我一电去，你骂我卖国，我骂你殃民，斗得个乌烟瘴气。及至双方布防妥帖，便大战起来。西路长辛店、中路固安、东路马厂同时炮火连天，一齐开战。西路的奉军张景惠部第一师、邹芬部第十六师，和直军冯玉祥于四月廿八夜里接触。奉军真有点胡闹，不管打得中打不中，一味只把大炮乱放。观战的外国人都说：‘如此滥用炮火，欧战时也没见过。’似这般有个不打败仗的道理吗？结果，奉军向北京败退，直军得了长辛店、琉璃河。中路固安的奉军许兰洲等起初虽然打胜仗，东路马厂的奉军李景林等虽然也曾占领青、霸两县，但因西路的影响，一齐败退。所有到北京的奉军都被王怀庆等缴械。张胡子起初还想收拾余烬，背城一战；后来萨镇冰、杜锡珪的海军助直，要断奉军归路，残余奉军才退回辽东。这时徐世昌的马屁功夫十足，将张作霖免职咧，张弧、叶恭绰、梁士诒交法庭惩办咧，讨好直系的官样文章应有尽有。张胡子正眼也不睬他，只宣布自主，做‘关外王’去了。吴秀才连败皖、奉，自以为武功盖世，便想统一中国，又恨徐世昌曾经忤逆，便借‘恢复法统’，迎黎菩萨复职。撵去徐阁老，并且勾结陈炯明。可怜徐阁老怎经得起吴大帅一怒？只好俯首贴耳，将印交出，听凭王怀庆派兵押解去京，到天津去了。现在听说张胡子又要报仇了，但是一时想把这势倾天下的直系打倒，恐怕还是不易！”

中柱道：“这也未见得。‘至诚之感，金石为开。’听说张胡子一意的整顿内部，不问外事，卧薪尝胆，只想报仇。近日更重用杨宇霆等一班新人物，招致英贤，力矫旧弊。比吴子玉的骄矜自满。任意横行，大是不同。依我看：吴子玉的失败，定比老段还惨、还快！倒是张雨亭（作霖字）这人却未可限量，想剿灭他倒要费番大劲。”天衢道：“此言不差！天下惟坚忍的人能成功；自满的必失败。”

说话间已是黄昏时候。天衢便叫大姐到八仙楼叫了一席菜，与邵、王二人杯酒谈心。席间说得甚是投机，酒到杯干，兴致勃勃。席散后，雄健告辞。中柱便和天衢重说起要托他筹款，到湖南革命的事。

天衢道：“我听说各地华侨恨陈炯明无人理，纷纷捐款给中山，请中山讨逆。所以我也就说上劲——以为中山不缺钱用了——谁知还是穷到如此啦？”中柱道：“你想，滇、粤各军困在闽边，怎不要钱用？还不都靠中山筹措吗？何况近日侨款没到，当然拮据了。我看陈炯明断不能久，如要使革命成功，非湘、粤并起不可！不然又是跼在广东不得出来。所以我决计负这重责。但是若不在事先布置，等到广东起手，再干湖南，那时赵炎午有了防备，便难着手，况且也来不及了。

若是马上就去，钱又不应手。因此左右为难，才来和你商量的。”天衢道：“大概目前须多少钱？一总须多少钱咧？”中柱道：“目前最好有六七千圆，作为临时费用；将来就难说了，还得和中山切实计划去。”天衢道：“目前这一点点不成问题。以后的事我总会为你竭力筹划，一二十万圆总可以设法。中山用途多，况且我们湖南那班麟、风、龙、蟒（周震麟、谭人凤、龙璋、唐蟒）各派的党人现在拥谭（延闿）拥程（潜）闹个不了，最怕别人成功，你找中山筹款，他们便要嫉妒。中山虽不听小话，难免有一班无耻之徒在旁的地方去破坏你，甚至于报告赵恒惕，他们都做得到的。倒不如我们自己设法的好。”中柱道：“能得如此，再好也没有了。”天衢便想了一想说道：“你三天之后来拿几千块钱去用。以后你要钱，只打电报来，我便筹给你，决不误你的事。湖南我倒可以不去，去也无益；不如在上海给你当个筹款委员，比较的有效力。你若缺人奔走时，王雄健这人还去得，虽目光短促，思想迟钝，做事却肯卖力。”中柱起身，吁口气道：“一切照办。我要回栈房去了。”天衢也不留宿，相送出门。中柱便叫部黄包车，回到东棋盘街湘益公去了。

且说那王雄健本是个剪绺贼出身，因为投身会党，投在天衢的拜弟项勇手下。后来在江湖上起发了几文，便到北京学了一年法政，又花了几个臭钱运动，居然在河南署了一任县知事，还得了个嘉禾章。后来因为强娶县绅义女做妾，被旁的绅士一状告了，就此丢官。他便到上海做一个高等白相人，在流氓社会里很有点面子。天衢见他巴结，也另眼相看。后来他因天衢的介绍，随着革命党人一韩恢一等跑了一阵子，便自命是同志。天衢见他肯向上，也就竭力提挈他，把他当个同志。去年他想到北京去投机，不知怎样投在直系里，便替直系到上海侦探来了。天衢却还不知道，所以将他荐给部中柱。

过了三日，中柱果然亦寻天衢。天衢不待他开口，便取出七千五百元钞洋来，提了七千元交给中柱，道：“这个够目前的用度么？”中柱大喜，道：“你真是说到哪里做到哪里！但是你自己不留下一点作用度吗？”天衢道：“我的事你不必问，我自有方支持。这两天听说两广进行很好，你不可耽搁，赶速去吧。王雄健要到河南去，不肯到湖南。他写了一封信，介绍一个住在长沙的朋友给你帮忙。据说这人也很热心革命的，你到长沙便去寻他好了。”说着，便在衣袋里取出一封信来递给中柱。中柱接过，收好在随身皮夹里。天衢又将剩下的五百元交给中柱道：“许运葵阵亡了，我不知他家在哪里。你到长沙时，可寻着他家，将这点钱算我个人情，给孩子们做学费吧！”说着，扑簌簌滚下两腮热泪来。中柱一一答应，又叮嘱了一番以后接济的话，方才握手告辞。

中柱又到逸仙那里告辞，恐怕湖南同志嫉妒，只说：“款项已有办法，只候命令行事。”逸仙甚为嘉慰，详细的将广东情形告诉他，又说明现在的计划，并指导许多着手的方法。中柱听了，满心欢悦道：“我准定将湖南闯开，候本党改组时，再谒见总统，报告经过。”逸仙听了，便又将要改组国民党的原因和方法剖析说给中柱听，要中柱会着同志时竭力宣传。中柱一一答应，方才告别出门。

即夜，中柱便趁长江轮船启程返湘。一到长沙，便先寻着许健家里，将天衢赠金交给。许健的妻女正在号寒啼饥，得此救星，感激不尽。中柱也送了一百元赙仪，许家的母女推辞再三，中柱道：“这是我和运葵的交情，你们不能推却的。”许家母女方才千恩万谢的收了。

中柱出了许家大门，便想去寻朋友。猛然想起：“王雄健介绍的唐中庭不知是怎样个人？何不先去会会他？”他照着信封上地址一直走去。不料因此便闯出一场大祸来。

第九十一回

落圈套邵瑶珊就义　戮侦探龙天衢复仇

且说中柱来到渭阴街唐中庭门首叩门，只见一个十多岁的小童开门问道："你看谁？"中柱道："特来看唐中庭先生的。唐先生在家么？"那小童道："在家，请里面坐。"中柱便随着小童来到中堂坐下。小童索了个名片，问明来意进去。不多时，便有一个四十多岁年纪两撇小胡须的人走将出来，含笑问道："先生贵姓是邵？"中柱连忙起身道："不敢。我便是邵中柱。先生就是唐中庭先生么？"中庭一面让坐，一面答应。

二人坐下。小童献过茶，中庭便开口问道："邵瑶翁是由上海回来么？"中柱答道。"是。因为贵友王先生有封信要兄弟当面交到，所以造府惊动。"说罢，便取出王雄健写给中庭的介绍信递给中庭。中庭即拆开看过，便道："王君已经由邮信通知我了。今日早上才接着他的快信。一切事都已知道。兄弟许身党国十多年。瑶翁有这般壮举，没有个不竭力帮忙的。"中柱道："总希望同志格外指导。"中庭道："我便和一班同志弟兄去商量，三两天我们再切实计划。我们同心协力。谅这斗大的长沙不难到手。"中柱喜道："同志肯如此努力，真是党国之福！过两天我再来听信吧。"中庭道："同志贵寓在哪里？我好来奉看。有事时也好通知。"中柱道："在明月街口第五家石库门里。"说罢便起身告辞，中庭也不挽留，只送出大门而别。

中柱又去看了两个朋友，便回寓所休息。晚间中庭果然来回看。中柱迎入，叙礼坐下。中庭道："下午就想来奉看，不料有个朋友没寻着，所以一直到这刻才来。"中柱道："同志间何必客气？拘这些形迹，倒不好办事了。"中庭道："原为办事啦，谁为那'回步'的俗礼来？你走后，我便到学宫门去寻个同志—杨敬中—和他商量了一番。他说：'只有内外夹攻：内联军队响应，外结同志发难，使他措手不及。'我便要他和我同去寻左龙门。他说：'有事。'着人去请左龙门，一直请到傍晚，才到杨家。我们三个商量了个大概，我才来看你顺便回信的。"中柱喜道："你真热心！先说'过两天'，现在半天还没到，你却来回信了，真是敏捷极了！"

中庭道："你筹备的怎样了？有点眉目么？"中柱道："今天也看了两个朋友，

都是方在着手。倒是听得一桩事情，是我们的一个很好的机会。”中庭忙问道：“什么事情啦？”中柱道：“你知道黄、庞一案么？”中庭道：“怎的不知？黄爱、庞人铨要拥护对河第一纺纱厂工人的利益，政府要维护纱厂公司的利益，冲突了好几次，后来政府便把黄、庞两人杀了：这是湖南人都知道的。”中柱道：“黄爱、庞人铨是五四运动中的激烈分子。赵恒惕受了纱厂资本家金钱权利的运动，在颁布省宪法后—不到一星期—便惨杀了这两个劳工革命家，因此世界上都知道《湖南省宪法》上规定的人民种种权利都是虚伪，图好听，靠不住的。现在有一班黄、庞的同志要暗杀赵恒惕，替黄、庞报仇。现在已经预备齐全，只候赵恒惕出衙门，便要动手。这岂不是我们一个最好的机会？”中庭听了，愣了一愣，忙定神说道：“真的么？我们须得和他们取联络才好！但是他们的机关在哪里？你能接头么？”中柱道：“我方才听说的，已经托人去接头去了，还没回信啦。”

二人正在谈着，中柱的仆人报道：“王海珊先生来了。”中柱叫：“请进来。”一霎时，海珊已到房里，和中柱招呼过，又和中庭通了姓名，方才坐下。中柱便问道：“那事怎样了？唐先生也是我们同志，但说不妨。”海珊便道：“他们的机关设在大西门一个教会里，已经在平江请了制炸弹的名手——李泰阶来，造成了许多炸弹，并且有个武荐衡（？），是个放炸的健将，都已到了，准备双十节起手。但是他们志在复仇，不是政治革命。所以我去接头时，他们说，一切事听我们处理，他们只管杀赵；就是我们不动，他们也事在必行。”中柱道：“他们定期如此之速，我们怎么来得及？”中庭道：“我倒以为愈快愈好。只要大家齐心协力，钱不滞手，有什么来不及？”中柱道：“各地的民军，我过汉口时便都通了信；省城的军队，从前已有相当的联络，现在只须旧事重提，立个盟约。倒是发难时同志我还没有召集，不知道去向的更多，这便怎好？”中庭道：“这个倒不须着急，我有一班兄弟，个个都是见义勇为，决不规避的人，一声喊便可集合。目前你只把内部负责的办事人员配好，各处接头的地方，都将委状、关防、旗帜、符号等等发去，我们再定期发动，有什么来不及咧？”中柱点头称“是”，便取五百圆交给中庭，托他制备各物。中庭接过五百圆，又向中柱问明了旗帜、符号等式样，及关防刊制的大小文字等等，告辞而去。

过了两日，中庭又来见中柱，将制好的物件都带了样子给中柱看过，照式制就，一丝不错。中柱心中大喜，极力夸赞中庭能干。中庭问道：“这两天里有特别活动么？”中柱道：“只第二师里陈护黄（嘉祐）的旧部有两三个人接过头，已经签了字去了。单候我们发动时，他们便首先响应。更有许多同志都来报告过实力，目前照他们说的计算—以一半实在，一半虚报计—也是可取得长沙了。昨日我又要王海珊去和劳工会的同志接洽，他们说十月十日准定动手，因为那天国庆节，老赵一定出来阅兵，他们就乘此干倒他。我们最好就约此时起手。”中庭道：“既然如此，我便把我一部分的同志的名单开出来。请你先照给一个委状和符号，使他们好行动，到占领长沙时，再实行按照实力改编。”中柱点头答应。中庭便取笔写出一大单名字，注明师长、旅长、团长、纵队长、支队长等等职务。中柱便要书记照办委状。

中庭又道：“今天已经是八月十三，后日便是中秋，离国庆不到几天了。若不设法赶急开个会，大家伙儿全不认识，动手时岂不发生误会？依我之见，在这几天之内，寻一个秘密所在，大家会一会面，歃血为盟：一来大家相识，方好做事；二来大家发个誓愿，以表真心。你以为如何？”中柱道：“这话不错。只是这地方倒不易寻找咧！”中庭道：“北门外开福寺又僻静，又宽大，好么？”中柱道：“开福寺不是驻了军队么？”中庭又想了一想，又说道：“对河岳麓山庙里，好么？”中柱也想了一想道：“很好！我们分头通知，准定后日在庙里茶室里集合，再到庙里神案前歃血宣盟。”中庭连忙答应。等到委状办好，取纸包了，挟持而去。

读者诸君！你道唐中庭是个什么人？原来他是个会党出身，现充湖南军法处暗探首领。和王雄健是同堂弟兄，感情最好。这回王雄健在上海替吴佩孚当侦探，探得国民党有偌大的计划，两广即要收复，川、湘也指顾可定，心想：“若是国民党的计划成功，直系必吃大亏，我的富贵也就绝望；不如我来破坏了它，还可在洛吴、湘赵前讨一个大大的功劳，说不定还有厅长希望呢！”所以便一面介绍中柱自投罗网，去寻中庭；一面却写信将这事告诉中庭，并指示办法。那中柱不知就里，更不知道中庭是个暗探（他素不露面办案，外间绝不知道），一心相信天衢是个义侠，决无损友，何况敌探咧？所以也不调查，便和中庭推心置腹，认为一个忠实同志。中庭却早得了雄健的信，便报告了军法处长赵宗献。因为要取得证据，所以怂恿中柱颁发委状、符号；又因为要认清且拘捕中柱所结合的一班人，所以主张集会歃血。

且说中庭回到家里，便差人将杨敬中请来，和他商量，要乘此破案。敬中道：“不能！他们大伙儿都到岳麓山去，一定都有预备。虽是不疑我们，难道他们真的这般托大，不怕军队知道一网打尽么？”中庭道：“我们调二十二团的弟兄去何如？”敬中道：“总不能使他们一个不走脱。依我之见，还是（如此……如此……）”中庭大喜。敬中便去召集一班侦探，到期赴会，冒充同志。

到了会期，中庭等早接着中柱的通知，便三五一群的渡河。沿马路走到岳麓山来。中庭方到蔡松坡坟前，早见中柱正在对着墓表鞠躬致敬。中庭走向前喊道：“瑶珊兄！凭吊英雄么？”中柱听了，回头望见，连忙招呼。中庭便也走到墓前，照中柱一般行了礼，转身向中柱叹道：“墓中人不死，中国早就好了！”中柱也叹道：“袁贼遭天谴后，松坡先生便在日本福冈医院病故，克强先生也在上海身死。归葬岳麓时，我因军务在身，不能执绋。今日幸得谒墓，不觉触起前情，行礼致敬，并非凭吊英雄。至于国内的事，决不是一二个人可以弄好的。文公直在上海时曾对我说过一段话：'我们不要佩服孙中山，要存心自己去做孙中山，更不要望孙中山一人救中国，须知自己便和孙中山责任一般重。倘只口说而不努力，便是滞害孙中山、滞害自己。换一句话说，就是要我去救国，不要只望他人救国我享太平。'松坡犹在，未必胜过中山。我们大家不努力，先烈都不死，也是无用。"中庭咂嘴摆头道："此论一点不差，真是救国大道。"

二人正在说话，忽听得后面喊道："怎么你两位还在这里？时候已经不早了，各位弟兄都到齐了，快请上寺里去吧。"二人回头看时，却是王海珊走山坳里一面嚷着奔来。

二人便随着海珊来到庙里，进庙来，立在台陔上纵眼一望，长沙全市尽在眼底。只见那一曲湘江，夹着那万千帆影潺潺北去。长沙城内黑压压的瓦楞密密层层，恍如雾里松林。中柱心胸为之一快。

方在放眼四顾，早有一大群人从茶座里走来。中柱看时，也有认识的，也有不认识的——不认识的都是中庭邀来的人——彼此都招呼介绍过。海珊便取出一本小簿，请众人一一签名——约有五六十人。一这时天气尚热，游岳麓的人本就绝无仅有，何况正在清晨？除了他们这些人以外，就只庙里看香火的老迈龙钟的老道士是外人。众人便毫无忌惮，立盟书、焚香、宰鸡的闹起来，对那老道士只说是拜兄弟——结义。

海珊写好了盟书，众人公推邵中柱主盟，唐中庭掌香，其余按年纪大小，左右排立，一齐向神像跪下——三跪九叩首，一然后宣誓歃血，彼此一揖。这种仪式，既不是会党，又不是宗教，只好算是王海珊的新发明。

诸事完毕，海珊便将先预备好了的点心饭菜铺排停当。众人依次入坐，狼吞虎咽的饱餐一顿。中庭带来的一干人早乘闹里，将这些党人的姓名、面貌一一记清，还假攀交情，探得许多人的住址。可怜这些党人都是信服中柱，哪里想的到是和敌探结盟？只开诚布公相待，正如蜂蝶投蛛网，盗贼当亲人，安能幸免！

时已过午，中柱怕有人游山闯见，不当稳便，催众人分头各散。于是由朱张渡过河的也有，由溁湾市过河的也有；中庭约来的一班人却雇了几只小筏子。一直荡到草湖门—朝宗门—上岸去了。中庭却仍和中柱、海珊二人直渡灵官渡，不多几步便到中庭家里。

中庭让二人到里房坐下，献过茶，便谈起结盟的事来。中柱道："孙中山先生发起兴中会时，也只有二三十个人，竟能达到推翻异族专制的目的，况且当时人心还不倾向革命，国内除江湖上的朋友以外，毫无联络。我们今日竟有五六十人，并且民众倾向，志士归心，今日之会还不知有多少人热心想加入，而未曾得知消息的，我们也无法搜罗，只好听其抱向隅之叹。各方接洽，又已有了成绩，暂时目的只一个巴掌大的长沙，怕不成功么？"说罢忍不住哈哈一笑。海珊正色道:“邵同志!‘天地恶满，鬼神忌盈。’我们正当临深履薄之时，兢兢业业还来不及，倘再自矜，不事警防，便难免不被敌人打倒，事体之失败更不用说了。”中柱凛然道:“不错!不错!我只为今日太高兴了，不觉的便自满自足。王同志肯如此规勉，我邵某总算识人，不枉结识了你这个朋友!”中庭道:“瑶珊同志因同志相聚进行顺利，一时高兴，将孙中山先生来比说，也不过是策励的意思。此地又无外人，可以不必拘谨太过。知己相对，正好各抒所见，详实的来讨论一个尽善尽美的方法去做才是!海珊同志未免太谨慎了!”中柱道:“还是谨慎些儿的好。”中庭道:“既然要格外谨慎，那办事机关便要另寻处所。瑶珊同志的寓所里，四围都是兵营，难道不怕泄露么?”中柱道:“我久已想到，只是一时没个相当地点，事情又急，所以暂时搁在家里做着再说。”海珊道:“我昨日曾经对你说过，广东既未发动，长沙便归我们占领也不能守。后面无援有敌，怎能敌得吴子玉和老赵的死党华启森之流咧?—现在还是等一等的好。有了这空闲工夫，找一个僻静地点做办事机关，除了主脑人以外，任何人都不给知道。如此办法，至少可以免去十分之七八的危险。”中庭道:“你这话虽有道理，却没想到那黄爱、庞人铨的劳工会同志要杀老赵报仇，他们倘然做到了—势力不能统治湖南—那时湖南更不知落在谁人之手?若被吴佩孚乘虚而入，便加几十倍的棘手了。岂不辜负中山先生一番付托?何况这正是个可以利用的机会?所以事情是万不能展缓的!但是这机关却不能不赶速筹备。瑶珊同志的声名太大，公馆里出进的过多时，便要被侦探踩着。我倒有个地方，只不知合用不合用?”中柱问道:“在哪里?”中庭答道:“北门外茭瓜田过去，东头不远有所房子。这房子是省绅叶麻子—叶德辉—的产业，我佃了有三个多月了。先是为省绅许纪莼和我合伙贩烟土的堆栈，现在却空着没用，白给许纪莼的兔子龚尚益那孩子住着。房屋大小有三十余间，离城很近，况且四面荫蔽，又无邻居，从来没人注意到那里的。如果合用，我明日便去撵那兔崽子龚尚益滚回他的老家—河东辐辏桥—去，我们就可以大家躲在那里办事，只留几个人在外走动就是。”中柱、海珊听了，一齐道:“好极了!”

过了两日，中柱果然搬到中庭所说的房屋里—茭瓜田东头—开始治事。那房子布置极好，建筑也很合法，屋里动用的家具都是中庭办来的，甚是整齐，中柱心中极感激中庭热心赞助。

当下中柱和海珊等商量，定于八号开会，分授作战任务命令，并即日分发行动费。一面拍电到上海给天衢，催促筹款。中庭更每日清晨就来，帮着料理一切，比中柱来得还要着力，并且极肯负责。中柱深庆得个帮手。

十月八日清早，中柱方才起身，在庭前闲步，只见中庭便带着两个仆人，抬了两杠盒—鸡鸭鱼肉菜蔬之类—还有两坛酒，一大盒馒头，直走进来。中柱含笑点头招呼道:“好早呀!这时候已经由南门外走到这里，可是昨夜没睡?”中庭也笑答道："可不是！要犒军啦，哪顾得睡觉哩？"说着便叫仆人将抬来的东西送往厨下，自己和中柱携手进夹正房来。海珊正在房里盥面，见了中庭招呼过了，方才叫人倒茶。中庭道："茶不须了，你只将今天应到会的人依单给我瞧瞧。"海珊问道："干什么？除了劳工会的同志外，都要来的。你那方面怎样的？全来么？"中庭道："我因为要预算食的东西和座位，所以要看看名单。我那方面的同志，大多数住在城里，我是图近一且清静好走一由铁路上来的，所以先到，大约再过一会儿，便要来齐了。"中柱道："我知道你办事极其周到，断不遗漏一点的。海珊！你将名单给他看看吧。"海珊便将发过通知的姓名单子取出交给中柱。中柱递与中庭。中庭道："这单子上有住址的，要秘密些才好，不如便交给我暂时保存吧。"中柱方要答应，海珊早抢着说道："现在便要派人去催促，名册又不在此地，全靠这单子才寻的着哩。"中庭没法，只得将单子交还海珊，一面问道："名册不在这里么？搁在哪里咧？须得加意谨慎才好！这东西不是当玩笑的，倘若落在他人之手，那还了得！"海珊道："这事是参谋长杨绮魂同志所经管的，连我也不知将它搁在哪里。"中庭只得点头道："须得如此才好，这是大家的干系哩！—啊！还有一件事：我昨日当面写那张二千五百圆的领条和报销清单，上面错了一笔数目；请你取给我改正后再送来，好么？"海珊便给他。

时将正午，各同志陆续到齐，正在互相谈话之际，忽听得一声呼哨，数十个兵士武装——上刺刀一蜂拥进来，首先将唐中庭捉住绑了。中柱躲避不及，便要掏放炸弹，不提防后面一刺刀扎在腿上，扑地便倒，也被绑了。众党人见光景不对，也有夺门而出，或被擒，或走脱的，也有越屋逸去的：总计到了五十七人，被擒的一连中庭一三十一个，被打死一个（刘桂荣），里面单不见王海珊和中庭带来的一群人，任门外瞭望的两个一中庭部下一也不知去向。

这些兵士如狼似虎，遍处搜寻。所有银钱、衣服……都被"丘八太爷"（湘人呼军人为"丘八太爷"，"兵"之拆字格也）自由没收了。带兵来的军官一二十二团（赵恒惕的卫队）第三营营长王佐一也得了不少，并且搜得许多证据，便将一干人解到二十二团团本部。团长姜正亚具了一张报告，便把拿获的一干人证送列军法处。

军法处长赵宗献（恒惕之叔父）听得破获如此大案，连忙先传报口密探唐中庭问过一遍，便坐堂亲自审问。邵中柱镣铐上堂，昂然挺立。颜色自若。宗献问道："你为什么要谋乱？"中柱笑道："我的宣言已被你们查抄来了，你难道没见么？"宗献又问道："你有多少同党咧？"中柱闭门不言。宗献又问道："你的党羽有个名叫唐中庭的么？"中柱道："他是来看朋友的，被你们拿来，实是无关系的。"宗献道："那么谁是有关系的？"中柱不语。宗献接续问道："有人报告说你们是劳工会黄爱、庞人铨的党羽，是不是咧？你是很有名的巨匪！临湘石龙开、岳州金华衮一班都和你是通同一气的，你既已被捉，何妨供出实情？也好原谅你被人所愚，从轻办理。”中柱仍是一声不响。宗献没法，只得再提别人讯问。众人都推不知。再问中柱的同党，也没个口供，便唤唐中庭到堂对质。中柱此时才知被中庭所卖，悔恨无及。便承认：“一切委状、符号都是我发出。”并硬咬定唐中庭介绍的一干人是同党；其余的同志却一概不认。宗献只得呈请恒惕核示。恒惕素来两面转的，不肯多杀人，只令将中柱枪毙，其余的分别定了三、五年不等的徒刑了案。中柱即此慷慨就义。只可惜粤、湘并举的计划又成画饼，以致后来北伐，直到中山身故，方才北定潇湘！

且说王海珊先就得着一个农民同志吴春林的报告，说：“唐中庭是个密探。”海珊便告诉中柱。无奈中柱不肯听信。海珊只好自己着着防备。事发时，海珊便卸下长衣鞋袜，装作厨子模样。由后门进往树林中，得以脱险。

中柱被害，海珊在吴春林家中得讯，哭的晕过去几次。还是春林拚命劝住，又和海珊商量，将一切农具耕牛卖却，得了一百五十余圆，以一半棺殓中柱，一半作海珊的旅费，往上海报告龙天衢，为中柱复仇。春林自己便投充大户人家的长工去了。

海珊到了上海，人地生疏。平时只听中柱说起党部机关地址，便到环龙路四十四号国民党部里探问。哪知党部职员说：“党部不知军事行动。”问起龙天衢来，都说不知。海珊只好去寻逸仙，却只见着廖仲恺。海珊将事实报告过，仲恺深为叹息，并说：“湖南方面已经又派同志去了，只不知能否进行顺利。”海珊便问龙天衢的住址，仲恺回说：“不知。待调查得了再送信来。”海珊只得回湘益公号栈里等候。

次日早上，逸仙派人到湘益公来慰问，并送了些用费；廖仲恺有封信，说：“龙同志已迁住虹口百老汇路兴隆西饭店后面衖内永贞号里。”

海珊连忙作书致谢逸仙，送过来人，便到虹口来寻天衢。进了永贞号，问着天衢住在楼上。方要上楼，早见一个四十多岁的长瘦汉子自后走来，抢先上楼。海珊跟着上了扶梯，方要问时，那汉子早回头含笑道：“请屋里坐！”海珊便迈步进房。那汉子宽了马褂，让海珊坐下，方问道：“先生是从长沙来么？”海珊一惊，未敢回答。那人早又笑说道：“我便是龙天衢。先生为什么事来寻我？”海珊听了，重新立起致敬，方才含泪说道：“小弟姓王，名海珊，跟随瑶珊兄已经多年。不幸瑶珊兄……”天衢抢着说道：“我都知道了。‘我虽不杀伯仁，伯仁由我而死。’这是我生平第一件痛心的事！现在我虽已替瑶珊报了仇，心中仍不能稍安！”海珊忙问道：“报了仇了么？怎样报的？你先生怎这般快捷就能知道，而且就已报了仇呢？”天衢笑道：“且不要急，待我告诉你听。……”

第九十二回

复友仇小贼伍波臣　谋国是将军讨逆寇

海珊耸耳听着，天衢取支香烟吸着，慢慢地说道："我在前三天会着一个由长沙来的朋友，他对我说：'有班同志在长沙西牌楼青年会门前放炸弹，想炸死赵恒惕。不料炸弹放了，老赵却丝毫未伤。'我想：瑶珊被害的讯早已由报上证实，这事又是谁干的咧？因在四出调查，才知道是另外一部分人干的。并且原定的是双十节动手，因为瑶珊案破，湖南省城格外戒严，放炸弹行刺的讯老赵也知道了，所以延迟了几天。后来听说平江李泰阶被捕，他是个有名的造炸弹的能手，这一来恐怕性命难保，可惜又少一个人才了！"

"我的主旨原不为探听炸弹案，是为探听瑶珊怎样失事的，你未到之先，我便由那炸弹案里逃出来的朋友口里探得是唐中庭当报口，带反线破案的。那唐中庭素来当密探，每逢破案，他总不露面，甚至于同时被捕下狱，再在监牢里骗那被害人说出同党和机关等等：一则使他人不察，好再办他案；二则堂上问不出的口供，他可以骗得。事后他仍取保出狱，居然冒称被难的同志，人家更容易上他的圈套。"

"我既然知道瑶珊死在姓唐的手里，这姓唐的便是我介绍给瑶珊的朋友王雄健转荐的；推原祸始，岂不是我害了邵瑶珊的性命？这事我能搁下么？我当下便注意到姓王的了。经我切实一讨问，不但姓唐的是密探，姓王的又何尝不是密探？当然是他勾通姓唐的破坏大计，害死瑶珊了。不料我这样一个人，竟会被他蒙了将近一年！为瑶珊报仇，为民党除害，断不能放过这东西！我未得手刃汤寿潜为秋竞雄吐气，已经抱恨终身；若连一个小小毛贼王雄健都不能治死他，那么，我龙天衢还能算过人么？因此我决计在最近要取这贼的性命。"

"我先去探听王贼的行动。他竟没走动，仍然大着胆住在原处。这是因为他只知道我是个会党首领，以为不过和通天教主（李鸿胜）、天王老子（张树声）一般张大空气吓吓人罢了，至多不过叫几个流氓小兄弟闹闹就完结。却不料我是个摒虚名、干实事的大傻瓜。我到他家里去时，他一见我面，先放声大哭说：'断想不到唐中庭这王八蛋子如此黑心！我还有什么脸见你老人家，只好到阴司地府去向邵先生赔罪去！'絮絮滔滔的哭个不休。我看他装得真像，便和他装傻，道：

‘邵先生之死与唐中庭什么关系！老唐是有名的“大”字班的好兄弟。我素来也知道的，况且有你“寄福”（会党中人谓寄信为“寄福”），难道还会提反线吗？’他还是哭着，我便装着怪他瞎闹，问他从哪里得来的信？他愣了一愣？才说是‘从朋友处听得来的’。你想，这情形不是王雄健勾通唐中庭害瑶珊的铁证吗？”

“我回家来，经顺贞同志来告诉我：‘临湘石龙开由上海回湖南，上岸时便被捕枪毙了。听说死在华启森部下骑兵团长姓李的手里。听说这姓李的和王雄健是表兄弟，石龙开在上海时，和王雄健最要好，这事很有可疑。’我便将瑶珊被害的原因向经同志说了。经同志咬牙切齿，要替邵、石二人报仇雪恨。

“最后，我和经同志商量了一个计策：由经同志去请姓王的打牌。他是偷牌的好手，听得这样有进账的生意，没有不来的。然后把他一家子都送到吴淞口去。”

“前天夜里，王雄健中计。来到经顺贞开好的一品香十八号房间里。我便到王家骗他的老婆、孩子，说：‘请他们同去吃饭。’她本是一个大户人家的婢女，卷逃出来落在堂子里，姘识王雄健，合伙当了几年拆白党，死也不亏她。果然她也答应了。我便先将汽车装了她母子，直放吴淞。她俩在车中便被我用哥罗芳将她俩麻醉了。到了吴淞，她们还不知道。一会儿经同志也装了王雄健来了，说是灌醉了他，推说送他回家，便弄来了。这时已是半夜，我们便把这三个东西一齐捆扎停当，送给龙王爷去了。这便是我代瑶珊雪恨的经过事实。”

海珊听了，满心畅快，不禁站起来双手一拍道：“好！瑶珊瞑目了！但只是唐中庭这贼不放过他才好！”天街道：“你不要心急，我正想回湖南去走一趟，这种东西还够得我一摆布么？不过这两天孙先生正在要改组本党，一班无知无识的偏要反对；我所以不想就离开上海，想助些进行，铲除些障碍。”海珊道：“就实行改组么？”天衢道：“已经着手了。开大会恐怕要候广东克复才行。”海珊道：“不知怎样组织？哪些人反对？”

天衢道：“说来话长：俄罗斯革命起首时，孙先生便发电贺祝俄国的革命民众和革命领袖列宁。那时世界各国的人们——无贤无愚——无不反对俄国的马克思主义革命，痛诋列宁，并替白党鼓吹，压迫俄国；就单只我们孙先生知道俄国革命一定成功，而且是世界革命党的先声，因为‘打倒帝国主义’、‘救被压迫民族’目标相同，电表同情。俄国革命党哪能不感激知己咧？所以他们革命成功，便接连派代表马林、越飞等来和孙先生联络。主义虽有参差，精神原无二致。孙先生见苏俄既以平等待我，当然可以携手而进行协力打倒共同的敌人帝国主义的工作。所以派蒋中正去俄国答聘，同时考察俄国政治、军事、经济等现状与设施及一切建设和党的组织种种。”

“同时中国共产党首领李大钊等要加入国民党，孙先生允许他们以个人资格加入，做三民主义的革命工作。”

“最近，蒋中正电报：苏俄诚意表示愿力助中国革命成功。又函报：苏俄革命党的纪律和组织——‘铁的纪律，钢的组织’——并先以党治军、然后以党治国的种种精神，以及训练党员、指导民众的方法，因而得着最后胜利。孙先生便决定：共产主义虽不能行诸中国，但共产党的组织、纪律、训练、精神确有可取，便要将国民党略仿共产党的方法改组成一个‘铁的革命党’，而使三民主义得以实现。同时与苏俄为平等友谊的联络。因为中国革命是世界革命的一部分，决不是只顾本国内而昧于世界共进的原理及‘大同’、‘博爱’的真谛所可成功的，于是乎与世界革命的苏俄同立在革命的水平战线上，协力打倒帝国主义。”

“不料一班思想蔽锢的党员，以及国家主义派、腐化分子、封建余孽和升官发财派等，不问情由，不讲理论，反对与苏俄联络，更怕国民党被共产党吞了，反对改组。其实不过因为纪律、组织加严，他们便不能利用或投机，所以借大题目反对罢了。孙先生反复说明：‘苏俄以平等助我革命，故为友谊的携手；倘反是，则吾人亦敌视之。’又说明：‘共产党加入是个人，不是将整个的党来合并。他们个人愿意做三民主义的革命工作，国民党是尽量吸收革命分子的，当然不能拒绝。只要我们同志努力，何惧他人吞没？若不努力，不被人吞没，也要自就消亡。我们应努力使人家同化于我，为何反怕人家来同化我们？宗旨坚定的同志正要同化他人，使他人有机会为三民主义努力，决不怕到此点；只有自己意志不定的人怕他人来同化自己。排斥举动，便是孟子所说的“如追放豚”，闭门革命使他人得不到改进的机会。’无奈这些人自己说不出的利害心重，仍然瞎吵着。所以我们应帮助总理孙先生铲除障碍，达到改组本党的目的，以求国民革命的成功，三民主义的实现。”

海珊道：“我们现在用一种什么方法，使这班不明白的糊涂小子明白过来，使党的改组不生阻力呢？”

天衢道，“这话不必谈了！依我的主张：革命第一要彻底；若不彻底，就等于不革命。革命的根本——党的组织更要彻底；组织若不彻底用纯粹的明了主义、服从革命的领袖的分子来组成，革命的基础便不坚固，何能达到革命的目的咧？况且组成的分子既有勉强调和的不忠实——心存反对——的分子在内，党内的纠纷必因他们的意气捣乱而日益加多，日益紊乱到不可治理，无法进行，比党外的阻力还要大到几多倍，革命如何能得成功？所以我认定孙先生所主张的革命政策。我们既然在他的指导下，当然只有信任而服从的余地。若是不革命的主张，我们便根本的单独行动去。若是一方面挂着孙先生的信徒国民党党员的招牌来欺世骗人；一方面又违反孙先生的革命政策，这种分子只有把他去塞海口，免得留着贻误党国。但是一班人以为这些人里也有几个在党内或对国家有些功劳的，主张调和。我想他昨日革命，昨日便是我们的同志；今日不革命——反对革命领袖的政策——便是敌人。至于过去的工作功劳，那是他所应尽之义务，党的位置不是酬庸奖功之品，又何必顾忌呢？不过目前他们高唱疏通，已经差不多搓圆了，一时总可以敷衍过去，不过将来贻患无穷，不知道要受害到怎样，这是我所担心的！”

海珊道：“这话实在痛快！但是你怎不向孙先生进言咧？”

天衢叹道：“孙先生何尝不知道？只不过为环境所困罢了！我曾上书请孙先生破除情面，以大无畏的精神毅力对党内，以求坚固革命的根本。孙先生后来对我说：‘以至诚感人，未有不动的，他们总有明白的一天。’我见孙先生决意容留这班人，就不便多说。其实我们党内如陈炯明一样的木石鹿豕，至诚感他不动，权利驱他造反的人，多如牛毛。不过孙先生抱定开门革命、来者不拒的主旨，又以慈悲广度为怀，视众生一律平等，所以能尽他们借党容身。若是我龙某，仍肯只结几个真同志，决不要这班东西来凑数。可是这种对人激烈的主张，断不是革命党领袖的孙先生旨做的。我们只好等着对党内奋斗，对党外奋斗，尽我心力为国——为主义救国罢了。”说罢又长叹一声。海珊听了，深致佩服。

说话间，时已黄昏。天衢便邀海珊到外面兴隆西饭店里吃大菜，席间海珊说起回湘不得，无处托足的话头。天衢便劝他往福建去任军事工作。海珊也愿意。天衢便答应写信介绍。饮食毕，约期而散。

逸仙在上海召集一班同志计议改组，决定从严密组织、训练入手。讲预定克复广州后，即召代表大会议决一切章程政纲。同时编练党军，以党化的军队来担任革命。当时虽有些同志反对，一经疏通之后，对于改组均翕然无异义。逸仙便着手起草《改组宣言》及《章程草案》、《党纲草案》：

中国国民党改组宣言

吾党组织，自革命同盟会以至中国国民党，由秘密的团体而为公开的政党，其历史上之经过垂二十年。其奋斗之生涯，荦荦大者：见于辛亥三月广州之役，同年十月武汉之役，癸丑以往倒袁诸役，丙辰以往护法诸役。党之精英，以个人或团体为主义而捐生命者，不可胜尊。当之者摧，撄之者折。其志行之坚，牺牲之大，国中无二。然综十数年以往之成绩，而计效程功，不得不自认为失败。满清鼎革，继有袁氏；洪宪随废，乃生无数专制一方之小朝廷。军阀横行，政客流毒，党人附逆，议员卖身，有如深山蔓草，烧而益生；黄河浊波，激而益溷。使国人遂疑革命不足以致治，吾民族不足以有为。此则目前情形无可为讳者也。

窃以中国今日政治不修，经济破产，瓦解土崩之势已兆，贫困剥削之病已深。欲起沉疴，必赖乎有主义、有组织、有训练之政治团体，本其历史的使命，依民众之热望，为之指导奋斗，而达其所抱政治上之目的。否则民众蠕蠕，不知所向，惟有陷为军阀之牛马，外国经济的帝国主义之牺牲而已。国中政党，言之可羞！暮楚朝秦，宗旨靡定；权利是猎，臣妾可为：凡此派流，不足齿数。而吾党本其三民主义而奋斗者历有年所。中间虽迭更称号，然宗旨主义未尝或离。顾其所以久而不能成功者，则以组织未备、训练未周之故。夫意志不明，运用不灵，虽有大军，无以取胜。吾党有见于此，本其自知之明，自决之勇，发为改组之宣言，以示其必要。先由总理委任九人，组织“临时中央执行委员会”以始其事；行将召集海内外全党代表会议，以资讨论。关于党纲章程之草定，务求主义详明，政策切实，而符民众所渴望。而于组织、训练之点，则务使上下逮通，有指臂之用。分子淘汰，去恶留良。吾党奋斗之成功，将系乎此。愿与同志共勉之！

中国国民党党纲草案

吾党之目的，在于中国领域之内，构成—民有、民治、民享之国家，使全体国民得于国际上、政治上、经济上遂其有价值之生存。本此目的，揭为三民主义、五权宪法之主张；以奋斗之精神而图其实现。所谓“三民主义”、“五权宪法”，倡之吾党总理孙中山先生故其内容解释，当以孙中山先生之说为断。今依次序而举其梗略：

其一则“民族主义”也。民族主义，包涵至广。语其核要，则凡民族结合而成国家，其意志、行为、自由、独立不受他民族压抑干涉。反乎此者，则视为障碍不能相容，排而除之，不俟终日。辛亥革命，满清覆亡，民族主义，于以发轫。然而境土以内，租界厘然；政制科条，莫能容喙。民邻牛马，盗憎主人，治权割裂，于兹为甚！外人之于中国，则洋轮番舶，江湖河海无隙不穿，而吾民之往外国，则农工阶级织芥微疾，特干例禁。至于伤生之品，无益之货，吾民所欲谢绝者，外国则强迫以售之；内地之所产，农工之所资，吾民所欲保护者，外国则条约以阻之。吾民族于此，在政治上、经济上久已沦于外国藩属之地位矣。满清鼎革，仅去一枷，而吾民族之独立自由，尚未除其束缚。解脱之责，有赖于吾党对于民族主义之励精猛进者，正未艾也。

其次则“民权主义”也。民权主义，泛言之，曰：“主权在民。”然因主权行使之范围不同，民权遂有广狭之别。考诸近代号称民治主义之立宪国家，其人民之参政机关则曰议会，其人民参政之行为则在选举代议士或官吏。所谓代议政体，其旨在斯。顾代议士所提议议决者，未必尽惬乎民心；官吏所施行者，未必尽符乎民意。其补救之道，舍政府解散议会施行改选或黜革官吏之外，惟有俟其任期终了另选贤能而已。狡黠政客利用此制度之不完，乃以欺骗人民，播弄政局，国蠹党弊，缘是而生。民权之归，有名无实。在欧、美素行立宪代议制政治之先进国家，推重民权，谓非东方诸国所及。而理想与效果，制度与事实，相去若是。识者乃益以人民“创制”、“复决”、“罢免”三种权利，使人民不必藉议会之提议而可创制；不必听议会之议决而可复决；不必俟议员官吏之任满改选或黜革，而可由人民罢免：以济制度不完全之穷。民权之实，差以得保。今中华民国成立仅十有二年，举凡代议制度、选举制度中，他国所短长互见者，我国几于无美不遗，无恶不备。军阀国贼用能横行。民权之削，反较专制之开明时代为甚。民国之立，吾党实倡之，亦实成之；然而本质不存，躯壳徒具，则民权主义之促进，在吾党固责无旁贷者也。

再次则“民生主义”也。民生主义，于人类各种组织之中，所以有国家、社会之遗留者，原以图团体的生存，而遂其共同之生活。则凡社会组织、产业制度，有以资团体生存之巩固而益共同生活之繁荣者，在法当认为优良；反此则否。故善群事者，不患寡而患不均。国富之总量，欲求其增加，而生产之分子，必期其充裕。否则偏枯为病，兼并勃兴；瓦解势成，崩坏立见。前此秉国钧究治术者，社会现象之观察不明，民生主义之条理未达；阶级斗争，熟视无睹；藩篱自溃，茫漠不知。以为自来社会中心，奠基于个人之资本主义。个人资本之积集愈厚，则社会之生产力愈增。民业化分，赖此而广；经济杼轴，本此而旋。政府无为，一依个人资本之自动以为之理。顾自机械发明以后，生产交通之器具所以代人工而节经费者，日益精微。自人道上论之，劳力少而效果多，其造福民生，宁有涯涘？但其所显于经济社会之状况，乃适相反。劳力代去，而民福不增；效果虽多，而少数蒙利；掌母财者，田连阡陌；事生产者，贫无立锥，于是有咒机械为食人，怨大地以不育。国家政府之设，自由平等之称，有类画饼疗饥，无裨实际。于是社会问题，纷呶以起；社会革命，迫于燃眉。顾欧美政家之流，思患预防，一方则取所谓“社会政策”者行之，以济贫富之调和，而弥资本制度之溃裂；一方则奉所谓“经济上之帝国主义”，对于地广人稠而组织薄弱，地腴物博而文化度低者，威迫利诱，置为殖民地，或半殖民地，吸其膏血，以滋养其个人资本主义之下之生产，而减杀劳工之不平。凡夫力行经济上帝国主义之国家，其不即自陷于危亡，皆赖有此等尾闾为其工业产品之宣泄。假曰不然，则社会革命未有能制之者也。中国地大，交通乏便，田野不辟，富藏未开，而生产之方，贸迁之道，皆至幼稚；纵令得假时日，任其自然发展，非百年以后，不能侪英美今日所得之进步，而仍不能免却个人资本制度崩坏在内的危机。况在经济上帝国主义压迫之下，必不许中国有此百年纵容之日月，以偷其残喘乎？故为中华民国计，欲使国富速增，民生不悴，则必以国家自为大资本——地主。用集产的方法，凡夫交通机关、基本工业，以至原动力之供给，大规模之生产，视国力之所能及，进而经营，与国内经济界以至深至大之激刺，夫然后民业可望蓬勃而兴。同时地主不劳而得之值，不归私人，而归公家，则掠夺之机会不多，社会经济之问题递减。我内部既无分崩离析之虑，则外国虽有经济上帝国主义之压迫，断不能为中国害，能将以自害而已。此吾党对于民生主义所以认为救国济民唯一之良规者也。

"五权宪法"，吾党倡之。治法学者，罕娴其说。顾宪法既为国家组织之根本大法，则凡国宪之立，不能于固有历史上之背景漠无所见，而以闭户造车之道行之。考诸各国宪法：大都三权划分，最高统治权之表现而为立法、司法、行政之行为者，分隶于立法、司法、行政三部各不相混。溯厥源流，谓本诸英国之习惯。故英国政制，夙称为议会政治。以议会多数党中之议员组织政府，立法、行政两部之人选同出一源。故议会弹劾政府之事，在一党占议会优势时，绝对不能生效。准此而言，则三权之分，在英国则仅二权对峙耳。三权鼎立之宪法，实以美国为滥觞。近代成文宪法，亦以此为之祖。后之宪法模仿前型，随波逐流，几若定例。能于成规之中别开生面者，惟俄国苏维埃政府之宪法。其所规定，举凡经济、制度、社会、民生诸端于国家根本有大关系者，无不包括在内。可师之点，于彼为多。但就分权而言，则三权鼎立，所以免专制之流弊；其法未为不善。然在中国吏治久疏，公德未彰，品流驳杂，法治之道，民未习成；则弥补缺憾，不得不于宪法预为之备。中国前此夙有谏议御史之官，贪污滥劣者用能知所儆戒，而取士之道，考官之权，虽帝皇不能干预。科举当废，为其取材不当，取法不良；顾其为制，外国行之而以收效。今为中国计。于斯二者之制，似宜保留，不必因噎废食。立法、司法、行政三权之外，应使"弹劾权"、"考试权"各行独立，而为"五权"之分。弹劾部所有事者；在审查吏治之隆污，监督职官于职务上之行为，察其效果如何，处置当否；以免有枉法营私，怠于职掌，与夫上司包庇下属之弊。其职权所在，与议会中之弹劾及人民之行使罢免权者范围不同。盖议会之弹劾，属于高等政治问题，本于政争之原因者为主，而人民行使创制权、复决权、罢免权之制，专就下级之政治单位而说，不能扩于全国、全省广大之区域而行。也考试权所司：在考取人材，以充官职。非经考试及格之人员，不能委用以掌公务。使凡在政府中供职者之学问知识，在一定之水平线上，而无程度低落之虞。必如是，中国始有吏治清明之望。

大本在此，全国民众，盍兴乎来！

中国国民党章程草案

第一章 党员

第一条 中国国民党不分性别，凡接受本党党纲，加入本党所辖之党部，实行本党议决，及依时缴纳党费者均得为本党党员。

第二条 党员入党时，须有本党党员二人以上之负责的介绍，方得为本党党员。

第三条 党员入党时，须经所向请求之党部大会通过，方得为本党党员。

第四条 党员移动时，须即在所到地方之党部登记，同时即为该地之党员。

第二章 党部组织

第五条 范围包括一个地方之党部为上级机关；范围包括该地方一部分之党部为下级机关。

第六条 凡含有地方性质之问题，得由地方党部自由处理。

第七条 各党部以全国代表大会、地方代表大会、地方党员大会为各该党部之最高机关。

第八条 地方党员大会、地方代表大会及全国代表大会，须各选出执行委员会执行党务。

第九条 本党党部之组织系统如下：

甲 全国：全国代表大会——中央执行委员会。

乙 全省：全省代表大会——全省执行委员会。

丙 全县：全县代表大会——全县执行委员会。

丁 全区：全区代表大会或党员大会——全区执行委员会。

戊 区以下为区分部：区分部党员大会——区分部执行委员会。但区分部为本党基本组织。

第十条 本党之权力机关如下：

甲 全国代表大会——但闭会期间，为中央执行委员会。

乙 全省代表大会——但闭会期间，为全省执行委员会。

丙 全县代表大会——但闭会期间，为全县执行委员会。

丁 全区代表大会——但闭会期间，为全区执行委员会。

戊 区分部党员大会——但闭会期间，为区分部执行委员会。

各权力机关对于其上级机关应执行党之纪律决议，并得提出抗议。

第十一条 中央执行委员会、全省执行委员会等得分设各部，执行本党之通常或非常党务；各部受各该执行委员会之管理。

各部之职务及组织法，由中央执行委员会之训令决定之。

第十二条 各下级党部执行委员会，须受全省执行委员会管辖；省执行委员会，须受中央执行委员会管辖。

第十三条 各级党部执行委员会须受上级机关正式核准，方得启用印信。

第十四条 凡本党党员须在所属党部领取党员证书，式样及内容由中央执行委员会定之。

第三章 最高党部

第十五条 本党最高机关为全国内之全国代表大会，常会每年举行一次，但中央执行委员会认为必要时，或前届代表大会有三分之一人数请求——方得召集特别全国代表大会。

第十六条 全国代表大会开会日期、议题，须于至少两个月前通告各党员。特别全国代表大会，须于三个月前通告各党员。

第十七条 全国代表大会如有前届大会代表人数之一半出席时，即得认为合法。

第十八条 全国代表大会之组织法及各地方应派代表之人数，得由中央执行委员会临时决定之。

第十九条 全国代表大会之职权如下：

甲 接纳及采行中央执行委员会及其他中央各部之报告。

乙 修改本会《党纲》及《章程》。

丙 决定对于时事问题应取之政策及政略。

丁 选举本党总理、中央执行委员及候补执行委员与审查委员。

第二十条 中央执行委员会及审查委员会之人数，由全国代表大会决定之。

第二十一条 中央执行委员会委员遇故离任时，由候补委员依次充任。

第二十二条 中央执行委员会之职权如下：

甲 代表本党对外关系。

乙 组织各地方党部，并指挥之。

丙 任命本党中央机关报人员。

丁 组织本党之中央机关各部。

戊 支配本党党费及财政。

第二十三条 在政府机关、俱乐部、社会、工会、商会、市议会、县议会、省议会、国议会、内部特别组织之国民党团队，中央执行委员会得指挥之。

第二十四条 中央执行委员会每两星期至少开会一次。候补委员得列席会议，但只有发言权。

第二十五条 中央执行委员会主席以本党总理充之。

第二十六条　中央执行委员会互选秘书三人，组织秘书处，执行日常党务。

第二十七条　全国代表大会闭会期间，中央执行委员会应召集各省执行委员会、省干事部及其他党部之代表。开全国会议一次。

第二十八条　中央执行委员会须将其活动经过情形通告各省执行委员会、省干事部等，每月一次。

第四章　审查委员会

第二十九条　全国代表大会选出三人，组织审查委员会，其职权如下：

甲　稽核中央执行委员会财政之出入。

乙　审查党务之进行情形及部员之勤惰。

审查委员会得训令下级党部审核财政与党务。

第五章　省党部

第三十条　全省代表大会每六个月举行一次，但遇中央执行委员会训令或县执行委员会与区执行委员会同意——开会时，得召集全省大会。

第三十一条　省执行委员会认为必要或全省党员半数请求时，得召集特别全省代表大会。

第三十二条　出席全省代表大会之代表选举法及人数，由省执行委员会征求各县执行委员会同意决定之。

第三十三条　全省代表大会接纳及采行省执行委员会及本党省机关各部之报告，选出执行委员并审查委员。

第三十四条　省执行委员会之职权如下：

甲　组织三人之秘书处。

乙　设立全省各地方党部，并指挥其活动：

丙　任命该省党部机关报人员。

丁　组织本党省机关各部。

戊　支配党费及财政。

第三十五条　省执行委员会每月须将其活动经过情形报告中央委员会一次。

第三十六条　省执行委员会每两个星期开会一次。候补委员得列席会议，但只有发言权。

第三十七条　省执行委员会委员遇故离任时，由候补委员依次充任之。

第三十八条　省审查委员会稽核省执行委员会财政之收支，及审查省执行委员之党务及部员之勤惰。

第六章　县党部

第三十九条　县代表大会每三个月举行一次，若省执行委员会训令开会及各区执行委员会请求——开会时，得召集特别全县代表大会。

第四十条 县执行委员会认为必要或有该县党员半数请求时，得召集特别全县代表大会。

第四十一条 出席县代表大会之选举法及人数，由县执行委员会审定后，经省执行委员会核准决定之。

第四十二条 县代表大会接纳及采行县执行委员会及其他本党县机关各部之报告，选举县执行委员及候补委员及审查委员。

第四十三条 县执行委员会选举书记一人，执行日常党务；设立全县各地方党部，而指挥其活动；任命该县党部机关报职员，但须经省执行委员会之核准；组织全县性质之事务各部；支配县内党费及财政。

第四十四条 县执行委员会须每两星期将其活动经过情形报告省执行委员会一次。

第四十五条 县执行委员会每星期开会一次。候补委员得列席会议，但只有发言权。

第四十六条 县执行委员会委员遇故离任时，由候补委员依次充任之。

第七章 区党部

第四十七条 区之最高机关为全区党员大会或代表大会，区以下为乡、为村。全区党员大会包括乡村党员在内。但因乡村离区市太远，或党员太多不能召集党员大会时，召集区乡村代表会议。此代表会议即作为该区最高权力机关。但于可能时，须召集党员大会。

第四十八条 党员大会或代表大会每月举行一次，讨论党务。其范围如下：

甲 党员入党问题。

乙 接纳及采行区执行委员会之报告。

丙 代表会议之代表及党员大会之党员在会议内报告区内党务之进行，解决党务之困难，及发表关于政治、经济之意见。

丁 训练党员问题，解决不识字问题，征求党费问题；讨论县执行委员会及区执行委员会之决议。

戊 选举该区执行委员会。

第四十九条 区执行委员会指挥区内各区分部——或其下各特别党务机关之活动事宜；管理区内党员登记事宜；召集党员大会；组织区分部，但须得县执行委员会之核准；支配党费及时政。

区执行委员会每两星期须将其活动经过情形详细报告县执行委员会。

第八章 区分部

第五十条 区分部为本党之基本组织，由区执行委员会或其他代理区机关组织之，或自行组织之，但须经县执行委员会之核准。

区分部人数无定，但须在五人以上。

第五十一条 区分部作用为党员间或党员与本党主要机关间之联络。但在只有区分部成立之地方，区分部可作为主要机关；其职务如下：

甲 执行党之决议。

乙 征求党员。

丙 帮助区执行委员会进行党务。

丁 分配本党宣传品。

戊 收集党捐，分售本党印花、本党纪念相片、本党表记等。

己 选派出席区大会或县大会、省大会及全国大会之代表。

庚 执行上级命令。

第五十二条 区分部须选举三人组织区分部执行委员会，执行日常党务。由执行委员会中互选秘书。

每两星期须将其活动经过情形报告区执行委员会一次。

第九章 纪律

第五十三条 凡党员须恪守纪律。入党后，即须遵守党章、服从党义。其在本党执政地方及在军事时期，尤须严行遵守。党内各问题，各得自由讨论，但一经决议定后，即须一致进行。

【注意】本党领有历史的使命而奋斗。我国领土之完全自由及和平，全赖本党奋斗之成功。欲求此成功，必赖纪律之森严。党之成败，全系于此，望共勉之！

第五十四条 凡不执行本党决议者，破坏本党章程者，违反本党党义及党德者，须受以下处分：党内惩戒，或公开惩戒，并在党报上详细登出原委，及暂时或永久开除党籍。已开除党籍之党员，不得在本党执政地方之政府机关服务。

如地方全部有上述行动者，须受以下处分：

甲 全部党员再行登记，分别去取。

乙 全部解散，并在党报上详细登出原委。

第五十五条 凡党员个人或全部，被弹劾时，须由该部审查委员会详细审查后，由该部执行委员会判决处分。执行委员会之处分如认为不当时，得上控于上级执行委员会，以至全国大会，但未得全国大会表示意见以前，此处分仍须执行。全国大会得判决个人或全部恢复党籍，但中央执行委员会尚未执行时，此判决仍不发生效力。

第十章 经费

第五十六条 本党经费由党员所纳之党费、党之高级机关之补助及其他收入充之。

第五十七条　党费每月每人应缴二角，党员遇失业、疾病等事故时，经在所属党部登记后，得免缴该部党费。但该部须将此情由报告上级执行委员会。

第五十八条　党员未得允许而不缴纳党费至三个月者，即停止其党员资格。

第十一章 国民党党团

第五十九条　在秘密、公开或半公开之非党团体如工会、俱乐部、会社、商会、学校、市议会、县议会、省议会、国议会之内，本党党员须组成国民党党团，在非党员中扩大本党势力，并指挥其活动。

第六十条　在非党团体中，本党党团之行动，由中央执行委员会详细规定之。

第六十一条　党团须受所属党部执行委员会之指挥及管辖，例如省议会内之党团，受该省党部执行委员会之指挥及管辖；国议会内之党团，受中央执行委员会之指挥及管辖；工会、俱乐部等团体内之党团，受该地党部执行委员会之指挥及管辖。

第六十二条　执行委员会各党团间意见有不合时，须开联合会议解决之。不能解决时，得报告上级执行委员会决定。未得上级委员会决定时，党团须执行所属党部执行委员会之议决。

第六十三条　党团内个人党员得党团允许时，得于所在活动之团体内受职，并得调任他职。国会内党团之党员受委阁员时，必须先得所属党团及中央执行委员会之允许。

第六十四条　党团内须选举职员，组织干部，执行党务。

第六十五条　所在活动之团体，一切议题须先在党团内讨论，以决定对各问题应取之政策。所定政策须在该团体议场上一致主张及表决。党团在所在活动之团体内，须有一致及严密之组织。各种意见可在党团秘密会议中发表，但对外须有一致之意见行动。如违反时，即作为违反党之纪律，须受党之处分。

第六十六条　党员在议会者，须先自具向议会辞职书，贮在所属党部执行委员会处。如与党之纪律大有违反时，其辞职书即在党报上发表，并且须本人脱离该议会。

——（上《中国国民党章程草案》十一章六十六条，为总理提出第一次全国代表大会者。经第一次全国代表大会修改通过，复经第二次全国代表大会修正，始成为现在之中国国民党总章。此草案实为总理对国民党原始改组之方略。）

逸仙起草完成，又与众同志讨论一过，方才嘱秘书誊正，珍藏，预备向将来之全国代表大会提出。同时令许崇智等由福建回师讨寇。崇智便整饬戎行，遵令出发。逸仙专候捷音，回粤组党。

第九十三回

陈炯明狼狈遁东江　蔡钜猷独立攻宁益

许崇智自韶关受挫后，即退驻闽边。深赖逸仙接济，得以维持这一部军队。同时朱培德等退驻湘、桂之间，静待机会。海外华侨同志因愤陈炯明之叛逆，纷纷自动的汇款，促逸仙为天地保正气，讨灭逆贼。蒋中正回国后，苏俄也有相当的帮助，因此饷械无忧。加之南方气候虽冬不寒，正好兴师征寇。所以培德、崇智等一接着逸仙的命令，便同时起兵。在广西的滇军杨希闵、杨池生等也经逸仙派人劝导，为有条件的服从，会同桂军刘震寰出师讨陈。

大兵既起，陈逆炯明便令逆将谢文炳、刘志陆等迎敌由桂而来之讨逆军；洪兆麟、翁式亮、陈炯光等迎敌由闽回师的北伐军。方才布置停当，华侨讨贼军又在西江发现，各地民军云起风涌。炯明竭力支撑，四面迎战，应付极为困难。

这时炯明虽窃据广州，叛军恃功索款，日久不休。叶举报销谋叛费用一千余万圆，其余将领也要挟无厌。炯明便想把黄埔抵押给英国，筹款救穷。无奈广州各界人民以为这种举动断送国权，引狼入室，如果成功，英国之于广东，比日本之于山东还要厉害；不仅粤人受苦，国家且将不保。因而抵死力争，决不许炯明盗卖黄埔。同时逸仙也致电报英国当局，阻止受押借款给叛军。英政府见民气激昂，逸仙辞意坚决，不敢贸然从事，且恐怕炯明失败，钱却去了，黄埔依然不得到手，便回复了炯明。炯明对财政便无办法。战争一起，更见拮据，屡次请吴佩孚援救。佩孚这时虽然势力庞大，财政也异常支绌，无力派兵援救，只以一纸空电劝慰而已。

十二月中旬，崇智率军队攻入潮、汕；陈家将洪兆麟大败。十二年一月，杨希闵、刘震寰等连拔钦、廉各属，攻入肇庆。广州市内驱陈空气极其浓厚。炯明知道不好，便和妻妾收拾细软，率带叛兵，逃往惠州。崇智、希闵、震寰等便进驻广州，派人恭迎逸仙于二月二十一日到粤，重组大元帅府，主持革命。

先是逸仙见广州重光，想以和平方法解决国事，避免革命行动，免人民受苦，便发表和平统一及裁兵之主张，与国内务实力分子相商，开诚布公，以谋国是。段祺瑞、张作霖、卢永祥、黎元洪等都复电赞同，只有曹锟、吴佩孚反对。元洪、绍曾都派代表南下，讨论进行。佩孚素迷信武力统一，说到裁兵，如割肺肝。正值广东江防司令部因会议裁兵，发生一次小冲突，佩孚便借此造谣破坏。黎、张代表遂中止南行。逸仙为表示裁兵真诚，免人怀疑，以为如军阀之只图说得好听，不肯实行起见，于到广州后，发命实行裁兵宣言，以明志愿。宣言如下：

文曩在上海，于一月二十六日宣言和平统一及裁兵纲要，并列举国内实力诸派，冀共提携，推诚相与，以酬国人殷殷望治之盛心。其后迭奉芝泉、雨亭、子嘉、宋卿、敬舆诸公先后复电，均荷赞同。文亦以叛陈既讨，统一可期，虽滇、桂、粤、海诸将及人民代表屡电吁请还粤主持，文仍以迟回，思以其时为谋统一良好机会。又以沪上交通甚便利，各方接洽亦最适宜，故陈去已将弥月，而文之返粤固尚未有期也。

不图以统筹全国之殷，致小失抚宁一方之雅。江防司令部会议之变轰动一时。黠者妄思从而利用，间文心腹，飞短流长，以惑蔽国人耳目，以致黎、张南下代表因而中止。行为浅薄，已可慨叹！文之谋国，岂或以一隅胜负主其得失也？而直系诸将据有国内武力之一，乃独于文裁兵主张，久付暗默怀疑之端，亦无表示。报纸所传，竟谓洛吴于自治诸省均欲以武力削平，以平昔信使往还，推之当世诸贤，不容独有此迷梦。贤者固不可测，文于今日，犹未忍遽以不肖之心待之，而深冀其有最终之一悟也。抑文诚信尚未孚于国人，致令此唯一救国之谟，或反疑为相对责难之举。藉非然者，何推之浙卢、奉张而准，而于举国人心厌乱之时，复有一二军阀，乘此潮流而趋，而至于悍然不顾一切也？以文与西南护法诸将讨贼伐暴之初志固有大梗，何难重整义师，相与周旋？顾国人苦兵久矣！频年牺牲，已为至钜，而代价复渺然不可必得；文诚思之心悸。万不得已，惟有先行裁兵，以为国倡。古人有言："请自隗始。"以是之故，断然回粤，决裁粤兵之半，以昭示天下。

文兹于今月二十一日重莅广州矣。抚辑将士，绥靖地方外，首期践文裁兵之言，同时复从事建设，以与吾民更始。庶几文十余年来苦心经营之建国方略，一一征诸实现。以吾地广人众之中华民国，卒与列强共跻于平等大同之域，共和幸福，乃非虚语。天相中国，能进而推之西南诸省，以暨全国，其为闳愿，岂胜企仰。然一隅之与全国，渐进之与顿改，其图功之利钝，收效之速缓，昭然未可同日而语，称铢而计。故文之愚，尤以纯一为能，立供国民以福利，遂不惜举当世所矜之武力，以为攘窃权利之具者，躬自减削，以导国人。亦冀拥节诸公翻然憬悟，知今日而言图治，舍裁兵实无二法。文倡于前，诸公继之，吾民馨香之祷岂有涯涘？若必恃暴力以压国人，横决之来，殊可危惧。诸公之明，当不出此。披沥陈言，鹄候裁教！孙文敬。（印）

这宣言发表之后，逸仙突然将军队裁去一部，取精明干练者勤加训练，使之党化。

全国军阀既只知拥兵自卫，毫无谋国诚意；逸仙知道非仍然励行革命运动，民众永无解放之望。革命运动的首要，便是组织负担革命使命的党。逸仙遂依原定步骤，派定临时执行委员，召集全国第一次代表大会。分电国内外各省、各区、各国、各埠的同志，迅速选派代表至广州集会。

一面切实进行党的改组；一面抽调粤、桂、滇各军进讨东江、惠州、陈逆；同时积极筹划继续北伐，预定取道湖南。六月中，便电召谭延闿来粤，任为北伐讨贼军前敌总司令兼湘军总司令。湖南的军人可以说无一个不是延闿旧部，除了赵恒惕的私党外，无不遣人到广州输诚。延闿便将已经接洽之湘军分为“湘中”、“湘南”、“湘西”、“湘东”四路，分编八军，呈请大元帅委任：

宋鹤庚为湘中第一军军长兼前敌总指挥（原湖南第一师师长），统师长方鼎英（原师参谋长）、唐生智（原第一师第三旅旅长）（注）、何蔼智（原第一师第一旅旅长）、王德庆（原湖南宪兵司令）等。

鲁涤平为湘中第二军军长兼中路总指挥（原湖南第二师师长），统师长刘铏（原第二师第三旅旅长）、张辉瓒（前湘军第四混成旅旅长。民十援鄂失败，此际以其甥朱耀华所部之华启森属—第二十五团及民军编成）、戴岳（原第二师炮兵团长）、司令王茂泉（民军）等。

（注）湘军之队号系混杂编成，故第三旅不属第三师而属第一师；团亦如之。

陈嘉祐为湘东第一军军长（原为讨贼湘军第一路司令），统师长蒋隆棻、谭蒙（均第一路之梯团长）、司令欧阳立裴（民军）、文砥（大本营混成旅长）等。

唐蟒为湘东第二军军长（唐才常之长子。由民军改编，未成军，即溃散）。

蔡钜猷为湘西第一军军长，兼湘西总指挥（原湖南沅陵镇守使，兼第八混成旅旅长），统师长田镇藩、刘叙彝（蔡部第九、第十混成旅旅长）、司令周朝武（民军，绰号周铁鞭）、贺龙、仇桂林（均民军）等。

唐荣阳为湘西第二军军长（原第四旅旅长），统师长唐振铎、唐生明（均唐部团长）、司令邓赫绩（民军，本名邓黑七；后于民十五年北伐，任第六军师长，在江西阵亡）等。

谢国光为湘南第一军军长（原湖南衡阳镇守使，兼第三混成旅旅长），统师长谭道源（谢部团长）等二师。

吴剑学为湘南第二军军长（原湖南宝庆镇守使，兼第五混成旅旅长），统师长张湘砥（吴部团长）等二师。

总计湖南军队除第一混成旅华启森所部三团及赵恒惕之卫队第二十二团姜正亚外，尽行受命为讨贼军。

编制方竣，湘西巡防统领陈渠珍率绿营兵二万余人加入，编为湘西第三军。于是只有长沙有敌人，其余六十余县都无问题。延闿以为进行决无困难，只要攻打武汉了。

湘西出产本来丰富，加以私开烟禁，镇守使每年的收入以百万圆计，比湖南总司令的收入不相上下。赵恒惕久垂涎这宗巨财。只因地势险峻，不易攻取。且湘西自民元以来，便自成一区，军人也另有封建历史，别为一系；名为湖南之一部，实则仅奉正朔而已。历来南北纷更，从未占领过全个湘西，空以名号羁之而已。沅陵镇守使蔡钜猷拥兵三旅，据地数县（辰、沅一带）皆湘西最富之地，更与滇、黔通声气，挟以自重。赵恒惕莫奈之何。钜猷既资财富足，实力充分，便不把赵恒惕看在眼里，赵恒惕极想去之。恰值华启森也想得这个肥地，怂恿恒惕免蔡。自告奋勇，自筹军费，讨平湘西，瓜分烟土税。恒惕一因启森杀李仲麟救己之大功，应予酬报；二因是自己的亲信，既去跋扈之将，且可分肥，便一口答应。下令调任蔡钜猷为讲武堂督办，着即来省供职。同时又令第一混成旅旅长兼省会戒严司令华启森，率所部第四、第二十五两团及骑兵团，共三团出发，移防对湘西之大道宁乡、益阳等处。以第二团（亦华部）团长刘重威代理戒严司令，留守省垣，搜捕党人。钜猷得令，即嘱所部军官联名电请收回成命。恒惕不允，更调第一师至常德示威。钜猷便宣布独立，声讨赵恒惕。华启森即统率所部进攻，并急调驻岳、临一带之第二十五团回长沙作援队。

这时谭延闿已经统率湘东第一军陈嘉祐所部入郴州，谢国光、吴剑学两镇等便首先响应。延闿便直下衡阳，设立总司令部，分调各军，由中、东两路进攻。又派张辉瓒密赴湘潭，运动湘军倒戈。因此长沙城中风声鹤唳。

赵恒惕见谭延闿进兵湘南，初时还设法派代表假称请谭延闿维持自治，不要相迫，情愿将湖南省长相让，但须经过省议会选举的手续，以顾全省宪，想图缓和。延闿察知其意，毅然答复道：“我奉令北伐讨贼，厥不为湖南地盘，更不想做湖南省长。炎午以为我为地盘权利而来，他从我数年，还不知我的人格，未免轻看我，他也太无眼光了。如果炎午觉悟过来，服从主义，一致努力革命，大元帅大度雍容，必然仍任他为革命的湖南省长，在湖南施行训政。此岂不是比那鬼头鬼脑，袁世凯逼选总统一般产出的割据省长强几万倍？现在只要炎午让开大路，以便北伐军直取湖北，我决不和他为难，大元帅也无必要去他之心，更不必要他率兵北伐，去打吴佩孚，他又何必为难咧？”

代表将延闿的言语回报恒惕，无奈恒惕与直系有密切的关系，断不肯让北伐军经过湖南，进攻武汉。加以谭延闿入湘，湘军纷纷归附，恒惕的势力大减，心中更加愤恨。事至如此，赵恒惕便抹下脸来，正式调兵，阻击北伐讨贼军。一面宣称拥护湖南省宪，维持联省自治，将全湘军队编为“护宪军”，候令集中。又派出党徒，假托民意，组织护宪团体，丑诋孙中山、谭延闿，闹得乌烟瘴气。又设立筹饷处，委派亲信，分赴各县增加捐税，预征田赋；又别立名目，如借一月房租、放米出境，征收特税，以作军费。弄得湖南民众生不得，活不得，叫苦连天，怨声载道。衡阳、宝庆归降北伐讨贼军之后，赵恒惕和华启森、姜正亚等更大发通电，辱骂孙中山、谭延闿，声讨蔡钜猷；却特派邹礼、彭允彝等卑辞厚币向吴佩孚摇尾乞怜，求派兵来援。佩孚正想侵夺湖南，怎肯放过这机会？马上调兵遣将，进据岳阳。恒惕不知佩孚志在占领岳阳，扼制湖南，并无真心援助，只以为佩孚为讨贼军标明讨吴，所以派兵来湘迎战助已，顿时心粗胆壮起来。

蔡钜猷既已讨赵独立，便通电就湘西总指挥兼北伐讨贼军湘西第一军军长职。令所部三旅均改编成师，又收编湘西民军数千。派第一师师长田镇藩率所部三旅六千余人为第一路，进攻常德；第二师师长刘叙彝率所部两旅及纵队司令周朝武五千余人为第二路，继续出发；自率第三师七千余人为援队；留第三师第三旅守沅陵；全军出发，声势震赫。

驻常德护宪军第一师步兵第一旅旅长何蔼智原与师长宋鹤庚不睦，和赵恒惕感情却好。讨贼军委他为师长，他虽没有拒绝，也无表示。宋鹤庚派人疏通，他模棱两可，绝无何确实的表示。湘西军队开动时，赵恒惕下动员令，令蔼智直攻。耀祖便令所部第一团迎敌。两方接触，湘西军队勇猛异常，只在山林间三个一群，五个一队，暗袭偷攻，并不正式用散兵线接战。赵军开到桃源县南坳时，讨贼军方正式列阵攻击。赵军兵士多不愿意以湖南人打湖南人，多自由离伍。耀祖便亲自督率第三团出发作战。不料四面枪声齐起，却没见一个敌人。耀祖忙派队搜索左右两翼，自己扼守中路。忽然枪声顿息，万山悄然。耀祖心中着急，但是仍不畏怯，督着队伍警戒前进。行不到五百米远，只听得震天价一声炮响，接着四围呐喊，山谷齐鸣。耀祖便连忙停止前进，却又寂然无人；心中不免疑惑起来，想道：“敌人想用疑兵，使我胆怯，然后突攻；我偏不中他诡计。”想罢，奋起精神，指挥部下官兵向前冲锋。方才到得山下，只见讨贼军漫山遍岭，猛虎般直扑上山来。赵军兵士见着胆颤心寒。耀祖督率不住，早一齐转身向后奔逃。讨贼军拚命追击，用刺刀乱扎，赵军只恨两手不能当脚用，没命的跑了四十余里，耀祖亲自督住，方才暂息。一霎时，讨贼军分两翼包抄过来，赵军的两翼早被击破，煞脚不住。只得弃了桃源，败回常德，严密设防抵御。

次日，接到了战报，说：湘西军刘叙彝间道进攻益阳，第一混成旅出发赴援。又听得赵恒惕委叶开鑫为总指挥，负责讨平湘西。贺耀祖心想：“倘益阳不守，常德即在包围之中。况且既由叶竞秋任总指挥，我何苦为人作嫁？”接着又打了两个败仗，便乘此引军退往湘阴。

讨贼军既连获着胜利，占领常德，钜猷便统领总预备队入驻武陵（即常德）。

一面催云南、贵州派兵会师。黔军王天培带了一师人马，滇军也派一旅，开到湘边壮声势。蔡钜猷便令刘叙彝、周朝武和田镇藩、贺龙分两路夹攻益阳。

且说贺龙、周朝武（绰号“周铁鞭”）原是绿林出身，与邓赫绩——本名“黑七”、姚震称为“湘西四大寇”。平素啸聚几千人，劫掠富户，硬索商船保镖费；历来湘督派兵剿击，无不大败而返。所以湘人无不知其名者。不过周铁鞭、邓黑七两股不伤贫民，不焚村庄，甚至放赈筑路，做些政府应做而不做的事，颇有梁山泊呼保义之风。贺龙是个失意军人，兼之部下有许多学生党人在内，做事比较的有政治气味。姚震一股却是绿林本色，这时的实力尚远不及贺、周、邓. 只跟着胡闹而已。

历来官兵和绿林相战，总多不敌，这原因是：官兵是雇佣兵役；绿林自愿投身。所以战斗起来，便是两样的。这回湘西战争，当然也免不了这个定例。开鑫想用以毒攻毒的方法，令收编得来由匪改编的骑兵团李柱中迎战周铁鞭。这骑兵团却是徒有其名，实无一匹马。（时湘军编制如此，何健所统之骑兵团亦无马。工辎兵亦如步兵。）

那周朝武身背一条二十多斤重的虎眼水磨钢鞭，手持自来得枪，赤着膊，迈开大步，领着兵雁翅般杀将过来。那些兵士都把枪负在背上，挺着梭镖（即长缨枪），着地滚进。李柱中部下虽也是绿林豪客，却是平江、临湘一带做小生意的，从没见过这般大阵仗，只吓得掉转身飞跑。田镇藩领军继进，将赵军阵脚冲动，乘胜追入益阳。华启森即败退宁乡。周朝武径追列宁乡，将县城团团围住。

第九十四回

战长沙朱耀华倒戈　征东江谭延闿助战

且说赵恒惕见湘南、湘西两路来攻，料想省城必多党人，便召集代理戒严司令刘重威、军法处长赵宗献、二十二团团长姜正亚和警察厅长、水警署长等亲自训话，务须严密稽查，军法处遇到此等案件，宁冤毋纵。因此长沙城更加是冤气冲天，神号鬼哭。

一班筹饷人员借着筹饷名目，四出骚扰，硬敲软索，无所不为。稍一不如他们的意，便说是和广东有关系，一张报告，身首异处。就是依照派数缴款，他们还要索取手续费，要不然，便拒绝不收，反说是抗缴；将来收监处罚，仍然要在罚款之外，将钱运动他们和军法官，才将了案。

那二十二团本是赵恒惕的卫队，一切宪兵侦探的职务都由它担任。遇到稍有资财的便要网罗了来，敲诈一个饱，再送到军法处，榨取一遍才罢。又有些丧尽天良的下级官和兵士，故意印些讨贼军委状、符号，辗转使人设机关，招致一班无赖及有官迷的人，委他做师长、旅长、司令、队长等等职务，随后即派人捉来解送军法处。

军法处里有个法官姓唐，名士熙，新化人，原是酷吏出身。每逢到他手里的案件，十桩没有一桩活的。他坐堂问案之先，先要调查这犯人的家财。一到堂上，问了姓名之后，不问案情，先打五百军棍。然后将夹棍套上，照着报告，要犯人读一遍，便算实供。若不依他，那刑罚可难受了！针刺生殖器，钳拔头发，跪烧红的链条，"吊半边猪"，（以绳缚右手右足或左手左足之拇指，悬之梁上，取石压腰际，并以铁槌击石，谓之"吊半边猪"。）称广秤（以绳缚两手拇指，悬梁上，谓之"称广秤"。）种种非刑，无一不备，务要一字不改的照他的话画供才罢。倘使昏过去，明天再演一遍。如果拿金钱运动他，便是证据确凿，他也说是报口栽赃诬陷，将人收监，伙同监狱署长李仲威敲一个饱，才定一两年的徒刑。再用钱托情，方予假释。必须使犯人的产业都入到他的袋里，实在无可榨取，才肯勉强了案。有时赵宗献看不过意，劝他一两句，他便瞪着说赵宗献受贿。赵宗献虽是赵恒惕的叔父，因他是恒惕的得意红人，也无可奈何，只好听他胡行。这时恒惕下令严办党人，士熙想巴结邀功，得个县知事，去刮地皮。每逢一桩党人案件到手，只问得姓名和报告上所列的相同，年纪籍贯都对，便绑去枪毙或斩决。照着报告出张布告，便算完事。却向恒惕说得如何细鞫，问出如何的阴谋，说得天花乱坠。果然杀了无数的人犯，以后便得个县知事。恒惕因他能干，却令人代他署县事，留他在处办案，候战事终结再去到任。他于是进一步想做个厅长，更加杀得起劲，差不多无案不杀。直杀得路人侧目，雾惨云愁。

因此人民深恨赵恒惕，纷纷的向讨贼军请愿，吁求火速进兵，一面秘密组织倒赵团体。工商各业进行停滞，工人伙友都投入讨贼军中。长沙全城遂入恐惶时代。又闻得恒惕请吴佩孚派北兵援湘，居民—中人以上—逃避一空。

这时武装警察，即第一混成旅步兵第二十五团。这一团兵原驻岳阳，因为吴佩孚在奉、直战时，调张福来离岳北上，将岳阳交还赵恒惕，订定条约，岳阳只许设警察，不许驻兵。恒惕便将步兵第二十五团改为武装警察，驻守岳阳。奉华启森的命令，由岳阳开拔来长沙。团长朱耀华，是谭延闿的参谋长张辉瓒的外甥。恒惕本有些相信不过。启森却一力担保，说："耀华决不会变。"恒惕仍不放心，令朱耀华不得入市，只许在旧城圈（长沙已拆城）以外五十里绕道赴湘潭。到了湘潭，又调往湘阴，令渡河救益阳，想设法处置朱耀华。

朱耀华早已和张辉瓒接洽妥贴，露夜开列长沙，便分兵两路，直入长沙市内：一路由南湖港至大桩桥，过妙高峰，经社坛街，直取黄道门；一路由军路进浏阳门，分向藩围后、藩正街包围省长公署。这时长沙已无城垣，并且因益阳失利，宁乡告急，湘西军离省只有百里，长沙驻兵已尽数开出，因此朱耀华率第二十五团长驱直入。如入无人之境。

恒惕正在藩围后私宅里阅军报，并和几个亲信计划，想再派人往洛阳向吴佩孚作秦庭之哭，忽报陆军监狱署长李仲威求见。恒惕叫"唤他进来"。那李仲威天生一个歪脑袋，猴脸，羊身，猪嘴，狗眼：生得比十不全还要难看；腹中更是一包臭屎，连姓名都不识得。恒惕却偏欢喜他善拍马屁。仲威进房，歪着脑袋，鞠躬到地，嘻着长筒嘴，咧吃道："请省长夜安！"恒惕略一点头，道："什么事深夜到这里来？"仲威连忙耸肩咧嘴，说道："听说省城里还有乱党，署长想不妨在监里提几个有点声名的党人杀了镇风，使乱党寒心，免得惊动省长。并且监里收押的人也太多了，正好乘此清狱。这些犯人全是昧尽天良，不报省长深仁厚泽，反谋乱叛逆的东西，杀了也不冤枉。但不知省长钧意如何？"恒惕听了，半晌不语。军务司长李右文在旁笑说道："省城的乱党固多，却不是杀数个犯人吓得住的。监狱人多，本应清狱，但是你怎么不呈报司里咧？况且清狱自有方法，须俟军事平定，省释轻罪，以张省长纵囚之仁；杀人难道算得是清狱的良方么？"一番话问得仲威哑口无言。仲威这才想起没先报告军务司，却直接向省长来说，李右文当然要吃醋。

正要想法拿话岔开来拍右文的马屁，忽见俞参军走进来，一眼看见仲威便说道："你还在这里么？方才你署里看守长到司里报告，请加派武装警察守卫，说：'狱里恐怕不稳。'你想，你们监狱里新旧关进几只著名的猛大虫，你怎么能深夜离开职守呢？"仲威马屁没拍上，反一连碰了两个钉子，便也不敢多说，站起来急应了几个"是"！倒退了出去。恒惕问俞参军道："狱里怎么不稳？"俞参军道："今日司里接着报告说：'李泰阶的兄弟李四也是个制造炸弹的。现在泰阶虽已枪毙，还有余党在狱；李四要劫牢闹监。'今午拿着的几个二十五团秘密来省的额外军官和衡阳的代表都在里面；原来本有文砥、张翼云、黄懋秋一班党案重犯，都是放火发难的分子；加上还有强盗、土匪，都不是安分的；彼此一会面，得知外面的消息，便交头接耳，三五成群。昨日二十二团出发，监里派了警察队守卫。这班犯人多是老练的军人，岂有看不出光景来的？因此更加可虑。仲威长日不在署中，警察队担不起责任，逼着监狱看守长来报告的。我已经加调警察厅巡逻队帮同守卫去了，省长、司长都不必担心。只是二十五团显然抗令不肯渡河，倒是一个大患。"恒惕道："明早第二团就可以回省，今夜料无大碍。"

方在议论，陡然戒严司令部电话报告说："朱耀华已经带兵沿铁路到省南湖港，黑铅厂、造币厂的卫兵均被缴械。"恒惕和众人都大惊失色。接连着警察厅等机关报告纷来。又听得轰然一声，火光烛天，枪声齐起，二十五团已经进了浏阳门，同时陆军监狱的人犯冲监越狱。虽在深夜，秩序大乱。李右文慌道："朱耀华的兵怎来得如此之快？须请省长暂时避避才好。"说话时，连忙回顾，恒惕已不知去向。俞参军一把拉着右文，拖起来便走，道："省长已经走了，司长不走，更待何时？"右文方才慌慌张张随着众人向西门河边逃走。

原来朱耀华早已约同第一师炮兵团团长黄辉祖自湘阴夹攻省城。辉祖便拔队尽起，直奔省城。赵恒惕和一班亲信逃出私邸，便下河乘早先预备好的小轮，开往汉口，向吴佩孚求援。经过湘阴、岳阳，始得安然过去。这虽是军阀幸运，却可见当时仓促倒戈，毫无布置，致使反革命的渠魁漏网。

陆军监狱里面所押的都多是政治犯，只有少数是因盗匪案件入狱的。湘南起兵时，恒惕便将湘南财户柏希尧和天津华比银买办何扶桑拘押在狱，说他们通敌，暗助广东，每人判罚数十万。叠次令唐士熙严刑催缴。李仲威又以二人为可扰之东——平时普通人犯进监，身上及家里送来的银钱或贵重衣物都要一律没收，并制定特规：无钱的钉镣带链，做狱内的事，晚上锁在柱上。有钱的五十元归号，一百元免镣，二百元睡床，五百元通信；有人说起孙文的打五百板——何况何、柏二人都是财主呢？进监之后，加倍索得陋规，另外令狱役将纸烟藏在二人床下，却去检查出来，说吃香烟犯狱规，打二百板子，还要各罚三百元修狱费。又将六十岁的犯人陈其武因敲诈不得，打断一腿；工人劳工会的案犯刘冬生挟断三指：激起全狱公愤，议决有人提堂听审时先行喊冤。并推一个姓刘的军犯为代表，候军务司查狱时喊控。不料杂役刘某报告仲威。仲威便将刘军犯毒死；一面往见恒惕，想怂恿杀却几个仗义为首的，免得于提堂或查监喊冤。不料却碰了两个钉子回来。

李仲威回署时，狱内的人犯已经在开封的时候（狱中每日开号门放出人犯，使在号外坪里散步及洗濯等事，谓之“开封”。）开过秘密会了。表决的是，只候歪脑袋人狱查封，便打死他，冲监越狱。不料李仲威往恒惕那里拍马屁去了，因此查候时不曾进狱。

到得夜间，狱里望见外面起火，又听得枪声，便一齐用制好的钥匙拨开号门，到天井里张望并会议。忽听得一声锁响，门上的铁索叮噹乱鸣，众人慌忙归号。只见进来一排武装兵士，都戴着青、白二色袖章，直到楼上第十二号，将被押的二十五团的几个军官拥着走了。那看守长却仍然将狱门锁了出去。人犯之中有绰号草包刘胖子的高声道：“我知道这回讨贼湘军的袖章是青、白二色，方才是讨贼军来救人，不是提人；我们要打主意才好。”黄懋秋接着说道：“来的兵领章上是步兵第二十五团，不是二十二团；提出去的人也没捆绑，足见得是二十五团反水（军人术语，即倒戈。）了。我们此时不走，更待何时！”话未完，一班政治犯、军事犯文砥、张翼云、李大南等一齐大喊一声，冲出号子来。当下便有成南极主张在第六号后墙打洞，出到外面坪里，再打开西角围墙，因为西角围墙之外，便是出痍毙死尸的便门，便可直到潮宗街，不到几步，即由草潮门码头渡过对洞去。众人一致赞成，七手八脚地把镣铐撞开。刘冬生、草包刘胖子等掀起阶石，奔到空号子六、七两号里，向墙上几撞，便是一个大洞。除了有个陈嘉祐的秘书迂夫子匡济不肯开锁出外以外，其余一百余人一齐由洞里钻到外面坪里。

监狱看守长听得响动，便带几个武装警察到后墙头望楼上来，这时后墙已被打开——向众人说道：“你们不要瞎闹，如果是政局真有变化，我自然会放你们出去。你们这般做法，是法律所不许的。”众人到这时倒如堕雾中，不知政局真果有无变化。草包刘胖子见此情形，也不敢开口了。文砥便向众人道：“事已至此，我们只有推代表交涉，成则大家脱出樊笼；败时代表牺牲性命，大家仍可希望正当出狱。我情愿为同难舍此残生……”黄懋秋高叫道：“我也情愿。”“……如果同难诸君以为我可以不误事，我便当代表。”众人一齐拍掌，公推文、黄二人为全狱代表。文砥便向看守长道：“枪炮齐鸣，火光烛天，歪脑袋已经逃得踪影全无。二十五团已经救了人出去。你何必驱我们？我们都受骗坐牢，你有何益处？如果省城未变，今夜为何狱里不查封？你为何不说‘你们定逃不脱’，而只说‘法律不许’？这种少数制多数、古人制今人的法律，何况是私造的，这时怎谈得到？

你是知趣的，须知我们并没犯法，只赵恒惕便犯了法；今日便是公正审判之日。你最好大开监门请我们出去，还不失为了个有良心的湖南人，能知道顺逆。如果你为顾全饭碗，跟着我们，任哪一位都可以代你寻一桩比这看守长好点儿事给你做。”黄懋秋也大声喊道：“警察队的朋友们听着：你们是湖南的警察，是湖南人民的警察；不是恒惕的警察。我们是为救湖南而被赵恒惕捉着要杀的，你们何必帮着赵恒惕来和我们做对头，不使我们救湖南？”人堆里有一个叫潘云的，本是二十二团司书，曾经参观过这监狱，知道路径。他喊道：“何必和他多说？这墙出去就是大街。我们舍得两条性命夺了他们的枪，就大家可以走了。”黄懋秋、文砥、草包刘胖子等听了，一声喊，争先冲出墙洞，文砥打倒两个警察，一窝蜂一齐跑出，连那安分守法的匡济也逃走了。

长沙城中陡然添了这群没毛大虫，即刻成了革命时代。因为这班人里面除了少数的犯官犯兵而外，多是因为奉了北伐讨贼军的委任，来湖南谋革命的。如文砥、黄懋秋、张翼云等，出狱之后，纷纷的取出藏械，并劫取军械局兵工厂的存枪，召集旧部，编成军队，马上分向东、北两路赶捉赵恒惕。

朱耀华和黄辉祖先后入城，布告安民，又解散许多临时假借名义想投机的分子组织的军队，竭力维持秩序。

哪知湘军之中，又因为着个人小嫌，或为利禄所诱，竟于此时意存观望，不就讨贼军职的。如贺耀祖、唐生智因和宋鹤庚不对，张湘砥因贪图赵华的高职金钱，刘铏为想代鲁涤平的职位：都按兵不动。因此宋鹤庚便不敢就职，只令参谋长方鼎英就第一师师长职，代行湘中第一军军长职权。鲁涤平初时托言调和，划地缓冲，却暗阻赵军不许经过湘潭。此时因刘铏态度不明，第四旅唐蓥阳又本非已属，且远在石门，只得率炮兵团戴岳一部，退往湘乡，与讨贼军取联络。长沙一带只有朱耀华、黄辉祖、文砥、欧阳立裴等部势力极形单薄。

恒惕逃走之后，便秘密到武昌向萧耀南痛哭乞师，并电吴佩孚密求援助。佩孚便令调北军四十混成旅入湘。讨贼军方面因为被中立的军队阻住，不能到省的情形。恒惕早已明白，便派部下的政客四出联络，高官厚币，勾致各军为已用。首先表示服从的，便是驻湘鄂军司令夏斗寅部。（此部为鄂西护法军残部留湘者。曾受讨贼鄂军第一师之委令，实力仅一团。）刘铏、贺耀祖接连的向恒惕表示好意。唐生智在挟制中，不敢独异，也和刘、贺一致行动。恒惕便率同鄂军及北兵回湘，向北伐讨贼军作战进攻。

鄂军司令夏斗寅为先锋，第一旅旅长贺耀祖由湘阴继进。方到新市街（湘阴县境），正遇北伐讨贼军湘东第一军第二路游击司令欧阳立裴所部一千余人。两军相接，各奋勇冲锋。无奈立裴因为驻在乡间，信息不灵，事先并不知斗寅已经变降恒惕，直至相向攻击，才调队迎战，已是输却了一着；兼之新市街易攻难守，又无机关枪，挡不住鄂军用机关枪扫射：死伤无数。只得败下。鄂军进至霞凝乡（长沙县境），北伐讨贼军湘东第一军右翼前敌指挥官文砥已经得信。一面急令递步哨报告省城临时总指挥，并通知平江方面第一纵队司令廖家栋，要他由侧面攻敌人后方；一面亲率所部两团扼守霞凝铁路山头，准备迎敌。一时鄂军的尖兵、前卫俱已经过铁路，本队一营已到。文砥率兵一团，由铁路两侧呐一声喊。排枪齐放。鄂军速忙引退，铁路上已是遍地横尸。文砥乘势进击，夺得不少的枪械。文砥恃勇当先穷追。赵军后队已到。双方都列开散兵线，正式鏖战。这时开鑫拚死已由宁乡撤兵回攻长沙；张湘砥倒戈，湘南失利；讨贼军节节败退。刘铏又溯江进攻湘潭。朱耀华怕断后路，忙请黄辉祖开拔到易家湾去救湘潭。霞凝告急时，省城已无兵可调。平江廖家栋的部队才召集数百人，不能作战。麻林桥王钺所部，因为第一团团长龚九是个南货店的小掌柜，兵士都是土匪，听得前方敌人已到，不但不战，反抢起来。文砥在前方坚守阵线两日一夜，已弹尽粮绝，官兵死伤已达五分之三。既无援兵，又无接济，文砥仍目不交睫的和团长邹奎、雍振璧，独立营长胡庚泉、皮干等誓死抵抗。赵军几次冲锋，文砥身自当先，督率部下用刺刀抵杀，屹然不动；反将赵军打退。如此二日，华部赵军渡河由后面包抄，省城失守。文砥才率部退往浏阳——后来因不得通过赴粤，给养净尽，不愿糜烂地方，方自行解散。

这时谭延闿在衡阳，忽得大元帅电令，说陈逆猖獗，滇军败绩，广州危急。延闿便召集会议，主张先救大元帅和广州根本重地，以免再酿去年之变；暂不与恒惕争这尺寸土。诸将都赞成。延闿便下令回师广东，先讨东江陈逆。计湘军随行的有：

湘中第一军宋鹤庚，四师七千余人；
湘中第二军鲁涤平，四师八千余人；
湘南第一军谢国光，二师五千余人；
湘南第二军吴剑学，一师（张湘砥已叛，被剑学击散）三千余人；
湘东第一军陈嘉祐，三师五千余人；
又新降之湘军三旅五千余人；
民军归编二千余人；

——总计三万余人。

一齐拔队入韶关，直赴东江。

第九十五回

大张挞伐元帅东征　突出重围将军破敌

且说谭延闿入湘北伐之际，江西的北兵正由北江进攻，袭取曲江，直到英德县附近。逸仙调滇军抵敌。又令才击破西江沈鸿英的第一师加入北江，会合滇军，进攻北兵，收复曲江、始兴、南雄等地。广东境内，心腹之患，只有负隅东江的陈逆残部杨坤如等死守惠州。滇、桂军均屡进屡退，战事毫无发展。逸仙大愤，以为小小叛贼还不能讨平，这种军人如何能担负革命的使命，打倒劲敌帝国主义及军阀呢？因此决定亲征东江，以后方事务交胡汉民负责办理。定期督同滇、粤各军，躬行讨伐。谭延闿湘南作战之时，正是大元帅赫然振旅，大张挞伐之日。

八月二十三日，孙大元帅乘大南洋轮船于十二时出发，欢送的军政人员及各界民众不计其数，无一不祝早日凯旋，移师北伐。逸仙原定以石龙为大本营，所有作战各军尽行开至石龙以东待令征伐。逸仙在那湫隘的大南洋船上，一间小小的房子里，天上的烈日火一般，逼得江水都是热的，船上的无一人不嚷热得难受。逸仙却仍然披图握管决策定计。随带的扈从，只秘书长一人，秘书一人，参谋、副官各四人，侦缉队和卫队共百十名：逸仙却能指挥裕如，毫无缺人奔走之感；随员也不觉十分辛苦。

夜间九时，船到石龙。许崇智由博罗赶来，上船晋谒。逸仙将作战计划指示崇智。崇智一一领会而去。逸仙便决定进驻博罗，就近指挥。二十四日上午八时，传令启碇，向博罗进发。

这时陈军分三路来袭博罗：逆将李易标一师任右翼，已到距离博罗只有二十余里之汤村；逆将陈修爵任左翼，也赶到博罗西面十余里；杨逆——坤如——自任中路，正向许崇智部猛攻。崇智调梁鸿楷、莫雄、张民达各师旅分头迎住痛击。

下午，崇智听得大元帅到了博罗，连忙和滇军师长杨廷培前来迎接。崇智见了逸仙，便将逆军三路来攻分兵抵敌激战的情形详细报告一番，并说道："崇智万不想帅座这时候冒险到这里来。"逸仙含笑点头，道："诸同志始终奋勇，不愧为革命军队！我来这里，不过是与诸将士分苦，并振作士气，藉以慑逆敌之胆。我也是民国军人的一分子，和诸同志一同冒险也是理所当然。你还是上岸去指挥进攻杀敌要紧！”许崇智领命，和杨廷培告辞而退。这夜，逸仙便寄泊博罗江面。县城经陈军蹂躏后，居民四散，烟火阒寂；只有天上银河，照彻这万籁无声的微波，放出异彩。

夜间一点多钟，崇智又带同团长邓演达（邓铿之胞弟）前来，密告秘书古应芬道：“李逆（易标）已过了汤村。现在我们决用全力一齐出发对付他。天明时。河岸必有炮火流弹，务请转恳帅座离开这里才好。这时帅座已经安息，不便惊动；这事便奉托同志了。”应芬满口答应。

崇智、演达去后，应芬便将崇智的话报告逸仙。逸仙令将舰驶退，方行四里．忽然触砂搁浅。船上水手机工连忙设法挪移，好半日船身才勉强活动。已闻博罗方面炮声紧密。大南洋船便暂退石龙。一霎时飞鹅岭行营转来博罗急电。说：“我方兵力单薄，退守飞鹅岭待援。”孙逸仙即电令张民达率所部一旅扑攻平山，以分博罗敌人之势。接着又得增城方面报告说：“林虎率众来犯。”逸仙即令飞机传达命令到广州，调滇军急援增城。

又命姚雨平为招抚使，出发招抚陈军。

许崇智应战不利，退守飞鹅岭时，陈军李易标跟踪进攻。许崇智部下弹药缺乏，不得已退守博罗城。逆将陈修爵抄占铜鼓岭、北岭一带高山。博罗全城被围，连发急电求援。不一时，见东征军飞机盘旋空际，得着大元帅手令，嘱令坚守，并知城中弹尽粮绝，已命差遣舰满载粮弹，冒险输送；已屡电广州促援军飞急来援：崇智便率各军抵死坚守。无奈这时驻广州的滇军席丰履厚，久不愿作牺牲，并且他们正要养寇自重，东江一天不平，他们便好索一天军费：占据了广州富庶之区，再也不肯出发。

崇智久候援兵不至，便问部下：“谁敢冒险出城到大本营去求援？”参谋陈翰誉应声愿往。崇智便将报告交给陈参谋。这时博罗城东、西、北三门俱被逆军包围，只余南岸可走。翰誉便由南岸间道从惠州飞鹅岭到大元帅行营，报告被围情形。逸仙大急。援队虽电告已经准备出发赴援，但是候到夜深，仍不见一兵一卒到达。孙逸仙便檄令蒋光亮所部一旅（驻在石龙）火速前进。光亮推说：“没奉军长命令。”不肯开拔。

这日——二十七日——大风大雨，水势渐涨，坐船摇簸不定。逸仙破敌救民之心切，命古应芬冒风雨兼程回省，严催滇军开进，并说道：“若滇军索饷不克来，可先调福军（李福林）与吴铁城部即刻前来。并要铁城分兵一团，往救增城。”

应芬领命回省，下午四时赶到。在沙面一家洋行楼上见着蒋光亮，应芬便将他的部下不服从大元帅命令出发的事说了一遍。蒋光亮抢着说道：“我知道博罗危急，即是帅座无命令，我部下也应驰援。你即不来，我也预备今夜出发。但是现在所虑者，火车未备，恐怕误事。”应芬连忙到大沙头车站军事管理处询问。管理处说：“各车已经完备多时。”应芬又急忙奔回，告知蒋光亮。但是蒋光亮始终不肯出发，只敷衍应芬说：“已下令出发。”应芬信以为实，便不再催促，只传大元帅令要李福林、吴铁城率部出发。

次日二十八日早上，应芬回到石龙复命。李福林所部福军随后开到。吴铁城也有报告开抵增城，并派骑兵一连到石龙听候差遣侦察敌情，传递命令。正午，李福林偕同旧滇军军长朱培德进行营来见逸仙，逸仙深为喜慰，着实勉励一番。福林、培德又请示作战机宜，逸仙一一指导，二人方告辞退出。蒋光亮的军队却一个也不曾开来；他部下仍然抗令，不肯前进。

财政次长郑洪年因为滇、桂各军霸占财权，财政又异常困难；前方军需，催解极急，特到石龙行营来报告请示。这时行营金库里带来的一万圆早已告罄。逸仙便命监运使邓泽如筹解。泽如即解送一万圆到行营来。滇军听得，便来请领出发费、给养费、草鞋费……一霎时，将一万圆全数领去；却仍然半步不移。

滇军中只有罗振昌一旅领得饷银，觉得良心上说不过去，于二十九日拂晓，拔队赴前线。逸仙便仍乘大南洋轮船，由石龙向博罗前进。连日风雨连绵，这日更加厉害。江中陡然涨水七尺余，加以风急雨骤，轮船左右颠簸，船中坐卧不安。逸仙却仍然行所无事，一意计划进攻逆军的策略。暇时，便将民国成立以前的革命历史向随员演说，激励众人精神。

船到礼村江面，暂时停止，令人去打探博罗战况。博罗全城尚在围困之中。陈军陈修爵一部更冲出飞鹅岭，向刘震寰部进攻。震寰飞电大元帅告急。逸仙亲自草电回复道：

急。飞鹅岭刘总司令鉴：

敌人当然有计划。所幸其数不多，自易击灭。绍基已亲率五千精锐，出击淡水。兄之后方断无危险。少泉闻博罗被围，非常焦急，已征集所有，赶速出发，大约两日后可到。信之亦以全部来援。大约三日后，其西、北江各队亦陆续调来。今日省城已运到米粮四十余万斤，当陆续运来。此次东江之事，无人不焦急万分，断无见危不救。想不出日，贼必消灭。我俟各军出发后，当再来梅湖，亲督攻城。故望兄急调一队渡白沙堆：一以绝敌后路；一可保我航线。闻敌人粮食辎重皆在风门坳附近，若兄能照此行事，可悉夺之。则博围可解，我军实亦加，利莫大也。幸速图之！孙文。

震寰接电，便遵照办理。无奈陈军早有准备，派渡白沙堆的部队又不肯尽力作战，以致大好计划不能成功。

次日——三十日——逸仙乘轮船前进，本定开赴苏村；行着几里，便遇大风烈雨，水流湍急，船不能行，便在铁冈停泊避风。过了一夜，风雨稍息。天明时，方开到苏村。骑兵和福军也被风雨所阻，三十一日方才赶到。蒋光亮所部只有四百余人（一营）到苏村，敷衍领款。光亮本人仍逗留广州，没到前敌。幸得天降大雨，博罗城外水涨数尺，陈军不能进攻，只将大炮遥击。

九月一日，孙逸仙连得谭延闿由湘南发来的告捷电，和湘省各军长、师长、指挥、司令等就职报捷电报，心中十分高兴。想急速讨平陈逆，便亲督各军出湖北，征讨北洋军阀。便下总攻击令：所有已到石龙各军及到苏村之福军、滇军，须一律攻击前进：同时乘船由苏村开驶到博罗。晚间泊第七硐之下，逸仙又传令：福军及滇军田钟谷、禄国藩两旅登山警戒。副官处派员于山巅架设烽火，使博罗城内守将知救兵已到，并示主帅所在地。

次日拂晓，逸仙率带秘书、参谋等上陆，由第七硐登上北岭，亲身侦察敌情，察看地形，预计阵地。跋涉竟日，毫无倦容。下山后即亲笔致书于胡汉民，述说前方情形，并指示后方事务。且说："吾今日兼尽一排长之职务，凡侦查敌情，考查地势，吾悉为之。"足见逸仙不仅是一个纯然学者或政治家，并是一个确有军事学的勇敢军人！

滇军仍然观望，不肯遵令前进。逸仙只得亲自回石龙督促。沿途行去，只见些零星队伍，懒洋洋的向前挨去，总计不满一营人，心中十分不快。到了石龙，蒋光亮的大队已经开到。光亮本人还是未来。逸仙便传滇军（蒋部）的参谋长禄国藩来，许他便宜行事。如果博罗解围，一定重颁奖赏。禄国藩当面唯唯答应；转过身来，不仅不听命令，并且自由行动，占据军舰，逼索军饷。参谋赵国贤看不过意，以大义责备国藩。国藩才允开拔一部应敌。古应芬见滇军实无诚意作战，知其不足恃；拟请大元帅电令留守广州总参议胡汉民飞调粤军第一师来石龙候令。恰值左翼指挥胡谦来电告急，逸仙便令第一师步兵第二旅往增城增援，未调到石龙来。

过了两日，九月四日，天雨已止，水势大退。许部粤军师长张民达来见大元帅，报告淡水大捷。只因水阻，平山尚未得手。逸仙甚为嘉慰，仍令民达相机猛攻。下午，福军全数开到。逸仙即令禄国藩为右翼，由雄鸡拍翼前进；福军为左翼，由义和墟前进；与博罗城内守军取夹攻之势。这时滇军第四师（蒋光亮部）虽已开到，因方才扎营便请关饷，未能如愿，便全军引退，回往广州。逸仙忙下军令阻止时，已去得远了。

次日，五日，福军遵令到义和墟布防，准备作战。滇军军长杨希闵来见孙逸仙请示机宜。逸仙将左右分攻解救博罗的计划向希闵说了，希闵便匆匆别去。逸仙方要亲自赴前敌督战，忽接省城胡汉民来电，说邓本殷攻陷北海。逸仙急令海军永丰军舰前往救援。方才布置妥贴，副官处又报告说："滇军有自由撤兵之意。"逸仙便要亲自前往训劝。无奈时已夜深，只好待天明时去。哪知禄国藩部下罗振昌一旅不待命令，露夜由第七碉放弃阵地，退回石龙。福军没得右翼信息，拂晓时便列阵待发。逸仙知罗旅已遁，水势又退，倘敌人乘此攻城，博罗必不能保；只急得在那斗大的船舱里踱来踱去。一时，提起笔来草一道命令，调粤军第一师来援。又时时自己以拳击脑，奋兴脑经，忧虑万状。最后决定亲往阵地视察，起身便要前进。随员一齐阻拦，逸仙不顾，只带着他们立在船头上，传令向前开驶。下午到第七碉，即在坛子唇（一作"塘子塍"）停泊。恰好空军飞机报告，说："逆敌尚在博罗东北角山岭上，还没和我军接触。"逸仙心下方才稍安。时已黄昏过后，银河高挂，明星满天。逸仙便和随员高谈夜行军的必须的知识，无月时辨别方向的方法等，指点北斗七星给众人识别。

八日，许崇智知外援已到，决定冲围出战，用电报报告孙逸仙。不料援军力量单薄，逆敌已先发动。早晨八时，福军便在义和墟与陈军接触。田钟谷率滇军一营，和粤军第一师第二旅第三团张弛所部一营，登雄鸡拍翼山头助战。逸仙闻报，亲率侍从登山督战。左翼福军进攻猛烈，陈军不能抵挡，纷纷后退。福军呐喊冲锋，直进义和墟。不料陈军大队援兵来到，福军兵力不充，忙退出了义和墟。陈军乘势追攻，沿义和墟直至苏村，战线展开，归路将断。这时大南洋船已下驶，到苏村时，遥见招抚使姚雨平旗帜，敌人尚未到苏村。船中留驻参谋随即连忙登陆，请大元帅火速返石龙。孙逸仙此时只得上船退走。船过菉兰时，已是深夜，所见军船联翩上驶。用灯号询问时，知是粤军第一师大队已到。逸仙即令加紧开往苏村助战。大南洋仍至石龙停泊。

粤军第一师第一旅兵船遵令开到苏村，即于黑夜里登陆，向陈军进攻。陈军猛不防斜刺里出来这标人马，全军大惊，战线紊乱；又不知来兵多少，不敢恋战，连忙退出义和墟。福军便会同第一旅反攻，战到次日——八日——清晨，大元帅亲率留驻石龙的杨廷培部下步兵一团重到苏村，便加入火线。这一团兵因为主将杨廷培被围在博罗，救主心切，格外奋勇，将陈军打得落花流水。陈军煞不住阵脚，仍退回原阵地。这时两军已战了两日两夜，却都抖擞精神，各不肯休。

逸仙带同幕僚，由雄鸡拍翼到谭公庙登陆，上山岭亲自观察战况。作战各军闻得大元帅亲上火线，精神百倍，攻击愈加猛烈。只听得喊声震天，山谷齐鸣。战到夜里，满天只见红弹飞蝗般直射向敌阵。逸仙传令："先到博罗城下者重赏！"随即下山，身临最前线，指挥各军冒弹冲锋。

博罗城中守将师长杨廷培知外援已集，即调集所属部队，饱餐严装，一齐出发冲围，扰敌人的后方，与援军相呼应。这方困之军一旦冲出，死里求生，一个个直如孽龙猛虎，锐不可当。陈军背后忽然增加这一支劲敌，首尾受敌，顿时支持不住，从右侧溃败向派尾、响水一带奔逃。博罗全城解围。

逸仙率各军进城，一面颁赏银一万圆给杨廷培全部，以示奖励。一面下令；令第一旅向派尾追击；邓演达团向师阳方面追击；福军向响水方面追击。杨廷培一师伤亡太重，令回广州休养补充。各军一律颁赏。布置完毕，便乘轮由蟠龙军舰护送往梅湖，察看炮兵阵地。

第九十六回

炸鱼电巧计成虚话　失石龙神威督溃军

博罗解围之时，逸仙因蒋光亮弁髦军令，本应尽法惩办。但是大敌当前，倘为惩罚蒋部牵动后方，反与敌人以机会，故而暂时忍耐，仍令其全部出平湖，归滇军总司令杨希闵指挥，攻击平山淡水之敌。这时，澳头又告失守。逸仙便亲电胡汉民道：

“……速由无线电传令永丰舰长：澳头我军退却，但两日后可恢复。现杨总司令希闵亲率滇军，由龙冈出击淡水、平山之敌。该舰长搜击海上偷渡之敌，毋使漏网，并相机与杨总司令联络，协同动作。若无线电不通，着邓盐运使泽如派安北舰传令，并助永丰击敌。”

“再：绍基（蒋光亮字）已赴龙冈、淡水矣，可慰也！……

电发后，蒋光亮方慢腾腾的出发，逸仙也不与他计较。

逸仙巡视梅湖后，又察看飞鹅岭、葫芦岭各阵地。方回行营，便接到杨希闵克复平山的捷报，即令空军驾飞机于明日十二日向惠州城抛炸弹。空军遵令飞向惠城，连掷数弹，民房被轰毁的甚多。逸仙恐多伤民众，遂令暂停。

十三日，逸仙又到梅湖重炮阵地，督令炮兵攻击惠州城，但是所发子弹多不命中。便亲自走到一门大炮后面，装上开花弹，竖起表尺，测定密达，瞄准好了，扳动炮机，一连发出五颗子弹，都正射在敌阵上，打死无数的叛军，直吓得叛军魂飞魄散。但是惠城建筑得非常坚固，一时不易攻克。逸仙便令炮兵警戒阵地，勿使敌人乘虚，转身又到飞鹅岭来。

飞鹅岭守军是桂军总司令刘震寰部。屯兵城下，为日已久，仍没得一毫胜利。听得逸仙来到，连忙整队迎接。逸仙视察阵地毕，向刘震寰等全部守军说道：“以后我来去可以不必列队迎送，免致妨碍作战。此地形势天然，若归我有，便扼制敌人咽喉。倘是被敌人占去，派重兵驻守，成为犄角之势，便更难取胜了。你师久无功，实因锐气已尽，军心懈怠；设使敌人并力来攻，这般委靡不振，失守险要，那还了得！现在我已经派人到省运鱼雷去了。只候运到，便可轰毁惠州城垣。

你们现在只要振作精神，严密警戒，保守阵地；只待轰破惠州城时，并力攻进，便是你们一大功！”全军将领当时均唯唯遵命。

逸仙巡过各处阵地，回来查核军实，见给养、军费都将告罄，后方筹划接济不但不充分，而且没得解来，知非亲自返省一行不可。十四日，便遄回广州指示胡汉民、邓泽如等筹划方法。并催解鱼雷往东江。通盘计算，彻夜无眠。东方发白时候，接着电报，却是朱培德、吴铁城告捷电，增城方面敌人已被击退。逸仙心下稍安。省城事体计划已妥，也顾不得睡觉，调了王柏龄、马晓军等随往前敌，同乘大南洋轮船，仍赴东江。十九日驻泊石龙，二十日清晨到白沙堆。

逸仙登陆后，便又到飞鹅岭拟亲自指挥攻城。桂军各师长果然遵令，只各自单身来迎。逸仙来到炮兵阵地，早被逆军在城上用望远镜窥见，将炮瞄准着，连珠般直向逸仙射来。逸仙屹然不动，只指挥着炮兵布置阵地。忽然一弹飞来落在距逸仙立处一丈来远近，桂军各师长及随员从人等一齐大惊失色。逸仙微笑道：“不要怕。这样远的距离，敌人的表尺业已用尽，纵然密发，必不能命中。”果然敌弹如雨，逸仙和众人毫无损伤。

逸仙将阵地重新布置，并将攻守计划详细指导桂军后，即留陆军部长程潜带同参谋人等在飞鹅岭督战，自己仍下岭返梅湖。

方至中途，陡听得惊天动地的一声响亮，只震得地动山摇。随侍的幕僚、将士无不愕然大骇。逸仙虽然镇定，心中也有些疑虑。细察声响的方向，猛然想起一事，忙命骑兵侦缉员等向白沙堆一带火速哨探回报。侦骑方发，早有由白沙堆来的侦缉员报告，说：“省城派鱼雷局长谢铁良押解攻城鱼雷来前敌。空军飞机队长杨仙逸、长洲要塞司令苏从山帮同护运。船到白沙堆停泊，船身震动，鱼雷一齐爆裂。杨队长、苏司令、谢局长同时遇难，尸骨无存。”逸仙听罢，一因忠实同志忽被牺牲；一因攻城计划顿受打击，挥泪痛哭。急忙赶到行营，一面电省赶运第二批鱼雷；一面下令：追赠杨仙逸、苏从山、谢铁良为陆军中将，着陆军部照中将阵亡例从优给恤。次日亲到遇难地点，临风设奠。只见江中断桅残舵，滩岸血肉模糊，惨不忍睹。逸仙大受感触，泪满衣襟，悲伤不已。同行各幕僚、将士无不含悲洒泪，因恐逸仙过于哀痛，有伤身体，齐忍泣苦劝逸仙回营。

逸仙转身直到梅湖炮兵阵地，亲测炮标，连发六弹。恰值程潜来报告飞鹅岭攻守情形，并探问鱼雷失事后的攻城方略，逸仙方才回梅湖船中，商量变更攻城策划。与程潜等仔细计议：定于次日二十三日夜间十二时，仍以鱼雷攻城。各部队一致拚力冲锋，空军以飞机掷抛炸弹助战，各司其事，不得违误。立时缮就作战命令，命令骑兵分递各部队。同时令程潜携带命令，往飞鹅岭督队攻城。这时已是午夜十二时了。座船方开至白沙堆，避险过夜。

原定本是二十一日总攻击。因鱼雷失事，不得不改为二十三日。这日省城早已将鱼雷赶急运到，并布置妥贴。拂晓时，逸仙乘轮由白沙堆复进至梅湖，仍然登陆亲自发炮。连发七弹，掩护地雷队工作毕，方才下船，回泊白沙堆，专候夜间攻城。

夜间十一点半钟，四面枪声陡起，接着轰然一声，鱼雷爆发。逸仙即登鹢首瞭望。那时惠州城下鱼雷虽然爆发，城垣炸缺一段，桂军畏葸不前，不肯猛进。程潜督促数次，方才扑到城下，却又俄延一两小时不进城去。城里陈军早已将炸缺的城垣用木石等物堵塞住了，同时在城头排列机关枪数十挺，尽量扫射。虽然有粤军第一师师长李济深和许崇智等奋勇扑城，但是路比较的远，及至来到城下，陈军早经防堵妥贴，不能抢入城去。空军的飞机凌空盘旋翱翔，抛掷炸弹，击死不少的陈家兵。但是空军早奉有大元帅命令，要顾虑民众，不要急图功效，致多伤无辜待救的百姓，因此顾忌，也不能发生伟大的效力。

陈军最初因被逸仙亲自发炮命中城头和高处的守兵死伤过多，各觅荫蔽，因此鱼雷兵装成百姓到城根用鱼雷攻击时，竟没发现，逸仙的轰城巧计遂得实现。若非桂军误事，陈军这时已成瓮鳖釜鱼了。

逸仙在船上，不断的接到各军的报告。天明以后（时已为二十四日）得知鱼雷失效，部队死伤极众，而城仍然未破，心中不怿，便想鼓励将士乘逆军惊魂未定之际作第二次总攻击。因即手书命令，并悬重赏，"破城后，除照饷加倍给奖外，有功者不次擢升"，令各军继续扑城。这时各军因伤亡损失，不能支持，多已后退。接着命令，各统将抖擞精神，宣布奖令，都督队再进。但是损伤过巨，气锐已尽，虽然前进，多怀畏怯，所以进行极缓。只有粤军第一师所属团长邓演达统率所部一千余人，将出城追击的敌人洪兆麟、态略等击破，反追至七女湖夺获枪械子弹甚多，并俘虏得许多湘籍兵士官佐。但是后援不至，各军都未扑近城边，孤军不敢深入，便至横沥扎住。崇智等随后都到横沥。

二十五日，逸仙坐船到博罗，暂扎行营，预备另想方法克复惠城。次日二十六日许崇智由横沥来到行营，报告战况，并请训示。逸仙便召集各幕僚开军事会议。多数主张分令将领负责攻城，大元帅不必亲临阵地。苏俄顾问鲍罗廷（逸仙与俄通联后，苏维埃政府极力赞助国民革命。逸仙为备咨询革命的一切以资借镜起见，与苏维埃政府商定，聘苏俄富有经验的革命分子为顾问。苏俄即令鲍罗廷充任。）主张调海军各舰加入战斗。逸仙博采众议，加以考虑，便发命令三过：一、任许崇智为中央军总指挥，朱培德为左翼军总指挥，杨希闵为右翼军总指挥，分三路负责攻城；二、调海防各军舰预备出征东江，候令至虎门会齐；三、派陆军部长程潜留守博罗，代大元帅主持战事，筹划一切。逸仙便于这时回广州，处理政务，兼顾北江、西江两路战事。

光阴迅速，转瞬又是国庆节日。逸仙应各界各团体的请求，到处演说，苦口婆心，指导民众，忙碌异常。东、西、北三路的战事在这时也无大变化。

这时北方却酿成一个绝大的笑话。什么笑话咧？请看下面便是，且待我著者从头说来：

黎元洪复任大总统，所谓补足前任的缺任日期，原是直系拿他当傀儡过渡的。元洪一生忠厚，容易上人的当。复任以后，直系吴佩孚等听信一班政客吴毓麟、高洪恩、王毓芝、边守靖、陆锦等的策划，要拥戴曹锟为大总统。因此按照步骤，实行驱逐这已经用过无须再留的傀儡黎元洪。王怀庆（北京卫戍司令）、冯玉祥（陆军检阅使）、聂宪藩（京师步军统领）、薛之珩（京师警察总监）等纷纷索饷，并以军警哗变为恐吓。元洪虽无法应付，却仍屹然不动。直系便雇用乞丐数百名，手持“驱黎”小旗，包围元洪住宅，叫嚣辱骂，一连三日。王怀庆、冯玉祥借此为名，不由分说，强迫元洪上车出京。（十二年六月十三日事）又由王承斌（直隶督军）在天津车站，威逼元洪在拟就的引咎辞职通电上签名，并勒索得大总统印信，方才饶了元洪。

元洪走后，直系便以高凌蔚（内务总长）、程克（司法总长）、吴毓麟（交通总长）、李鼎新（海军总长）四阁员（国务总理张绍曾已被吴佩孚排挤，逃往天津）组织摄政政府，敷衍门面。元洪想反抗直系，南下联络浙江不成，直系益发心粗胆壮。乘此时机，先运动旧国会众议院院长吴景濂，托他收买两院议员，运动投票选举曹锟为大总统。每票一张，代价三千圆。但必须如命选出，方能交款。事先开发银行支票，到期支兑。旧国会一部分议员利令智昏，唯唯从命。当时便有一班持正不阿的议员拒贿南下，发表言论，声明人格。直系为筹备大选经费，在据有的各省挨户摊派，令县知事派队勒缴，弄得民间怨气冲天。那猪仔议员只要有钱，哪管得人民、法律！竟于十二年十月五日票选曹锟为大总统（？），同时颁布宪法。夜郎自大，觍颜据位，留中华民国历史上一绝大污点。广州孙大元帅首先声讨。浙江卢子嘉、奉天张雨亭也表示反对。直系仍藐视天下，一意孤行。

这时奉、浙及段祺瑞的代表均群至广州，谋与国民党结会，共讨曹、吴。逸仙抱与人为善之心，一一接待，并商定分头进讨的策略，方始重行处理东江事务。

十月二十一日，逸仙偕夫人宋庆龄女士及鲍罗廷、古应芬，王柏龄等巡视虎门要塞。即下令海防各军舰到虎门集中后，到太平墟，次日，得广东省长廖仲恺电报，说：“西江方面高州失陷。河源三日不得援，恐不守。”逸仙便率各军舰返广州。二十八日，河源、平山相继失守的讯息传到，逸仙更为忧虑。方在设法调兵往救，忽接报告说：“东江逆军洪兆麟等已迫至平湖，蒋光亮不战而退至石龙。”逸仙急电许崇智速救平湖；令海军往救西江。次日，许崇智报告：“逆军林虎率贼攻柏塘、派尾，我张（民达）、莫（雄）各旅及朱（培德）、李（济深）分部击退之，得枪数千杆，敌向黄麻坡溃退。”逸仙心下稍慰。因蒋光亮始终贻误，难免无通敌情事，遂调滇军第二军范石生（小泉）全部加入东江。范石生即率队开赴石龙，将茶山、樟木头一带洪兆麟所部逆军完全击退。蒋光亮依然屯在石龙不进。

三十一日，陈军陈修爵乘刘震寰懈怠，出其不意，率五千余兵，全力横攻飞鹅岭。桂军措手不及，从睡梦里醒来，纷纷向岭下逃生。陈修爵遂占据飞鹅岭。因不知虚实，不敢穷追，只用机关枪向岭下扫射。刘震寰率着不成伍列的将士兵卒向博罗集合。

逸仙闻桂军失守飞鹅岭，深恐博罗危险，牵动大局，忙将省城事务布置停当，十一月三日便急偕参谋部长李烈钧率幕僚乘专车向石龙出发。下车后便召集军长范石生、胡思舜、卢师谛等开军事会议，决定于次日四日拂晓，各军一致反攻。会议将完，蒋光亮方才赶到。逸仙怒问道："你为什么不前进？"光亮默然不语。逸仙又道："赶紧开向前方去，不要再误军事！"光亮仰头从容说道："今晚还要到省城去有些事儿要了当。明日再来吧。"逸仙大怒，道："今日只有军令，你若回省，我必以军法惩治你，给怠慢戎机的作个榜样！"光亮立起身来，不声不响，走了出去。各将领齐劝大元帅息怒，大家担任催促蒋部前进。倘光亮再有其他行为，各军必一齐对付他。逸仙方勉允暂时不究。

次日拂晓，各部队伍遵命令一齐出发。以范石生所部为主力，肃清沿铁路逆军，以平湖为进攻目的地。胡思舜合东路一支队，循河岸横达博罗，与许崇智、刘震寰两军取联络。午前九时，逆将钟景棠、熊略各部也出兵向茶山前进。范部前冲散开迎敌。激战到十时左右，范石生令步兵一团由右翼抄攻钟景棠部的侧面。逆军未及防备，挡不住两方火线猛烈，向后败退。范部直追到张坑。

孙逸仙于十一时乘专车亲赴前敌督战，并视察各地。到横沥时，陈军已被范石生击破，只见陈军临退时纵火焚烧民居的白烟迷漫空际；逸仙便传令扑灭余火。恰值李根云率部由西江来附，开到横沥，逸仙即颁令令李根云加入中路。

胡思舜一部出发后，进行迟缓。孙逸仙便令罗翼群从水路赴苏村；东路一支队梁国一部出菉兰，赴博罗。

五日晚间，各军方在继续攻战，增城方面胡谦忽有急电报告，说："叛将林虎率队千人，占据龙门，犯增城；陈策、李天德各部先退。"逸仙勃然大怒，急令朱培德、胡思舜分兵往援，倘有后退者军法从事！

次日——六日——许崇智会合东路一支队出战。逆军因久战心懈神疲，挡不住许部凶猛，大败而退。许崇智督队直迫惠城，发电报捷。同时各军俱胜利，阵地顿形巩固。逸仙便于七日返广州，行营仍设在石龙。

八日，范石生追击逆军，全军达到鸭崽步，即由间道扑攻惠州城。忽然得着急报，说："中路、左翼两军都中了逆军诱敌之计，退出博罗。"石生恐孤军被困，急忙退却。

逸仙闻得各军退却，次日—九日—即偕李烈钧急乘车到石龙。这时滇军已退到狗崽潭；东、西路粤、桂各军退到菉兰。逸仙下令不许退却，即在车中召集会议，严令各军反攻。范石生首先督队复进，两小时重又攻克鸭崽步。逸仙颁两万圆为范部犒赏，以示鼓励，并令鼓勇扑攻惠州城，直捣逆敌巢穴。次日又颁一万圆分赏朱培德、杨希闵两部滇军，令其反攻。东西两路各军也渐渐收容成军。逸仙便颁令："再有退却者枪决！"

逸仙为指挥便利起见，十一日早上便移驻石滩车站。粤军第一师师长李济深来谒见。同时增城又告急。逸仙便命李济深率部援增城。李济深行后，接到探报，说："逆军杨坤如、洪麟、熊略、钟景棠各贼均率兵沿河岸向菉兰冲进。"逸仙便与李烈钧商议，决定于十二日拂晓分三路反攻。

十二日天才破晓，石滩车站便听得增城方面炮声隆隆。逸仙便令古应芬往石滩村第一师及朱培德部下一师（王均）驻地，敦促开拔，并侦察增城方面情形。应芬下车渡河到石滩村来，李济深早已开拔，王均部下也已开动，参谋长凌霄正乘马督队出发。应芬又会着罗翼群，便和他同向增城方面沿途探视。离石滩村不到几里，前面便有个小山，二人遂上山去瞭望。应芬身体肥胖，上得山来，已是汗流浃背，气喘不息。翼群见山头有两三个滇军瞭望哨，便上前询问。哨兵见是大元帅行营官长，方说道："敌人先已进逼，离此不远，后来被我军击退。"应芬侧耳细听，果然枪炮声比前时远了许多，心下稍慰，和翼群下山照旧路回来。行得不多远，听得东北方枪炮声连珠般声响，二人知道这是菉兰、铁墙方面有激战。回到石滩车站报告时，驻石龙副官邓彦华早有电告：菉兰、铁墙两地战斗剧烈，我军有不支之势，请速派援兵。

逸仙便飞令驻石龙李根云部向石湾前进，攻击敌人要害，救援菉兰、铁墙。又令副官邓彦华运米一车，往石龙接济战地各军给养。时将近午，石滩车站站长报告说："前方有兵车一列，未得车牌，没有通报，便开了过来。中途恐怕有危险。"不多一时，果然风驰电掣般来了一列兵车，却是李根云率兵到来。根云随即上车谒见逸仙。逸仙询问时，才知调往石湾的命令没接到。仍令火速开往石湾，攻击前进。根云领令即行。

午夜零时二十分，菉兰、铁墙方面，各军一齐溃退，兵如潮涌，大部分退到石滩。逸仙急下车，拔剑制止。李烈钧、古应芬忙随后保护。只见沿铁路如蚂蚁出洞密密层层，蜿蜒不断，尽是溃兵，也分不清是哪军哪师，更不知因何而退。询问各军长官时，都不知所在。逸仙忿怒，奋然大喝："就此集合，不许再退！"溃兵见大元帅神威奋发，居然都停止，不再奔逃。

少时李根云来到。逸仙道："武成（李根云字）！你应率队严守此间河岸。待敌人到时，奋勇反攻。"根云唯唯称是。

忽然前面有一列车满载溃兵，直追大元帅乘车冲来，将大元帅乘车冲得向后倒走。李烈钧等忙搀着逸仙抢上车去。古应芬因身躯胖大，不及上车，只得夹在溃军中奔跑。沿铁路的溃军直如崩山倒海，不计其数。

逸仙到省，即急调驻省军队开到大沙头，免得溃兵闯市区糜烂商廛。又电湘南谭延闿火速来援。

原来逆将洪兆麟已将到石龙，前方不知如何起谣，说陈军已抄到后方，因此军心动摇，一败涂地。邓彦华在石龙闻败讯，急到横沥请范石生回兵援救。范石生飞令起行。各部队方在造饭，不及进餐，便全军拔队都起，分兵堵住两路逆军。石生并亲率步兵一团突破洪兆麟部逆军，舍生冲入敌阵，枪刀齐施。逆军大惊，被杀死无数，兵将均只顾逃生，纷纷败退。石生更督队跟追，逼到河边。洪兆麟吓得魂飞魄散，没命乱逃。看看被范军追着，便纵身跳入河里，方被逆军救去。这一战各军俱败，损失不计其数。只有范石生不但全师而还，并且缴得逆军洪部枪械数千，俘杀逆军官兵各千数，大获全胜。

第九十七回

奋精神毅力抗强权　严组织改章谋发展

广州市区虽因逸仙调度有方，派队堵截溃兵，未遭糜烂，但是民心惶然，深恐陈军再来演一次“大放假”的惨剧，全市民众顿呈杌陧不安的现象。恰好北伐讨贼军前敌总司令兼湘军总司令谭延闿在衡阳遵奉大元帅电令，抛弃已得到手的湖南，昼夜不息，三日四夜便赶到广州，民心方才安定。

延闿谒见逸仙，也无暇报告湘军战况，只请示叛军情形，并请领了几幅战区地图，便率队出发。逸仙令兵站尽量供给湘军给养、子弹等等，以利戎机。

此时宋鹤庚、鲁涤平均已随同来粤就职。延闿即令鹤庚为右翼指挥，即时率湘中一军第一师方鼎英、第二师黄辉祖、第三师王德庆、第四师张辉瓒火速沿铁路进攻石龙、淡水；鲁涤平为左翼指挥，率湘中二军第一师戴岳、第二师刘雪轩等同时进攻河源；湘东一军陈嘉祐率领第一师蒋隆棻及游击一、二、三、四各队警戒中路；湘南一军谢国光、二军吴剑学为总预备队，以接应各路；延闿亲率卫队，随同出发。

湘军素有饶勇之名，何况是生力军锐气正盛？陈军万想不到湘军来得如此迅速，一见湘军旗号，便大吃一惊。及至接触，湘军直如饿虎扑羊，人人奋勇，个个争先，向陈军战线直钻过去。陈军阵线大乱。中路鲁涤平率戴岳的炮兵，向逆军密射，炮弹多数命中。对方陈军洪兆麟与鲁涤平都是湖南宁乡人，因此两方兵士多是同乡，言语相通，鲁部官兵便高声招降。洪军纷纷携械冲过阵线前来归顺。兆麟连忙率队后退。湘军遂占领河源。同时右翼连克东莞、石龙达到淡水。中路陈嘉祐加入前线，由石龙攻克平山，直下海丰。三路军队会师潮汕，转大败而为大胜。陈君谢文炳、陈炯光、熊略、翁式亮、钟景棠各部均被击破。不能成军；洪兆麟也损失五分之三以上的实力。其余残兵均退入惠州，仍然作困兽之斗。

湘军大获全胜，回广州献俘。逸仙大悦，传令嘉奖。并将湘军改编为六军：任命宋鹤庚为第一军军长，鲁涤平为第二军军长，谢国光为第三军军长，吴剑学为第四军军长，陈嘉祐为第五军军长，蔡钜猷为第六军军长；俱给陆军上将衔中将实官。将所得陈军军械枪二万余杆，及山炮、重炮等，扫数拨给湘军补充。自此湘军实力雄厚，除蔡钜猷在长沙对河被华启森击败，退屯湘西，不能来粤，足有五军枪械充足、系统整齐、勇敢善战的兵士。杨希闵、刘震寰等大为嫉妒；更恐湘军克复惠州，打破他们养寇自重的阴谋，使他们不能借题索款肥私，便设尽方法，掣延闿的肘。湘军因为接济都被滇、桂军夺去，大受打击，不能力攻惠城。困守海隅的逆军遂得苟延残喘，并得英帝国主义的援助，接济械弹、补充实力，顽抗讨贼军。

逸仙因为这回东征所得到的教训，知道投机的军队，如滇军杨希闵、蒋光亮，桂军刘震寰、刘玉山等，劣根性已深，断不能负担革命的使命；同时感觉到无主义无纪律的军队，其为害比敌人更甚，因此决意先行编练党军，为国民的基础。

恰好蒋中正出使莫斯科劳农政府回国，报告奉命答聘苏俄、接洽联合的经过及由观察考查而得的苏俄的政治、经济、社会、民生的状况。逸仙听了，很为满意。接着便询问苏俄赤卫军的情形。中正便将赤卫军的组织训练的情形详细报告过，并说："苏俄的革命成功，完全由于赤卫军的民众化、团体化、主义化、党化，才能得着最后的胜利。共产主义虽不能实行于中国，但是党军的组织训练确有可效法的处所。"逸仙便令蒋中正先行筹备军官学校，养成党军干部、下级军队，以为编练党军的基础。

只是设立军官学校、组织党军无一不需巨款，况且广州现在的湘、滇、粤、桂各军不下十万，饷项更须维持。广州弹丸之地，收入有限，何能济用？逸仙左右思维，只有粤海关有大宗收入，可以济用。两广关余理应为两广所有，岂能以革命根据地的税收，供反革命的政府滥用之理？而且中国海关久被帝国主义之侵略，中国反无主权，成为古今中外所未有的耻辱。革命的目的是抵抗侵略压迫，当然无所畏惧；因此毅然决然命令北京总税务司安格联将两广关领拨发广州政府。理由是：

一、海关为中国之政府机关，其收入为中国国家收入之一部，其用途本指定付还各国庚子赔款；在清偿每年应付赔款之外，所余者为关余，应按收入比例分拨广州及北京政府。（两广关余收入净数约每年一千万元。）

二、阻止广州海关收入落于非法北京政府之手，用以攻打广州，阻碍国家进步，延长国内战争，及造成一切罪恶。

安格联接到命令，竟然答复说："只能服从北京政府的命令。"

逸仙得着这不满意的答复，便派员接收粤海关。北京公使团受英国的煽惑，立即调遣军舰（计炮舰：英四艘，美四艘，日三艘，法二艘，共十三艘。）驶入珠江，卸下炮衣，将大炮对准着无抵抗无准备的广州市。同时英国武装军队在沙面登陆，实行示威恫吓。逸仙始终镇静坚定，绝不恐慌。

英国见逸仙毫不畏惧，便使英报记者以新闻界的资格谒见逸仙，询问：是否将与列强宣战？逸仙答道："我虽不能必胜列强—帝国主义—的武力，但是虽败犹荣。北京藉着海关和列强—帝国主义—的保护，强取一省的税款，即以为攻打这省之用，这实是世界上最不平、最违反公理的事。况且海关是世界帝国主义在中国的大本营，中国祸乱的制造厂。指挥—造成—中国绵延不息的内乱分崩，永远沦为次殖民地列强的奴隶。我为保持公理，不得不收回粤海关关余。—对于赔款并无损害—如果列强对我中国因此宣战，我但恃公理为抵抗的工具，打倒帝国主义！”英报记者听罢，不觉凛然而出。

英国见恐吓的手段—炮舰政策—不能得着效果，便改换法门，使美国驻华公使舒尔曼到广州调停。逸仙因为国民党改组期近，暂将此事搁置。

逸仙鉴于中国的局势日趋紊乱，以四十年谋国的经验，深知须努力于党的组织和纪律。因此在上海决定改组国民党，积极筹备。回粤后，便通告海内各党部及当地同志选举代表，到广州开“中国国民党全国第一次代表大会”。但是各党部遍立寰球，一时不易选派赶到，所以直到十二年年底，代表方才齐集广州。

中华民国十三年一月二十日，代表大会开会。各省区及海外党部代表齐到。逸仙就主席位，报告开会宗旨道：“各位同志诸君！今天在此开中国国民党全国代表大会，这是本党自有民国以来的第一次，也是自有革命党以来的第一次。我们革命党用了三十年工夫，流了许多热烈的心血，牺牲了无数的聪明才力．才推翻满清，变更国体。但在这三十年中，我们在国内从没有机关开全国国民党大会，所以今天这个盛会，是本党开大会的第一会，也是中华民国的新纪元。”

“革命党推翻满清，第一次成功是在武昌，那天的日期是双十日。今天是民国十三年的一月双十日。所以这个会期，同武昌起义的日期，都是民国很大的纪念。”

“从前革命党虽然推翻满清，变更国体，但是十三年来，革命主义还是没有实行，这就是革命还没有成功。此中最大的原因是当时革命党外面见到外国富强，中国衰弱，被人凌辱；内面又受满清专制，做人奴隶，几乎有亡国灭种之忧，一时发于天良，要想救国保种。只知道非革命不可，但不知道革命何时可以成功，并不想到成功以后，究竟用一个什么通盘计划去建设国家；只由各人的良心所驱使，不管成败，各凭各的力量去为国奋斗，推翻满清。这种奋斗，所谓‘各自为战’，没有集合，没有纪律，所以满清虽然推翻，民国已有了十三年，还没有结果，这就是我们的革命仍然是算失败。”

“我们现在得了广州一片干净土，集合各省同志，聚会一堂，是一个很难得的机会。从前我们没有想到要开这种大会，没有想到我们的党务究竟是如何进行，是因为受了满清官僚的欺骗。我们受了满清官僚什么欺骗呢？因为一般同志头脑太简单，见武昌起义以后，各省一致赞成革命，从前反对革命的官僚也赞成革命，由此少数革命党就被多数的官僚包围。那般官僚说：‘革命军起，革命党消。’当时的革命党也赞成这种言论。于是大家同声附和。弄到现在，只有军阀的世界，没有革命的成绩，所以革命党至今仍是失败，这就是我们失败的大原因。今天大家都觉悟了，知道这话不对，应该要说：'革命军起，革命党成。'所以从今天起，要把以前革命精神恢复起来，把国民党改组。这都是由于我们知道要改造国家，非有很大力量的政党，是做不成功的；非有很正确共同的目标，不能够改造得好的。我从前见得中国太纷乱，民智太幼稚，国民没有正确的政治思想，所以便主张'以党治国'。但到今天想想，我觉得这句话还是太早。此刻的国家还是大乱，社会还是退步。所以现在革命党的责任，还是要先建国，尚未到治国。从前革命党推翻满清，不过推倒了清朝的大皇帝。但大皇帝推倒之后，便生出了无数的小皇帝。这些小皇帝仍旧专制，比较从前的大皇帝还要暴虐无道。所以中国现在还不能像英国、美国以党治国。今日民国的国基还没有巩固，我们必要另做一番工夫，把国家再造一次，然后民国的国基才能巩固。这个要国基巩固的事，便是我们今天的任务。"

"此次各位同志来此开这个大会，和寻常的集会不同。今天这个大会：不是普通恳亲会，不是平常讨论会，也不是采集各地问题的会，这是一个什么会呢？我们自十三年以来，在政治上得了种种经验，发明了种种方法，看到中国国家虽然不好，国势虽然比从前退步，但知道中国还有办法，还可以建设得好。革命党三十年来为良心所驱使，不论成败去革命。革命成功了，对于国家不知道用什么方法去建设。至于现在，我们已经得到了办法，所以此次召集各省的同志来广州开这个大会，就是把这个方法公诸大家来采纳。在没有开这个大会之先，已经组织了一个临时中央执行委员会。在那个委员会中，筹备了许久的时候。自今日起，要把这个筹备的方法逐日提出来，请大家来研究；要大家赞成这些方法。诸君得了这些新方法，要带回各地方去实行。至于这些方法的来源，是本总理把先进的革命国家和后进的革命国家在革命未成功之前、已经成功之后所得的种种革命方法，用来参考比较、细心斟酌才定出来的。当中不完备的地方在所不免。所以还要开这个大会，请大家来研究研究。以后便要请大家赞成，到各地方去实行，同心协力，建设国家。"

"这回国民党改组，有两件事：第一件是改组国民党，要把国民党重行来组织成一个有力量、有具体的政党；第二件就是用政党的力量去改造国家。所以这回国民党改组。第一件是改组国民党的问题；第二件是改造国家的问题。"

"这次大会只有十天。十天的时期很短少，我希望大家要爱惜光阴，明白这个大会的宗旨。如果大家有更好的意见，当讨论之时，便贡献出来，参加在内。但是大家要知道会期是很短的，必须爱惜光阴。当研究问题之时，必须各人虚心，不可以无意识的问题来挑拨意见。如果生出无谓的争论，会中的大问题就恐怕十天解决不了了，我们这个会的成绩便不好。所以我们要提防，要警戒！"

“我们对于‘改组党’和‘改造国家’两件事以外，另外有一件事要大家注意：就是从前本党不能巩固的地方，不是有什么敌人用大力量来打破我们；完全是由于我们自己破坏自己，是由于我们同志的思想见识过于幼稚，常生出无谓的误解，所以全党的团结力便非常涣散，革命常因此失败。我们以后便要团结一致，都要把自己的聪明、才力贡献到党内来。自己的聪明、才力不可归个人所用，要归党内所用。大家团结起来，为党，为国，同一目标，同一步骤；像这样做去，才可以成功。政党中最要紧的事，是各位党员有一种精神结合。要各位党员能够精神上结合：第一，要牺牲自由；第二，要贡献能力。如果个人能够牺牲自由，然后全党方能得到自由；如果个人能够贡献能力，然后全党才能富有能力。等到全党有了自由，有了能力，然后才能担负革命的大事业，才能够改造国家。本党以前的失败，是各位党员有自由，全党无自由；各位党员有能力，全党无能力。国民党之所以失败，就是这个原因！我们今日改组，便先要除去这个毛病！本党今日开全国代表大会。我希望各位代表同志，要把自己的能力和各地方的能力都贡献到党里来，合成一个大力量，去改造国家；那是一定可以成功，一定在今年之内可以成功的！”

“今天这个大会，是中华民国开国以来的第一次。这是中华民国将来国史中的大光荣！我希望诸君在这十天之内，把应该要做的事完全达到目的！”

逸仙说毕，全场掌声雷动。

当下各代表协将逸仙的交大会的《中国国民党第一次代表大会宣言》和《政纲》及《中国国民党章程》等编列议程，逐日讨论。

至二十八日，便通过《宣言》及《政纲》，并将《章程》修改为《总章》，正式公布如下：

中国国民党第一次全国代表大会宣言

一　中国之现状

中国之革命，发轫于甲午以后，盛于庚子，而成于辛亥，卒颠覆君政。夫革命非能突然发生也。自满洲入据中国以来，民族间不平之气抑郁已久。海禁既开，列强之帝国主义如怒潮骤至，武力的掠夺与经济的压迫，使中国丧失独立，陷于半殖民地之地位。满洲政府既无力以御外侮，而钳制家奴之政策且行之益厉，适足以侧媚列强。吾党之士，追随本党总理—孙先生—之后，知非颠覆满洲，无由改造中国。乃奋然而起，为国民前驱；激进不已，以至于辛亥，然后颠覆满洲之举始告厥成。故知革命之目的，非仅仅在于颠覆满洲而已；乃在于满洲颠覆以后，得从事于改造中国。依当时之趋向：民族方面，由一民族之专横宰制过渡于诸民族之平等结合；政治方面，由专制制度过渡于民权制度；经济方面，由手工业的生产过渡于资本制度的生产。循是以进，必能使半殖民地的中国变而为独立的中国，以屹然于世界。

然而当时之实际乃适不如所期。革命虽然成功，而革命政府所能实际表现者，仅仅为民族解放主义。曾几何时，已为情势所迫，不得已而与反革命的专制阶级谋妥协。此种妥协，实间接与帝国主义相调和，遂为革命第一次失败之根源。夫当时代表反革命的专制阶级者，实为袁世凯。其所挟持之势力，初非甚强，而革命党人乃不能胜之者，则为当时欲竭力避免国内战争之延长，且尚未能获一有组织、有纪律、能了解本身之职任与目的之政党故也。使当时而有此政党，则必能抵制袁世凯之阴谋，以取得胜利，而必不致为其所乘。夫袁世凯者，北洋军阀之首领，时与列强相勾结，一切反革命的专制阶级，—如武人、官僚辈—皆依附之以求生存。而革命党人乃以政权让渡于彼，其致失败，又何待言！

袁世凯既死，革命之事业乃屡遭失败，其结果使国内军阀暴戾恣睢，自为刀俎，而以人民为鱼肉；一切政治上民权主义之建设，皆无可言。不特此也，军阀本身与人民利害相反，不足以自存，故凡为军阀者，莫不与列强之帝国主义发生关系。所谓民国政府，已为军阀所控制。军阀即利用之结欢于列强，以求自固，而列强亦即利用之资以大借款，充其军费，使中国内乱纠缠不已，以攫取利权，各占势力围范。由此点观测，可知中国内乱，实有造于列强；列强在中国利益和冲突，乃假手于军阀杀吾民以求逞。不特此也，内乱又足以阻滞中国实业之发展，使国内市场充斥外货。坐是之故，中国之实业，即在中国境内犹不能与外国资本竞争。其为祸之酷，不止吾国人政治上之生命为之剥夺，即经济上之生命亦为之剥夺无余矣。环顾国内，自革命失败以来，中等阶级频经激变，尤为困苦。小企业家渐趋破产。小手工业者渐致失业，沦为游氓，流为兵匪。农民无力以营本业，至以其土地廉价售人。生活日以昂，租税日以重。如此惨状，触目皆是，犹得不谓已濒绝境乎？

由是言之，自辛亥革命以后，以迄于今，中国之情况，不但无进步可言，且有江河日下之势。军阀之专横、列强之侵蚀日益加厉，令中国深入半殖民地之泥犁地狱。此全国人民所为疾首蹙额，而有识者所以彷徨日夜，急欲为全国人民求一生路者也。

然所谓生路者，果如何乎？国内各党派以至于个人暨外国人，多有拟议及此者。试简单归纳各种拟议，以一评隲其当否，而分述于下：

一曰，“立宪派”：此派之拟议，以为今日中国之大患在于无法。苟能藉宪法以谋统一，则分崩离析之局庶可收拾。曾不思宪法之所以能有效力，全恃民众之拥护。假使只有白纸黑字之宪法，决不能保证民权俾不受军阀之摧残。元年以来，党有《约法》矣。然专制余孽，军阀官僚，僭窃擅权，无恶不作。此辈一日不去，宪法即一日不生效力，无异废纸，何补民权？迩者曹锟以非法行贿，尸位北京，亦尝藉所谓宪法以为文饰之具矣。而其所为，乃与宪法若风马牛不相及。故知推行宪法之先决问题，首在民众之能拥护宪法与否。舍本求末，无有是处。不特此也，民众果无组织，虽有宪法，即民众自身亦不能运用之；纵无军阀之摧残，其为具文自若也。故立宪派只知要求宪法，而绝不顾及将何以拥护宪法，何以运用宪法，即可知其无组织、无方法、无勇气以真为宪法而奋斗。宪法之成立，唯在列强及军阀之势力颠覆之后耳。

二曰，“联省自治派”：此派之拟议，以为造成中国今日之乱象，由于中央政府权力过重，故当分其权力于各省；各省自治已成，则中央政府权力日削，无所恃以为恶也。曾不思今日北京政府权力初非法律所赋予，人民所承认；乃由大军阀攘夺而得之。大军阀既挟持其暴力以把持中央政府，复即利用中央政府以扩充其暴力。吾人不谋所以毁灭大军阀之暴力，使不得挟持中央政府以为恶；乃反欲藉各省小军阀之力，以谋灭削中央政府之权能；是何为耶？推其结果，不过分裂中国，使小军阀各占一省，自谋利益，以与挟持中央政府之大军阀相安于无

事而已。何自治之足云？夫真正的自治，诚为至当，亦诚适合吾民族之需要与精神。然此等真正的自治，必待中国全体独立之后，始能有成。中国全体尚未能获得自由，而欲一部分先能获得自由，岂可能耶？故知争回自治之运动，决不能与争回民族独立之运动分道而行。自由之中国以内，始能有自由之省。一省以内，所有经济问题、政治问题、社会问题，惟有于全国之规模中始能解决。则各省真正自治之实现，必在全国国民革命胜利之后，亦已显然。愿国人一思之也！

三曰，“和平会议派”：国内苦战争久矣！和平会议之说应之而生。提倡而赞和者，中国人有然，外国人亦有然。果能循此道而得和平，宁非国人之所望？无如其不可能也！何则？构成中国之战祸者，实为互相角立之军阀。此互相角立之军阀，各顾其利益，矛盾至于极端，已无调和之可能；即使可能，亦不过各军阀间之利益得以调和而已，于民众之利益固无与也。此仅军阀之联合，不得谓为国家之统一也。民众果何需于此乎？此等和平会议之结果，必无以异于欧战议和所得之结果。列强利益相冲突，使欧洲各小国不得和平统一。中国之不能统一，亦此数国之利益为之梗也。至于知调和之不可能，而惟冀各派之势力保持均衡，使不相冲突，以苟安于一时者，则更为梦想！何则？盖事实上不能禁军阀中之一派不对于他派而施以攻击。且凡属军阀，莫不拥有雇佣军队，推其结果，不能不出于争战，出于掠夺。盖掠夺于邻省，较之掠夺于本省为犹易也。

四曰，“商人政府派”：为此说者，盖鉴于今日之祸，由军阀、官僚所造成，故欲以资本家起而代之也。虽然，军阀、官僚所以为民众厌恶者，以其不能代表民众也。商人独能代表民众利益乎？此当知者一也。军阀政府托命于外人。而其恶益著，民众之恶之亦益深。商人政府若亦托命于外人，则亦一丘之貉而已！此所当知者二也。故吾人虽不反对商人政府，而吾人之要求，则在于全体平民自己组织政府，以代表全体平民之利益，不限于商界。且其政府必为独立的，不求助于外人，而惟恃全体平民自己之意力。

如上所述，足知各种拟议，虽或出于救国之诚意，然终为空谈。其甚者，则本无诚意，而徒出于恶意的讥评而已。

吾国民党则夙以国民革命、实行三民主义为中国唯一生路。兹综观中国之现状，益知进行国民革命之不可懈。故再详阐主义，发布政纲，以宣告全国！

二 国民党之主义

国民党之主义为何？即孙先生所提倡之“三民主义”是已。本此主义，以立政纲。吾人以为救国之道，舍此末由！国民革命之逐步进行，皆当循此原则。此次毅然改组，于组织及纪律特加之意，即期于使党员各尽所能，努力奋斗，以求主义之贯彻。去年十一月二十五日孙先生之演说，及此次大会孙先生对于中国现状及国民党改组问题之演述，言之甚详。兹综合之，对于三民主义为郑重之阐明。盖必了然于此主义之真释，然后对于中国之现状而谋救济之方策，始得有所依据也。

一、“民族主义”：国民党之民族主义，有两方面之意义：一则中国民族之自求解放；二则中国境内各民族一律平等。

第一方面：国民党之民族主义，其目的在使中国民族得自由独立于世界。辛亥以前，满洲以一民族宰制于上，而列强之帝国主义复从而包围之，故当时民族主义之运动，其作用在脱离满洲之宰制政策与列强之瓜分政策。辛亥以后，满洲之宰制政策已为国民运动所摧毁，而列强之帝国主义则包围如故。“瓜分”之说，变为“共管”。易言之，武力的掠夺变为经济的压迫而已，其结果足使中国民族失其独立与自由则一也。国内之军阀既与帝国主义相勾结，而资产阶级亦眈眈然欲起而分其馂余，故中国民族政治上、经济上皆日即于憔悴。国民党人因不得不继续努力，以求中国民族之解放。其所恃为后盾者，实为多数之民众—若知识阶级，若农夫，若工人，若商人—是已。盖民族主义对于任何阶级，其意义皆不外免除帝国主义之侵略。其在实业界，若无民族主义，则列强之经济的压迫，中国生产永无发展之可能。其在劳动界，苟无民族主义，则依附帝国主义而生存之军阀及国内外之资本家，足以蚀其生命而有余。故民族解放之斗争，对于多数之民众，其目标皆不外于反帝国主义而已。帝国主义受民族主义运动之打击而有所削弱，则此多数之民众，即能因而发展其组织且从而巩固之，以备继续之斗争；此则国民党能于事实上证明之者。吾人欲证实民族主义实为健全之反帝国主义，则当努力于赞助国内各种平民阶级之组织，以发扬国民之能力。盖惟国民党与民众深切结合之后，中国民族之真正的自由与独立始有可望也。

第二方面：辛亥以前，满洲以一民族宰制于上，具如上所述。辛亥以后，满洲宰制政策既已摧毁无余，则国内诸民族宜可得平等之结合。国民党之民族主义，所要求者即在于此。然不幸而中国之政府乃为专制余孽之军阀所盘踞，中国旧日之帝国主义死灰不免复燃，于是国内诸民族，因以有杌陧不安之象，遂使少数民族疑国民党之主张亦非诚意。故今后国民党为求民族主义之贯彻，当得国内诸民族之谅解，时时晓示其在中国国民革命运动中之共同利益。今国民党在宣传主义之时，正欲积集其势力；自当随国内革命势力之伸张，而渐与诸民族为有组织的联络，及讲求种种具体的解决民族问题之方法矣。国民党敢郑重宣言，承认中国以内各民族之自决权，于反对帝国主义及军阀之革命获得胜利以后，要组织自由统一的—各民族自由联合的—“中华民国”！

二、“民权主义”：国民党之民权主义，于间接民权之外，复行直接民权。即为国民者，不但有选举权，且兼有创制、复决、罢官诸权也。民权运动之方式规定于宪法，以孙先生所创之五权分立为之原则，即立法、司法、行政、考试、监察五权分立是已。凡此既以济代议政治之穷，亦以矫选举制度之弊。近世各国所谓民权制度，往往为资产阶级所专有，适成为压迫平民之工具。若国民党之民权主义，则为一般平民所共有，非少数者所得而私也。于此有当知者，国民党之民权主义，与所谓“天赋人权”者殊科，而唯求所以适合于现在中国革命之需要。盖民国之民权，唯民国之国民乃能享之；必不轻授此权于反对民国之人，使得藉以破坏民国。详言之，则凡真正反对帝国主义之个人及团体，均得享有一切自由及权利，而凡卖国罔民以效忠于帝国主义及军阀者，无论其为团体或个人，皆不得享有此等自由及权利。

三、“民生主义”：国民党之民生主义，其最要之原则不外二者：一曰，“平均地权”；二曰，“节制资本”。盖酿成经济组织之不平均者，莫大于土地权之为少数人所操纵。故当由国家规定土地法、土地使用法、土地征收法及地价税法。私人所有土地，由地主估价呈报政府，国家就价征税，并于必要时依报价收买之；此则平均地权之要旨也。凡本国人及外国人之企业，或有独占的性质，或规模过大，为私人之力所不能办者，如银行、铁道、航路之属，由国家经营管理之，使私有资本制度不能操纵国民之生计；此则节制资本之要旨也。举此二者，则民生主义之进行，可期得良好之基础。

于此犹有当为农民告者：中国以农立国，而全国各阶级所受痛苦以农民为尤甚。国民党之主张，则以为农民之缺乏田地、沦为佃户者，国家当给以土地，资其耕作，并为之整顿水利，移殖荒徼，以均地方。农民之缺乏资本，至于高利借贷，以负债终身者，国家为之筹设调剂机关，如农民银行等，供其匮乏，然后农民得享人生应有之乐。又有当为工人告者：中国工人之生活绝无保障。国民党之主张，则以为工人之失业者，国家当为之谋救济之道，尤当为之制定劳工法，以改良工人之生活。此外如养老之制，育儿之制，周恤废疾者之制，普及教育之制，有相辅而行之性质者，皆当努力以求其实现。凡此皆民生主义所有事也。

中国以内，自北至南，自通商都会，以至于穷乡僻壤，贫乏之农夫，劳苦之工人，所在皆是。因其所处之地位与所感之痛苦类皆相同，其要求解放之情至为迫切，则其反抗帝国主义之意亦必至为强烈。故国民革命之运动，必恃全国农夫、工人之参加，然后可以决胜，盖无可疑者。国民党于此，一方面当对于农夫、工人之运动，以全力助其开展，辅助其经济、组织，使日趋于发达，以期增进国民革命运动之实力。一方面又当对于农夫、工人要求参加国民党，相与为不断之努力，以促国民革命运动之进行。盖国民党现正从事于反抗帝国主义与军阀，反抗不利于农夫、工人之特殊阶级，以谋农夫、工人之解放。质言之，即为农夫、工人而奋斗，亦即农夫、工人为自身而奋斗也。

国民党之三民主义，其真释具如此。自本党改组后，以严格之规律的精神，树立本党组织之基础，对于本党党员用各种适当方法施以教育及训练，使成为能宣传主义、运动群众、组织政治之革命的人才。同时以本党全力，对于全国国民为普遍的宣传，使加入革命运动，取得政权，克服民敌。至于既取得政权树立政府之时，为制止国内反革命运动及各国帝国主义压制吾国民众胜利之阴谋，芟除实行国民党主义之一切障碍，更应以党为掌握政权之中枢。盖惟有有组织、有权威之党，乃为革命的民众之本据，能为全国人民尽此忠实之义务故耳。

三 国民党之政纲

吾人于党纲，固悉力以求贯彻；顾以道途之远，工程之巨。诚未敢谓咄嗟有成。而中国之现状危迫已甚，不能不立谋救济。故吾人所以刻刻不忘者，尤在准备实行政纲，为第一步之救济方法。谨列举具体的要求作为政纲。凡中国以内，有能认国家利益高出于一人或一派之利益者，幸相与辨明而公行之！

甲 对外政策：

一、一切不平等条约，如外人租借地，领事裁判权，外人管理关税权，以及外人在中国境内行使一切政治的权力，侵害中国主权者，皆当取销，重订双方平等互尊主权之条约。

二、凡自愿放弃一切特权之国家，及愿废止玻坏中国主权之条约者，中国皆将认为最惠国。

三、中国与列强所订其他条约，有损中国之利益者，须重新审定，务以不害双方主权为原则。

四、中国所借外债，当在使中国政治上、实业上不受损失之范围内，保证并偿还之。

五、庚子赔款，当完全划作教育经费。

六、中国境内不负责任之政府—如贿选窃僭之北京政府—其所借外债，非以增进人民之幸福，乃为维持军阀之地位，俾得行使贿买，侵吞盗用。此等债款，中国人民不负偿还之责任。

七、召集各省职业团体，银行界、商会等社会团体，教育机关等，组织会议，筹备偿还外债之方法，以求脱离因困顿于债务，而陷于国际的半殖民地之地位。

乙 对内政策：

一、关于中央及地方之权限，采均权主义。凡事务有全国一致之性质者，划归中央；有因地制宜之性质者，划归地方。不偏于中央集权制或地方分权制。

二、各省人民得自定宪法，自举省长。但省宪不得与国宪相抵触。省长一方面为本省自治之监督；一方面受中央指挥，以处理国家行政事务。

三、确定县为自治单位。自治之县，其人民有直接选举及罢免官吏之权，有直接创制及复决法律之权。

土地之税收：地价之增益，公地之生产，山林川泽之息，矿产水力之利，皆为地方政府之所有；用以经营地方人民之事业，及应育幼、养老、济贫、救灾、卫生等各种公共之需要。

各县之天然富源及大规模之工商事业，本县资力不能发展兴办者，国家当加以协助。其所获纯利，国家与地方均之。

各县对于国家之负担，当以县岁入百分之几为国家之收入；其限度不得少于百分之十，不得超过于百分之五十。

四、实行普通选举制，废除以资产为标准之阶级选举。

五、厘订各种考试制度，以救选举制度之穷。

六、确定人民有集会、结社、言论、出版、居住、信仰之完全自由权。

七、将现时募兵制度渐改为征兵制度。同时注意改善下级军官及兵士之经济状况，并增进其法律地位。施行军队中之农业教育及职业教育。严定军官之资格。改革任免军官之方法。

八、严定田赋、地税之法定额，禁止一切额外征收，如厘金等类，当一切废绝之。

九、清查户口。整理耕地。调正粮食之产销，以谋民食之均足。

十、改良农村组织。增进农人生活。

十一、制定劳工法。改良劳动者之生活状况。保障劳工团体，并扶助其发展。

十二、于法律上、经济上、教育上、社会上确认男女平等之原则，助进女权之发展。

十三、励行教育普及，以全力发展儿童本位之教育。整理学制系统。增高教育经费，并保障其独立。

十四、由国家规定“土地法”、“土地使用法”、“土地征收法”及“地价税法”。私人所有土地，由地主估价，呈报政府，国家就价征税，并于必要时得依报价收买之。

十五、企业之有独占的性质者，及为私人之力所不能办者，如铁道、航路等，当由国家经营管理之。

以上所举细目，皆吾人所认为党纲之最小限度。目前救济中国之第一步方法。

中国国民党总章

中国国民党第一次全国代表大会，为促进三民主义之实现、《五权宪法》之创立，特制定《中国国民党总章》如左：

第一章 党 员

第一条 中国国民党不分性别，凡志愿接受本党《党纲》，实行本党议决，加入本党所辖之党部，依时缴纳党费者。均得为本党党员。

第二条 党员入党时，须有本党党员二人以上之介绍。填具入党志愿书。经向所请求之区分部党员大会之通过，区党邯执行委员会之认可，方得为本党党员。

第三条 凡本党党员，须在所属党部领取党员证书。其证书由中央执行委员会制定之。

第四条 党员移居时，须即时在原住地方之区分部报告，向所到地方之区分部登记。同时即为所到地方之党员。

第二章 党部组织

第五条 范围包括一个地方之党部，为上级机关；范围包括该地方一部分之党部，为下级机关。

第六条 各党部以全国代表大会、地方代表大会、地方党员大会为各该党部之高级机关。

第七条 地方党员大会、地方代表大会及全国代表大会，须各选出执行委员，组织执行委员会，执行党务。

第八条 本党党部之组织系统如下：

甲、全国 全国代表大会——中央执行委员会

乙、全省 全省代表大会——全省执行委员会

丙、全县 全县代表大会——全县执行委员会

丁、全区 全区党员大会或代表大会——全区执行委员会

戊、区分部 区分部党员大会——区分部执行委员会。区分部为本党基本组织。

第九条 本党之权力机关如下：

甲、全国代表大会，但闭会期间，为中央执行委员会。

乙、全省代表大会，但闭会期间，为全省执行委员会。

丙、全县代表大会，但闭会期间，为全县执行委员会。

丁、全区党员大会，或代表大会，但闭会期间，为全区执行委员会。

戊、区分部党员大会，但闭会期间，为区分部执行委员会。

各权力机关对于其上级机关，应执行党之纪律及决议，但得提出抗议。

第十条 中央执行委员会得分设各部。执行本党之通常或非常党务。各部受中央执行委员会之管理。各部之职务及组织法由中央执行委员会决定之。

省及等于省之党部应设各部，由中央执行委员会决定之。

第十一条 各下级党部执行委员会，须受上级党部执行委员会管辖。

第十二条 各下级党部之成立，启用印信，须经上级机关之核准。

第三章 特别地方党部组织

第十三条 热河、察哈尔、绥远三特别行政区域，及蒙古、西藏、青海等处之党部组织与省同。

第十四条 各地关于党务有设置特别区之必要者，由最高党部决定之。

第十五条 特别区党部及特别市党部之组织与省党部同，直接受最高党部之指挥监督。

第十六条 重要市镇党部之组织与县党部同，直接受省党部之指挥监督。

第十七条 重要市镇党部之设置，由各该省党部开具计划，经中央执行

委员会之许可，方得设立。

第十八条 国外党部组织：总支部等于省，支部等于县，分部等于区。通讯处等于区分部。

第四章 总 理

第十九条 本党以创行三民主义、《五权宪法》之孙先生为总理。

第二十条 党员须从总理之指导，以努力于主义之进行。

第二十一条 总理为全国代表大会之主席。

第二十二条 总理为中央执行委员会之主席。

第二十三条 总理对于全国代表大会之议决有交复议之权。

第二十四条 总理对于中央执行委员会之议决有最后决定之权。

第五章 最高党部

第二十五条 本党最高机关为全国代表大会。常会每年举行一次，但中央执行委员会认为必要或有省党部及等于省党部三分之一以上请求时，得召集临时全国代表大会。

中央执行委员会遇有不得已情形时。对于全国代表大会常会之召集得通告展期——但不得超过一年。

第二十六条 全国代表大会常会开会日期及重要议题．须于三个月前通告各党员。

第二十七条 全国代表大会之组织法、选举法及各地方应派代表之人数，得由中央执行委员会规定之。

第二十八条 全国代表大会之职权如下：

甲、接纳及采行中央执行委员会及其他中央各部之报告。

乙、修改本党政纲及章程。

丙、决定对于时事问题应取之政策及政略。

丁、选举中央执行委员、候补执行委员与监察委员、候补监察委员。

第二十九条 中央执行委员及监察委员之人数，由全国代表大会决定之。

第三十条 中央执行委员会委员遇故离任时，由候补委员依次充任。

第三十一条 中央执行委员会之职权如下：

甲、代表本党对外关系。

乙、组织各地党部并指挥之。

丙、委任本党中央机关报人员。

丁、组织本党之中央机关各部。

戊、支配本党党费及财政。

第三十二条 在政府机关、俱乐部、社会、工会、商会、市议会、县议会、省议会、国议会等内部特别组织之国民党党团，中央执行委员会得指挥之。

第三十三条　中央执行委员会全体会议，每半年至少开会一次。候补委员得列席会议。执行委员有缺席时，得由到会候补委员依次照额递补，在会议中有临时表决权。余只有发言权。但候补委员有表决权者，不能超过出席执行委员人数三分之一。

第三十四条　中央执行委员会互选常务委员九人。组织常务委员会，在中央执行委员会全体会议开会期间，执行职务，对中央执行委员会负其责任。

第三十五条　中央执行委员会遇必要时，得设特种委员会，如“政治委员会”等。

第三十六条　全国代表大会、中央执行委员会全体会议及常务委员会，均须于本党政府所在地举行之。

第三十七条　中央执行委员会须将其活动经过情形通告各省执行委员会及其他直辖党部，每月一次。

第三十八条　中央执行委员会得派中央执行委员、候补中央执行委员分赴各地，指导党部，执行党务。

第三十九条　中央监察委员会之职权如下：

甲、稽核中央执行委员会财政之出入。

乙、审查党务之进行情形及部员之勤惰，训令下级党部，审核财务与党务。

丙、稽核在党中央政府任职之党员。其施政之方针及政绩是否根据本党政纲及本党制定之政策。

第四十条　中央监察委员会互选常务委员五人，在中央执行委员会所在地执行职务。每半年至少开全体会议一次。候补监察委员得列席会议。监察委员有缺席时。得由到会候补监察委员依次照额递补，在会议中有临时表决权。余只有发言权。但候补委员有表决权者，不能超过出席监察委员人数三分之一。

中央监察委员会得派中央监察委员、候补监察委员分赴各地，执行职务。

第六章　省党部

第四十一条　全省代表大会每年举行一次。但遇中央执行委员会训令或县执行委员会三分之一以上请求时，得召集临时全省代表大会。

省执行委员会在全省代表大会开会期间，必须召集县党部及直辖党部联席会议，至少一次。

第四十二条　省执行委员会认为必要或全省党员半数请求时，亦得召集临时全省代表大会。

第四十三条　全省代表大会组织法、选举法及人数，由省执行委员会规定之。

第四十四条 全省代表大会接纳及采行省执行委员会及本党省机关各部之报告，决定本省党务进行之方策，选出省执行委员并监察委员。

第四十五条 省执行委员会之职权如下：

甲、互选常务委员三人，组织秘书处。

乙、设立全省各地方党部，并指挥其活动。

丙、任命该省党机关报人员。

丁、组织本省机关各部。

戊、支配党费及财政。

第四十六条 省执行委员会每月须将其活动经过情形报告中央执行委员会一次。

第四十七条 省执行委员会每两星期至少开会一次。候补委员得列席会议。执行委员在缺席时，由到会候补委员依次照额递补，在会议中有临时表决权。余只有发言权。但候补委员有表决权者，不能超过出席执行委员人数三分之一。省监察委员会同。

第四十八条 省执行委员会委员遇故离任时，由候补委员依次充任之。

第四十九条 省监察委员会稽核省执行委员会财政之收支，及审查省执行委员会之党务，及部员之勤惰；稽核在党省政府任职之党员，其施政方针及政绩是否根据本党《政纲》及本党制定之政策。

第七章 县党部

第五十条 县代表大会每六个月举行一次，若遇省执行委员会训令及各区执行委员会三分之一请求时，得召集临时全县代表大会。县执行委员会在全县代表大会开会期间，必须召集各区党部联席会议，至少一次。

第五十一条 县执行委员会认为必要或有该县党员半数请求时，亦得召集临时全县代表大会。

第五十二条 县代表大会组织法、选举法及人数，由县执行委员会审定后，经省执行委员会核准决定之。

第五十三条 县代表大会接纳及采行县执行委员会及其他本党县机关各部之报告，决定本县党务进行之方策，选举县执行委员、候补执行委员及监察委员。

第五十四条 县执行委员会选举常务委员一人，执行日常党务。

第五十五条 县执行委员会设立全县各地方党部，而指挥其活动，任命该县党各机关报职员，但须经省执行委员会之核准；组织全县性质之事务各部；支配县内党费及财政。

第五十六条 县执行委员会须每两星期将其活动经过情形报告省执行委

员会一次。

第五十七条 县执行委员会每星期至少开会一次。候补委员得列席会议。执行委员有缺席时，得由到会候补委员依次照额递补，在会议中有临时表决权。余只有发言权。但候补委员有表决权者，不能超过出席执行委员人数三分之一。

第五十八条 县执行委员会委员遇故离任时，候补委员依次充任之。

第五十九条 县监察委员稽核县执行委员会财政之收支，及审查县执行委员会之党务，稽核在党县政府任职党员之政绩。

第八章 区党部

第六十条 区之高级机关为全区党员大会，或代表大会；区以下为乡、为村。（全区党员大会包括乡村党员在内。）——但因乡村离区市太远，或党员太多，不能召集党员时，得召集全区代表大会。此全区代表大会，即作为该区高级权力机关。但于可能时，须召集全区党员大会。

第六十一条 区党员大会或代表大会每月举行一次，讨论党务。其范围如下：

甲、接纳及采行区执行委员会之报告。

乙、代表大会之代表及党员大会之党员在会议内报告区内党务之进行，解决党务之困难，及发表关于政治、经济之意见。

丙、训练党员问题。党员补习教育问题。

丁、征求党费问题。讨论县执行委员会决议案之实行方法。

戊、选举该区执行委员会委员及监察委员。

第六十二条 区执行委员会之职权如左：

甲、指挥区内各区分部或其下各特别党务机关之活动事宜。

乙、召集全区党员大会，或全区代表大会。

丙、组织区分部。但须得县执行委员会核准。

丁、支配党费及财政。

第六十三条 区执行委员会互选常务委员一人，执行日常党务。每两星期须将活动经过情形报告县执行委员会。

第六十四条 区监察委员稽核区执行委员会财政之收支，及审查区执行委员会之党务。稽核区党部行政人员之政绩。

第九章 区分部

第六十五条 区分部为本党之基本组织。由区执行委员会或其他代理机关组织之，或自行组织之。但须经县执行委员会之核准。区分部人数无定，但须在五人以上。

第六十六条 区分部作用为党员间或党员与本党主要机关间之联络。但只有区分部成立之地方，区分部可作为主要机关。其职务如下：

甲、执行党之决议。

乙、征求党员。

丙、帮助区执行委员会进行党务。

丁、分配本党宣传品。

戊、收集党捐，分售本党印花、本党纪念相片、本党表记等。

己、选派出席区大会、县大会之代表，及初选省大会、全国大会之代表。

庚、执行上级机关之命令。

第六十七条 区分部党员大会至少两星期开会一次。

第六十八条 区分部须选举执行委员三人，组织区分部执行委员会。由执行委员会中互选常务委员一人。执行日常党务。每两星期须将其活动经过情形报告区执行委员会一次。

第十章 任 期

第六十九条 代表于会期终了时，其任务即为终了。但须向所代表之党部报告大会之经过及结果。

第七十条 中央执行委员、省执行委员、县执行委员、区执行委员任期定为一年，区分部执行委员任期为六个月。

第七十一条 中央及各省、各县、各区监察委员任期定为一年。

第七十二条 各省、各区、各县执行委员人数，与各省、各县监察委员人数，由中央执行委员会规定之。

第七十三条 各级党部执行委员、监察委员不得兼任其他党部执行委员、监察委员。但中央执行委员、中央监察委员经各该委员会之许可，得兼任其他党部执行委员、监察委员。

第十一章 纪 律

第七十四条 凡党员须恪守纪律。入党后即须遵守党章，服从党义。其在本党执政地方及在军事时期，尤须严行遵守。党内各问题，各得自由讨论，但一经议决后，即须一致进行。【注意】本党领有历史的使命而奋斗。我国领土之完全自由及和平，全赖本党奋斗之成功。欲求此成功，必赖纪律之森严。党之成败，全系于此；望共勉之！

第七十五条 凡不执行本党决议者，破坏本党章程者，违反本党党义及党德者，须受以下处分：党内惩戒，或公开惩戒，并在党报上详细登出原委，及暂时或永久开除党籍。已开除党部之党员，不得在本党执政地方之政府机关服务。如地方全部有上述行动者，须受以下处分：

甲、全部党员再行登记，分别去取。

乙、全部解散，并在党报上登出原委。

第七十六条 凡党员个人或全部被弹劾时，须由该部监察委员会详细审查后，由该部执行委员会判决处分。对于执行委员会之处分，如认为不当时，得上控于上级执行委员会以及全国代表大会。但未得全国代表大会表示意见以前，此处分仍须执行。全国代表大会得判决个人或全部恢复党籍，但中央执行委员会尚未执行时，此判决仍不发生效力。各级党部被弹劾时，须由上级党部监察委员会详细审查后，由该上级党部执行委员会判决处分。

第十二章 经 费

第七十七条 本党党费以党员所纳之党费，党之高级机关之补助，及其他收入充之。

第七十八条 党费每月每人应缴银二角。党员遇失业、疾病等事故时，经在所属党部登记后，得免缴党费，但该部须将此情由报告上级执行委员会。

第七十九条 党员未得允许而不缴纳党费至三个月者，即停止其党员资格。

第十三章 国民党党团

第八十条 在秘密、公开或半公开之非党团体，如工会、俱乐部、会社、商会、学校、市议会、县议会、省议会、国议会之内，本党党员须组成国民党党团，在非党团体中扩大本党势力，并指挥其活动。

第八十一条 在非党团体中，本党党团之行动，由中央执行委员会详细规定之。

第八十二条 党团须受所属党部执行委员会之指挥及管辖，例如省议会内之党团，受该省党部执行委员会之指挥及管辖；国议会内之党团，受中央执行委员会之指挥及管辖；俱乐部等团体内之党团，受该地党部执行委员会之指挥及管辖。

第八十三条 执行委员会各党团间意见有不合时，须开联合会议解决之。不能解决时，得报告上级执行委员会决定。未得上级委员会决定时，党团须执行所属党部执行委员会之议决。

第八十四条 党团内，党员个人得党团允许时，得于所在活动之团体内受职，并得调任他职。国会内党团之党员受委阁员时，必须先得所属党团及中央执行委员会之允许。

第八十五条 党团内须选举职员，组织干部，执行党务。

第八十六条 所在活动之团体，一切议题须本本党政策、政略，先在党团内讨论，以决定对各问题应取之方法。所定方法，并在该团体议场上一致主张及表决。党团在所在活动之团体内，须有一致及严密之组织。各种意见可在党团秘密会议中发表。但对外须有一致之意见行动。如违反时，即作为违反党之纪律，须受党之处分。

第八十七条 党员在议会者，须先自具向议会辞职书，贮在所属党部执行委员会处。如与党之纪律大有违反时，其辞职书即在党报上发表，并且须本人脱离该议会。

附则：

第八十八条 本章程解释之权在最高党部。

第八十九条 本章程由全国代表大会议决公布之日起发生效力。

同时依《总章》选出中央执行、监察委员，依照新章，改组各级党部。一月十九日再开代表会，讨论改组问题。

逸仙主席报告道："同志诸君！现在的问题是'国民党改组问题'。我们自办中华革命同盟会以来，有很大的力量表现出来，就是把满洲专制政府推倒。但是推倒满洲专制政府之后，官僚的流毒日益加甚。革命的破坏虽然有一部分相当的成功，建设方面却是一点没有尽力，一毫没有成绩。这十三年来，政治上、社会上种种的黑暗腐败，比满清专制时代更甚几倍。人民的困苦，农民竭血汗还不足供捐税，商业更濒于破产，工人简直无工可做，无钱不能担负学费的人更没有读书的希望，即是军人也俸给菲薄不能瞻家：各界无不站在困苦的顶点上。日甚一日，年复一年。只有一班政蠹、军阀、帝国主义的走狗愿意这样，只求利他个人，不愿祸及天下万世。反革命派不求受祸的真理，但以辛亥革命后人民更苦为口实，为利器，而攻击我们革命党，说我们'只有破坏的能力，无建设的能力'。这种话，我们革命党虽不肯承认，然而事实上确是如此。这都因为是我们败坏后，没有机会来建设。我们秉政时的南京政府只得三月；到了北京政府的时候，政权都归于反革命党袁世凯等一班专制遗孽手内，此后革命党在政治上就没有建设的机会。不仅如此，且至于逃亡海外，在自己领土之内不能立足。自民国成立后，政权皆操之于反革命派手内，故虽革命党对于政治上、社会上做了种种的破坏，而苦于无机会实行主义的建设。故从各方面看来，中国自革命后并无进步，反为退步。但此并非革命党的初心。今人民皆以此归咎于革命党，我革命党不能不受。在满洲政府未倒、革命未成功以前，革命党之奋斗，重在宣传其主义于全国之人民；故人民均急希望革命之能成功，视'革命'二字为神圣。成功后不能如其所期，顿使人民大失所望。这种事实，谁负其责？革命党不能不负这责任。人民以各种痛苦归咎于我们，我们实难辞其责，因为都由于我们所用方法不对。"

"现在回想革命未成功以前，党人牺牲性命，为国效力，艰难冒险，努力奋斗，故能成功。武昌起义，全国响应，民国告成，一时反对革命的人都变为赞成革命的人。这种人的数目，多于革命党何止数十倍？故其力量比革命党大若干倍。

此辈反革命派即旧官僚，一方参加革命党，一方反破坏革命党，故把革命事业弄坏。实因我们方法不善；若有办法、有团体来防范他，用对待满清的方法对待他，则反革命派当然无所施其伎俩。”

“有个俄国革命同志曾对我说：‘中国反革命派的聪明本事，俄国反革命派实望尘莫及。俄之反革命派为官僚与知识阶级，当革命党发难时，均相率逃诸外国，故俄国革命党能成功。而中国的反革命派聪明绝顶，不仅不逃避，反来加入，卒至破坏革命事业。而革命党人流离转徙，几至消灭。到了今日，只西南数省为一片干净土，余均为反革命派所得。’”

“由这一点看来，革命党有力量推倒满清，使反对者投降于革命党旗帜之下。但是何以革命不能成功？皆由于方法未善之过，使反革命派能乘隙以入，施其破坏而不觉。虽至失败，尚不知其何以失败的缘由。若当时有办法，有团体，先事防范，继续努力奋斗下去，建设起来，那么，只需三年的时期，其效果必有可观，决不至如今日之一无成绩。”

“中国革命六年后，俄国才有革命。俄国革命党不仅把世界最大威权之帝国主义推翻，且进而解决世界经济、政治诸问题。这种革命，真是彻底的成功！这都是方法良好的原故。方才俄国的朋友对我所说的话，乃是旁观者清。当局的人，尚设想不到。但俄国的反革命派，并非真正不如中国反革命派的聪明厉害，且百倍过之。不过俄国革命党聪明厉害，又过于他们百倍罢了。中国的革命党经验不多，遂令反对派得尽其技；没有俄国那种好方法以防范反革命派，使其不能从中破坏。故俄国虽迟我们六年革命，而已成功；我虽早六年革命，而仍然失败。”

“此次改组，就是从今天起，重新做过。古人有言：‘以前种种，譬如昨日死；以后种种，譬如今日生。’由今日起，将十三年前种种可宝贵、最难得的教训和经验，来办以后的事。以前有种种力量来创设民国，以后便有种种力量改造政治。由今天起，按照办法条理，合全国而为一，群策群力，努力而行，那么，将来的成绩必定更加伟大。这就是今后的唯一大希望。此次改组，即本此意。改组之能成功与否，全凭着各同志之能否负责联络与努力奋斗而定。若能如此，则中国事业大有可为。我国人民身受十三年的痛苦，吾党此次应在最短时期内解放之，将国家障碍完全消灭。此次改组各种办法，已由临时中央执行委员会筹备许久。“总章”、“政纲”已由代表大会修改通过。今提出‘中国国民党改组问题’，请大家详细讨论组织上应注意之点。”

“这问题系此次大会的精神生命，应大家同负责任。诸君系本党各省代表，须要负责回各省报告宣传，将国民党的精神、主义、政纲完全发表，并使各地党部严密依照决议组织，应使之实现。此后即可管束吾人之一切举动，故须详细审慎研究。大家通过后，不能随意改变，都应遵守，完全达到目的，才算大功告成。”

逸仙说毕，各代表即开始讨论。最后决定即日通告海内外各级党部，克期依照总章改组成立。同时注意组织的分子，对于军阀、官僚、大资本家、大地主、买办阶级等及其走狗，应特别防止其加入党中来捣乱。以前的同志，概须一律在一定的期限内，在任何省特别区、特别市党部及海外各党党部依法登记。过期不登记，即不认其有党员资格。各党部对于来登记之分子，亦应审查其历史及人格，以免投机分子再羼杂在党内。

组织上已经有充分的策略和准备，逸仙便注意到纪律与训练方面。代表大会散会后，即召集中央执行委员会，议决分组组织、宣传、海外、妇女、军人、工人、商民、农民、青年等部及秘书处。逸仙便以总理资格—依章当然主席—提出“党员须牺牲个人，严守纪律，努力工作建议案”。委员会一致照原文通过，即令行各级党部道：

为通告事：

本党自中华革命同盟会以来，历三十余年之奋斗，苦心孤诣，百折不挠，立志不可谓不专，用力不可谓不勤。然时至今日，核其成功，仍若是之鲜者，固由其始之组织未密，训练未周所致。然而一般党员对于党与个人之关系，容有未能了解，亦为重要原因之一也。

夫结合多数之同志以成党，即应集中权力于党，以约束多数之同志。故凡属党员，只有服从党之行动，而无党员个人之自由；只有以本身之能力贡献于党，以达党之目的，断不能反藉党之能力，以谋个人之活动。盖党之成功，即党员个人之成功。若各藉党以求党员个人之成功，其结果必令党受莫大之损失，而终归于失败；即在党员个人，亦无成功之可言。故牺牲党员个人之自由，即所以保障党之自由。集合多数党员之能力而成党的能力，即为一党成功之张本。反是，则未有不归于失败！

党与个人之关系既如上述。因此，凡属党员之任职于党政府下之军政、民政、财政各机关者，无论任职之大小，皆须明了本身之置身仕途，乃为希望达到党的目的而从政；非为希望达到个人的目的而从政。若误认为希望达到个人的目的而从政，根本上即发生矛盾。根本上既发生矛盾，则操之无本，措亦乖宜，且不啻于党中自树一敌。其损害何可胜道！

各同志当知本党万不能牺牲一党以满足个人欲望；故任职的党员，比之一般的党员，须格外绝对服从党义。一经入党，则个人行动，一切皆范围于党的行动，谨守本党政策，以博得多数人民之信仰。而本党基础，乃赖之以臻于巩固。

兹为策励各同志益加奋勉起见，标明三义，俾有遵循。若夫防制逾越，则有本党法律在焉！

第一，“严守本党主义”：表党第一次全国代表大会宣言已证明“三民主义为中国唯一生路”。本党总理历次讲演，对此曾加以郑重阐明。各同志之任职于党政府之下者，对于主义的宣传与任用须加倍努力，使本党为革命民众之归纳——根据。

第二，“实行本党策略”：本党所定对外政策凡七事，对内政策凡十五事，既条张日举，准备实行，任职党员，握有权位。当奋全力以起之！庶几代表本党行动，以饫群众所望。

第三，“与民众同甘苦”：革命期间，须先有所牺牲，以为取得成功之代价。今日党政府下之民众，其所牺牲者甚巨！然而不稍形离畔音，盖期望于本党良般也。任职党员当如何刻苦自励，以慰藉民众！其有纵恣骄横，尊养而优处者，已为民众所弃；甚焉者，藉党营私，务充一己之欲壑，固不独腾谤民众，且使本党失去信用与期望于民众，徒供彼一人为怨府之具，此尤为本党所不容矣！

上述主义，所促各同志之醒悟。各同志须知本党此次改组动机，原欲令本党成一有组织，有威权之党，以负荷“国民革命”的重大使命！若是，则端赖各同志为党努力，以党的成功赅括个人的成功。不然，步骤之不齐整者如故，叫嚣隳突而莫衷一是者如故，是则本党之改组为多事，党员之入党为别有所图，甚非本党总理毅然改组之所望也。愿与各同志共勉之！

中国国民党中央执行委员会

主席孙文

第九十八回

固基础黄埔立军校　讨贿选浙沪起雄师

国民党改组完成，逸仙便着手组织军官学校。得友邦的援助，筹得巨款，选定黄埔为军校地址，便令廖仲恺、蒋中正切实筹备。并手订教学课程，先令拣选勇敢精强的下级军官，施主义的训练及政治知识，然后即以这训练完成的军官作学校下级干部。

在这筹备期间，杨希闵、刘震寰等深恐军校组织成立，有了党军，他们便不能要挟盘踞，便百端的破坏，想破坏军官学校，使不能成立。逸仙因东征的结果，已深知滇、桂军这样的军队，不但不能担负革命的使命，为主义而奋斗，并且破坏主义，实行反革命。若不组织党军，国民革命的目的决不能达到；自由平等的幸福，人们永远享受不着。因此无论如何艰难，如何困苦，反革命的军阀如何设计阻挠，终是以大无畏的精神和决心，不顾一切，专心办理党立陆军军官学校。

逸仙一面筹备军官学校，一面谋革命政府的建设和三民主义的完成。全国代表大会散会后，即开始讲演三民主义。一月二十七日起，每周或隔数日讲演一次；至四月二十六日，共讲《民族主义》六篇、《民权主义》六篇。(《民生主义》于八月三日开讲，至二十四日，方讲四题而中辍；后卒未完成，天下惜之！）同时制定《国民政府建国大纲》，为国民政府之根本组织方法及施政的方针。大纲如下：

制定建国大纲宣言

自辛亥革命以至于今日，所获得者，仅“中华民国”之名。国家利益方面，既未能使中国进于国际平等地位；国民利益方面，则政治、经济荦荦诸端无所进步，而分崩离析之祸，且与日俱深。穷其致此之由，与所以救济之之道，诚今日当务之急也。

夫革命之目的，在于实行三民主义。而三民主义之实行，必有其方法与步骤。三民主义能及影响于人民，俾人民蒙其幸福与否，端在其实行之方法与步骤如何。文有见于此，故于辛亥革命以前，一方面提倡三民主义；一方面规定实行主义之方法与步骤，分革命建设为“军政”、“训政”、“宪政”三时期，期于循序渐进，以完成革命之工作。辛亥革命以前，每起一次革命，即以主义与建设程序宣布于天下，以期同志暨国民之相与了解。辛亥之役，数月以内，即推倒四千余年之君主专制政体，暨二百六十余年之满洲征服阶级，其破坏之力，不可谓不巨！然至于今日，三民主义之实行，犹茫乎未有端绪者，则以破坏之后，初未尝依预定之程序以为建设也。盖不经军政时代，则反革命之势力无由扫荡，而革命之主义亦无由宣传于群众，以得其同情与信仰。不经训政时代，则大多数之人民久经缚束，虽骤被解放，初不了知其活动之方式，非墨守其放弃责任之故习，即为人利用，陷于反革命而不自知。前者之大病，在革命之破坏不能了澈；后者之大病，在革命之建设不能进行。辛亥之役，汲汲于制定《临时约法》，以为可以奠民国之基础，而不知乃适得其反。论者见《临时约法》施行之后，不能有益于民国，甚至并《临时约法》之本身效力，亦已消失无余；则纷纷然议《临时约法》之未善，且斤斤然从事于宪法之制定，以为藉可救《临时约法》之穷。曾不知症结所在，非由于《临时约法》之未善，乃由于未经军政、训政两时期，而即入于宪政。试观元年《临时约法》颁布以后，反革命之势力不惟不因以消灭，反得凭藉之以肆其恶，终且取《临时约法》而毁之。而大多数人民对于《临时约法》，初未曾计及其于本身利害何若。闻有毁法者，不加怒；闻有护法者，亦不加喜。可知未经军政、训政两时期，《临时约法》决不能发生效力。夫元年以后，所恃以维持民国者，惟有《临时约法》，而《临时约法》之无效如此；则纲纪荡然，祸乱相寻，又何足怪？

本政府有鉴于此，以为今后之革命，当赓续辛亥未完之绪，而力矫其失。即令后之革命，不但当用力于破坏，尤当用力于建设，且当规定其不可逾越之程序。爰本此意，制定《国民政府建国大纲》二十五条，以为今后革命之典型。

《建国大纲》第一条至第四条，宣布革命之主义及其内容。第五条以下，则为实行之方法与步骤。其在第六七两条，标明军政时期之宗旨，务扫除反革命之势力，宣传革命之主义。其在第八条至第十八条，标明训政时期之宗旨，务指导人民从事于革命建设之进行。先以县为自治之单位，吁一县之内，努力于除旧布新，以深植人民权力之基本，然后扩而充之，以及于省。如是则所谓自治，始为真正之人民自治，异于伪托自治之名，以行其割据之实者。而地方自治已成，则国家组织始臻完密。人民亦可本其地方上之政治训练，以与闻国政矣。其在第十九条以下，则由训政递嬗于宪政所必备之条件与程序。

综括言之，则《建国大纲》者，以扫除障碍为开始，以完成建设为依归；所谓本末先后，秩然不紊者也。

夫革命为非常之破坏，故不可无非常之建设以继之。积十三年痛苦之经验，当知所谓人民权利与人民幸福，当务其实，不当徒袭其名。倘能依《建国大纲》以行，则军政时代已能肃清反侧，训政时代已能扶植民治；虽无宪政之名，而人民所得权利与幸福，已非藉宪法而行专政者所可同日而语。且由此以至宪政时期，所历者皆为坦途，无颠蹶之虑。为民国计，为国民计，莫善于此！本政府郑重宣布今后革命势力所及之地，凡秉承本政府之号令者，即当以实行建国大纲为唯一之职任。

兹将建国大纲二十五条开列于左：

国民政府建国大纲

一、国民政府本革命之三民主义、五权宪法以建设中华民国。

二、建设之首要在民生，故对于全国人民之食、衣、住、行四大需要。政府当与人民协力。共谋农业之发展、以足民食；共谋织造之发展，以裕民衣；建筑大计划之各式屋舍，以乐民居；修治道路运河，以利民行。

三、其次为民权。故对于人民之政治知识能力，政府当训导之，以行使其选举权，行使其罢官权，行使其创制权，行使其复决权。

四、其三为民族。故对于国内之弱小民族，政府当扶植之，使之能自决、自治。对于国外之侵略强权，政府当抵御之，并同时修改各国条约，以恢复我国际平等，国家独立。

五、建设之程序分为三期：一曰，“军政时期”；二曰，“训政时期”；三曰，“宪政时期”。

六、在军政时期，一切制度悉隶于军政之下。政府一面用兵力以扫除国内之障碍；一面宣传主义以开化全国之人心，而促进国家之统一。

七、凡一省完全底定之日，则为训政开始之时，而军政停止之日。

八、在训政时期，政府当派曾经训练、考试合格之员，到各县协助人民筹备自治。其程度以全县人口调查清楚，全县土地测量完竣，全县警卫办理妥善，四境纵横之道路修筑成功，而其人民曾受四权使用之训练，而完毕其国民之义务，誓行革命之主义者，得选举县官，以执行一县之政事；得选举议员，以议立一县之法律；始成为一完全自治之县。

九、一完全自治之县，其国民有直接选举官员之权，有直接罢免官员之权，有直接创制法律之权，有直接复决法律之权。

十、每县开创自治之时，必须先规定全县私有土地之价。其法由地主自报之，地方政府则照价征税，并可随时照价收买。自此次报价之后，若土地因政治之改良、社会之进步而增价者，则其利益当为全县人民所共享，而原主不得而私之。

十一、土地之岁收，地价之增益，公地之生产，山林川泽之息，矿产水力之利，皆为地方政府之所有，而用以经营地方人民之事业，及育幼、养老、济贫、救灾、医病与夫种种公共之需。

十二、各县之天然富源以及大规模之工商事业，本县之资力不能发展与兴办，而须外资乃能经营者，当由中央政府为之协助。而所获之纯利，中央与地方政府各占其半。

十三、各县对于中央政府之负担，当以每县之岁收百分之几为中央岁费，每年由国民代表定之。其限度不得少于百分之十，不得加于百分之五十。

十四、每县地方自治政府成立之后，得选国民代表一员，以组织代表会，参预中央政事。

十五、凡候选及任命官员，无论中央与地方，皆须经中央考试，铨定资格者乃可。

十六、凡一省全数之县皆达完全自治者，则为宪政开始时期。国民代表会得选举省长，为本省自治之监督。至于该省内之国家行政，则省长受中央之指挥。

十七、在此时期，中央与省之权限，采均权制度。凡事务有全国一致之性质者，划归中央；有因地制宜之性质者，划归地方。不偏于中央集权或地方分权。

十八、县为自治之单位。省立于中央与县之间，以收联络之效。

十九、在宪政开始时期，中央政府当完成设立五院，以试行五权之治。其序列如下：曰“行政院”，曰“立法院”，曰“司法院”，曰“考试院”，曰“监察院”。

二十、行政院暂设如下各部：一、“内政部”，二、“外交部”，三、“军政部”，四、“财政部”，五、“农矿部”，六、“工商部”，七、“教育部”，八、“交通部”。

二十一、宪法未颁布以前，各院长皆归总统任免而督率之。

二十二、宪法草案当本于建国大纲及训政、宪政两时期之成绩，由立法院议订，随时宣传于民众，以备到时采择施行。

二十三、全国有过半数省分达至宪政开始时期，即全省之地方自治完全成立时期，则开国民大会决定宪法而颁布之。

二十四、宪法颁布之后，中央统治权则归于国民大会行使之。即国民大会对于中央政府官员有选举权、有罢免权；对于中央法律有创制权、有复决权。

二十五、宪法颁布之日，即为宪政告成之时。而全国国民则依宪法行全国大选举。国民政府则于选举完毕之后，三个月解职，而授政于民选之政府。

为建国之大功告成。

六月初，蒋中正、廖仲恺率同奉令筹备军官学校的王柏龄、何应钦来见逸仙，报告“军官学校已经筹备完竣”。逸仙便问：“下级干部训练程度怎样了？可曾将课程讲授完毕？招生的成绩何如？”中正答道：“下级干部已经教授完毕。除实无造就希望、无法纠正的分子已经扬除外，现在留用的都很有精神，很有思想。招生的成绩极好；各处投考的竟超过定额将近十倍。已经取录的学生体格很好，科学的根底，对于主义的信仰，从试卷上考查都有相当资格。只有品性一项，一时不能明了，只好开学后留心考察，再行甄别一次，汰去不良分子，以副总理的期望。”逸仙听了，甚为高兴。便令于六月十六日开学，并委蒋中正为校长，廖仲恺为党代表，王柏龄、何应钦等为教官。

到了六月十六日早上，逸仙和宋庆龄夫人偕同汪精卫、胡汉民等一班革命老同志，及秘书黄昌谷齐到黄埔。蒋中正、何应钦、王柏龄等率领全班学生列队出迎。号兵乐队一齐吹奏四番号音，全体撇刀举枪致敬。逸仙含笑答礼，从容进校。

中正率领全体学生列成团横队队形，按照秩序行礼：中正跑步报告到场人数毕，全体向党旗、国旗敬礼，然后向大元帅致敬。大元帅亲自授旗，乐队奏乐，号兵鸣号，官兵敬礼；中正举手受旗，归队后举旗敬礼，并率领全体宣誓。随即发口令：“成团纵队——走！”队长挥刀，领全体学生一排一排的向左跑去，列成团纵队；司号长领号兵列在队头。队形列成，中正又发“成排走！”令。号音起处，各队长、学生一齐开正步，一排一排的向大元帅跟前走过。“向右——看！”“向前——看！”的口令，和军官撇刀的闪烁金光，夹着雄壮的号音，十分威武。队伍走完，中正便发口令，调成方阵。

阅兵式行过，逸仙便缓步走到方阵中间，训话道：“来宾、教员、学生诸君：今天是中国国民党陆军军官学校开学的日期。我们为什么有了这个学校呢？为什么一定创设这个学校呢？诸君要知道中国的革命有了十三年，现在得到的结果，只有‘民国’的虚名，没有‘民国’的实际。照这样看来，中国革命十三年，直到今天只得着一个空名。所以中国十三年来的革命，完全是失败！就是到今天也还是失败！

“至于世界上的革命，在我们以后发生的情形是怎样呢？六年前，有一个邻国，和中国毗连有一万多里，跨欧、亚两洲而立国，比中国的面积还要大，在欧战之前，是世界上头一个强国；当欧战期内，便发生革命。他们的革命，后过我们六年，这个邻国是谁呢？就是俄国。俄国革命虽然是在中国革命的六年之后，但是说到结果，他们的是彻底成功。我们拿两国的历史来比较：就对内一方面说，中国从前革命，是对外来的满洲人。满清皇帝的威权，到我们革命的时候，已经是很薄弱，政治也是很腐败；当那个时候，满清的国势是世界上最衰微的国家。

比较俄国对他们皇帝革命时候的情形是怎么样呢？俄皇是本国人，又是俄国的教主，在国内的威权是第一；当没有革命的时候，俄罗斯的国势是世界上最强盛的国家。像这样比较，可以说中国是对权势很薄弱的皇帝来革命；俄国是对权势很强盛的皇帝来革命。所以就对内这一方面讲，中国革命是很容易的，俄国革命是很艰难的。就对外一方面说，俄国革命之后，所遇到的障碍是很大的；中国革命之后，毫没有人干涉。在革命之前，外国人虽然有瓜分中国的言论，我们也怕到革命的时候，受列强的干涉。但是发生了革命之后，列强毫没有理会。俄国发生了革命之后，遇到外国人的障碍，不止是言论，并且实受兵力的干涉，各国军队侵进俄国境内的，有英国、法国、美国、日本、意大利以及其他各小国的军队；外国人集合全世界的力量来干涉俄国。像这样看来，我们革命只在内对付一个很衰弱的政府；俄国革命在内要对付一个威权很大的政府，在外还要对付全世界的列强。所以便就对外那一方面讲，中国革命也是很容易的；俄国革命也是很艰难的。为什么俄国遇了那样大的艰难，遇了那样多的敌人，还能够在六年之内，把所有的障碍都一概打消，革命是彻底的成功；我们革命的时期，比较俄国要长一半，所遇的障碍又不及俄国的大，弄到至今，革命还是不能成功呢？由中国和俄国革命的结果不同，推求当中原因，便是我们的一个大教训。因为知道了这个教训，所以有今天这个开学的日期。这个教训是什么呢？就是俄国发生革命的时候，虽然是一般革命党员做先锋去同俄皇奋斗，但是革命一经成功，便马上组织革命军。后来因为有了革命军做革命党的后援，继续去奋斗，所以就是遇到了许多大障碍，还是能够在短时间之内大告成功。中国以前革命的时候，革命党员在广州奋斗的，有最著名的黄花岗七十二烈士；在各省舍身奋斗的同志也不在少数。因为有这些先烈的奋斗，影响所及，所以武昌一声起义，便各省风起云从的响应，推倒满清专制政府，成立中华民国；我们的革命才有一部分的成功。但是后来没有革命军继续革命党的志愿，所以虽然有了一部分的成功，到了今天，一般军阀官僚，还不敢明目张胆更改中华民国的名称。至于说到民国的基础，一点都没有。这个原因，简单的说就是由于我们革命只有革命党的奋斗，没有革命军的奋斗。因为没有革命军的奋斗，所以一般军阀、官僚便把持民国，我们的革命便不能完全成功。

“我们今天要创立这个学校有什么希望呢？就是要从今天起，把革命的事业重新来创造。要用这个学校里的学生做基础，成立革命军。诸位学生就是将来革命军的骨干。有了这种好骨干，成了革命军，我们的革命事业就可以成功；如果没有这种好骨干，没有好革命军，中国的革命永远还是失败。所以今天在这里设立这个军官学校，独一无二的希望，就是‘创造革命军救中国的危亡’！

“什么东西叫做‘革命军’呢？诸君到这个学校里来求学，要怎样立志才可以做革命军呢？要有什么资格才叫做革命军呢？我们要知道怎么样才可以做革命军，便要拿先烈做模范。要拿先烈做模范，就是要学革命党，要学革命党的奋斗。有和革命党的奋斗相同的军队，才叫做‘革命军’。中国的革命虽然有了十三年，但是所用的军队，没有一部是和革命党奋斗相同的。我敢讲一句话：中国在这十三年之中，没有一种军队是革命军。现在在广东偕同我们革命党奋斗的军队本来不少，我都不敢说他们是革命军。他们这些军队既是来同我们革命党共事，为什么我还不叫他做革命军呢？我之所以不敢以革命军的名号加之于这些军队之上的理由，就是因为他们内部的分子过于复杂，没有经过革命的训练，没有革命的基础。什么是革命的基础呢？就是要有革命先烈那一样的行为。有了那一样的行为，才叫做革命的基础。至于现在广东的这些兵士，对先烈的那些行为还是莫明其妙。而且中国此刻是民穷财尽，一般民众都是谋生无路。那些人在没有得志以先，因为生计困难一受了家室之累一都是说要来革命。到了后来，只要稍许得志，就将所服从的革命主义束之高阁，甚或抛诸九霄云外，置之不理。所以在两年之前，竟有号称革命同志的陈炯明军炮攻观音山大总统府，拆革命政府的台。从前叫做革命军，同在一个革命政府之下的军队，因为利害不同，竟会倒戈相向，做敌人所做不到的行为。因此知道不彻底明白革命主义的军队，究竟不能除却自私自利的观念。如果和他们本身利害相反，马上就靠不住，就成为敌人。所以我们的革命总是失败。

“我今天到此地来和诸君讲话，是要把以往的成败当作一场南柯大梦，一概不要回顾他。‘以前种种譬如昨日死，以后种种譬如今日生。’我们从头再干起，重新再来创造革命的基础，另外成立一种由理想而实现的革命军，担负重大的国民革命的使命，使我们的主义得实行救世。诸君不远千里或数千里来这个学校里求学，自然是明白了我们的宗旨才来的，既是已经明白了我们的宗旨，要造成一种真的名实相符的革命军，一定富有这种志愿，来做革命的事业的。要做革命事业，从什么地方做起呢？就是要从自己的方寸之地“心”上做起。要把自己从前不好的思想、习惯和性质，像兽性、罪恶性和一切不仁不义的性质，都一概革除。所以诸君要在政治上革命，先要从自己的心上革命做起。自己能够在心上革命，将来在政治上的革命，便可希望成功；可以有完满的成功。如果自己不能在心上革命，就是此刻在这般设备完全的党立陆军军官学校里研究军事学，将来还是不能成革命军人，做革命事业。所以诸君要革命，便先要立革命的志气。此时有了革命的志气，将来便可以当革命军的将领，完成革命的事业。我们要把革命做成功，便要从今天起，立一个志愿：一生一世，都不存升官发财的心理，只知道做救国救民的事业，实行三民主义和五权宪法，一心一意的来革命，才可以达到革命的目的。如果不然，就是诸君将来成立军队，打许多胜仗，得许多土地，各人都能够扩充到几万人，还是不能够叫做革命军的。

“中国现在不好的军人可以分成两派，一派是在革命党内的军人，这派军人口头赞成革命，行动都是反对革命，所谓‘口是心非’；一派是在革命党外的军人，这派军人完全反对革命，只知道升官发财，时时刻刻都想推翻共和，恢复专制。诸君要将来维持共和，消灭这种军人；现在便要立志，要存心将来成功之后，不做自私自利的师长、旅长和一般横暴无道的军阀。诸君有了这种志气，才可以入革命的第二层门径。什么是革命的第二层门径呢？就是要学革命先烈的行为。革命先烈的行为，没有别的长处，就是不要身家性命，一心一意为国家奋斗。从前的奋斗是什么情形呢？大多数都是凭着赤手空拳，有了手枪、炸弹的，便以为是很好的武器。每次起义，总用很少的这种武器，去和武装完备、械弹充足的清兵奋斗。当时全国的清兵有多少呢？从前有旗下、绿营、水师和巡防营，后来又有新兵——常备军、练军——总共不下一百多万。譬如辛亥年三月二十九日，在广州城的，便有张鸣岐所带的陆师，李准所带的水师，和燕塘的许多新兵，及满洲的驻防军：总计不下五六万人。当时革命党的人数，不过是几百人。经过那次革命之后，死了的有七十二人。没有死的当然是很多。当时做选锋队的人才有武器，有武器的不过三百人，所打的敌人不止三万人。革命党只用三百人，便敢打三万多人，这就是革命党的见识。革命党的见识，都是敢用一个人去打一百人的。此刻在这里听话的，多是军事教员同军官学生。试问诸位教员：研究军事学，在战术中有没有这个道理呢？有没有一个人打一百个人的成例呢？依我看起来，无论古今中外，都没有这种战术。普通的战术，用一个人去打一个人，便以为了不得。古时的兵法，都说是‘倍则攻之，十则围之’。近时的兵法，用一个打一个人，非守即退。像这样的兵法，古今才叫做正当的战术。至于广州十三年前的革命，不但是用一个人去打一百个人，并且坐守广州的敌人都有快枪、大炮；进攻广州的革命党，只有手枪、炸弹。战到结果，革命党死了七十二人。后人以为是失败，但是革命党进攻两广总督衙门，撵走满清的两广总督张鸣岐；我们单就战论战，当时广州城内之战，可以说是成功。至于后来失败的原因，完全是由于预约的后援不到。就是推到那次选锋队的三百人武器还是不精良，如果人人都有精良的武器，那次革命简直可以说达到成功，并不是毫没有成功的希望。我们事后将敌、我两方的情形过细比较，那次革命不成功的原因，并不是三万个敌人能打败三百个革命党；实在是由于革命党内部的计划不周全。如果在发难之先计划周全，临事时不朝令夕更，那次革命绝对不是没有成功的希望的。

“辛亥年的革命，在广州发难之后，又有武昌发难。武昌发难的结果是成功。推到当时的情形是怎么样的呢？当时在武昌和汉口的革命党总共还不足三百人，其中真正革命党不过几十人，所有的枪全都没有子弹。临时到处搜索，只得着两盒子弹，一共只有五十颗。革命党分到了五十颗子弹，便在城内的工营队第八营里发难。城外炮队第八标立时响应，便拉两门炮进城，遥攻两湖总督衙门，撵走满清的两湖总督瑞澄，光复武昌城。这是十月十日，阴历八月十九日的事。至于当时驻在武昌的清兵，有第八镇的常备新军，有长江的海军，又有巡防营、旧绿营：总共不下两万多人。革命党只用几十个人去打两万多人，可以说是用一个人打五百个人。广州发难，用一个人打一百个人，结果是失败；武昌发难，用一个人打五百个人，结果是成功。同是以极少数的人打比较上是极多数的人，在广州是失败，在武昌便成功；所以革命的奋斗，不能一概而论。这种奋斗，是古今中外各国兵法中所没有的，只有革命历史中才有这种创例。我们继续来革命，按部就班，便不能说用少数不能胜多数。

“诸位教员有从外国学来的，有从保定学来的。从前各位在陆军学校所学得的、教授的都是普通军事学。此刻学成的先生再教授学生，一定也是从前所学的普通军事学。所以诸位学生在这个学校里，所学的学问，大概都是极寻常和极有规矩的普通军事学。诸君专拿这种学问，可不可以做革命军呢？做革命军的学问不是专从学问中求出来的，是从立志中发扬出来的。诸君在求学的时代，当然要听先生的指教，服从长官的命令。先生教了多少，便要明白多少。如果有绝顶聪明的人，或者有‘青出于蓝而胜于蓝’的。就是没有绝顶聪明，你要把先生所教的学问彻底了解，将来也有大用处。用诸君现在的情形和从前的革命党比较：从前的革命党都没有受过很多的军事教育，诸君现在这个学校之内，至少还有六个月的训练；从前的革命党只有手枪，诸君现在都有很好的快枪；从前革命党发难——集合在一处地方的——最多不过是两三百人，现在这个学校已经有了五百人。以诸君这样好的根本，如果是真有革命志气，只用这五百人和五百枝枪，便可以做起一件很大的革命事业！

“军队的能不能够革命，在乎各位将士有没有革命的志气；不在乎武器的精良不精良。如果没有革命的志气，不研究革命的道理，总不能发扬革命事业。像满清末年所练的新军、陆军都有很精良的快枪、大炮，海军有很坚固的战舰和鱼雷艇；到了武昌起义之后，便都归革命党所用。总而言之：革命是非常的事业。非常的事业，不可以常理论。从前留学日本和欧美各国的海陆军学生，我们总是设法运动，要他们加入革命党。但是有许多学生总是不肯加入，始终反对革命。他们那些反对革命的有知识军人是什么心理呢？过细考查，就是他们都有一种成见：自以为是军事专家。在我们革命党主张用一个人打一百人，用一百人打一万人；在他们受过军事教育的人看起来，以为这是古今中外战术中没有的道理，如何可以成功呢？这个道理，我们不必深辩，只要看后来中国革命推翻满清是谁造成呢？成功的时候，固然是有许多军事家的赞助，但是穷脉溯源，说起原动力，还是由于极少数的革命党所发起的。推到当时一般有知识的军人，以为用极少数打败极多数，是战术中决不能成功的定案。因为不赞成这个道理，便不赞成革命。因为那些军人都不赞成革命，所以从前的革命党，真有军事知识的人还是很少。辛亥年革命之所以大告成功，是由于全国已经发生了革命之后，段祺瑞便结合一般军人，联名通电，赞成共和，才能够达到推翻满清专制政府的目的。革命党因为降格相从，容纳他们的意见，收罗这一般军人，以后才得着军事上的顺利。所以辛亥年革命的成功，实在没有真正军事学识的军人。大家总要记得革命是非常事业，不是寻常事业。非常事业决不可以寻常的道理一概而论。现在求学的时代，能够学得多少便是多少，只要另外加以革命精神，便可以利用。如果没有革命精神，就是一生学到老死，记得满腹的学问，总是没有用处。我们现在才到这地开办这个军官学校，北方的官僚、军阀老早便办得有保定军官学校和北京陆军大学。用我们这个学校和他们的学校比较：他们学校成立的时间很久，人数很多，器械又完全；我们这个学校所处的种种地位，都是比他们的差得远。如果专就物质一方面来比较，又照常理论，我们怎么能够改造中国呢？不过北方的将领和兵士集合在一处，成立军队，不是为升官发财，就是为吃饭穿衣，毫没有救国救民的思想和革命的志气，在从前满清的时候，是这一种将士；现在遗传到曹锟、吴佩孚的，也是这一种将士。我们没有军事学识的革命党，从前既是能够消灭满清；将来富有军事学识的革命军，更是能够消灭那曹锟、吴佩孚。不过以我们现在所处的地位，要能够消灭曹锟、吴佩孚，根本上还要有革命的精神。若是没有革命的精神，他们的人多械足，我们不但是不能够消灭他们，恐怕反要被他们消灭。

“俄国在六年之前，一经发动革命，便同时组织革命军，以后着着进行，所以能够消灭旧党和外来的敌人，大告成功。我们现在开办这个学校，就是仿效俄国。中国革命有了十三年，到今天还要办这种学校，组织革命军，可见大凡建设一个‘新的国家’，革命军是万不可少的！

“诸君到这个学校来求学，又听过了我今天这一番的讲话，自然立志要做革命军。立志做革命军，先要有什么根本呢？要有高深学问做根本，有了高深学问，才有大胆量；有了大胆量，才可以做革命军。所以做革命军的根本还是在高深学问。要造就高深学问，是用什么方法呢？造就高深学问的方法，不但是每日在讲堂之内，要学先生所教的学问；还要‘举一隅而三隅反’，自己去推广。在讲堂之外，更须注重自修的工夫，把关于军事学和革命道理的各种书籍及一切杂志报章，都要参考研究。研究有了心得之后，一旦融会贯通，自然可以发扬革命的精神，继续先烈的志愿，舍身流血，造成中华民国的基础，使三民主义完全实现，革命大告成功，像俄国一样，我们中国才可以同世界各国并驾齐驱，中国的民族才可以永远的生存于人类。假若革命不能成功，中国便要亡，四万万人便要灭种，国亡种灭，都是诸君自身的利害，这是不能不挽救的。要挽救这种危亡，只有革命军。所以我们一定要创立这个学校，要造成革命军。革命军是救国、救民的军人，诸君都是将来革命军的骨干，都担负着救国、救民的责任。既是负担着救国、救民的责任，便要从今天起，先在学问上加倍去奋斗；将来毕业之后，组织革命军，对于共和的障碍，更是要同他们拼命。要能够用一个人去打一百个人。这种用一个人去打一百个人的本领，是靠什么为主呢？当革命军的资格，是要用什么人做标准呢？简单的说：就是要用先烈做标准，要学先烈的行为，像他们一样舍身成仁，牺牲一切权利，专心去救国。像这个样子，才能够变成一个不怕死的革命军人。革命党的资格，就是要不怕死。要用什么方法才可以不怕死呢？这种方法，说来说去，还是要学先烈。我今天在这地同诸君讲话，便是一个后死的革命党。从前每次革命的时候，我常常参加，总没有一次贪生畏死。但是每次流血，都没有流到我的身上。所以今天还能够同诸君讲话，把不怕死的道理口传给诸君。我敢说革命党的精神没有别的秘诀，秘诀就在不怕死！要能够有这种大勇气在心中，就是视死如归。人生随时都可以死，只要死的能够成仁取义。明白了这种道理，便能够说‘死是我们所欢迎的！遇到了敌人的枪炮子弹能够速死，更是我们所欢迎的！’有了这种大勇气和大决心，我们便能够用一个人去打一百个人。因为敌人的观念，要生才是享幸福；我们的观念，要死才是享幸福，一死便得其所。生死的观念，在敌、我两方面的精神过于悬殊，自然不能对敌，我们自然是有胜无败。

“这种以死为幸福，要求速死的道理，并不是凭空的理想，完全是事实。像从前日本有一个中国留学生，叫做陈天华。他发扬了革命的精神，还没有到革命的时机，求死不得，便在日本投海而死，以死报中国。英国又有一位留学生，叫做杨笃生，也是因为明白了革命的道理，没有革命的时机，不能做革命的事业，看到中国太腐败，要以速死为享幸福，便在英国投海而死，以死报中国。像陈天华、杨笃生他们是什么人呢？他们就是革命党，实是热心血性的真革命党！他们都是由于求死所而不得，所以迫到投海；实在是可惜！但是由陈天华、杨笃生两个人投海的道理，便可以证明一般人只要感受了革命的精神，明白了革命的道理，便可以视死如归，以为革命而死是很高尚、很难得和很快乐的事。如果在战场上，遇到了自己主义上的敌人，受敌人枪炮的子弹而死，当然更以为是死得其所了。从前的真革命党，因为都有这种乐死的性质，所以敢用一个人去打一百个人，所以敢于屡次发难来革命，所以革命能够成功。这种先例，是古今中外兵书中所没有的，只有革命史中才有这种成例。这种成例是非常的成例，我们要学这种非常的成例，便要有非常的志气；有了非常的志气，便能够看破生死关头，以死为幸福。如果人人都能够以死为幸福，便能够以一百人打一万人，以一万人打一百万人。假若我们现在有一万人的革命军，马上便可以定中国。因为此刻反对革命的全国军队总共不过一百万人，只是为此刻我们没有一万人的革命军，所以那般贪暴无道的军阀敢横行全国，无恶不作，事事要害国，天天要推翻共和。我因为要维持共和，消灭这般贪暴无道的军阀，所以要诸君不怕死，步革命先烈的后尘。更要用这五百人做基础，造成——实现——我理想上的革命军。有了这种由理想而成事实的革命军，我们的革命便可以大告成功，中国便可以挽救，四万万人便不至灭亡。所以革命事业，就是救国、救民！我一生革命，便是担负这种责任。诸君都到这个学校里来求学，我要求诸君便从今天起，共同担负这种责任！”

逸仙演说毕，全体官长、学生均为感动，一个个义形于色，恨不得马上就将军阀、官僚、帝国主义一齐铲尽。

接着汪精卫、蒋中正、廖仲恺及来宾都有很正大的演说，勉励备至。蒋中正又代表答谢，率全体行礼，方才摄影散队。逸仙因为这是国民党革命的一个大转机，便和蒋中正、王柏龄、何应钦合摄一影——逸仙中坐，中正立在后面，柏龄、应钦分立左右——以作纪念，且表示与中正等同负创造党军的责任。

自此，中正全神贯注在军官学校，昼夜尽力于军事学和党的训练。逸仙屡次考查，见学生人人精神焕发，思想清明，甚为满意。一班毕业之后，便开始编练党军。

且说浙江原在皖系健将卢永祥统治之下。永祥由淞沪护军使调升浙督时，便将上海地盘交给嫡系旅长何丰林，使他继任护军使：一为浙江屏障，一为占有全国第一财富之区的上海。但是上海历史上本属江苏管辖，如此大好肥肉，江苏督军岂有不想收为己有之理？何况本属辖境，实行统权，更是振振有辞？苏督李纯被刺死以前，便叠次交涉，要收回上海，无奈何丰林仗着皖系威势和卢永祥的指使，不仅置之不理，竟把江苏军、民两长没放在眼里，跋扈异常。加之上海的绅士都和卢、何二人勾结，全国各界因为直系倒行逆施，深怀怨恨，对于浙江的行为颇表赞同。李纯见人心如此，不敢轻起战争，隐忍作罢。齐燮元继续苏督，即想收回淞沪。奉、直战时，两省将要冲突，绅商各界竭力奔走和平，同时奉军失败迅速，浙省动手不及，得以幸免战祸。但卢永祥自直、皖战后，便与北京不生关系，宣布自治。曹锟贿选告成，永样更怒不可遏．首先通电声讨，并与北京停止公文往返，以示不认曹锟为总统之坚决。

此后，政学系张作霖、段祺瑞、西南革命政府均有代表到浙江，商量合讨叛国的曹、吴。同时，国会议员纷纷南下，齐集上海，和唐绍仪等之同议，拟在杭州组织政府。

十二年十一月十日，淞沪警察厅厅长徐国梁由爱多亚路温泉浴室出来，在汽车上被人刺死。捕获凶手李达生，供称替韩恢报仇（江苏民党领袖韩恢死于徐手）。直系方面却说是浙江指使的，徐国梁不死，警察权不归浙江，浙江终不能起兵，且凶手被获后迄未讯判，因此群起责难。徐国梁死后，何丰林便委与浙江接近的警厅总务科长陆荣篯接署厅长。南京齐燮元、韩国钧又委申振刚为淞沪警察厅长，何丰林拒绝到任。文电交驰，互相争执，申振刚率被摒拒。

吴佩孚见卢永祥反对曹锟，久想假手于江苏以攻浙江。一面派孙传芳入闽，为攻浙的准备。传芳到福建后，恰值驻闽北军旅长臧致平为护军使王永泉所败，困于厦门。传芳秘密联络未成。闽督周荫入驱遂王永泉，复败臧致平及北军旅长杨化昭于闽南。杨、臧两部由赣走浙，永祥收容两全旅。吴佩孚见永祥收容臧、杨，勃然大怒，便令苏、皖、赣、闽四省攻浙；一面令河南省长李济臣电请永祥解散臧、杨所部。永祥复电：臧、杨属国军，闽、赣十万之军未能剪除，浙为自全计，为大局和平计，更无遣散之必要与能力。佩孚便根据此点下讨伐令。永样这时臧、杨的大部实力，西南及奉天均已接洽妥贴，便与何丰林等正式出兵声讨曹、吴。

第九十九回

驱曹吴张作霖入关　逐溥仪冯玉祥革命

卢永祥既内得臧致平、杨化昭两部实力，杨化昭又是有名的一员战将，外得西南和奉天的援助，便实行声讨贿选伪总统曹锟。首先攻击江苏齐燮元。将全浙军队及淞沪驻军编成“浙沪联军”，分为两路：北路进取苏、皖，卢永祥自为总司令；以上海、松江为右翼，杨化昭为总指挥，率所部及臧致平部两混成旅担任进攻长兴、合溪，中央第四师师长陈乐山（乐音奥）率所部全师相机会攻；泗安为左翼，旅长王宾为总指挥，率所部全旅及马良等统率之边防军五千余人向苏境袭攻。南路防御闽、赣，浙江省长兼浙军第二师师长张载阳为总司令，浙军第一师第一旅旅长郝国玺为衢防司令，分防江西、福建。又以浙沪护军兼混成旅长何丰林为右路总司令，浙军第一师师长潘国纲为左路总司令，分统所部应援两路。

布置既定，便分电奉天、广东。张作霖即汇寄大宗款项至杭州；孙大元帅也下令北伐。永祥更加气壮，遂于九月二日下总攻击令。

江苏方面，齐燮元也久有预备。听得浙军出师，燮元便将大本营由南京移到苏州。调苏军师长陈调元联合第六师师长宫邦铎，一面由宜兴出太湖，攻击浙江的长兴；一面沿沪宁铁路进攻上海。又令南下的北军联合皖军（即安武军），由徽州、广德进攻浙江吴兴、泗安；驻赣北军由江西玉山进攻浙江常山；调曹锟率兵一旅驻徐州——填驻陈调元防地——策应苏、皖。鄂军第三混成旅旅长张允明为后援队。驻福建第二师孙传芳部及马尾海军分由衢州，宁波入浙。九月一日便下全军动员令。

九月三日，两军在昆山附近开始接触。苏军前线军队厚集于沪宁铁路。浙军指挥杨化昭以两团兵力敌住苏军九团之众，据壕而战，三日三夜，阵线未动丝毫。苏军百般冲突，终不能得着半分便宜。同时浙军绕道太湖西面，袭取宜兴，进窥常州，以拊苏军之背。苏军早有准备，浙军未能得手，战争重心遂在宝山、嘉定、松江一带。双方兵士血肉相搏，极为猛烈。北路的浏河、浏行、罗店、月浦，中路的安亭、黄渡、真茹，南路的青浦、松隐诸地，无不积尸成塔，流血成渠。加以苏军无所进退，总以抢劫为目的，洗村焚镇，视为家常便饭；致使江南财富之区，倏而变成鬼哭神号之地。

苏境战事，浙军颇为顺利，苏军节节败退，看看将要直扑南京。不料孙传芳由福建突然开到浙边，向衢州进攻。浙军第二师炮兵团团长张国威开关迎降。孙传芳便委张国威为炮兵旅长，反戈攻浙。潘国纲部下的浙军不战而退。杭州警务处兼警察厅厅长夏超暗派人到衢州，欢迎孙传芳，自愿将杭州奉献。卢永祥在前敌得讯，急速回杭，想战无兵，想守无力，只得将浙江交给夏超——实践出兵时以浙省还浙人之宣言——统率所部，集中上海。自此前后受敌，不能支持。诸将领请拚一死战，死里求生；永祥不忍糜烂淞沪，便于十月十三日乘日轮上海丸离沪往长崎，到别府居住。

孙传芳不费吹灰之力，唾手而得浙江，北京政府便任命孙传芳为闽浙巡阅使兼督办浙江军事善后事宜，夏超为浙江省长，陈仪为浙江陆军第一师师长，周凤岐为浙江陆军第二师师长，（陈、周均浙人，与孙传芳有联络者。）齐燮元兼淞沪护军使。

此时有一件奇事：孙传芳进杭州市那日那时，两湖有名的古迹——妇孺皆知的——雷峰塔恰于这时全倒，是浙江人民都以为是不吉之兆。这且不在话下。

且说卢永祥离沪之后，何丰林等相随而去。援苏鄂军旅长张允明首先进占龙华，便自为淞沪护军使。这时上海南、北两市还有不少的浙沪联军，各将领协议，拥徐树铮为首领，再图一战。岂知齐燮元与英法租界已经勾结。闻得树铮要出来主持战事，便嗾使租界工部局将树铮逮捕，押送出境。浙沪联军将领方才全部离沪，残余部队始行分投齐燮元、孙传芳两方改编。

但是张允明霸占淞沪，齐燮元怎肯甘心？因此齐、张两军重行开战。张允明托庇於传芳，传芳想利用允明攫取淞沪，令委为第一师师长。齐燮元也顾不了许多，一味派兵围攻。张允明势力单薄，不能支持，孙传芳因初得浙江，内部还来十分安静，不敢惹齐燮元，张允明遂终归失败。孙、齐分割苏、浙。江浙战争，至此告一段落。

浙军进攻江苏之时，广东北伐军为什么不出兵咧？其中有个大缘故，所以没能如期出发，扫荡湘、赣。但是驻赣北军不能攻浙，实是因为北伐军进驻韶关，不敢卷入旋涡，自招失败。且待我将这出兵的障碍补叙出来：

且说江浙战争发生以前，广州便出了一桩大交涉。若不是孙逸仙有胆有识，敢作敢为，不仅广州的革命政府消亡，中国全国也要被帝国主义者使他的新走狗代表他整个压制并吞了。

孙逸仙因收回海关，毅力对付英国，英国大惧，想到有逸仙主持广州革命政府，帝国主义在中国所得的不平等的权利根本发生动摇，因此设尽方法来破坏广州革命政府。恰巧广州汇丰银行买办陈廉伯天生成一副贱骨头，备具亡国奴的资格。看得英国人，便和活祖宗一般；见了同胞，便如累世冤仇，非吞杀不可。真是不愧买办阶级中的一个领袖——代表者。他年少时便入了英国国籍，口口声声只是要为本国（英国）谋利益。英国人见他十分孝顺，便特别的奖励他来吸榨广州商人膏脂。他也愈来愈凶，索性和英国人打成一片，进一步的极力进行卖国运动。第一步便和革命政府作对，勾结陈炯明，接济东江叛军。又极力结交杨希闵、刘震寰等，以图进行顺利。收回海关的风潮发生以后，英国想起这一个忠臣陈廉伯，便要组织一个中国法西斯帝党，借名商人自卫，办商团，组织军队，颠覆广州革命政府。由英国接济他的枪械，款项，使他占据广州，组织"商人政府"，间接的将广东献给英国，进一步的达到卖全个中国的目的。

廉伯得了这撑腰的，满心想作一个认匈奴作父的石敬塘。和英国人将条件订妥，即着手筹备。先将金钱收买广州无知无识的商人，使他呐喊助威。一面造作种种谣言，使人宣传说革命政府如何不好，如何弱民，一面便串通畅希闵向政府请护照，要运枪进口，编练商团。

逸仙虽知陈廉伯心存不轨，但是商人自卫也是国民党所主张的，况且广州商人不见得尽是不明顺逆的人，因此便允准商人自编商团。但是枪械应备价缴呈政府，向兵工厂制备。陈廉伯便使杨希闵反对，说："石井兵工厂出品不够军用，不能拨卖给商团。"并且硬要政府发给护照，逸仙想着千来杆些少枪支，谅也不能做出什么事来！便问明进口日期，四十日以后——准由军政部发给护照。

护照方发，廖仲恺便来报告逸仙道，"陈廉伯收编了许多土匪，冒充商团，已经进省。"接着便听得商团压迫税关，干涉行政、司法，暗中派队监视各机关，擅捕军官，并将零星兵士缴械，种种不法行为。最后侦缉处报告说："有丹麦船哈佛号运大批枪械进省，说是陈廉伯办的。"逸仙大怒，即令杨希闵、刘震寰、蒋中正等严密防范。

希闵、震寰接着命令，视同无事。蒋中正却派队昼夜逡巡。不到三日，果然有只丹麦轮船——名叫哈佛的——驶进海口，并且不服检查。中正便令要塞炮台阻止。上船检查时，果然有八九十支枪，还有驳壳、机关枪等，子弹更是无数。中正便禀报大元帅。

这时逸仙先已得信，说是陈廉伯私下运动李福林，许李福林二百枝驳壳枪做报酬，保护起卸这批枪械。李福林不肯私叛政府，没答应。陈廉伯便私向江防司令部交涉，运动滇军杨希闵，用宝璧军舰去接护这批枪进口，杨希闵已经答应。逸仙急下令海军及要塞制止宝璧军舰的行动。恰好蒋中正来报告，逸仙便令将全部枪械扣留，存放黄埔军官学校里。

陈廉伯见枪械被扣大惊，便一面捏辞通电，诬詈政府；一面煽动商人，反抗政府，要罢市要求发还枪械。商人中有明白道理的，主张先推代表向政府交涉。

如是，便先推代表，向大元帅请愿。孙逸仙亲自接待，问过来意，便开诚布公向请愿代表剀切说道："你们今天来请愿的意思，我已经明白了。你们想得回这些枪支是很心急的，但是这件事你们不必担忧，政府一定给还你们的。刚才我和各位代表商量，要你们与政府定一个办法，要什么时候可以给还，要经过什么手续才能够给还；这都是要大家商量好的。以后你们的代表和我派的代表商量一次，或者二次，商量妥当之后，对于这个问题解决了，便可以把这些枪支给还你们。现在你们要知道为什么原因政府要扣留你们的枪支呢？你们现在很心急，以为很艰难辛苦，费许多钱财，才得这些枪支；闻得被政府扣留，得不到手，便慌得不了，要明日罢市，交涉这批枪支。这便是你们不讲道理，这不是正当办法。罢市这件事，是你们商人很吃亏的，是不得已之后才可以做的举动。今日你们来请愿，我亲自出来见你们，和你们商量办法，你们又何必要心急呢？又何须乎罢市呢？这件事本来应该要你们团长来讲话，才可以明白的，但是你们团长不到，所以你们要明白为什么政府要扣留你们枪支的道理。你们听了我的话，明白了这件事的道理之后，回去讲给大家知道，都要心平气和，来互相考究这个问题。决不可感情用事，从中鼓噪，扰乱大家的治安。

"政府对于这批枪支的疑点：第一是你们团长前几日到军政部领一张护照，声明这帮枪支最快也要四十日之后，才可以到广州。所以那张护照的用场，当然要四十日之后才生效力。现在这些枪支忽然在四十日之内——只有四日——便到了。领护照的时候，你们团长并且声明，装枪的船才在外国动身，现在只有四日便到了。枪到的时候，又鬼鬼祟祟，私下和李福林交涉，许他二百枝驳壳枪做酬劳，叫他替你们起枪。李福林不肯私相授受，没有答应你们。你们又私向江防司令部交涉，拜托滇军，要滇军用宝璧兵轮去替你们起枪。政府事前毫不知道，所以便制止宝璧的行动。依我看来，你们既然领了军政部的护照，是很正式的，为什么要暗中到处拜托人，给人家枪支，想私自起卸呢？这件事不能不令政府怀疑。我想你们团长的用心，一定是以为这些枪支如果这次能私自起卸，便不用军政部的护照，而且对你们也要蒙骗，说那些枪支还没有到广州；等到四十天之后，第二批枪支到了，然后才用军政部的护照，才对你们说枪支是到了。他这次所运的枪，就是顶包；现在顶包已经是穿了。因为这个原故，政府便要查究。第二是你们所买的枪之外，更有其他许多枪，究竟是什么人的呢？政府现在扣留那只船，是要查明什么人来偷运这样多的枪支？这样多的枪支，究竟是什么来历？还有第三个疑点，就是你们现在要领枪支的商团军只有一千多人，这次所买的枪有八九千枝。这样多的枪，又有什么用处呢？要交给什么人呢？现在你们急于要枪，如果枪不能要到手，便想罢市来要挟政府，若是真做这件事，便是你们上了当，便是你们不明白道理。你们大家要知道这批枪支是顶包偷运，现在被政府查出扣留，你们应该要责问这件事的经手人。枪支的护照既然声明四十日后方能够到广州，现在只有四日便到了。你们代表说是：‘不知道运船开行的时期。’但是一百多万圆的枪支不是小事，哪有事前不知道到广州时期的道理呢？其中显然是另外有人借你们商团的招牌来偷运枪支了。现在偷运不成，枪支已经是被政府扣留，他们又想借你们商团来恐吓政府。你们知道人民里头有士、农、工、商，都是拥戴政府。现在你们商人不许政府有一点机会来查究，便要罢市，这便是野蛮不讲道理！政府对于这种偷运枪支，一定是要查究的。将来查明之后，水落石出，如果真是你们的，便交还你们；如果外国另外再有一帮枪支运来，那批枪支才真正是你们的，那么，现在不是你们的枪支，政府自然要没收。刚才你们代表对于护照上时间的解释，说：‘船行的快慢没有一定，所以到广州的日期也不能一定。’但是相差太远了，恐怕说不过去！况且对于第二层，在你们所定的枪支之外，还有什么人的枪支，便不能不查究。究竟这些多出来的枪支是不是吴佩孚私运的，或者是陈炯明私运的呢？抑或是土匪私运的呢？所以对于第一层，护照的时期和枪支到岸的时期不相符合的疑案；第二层，你们商团所买的枪支之外，另有许多枪支的疑案：政府都是非查明不可！要查究这件事，不是一天可以得结果的。将来查明妥当之后，便把你们的枪支交还，不是一定要没收的；你们大家要安心等候。

“总而言之：这件疑案经政府查明之后，如果知道你们不是要利用这些枪支来打政府，政府一定把枪支交还你们；如果知道你们利用这些枪支来打政府，那么，政府为戡乱计，为自卫计，便不能把枪支交还你们，只有和你们决一场胜负了！

“本大元帅很想和你们商团联络的，很想要你们做手足的。今日你们大家来请愿，我非常的欢迎！而且得到这个机会来与你们大家讲话，我更加欢喜！如果你们的首领没有野心，不来和政府作对，你们便要和政府合作，一致行动，来维持广州的治安。但是你们领袖是很有野心的，恐怕你们和政府合作，总是从中作祟。这些种种黑幕，我都知道了。所以今日运枪的黑幕，我更要查究。你们不要以为今日不得枪，明日就要罢市。总之：政府查究这件疑案，或者是要三日，或者是五日，或者是一两个星期，都不一定。必要等到查明之后，才能够把这些枪支交还你们。你们和各位商人总要安静等候，不必忧政府把你们的枪支拿去了，不必庸人自扰，鼓噪暴动。你们要明白，经手买枪人鬼祟，他总是想来利用你们商团。政府将来一定有很详细的宣言，把这件事的来历说得很明白，让你们都知道他的鬼祟。现在正当查究的时候。对于这次运枪的疑案，如果查明之后，真是没有别的奸情，也有道理宣布，让大家都知道这件事的原委。但是没有交还枪支以前，你们总要给政府以时间的机会，让政府来调查。

“你们购运这批大宗军火，事前毫不报告政府，这就是你们商人在手续上已经错了。你们知道办军火是政府的特权。如果商人可以随便办军火，工人可以随便办军火，农人可以随便办军火，土匪也可以随便办军火：广东不但是现在要乱，将来更要大乱不止。你们能够和政府同力合作，一致进行，广东的乱事便很快可以解决。如果你们商团还要再来生乱，广东的乱事是没有止境的。从前因为陈炯明造反作乱，便有客军到广东来专横；如果商人另外作乱，就是商人变成客军。所以你们回去，还是要安心乐业，等政府把这件事调查清楚。到那个时候，政府或者准你们罢市，你们才可以罢市。如果不等政府查明，现在便去罢市，那便是居心要反对政府；政府断不能随便了事！你们听了我这番话之后，决不可心急，一定要安分等候。如果有不明白的事情，尽可以派代表来讲，最好是派商团团长来讲。

“你们团长现在忽然辞职，这是很可疑的。本来团长替你们买枪，在手续上不合，被政府扣留，照俗话说：‘揾猪要问猪脚。’你们应该追问团长。现在团长忽然辞职，这是显然心虚。如果不是心虚，又何以不亲自来和政府商量呢？

“现在的政府，是讲道理的政府，是文明的政府；不是野蛮的政府，像李准、张鸣岐、龙济光、莫荣新、陈炯明一样。平心而论，你们是不是还要欢迎李准、张鸣岐、龙济光、莫荣新、陈炯明的政府呢？试问李准、张鸣岐、龙济光、莫荣新、陈炯明的时候，你们去请愿，他们出来见你们不见你们呢？就这一件事说，你们便应该信仰这个政府，便知道这个政府是很讲道理的。这些枪，将来查明之后，如无别情，定是要交还你们的。但是你们现在决不可心急，不要鲁莽灭裂，来害自己。大家知道罢市之后，你们便不能做生意。这是于你们自己有损，于政府没有关系的。你们应该要责成团长，为什么办事这样糊涂，追究他的心事，究竟是什么用意？如果团长有黑幕，你们便不可听他的话。现在的政府是随时见你们的，有什么事都可以商量。政府很希望你们商团能够发达，很想培植你们做民治的中坚。今日所扣留的不是枪械，是那条船，是扣留丹麦国私运军火的船！要等到这条船的问题解决了，枪的问题才可以解决。只要查明这些枪没有别的黑幕，一定是照数交还你们。你们不必忧心被政府抢了这几千支枪去。政府不但不想抢你们的枪，如果你们有几万商团，政府还可以给你们几万支枪。像现在广东兵工厂天天造枪，政府已经下得有命令，教他定价，卖给民团；可见现在政府的用意，是极力赞助人民自卫，决不是军阀压迫人民的。但是你们如果听一两个野心家来利用，来反抗政府，政府当然有政府的办法！你们当谨慎！不可受人煽动，上人家的大当！”

请愿代表听了逸仙这番恳切的言语，告退出来，向大家声说，果然有理；陈廉伯的罢市计划又没成功。他便说政府压迫民众，使英国人办的路透电社乱发新闻电，对于政府和逸仙个人诬蔑备至。逸仙只以镇静处之。

陈廉伯虽然能淆惑世界听闻，使国内外一部分不明真相的人，对逸仙因怀疑而施攻击，但是枪械仍旧不得到手。他便往来省、港，秘密设计。自古道：“钱可通神。”又道是：“有钱能使鬼推磨。”英帝国主义者既然只要推翻革命政府，不惜金钱，陈廉伯便又设出个计策来。他在香港筹了一宗款子，便回到广州，向杨希闵运动。

杨希闵只要有钱，无事不干。金钱到手之后，便来见逸仙道：“哈佛号运来的枪是滇军办的。滇军领得有护照，应将全部枪械发还滇军。”逸仙不料杨希闵不顾大局到如此，只以为他想得这枪械扩充实力，因想：“滇军现在革命旗帜之下，将领杨希闵、蒋光亮等虽坏，中下级官佐和士兵却都有勇能战。就将枪械给他也可。设法除了悍将，滇军仍是可用之兵。”便令蒋中正将枪械先交一部分给滇军。

杨希闵得了枪械，暗中给与陈廉伯。陈廉伯便在西关设总指挥处，将收编的土匪及商团布满广州市区，实行监视职官行动，颁布命令，口令，对政府戒严。甚至截留公帑，公然布告组织商人政府，指革命政府为非法谋乱，俨然宣战。即素与勾结的滇军也受尽他的压迫，莫奈他何。同时，他又嗾使驻粤英国总领事，向革命政府提出哀的美敦书，说：“……如果攻击商团，英国海军当以全力对待！……”

逸仙见英国领事这个通牒，赫然震怒。一面答复道：“英国海军如来干涉中国政府，我即用要塞炮为正当的防御！”一面因为英国现在是工党内阁，不应有此野蛮举动，直接发电向英国麦克唐纳尔内阁抗议道：

> ……汇丰银行广州支行买办（陈廉伯）近组织一所谓中国法西斯蒂党之团体。其倾覆本政府之目的现已披露。叛党拟俟由欧来粤之哈佛（译音）船所运入口之军械到手，即将实行之。该哈佛轮已于八月十日行抵广州，即被本政府扣留。由是叛党及反革命党在广州藉罢市名目，即已呈现谋叛状态。惟时予正拟以适当方法，戡定叛乱；不意忽接驻粤英总领事致本政府一函，内有数言如下：“本总领事现接驻粤英国海军舰队领袖军官来讯，谓：‘经奉香港舰队司令命令：“如遇中国当道有向城市开火之时，英国海军即以全力对待！”’”夫中国反革命党既屡得英国历来政府之外交的及经济的援助，而本政府又实为今日反革命党之唯一抵抗中心，故予迫于深信此哀的美敦书之主旨，乃倾灭本政府。对于最近此种帝国主义干涉中国内政之举，余特提出严重抗议！孙文。

英政府接着抗议，知香港总督和驻粤领事所为，不洽中国舆情，恐招激烈的反抗；又见逸仙不是暴力所能屈服的，便立电港督和英领制止，并向逸仙声明歉忱。英国领事和香港英海军遂不敢显然帮助陈廉伯。

逸仙先因为商团中确有注重自卫的商人在内，投鼠忌器，极力宽容，未予痛剿。后来汪精卫和陈廉伯商量数次。陈廉伯先说：“愿缴款向政府领回全部枪械。”

旋即又食言不认。这时正当孙逸仙调兵出驻韶关实行北伐之际，陈廉伯更加胆大妄为，居然扰乱金融，抗税断路，扰乱后方。逸仙勃然大怒，决计剿灭这帝国主义的“伥军”。颁一道密令给蒋中正：即日率黄埔党军解散假名谋叛的商团。倘有抵抗，即予扑灭！

蒋中正奉到命令，不动声色，调集全体党军官兵，暗中到省，分头围攻叛逆的商团军。那商团兵丁多是陈廉伯雇佣的流氓，或是收编的土匪，并非真正商家子弟。他们深恐被政府解散，便无处吃饭，因此拚死抵抗，据守街口，放火焚烧，同时恣意劫掠。一霎时，将广州市闹得神号鬼哭，妇泣儿啼。党军官兵深明扑灭这种商团军，便是扑灭法西斯蒂党，便是扑灭帝国主义的伥鬼；人人奋勇，个个争先。不到一日，便将那些土匪、流氓打得伏尸遍地，完全缴械。

陈廉伯只身逃往香港，捏造事实——将劫掠焚烧推在党军身上——散布电文攻击政府。但是事实俱在，岂容蒙混？徒然表现买办阶级——洋奴——的亡国根性和作走狗的精神，被天下唾骂而已。

事平之后，逸仙便将这枪械编练党军教导团。滇军虽想索取，却因党军勇敢不畏，不敢争执。又令汪精卫办理广州善后。因此之故，耽搁了北伐出师。

江浙战后，卢永祥虽然失败，奉天张作霖仍然积极备战，预备讨伐吴佩孚。国民党方面也尽力筹计北伐。逸仙在商团捣乱时，即连颁三令，声讨曹锟，并发布宣言两道：一为商团事件对外宣言，说明帝国主义之横暴，及国民党努力打倒帝国主义之开始工作；一为北伐宣言，说明军阀之罪恶，与必须扑灭之理由，及目前最要的救国方略。宣言如下：

为商团事件对外宣言

自广州汇丰银行买办（陈廉伯）开始公然叛抗我政府后，余即疑彼之叛国行动，有英国之帝国主义为其后盾。但余不欲深信，因英国工党今方执政，该党于会议中及政纲中曾屡次表示表同情于被压迫之民族。故余当时尚希望此工党政府既已握权在手，或能实行其所表示；至少抛弃从前以祸害、耻辱积压于中国之炮舰政策，而在中国创始一“国际公道时代”，即相传为英工党政治理想中之一原则者。不意八月二十九日，英总领事致公文于我政府，声称沙面领团抗争对一无防御的城市开炮之野蛮举动；末段数语则无异宣战。其文曰：“余现接上级英海军军官通告，谓彼‘已奉香港海军总司令训令，“倘中国当局对城市开炮，所有一切可用之英海军舰队应立即行动。”’”兹我政府拒绝“对一无防御的城市开炮之野蛮举动”之妄言！须知我政府对于广州全市，或因不得已而有所举动之处，只有西关郭外之一部，而此处实为陈廉伯叛党之武装根据地。此项妄言所从出之方面，乃包含星嘉坡屠杀事件及阿立察（印度）、埃及、爱尔兰等处残杀行为之作者在内，故实为帝国主义热狂之一种表现！他国姑勿论，最近在吾国之万县，英海军非欲炮击一无防御之城市，直至吾同胞两人被捕，不经审判，立即枪毙，以满足帝国主义之凶暴，而始免于一击乎？然则是否因此种暴举可以施诸一软弱不统一之国家而无碍，故又欲施诸别一中国之城市当局欤？惟余觉此项帝国主义的英国之挑战，其中殆含有更恶之意味。试观十三年来，帝国主义各强国于外交上、精神上及以种种借款，始终一致的赞助反革命；则吾人欲观此项帝国主义的行动，并非企图毁坏吾之国民党政府，殆不可行！盖今有对我政府之公然叛抗举动，其领袖为在华英帝国主义最有机关之一代理人。我政府谋施对付此项叛抗举动之唯一有力方法，而所谓英国工党政府者。乃作打倒我政府之恐吓，此是何意味乎？盖帝国主义所欲毁坏之国民党政府，乃我中国唯一努力图保持革命精神之政府，乃唯一抗御反革命之中心；故英国之炮欲对之而发射！余从前有一时期，为努力推翻满清；今将开始一时期，为努力推翻帝国主义之干涉中国，扫除完成革命之历史的工作之最大障碍！

中华民国十三年（一九二四）九月一日

孙文

北伐宣言

国民革命之目的，在造成独立自由之国家，以拥护国家及民众之利益。辛亥之役，推倒君主专制政体暨满洲征服阶级，本已得所藉手，以从事于目的之贯彻。假使吾党当时能根据于国家及民众之利益，以肃清反革命势力，则十三年来政治根本当已确定，国民经济、教育荦荦诸端当已积极进行；革命之目的纵未能完全达到，然不失正鹄，以日跻于光明，则有断然者。

原夫反革命之发生，实继承专制时代之思想，对内牺牲民众利益，对外牺牲国家利益，以保持其过去时代之地位。观于袁世凯之称帝，张勋之复辟，冯国璋、徐世昌之毁法，曹锟、吴佩孚之窃位盗国：十三年来，连续不绝。可知其分子虽有新陈代谢，而其传统思想则始终如一。此等反革命之恶势力，以北京为巢窟。而流毒被于各省。间有号称为革命分子，而其根本思想初非根据于国家及民众之利益者，则往往志操不定，受其吸引，与之同腐，以酿成今日分崩离析之局，此真可为太息痛恨者矣！反革命之恶势力所以存在，实由帝国主义卵翼之使然。证之民国二年之际，袁世凯将欲摧残革命党。以遂其帝制自为之欲，则有五国银行团大借款于此时成立，以二万万五千万圆供其战费。自是厥后历冯国璋、徐世昌诸人，凡一度用兵于国内以摧残异己，则必有一度之大借款以资其挥霍。及乎最近曹锟、吴佩孚加兵东南，则久悬不决之金佛郎案即决定成立。由此种种，可以知十三年来之战祸，直接受自军阀，间接实受自帝国主义；明明白白，无可疑者！

今者，浙江友军为反抗曹锟、吴佩孚而战，奉天亦将出于同样之决心与行动，革命政府已下明令，出师北乡，与天下共讨曹锟、吴佩孚诸贼！于此有当重为国民告且为友军告者：此战之目的，不仅在覆灭曹、吴，尤在曹、吴覆灭之后，永无同样继起之人，以继续反革命之恶势力！换言之：此战之目的，不仅在推倒军阀，尤在推倒军阀所赖以生存之帝国主义。盖必如是，然后反革命之根株乃得永绝，中国乃能脱离次殖民地之地位，以造成自由独立之国家也。

中国国民党之最终目的，在于三民主义。本党之职任，则为实行主义而奋斗。故敢谨告于国民及友军曰：吾人颠覆北洋军阀之后，必将要求现时必需之各种具体条件之实现，以为实行最终目的——三民主义——之初步。此次暴发之国内战争，本党因反对军阀而参加之，其职任首在战胜之后，以革命政府之权力，扫荡反革命之恶势力，使人民得解放而谋自治；尤在对外代表国家利益，要求取消一切不平等之条约，即取消此等条约中所定之一切特权，而重订双方平等互尊主权之条约，以消灭帝国主义在中国之势力。盖必先令中国出此不平等之国际地位，然后下列之具体目的方有实现之可能也。

一、中国跻于国际平等地位以后，国民经济及一切生产力得充分发展。

二、实业之发展，使农村经济得以改良，而劳动农民之生计有改善之可能。

三、生产力之充分发展，使工人阶级之生活状况，有因其团结力之增长而有改善之机会。

四、农工业之发达，使人民之购买力增高，商业始有繁盛之新机。

五、文化教育等问题，至此方不落于空谈。以经济之发展，使知识能力之需要日增，而国家富力之增殖，可使文化事业及教育之经费易于筹措。一切知识阶级之失业问题、失学问题，方有解决之端绪。

六、中国新法律更因不平等条约之废除，而能普及于全国领土，实行于一切租界，然后阴谋破坏之反革命势力无所凭藉。

凡此一切，当能做成巩固之经济基础，以统一全国，实现真正之民权制度，以谋平民群众之幸福。故国民处此战争之时，尤当亟起而反抗军阀，求此最少限之政纲实现，以为实行三民主义之第一步！

中华民国十三年，九月……日

孙文

这宣言发表之后，民党同志纷纷谋响应北伐军：焦易堂北上，运动太名镇守使孙岳（禹行）和忍辱暂寄吴佩孚部下的陕军第一师师长胡景翼；徐谦到北京，游说玉祥；于右任也密电玉祥、景翼等反正；钮永建、蒋尊簋等分头组织义师；

安徽的柏文蔚便令袁家声等回皖起义师；江西的李烈钧也令彭程万等准备入赣；湖南的党人更加活动，不仅在本省秘密组织，图推翻伪自治政府，并且帮助他省同志积极进行。

就中单说湖南党人龙天衢，久居上海，对于江浙情形极为熟悉。一面帮助江浙党人运动各界；一面自愿筹措巨款，接济北伐军费。孙大元帅出兵时，在广东的同志和他相识的都函电交驰，要他接济长江方面的用费。天衢既不是富翁，又不是商人，他的接济款项的方法当然不是毁家捐助，或是向人劝募。这有名的湘南大侠，虽不是旧小说里口吐仙剑、驾风而行的剑仙，却真是飞行绝迹、来去无踪的义侠。抱定劫取不义之财，供救国之用的宗旨，便慨然以筹措长江各省同志革命用费的责任自负。

那时恰巧有个法国武官，在欧战中有伟大的功绩，挣得不少的金银珠宝，偶尔游历到中国，便在大连小住。大连的日本当局便派遣军警，严密保护。天衢打听得这武官随身带有价值数百万的金钢钻和鸽卵珍珠、映绿翡翠等物，想在东方出售，得钱购买古董回去。心中暗想："这些东西来历不明。他虽是一员统将，但是饷薪收入是有数的，哪来这些实物？……当然是不义之财，非分得来的！何不取来供用？得这一宗整款，岂不比零碎筹取的省事济用？"想罢，便独自一人乘榊丸前往大连。

天衢到了大连，便在浪速町寻一家客栈住下。次日便到西岗子和日本桥一带闲逛。又沿着南满铁路查察日俄战绩。见沿路多是日本军队的纪功碑和战迹的纪念物，夸功耀武，激励国民，帝国主义的精神十分充满。又见沿路一带日人强攫警察权，遍野都是日本式的矮屋园林，即是一树一草，也非中国的布置，气象完全和长崎乡间一般。

正在凭眺间，忽见一个八九岁脏孩子，着一件破棉袄，（关东天寒，九月即冷。）赤着脚，在路边一所日本式房屋前面枯草场上坐着打石子耍。屋里冲出一个着屐的人，远望去，很像是个日本人，手持马鞭，照定那脏孩子头上唰的便是一鞭。打得那脏孩子朝后一仰，头顶满血，不言不动，石子撒了一地。天衢见了，不觉无名火高起三千丈，拔步便向草场走来。将要走到，只见那着木屐的人已回身转向屋后小土山边走去。天衢随后赶来。才过山嘴，便见那着木屐的人一手拖着个六十多岁白发小脚的老媪，一手扬着马鞭，回向草场走来。龙天衢便在山嘴上立定脚，且观究竟。那着木屐的人也没理会，只拖着老媪到草场上喝道："把孩子弄去，石子拾起，提水来把地洗干净！"天衢听时，却是山东口音，竟然是个中国人。那老媪见孩子直挺挺躺在地上，一阵心酸，忍不住放声大哭道："我的孙儿呀！"一句未了，马鞭子早雨点般从脑后直刷下来。龙天衢再也忍不住了，大喝一声，犹如晴天霹雳，一个飞步直抢过来。手起处，早将那着木屐的山东人直掼过二十余步，跌在大路当中。回身要扶那小孩时，只见老媪脸如灰纸，趴在地上抱着天衢的腿号道："你害了我一家了！怎么得了！"天衢挺胸说道："你领着孩子去罢！这里万事有我可结，你不必害怕。"老媪还不敢走。天衢推开她，抱起孩子看时，心头冰冷，只因打破后脑，早已小性命儿完结了。

天衢便一手提着那死尸，一手去扶那老媪。老媪不知孩子已死，深恐给天衢提着孩子不舒服，忙过来抢抱。那屋里早跑出三个西装革履的人来。为头一个——身材瘦小，两眼滴圆——直奔天衢。到得跟前，先将老媪一脚踢开，攥拳向天衢便打。天衢不慌不忙将胸一挺，便迎上去。那矮子一拳正打在天衢前胸。后面两个——一长一胖—飞奔前来帮忙。但见那矮子打了天衢一拳之后，反倒不言不语，抱着拳头，皱着眉头，倒退了几步，晃了几晃，蹲在地下不动弹了。二人大惊。天衢哈哈大笑，道："怎么了？蹲下干什么？再来呀！"那胖子愕然，嘴里叽里呱啦向长子说了几句。那长子—却说上海话—回答道："媞胡子，伊说个是南边闲话。"——原来日本人在关东满洲一带最怕红胡子。那胖的是个日本警官，其余三个都是他雇的中国人仆役和翻译。那日本警官既问明这人不是红胡子，是南边人，便拔出手枪，向天衢呼的一枪。

这时被掼在大路上的矮子也跄踉回来。四人合望，都不见天衢的踪影，一齐大惊，想着断不致一枪打得尸首无存。正在疑惑，那警官头脑一昏，猛然扑地便倒。接连着呼、呼、呼三响，三个洋奴一齐穿胸洞腹倒地而死。

原来天衙见日人拔出手枪，早已飞身躲过，由山嘴跃到屋上，飘然落地，真如落瓣无声，掩到日人身后。左手向日人脑袋顶上一拍，早打碎了他的天灵盖；右手便将手枪夺过。一连三枪，了结了三个走狗，这才回身扶起老媪，那老媪早已吓得不能言语了。挟着她回到小土山后面她草屋里，老媪方才苏醒。

天衢问明了那老媪只有一个儿子，在奉天当排长，媳妇去年死了，被洋奴打死的便是她孙子。问明之后，便要她快走。她还舍不得家里的碎盆粗碗，颤巍巍的收拾物件。天衢忙从袋里掏出二百圆金钞（日本币，当时约合国币八折。）交给她道："你只将要紧的字据和纪念物收拾罢！再要耽搁，便走不脱了！"那老媪方才欢天喜地，抛却一切，随天衢走荒僻山中逃去。待得日本宪兵、警察赶来时，早已去得远了。只将孩尸呈案，下令通缉。

天衢扶着老媪从山中小道行了一夜，次日方到金州。绕路脱离南满铁路日警范围，方始雇了长行牲口，送老媪到沈阳去寻儿子。老媪磕头礼拜，说不尽千恩万谢，并请问姓名。龙天衢只说"龙天衢"三字，掉头便走。

天衢回到大连客栈里。休息了一日。次日饭后，方要出外游逛，栈里茶房来说道："外面有位客人来会你老。"说罢，递过一个名片，印着"华封"两个字。天衢心中疑惑，想道："我没这个朋友呀！……况且我这回来此，关东朋友处——

因为怕连累他们——都没去拜望过，怎么有人来会我咧？……难道官厅里来的么？”茶房见天衢迟疑不决，便催道：“你老见不见？”天衢素来任凭什么都不怕的，此时不过在想此人的来路，见茶房催促，便道：“请！请来吧！”心想：“便是官厅里来的，也有方法对付他。”

茶房出去不多时，便见一个清癯英挺约莫四十上下年纪的人走进房来。天衢便起身接待。那人进房来便开口问道：“你大哥就是龙天衢么？”龙天衢才答应得一个“是”字，那人早又说道：“我便是荣三点。昨夜听得我姑妈说起，承仗义代舍侄报仇，特来道谢，并且特意要见见大哥！”天衢久知荣三点是关东有名的胡子首领，张作霖无奈他何的。三点也知道湖南龙天衢的声名。英雄相见，各自欢欣，真是一见如故，大家披肝沥胆的畅谈起来。

天衢便乘便劝三点加入革命。三点道：“早八九年头里，陈其美到咱们关东来。我见着他，他就劝我革命。我想革命也没什么好处，革命了，依然还让那班妈了巴子的狗官儿和外国人来欺咱们老百姓，倒不如咱们干绿林的，把那班东西宰个痛快，给老百姓们出出气。所以我只答应帮他的忙，却没进党。后来我在这儿大连会着一个南边朋友，名叫文公直。这人年纪虽轻，才只二十多岁，文的武的可全来得！咱俩谈了十多天，我见他实在是个热肠子实心眼儿的好朋友，就没瞒他，把真姓名和行事都告诉他。他也和你一样，劝我进革命党。我便把上面的话说了。他真有种！肚子里的书篇儿真不少！就这么一来，中国外国、古时今时的，和我说了一天，算把我说明白了。因为是那班忘八羔子没杀清，所以尽着要革命；要不然，外国人服了，忘八羔子完了，老早也不革命了。我想这道理一点儿也不错，马上就要他把我荐到国民党去。可是他说：党里分门别类，各干各行。咱们会打仗的，只要入党服从主义就行，不一定守在党部里。后来他又给我讲了两天三民主义、建国方略，介绍我入了党；我这才知道孙文真是古往今来了不得的一个大英雄！他真想得周到！连咱们北方的地土，他全知道，岂不是比孔明还神明吗？我入了党，便学着把文公直对我说的话，去开导小兄弟们。这两年来，我就专门干革命，单和做官儿的、王爷、公爷、绅士、外国人作对，张作霖那小子更给我闹的他头痛。”天衢听了，知道他还没彻底明了主义，一时不便细辩，只点头称是。想着待机会，再细细开导他。

三点问天衢：“因甚到此？”天衢便也不瞒他，坦然将来意说明了。三点拍手赞成，愿意竭力帮忙。天衢深深致谢。三点便邀天衢出去闲逛。天衢知他意思，便也不客气，随他到酒馆里，欢然畅饮一场，方才分别。

次日，天衢打听明白了那法国武官的行藏。到得夜里，和三点会过。回到客栈里，候到夜里两点钟光景，带了用具、短刀、手枪等物，结束停当，悄然而出。到得天井里，扑的一声蹿上屋檐，黑影一闪，踪迹全无。他翻过无数瓦脊，已来到那武官的行辕不远。探头望望，但见门前两个卫兵踱来踱去，门内草坪里架着一列枪架，屋内灯光通明。便回身伏在隔壁屋角上，侧耳细听。

那武官怀宝而来，防备异常周密。大连日本官厅也特别保护，警卫逡巡，昼夜不息。那日武官到旅顺，赴关东长官的欢迎宴回来，时已夜午。到得屋里，将新收得的古董器皿把玩一番，心中十分得意，高唱了一回赞美诗，方才就寝。

方才上床，似睡非睡，陡觉一阵冷风吹来，心里一惊，急睁眼看时，门窗紧闭，无处可透风进来。便翻身仰卧，蓦然看见房顶天花板上壁虎般倒趴着一个大黑形。再定睛细看，果然是个人趴在那里。他便急翻身坐起，拿着手枪，方要开放；只觉头上冷然一抹，如朔风刺骨，接着一道青光，窗子呀的一声开了半扇。待得他将子弹射出时，那人早已踪影全无了。这武官虽曾经过古今第一战阵，此时也不由的惊魂不定，毛骨悚然，半天没喊叫得出来。

坐在床沿，定了半晌神，方才握着手枪起身察看。但见地下遗着一张字纸，看时，却是华文，不识得。再转到铁箱跟前，只见箱门已开，内里已空无一物。这一骇非同小可，直怪叫起来。外面厅房里伺候的随员兵弁听得声喊，一齐奔来叫门。那武官方才想起房门还关着，连忙开门，放进众人，将适才事情说了一遍，还疑是在做梦。众人听了，连忙七手八脚，察看形迹，传令追拿。那武官到底是古今有数的名将，忙摇手止住，道："不要追赶。此人断非你们所能追着的。"只叫请警官说话。警视厅派来保护的高级警官和侦探听说，即刻进见。武官将拾着的字纸交给他们观看，将被盗及目见的事又细说一番，并说："这人不知是日本人还是中华人？东方竟有这等怪杰！白种人不能不抱愧了。我实未曾闻见过，如今竟实有此等意想不到的大盗！东西失却不要紧，只烦你们寻着这人，我愿将失去的东西完全送给他，我只要知道他这本领是科学的？还是练习的？怎样能够有这本领的？"警官答应着，便看那纸条上写着二十多个龙蛇飞舞的草书，道：

毋谓东方无人！毋以凌尔同种者及於我！慎之！其归，语尔同类。湘南大侠。

警官、侦探看过，便报告道："这人是支那人，我们总给将军办到。但是大连一埠，自归帝国管辖，素无盗贼。真可说是道不拾遗，夜不闭户。此人大约是专为将军而来的。"便将此条由翻译详细解释一遍。武官听了，点头不语，闷闷不乐。

天衢取得物件之后，露夜送存在荣三点的机关里。再由马路上到客栈侧面僻静巷中，飞身上屋，悄然进房安睡，还只四点钟时候。一觉睡到正午醒来，洗盥吃饭毕，便出门到福照楼小卖所里（大连鸦片烟馆）挑了一盒鸦片，躺着烧烟，探听动静。这时烟馆里横七竖八躺着许多人，都谈天说地的乱噪，却没人提到这事。天衢本没大瘾，便会了钞，去会三点。

到了磐城町三点的机关里，见了三点。方要探问，三点早走过来，拉着天衢的手说道："你怎么才来咧？我候你半天了！咱们就去吧。"天衢知有要事，便随他出来。上了汽车，三点方道："今早我的暗探——不知是我知道的事——当奇闻跑来报告，并说：'警视厅为这事严守秘密。已经打电到上海、天津、汉口、广州去问"湘南大侠"的讯息去了。他们料定不是临时捏的名字，一定是敢作敢为，故意留名的。'乘现在还没人知道你，等到内地回电到时便不稳便了。你大事要紧，不必和他们拚。东西你不便拿，恐怕查出，我随后着人送来。现在你就走吧！咱们后会有期，我定到上海来看你！目前此地的事，我总可以对付，决不使他们追问到上海。你尽可放心！"天衢听了，道："多承关照！你前天在酒馆里说：'和陕军胡笠生（景翼）师长很要好。'你部下镖旗既然不能管到上海，那东西就请送到潼关，交笠生转交我好了。我和他也是莫逆之交，断不误事的。客栈里没甚要紧东西，也不欠钱，我就此去了。"三点便拨动机关，开足速率，直向码头驶来。恰好有只野鸡船将要启碇往上海，天衢便下车上船。三点送到舱里，珍重而别。

天衢到了上海，便听得纷纷传说大连出了留名大盗案。他料想上海的包打听不够他一扫腿的；大连方面，三点已负责，不致有人来，便坦然不以为意。大连方面，荣三点果然神通广大，沿南满路闯下不少的案件，无一件不是关于日本或外国人的，都留下"湘南大侠"名字。日警名誉大损。同时朝鲜人秘密运动，因得了某伟人（？）的金钱帮助，大为活动。大连探警果然一时不能分派多人到内地各埠去办这案，只电托各埠警局代为侦查，并悬重赏。

且说上海租界包探蓝玉华接到发下来的大连来文，他便知道"湘南大侠"是龙天衙的朋友公送天衢的名号。他和天衢本来认识。暗想："他竟闯出这般大案子！我若不办到他，得不着赏，且不显我的手段；我若去办他，实在拿不住他。就是将他关在监牢里，他也会逃去。租界又不能用死刑。到那时，我和他结了深仇，岂不性命难保？……倘若他高起兴来，再闹这么一两件又怎好？这真是一个后患！何况这事又是法国将军的事，领事又接着将军的催信，逼得很急。这便怎处？……"想来想去，想出一条毒计来，便面见长官，将湘南大侠就是龙天衢，以及天衡如何本领，如何难办，详细说了。"只有毒死他之一法，可以永绝后患。要活捉实难。"那长官虽奉了武官电报要活人，却不知其意，只注重原赃。便道："只要原赃不少，听你去办吧！将军要知道这人的来历，你自去回话好了。"玉华欣然领命而去。

玉华回家，便一面将毒药下在板鸭里；一面叫手下伙计去请他的朋友毕如云来谈话。一时如云来到。相见毕，玉华便将要毒杀天衢的计较说给他知道，并说只要将原赃弄到手的话。如云道："我见这码子这两天阔得很，原赃大概丧失些了。不知他藏在什么地方？"玉华笑了一声道："你这话真呆！咱们怎么能知道他藏东西的地方咧？只要把他弄倒了，还怕他家里人不供出来么？我请你来商量，只为你和他有些交情，想借你的名字送点东西给他吃；不知你答应不答应？"如云沉吟道："这事！……他的朋友、学生众多，将来报起仇来，我不是性命危险！……"玉华瞪目道："既这么，就请你在我这里住两天，我保你的险！"说罢，便向如云要名片。如云没法，只得将名片给他。玉华又逼着他在名片上写："顷有宁友送来京鸭数只，尝之甚美，用分甘奉赠，尚乞哂收"几个字。如云不敢不写。玉华便命人将有毒的板鸭和名片，齐送往龙天衢家里。

天衢索性喜吃板鸭，（如云深知，且常对玉华说起。）见如云送来四只板鸭，心中甚喜，便叫仆人整治。晚餐时和家人饱餐一顿。可怜绝世英侠，中此毒计！吃下不到半小时，一阵腹痛，半句言语不曾说得，早已一命呜呼。全家同时被害。只剩得两个仆人和小孩没吃板鸭，留得性命。

两个仆人见天衢身死不明，便寻着一班天衢的朋友，报告了捕房，转请公堂相验，并且控告毕如云谋害。公堂讯问一堂，便饬传毕如云到案。捕房只以"在逃"两字敷衍回复。

玉华想拘捕天衢家人追问大连盗案，天衢朋友得信，急忙送两仆及天衢的儿子和所抚朋友的遗孤，一并送回湘南他老家里去了。玉华妄施毒计，一无所获。只害了毕如云，后来被天衢的学生报仇暗杀了。

且说逸仙誓师北伐，进讨曹、吴。徐谦、焦易堂等运动冯玉祥、胡景翼亦已成熟。景翼得了天衢的信，收到荣三点送来的珍宝，知道天衢身亡，便将来物变卖巨款，暗中布置，势力极为雄厚。吴佩孚还在梦中，迷想武力统一中国：派杨森扰川；使孙传芳、齐燮元等霸占长江，张福来、王承斌分据豫、直；勾结沈鸿英扰桂，陈炯明扰粤。威风凛凛，虎视中原。那卧薪尝胆的张作霖，自十一年战败后，一意整军经武，添兵购械，开办讲武堂，延揽英贤，改造军备。数年以来，实力大充。依遵三角同盟的计划，决计复仇，对直系进攻。江浙战争时，作霖于九月十五日，便致一通牒与曹锟道：

今岁天灾流行，饥民遍野。弟曾屡言攻浙之不可，兄亦有力主和平之回答。不料墨汁未干，战令已发，且耀兵关前，扣留京奉路车，杜绝交通，意欲何为？兄近年为吴佩孚之傀儡，致民怨沸腾，且贻羞万古。武力讨伐之不可。能，徵诸苏军之屡战屡败，已足证明。弟本拟再行遣使来前，徒以交通梗阻，不克如愿。职此之故，将令航空队以飞机敬问起居。言尽于此，枕戈以待最后之答复。

此通牒发后，即召集高级军官开军事会议，议决即日进兵。张作霖自任总司令，任命：

姜登选为第一路司令，率第四、第十六两混成旅，担任绥中、兴城方面；

李景林为第二路司令，率第一师及第五旅．担任喜峰口前线；

吴俊升为第三路司令，率黑龙江全军，任热河方面；

张学良为第四路司令，率第二十七师及第十九混成旅，任山海关、锦县方面；

张作相为第五路司令，率吉林全军，任葫芦岛方面；

许兰洲为第六路司令，率第一、第二、第十四三混成旅，为游击队，担任开鲁、赤峰方面。

（以上每师三旅，每旅三团，及骑、炮各一团，兵额扩充，总数二十万人。）

沈鸿烈指挥东北海军舰队，以营口为根据地，防卫葫芦岛，并令镇威、镇海两铁甲舰攻秦皇岛；

张学良兼空军第一队队长，驻喜峰口；张玉中为空军第二队队长，驻葫芦岛；袁列坡为空军第三队队长，为游击击敌：各支配战斗飞机十架，侦探、运输等飞机各若干架。

（以上共军舰八艘，飞机六十余架。）

奉军既下动员令，曹锟只吓得手忙脚乱，连忙电召吴佩孚和直隶督军王承斌来京筹商。二人到京进见。曹锟道："我老了，不中用了！请子玉（佩孚字）、孝伯（承斌字）摄行大元帅、副元帅职权：全权办理吧！"佩孚鞠躬道："佩孚受恩深重，敢不效忠靖难！"承斌也道："愿誓死报国！"佩孚、曹锟下讨奉令，并任命各路司令。曹锟便问佩孚的意思要如何？佩孚在衣袋里取出令稿和名单递给曹锟。曹锟看也没有看，便叫盖印发表。任命：吴佩孚为讨逆军总司令，王承斌为讨逆军副司令；彭寿莘（第十五师师长）为第一军总司令，王怀庆（第十三师师长）为第二军总司令，冯玉祥（第十一师师长，陆军检阅使）为第三军总司令；萧耀南、张福来等为后防筹备总司令，胡景翼为援军总司令，孙岳（第十五混成旅旅长）为京畿警备司令：其余直系诸将，莫不分配任务。

佩孚于九月十八日在滦州设大本营，大兵站设在郑州。命彭寿莘由山海关向绥中攻击，绝奉军入关之路；设总司令部于山海关。王怀庆由朝阳进攻义州及北镇，为入奉之先进队；设总司令部于朝阳。冯玉祥一面由热河边境进攻锦西、兴城，断绥中、山海关一带，阻碍奉军的后路，一面为王怀庆后援；设总司令部于单泉县：三路兵力，计二十余万。杜锡珪、温树德所部海军军舰二十余艘，空军飞机五十余架，一齐出发助战。

冯玉祥素不赞成佩孚的刚愎黩武，更因佩孚夺玉祥战胜取得的河南省给心腹张福来，而调玉祥虚衔的陆军检阅使，心中愤愤不平，久思发作；只以机会未到，暂时隐忍。这时佩孚严督各军出发，只玉祥以拱卫京畿为辞，不肯开拔。佩孚虽怒恨，但不敢先起内争；只密嘱胡景翼、孙岳二人密行监视：如冯玉祥有违法举动，即便宜从事。表面仍派人婉劝玉祥赴前敌。

哪知孙岳、胡景翼早已互相联络，由于右任、焦易堂、徐谦拉拢，实行合作。吴佩孚只知一意孤行，哪曾知道胡景翼既得了龙天黴寄付的意外之财，慷慨分赠冯玉祥、孙岳，彼此感情更加浓固。有了金钱，一切事进行都格外顺利。所以佩孚既令胡、孙二人监视玉祥，却正得其便。三人秘密商议，决定冯玉祥到前方再倒戈，北京交给孙岳，景翼扰乱佩孚后方：三人各负责任。议定之后，玉祥表面装作信从劝解，率兵出发。佩孚便想乘机解散玉祥所部。玉祥得讯，便严为戒备。大敌当前，内部已如此发生绝大的裂痕，哪能够得着胜利？何况张作霖因三角联盟的关系，由国民党介绍而与冯、胡、孙（“小三角联盟”）互通声气。直系之覆亡，自是意中之事。

九月十五日拂晓，直军向奉军开始进攻，霎时山海关外枪炮声如迅雷骤雨。奉军养精蓄锐数年，此来专为雪耻，编制齐整，系统分明，指挥统一，士无贰志；兼之声讨贿选，名正言顺；所以一经接触，便拚命扑奔直军。直军此来原无目的，兵士更不知因何而战，各军又历史不同，宗旨各异，指挥因而不灵敏；只凭吴佩孚一人作气，哪能行得？所以前线见奉军来势凶猛，军心大怯，纷纷后退。一日之间，奉军连克开鲁、朝阳，直趋热河。一面派队会攻山海关，军威大震。

直军山海关前线的总司令彭寿莘，统率所部第十五师五十余人布防关外，在南门天泰栈设立第一路总司令部。奉军飞机昼夜凌空翱翔，寿莘大惧，只命部下严密防守，自己却宿在车站里。十六日，奉军飞虎队飞机飞到天泰栈空间，猛然连掷几个十二磅的炸弹，天泰栈房屋应声而倒。奉军间谍便在关内大散谣言，说：“彭寿莘已被炸死。”直军军心大乱，无心应战。这时，奉军第四路副司令郭松龄（茂宸）亲临前线，跃马当先，大喊前进。部下官兵见主将如此，个个争先，潮水般涌到关前。同时奉军海、空两军炮弹炸弹劈空打下。直军不能支持，倒山般溃下。佩孚得讯，亲自跃马前来。见关上守军向关下逃走，勃然大怒。扳动手枪，枪毙了一个团长，七八个兵士。下令架机关枪督阵，如有后退，即行扫射！直军方才扎住战线。佩孚便拔刀向前，率队反攻。这时，奉军已扑到九门口。郭松龄在马上用望远镜望见“吴”字大旗，大叫道：“‘擒贼必擒王！’吴贼来送死了！咱们前进呀！不要让他逃走了！”两腿一夹，泼剌剌一马当先，向岭上直闯上去。左右两翼见中路已经上山，雁翅般一齐杀上山来。佩孚望见奉军蚂蚁出洞似的密密层层的突进，诚恐关头有失，急令机关枪兵快放。一时枪炮乱鸣，恍如新年爆竹。只见奉军禾浪般纷纷倒地，死伤不计其数。佩孚大乐，连呼“快放！……

快放！……”这一战，直杀得天昏地黑，鬼哭神号。双方各死数万人，共计约在七万以上，伤者及因伤致死者尚不在内；真是民国史上空前的大战。

郭松龄见死伤太多，若不急攻，必致全军覆灭，便振起精神，大喝一声，跳下马来，踏着死尸，窜到关前。部下官兵见长官这般奋不顾身，勇气百倍，一齐呐声喊，提枪俯身，冲到关前。直军炮火虽猛，怎奈奉军前仆后继，毫不畏退。奉军攻到离关不远，枪炮失效，便用白刃战，爬岭上城，锐不可当。直军万不能敌，佩孚也只得回马而走。那兵士便如黄河决口般向后溃退，自相践踏，又死伤无数。奉军便连占九门口、沙河寨、石门寨、三道关、角山寺、二郎庙等要隘。

这时冯玉祥在北通州索饷后，开到古北口，按兵不动，并发通电：请严惩曹锟、吴佩孚等，以谢天下。曹锟接电大骇，吓得手足冰冷，只叫秘书："快打电给子玉！怎么得了呢？……真吓死我了！"那一天便连发四电。吴佩孚连接曹锟的来电，气的肝肺怒张，牙龈咬碎，却依旧无法处置玉祥。

同时广州陆海军大元帅连下三令，与天下共讨国贼曹、吴。段祺瑞也有通电，攻击直系。各省公团纷纷响应。曹、吴遂为众矢之的，天下共弃。直系顿时陷入四面楚歌之中。

玉祥兵到承德，便和热河都统毅军统将米振标、陕军司令胡景翼协商，一致对奉妥协。奉军攻热河的张学良所部便停止进攻。玉祥与合作各军议定实行首都革命。宗旨相同，各军一律定名为"国民军"：冯玉祥为国民军第一军总司令，胡景翼为国民军第二军总司令，孙岳为国民军第三军总司令，米振标为国民军第四军总司令；（入京后，米部未改名称，第四军遂未实现。）并公推冯玉祥为国民军总司令。只候会师北京，便正式宣布。一切手续完备，玉祥便改道由平地泉南下，直取滦州。

佩孚方在山海关败下来，便得着玉祥班师的警耗。急电曹锟，请退滦州。曹锟又怕奉军攻来，电令佩孚缓退。玉祥、景翼早昼夜趱行，只三日三夜便赶到北京。

二十三日午前一时，玉祥率兵回到近郊。京畿警备司令、陆军第十五混成旅旅长、原任大名镇守使孙岳大开九门，迎冯、胡各军进城。当即由冯玉祥、胡景翼、孙岳三人领衔，所属各师、旅、团长联名，通电主张和平。通电发出后，即正式宣布国民军首都革命。一、二、三军总司令同时就职。玉祥即令部将鹿钟麟派兵分守九门，监视各机关。

曹锟早吓得胆碎魂飞，呆坐流泪。直系的武人政客逃走一空。腿长的到了天津租界，腿短些儿的也避往东交民巷使馆界。只剩下颜惠庆，身为曹家内阁总理，走不开，只得硬着头皮，到北苑来见玉祥，代表曹家政府征询冯玉祥意见。五祥冷笑道："我的主张已经通电公开发表，别无私见，何必再问？"

惠庆便来见曹锟，将冯玉祥的话说了。曹锟哭丧着脸道："这教我怎办呢？早知如此。我也不花钱费力来弄这劳什子总统做了！这都是子玉、孝伯害我的！弄到这个地步，他俩倒不顾我了！"说罢又呜咽起来。惠庆急道："总统这时埋怨也无益，且明哲保身要紧。"曹锟拭泪哽咽道："事到如此，还有什么说的？你说怎好就怎办。我只要保得住我的脑袋和产业，其余的我也顾不得了！"惠庆便要曹锟顺着玉祥的意思，下令停战，并免佩孚的职，以图和缓。曹锟大喜，道："还是你想得周到！子玉太胡闹了，我也被他害苦了。这人还能用吗？赶快免了他吧！"惠庆见他神经不清，便不多说，只拟好几道命令：免吴佩孚本兼各职，派往青海，督办屯垦事宜；宣布停战，撤销讨逆军名号，责成王承斌、彭寿莘收束军事。

冯玉祥也不理曹锟的命令，只派兵入公府将曹锟幽禁于延庆楼，令颜惠庆将内阁递邅给黄郛组织摄政内阁。一面分派军队截击直军，缴械数万。国民军一、二、三军顿时各扩充至数十余师旅。吴佩孚仅率少数卫队，乘军舰逃往长江。奉军遂进据天津。

北京秩序初定，玉祥便依徐谦的主张，请摄阁举行两事：一桩是惩办直系祸首。但当时均在逃，只捕得权倾一时的曹锟的男妾李彦青，将来枪毙，抄没家产数十万；同时直系诸首领的家产一律查抄，共计将及万万。只可惜未能彻底没收，调济国用！

再有一桩事更教人痛快了！那盘踞宫中，暗图背叛民国，复辟称帝的内乱罪犯爱新觉罗溥仪，正在宫里和他的妻妾玩耍了一阵木刀枪回来，大家吃苹果。忽听得内监来报，说：国民军派队伍将宫院团团围住了。溥仪吓得魂不附体，抱头就跑。鹿钟麟早率同弁兵撞进宫来，传令道："奉摄政内阁令：民国优待清室，令溥仪得享国民权利，着即日出宫。所有宫内物件不得私带，俟查明后，私产发给，公产归公。"溥仪等自知罪重，听见不究复辟之罪，赦他不死，得保性命，真是万分欢喜，岂敢顽抗讨死？只有那些心怀不轨、冥顽不灵的贼奴、宗室和汉奸等，还要求准带文书出宫，妄想掩却复辟的证据和谋逆的秘密文件。钟麟不许道："内阁有令，一物不得擅动！"说罢，便令兵士将溥仪全家男妇一齐押出宫去。所有成千累万的宫女、太监，一律给资遣散。将各宫各殿一律查封。只可惜古物珍宝当时遗失不少，后来有许多在日本发现。当时如何失却，竟无从查考。

驱逐溥仪后，内阁便组织委员会，清查宫内，发现许多密谋复辟的文件。其中社会民主党首领江亢虎和自命文化革命的某博士、某督军，甚至身为中华民国大总统的徐世昌等，都有文书在内。若不是国民军总司令冯焕章上将当机立断，后患诚不堪设想咧！

溥仪未被逐之先，国民党人吴泽沧、文公直、廖仲恺，及大同党首领黄介民、津绅李廷玉等均先后致电与冯玉祥，请将溥仪捕交法庭，根究内乱罪，治以应得之刑—处死刑—以谢天下，而杜后患。此时诸人又纷纷电请严究复辟、贿选两案，天下响应。溥仪便先逃入驻京外国使馆，复逃往天津。复辟党及溥仪的英国师傅又勾结英、日，想借出洋游历为名，遁往外洋，勾结帝国主义者，图谋不轨。幸天津各界组织团体，严密监视，揭破阴谋，全国各界激烈反对，逆谋乃不得逞。

第一百回

谋国是北上赴北京　丧北辰国民悲国父

且说逸仙在江浙战事之前，接得往北方运动首都革命的党员于右任、徐谦、戴天仇、焦易堂接连来电，说："首都革命的目的一定可以达到，请总理北上，往天津住着。一俟动手，即拥戴总理组织国民政府。"当时胡汉民等一班在粤的党员都以为不大妥当。逸仙自己也以为轻弃革命根据地的广州而到天津去株守，殊属非计。况且大元帅北上，东江南路的陈逆（炯明）、邓逆（本殷）等必定蠢然思动。倘因此广州失陷，首都革命也必大受影响，反蹈前后失顾之弊。逸仙便未肯贸然北上。曹、吴既逐，北方党员纷纷电请逸仙作中国元首。逸仙想："中国现在还是次殖民地的地位，不平等的条约未能废除，不啻作十几个国的奴隶，要伺候十几个主人—帝国主义者—倘然我作元首，必不能不与这十几个主人直接冲突。还不如以在野资格，尽力作废除不平等条约的运动，反容易发生效力，达到目的。"因此坚决表示不就。北方军队才拥出个段祺瑞来，做临时执政。

三角同盟成立时，原有请逸仙北上谋国是的协定；因此北方各军及段祺瑞都发电促逸仙北上，且派代表南下到粤敦促。逸仙为践约及救国起见，便命胡汉民代行大元帅职权，于十一月十二日一即逸仙诞日翩然北上。动身时，发表北上目的及主张的宣言，布告中外道：

"本年九月十八日，本党对于出师北伐之目的曾有宣言。其主要之意义者，以为'国民革命之目的，在造成独立自由之国家，以拥护国家及民众之利益。'此种目的，与帝国主义欲使中国永为其殖民地绝不能相容。故辛亥之役，吾人虽能推倒满洲政府，曾不须臾，帝国主义者已勾结军阀以与国民革命为敌，务有以阻止国民革命目的之进行。十三年来，军阀本身虽有新陈代谢，而其性质与作用，则自袁世凯以至于曹锟、吴佩孚，如出一辙。故北伐之目的，不仅在覆灭曹、吴，尤在曹、吴覆灭之后，永无同样继起之人。换言之，北伐之目的，不仅在推倒军阀，尤在推倒军阀所赖以生存之帝国主义。盖必如是，然后国民革命之目的，乃得以扫除障碍之故而活泼进行也。

'国民革命之目的，在造成独立自由之国家，以拥护国家及民众之利益。'

其内容为何，本党“第一次全国代表大会宣言”已详述之。盖以‘民族’、‘民权’、‘民生’三主义为基本，而因应时势，列举救济方法，以为最少限度之政纲。语其大要：对外政策，一方在取消一切不平等之条约及特权；一方在变更外债之性质，使列强不能利用此种外债，以致中国坐困于次殖民地之地位。对内政策，在划分中央与省之权限，使国家统一与省自治各遂其发达而不相妨碍；同时确定县为自治单位。以深植民权之基础，且当以全力保障人民之自由，辅助农工实业团体之发达，谋经济，教育状况之改善。盖对外政策菜得实现，则帝国主义在中国之势力归于消灭，国家之独立自由可保；对内政策果得实现，则军阀不致死灰复燃，民治之基础莫能摇动。此敢信于中国之现状实为对症之良药也。北伐目的宣言根据此旨，且为之说明其顺序：

一、中国跻于国际平等地位以后，国民经济及一切生产方得充分发展。

二、实业之发展，使农村经济得以改良，而劳动农民之生计有改善之可能。

三、生产力之充分发展，使工人阶级之生活状况得因团结力之增长，有改善之机会。

四、农工业之发达，使人民之购买力增加，商业始有繁盛之动机。

五、文化及教育等问题，至此方不落于空谈。以经济之发展，使知识能力之需要日增，而国家富力之增殖，可使文化事业及教育之经费易于筹措。一切知识阶级之失业问题、失学问题，方有解决之端绪。

六、中国之法律，更因不平等条约之废除，而能普及于全国领土。一切租界已废除，然后阴谋破坏之反革命势力无所凭藉。

以上诸端，凡属国民一不别其为实业家，为农民，为工人，为学界一皆无不感其切要，而共同奋斗以求其实现者也。

国民革命之目的，其内容具如此。十三年来，帝国主义与军阀互相勾结，以为其进行之障碍，遂使此等关系民国存亡国民生死之荦荦诸端无由实现。为谋目的之到达，不得不从事于障碍之扫除，此北伐之举所以不容已也。

自北伐目的宣布以后，本党旗帜下之军队在广东者，次第集中北江以入江西，而本党复从种种方面指示国民，以帝国主义所援助之军阀，虽怀挟其武力统一之梦想，而其失败终为不能免之事实。今者吴佩孚之失败，足以证明本党判断之不谬矣。

军阀所挟持之武力，得帝国主义之援助而增其数量，此自袁世凯以来已然。然当其盛时，虽有帝国主义为之羽翼；及其败也，帝国主义亦无以救之。此其故安在？二年东南之役，袁世凯用兵无往不利；三、四年间，叛迹渐著，人心渐去；及反对帝制之兵起，终至众叛亲离，一蹶不振。七年以来，吴佩孚用兵亦无往不利，骄气所中，以为可以力征经营天下，至不恤与民众为敌，屠杀工人、学生，以摧残革命之进行。及人心已去，终至于一败涂地而后已。犹于败亡之余，致电北京公使团，请求加以援助；其始终甘为帝国主义之傀儡，而不能了解历史的教训如此。由斯以言，帝国主义之援助，终不敌国民之觉悟。

帝国主义惟能乘吾国民之未觉悟以求逞，军阀亦惟能乘吾国民之未觉悟以得志于一时；卒之，未有不为国民觉悟所屈伏者。愿我友军将士暨吾同志，于劳苦功高之余，一念及之也。

吾人于此，更可以得一证明：凡武力与帝国主义结合者无不败；反之，与国民结合以近国民革命之进行者无不胜。今日以后，当划一国民革命之新时代，使武力与帝国主义结合之现象永绝迹于国内。其代之而兴之现象：第一步，使武力与国民相结合；第二步，使武力为国民之武力。国民革命，必于此时乃能告厥成功。今日者，国民之武力固尚无可言，而武力与国民相结合，则端倪已见。吾人于此，不得不努力以期此结合之确实而有进步。

欲使武力与国民深相结合，其所由之途径有二：

其一，使时局之发展能适应于国民之需要。盖必如是，然后时局发展之利益归于国民，一扫从前各派势力瓜分利益及垄断权利之罪恶。

其二，使国民能自选择其需要。盖必如是，然后国民之需要乃得充分表现，一扫从前各派包揽把持隔绝群众之罪恶。

以上二者，为国民革命之新时代与旧时代之鸿沟划然：盖旧时代之武力为帝国主义所利用，新时代之武力则用以拥护国民利益而扫除其障碍者也。

本党根据以上理论，对于时局，主张召集国民会议，以谋中国之统一与建设。而在国民会议召集以前，主张先召集一预备会议，决定国民会议之基础条件及召集日期、选举方法等事。

“预备会议，以左列团体之代表组织之：

一、现代实业团体；

二、商会；

三、教育会；

四、大学；

五、各省学生联合会；

六、工会；

七，农会；

八、共同反对曹、吴各军；

九、政党；

以上各团体之代表，由各团体之机关派出之，人数宜少，以期得迅速召集。

国民会议之组织，其团体代表与预备会议同，惟其代表须自各团体之团员直接选举，人数当较预备会议为多。全国各军皆得以同一方法选举代表，以列席于国民会议。于会议以前，所有各省之政治犯完全赦免，并保障各地方之团体及人民有选举之自由，有提出议案及宣传讨论之自由。

本党致力国民革命，于今三十余年。以今日国内之环境而论，本党主张虽自信为救济中国之良药，然欲得国民之了解，亦大非易事。惟本党深信国民自决为国民革命之要道。本党所主张之国民会议实现之后，本党将以“第一次全国代表大会宣言”所列举之政纲，提出于国民会议，期得国民彻底的明了与赞助。

本党于此，敢以热诚告于国民曰：国民之命运，在于国民之自决。本党自能得国民之援助，则中国之独立、自由、统一诸目的，必能依于奋斗而完全达到。凡我国民，盍兴乎来？中华民国十三年十一月十三日，中国国民党总理孙文”

逸仙所坐的船号名叫春阳丸，走得不大平稳，又遇风浪，所以同行的人无不晕船。就是逸仙素常生活于舟车之中，至此也不大舒服。除了十三日初由香港上船的那一天曾经到大餐厅进晚餐以外，就没有出过卧舱一步，只在舱内休息。

十七日早晨，船到吴淞，就有不少的人上船来欢迎。逸仙因为辛苦太甚，面容憔悴，满面风尘，却还打起精神，和欢迎的人一一周旋。

人丛中有个日本新闻记者突然向逸仙说道：“昨天上海《字林西报》有一篇短评，大意是讨论先生到上海的居住问题。因为先生是现在广州大本营的陆海军大元帅，一举一动，当然负得有政治上的任务。在上海租界之内完全是商务性质，负有政治任务的大元帅到这个完全属于商务性质的地方来居住，是否相宜？似乎是一个大问题。这是大家应该研究的。就这短评的命意，当然是挑拨上海各国人民来反对先生在上海登岸久住。……”逸仙早正颜厉色的答道：“上海是我们中国的领土，我是这个领土的主人；他们都是客人。主人行使职权，在这个领土之内，想要怎么样便可以怎么样。我登岸之后，住在租界之内。只要不犯租界中的普通条例，无论什么政治运动，我都可以做。”（此段说辞见先生在上海招待新闻记者演说辞中所引全文）说罢便起身登陆。那日本的记者默然而退。

逸仙到了真利爱路二十九号住宅里，便觉得身体不大舒服，初还以为是船上劳顿过甚，没大理会。宋夫人尽心服侍，问暖嘘寒，不离左右。

次日接见了北方政府和各界民众的欢迎代表，答应即日北上，便派人来探问船期。回报说：“由上海直往天津，两个星期内都没有船期。”北方代表催促的很急，逸仙便想：“不如绕道日本，作一番宣传工作，促日本的觉悟；同时可以会晤日本的老友。”想罢，便令打听到日本的船。回报说：“上海丸于十一月二十一日出口。”逸仙便决计乘上海丸出发。

十九日，逸仙特开一个茶话会，招待上海新闻界，发表国民会议的主张道：“诸君！兄弟向来是主张和平统一的人；曹锟、吴佩孚都是主张武力统一的人。这回曹、吴的武力统一被国民军推翻了，兄弟以为到了讲和平统一的机会，所以离开西南，到上海来。兄弟这次到西南有二年之久，忽然因种种障碍，未有成就，但是对于反对曹、吴的武力统一，很有计划，很有筹备。近来筹备将及成功，忽然遇到国民军推翻曹、吴，我在西南所做的两年工夫可以不用，所筹备反对武力的计划可以放弃。不但是放弃反对武力的计划，并且放弃西南的地盘，单身来上海：再过几日，就往北京。这次单身到北京，就是以极诚恳的意思，去同全国人民谋和平统一。至于要达到这个目的，还要有办法。这个办法的头一步，就要靠报界诸君鼓吹，来指导民众。

“现在中国号称‘民国’。要名符其实，必要这个国家真是以人民为主，要人民都能够讲话，的确是有发言权：像这个情形，才是真民国；如果不然，就是假民国。我们中国以前十三年，徒有民国之名，毫无民国之实，实在是一个假民国。这两三年，曹、吴更想用武力来征服民众，统一中国。他们这种妄想，到近日便完全失败。这个失败事实发生了之后，就是我们人民讲话的极好机会。我们人民应该不可错过这个机会，放弃这种权利。若是我们放弃这种权利，便难怪他们武人讲话，霸占这种权利。我这次决心到北方去，就是想不失去这个机会。至于所有的办法，已经在宣言中发表过了。大概讲起来，是要开一个国民会议，用全国已成的团体做基础，派出代表来，共同组织会议，在会议席上公开地来解决全国大事。说到中国人数，向来都是号称四万万，但是真正户口册，总没有调查清楚。如果用的确人数做基础，不是短时间办得到的事。在短时间内办不到，便失去了这个机会。我们国民若还要失去这个机会，还不讲话，便是放弃主人翁的权利，以后再没有机会，便不能怪别人了。我从前因为没有这个机会，所以筹谋计划，反抗武力来造成这个机会。现在已经得到了这个机会，从前的筹备都没有用处，所以抛弃一切，亲到上海来同诸君相见。今天在这里同诸君讲话，是用人民的资格，是处于国民的地位。你们报界诸君，在野指导社会，也是一样。诸君都是先知先觉，应该以先知觉后知，以先觉觉后觉；尽自己的能力，为国民的向导。我主张组织国民会议的团体，已经列入宣言之中的一共有九种。这九种团体都是现在已经有了的大团体。另外没有列入的团体还是很多，譬如新闻界的团体便没有列入。现在各处新闻界的团体，内容组织是不是完全，还要诸君仔细去调查。如果调查之后，认定是很完全，当然可以参加会议，讨论一切大问题。但是不管新闻界是不是参加会议，都负得有指导民众的责任，都要竭力宣传，令民众知道自己的地位，中国现在要和平统一的重要，以尽自己的责任。诸君此刻宣传国民会议，或者一时未能普遍传入全国民众之中，但是可以传入有知识的各种大团体，像学会、商会、教育会以及农团、工团一样。诸君在这个时期内来讲和平统一，是十三年以来一个最难得的机会。如果在这个机会还不讲话来推倒军阀，那么这次北方事变便不能促成和平统一，或者要酿成大乱，也未可知。

“我们在这个时机要问是全国大乱的终结，还是和平统一的开始？就是全靠我们国民。我国民要想是和平统一，便应该万众一心，全国各团体都派出代表来加入国民会议，研究现在时局的弊病，讨论补救的方法。所有加入的团体，不论他是有没有军队，不管他是属于哪一界，都要照国民会议所决定的办法，服从国民会议的主张。

“我所发表的宣言要能够完全实行，固然需要种种筹备，但是要民众赞成国民会议，首先便要民众明白国民会议的性质和国民会议的力量。如果这个会议可以解决国家的纠纷，诸君在新闻界便应该竭力鼓吹这个会议，俾民众明白这个会议的性质，实行这个会议的办法。从前国会之所以没有用处，是由于根本上选举议员的方法太草率。当时只要愿意做人民代表的人，到各省四乡去运动，人民因为不知道国会的重大，便不问想做代表人的学问道德如何，便举他们做议员，成立第一次国会。从前国会因为议员的本体不好，复受外界武力的压迫，所以在当时是总不能行使职权。后来北方政府毁法，解散国会，国会更是没有用处。西南政府护法，便在广州、四川召集国会，以维法统，而与武力相持。前年，曹、吴也赞成护法，召集议员到北京开会，但是那些议员总是不顾民利，只顾私利。到北京之后，不做别事，只要有钱，便去卖身，造成曹锟的贿选。现在全国国民对于那般议员完全失望。要解决国事，便不能靠那些议员，要靠我们国民自己。所以我才发起这个会议，要人民明白国家现在的地位，知道政治和人民利害的关系，用正派分子来维持中华民国，我们现在组织这个团体，普通人或者疑惑，有力量的人不赞成，没有力量的人徒托空言。殊不知我既是发起这个会议，自然要担负这个责任。对于有力量的人，一定要他们赞成这个会议的主张。若是他们不赞成，我就明告于天下，说他们是以暴易暴。现在我中国既是定名为‘民国’，总要以人民为主，要让人民来讲话；如果是帝国，才让他们去讲话。假若一天不改国号，他们一天总要听人民的话。那些有十万、或者二十万兵的人，我们不能把他们当作特别伟人，只可以当作国民守门的巡捕。譬如我的门口，现在有两个持枪的巡捕来保护我家。上海凡是有钱的人，或者是在各省做过了大官的，都用有巡捕守门。那些守门的巡捕，都是有枪阶级，那些主人只能在物质上多给钱，决不能够让那些巡捕来管家事，反对主人。照道理讲，那些有大兵权的人，所有的任务就是和守门的巡捕一样。不能以为他们是有枪阶级，我们主人便放弃权利，连家中大事也让他们来管。他们这次推翻曹锟、吴佩孚，固然是很有功劳，我们只可以在会议之中，特别设法酬谢；不能说会议的经国大事，便由他们把持。他们在带兵的时候，一方面是军人，但是在不带兵的时候，一方面还是国民。用国民的资格，在会议席上本来可以讲话；如果用军人的资格，在会议席上专横，不让大家公平讨论，我便马上出京，请他们直截了当去做皇帝。带兵的人只可以看作巡捕，不能看作皇帝。若是他们自己真要看作皇帝，这次会议开不成，国事还是不能解决，中国还是不能和平统一。那么国家的大事，只可以暂时让他们去胡行乱为。这次推翻曹、吴，他们极有功劳。我们国民不讲话，他们当然可以讲话。不过他们推翻了大武人，还更有小武人发生。大武人要作皇帝，小武人当然可以称霸，所谓‘大者王，小者侯’。以后中国的乱事，当更没有止境：国民的痛苦，更不能解除。我们要现在解除国民的痛苦，以止中国的乱源，便要大家集合各团体组织大机关来对武人讲话，求一个和平解决的办法。若是武人还执迷不悟，我们国民只可以宣布他们的横暴，等他们武人再互相推翻，或者总有觉悟之一日。这次北方的事变，是武人推翻武人，有大兵权的人也可以打破，足见武力不足恃。有了这回事变，一般野心家看见了，或者可以敛迹。但是要我们力争，他们才敛迹。如果目前无人力争，他们便不顾是非，为所欲为。以后的乱事，便不知道要到一个什么地步了。

“有了这次北方事变发生之后，究竟能不能够收束？以后中国究竟是治，或者是乱？究竟是和平的开始，或者是大乱的开始？没有别的办法可以决定，只有开国民会议，用大家来解决之一法。若是专由武人去解决，便由他们彼此瓜分防地，争端没有止境。好比从前的督军团会议，各武人分争巡阅使一样。至于收束目前的军事，全国军队如何改编，如何遣散，如何化兵为工来开路，那都是将来会议中的条目。现在所应该注重的大纲，一共只有两点；第一点，是国内人民的生活究竟要用什么方法可以救济？第二点，是中国受外国的种种压迫，究竟要用什么方法可以挽救？

“就第一点说：大家常听得说中国有四万万人。但按照最近各国科学家同宗教家对于中国人口精确的调查，前二年只有三万万一千万，去年不足三万万。在从前各国教士同科学家调查中国人口，确有四万万。何以从前的人数有四万万多，近年便减少到三万万一千万，到去年便更形减少，连三万万的数目也是不足呢？何以在这十几年中，便减少了九千万，在前年一年之中，便减少一千多万呢？我们人口这样减少，真是可惊可怕！这样可惊可怕的事，是受什么大影响呢？依我看起来，最大的影响是受国内的变乱。以后乱事再不停止，全国人口当更要减少。推到极端，真有亡国灭种之忧。这就是民生主义中的一个大问题。我们要中国前途不至亡国灭种，便要赶快解决这种民生问题。中国近来人口死亡，不只是在战争。在战场中死亡的人数，最多不过十万。其余大多数的死亡，都是在战场附近冻死、饿死，或受其他各种兵燹的影响，生活不遂而死。我们要和平统一，防止乱源就是救亡的最重要问题。

“就第二点说：是对外问题。中国从和外国通商以来，便立了许多条约。那些条约中所载的极不平等。现在中国已失去国际上的平等、自由，已经不是一个完全独立的国家。一般人都说是一个半殖民地。依我看，中国还赶不上半殖民地。好比高丽是日本的殖民地，安南是法国的殖民地，菲律滨是美国的殖民地；中国若是半殖民地，照道理上讲起来，中国比较高丽、安南、菲律滨所受待遇当然要好些。但事实上是怎样呢？高丽做日本的殖民地，高丽所奉承的人只有一个日本。日本做高丽的主人，所得到的权利固然是很大，但是所尽的义务也不少。如果高丽有了水旱天灾，日本设尽种种方法去赈济，常常费到几百万。日本人都自以为是应该做的事。法国对于安南，也是如此。至于美国之待菲律滨，不但是急时赈济灾害，平时并且费很多的人工金钱，办理教育、交通和一切善政。中国平时要改良社会，急时要赈济水旱天灾，有什么人来尽义务呢？只有几位传教的慈善家，本悲天悯人的心理来救济。如果费了几十万，便到处宣传，视为莫大的功德。而且高丽、安南、菲律滨所奉承的主人，都只有一国的人。做奴隶的，要得到一国主人的欢心，当然很容易。中国现在所奉承的主人有十几国。如果专得英国人的欢心，美国、日本和其他各国人便不喜欢；若是专得日本和美国人的欢心，英国和其他各国人便不喜欢。正是俗话所说：'顺得姑来失嫂意。'要得到众主人的欢心，是很艰难的。今日《大陆报》上发表了一篇论文，叫做条约神圣。这篇论文所以发表的原因，大概是由于前日我在吴淞登岸的时候，有一位日本的新闻记者见我说：'英国想抵制先生在上海登岸。'我说：'上海是我们中国的领土，我是这个领土的主人；他们都是客人。主人行使职权，在这个领土之内，想要怎么样便可以怎么样。我登岸之后，住在租界之内。只要不犯租界中的普通条例，无论什么政治运动，我都可以做。'那位日本记者昨日发表了我的言论，所以《大陆报》今日便有这篇论文。大家知道不平等的条约是什么东西呢？就是我们的卖身契！我这次到北京去，讲到对外问题，一定要主张废除中外一切不平等条约，收回海关、租界和领事裁判权。废除国际间的不平等条约，东亚有两国已经行过了的，一个是日本，一个是暹罗。东亚只有两个完全独立的国家，就是日本、暹罗。日本、暹罗之所以能够完全独立，就是由于废除从前和外国所立的不平等条约。日本废除条约，是用兵威。暹罗国小，没有大武力。废除的条约，是用公理向各国力争。所以国际间强大国家束缚弱小国家的不平等条约，是可以废除的，不是不能废除的；只看我们所用废除的方法是怎么样罢了。我们常常笑高丽、安南是亡国奴！他们都只有一国的主人，做一国的亡国奴；我们和许多国家立了不平等的条约，有十几个主人，做十几国的亡国奴。最近新发生了一个俄国，自动地废除了中俄一切不平等的条约，交回俄国从前在中国所得的特别权利，放弃主人的地位，不认我们是奴隶，认我们是朋友。除了俄国之外，还有德国、奥国也废除从前在中国所立的不平等条约，交回一切特别权利。德国、奥国都是欧战打败了的国家。那些欧战打胜了的国家，见着打败了的国家还可以放松中国的特别权利，为什么打胜了的国家不可以放松呢？他们因为研究到这个问题，自己问良心不过，所以便主张把从前束缚中国的不平等条约要放松一点。因为研究放松条约的办法，所以才有华盛顿会议。但是他们一面会议，主张放松条约；又一面说中国常常内乱，不能随便实行，总是口头上的主张。外人在口头上放松束缚中国的条约，不是从今日起的。譬如庚子年，北京起了义和团之后，各国联军打到北京，赶走中国政府，逼成城下之盟。外国人在北京为所欲为，立了许多不平等条约。当时英国是世界上头一个强国，国内极文明。有许多人看到各国在中国太野蛮，太对中国人不住，便出来讲公道话，主张要把英国所占的特别权利送回中国。英国政府在当时也赞成这种主张，但是又附带了一个条件，必须各国一致退回在中国所占的特别权利，然后英国才可以实行。所以英国一方面赞成那种公道的主张；又一方面使许多小国像西班牙、葡萄牙来反对。弄到结果，彼此推诿，至今不能实行。这还是二十年以前的事。外国人在二十年以前，便有了这种动机，我们不争，他们自己自然是不管。中国一般普通人的心理，以为外国人废除不平等的条约，必须要中国有力量。如果中国一日没有力量，那些旧约便一日不能废除。这个道理，殊不尽然！要问外国能不能废除旧条约，就问我们有没有决心去力争。如果大家决心去力争，那些条约便可以废除。如像最近的华盛顿会议，外国人便主张放松；从前的《凯马契约》，外国人也主张实行；我们中国人都是不争，都是不要。假若全国国民一致要求，这种目的一定是可以达得到的。

“中国现在祸乱的根本，就是在军阀和那援助军阀的帝国主义。我们这一次来解决中国问题，在国民会议席上，第一点就要打败军阀，第二点就要打破援助军阀的帝国主义。打破了这两个东西，中国才可以和平统一，才可以长治久安。军阀的祸害是人人所深知的。至于帝国主义的祸害，在中国更是一言难尽。譬如就通商而论，这本是两利的事。但是中外通商，每年进口货极多，出口货极少，进出口货总是不能抵销。据最近的海关报告，进口货要超过出口货五万万。这就是中国损失了五万万。换句话说：就是中国由于通商，每年对于外国要进贡五万万。就我们所住的租界而论，租界是什么人的主权呢？都是归外国人管理的。中国人住在租界内，每日纳税、买货以及缴种种保护费，又是多少钱呢？再就货物在中国内地销行的情形论，外国货物入口，先抽百分之五的海关税，再运入内地，抽百分之二·五的厘金；抽过了百分之七·五之后的外国货物，无论运到什么地方去卖，都不必再抽税，都可以畅销。如果有中国货物由上海运到四川重庆去卖，先在上海要抽百分之五的海关税，以后经过镇江、南京、芜湖、安庆、九江、汉口、沙市、宜昌、夔府等处，总有十多处厘金关卡。每经过一个关卡，就要抽一次的厘金。总算起来，经过这些关卡，商家该当纳多少税呢？中国商人因为要免除这种重税，所以许多商人便请了外国人出面运货，说是外国的货物，每批货物只抽百分之七·五的税，便可以了事。中国商人请外国人保护货物的这种举动，好比请保镳一样。外国压迫中国，除利用经济势力来直接干涉以外，另外更用种种方法，间接来吸收中国人的钱。不过中国最大批的损失，还是进口货的五万万。我们受这样大的损失，在外国人美其名说是通商；就事实上论起来，何异强夺豪取？更就洋布洋纱而论，当欧战的时候，本是中国商人最赚钱的生意。当时之所以赚钱，是由于洋货不能入口，没有洋货来竞争。我这次进吴淞口的时候，沿途看见纱厂、布厂的烟囱多是不出烟。我便奇怪起来，问那些由上海来接我的人。他们都说：‘那些工厂在这几年中极亏本，早已停工。亏本的原因，是由于和洋纱、洋布相竞争，在上海所做的布和纱都不能赚钱。’当这个时候，假若海关是归我们中国人管理，我们便可以把进口的洋布、洋纱抽重税。如果在中国所织的布，每匹是值五元的。我们加抽洋布的税，便要弄到他每匹的价钱要高过五元，至少也要和中国布的价钱一样，然后中国布才可以同洋布相竞争。这种抽税的方法，是保护税法，是用来保护本国货物的。中国现在因为受外国压迫，不能行这种保护税法，所以上海纺出来的纱，织出来的布，便不能和洋布、洋纱相竞争，便要亏本；纱厂便因此停工。工厂停工，工人自然是失业。当布、纱生意极盛的时代，这种工厂在上海之内的工人，至少有十万人。这十万人现在因为停工失业，谋生无路，总有多少是饿死的。那些饿死的工人，就是间接受了不平等条约和外国经济压迫的影响。中国当革命之初，外国人不知内情，以为中国人忽然知道共和，必然是程度很高，不可轻视，所以赞成中国统一。后来查得内情，知道中国的官僚、军阀都是爱钱，不顾国家，所以便帮助军阀，借钱给军阀。军阀有了钱，于是摧残民气，无恶不作。像袁世凯借到了大批外债，便杀革命党，做皇帝。吴佩孚借到了大批外债，更专用武力，压服民众。吴佩孚这次在山海关打败仗以后，退到天津，本是穷途末路，国民军本可以一网打尽，战事本可以结束。但是有某国人对吴佩孚说：‘长江是我们的势力。如果你再退到那里，我们帮助你，你还是很有希望。’所以吴佩孚才再退回长江。我说这些话不是空造的，的确是有证据的。大家不信，只看前几个月某国人在香港的言论，大吹特吹说陈廉伯是华盛顿，广州不久便有法西斯蒂的政府发生。他们总是在新闻纸上挑战，要商团打政府，说：‘商团如果不打政府，政府便马上实行共产。’最近更助陈廉伯在香港发行两百万圆的债票，由他们的银行担保。像这种种举动，无非要延长中国内乱，他们才可从中取利。像这样的帝国主义还不打倒，不但在北帮助吴佩孚，在南帮助陈廉伯；就是吴佩孚、陈廉伯以外的人都可帮助，中国的祸乱便永远没有止境。外国人初次打败中国，和中国通商以后，以为中国很野蛮，没有用处，想自己来瓜分中国。及遇义和团之变，中国人竟用肉体和外国相斗。外国虽用长枪大炮打败了中国，但是见得中国的民气还不可侮。以为外国就是一时用武力瓜分了中国。以后还不容易管理中国。所以现在便改变方针，要想用中国人来瓜分中国。譬如在南方便利用陈廉伯，在北方便利用吴佩孚。

"我们这次解决中国问题，为求一劳永逸起见，便要同时断绝这两个祸根。这两个祸根，一个是军阀，一个是帝国主义。这两个东西和我们人民的福利是永远不能并立的。军阀现在已经被我们打破了，所残留的只有帝国主义。要打破这帝国主义，便要全国一致，在国民会议中去解决。诸君既是新闻记者，是国民发言的领袖，就一定要提倡国民会议。国民会议开得成，中国的乱事便可以终止；若是开不成，以后还要更乱，大乱便更无穷期。

"中国每次有大乱，我总是首当其冲。譬如从前的袁世凯，现在的吴佩孚，都是身拥雄兵、气盖一世的人；我总是身先国民和他们对抗。这次推翻了吴佩孚，我也放弃两年的经营，只身往北方去，为和平统一的先导。我这次往北方去，所主张的办法，一定是和他们的利益相冲突。大家可以料得我很有危险。但是我为救全国同胞，求和平统一，开国民会议，去冒这种危险；大家做国民的人就应该做我的后盾。中国以后的能不能够统一，能不能够和平统一，就在这个国民会议能不能够开成。所以中国前途一线生机就在此一举。如果这个会议能够开得成，得一个圆满的结果，真是和平统一，全国人民便可以享着共和的幸福，我的三民主义便可以实行，中国便可以造成一个民有民治民享的国家：这就是全国民众子子孙孙的幸福。我因为要担负这种责任，所以才主张开国民会议。我今天招待诸位新闻记者，就是要借这个机会，请诸君分担这个责任，来赞成国民会议，鼓吹国民会议。"

逸仙说毕，众记者一致表示十分赞成，愿竭力担任宣传。大家如饮琼浆，满心欢畅而散。

二十一日，逸仙和夫人宋庆龄带着儿子孙科、女婿戴恩赛及一班同志，乘上海丸放洋日本。欢送的人人山人海，自不必说。上海丸行的很是平稳，风浪也不甚大，逸仙很觉舒畅。二十一日到长崎，和欢的人周旋一番。对日本新闻界和政、学各界说明了这回经过日本的原因，希望日本觉悟，帮助中国废除不平等条约；及解决中国内乱的方法——开国民会议，并向留学生演说一遍，当即开船。

二十四日下午，船到神户。离码头很远，便望见岸上欢迎的人堆的黑压压云一般，不知多少，并听得鼓乐喧天，呼声震耳。逸仙仍在船上与欢迎的中外人士说明来意和政见，便离开上海丸到东方旅馆。接见了许多老朋友，便细阅日本各种报纸，察看日本对自己所主张的舆论如何。见都是善意的，欢迎的批评，心下甚快。

二十五日，逸仙应侨胞及日本各界的欢迎，每日演说，一连五日。其中有一篇演说辞，就是在神户高等女子学校对神户商业会议所等五团体讲演的"大亚洲主义"，极为重要，且待我录出：

诸君：今天蒙诸君这样热诚的欢迎，我实在是非常的感激！今天大家定了一个问题，请我来讲演，这个问题是“大亚洲主义”。我们要讲这个问题，便先要看清楚我们亚洲是一个什么地方。我想我们亚洲就是最古文化的发祥地。在几千年以前，我们亚洲人便已经得到了很高的文化。就是欧洲最古的国家——像希腊、罗马那些古国的文化，都是从亚洲传过去的。我们亚洲从前有哲学的文化、宗教的文化、伦理的文化和工业的文化。这些文化都是亘古以来，在世界上很有名的。推到近代世界上最新的种种文化，都是由于我们这种老文化发生出来的。到近几百年以来，我们亚洲各民族才渐渐委靡，亚洲各国家才渐渐衰弱；欧洲各民族才渐渐发扬，欧洲各国家才渐渐强盛起来。到了欧洲的各民族发扬和各国家强盛之后，他们的势力便渐渐侵入东洋，把我们亚洲的各民族和各国家，不是一个一个的消灭，便是一个一个的压制起来。一直到三十年以前，我们亚洲全部，可以说是没有一个完全独立的国家。到那个时候，可以说是世界的潮流走到了极端。

但是“否极泰来，物极必反”。亚洲衰弱走到了这个极端，便另外发生一个转机。那个转机就是亚洲复兴的起点。亚洲衰弱，到三十年以前，又再复兴。那个起点是在什么地方呢？就是在日本当三十年以前，废除了和外国所立的一些不平等条约。日本废除不平等条约的那一天，就是我们全亚洲民族复兴的一天。日本自从废除了不平等条约之后，便成亚洲的头一个独立国家。其他亚洲的有名国家像中国、印度、波斯、阿富汗、阿拉伯、土耳其都不是独立的国家，都是由欧洲任意宰割，做欧洲的殖民地。在三十年以前，日本也是欧洲的一个殖民地。但是日本的国民有先见之明，知道民族和国家之所以强盛与衰弱的关键，便发奋为雄，同欧洲人奋斗，废除所有不平等的条约，把日本变成一个独立国家。自日本在东亚独立了之后，于是亚洲全部的各国家和各民族，便另外生出一个大希望：以为日本可以废去条约来独立，我们当然也可以照样。便从此发生胆量，做种种独立运动，要脱离欧洲人的束缚，不做欧洲的殖民地，要做亚洲的主人翁。这种思想，是近三十年以来的思想，是很乐观的思想。

说到三十年以前，我们亚洲全部的民族思想便大不相同。以为欧洲的文化是那样进步，科学是那样进步，工业上的制造也是那样进步，武器又精良，兵力又雄厚；我们亚洲别无他长，以为亚洲一定不能抵抗欧洲，一定不能脱离欧洲的压迫，要永远做欧洲的奴隶。这种思想，是三十年以前的思想，是很悲观的思想。就是从日本废除了不平等条约之后，在日本虽然成了一个独立国家，和日本很接近的民族和国家，虽然要受大影响，但是那种影响还不能一时传达到全亚洲，亚洲全部的民族还没有受大震动。再经过十年之后，便发生日俄一战，日本便战胜俄国。日本人战胜俄国人，是亚洲民族在最近几百年中头一次战胜欧洲人。这次战争的影响，便马上传达到全亚洲。亚洲全部的民族便惊天喜地，发生一个极大的希望。这是我亲眼所见的事，现在可以和诸君略为谈谈。当日俄战争开始的那一年，我正在欧洲。有一日听到东乡大将打败俄国的海军，把俄国新由欧洲调到海参崴的舰队，在日本海打得全军覆没。这个消息传到欧洲，欧洲全部人民为之悲忧，如丧考妣。英国虽然是和日本同盟，而英国人士一听到了这个消息，大多数也都是摇头皱眉，以为日本得了这个大胜利，终非白人之福；正是英国话所说的“Blood is thicker than water.”的观念。不久，我由欧洲坐船回亚洲。经过苏彝士运河的时候，便有许多土人来见我。那些土人大概是亚拉伯人。他们看见了我是黄色人，便现出很欢喜的急忙的样子来问我，说：“你是不是日本人呀？”我答应说：“不是的。我是中国人。你们有什么事情呢？你们为什么现出这样的高兴呢？”他们答应说：‘我们新得了一个极好的消息，听到说日本消灭了俄国新由欧洲调去的海军，不知道这个消息是不是的确呢？而且我们住在运河的两边，总是看见俄国的伤兵由此地一船一船的运回欧洲去，这一定是俄国打了大败仗的景况。从前我们东方有色的民族，总是被西方民族压迫，总是受痛苦，以为没有出头的日子。这次日本打败俄国，我们当作是东方民族打败西方民族；日本人打胜仗，我们当作是自己打胜仗一样。这是一种应该欢天喜地的事，所以我们便这样高兴，便这样喜欢。像这个样子看起来，日本战胜俄国，是不是影响到亚洲全部的民族呢？那个影响是不是很大呢？至于那次日本战胜俄国的消息，在东方的亚洲人听到了，或者以为不大重要，不甚高兴，但是在西方的亚洲人，和欧洲人毗连，朝夕相见，天天受他们的压迫，天天觉得痛苦，他们所受的压迫，比较东方人更大，所受的痛苦，比较东方人更深，所以他们听到了那次战胜的消息，所现出的高兴，便比较我们东方人尤甚。

从日本战胜俄国之日起，亚洲全部民族便想打破欧洲，便发生独立的运动。所以埃及有独立的运动，波斯、土耳其有独立的运动，阿富汗、亚拉伯有独立的运动，印度人也从此生出独立的运动。所以日本战胜俄国的结果，便生出亚洲民族独立的大希望。这种希望从发生之日起，一直到今日，不过二十年，埃及的独立便成了事实；土耳其的完全独立也成了事实；波斯、阿富汗和亚拉伯相继独立，也成了事实；就是最近印度的独立运动，也是天天发达。这种独立的事实，便是亚洲民族思想在最近进步的表示。这种进步的思想发达到了极点，然后亚洲全部的民族才可联络起来，然后亚洲全部民族的独立运动才可以成功。近来在亚洲西部的各民族，彼此都有很亲密的交际，很诚恳的感情，他们都可以联络起来。在亚洲东部最大的民族是中国与日本。中国同日本就是这种运动的原动力。这种原动力发生了结果之后，我们中国人此刻不知道，你们日本人此刻也是不知道；所以中国同日本，现在还没有大联络。将来潮流所趋，我们在亚洲东方的各民族也是一定要联络的。东西两方民族之所发生这种潮流和要实现这种事实的原故，就是要恢复我们亚洲从前的地方。

这种潮流在欧美人看到是很清楚的。所以美国便有一位学者，曾做一本书，专讨论有色人种的兴起。这本书的内容是说："日本打败俄国，就是黄人打败白人。将来这种潮流扩张之后，有色人种都可以联络起来和白人为难，这便是白人的祸害，白人应该要思患预防。"他后来更做了一来书，指斥一切民族解放之事业的运动，都是反叛文化的运动。照他的主张，在欧洲的民众解放运动，固然是当作文化的反叛；至于亚洲的民族解放运动，更是应该当作反叛事业。这种思想在欧美一切特殊阶级的人士都是相同的。所以他们用少数人既是压制了本洲和本国的多数人，更把那种流毒推广到亚洲，来压制我们九万万民族，要我们九万万的大多数，做他们少数人的奴隶；这真是非常的残酷，真是可恶已极！而这位美国学者的论调，还以为亚洲民族有了感觉，便是对于世界文化的反叛。由此便可见欧洲人自视为传授文化的正统，自以文化的主人翁自居。在欧洲人以外的，有了文化发生，有了独立的思想，便视为反叛。所以用欧洲的文化和东洋的文化相比较，他们自然是以欧洲的文化是合乎正义人道的文化，以亚洲的文化是不合乎正义人道的文化。

专就最近几百年的文化讲，欧洲的物质文明极发达，我们东洋的这种文明不进步。从表面的观瞻比较起来，欧洲自然好于亚洲。但是从根本上解剖起来，欧洲近百年是什么文化呢？是科学的文化，是注重功利的文化。这种文化应用到人类社会，只见物质文明，只有飞机炸弹，只有快枪大炮，专是一种武力的文化。欧洲人近来专用这种武力的文化来压迫我们亚洲，所以我们亚洲便不能进步。这种专用武力压迫人的文化，用我们中国的古话说，就是"行霸道"。所以欧洲的文化是"霸道的文化"。但是我们东洋向来轻视霸道的文化。还有一种文化，好过霸道的文化。这种文化的本质，是"仁义道德"。用这种"仁义道德"的文化，是感化人，不是压迫人；是要人怀德，不是要人畏威。这种要人怀德的文化，用我们中国的古话说，就是"行王道"。所以亚洲的文化，就是"王道的文化"。自欧洲的物质文明发达、霸道大行之后。世界各国的道德便天天退步。就是亚洲，也有好几个国家的道德也是很退步。近来欧美学者稍为留心东洋文化，也渐渐知道东洋的物质文明虽然不如西方，但是东洋的道德，便比西方高得多。

用霸道的文化和王道的文化比较起来说，究竟是哪一种有益于正义和人道？哪一种是有利于民族和国家？诸君可以自己证明，我也可以举一个例来说明。譬如从五百年以前，以至两千年以前，当中有一千多年，中国在世界上是顶强的国家。国家的地位，好像现在的英国、美国一样。英国、美国现在的强盛，还是“列强”。中国从前的强盛，是“独强”。中国当独强的时候，对于各弱小民族和各弱小国家是怎么样呢？当时各弱小民族和各弱小国家对于中国又是怎么样呢？当时各弱小民族和国家，都是拜中国为上邦，要到中国来朝贡，要中国收他们为藩属；以能够到中国来朝贡的为荣耀，不能到中国朝贡的是耻辱。当时来朝贡中国的，不但是亚洲各国，就是欧洲西方各国，也有不怕路远而来的。中国从前能够要那样多的国家和那样远的民族来朝贡，是用什么方法呢？是不是用海陆军的霸道强迫他们来朝贡呢？不是的。中国完全是用王道感化他们。他们是怀中国的德，甘心情愿自己来朝贡的。他们一受了中国王道的感化，不只是到中国来朝贡一次，并且子子孙孙都要到中国来朝贡。这种事实，到最近还有证据。譬如在印度的北方，有两个小国：一个叫做布丹，一个叫做尼泊尔。那两个国家虽然是小，但是民族很强盛，又很强悍，勇敢善战。尼泊尔的民族叫做廓尔喀，尤其是勇敢善战。现在英国治印度，常常到尼泊尔去招廓尔喀人当兵，来压服印度。英国能够灭很大的印度，把印度做他的殖民地，但是不敢轻视尼泊尔，每年要津贴尼泊尔许多钱，才能派一个考察政治的驻扎官。像英国是现在世界上顶强的国家，尚且是这样恭敬尼泊尔，可见尼泊尔是亚洲的一个强国。尼泊尔这个强国对于英国是怎么样呢？英国强了一百多年，英国灭印度也要到一百多年。尼泊尔和英国的殖民地密迩连接有这样的久，不但是不到英国去进贡，反要受英国的津贴。至于尼泊尔对于中国是怎么样呢？中国的国家地位现在一落千丈，还赶不上英国一个殖民地，离尼泊尔又极远，当中还要隔一个很大的西藏，尼泊尔至今还是拜中国为上邦。在民国元年，还走西藏到中国来进贡。走到四川边境，因为交通不方便，所以没有再来。就尼泊尔对于中国和英国的区别，诸君看是奇怪不奇怪呢？专拿尼泊尔民族对于中国和英国的态度说，便可以比较中国的东方文明和英国的西方文明。中国国势虽然是衰了几百年，但是文化尚存，尼泊尔还要视为上邦；英国现在虽然是很强盛，有很好的物质的文明，但是尼泊尔不理会。由此便可知尼泊尔真是受了中国的文化。尼泊尔视中国的文化，才是真文化；视英国的物质文明，不当作文化，只当作霸道。

我们现在讲“大亚洲主义”，研究到这个地步，究竟是什么问题呢？简括的说：就是文化问题，就是东方文化和西方文化的比较和冲突问题。东方的文化是王道，西方的文化是霸道。讲王道是主张仁义道德，讲霸道是主张功利强权；讲仁义道德，是用正义、公理来感化人，讲功利强权，是用快枪大炮来压迫人。受了感化的人，就是上国衰了几百年，还是不能忘记，还像尼泊尔至今是甘心情愿要拜中国为上邦。受了压迫的人，就是上国当时很强盛，还是时时想脱离，像英国征服了埃及，灭了印度，就是英国极强盛，埃及、印度还是时时刻刻要脱离英国，时时刻刻做独立的运动。不过处于英国大武力压制之下，所以一时不能成功。假若英国一时衰弱了，埃及、印度不要等到五年，他们马上就要推翻英国政府，来恢复自己的独立地位。诸君听到这里，当然可以知道东西文化的优劣。我们现在处于这个新世界，要造成我们的“大亚洲主义”，应该用什么做基础呢？就应该用我们固有的文化做基础。要讲道德，说仁义。仁义道德就是我们“大亚洲主义”的好基础。我们有了这种好基础，另外还要学欧洲的科学，振兴工业，改良武器；不过我们振兴工业、改良武器来学欧洲，不是学欧洲来消灭别的国家，压迫别的民族的；我们是学来自卫的。

近来亚洲国家中欧洲的武功文化，以日本算最完全。日本的海军制造，海军驾驶，不必靠欧洲人；日本的陆军制造，陆军运用，也可以自己作主：所以日本是亚洲东方一个完全的独立国家。我们亚洲还有个国家，当欧战的时候，曾加入同盟国的一方面，一败涂地，已经被人瓜分了；在欧战之后，又把欧洲人赶走了，现在也成了一个完全独立国家：这个国家就是土耳其。现在亚洲只有两个顶大的独立国家：东边日本，西边土耳其。日本和土耳其就是亚洲东西两个大屏障，现在波斯、阿富汗、阿拉伯也起来学欧洲，也经营了很好的武备。欧洲人也是不敢轻视那些民族的。至于尼泊尔的民族，英国人尚且不敢轻视，自然也有很好的武备。中国现在有很多的武备，一旦统一之后，便极有势力。我们要讲“大亚洲主义”恢复亚洲民族的地位，只用仁义道德做基础，联合各部的民族，亚洲全部的民族便很有势力。

不过对于欧洲人，只用仁义去感化他们，要请在亚洲的欧洲人都是和平的退回我们的权利，那就像与虎谋皮一样，一定是做不到的。我们要完全收回我们的权利，便要诉诸武力。再说到武力，日本老早有了很完备的武力，土耳其最近也有了很完备的武力；其他波斯、阿富汗、阿拉伯、廓尔喀各民族，都是向来善战的；我们中国人数有四万万，向来虽然爱和平，但是为生死的关头，也当然是要奋斗的，当然有很大的武力。如果亚洲民族全联合起来，用这样固有的武力去和欧洲人讲武，一定是有胜无败的。更就欧洲和亚洲人数采比较：中国有四万万人，印度有三万万五千万，缅甸、安南、木兰由共起来有几千万，日本一国有几千万，其他各弱小民族有几千万；我们亚洲人数占全世界的人数要过四分之二。欧洲人数不过是四万万，我们亚洲全部的人数有九万万。用四万万人的少数来压迫九万万人的多数，这是和正义人道大不相容的。反乎正义人道的行为，终究是要失败的。而且在他们四万万人之中，近来也有被我们感化了的。所以现在世界文化的潮流，就是在英国、美国有少数人提倡仁义道德；至于在其他各野蛮之邦，也是有这种提倡。由此可见西方的功利强权的文化，便要服从东方的仁义道德的文化。这便是霸道要服从王道，这便是世界的文化日趋于光明。

现在欧洲有一个新国家，这个国家是欧洲全部白人所排斥的，欧洲人都视他为毒蛇猛兽，不是人类，不敢和他相接近。我们亚洲也有许多人都是这一样的眼光。这个国家是谁呢？就是俄国。

俄国现在要和欧洲的白人分家。他为什么要这样做呢？就是因为他主张王道，不主张霸道；他要讲仁义道德，不愿讲功利强权；他极力主持公道，不赞成用少数压迫多数。像这个情形，俄国最近的新文化便极合我们东方的旧文化。所以他便要来和东方携手，要和西方分家。欧洲人因为俄国的新主张不和他们同调，恐怕他的这种主张成功，打破了他们的霸道，故不说俄国是仁义正道，反诬他是世界的反叛。

我们讲“大亚洲主义”，研究到结果，究竟要解决什么问题呢？就是为亚洲受痛苦的民族要怎么样才可以抵抗欧洲强盛民族的问题。简单地说：就是要为被压迫的民族来打不平的问题。受压迫的民族，不但是在亚洲专有的，就是在欧洲境内，也是有的。行霸道的国家，不只是压迫外国同外国的民族，就是在本洲本国之内，也是一样压迫的。我们讲“大亚洲主义”，以王道为基础，是为打不平。美国学者对于一切民众解放的运动，视为文化的反叛。所以我们现在所提出来打不平的文化，是反叛霸道的文化，是求一切民众和平等解放的文化。你们日本民族既得到了欧美的霸道的文化，又有亚洲王道文化的本质，从今以后，对于世界文化的前途，究竟是做西方霸道的鹰犬，或是做东方王道的干城，就在你们日本国民去详审慎择。

自此，又在各团体欢迎宴会（在东方旅馆）席上演说日本国民应该帮助中国废除不平等的条约等，都是用极诚恳的态度和言语，向日本各界人士剀切的说明：处于现在各种民族竞争之际，中国同日本非实行真正的亲善不可。自公开讲演之后，日本全国的舆论对于逸仙的主张，居然天良发现，一致的欢迎，一致的赞成。逸仙得了这种结果，到日本的目的竟于短时间收到效果，精神上很觉愉快，病势也比较的减轻；众同志和宋夫人都稍为放心，且很是欢喜。

日本事务既了，逸仙便率领家属及众同志于十一月三十日乘北岭丸，由神户向天津出发。欢送的人直将码头挤得水泄不通。逸仙上船后，重复出舱，向欢迎的人们致谢。岸上掌声雷动，鼓乐齐鸣，揭帽扬巾的真是遮天盖地。

沿途经过门司，尚未遇风浪，一行人甚是平静。不过过黑水洋时，风雾齐作，船身震荡颠簸，逸仙的随员、家属等一行人，除了戴天仇以外，无人不晕船，呕吐狼藉。逸仙虽然不大晕船，也疲倦异常，身体便不大舒服。

四日早晨，到了天津的大沽口。早有来津欢迎的同志先遣几个人，驾着小船到北岭丸上，向逸仙报告各方的情况。正午，船泊天津码头。岸上早万头攒动。这日天气异常寒冷，逸仙只向欢迎人众揭帽为礼，便下船到张园行辕里休息。到晚上便觉得精神欠佳，微微气痛。

次日，逸仙勉强到河北曹园拜会张作霖，说了北来的主张后，便没久坐。回来更觉不适。进房便寒热大作，肝气剧痛。逸仙便传谕：谢绝宾客及欢迎宴会，一心调养。汪精卫等和宋夫人商议，请过逸仙的示，请了一个德国医生一名叫石弼德一诊治。石弼德不知逸仙的病源，只以为是寻常感冒，诊察过脉搏体温，处了个方，说："经过二十四小时，就可以痊愈的。"哪知一连十多天，感冒虽好了，肝病却加重起来。

二十八日，段祺瑞派了许世英、叶恭绰两人当代表，欢迎逸仙往北京。那时段祺瑞已经不照逸仙的主张开国民会议，而召集所谓善后会议，纯然由军阀解决国事。最后逸仙要祺瑞许民众团体选举代表加入，祺瑞也不能容纳，心中十分不快。世英、恭绰来见，逸仙便问起："临时执政对外的政策怎样的？"二人答道："段执政前日有封公文给各国驻京公使说：'临时执政一定是尊重历年和各国所订的一切条约的，请各国放心。'大约各国都可以承认执政政府了。"逸仙听罢，赫然震怒，大喝道："岂有此理！我在外面要废除不平等条约，你们在北京偏偏的要尊重不平等条约，这是什么道理？你们既然要升官发财，怕那些外国人，要尊重他们，为什么来欢迎我咧？……"一阵气喘，肝痛剧发，顿时发晕。世英、恭绰二人吓得不敢作声，诺诺而退。

石弼德的诊治既不行，逸仙因为受气过甚，肝部肿痛，脉搏高到一百二十以上。张园的起居设备也不适宜，病势逐日起沉重。但是逸仙在这重病之中，仍然心不忘国，坚决的要晋京去。众同志只好依他，便于三十一日扶病乘火车到北京疗养。到京后，便住在北京饭店，请了许多医生来诊断商量，确定是肝病。但是仍不能指定是哪一种肝病。逸仙便亲自指定德医克利负责诊治。克利每日到北京饭店诊视两次。有时还请国民党党部聘来的俄国医生来供参考。凡是治肝病的药方都试验过了，病势仍毫无起色。

一月二十日以前，病况虽然没有进步，但是体温升降还不大，差不多都是一律的，所以逸仙的神思还是极清楚，精神还是极好。每日虽然是遵照医生的嘱咐不见客，不讲话，但是有时还是用脑力，思想应付时局的方法。当时最大的时局问题，就是"国民党是否加入善后会议？"因为善后会议不久就要开会，所以国民党是否加入的态度，应该要赶早决定。为这个问题，有许多人和逸仙研究，但总是主张加入的多。后来逸仙看见段祺瑞的措置一天不如一天，全国稍为自爱的分子，都是表示不加入善后会议。所表示加入的，不是军阀、土匪，就是官僚和主张帝制的复辟党，以及土豪劣绅、买办阶级、猪崽议员等。似此，国民党怎么样可以加入呢？所以逸仙便决计表示不加入。逸仙一面表示不加入善后会议；一面还是计划开国民会议，求和平统一的办法。

逸仙见到中国之所以不能开成国民会议，和平统一，就是由于军队太多，军阀作梗。所以要和平统一，根本上还是要裁兵。要裁兵就要有钱，所以逸仙便想出一个筹钱的办法。他在没有想到这个办法之先，见到中国现在之所以没有钱，就是由于每年所还的外债太多。如果要是十年不还外债，把十年所还外债展期到十年以后一中国和平统一了一才还，那么，在这十年之中，便可以筹得一大批钱，总数在十二万万圆以上。用这十二万万圆来化兵为工，不愁士兵没有饷，不愁官佐没有俸。到了官佐、士兵都能得钱，一定很赞成这种计划的。至于这种缓还外债的主张，毫不损失国家权利。对于国家权利有益无损，全国国民更当然是一致赞成的。全国军队和民众都赞成，他就有权同外国人交涉，不愁外国人不赞成的。而且用这种钱来化兵为工，和平统一，在中国的人民得以安居乐业，商业得以兴盛，到了那个时候，外国在中国的商业，决不致受像现在这样的影响，他们的商业就可以大发达，他们仍是有利益而无损害，自然也是乐得赞成的。到了中外都赞成，就可以实行化兵为工，和平统一，来开国民会议，解决其余的各问题。

逸仙在北京饭店已经是想好了这种种计划，只要等到身体一好，就可以次第推行。哪里知道从一月二十日以后，体温的升降更是很大，有时升到摄氏四十一度多，有时低到二十七度不满。并且饮食不思。一见食物便要作呕。因此各国医生都主张搬到医院去施手术治疗、救急。

二十六日上午，逸仙到协和医院。下午六时三十分，施行解剖手术。剖开之后，就看见全肝坚硬如木，完全成了肝癌，无法可治。当时医生取了肝上极微部分三点作试验品，一面洗净肝脏，用绷带裹好。当晚许多医生用显微镜试验取出的三点。党部聘来的俄国医生向国民党北京执行部报告道："孙逸仙先生病症的起源，远因在十年以前，近因也有两年之久。这种病的发生，是一种寄生的微生物，初长在肠中，再传播到肺部，渐渐地便侵入肝脏。到了肝脏，便成了一种肝癌。这种病，在现在的科学上尚没治疗的方术，至于这种微生物的来源有两种：一种是由于花柳病而生；一种是由于居住热带地方饮食呼吸而来。孙逸仙先生久居南洋等地方，自然容易发生这种病症。今日各医生在解剖时，用肉眼观察都能看出是肝癌，治疗的希望是很难达到的了。"众党员听了这个报告，无不悲痛欲绝。

二月一日，解剖的伤口痊愈，完全分日用镭疗治。据医学上的试验，如用镭疗治此病，过了五十点钟还没有效果，那就是完全绝望了。到二月十五、六日，用镭疗治已经有了四十四、五点钟了，对于病症，除稍为减少痛苦而外，根本上没有一点功效。逸仙至此，也知道外国医学对于这病症没有办法了。于是家属和许多同志为尽人事计，就建议动用中医疗治，逸仙也不十分拒绝。便于二月十八日，由协和医院搬到铁狮子胡同行辕，改用中医疗治。初次还是想治本，服黄耆、党参等类补气之药；以后只是想治标，服排水消肿之药。无论是治标、治本，也都是没有功效。二月二十四日下午三点钟的时候，有一个看护妇现出极急忙的样子，出病房来对家属和各同志说："今天早晨，孙先生的态度忽然由极勇敢的而变为极慈善。这两天以来，喉中含痰极多，今天下午尤甚，而且神思又不十分清楚。依我的经验看，恐怕孙先生已经是到了极危险的时候了。你们诸位有什么话要向孙先生请示的，现在恐怕已经是到了时候了。"大家都知道逸仙的病症是绝望了，所以许多同志极力主张预备一个遗嘱，以便到万一危急的时候，请逸仙签一个字，作永远遵守的信条。商议既定，便将这件事付托汪精卫。精卫预备好了，大家又商量妥贴，才约同三位家属，先请宋夫人出逸仙的病室。他们四人就进病室内去，关上房门，站在逸仙床旁。逸仙正在昏迷，似睡未睡之中，听得有人声进来，便惊醒了。打开眼来一望，见是精卫等，便道："你们有什么事呢？"说罢，又把眼闭了。精卫道："我们四个人，今天是以同志的资格来看总理的病况的。总理的病，大概不久就可以好了。不过好了之后，必须长时间的调养。总理在调养的时期中，本党的事情很多，而且很忙，不能够停滞的；一定要有同志代总理执行党务才好。要有同志能够代总理执行党务，合乎总理的意思，没有错误，一定要总理先说几句话，让各同志有所遵守才好。"逸仙听了，定神细虑了许久，方说道："我没有什么话要说。我的病如果是好了，有许多话说不完，我就搬到汤山去休养，费几日功夫，详细的分别的对你们说。我的病如果是不能好，还有什么话可说咧？"说罢，又将眼闭上。精卫再请求道："看总理的病一定是可以好的，不过在没有完全痊愈以前，恐怕调养的时间太长，不能处理事务，而本党的事务，现在又是很忙，又不能够停滞，所以还是希望总理早说几句话，让我们能够遵守，照那些话去进行党务才好。"逸仙听罢，沉默了许久，忽然睁开眼，叹了口气说道："我看你们很危险的啊！我如果死了，敌人一定要软化你们的！你们如果不被敌人软化，敌人一定要加害于你们的！你们如果要避去敌人的危险，就是一定要被人软化，那么，我又有什么话可说咧？"说罢，闭目摇头不语。精卫又缓缓地恳求道："我们跟了总理奋斗了几十年，向来都没有怕过危险，以后还怕什么危险咧？向来没有被敌人软化过，以后还有什么敌人能够软化我们咧？不过总是要总理先告诉我们几句话，令我们有所遵守，方才知道怎样向前去奋斗。"逸仙睁眼道："你们要我说什么话咧？"精卫道："我们现在预备好了几句话，读给总理听。总理如果是赞成的，就请总理签个字，当做总理所说的话。如果总理不赞成，便请总理另外说几句话，我可以代为笔记下来，也是一样。"逸仙便道："很好！你们预备了什么话咧？念给我听罢。"精卫便取出一张写好的遗嘱读道：

余致力国民革命凡四十年，其目的在求中国之自由平等。积四十年之经验，深知欲达到此目的，必须唤起民众，及联合世界上以平等待我之民族共同奋斗！

现在革命尚未成功；凡我同志，仍须依照余所著建国方略、建国大纲、三民主义及第一次全国代表大会宣言，继续努力，以求贯彻！

最近主张开国民会议及废除不平等条约，尤须于最短期间促其实现。是所至嘱！

逸仙在这一张字读完之后，表示极满意的态度，点头道："很好！我很赞成！"当时又有一位家属继续请求说："先生对于党务既是赞成说几句话，对于家属可不可以照这样也说几句话呢！"逸仙道："可以！你们要我说什么话咧？"精卫照样拿出第二张字来读道：

余因尽瘁国事，不治家产；其所遗之书籍、衣物、住宅等，一切均付吾妻宋庆龄以为纪念。余之儿女已长成，能自立，望各自爱，以继余志。此嘱！

逸仙听完，又点头道："很好！我也很赞成！"精卫更请求道："总理既是很赞成这两张字，今日可不可以就签一个名，当作总理自己说的话一样咧？"逸仙点头道："可以呀！"精卫便打开门，出去拿笔。宋夫人坐在门外大客堂中，见病室的房门一开，便立时走进去。逸仙看见夫人进来了，似乎要免去动夫人对于病人绝望的感情，立刻对汪精卫道："今天不要签字，过几天再看罢。"精卫等四人只得遵照，不敢再请求签名，从病室中出来。

二月二十四日以后，因为逸仙的体魄健，勇气大，又延长了十多日。不过每日的肝肿越发加大，身体更是一日比一日的衰弱，饮食进身体去的食物水分，都不能够排泄出来，以后便不思饮食，全身浮肿。家属又请了一个留日医生—王纶—用日本新发明的治肺痈的药水，隔一日注射一次，据说注射五次就可有起色。但是一连注射五六次，也无效验。

逸仙的病势已濒绝境，仍然不忘国事和那东江的战事。三月十日，戴天仇报告说："许崇智、蒋中正已经克复汕头。"逸仙点头道："快发电给汉民，切不可搅乱百姓！"

三月十一日，逸仙自己觉着不对，便对家属说道："现在要分别你们了！"便叫精卫拿前日预备的遗嘱来，用钢笔签了字，说道："我这回放弃革命根据地的广东，来到北京，是为谋和平统一的。我所主张统一的方法是：开国民会议，废除不平等条约，实行三民主义和五权宪法，建设一个自由平等的新国家。现在为病所累，不能痊愈，以致主张未能达到！生死本不足惜，但是数十年为国民革命所抱定的主义不能完全实现，这是不能无遗憾的！我希望各位同志努力奋斗，使国民会议早日开成，不平等条约即得废止，达到实行三民主义和五权宪法的目的，那么，我死了也是很瞑目的！”说罢，静然无声。众同志和家属都掩面暗泣，悲不可抑。

延至次日，逸仙连呼：“和平！……奋斗！……救中国！……”连续不已地喊着。

中华民国十四年三月十二日九时三十分，中华民国的创造者，三民主义的发明家，国民革命的领导人，全世界以及全中国的救主，中华民国大总统，陆海军大元帅，中国国民党总理中山孙逸仙先生，于“和平！奋斗！救中国！”声中，卒于北京铁狮子胡同行辕！天下之人举哀。